Lehrbuch 3

Dr. Elke Schmidt-Wessel
Harald Beltz
Dr. Jan Glockauer
Frank Wessel

Herausgeberin: Dr. Elke Schmidt-Wessel

Der Technische Betriebswirt

Lehrbuch zur Weiterbildung
Technische Betriebswirtin
Technischer Betriebswirt

Organisation und Unternehmensführung
Personalmanagement
Informations- und Kommunikationstechniken
Projektarbeit und Fachgespräch

16. Auflage

FELDHAUS

Zur Sparte »Technischer Betriebswirt« im FELDHAUS VERLAG gehören:

»Der Technische Betriebswirt« Lehrbuch 1
»Der Technische Betriebswirt« Lehrbuch 2
»Der Technische Betriebswirt« **Lehrbuch 3**
»Der Technische Betriebswirt« Arbeitsbuch

Die Verfasser und ihre Buchabschnitte in Lehrbuch 3

Harald Beltz	9; 10; 11; 12; 13
Jan Glockauer	14; 15
Elke Schmidt-Wessel	5; 6; 7; 8; 20
Frank Wessel	16; 17; 18; 19

ISBN 978-3-88264-704-4

FELDHAUS VERLAG GmbH & Co. KG
Postfach 73 02 40
22122 Hamburg
Telefon +49 40 679430-0
Fax +49 40 67943030
post@feldhaus-verlag.de
www.feldhaus-verlag.de

Satz und Gestaltung: FELDHAUS VERLAG, Hamburg
Umschlaggestaltung: Reinhardt Kommunikation, Hamburg
Druck und Verarbeitung: WERTDRUCK, Hamburg

Bibliografische Information der Deutschen Nationalbibliothek
Die Deutsche Nationalbibliothek verzeichnet diese Publikation in der Deutschen Nationalbibliografie; detaillierte bibliografische Daten sind im Internet über http://dnb.d-nb.de abrufbar.

Vorwort

Vor nahezu dreißig Jahren wurde der Weiterbildungsabschluss »Technischer Betriebswirt«[1] aus der Taufe gehoben – damals noch mit dem Zusatz »IHK« und auf Basis »Besonderer Rechtsvorschriften« einzelner Kammern. Ende der neunziger Jahre wurden einheitliche Prüfungen eingeführt und in 2004 trat eine bundesweite Rechtsverordnung in Kraft, die zuletzt 2019 geändert wurde. Die zuletzt vorgenommenen Änderungen bezogen sich dabei auf Herstellung einer geschlechtsneutralen Sprache, die Möglichkeiten, von einzelnen Prüfungsbestandteilen befreit zu werden, und die Bewertung der Prüfungsleistungen. Es wird erwartet, dass die nächste Änderung entsprechend der Einordnung dieses Abschlusses auf Niveaustufe 7 im Deutschen Qualifikationsrahmen, der der Masterebene entspricht, auch die neue zusätzliche Bezeichnung »Master Professional of Technical Management (CCI)« enthalten wird. Bereits heute stellen die Industrie- und Handelskammern auf Wunsch ein englischsprachiges Zeugnis unter Verwendung dieser Bezeichnung aus.

Unsere drei Lehrbücher orientieren sich an den Strukturen der Rechtsverordnung und des Rahmenplans des Deutschen Industrie- und Handelskammertages (DIHK) in der Fassung von November 2016, die die zuletzt vorgenommene inhaltliche Änderung im Kapitel »Aspekte der Allgemeinen Volks- und Betriebswirtschaftslehre« enthält. Nur in wenigen Fällen sind die Autoren aus didaktischen Gründen davon abgewichen oder haben durch zusätzliche Themen die Stoffsammlung ergänzt.

Mehr denn je verbindet der Technische Betriebswirt in idealer Weise die bei dieser Zielgruppe vorhandene technische Vorbildung mit fundiertem betriebswirtschaftlichem Wissen, das zur Übernahme von Führungsaufgaben besonders an den Schnittstellen von technischen zu kaufmännischen Bereichen befähigt. Mehr als 30.000 Menschen haben sich der Prüfung bereits erfolgreich unterzogen, was man als eindrucksvollen Beweis für den Stellenwert dieser Weiterbildung werten kann.

Die Autoren der – sorgfältig koordinierten[2] – Lehrbuchbeiträge sind sowohl durch ihre Unterrichtserfahrung in der Erwachsenenbildung als auch durch ihre tägliche berufliche Praxis ausgewiesen. Das Ergebnis ihrer Zusammenarbeit ist ein Lehrwerk, das sich besonders für den unterrichtsbegleitenden Einsatz eignet: Es behandelt den gesamten prüfungsrelevanten Stoff in der von der DIHK-Lernzieltaxonomie jeweils geforderten Intensität.

Die sechzehnte Auflage wurde gründlich durchgesehen und überarbeitet. Umfangreiche Aktualisierungen erfolgten insbesondere in den Kapiteln zum Rechnungswesen und zur Steuerlehre – hier haben sich infolge der Corona-Pandemie zahlreiche Änderungen ergeben, die teils über das Jahresende 2021 hinaus Gültigkeit behalten. Sie wurden mit Stand vom 31.12.2021 berücksichtigt. Da weitere Änderungen nicht ausgeschlossen werden können, sei an dieser Stelle auf die Notwendigkeit hingewiesen, aktuelle Entwicklungen in den für die Wirtschaft relevanten Bereichen anhand der einschlägigen Medien zu verfolgen. Wie bisher wird nach dem Jahreswechsel auf der Homepage des Verlags eine Datei mit Aktualisierungen bereitgestellt werden[3]. Im Handlungsbereich »Informations- und

1) Mit der männlichen Form sind selbstverständlich stets auch die Betriebswirtinnen angesprochen – wie bei allen anderen Berufsbezeichnungen oder Funktionsträgern in diesem Buch ebenfalls.
2) Kritik und Anregungen sind willkommen und können auch direkt an die Herausgeberin gerichtet werden: mail@elkeschmidt.de
3) feldhaus-verlag.de, siehe unter »Weitere«

Kommunikationstechniken« wurden die notwendigen EDV-Grundbegriffe, denen in den Vorauflagen ein eigenes Kapitel gewidmet war, in die Qualifikationsschwerpunkte 16 bis 19 eingearbeitet und auf das Wesentliche beschränkt.

Herausgeberin, Autoren und Verlag wünschen Ihnen viel Erfolg beim beruflichen Aufstieg mit diesem Lehrwerk!

Hamburg, im Januar 2022

Inhaltsverzeichnis

B Management und Führung

I Organisation und Unternehmensführung

II Personalmanagement

III Informations- und Kommunikationstechniken

B Management und Führung

Die Inhalte der folgenden Handlungsbereiche und Qualifikationsschwerpunkte fließen in Teil 2 der Prüfung zum/zur »Geprüfte/n Technischen Betriebswirt/in« mehr oder weniger zusammen: Es handelt sich also nicht um isoliert abgeprüfte »Fächer«, bei denen wenig bis gar nicht über die Ränder des Fachgebiets geschaut wird; vielmehr werden in den abschließenden Klausuren **»Situationsaufgaben«** gestellt, deren Lösung den Rückgriff auf Kenntnisse und Kompetenzen aus allen Handlungsbereichen erfordert. Das Prüfungsverfahren umfasst zwei schriftliche Prüfungen von jeweils vier, höchstens fünf Stunden und eine mündliche Pflichtprüfung in Form eines **»situationsbezogenen Fachgesprächs«**. In jeder dieser Prüfungen übernimmt ein anderer Handlungsbereich die »Federführung«; aber die Prüfungsverordnung schreibt ausdrücklich vor, dass jeder der übrigen Handlungsbereiche und jeder einzelne darin enthaltene Qualifikationsschwerpunkt mindestens einmal thematisiert werden muss.

Zugleich kann man davon ausgehen, dass auch das Wissen des Prüfungsteils 1 »Wirtschaftliches Handeln und betrieblicher Leistungsprozess« präsent sein sollte: Daher macht es auch Sinn, wenn die Prüfungsverordnung festlegt, dass der zweite Prüfungsteil erst nach dem Ablegen des ersten Prüfungsteils durchgeführt werden darf.

Die Weiterbildung zum »Geprüften Technischen Betriebswirt« knüpft deutlich an die spezifischen Qualifikationen des Industriemeisters an: Seine Kenntnisse werden praktisch vorausgesetzt. Für alle diejenigen Kandidaten, die über einen der anderen rechtlich möglichen Wege (als staatlich anerkannt geprüfter Techniker oder als Ingenieur mit zweijähriger einschlägiger Berufserfahrung) ihre Zulassung erwirkt haben, wirft dies natürlich Probleme auf. Nach unserer Beobachtung betreffen diese Probleme aber auch diejenigen Kandidaten, deren Prüfung nach einer Meisterverordnung schon einige Zeit zurückliegt: Auch ihnen ist ein nahtloses Anknüpfen an das einst Gelernte nicht ohne Auffrischung möglich.

Um hier allen Kandidaten die Erreichung des gesetzten Ziels zu ermöglichen, haben wir daher abweichend vom Rahmenstoffplan verschiedentlich auch solche Inhalte in unser Buch aufgenommen, die zwar bekannt sein sollten, aber nach dem Rahmenstoffplan nicht ausdrücklich vermittelt werden müssen. Aus langjähriger Erfahrung in der Durchführung von Lehrgängen zur Vorbereitung auf die IHK-Prüfung zum »Geprüften Technischen Betriebswirt« und seinem Vorgänger, dem »Technischen Betriebswirt IHK«, gehen die Verfasser sicherlich zu Recht davon aus, dass die meisten Vorbereitungslehrgänge diese Grundlagen gleichfalls vermitteln und die Lehrkräfte gern auf unsere diesbezüglichen Ausführungen zurückgreifen werden.

In einigen Bereichen haben wir den Rahmenstoffplan weit ausgelegt. Dort, wo ein Technischer Betriebswirt in Situationsaufgaben – und natürlich in seiner beruflichen Praxis – über komplexe Sachverhalte (etwa die Einführung und Ausgestaltung eines integrativen Managementsystems wie z. B. des Qualitätsmanagements) entscheiden soll, werden deren wesentliche Aspekte und Instrumente auch einmal im Zusammenhang dargestellt, und nicht nur, wie im Vorwort zum Rahmenstoffplan gefordert, über die verschiedenen Qualifikationsinhalte verteilt. Diese Vorgehensweise führt zwangsläufig dazu, dass manche Sachverhalte »doppelt« behandelt werden. Dies folgt didaktischen Überlegungen; alle, denen vielleicht eine einmalige Darstellung genügt hätte, bitten wir hierfür um Verständnis.

I Organisation und Unternehmensführung

In diesem Handlungsbereich, insbesondere den Abschnitten, die den Themen »Planung« und »Projektmanagement« gewidmet sind, finden sich gelegentlich inhaltliche Überschneidungen mit den betriebswirtschaftlichen Inhalten in Kapitel 1, insbesondere Abschnitt 1.7. Diese wurden bewusst in Kauf genommen, um auch hier einen angemessen Stoffzusammenhang zu gewährleisten und das bereits Aufgenommene zu vertiefen.

Weitere Bezüge zur Organisationsthematik, namentlich zur praktischen Behandlung organisatorischer Problemstellungen im Betrieb, finden sich in den Ausführungen zur speziellen Betriebswirtschaftslehre in Kapitel 4. Insbesondere sind hier die Organisation von Bestellwesen und Einkauf, die Lagerorganisation, die Organisation der Fertigung und die Marketingplanung zu nennen. Die Ausführungen zur Distribution und zur Werbeplanung behandeln ebenfalls organisatorische Fragen.

In den Kapiteln zum Handlungsbereich »Informations- und Kommunikationstechniken«, die der betrieblichen Gestaltung der Datenverarbeitung gewidmet sind, finden sich ebenfalls zahlreiche Beschreibungen organisatorischen Vorgehens, etwa wenn es im Rahmen der Einführung neuer Systeme oder der Entwicklung betriebsindividueller Software um die Erfassung von Ist-Zuständen und deren systematische Überführung in einen vorab zu planenden und zu beschreibenden Soll-Zustand geht.

Zu der durch den Handlungsbereich I mit abgedeckten Unternehmensführung sei zum besseren Verständnis der Zuordnung (»Was haben statistische Maßzahlen mit Organisation und Unternehmensführung zu tun?«) erwähnt, dass hier vor allem die **Instrumente** beschrieben werden, deren Einsatz die Führungsebene befähigen soll, Entscheidungen zu treffen, die von ihrer Tragweite her in ihren Zuständigkeitsbereich fallen. Es geht hier also auch, aber eben nicht nur, um Unternehmensführung »im engeren Sinne«, worunter häufig die Formulierung von Zielvorgaben, die persönliche Wahrnehmung bestimmter Aufgaben durch die Personen an der Spitze der Unternehmenshierarchie und das Praktizieren bestimmter Führungsstile verstanden wird. Zum letztgenannten Aspekt finden sich Ausführungen im Übrigen auch im Handlungsbereich II »Personalmanagement«.

5 Planungskonzepte

5.1 Planen, Ausrichten, Organisieren und Überwachen von strategischen und operativen Unternehmens(teil-)konzepten

5.1.1 Arten der strategischen und operativen Planung

Die Grundlagen der Planungslehre und die die Planung beeinflussenden Faktoren wurden bereits ausführlich in Lehrbuch 1, Abschnitt 1.7.3 behandelt. An dieser Stelle sei die (nochmalige) Lektüre der dortigen Ausführungen unbedingt empfohlen!

In diesem Zusammenhang wurde bereits darauf hingewiesen, dass Planung in allen Lebensphasen und allen Arbeitsbereichen eines Unternehmens stattfindet und sowohl auf die Gestaltung von Systemen als auch auf die reibungsverlustfreie Gestaltung von Abläufen innerhalb bestehender Systeme abzielen kann.

Im ersten Fall spricht man von **strategischer** Planung, im zweiten von **operativer** Planung. Zwischenstufen werden in der Literatur als **dispositive** Planung bezeichnet.

Häufig wird die Grenze zwischen strategischer und operativer Planung anhand der zeitlichen Dimension gezogen: Langfristige Planung wird danach als strategische, kurzfristige Planung als Ausgestaltung strategischer Pläne als operative oder taktische Planung bezeichnet, wobei manche Quellen die beiden letzteren Begriffe noch nach Fristigkeit unterscheiden: Danach ist **taktische** Planung die aus der strategischen Planung hergeleitete mittelfristige Planung, während die operative Planung deren Konkretisierung in kurzfristigen Teilplänen darstellt.

Eine aktuelle, sehr plakative Unterscheidung von strategischer und operativer Planung, die im angelsächsischen Raum sehr verbreitet ist, definiert den Unterschied wie folgt:

- Strategische Planung legt fest, **was** zu tun ist **(»do the right thing«),**
- operative Planung legt fest, **wie** es zu tun ist **(»doing things right«).**

5.1.1.1 Ziele und Aufgaben der strategischen Planung

Am Anfang einer jeden unternehmerischen Betätigung stehen Entscheidungen von grundsätzlicher Bedeutung mit entsprechend gravierenden, langfristig wirksamen Auswirkungen für die Zukunft des Unternehmens.

Diese Entscheidungen betreffen

- die **Zielsetzung** des Unternehmens: Welcher Aufgabe am Markt will sich das Unternehmen annehmen? Welche Ziele will es damit auch für sich selbst erreichen?
- das zu errichtende organisatorische Gefüge (= **Aufbauorganisation**): Wie soll das organisatorische System beschaffen sein, innerhalb dessen die Ziele umgesetzt werden sollen? Welche Organisationseinheiten müssen geschaffen, welche Beziehungen zwischen ihnen installiert werden?
- die Art der **Aufgabenerfüllung** (= **Ablauforganisation**): Wie sollen die Leistungsprozesse innerhalb des organisatorischen Systems ablaufen? Wie soll die Arbeitsteilung vorgenommen, nach welchen Kriterien sollen Arbeitsabläufe organisiert werden?

Mit diesen Fragen, die heute jeden Unternehmensgründer bei der Erstellung seines »Businessplans« beschäftigen müssen, sind die klassischen Felder der Organisationslehre umrissen, nämlich

- die strategische Unternehmensführung, die nach dem **7-S-Modell,** einem von der Unternehmensberatung McKinsey entwickelten Beratungsmodell[1], auf einen nachhaltigen Wettbewerbsvorteil für das Unternehmen ausgerichtet sein soll,
- die Gestaltung der Aufbauorganisation und
- die Gestaltung der Ablauf- oder Prozessorganisation.

Wollte man diese Tätigkeitsfelder in eine »Reihenfolge« bringen, könnte man zwar feststellen, dass einige Festlegungen im Rahmen der strategischen Unternehmensführung allen anderen Festlegungen voranzugehen haben; jedoch können Aufbau- und Ablauforganisation nicht unabhängig voneinander geplant und implementiert werden; denn sie stehen in enger Beziehung zueinander:

- Um entscheiden zu können, welche Stellen im Unternehmen eingerichtet werden müssen, muss man eine Vorstellung über die zu erfüllenden Aufgaben und die zu vollziehenden Abläufe entwickeln.
- Indem man entscheidet, wie bestimmte Prozesse abzulaufen haben, entscheidet man zugleich über die Beschaffenheit der zu durchlaufenden Arbeitsstationen.

Aufbau- und Ablauforganisation/Prozessorganisation sind also eher **simultane** als sukzessive Aktivitäten. Ihre Trennung im Rahmen der Organisationslehre ist eine Besonderheit des deutschsprachigen Raums, die sich international weder in der Fachliteratur noch in der Praxis finden lässt.

Wenn Aufbau- und Ablauf-/Prozessorganisation in den folgenden Kapiteln dennoch hintereinander abgehandelt werden, so erfolgt dies allein aus didaktischen Gründen. Ihre Abhandlung erfolgt, entsprechend dem Rahmenstoffplan des Geprüften Technischen Betriebswirts, vorrangig zum Qualifikationsschwerpunkt 6, in Abschnitt 6.3.

5.1.1.2 Operative Planung

Die operative Planung dient der Konkretisierung des strategischen Planungsrahmens im Mittel- und Kursfristbereich.

In Abschnitt 4.6.1 wurde bereits dargelegt, wie aus den strategischen Festlegungen über das Produktionsprogramm und die hierfür bereitzustellenden Produktionskapazitäten die kurzfristige Fertigungsprogrammplanung entwickelt und darin festgelegt wird, welche Produkte in welchen Mengen in einem z. B. einen Monat umfassenden Planungszeitraum hergestellt werden sollen. Ähnliche Konkretisierungen werden in allen betrieblichen Bereichen vorgenommen.

5.1.2 Formen der Organisation: Hierarchie und Information

5.1.2.1 Der Begriff »Organisation«

Ein Organ hat als Teil eines Lebewesens eine bestimmte Aufgabe zu erfüllen. Isoliert kann es jedoch nicht arbeiten; es funktioniert nur im Zusammenspiel mit anderen Organen, die in ihrer Gesamtheit den Organismus darstellen.

---
[1] Strategie ist in diesem Konzept eine von sieben Kernvariablen, die für die Gestaltung des Unternehmens maßgeblich sind (neben »Struktur«, »Systemen«, »Spezialfertigkeiten«, »Stammpersonal«, »Stil« und »Selbstverständnis«

Übertragen auf Bereiche außerhalb der Biologie sprechen wir, wenn wir den gleichen Sachverhalt ausdrücken möchten, jedoch nicht von Organismus, sondern von Organisation.

Der Begriff der Organisation begegnet uns in zwei Ausprägungen. Im weiteren Sinne verstehen wir darunter die **Regelung der Beziehungen zwischen Menschen und Sachen in arbeitsteiligen Prozessen.** Im engeren Sinne bezeichnet der Organisationsbegriff **Systeme** und **Institutionen** – gern sprechen wir von Unternehmen, Wohlfahrtsinstituten, aber auch von weniger erfreulichen Vereinigungen wie Rauschgifthändlerringen oder der Mafia als von »Organisationen«.

In dem Maße, in dem sich seit dem frühen Mittelalter die Arbeitsteilung in Handel und Handwerk und später in der Industriegesellschaft zunehmend durchsetzte, gewann die Organisation als Gegenstand der wissenschaftlichen Forschung an Bedeutung. Seit Beginn des 20. Jahrhunderts gilt die **Organisationslehre** als eigenständiges Gebiet der Betriebswirtschaftslehre.

Die Organisationslehre definiert Organisation als

> »Gestaltung von Systemen zur Erfüllung von Daueraufgaben« (HAMBUSCH).

Unter **Systemen** versteht man hierbei

> »die Menge von in Beziehung stehenden Menschen und Maschinen, die unter bestimmten Bedingungen nach festgelegten Regeln bestimmte Aufgaben erfüllen sollen« (nach GROCHLA).

Die Bedeutung dieser Definitionen wird im Folgenden deutlich werden.

Organisation als Regelung der Beziehungen zwischen den Elementen eines Systems ist nur möglich, wenn folgende Voraussetzungen erfüllt sind:

- Es muss eine Aufgabe vorhanden sein.
- Die Aufgabe muss zerlegbar sein.
- Die Aufgabe muss von Dauer sein.

Unvorhersehbare oder unregelmäßig auftretende Ereignisse entziehen sich organisatorischer Vorkehrung. Die Reaktionen, die sie hervorrufen, werden als **Improvisation** bezeichnet. Organisation und Improvisation schließen sich nicht aus, sondern sind in jeder Art von System nebeneinander anzutreffen. Zwischen diesen beiden Begriffen ist die **Disposition** angesiedelt. Hierunter versteht man kurzfristig geplantes Handeln, dem die Umsetzung der Planung unmittelbar folgt. Der Handlungsspielraum für Disposition wird im Rahmen der Gesamtorganisation z. B. durch die grundsätzliche Regelung von Kompetenzen und Verantwortung abgesteckt.

5.1.2.2 Die Entwicklung der Arbeitsteilung

Werden große Aufgabenkomplexe in Einzelaufgaben zerlegt und diese Teilaufgaben bestimmten Einheiten (Menschen oder Maschinen) innerhalb eines Systems zur Erfüllung übertragen, so wird dieser Vorgang als Arbeitsteilung bezeichnet (im Sinne einer **Artteilung** im Gegensatz zur **Mengenteilung,** bei der die gesamte Aufgabe parallel an mehreren Stellen vollständig abgearbeitet wird).

Im Frühstadium der kulturellen Entwicklung der menschlichen Zivilisationen beschränkte sich die Arbeitsteilung auf den Familienverband. Den Mitgliedern einer Familie waren – häufig in Abhängigkeit von Geschlecht, Alter und Stellung innerhalb der Familie – unterschiedliche Aufgaben übertragen. Wirtschaftliche Außenbeziehungen gab es nicht; alle zum Leben benötigten Güter wurden selbst erzeugt und verbraucht. Im weiteren Verlauf der Geschichte gelangten unsere Vorfahren jedoch schnell zu der Erkenntnis, dass eine Aufgabenverteilung um so sinnvoller ist, je mehr Menschen und Sachmittel einbezogen werden.

So kam es zur beruflichen Arbeitsteilung und zur Entstehung der handwerklichen Berufe. Wie bereits aus der Volkswirtschaftslehre bekannt ist, resultierte hieraus die Entwicklung der Märkte und der verschiedenen Formen des Handels, aber auch die Entstehung eines zunehmend komplizierten Beziehungsgefüges zwischen den einbezogenen Menschen und Sachmitteln. Im Laufe der Jahrhunderte bildeten sich Regeln für das reibungslose Zusammenspiel der verschiedenen Beteiligten an der arbeitsteiligen Gesellschaft heraus, die ihren Niederschlag in den verschiedensten Gesetzeswerken fanden.

Unsere moderne Industriegesellschaft ist arbeitsteilig organisiert. Dies drückt sich in der Vielzahl der Berufe und weltweiten Handelsbeziehungen aus. Grundsätzlich sind zwei Formen der Arbeitsteilung zu unterscheiden, die an Beispielen aus einem Betrieb erläutert werden sollen:

- **Arbeitsteilung nach Art der Verrichtung (funktionale Organisation):** Gleichartige Aufgaben, die eine gleichartige Ausbildung der Mitarbeiter oder den Einsatz gleichartiger Hilfsmittel erfordern, werden zusammengefasst.

  Beispiel:

  Dem Geschäftsführer der XY-GmbH unterstehen die Hauptabteilungen Beschaffung, Produktion, Absatz und Finanzen. Innerhalb der Hauptabteilung Produktion sind die Abteilungen Konstruktion, Fertigung und Qualitätskontrolle zusammengefasst. Im Bereich der Fertigung bilden die Zerspanungstechniker Müller, Meier und Schulze die Fachgruppe »CNC-Fräsen«.

- **Arbeitsteilung nach Objekten:** Kriterium für die Bildung von Abteilungen sind nicht die zu erfüllenden Aufgaben, sondern die Aufgabenobjekte: Produkte, Märkte, Regionen.

  Beispiele:

  Die Versicherungsgesellschaft »Safety first VVaG« untergliedert sich in die Sparten Lebens- und Unfallversicherung, KFZ-Versicherung, Gebäudeversicherung und Bausparen.

  Die Sparkasse in Geldhausen unterteilt ihre Schalterhalle nach Kundengruppen in die Bereiche »Privatkunden« und »Geschäftskunden«. Die benachbarte Volksbank bevorzugt die Gliederung in eine Giro-, eine Spar- und eine Kreditabteilung.

  Die EXPORT-AG gliedert ihre Sparten nach regionalen Märkten und unterhält die Abteilungen »Europa«, »Asien« und »Südamerika«.

5.1.2.3 Ziele und Elemente der Organisation

5.1.2.3.1 Zielsetzung der Organisation

Aus der obigen Definition des Organisations- und Systembegriffes ergibt sich die Zielsetzung der Organisation: Diese besteht darin, Systeme zu schaffen, die durch die zweckentsprechende Integration von Menschen und Sachmitteln eine dauerhaft optimale Aufgabenerfüllung ermöglichen. Im Betrieb zielt die Organisation vorrangig auf die Förderung der Wirtschaftlichkeit ab. Dieses Ziel wird nicht erfüllt, wenn zu wenige organisatorische Regelungen getroffen werden **(Unterorganisation),** aber auch dann nicht, wenn »zu viel des Guten« getan wird **(Überorganisation).**

Beispiele:

Während des Urlaubs eines Abteilungsleiters wird eine wichtige Entscheidung nicht getroffen, weil es versäumt wurde, einen Stellvertreter zu benennen. Hierbei handelt es sich um einen typischen Fall der Unterorganisation, aus der negative wirtschaftliche Folgen erwachsen.

Ein Einkaufssachbearbeiter, der eine Warengruppe selbstständig betreut, benötigt für jeden Einkauf, unabhängig vom Einkaufswert, das schriftliche Einverständnis des Abteilungsleiters. Dies führt regelmäßig zu Verzögerungen im Arbeitsablauf. Hier liegt eine Überorganisation vor; eine bessere Lösung würde darin bestehen, jedem Einkäufer ein Dispositions-Limit einzuräumen, in dessen Rahmen er selbstständig über notwendige Einkäufe entscheidet.

Betrachtet man die Ziele einer Unternehmung, die mit Hilfe einer Organisation erreicht werden sollen, so trifft man auf

- das **Sachziel:** Dieses ist identisch mit der Marktaufgabe der Unternehmung. Aus der Marktaufgabe lassen sich Teilaufgaben ableiten, die wiederum die Struktur der zu schaffenden Organisation maßgeblich bestimmen.

  Die XY-GmbH hat die Marktaufgabe, Maschinenteile zu fertigen und zu verkaufen. Hieraus ergeben sich die Teilaufgaben »Einkauf von Rohstoffen«, »Anwerbung von Aufträgen«, »Erstellung von Konstruktionszeichnungen«, »Teilefertigung«, »Verkauf«, »Verwaltung« usw.. Die Konsequenz ist die Bildung organisatorischer Einheiten zur dauerhaften Erfüllung dieser Teilaufgaben, also einer Beschaffungs-, einer Konstruktions-, einer Fertigungs-, einer Absatzabteilung usw.

- die **Formalziele,** die das Unternehmen mit der Erfüllung des Sachzieles anstrebt und die von den Entscheidungsträgern des Unternehmens festgelegt werden. Mögliche Formalziele sind
  - Erhaltung der Unternehmung,
  - Gewinnmaximierung,
  - Anpassungsfähigkeit,
  - Zufriedenheit der Mitarbeiter,
  - Sicherheit usw.

Diese sehr allgemein formulierten Formalziele müssen auf die verschiedenen Systemebenen übertragen werden, wo sie höchst unterschiedliche Ausprägungen aufweisen können. Das Ziel »Gewinnmaximierung« bedeutet z. B. für die Einkaufsabteilung »Ausschöpfung der günstigsten Bezugsquellen und Losgrößen«, für die Produktion »Hohe Durchlaufgeschwindigkeit bei geringst möglichem Ausschuss«, für die Verwaltung »Rationelles Arbeiten unter geringste möglichem Personalaufwand«.

5.1.2.3.2 Elemente des Organisationssystems

Aus der Definition der Begriffe »Organisation« und »System« ergeben sich zugleich die Elemente des Organisationssystems. Diese sind

- Menschen (personale Aktionsträger),
- Maschinen (maschinelle Aktionsträger) und Sachmittel,
- Bedingungen und
- organisatorische Regeln.

Systeme, in denen Menschen und Maschinen Leistungen gemeinsam erbringen, werden als **sozio-technische Systeme** bezeichnet. Infolge der fortgeschrittenen Technisierung können nahezu alle Systeme innerhalb der modernen Zivilisation – Unternehmen, Institutionen, Vereinigungen – mit diesem Begriff bezeichnet werden.

5.1.2.3.2.1 Aktionsträger: Elemente »Mensch« und »Sachmittel«

Die Leistungsfähigkeit einer Organisationsstruktur hängt wesentlich davon ab, inwieweit es gelingt, die verschiedenen Teilaufgaben auf geeignete Aktionsträger zu übertragen.

Trotz zunehmender Automatisierung steht der Mensch innerhalb des sozio-technischen Systems immer noch als Aktionsträger im Vordergrund. Sein Einsatz innerhalb einer Aktionseinheit eines Systems hängt maßgeblich ab von den physischen und psychischen Eigenheiten des Individuums, über die die Arbeitswissenschaft und Verhaltensforschung verallgemeinernde Annahmen treffen. Danach hängt das Leistungspotenzial eines Menschen von seiner **Leistungsfähigkeit** und seiner **Leistungsbereitschaft** ab.

Während die Leistungsfähigkeit durch die vorhandenen körperlichen Anlagen, Kenntnisse und Talente bestimmt ist und durch Training bzw. Aus- und Fortbildung gesteigert werden kann, hängt die Leistungsbereitschaft (der Leistungswille) von der seelischen Verfassung ab. Innerhalb der Arbeitswissenschaft nehmen die Theorien über die Steigerung der Leistungsbereitschaft (Motivationstheorien) einen breiten Raum ein.

Maschinelle Aktionsträger sind, im Gegensatz zu ihren menschlichen »Kollegen«, konstruktions- und kapazitätsbedingt auf die Erfüllung bestimmter Aufgaben festgelegt. Daher gibt es im Zusammenhang mit ihnen lediglich das Problem, sie optimal in den Leistungserstellungsprozess zu integrieren. Gleiches gilt für alle Arten sonstiger Sachmittel (Einrichtungsgegenstände und Hilfsmittel wie Karteien, Schreibgeräte, Telefonanlagen etc.).

5.1.2.3.2.2 Materielle Beziehungen und Informationsflüsse

Innerhalb eines sozio-technischen Systems gibt es

- Mensch-Mensch-Beziehungen,
- Mensch-Sachmittel-Beziehungen und
- Sachmittel-Sachmittel-Beziehungen (besonders Maschine-Maschine-Beziehungen).

Diese Beziehungen zwischen den Aktionseinheiten eines sozio-technischen Systems bedürfen organisatorischer Regelungen. Dieses Regelwerk, das ein eigenständiges System innerhalb des sozio-technischen Systems darstellt und sowohl personenbezogene Verhaltensregeln als auch maschinenbezogene Funktionsregeln umfasst, entspricht dem Organisationsbegriff im engeren Sinne:

Das sozio-technische System *ist* nicht nur eine Organisation, sondern es *hat* auch eine Organisation!

Beziehungen können materieller und informationeller Art sein:

Materielle Beziehungen bestehen innerhalb einer Unternehmung im Austausch von Gegenständen, also Gütern, Vorprodukten, Schecks etc.. Es gilt, diejenigen Stellen, die im Rahmen eines Bearbeitungsprozesses zusammenarbeiten müssen, räumlich und zeitlich zu koordinieren. Zeitliche Koordination besteht in der Planung der zeitlichen Abfolge von Verrichtungen zur Vermeidung von Versäumnissen oder Wartezeiten. Räumliche Koordination beinhaltet die Minimierung von Transportwegen.

Informationelle Beziehungen (Kommunikationsbeziehungen) zwischen den Aktionseinheiten innerhalb eines Systems sind sowohl bei der Vorbereitung und Abstimmung von Entscheidungen als auch zur Koordination von Arbeitsabläufen unerlässlich.

Bei der Untersuchung der informationellen Beziehungen stellen sich folgende Fragen:

- Auf welchen Wegen und in welche Richtung fließen Informationen?
- Welchen Inhalts sind die Informationen?

Informationsflüsse unterscheiden sich hinsichtlich ihrer

- **Richtung:** Informationen können
  - einseitig (eine Aktionseinheit informiert eine andere) oder
  - zweiseitig (zwei Aktionseinheiten informieren sich gegenseitig) fließen.

- **Stufung:** Informationen können
  - direkt vom Informanten zum Informationsempfänger (einstufiger Informationsfluss) oder
  - indirekt über zwischengeschaltete Informationsträger (mehrstufiger Informationsfluss) geleitet werden.
- **Schichtung:** Informationen können zwischen den verschiedenen hierarchischen Ebenen eines Systems
  - vertikal (von unten nach oben – »Bottom-Up« – oder von oben nach unten – »Top-Down« –),
  - horizontal (zwischen Aktionsträgern der gleichen Ebene) oder
  - diagonal (zwischen Aktionsträgern unterschiedlicher Ebenen und Bereiche) ausgetauscht werden.

Nach ihrem Inhalt lassen sich Informationen unterscheiden in

- **Anweisungen:** Weisungen und Befehle, die im Allgemeinen von einer übergeordneten Ebene an einen unmittelbar unterstellten Aktionsträger gerichtet werden und eine vorab festgelegte Weisungsbefugnis voraussetzen;
- **Kontrollmeldungen,** die in der Regel von einem Aktionsträger an einen unmittelbar Vorgesetzten weitergegeben werden;
- **Mitteilungsinformationen,** die weder Anweisungen noch Kontrollmeldungen sind und zwischen Aktionsträgern aller Hierarchieebenen ein- oder zweiseitig abgesetzt werden.

5.1.2.3.2.3 Hierarchie

In organisatorischen Systemen bildet sich typischerweise ein Zusammenhangsgefüge der Aktionseinheiten heraus, das durch Über-, Unter- und Gleichstellungen geprägt ist und als Hierarchie bezeichnet wird. In Abschnitt 6.3.2 wird hierauf ausführlich eingegangen.

Innerhalb einer solchen Hierarchie obliegt die Zielfestsetzung der obersten Ebene (Unternehmensführung). Anschließend erfolgt eine »Überweisung« in die mittlere Führungsebene (**»Top-Down«**, von oben nach unten) zwecks Umsetzung in konkrete Maßnahmenplanungen, die dann wiederum zur »Verabschiedung« an die Führungsebene (**»Bottom-Up«**, von unten nach oben) zurückgegeben werden. Dieses Verfahren der wechselseitigen Planung und Kommunikation wird auch als **Gegenstromverfahren** bezeichnet.

5.1.2.3.2.4 Auswirkungen integrativer Managementsysteme

Große Auswirkungen auf die Organisation haben integrative Managementsysteme (vgl. Kapitel 8), wie am Beispiel des modernen **Qualitätsmanagements** deutlich wird: »Total Quality Management (TQM)« richtet die gesamte Organisation über alle Hierarchieebenen auf ein einheitliches Zielsystem aus, in dessen Zentrum der Kunde steht. Die Folge sind neue Führungsmodelle, Prozessgestaltungen und Steuerungsinstrumente, die im Qualitätsregelkreis einer kontinuierlichen Verbesserung unterzogen werden und entsprechend »elastisch« sein müssen.

Ähnliche Wirkungen gehen vor allem vom **Umweltmanagement** aus: So besitzt das »Responsible Care®« in der chemischen Industrie (vgl. Lehrbuch 2, Abschn. 4.2.2.1.3) einen dem TQM vergleichbaren Stellenwert.

5.1.2.3.2.5 Bedingungen

Als Bedingungen bezeichnet man diejenigen Faktoren, die das System beeinflussen, ohne von diesem gleichfalls beliebig beeinflusst werden zu können.

Zu unterscheiden sind

- **interne** Bedingungen: Hierunter versteht man die Eigenschaften der im System integrierten Menschen und Sachmittel, auf die unter dem Stichwort »Aktionsträger« bereits eingegangen wurde, sowie spezifische Eigenheiten des Systems. Beispiele hierfür sind
  - die Personalstruktur,
  - die Kapital- und Anlagenstruktur,
  - die Rechtsform,
  - die historisch gewachsene »Unternehmenskultur«.
- **externe** Bedingungen: Diese werden durch die Systemumwelt bestimmt. Den Umwelteinflüssen ist der folgende Abschnitt gewidmet.

Die Ausgestaltung der organisatorischen Regeln ist Gegenstand des Abschnitts 6.3.

5.1.3 Externe Einflussfaktoren auf die Planung

Anders als in der Frühzeit der menschlichen Entwicklung, sind soziale oder sozio-technische Systeme heute nicht mehr autark, also umweltunabhängig, sondern auf vielfältige Art mit anderen Systemen verbunden. Daneben existieren zahlreiche weitere externe Bedingungen, die vom System nicht oder nur bedingt beeinflusst werden können, die aber mehr oder weniger starken Einfluss auf das System ausüben.

Bezogen auf eine Unternehmung als organisatorisches System sind die folgende Einflussfaktoren als wesentlich zu bezeichnen:

- **Beziehungen zu anderen Unternehmen**

  Beispiel:

  Die XY-GmbH beliefert die EXPORT-AG mit Maschinenteilen. Beide wickeln ihren Zahlungsverkehr über die Sparkasse Geldhausen ab. Die Transportversicherung übernimmt die Safety-First-Versicherung.

- **Ökonomische Umweltbedingungen**

  Die XY-GmbH kann nach Belieben Verträge abschließen oder ablehnen, da ihr die Wirtschaftsordnung der Bundesrepublik Deutschland keine diesbezüglichen Beschränkungen auferlegt. Als Zulieferfirma für exportierende Unternehmen ist sie jedoch abhängig von der konjunkturellen Entwicklung, besonders von Maßnahmen der Währungspolitik.

- **Marktverhältnisse**

  Als Lieferant von Spezialteilen operiert die XY-GmbH auf einem bilateral oligopolistischen Markt. Die sich häufig verändernden Kundenwünsche einerseits und die Konkurrenzsituation mit etwa gleich stark einzuschätzenden Unternehmen erfordern eine ständige Marktbeobachtung und eine flexible Struktur, die rasche Anpassungen ermöglicht.

  Daneben wird XY beeinflusst von der Lage des Arbeitsmarktes – der Mangel an qualifizierten Fachkräften für die Metallbearbeitung zwingt sie zu intensiven Ausbildungsaktivitäten – und von der Kapitalmarktlage – das hohe Zinsniveau erfordert zurzeit die Verlagerung einer fälligen Großinvestition auf einen späteren Zeitpunkt. Die Preisschwankungen auf dem Rohstoffmarkt zwingen das Unternehmen derzeit, auf langfristige Lieferverträge mit Festpreisvereinbarungen zu verzichten.

- **Politische Bedingungen**

  Vom Ausgang der nächsten Wahlen hängt es ab, ob die XY-GmbH künftig schärfere Emissionsauflagen beachten muss. Die parlamentarische Demokratie lässt eine unmittelbare Einflussnahme des Unternehmens auf derartige politische Entscheidungen nicht zu. Die Geschäftsleitung vertritt ihren Standpunkt jedoch öffentlich auf Bürgerversammlungen und in den Medien und trägt so zur öffentlichen Meinungsbildung bei.

- **Rechtliche Bedingungen**

  Als Gesellschaft mit beschränkter Haftung unterliegt die XY-GmbH den speziellen Rechtsvorschriften nach dem GmbH-Gesetz. Daneben wird sie von einer Vielzahl anderer Rechtsnormen berührt, so etwa von steuer- und arbeitsrechtlichen Vorschriften, aber auch von der bereits oben geschilderten Verschärfung der Umweltschutzbestimmungen.

- **Soziale und kulturelle Bedingungen**

  Die XY-GmbH beschäftigt in zunehmendem Maße ausländische Arbeitnehmer. Hierdurch entstanden in letzter Zeit häufiger Spannungen innerhalb der Arbeitnehmerschaft.

- **Technologische Bedingungen**

  Unter dem Druck der Konkurrenz ist die XY-GmbH gezwungen, sich technologischen Neuerungen gegenüber aufgeschlossen zu zeigen. So plant die Geschäftsleitung die mittelfristige Umorganisation im Sinne des Computer Integrated Manufacturing.

5.1.4 Überwachung und Controlling der Ablauforganisation

In den voranstehenden Abschnitten war vor allem die Rede von der Planung des organisatorischen Gefüges aus Menschen, Sachmitteln, ihren Beziehungen zueinander und den sie beeinflussenden Bedingungen. Ebenfalls zu planen ist die Ablauforganisation, also diejenigen organisatorischen Regelungen, nach denen einzelne Teilaufgaben zu einem Gesamtvorgang zusammengefügt werden.

Die Entwicklung einer solchen Ablauforganisation mittels Arbeitsanalyse und anschließender Synthese wird ausführlich in Abschnitt 6.3.3 behandelt werden. Dabei wird deutlich werden, dass die Installation einer Ablauforganisation auf Basis einer grundsätzlichen, langfristigen (= strategischen) Festlegung erfolgt, von der erhebliche Bindungswirkung für das Unternehmen ausgeht; denn die Entscheidungen für ein Fertigungsverfahren, für die Anschaffung bestimmter maschineller Anlagen mit bestimmten Kapazitäten und deren Layoutplanung (Festlegung der Aufstellungsorte von Anlagen innerhalb des Fertigungsbereichs) sind nicht ohne erheblichen Aufwand rückgängig zu machen.

Die mit der Entscheidung für eine bestimmte Ablauforganisation eingegangenen Risiken können gerade bei anlagenintensiven Unternehmen ein überlebensbedrohliches Ausmaß erreichen. Deswegen ist in der Planungsphase neben der technischen auch eine wirtschaftliche Beurteilung unverzichtbar.

Die auch nach der Umsetzung der Planung fortlaufende Unterstützung und Überwachung der Ablauforganisation mit dem Ziel der Zukunftssicherung ist die Aufgabe des strategischen Controlling, das in Abschnitt 5.3 eingehend behandelt wird.

5.1.5 Wechselwirkungen von strategischer und operativer Planung: Auswirkung auf Unternehmens- und Unternehmensteilkonzepte

Die strategische Planung liefert die Vorgaben, auf deren Basis die operative Planung konkrete Maßnahmen vorbereitet. Dabei entsteht in den verschiedenen betrieblichen Bereichen (Standorten, Fachbereichen, Abteilungen, Gruppen, Stellen ...) ein System einzelner Maßnahmenpläne, die nicht nur auf die übergeordnete strategische Planung, sondern auch aufeinander abgestimmt werden müssen. Es werden häufig Zielkonflikte und praktische Probleme (z. B. Mehrfachbeanspruchungen von nur einmal vorhandenen Kapazitäten; Schwierigkeiten bei der zeitlichen Abstimmung von Vorgängen; fehlende Kenntnisse und Befugnisse) aufgedeckt, die wiederum zur Anpassung der strategischen Planung führen.

Auf Planungsmethoden und -instrumente mit **besonderer** Eignung für die strategische bzw. die operative Planung wird in Abschnitt 7.3 eingegangen.

5.2 Strategisches Denken, strategische Instrumente und Konzepte

Erfolgreiche Unternehmensführung ist gekennzeichnet durch ein Einsetzen der Grundlagen des strategischen Denkens, der Instrumente der strategischen Analyse und der Methoden der Strategieformulierung unter Einbeziehung des Umfeldes und unter Berücksichtigung von Umweltaspekten zur Erkennung und zweckentsprechenden Weiterentwicklung von strategischen Zusammenhängen des Unternehmens oder Unternehmensteils. Die wesentlichen dieser Aspekte werden im Folgenden behandelt.

5.2.1 Grundlagen des strategischen Denkens

Wer strategisch denkt, versucht die Konsequenzen von Ereignissen und Umständen in Hinblick auf ein angestrebtes Ziel vorherzusehen. Strategisches Denken ermöglicht folglich, Handlungen bewusst so vorzunehmen, dass sie der Erreichung des gewünschten Ergebnisses dienen. Diese Vorgehensweise, die jedem guten Schachspieler selbstverständlich ist – nämlich die Folgen von Spielzügen zu durchdenken und eigene Spielzüge zielführend vorzunehmen –, ist auch kennzeichnend für eine erfolgreiche Unternehmensführung. Wie der Schachspieler die Spielregel, den Spielstand, die Schwere des Gegners und das für ihn erreichbare Ziel kennen muss, um erfolgreich mitzuspielen, muss die Unternehmensleitung folgende **Bestimmungsfaktoren** kennen:

- die Definition (die »Idee«) des eigenen Geschäfts,
- die »globalen« und sonstigen langfristigen Merkmale, die das Unternehmen grundsätzlich kennzeichnen,
- die Ausgangslage, in der sich das Unternehmen befindet, in Bezug auf seine Markt- und Erfolgssituation,
- die aktuellen Herausforderungen für das Unternehmen.

5.2.1.1 Geschäftsdefinition

Mit der Geschäftsdefinition legt das Unternehmen fest, für welchen Markt es tätig sein will. Dabei sollte die Auffassung von der eigenen Marktaufgabe nicht zu eng gefasst sein, da ansonsten eine Selbstbeschränkung eintritt, die das Erkennen von Potenzialen behindert. Insbesondere die Fixierung auf ein bestimmtes Produkt oder eine bestimmte Dienstleistung stellt die Zukunftsfähigkeit in Frage.

Beispiel:

Ein Unternehmer, der die eigene Aufgabe als »Bauen von Pferdekutschen« definierte, musste um 1900 die Verdrängung seines Produkts – und damit den eigenen Untergang am Markt – erleben. Ein Unternehmer mit der Geschäftsdefinition »Ermöglichen von Mobilität für Personen und Güter« hatte dagegen gute Chancen, das in der Kombination von Kutsche und Verbrennungsmotor belegene Potenzial zu erkennen und sich erfolgreich auf dem neuen Markt für Automobile zu etablieren.

5.2.1.2 Globale Merkmale von Unternehmen

Der Begriff des globalen Merkmals entstammt der Statistik. Er steht für ein (einziges) Merkmal, mit dem eine Gruppe gekennzeichnet wird. Bezogen auf Unternehmen, sind derartige Merkmale z. B.

- das **Produkt:** Anhand des Produkts werden Unternehmen z. B. zusammengefasst zu Maschinenbauunternehmen, Energieversorgungsunternehmen, Reiseveranstaltern usw.;
- die **Kunden:** Anhand der Kunden, auf die die unternehmerische Tätigkeit abzielt, werden Unternehmen z. B. zusammengefasst zu Konsumgüterproduzenten, Einzelhändlern, Zulieferern usw.;
- die **Konkurrenz:** Je nach Konkurrenzsituation werden Monopolisten, Oligopolisten und Polypolisten unterschieden.

Weitere dauerhafte Merkmale betreffen

- Geschäftspartner (Lieferanten, Kunden, Kapitalgeber),
- Mitarbeiterstruktur (Qualifikation, Alterszusammensetzung, Berufserfahrung...),
- technische Ausstattung,
- Standort und
- Rechtsform.

5.2.1.3 Die Ausgangslage des Unternehmens

Die Ausgangslage des Unternehmens ist zum einen gekennzeichnet durch eine Reihe von Merkmalen, die nicht beliebig rasch und beliebig oft geändert werden können, sondern mittel- bis langfristige Festlegungen darstellen, die auf strategischen Entscheidungen beruhen. Grundlegende strategische Entscheidungen betreffen die Zugehörigkeit des Unternehmens zu bestimmten Gruppen im Sinne der oben erläuterten »globalen Merkmale« des Unternehmens.

Zum anderen gibt es Merkmale von eher vorübergehender Natur, die leichter und rascher verändert werden können, und zwar sowohl durch eigene Aktionen (die eigene Unternehmensstrategie) wie auch durch nicht aktiv herbeigeführte Umwelteinflüsse (etwa Aktionen von Mitbewerbern). Hierzu gehören

- die **gegenwärtige Marktsituation** (Marktvolumen, Marktwachstum, Mitbewerber...) und
- der **gegenwärtige Erfolg,** ausgedrückt z. B. in Absatz, Umsatz, Gewinn, Kosten, Marktanteil, Marktbekanntheit...

Ferner ist die Ausgangslage gekennzeichnet durch das Vorliegen (oder auch Fehlen) aktueller **Herausforderungen,** z. B. technologische Neuerungen, Mode- und Geschmackswechsel, rechtliche Änderungen usw.

In Kenntnis dieser Ausgangslage muss versucht werden, das **Erfolgspotenzial** abzuschätzen. Wie der Schachspieler nicht in der Lage sein wird, jeden Spielstand in eine Mattstellung des Gegners umzuwandeln, sondern häufig erkennen muss, dass das realistische Ziel nur in der Abwendung einer Niederlage und Wandlung in ein Remis bestehen kann, wird das Unternehmen seine Möglichkeiten realistisch ausloten und seine **Zielformulierung** entsprechend wählen. Einen wesentlichen Einfluss auf die Zielauswahl wird die Risikobereitschaft des Unternehmens (bzw. seiner Leitung und/oder seiner Eigner) ausüben: Im Allgemeinen steigt mit den Gewinnchancen, die durch bestimmte Aktionen eröffnet werden, auch das Risiko eines Scheiterns bzw. Verlusts.

In jedem Fall ist eine klare Formulierung der verfolgten Strategie erste Voraussetzung für eine erfolgreiche Durchsetzung.

Eine kritische Hinterfragung der eigenen Strategien durch die Unternehmensführung (die genauso von Außenstehenden, etwa potenziellen Investoren, vorgenommen werden könnte), sucht Antworten auf folgende Fragen:

- Ist ein langfristiges Ziel definiert?
- Ist eine systematische Vorgehensweise zur Zielerreichung erkennbar?
- Ist die Vorgehensweise geeignet, das angestrebte Ziel innerhalb von xy Jahren zu erreichen?
- Werden das Ziel und die Vorgehensweise von den Führungskräften und der Mitarbeiterschaft mitgetragen?
- Kann die Strategie im Falle veränderter Bedingungen hinreichend flexibel angepasst werden?

5.2.1.4 Herausforderungen

Die wesentliche Herausforderung für Unternehmen ist heute sicherlich das sich beständig und immer schneller wandelnde Umfeld. Nachfolgend werden zwei besondere Herausforderungen beschrieben, nämlich

- die Adaptationsproblematik (Problem der erfolgreichen Anpassung) und
- der gesellschaftliche und globale Wandel, insbesondere die demografische Entwicklung und die zunehmende Globalisierung.

5.2.1.4.1 Adaptationsproblematik

Jede Organisation ist von einer Fülle von Umweltfaktoren beeinflusst, die sie selbst nur sehr bedingt gestalten kann. Die (in Abschn. 5.1.3 näher beschriebenen) Umweltbedingungen sind keine konstanten Größen; vielmehr unterliegen sie im Zeitablauf ständigen Veränderungen, die nicht immer langfristig vorhersehbar sind.

Damit ist die Unternehmungsumwelt gekennzeichnet durch

- **Komplexität:** Es gibt nicht die Umwelt, sondern eine Fülle von Umweltbedingungen und unterschiedlichen Abhängigkeiten zwischen diesen;
- **Diskontinuität:** Die Umweltbedingungen verändern sich unregelmäßig: Anstelle kontinuierlicher Trends (stetiges, gleichmäßiges Wachstum) sind in vielen Bereichen nichtperiodische Schwankungen zu beobachten (z. B. Konjunkturentwicklung);
- **Dynamik:** Besonders die technologische Entwicklung vollzieht sich mit zunehmender Geschwindigkeit;
- **Unsicherheit:** Zeitpunkt, Richtung und Intensität von Veränderungen entziehen sich häufig jeder Vorhersagbarkeit.

Die Schwierigkeit eines Unternehmens, sich seiner veränderlichen Umwelt anzupassen und in ihr nicht nur zu überleben, sondern wirtschaftlich erfolgreich zu sein, wird als Anpassungs- oder Adaptationsproblematik (auch: Adaptionsproblematik) bezeichnet. Sie spielt eine wesentliche Rolle in der **Planungslehre.**

5.2.1.4.2 Gesellschaftlicher und globaler Wandel

In den vergangenen Jahrzehnten galt vor allem die Rasanz der Abfolge technologischer Innovationen als Beleg für den Wandel, mit dem sich Unternehmen zu arrangieren hätten.

Heute zeigt sich, dass auch Wandlungsprozesse innerhalb der Gesellschaft jede in ihr angesiedelte Organisation – also auch die Unternehmen – vor neue Herausforderungen stellen. Beispielhaft genannt seien hier die demografische Entwicklung und die Globalisierung.

Die demografische Entwicklung

Nicht nur in der Bundesrepublik Deutschland, sondern auch in anderen Ländern, die der »westlichen Welt« zugeordnet werden, sind starke Veränderungen in der Bevölkerungszusammensetzung dergestalt beobachtbar, dass die Bevölkerungszahl stagniert oder sinkt und die Altersverteilung mehr und mehr zugunsten der höheren Altersgruppen verschoben wird. Ursachen sind sinkende Geburtenraten und eine durch bessere Lebens- und Arbeitsbedingungen sowie medizinische Fortschritte bedingte **gestiegene Lebenserwartung.**

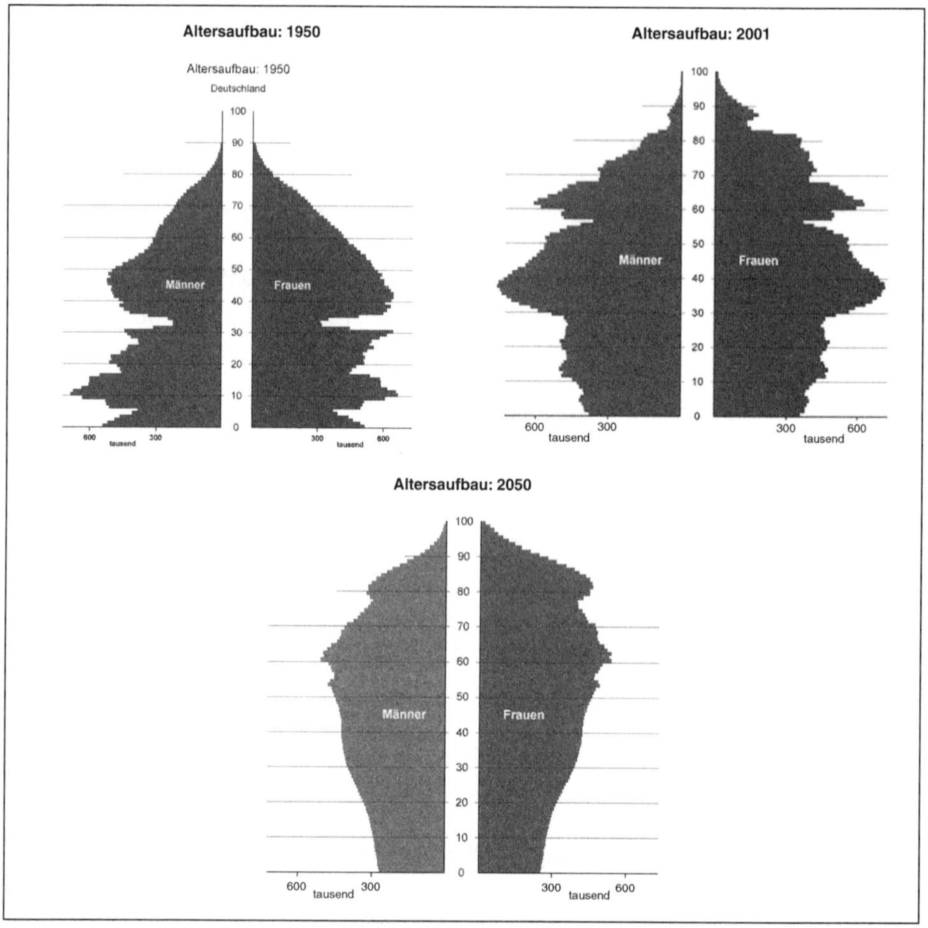

Der Altersaufbau in Deutschland 1950, 2001 und 2050; Quelle: Statistisches Bundesamt

Die klassische »Alterspyramide« wandelt sich allmählich zu einem Gebilde in Form einer Vase – sogar in offiziellen Verlautbarungen wird bisweilen von »Urne« gesprochen.

Diese Entwicklung erfordert Anpassungsreaktionen und grundlegende Reformen nicht nur von Seiten der Politik, die die sozialen Sicherungssysteme neu zu strukturieren hat, sondern auch von Seiten der Unternehmungen. Die Alterszusammensetzung von Belegschaften hat sich in den letzten Jahrzehnten dramatisch verändert: Das Verhältnis der Erwerbstätigen bis 30 Jahren zu den Erwerbstätigen im Alter ab 50 Jahren hat sich von 1,5:1 (1984) bis Mitte 2019 auf 1:1,65 verschoben, also mehr als umgekehrt. In den 1970er- bis in die frühen 1990er-Jahre schieden ältere Mitarbeiter – vor allem wegen eines schwachen Arbeitsmarkts – über Frühverrentungsmodelle teilweise bereits mit 55 Jahren aus dem Arbeitsmarkt aus. Nach einem Tiefstand von wenig mehr als 35 % in den 1990er Jahren ist die Erwerbsbeteiligung der 60- bis 64-Jährigen aber inzwischen auf über 60 % gestiegen (destatis, 2018). Vor dem Hintergrund des Fachkräftemangels hat die Bundesregierung Mitte 2017 das Modell der **»Flexi-Rente«** eingeführt. Es soll den Verbleib am Arbeitsplatz über das Erreichen der Regelaltersgrenze hinaus attraktiv machen. Andererseits ermöglicht die »Rente mit 63« für sehr langjährig Beschäftigte einen vorzeitigen Ausstieg ohne Rentenabschläge (für Jahrgänge ab 1953 gestaffeltes Austrittsalter bis auf 65 Jahre). Dieses widersprüchliche Verhalten zeigt sich auch in vielen, vor allem großen Betrieben: Einerseits wird **Fachkräftemangel** beklagt, andererseits werden älteren Mitarbeiter Anreize gegeben, vorzeitig aus dem Berufsleben auszuscheiden. Den so freigesetzten »jungen Alten« bleiben danach oft noch 25 und mehr Jahre im Ruhestand.

Das Missverhältnis zwischen Lebensarbeitszeit einerseits und Lebensdauer andererseits in Verbindung mit dem Mangel an nachwachsenden Fachkräften bei hoher Konzentration der Belegschaften auf Mitarbeiter im Alter ab 45 Jahren ist derzeit eines der größten Probleme der Industriegesellschaften. Die Verlängerung der Lebensarbeitszeit durch späteren Rentenbeginn sowie die Förderung der Zuwanderung qualifizierter jüngerer Menschen aus dem Ausland sind gegenwärtig praktizierte Gegenmittel.

Auf der anderen Seite verändern sich die Märkte: Zwar sind die Produkte und Werbebotschaften, die sich an Jugendliche richten, heute noch sehr erfolgreich, weil diese Zielgruppe Untersuchungen zufolge am konsumfreudigsten und (noch?) gut situiert ist; die allmähliche Hinwendung zu den – heute durch Ruhegelder, Sparvermögen und Erbschaften mehrheitlich finanziell gut ausgestatteten – **Konsumentengruppen »50plus«** (von Sozialexperten heute bereits als »die Rentnergenerationen mit dem höchsten Wohlstand aller Zeiten« bezeichnet) ist aber inzwischen deutlich erkennbar. Auch diese Entwicklung könnte sich in wenigen Jahrzehnten wieder umkehren, wenn eine von manchen Sozialexperten befürchtete Altersarmut infolge der Absenkung des Rentenniveaus tatsächlich Realität werden sollte.

Die Globalisierung

Eine der wohl größten Herausforderungen der Gegenwart ist die weltweite wirtschaftliche Verflechtung. Diese ist zwar nicht neu, aber etwa seit 1990 vor allem durch zwei Entwicklungen vorangetrieben worden: Zum einen ist dies die rapide Entwicklung der vernetzten Information und Kommunikation, die eine zuvor nicht gekannte Transparenz wirtschaftlicher Rahmendaten wie Preise, Kurse, Zinsen usw. schuf, Finanztransaktionen ohne Zeitverzögerungen und ohne Rücksicht auf Börsenorte und -schlusszeiten zuließ und die Verkettung von Unternehmen in weltumspannenden Produktionsprozessen zur Folge hatte. Zum anderen führte der Zerfall der Sowjetunion und der Zusammenbruch der sozialistischen Wirtschaften zu einer Ausdehnung des marktwirtschaftlichen Wettbewerbs auf praktisch alle Staaten der Welt.

Je nach Einflussmöglichkeit des Beschreibenden auf das wirtschaftliche Geschehen wird die Globalisierung entweder zustimmend bis euphorisch oder abwägend bis strikt ablehnend gesehen: Steht sie den Befürwortern, insbesondere den als »Global Players« bezeichneten international agierenden Unternehmern, für weltumspannende Informations-, Anlage-, Einkaufs- und Absatzmöglichkeiten mit nahezu unbegrenzten Chancen, verbinden Globalisierungsgegner damit Ohnmacht, Ausgrenzung und Ausbeutung der Nichtbesitzenden, Massenverelendung und ungezügelten Umweltverbrauch. Dabei beschränken sich die Auseinandersetzungen zwischen Befürwortern und Gegnern heute nicht mehr auf Diskussionen: Weltwirtschaftsgipfel und Ministerkonferenzen der **Welthandelsorganisation WTO** sind heute regelmäßig von Demonstrationen begleitet. Einerseits kann wohl davon ausgegangen werden, dass die weltweite Wirtschaftsverflechtung nicht rückgängig gemacht und ihr Fortschreiten nicht aufgehalten werden kann; andererseits werden internationale Regelungen zum Schutz Benachteiligter, insbesondere der Länder der so genannten Dritten Welt, unverzichtbar sein, da Appelle an die Verantwortung der Akteure kaum ausreichen dürften.

5.2.2 Strategieanalyse

Systematische, unter Anwendung des Instrumentariums der Marktforschung durchgeführte Erhebungen und Analysen der Unternehmens- und Umfeldsituation werden heute von zahlreichen Dienstleistern angeboten. Diese Untersuchungen werden bisweilen als Strategieanalysen bezeichnet.

Instrumente der Strategieanalyse, die bereits im Rahmen der Absatzwirtschaft behandelt wurden, sind z. B.

- die Portfoliotechnik,
- die Lebenszyklusanalyse,
- Stärken-Schwächen-Analysen (Potenzialanalysen),
- Chancen-Risiken-Analysen,
- Konkurrenzanalysen.

Auf Basis der Ergebnisse dieser Untersuchungen, die sich nicht nur auf den Status Quo, sondern auch auf interne und externe Entwicklungen erstrecken, werden Empfehlungen für die weitere Strategieentwicklung erteilt.

Ebenfalls in Zusammenhang mit dem Absatz wurden verschiedene Strategien vorgestellt, z. B. die »Marktdurchdringung« und »Marktentwicklung«, die »Pull-Strategie« im Gegensatz zur »Push-Strategie«, das »Guerilla-Marketing« usw.

Nicht immer ist die eigene Strategie so klar ausgerichtet; außerdem verfolgen Unternehmen häufig mehrere Strategien parallel: Die Marktstrategien können sich bezüglich der verschiedenen Produktfelder unterscheiden; eine verfolgte Wachstumsstrategie kann die Einzelstrategien bezüglich der Produkte überlagern; manche Strategien betreffen nur bestimmte Bereiche und Ebenen (»Level«) des Unternehmens.

5.2.3 Methoden der Entscheidungsfindung für strategische Geschäftsfelder

Als **Strategisches Geschäftsfeld (SGF)** wird ein Markt bezeichnet, der innerhalb eines größeren Marktes über die bestimmte Produkt-Markt-Kombinationen definiert und strategisch bearbeitet wird. Die Festlegung dieser Geschäftsfeldstrategien ist eine Aufgabe des **Strategischen Managements.** Darunter werden alle Aufgaben zusammengefasst, die mit der Erkundung und dem Auf- und Ausbau von Erfolgspotenzialen zu tun haben (in Abgrenzung zum Operativen Management mit der Aufgabe der wirtschaftlichen Gestaltung der operativen Prozesse und zum Normativen Management, worunter die Existenzsicherung und die Festlegung der generellen Ziele fallen).

Nach der in der Fachliteratur vorherrschenden Auffassung ist der Begriff des Strategischen Geschäftsfelds von dem der **Strategischen Geschäftseinheit (SGE)** abzugrenzen: Letztere ist eine innerhalb des Unternehmens gebildete Einheit, die sich in einer bestimmten Art und Weise (z. B. als teilweise autonom agierendes Profit Center) um ein bestimmtes oder auch um mehrere Strategische Geschäftsfelder kümmert. Beide Begriffe haben also miteinander zu tun, bezeichnen aber einmal die unternehmerische Innenwelt (SGE) und zum anderen ein bestimmtes Marktsegment (SGF). SGE werden in Abschnitt 6.3.2.3.3 behandelt.

Die Entscheidung, ein bestimmtes SGF mit bestimmten Zielsetzungen zu erschließen, ist eine strategische Entscheidung; die Wahl der Methoden und Instrumente, mit denen dies geschieht, ist Gegenstand und Ergebnis der strategischen Planung. Eine SGE benötigt für die Erschließung von SGF eine dem Unternehmenskonzept (s. o.) vergleichbare Konzeption. Sie entscheidet über die **strategische Positionierung** und legt fest, welche **Wettbewerbsstrategien** angewendet werden sollen.

Bereits aus dem Marketing bekannte Konzepte und Werkzeuge, die dabei zum Einsatz kommen können, sind z. B.

- die Produkt-Markt-Matrix nach ANSOFF (»ANSOFF-Matrix«),
- die Portfolio-Matrix,
- die Wettbewerbsstrategien und die Branchenstrukturanalyse (»Fünf-Kräfte-Modell«) nach PORTER,
- Konkurrenz- und SWOT-Analysen.

5.3 Sicherstellung der strategischen Zielerreichung

5.3.1 Das interne Kontroll- und (Früh-)Warnsystem

Ziele zu sichern bedeutet, Vorkehrungen zu treffen, die dafür sorgen, dass die Ziele nicht aus dem Blick geraten, der Grad der Zielerreichung regelmäßig festgestellt wird und zielführende Prozesse verstetigt werden. Dies erfordert eine gute Übersicht über das Betriebsgeschehen und eine permanente Aufbereitung und Auswertung relevanter betrieblicher Daten.

Allerdings nimmt mit zunehmender Betriebsgröße die Übersichtlichkeit des Betriebsgeschehens ab. Dennoch bleibt die Geschäftsleitung für die Erreichung der Unternehmensziele, für die Erhaltung des Betriebsvermögens und die Richtigkeit des Rechnungswesens verantwortlich. Die persönliche Überwachung durch die Geschäftsführung muss mit zunehmender Betriebsgröße auf andere Stellen delegiert werden. Die Übertragung dieser Leitungs- und Überwachungsaufgaben macht Kontrollen erforderlich, die die persönliche Überwachung ersetzen. Alle Maßnahmen und Methoden, die in einem Unternehmen mit dem Ziel angewendet werden, die Einhaltung der Geschäftspolitik, den Schutz des Vermögens und die Verlässlichkeit des Rechnungswesens zu fördern, sind aufeinander abzustimmen und in einem Organisationsplan zu erfassen. Dieser Plan und die darauf abgestimmten Methoden und Maßnahmen bilden das innerbetriebliche Kontrollgefüge, das als internes **Kontrollsystem** bezeichnet wird.

Das interne Kontrollsystem ist ein in sich geschlossenes Ganzes und besteht aus dem **»internal check«** (interne Kontrolle) und dem **»internal auditing«** (interne Revision). Die interne Kontrolle als ein Glied des internen Kontrollsystems zielt auf die Kontrollen, die die täglichen Geschäftsabläufe begleiten. So wird die Arbeit einer Stelle durch eine andere mit dem Ziel kontrolliert, Fehler zu vermeiden oder aufzudecken. Dazu gehören auch vorbeugend bereits die Verteilung von Vollmachten, die Funktionstrennung und ggf. Kontierungsanweisungen zur zutreffenden Verbuchung von Geschäftsfällen.

Wesentliches Element ist die **Funktionstrennung.** Vollziehende, verbuchende und verwaltende Funktionen sind zusammen unvereinbar und daher zu trennen. So darf der Lagerverwalter keinen Zugang zur Lagerbuchführung haben, der Lohnbuchhalter darf keine Löhne auszahlen. Damit erfordert die Funktionstrennung grundsätzlich, dass niemand alle Phasen eines Geschäftsfalls allein durchführen darf, ohne dass ein anderer ihn kontrolliert. Danach meldet z. B. der Lagerverwalter bei der Einkaufsabteilung, dass ein Lagerartikel benötigt wird. Der Einkauf wird daraufhin diesen Artikel preisgünstig und termingerecht bestellen. Die eingegangene Ware wird nach Prüfung eingelagert und der Vorgang an die Buchhaltungsabteilung zur Verbuchung und Bezahlung weitergegeben.

Für eine wirksame Funktionstrennung benötigt das interne Kontrollsystem Instrumente wie z. B. **Organisationspläne,** Arbeitsanweisungen, Kontenpläne und Kontierungsrichtlinien, aber auch Kontrolleinrichtungen und Kontrollvorrichtungen. Organisationspläne sollen die Trennung der einzelnen Funktionen eindeutig festlegen, Aufgaben, Verantwortungen und Kompetenzen sollen in **Dienstanweisungen** festgelegt sein. Zur geldmäßigen Abbildung des Produktionsprozesses bedarf es einer aussagefähigen Buchführung. Hier haben **Kontierungsrichtlinien** für eine einheitliche Verbuchung zu sorgen.

Das interne Kontrollsystem zieht damit ein engmaschiges Netz von Kontrollmaßnahmen über das gesamte Unternehmen, um alle Arbeitsabläufe und ihre Darstellung in der Buchhaltung zu überwachen mit dem Ziel, Fehler zu verhindern oder jedenfalls rechtzeitig erkennen zu können. Dabei kann man die Überwachungsmaßnahmen zeitlich in eine Vorprüfung und eine Nachprüfung unterscheiden. Die **Vorprüfung** hat vorbeugenden Charakter und soll mögliche Fehler verhüten. Die **Nachprüfung** soll etwaige Fehler und Unregelmäßigkeiten aufdecken. Gewissermaßen hat auch sie eine vorbeugende Funktion, wenn der ausführenden Person bekannt ist, dass ihre Tätigkeit einer Nachprüfung unterzogen wird.

Interne Revision

In kleineren Betrieben wird die Überwachung meist von der Geschäftsführung selbst wahrgenommen werden können. Bei größeren Unternehmen ist die Überwachung auf untere Stufen zu delegieren, z. B. auf einen Abteilungsleiter. Seine Überwachung auf höherer Stufe behält sich dann die Geschäftsleitung vor. Bei noch größeren Unternehmen wird auch dieses nicht mehr ausreichen: Es muss eine Stelle geschaffen werden, deren alleinige Aufgabe es ist, das interne Kontrollsystem zu überwachen. Hierzu dient die **interne Revision.** Sie hat die Aufgabe, die Geschäftsleitung zu unterstützen. Nach der Definition des »Institute of Internal Auditors« besteht das Wesen der internen Revision in einer unabhängigen und bewertenden Tätigkeit in einer Organisation zur Unterstützung der Geschäftsleitung, deren Aufgabe es ist, das Rechnungs- und Finanzwesen und die anderen Vorgänge zu überwachen. Sie übt auch eine Überwachungsfunktion der Geschäftsleitung aus, indem sie die Wirksamkeit anderer Kontrollen abwägt und bewertet. Das erfolgt durch Untersuchungen, Bewertungen und Empfehlungen.

Die interne Revision muss sich von der zutreffenden Erfassung der Geschäftsfälle und der Verlässlichkeit der Buchhaltungsdaten überzeugen. Sie muss das Unternehmen vor Vermögensverlusten schützen, Unterschlagungen aufdecken bzw. verhindern und insbesondere über die Einhaltung der Funktionstrennung wachen. Die Erfüllung der Aufgaben der internen Revision ist aber nur dann gewährleistet, wenn Art und Umfang der Überwachung, Berichterstattung und Empfehlung ausreichend gründlich und vollständig festgelegt werden. Natürlich muss die interne Revision unabhängig sein.

Externe Revision

Je nach Prüfungsumfang, Prüfungsziel und Größe des Unternehmens lassen sich die Aufgaben einer internen Revision auch auf externe Stellen verlagern. Man spricht dann von **externer Revision.** So können z. B. Prüfungen der Ordnungsmäßigkeit der Buchführung und des Jahresabschlusses auch auf Wirtschaftsprüfer, Wirtschaftsprüfungsgesellschaften, vereidigte Buchprüfer und Buchprüfungsgesellschaften übertragen werden. Für bestimmte Gewerbezweige übernehmen Prüfungsverbände diese Aufgaben. Teilweise werden diese Prüfungsziele auch durch gesetzliche Prüfungspflichten mit abgedeckt.

Gerade in Zeiten einer stürmischen Entwicklung, also instabiler oder unbekannter Einflüsse aus der Unternehmensumwelt, reicht eine einfache Fortschreibung der Unternehmenssteuerung nicht aus: Trendveränderungen, Strukturwandel und sich abzeichnende Entwicklungen müssen möglichst frühzeitig erkannt und darauf abgestimmte Maßnahmen umgehend ergriffen werden. Mit diesem Problem gewinnt **Controlling** seine Bedeutung. Unter Controlling versteht man nach einer Definition der Unternehmensberatung KIENBAUM die Koordination von Planung, Steuerung, Kontrolle und Informationsversorgung eines Unternehmens. Damit ist Controlling weit mehr als nur Kontrolle.

Controlling ist die Bereitstellung von Methoden und Informationen zur Verbesserung der ablaufenden Managementprozesse im Hinblick auf Zielsetzung und Zielerreichung. Controlling umfasst damit **alle** Funktionen, die die Informationsversorgung von Führungsinstanzen verbessert. Dazu gehören das Erkennen von Informationsbedarf, das Bereitstellen der notwendigen Informationen, die praktische Anwendung von Analyse- und Bewertungsmethoden und die zukunftsorientierte Informationsauswertung von Planung und Ergebniskontrolle. Controlling beschränkt sich dabei auf die Unterstützung der Führung, greift selbst nicht direkt in die Führung ein. In Werbeanzeigen für Controllingliteratur wird häufig die Geschäftsleitung als Kapitän und der Controller als Lotse dargestellt, der das Schiff »Unternehmen« sicher in den Hafen des Erfolges geleiten soll.

Der Rahmenstoffplan für den Geprüften Technischen Betriebswirt sieht die Behandlung des Themenkomplexes »Controlling« nicht mehr zusammenhängend in einem Abschnitt, sondern thematisch nach Unternehmensbereichen und Tätigkeitsfeldern verteilt vor.

Deswegen finden sich zahlreiche Ausführungen zum Controlling z. B. bereits in Lehrbuch 1 in Abschnitt 1.7.4 **(Prozesscontrolling)** und in Lehrbuch 2 in den Abschnitten 4.1.3.10 **(Marketingcontrolling)** und 4.6.3.6 **(PPS-Controlling).** In Kapitel 7 wird es zudem um **Projektcontrolling** gehen. Aus systematischen Gründen wird an dieser Stelle anstelle einer abermaligen Beschränkung auf spezielle Belange und Begriffe aus dem Controlling aber einer allgemeinen Darstellung des Controlling (und damit einer Ergänzung des Rahmenstoffplans) der Vorzug gegeben. Insbesondere werden am Ende dieses Kapitels einige Betrachtungen über Controlling als Chance und Erfordernis in allen Unternehmensbereichen angestellt.

5.3.1.1 Aufbau eines strategischen und operativen Controllingsystems

Sieht man in Anlehnung an die vorstehende Umschreibung des Controllingbegriffes das Unternehmen als ein Schiff an, das die Geschäftsleitung als Kapitän in den Hafen, d. h. zum wirtschaftlichen Erfolg führen soll, wird erkennbar, dass die Erfüllung dieser Aufgabe auch von der zur Verfügung stehenden Hilfestellung bzw. von Hilfsmitteln abhängt.

In früheren Zeiten waren die Hilfsmittel rar und wenig verlässlich, die Navigation wurde zum Glücksspiel. Misserfolge (Strandung, Untergang) waren an der Tagesordnung, Erfolge (»Entdeckung Amerikas«) eher zufällig. Das Controlling hat, wie gesagt, die Aufgabe, die Geschäftsleitung als Lotse oder auch als Navigator zu unterstützen. Die Geschäftsleitung ist verantwortlich für das Ergebnis, das Controlling hat es transparent zu machen.

Die Informationsversorgung für das »Tagesgeschäft« ist in einem Unternehmen in der Regel problemlos, allerdings sind Routinevorgänge nicht Gegenstand des eigentlichen Führungsprozesses. Das sich rasch wandelnde Umfeld eines Unternehmens sorgt für viel komplexere Führungsprozesse. Die Anzahl der Aktivitäten im Prozess steigt, die zu berücksichtigenden Interessen und vor allem deren Konfliktgehalt wächst weiter an, die in einer Entscheidung zu berücksichtigenden Aspekte nehmen zu, eine Entscheidung reicht immer weiter in die Zukunft hinein. Das Unternehmen muss daher eine operativ und strategisch ausgerichtete Führung besitzen. Die bisherige, auf die Existenzsicherung auf Basis des Gewinns ausgerichtete aktionsorientierte (operative) Führung muss um eine strategische Führung ergänzt werden, welche auf langfristige Existenzsicherung durch Ausbau der Erfolgspotenziale eines Unternehmens orientiert ist.

Die Hauptaufgabe des **operativen Controlling** besteht in der Erfassung und Analyse von Kostenabweichungen. Kostenrechnungssysteme stehen als Controllinginstrumente im Vordergrund. **Strategisches Controlling** unterstützt ein Unternehmen darin, zukünftige Chancen und Risiken zu erkennen, auf Stärken und Schwächen hinzuweisen und somit die Marschrichtung der nächsten Jahre aufzuzeigen. Es hat die weitere Aufgabe, die Veränderungen des Unternehmensumfeldes zu erkennen und auf Chancen und Risiken frühzeitig hinzuweisen, sodass dem Unternehmen noch eine angemessene Reaktionszeit verbleibt: Es muss als **Frühwarnsystem** dienen können.

Controlling hat eine zielorientierte Unternehmensführung zu unterstützen und damit dem Unternehmen Koordinationslösungen und die dazu notwendigen Informationen zur Verfügung zu stellen. Eine zielorientierte Unternehmensführung beginnt bereits bei der Unternehmensplanung. Ausgehend von der ständigen Analyse aller Einflussfaktoren auf den

Betrieb ist in einem Unternehmenskonzept das Ziel festzulegen und zu formulieren, in Einzelziele zu zerlegen und auf das Konzept abzustimmen, um als klare Orientierungshilfe für jeden einzelnen Bereich dienen zu können. Maßnahmen zur Erreichung dieser Ziele sind festzulegen, laufend zu kontrollieren und zu beurteilen.

Besondere Aktivitäten des strategischen Controlling sind

- das **Prämissencontrolling,** das die Gültigkeit der Eingangsannahmen, auf denen strategische Überlegungen und Festlegungen fußen, überprüft,
- das **Durchführungs- oder Maßnahmencontrolling,** das die Umsetzung der gewählten Maßnahmen überprüft,
- das **Wirksamkeitscontrolling,** das überprüft, ob die angestrebten Ziele mit der gewählten Strategie tatsächlich erreicht werden (können),
- das **Eckwert-Controlling,** das die Einhaltung von Vorgaben überprüft.

Zur Erfüllung der Aufgaben muss sich das Controlling bestimmter Instrumente oder Werkzeuge (auch »Tools« genannt) bedienen. Zunächst gilt es, sich einen Überblick über das Informationssystem des Unternehmens zu verschaffen. Voraussetzung für Planung, Steuerung und Kontrolle des Unternehmensgeschehens ist ein funktionstüchtiges Informationssystem. Dabei sind die Fragen zu beantworten, welche Informationen für die Unternehmensführung notwendig sind, wie diese gewonnen, aufbereitet und weitergegeben werden. Werden die Informationen wahrgenommen und zutreffend interpretiert oder möglicherweise wider besseren Wissens nicht weiterverfolgt?

5.3.1.1.1 Controlling und Planung

Die Planung steht in einem sehr engen Bezug zum Controlling, sie ist sogar dessen Voraussetzung. Erst durch einen Vergleich von Istwerten mit den vorgegebenen Planwerten und Feststellung sowie Analyse der Abweichungen kann das Controlling seine Steuerungsfunktion erfüllen.

5.3.1.1.2 Berichtswesen

Zur Sicherstellung des Informationsbedarfes dient ein Berichtswesen **(»Reporting«),** welches festlegt, was zu welchem Zeitpunkt an wen zu berichten ist. Ein solcher Bericht gibt eine Zusammenfassung über die abgelaufene Periode (z. B. Monat, Quartal, Jahr) und enthält die wichtigsten Kennzahlen, ihre Veränderung und eine Kommentierung etwaiger Veränderungen.

Als Form der Darstellung eignen sich neben der Auflistung von Kennzahlen auch tabellarische Zusammenstellungen und grafische Übersichten.

5.3.1.1.3 Controlling und Rechnungswesen

Wichtigstes Werkzeug des Controllers im operativen Bereich ist ein **controllinggerechtes Rechnungswesen.** Dies besteht mindestens aus einer Finanzbuchhaltung, einer Kosten- und Leistungsrechnung sowie aus der betrieblichen Statistik. Die Buchhaltung hat den Nachweis über Vermögen und Schulden zu liefern und aus dem Vergleich des Vermögens zu Beginn und am Ende der Periode den Erfolg abzuleiten. Die Kosten- und Leistungsrechnung gehört zu den wichtigsten operativen Werkzeugen. Die verschiedenen Systeme der Kostenrechnung unterscheiden sich einmal im Ausmaß der Kostenzurechnung, d. h. ob tatsächlich alle anfallenden Kosten zugerechnet werden (Vollkostenrechnung), oder ob nur Teile der Kosten zu verrechnen sind (Teilkostenrechnung). Dabei können die tatsächlichen Kosten (Istkosten) verrechnet werden, oder aber ermittelte

Durchschnittswerte an Kosten (Normalkostenrechnung). Eine Verrechnung zukünftiger, geplanter Kosten ist Gegenstand der Plankostenrechnung.

Da bei der Vollkostenrechnung keine Marktdaten berücksichtigt werden, ist diese Art der Kostenrechnung wenig für Controllingzwecke geeignet. In einem Verdrängungswettbewerb kann nicht davon ausgegangen werden, dass der zutreffend kalkulierte Preis auch vom Markt akzeptiert wird. Da auch eine Trennung von variablen und fixen Kosten fehlt, ergibt sich eine besondere Gefahr einer fehlerhaften Preispolitik. »Controllinggerechter« sind Teilkostenrechnungssysteme, wie z. B. **Direct Costing, Grenzplankostenrechnung** und **Deckungsbeitragsrechnung.**

Eine Kostenkontrolle kann in drei Richtungen vorgenommen werden: Einmal kann im **Zeitvergleich** festgestellt werden, wie sich die Istkosten der betrachteten Periode von den Istkosten einer vergangenen Periode unterscheiden. Über die Wirtschaftlichkeit sagt dieser Vergleich allerdings nichts aus. Insofern ist der Zeitvergleich für Controllingzwecke kaum geeignet. Eine weitere Möglichkeit wäre der **Betriebsvergleich,** d. h. der Vergleich der Kosten mit denen eines anderen Betriebes oder mit Branchenwerten. Der Betriebsvergleich setzt aber die Zugänglichkeit und die Vergleichbarkeit der Daten voraus. Das Controlling konzentriert sich daher auf den **Soll-Ist-Vergleich,** d. h. die Plankosten werden den Istkosten gegenübergestellt, die Abweichung wird ermittelt und analysiert, d. h. es wird festgestellt, ob die Gesamtabweichung auf Preis-, Verbrauchs-, Beschäftigungs- oder sonstigen Abweichungen beruht. Der Analyse folgt die Erörterung mit den Verantwortlichen und die Einleitung von Steuerungsmaßnahmen.

5.3.1.1.4 Kennzahlen

Ein weiteres Instrument des operativen Controllings stellen Kennzahlen dar. Betriebliche Sachverhalte werden in absoluten und relativen Zahlen ausgedrückt, die in kurzer und überschaubarer Weise über betriebswirtschaftliche Sachverhalte informieren sollen. Voneinander abhängige Kennzahlen können auch in **Kennzahlensystemen** zusammengefasst werden (vgl. hierzu Lehrbuch 1, Abschn. 1.7.3).

Kennzahlen und Kennzahlensysteme sollen das Unternehmen analysieren, die Planung und Steuerung des Betriebsablaufs unterstützen und dienen letztlich der Ergebniskontrolle. Der Vorteil von Kennzahlen und Kennzahlensystemen liegt in ihrer knappen Darstellung komplexer betrieblicher Sachverhalte; sie bergen aber auch Gefahren. Ihre Aufstellung kann Fehler beinhalten, und so können aus Kennzahlen falsche Schlüsse gezogen werden. Gerade bei der Verwendung von Kennzahlen oder Kennzahlensystemen im Betriebsvergleich mit anderen Unternehmen ist die eingeschränkte Vergleichbarkeit zu berücksichtigen. Betriebe mit unterschiedlichem Standort, unterschiedlicher technischer Ausstattung, unterschiedlichen Produkten und Fertigungsverfahren, unterschiedlicher Betriebsgröße und Auslastung sind nur bedingt vergleichbar. Auch die finanzielle Ausstattung der zu vergleichenden Betriebe kann unterschiedlich sein.

5.3.1.1.5 Der Controlling-»Werkzeugkasten«

Die einzelnen Werkzeuge des **operativen** Controllings können zu einem Werkzeugkasten zusammengefasst werden. Ausgehend von einem controllinggerechten betrieblichen Rechnungswesen (Finanzbuchhaltung, Kostenrechnung und Kalkulation) ist eine Unternehmensplanung einzuführen. Dazu kommt eine Deckungsbeitragsrechnung. Kostenverantwortungsbereiche sind zu bilden und in eine Hierarchie einzubinden. Ein Reporting, d. h. eine monatliche Berichterstattung, hat Abweichungen aufzuzeigen und ihre Ursachen zu erläutern. Festgelegte Kennzahlen und Kennzahlensysteme ergänzen den Werkzeugkasten. Besprechungen zu regelmäßig festgesetzten Terminen mit den Verantwortlichen bilden die Grundlage für die Einleitung von Steuerungsmaßnahmen.

Auch für die Bereiche des **strategischen** Controllings lässt sich ein Werkzeugkasten bilden. Strategisches Controlling unterstützt das Unternehmen, Veränderungen des Umfeldes zu erkennen, Stärken und Schwächen aufzuzeigen und auf Chancen und Risiken hinzuweisen. Das strategische Controlling zielt auf die Festlegung der Marschrichtung für die mittel- bis längerfristige Zukunft.

5.3.1.2 Controlling als Früherkennungs- und Frühwarnsystem

Das Ziel des strategischen Controllings ist die langfristige Existenzsicherung des Unternehmens. Daher gehört in seinen »Werkzeugkasten« ein Früherkennungssystem, das insbesondere auf das Wahrnehmen von Chancen und das Erkennen von Risiken abzielt und so gestaltet ist, dass es entsprechende Veränderungssignale frühzeitig erkennen kann. Signale können aus dem internen oder externen Umfeld des Unternehmens stammen und unterschiedliche Erscheinungsbilder aufweisen (z. B. Trendwende, Krise). Die Ursachen sind zu erforschen und Aussagen über die Auswirkungen auf das Unternehmen zu treffen.

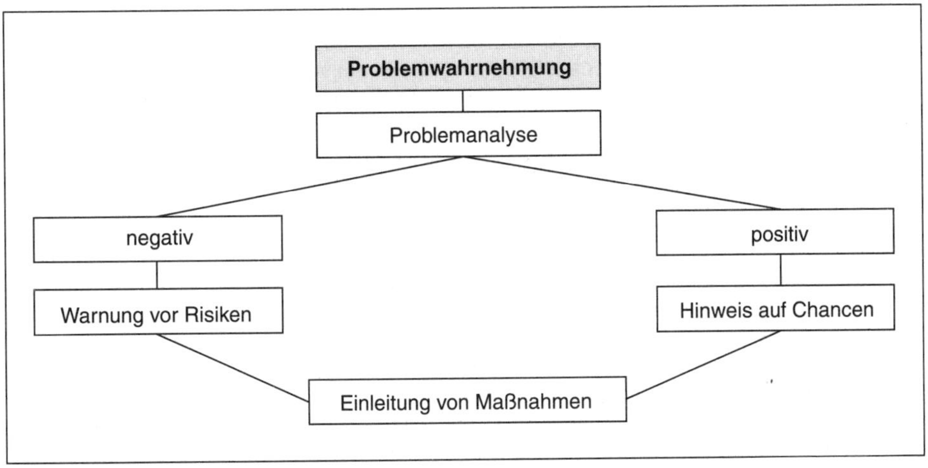

Früherkennungssystem

Hierzu hat das Controlling strategisch relevante Beobachtungsbereiche innerhalb und außerhalb des Unternehmens festzulegen. Interne Beobachtungsbereiche können z. B. der Bereich Forschung und Entwicklung oder der Finanzbereich sein. Externe Einflussgrößen des Unternehmensumfeldes sind z. B. Konjunkturentwicklung, technische Neuerungen, Beschaffungs- und Absatzmärkte oder das Verhalten der Konkurrenz.

5.3.1.2.1 Kennzahlenorientierte Früherkennung

Zu den besonders in der Früherkennung einsetzbaren Kennzahlen zählt die Literatur die Kennzahlen der Ergebnisanalyse, z. B.

- EBT/EBIT/EBITDA,
- die Entwicklung der Eigen- und Gesamtkapitalrentabilität,
- den Cash Flow,
- die Liquiditätsgrade und
- die Umsatzrendite.

Diese und weitere Kennzahlen wurden bereits in Lehrbuch 1, Abschnitt 2.3 behandelt.

5.3.1.2.2 Indikatororientierte Früherkennung und Werkzeuge der Früherkennung

Für die einzelnen Beobachtungsbereiche sind **Früherkennungsindikatoren** festzulegen, um Veränderungen erkennbar werden zu lassen. Der quantitative Umfang und der zeitliche Ablauf der Veränderungen sind zu messen. Nach Überprüfung der Richtigkeit der Daten sind die Auswirkungen der Änderungen für das Unternehmen zu prognostizieren.

Betriebliche (interne) Frühindikatoren sind z. B.

- die Entwicklung der Kundenzufriedenheit;
- die Entwicklung der Umtausch- und der Reklamationsquote;
- die Entwicklung der Auftragseingänge oder der Angebotserfolgsquote (Verhältnis der abgegebenen Angebote zu den erhaltenen Aufträgen);
- die Entwicklung des Umsatzanteils von Neukunden;
- die Entwicklung der Anzahl erteilter Baugenehmigungen (als Frühindikator insbesondere für Betriebe der Bauindustrie).

Außerbetriebliche (externe) Frühindikatoren sind z. B. die Auftragseingänge in der Industrie und vor allem die von Wirtschaftsforschungsinstituten veröffentlichten Indizes zur Wiedergabe der Stimmungslage in der Wirtschaft (z. B. Ifo-Geschäftsklimaindex).

5.3.1.2.3 Systeme und Methoden der strategischen Früherkennung

5.3.1.2.3.1 Delphi-Methode

Die Delphi-Methode ist eine mehrstufige **Expertenbefragung** mit dem Ziel, zukünftige Ereignisse und Entwicklungen möglichst gut einschätzen zu können. In der Standardversion wird einer Gruppe von Fachleuten aus dem betreffenden Fachgebiet ein Fragebogen zur schriftlichen Beantwortung vorgelegt. Die schriftlichen Antworten werden ausgewertet, zusammengefasst und ggf. an Stellen mit besonders hohen Abweichungen zwischen den Einzelschätzungen mit entsprechenden Kommentaren der Befragungsleitung versehen. Anschließend wird diese Auswertung den Fachleuten erneut vorgelegt. Jeder einzelne Experte bekommt Gelegenheit, die eigene Schätzung zu überdenken und zu verfeinern. Aussprachen und Diskussionen zwischen den Experten finden nicht statt. Dieser Vorgang wird so lange wiederholt, bis die unabhängig voneinander vorgenommenen Schätzungen der Experten Werte so weit einander angenähert sind, dass sie sich alle innerhalb eines vordefinierten Toleranzbereichs bewegen. Der aus diesen Schätzungen letztlich errechnete Mittelwert stellt die endgültige Schätzung dar.

5.3.1.2.3.2 Szenario-Technik

Szenarien sind Beschreibungen zukünftiger Situationen, die gewonnen werden, indem quantitative Daten mit qualitativen Informationen und Einschätzungen verknüpft werden. Je nach der zugrunde gelegten Annahme der Ausprägung positiver und negativer Einflussfaktoren (Chancen und Risiken) entstehen auf diese Weise drei Szenario-Grundtypen:

- Das **Best-Case-Szenario** als positives Extremszenario, das die günstigst mögliche Entwicklung beinhaltet und damit das »Wunsch-Szenario« darstellt;
- das **Worst-Case-Szenario** als negatives Extremszenario für die schlechtest mögliche Entwicklung und
- das **Trend-Szenario** auf Basis einer Trendextrapolation, d. h. der Fortschreibung der gegenwärtigen Situation in die Zukunft.

Diese Grundtypen werden meist durch den so genannten »Szenario-Trichter« veranschaulicht:

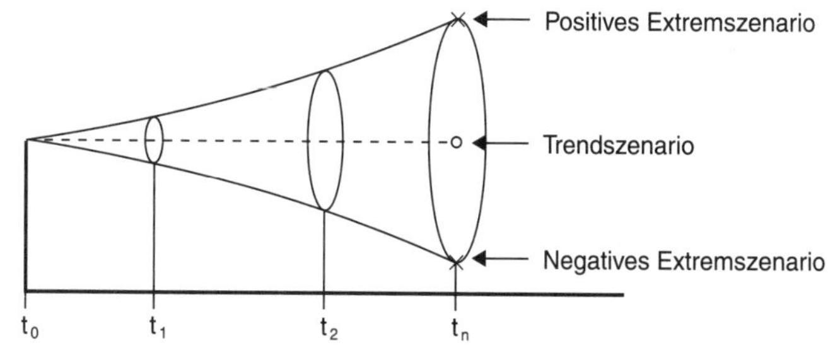

Der Szenario-Trichter

Ausgehend vom Jetzt-Zeitpunkt t = 0 werden die denkbaren Extreme umso stärker vom Jetzt- Zustand abweichen, je länger der Zeitraum zwischen t = 0 und t = n ist: Im Zeitverlauf öffnet sich der »Trichter« immer weiter.

Diese weit verbreitete Darstellung wird allerdings in Teilen der Literatur als zu stark verallgemeinernd kritisiert.

In der Literatur variieren außerdem sowohl die Anzahl als auch die Bezeichnungen der Phasen, die in Anwendung der Szenario-Technik durchlaufen werden. Die folgende Darstellung zeigt eines von mehreren denkbaren Phasenschemata.

Phasen der Szenario Technik sind danach die folgenden.

- **Aufgaben- und Problemanalyse:** Der Untersuchungsgegenstand (das Problem) wird durch Eingrenzung in sachlicher, zeitlicher und räumlicher Hinsicht bestimmt und analysiert, also in einzelne Elemente zerlegt.

  Beispiel:

  Die Folgen, die der Bau eines neuen Großflughafens auf die Umgebung haben würde, sollen mittels der Szenariotechnik abgeschätzt werden. Die Gegner des Projekts sehen Probleme in den Bereichen Lärmbelästigung, Feinstaub, Artenschutz, Flächenversiegelung usw. Die Befürworter sehen Chancen für die Ansiedlung von Betrieben, für die Schaffung von Arbeitsplätzen, für die Anregung des Wirtschaftswachstums in der Region usw.

- **Einflussanalyse/Deskriptorenbestimmung:** Die Einflussbereiche, die auf den Untersuchungsgegenstand einwirken, werden identifiziert und untersucht. In Frage kommen dabei praktisch alle oben als Umwelt-(oder Umfeld-)bedingungen genannten Faktoren. Um ihre Entwicklung und deren Dynamik beschreibbar zu machen, werden quantitative und qualitative Kenngrößen (Deskriptoren) bestimmt.

  In Fortführung des obigen Beispiels kommen als quantitative Deskriptoren z. B. die Anzahl der Flugbewegungen pro Zeiteinheit (Stunde, Tag, Jahr) und die Anzahl der Passagiere pro Zeiteinheit in Betracht. Ein qualitativer Deskriptor ist z. B. die Einstellung der Anwohner (positiv, neutral, negativ).

- **Zukunftsprojektion:** Für die einzelnen Einflussfaktoren werden Zukunftsprojektionen entwickelt, und zwar unter Annahme einer günstigen und einer ungünstigen Entwicklung sowie für kurze, mittlere und lange Fristen vorgenommen. Die Bündelung dieser Faktoren ist Voraussetzung für die

- **Modellierung von Szenarien** als Entwürfe umfassender und – auf Basis der jeweils unterstellten Chancen und Risiken – in sich stimmiger Zukunftsbilder, die nicht nur aus einem Zahlenwerk bestehen, sondern in der Szenario-Interpretation zu lebendigen Situationsbeschreibungen weiterentwickelt werden.
- **Strategieentwicklung:** Auf Basis der Szenario-Entwürfe werden Maßnahmen und Aktionen erarbeitet, die geeignet sind, die Entwicklung in die gewünschte Richtung voranzutreiben und unerwünschten Tendenzen entgegenzuwirken.

Die Szenario-Technik wird häufig auf Fragen von gesamtgesellschaftlicher Bedeutung angewendet, etwa wenn es darum geht, Bilder von künftigen Gesellschaften auf Basis heutiger Annahmen über Geburten-, Arbeitswelt-, Klima- und sonstiger Entwicklungen zu entwickeln.

Seit längerem wird sie aber auch als Instrument der Unternehmensführung eingesetzt. In Abschnitt 6.2.1.2 werden mit dem **NPI-Modell** und der Technik der **Zukunftswerkstatt** verwandte Vorgehensweisen vorgestellt.

5.3.1.2.4 Sonstige Werkzeuge des strategischen Controlling

Potenzialanalyse/SWOT-Analyse

Ein oft genutztes Werkzeug im strategischen Controlling stellt die **Potenzialanalyse (Stärken-Schwächen-Analyse)** dar. Sie ist eine Methode der Strategieüberprüfung, die die inneren und äußeren Erfolgsfaktoren systematisch untersucht und z. B. mit denjenigen der Mitbewerber vergleicht. Unter Erfolgsfaktoren sind dabei nicht Aufwendungen und Erträge, sondern Gewinnchancen zu verstehen.

Ausgangspunkt ist ein Stärken- und Schwächen-Profil, in dem festgelegte Einflussfaktoren bewertet, d. h. benotet werden. Aus der Benotung des eigenen Unternehmens und der eines Vergleichsunternehmens lassen sich anhand der Differenzen Abweichungen anschaulich darstellen.

Für jeden Einflussfaktor werden Noten von 1 (schwach) bis 10 (stark) vergeben, und zwar einmal für das eigene Unternehmen und einmal für das Vergleichsunternehmen. Anhand der positiven und negativen Abweichungen lässt sich nun eine Bewertung vornehmen.

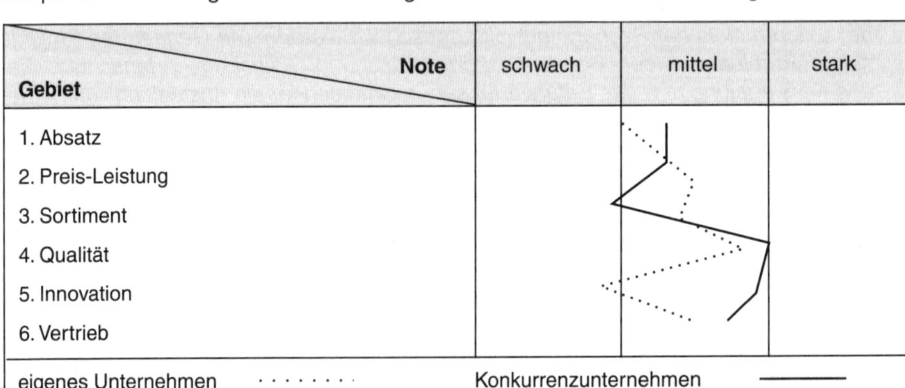

Stärken-Schwächen-Profil

Die Stärken-Schwächen-Analyse kann durch zusätzliche Betrachtung der sich daraus ergebenden Chancen und Risiken zur SWOT-Analyse ausgeweitet werden (vgl. auch Lehrbuch 2, Abschn. 4.1.2.4). Die oben zusammengetragenen Stärken und Schwächen beziehen sich jeweils auf das eigene Unternehmen und sind insofern als interne Faktoren aufzufassen. Die Chancen und Risiken des Unternehmens beziehen sich dagegen auf Entwicklungen und Potenziale im Unternehmensumfeld und sind daher externe Faktoren. Sie müssen im Rahmen einer externen Analyse (Umfeldanalye, Marktanalyse) ermittelt werden. Die Strategien, die aus den Kombinationen der internen mit den externen Faktoren »Chancen« und »Risiken« abgeleitet werden können, werden nachfolgend im Einzelnen dargestellt.

SWOT-Analyse Interne Faktoren ⇒ Externe Faktoren ⇓	Stärken (Strengths)	Schwächen (Weaknesses)
Chancen (Opportunities)	**S-O-Strategie**	**W-O-Strategie**
Risiken (Threats)	**S-T-Strategie**	**W-T-Strategie**

Die SWOT-Analyse-Matrix

Die Strategien bedeuten:

- S-O-Strategie: Stärken einsetzen, Chancen realisieren!
- W-O-Strategie: Schwächen abbauen, Chancen nutzen!
- W-T-Strategie: Mit den Schwächen zugleich die Risiken abbauen!
- S-T-Strategie: Stärken einsetzen, Risiken abwenden!

Das folgende, bewusst vereinfachte Beispiel verdeutlicht die Funktion der SWOT-Analyse.

Ein Hersteller mehrerer gut eingeführter Konfitüren und Marmeladen will nun auch mit veganen Brotaufstrichen auf Basis von Nüssen und Kakao in den Markt eintreten. Auf diese Weise soll die teils saisonabhängige und dadurch schwankende Kapazitätsauslastung ausgeglichen und die Zielgruppe der jüngeren Konsumenten besser als bisher erreicht werden.

Die Analyse der Ausgangssituation ergibt folgende Stärken, Schwächen, Chancen und Risiken:

- ***Stärken** sind freie Produktionskapazitäten, die hohe Bekanntheit des Unternehmens und der einzelnen Marken, der gute Ruf als Produzent qualitätsvoller Lebensmittel und ein hoher Stammkäuferanteil. Außerdem verfügt das Unternehmen über ausreichend hohe finanzielle Reserven, um neue Produkte zu realisieren und über die Markteintrittsphase zu bringen.*

- ***Schwächen*** *sind fehlende Lieferantenkontakte außerhalb des bisherigen, überwiegend auf heimische Obstsorten beschränkten Segments, die Notwendigkeit von Umrüstungen einzelner Produktionsbereiche und vergleichsweise hohe Lohnkosten in den ausschließlich inländischen Betrieben.*
- ***Chancen*** *bestehen in der beobachtbaren Expansion des Marktes für vegane Lebensmittel bei gleichzeitigem Mangelangebot an milch- und zuckerfreien Nuss- und Schokocreme-Aufstrichen.*
- ***Risiken*** *bestehen in der Möglichkeit, dass Mitbewerber den Markt besetzen könnten, bevor das eigene Unternehmen seine neuen Produkte platzieren kann.*

Als mögliche Strategien werden vorgeschlagen:

- ***S-O-Strategie:*** *Die hohe Bekanntheit und Beliebtheit der bestehenden Marken kann werblich groß herausgestellt werden und der Markteinführung den erhofften Anschub geben.*
- ***W-O-Strategie:*** *Die finanziellen Reserven können eingesetzt werden, die Produktionsanlagen nicht nur umzustellen, sondern die Produktion insgesamt zu rationalisieren. Hierdurch und durch die höhere Auslastung können die jetzt noch relativ hohen Stückkosten deutlich gesenkt werden.*
- ***S-T-Strategie:*** *Die Produktionsanlagen sind bereits vorhanden und nicht voll ausgelastet. Wird der Umbau auf das Nötige beschränkt, kann ein früher Markteintritt erfolgen.*
- ***W-T-Strategie:*** *Dem Aufbau eines Netzes von Zulieferern wird höchste Dringlichkeit eingeräumt. Durch langfristige Kontrakte und Abnahmegarantien werden günstige Einkaufskonditionen gesichert, die einen Markteintritt zu besonders günstigen Preisen (Penetrationsstrategie) ermöglichen.*

Gap-Analyse

Wenn eine bestimmte Strategie ausgewählt und eingeleitet worden ist, soll mittels der Gap-Analyse (Lückenanalyse) möglichst frühzeitig erkannt werden, ob das weitere Verfolgen der gewählten Strategie tatsächlich zum gewünschten Erfolg führen wird oder sich eine Lücke zwischen den erwarteten/geplanten und tatsächlich erreichten bzw. noch für erreichbar gehaltenen Ergebnissen auftut.

Dieses Instrument kann sowohl strategisch als auch operativ eingesetzt werden. Zur Veranschaulichung wird nachfolgend ein eher operativer Einsatz gezeigt, an dem das Vorgehen gut verdeutlicht werden kann.

Beispiel:

Der neue Brotaufstrich wurde zum Jahresbeginn eingeführt und verzeichnete während des ersten Quartals steigende Absatzzahlen. Es wurde bereits ein bescheidener Gewinn erzielt, aber da auf verschiedenen Teilmärkten wechselnde Sonderpreise gewährt wurden, fiel der Gewinnanstieg moderat aus. Für die folgenden Quartale wurde ein weiter steigender Absatz und ein entsprechender kontinuierlicher Gewinnanstieg erwartet. Tatsächlich zeigt sich aber in der Betrachtung der Ergebnisse des dritten Quartals, dass zwar der Absatz tatsächlich wie erwartet um 10 % gestiegen, der Gewinn jedoch zurückgegangen ist. Grund war das unerwartet frühe Auftreten eines Konkurrenzprodukts am Markt, auf das mit einer Senkung des Verkaufspreises um 12 % reagiert wurde, um die Abgabe von schon eroberten Marktanteilen an den Mitbewerber zu verhindern. Die Stückkosten sind durch den Mengenzuwachs zwar leicht zurückgegangen; trotzdem ist der Stückgewinn und, weil der Preisrückgang den Absatzanstieg überwog, auch der Gesamtgewinn gesunken.

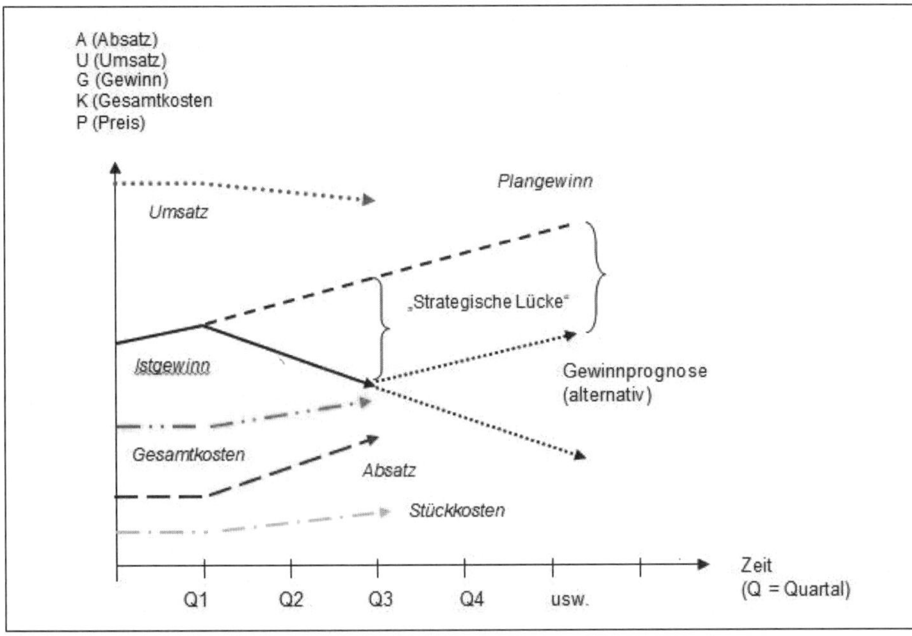

Grafische Gap-Analyse

Die Gewinnprognose zeigt zwei alternative Szenarien: Bleibt der Verkaufspreis auf dem niedrigen Niveau, wird sich der Gewinnverfall fortsetzen. Mit einer vorsichtigen Anhebung des Preises kann der Gewinn wieder »auf Kurs gebracht« werden. Eine verstärkte Werbung oder verbesserte Warenpräsentation am »Point of Sale« kann unterstützend wirken. Die Planzahlen für den absoluten Gewinn müssen jedoch nach unten korrigiert und die künftigen Gewinnerwartungen angepasst werden.

In den Werkzeugkasten der strategischen Unternehmensplanung gehört ferner die **Portfolioanalyse.** Ziel der Untersuchung ist die Ertragskraft, d. h. Ertragschancen und Ertragsrisiken der einzelnen Produkte des Produktionsprogramms. Die Bewertung erfolgt gewöhnlich nach dem Marktanteil, gemessen an dem stärksten Konkurrenten, und nach den Chancen eines Marktwachstums. Eine ausführliche Darstellung der Portfolioanalyse befindet sich in Abschnitt 4.1.2.2.

5.3.1.2.5 Fremdorientiertes Controlling

Die bisherigen Darstellungen unterstellten jeweils ein innerbetriebliches Controlling mit der Aufgabe, die Eigentätigkeit des Unternehmens zu überwachen und dabei als Frühwarnsystem zu fungieren. Die Frühwarnung kann sich aber auch auf Entwicklungen anderer Unternehmungen beziehen. So haben Kreditgeber ein Interesse daran, Hinweise auf eine nachlassende Bonität (Kreditwürdigkeit) des Kreditnehmers oder einer Kreditnehmergruppe möglichst frühzeitig zu erhalten.

Beispiel:

Ein Kreditinstitut, das größere Kreditengagements mit Unternehmen der Bauwirtschaft eingegangen ist, wird sich bei der Beurteilung der Bonität nicht allein auf die Analyse eingereichter Jahresabschlüsse stützen, denn diese spiegeln betriebsexterne Einflüsse nur stark zeitverzögert wider. Insoweit sind Bilanzkennzahlen nur als Spätindikatoren zu werten. Vielmehr wird das Kreditinstitut Frühindikatoren wie etwa die Zahl der Bau-

genehmigungen beobachten und aufmerksam werden, sobald diese zurückgeht. In der Folge werden weitere Engagements unterbleiben oder nur noch mit Risikoaufschlägen erfolgen. Bestehende Engagements werden stärker überwacht und bei Anzeichen für Zahlungsunregelmäßigkeiten unter Umständen vorzeitig eingefordert. Im Rechnungswesen werden entsprechende Einzel- und Pauschalwertberichtigungen vorgenommen.

5.3.2 Zielanalyse und Zielordnung

Das strategische Controlling hat die Aufgabe, die besonderen Stärken des Unternehmens herauszuarbeiten und in strategische Vorteile, d. h. in einen Wettbewerbsvorteil, umzusetzen. Die Pläne und Maßnahmen zur langfristigen Existenzsicherung sind in das operative Controlling zu integrieren. Strategische Ziele können nur erreicht werden, wenn sie in Aktivitäten umgesetzt werden können. An diese Aktivitäten knüpft das operative Controlling an, es steht also nicht isoliert neben dem strategischen Controlling, sondern mit diesem in einem engen Zusammenhang.

Zu Beginn der Integration eines Controllingsystems in ein Unternehmen steht die **Zielfindung,** d. h. die Bestimmung des Unternehmensziels oder der Unternehmensziele. Ableiten lassen sich diese Ziele aus einem Unternehmensleitbild, aus der Analyse der Stärken und Schwächen eines Unternehmens, aus Marktchancen oder aus besonderen technischen Fähigkeiten. Die Zielfindung und die konkrete Niederlegung der Ziele ist Voraussetzung jeder Planung. Daher müssen die Ziele in Aktivitäten umsetzbar und einer objektiven Nachprüfung zugänglich sein.

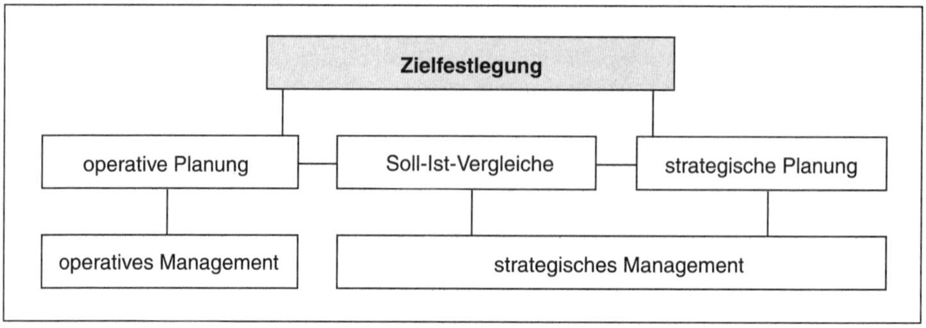

Zusammenhang Zielfestlegung – Planung – Management

Die strategische Planung zielt auf künftige **Erfolgspotenziale.** Es stellt sich die Frage, auf welchen Märkten mit welchen Produkten welche Ergebnisse erwirtschaftet werden können. Kernpunkt der operativen Planung ist die Jahresplanung und die Festlegung von Zielen und Maßnahmen zu deren Umsetzung. Das allgemeine Ziel Gewinnmaximierung ist in Subziele zu zerlegen, wie z. B. die Forderung nach einer bestimmten Umsatzrendite, einer bestimmten Rentabilität, nach bestimmten Deckungsbeiträgen oder nach der Erreichung bestimmter Marktpositionen.

So stellt sich z. B. im Einkaufsbereich die Frage nach den optimalen Beschaffungsmengen: Soll man die Beschaffung auf mehrere Lieferanten streuen oder arrangiert man sich mit einem Hauptlieferanten? Welche Lagerhaltung ist notwendig? Welcher Lagerarten bedient man sich? Im Personalbereich geht es um Bestand, Qualität und Kosten der Mitarbeiter. Subziele im Produktbereich können mit Qualität zu tun haben oder mit einer bestimmten

Auslastung, mit Produktmengen, mit Fertigungsverfahren oder der Innovationsbedürftigkeit von Produkten und Verfahren. Im Absatzbereich wird schließlich nach Absatzmengen gefragt: Welche Marktposition soll ausgebaut oder gehalten werden? Die Zielformulierung im Finanzbereich zielt über die Sicherung der Liquidität hinaus auf die Erhaltung des Eigenkapitals, die Festlegung von Verschuldungsgraden und damit der Kapitalstruktur.

Durch die quantitative und qualitative Festlegung der Ziele soll der Unternehmensplanung und der Planung der einzelnen Teilbereiche eines Unternehmens von Anfang an ein Orientierungsspielraum vorgegeben werden. Zu beachten ist hierbei, dass die **Teilpläne** voneinander abhängig sind.

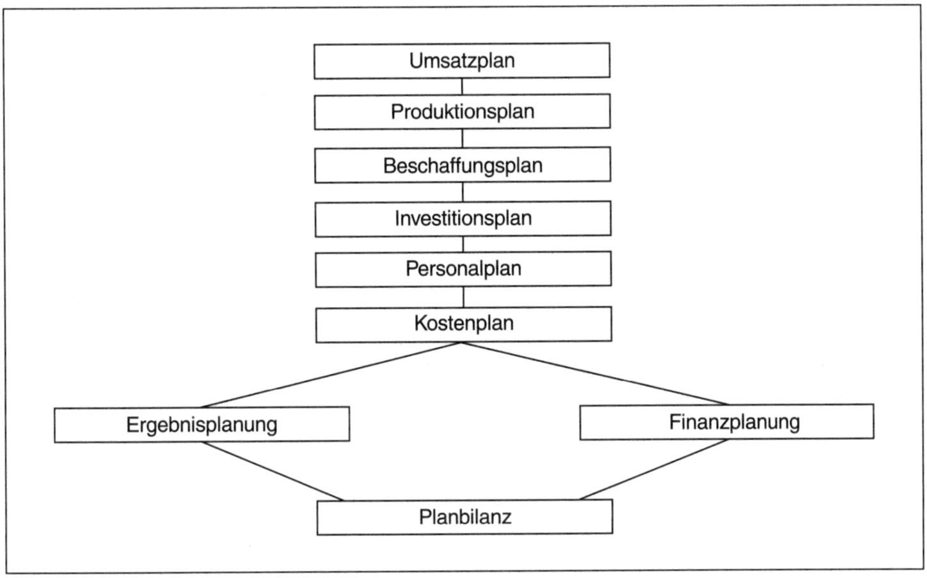

Teilpläne einer Jahresplanung

Die Zielplanung und insbesondere die Anforderungen, die an ein Zielsystem zu stellen sind, werden in Zusammenhang mit dem Projektmanagement ausführlich in Abschnitt 7.1.2.2 behandelt. Die verschiedenen Zielarten werden in Abschnitt 7.2.4.2 erörtert. In Kapitel 6 wird vielfach auf Unternehmensziele eingegangen.

5.3.3 Prinzipien der revolvierenden (rollierenden) Planung

Die Planung war bereits Thema der ausführlichen Erörterungen in Lehrbuch 1, Abschnitt 1.7.4. Im Zuge des Controlling ist Planung keine einmalige Aktivität, sondern eine **Daueraufgabe.** Das Planungssystem muss dieser Erfordernis Rechnung tragen, indem es die Gesamtplanung laufend überprüft, korrigiert und fortschreibt, so dass der Planungszeitraum im Zeitverlauf konstant bleibt. Diese Art der Planung wird als revolvierende Planung oder rollierende Planung (»Rolling Forecast«) bezeichnet.

Beispiel:

Die Vorausplanung soll sechs Monate ab dem Betrachtungszeitpunkt t=0 betragen. Nach Ablauf eines Monats wird der abgelaufene Monat gestrichen, ein weiterer Monat angehängt und die Planung insgesamt überarbeitet. Dabei werden die tatsächlichen Werte des abgelaufenen Monats bzw. die Abweichung der ermittelten echten Werte von den Planwerten in der Planung berücksichtigt.

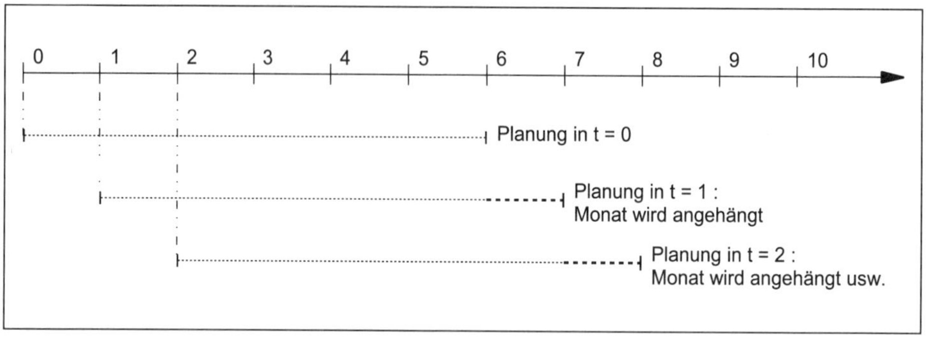

Revolvierende Planung

Planungen beruhen je nach Planungsgegenstand zu unterschiedlichen Anteilen auf sicheren und unsicheren Faktoren. Je größer der Anteil unsicherer Werte ist, die prognostiziert werden müssen, und je weiter der Planungshorizont gefasst ist, desto fehlerbehafteter sind die Planwerte.

Deswegen wird bei der Wahl des Planungsverfahrens immer denjenigen Verfahren der Vorzug gegeben werden, die mit verfügbaren sicheren Werten und **minimalem Prognosebedarf** arbeiten.

Beispiel:

Die materialwirtschaftliche Bedarfsplanung kann die Bedarfe zukünftiger Perioden umso besser und weitreichender vorbestimmen, je höher der Anteil der Auftragsproduktion an der Gesamtproduktion ist und je früher die Auftragszahlen bekannt sind. Wird dagegen überwiegend für einen anonymen Abnehmermarkt produziert, müssen die zukünftigen Absatzzahlen geschätzt werden, wobei – je nach angewandtem Verfahren in unterschiedlicher Gewichtung – die Absatzzahlen vergangener Periode zur Errechnung von Prognosewerten herangezogen werden. Diese Schätzungen beinhalten das Risiko der Ungenauigkeit, das umso größer ist, je weiter die Schätzung in die Zukunft reicht. Deswegen wird die Bedarfsplanung keine Bedarfshochrechnungen unter Anwendung von Prognoseverfahren anstellen, wenn konkrete Auftragszahlen vorliegen und verfügbar sind.

Werden lang-, mittel- und kurzfristige Planungen gleichzeitig (integriert) vorgenommen, so dass sich die kürzerfristigen (feineren) Planungen aus den längerfristigen (gröberen) Planungen ergeben, Wechselwirkungen aber auch in die andere Richtung wirksam werden können, wird gelegentlich von Planung nach dem **Schachtelprinzip** gesprochen.

5.3.4 Prozesscontrolling

Bereits in Lehrbuch 1 wurde auf die Bedeutung des Prozesscontrollings hingewiesen. Hierbei geht es um die **Analyse, Planung, Steuerung und Kontrolle der Abläufe im Unternehmen.** Diese werden im Rahmen des Prozesscontrollings jedoch nicht technisch begutachtet, sondern rein unter betriebswirtschaftlichen Gesichtspunkten untersucht.

Langfristiges Ziel ist dabei, diese Prozesse in betriebswirtschaftlicher Hinsicht kontinuierlich zu verbessern: Wie können Kosten gesenkt, wie können Leistungen gesteigert werden? Voraussetzungen sind die Herstellung größtmöglicher Transparenz der Abläufe und Leistungsprozesse, damit Kostensenkungs- und Leistungssteigerungspotenziale auch erkannt werden können, und die regelmäßige Erhebung vordefinierter Messgrößen, anhand derer die Leistung des betrachteten Prozesses gemessen und verglichen werden kann. Das Beispiel in Lehrbuch 1, Abschn. 1.7.4.2 zur Durchführung einer **Prozesskostenrechnung** verdeutlicht das Prinzip.

Um den Effekt steuernder Eingriffe in einen Prozess erkennen und ggf. durch nachsteuernde Eingriffe nachjustieren zu können, muss diese Erhebung hinreichend sensitiv und engmaschig sein. Auch deswegen erfordert effektives Prozesscontrolling eine ausgiebige interne wie externe Kommunikation derjenigen Informationen, die für die Entscheidung für bestimmte steuernde Eingriffe erforderlich sind.

Im Rahmen des Qualitätsmanagements erfolgen in der Regel regelmäßige **Prozessaudits**, in denen die tatsächlich ablaufenden Prozesse mit den geforderten, ggf. auch im Qualitätsmanagement dokumentierten, Idealprozessen abgeglichen und zugleich neu beurteilt werden.

5.3.5 Controlling als Chance und Erfordernis in allen Unternehmensbereichen

Controlling findet idealerweise in allen Unternehmensbereichen statt. Aus diesem Gedanken heraus haben sich in den letzten Jahrzehnten in der Literatur und Praxis diverse **Sparten-Controllings** herausgebildet – von Spöttern auch als Bindestrich-Controlling bezeichnet, weil der Begriff des Controllings nur noch in Wortverbindungen vorkommt, bspw. Marketing-Controlling, Personal-Controlling usw. Nachfolgend werden einige Gedanken zur Anwendung von Controlling in bestimmten Betriebsbereichen dargelegt – dies jedoch eingedenk des Umstands, dass Controlling ganzheitlich, d. h. den ganzen Betrieb in den Blick nehmend und von den Unternehmenszielen her denkend – aufgefasst werden sollte.

5.3.5.1 Marketingcontrolling

Die Unternehmensplanung beginnt in der Regel mit einer **Umsatzplanung,** also der Planung der abzusetzenden Mengen mit den dazugehörigen Preisen. In der Planung zu berücksichtigen sind z. B. die Kapazitätsauslastung, etwaige Konkurrenzprodukte, Beschaffungsmöglichkeiten und auch allgemein volkswirtschaftliche Daten (z. B. Rezession, Zinsniveau und steuerliche Förderung beeinflussen die Nachfrage nach Bauleistungen im Wohnungsbaubereich).

Marketingcontrolling geht aber über die eigentliche Umsatzplanung hinaus und umfasst alle Handlungen, die den Absatz eines Unternehmens zum Ziel haben, wie Verkauf, Werbung, Kundendienst, Marktforschung und -erschließung bis hin zur Lagerhaltung und der davon abhängigen Lieferbereitschaft.

Ansatzpunkt für eine Umsatzplanung sind zunächst Kenntnisse über die bisherige Umsatzentwicklung, bezogen auf die angebotenen Produkte oder Sortimente. Dabei sind in der Darstellung Menge und Wert der verkauften Produkte darzustellen.

Unternehmensbereich »Anhängerbau«						
Typ	03		04		05	
	Stück	T€	Stück	T€	Stück	T€
Containerchassis	23	920,0	27	1.120,5	26	1.074,5
Pritschenanhänger	35	2.292,5	41	2.788,0	65	3.069,0
Siloanhänger	16	1.520,0	18	1.728,0	21	1.932,0

Umsatzentwicklung eines Unternehmensbereichs

Bei der Interpretation und der zukünftigen Abschätzung der Umsatzentwicklung eines Produktes muss beachtet werden, dass für jedes Produkt eine bestimmte Lebensdauer am Markt unterstellt werden kann. Dieser **Produktlebenszyklus** beginnt mit der Markteinführung. Mit der Etablierung am Markt setzt üblicherweise eine Wachstumsphase ein: Das Produkt wird stark nachgefragt. In der Reifephase wird der Zenit im Produktlebenszyklus überschritten. Das Produkt wird noch in Details verbessert (es reift), die Nachfrage nimmt nur noch wenig zu, dann sogar ab. Der Produktlebenszyklus neigt sich mit der Sättigung des Marktes dem Ende zu, die Nachfrage nimmt beständig ab.

Eine grafische Darstellung des Produktlebenszyklus sowie weitere Ausführungen enthält Lehrbuch 2, Abschnitt 4.2. Diese Darstellung ließe sich, über die produktbezogenen Informationen hinaus, noch weiter verfeinern durch Einbeziehung von

- kundenbezogenen Informationen,
- vertriebsaktivitätenbezogenen Informationen und
- absatzbezogenen Informationen.

Bei der Beurteilung von **Umsatzkennzahlen** muss man beachten, dass Umsatz nicht gleich Gewinn ist. Insoweit bedarf es der weitergehenden Untersuchung und Strukturierung der Deckungsbeiträge (z. B. nach Produkten, Produktgruppen, Verkaufsgebieten, Kunden).

Marketingziele

Marketingziele können auf Steigerung der Erträge, Ausweitung des Umsatzes, Auslastung der Kapazitäten und Sicherung der Beschäftigung, Haltung oder Ausdehnung der Marktanteile oder Einführung neuer Produkte gerichtet sein. Zusammengefasst können strategische Ziele darin bestehen, mit bestehenden Produkten die bestehenden Märkte weiter zu durchdringen oder neue Märkte hinzuzugewinnen, ggf. durch die Entwicklung neuer Produkte **(Diversifikation).**

Märkte / **Produkte**	bestehende	neue
bestehende	Marktdurchdringung	Marktausweitung
neue	Produktentwicklung	Diversifikation

Marketingziele: Produkt-Markt-Matrix nach Ansoff (vgl. Lehrbuch 2, Abschn. 4.1.3.6)

Kundenbezogene Informationen beziehen sich hauptsächlich auf den **Deckungsbeitrag** je Kundengruppe. Es wird die Kenntnis über die direkt zurechenbaren Kosten der Akquisition, der Auftragsbearbeitung und -abwicklung gefordert. Dazu gehören auch die Vertriebsnebenkosten (Versand, Zahlungsbedingungen, Preisnachlässe). Auswirkungen auf den Ertrag können zudem von der Kundenstruktur ausgehen (Abhängigkeit von Großkunden, Kundenpflege). Nicht außer Acht gelassen werden dürfen auch die Einflüsse der Konkurrenz auf den Kundenstamm. Die Aktivitäten der Konkurrenz sind zu beobachten und zu analysieren, die Bedeutung der Konkurrenten ist zu gewichten. In der Konkurrenzanalyse ist zunächst zu bestimmen, wer als Konkurrent in Frage kommt. Weitere Informationen sollen über das Konkurrenzunternehmen Auskunft geben: Welche Produkte werden angeboten? Zu welchen Preisen? Welche Deckungsbeiträge werden erwirtschaftet? Wie sind die Produkte gestaltet? Wie werden sie beworben? Wie ist der Vertrieb strukturiert?

Schwachstellen im Vertriebsbereich ergeben sich vor allem dann, wenn es an vollständigen Informationen mangelt, z. B. die **Gewinnschwelle** nicht hinreichend bekannt ist oder der Vertrieb bei Preisverhandlungen die »Schmerzgrenze«, also die kurzfristige Preisuntergrenze, nicht kennt.

Gewinnschwellen-/Break-Even-Analyse

Bei der Aufdeckung von Schwachstellen kann man sich verschiedener Methoden bedienen. Ein wichtiges Instrument ist die **Gewinnschwellen-** oder Break-Even-Analyse. Die Analyse der Gewinnschwelle dient der Festlegung des **Break-Even-Points.** Dies ist der Punkt, ab dem eine zusätzlich verkaufte Produkteinheit den ersten Gewinn bringt. Die Break-Even-Analyse stellt einen bestimmten Kostenverlauf in Beziehung zu der Umsatzentwicklung und untersucht die Ertragsaussichten bei alternativen Betriebsgrößen.

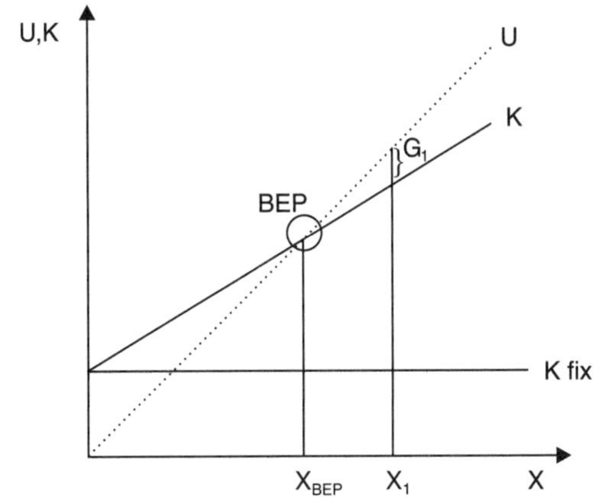

Bestimmung des Break-Even-Points

Das Modell beschränkt die Untersuchung zwar nur auf ein einziges Produkt, zeigt aber anschaulich die Erfolgsposition des Unternehmens bei unterschiedlichen Umsatzgrößen. Unterstellt wird ein paralleler Verlauf der Fixkosten; sprungfixe Kosten (vgl. Lehrbuch 1, Abschn. 2.4.5.3) sollen nicht vorhanden sein. Zu den Fixkosten kommen die variablen Kosten, für deren Entwicklung ein linearer Verlauf unterstellt wird. Die winkelhalbierende Gerade zeigt den Umsatz und im Schnittpunkt mit der Kostenfunktion den Break-Even-Point. Vor dem Break-Even-Point verläuft die Umsatzfunktion unterhalb der Kostenkurve, hier ergeben sich Verluste in Höhe des Abstandes beider Geraden. Im Schnittpunkt decken sich Umsatzerlöse und Kosten, der Gewinn ist hier gerade Null. Oberhalb dieses Bereiches verläuft die Umsatzerlösgerade über der Kostenfunktion, und ein Gewinn ergibt sich aus dem Abstand beider Funktionen.

Die mathematische Ableitung ergibt sich aus der einfachen Formel

$$G = U - K$$

mit
G = Gewinn
U = Umsatz
K = Kosten

Der Gewinn ergibt sich aus der Differenz von Umsatz und Kosten. Die Kosten lassen sich in variable (K_v) und fixe Kosten (K_f) aufteilen, sodass gilt:

$$K = K_v + K_f$$

mit
K_v = variable Kosten
K_f = fixe Kosten

Die variablen Kosten verändern sich mit dem Umsatz um einen bestimmten Faktor (a), sie lassen sich damit als ein Bruchteil des Umsatzes ausdrücken:

$$K_v = aU$$

Für die Kostenformel ergibt sich dann:

$$K = aU + K_f$$

Die weitere Ableitung ergibt:

$$G = U - aU - Kf_f = (1-a)U - K_f$$

Der Ausdruck (1–a)U bezeichnet den Deckungsbeitrag (DB), der sich wie folgt ableiten lässt:

Umsatzerlöse
– variable Kosten
= Deckungsbeitrag
– fixe Kosten
= Gewinn

Damit gilt also:

$$G = DB - K_f$$

mit
DB = Deckungsbeitrag

Da der Gewinn im Break-Even-Point definitionsgemäß gleich Null ist, ergibt sich für obige Formel:

$$\text{aus } G = 0 \text{ folgt } DB = K_f$$

Beispiel:

Ein Markisenhersteller erzielt einen Jahresumsatz von 3 Mio. €. An Fixkosten werden 1,1 Mio. € ermittelt, die variablen Kosten betragen 1,8 Mio. €. Er rechnet mit einer allgemeinen Kostensteigerung von 5 %. Die Kostensteigerung hat bei sonst unveränderten Bedingungen folgende Auswirkung:

	vor...		*nach Kostensteigerung*
U	*= 3.000 T€*	*U*	*= 3.000 T€*
– K_v	*= 1.800 T€*	*– K_v*	*= 1.890 T€*
= DB · U	*= 1.200 T€*	*= DB · U*	*= 1.110 T€*
– K_f	*= 1.100 T€*	*– K_f*	*= 1.155 T€*
= G	*= 100 T€*	*= G*	*= – 45 T€*

Aus dem bisherigen Gewinn von 100.000 ist durch die Kostensteigerung ein Verlust von 45.000 geworden. Stellt man diesen Sachverhalt grafisch dar, ergibt sich folgendes Bild:

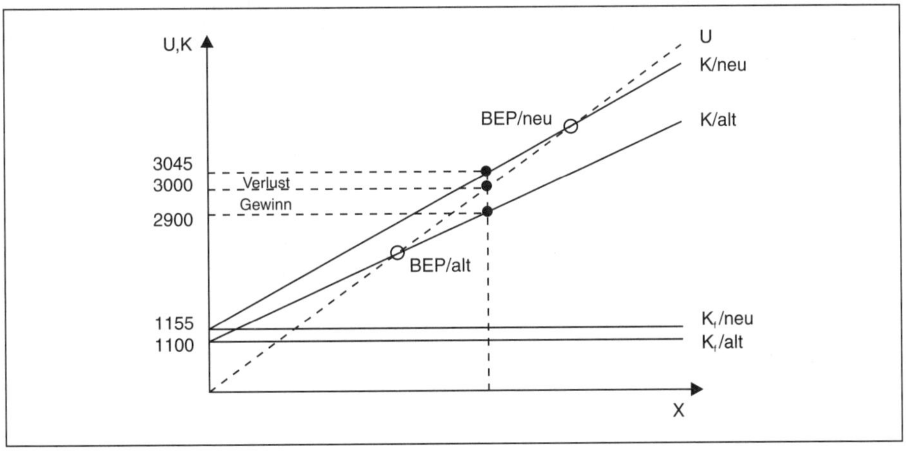

Break-Even-Analyse

Die Break-Even-Analyse hat hier die Funktion einer **Alarmglocke:** Die Kostensteigerung führt das Unternehmen in die Verlustzone, es sind unverzüglich Maßnahmen zu ergreifen, die die Ertragslage wieder verbessern. Das Marketingcontrolling hat entsprechende Handlungen zu initiieren, um die Kostensteigerung aufzufangen.

In der Praxis erweist sich in vielen Betrieben die Bestimmung der **Preisuntergrenze** als Problem und damit als Schwachstelle. Mit Preisuntergrenze ist der Verkaufspreis gemeint, bei dem ein Produkt gerade noch produziert und verkauft werden sollte. Dabei wird in eine langfristige und in eine kurzfristige Betrachtungsweise unterschieden. Klar ist, dass langfristig die Umsatzerlöse alle Kosten eines Produktes zumindest decken müssen, ansonsten würde sich kein Gewinn einstellen. Problematisch ist aber, welche Kosten nun einem Produkt verursachungsgerecht zugerechnet werden können und welche Planbetriebsgröße einer Zurechnung zugrunde gelegt wird. Hier erweist sich die herkömmliche Vollkostenrechnung als Schwachstelle, denn sie zeigt nicht, welche zusätzlichen Kosten für eine mehr produzierte Einheit anfallen bzw. welche Kostenveränderung sich aus einer Produktionseinschränkung um eine Einheit ergäbe.

Bei der Bestimmung der **kurzfristigen Preisuntergrenze** wird gefragt, welche zusätzlichen Kosten durch die Produktion einer zusätzlichen Einheit eines Produktes ausgelöst werden. Dabei werden die fixen Kosten bewusst vernachlässigt; sie spielen bei der Entscheidung grundsätzlich keine Rolle, da sie stets in gleicher Höhe anfallen und sich durch die zusätzliche Produktion nicht verändern würden, es sei denn, es handelt sich um sprungfixe Kosten. Die Kenntnis der kurzfristigen Preisuntergrenze ist vor allem wichtig bei nicht ausgelasteten Kapazitäten oder bei der Frage, ob Zusatzaufträge ausgeführt werden sollten.

Sind **Leerkapazitäten** vorhanden, muss man sich fragen, ob die Fixkosten, die auch ohne diese Produktion anfallen würden, in der kurzfristigen Preisuntergrenze kalkuliert sein müssen. Deckt der Preis die variablen Kosten vollständig und überdies einen Teil der Fixkosten, erhöht sich durch das Geschäft das Deckungsbeitragsvolumen. Allerdings muss darauf geachtet werden, dass durch dieses Verhalten der Marktpreis nicht dauerhaft nach unten gezogen wird. Bei ausgelastetem Betrieb und Nachfrage nach Zusatzaufträgen müssen die zusätzlichen Kosten bekannt sein. Die Auslastung sorgt bereits für eine Deckung der Fixkosten: Insoweit müsste, wenn die Gewinnsituation verbessert werden soll, ein Preis angesetzt werden, der die variablen Selbstkosten überschreitet.

Zur **Auffindung von Schwachstellen** bedient man sich auch betrieblicher Kennzahlen oder Kennzahlensysteme. Im Marketingcontrolling steht die Beobachtung der Umsatzrentabilität an erster Stelle. Diese Kennzahl setzt Umsatz und Gewinn zueinander in Beziehung. Daneben treten Umschlagskennzahlen, die den Umsatz zu Bestandsgrößen (Lagerbestände, Kapital) ins Verhältnis setzen und so eine Beziehung zwischen Kapitalbedarf bzw. Kapitalbindung und Umsatz herstellen (Kennzahlen im Marketing-Controlling).

$$\textbf{Umsatzrentabilität in \%} = \frac{\text{Jahresergebnis}}{\text{Umsatzerlöse}} \cdot 100$$

$$\textbf{Umschlagshäufigkeit des Umlaufvermögens} = \frac{\text{Umsatzerlöse}}{\text{durchschnittlicher Bestand des Umlaufvermögens}}$$

$$\textbf{Umschlagshäufigkeit des Gesamtkapitals} = \frac{\text{Umsatzerlöse}}{\text{durchschnittliches Gesamtkapital}}$$

$$\textbf{Auftragseingangsquote} = \frac{\text{Auftragseingang}}{\text{Umsatz}}$$

$$\textbf{direkte Preiselastizität der Nachfrage} = \frac{\text{Änderung der Absatzmenge in \%}}{\text{Änderung des Preises in \%}}$$

5.3.5.2 Materialcontrolling

Im Materialbereich geht es um die Beschaffung und Bewirtschaftung von Sachgütern, die im betrieblichen Produktionsprozess eingesetzt werden, um Absatzleistungen zu erstellen. Das bedeutet, dass Material in der benötigten Menge in der geforderten Qualität zu einem bestimmten Zeitpunkt am festgelegten Ort vorhanden sein muss. Allerdings ist diese mehr technische Aufgabe unter Beachtung des **ökonomischen Prinzips** zu erfüllen. Es geht nicht um die Beschaffung größtmöglicher Mengen der besten Qualitäten, sondern um die Optimierung der dadurch entstehenden Kosten. Das Optimum ist dort erreicht, wo das benötigte Material unter Berücksichtigung der quantitativen und qualitativen Erfordernisse zu den geringst möglichen Kosten beschafft werden kann, d. h. ein Ausgleich zwischen technischen und wirtschaftlichen Aspekten erzielt worden ist.

Im Hinblick auf die Mengen bedeutet dies eine Abwägung zwischen Abnahmemenge und Kosten. Große Beschaffungsmengen lassen tendenziell größere Preisnachlässe zu und führen zu günstigeren Transportkosten. Nachteilig wirkt aber die Gefahr höherer Lagerkosten durch eine höhere und möglicherweise längere Kapitalbindung sowie ein größeres Lagerrisiko.

Auf die Problematik der Materialbeschaffung wurde in Lehrbuch 2, Kapitel 4.3 ausführlich eingegangen.

5.3.5.3 Finanzcontrolling

Das Finanzcontrolling hat die Aufgabe, das finanzielle Zielsystem eines Unternehmens zu gestalten und die Zielerreichung zu unterstützen. Vorrangiges existenzielles Ziel ist die Erhaltung des **finanziellen Gleichgewichts.** Dies ist die Situation, in der die Zahlungsfähigkeit so gesichert ist, dass fällige Zahlungsverpflichtungen jederzeit erfüllt werden können.

Damit diese Situation erreicht werden kann, muss das Unternehmen in der Lage sein, einen bestimmten Kapitalbedarf zu decken, d. h. zu finanzieren. Nun ist aber nicht jede Finanzierung, die die Erhaltung des finanziellen Gleichgewichts gewährleistet, auch eine optimale Finanzierung.

Das **finanzielle Zielsystem** eines Unternehmens besteht aus mehreren, z. T. voneinander abhängigen Komponenten:

- Liquidität (finanzielles Gleichgewicht),
- Rentabilität (optimale Kapitalverwendung),
- Sicherheit (substanzielle Kapitalerhaltung),
- Unabhängigkeit (optimale Kapitalstruktur).

Das Controlling hat die Bildung von Finanzierungsgrundsätzen zu unterstützen, an der Ableitung von Finanzierungsstrategien mitzuwirken und die Umsetzung von Finanzierungsmaßnahmen zu überwachen. Dazu dienen Finanzpläne, Planbilanzen und Kennzahlen des Finanzbereiches.

Da der Kapitalbedarf von den erwarteten Ein- und Auszahlungsreihen abhängig ist, muss die Kapitalbedarfsplanung bei der Prognose der Ein- und Auszahlungen ansetzen. Planungsinstrument hierfür ist der Finanzplan. In jedem Planungszeitraum ergibt sich der Kapitalbedarf als Überschuss der Ausgaben über die Einnahmen und Zahlungsmittelbestände.

Aufgabe des Finanzcontrollings ist nun die Steuerung der Zu- und Abflüsse an liquiden Mitteln (auch **Liquiditätssteuerung** oder **Cash-Management** genannt). Ziel ist die Optimierung des Cashflow, des jeweiligen Periodensaldos aller Liquiditätszu- und -abgänge:

  Liquiditätszugänge eines Zeitraumes
– Liquiditätsabgänge eines Zeitraumes

= **Cashflow**

Der **Kapitalbedarf** hängt von der Höhe und dem zeitlichen Anfall der Ein- und Auszahlungsreihen ab. Einflussfaktoren auf den Kapitalbedarf sind Betriebsgröße, Produktionsprogramm, Preisniveau, Beschäftigung, Prozessanordnung und -geschwindigkeit.

Die Deckung des Kapitalbedarfs kann mit Eigenkapital oder Fremdkapital erfolgen. Hinsichtlich der Festlegung der Kapitalstruktur ist die Hebelwirkung zusätzlichen Fremdkapitals (Leverage Effect) zu beachten: Soweit die Gesamtkapitalrendite den Fremdkapitalzins übersteigt, führt eine zusätzliche Verschuldung zu einem Anstieg der Eigenkapitalrendite. Ein Beispiel, das diesen Effekt belegt, enthält Lehrbuch 1, Abschnitt 3.1.2.4.

5.3.6 Einbindung des Controlling in die Unternehmensorganisation

Die organisatorische Verankerung des Controlling in einem Unternehmen hängt davon ab, welche Einzelaufgaben dem Controlling konkret zugewiesen werden und wie diese von den sonstigen Funktionsbereichen abzugrenzen sind. Eine weitere Frage ist, auf welcher Leitungsebene die Controllingstelle eingeordnet wird und mit welchen Befugnissen sie ausgestattet werden soll. Wesentliche Einflussfaktoren auf die Aufbauorganisation des Controlling sind außer der Unternehmensgröße das Fertigungsprogramm, die Marktsituation auf den Beschaffungs- und Absatzmärkten und die Geschwindigkeit des technischen Fortschritts.

Die **Organisationsanpassungen** durch die Einbindung des Controlling in die Unternehmenshierarchie lassen sich auf zwei Grundmuster beschränken: Zum einen können die Controllingfunktionen den schon bestehenden Instanzen zugeordnet werden, d. h. in der vorhandenen Aufbaustruktur werden die Aufgaben der vorhandenen Stellen entsprechend erweitert, ohne dass neue Stellen eingerichtet werden; zum anderen können neue und eigenständige Controllerstellen und Abteilungen geschaffen werden.

Die Einordnung des Controlling ohne eigenständige Stellen erfolgt meist in den Bereich des Rechnungswesens. Ein Vorteil dieses Vorgehens liegt in der Nähe zur Informationsversorgung; allerdings unterscheiden sich die Aufgaben des betrieblichen Rechnungswesens und des Controlling erheblich. Das Rechnungswesen arbeitet vergangenheitsorientiert, das Controlling zukunftsbezogen. Der Erfassung und Abstimmung von Zahlen zur Rechenschaftslegung beim Rechnungswesen stehen die Informationsverarbeitung und die Umsetzung von Zahlen in Maßnahmen beim Controlling gegenüber.

Die Kernaufgaben des Controlling ließen sich auch trennen und ohne eigene Stellenbildung auf Stellen mit Führungsverantwortung verteilen. Allerdings fehlte bei diesem Vorgehen ein zentraler Ansprechpartner, und die funktionsübergreifende und führungsunterstützende Funktion könnte unter Bereichsinteressen und Qualifikationsproblemen leiden.

Die Einrichtung einer eigenständigen Controllingstelle hat zumeist Einfluss auf die bestehende Organisationsstruktur und verändert die Verantwortung und Kompetenzen anderer Bereiche. In einer Stab-/Linienorganisation ist zu entscheiden, ob die Controllingstellen in einer Stabsfunktion oder einer Linienkompetenz angesiedelt werden sollen.

Linienstellen sind klar hierarchisch eingeordnet und disziplinarisch unterstellt. Controlling als Stabsstelle hat grundsätzlich keine eigene Weisungsbefugnis, sondern unterstützt die Linienstelle, der sie zugeordnet ist. Controlling als Linienstelle wird häufig in der zweiten Leitungsebene angesiedelt und dem Finanzbereich unterstellt.

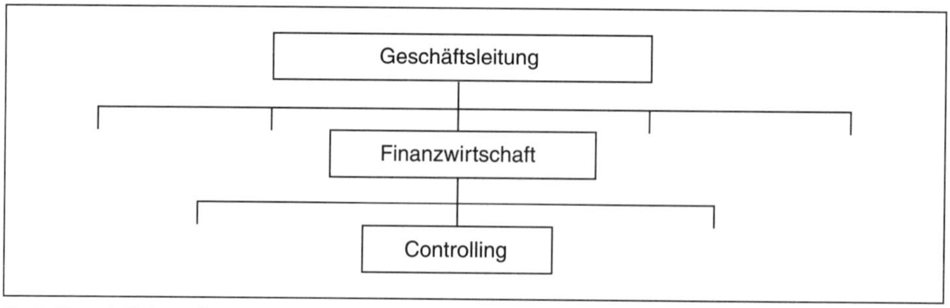

Controlling als Linienstelle

Als **Stabsstelle** wird das Controlling zweckmäßigerweise der Geschäftsleitung direkt unterstellt.

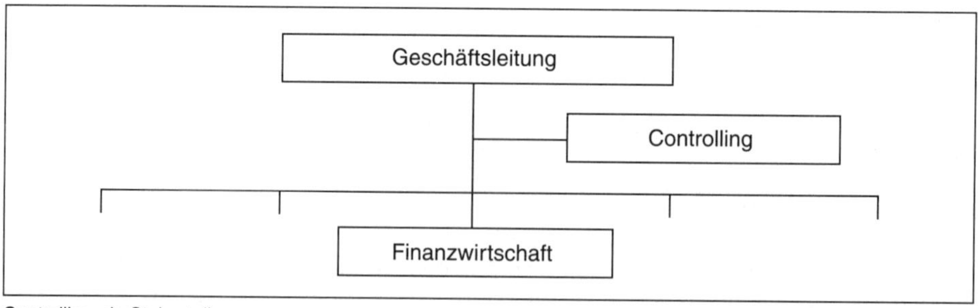

Controlling als Stabsstelle

6 Organisationsentwicklung

Der Qualifikationsschwerpunkt »Organisationsentwicklung« behandelt die Errichtung und Weiterentwicklung der Betriebsorganisation. Im Vordergrund stehen dabei alternative Möglichkeiten der organisatorischen Gestaltung des Unternehmens, und zwar sowohl im Sinne einer Neu- als auch einer Reorganisation. Wesentlicher Vermittlungsinhalt ist die Schärfung des Bewusstseins dafür, dass die betriebliche Organisation keine starre, unveränderliche Struktur darstellt und nicht als unveränderbar aufgefasst werden darf, sondern so zu gestalten ist, dass eine Anpassung an die sich zwangsläufig ändernde Unternehmensumwelt möglich ist.

Der Rahmenstoffplan setzt an dieser Stelle Kenntnisse der Grundbegriffe der Organisationslehre voraus. Diesbezüglich sei ausdrücklich auf Abschnitt 5.1.2 verwiesen.

Im Verlauf der Darstellungen zu diesem Schwerpunktthema wird vom Rahmenstoffplan insoweit abgewichen, als das Phasenschema der Projektorganisation nicht wie vorgesehen aufgeteilt behandelt, sondern aus didaktischen Gründen in seiner Gesamtheit dargestellt wird. Die Behandlung der Neu- oder Reorganisation eines Unternehmens, die der Rahmenstoffplan separat vorsieht, erfolgt – anhand eines Beispiels eingebettet in diese Gesamtdarstellung – dementsprechend erst im Anschluss an die Vorstellung der Strukturen und Formen der Aufbau- und Ablauforganisation. Abschließend wird die Installation der Organisationsentwicklung als dauerhaftes, integratives System erörtert.

6.1 Schaffung organisatorischer Strukturen durch Analyse und Synthese

6.1.1 Das Analyse-Synthese-Konzept

Innerhalb eines arbeitsteiligen Systems müssen komplexe Aufgaben in Teilaufgaben zerlegt und auf verschiedene Aktionsträger (Stellen) verteilt werden:

- Die Identifikation, Formulierung und Beschreibung der Teilaufgaben erfordert eine eingehende **Analyse** der Gesamtaufgabe.
- Anschließend müssen die Teilaufgaben nach als sachgerecht empfundenen Kriterien in einer Weise zusammengefasst werden, dass die entstandenen Aufgabenbündel auf organisatorische Einheiten (Stellen, vgl. Abschn. 6.1.2.1) übertragen werden können. Dieser Vorgang der Zusammenfassung wird als **Synthese** bezeichnet.

Dieses Analyse-Synthese-Konzept, das auf KOSIOL zurückgeht, ist ein klassisches Konzept der betriebswirtschaftlichen Organisationslehre.

Hierzu folgt eine Übersicht:

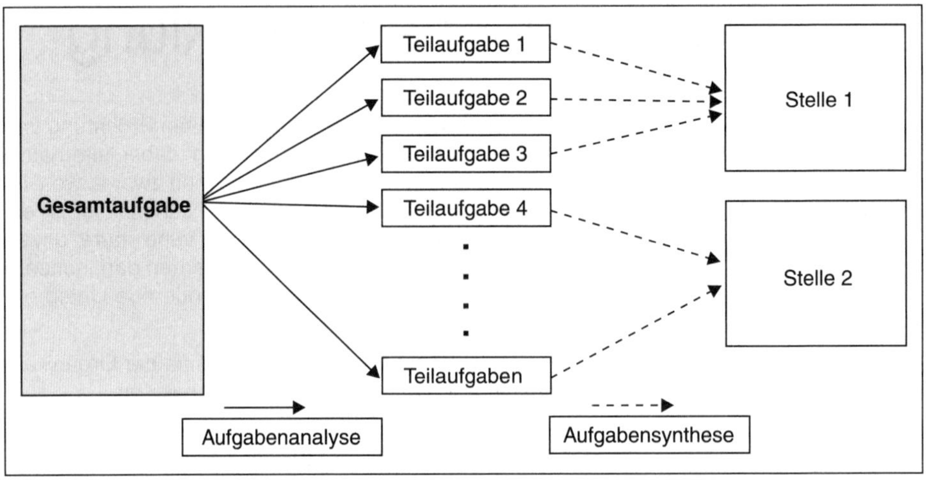

Aufgabenanalyse und -synthese

Als Ergebnis der Aufgabenanalyse und Aufgabensynthese zeigt sich eine organisatorische Unternehmensstruktur, die als **Aufbauorganisation** bezeichnet wird. Die Organisation der **Abläufe** (vgl. Abschn. 6.3.3) ergibt sich aus einer weitergehenden, bis in die kleinsten Arbeitshandlungen hineinreichenden Vorgehensweise, die man als **Arbeitsanalyse** und **Arbeitssynthese** (vgl. Abschn. 6.3.3.1) bezeichnet.

6.1.1.1 Aufgabenanalyse

In der Aufgabenanalyse wird die Gesamtaufgabe in Teilaufgaben zerlegt. Jede dieser Teilaufgaben ist in **qualitativer** Hinsicht vorrangig gekennzeichnet durch

- eine **Verrichtung,** also durch das, was »getan« werden muss. Diese wiederum zeichnet sich durch eine bestimmte Komplexität und ggf. ein zu beherrschendes Repertoire an Ausführungsvarianten aus. Die Verrichtung kann durch eine betriebliche Funktion (Einkauf, Verkauf usw.) oder einen Prozess (beraten, bestellen usw.) umrissen sein.
- ein **Objekt,** an dem die Verrichtung zu vollziehen ist. Objekte können materielle Arbeitsgegenstände, Produkte, Märkte, Personengruppen usw. sein.

Verrichtung und Objekt sind räumlich und zeitlich bestimmt: Der Ort der Verrichtung kann an den festen Standort des Arbeitsgegenstands gebunden sein; die Verrichtung hat zu einer bestimmten Zeit zu erfolgen.

Quantitativ ist die Aufgabe bestimmt durch vorgegebene **Zeiten,** innerhalb derer die Aufgabe zu erledigen ist, bzw. durch **Mengen,** die innerhalb eines bestimmten Zeitraums zu bewältigen sind.

Angesichts der verschiedenen zu berücksichtigenden Kriterien führt die Zerlegung einer Gesamtaufgabe in Teilaufgaben und deren weitere Zerlegung zwangsläufig zu einer mehrstufigen Gliederung, die die folgenden Fragen beinhaltet:

- Welches Objekt ist/welche Objekte sind zu bearbeiten?
- Für jede Objektart: Welche Teile des Objekts sind zu bearbeiten?
- Für jedes zu bearbeitenden Teil: Auf welche Weise(n) kann die Bearbeitung (alternativ) erfolgen?
- Für jedes mögliche Bearbeitungsverfahren: Welche Arbeitsschritte sind auszuführen?

- Für jeden Arbeitsschritt:
  - Wo ist die Arbeit auszuführen?
  - Wann ist die Arbeit auszuführen?
  - Wie oft ist die Arbeit auszuführen?
  - Welche Hilfsmittel werden benötigt?

Die folgende Abbildung zeigt eine solche mehrstufige Gliederung am Beispiel einer Fertigung von Bauelementen.

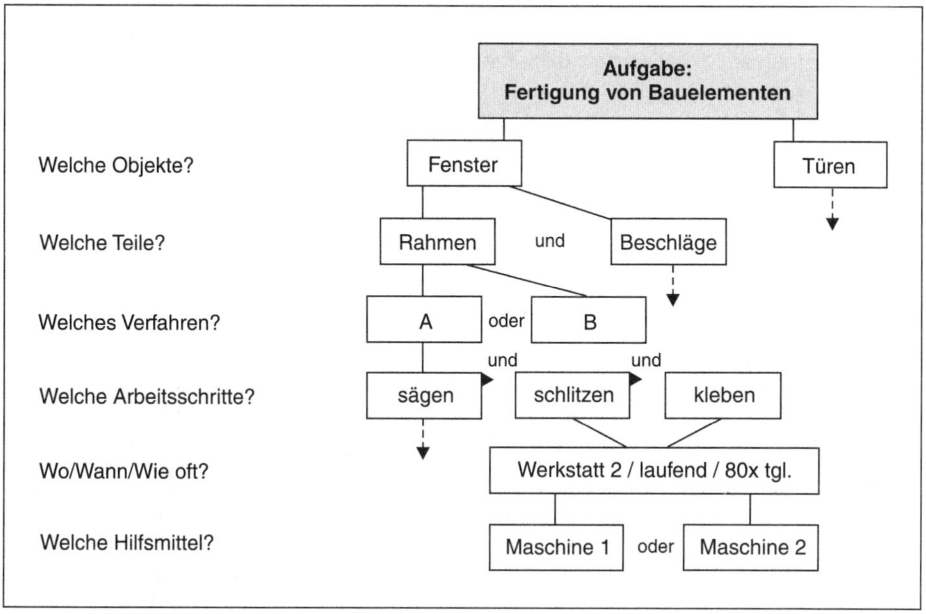

Mehrstufige Aufgabenanalyse

Weitere Analysekriterien sind

- **Rang:** Handelt es sich um eine Entscheidungs- oder um eine Ausführungsaufgabe?
- **Phase:** Handelt es sich um eine Planungs-, eine Durchführungs- (Realisations-) oder Kontrollaufgabe?
- **Zweckbezug:** Dient die betrachtete Aufgabe unmittelbar dem Betriebszweck (etwa in der Fertigung), oder hängt sie nur mittelbar mit diesem zusammen (z. B. mit der Buchhaltung)? In diesem Zusammenhang werden auch die Begriffspaare Zweckaufgabe/Verwaltungsaufgabe oder Kernprozess/Supportprozess verwendet.

In der Bauelementefertigung sind regelmäßig Rahmenteile vorzubereiten und zu verbinden. In der konkreten Ausformulierung bildet sich anhand der Zerlegung nach dem obigen Schema unter anderem die folgende Teilaufgabe heraus:

Verrichtung:	*Herstellung einer Rahmeneckverbindung in Form einer doppelten Schlitz- und Zapfenverbindung*
Objekt:	*Normfenster-Rahmenteile*
Ort:	*Holzwerkstatt/Aufstellungsort der Schlitz-Zapfen-Schneidmaschine*
Zeit:	*Laufend nach Anlieferung der Rahmenteile; 10 Minuten*
Menge/Häufigkeit:	*durchschnittlich 80x werktäglich*

Rang: *Ausführung*

Phase: *Realisation*

Hilfsmittel: *Schlitz-Zapfen-Schneidmaschine; Leim; Schraubzwingen*

Zweckbezug: *Unmittelbar*

6.1.1.2 Aufgabensynthese

Der Aufgabenanalyse folgt die Aufgabensynthese: Darunter ist die Zusammenfassung von in der Analyse identifizierten Teilaufgaben zu sinnvollen organisatorischen Einheiten zu verstehen.

Die Aufgabensynthese erfolgt nach denselben Kriterien wie die Aufgabenanalyse, also Objekt, Verrichtung, Rang, Phase und Zweckbezug. Zusätzliche Kriterien sind

- Raum,
- Zeit,
- Sachmittel/Hilfsmittel,
- Aufgabenträger.

Ziel der Aufgabensynthese ist die **Stellenbildung.**

Beispiel (Fortsetzung):

Die vorangegangene Aufgabenanalyse erbrachte neben der oben geschilderten Teilaufgabe mehrere weitere Teilaufgaben, zu deren Erfüllung der Einsatz einer Schlitz-Zapfen-Schneidemaschine erforderlich ist. Allerdings beziehen sich die gefundenen Aufgaben nicht alle auf die Arbeit an Fensterrahmen, sondern sind ebenfalls an Türrahmen und Zargen zu vollziehen. Aus der vorweg von der Geschäftsleitung getroffenen grundsätzlichen Entscheidung für Werkstattfertigung resultiert, dass eine Zusammenfassung nicht nach dem Kriterium »Objekt« im Sinne von »Produkt« erfolgt, sondern nach dem Kriterium »Hilfsmittel« (hier: Betriebsmittel). Es werden also Aktionseinheiten geschaffen, deren Aufgabe die Herstellung von Rahmeneckverbindungen sowohl an Türen und Zargen als auch an Fensterrahmen ist. Die Häufigkeit und Dauer der Aufgaben macht die Einrichtung zweier voller Arbeitsplätze mit je einem qualifizierten Mitarbeiter und einer Schneidemaschine erforderlich, die nebeneinander in der Holzwerkstatt untergebracht werden.

Durch die Zusammenfassung von Stellen zu Arbeitsgruppen, Abteilungen, Bereichen usw. und die sowohl funktionale als auch hierarchische Regelung der Beziehungen zwischen den Stelleninhabern entsteht ein organisatorisches Gerüst, das als **Aufbauorganisation** bezeichnet wird. Die Formen der Aufbauorganisation werden in Abschnitt 6.3.2 ausführlich erörtert.

Die Zuordnung konkreter Aufgaben zu den neu geschaffenen Stellen und die zeitliche und räumliche Abstimmung der Aufgaben aufeinander im Sinne einer durchlaufzeitoptimierten Aufgabenerfüllung ist Gegenstand der **Ablauforganisation.** Weitere Ausführungen hierzu enthält Abschnitt 6.3.3.

Aus didaktischen Gründen werden Aufbau- und Ablauforganisation nacheinander behandelt. Das obige Beispiel verdeutlicht aber bereits die Problematik der getrennten Betrachtung beider Bereiche: Im Zuge der Schaffung einer Aufbauorganisation werden zwangsläufig Entscheidungen über die Art und Weise, in der Prozesse ablaufen, getroffen; andersherum müssen Erfordernisse des Leistungsprozesses bei der Schaffung von Stellen unbedingt berücksichtigt werden.

6.1.2 Konzepttransfer in organisatorische Strukturen

6.1.2.1 Stellenbildung

Eine Stelle kann aus einem oder mehreren Arbeitsplätzen bestehen und ist nicht raumgebunden. In sozio-technischen Systemen besteht jedoch die Einschränkung, dass eine Maschine allein keine Stelle bekleiden kann, da sie weder Verantwortung übernehmen kann noch die Fähigkeit der Improvisation besitzt.

Die Stellenbildung kann nicht allein auf Basis der Aufgabenmerkmale erfolgen, sondern muss auch die Möglichkeiten und Bedürfnisse der möglichen Stelleninhaber berücksichtigen. Es ist also stets zu fragen, ob eine Stelle, deren Einrichtung sich aufgrund der Aufgabenanalyse und -synthese anbietet, auch ausfüllbar und zumutbar ist oder ob ihr – etwa weil ein menschlicher Stelleninhaber in Erfüllung seiner Aufgabe ständig schädlichen Umwelteinflüssen oder unvertretbaren, weil einseitigen körperlichen Dauerbeanspruchungen ausgesetzt wäre – arbeitswissenschaftliche und rechtliche Einwände entgegenstehen.

Die **Stellenbesetzung** schließlich, also die Zuordnung von Mitarbeitern zu stellen, erfolgt anhand einer Gegenüberstellung der Anforderungen der Stelle einerseits und der Fähigkeiten und Bedürfnisse der möglichen Stelleninhaber andererseits. Kriterien dieses Abgleichs, die in ihren Merkmalsausprägungen möglichst weitgehend zur Übereinstimmung gebracht werden sollen, sind spezielle Fähigkeiten und Fertigkeiten, Spezialwissen, Erfahrung, körperliche und geistige Belastbarkeit, Flexibilität und vieles mehr.

Bei der Stellenbildung gilt es zunächst, zwischen Realisations- und Entscheidungsaufgaben zu unterscheiden. Wie bereits dargelegt wurde, orientiert sich im Bereich der Realisationsaufgaben die Stellenbildung an der Art der Arbeitsteilung, also daran, ob die Verrichtung oder das Objekt im Vordergrund steht.

In Abhängigkeit von den von ihnen zu bewältigenden Aufgaben werden Stellen mit angemessenen Rechten und Pflichten, die zusammengefasst als **Kompetenzen** bezeichnet werden können, ausgestattet. Die wichtigsten dieser Kompetenzen sind

- **Ausführungskompetenz:** Kompetenz zur Erledigung bestimmter Aufgaben nach festgelegten Regeln;
- **Verfügungskompetenz:** Recht zur Hinzuziehung bestimmter Materialien und Hilfsmittel oder zur Einsicht und Nutzung bestimmter Informationen von außerhalb des eigenen Arbeitsplatzes;
- **Antragskompetenz:** Recht, Entscheidungsprozesse anzustoßen;
- **Mitsprachekompetenz:** Recht zur Mitwirkung an Entscheidungen in Form eines Anhörungsrechts, Mitberatungsrechts oder Mitentscheidungsrechts;
- **Entscheidungskompetenz:** Recht zur Entscheidung über bestimmte Aktionen (Maßnahmenkompetenz) oder zur Festlegung von Rahmenbedingungen für Aktionen Dritter (Richtlinienkompetenz);
- **Anordnungskompetenz:** Recht, andere zu bestimmtem Tun oder Unterlassen zu veranlassen;
- **Stellvertretungskompetenz:** Recht, das Unternehmen nach außen zu vertreten und in seinem Namen Verträge abzuschließen (bisweilen wird dieser Begriff aber auch verwendet, wenn jemand das Recht hat, andere Stelleninhaber zu vertreten und für diese zu handeln).

In Abhängigkeit von der Größe und den Aufgaben der Unternehmung werden verschieden große Stellen gebildet, die wiederum – nach den oben beschriebenen Kriterien »Verrichtung« oder »Objekt« – in Abteilungen und Hauptabteilungen zusammengefasst werden.

Im allgemeinen Sprachgebrauch hat es sich eingebürgert, den Begriff der Stelle als Synonym für den einzelnen Arbeitsplatz zu verwenden und somit auf einzelne Personen als Stelleninhaber zu beziehen. Diese Auffassung des Stellenbegriffs schlägt sich z. B. nieder in den gebräuchlichen Stellenbeschreibungen.

6.1.2.2 Die Stellenbeschreibung

Für das reibungslose Funktionieren einer Organisation ist es unerlässlich, dass jeder einzelne Aktionsträger Einblick in die Organisationsstruktur und damit die Kenntnis darüber hat, welche Funktion er ausüben soll und welcher Art seine Beziehungen zu anderen Stelleninhabern sein sollen. Die erforderliche Transparenz schaffen Stellenbeschreibungen.

Stellenbeschreibungen **fixieren** die Aufgaben und Anforderungen einer Position sowie deren Einordnung in das organisatorische Gefüge des Unternehmens in verbaler Form.

Stellenbeschreibungen gliedern sich für gewöhnlich in die Beschreibung der

- Stellen**aufgabe:** Tätigkeiten, Rechte, Pflichten und Verantwortungsbereich;
- Stellen**anforderungen:** Schulische und berufliche Vorbildung, spezielle Kenntnisse und persönliche Eigenschaften;
- Stellen**eingliederung:** Position der Stelle innerhalb der Gesamtorganisation, somit Verdeutlichung der Über-, Unter- und Gleichstellungsverhältnisse.

Die Beziehungen zwischen den Stellen innerhalb eines Unternehmens – Über-, Unter- und Gleichstellungsverhältnisse sowie informationelle Beziehungen – werden grafisch in Organisationsplänen **(Organigrammen)** dargestellt. Diese dienen der bildlichen Darstellung der hierarchischen Betriebsstruktur.

6.1.2.3 Zentralisierung und Dezentralisierung

Die Begriffe der Zentralisierung und Dezentralisierung können in unterschiedlicher Weise aufgefasst werden. Meistens jedoch umschreiben sie räumliche Komponenten. Zentralisierung in diesem Sinne ist die Bündelung gleichartiger Aufgaben in ein- und derselben Stelle bzw. am selben Ort; Dezentralisation meint dem gegenüber die räumlich getrennte Verteilung gleichartiger Aufgaben auf mehrere Stellen.

Nahezu jede Zentralisierung nach einem bestimmten Kriterium zieht die Dezentralisierung nach anderen Kriterien nach sich: Aus Objektzentralisierung in der Fertigung resultiert notgedrungen eine Verrichtungsdezentralisierung und umgekehrt.

Übertragen auf Leitungsaufgaben, bezeichnen die Begriffe der Zentralisierung und Dezentralisierung (häufig auch: Zentralisation, Dezentralisation) das Ausmaß, in dem Entscheidungsbefugnisse auf wenige Personen an der Unternehmensspitze konzentriert oder aber auf nachrangige Mitarbeiter übertragen werden, d. h. den **Grad der Entscheidungsdelegation.**

Konzentrieren sich Aufgaben mit bedeutendem Entscheidungsspielraum ausschließlich auf die Stellen des Top-Managements, so liegt **Zentralisation** vor.

Ihr Vorteil wird darin gesehen, dass sie der Führungsspitze eine konsequentere, von inneren Widersprüchen freiere Führung ermöglicht, als dies bei Delegation von Entscheidungsbefugnissen auf nachrangige Stellen zu erwarten wäre. Gegen Zentralisation spricht jedoch die vergleichsweise starke Belastung des Spitzenmanagements und der geringe Motivationsanreiz, der von dieser Form der Führung auf Mitarbeiter ausgeht.

Die Nachteile der Zentralisation sind die Vorteile der **Dezentralisation:** Werden nicht nur Aufgaben, sondern auch Entscheidungskompetenzen (und Verantwortung) auf Stellen des mittleren und unteren Managements übertragen, wirkt sich dies in der Regel positiv auf Engagement und Kreativität der so »aufgewerteten« Mitarbeiter aus.

Die positiven Erfahrungen mit dem so genannten **»Lean Management«,** flachen Organisationsstrukturen also, die sich durch weitgehende Verlagerung von Verantwortung und Entscheidungskompetenz auf nachgeordnete – auch ausführende – Stellen auszeichnen, bestätigen, dass mit Dezentralisation nicht auch zwangsläufig ein Koordinationsverlust einhergehen muss.

Voraussetzung hierfür ist jedoch die Einschränkung so genannter **»fallweiser Regelungen«** durch den Erlass **genereller Regelungen** als Richtschnur für das Handeln nachrangiger Mitarbeiter. Diese Philosophie des Ersetzens fallweiser durch generelle Regelungen wird auch als **»Substitutionsprinzip der Organisation«** bezeichnet.

6.2 Der Bedingungsrahmen des organisatorischen Gestaltens

6.2.1 Möglichkeiten der Betriebsorganisation im Wandel – »Change Management«

Im Rahmen der Material-, Absatz- und Produktionswirtschaft wurde bereits eine Fülle von Organisationsmöglichkeiten sowohl für größere betriebliche Bereiche als auch für Einzelaspekte des Leistungsprozesses aufgezeigt. Erinnert sei hier nur beispielhaft an

- die Organisation des Beschaffungswesens in der Materialwirtschaft,
- die Lagerorganisation,
- die Organisationstypen der Fertigung,
- die Arbeitsplanung in der Produktion,
- die Organisation der Produktionssteuerung, z. B. durch das Kanban-System,
- die Organisation des zwischenbetrieblichen Zusammenspiels durch »Supply Chain Management« und das »Just-in-Time«-Belieferungskonzept.

Alle diese Organisationen sind wiederum eingebettet in die Gesamtorganisation des Betriebes. Wesentliche Bestimmungsfaktoren dieser Organisation wurden teilweise in diesem Schwerpunkt bereits erörtert, z. B. die grundsätzliche hierarchische Unternehmensstruktur, die Stellenbildung und die grundsätzliche Frage nach dem Grad der Entscheidungsdelegation. Die Möglichkeiten zur Gestaltung der Aufbau -und der Ablauforganisation werden noch ausführlich in Abschnitt 6.3 behandelt, wobei sowohl auf »klassische« als auch auf »moderne« Organisationsformen eingegangen werden wird.

Vorab sollen nun an dieser Stelle Betrachtungen darüber angestellt werden, wie die Unternehmensorganisation beschaffen sein muss, um Veränderungsprozessen gewachsen zu sein.

6.2.1.1 Grundzüge der Organisationsentwicklung

Zur Bewältigung der zuvor beschriebenen Adaptationsproblematik reicht es nicht aus (wie etwa noch in den fünfziger Jahren), Daten über die Vergangenheit zu sammeln und mittels simpler Extrapolation (Fortschreibung eines Trends unter der Annahme der Stetigkeit und Sicherheit) in die Zukunft fortzuschreiben. Vielmehr gilt es, die Entwicklungen der verschiedensten Faktoren der Unternehmensumwelt ständig und systematisch zu beobachten und ein **»Frühwarnsystem«** zu installieren, das Veränderungen, die eine Gefahr darstellen, aber auch mögliche Chancen signalisiert.

Diese Vorgehensweise ist jedoch nur sinnvoll in Verbindung mit einem **»strategischen Management«,** das nicht nur Ziele und Strategien festlegt, sondern auch die Unternehmungsstrukturen in Anpassungsüberlegungen einbezieht, diese also gleichfalls nicht als starr und unveränderlich auffasst, und den im Betrieb anzustoßenden und durchzuführenden Veränderungsprozessen ebenso viel Aufmerksamkeit widmet wie den Veränderungen selbst. Einige dieser Zusammenhänge wurden bereits in Kapitel 5 ausführlich behandelt.

Im Zentrum der Überlegungen zur Gestaltung von Veränderungsprozessen **(»Change Management«)** steht heute unbestritten die Mitarbeiterorientierung. Ein Umsetzungskonzept ist die »Moderne Organisationsentwicklung (OE)« als Weiterentwicklung des traditionellen OE-Ansatzes.

Organisationsentwicklung ist eine Richtung der angewandten Sozialwissenschaften. Sie bezieht sich ganz allgemein auf Organisationen als soziale Systeme und wurde bzw. wird nicht explizit mit Blick auf Unternehmungen zugeschnitten und weiterentwickelt. Jedoch lassen sich die Erkenntnisse der OE auf Unternehmungen wie etwa Industriebetriebe anwenden, die, wie schon in Abschnitt 5.1.2.3.2 dargelegt wurde, als Organisationen im Sinne sozio-technischer Systeme aufzufassen sind.

6.2.1.1.1 Organisationslernen

In den letzten Jahren ist der Zusammenhang zwischen Veränderungsprozessen und Lernprozessen zunehmend ins Zentrum der OE-Forschungen gerückt.

Hier sind folgende Ausprägungen zu beobachten:

- **Reaktives Lernen:** Auf Veränderungen in der Unternehmensumwelt wurde in der Vergangenheit in einer für angemessen erachteten Weise – etwa durch die Einführung neuer Verfahren, die Investition in neue Technologien und die Aneignung besonderer Kenntnisse und Fertigkeiten – reagiert. Die daraufhin gesammelten – positiven wie negativen – Erfahrungen werden bei ähnlichen Veränderungen in der Zukunft diejenigen Reaktionen auslösen, die sich als erfolgreich herausgestellt haben. Diese Strategie, die auch als Anpassungslernen bezeichnet wird, wird dann erfolgreich sein, wenn die sich stellenden Herausforderungen »einfach« sind, also nur ganz bestimmte Veränderungen eintreten, während die sonstigen Umweltbedingungen weitgehend unverändert und damit berechenbar bleiben, und wenn das Problem in seiner Art solchen Problemen ähnelt, die in der Vergangenheit bewältigt wurden.
- Im Gegensatz zum reaktiven Anpassungslernen, das erst reagiert, wenn Veränderungen der Umwelt abzusehen oder eingetreten sind, steht die Strategie des **Erneuerungslernens** im Sinne einer Vorweg-Anpassung: Die Erfahrung »sicher ist nur, dass sich etwas verändern wird« löst tiefgreifende strukturelle Veränderungen innerhalb der Organisation aus. Flexible Formen der Aufbauorganisation mit flachen Hierarchien wie z. B. Projektmanagement (vgl. Kapitel 7), Hinwendung der Führung zu einem kooperativen, teamorientierten Führungsstil und eine breit angelegte Personalentwicklung, die neben der fachlichen auch die motivationale Entwicklung der Mitarbeiter fördert, sind Ziele, die nur durch Umdenken und Lernen erreicht werden können:

  Sie sollen das Überleben und den Erfolg der Unternehmung in der Zukunft gewährleisten. Allerdings sind die genannten Maßnahmen allein noch nicht ausreichend. Wenn Probleme auftreten, müssen diese erkannt, definiert und gelöst werden, und es muss abgeschätzt werden, welche Folgen eine vom Unternehmen getroffene Maßnahme haben wird.
- Aus den letzten Ausführungen wird deutlich, dass der Art und Weise, wie Probleme gelöst, also mögliche Lösungen erzeugt und durch strukturelle Erneuerungen umgesetzt werden, große Aufmerksamkeit zu widmen ist. Heute wird dieser Problemlösungsprozess als sozialer Lernprozess begriffen, in den alle Betroffenen einbezogen werden. An die Stelle der »klassischen« Delegation der Entwicklung von Problemlösungen an »Experten« tritt ein gemeinsames **Prozesslernen** der Beteiligten:

  Unternehmen und die in ihnen arbeitenden Menschen müssen »Lernen zu Lernen«; das Bild von der »Lernenden Organisation« prägt heute bereits die Unternehmenskultur vieler großer Unternehmen.

OE und ihre Weiterentwicklung, das **»Organisationslernen«,** zielt darauf ab, die Organisation wirksamer und damit überlebensfähiger zu machen. Dabei werden aber nicht nur die Ziele der Organisation verfolgt; OE folgt vielmehr der Erkenntnis, dass ein nachhaltiger Erfolg nur zu erwarten ist, wenn auch die Ziele ihrer einzelnen Angehörigen berücksichtigt und angestrebt werden.

6.2.1.1.2 OE-Beratung und OE-Team

Der Verdeutlichung, worum es bei OE geht, soll folgendes Beispiel dienen:

Nach Abschluss seines BWL-Studiums und einiger im Ausland verbrachter Berufsjahre im Management verschiedener Industrieunternehmen kehrt Schulze jr. nach Deutschland zurück, um die Leitung des Familienbetriebes zu übernehmen. Sein Vater hatte das Maschinenbauunternehmen, in dem heute über 500 Menschen arbeiten, über drei Jahrzehnte ausgesprochen autokratisch geleitet: Jeder Mitarbeiter hatte bei ihm von jeher ein fest umrissenes Aufgaben- und Zuständigkeitsgebiet mit minimalen Befugnissen. Entscheidungen, sofern sie über den engen Rahmen der Stellenbefugnisse und die Tagesroutine hinausgingen, wurden bisher allein vom Chef getroffen. Die Gruppen- und Abteilungsleiter fungierten mehr oder weniger als Vorarbeiter oder Aufseher und wurden nicht in grundsätzliche Überlegungen oder Entscheidungsfindungsprozesse einbezogen. Sie »funktionierten« dank leistungsabhängiger materieller Anreize und hatten im Laufe der Jahre eine gewisse stoische Haltung eingenommen, mit der sie die tägliche Routine auf eingefahrenen Bahnen ohne große Begeisterung meisterten. Schulze sen. hatte aber auch nie Interesse an Eigeninitiative und Kreativität seiner Mitarbeiter gezeigt; sie wäre ihm eher als »Aufsässigkeit« erschienen. Nichtsdestoweniger ist das Unternehmen heute finanziell gesund und besitzt einen soliden, wenn auch seit Jahren leicht rückläufigen Marktanteil, wobei es sich auf dem Markt eher durch Verlässlichkeit und Kontinuität als durch die Entwicklung neuer Ideen und Produkte auszeichnet.

Schulze jr. stellt sich die Zusammenarbeit im Betrieb anders vor, zumal er schon andere Betriebe mit motivierten, Initiative entwickelnden Mitarbeitern erlebt hat, in denen sowohl die Fertigkeiten als auch die Kreativität der Mitarbeiter aller Ebenen gezielt gefördert und in Innovationen umgesetzt wurden. Angesichts des wachsenden Konkurrenzdrucks auf dem globalisierten Markt scheint ihm letzteres auch für den Familienbetrieb dringend vonnöten zu sein. Schulze jr. ist klar, dass mit der vorhandenen Mannschaft nicht von heute auf morgen eine neue Unternehmung zu schaffen sein wird. Personalersetzungen im größeren Maße sind aus verschiedenen Gründen nicht möglich und auch nicht gewünscht. Schulze jr. beschließt, sich an einen externen Berater zu wenden.

OE bedient sich fast immer eines neutralen Dritten bzw. eines Teams aus neutralen Dritten, die als externe Berater fungieren und dabei eine Katalysatorfunktion ausüben. Dabei unterscheidet sich die Tätigkeit eines OE-Beraters wesentlich von der »klassischen« Unternehmensberatung: Während diese meist nur mit der Unternehmensspitze, die den Auftrag erteilt hat, zusammenarbeitet, die Situation im Betrieb lediglich beobachtet und aufnimmt, analysiert und abschließend einen Bericht mit Vorschlägen zur Behebung beobachteter Mängel an die Geschäftsleitung abliefert, ist der OE-Berater zugleich **Prozessanreger, -gestalter** und **-begleiter.** Er greift damit aktiv in die Abläufe der Organisation ein und gestaltet sie gemeinsam mit den Betroffenen unter Achtung deren Verantwortlichkeiten und Kompetenzen, nicht über deren Köpfe hinweg.

Es liegt in der Natur der Sache, dass im Zuge dieses intensiveren und direkteren Austausches zwischen OE-Berater und betroffenen Mitarbeitern ein anderes Vertrauensverhältnis entstehen kann, als dies bei der traditionellen Beratung der Fall ist, die oft als »von oben übergestülpt« und sogar als »feindlich« empfunden wird. Oft – und nicht zu Unrecht – argwöhnen Mitarbeiter, dass das Auftreten externer Berater im Betrieb nachhaltige Folgen für sie selbst haben könnte; viele Beratungsunternehmen haben den Ruf, »Rationalisierungshelfer« zu sein, und tatsächlich zielt ihre Tätigkeit, anders als diejenige des OE-Beraters, meist einseitig auf die Erreichung der Ziele der Unternehmensleitung bzw. der Anteilseigner ab.

Beispiel (Fortsetzung):

Der OE-Berater erarbeitet gemeinsam mit Schulze jr. einen Katalog mit Zielen und Grundüberlegungen für die Weiterentwicklung der Organisation:

- *Wer von einer Entscheidung betroffen ist, muss an der Entscheidungsfindung beteiligt werden.*
- *Die Abteilungs- und Gruppenleiter müssen zum Treffen von Entscheidungen befähigt und ermächtigt werden; angestrebt wird ein »Management by Objectives« (Führung durch Zielvereinbarung; Mitarbeiter und Führung vereinbaren Ziele und Zeitpunkte ihres Erreichen, während die Wahl des Lösungswegs dem Mitarbeiter überlassen bleibt).*
- *Durch ein System von Führungskräfteseminaren soll ein Wandel von der bisherigen autokratischen zur kooperativen Führung vollzogen werden.*
- *In den Gruppen und Abteilungen soll weitestgehend Teamarbeit erfolgen.*
- *Die Kommunikation, Koordination und Kooperation innerhalb der Teams und zwischen den Teams muss gefördert werden.*
- *Die Personalentwicklung wird fester und verlässlich beständiger Teil der Aktivitäten.*

Dieser Katalog wird ausführlich mit den Führungskräften besprochen und im Betrieb bekannt gegeben. Der OE-Berater und sein dreiköpfiges Team, die von nun an für mehrere Jahre häufige Gäste im Betrieb sind, werden der Belegschaft vorgestellt und machen diese mit ihren Aufgaben, Zielen und geplanten Vorgehensweisen bekannt.

6.2.1.1.3 Mitarbeiterorientierung

Ob der organisatorische Wandel durch OE gelingt, hängt in starkem Maße davon ab, ob die Mitarbeiter »mitziehen«. Daher ist es wichtig, dass alle Betroffenen über die Zielvorgaben und deren Bedeutung für ihren persönlichen Arbeitsbereich im Klaren und von einer klaren gemeinsamen Vision geleitet sind. Insbesondere die Mitarbeiter in den unteren Hierarchieebenen, denen der Blick für das »große Ganze« oft nicht möglich ist, müssen dauerhaft von der Vorteilhaftigkeit des Veränderungsprozesses und seiner Ergebnisse überzeugt werden. Hier sind die **Vorgesetzten** auf allen Ebenen gefordert, ihre eigene Motivation aus ihren Arbeitsgruppen mit Angehörigen der gleichen oder höheren Ebenen in die Gruppe der eigenen Mitarbeiter hineinzutragen.

Das Vertrauen der Mitarbeiter kann vor allem durch eine **offene Informationspolitik,** die die Ziele und Absichten offen legt und, wenn möglich, mit Zahlen und Fakten belegt, gewonnen werden. Ehrlichkeit auch in Bezug auf unangenehme Einschnitte, wie sie Veränderungen naturgemäß mit sich bringen – etwa die Notwendigkeit, altgewohnte Vorgehensweisen zugunsten neuer Prozeduren aufzugeben – als vertrauensbildende Maßnahme ist unbedingt geboten.

Es liegt zudem in der Natur der Sache, dass die organisatorische Umgestaltung die durchschlagendsten Erfolge zeitigt – aber auch am schwierigsten ist –, wenn nicht Teilbereiche des Unternehmens »optimiert« werden, sondern ein ganzheitliches, integratives Konzept die gesamte Organisation erfasst.

Beispiel (Fortsetzung):

Im Maschinenbaubetrieb von Schulze jr. wird der OE-Prozess durch eine Zukunftswerkstatt eingeleitet, an der neben Schulze und dem OE-Beraterteam alle Abteilungs- und Gruppenleiter teilnehmen. Die weiteren Aktivitäten des ersten Jahres werden vor allem auf die bestehenden Arbeitsgruppen konzentriert: Dies sind zum einen die Abteilungsleiterrunde, die regelmäßig mit dem Geschäftsführer zu Abstimmungsgesprächen über betriebliche Belange zusammenkommt, und die Abteilungsbesprechungen, die die einzelnen Abteilungsleiter mit ihren Gruppenleitern abhalten. Im Vordergrund der OE-Interventionen stehen dabei Fragen des Führungsstils, die Zusammenarbeit als Team, die Art und Weise, wie Probleme besprochen und Lösungen erarbeitet werden, und einzelne, als verbesserungswürdig erkannte Arbeitsabläufe.

6.2.1.2 Methoden, Interventionstechniken und Maßnahmen der Organisationsentwicklung

6.2.1.2.1 Das NPI-Modell zur Organisationsentwicklung

Ein bekanntes Modell zur Organisationsentwicklung ist das vom **Niederländischen Pädagogischen Institut** entwickelte und nach ihm benannte NPI-Modell. Es unterscheidet fünf Phasen.

1. Phase: **Orientierung** (Entréephase). Die Organisation (»das Klientensystem«) bzw. eine Gruppe innerhalb der Organisation erkennt ein Problem, aus dem sich eine Anpassungsnotwendigkeit ergibt. Die um Hilfe ersuchten OE-Berater erarbeiten gemeinsam mit den Initiatoren eine Problemuntersuchung und -formulierung. Mit der Vereinbarung weiterer gemeinsamer Schritte endet diese erste Phase.

2. Phase: **Situationsdiagnose und Zukunftskonzeption.** Im Klientensystem wird eine Ist-Erhebung und -Analyse durchgeführt und parallel hierzu an einem Zukunftsmodell im Sinne eines Soll-Konzepts gearbeitet. Diese Gleichzeitigkeit, die im Gegensatz zur sukzessiven Vorgehensweise z. B. des in Abschnitt 6.4.1.1 vorgestellten Phasenmodells der Projektorganisation steht, bewirkt eine Polarisierung der Spannung zwischen dem aktuellen Zustand des Systems und dem angestrebten Entwicklungsziel, die als fruchtbar angesehen wird. Die Phase endet mit einer »Intentionserklärung« zugunsten eines bestimmten Leitbildes für die Organisation.

3. Phase: **Operationalisierung.** Wiederum gleichzeitig werden operationelle Ziele entwickelt, die das Zukunftsbild konkretisieren, und operationelle Analysen der gegenwärtigen Situation durchgeführt. Damit soll eine realistische Einschätzung der Zielverwirklichung vor dem Hintergrund der realen aktuellen Gegebenheiten ermöglicht werden. Die dabei identifizierten Kernprobleme werden in konkreten Veränderungsprojekten aufgegriffen, die von (vielen) verschiedenen Arbeitsgruppen bearbeitet werden. Die OE-Berater sind in dieser Phase weniger mit konkreten Problembearbeitungen als vielmehr mit der Abstimmung zwischen den Arbeitsgruppen befasst.

4. Phase: **Experimentelle Projekte und Situationen.** Die in der vorangegangenen Phase festgelegten Veränderungsprojekte werden konkret hinsichtlich ihres Ablaufs, ihres Zeithorizonts, der Teilnehmer der Projektgruppe, der sonstigen verfügbaren Ressourcen und der anzuwendenden Evaluationskriterien geplant. Kleinere Veränderungen werden experimentell – gewissermaßen als Vorübungen für künftige größere Veränderungen – eingeleitet. Eine zu Beginn dieser Phase eingesetzte Steuerungsgruppe, der sowohl OE-Berater als auch Mitglieder des Klientensystems angehören, sorgt nach zuvor vereinbarten Spielregeln für die Koordination der Maßnahmen der verschiedenen Projektgruppen. Über diese Steuerungsgruppe können zum einen die OE-Berater sehr effektiv auf den Entwicklungsprozess einwirken; zum anderen lernen die beteiligten Mitglieder des Klientensystems, den OE-Prozess eigenständig zu steuern.

5. Phase: **Realisierung.** Auf Basis der in den experimentellen Projekten gesammelten Erfahrungen erfolgt die Ausweitung des OE-Prozesses auf die Gesamtsituation, indem die geplanten Veränderungsprojekte – wiederum koordiniert durch die Steuerungsgruppe – realisiert werden. Die OE-Berater ziehen sich dabei mehr und mehr zurück, während die Mitglieder des Klientensystems die Steuerung nach und nach vollständig übernehmen.

Das NPI-Modell kann auf die jeweilige Situation des Klientensystems angepasst werden und ist, auch wenn die beschriebene Phaseneinteilung dies vorzugeben scheint, insoweit nicht als starres, standardisiertes Verfahren aufzufassen.

6.2.1.2.2 Ausgewählte Methoden und Techniken der Organisationsentwicklung

Im Folgenden sollen einige ausgewählte Methoden, Gestaltungstechniken (**Interventionstechniken;** häufig i.S.v. Techniken zur Kommunikationsgestaltung) und Maßnahmen der OE beschrieben werden. Diese Darstellung kann aber die jeweilige Thematik nur anreißen und ist keineswegs vollständig. Da dieses Feld der Organisationslehre in ständiger Bewegung ist, ist die Hinzuziehung aktueller Fachaufsätze und Internetrecherchen dringend empfohlen!

Zukunftswerkstatt

Zukunftswerkstätten gehen auf Gedanken des Zukunftsforschers Robert JUNGK (1913–1994) zurück, die sein Mitarbeiter Norbert MÜLLERT zu einer heute in vielerlei Zusammenhängen praktizierten Methode weiterentwickelte. Gegenstand von Zukunftswerkstätten ist das kooperative und kreative Lösen von Problemen durch Teilnehmende (oft: unmittelbar Betroffene), die selbst über die Inhalte und den Prozess bestimmen.

Die **drei Phasen** der Zukunftswerkstatt sind

- **Bestandsaufnahme und Kritik:** In dieser Phase wird der Ist-Zustand des Untersuchungsgegenstandes aufgenommen.
- **Phantasie/Utopie:** Unter der Annahme, dass alle nur wünschenswerten Ressourcen wie Geld, Zeit, Einfluss usw. unbegrenzt vorhanden seien, werden Zukunftsvisionen entwickelt. Dahinter steht die Vorstellung, dass die Teilnehmenden ohne die häufig jede Kreativität im Keim erstickende »Schere im Kopf« über mögliche Lösungen phantasieren sollen, womit die Hoffnung verbunden ist, dass dabei wirklich originelle und zukunftsweisende Ideen entstehen. Oft wird in dieser Phase Brainstorming praktiziert.
- **Verwirklichung/Praxisumsetzung:** Die entwickelten Ideen werden auf ihre Praxistauglichkeit hin überprüft, und das weitere Vorgehen wird beschlossen. Abschließend werden Arbeitsaufträge an die Teilnehmenden vergeben und in einem Pflichtenheft festgehalten.

Eine solche Zukunftswerkstatt dauert in der Regel zwischen 1 1/2 Tagen und einer Woche.

Zukunftswerkstätten sollen nach Möglichkeit in **permanente Werkstätten** einmünden, in denen die Realisierung der gefundenen Lösungen betrieben wird.

Personalentwicklung

Beispiel (Fortsetzung):

Im zweiten Jahr wird in Schulze jr.'s Betrieb verstärkt an der Bildung von abteilungs- und fachübergreifenden Teams gearbeitet, die sich einzelner, keinem bestimmten Abteilungsbereich zuzuordnender Themen annehmen, z. B. der Konzipierung einer planmäßigen Personalentwicklung mit den Elementen Qualifizierung, Laufbahnplanung und Einstufung/Beförderung, wobei auch strukturelle Regelungen wie Arbeitszeit und Lohnformen in die Überlegungen einbezogen werden.

Unter dem Begriff der Personalentwicklung (PE) werden alle Maßnahmen zusammengefasst, die geeignet sind, die Mitarbeiter auf die Anforderungen vorzubereiten, die die neuen Rollen- und Führungsmodelle an jeden einzelnen stellen.

PE ist ein kontinuierlicher Prozess, der alle Potenziale der Mitarbeiter, die zur Erreichung der Unternehmensziele genutzt werden können, weckt und weiterentwickelt und, hieran angepasst, zugleich die Mitarbeiterkompetenzen kontinuierlich erweitert. Dabei werden die individuellen Voraussetzungen des einzelnen Mitarbeiters und dessen eigene Zielvorstellung und Lebensplanung berücksichtigt. Dieser individuelle Zuschnitt, der die Stärken und Defizite des Einzelnen gezielt aufnimmt, macht den wesentlichen Unterschied zwischen der »klassischen Weiterbildung« und PE aus. Eine Interventionstechnik im Rahmen der PE ist das **Coaching,** eine personenindividuelle oder auf Gruppen bezogene, meist von externen Fachkräften geleistete Beratung und Begleitung in Umbruch- und Konfliktsituationen.

Langfristig sollen durch PE folgende Ziele erreicht bzw. folgende Eigenschaften entwickelt werden:

- Hohes, zeitgemäßes Qualifikationsniveau,
- Teamfähigkeit (Kommunikations-, Kooperations-, Koordinations-, Demokratiefähigkeit, Toleranz usw.),
- Fähigkeit zur systematischen Problemlösung,
- Leistungs- und Ergebnisorientierung.

Experten weisen darauf hin, dass PE nur als **Top-Down-Prozess** funktioniert. Dies bedeutet, dass der Prozess von der Führungsspitze ausgelöst werden und vom gesamten Management mitgetragen werden muss und dass jede einzelne Führungskraft im Prozess verantwortlich beteiligt ist.

Kommunikations- und Prozessstrukturen

Das Letztgesagte gilt im gleichen Maße für die Organisationsentwicklung insgesamt, wobei Ideen und Feedbacks aller Art dank der geöffneten Kommunikationsstrukturen in hierarchieübergreifenden Teams im Zuge des OE-Prozesses durchaus den umgekehrten Weg, also **Bottom-up,** nehmen können.

Im weiteren Verlauf des Prozesses kann auch zu einem **Multiple Nucleus-Vorgehen** übergegangen werden. Dabei fungieren verschiedene Stellen im Unternehmen als »Keimzellen« für Veränderungen, die sich von dort ausgehend ausbreiten sollen.

Gehen Optimierungsvorgänge von den **Kernprozessen** (damit sind die Prozesse gemeint, die im Wesentlichen die »Wertschöpfungskette« des Unternehmens ausmachen) aus, von wo aus sie sich über die abgeleiteten Dienstleistungsprozesse ausdehnen, wird von einem **Center-Out-Ansatz** gesprochen.

Beispiel (Fortsetzung):

Im dritten Jahr arbeiten die verschiedenen Teams – sowohl die in ihren Abteilungen durch die Erfüllung von Regelaufgaben verbundenen Mitarbeiterteams als auch die abteilungs- und hierarchieübergreifend zusammengesetzten Projektteams – intensiv an der Entwicklung von Problemerkennungs- und -lösungsprozeduren. Das Leitungsteam, bestehend aus Schulze jr., den Abteilungsleitern und den Leitern der fachübergreifenden Projekte, beschäftigt sich zudem sehr ausführlich mit Fragen der strategischen Planung und diskutiert dabei auch die Möglichkeiten einer langfristigen Reduzierung der bisherigen Angebotsbandbreite, z. B. durch Outsourcing von Abteilungen.

Für die Reduktion von Bereichen durch Abtrennen oder Zusammenführen wird bisweilen auch der Begriff »vertikale Schnitte« verwendet.

Leitbildentwicklung

Wesentlich im Rahmen der OE ist die Identifikation und Stärkung der von den Mitarbeitern auf allen Ebenen gemeinsam **geteilten Werte,** die in eine Leitbildentwicklung einmünden.

Insgesamt darf nicht vergessen werden, dass bei allen Maßnahmen ggf. der **Betriebsrat** einzubinden ist.

6.2.1.3 Der Bezugsrahmen der »modernen Organisationsentwicklung«

KAUNE verweist auf die enge Wechselwirkung zwischen der Gestaltung von Veränderungsprozessen und verschiedenen Management-Bereichen, die wiederum auch untereinander vielfältig verwoben sind. Seine als MOEW-Modell bezeichneten »Eckpunkte moderner Organisationsentwicklung« zeigt die folgende Abbildung.

Einige der darin enthaltenen Begriffe sollen im Folgenden näher erläutert werden:

- **Prozessmanagement** betrifft die Phasen, die das Veränderungsmanagement regelmäßig durchläuft. KAUNE nennt die Abfolge »Auftragsphase – Diagnosephase – Planungsphase – Umsetzungsphase – Auswertungsphase«; ähnliche Phasenmodelle werden in Abschnitt 6.4.1 erörtert.

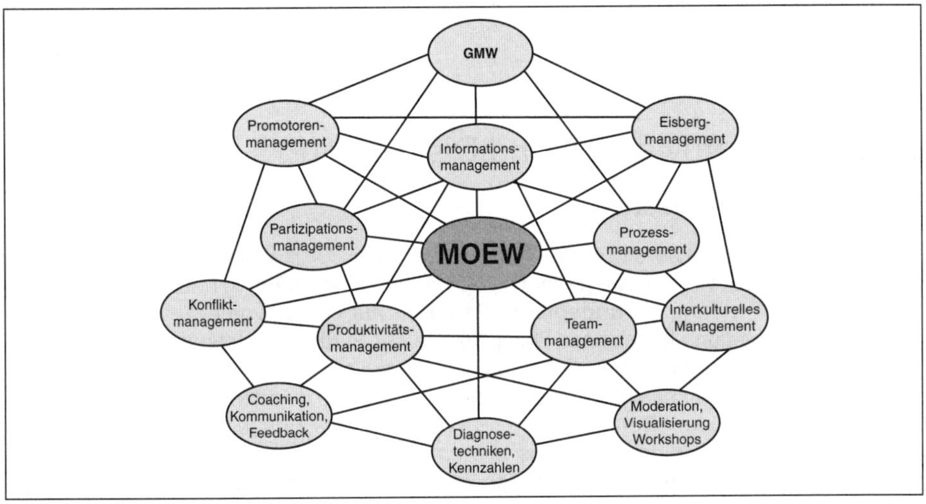

Eckpunkte moderner Organisationsentwicklung (MOEW-Modell) nach KAUNE; mit frdl. Genehmigung des Autors entnommen aus: »Change Management mit Organisationsentwicklung«, Erich Schmidt Verlag, Berlin 2004, S. 15

- **Partizipationsmanagement** betrifft die Einbeziehung der Mitarbeiter/Betroffenen schon im Vorfeld des Veränderungsprozesses, z. B. durch Beteiligung im Rahmen interdisziplinärer Projektteams, deren Zusammenstellung, Entwicklung und Steuerung Aufgabe des Teammanagements ist.
- **Promotorenmanagement** bezieht sich auf den Einbezug von **Machtpromotoren** (als Angehörige des höheren Managements; vgl. auch Abschn. 7.2.3.1.3) und **Fachpromotoren** (interne oder externe Fachspezialisten) in die Umsetzung des OE-Prozesses und betont ihre besondere Rolle bei der Durchsetzung von Veränderungen.
- **Interkulturelles Management** betrifft vor allem international tätige Unternehmen. Es befasst sich mit den aus unterschiedlichen kulturellen Standards resultierenden unterschiedlichen Auffassungen darüber, was als normal, typisch, eben noch oder nicht mehr akzeptabel angesehen wird.
- »**Eisbergmanagement**« betont die Notwendigkeit einer ganzheitlichen Vorgehensweise bei Veränderungsprozessen: Nicht nur das Sichtbare (wie betriebliche Abläufe, hierarchische Strukturen, formale Informationsflüsse, Stellenbeschreibungen usw.) dürfen beachtet werden; gerade im Unsichtbaren (der gewachsenen Führungs- und Unternehmenskultur, den Einstellungen und Ängsten von Mitarbeitern usw.) liegt der Schlüssel zum Gelingen oder Scheitern.

- **Konfliktmanagement** betrifft den Umgang mit intrapersonalen (in der Einzelperson belegenen) und interpersonalen (sozialen) Konflikten, wobei frühzeitiges Erkennen und aktives Bearbeiten von Konflikten als Eskalationsprophylaxe für die reibungsarme Umsetzung von Veränderungen von großer Bedeutung sind.
- **Produktivitätsmanagement** berücksichtigt als Kennzahlensystem, z. B. Balanced Scorecard (Lehrbuch 1, Abschn. 1.7.3.2.1.2), nicht nur Input-Output-Relationen, sondern auch andere messbare Zielerreichungen und spielt eine wichtige Rolle sowohl für den Anstoß von Veränderungsprozessen (etwa weil bestimmte Kennzahlen hinter den Erwartungen zurückgeblieben sind) als auch bei ihrer Bewertung.
- **GMV-Prinzip:** Diese Bezeichnung wählt KAUNE für den unverzichtbaren Einbezug des **G**esunden **M**enschen**V**erstandes in die Gestaltung und Durchführung von Veränderungsprozessen: also Intuition, persönliche Erfahrung, Inspiration und persönliche Wertvorstellungen.

6.2.2 Improvisation und Disposition

6.2.2.1 Improvisation

In der Einleitung wurde bereits darauf hingewiesen, dass Organisation an das Vorhandensein einer zerlegbaren Daueraufgabe geknüpft ist und einer Planung bedarf. Improvisation wurde im gleichen Zuge als **ungeplante Reaktion** auf eine unvorhergesehene und einmalige Problemstellung bezeichnet. Damit könnte der Eindruck entstanden sein, dass Improvisation gewissermaßen das Gegenteil von Organisation sei. Jedoch schließen sich Organisation und Improvisation nicht aus; vielmehr sind sie in jedem System nebeneinander anzutreffen: In jedem Betrieb stellen sich immer wieder Probleme, die außerhalb des üblichen Aufgabenerfüllungsspektrums stehen, so noch nie aufgetreten sind und sehr wahrscheinlich auch nicht wieder auftreten werden – und denen durch ungeplantes Handeln begegnet wird.

Meist müssen diese Reaktionen sehr rasch (»aus dem Stegreif«) erfolgen, weil eine Situation eingetreten ist, in der Schaden für das Unternehmen droht, den es abzuwenden oder gering zu halten gilt. Oft haben die getroffenen Maßnahmen und Regelungen daher einen vorläufigen Charakter.

Beispiele:

Durch einen Softwarefehler, der bei der Umstellung auf ein neues EDV-gestütztes PPS-System aufgetreten ist, können die Materialbewegungen im Lager noch nicht im neuen System verbucht werden. Der Mitarbeiter auf dem betroffenen Arbeitsplatz hat sich daher kurzfristig entschlossen, Zu- und Abgänge vorläufig in einer Excel-Tabelle zu erfassen.

Durch die Umstellung auf das neue PPS-System wurde ein wichtiger Terminauftrag versehentlich nicht freigegeben. Bei Nichteinhaltung des Termins droht eine hohe Konventionalstrafe. Als der zuständige Mitarbeiter dies bemerkt, lässt er sofort alle in Bearbeitung befindlichen Aufträge stoppen und macht die Kapazitäten für den vergessenen Auftrag frei.

Wenn für die Zukunft damit gerechnet werden kann, dass eine gleiche oder ähnliche Situation wieder eintritt, ist es ratsam, die organisatorischen Regelungen zu ergänzen.

6.2.2.2 Disposition

Zwischen Organisation und Improvisation ist die Disposition angesiedelt. Dieser Begriff wird immer dann verwendet, wenn eine Aufgabe zu erledigen ist, die zwar zu den Regelaufgaben des Betriebes gehört, in ihrer **konkreten Ausprägung** aber nicht vorhersehbar war und daher einer kurzfristigen Planung vor der sich direkt anschließenden Handlung bedarf, wobei sie sich auf die vorhandene Organisationsstruktur und die durch sie vorgegebene Aufgaben-, Kompetenz- und Verantwortungsverteilung stützt. Zur Verdeutlichung folgendes Beispiel:

Ein Speditionsunternehmen, das sich auf die Durchführung von Wohnungsumzügen im gesamten Bundesgebiet spezialisiert hat, aber auch kurzfristige Transporte für gewerbliche Auftraggeber durchführt, verfügt über eine bestimmte Anzahl von Fahrzeugen, Fahrern und Packern, über deren Einsatz unter Beachtung von Lenk- und Ruhezeiten, Wartungsintervallen usw. ein Mitarbeiter am Unternehmensstandort entscheidet.

Wenn ein Kunde einen Umzugsauftrag erteilt, wird dieser in einer bestimmten Weise behandelt: Aufnahme, Weitergabe, Bestätigung des Auftrags usw. sind festgelegt. Es liegt nun aber in der Natur der Aufgabenstellung, dass die konkreten Ausprägungen eines eingehenden Auftrages – Abhol- und Anlieferorte, Umzugstag, Menge und Besonderheiten des Umzugsgutes usw. – vorab nicht bekannt sind.

Bei der Zuteilung eines Fahrzeuges und des Personals zu einem Auftrag sind – im Interesse der Wirtschaftlichkeit, die durch eine hohe Kapazitätsauslastung gefördert wird – zusätzlich die weiteren vorliegenden Aufträge zu berücksichtigen: Gibt es die Möglichkeit, durch geschickte Planung – z. B. die Verbindung mit einem gewerblichen Transport – eine Leerfahrt zu vermeiden? Können mehrere Aufträge durch Zuladung miteinander verbunden werden? usw., wobei täglich neu eingehende Kundenaufträge dazu führen können, dass die bereits getroffenen Zuordnungen wieder verworfen werden.

Im vorstehenden Beispiel liegt eine typische Dispositionsaufgabe vor: Gestützt auf ein dauerhaft bestehendes organisatorisches Gerüst wird kurzfristig geplant und gehandelt. Nicht zuletzt drückt sich dies auch in der Stellenbezeichnung des Mitarbeiters aus, der »**Disponent**« genannt wird.

Der Handlungsspielraum für Disposition wird im Rahmen der Gesamtorganisation abgesteckt. In Abschnitt 6.1.2.3 wurde bereits auf den Unterschied von **fallweisen** und **generellen** Regelungen hingewiesen. Die Gestaltung des Handlungsspielraums fällt in letztere Kategorie.

6.2.2.3 Sinn und Zweck organisatorischer Regelungen

Auf die mit Organisation verbundenen Ziele und Zwecke wurde bereits in Abschnitt 5.1.2.3 hingewiesen. Dort wurden auch die negativen Folgen beschrieben, die sowohl Über- als auch Unterorganisation nach sich ziehen können. Es gilt also, die richtige »Balance« zwischen Organisation, Disposition und Improvisation zu finden. Für welche Fälle organisatorische Regelungen getroffen werden, wie diese geartet sind und welche Improvisationsspielräume zugelassen werden können, muss für jeden betrieblichen Bereich separat entschieden werden.

Generell gilt:

- Für diejenigen Vorgänge, die sich wiederholen und dabei gleiche Abläufe, Zuständigkeiten und Befugnisse sinnvoll (im Sinne der Ziele der Organisation) erscheinen lassen, sind dauerhafte organisatorische Regelungen zu treffen.
- Für Einzelmaßnahmen, in denen Disposition erforderlich ist, müssen Zuständigkeiten geregelt und Handlungsspielräume durch generelle Regelungen abgesteckt werden.

– Während in sicherheitsrelevanten Bereichen nichts »dem Zufall über lassen werden darf« (z. B. beim Betrieb von Flugzeugen oder Kernkraftwerken) und jede denkbare Situation gedanklich vorweggenommen und geregelt werden muss, erscheint es für andere Bereiche schlichtweg als nicht sinnvoll, für »jede Eventualität« eine Regelung zu treffen: Hier ist die Inkaufnahme eines gewissen Maßes an Improvisation die – auch wirtschaftlich – vernünftigere Alternative.

6.3 Organisationsprozesse zur Gestaltung der Aufbau- und Ablauforganisation

Jedes Unternehmen ist als sozio-technisches System »von Organisation durchdrungen«. In den vorangegangenen Abschnitten wurden die Begriffe »Aufbauorganisation« und »Ablauforganisation bereits eingeführt. Hier nun sollen sie ausführlich behandelt werden, wobei nochmals auf die Problematik der nicht-simultanen Behandlung hinzuweisen ist.

Anschließend wird, ergänzend zu den bisherigen Ausführungen zur Organisationsentwicklung, der Frage nachgegangen, wie der Prozess der Neu- oder Erstorganisation von Unternehmen und Unternehmensteilen bzw. deren Reorganisation seinerseits organisiert werden kann.

6.3.1 Organisationsprozesse für Neu- und Reorganisation von Unternehmen und Unternehmensteilen

Eine zu schaffende Organisation oder eine aus einem vorhandenen System neu zu entwickelnde Organisation hat durch Anwendung des Analyse-Synthese-Konzepts Konturen angenommen. Wie ist sie nun aber in die Realität zu übersetzen? Dieser Überführungsprozess bedarf seinerseits der Planung. Es bietet sich an, ihn als ein **Projekt** aufzufassen und sich an einem Phasenmodell der Projektorganisation zu orientieren. Diese ist in DIN 69901 definiert als »Gesamtheit der Organisationseinheiten und der aufbau- und ablauforganisatorischen Regelungen zur Abwicklung eines bestimmten Projektes«.

Auf Eigenschaften von Projekten und Phasenmodelle der (Projekt)-Organisation wird, der Abfolge im Rahmenstoffplan des »Geprüften Technischen Betriebswirts« folgend, in Abschnitt 6.4 (dort mit einer Darstellung eines kompletten Phasenmodells sowie des sehr ähnlichen »klassischen Phasenschemas der Organisation« mit der Systemanalyse im Zentrum) sowie in Schwerpunkt 7 noch ausführlich eingegangen.

Die im Rahmenplan hier vorgesehene Darstellung der Planungs- und Vorbereitungsphase durch Vor-, Haupt- und Teilstudien erfolgt ebenfalls in Abschnitt 6.4.

6.3.2 Aufbauorganisationsstrukturen/Organigramme

6.3.2.1 Leitungssysteme im Unternehmen

Bereits in Abschn. 6.1.2.1 wurde die Bildung von Stellen dargestellt. Entsprechend der in jedem Industriebetrieb anzutreffenden Gliederung der Aufgaben in Ausführungsaufgaben (Realisationsaufgaben) und Entscheidungsaufgaben lassen sich folgende Stellenarten unterscheiden:

- **Ausführende Stellen:** Hierunter sind diejenigen Stellen zu verstehen, die mit Ausführungskompetenzen, ggf. auch mit Verfügungskompetenzen, ausgestattet sind und unmittelbar am Leistungserstellungsprozess beteiligt sind, aber keine weitergehenden Kompetenzen haben, etwa Gesellen, Facharbeiter und kaufmännische Angestellte mit Sachbearbeitungsfunktionen. Wie schon im vorstehenden Beispiel verdeutlicht wurde, orientiert sich die Stellenbildung in diesem Bereich an der Art der Arbeitsteilung, also daran, ob die Verrichtung oder das Objekt im Vordergrund stehen.
- **Dienstleistungsstellen:** Diese Stellen beschaffen Informationen, auf deren Basis übergeordnete Stellen Entscheidungen vorbereiten und treffen können. Den Dienstleistungs- und den Leitungsstellen häufig (aber nicht notwendigerweise) zwischengeschaltet sind
- **Stabsstellen,** die die von den Dienstleistungsstellen zusammengetragenen Informationen auswerten, zu Handlungsempfehlungen oder -alternativen aufbereiten und weiterleiten an die
- **Instanzen,** die letztendlich die Entscheidungen treffen.

Diese Stellen arbeiten in der Praxis eng zusammen, wie das folgende Beispiel verdeutlicht.

Beispiel:

Die XY-GmbH plant die Anschaffung einer Großrechneranlage, die die Verknüpfung von Konstruktion, Fertigung und kaufmännischer Auftragsabwicklung im Sinne des Computer Integrated Manufacturing (CIM) ermöglichen soll. Ein Mitarbeiter der EDV-Abteilung erhält den Auftrag, Informationen über die verschiedenen am Markt erhältlichen Rechnersysteme zusammenzutragen. Gleichzeitig wird ein Mitarbeiter der Finanzabteilung beauftragt, Darlehenskonditionen bei verschiedenen Sparkassen und Banken einzuholen.

Nach erfolgter Informationssammlung tragen beide Mitarbeiter die gewonnenen Erkenntnisse dem Assistenten des Geschäftsführers vor, der daraus eine Übersicht zusammenstellt, aus der die technischen Daten der verschiedenen Rechner sowie die Folgekosten der alternativen Investitionsentscheidungen ersichtlich sind.

Auf der Basis dieser Ausarbeitung fällt der Geschäftsführer die Entscheidung für den Rechner der Z-DATA KG und die Kreditaufnahme bei der Volksbank Geldhausen.

Diese Stellen stehen in einem organisatorischen Zusammenhang von Über-, Unter- und Gleichstellung, der als »Hierarchie« bezeichnet und in Organisationsplänen **(Organigrammen)** abgebildet wird. Die folgende Abbildung zeigt einen solchen, für Unternehmen typischen Hierarchieaufbau, wobei der Anteil der ausführenden Arbeiten an der Gesamttätigkeit eines einzelnen Stelleninhabers umso größer ist, je weiter unten die Stelle angesiedelt ist; nach oben nimmt der Anteil der dispositiven (leitenden, entscheidenden) Aufgaben zu.

Bezogen auf die Leitungsebenen folgen Unternehmungen meist einer Dreiteilung:

- Die oberste Leitungsebene (**Top-Management,** aus Geschäftsleitung und ggf. Bereichsleitungen), die die Führungs- und Repräsentationsaufgaben wahrnimmt;
- Die mittlere Leitungsebene (**Middle-Management,** z. B. Hauptabteilungs- und Abteilungsleiter) mit folgenden Aufgaben:
  - Einsatz und Anleitung der Mitarbeiter,
  - Koordination der Zusammenarbeit,
  - Ausübung der Kontrolle im eigenen Zuständigkeitsbereich,
  - Treffen von Entscheidungen im eigenen Bereich,
  - Entscheidungsvorbereitung für die oberste Leitungsebene;

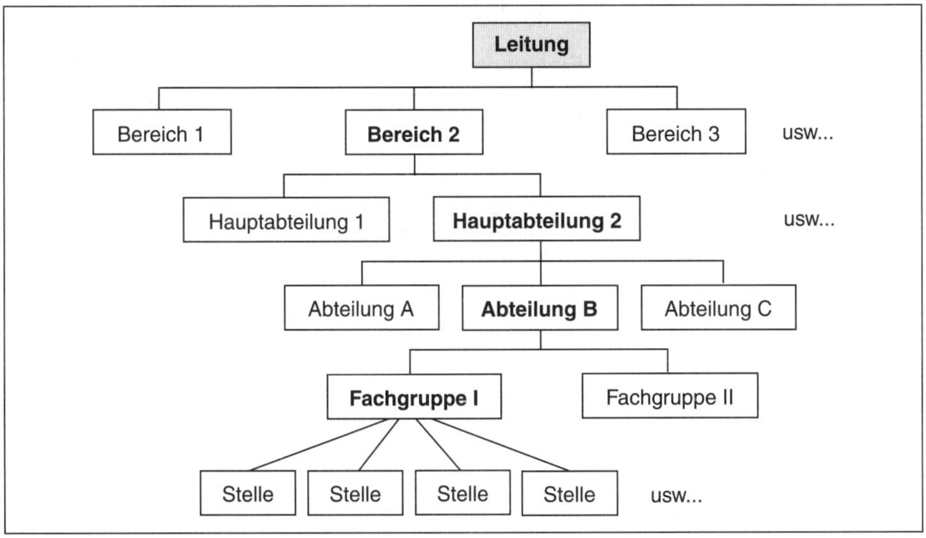

Hierarchischer Unternehmensaufbau

- Die untere Leitungsebene (**Lower Management,** z. B. Gruppenleiter, Werkmeister) mit folgenden Aufgaben:
  - Arbeitsvorbereitung,
  - Übertragung der Ausführung an die ausführenden Stellen,
  - Überwachung der untergeordneten ausführenden Stellen,
  - Mitwirkung bei der Ausführung.

Mit abnehmendem Rang sinkt der Anteil der Leitungsvollmachten an der Stellenaufgabe, während der Anteil an ausführenden Tätigkeiten zunimmt. Während den Stelleninhabern aller drei Leitungsebenen **Leitungsaufgaben** zukommen, sind die so genannten **Führungsaufgaben** der obersten Ebene vorbehalten.

Die obige Einteilung soll nicht dahingehend missverstanden werden, dass die Anzahl der Leitungsebenen eines Unternehmens notwendigerweise genau drei betragen müsse: Je nach Größe des Betriebes sind weniger oder auch (wesentlich) mehr Leitungsebenen oder -stufen anzutreffen, die den oben genannten »klassische« Leitungsebenen mehr oder weniger trennscharf zugeordnet werden können. Ihre Anzahl wird als **Leitungstiefe** bezeichnet. Die Anzahl der Stellen, die einer Leitungsstelle untergeordnet sind, bestimmt die Leitungsspanne oder **Leitungsbreite.** Dabei gilt: Je größer die Leitungsbreite, desto geringer ist die Leitungstiefe.

6.3.2.2 Formen der Aufbauorganisation nach hierarchischer Ordnung

Die Aufbauorganisation beinhaltet die Regelung der Beziehungen zwischen verschiedenen Aktionsträgern bzw. Stellen innerhalb eines Systems. Wie bereits früher dargelegt wurde, können diese Beziehungen materieller und/oder informationeller Art sein.

Die folgenden Betrachtungen beziehen sich insbesondere auf diejenigen informationellen Beziehungen, die mit dem Begriff der **Weisungsbefugnis** umschrieben werden können.

6.3.2.2.1 Die Einlinienorganisation

Die Einlinienorganisation (auch: **Einliniensystem**) ist der »Klassiker« unter den Organisationssystemen; sie geht auf eine bereits 1916 veröffentlichte Beschreibung von FAYOL zurück. Beim Einliniensystem gelangen Anweisungen streng vertikal von oben nach unten. Jede untergeordnete Stelle hat nur **einen** unmittelbaren Vorgesetzten, und nur von diesem dürfen Weisungen entgegengenommen werden. Der unterstellte Mitarbeiter ist allein gegenüber dem direkten Vorgesetzten für die Erfüllung der an ihn delegierten Aufgaben verantwortlich. Ebenso werden Kontrollmeldungen und sonstige Mitteilungen von unten nach oben nur in direkter Linie weitergeleitet.

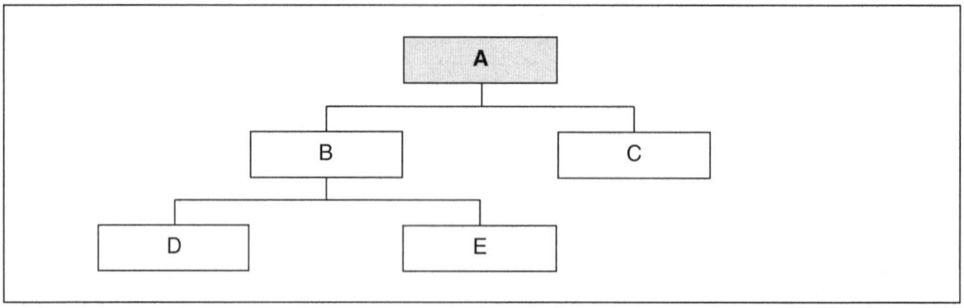

Einliniensystem

Der Vorteil des Einliniensystems ist in der Klarheit von Zuständigkeiten und Verantwortung zu sehen. Bei einer großen Anzahl von Hierarchieebenen können sich die langen Dienstwege aber als nachteilig erweisen, und bei einer großen Anzahl von unterstellten Mitarbeitern steht der Vorgesetzte sowohl vor dem Problem, eine optimale Arbeitsteilung zu finden, als auch vor der Schwierigkeit, die Aufgabenerfüllung zu kontrollieren und die Mitarbeiter zu motivieren.

Sind die Aufgaben der Mitarbeiter sehr unterschiedlich, stellt sich zudem das Problem, diesen Unterschieden in der Wahrnehmung der Leitungsaufgabe gerecht zu werden: Der Vorgesetzte ist als Generalist, nicht als Spezialist gefragt.

Aus alledem resultiert, dass das Einliniensystem vornehmlich in kleinen oder mittleren, also überschaubaren, Unternehmen vorzufinden ist.

6.3.2.2.2 Die Stablinienorganisation

Die Stablinienorganisation (auch: **Stabliniensystem**) ist ebenfalls ein Einliniensystem. Allerdings gibt es hierin nicht nur von oben nach unten, sondern auch horizontal verlaufende Linien, die von der Leitung oder auch von einzelnen Abteilungen zu den so genannten Stäben führen.

Stäbe sind Stellen oder Fachabteilungen, die die Abteilungen »in der Linie«, denen sie jeweils zugeordnet sind, beraten und mit aufbereiteten Informationen und Entscheidungsvorlagen versorgen, aber selbst in der Linie nicht weisungsbefugt sind: Unterhalb eines Stabes gibt es Weisungsrechte allenfalls gegenüber anderen, nachgeordneten Stabstellen.

Der Vorteil dieses Systems liegt in der Entlastung der Instanzen. Ein damit zusammenhängender, oft vorgebrachter kritischer Einwand gegen das Stabliniensystem betrifft die »unverantwortete Expertenmacht« der Stäbe: Einerseits besitzen die Stäbe naturgemäß häufig einen Informationsvorsprung vor der Instanz, der sie zugeordnet sind, und können diesen für die Durchsetzung eigener Ziele nutzen; andererseits können sie für die Folgen, die aus der Umsetzung ihrer Empfehlungen resultieren, nicht zur Verantwortung gezogen werden, da die Entscheidungsvollmacht allein bei der Linieninstanz liegt.

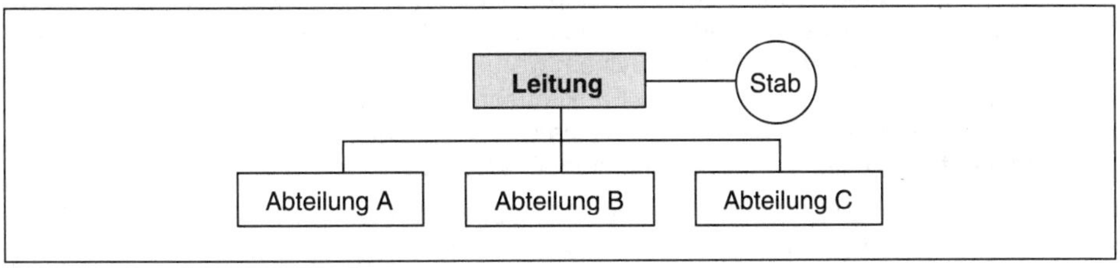

Stablinienorganisation (Prinzipdarstellung)

Größere Unternehmen sind häufig im Stabliniensystem organisiert. Dabei werden oft solche Aufgaben, die die Entfaltung von Kreativität in der Entwicklung neuer Ideen oder das Aufspüren von Trends und Veränderungen in der Unternehmensumwelt erfordern, auf Stäbe übertragen. In vielen Unternehmen sind die Rechtsabteilungen, Abteilungen für Werbung und Öffentlichkeit oder das Controlling als Stäbe angelegt.

Die folgende Abbildung zeigt die Aufbauorganisation nach dem Stabliniensystem am Beispiel des Organisationsplanes eines Industriebetriebes.

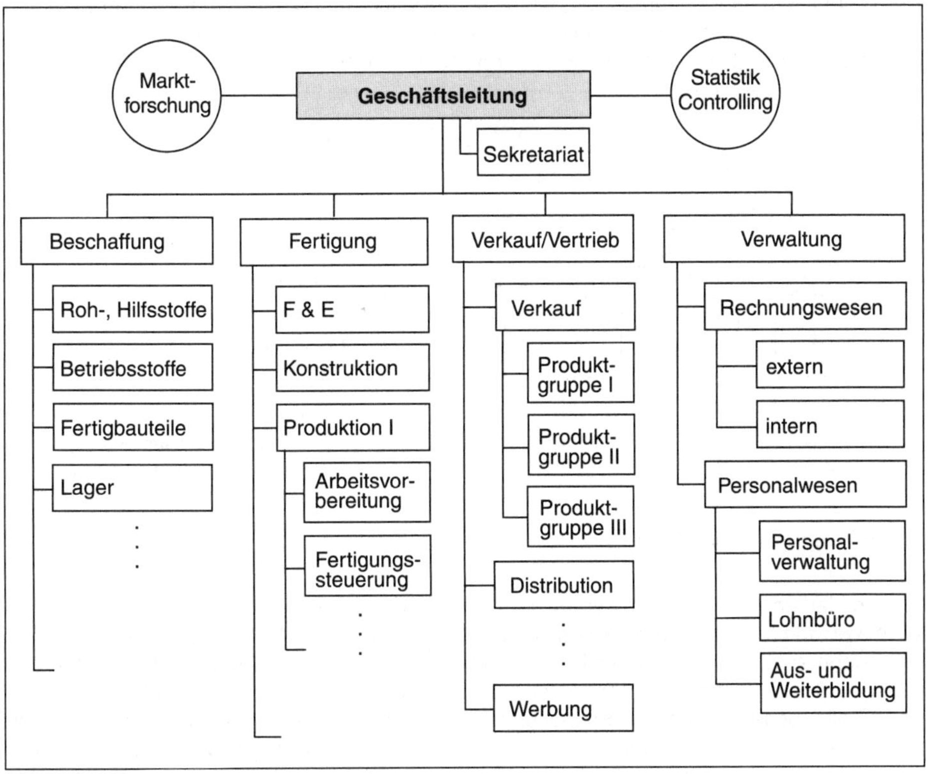

Organisationsplan eines nach dem Stabliniensystem organisierten Industriebetriebes

6.3.2.2.3 Die Mehrlinienorganisation

Der amerikanische Ingenieur Frederic Winslow TAYLOR entwickelte ein System, bei dem ein Stelleninhaber mehrere Fachvorgesetzte haben und folglich von mehreren Stellen Anweisungen erhalten kann. Für dieses System werden in der Literatur unterschiedliche Bezeichnungen verwendet, von denen »Funktionsorganisation«, »Funktionalsystem« und »Funktionsmeistersystem« die gebräuchlichsten sind (Achtung: Die in Abschn. 6.3.2.3.1 vorgestellte »funktionale Organisation« meint etwas anderes!).

TAYLORS Grundgedanke war, dass es für den Gesamtbetrieb nur von Vorteil sein könne, wenn **mehrere** Fachleute in der übergeordneten Ebene ihre Fachkompetenz einbrächten. Für den Fertigungsbereich schlug er vor, auf der Meisterebene eine Reihe von Spezialisten vorzusehen, von denen jeweils klar gegeneinander abgegrenzte Aufgaben wahrgenommen würden, etwa als Arbeitsverteiler, Geschwindigkeitsmeister, Prüfmeister usw.. Innerhalb des eigenen Verantwortungsbereiches sollte jeder dieser Fachleute gegenüber den ausführenden Stellen weisungsberechtigt sein.

Es liegt auf der Hand, dass ein solches System ein hohes Maß an Kooperation zwischen den Vorgesetzten erfordert, da ansonsten die Gefahr widersprüchlicher Weisungen besteht. Auch aus Kompetenzüberschreitungen auf Seiten der Weisungsberechtigten können Konflikte resultieren. Auf Seiten der Weisungsempfänger können mangelnde Klarheit über die Priorität der von verschiedenen Vorgesetzten erhaltene Anweisungen zu ungewünschten Handlungen führen, eine Verweigerungshaltung hervorrufen oder sogar in den Versuch gipfeln, Vorgesetzte gegeneinander auszuspielen. Die Befürworter dieses Systems betonen aber neben dem Vorteil der »geballten Kompetenz« die hohe Flexibilität.

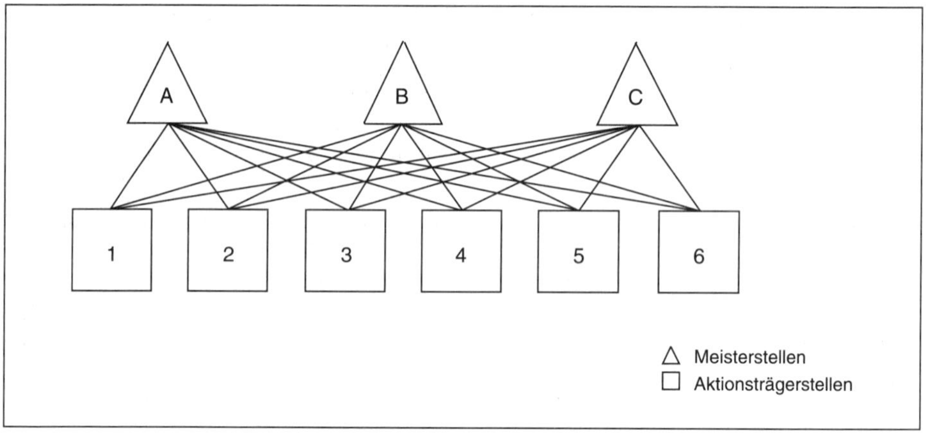

Mehrlinienorganisation (Funktionsmeistersystem) nach TAYLOR

Wegen der genannten Nachteile ist das Mehrliniensystem in ausführenden Bereichen kaum verwirklicht. Anzutreffen ist es jedoch in den **Führungsebenen** mittlerer und großer Unternehmen dort, wo übergeordnete Aufgaben von Spezialisten für alle Abteilungen und nachgeordneten Hierarchieebenen wahrgenommen werden, z. B. wenn der Personalleiter über Stellenbesetzungen und Entlassungen, Ausbildung und Weiterbildungsmaßnahmen für alle Abteilungen entscheidet. Eine wesentliche Voraussetzung für das Gelingen der Zusammenarbeit ist die deutliche Abgrenzung der fachlichen von der disziplinarischen Zuständigkeit.

6.3.2.3 Formen der Aufbauorganisation nach sachlicher Ordnung

Die Aufbauorganisation ist nicht allein durch das hierarchische Gefüge von Über-, Unter- und Gleichstellungen gekennzeichnet, sondern ebenso von der Art der verwirklichten Arbeitsteilung. Entsprechend der zuvor vorgenommenen Unterscheidung nach Verrichtungs- und Objektorientierung werden eine Reihe von Organisationsformen unterschieden, die im Folgenden vorgestellt werden sollen.

6.3.2.3.1 Verrichtungsorientierte Organisation

Die verrichtungsorientierte Arbeitsteilung, auch **funktionale Organisation** oder Funktionalorganisation genannt, verteilt die betrieblichen Aufgaben nach dem Kriterium der unterschiedlichen Verrichtungen; zugleich werden Stellen mit gleichen Aufgaben zusammengefasst.

Die Zusammenfassung gleichartiger oder verwandter Tätigkeiten ermöglicht eine hohe Spezialisierung der ausführenden Stellen und damit eine kostengünstige Leistungserstellung. Demgegenüber fallen jedoch die so genannten Beziehungskosten, also die Kosten für Transporte von Material und Informationen, stärker ins Gewicht als bei der nachfolgend geschilderten divisionalen Organisation. Daher eignet sich die funktionale Organisation besonders für Unternehmungen mit homogenem, wenige Umstellungen erforderndem Produktionsprogramm. Die folgende Abbildung zeigt diese Organisationsform:

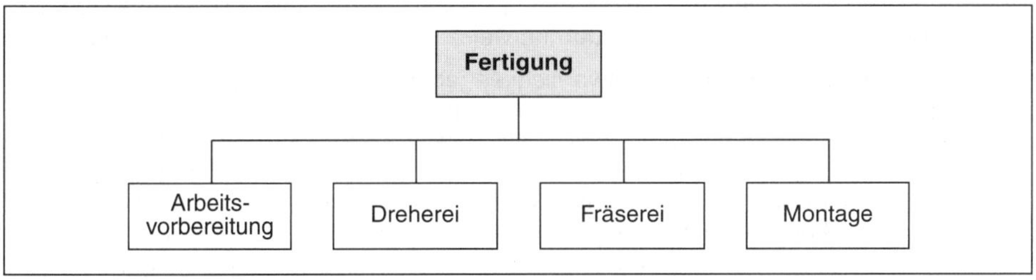

Funktionale Organisation

6.3.2.3.2 Objektorientierte Organisation

Die objektorientierte oder **divisionale Organisation** erfolgt nach Aufgabenobjekten. Dies können Produkte, aber auch Regionen («Regionalorganisation«) oder Kundengruppen sein. Sie empfiehlt sich für Mehrproduktunternehmen mit eher unterschiedlichen Produkten, die eine Spezialisierung erfordern.

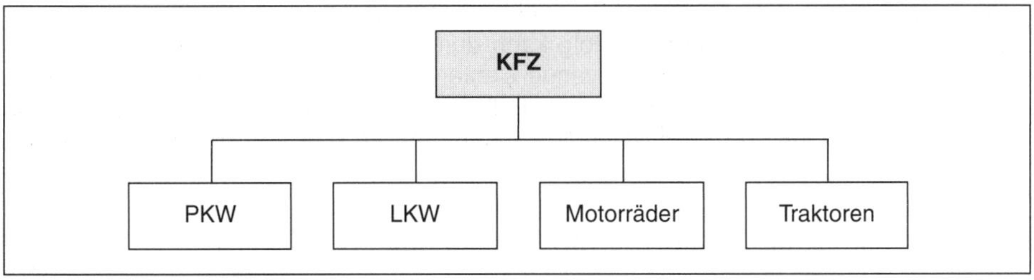

Divisionale Organisation (Objektprinzip)

Häufig sind Unternehmen auf der zweiten Hierarchieebene – also unmittelbar unterhalb der Führungsspitze – nach dem Objektprinzip gegliedert. In diesem Fall spricht man von **Spartenorganisation.**

6.3.2.3.3 Strategische Geschäftseinheiten (SGE)

Eine zunehmend an Bedeutung gewinnende Spezialform der divisionalen Organisation ist das Konzept der Bildung »**Strategischer Geschäftseinheiten**« (SGE) bzw. »**Business Units**« als Produkt/Markt-Kombinationen, die von einem eigens hierfür zuständigen Management relativ eigenständig bearbeitet werden.

Dabei lassen sich folgende Konzeptionen unterscheiden:

- **Profit-Center-Konzept:** Jede Sparte ist – bei weitgehender Entscheidungsfreiheit – für die Erzielung ihres Gewinns in Bezug auf das eingesetzte Kapital verantwortlich. Orientierungsgröße für Sparten- und Zeitvergleiche ist im Allgemeinen der »**Return on Investment**« ROI). Problematisch an diesem Konzept ist, dass den Geschäftsbereichen, die als Profit Center geführt werden, Gemeinkosten des Gesamtbetriebs zugerechnet werden, die vom Profit-Center-Management nicht beeinflusst werden können. Zudem ist es den in einem Betrieb eingebetteten Profit Centern häufig nicht möglich, den Gewinn durch Verkauf der eigenen Leistung am Markt zu steigern; sinnvoll ist dieses Konzept daher vor allem für Unternehmensbereiche, die ihre Leistung am unternehmensexternen Markt absetzen und dabei durch selbst ausgeübte Kostenverantwortung und eigenverantwortliche Preiskalkulation den erzielten Gewinn tatsächlich selbst steuern können.
- **Investment-Center-Konzept:** Hier erstreckt sich die Autonomie der Sparten auch auf Investitionsentscheidungen; das Center darf die selbst erwirtschafteten Gewinne eigenverantwortlich investieren. Maßstab ist üblicherweise ebenfalls der »Return on Investment«.
- **Cost-Center-Konzept:** Die Verantwortlichkeit jeder Sparte bezieht sich vorrangig auf die Kosten, die minimiert werden oder eine bestimmte Kostenvorgabe bei fixiertem Output nicht überschreiten sollen. Dieses System setzt eine nach Sparten aufgegliederte Kostenrechnung voraus. Verwendung findet es z. B. im Bereich der Fertigung. Kritisiert wird an diesem Konzept häufig die fehlende Marktorientierung, da es keine Anstöße zur Steigerung der Leistung beinhaltet. Ein Ansatz, diesen Mangel zu beheben, ist die Einführung innerbetrieblicher Verrechnungspreise für beanspruchte und abgegebene Leistungen, durch die marktähnliche Verhältnisse geschaffen werden sollen.
- **Expense-Center-Konzept:** Die Sparte trägt die Verantwortung für die getätigten Ausgaben. Sinn macht dies für verwaltende, entwickelnde oder sonstige nur indirekt in den Leistungserstellungsprozess eingebundene Bereiche, die damit nach ihrer Budgeteinhaltung beurteilt werden.
- **Revenue-Center-Konzept:** Die Sparte trägt die Umsatzverantwortung; ihr Erfolg wird am absoluten Ertrag und an der Umsatzentwicklung im Zeitverlauf gemessen. Je nach Ausprägung des Modells ist das Center entweder für die Preisgestaltung selbst zuständig (und kann den eigenen Erfolg damit über Preisvariation steuern), oder der Absatzpreis wird vorgegeben (und der Erfolg kann durch Variation des Absatzvolumens gesteuert werden). Sinnvoll ist das Revenue-Center-Konzept, das keine Berücksichtigung der Kostenseite vorsieht, nur in solchen Fällen, in denen Kosten entweder nicht bzw. weitgehend in anderen betrieblichen Bereichen anfallen oder mehrheitlich fixe Kosten darstellen.

6.3.2.3.4 Projektorientierte Aufbauorganisation

Bereits in der Einleitung zu diesem Abschnitt wurde der Begriff der Projektorganisation definiert. In dem dort verwendeten Sinne stellt er ein Konzept innerhalb des Projektmanagements dar, das ausführlich in Schwerpunkt 7 behandelt werden wird. In der Praxis werden die Begriffe »Projektorganisation« und »Projektmanagement« häufig auch synonym verwendet.

Nach der **Definition in DIN 69901** umfasst Projektorganisation die »Gesamtheit der Organisationseinheiten und der aufbau- und ablauforganisatorischen Regelungen zur Abwicklung eines bestimmten Projektes«. Vielfach wird der Begriff der Projektorganisation aber in einer verengten Weise auf eine bestimmte Form der Aufbauorganisation angewendet, die der Spartenorganisation gleicht. Diese Form der Projektorganisation ist eine für Ingenieur- oder Architektenbüros typische, in der Industrie bevorzugt im Anlagenbau anzutreffende Organisationsform. Als Gliederungsvorgabe dienen dabei Großprojekte (z. B. große Industriebauten, Staudämme, Verkehrssysteme).

Für jedes dieser Projekte, die häufig langjährigen Bestand haben, wird eine komplette Organisationsstruktur geschaffen, wobei zumindest die mit der Planung, Konstruktion, Ausführung und Kontrolle beschäftigten Mitarbeiter, bisweilen aber auch die nur indirekt mit der Leistungserstellung befassten Mitarbeiter, für die gesamte Dauer des Projektes diesem eindeutig zugeordnet werden. Ist ein Projekt abgeschlossen und schließt sich kein gleichartiges oder ähnliches Folgeprojekt zeitlich unmittelbar an, muss eine umfassende Neustrukturierung der Gesamtorganisation und eine Verteilung der Mitarbeiter auf andere Aufgabengebiete erfolgen. Problematisch an dieser Organisationsform ist die zeitliche Abstimmung von Projekten und Folgeprojekten.

Diese verdeutlicht die folgende Form der projektorientierten Aufbauorganisation eine Abbildung:

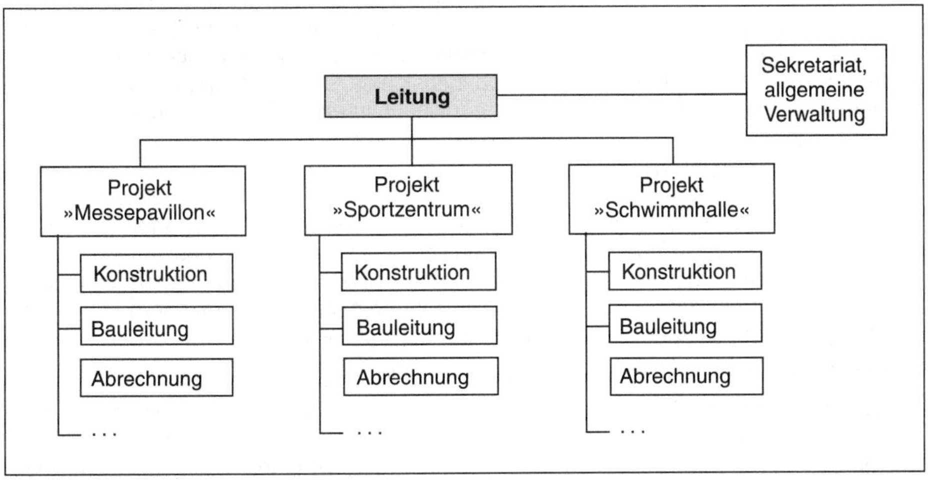

Projektorientierte Aufbauorganisation

6.3.2.3.5 Matrixorganisation

Die Matrixorganisation vereinigt die Anwendung des Objektprinzips mit der des Verrichtungsprinzips. Hieraus resultiert zwangsläufig die Überlagerung zweier Leitungsebenen in einem Mehrliniensystem.

Der Vorteil dieser Organisationsform liegt darin, dass sowohl die auf das Produkt als auch die auf die Funktion bezogenen Spezialkenntnisse ausgeschöpft werden. Die Teilung der Leitungs- und Weisungsbefugnisse führt jedoch zu einer ständigen Konfliktsituation, die sich unproduktiv auswirken kann.

Nach GROCHLA eignet sich diese Organisationsform wegen des hohen Konfliktpotentials und wegen des starken Einsatzes von Spezialisten deshalb insbesondere für die Lösung innovativer und komplexer Probleme, für die andere Strukturen zu bürokratisch sind.

Man findet Matrixorganisationen regelmäßig in Zusammenhang mit Projektmanagement.

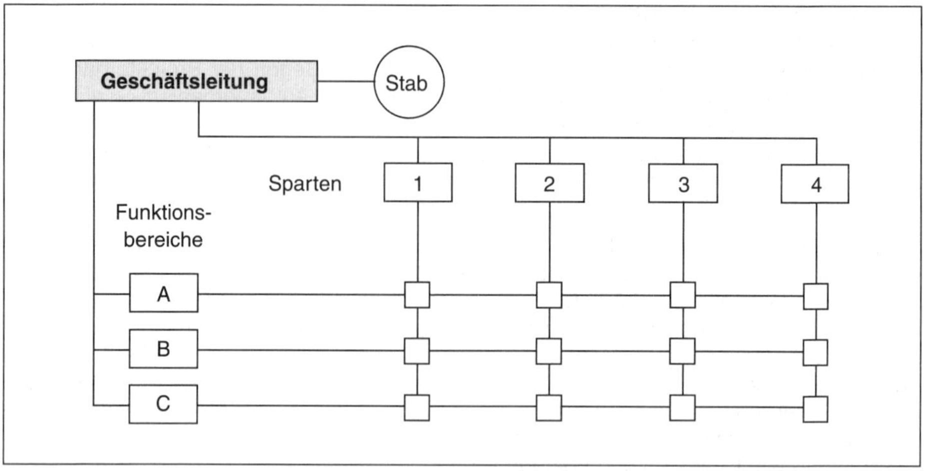

Matrixorganisation (Prinzipdarstellung)

Eine Spezialform der Matrixorganisation ist die **Tensororganisation,** bei der neben der Orientierung am Objekt- und am Verrichtungsprinzip weitere Gliederungskriterien (Gliederung z. B. nach Regionen, Märkten, Kundenart oder Projekten) berücksichtigt werden. Auf diese Weise entsteht eine drei- oder mehrdimensionale Organisationsstruktur, für die die genannten Vor- und Nachteile der Matrixorganisation in erhöhtem Maße gelten.

6.3.2.3.6 Teamorientierte Organisation

Alle bislang geschilderten Organisationsstrukturen weisen die Gemeinsamkeit auf, dass sich die Übertragung (Delegation) von Befugnissen seitens der Führungsebene auf untergeordnete Stellen lediglich auf einzelne Personen beschränkt. Teamorientierte Organisationsstrukturen sehen dagegen nicht mehr die Einpersonen-Instanz, sondern multipersonale Instanzen vor, die ihre Entscheidungen im Team treffen.

MEFFERT u. a. unterscheiden die folgenden Modelle:

- **sich überlappende Gruppen (»Likert-Modell«):** Im Unternehmen existieren zahlreiche Gruppen, die sich (bezogen auf die hierarchische Stellung) horizontal und vertikal überlappen. Der Informationsaustausch zwischen den Gruppen erfolgt über Schlüsselpersonen, die Mitglied in mehreren Gruppen sind (»Linking pins«);
- das **Kollegien-Modell:** In einer Stab-Linien-Organisation werden Stabstellen und Linieninstanzen zu Kollegiengruppen zusammengefasst. Damit sollen die Schwächen des Stabliniensystems (z. B. die »unverantwortete Macht der Stäbe«, vgl. Abschn. 6.3.2.2.2) abgebaut werden.

Ziele teamorientierter Ansätze sind

- die Verbesserung der Qualität der getroffenen Entscheidungen,
- die Erleichterung der Durchsetzbarkeit von Entscheidungen dadurch, dass sie von allen Mitgliedern des Teams mitgetragen werden,
- der Abbau von Hierarchieebenen bzw. die Schaffung flacher Hierarchien,
- die Verbesserung der Kommunikation, Motivation und Arbeitszufriedenheit.

In der Praxis erweist sich die Teamorganisation häufig als zu wenig flexibel; als Organisationsmodell ganzer Unternehmungen ist sie daher bislang nicht anzutreffen. Sie bleibt bislang auf einzelne Teilbereiche innerhalb größerer Unternehmungsstrukturen beschränkt.

6.3.2.3.7 Die fraktale Organisation

Die fraktale Organisation kann als Weiterentwicklung der Teamorganisation betrachtet werden. In ihr finden sich Mitarbeiter in verschiedenen Teams zusammen, von denen jedes eine für einen bestimmten Geschäftsprozess zuständige Einheit, ein so genanntes **Fraktal,** darstellt. »Alle Fraktale des Unternehmens sind selbstständig agierende und eigenverantwortliche Unternehmenseinheiten, in denen die Unternehmensziele und unternehmerisches Denken und Handeln gelebt werden und deren Ziele und Leistungen eindeutig beschreibbar sind« (vgl. WARNECKE 1995).

Dabei gehört jeder Mitarbeiter zunächst einem nach fachlichen Gesichtspunkten gebildeten, dauerhaften **Kompetenzteam** an. Je nach Anforderung durch aktuelle Arbeitsaufträge ist er außerdem für begrenzte Zeiträume Mitglied wechselnder **Projektteams** bzw. mit internen Aufgaben – etwa der Organisation des Qualitätsmanagements – befasster so genannter **virtueller Teams.** Bei Bedarf – etwa um gemeinsam mit anderen an neuen Ideen oder speziellen Problemstellungen zu arbeiten – kann er sich spontan informellen **Ad-hoc-Teams** anschließen. Ein Mitarbeiter ist in der Regel gleichzeitig Mitglied seines Kompetenzteams und mehrerer Projekt-, Ad-hoc- und virtueller Teams.

In größeren Unternehmen werden Kompetenzteams zu **Kompetenzcentern** und Kompetenzcenter zu **Geschäftsbereichen** zusammengeschlossen. Dabei entsteht aber keine streng hierarchisch gegliederte Organisation; vielmehr sind alle organisatorischen Einheiten als Fraktale verschachtelt, sodass jeder Mitarbeiter die Möglichkeit hat, seine Kompetenz auf allen Ebenen des Unternehmens einzubringen. Einfluss auf die Unternehmensführung nehmen zu können ist damit, anders als in hierarchisch strukturierten Unternehmen, nicht an eine Vorgesetzten-Eigenschaft gebunden.

Prinzipiell ist die fraktale Organisation eine sich **selbst steuernde** Organisation. Ohne Führungskräfte kommt zwar auch sie nicht aus; jedoch spielen Macht über Personen und geschlossene Zirkel eine geringere, Kooperation, Kompetenz und Kommunikation dafür eine um so größere Rolle.

Diese Organisationsform findet sich derzeit vorrangig in Unternehmen des IT-Bereichs, wo der Hauptvorteil dieses Systems – nämlich seine hohe Flexibilität, bedingt durch die fraktale Struktur – wesentliche Voraussetzung des Markterfolges ist.

Als besondere Merkmale der fraktalen Organisation gelten (wiederum nach WARNECKE) vor allem

- **»Selbstähnlichkeit«:** Die Naturwissenschaft verwendet den Begriff der Selbstähnlichkeit für solche geometrischen Objekte, bei denen bei vergrößerter Betrachtung ein Objektteil die (gleiche oder ähnliche) Gestalt des ursprünglichen Ganzen aufweist und bei verkleinerter Betrachtung das Ganze in ein Teil eines größeren Ganzen mit gleicher/ähnlicher Gestalt übergeht (z. B. ähnelt der Zweig eines Baumes dem Baum selbst und der Baum folglich auch jedem seiner Zweige). Übertragen auf Fraktale als Unternehmenseinheiten bedeutet dies, dass jedes Fraktal die wesentlichen Strukturelemente des Unternehmens einschließlich seiner Werte und Ziele beinhaltet.
- **Selbstorganisation** und **Selbstoptimierung** in operativer und strategischer Hinsicht: Ziele werden von der Organisation selbstständig erkannt, und sie richtet ihre Strukturen selbstständig auf die Realisierung ihrer Verwirklichung aus.
- **Dynamik** und **Vitalität:** Besonderes Kennzeichen von Fraktalen ist ihre dichte, auf den Regeln der Kybernetik basierende Vernetzung durch Informations- und Kommunikationssysteme, die schnelle und flexible Anpassungen an neue Anforderungen ermöglicht.
- **Aufgabenorientierung:** Im Vordergrund steht die Aufgabe, nicht die Person. Wenn es die Aufgabe erfordert, muss die Zusammensetzung des Teams geändert werden.

6.3.3 Ablauforganisation: Vorbereitung und Formen

Unter Ablauforganisation werden die organisatorischen Regelungen verstanden, nach denen einzelne Teilaufgaben zu einem Gesamtvorgang zusammengefügt werden. Die Ablauforganisation regelt also dynamische Vorgänge innerhalb des durch die Aufbauorganisation geschaffenen statischen Rahmens.

Wie in den voranstehenden Abschnitten bereits mehrfach erwähnt und begründet wurde, ist die Ablauforganisation kaum von der Aufbauorganisation zu trennen. Im Folgenden soll an die Ausführungen zur Aufgabenanalyse und -synthese (vgl. Abschn. 6.1) angeknüpft und zunächst die **funktionsorientierte** Vorbereitung der Aufbauorganisation auf Basis der Arbeitsanalyse und -synthese behandelt werden. Die Betrachtung der möglichen Formen und Ausprägungen der Ablauforganisation unter besonderer Berücksichtigung der heute verbreiteten Auffassung von **prozessorientierter** Organisation schließt sich daran an.

6.3.3.1 Arbeitsanalyse und Arbeitssynthese

6.3.3.1.1 Das systematische Vorgehen der Arbeitsanalyse

Jede einzelne im Rahmen der Aufgabenanalyse (vgl. Abschn. 6.1.1.1) identifizierte Teilaufgabe kann (unter Anwendung eines der oben genannten Kriterien) meist in mehrere Schritte weiter untergliedert werden, bis letztlich eine Feingliederung erreicht ist, die keine weitere Unterteilung zulässt. Diese so genannte **Arbeitsanalyse,** die danach fragt, wie etwas zu tun ist (während die Aufgabenanalyse fragt, was zu tun ist), und die sich anschließende **Arbeitssynthese** als Zusammenfassung von Arbeitsgängen, die ein- und derselben organisatorischen Einheit übertragen werden sollen, sind Grundlage der **Ablauforganisation.**

Aus dem organisatorischen Blickwinkel interessante Merkmale einer Arbeitsaufgabe sind vor allem

- die Vielfalt und der innere Zusammenhang (Variabilität und Komplexität) der Tätigkeiten,
- die Geschlossenheit (Identität) der Aufgabenstellung,
- die Eigenständigkeit und Eigenverantwortung des Ausführenden,
- die notwendige Kommunikation und Kooperation mit anderen Stellen.

Innerhalb bereits bestehender Systeme können Arbeitsanalysen auch personenbezogen, z. B. durch den Einsatz von Fragebögen oder durch Beobachtungen, durchgeführt werden, wobei sie der Frage nachgehen, wie (in welcher Häufigkeitsverteilung, in welcher Reihenfolge, in welchen Arbeitszusammenhängen mit anderen Personen, usw.) diese Person ihre Aufgaben erledigt. Hierbei sind die Grenzen zu den Methoden der **Arbeitswissenschaft** fließend.

Arbeitsanalysen werden durchgeführt, um herauszufinden, **wie** eine bestimmte Aufgabe erledigt wird bzw. erledigt werden sollte. In ihrer Durchführung folgen sie einer vorgegebenen Systematik. Allerdings gibt es nicht »das« Arbeitsanalyseverfahren, sondern eine Reihe von Verfahren, Methoden und Instrumenten, die im Grundsatz zwei unterschiedlichen Sichtweisen folgen:

- Der **tayloristische Ansatz** (zurückzuführen auf den amerikanischen Ingenieur und Begründer der Arbeitswissenschaften, Frederic Winslow TAYLOR, 1856–1915) zielt ab auf die Optimierung von Bewegungsanalysen. Als ingenieurwissenschaftlicher Ansatz misst er Leistungen (Mengen, Häufigkeiten, Zeitbedarfe usw.) unter Ausblendung psychischer Aspekte. Vergröbernd könnte man hierbei von der »Anpassung des Menschen an die Arbeit« sprechen.
- Der **humanistische Ansatz** geht vom Menschen, seiner Persönlichkeit, seinen Fähigkeiten und Motiven aus und zielt darauf ab, die Arbeit an den Menschen anzupassen.

Die Verfahren der Arbeitsanalyse entstammen dem größeren Gebiet der Arbeitswissenschaften. Verbreitet sind folgende, schon in den 1970er Jahren entwickelte Verfahren:

- **FAA** (**Fragebogen zur Arbeitsanalyse,** nach FRIELING und HOYOS, 1978): Der FAA besteht aus über 200 Einzelfragen zu den Bereichen
  - Informationsaufnahme und -verarbeitung,
  - Arbeitsausführung,
  - arbeitsrelevante Beziehungen und
  - Umgebungseinflüsse/besondere Arbeitsbeziehungen.

  Dieser Bogen wird im Rahmen einer Beobachtung und Befragung der Mitarbeiter am Arbeitsplatz von Experten ausgefüllt. Auf seiner Basis können Stellen detailliert in ihren Anforderungen an das Qualifikationsniveau des Stelleninhabers beschrieben, untereinander vergleichbar gemacht und hinsichtlich der Arbeitsentgelte eingeordnet werden.
- **Psychologische Arbeitsanalyse:** Diese geht dreischrittig vor.

  Schritt 1: Analyse der Auftrags- und Erfüllungsbedingungen einer Tätigkeit,

  Schritt 2: Analyse der Tätigkeiten,

  Schritt 3: Analyse der Auswirkungen von Produktionsbedingungen und Arbeitstätigkeiten auf das Befinden und Erleben der Beschäftigten.
- **AET** (**Arbeitswissenschaftliches Erhebungsverfahren zur Tätigkeitsanalyse,** nach ROHMERT u. a., 1979): AET ist ein arbeitswissenschaftliches Verfahren zur Analyse von Tätigkeiten und Belastungen (z. B. infolge der Einführung neuer Technologien), das in Zusammenhang mit Arbeitsgestaltung, Arbeitsstrukturierung, Arbeitsbewertung und arbeitsmedizinischer Risikoerkennung eingesetzt wird. Die Einstufung der Tätigkeiten bzw. Belastungen erfolgt nach Häufigkeit, Wichtigkeit, Dauer oder Zeitanteil, auf Basis von Alternativschlüsseln oder speziell für einzelne Merkmale entwickelten Einstufungsschlüsseln.

Methoden zur Erfassung von Arbeitsabläufen sind

- Die **Dauerbeobachtungsmethode:** Ein mit der Organisation beauftragter Mitarbeiter hält sich mindestens einige Tage lang ohne Unterbrechung im zu analysierenden Bereich auf und beobachtet alle Arbeiten hinsichtlich ihrer Ausführung (Handgriffe, Hilfsmittel), ihrer Abfolge (Reihenfolge der Bearbeitung und der Einbeziehung anderer Mitarbeiter) und ihrer Dauer. Je nach Aufgabenstellung registriert er auch das Arbeitsumfeld (Geräuschpegel, Raumklima, Beleuchtung). Diese Methode erfordert einen hohen Zeitaufwand seitens des Organisators und setzt ein Grundverständnis des von ihm beobachteten Arbeitsablaufs voraus.
- Die **Multimomentaufnahme:** Stichprobenartige Einzelbeobachtungen werden nach einem Zeitplan vorgenommen. Hierdurch werden weniger Abläufe verdeutlicht als vielmehr Aussagen über die Häufigkeit von Einzelverrichtungen möglich.

  Beispiel:
  Bei vierhundert von fünfhundert Stichproben in der CNC-Halle wurde die CNC-Drehmaschine in Betrieb vorgefunden. Hieraus kann auf eine 80%ige Auslastung dieser Maschine geschlossen werden.
- Die **Fragebogenmethode:** Die Mitarbeiter der zu untersuchenden Aufgabengebiete erhalten einen Fragebogen, in dem sie Auskunft über ihre Tätigkeiten und den hierfür benötigten Zeitaufwand geben. Diese Methode ist vergleichsweise preisgünstig und ermöglicht die gleichzeitige Erfassung beliebig vieler Arbeitsplätze. Die Formulierung der Fragen, die auf den einzelnen Arbeitsplatz abgestimmt sein müssen, ist jedoch schwierig, da sie die Sachkenntnis des Untersuchenden voraussetzt. Außerdem besteht die Gefahr, dass der Ist-Zustand unrichtig dargestellt wird, etwa indem einzelne Verrichtungen zeitlich über- oder unterbewertet werden. Eine Sonderform des Fragebogens ist der

Arbeitsverteilungsbogen, der keine vorformulierten Fragen, sondern lediglich vom Mitarbeiter auszufüllende Spalten (Aufgaben, Tätigkeiten, Zeitaufwand, Häufigkeit) enthält.

- Die **Interviewmethode:** Jeder Mitarbeiter wird zu seinen Aufgaben, Verrichtungen und Beziehungen zu anderen Mitarbeitern befragt. Diese Methode eignet sich nicht nur zur Analyse von Arbeitsabläufen, sondern auch und vor allem zur Erfassung der Aufbauorganisation der Unternehmung und zur Vorbereitung oder Überprüfung von Stellenbeschreibungen.

Die Anwendung der geschilderten Methoden setzt voraus, dass es bereits einen Ist-Zustand zu beobachten gibt. Wird ein Projekt hingegen erstmals geplant, so beschränkt sich die Analyse auf die Zerlegung der Gesamtaufgabe in Teilaufgaben und die Festlegung von Reihenfolgen, etwa in Form einer Vorgangsliste (vgl. Abschn. 6.3.3.2.4).

6.3.3.1.2 Die Arbeitssynthese

Auf welchem Gliederungsniveau letztlich die Synthese erfolgt, hängt maßgeblich vom Grad der angestrebten Arbeitsteilung ab:

In einem kleineren Unternehmen mit wenigen Mitarbeitern wird eine tiefe Gliederung der Teilaufgaben wenig sinnvoll sein, wenn von vornherein klar ist, dass Aufgaben in größeren Arbeitszusammenhängen zusammenzufassen sein werden. Ist dagegen eine sehr weitgehende Arbeitsteilung möglich, werden die Teilaufgaben entsprechend tief gegliedert werden.

In der Synthese erfolgt

- die **Zuordnung** mehrerer Aufgaben zu einer Stelle (zum Stellenbegriff vgl. Abschn. 6.1.2.1). Angestrebt ist eine möglichst optimale Auslastung der die Stelle bekleidenden Menschen und Sachmittel und damit eine Optimierung der Arbeitsteilung. Diese Zuordnungsaufgabe wird als Arbeitsverteilung oder auch personale Synthese bezeichnet.
- die **zeitliche Abstimmung** der Arbeitsgänge und Leistungsabgaben, auch Arbeitsvereinigung oder temporale Synthese genannt. Ziel ist eine möglichst verzögerungsfreie Arbeitsabfolge (Taktabstimmung) zwecks Optimierung der Durchlaufzeiten.
- die **räumliche Abstimmung** der Arbeitsgänge durch eine den Materialflüssen angepasste Anordnung der Arbeitsplätze/Betriebsmittel (vgl. Layoutplanung, Lehrbuch 2, Abschn. 4.6.1.1.3) mit dem Ziel, die Transportwege und/oder -zeiten zu minimieren. Auch diese Maßnahme dient der Optimierung der Durchlaufzeiten. Eine weitere Aufgabe dieser lokalen Synthese ist die Arbeitsplatzgestaltung einschließlich der Gestaltung der Arbeitsplatzumgebung.

6.3.3.2 »Klassische« Organisationsformen der Arbeitsabläufe

Die Ablauforganisation verknüpft verschiedene Stellen miteinander, indem sie die diesen Stellen zugeordneten Teilaufgaben im Rahmen bestimmter Prozesse abruft.

Beispiel:

Der Geschäftsführer der XY-GmbH diktiert auf einer Dienstreise Stichwörter für einen Brief an einen wichtigen Geschäftspartner auf ein digitales Diktiergerät. Sein Assistent ruft die Datei ab und ergänzt sie um einige fehlende Daten und Angaben zu einem Briefentwurf. Der Schreibdienst der Geschäftsleitung erstellt daraus einen Brief, den der Assistent überprüft und dem Geschäftsführer nach seiner Rückkehr zur Unterschrift vorlegt. Die Sekretärin des Geschäftsführers heftet eine Kopie des Briefs ab und kuvertiert das Original, das anschließend dem Postausgang übergeben wird. Dort wird der Brief gewogen, frankiert und in das Postausgangsbuch eingetragen. Am Abend bringt der Auszubildende die gesamte Post zum Postamt.

Bei aller Unterschiedlichkeit der Aufgaben lassen sich doch die folgenden Ziele der Ablauforganisation verallgemeinern.

- **Durchlaufzeitminimierung:** Die Aufgabe soll in möglichst kurzer Zeit erledigt, die Leistung so schnell wie möglich erbracht werden.
- **Optimale Kapazitätenauslastung:** Arbeitskräfte und Hilfsmittel sollen so eingesetzt werden, dass keine Leerlaufzeiten entstehen.
- **Terminsicherung:** Mit den Instrumenten der Ablauforganisation können Fertigstellungstermine ermittelt und überwacht werden.

Arbeitsabläufe können entsprechend der Art der Arbeitsteilung funktions-/verrichtungsorientiert oder objektorientiert organisiert sein. Weitere Organisationskriterien, an denen sich die Ablauffolge orientieren kann, sind Raum, Zeit und Entscheidung.

Im Folgenden sollen die aus Anwendung der obigen Kriterien resultierenden Organisationsformen im Einzelnen dargestellt werden. Diese Unterteilung entspringt der Sichtweise der »klassischen« Organisationslehre. Die modernere Sicht einer Orientierung an Geschäftsprozessen bei gleichzeitiger Aufhebung der Trennung von Aufbau- und Ablauforganisation wird im Anschluss dargestellt.

6.3.3.2.1 Funktionsorientierte (verrichtungsorientierte) Ablauforganisation

Die funktionsorientierte Ablauforganisation ist die konsequente Umsetzung der Ergebnisse der Arbeitsanalyse und -synthese. Der Ablauf eines Arbeitsvorganges wird allein von der zu verrichtenden Aufgabe, nicht jedoch von dem Gegenstand, an dem die Aufgabe zu erfüllen ist, bestimmt.

Beispiel:

> *Der Schriftverkehr einer Kuranstalt wird in einem zentralen Schreibbüro erledigt, das die Diktate des medizinischen Personals von einem zentralen Speicherort abruft und abschreibt. Dabei spielt es für die Zuordnung eines Auftrages zu einer Schreibkraft keine Rolle, welchen Inhalts ein Schriftstück ist, denn die Organisation orientiert sich an der Verrichtung des Schreibens, und die medizinische Fachterminologie ist allen Mitarbeitern im Schreibbüro gleichermaßen geläufig. Mit jedem Eingang eines Texts wird in gleicher Weise verfahren: Diejenige Schreibkraft, die gerade frei geworden ist, ruft sich den nächsten Auftrag auf, schreibt den Text nach den Anweisungen des Diktierenden ab, speichert ihn, druckt ihn aus und legt den Ausdruck in einen Ausgangskorb.*

6.3.3.2.2 Objektorientierte Ablauforganisation

Bei der objektorientierten Ablauforganisation steht der Gegenstand, an dem die Aufgabe zu erfüllen ist, im Vordergrund.

> *Die einer Obstvermarktungsgenossenschaft angeschlossene Verarbeitungsanlage verarbeitet die eingelieferten Äpfel in Abhängigkeit von ihrer Größe und ihrem Zustand unterschiedlich. Zunächst werden sie einer Sichtprüfung unterzogen. Sehr kleine Äpfel und alle Äpfel mit sichtbaren Beschädigungen und Beeinträchtigungen wandern in den Entsafter. Die verbleibenden Äpfel durchlaufen verschiedene Siebe und diejenigen, die die Verkaufsnormgrößen nicht erfüllen, werden der Entkernung und Schälung zugeführt und danach zu Kompott verarbeitet. Die restlichen Äpfel sind marktverkäuflich und werden entsprechend verpackt, bevor sie mit einem Kühlfahrzeug zum Großmarkt gefahren werden. Bei dieser Form der Ablauforganisation steht offensichtlich das* ***Objekt,*** *hier: der Apfel, im Vordergrund.*

Weitergehende Betrachtungen und Beispiele zur funktions- bzw. objektorientierten Organisation von Prozessen und Projekten finden sich in Kapitel 7 »Projektmanagement«.

6.3.3.2.3 Raumorientierte Ablauforganisation

In der Regel sind mehrere Stellen und Abteilungen in Arbeitsabläufe einbezogen. Zwischen ihnen bestehen materielle und informationelle Beziehungen. Insbesondere die körperliche Weitergabe von Werk- oder Schriftstücken verursacht Verzögerungen im Arbeitsablauf, deren Umfang sich proportional zu den zu überwindenden Entfernungen verhält. Aber auch informationelle Beziehungen bedingen die zeitaufwändige Zurücklegung von Wegen, wenn die Kommunikation nicht fernmündlich stattfinden kann.

Raumplanung und Arbeitsplatzgestaltung sind Aufgaben der raumorientierten Ablauforganisation. Sie verfolgt das Ziel, Transportvorgänge für Materialien ebenso wie Ortsveränderungen von Informationsträgern so gering wie möglich zu halten, indem sie Stellen, zwischen denen ein Material- oder Informationsaustausch stattfindet, so nahe wie möglich zusammenbringt.

Die räumliche Anordnung von Arbeitsstellen im Produktionsbereich wurde im Zuge der Darstellung der Organisationstypen der Fertigung (vgl. Lehrbuch 2, Abschn. 4.7.2.2) bereits ausführlich behandelt. Dabei zeigte sich, dass die Reihenfolge, in der Materialien weitergegeben werden, und damit auch die Anordnung der Betriebsmittel und Arbeitsstellen häufig einer Sachlogik bzw. technologischen Notwendigkeit folgt.

In verwaltenden Bereichen werden meist keine Materialien weitergegeben, sondern Informationen ausgetauscht. Dank der Kommunikationstechnik sind dazu Bewegungen der Informationsträger häufig nicht notwendig; dort, wo sie dennoch erfolgen (müssen), sind sie meist nicht so offensichtlich wie im Produktionsbereich. Ihre Offenlegung ist Gegenstand einer **Kommunikationsanalyse.**

Die Häufigkeit, mit der Wege zurückgelegt werden, kann in einer Ist-Aufnahme erfasst werden. Hierbei bietet sich die Methode der Dauerbeobachtung (ein »Organisator« hält sich über mehrere Tage an einem Arbeitsplatz auf und beobachtet die stattfindenden Kontakte) oder die Führung von »Strichlisten« durch die Mitarbeiter an. Die Beobachtungen fließen ein in ein **Kommunikationsdiagramm,** das auch als **Kommunikationsmatrix** oder »**Kommunigramm**« bezeichnet wird.

Beispiel:

Die Verwaltung der XY-GmbH soll demnächst ein neues Gebäude beziehen. Da die räumliche Anordnung der Abteilungen noch festzulegen ist, sollen die Beziehungen zwischen den verschiedenen Gruppen untersucht werden. Durch das Führen von Strichlisten über einen Beobachtungszeitraum von zwei Wochen wurden die in der folgenden Kommunikationsmatrix dargestellten Beziehungshäufigkeiten ermittelt.

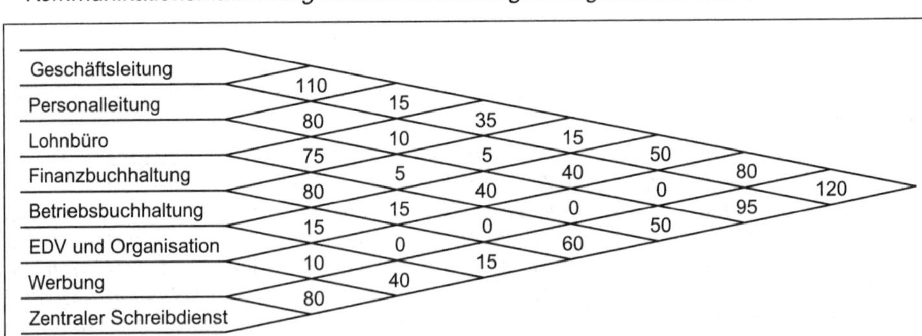

Kommunikationsmatrix

Die grafische Darstellung im **Kommunikationskreis** verdeutlicht die gefundenen Ergebnisse visuell:

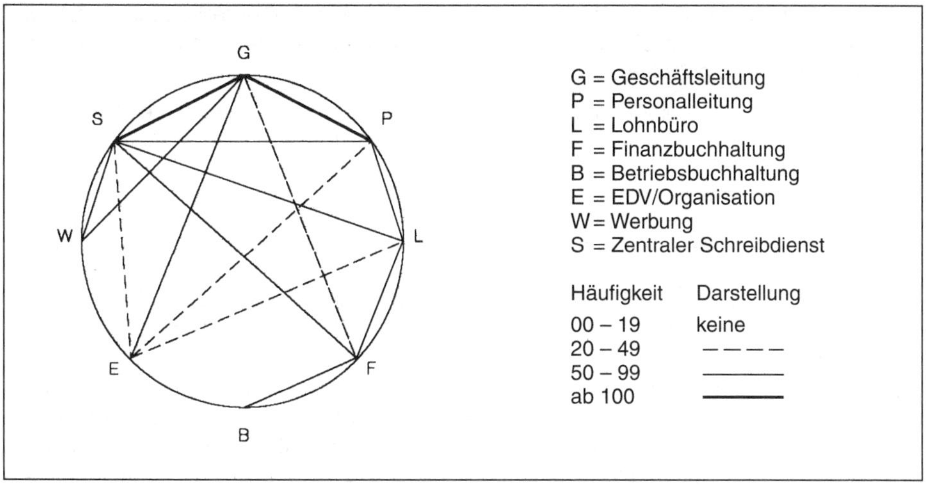

Kommunikationskreis

Der Kommunikationskreis verdeutlicht die starke Inanspruchnahme des zentralen Schreibdienstes durch alle anderen Abteilungen sowie ausgeprägte Kommunikationsbeziehungen einerseits zwischen Betriebsbuchhaltung, Finanzbuchhaltung und Lohnbuchhaltung untereinander und zwischen dieser Gruppe und der Personalleitung, andererseits zwischen Werbung und Geschäftsleitung sowie zwischen Personalleitung und Geschäftsleitung. Die EDV-Abteilung wird von allen Abteilungen genutzt, ist aber nicht von der gleichen hervorragenden Bedeutung wie der Schreibdienst; die Betriebsbuchhaltung führt ein isoliertes Dasein neben der Finanzbuchhaltung.

Hieraus ergibt sich die folgende Empfehlung für die Raumverteilung:

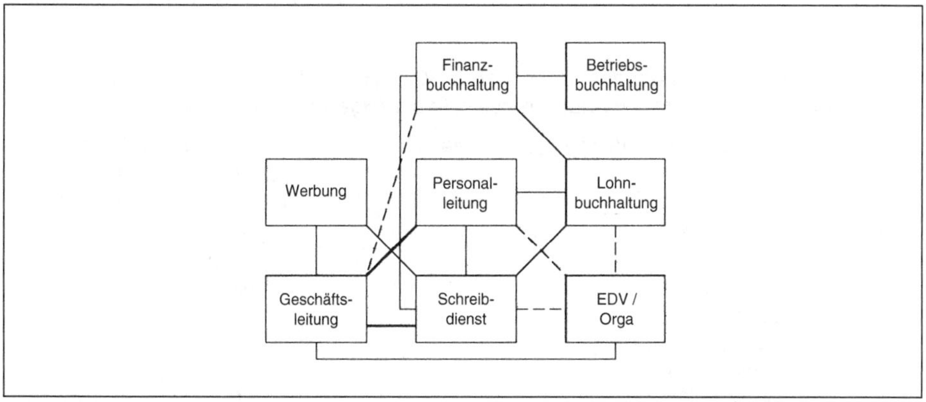

Raumverteilung

Vielfach lässt sich eine auf diese Weise gefundene Raumanordnung nicht vollständig verwirklichen, es sei denn, es handle sich um ein Großraumbüro, das die variable Raumnutzung zulässt.

Aus diesem Beispiel wird deutlich, dass sich bei der raumorientierten Ablauforganisation weniger der Arbeitsablauf an der räumlichen Anordnung der Arbeitsgruppen als vielmehr die Raumverteilung am Arbeitsablauf orientiert.

Durch die Dauerbeobachtung bilateraler Beziehungen, wie im Beispiel demonstriert, wird allerdings noch keine Feststellung über die Richtung und die tatsächliche Abfolge einzelner Arbeitsprozesse getroffen.

Zu den Aufgaben der raumorientierten Ablaufgestaltung wird meist auch die Arbeitsplatzgestaltung mit ihren funktionalen Aspekten unter Beachtung rechtlicher Vorgaben gezählt. Hiermit befassen sich die Ausführungen in Abschnitt 6.5.1.3.

6.3.3.2.4 Zeitorientierte Ablauforganisation

Da jeder Aufgabenerfüllungsprozess an Termine gebunden ist, genügt es nicht, die Reihenfolge von Teilaufgaben festzulegen; genauso wesentlich ist die terminliche Abstimmung dieser Teilaufgaben.

Bereits in der Planungsphase eines Projektes ist der Zeitaufwand für jede Teilaufgabe so festzulegen, dass der Endtermin des Projektes eingehalten wird. Während der Realisierungsphase erfolgt eine ständige Kontrolle der Termineinhaltung; werden Terminüberschreitungen erkennbar, muss seitens der Projektleitung steuernd in den Ablauf eingegriffen werden.

Die zeitorientierte Ablauforganisation setzt folgende Vorarbeiten voraus:

- Zerlegung der Gesamtaufgabe in **Teilaufgaben** (Vorgänge);
- Ermittlung des **Zeitbedarfs** für jede einzelne Teilaufgabe, z. B. als Schätzung auf der Basis von Erfahrungswerten oder aufgrund von Angaben der mit der Ausführung betrauten Stellen;
- Festlegung der **Reihenfolge** der Teilaufgaben unter Berücksichtigung von Abhängigkeiten und unter Prüfung der Möglichkeiten, einzelne Teilaufgaben parallel ablaufen zu lassen;
- Erstellung einer **Vorgangsliste,** in welcher diese Erkenntnisse zusammengefasst werden.

Beispiel:

Der Bau des Verwaltungsgebäudes der XY-GmbH wurde in der oben dargestellten Weise geplant. Aus dieser Planung resultierte die folgende Vorgangsliste:

Projekt:	***Bau des Verwaltungsgebäudes***	***Vorgangsliste***	
Nr.	*Vorgang*	*Dauer (Wochen)*	*Unmittelbarer Vorgänger*
1	*Erdarbeiten*	*2*	*–*
2	*Fundament*	*3*	*1*
3	*Rohbau*	*10*	*2*
4	*Dachstuhl*	*2*	*3*
5	*Dacheindeckung*	*2*	*4*
6	*Installationen*	*8*	*3*
7	*Fenster, Türen*	*1*	*4*
8	*Außenverklinkerung*	*4*	*7*
9	*Innenputz*	*3*	*5,7*
10	*Malerarbeiten*	*3*	*9*
11	*Außenanlagen*	*6*	*7*
12	*Einzug*	*2*	*6,8,10,11*

Die Addition der jeweils benötigten Wochen würde keinen Sinn machen, da einige der aufgeführten Teilaufgaben offensichtlich parallel ausgeführt werden können; die Summe der Wochen wäre also nicht identisch mit der Gesamtdauer des Projekts.

Die grafische Darstellung des Arbeitsablaufs in einem Diagramm oder Netzplan, aus der auch die tatsächliche Gesamtdauer abzulesen ist, wird etwas später in Abschnitt 6.3.3.4 behandelt.

6.3.3.2.5 Entscheidungsorientierte Ablauforganisation

Handelt es sich bei der zu erfüllenden Aufgabe um einen mehrstufigen Entscheidungsprozess, bei dem Entscheidungen in zeitlicher Abfolge und/oder von mehreren Instanzen getroffen werden müssen, liegt eine entscheidungsorientierte Ablauforganisation vor. Entscheidungsprozesse sind Gegenstand der in Kapitel 5 behandelten Planungstheorie.

6.3.3.3 Geschäftsprozessorientierte Organisation

Im Gegensatz zur klassischen Organisation, die eine Aufbauorganisation nach hierarchischen und funktionalen Erfordernissen errichtet und eine an vorrangig funktionalen Gesichtspunkten orientierte Ablauforganisation bedingt, betrachtet die geschäftsprozessorientierte Organisation alle **wertschöpfenden** (d. h. von Kunden honorierten) Aktivitäten vom Standpunkt derjenigen Leistung, die der Kunde erwartet und für ihn von Wert ist. Die Verknüpfung aller für die Erstellung dieser Leistung erforderlichen Aktivitäten ist der **Geschäftsprozess.**

Geschäftsprozesse werden häufig unterschieden in

- **Kernprozesse** (primäre Geschäftsprozesse) als diejenigen Prozesse, die den unmittelbaren Kundennutzen stiften;
- **Supportprozesse,** die als sekundäre Geschäftsprozesse den primären Prozessen zuarbeiten (z. B. verwaltende oder bereitstellende Tätigkeiten).

Die geschäftsprozessorientierte Betrachtungsweise führt zu einer Ablösung von der vertikalen Orientierung, wie sie durch die herkömmliche Aufbauorganisation vorgezeichnet ist, zu einer horizontalen Sicht »entlang des Prozesses«. Die allein am Prozess orientierte Organisationsgestaltung kennt keine Chronologie und Rangfolge in der Errichtung der Aufbau- und der Ablauforganisation, sondern verfährt nach folgenden Prinzipien:

- Zunächst müssen **eigenständige Geschäftsprozesse identifiziert** werden (d. h. kein Geschäftsprozess darf Teilprozess eines anderen Geschäftsprozesses sein). In der Literatur wird davon ausgegangen, dass die Leistungsbandbreite einer betrieblichen Geschäftseinheit durch 5–8 Prozesse abgedeckt ist.
- Für jeden Geschäftsprozess wird die **Prozessstruktur** festgelegt, also die Art der nötigen Verrichtungen und deren zeitliche Reihenfolge, die dabei angewandten Methoden, Verfahren und Technologien, die benötigten Ressourcen usw. Dabei erfolgt eine Zerlegung des Gesamtprozesses in eine überschaubare Anzahl von Teilprozessen.
- Für jeden Teilprozess wird die mindestens benötigte **Zeit** ermittelt. Danach werden die Teilprozesse unter Beachtung zeitlicher und räumlicher Zielvorgaben in eine **Reihenfolge** gebracht. Zugleich werden die Leistungsmerkmale des Teilprozesses und seines Outputs (etwa Durchlaufzeit; bei Serien- und Massenfertigung Menge je Zeiteinheit; Qualität) festgelegt und **Kontrollpunkte** geplant.
- Der Prozessstruktur folgend, werden die **organisatorischen Einheiten** (Arbeitsplätze) gebildet. Wesentliches Kriterium ist dabei, die Zahl der Schnittstellen, an denen der Prozess auf andere Einheiten übergeht, zu minimieren, um damit den Koordinations- und Kontrollaufwand sowie Quellen für Störungen in Form von Verzögerungen, Fehlern, Missverständnissen usw. gering zu halten.

Diese Vorgehensweise, die auch als **Prozessdesign** bezeichnet wird, gleicht methodisch derjenigen der Arbeitsanalyse und -synthese. Wesentlich ist aber hier, dass in jeder Phase der Kundennutzen und die Kundenerwartung zu erwägen sind. Idealerweise ist auch die Lieferantenperspektive einzubeziehen. Charakteristisch ist, dass das Design der Ablauforganisation demjenigen der Aufbauorganisation vorangeht.

Die Zuständigkeit und Verantwortlichkeit für einzelne Geschäftsprozesse wird, zusammen mit den erforderlichen Entscheidungsbefugnissen, einem »**Case Worker**« bzw. »**Case Team**« übertragen. Die ideale Konstellation, die sich aber nicht immer verwirklichen lässt, bestünde darin, dass es für jeden Auftrag genau einen Zuständigen gibt:

Dieser fungiert als verantwortlicher Ansprechpartner und erspart in Nachfragefällen die in konventionellen Organisationen oft umständliche und langwierige Nachforschung, »wie weit« ein konkreter Auftrag gerade ist.

Die Durchlaufsteuerung des Prozesses erfolgt meist DV-gestützt durch ein **Workflow-Managementsystem** (ERP-System, Lehrbuch 2, Abschn. 4.6.3.2.3), das im Allgemeinen auch eine kennzahlenbasierte Steuerung (vgl. insbesondere die Ausführungen zur »Balanced Scorecard«, Lehrbuch 1, Abschn. 1.7.3.2) ermöglicht.

Ein wesentlicher Vorteil der Prozessorientierung wird in der Flexibilität der Organisationsstruktur gesehen, die durch flachere Hierarchien, eine wenig starre Aufbauorganisation und vor allem durch motiviertes, vielseitiges und an das Denken in Prozessen gewöhntes Personal gewährt sein soll. Damit wird bei Änderungen der Umweltbedingungen eine rasche Reaktion durch »**Business Reengineering**« möglich. Zugleich versprechen sich die Unternehmen wirtschaftliche Vorteile von der Konzentration auf die Kundenmotive.

In der Literatur finden sich aber auch zahlreiche kritische Anmerkungen: So wird darauf hingewiesen, dass häufig entweder »Etikettenschwindel« betrieben wird, indem eine herkömmliche funktionsorientierte Organisation zur prozessorientierten Organisation erklärt wird, ohne dass sich tatsächlich maßgebliche Änderungen vollzogen hätten.

Auch vor der unkritischen Inanspruchnahme externer Berater wird gewarnt: Die Vorstellungen von Prozessorientierung gehen durchaus auseinander; ohne vorherige Klärung kann ein Versuch, dem Unternehmen eine neue Struktur überzustülpen, schnell in Überforderung, Unverständnis und Frust bei Mitarbeitern und Verantwortlichen enden.

Und schließlich dürfen die Erwartungen hinsichtlich der messbaren Erfolge und der Geschwindigkeit, in der sie sich einstellen, nicht überzogen werden: Prozessorientierung ist kein Allheilmittel für unwirtschaftliche Unternehmen!

6.3.3.4 Darstellungstechniken der Ablauforganisation unter Beachtung der Organisationsmethoden

Wenn geplante oder vorhandene Arbeitsabläufe dargestellt werden sollen, so kann dies in verbaler Form erfolgen. Übersichtlicher ist jedoch häufig die grafische Darstellung. Diese gebräuchlichen Darstellungstechniken werden nachfolgend vorgestellt:

- Arbeitsgangdarstellung (Aufgaben- und Arbeitsganganalyse),
- Flussplan (Flussdiagramm),
- Arbeitsablaufbogen (Arbeitsablaufdiagramm),
- Balkendiagramm (Gantt-Diagramm),
- Netzplan.

Welche Darstellungstechnik gewählt wird, hängt von der Organisationsmethode (vgl. Abschn. 6.4) ab.

6.3.3.4.1 Aufgabenzergliederung und Arbeitsganganalyse

Die Vorgehensweise bei der Zergliederung von Aufgaben wurde bereits am Beispiel des Bauprojektes der XY-GmbH demonstriert:

Dort wurde die Gesamtaufgabe »Bau des Verwaltungsgebäudes« in Teilaufgaben zerlegt.

Im Zuge der Arbeitsganganalyse werden die zu bewältigenden Einzelaufgaben und ihre wechselseitigen Abhängigkeiten identifiziert. Verfahren und Methoden einer solchen Analyse wurden bereits in Abschnitt 6.3.3.1 vorgestellt.

Die Arbeitsgangdarstellung wird in Fortsetzung des Beispiels aus Abschnitt 6.3.3.2 demonstriert: Der dort geschilderte Vorgang, in dem der Assistent des Geschäftsführers einen Brief diktiert und bearbeiten lässt, vollzieht sich in den folgenden Schritten.

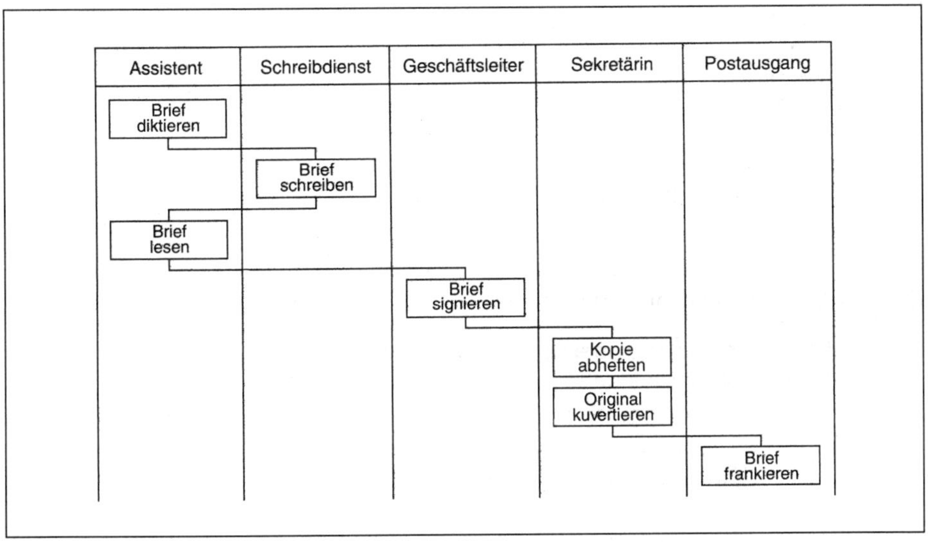

Arbeitsgangdarstellung

6.3.3.4.2 Flussdiagramm

Arbeitsabläufe können auch – in Anlehnung an die Darstellung von Datenflüssen durch ein informationsverarbeitendes System, die Symbole nach DIN 66001 verwendet – in Flussdiagrammen dargestellt werden.

Beispiel (in Anlehnung an dasjenige in Abschn. 6.3.3.2.2):

Jeder den Arbeitsplatz erreichende Apfel ist einer Sichtprüfung zu unterziehen. Weist er sichtbare Beschädigungen auf, ist er in den Entsafter zu geben. Anschließend wird eine Größenprüfung vorgenommen: Passt der Apfel durch eine Öffnung mit einem Durchmesser von 60 mm, wandert er ebenfalls in den Entsafter; anderenfalls wird er zum Arbeitsplatz Ap2 weitergegeben.

Die folgende Abbildung zeigt den entsprechenden Flussplan.

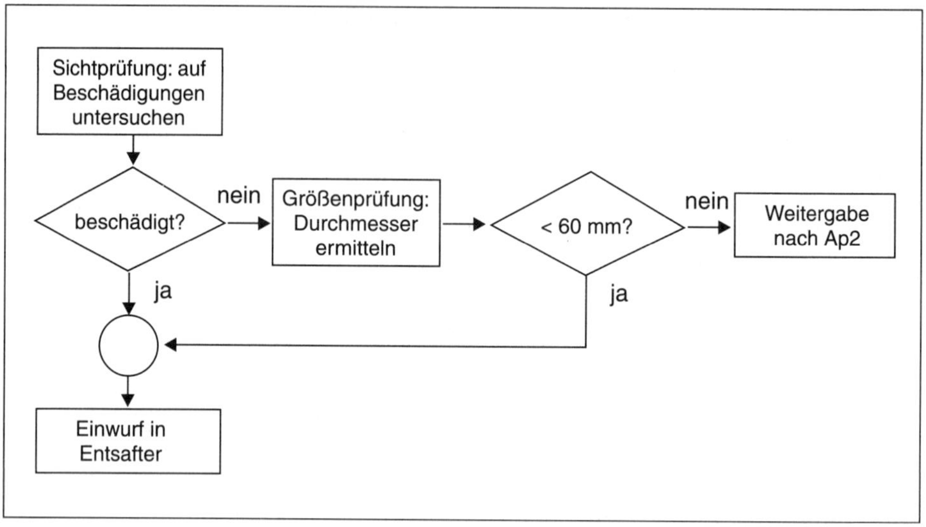

Flussplan mit Symbolen nach DIN 66001

6.3.3.4.3 Arbeitsablaufdiagramm

Der gleiche Sachverhalt kann in einem Arbeitsablaufbogen (auch Arbeitsablaufkarte oder -diagramm) dargestellt werden:

●	Ausgangsarbeit	Brief diktieren
➡	Transportweg	Brief zum Geschäftsführer
■	Prüfung	Brief lesen
◗	Verzögerung	Brief wartet auf Unterschrift
▼	Lager	Briefkopie wird abgelegt/archiviert

Symbole der Arbeitsablaufkarte, mit Beispielen

Unter Verwendung dieser Symbole gestaltet sich der Arbeitsvorgang »Brief diktieren bis absenden« wie aus der folgenden Abbildung ersichtlich:

Lfd. Nr.	Beschreibung	Symbole	Wege in m	Zeit Min.	Anzahl
1	Brief diktieren	● ⇨ □ D ▽			1
2	Band ins Schreibbüro	○ ➡ □ D ▽	30		
3	in Eingangskorb	○ ⇨ □ ◗ ▽		20	
4	Brief schreiben	● ⇨ □ D ▽			
5	Brief zum Assistenten	○ ➡ □ D ▽	30		
6	Brief lesen	○ ⇨ ■ D ▽			
7	zum Geschäftsführer	○ ➡ □ D ▽	15		
8	Unterschreiben	● ⇨ □ D ▽			
9	Brief zur Sekretärin	○ ➡ □ D ▽	20		
10	in Eingangskorb	○ ⇨ □ ◗ ▽		10	
11	Durchschlag ablegen	○ ⇨ □ D ▼			1
12	Original kuvertieren	● ⇨ □ D ▽			
13	zum Postausgang	○ ➡ □ D ▽	50		
14	in Eingangskorb	○ ⇨ □ ◗ ▽		95	
15	Brief wiegen	● ⇨ □ D ▽			
16	Brief frankieren	● ⇨ □ D ▽			
17	Brief eintragen	● ⇨ □ D ▽			
18	in Ausgangskorb	○ ⇨ □ ◗ ▽		20	

Beispiel einer Arbeitsablaufkarte

Diese Methode hat den Vorteil, dass Verzögerungen erkennbar werden.

6.3.3.4.4 Balkendiagramme

Die Erstellung von Balkendiagrammen erfolgt auf der Basis einer Vorgangsliste, wie sie am Beispiel des Projektes »Bau des Verwaltungsgebäudes der XY-GmbH« bereits vorgestellt wurde (vgl. Abschn. 6.3.3.2.4).

Mit Hilfe des **Gantt-Diagramms** (nach dem amerikanischen Ingenieur Henry L. GANTT, 1861–1919) können

- Gesamtdauer und Endtermin,
- Anfangs- und Endtermin jeder Teilaufgabe und
- parallel ablaufende Vorgänge

vermittelt und verdeutlicht werden.

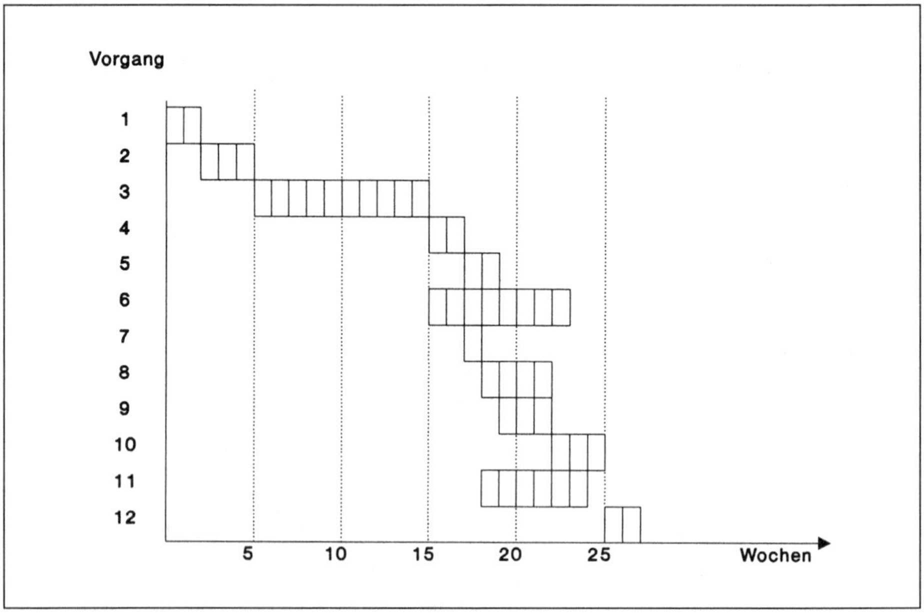

Balkendiagramm »Bau des Verwaltungsgebäudes«

Wenn eine Vielzahl von Vorgängen dargestellt werden soll, ist das Gantt-Diagramm aber eher unübersichtlich. Außerdem verdeutlicht es die Abhängigkeiten zwischen einzelnen Vorgängen nur unzureichend und weist auch keine Pufferzeiten (Zeiten, um die sich ein Vorgang verzögern darf, ohne dass der Endtermin gefährdet wird) aus.

Eine aussagekräftigere Form des Balkendiagramms verwendet die **PLANNET-Technik.** Dabei werden Abhängigkeiten zwischen Vorgängen durch senkrechte Linien und Pufferzeiten durch waagerechte, gestrichelte Linien kenntlich gemacht.

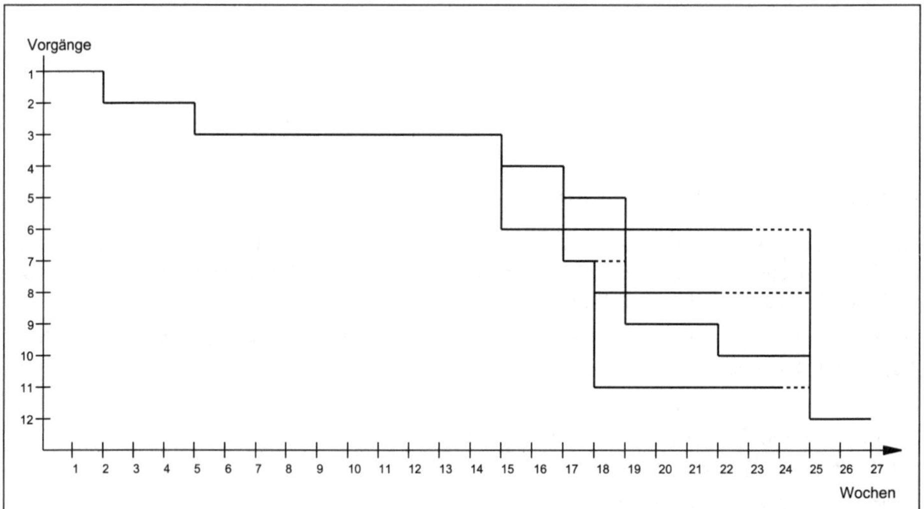

Darstellung »Bau des Verwaltungsgebäudes« mit PLANNET-Technik

6.3.3.4.5 Netzplan

Netzpläne weisen als Elemente Knoten und Linien oder Pfeile auf, durch die jeweils zwei Knoten miteinander verbunden werden.

Es gibt verschiedene Formen von Netzplänen, die hier aber nicht alle beschrieben werden sollen, vielmehr wird im Folgenden ein gängiger »knotenorientierter« Netzplan vorgestellt.

Hierbei wird jeder Vorgang durch einen **Knoten** repräsentiert, der zunächst die Vorgangsnummer, die Vorgangsbezeichnung und den Zeitbedarf (Dauer) anzeigt. Während der sukzessiven Entwicklung des Netzplans, die die Vorgänger-Nachfolger-Beziehungen berücksichtigt, ergibt sich für jeden einzelnen Vorgang ein frühester Anfangszeitpunkt und, durch Verrechnung der bekannten Dauer des Vorgangs, ein frühester Endzeitpunkt. Aus dem fertigen Netzplan lassen sich durch Rückwärtsrechnung ein spätester End- und Anfangszeitpunkt für jeden Vorgang und ggf. Pufferzeiten, also Zeiten, um die sich ein Vorgang verzögern darf, ohne dass hieraus eine Verzögerung des Endzeitpunkts des Gesamtprojektes resultiert, errechnen.

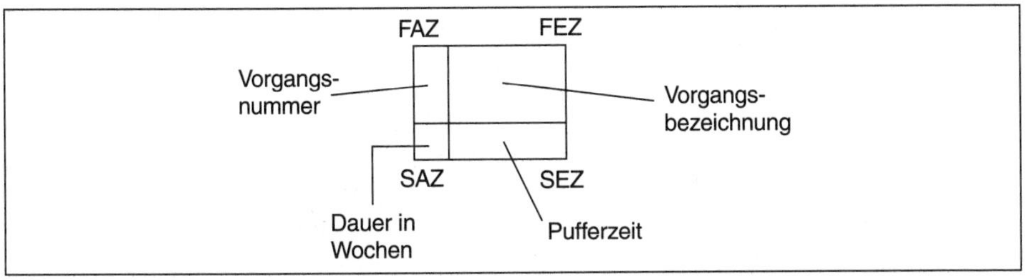

Aufbau eines Knotens in einem knotenorientierten Netzplan

Die Verbindung zwischen den Knoten wird durch Linien (Kanten) oder Pfeile geschaffen. Diese sind eindeutig gerichtet. Dabei kann jeder Knoten mit Ausnahme der Anfangs- und Endknoten sowohl mehrere Vorgänger als auch mehrere Nachfolger haben.

Im Gegensatz zu Datenflussplänen, die Netzplänen in gewisser Hinsicht ähneln, sind in Netzplänen Rückführungen (Schleifen) und Verzweigungen (wenn...dann...sonst) nicht erlaubt: Ihr Ziel ist ja gerade die Abbildung einer eindeutigen Zeitabfolge.

In Fortführung des Beispiels ergibt sich in der **Vorwärtsrechnung** folgender Netzplan:

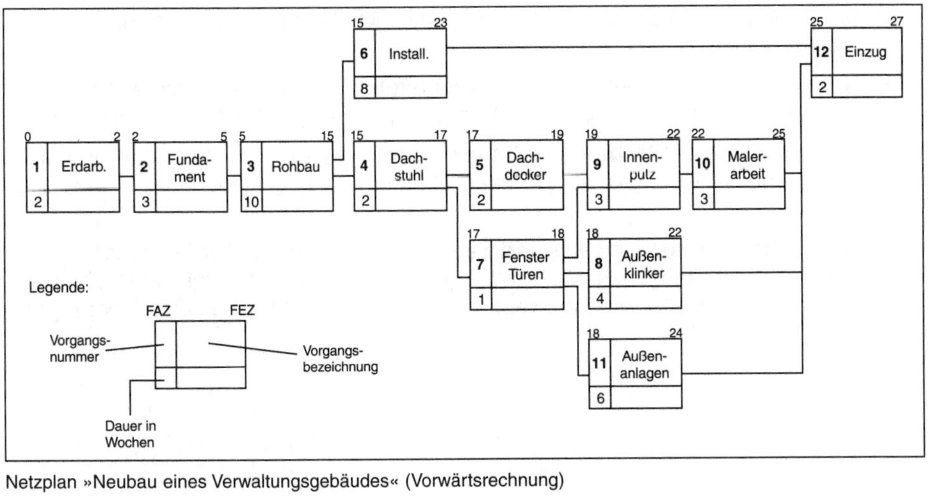

Netzplan »Neubau eines Verwaltungsgebäudes« (Vorwärtsrechnung)

In **Rückwärtsrechnung** wird nun, ausgehend vom errechneten Endzeitpunkt, für jeden Vorgängerknoten ein »spätester Endzeitpunkt« errechnet. Die Differenz zwischen »frühestem Anfangszeitpunkt« und »spätestem Anfangszeitpunkt« (die natürlich der Differenz zwischen »frühestem Endzeitpunkt« und »spätestem Endzeitpunkt« entspricht) ist die Pufferzeit. Bei der Ausnutzung von Pufferzeiten muss aber natürlich beachtet werden, dass diese in einer Reihe aufeinanderfolgender Knoten dem einzelnen Knoten häufig nur dann zur Verfügung steht, wenn sie nicht schon von einem Vorgängerknoten aufgezehrt worden ist. Manche Darstellungen weisen dementsprechend gesondert die »freien Pufferzeiten« aus, die von einem einzelnen Knoten unabhängig ausgeschöpft werden können.

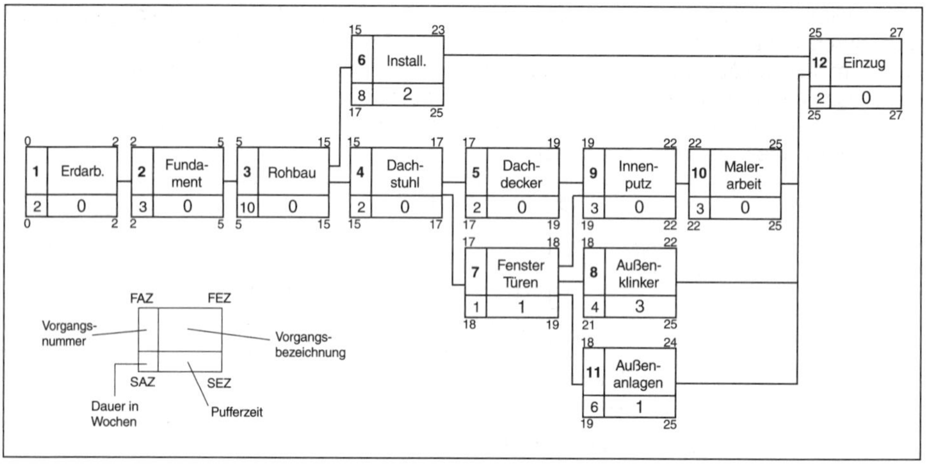

Netzplan »Neubau eines Verwaltungsgebäudes« (Rückwärtsrechnung)

Im obigen Beispiel wird jede Teilaufgabe durch einen Knoten dargestellt, während die Anordnungsbeziehungen durch Linien (Kanten) repräsentiert werden. Eine andere Möglichkeit der Darstellung ist die Zuweisung von Vorgängen zu Kanten, während die durch die Vorgänge geschaffenen Ereignisse oder Tatbestände durch Knoten abgebildet werden.

Die wichtigsten Methoden der Netzplantechnik sind

- **CPM (Critical Path Method):** Diese Methode bildet Vorgänge als Pfeile ab und stellt Ende-Anfang-Beziehungen dar (Vorgang B kann nicht beginnen, bevor nicht Vorgang A abgeschlossen ist).
- **PERT (Program Evaluation and Review Technique):** Knoten repräsentieren Ereignisse; die Darstellung verdeutlicht Ende-Ende-Beziehungen (Ereignis B folgt auf Ereignis A).
- **MPM (Metra-Potential-Method):** MPM erzeugt Vorgangsknoten-Netzpläne und bildet Anfang-Anfang-Beziehungen ab (Vorgang B kann erst beginnen, wenn A begonnen hat).

Netzpläne können dahingehend erweitert werden, dass sie notwendige Wartezeiten (etwa zwischen dem Aushärten eines Werkstoffes und dem nächsten Bearbeitungsschritt) berücksichtigen oder zur Planung von Kapazitäten (Personal-, Materialbedarf) herangezogen werden.

6.4 Methodische Organisationsentwicklung

Hinsichtlich der **Organisationsmethodik,** an der sich das Vorgehen bei der zu leistenden Organisationsarbeit (hier z. B. der Reorganisation einer Abteilung) orientiert, werden zwei idealtypische Vorgehensweisen unterschieden:

- Bei der **deduktiven (konzeptionellen) Methode** bildet der angestrebte Systemzustand bzw. eine bestimmte Problemstellung den Ausgangspunkt des Organisationsprozesses, und die Kernfrage ist, wie der vorhandene Istzustand in den gewünschten Sollzustand überführt werden kann. Der Vergleich von Soll- und Istzustand liefert Anhaltspunkte für die weiteren Planungen.
- Bei der **induktiven (empirischen) Methode** bildet der Istzustand den Ausgangspunkt des Organisationsprozesses, indem das vorhandene System auf Mängel geprüft wird. Werden Mängel identifiziert, schließt sich eine Ursachenforschung an, der der Entwurf einer Sollkonzeption (d. h. einer Konzeption für den gewünschten Sollzustand) folgt.

Während die deduktive Methode den zukünftigen Zustand des Systems losgelöst vom vorhandenen Zustand entwirft und damit – ohne die durch die realen Gegebenheiten erzeugte »Schere im Kopf« – radikalere und möglicherweise bessere (ggf. aber auch nicht realisierbare) Lösungen zulässt, ist die induktive Methode von vornherein eher nicht darauf angelegt, das vorhandene System zu verwerfen: Ihre Sollkonzeption erstreckt sich im Wesentlichen auf die Herstellung eines mängelfreien Zustands. Die induktive Methode empfiehlt sich daher vor allem dann, wenn grundlegende Neugestaltungen von vornherein nicht beabsichtigt sind.

In der Praxis wird häufig eine Mischform angewendet, bei der zunächst empirisch gearbeitet wird (durch Erhebung und Analyse des Istzustands) und auf der Basis der dabei gewonnenen Erkenntnisse ein zunächst grobes, anschließend Schritt für Schritt verfeinertes und den Realitäten angepasstes Sollkonzept entwickelt wird.

Die Instrumente, die im Rahmen der Organisationsmethode eingesetzt werden (z. B. grafische Darstellungstechniken, Entscheidungstabellen, Netzpläne usw.), bilden die **Organisationstechnik.** Die gewählte Organisationsmethode in Verbindung mit den gewählten Organisationstechniken bilden gemeinsam das **Organisationsverfahren.**

6.4.1 Phasenmodelle zur Gestaltung von Aufbau- und Ablauforganisationsstrukturen

Wie schon in Abschnitt 6.3.1 herausgestellt wurde, kann der Prozess der Schaffung oder Reorganisation eines Systems als Projekt aufgefasst werden, dessen Ablauf sich an einem Phasenmodell des Projektmanagements nach DIN 69901 orientiert. Zur Erinnerung: Die **Projektorganisation** ist in DIN 69901 definiert als »Gesamtheit der Organisationseinheiten und der aufbau- und ablauforganisatorischen Regelungen zur Abwicklung eines bestimmten Projektes«.

Abweichend vom Rahmenstoffplan wird im Folgenden ein Phasenschema in seiner Gesamtheit vorgestellt. Die Betrachtung der Entwicklungsphase am Beispiel der Reorganisation eines Unternehmens, die der Rahmenstoffplan separat vorsieht, erfolgt anhand eines Beispiels, eingebettet in diese Gesamtdarstellung. Hinsichtlich weiterer Phasenmodelle sei auf Kapitel 7 verwiesen, in dessen Rahmen unter anderem ausführlich auf die (hier nur kurz vorgestellte) Sechs-Stufen-Methode nach REFA eingegangen wird. Die Erörterung der Installation der Organisationsentwicklung als dauerhaftes, integratives System schließt sich an.

6.4.1.1 Ein Phasenmodell der Projektorganisation

In den vorstehenden Abschnitten wurde verschiedentlich auf Phasenmodelle der Projektorganisation hingewiesen. Die Stationen eines solchen Phasenmodells zeigt die Abbildung.

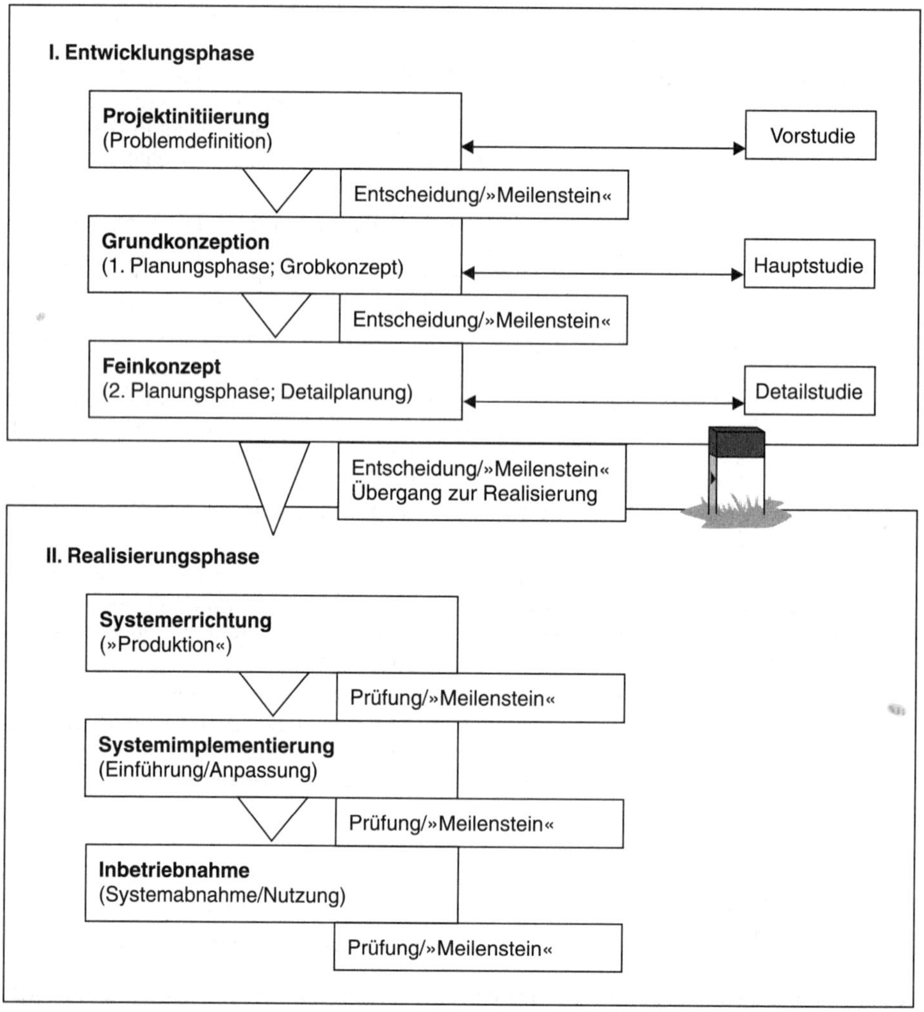

Phasenmodell der Projektorganisation

Die Projektverantwortung obliegt meist einem **Projektleiter,** dem ein interdisziplinäres Projektteam aus möglichst allen betroffenen betrieblichen Bereichen zur Seite gestellt wird. Nach Möglichkeit sollte ein Mitglied der Unternehmensleitung oder des höheren Managements im Projektteam beteiligt sein und als so genannter »Machtpromotor« (vgl. Abschn. 6.2.1.3) die Verbindung zur Unternehmensspitze herstellen und halten.

An jede der geschilderten Stufen schließt sich die Information der Entscheidungsträger und – in der Entwicklungsphase – die Entscheidung über die weitere Verfolgung des Projekts bzw. – in der Realisationsphase – eine Überprüfung des Projektfortschritts, der anhaltenden den Gültigkeit der Projektprämissen usw. an. Diese Übergänge stellen **»Meilensteine«** des Phasenmodells dar.

In diesem Phasenmodell bildet die Inbetriebnahme den Abschluss des Projekts. Aus dem endlichen Charakter von Projekten (Näheres hierzu siehe Kapitel 7) ergibt sich, dass spätere Anpassungen und Weiterentwicklungen nicht Gegenstand des Projektes sind.

Wichtig: Es gibt nicht **das** Phasenmodell, sondern – wie in allen betrieblichen Bereichen, die nicht nur Gegenstand der betriebswirtschaftstheoretischen Betrachtung, sondern auch Betätigungsfeld zahlreicher externer Berater sind, die ihren Ehrgeiz in die Entwicklung eigener Modelle legen – zahlreiche Varianten, zu denen sich immer weitere Modelle gesellen. Ihre konkrete Ausrichtung richtet sich vor allem nach dem Charakter der praktischen Fragestellung, auf die das Phasenschema angewendet werden soll; Phasenmodelle für Organisationsprojekte sind also anders angelegt als solche für technische Aufgaben oder für Investitionsprojekte. Allerdings unterscheiden sich die Modelle nicht wesentlich, zumal sie durchweg Elemente der induktiven und deduktiven Methodik (vgl. die Vorbemerkung zu Abschn. 6.4) vereinen. WISCHNEWSKI weist darauf hin, dass Phasenmodelle vor allem in Deutschland eingebürgert sind, während in den USA das **Spiralmodell** weit verbreitet ist. Eine Darstellung des Spiralmodells findet sich in Kapitel 7.

Die hier skizzierte Vorgehensweise stellt folglich nicht das einzig mögliche oder einzig richtige Vorgehen dar. Auch die verwendeten Bezeichnungen sind nicht standardisiert: Anstelle von Studien wird häufig von Berichten, Reports, (Entscheidungs-)vorlagen usw. gesprochen. Die gleiche Uneinheitlichkeit zeigt sich in den Reihenfolgen innerhalb der Phasen, wobei Art und Anlass der Projektauslösung eine maßgebliche Rolle spielen: Während sich manche Projekte aufgrund aufgetretener Probleme »aufdrängen«, werden in anderen Fällen – vor allem in Zusammenhang mit integrativen, zyklische Revisionen erfordernden Managementsystemen – Systeme regelmäßig daraufhin gesichtet, ob (und welcher) Handlungsbedarf besteht (was in sich ebenfalls ein Projekt darstellt). Diese Relativierung ist insofern wichtig, als Kandidaten in Prüfungen häufig irritiert sind, wenn Begriffe oder Schemata verwendet werden, die dem Lehrbuchschema nicht exakt entsprechen. In diesen Fällen hilft die Kenntnis des grundsätzlichen Vorgehens bei der Projektbearbeitung – und der gesunde Menschenverstand!

Die Praxis bedient sich bei der Projektabwicklung üblicherweise spezieller Software. Der Markt hält hierfür eine große Anzahl von Programmen bereit, die teils branchenspezifisch ausgerichtet sind. Dabei sind die Grenzen zu CRM-Tools (Customer Relationships Management, vgl. Abschn. 8.3.2.3) und ERP-Systemen (Lehrbuch 2, Abschn. 4.6.3.2.3) bisweilen fließend.

Ein ausführliches Beispiel für die Bearbeitung eines Projekts anhand einer Variante dieses Phasenmodells enthält Abschnitt 18.5 mit der systematischen Einführung neuer Software im Unternehmen. Auf unterschiedliche Phasenmodelle des Projektmanagements wird ausführlich in Kapitel 7 eingegangen.

6.4.1.1.1 Projektinitiierung (Vorstudie)

Die nachfolgenden Darstellungen zu Vor-, Haupt- und Detailstudien orientieren sich an folgendem Beispiel:

Ein Maschinenbauunternehmen hat sich seit den fünfziger Jahren des 20. Jahrhunderts vom mittelständischen Familienunternehmen zu einem weltweit produzierenden Spezialisten für Schneid- und Stanzmaschinen entwickelt. Der Sondermaschinenbau macht fast 90 % des Auftragsvolumens aus. Die Maschinenteile werden größtenteils selbst hergestellt. Neben Standardteilen, die in Kleinserien vorproduziert werden, sind insbesondere die Schneid- und Stanzvorrichtungen jeweils rein auftragsbezogen zu konstruieren und zu fertigen.

Die Fertigungssteuerung erfolgt seit einigen Jahren mittels eines computergestützten PPS-Systems, das sich aber zunehmend als fehleranfällig erweist. Die gewachsene

Aufbauorganisation ist funktional gegliedert. In den letzten Jahren hat sich diese Organisation als recht schwerfällig erwiesen; es kommt immer häufiger vor, dass spezielle, kurzfristige Kundenanfragen nicht rechtzeitig hinreichend beantwortet wurden. Die Termintreue bezüglich der abgewickelten Aufträge lag in den letzten zwölf Monaten bei verheerenden 55%. Unter dem wachsenden Kosten- und Termindruck auf dem internationalen Markt fürchtet das Unternehmen um seine Wettbewerbsfähigkeit.

In dieser Situation wird ein externes Beratungsunternehmen um Hilfe ersucht. In enger Zusammenarbeit mit der Geschäftsleitung wird eine ***Vorstudie*** *erstellt.*

6.4.1.1.1.1 Inhalt und Zweck der Vorstudie

Vorstudien dienen der exakten Definition der Aufgabe (des Problems). Dabei steht die grundsätzliche Aufnahme und Analyse des Ist-Zustandes **(Systemanalyse)** und des gewünschten Sollzustandes unter Beleuchtung des unternehmensinternen und -externen Problemumfelds (einschließlich der Abwägung, inwieweit das Projekt mit anderen Projekten harmoniert oder in Konflikt steht) im Vordergrund. Hinterfragt wird im Vorwege

- der grundsätzliche Handlungsbedarf: Ist es überhaupt zweckmäßig, das Problem zu behandeln?
- die korrekte Erfassung des Problems: Ist das »richtige« Problem erfasst worden, und ist es richtig beschrieben?
- die Aktualität/Dringlichkeit: Ist es nötig, die Lösung jetzt zu finden, oder kann das Problem später gelöst werden?
- die Bedeutung des Problems: Wie wichtig ist eine Lösung für das Unternehmen?
- die Lösung: Zeichnet sich eine Lösung/ein Lösungsweg ab? Gibt es mehr als einen Lösungsweg/mehr als eine Lösung? Welche Alternativen erscheinen realisierbar?

Die Vorstudie sollte kritische Problembereiche zutage fördern. Als Entscheidungsgrundlage für die weitere Projektverfolgung kommt ihr große Bedeutung zu: In ihr erweist sich, ob weitere Mittel in die Projektentwicklung investiert werden sollen oder das Projekt aufgegeben, zurückgestellt oder modifiziert werden sollte. Die Vorstudie ist damit wesentlich mehr als ein »erstes Arbeitspapier« und sollte mit entsprechender Sorgfalt durchgeführt werden!

6.4.1.1.1.2 Systemanalyse

Die Durchführung eines jeden Projektes beginnt mit der Analyse des Systems, das den Rahmen für das initiierte Projekt darstellt.

Die Systemanalyse umfasst

- die Feststellung des Ist-Zustandes (Ist-Aufnahme),
- die Untersuchung des in der Ist-Aufnahme vorgefundenen Systemzustandes (Ist-Analyse),
- die Dokumentation der Ergebnisse der Ist-Aufnahme und Ist-Analyse.

Ist-Aufnahme, Ist-Analyse und Dokumentation sind kaum strikt voneinander zu trennen: Die in der Aufnahme entwickelten Aktivitäten weisen vielfach analytischen Charakter auf, und die Dokumentation findet häufig parallel zu Aufnahme und Analyse, nicht etwa zeitlich nachgelagert, statt.

Ist-Aufnahme

Vor Beginn der Ist-Aufnahme sind folgende Fragen zu beantworten:

- Welche Stellen und welche Abläufe sollen primär aufgenommen werden?
- Welche Schnittstellen zu anderen Bereichen sind zu berücksichtigen? Besteht demzufolge auch in diesen (subsidiären) Bereichen die Notwendigkeit einer Zustandsaufnahme?

- Welche Daten sollen mit der Aufnahme ermittelt werden?
- Welche Methoden der Ist-Aufnahme sollen angewendet werden?
- Welche Vorbereitungen sind notwendig?
- Wer führt die Ist-Aufnahme durch?

Die Bestimmung des Aufnahmeinhaltes (Stellen, Abläufe, Daten) orientiert sich an der im Entwicklungsantrag formulierten Zielsetzung.

Folgende **Inhalte** können Gegenstand einer Ist-Aufnahme sein:

- Organisatorisches Umfeld (Art und Anzahl der Stellen, Standort, verfügbare Sachmittel),
- Datenbestände und Art der Speicherung (Bezeichnung, Standort, Datenträger, Inhalt),
- Arbeitsabläufe (Art und Reihenfolge von Arbeitsgängen, eingesetzte Hilfsmittel),
- Mengendaten (Mengen je Zeiteinheit, bezogen auf durchfließende Belege, Werkstücke usw.),
- Personaldaten (Anzahl und Qualifikation).
- Zeitbedarfe (Durchlaufzeiten für Daten, Bearbeitungszeit für Werkstücke, Transport- und Liegezeiten, Verzögerungen usw.).

Methoden der Ist-Aufnahme sind die

- Interviewmethode,
- Fragebogenmethode,
- Dauerbeobachtungsmethode,
- Multimomentmethode,
- Erhebung mittels Arbeitsverteilungsbogen,
- Dokumentationsauswertung,
- Konferenzmethode.

Die meisten dieser Methoden wurden bereits früher beschrieben. Daher soll an dieser Stelle nur auf die beiden letztgenannten Verfahren eingegangen werden.

- **Dokumentationsauswertung:** Häufig sind in den zu untersuchenden Arbeitsbereichen bereits Dokumentationen (meist in Form von Arbeitsanweisungen) vorhanden, die den Ist-Zustand beschreiben. Ihre Verwendung als Grundlage für die Ist-Analyse ersetzt die Ist-Aufnahme vor Ort. Allerdings muss gesichert sein, dass die Dokumentation eine vollständige Beschreibung aller benötigten Fakten darstellt und die in ihr geschilderten Verfahren auch tatsächlich praktiziert werden. Eine Überprüfung, etwa durch Stichproben, ist daher unerlässlich.

- **Konferenzmethode:** Die Ist-Aufnahme erfolgt in einem vom Organisator (z. B. dem Leiter eines Projektteams) geleiteten »runden Tisch«, zu dem alle diejenigen Personen eingeladen werden, die über die aufzunehmenden Inhalte erschöpfend Auskunft erteilen können. Im Gegensatz zur Interviewmethode werden nicht Einzelpersonen befragt, sondern die Stellungnahmen erfolgen im Plenum. Diese Methode kann nur angewendet werden, wenn der Personenkreis überschaubar ist (nicht mehr als 10 – 12 Personen), die Teilnehmer vorab über die Themenstellung informiert wurden und sich vorbereitet haben und wenn eine straffe Gesprächsleitung stattfindet. Die Konferenzmethode eröffnet die Chance, Streitfragen im Zusammenhang mit dem Projekt diskutieren zu können und im Idealfalle ein abgestimmtes Ergebnis zu erzielen; sie birgt aber auch die Gefahr der Ineffizienz und eines übermäßigen Zeitaufwandes.

Die genannten Methoden werden häufig in Kombination angewandt; z. B. kann im Anschluss an Interviews mit Einzelpersonen oder an eine Beobachtungsphase eine Konferenz durchgeführt werden.

Im Anschluss an die Festlegung der anzuwendenden Methode und in Abhängigkeit von dieser sind vor der Durchführung der Ist-Aufnahme umfangreiche Vorbereitungen zu treffen. Art und Weise dieser Vorbereitungen sind naturgemäß von Inhalt und Ziel des gesamten Vorhabens geprägt. Folgende Maßnahmen gehören jedoch regelmäßig dazu:

- **Auswahl** der zu befragenden **Personen** und/oder der zu beobachtenden Stellen und Vorgänge;
- Entwicklung von **Fragebögen** bzw. von **Interview- oder Beobachtungsplänen,** in denen die Reihenfolge und Termine einzelner Befragungen bzw. Beobachtungen sowie die Inhalte von Befragungen festgelegt werden;
- **Information** der betroffenen sowie der vorgesetzten Stellen über Durchführungszeitpunkt, -dauer und Ziel der Ist-Aufnahme (möglichst in einer Weise, die keine Ablehnung, sondern die Bereitschaft zur Mitarbeit hervorruft).

Nach Abschluss der vorbereitenden Arbeiten kann die Ist-Aufnahme durchgeführt werden.

Ist-Analyse

Die Ist-Analyse umfasst folgende Aufgaben:

- **Prüfung** der Aufnahmeergebnisse auf Fehler- und Widerspruchsfreiheit,
- **Begutachtung** des aufgenommenen Systemzustandes hinsichtlich änderungsbedürftiger Fakten und Abläufe,
- **Beurteilung** des Systems in Hinblick auf die geplante Projektdurchführung.

Die Prüfung der Fehlerfreiheit erfolgt zum Teil simultan mit der Ist-Aufnahme, da Missverständnisse oder Widersprüche häufig durch direkte Nachfrage aufgeklärt werden. Durch das Einstreuen von Kontroll- und Wiederholungsfragen in Interviews oder Fragebögen wird die Fehleridentifikation erleichtert. Der nachträglichen **Erkennung verborgener Fehler** dienen folgende Verfahren:

- **Plausibilitätskontrollen:** Die Ergebnisse der Befragung verschiedener Personen, deren Tätigkeitsfelder einander berühren, werden verglichen und auf Widerspruchsfreiheit untersucht. Außerdem wird der ermittelte Ist-Zustand mit Vergleichswerten aus ähnlichen Bereichen verglichen.
- **Vollständigkeitskontrollen:** Die vorgefundenen Arbeitsabläufe werden in Flussplänen dargestellt. Hierdurch werden Lücken erkennbar. Ferner kann eine Sammlung von Formularen aus dem untersuchten Arbeitsbereich mit den untersuchten Datenbeständen verglichen werden.
- **Abweichungskontrollen:** Sind Organisationspläne und/oder Arbeitsanweisungen vorhanden, kann ein Vergleich des vorgefundenen Ist-Zustandes mit diesen Dokumentationen ebenfalls zur Identifikation von Aufnahmeversäumnissen beitragen.

Eine Systembegutachtung kann nur stattfinden bzw. macht nur dann Sinn, wenn die Ergebnisse der Ist-Aufnahme durch die Anwendung der obengenannten Methoden abgesichert wurden.

Die Analyse des Ist-Systems auf Schwachstellen und seine Beurteilung in Hinblick auf künftige organisatorische Gestaltungen folgt häufig einer bestimmten Analysetechnik, etwa der Technik der **Grundlagenanalyse,** der **ABC-Analyse** (vgl. Abschn. 4.3.2.3.5; die dort in Zusammenhang mit der Materialwirtschaft dargestellte Analysetechnik ist auch auf andere Bereiche übertragbar) oder der **Checklistentechnik.** Im Zuge der Analyse werden häufig Kennzahlen gebildet, verglichen und bewertet (so genannte **Kennzahlenanalyse**). Auf einige Methoden und Techniken der Planung und Analyse wird eingehender in Abschnitt 7.3.1 eingegangen.

Eine Ist-Zustandsanalyse sollte so durchgeführt werden, dass alle wichtigen Mängel erkannt werden können. Die Ergebnisse sollen zu einem Bericht mit konkreten Aussagen und Empfehlungen zusammengefasst werden, der zur Verdeutlichung mit Tabellen und Diagrammen, Skizzen, Zeichnungen, Bildern oder auch Modellen angereichert werden kann.

Dokumentation

Die Systemanalyse ist nur vollständig, wenn die Ergebnisse der Ist-Aufnahme und Ist-Analyse schriftlich festgehalten werden. Die Dokumentation enthält vielfach neben verbalen Erläuterungen auch grafische Darstellungen, vor allem Flusspläne, Ablaufpläne, Tabellen und Diagramme.

Beispiel (Fortsetzung):

Im Rahmen der Vorstudie wurde der bisherige Auftragsdurchlauf ab der Angebotsabgabe über den Auftragseingang, die Prozeduren der Auftragsbearbeitung (sowohl in der Fertigung als auch in der Verwaltung) und die eigentliche Produktion bis zur Fertigstellung verfolgt. Als Methoden wurden Dauerbeobachtungen, Multimomentaufnahmen in der Fertigung zur Beurteilung der Kapazitätsauslastung sowie Interviews mit Mitarbeitern aus allen Abteilungen eingesetzt. Außerdem wurden Auswertungen aus den Daten der computergestützten Produktionsplanung und -steuerung – insbesondere die Durchlaufzeiten betreffend – erstellt und beurteilt.

Wie erwartet, konstatiert die Vorstudie einen starken Handlungsbedarf aufgrund der langen Bearbeitungsfristen und der in den letzten zwei Jahren stark verschlechterten Termintreue, wodurch dem Unternehmen bereits mehrere Aufträge sowie zwei wichtige Stammkunden verloren gingen. Als Kernproblem wurde eine allgemein mangelhafte Transparenz der Arbeitsvorgänge und Kooperationszusammenhänge vor allem an den Schnittstellen zwischen verschiedenen Arbeitsbereichen identifiziert. Als ursächlich hierfür bezeichnet die Vorstudie zum einen die unzureichende Kommunikation zwischen den vom Auftragsdurchlauf berührten Fachabteilungen, die wiederum auf unklare Regelungen der Verantwortlichkeiten zurückgeführt werden kann: Für viele Meldungen ist nicht geregelt, ob es sich um »Holschulden« oder »Bringschulden« handelt, ob also nachzufragen oder ungefragt zu informieren ist. Zum anderen wird dieser Informationsmangel dadurch noch verstärkt, dass das eingesetzte PPS-System von sich aus keine Meldungen macht, sondern die aktive Einsichtnahme der Mitarbeiter erfordert, die aufgrund unklarer Handlungsvorgaben und zu großer Arbeitsbelastung nur unregelmäßig bzw. in zu großen Zeitabständen und damit oft zu spät für eine termintreue Erledigung erfolgt.

Abhilfe könnte der Erlass klarer Kommunikations- und Verhaltensregeln in Verbindung mit dem Ersatz des bisherigen PPS-Systems durch eine modernere Variante bringen. Auf diese Weise sollte die Termintreue in kurzer Frist deutlich steigerbar sein. Ein weitergehender Vorschlag beinhaltet die Ablösung der traditionell gewachsenen funktionalen Organisation durch eine geschäftsprozessorientierte Organisation in Verbindung mit der Anschaffung eines anforderungsgerechteren Workflow-Management-Systems, wobei als Sofortmaßnahme eine Komponente des neu anzuschaffenden ERP-Systems vorweg installiert werden könnte, um das bisherige PPS-System sofort abzulösen. Das Risiko wird für beide Varianten gering eingeschätzt, da das Kernproblem der schlechten Termintreue in beiden Fällen umgehend nahezu behoben würde.

6.4.1.1.2 Grundkonzeption (Hauptstudie)

6.4.1.1.2.1 Inhalt und Zweck der Hauptstudie

Bei Aufnahme der Hauptstudie ist entschieden, dass das Problem in der zuvor getroffenen Definition weiter verfolgt werden soll. Damit ist jetzt eine eingehende Beschäftigung mit den Lösungsalternativen, ihrer Bewertung und Beurteilung möglich, an deren Ende ein begründeter Vorschlag für eine auszuwählende Alternative steht. Der Weg zur Überführung des Istzustands in den Sollzustand ist damit grundsätzlich angelegt.

Im Rahmen der Hauptstudie wird die Aufgabe als Projekt formuliert und ggf. in Teilprojekte aufgeteilt, die funktional, objektbezogen, zeitlich, räumlich, personenbezogen oder nach anderen Kriterien abgegrenzt und zugeordnet werden. Dabei werden Prioritäten gesetzt und eine zeitliche Gesamtplanung erstellt. Aus der Hauptstudie sollten Aufschlüsse über den konkreten Nutzen, die möglichen Risiken, die Kosten und die verfügbaren Ressourcen gewonnen werden können.

Sehr wesentlich ist eine exakte Beschreibung der **Schnittstellen** zu benachbarten Systemen, denn durch die Neugestaltung eines Unternehmensbereichs können sich auch Veränderungen in vor- und nachgelagerten Systemen ergeben. Auf die Beschreibung der Ein- und Ausgaben des zu betrachtenden Systems ist dabei besonders zu achten.

6.4.1.1.2.2 Sollkonzept

Auf Basis der durch die Systemanalyse gewonnenen Erkenntnisse können Lösungsvorschläge sukzessive präzisiert werden. Ausgangspunkt sind die Anforderungen, die das System erfüllen soll, wobei – je nach Zielsetzung des Unternehmens – Wirtschaftlichkeitsüberlegungen, Kundenanforderungen (vgl. hierzu die Ausführungen über die prozessorientierte Organisation, Abschn. 6.3.3.3) oder sonstige Erfordernisse im Vordergrund stehen. Ergebnisse dieser Vorgehensweise sind das fachliche Sollkonzept, das zunächst als Grobkonzept entwickelt und zum Feinkonzept ausgearbeitet wird, und die schriftliche Entscheidungsvorlage, der **Soll-Vorschlag.**

In dieser Phase werden auch Lasten- und Pflichtenhefte erstellt.

- Das **Lastenheft** definiert und begründet die Aufgabe und beschreibt gem. DIN 69905 die **Anforderungen** (Was?) an die zu entwickelnde Lösung aus **Auftraggebersicht** (wobei bei internen Projekten als Auftraggeber oder Kunde die hierarchisch übergeordnete Ebene – oft: die Geschäftsleitung – fungiert). Zudem beinhaltet es überprüfbare Qualitätsanforderungen.
- Das **Pflichtenheft** ist eine gegenüber dem Lastenheft präzisierte Leistungsbeschreibung, die nach DIN 69905 die vom **Auftragnehmer** (bei internen Projekten: der Projektleitung) **erarbeiteten Realisierungsvorgaben** niederlegt und die Umsetzung des vom Auftraggeber vorgegebenen Lastenhefts beschreibt. In Erweiterung des Lastenhefts, das aussagt, was die zu entwickelnde Lösung wofür zu leisten hat, enthält das Pflichtenheft Angaben über die Vorgehensweise bei der Lösungsentwicklung (Wie?). Es kann die vollständige Projektplanung und damit – auch über die DIN-Anforderungen hinaus – Angaben über Aufgabenverteilung, Zeitvorgaben, Kontrollpunkte und Kompetenzen/Verantwortlichkeiten enthalten.

Lastenheft und Pflichtenheft sind Bestandteil der Projektdokumentation und daher aufzubewahren.

Auf tiefer in die Thematik einführende Einzelheiten soll an dieser Stelle nicht eingegangen werden, weil damit den Ausführungen des Kapitel 7 zur Projektplanung vorgegriffen würde; jedoch seien einige Methoden der **Ideenfindung** wenigstens erwähnt.

Hier bietet sich einmal die bekannte Zergliederung der Gesamtaufgabe in Teilaufgaben und deren Delegation an einzelne Mitglieder oder Gruppen eines Organisationsteams an. Die gefundenen Vorschläge zur Lösung der Teilprobleme werden anschließend im **Konferenzverfahren** auf ihre Eignung und Integrationsfähigkeit untersucht, z. B. unter Anwendung der Techniken der **Diskussion** oder der **Debatte.**

Eine andere, jedoch nicht immer praktikable und effiziente Methode der Ideenfindung ist das zu den Kreativitätstechniken gehörende **Brainstorming.** Das Brainstorming verläuft regelmäßig in zwei Phasen: In der ersten Phase werden die anwesenden Mitglieder des Projektteams aufgefordert, in freier Assoziation stichwortartige Gedanken zur Sache zu äußern. Erklärungen hierzu erfolgen in der Regel ebenso wenig wie Kommentare oder Kritiken seitens anderer Teilnehmer. Alle Äußerungen werden schriftlich oder auf Band festgehalten. Diese Phase sollte nicht kürzer als zehn Minuten sein (weil erfahrungsgemäß nach dieser Zeit eine »schöpferische Pause« eintritt, auf die die Äußerung der konstruktivsten Ideen folgt), aber nicht wesentlich länger als zwanzig Minuten. In der zweiten Phase werden die notierten Stichworte nacheinander aufgerufen und diskutiert. Erfahrungsgemäß können die meisten Äußerungen von vornherein verworfen werden; der verbleibende »Bodensatz« enthält jedoch nicht selten gute und originelle Ansätze.

6.4.1.1.2.3 Alternativenbeurteilung und -auswahl

Bei der Beurteilung von Handlungsalternativen sind folgende **Vorgehensweisen** möglich:

- die **eindimensionale Beurteilung,** die lediglich ein Merkmal berücksichtigt, also z. B. nur die Kosten oder nur den Zeitaufwand;
- die **mehrdimensionale Beurteilung,** die unterschiedliche Kriterien berücksichtigt, etwa indem diese durch Gewichtung und die Anwendung einer Rechenvorschrift »gleichnamig gemacht« und »verschmolzen« (amalgamiert) werden. Ein typischer Amalgamationsansatz ist die in Lehrbuch 1, Abschnitt 3.3 beschriebene Nutzwertanalyse. Eine andere Methode der mehrdimensionalen Beurteilung ist die Aufstellung relationaler Größen, wodurch – im Gegensatz zur Amalgamation – die unterschiedlichen Dimensionen erhalten bleiben. Auf diese Weise entsteht z. B. der Return on Investment;
- die Beurteilung unter Zuhilfenahme **grafischer Darstellungsformen,** die die Unterschiede der Alternativen verdeutlichen und so ihre Bewertung erleichtern.

Methoden der Beurteilung sind

- die Entscheidungstabellentechnik,
- Vergleichsrechnungen (Vergleich der Kosten, Gewinne oder der Rentabilität),
- die Kapitalwertmethode,
- die gewichtete Rangstufenmethode und
- die Nutzwertanalyse.

Beispiele für die Kostenvergleichsrechnung und die Kapitalwertmethode enthält Lehrbuch 1, Kapitel 3. Die Nutzwertanalyse wird in Abschnitten 3.3 (Lehrbuch 1) und hier in Abschnitt 7.3.1.1 behandelt.

Die formale Entscheidung für die Inangriffnahme eines Projektes wird letztlich durch die entscheidungsbefugte Instanz (z. B. Geschäftsleitung) auf der Basis der obigen Alternativenbeurteilung getroffen. Diese Phase wirft Probleme auf, wenn die Bewertung keine eindeutige Rangfolge der Alternativen erbracht hat. Mit der Auswahl eines Projektes geht seine **Ratifikation** (verbindliche Vorgabe zur Realisierung) einher.

Beispiel (Fortführung):

Die Geschäftsleitung hat die Ergebnisse der Vorstudie zur Kenntnis genommen und ihren Willen bekräftigt, das entdeckte Problem schnellstmöglich aus dem Weg zu räumen. Eine Festlegung auf einen der beiden Vorschläge erfolgt noch nicht, obwohl der weitergehende Vorschlag favorisiert wird. Zunächst soll aber in der Hauptstudie geprüft werden, ob eine Amortisation der Maßnahme binnen drei Jahren erreicht wird: In diesem Fall soll für Vorschlag 2 eine weitergehende Planung erstellt werden.

Eine zunächst überschlägige Berechnung auf Basis einer Grobplanung kommt zu dem vorläufigen Ergebnis, dass eine Amortisation der Maßnahmen des zweiten Vorschlages deutlich vor Ablauf von 3 Jahren eintreten müsste. Ausgehend von dieser Hypothese, nimmt das Projektteam die Feinplanung nach den Regeln der Projektplanung in Angriff; denn nur auf Basis der darin gewonnenen Erkenntnisse kann eine präzisere Kosten- und Ertragsvorhersage erfolgen.

Als Teilprojekte mit unterschiedlichen Zeithorizonten werden definiert:

1. *die Sichtung alternativer ERP-Systeme und die Entscheidung für ein System,*
2. *die Anschaffung, Installation und Inbetriebnahme der PPS-Komponente,*
3. *die betriebliche Reorganisation und*
4. *die Installation und Inbetriebnahme der weiteren ERP-Komponenten.*

Für jedes Teilprojekt können jetzt die notwendigen Bedarfe (Ressourcen, Zeit, Liquidität, Kosten usw.) besser abgeschätzt werden. Außerdem können nun auf dieser Basis Detailstudien und Pflichtenhefte vorbereitet werden.

Die Hauptstudie kommt nach eingehenden Berechnungen einschließlich der Auswertung der bei Softwarehäusern eingeholten Angebote zu folgenden Erkenntnissen:

Die Umsetzung von Vorschlag 1 (Erlass von Informations- und Arbeitsregeln in Verbindung mit dem Ersatz des PPS-Systems durch ein anderes System) kann innerhalb von drei Monaten abgeschlossen sein, da es sich nicht um die Ersteinführung eines PPS-Systems handelt. Durch diese Maßnahme würde die Termintreue dauerhaft auf über 90 % gesteigert, wodurch die geschätzten Kosten der Maßnahme, die in der einmaligen Anschaffung der Software und einer eher unaufwändigen Einarbeitung bestünden, binnen Jahresfrist rückverdient würden.

Vorschlag 2 (Einführung einer geschäftsprozessorientierten Organisation in Verbindung mit der Anschaffung eines anforderungsgerechteren Workflow-Management-Systems) würde ein Jahr bis zur vollständigen Umsetzung erfordern. Durch die sofortige Ablösung des PPS-Systems durch eine Komponente des neuen Systems könnte aber die Steigerung der Termintreue auf über 90 % analog zu Vorschlag 1 ebenfalls binnen drei Monaten erreicht sein. Die Kosten des zweiten Vorschlags würden insgesamt das dreieinhalbfache derjenigen des ersten Vorschlag ausmachen, zumal die Prozessbegleitung durch die externen Berater entsprechend längere Zeit andauern würde. Durch die Einführung des neuen Management-Systems könnten aber – bei weiterer Verbesserung der Termintreue auf nahezu 100 % – die Durchlaufzeiten der Aufträge und damit die Kapitalbindungskosten verringert und zugleich die Kapazitätsauslastung erhöht werden, wodurch nach Amortisation der Investition eine nachhaltige Verbesserung der Gewinnsituation erreicht werden könnte. Diese Amortisation würde nach 30 Monaten eintreten.

Diese Berechnung wird, zusammen mit dem praktisch entscheidungsreifen Planungsstand, der Geschäftsleitung zur Entscheidung übergeben.

6.4.1.1.3 Feinkonzept (Teil-/Detailstudien)

Auf Basis der zuvor gebildeten Teilprojekte widmen sich die Detailstudien deren detaillierter Ausarbeitung bis in die kleinen Verästelungen des **Projektstrukturplans,** die so genannten **Arbeitspakete,** unter konkreter Planung von Terminen, Kapazitätsbedarfen, Kosten, Verantwortlichkeiten usw. Auf die Einzelheiten der Projektplanung soll hier nicht eingegangen werden; sie werden ausführlich in Kapitel 7 behandelt werden.

Abschließend müssen alle Detailpläne aufeinander abgestimmt und in das Gesamtkonzept eingepasst werden. Hierdurch kann es in dieser Phase noch zu Änderungen der Gesamtkonzeption kommen.

Beispiel (Fortsetzung):

Die Geschäftsleitung hat der Durchführung von Vorschlag 2 zugestimmt. Die hierfür bereits definierten Teilprojekte werden weiter bis in kleinste Einheiten (Arbeitspakete) untergliedert, wobei die Gliederung teils objekt-, teils verrichtungsorientiert gewählt wird. Am Ende werden die ca. 100 identifizierten Arbeitspakete mit ihren exakten Tätigkeiten, den notwendigen Voraussetzungen, eventuellen Problemen und Risiken beschrieben.

Während die Realisierung der Teilprojekte 1 und 2 (Softwareauswahl und Implementierung des PPS-Moduls) umgehend in Angriff genommen wird, werden für die Projekte 3 und 4 Detailstudien angegangen. Insbesondere die Reorganisation des Betriebes erfordert eine sorgfältige Planung. Hieran werden nunmehr Betroffene beteiligt, indem mehr Mitarbeiter aus allen (bisherigen) hierarchischen Ebenen in Vorbereitungsteams einbezogen werden. Die Aufgabe des Projektteams besteht jetzt darin, entsprechend den (in Abschn. 6.3.3.3) skizzierten Prinzipien der geschäftsprozessorientierten Organisation die Kernprozesse des Unternehmens zu identifizieren, zu beschreiben und in einer an ihnen orientierten Organisation abzubilden. Die in der Vorstudie mit der Ist-Aufnahme und Ist-Analyse geleisteten Vorarbeiten kommen dem Team in dieser Phase zugute, müssen aber um weitere Beobachtungen und Befragungen ergänzt werden. Zugleich müssen – neben der Termintreue, dem Lieferbereitschaftsgrad, der Kapazitätsauslastung und den Lagerkosten als bereits als relevant erkannten Größen – weitere Kennzahlen ausgewählt werden, die im Rahmen des Projektcontrollings überwacht und zur Beurteilung des Projekterfolgs herangezogen werden können.

6.4.1.1.4 Systemerrichtung

Die Realisierungsphase wird eingeleitet von der Weiterentwicklung der Planung zu einem durchsetzungsfähigen Plan. Dessen Realisierung beinhaltet

- die **Durchsetzung** des Plans zur Realisierung: Ob diese gelingt, hängt im Wesentlichen davon ab, inwieweit es gelingt, Widerstände und Realisationsschwierigkeiten zu erkennen und abzubauen.
- die tatsächliche **Durchführung** (Systemerrichtung) in Abhängigkeit vom Planungsgegenstand und dem vorgegebenen Zeitrahmen. Die Realisierung besteht in der Abarbeitung der zuvor detailliert definierten und mit Arbeitsbeschreibungen versehenen Arbeitspakete und erfordert den koordinierten Einsatz von menschlicher und maschineller Arbeit, Betriebs- und Hilfsmitteln sowie Werkstoffen, die be- oder verarbeitet werden. Die Koordination dieser Einsatzfaktoren ist eine organisatorische Aufgabe, die einerseits der konkreten Vorbereitung in der Planungsphase, andererseits der laufenden Kontrolle in allen Phasen der Realisation bedarf. Einzelaufgaben sind (bei fließendem Übergang zu den folgenden Phasen) z. B. diese:
  - **Beschaffung der Betriebsmittel:** Einholung von Angeboten (ggf. nach Ausschreibung), Angebotsvergleich (in den ggf. auch die Kosten bei Eigenherstellung einzubeziehen sind) und Auswahl nach den Zielvorgaben;
  - **Beschaffung von Personal** durch externe und/oder interne Stellenausschreibung, Bewerberauswahl und Einstellung;
  - **Durchführung von Schulungs- und sonstigen Qualifizierungsmaßnahmen** mit vorhandenem Personal.
- den **Aufbau** des geplanten Arbeitssystems mit eigenem oder externem Personal, wobei zur Überwachung der einzelnen Arbeiten in sachlicher und zeitlicher Hinsicht Netzpläne und Checklisten genutzt werden.

- den **Probebetrieb** des neu installierten Arbeitssystems, um das Zusammenwirken der Systemkomponenten beobachten und die Zielerfüllung kontrollieren zu können. Abweichungen und Störungen können erkannt und abgestellt und die Belastbarkeit, Sicherheit und Zuverlässigkeit des Systems getestet werden. Die Dauer des Probebetriebes hängt von den jeweiligen Gegebenheiten ab. Bei der Erprobung sind Protokolle zu führen, die alle Punkte des Lasten- und Pflichtenheftes beinhalten.
- die (begleitende) **Kontrolle:** Trotz sorgfältiger Planung läuft die Durchführung eines Projektes im Allgemeinen nicht störungsfrei ab: Zum einen können Verzögerungen eintreten, die die fristgerechte Fertigstellung in Frage stellen (Ausfall von Mitarbeitern oder Maschinen, Durchführungsfehler etc.), zum anderen können sich Umweltbedingungen, auf deren Basis die Entscheidung für ein Projekt getroffen wurde, während der Durchführungsphase verändern und Korrekturen bedingen (z. B. veränderte gesetzliche Auflagen, steigende Zinsen oder Rohstoffpreise, technologische Neuerungen usw.). Deshalb darf sich Kontrolle nicht auf die Prüfung der Übereinstimmung zwischen Endergebnis und Sollvorgabe **(Ergebniskontrolle)** beschränken; vielmehr muss die Durchführung eines Projektes von laufenden Kontrollen **(Fortschrittskontrollen)** begleitet werden. Hierzu ist es erforderlich, dass vorab Prüfzeitpunkte **(Checkpoints)** innerhalb des Durchführungszeitraums festgelegt werden, bis zu deren Erreichen zuvor definierte Teilziele erreicht sein sollen. Fortschrittskontrollen ermöglichen das rechtzeitige Erkennen von Fehlentwicklungen und die Ergreifung von Gegenmaßnahmen.

6.4.1.1.5 Systemeinführung

Vor der Inbetriebnahme des neuen Systems müssen die hiervon betroffenen Fachabteilungen organisatorische Vorkehrungen treffen, damit der Übergang vom bisherigen auf das neue System so reibungsarm wie möglich von statten gehen kann.

Die **organisatorische Anpassung** beginnt nach Möglichkeit schon weit vor der Systemeinführung und beinhaltet

- die weitgehende Beteiligung der Mitarbeiter, mindestens in Form ausführlicher Informationen über die mit der Systemeinführung einhergehenden Veränderungen,
- die Umstellung von Formularen und Arbeitsabläufen im Sinne des Soll-Vorschlages und des Pflichtenheftes,
- die Aufbereitung der von dem neuen System zu übernehmenden Daten und
- die Festlegung, ob und wie lange ggf. die Bearbeitung nach der bisherigen Vorgehensweise parallel zur programmgestützten Bearbeitung beibehalten werden soll.

Weitere Maßnahmen der Systemeinführung sind

- die Einarbeitung der betroffenen Mitarbeiter,
- die Erprobung des Systems durch die Mitarbeiter als Nachweis seiner praktischen Eignung, ggf. parallel zum Weiterbetrieb des bisherigen Systems,
- die Überwachung des Systemanlaufs und
- die Übergabe des Systems an die Adressaten.

Mit der Systemübergabe und -abnahme gehen Betrieb und Verantwortung vom Projektteam auf die Fachabteilungen über. Die Aufgabe ist damit **abgeschlossen.**

Jedoch sollte in regelmäßigen Abständen – etwa alle ein bis zwei Jahre – untersucht werden, ob die mit der Systemeinführung angestrebten Ziele erreicht wurden und nach wie vor **aktuell** sind.

Im Rahmen einer **Organisationsanalyse** wird geprüft, ob das System die vordefinierten

Erfordernisse der Effizienz, Wirtschaftlichkeit und Zuverlässigkeit erfüllt. Ist dies nicht der Fall, kann eine Systemänderung oder sogar die Inangriffnahme eines neuen Projektes erforderlich werden.

6.4.1.1.6 Inbetriebnahme

Die Inbetriebnahme im Regelbetrieb umfasst im Wesentlichen die folgenden Arbeitsschritte:

- Einweisung weiterer Mitarbeiter, die mit dem System arbeiten sollen,
- Einweisung der angrenzenden Bereiche, die ggf. von Veränderungen betroffen sind (etwa in der Datenvor- und -nachbereitung),
- Start des Systems mit »echten« Daten, Materialien, Aufträgen usw.,
- Anlaufüberwachung.

In Zusammenhang mit dem Auftreten von Fehlern oder Schwächen, mit der Änderung von Umweltbedingungen oder mit der Notwendigkeit der Berücksichtigung technischer Entwicklungen können Systemänderungen erforderlich werden.

6.4.1.2 Das Phasenmodell nach REFA

Das oben geschilderte Vorgehen ähnelt der Sechs-Stufen-Methode nach REFA. Diese gliedert die Vorgehensweise bei der Überführung eines Systems von einem Ist-Zustand in einen gewünschten Soll-Zustand jedoch leicht abweichend in folgende Phasen:

1. Phase: Ist-Zustand analysieren
2. Phase: Ziele festlegen und Aufgaben abgrenzen
3. Phase: Grobplanung des Arbeitssystems
4. Phase: Feinplanung des Arbeitssystems
5. Phase: Umsetzung der Planung
6. Phase: Freigabe des Arbeitssystems

Eine ausführliche Darstellung enthält Abschnitt 7.2.4. Dort wird auch der Begriff des **Arbeitssystems** erläutert.

6.4.1.3 Organisationsentwicklung und Personalentwicklung

In den vorangegangenen Abschnitten wurde immer wieder auf die besondere Bedeutung der **Personalführung** hingewiesen. Organisationsentwicklung setzt die Bereitschaft des Führungspersonals zu einem kooperativen, teamorientierten Führungsstil ebenso voraus, wie eine alle betrieblichen Ebenen umfassende, langfristig vorausschauende Personalentwicklung, die nicht nur die fachliche, sondern auch die motivationale Entfaltung und Weiterentwicklung der Mitarbeiter anstrebt. Eine eindimensionale, rein aufgabenorientierte Führung, die sich darauf beschränkt, den Grad der Mitarbeiterpartizipation in Bezug auf einzelne Aufgaben festzulegen, wäre mit dem Ansatz der Organisationsentwicklung nicht vereinbar.

Den Ausführungen zur Personalentwicklung in Kapitel 11 soll hier nicht vorgegriffen werden; jedoch soll auf einige Konzepte, Modelle und Instrumente hingewiesen werden, die in Zusammenhang mit der Organisationsentwicklung immer wieder genannt werden.

6.4.1.3.1 Auswahl des Führungsstils

6.4.1.3.1.1 Das Managerial-Grid-Konzept

Wesentliches Kennzeichen einer am einzelnen Mitarbeiter orientierten, gewissermaßen »maßgeschneiderten« Personalentwicklung ist die Feststellung und Berücksichtigung der persönlichen Eigenschaften und der besonderen Fähigkeiten des Individuums. Die Anforderungen an eine dementsprechend sowohl personen- als auch aufgabenorientierte und damit zweidimensionale Führung sind Gegenstand des **Managerial-Grid-Konzepts** (auch: Leadership Grid) nach BLAKE/MOUTON, das in einer zwischen den jeweils in neun Abschnitte eingeteilten Achsen »Sachorientierung« (auch: Aufgaben-, Ergebnisorientierung) und »Menschenorientierung« aufgespannten Matrix insgesamt 81 abgestufte Führungsstile unterscheidet. Die Abbildung zeigt eine derartige Matrix, die auch als **Verhaltensgitter** bezeichnet wird.

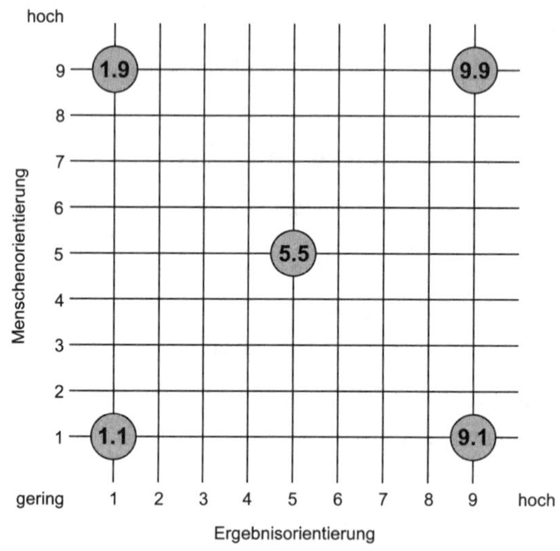

Verhaltensgitter

Im Verhaltensgitter stehen die dominanten Führungsstile für folgende Verhaltensweisen von Führungskräften:

1.1 »Ausweichen und Vermeiden«: Die aktive Übernahme von Verantwortung wird, wann immer möglich, vermieden. Ist sie unvermeidbar, ist das Verhalten indifferent zwischen Passivität und Unterstützung. Die Grundhaltung der derart agierenden Führungskraft ist auf Überleben ausgerichtet.

1.9 »Nachgeben und Einwilligen«: Aktivitäten werden auf solche Bereiche konzentriert, die geeignet sind, die Mitarbeiter zu befriedigen oder sogar zu begeistern. Verantwortungsübernahme in Bereichen, die von der Sache her zu personellen Konflikten führen können, wird von vornherein vermieden; angestrebt werden stattdessen harmoniestärkende Aufgaben. Führungskräfte in diesem Feld neigen dazu, ihre Mitarbeiter »mit Glacéhandschuhen anzufassen«.

5.5 »Ausgleichen und Kompromisse eingehen«: Die Auswahl der Aufgaben orientiert sich, wo immer möglich, an ihrer Popularität. Alle Aufgaben werden von vornherein auf mögliche Konflikte zwischen Sache und Personen und auf mögliche Kompromisse untersucht. Risiken werden vermieden.

9.1 »Befehlen und Dominieren«: Führung erfolgt über klare Anweisungen und Regeln, die unbedingt befolgt werden müssen. Persönliche Motive der Mitarbeiter spielen keine Rolle.

9.9 »Identifizieren und Einbringen«: Führung setzt frühzeitig auf Teamarbeit und Mitarbeiterbeteiligung und ermutigt permanent zur Mitarbeit und Einbringung. Durch die so entstehende Identifizierung der Beteiligten mit der Sachaufgabe werden Konflikte von vornherein vermieden. Dieser Führungsstil gilt gemeinhin als erstrebenswert.

6.4.1.3.1.2 Das 3-D-Modell

Ein sogar dreidimensionales Raster zur Unterscheidung von Führungsstilen stellt das **3-D-Modell** von REDDIN dar. Als Dimensionen des Führungsverhaltens unterscheidet es **Aufgabenorientierung, Beziehungsorientierung** und **Effektivität.** Dabei werden nach dem Grad ihrer Aufgaben- bzw. Beziehungsorientierung jeweils vier unterstellte **Grundstile der Führung** unterschieden (Beziehungs-, Verfahrens-, Integrations- und Aufgabenstil) und zu fünf unterschiedlichen **situativen Bedingungen** (Arbeitsanforderungen, Führungsstil des nächst höheren Vorgesetzten, Kollegen, Unterstellte, Organisation) in Beziehung gesetzt. In der **Effektivitätsbeurteilung** ergeben sich dabei acht Führungsstilformen, von denen vier als ineffektiv und vier als effektiv anzusehen seien.

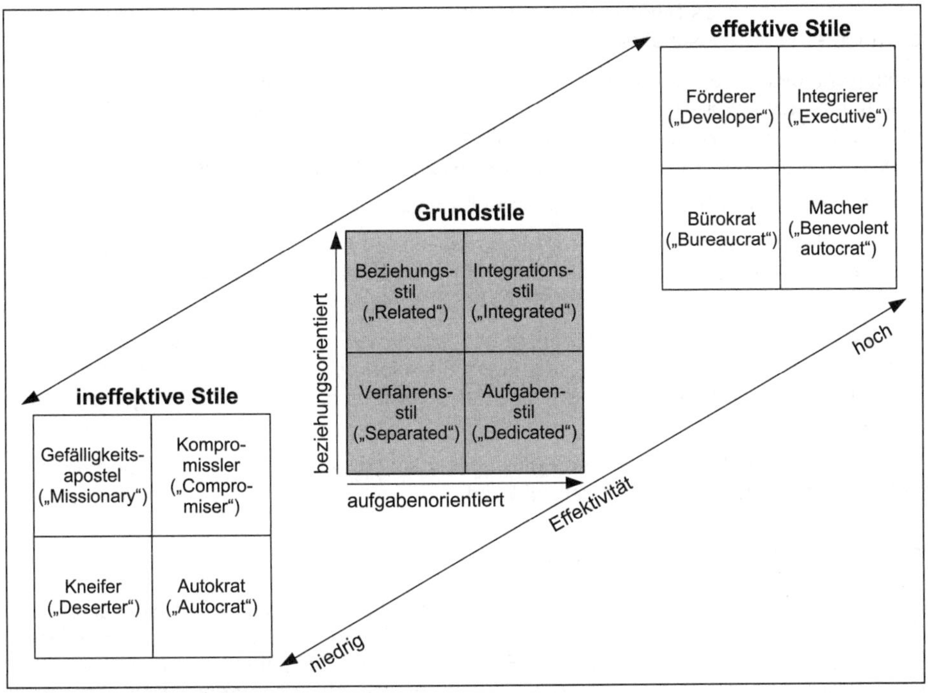

Das 3-D-Modell nach REDDIN

Aus den Grundstilen resultieren nach REDDIN jeweils die folgenden Führungsstile, von denen er jeweils einen als ineffektiv und einen als effektiver als den Grundstil befindet:

Grundstil	Aufgaben-orientierung	Beziehungs-orientierung	ineffektive Variante	effektive Variante
Verfahrensstil (separated)	niedrig	niedrig	»Kneifer« (unkreativ, unkooperativ...)	»Verwalter« (zuverlässig, rational, gerecht...)
Beziehungsstil (related)	niedrig	hoch	»Gefälligkeitsapostel« (passiv, konfliktvermeidend...)	»Förderer« (verständnisvoll, vertrauenswürdig...)
Aufgabenstil (dedicated)	hoch	niedrig	»Autokrat« (befehlend, unterdrückend, gefürchtet...)	»Macher« (entscheidungsfreudig, anpackend, motivierend...)
Integrationsstil (integrated)	hoch	hoch	»Kompromissler« (harmoniesüchtig, nachgiebig...)	»Integrierer« (teamorientiert, engagiert, motivierend...)

Ineffektive und effektive Führungsstile nach REDDIN

Unter den effektiven Stilen gibt es jedoch keinen »absolut besten« Führungsstil; vielmehr weist der Urheber des Modells daraufhin, dass in Abhängigkeit von der Situation jeweils ein anderer Führungsstil effektiv sei.

Weitere Modelle, die die Auswahl des Führungsstils in Abhängigkeit von Situationsvariablen unterstützen wollen, wie z. B. die Reifegradtheorie nach HERSEY/BLANCHARD oder das Kontingenzmodell nach FIEDLER, sollen nicht näher beschrieben werden, seien Interessierten aber zum Nachlesen in der einschlägigen Literatur empfohlen.

Allgemein lassen sich zur Auswahl des Führungsstils folgende Feststellungen treffen:

- Die in der Literatur beschriebenen Konzepte sind Idealtypen, die in Abstimmung mit der Persönlichkeit des Führenden zu einem individuellen Führungsstil geformt werden müssen.
- Die Auswahl des Führungsstils ist situationsabhängig zu treffen. Daher müssen Führungskräfte vor allem in der Lage sein, Situationen zu diagnostizieren, flexibel zu reagieren und den jeweils geeigneten Führungsstil auszuwählen und angemessen zu praktizieren.
- In vielen Unternehmen existieren Führungsrichtlinien, von denen oft nur in begründeten Ausnahmefällen abgewichen werden kann.

6.4.1.3.2 Life-Work-Balance

Zu einer OE-orientierten Personalentwicklung gehört insbesondere auch die Berücksichtigung der eigenen Planungen des Mitarbeiters in Bezug auf sein privates und soziales Leben außerhalb des Betriebes (z. B. Familienplanung, Definition der eigenen Rolle in der Familie) und die Unterstützung einer hierauf und auf die persönlichen Eignungen und Neigungen abgestimmten Karriere. Für diesen Ansatz, das private und berufliche Leben in ein Gleichgewicht zu bringen, wird häufig der Ausdruck »Life-Work-Balance« verwendet.

6.4.2 Implementation der Organisationsentwicklung als Daueraufgabe/Maßnahmenpläne

Wie aus den vorangehenden Ausführungen deutlich geworden sein sollte, wäre es angesichts der veränderlichen Umweltbedingungen fatal, die einmal geschaffenen Strukturen der Aufbau- und Ablauforganisation als unbegrenzt gültig und gewissermaßen »zementiert« aufzufassen. Die erforderliche Flexibilität wird von neueren Modellen wie der geschilderten geschäftsprozessorientierten Organisation berücksichtigt. Die Anpassung der Organisationsstrukturen an die Erfordernisse der Umwelt ist eine dauernde Aufgabe der Organisationsentwicklung. Insoweit sind die zuvor am Beispiel des Maschinenbauunternehmens geschilderten Arbeitsschritte der OE keine einmalig auszuführenden Aktivitäten: Vielmehr ist OE eine auf lange Frist angelegte Maßnahme, die man sich als Prozess vorstellen muss, in dem fortlaufende Eingriffe **(Interventionen)** in die Organisation Reaktionen hervorrufen. Angestrebt ist dabei eine **kontinuierliche Verbesserung** in Richtung auf die formulierten Ziele, wobei es als typisch angesehen werden kann, dass sich das System dem angestrebten Endzustand immer mehr annähert, ohne ihn jedoch jemals zu erreichen.

»Das bedeutet nicht, dass OE-Praktiker nicht wissen, wohin sie gehen und was sie wollen, denn das ist nicht der Fall; aber beim heutigen Stand von Kunst und Wissenschaft der OE dienen die Zielsetzungen in einem OE-Programm hauptsächlich als Leitfäden und wegweisende Richtlinien und weniger als eine exakte Beschreibung eines Endzustands« (Zitat nach W.L. FRENCH/C.H. BELL jr., »Organisationsentwicklung«, 3. Aufl. 1990, S. 67).

Die im Rahmen der OE entfalteten Aktivitäten setzen eine gründliche Organisationsdiagnostik voraus, die die Schwachstellen, aber auch die Potenziale innerhalb der Organisation offen legt. Auf ihrer Basis können Handlungsbedarfe und Entwicklungsziele festgelegt werden.

OE-Prozesszyklus und Maßnahmenplanung

Im OE-Prozess wiederholen sich die Phasen

- Situationsaufnahme,
- Organisationsanalyse/-diagnostik,
- Zielformulierung,
- Suche nach Lösungswegen,
- Lösungsversuch durch Intervention,
- Bewertung durch neuerliche Situationsaufnahme

in einem immer wieder neu aufzunehmenden Zyklus. Die Wiederaufnahme des Zyklus und die Vorgehensweise in den einzelnen Phasen wird in **Maßnahmenplänen** festgeschrieben, die als Rahmenpläne zeitliche, inhaltliche, personelle und methodische Vorgaben enthalten. Beispiele für derartige Rahmenpläne finden sich in den Darstellungen zum Qualitätsmanagement, speziell zur Auditorganisation und -planung, in Kapitel 8.

Durch die dauerhafte Installation der Organisationsentwicklung im Unternehmen entsteht ein Managementbereich, der, vergleichbar dem Qualitäts-, Umwelt- oder Sicherheitsmanagement, ein integratives Managementsystem darstellt (vgl. ebenfalls Kapitel 8).

Die geschilderten Bemühungen um kontinuierliche Anpassung und Verbesserung sind Ausfluss des bekannten Kaizen-Ansatzes, umgesetzt als **»Kontinuierlicher Verbesserungsprozess« (KVP)**, der im Folgenden abschließend erläutert werden soll.

6.4.3 Kaizen und Kontinuierliche Verbesserung

»Stillstand ist Rückschritt«: Unternehmen sind heute mehr denn je Veränderungsprozessen ausgesetzt, die sich durch starke Dynamik auszeichnen; die Intervalle, in denen sich Veränderungen ergeben, auf die sich der Betrieb einstellen muss, werden kürzer und kürzer. Viele dieser Veränderungen sind in technologischen Weiterentwicklungen begründet, denen der an den neuen Möglichkeiten orientierte gestiegene Anspruch der Märkte auf dem Fuße folgt. Der Betrieb kann diesen Anforderungen nur durch seinerseitige ständige Weiterentwicklung begegnen.

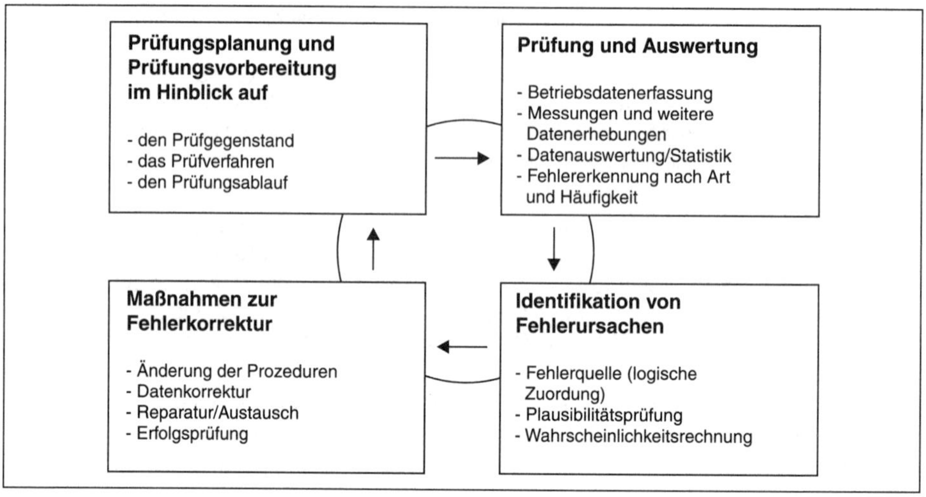

Der Regelkreis der Kontinuierlichen Verbesserung

Dies bedeutet nun nicht einfach nur, stets »mit Neuem« aufzuwarten, sondern vor allem auch, sämtliche Strukturen, Prozesse und Leistungen ständig kritisch daraufhin zu sichten, ob es nicht etwas zu verbessern gibt, diese Verbesserung dann auch vorzunehmen – und den neu geschaffenen Zustand wiederum kritisch zu hinterfragen: »Sicherlich sind weitere Verbesserungen möglich...«

Offensichtlich ist die geschilderte Art der Qualitätsförderung kein »Projekt« mit einmaligem Charakter, festgelegtem Endzeitpunkt und feststehendem Endziel, sondern eine Daueraufgabe: Der jeweils erreichte Standard wird als Basis und Ausgangspunkt permanenter Verbesserungen genommen. Solche beständigen Abfolgen von Prüfung, Auswertung, Schwächenermittlung, Ursachenforschung, Ermittlung von Verbesserungsmöglichkeiten, Korrektur und abermaliger Prüfung usw. werden als Regelkreis bezeichnet (siehe auch die vorherige Abbildung).

Im Zusammenspiel mit der Verschlankung von Strukturen, insbesondere dem Abbau (Verflachung) von Hierarchieebenen, durch die damit einhergehende Beschleunigung von Abläufen und durch verstärkte Teamarbeit wird ein Kontinuierlicher Verbesserungsprozess (KVP) in Gang gesetzt. Diese Philosophie wurde zuerst in der japanischen Wirtschaft umgesetzt. Dementsprechend hat sich der dort gebräuchliche Begriff Kaizen (»Der Ersatz des Guten durch das Bessere«) weltweit durchgesetzt.

6.4.3.1 Kaizen

Die Praxis des Kaizen wurde in der japanischen Industrie nach dem Zweiten Weltkrieg vor allem durch den Amerikaner William Edwards DEMING vorangebracht, in den USA und

Europa aber erst in den achtziger Jahren in ihrer Bedeutung wahrgenommen, als auffiel, dass in den japanischen Betrieben offensichtlich immenser Nutzen aus einer Vielzahl von Verbesserungsvorschlägen von Mitarbeitern gezogen werden konnte, der den des praktisch seit Beginn der Industrialisierung weithin praktizierten **Betrieblichen Verbesserungsvorschlagswesens** (BVW; vgl. Kapitel 8) bei weitem übertraf.

Die Untersuchung der Ursachen ergab einen wesentlichen Unterschied zwischen dem »konventionellen« BVW und dem »modernen« Kontinuierlichen Verbesserungsprozess (KVP):

- BVW-Verbesserungsvorschläge erstrecken sich auf fremde Arbeitsgebiete,
- KVP-Verbesserungsvorschläge beziehen das eigene Arbeitsgebiet mit ein.

Betriebe, die ein BVW eingeführt haben, setzen Prämien für Verbesserungsvorschläge eines Mitarbeiters außerhalb seines eigenen Aufgabengebietes aus: Die optimale Erledigung der eigenen Aufgaben wird schließlich mit dem regulären Lohn abgegolten.

Interpretiert wird diese Regelung aber häufig so, dass sich ein prämierungsfähiger Vorschlag auch nicht auf das eigene Arbeitsgebiet erstrecken dürfe, selbst dann nicht, wenn eigene Zuständigkeiten und Pflichten nicht berührt seien. Der Anreiz für den einzelnen Mitarbeiter, über die Dinge, die sich direkt in seinem Arbeitsumfeld abspielen, kritisch nachzudenken, ist folglich nicht unbedingt gegeben.

Für KVP- oder Kaizen-Vorschläge gilt diese Beschränkung auf fremde Arbeitsgebiete dagegen **nicht.**

Ein anderer Unterschied zwischen BVW und KVP ist darin zu sehen, dass

- BVW-Verbesserungsvorschläge eher auf spontane, ungelenkt entstandene Ideen einzelner Mitarbeiter zurückgehen, während
- KVP-Verbesserungsvorschläge aus einer systematischen, gelenkten Ideenfindung in moderierten Gruppen resultieren.

In beiden Fällen geht es um Ideenfindung: Deswegen werden BVW und KVP häufig auch unter dem Stichwort »Ideenmanagement« zusammengefasst. Während aber die für das BVW zuständigen Personen – dies kann ein Vorgesetzter oder auch ein eigens hiermit beauftragter betrieblicher Koordinator sein – nicht selbst aktiv in die Ideenentstehung eingreifen, indem sie etwa Entwicklungen auf bestimmten Gebieten einfordern, werden im KVP Mitarbeiter systematisch angeregt, über Verbesserungen zu bestimmten Themenfeldern nachzudenken.

6.4.3.2 Der Kontinuierliche Verbesserungsprozess (KVP)

KVP wird typischerweise in **Teams** vorangebracht, die homogen (Mitarbeiter aus demselben Arbeitsfeld; Mitarbeiter einer bestimmten Hierarchieebene, usw.) oder heterogen, also mit Mitarbeitern der verschiedenen Arbeitsbereiche, Hierarchieebenen und Wissensdisziplinen, besetzt sein können. Für diese Teams war in den achtziger Jahren der Begriff des »Qualitätszirkels« gebräuchlich.

In jedem Falle vollzieht sich in ihnen ein systematischer, moderierter Prozess, der häufig als **PDCA-Zyklus** oder **Deming-Zyklus** bezeichnet wird:

- **P**lan (planen),
- **D**o (ausführen),
- **C**heck (überprüfen),
- **A**ct (agieren, anpassen).

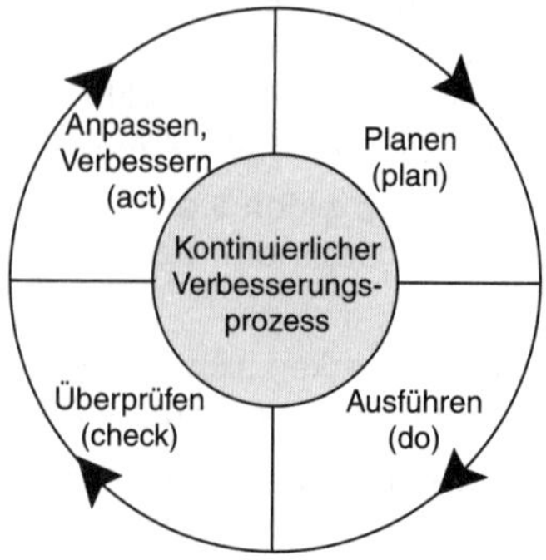

Der PDCA-Zyklus

6.5 Grundlagen der Arbeits- und Zeitwirtschaft

In den voranstehenden Abschnitten wurde verschiedentlich auf Erkenntnisse und Verfahren der Arbeitswissenschaft hingewiesen.

Diese Kenntnisse werden zwar z. B. aus der Weiterbildung zum Industriemeister als bekannt vorausgesetzt. Zur Auffrischung und Vertiefung sollen an dieser Stelle jedoch die Grundzüge der Arbeits- und Zeitwirtschaft und ihrer theoretischen Vorlage, der Arbeitswissenschaft, behandelt werden.

6.5.1 Arbeitswirtschaft und Arbeitswissenschaften

6.5.1.1 Aufgabenfelder der Arbeitswirtschaft

Die Arbeitswirtschaft beschäftigt sich mit dem praktischen Einsatz des Produktionsfaktors »menschliche Arbeitsleistung« im Betrieb und berührt folglich eine Vielzahl betrieblicher Aufgabenfelder.

Diese Felder lassen sich gliedern in

- die **Arbeitsorganisation** im Sinne einer Gestaltung von Aufbauorganisationen, insbesondere die Stellenbildung, und die sich in ihnen vollziehenden Arbeitsabläufe;
- die **Personalwirtschaft** mit den Kernaufgaben der Personalbedarfsermittlung, Personalbeschaffung und Personaleinsatzplanung;
- die **Arbeits- und Leistungsbewertung** und damit die Entgeltfindung;
- die **Fertigungsorganisation** und **Arbeitsvorbereitung;**
- die **Arbeitsgestaltung** als Sammelbegriff für alle Maßnahmen, die geeignet sind, die Arbeit im Betrieb ergonomisch, d. h. unter Berücksichtigung der menschlichen Bedürfnisse und Eigenschaften, und zugleich rational zu gestalten, und
- die **Zeitorganisation.**

6.5.1.2 Teilgebiete und Vorgehensweise der Arbeitswissenschaft

Die Grundlage der Arbeitswirtschaft stellen die Arbeitswissenschaften dar, die sich mit der Gestaltung von Arbeitsaufgaben, Arbeitsabläufen sowie Arbeitsplätzen und deren Umgebung beschäftigen.

Folgende Teilgebiete unterscheidet man im Wesentlichen:

- **Arbeitspsychologie:** Untersuchung der Auswirkungen von Arbeitsanforderungen und -bedingungen auf den Menschen in geistiger und seelischer Hinsicht.
- **Arbeitsphysiologie:** Untersuchung der Auswirkungen von Tätigkeiten auf den menschlichen Körper und zur Bestimmung der menschlichen Belastbarkeit.
- **Arbeitspädagogik:** Entwicklung von Methoden zur zeitgemäßen und am Menschen orientierten beruflichen Ausbildung.

Der amerikanische Ingenieur Frederic Winslow TAYLOR (1856–1915), der Begründer des **»Scientific Management«**, ging von der Vorstellung aus, dass der arbeitende Mensch lediglich als Produktionsfaktor anzusehen sei, dessen Einsatz es zu optimieren gelte.

TAYLOR nahm an, dass ein Arbeiter umso zufriedener sei, je vollständiger seine immer gleichbleibende Tätigkeit geregelt sei, und dass die Produktivität des Einzelnen durch leistungsgerechte Entlohnung gesteigert werden könne. Um zu dieser leistungsgerechten Entlohnung zu gelangen, entwickelte TAYLOR Vorgehensweisen zur Messung und Optimierung von Arbeitsvorgängen, die in ihren Grundzügen heute noch angewendet werden.

Er ging dabei wie folgt vor:

- Auswahl und Beobachtung von Personen, die die zu analysierenden Tätigkeit bekanntermaßen gut ausführen,
- Beobachtung und Protokollierung der Reihenfolge der Ausführung und der eingesetzten Werkzeuge,
- Messung der für jede Einzeloperation benötigten Zeit,
- Identifikation falscher, nutzloser und somit zeitraubender Bewegungen,
- Feststellung der schnellstmöglichen Ausführung,
- Tabellarische Aufstellung der schnellsten Bewegungen und geeignetsten Werkzeuge.

Zugleich experimentierte TAYLOR mit Variationen der Arbeitsumgebung, etwa Licht, Klima und Lärm. Sein Vorgehen, naturwissenschaftlich basierte Experimente zwecks Lösung betrieblicher Problemstellungen durchzuführen, begründete die modernen Arbeitswissenschaften.

Sein Ansatz zur Optimierung des »Produktionsfaktors menschliche Arbeitsleistung« durch exakte Vorgaben für hochspezialisierte Arbeitsplätze wurde jedoch häufig als inhuman kritisiert und steht im Widerspruch zu moderneren, mit dem Ziel der Humanisierung der Arbeitswelt übereinstimmenden Methoden wie **Job Rotation, Job Enlargement** und **Job Enrichment.**

Arbeitswissenschaftliche Erkenntnisse sind auch unter rechtlichen Gesichtspunkten zu beachten: So bestimmt § 91 des **Betriebsverfassungsgesetzes,** dass bei Änderung der Arbeitsplätze, des Arbeitsablaufs oder der Arbeitsumgebung, die den gesicherten arbeitswissenschaftlichen Erkenntnissen offensichtlich widersprechen, der Betriebsrat angemessene Maßnahmen zur Abwendung, Milderung oder zum Ausgleich der Belastung verlangen kann.

6.5.1.3 Arbeitsplatzgestaltung

Bei der Gestaltung von Arbeitsplätzen stehen Gesundheitsverträglichkeit und Förderung eines konzentrierten und möglichst ermüdungsfreien Arbeitens als Ziele im Vordergrund. Viele verschiedene Faktoren spielen dabei eine Rolle, etwa

- die **Körperhaltung:** Ein Wechsel zwischen sitzender und stehender Tätigkeit, Ruhe und Bewegung baut Rücken- und Kreislaufproblemen vor;
- die **Beleuchtung:** Ein gut ausgeleuchteter Arbeitsplatz verhindert die Überanstrengung der Augen und die damit einhergehende schnelle Ermüdung;
- das **Raumklima:** Temperatur und Luftfeuchtigkeit beeinflussen das Wohlbefinden;
- schädigende **Umwelteinflüsse:** Stäube, Dämpfe, Schmutz, Feuchtigkeit, Lärm usw. führen auf Dauer zu Gesundheitsschäden;
- die **Farbgebung:** Manche Farben steigern das Wohlbefinden und die Motivation, andere dämpfen, regen auf oder sind zur Kennzeichnung von Gefährdungsstellen geeignet;
- die **Anordnung der Arbeitsmittel:** Die benötigten Werkzeuge und Hilfsmittel sollen nach Möglichkeit innerhalb des Greifradius angeordnet sein.

Die **REFA-Methodenlehre** unterscheidet hinsichtlich der Arbeitsplatzgestaltung nach verschiedenen Gesichtspunkten:

- **Anthropometrische Arbeitsplatzgestaltung** meint die Gestaltung des Arbeitsplatzes unter Berücksichtigung der Körpermaße und der Griffwege. Hierbei sind eine Reihe von DIN-, EN- und ISO- Normen zu beachten, die Arbeitsplatzhöhe, Bemaßung von Arbeitstischen und -stühlen, technische Anforderungen an Bildschirme usw. vorgeben.
- **Physiologische Arbeitsplatzgestaltung** ist die Anpassung des Arbeitsplatzes an die körperlichen Gegebenheiten des arbeitenden Menschen mit dem Ziel, den Wirkungsgrad der menschlichen Arbeit dauerhaft zu verbessern. Hierzu gehören z. B. Installationen am Arbeitsplatz, mit deren Hilfe ein unnötiger Kräfteeinsatz vermieden werden kann, und die Anreicherung der Arbeit mit motivations- und leistungsfördernden Tätigkeitswechseln und Erholzeiten. Ein weiterer wichtiger Gestaltungsbereich betrifft die sonstigen Einflussfaktoren, die als Arbeitsbedingungen auf die körperliche Leistung des arbeitenden Menschen wirken: Belüftung, Klima, Temperatur, Beleuchtung, Farbgebung, Lärm-, Staub-, Schmutz-, Strahlen- und sonstige Belastungen am Arbeitsplatz.
- **Psychologische Arbeitsplatzgestaltung** ist nicht scharf von der physiologischen Arbeitsplatzgestaltung zu trennen. Sie betrifft die Befindlichkeit, das »Wohlfühlen«, des arbeitenden Menschen an seinem Arbeitsplatz, und auch hier sind Farbgebung, Beleuchtung, Geräuschpegel, Raumklima usw. wesentlich.
- **Organisatorische Arbeitsplatzgestaltung** betrifft die Einbettung des Arbeitsplatzes in das Gefüge der Aufbauorganisation, die Einzelheiten des Arbeitsablaufs, die Gestaltung von Arbeits- und Pausenzeiten, Umfang und Anspruch der Arbeitsaufgabe und im weiteren Sinne auch die Entlohnung.
- **Informationstechnische Arbeitsplatzgestaltung** meint alle Maßnahmen, die die optimale Aufnahme von Informationen sicherstellen, und betrifft vor allem das
  - **Sehen:** Hier sind der richtige Sehabstand, hinreichend helle und blendfreie Ausleuchtung, ablesefreundliche Gestaltung von Instrumenten und die Berücksichtigung der üblichen Lese- und Blickrichtungen (von links nach rechts, von oben nach unten) zu beachten.
  - **Hören:** Akustische Signale müssen ausreichend laut und von ausreichender Dauer sein. Warnsignale sind oft akustische Signale, weil der Mensch sie auch wahrnimmt, wenn er sie nicht erwartet und sich nicht auf sie konzentriert.
  - **Tasten:** Wo es möglich ist, sollten Hebel, Schalter, Drehknöpfe und ähnliche Elemente so gestaltet sein, dass aus ihrer Stellung, die unmittelbar beim Hinlangen und Anfassen wahrgenommen wird, Informationen über den Betriebszustand gewonnen werden können.

  Wenn zur Informationsweitergabe kommunikationstechnische Geräte (Telefonanlagen, PCs usw.) benutzt werden, müssen auch diese in Hinblick auf die Erfüllung ergonomischer Anforderungen ausgewählt werden.
- **Sicherheitstechnische Gestaltung** schließlich meint die Gestaltung des Arbeitsplatzes in Hinblick auf die Unfallverhütung. Die zu treffenden Maßnahmen betreffen den Betriebsmittel-, Brand- und Explosionsschutz, den Schutz vor Elektrizität, Dämpfen, Säuren, Strahlen usw.

6.5.2 Arbeitsstudien

Bereits in der Produktionswirtschaft wurde auf die Bedeutung der Sollzeitenermittlung als Planungsgrundlage der Fertigungsplanung hingewiesen. Die Entwicklung dieses betriebswirtschaftlich bedeutenden Forschungszweiges wurde maßgeblich durch die Aktivitäten des **REFA-Verbandes** vorangetrieben. Der im Jahre 1924 als »Reichsausschuss für Arbeitszeitermittlung« gegründete Verband, der heute »REFA-Verband für Arbeitsstudien und Betriebsorganisation e.V.« heißt, entwickelte eine Methodenlehre, die heute nach wie vor Anwendung findet.

REFA-Arbeitsstudien haben die Aufgaben,

- Arbeitsabläufe zu analysieren und
- eine ökonomisch sinnvolle Synthese von Arbeitsabläufen vorzuschlagen.

Aus der Analyse von Arbeitsabläufen sollen Daten sowohl für die Einsatzplanung und -steuerung als auch für die Bewertung und Entlohnung von Arbeitsleistungen gewonnen werden. Die Zerlegung des Arbeitsablaufes in einzelne Prozess- bzw. Bewegungselemente wird für die Produktionsfaktoren Arbeit, Betriebsmittel, Werkstoffe getrennt vorgenommen.

Die Erfassung und Darstellung von Arbeitsabläufen wurde bereits ausführlich in Abschnitt 6.3.3 sowie in Lehrbuch 2, Abschnitt 4.6.1.2.4.2 behandelt. Die folgenden Ausführungen sind als Ergänzung zu verstehen.

6.5.2.1 Arbeit und Arbeitsleistung

Menschliche Arbeit ist geistige oder körperliche (Muskel-)Arbeit (statischer oder dynamischer Art).

Der Leistungsbegriff geht über den Begriff der Arbeit hinaus, da er das Können und das Wollen einbezieht als:

- **Leistungsfähigkeit,** ausgedrückt als
  - persönliche Leistungsfähigkeit: Belastbarkeit, Körperkraft, Konzentrationsfähigkeit,
  - fachliche Leistungsfähigkeit: Ausbildung, Praxiserfahrung, Kenntnisse, Fertigkeiten;
- **Leistungsbereitschaft,** angeregt durch
  - Entlohnung,
  - Arbeitsbedingungen,
  - Motivation.

Exkurs: Motivation

Die Leistungsbereitschaft eines Menschen in Bezug auf eine gestellte Aufgabe hängt maßgeblich von seiner **Motivation** ab, also von den individuell verfolgten Zielen und Werten. Das Individuum wird sich zur Mitwirkung an einem Aufgabenerfüllungsprozess nur bewegen lassen, wenn hierdurch auch die eigenen Ziele gefördert werden. Eine Verleugnung der eigenen Ziele oder das Fehlen eines Anreizes, der die Erreichung noch nicht erfüllter Ziele in Aussicht stellt, führt zur »inneren Aufkündigung« der Mitarbeit oder gar zu Widerständen. Jede Organisation, so auch die Unternehmung, befindet sich daher nur dann in einem stabilen Zustand, wenn ihre Ziele mit denen ihrer Träger (Unternehmensleitung, Anteilseigner, Arbeitnehmer) konform gehen.

Die berühmte Motivationstheorie von MASLOW klassifiziert die menschlichen Motive in der folgenden Hierarchie **(Motivationspyramide):**

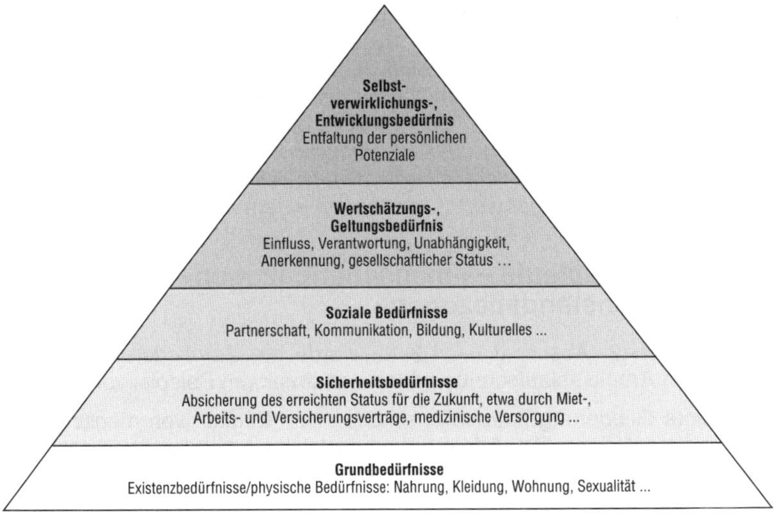

Die Motivationspyramide nach MASLOW

Die unterste Stufe der Motivationspyramide bilden die physiologischen, also die körperlichen oder Grundbedürfnisse: Nahrung, Kleidung, Wohnung, Atemluft, Schlaf usw. Nur wenn ihre Befriedigung vom Individuum als dauerhaft sichergestellt betrachtet wird, können weitergehende Motive bestimmend für das individuelle Verhalten werden.

Hier folgen die Sicherheitsbedürfnisse, etwa der Wunsch nach Unfallschutz, Sicherheit des Arbeitsplatzes, Altersvorsorge, nach »geregeltem Leben« also, im Vordergrund.

Sind auch diese Bedürfnisse befriedigt, so wendet sich das Individuum der Befriedigung seiner sozialen Bedürfnisse zu. Diese sind etwa das Bedürfnis nach Kontakt, Freundschaft und Liebe, also der Wunsch nach menschlicher Zuwendung, sowie das Bedürfnis nach Bildung, Kunst und Kultur.

Die nächste Motivklasse bilden die Wertschätzungsmotive: Streben nach Anerkennung durch andere Individuen, Prestige, Respekt, Bedeutung, Verantwortung, Macht.

Nur wenn **alle** genannten Motive befriedigt sind, werden die obersten Ziele, nämlich die nach Selbstverwirklichung im Sinne von Weiterentwicklung persönlicher Fähigkeiten und Neigungen, dominant.

Die Grenzen zwischen den Motivklassen sind fließend; auch ist das Verhalten eines Individuums selten nur von einem einzigen Motiv bestimmt. Es lässt sich aber feststellen, dass eine endgültige Befriedigung nie erreicht wird, denn: »Ein jeder Wunsch, der sich erfüllt, kriegt augenblicklich Junge« (Wilhelm BUSCH).

Hinsichtlich der Motivationsstruktur unterscheidet die Theorie

- **innengeleitete** (interne, intrinsische) **Motivation:** Motivationsanreize gehen von der zu erfüllenden Aufgabe selbst aus;
- **außengeleitete** (externe, extrinsische) **Motivation:** Mit der Aufgabenerfüllung ist eine »Belohnung« verbunden, die für das Individuum einen Motivationsanreiz darstellt.

Damit soll und kann jedoch keine Wertung einhergehen.

Beispiel:

Frau Meier löst für ihr Leben gern Kreuzworträtsel. Immer, wenn sie ein solches Rätsel in einer Zeitschrift sieht, muss sie zum Kugelschreiber greifen und sich an der Lösung versuchen. Herr Meier hat dazu eigentlich keine Lust. In dieser Woche löst er aber doch das Kreuzworträtsel in der Fernsehzeitung, weil es ein Auto zu gewinnen gibt, das er gerne besitzen würde. Im Gegensatz zu seiner Frau, die das Rätsel um des Rätsels willen löst, also über eine innengeleitete Motivation verfügt, bedarf es des außengelenkten Reizes durch den ausgeschriebenen Gewinn, um Herrn Meier zu motivieren. Frau Meier ist zwar geübter im Rätsellösen als ihr Mann, der sich dafür aber auf das Ausfüllen der für die Zusammensetzung des Lösungsspruches notwendigen Kästchen beschränkt: Deshalb benötigt er nicht unbedingt mehr Zeit als seine Frau. Seine Lösung ist also nicht deswegen »weniger wert«, weil ihm an einem materiellen Vorteil gelegen ist.

6.5.2.2 Arbeitsabläufe – »menschenbezogen« und »gegenstandsbezogen«

Bereits in Lehrbuch 2, Abschnitt 4.6.1.2.4.2 wurde die Zergliederung eines Gesamt-Arbeitsablaufes in Arbeitsablaufschritte erklärt und an einem Beispiel vorgeführt.

Die dort gezeigte Gliederung betrachtet simultan den Einsatz von menschlicher Arbeit, Betriebsmitteln und Werkstoffen. **Allein** auf menschliche Arbeit bezogen, lassen sich verallgemeinert die in der folgenden Abbildung dargestellten Ablaufarten antreffen:

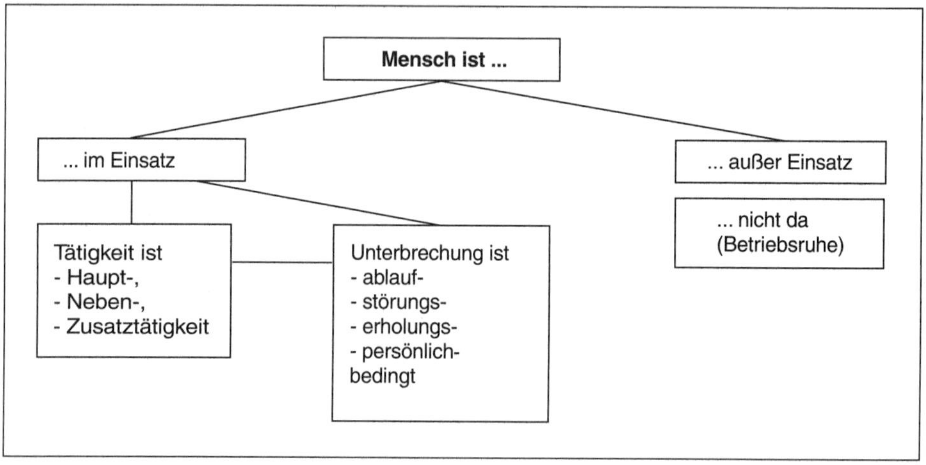

Arten menschlicher Arbeitsabläufe

Bezogen auf die Arbeitsgegenstände lassen sich folgende Ablaufarten unterscheiden:

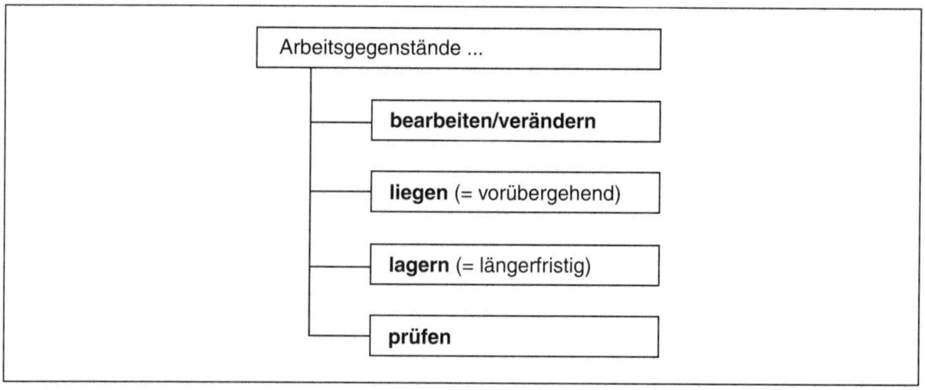

Arbeitsgegenstände und Arbeitsabläufe

Innerhalb menschlicher oder auf Arbeitsgegenstände bezogener Abläufe gibt es außerdem den Zustand »nicht erkennbar«.

6.5.3 Aufgaben und Verfahren der Zeitwirtschaft

Im Rahmen der Zeitwirtschaft werden die Erkenntnisse aus den Arbeitsstudien mit den Anforderungen der Fertigung zusammengeführt; im Vordergrund steht dabei die Untersuchung der Zeitbedarfe.

Wesentliche Begriffe aus der **REFA-Methodik** sind in diesem Zusammenhang

- Arbeitsleistung = Arbeitsergebnis/Zeit
- Mengenleistung = Menge/Zeit
- Wirkungsgrad = Output (Arbeitsergebnis) · 100/Input (Arbeitsgegenstand)
- Leistungsgrad = Ist-Leistung · 100/Normal-Leistung
- Normalleistung = diejenige Leistung, die von jedermann bei ausreichender Eignung, Einarbeitung und Übung auf Dauer ohne gesundheitliche Schäden erbracht werden kann

Zeitstudien sind exakte Zeitmessungen, mit deren Hilfe der durchschnittliche Zeitverbrauch für eine Verrichtung ermittelt werden soll. Derartige Zeitmessungen werden häufig im Zusammenhang mit Stückakkordlöhnen durchgeführt.

Jede einzelne Zeitmessung ergibt eine Zeit, die eine bestimmte Arbeitskraft für eine Verrichtung benötigt. Da jedoch ein Durchschnittswert gesucht wird, müssen möglichst viele Messungen derselben Tätigkeit durchgeführt werden, wobei die Tätigkeit von wechselnden Arbeitskräften auszuüben ist.

Da jede Arbeitskraft ein individuelles Leistungsvermögen aufweist, wird nach REFA neben der Zeitmessung auch eine Schätzung des individuellen Leistungsgrades vorgenommen.

Der normale Leistungsgrad wird mit 100 % angenommen; Kriterium für eine Normalleistung ist z. B. eine harmonische, koordinierte Bewegungsausführung.

Die durch Zeitstudien ermittelte Normalzeit für eine Arbeitsverrichtung ist nicht identisch mit der Vorgabezeit, die auch Unterbrechungen berücksichtigt, die arbeitsablauf- oder störungsbedingt auftreten oder der Erholung bzw. den persönlichen Bedürfnissen der Arbeitskraft dienen.

Auf die Einzelheiten der REFA-Methodik der Zeitermittlung soll an dieser Stelle nicht eingegangen werden.

Arbeitswertstudien werden mit dem Ziel durchgeführt, zu Bewertungsmaßstäben für einzelne Arbeitsverrichtungen zu gelangen. Auf Einzelheiten im Ablauf der Arbeitsbewertung wird an anderer Stelle eingegangen.

7 Projektmanagement und persönliche Planungstechniken

In den vorangegangenen Abschnitten wurde bereits verschiedentlich der Begriff des Projektes erwähnt. Zum einen war im Zusammenhang mit den Formen der Aufbauorganisation schon von Projektorganisation die Rede; zum anderen zieht sich der Projektbegriff gewissermaßen als »roter Faden« durch die Ausführungen zur Ablauforganisation und zur Organisationsentwicklung.

Im Rahmen der Weiterbildung zum Technischen Betriebswirt erlangt der Projektbegriff sogar praktische Bedeutung; denn zum Abschluss des Prüfungsverfahrens ist ein Projekt durchzuführen und in einer schriftlichen Projektarbeit zu verarbeiten. An dieser Stelle nun sollen Projektbegriff, -organisation und -durchführung im Mittelpunkt der Betrachtung stehen.

7.1 Projekte und Projektorganisationen

7.1.1 Normen, Standards und Kriterien für Projekte/Beschaffenheit der Projektaufgabe

Normen und Standards für das Projektmanagement

Das Projektmanagement ist seit 2009 in den jeweils mehrteiligen Normen DIN 69901 (Projektmanagement – Projektmanagementsysteme) und 69900 (Projektmanagement – Netzplantechnik; Beschreibungen und Begriffe) normiert. Das Multiprojektmanagement ist Gegenstand der DIN 69909. Sinn dieser Normierung ist die Erleichterung von Kooperationen in Projekten mit externen Partnern, denn wenn diese jeweils unterschiedliche Begriffe, Methoden und Werkzeuge verwenden, ist die Zusammenarbeit naturgemäß erschwert und die Zielerreichung gefährdet. Die zunehmende Internationalisierung der Zusammenarbeit in Wirtschaft und Wissenschaft wurde darüber hinaus zum Anlass für die Entwicklung eines internationalen Standards genommen: Die 2012 veröffentlichte Norm ISO 21500 ersetzt die nationalen Normen allerdings nicht, sondern zeigt »nur« den Rahmen für deren fortlaufenden Anpassungen auf.

DIN 69901 bildet die für das Projektmanagement wesentlichen Tätigkeiten als **Prozesse** ab. Damit wird der bereits in Abschn. 6.3.3.3 »**Geschäftsprozessorientierte Organisation**«) behandelten, sich immer mehr verbreiteten Sichtweise gefolgt, organisatorische Strukturen nicht mehr an Funktionen (im Sinne der herkömmlichen, hierarchischen Aufbauorganisation), sondern an Abläufen (Prozessen) auszurichten. Dadurch und durch die Verdeutlichung der Beziehungen und Wechselwirkungen zwischen Projekt und Projektumfeld soll die Orientierung im Projektverlauf für die Beteiligten verbessert und zugleich die Vernetzung erleichtert werden.

Wie bei allen DIN-Normen gilt auch hier, dass ihre Anwendung freiwillig ist, so lange der Gesetzgeber ihre Anwendung nicht zwingend vorschreibt (was für DIN 69900 und

DIN 69901 nicht der Fall ist). Unternehmen und Institutionen, die eine Projektkooperation eingehen, können die Anwendung der Normen jedoch vertraglich vereinbaren. Wie bei den privatwirtschaftlich erarbeiteten DIN-Normen üblich, ist auch die DIN 69901 nicht frei zugänglich, sondern nur kostenpflichtig beziehbar *(die Begründungen hierfür sind auf der Homepage www.din.de des DIN e.V. nachlesbar).*

Die fünfteilige, mehr als 130 Seiten umfassende Norm soll hier nicht in ihren Einzelheiten nachgezeichnet werden. Nachfolgend wird lediglich kurz umrissen, worum es in den einzelnen Teilen im Wesentlichen geht.

DIN	**Titel**	**Inhalte (Kurzbeschreibungen) (PM = Projektmanagement)**
DIN 69901	**Projektmanagement – Projektmanagementsysteme**	
DIN 69901-1	Grundlagen	PM-Systeme: Ziele und wesentliche Eigenschaften; Erwartungen der Trägerorganisation an das PM-System; Regeln für ein leistungsfähiges PM-System
DIN 69901-2	Prozesse	Beschreibung von insgesamt 59 PM-Prozessen (z. B. »Ziele skizzieren«, »Meilensteine definieren«), gegliedert in 11 Prozessgruppen (z. B. »Ablauf und Termine«, »Organisation«, »Ressourcen«) und **5 Phasen (Initialisierung, Definition, Planung, Steuerung, Abschluss;** vgl. Abschn. 7.2.3.3).
DIN 69901-3	Methoden	Kurzdarstellung der Methoden • Aufwandsschätzung (div. Methoden benannt) • Earned Value Analysis • Fertigstellungsgradermittlung • Soll-/Ist-Vergleiche (Earned Value Analysis, Fertigstellungsgradermittlung, Soll-/Ist-Vergleiche: Projektcontrolling-Methoden) • Meilensteintrendanalyse • Projektvergleich • Projektstrukturierung jeweils mit Angabe des Zwecks, der Anwendungsbereiche und der Ein- und Ausgangsgrößen. Der Methodeneinsatz ist nicht beschrieben.
DIN 69901-4	Daten, Datenmodell	Beschreibung elementarer Datenstrukturen des PM. Zwecke: Spezifikationsanforderungen an PM-Software; Datenaustausch; Datenarchivierung.
DIN 69901-5	Begriffe	Definition von 110 Begriffen aus dem PM
DIN 69900	**Projektmanagement – Netzplantechnik**	
DIN 69900	Beschreibungen und Begriffe	Beschreibung der Netzplantechnik mit ihren grundlegenden Elementen und Verfahren; Begriffsdefinitionen.
DIN 69909	**Multiprojektmanagement – Management von Projektportfolios, Programmen und Projekten**	
DIN 69909-1	Grundlagen	Begriffe, Ziele, Eigenschaften des Multi-PM; Erwartungen der/Unterstützung durch die Organisation; Dokumentation
DIN 69909-2	Prozesse, Prozessmodell	Beschreibung eines Prozessmodells, gegliedert in 3 Führungsprozesse und 3 Prozessgruppen (Projektportfolio-, Programm- und PM-Prozesse; letztere mit Verweisung auf DIN 69901-2).

Wesentliche Inhalte der DIN-Normen für Projektmanagement

Eine Zuordnung von Projektmanagementprozessen zu Prozessgruppen und -phasen in Anlehnung an DIN 69901-2 zeigt auszugsweise die folgende Tabelle:

Phase → / Prozessgruppe ↓	Initialisierung	Definition	Planung	Steuerung	Abschluss
Ziele und Anforderungen	Ziele skizzieren	Ziele definieren und analysieren Anforderungen definieren		Zielerreichung steuern	Zielerfüllung prüfen
Projektstruktur		Projektphasen und Meilensteine festlegen	Projektstruktur plan erstellen	Vorgänge und Meilensteine kontrollieren und steuern	
Ablauf und Termine			Ablauf- und Terminplan erstellen		
...					

Phasenzuordnung wichtiger Projekt-Einflussgrößen (Auszug)

Neben diesen Normen gibt es verschiedene **internationale Projektmanagement-Standards** (am verbreitetsten: ICB/IPMA; PMBOK Guide, PRINCE2), die sich alle insoweit ähneln, als sie

- die zeitliche Gliederung des Projektablaufs in Phasen,
- die Erstellung und Abarbeitung von Projektplänen und
- die Durchführung steuernder Maßnahmen während des Projektablaufs

vorsehen. Auf Einzelheiten soll hier nicht eingegangen werden.

Merkmale von Projekten

Nach DIN 69901 ist ein Projekt im Wesentlichen gekennzeichnet durch

- **Einmaligkeit/Einzigartigkeit:** Die Aufgabe stellt sich in der aktuell vorliegenden Form kein zweites Mal.
- **Endlichkeit:** Die Aufgabe ist innerhalb eines vorab festgelegten Zeitraumes zu erfüllen.
- **Restriktionen:** Die zur Projektdurchführung verfügbaren Mittel (Sachmittel, Geld, Arbeitskräfte) sind begrenzt. Oberstes Kriterium der Projektorganisation ist daher stets die Wirtschaftlichkeit.
- **Abgrenzbarkeit:** Das Projekt ist gegenüber anderen Vorhaben klar abgegrenzt.
- **Spezifische Organisation.**

Weitere in der einschlägigen Literatur häufig angeführte Merkmale sind

- **Komplexität:** Die Aufgabe besitzt einen nennenswerten Schwierigkeitsgrad (Anforderung der »Nichttrivialität«).
- **Innovation:** Das Ergebnis des Projekts besitzt – wenigstens für das jeweilige Unternehmen – einen Neuigkeitswert.
- **Unsicherheit/Risiko:** Die Art der Aufgabenlösung ist nicht eindeutig vorgezeichnet, d. h. es gibt möglicherweise mehr als eine oder auch gar keine Lösung. Die Durchführung ist nicht unabhängig von Umwelteinflüssen: Während des verfügbaren Zeitraumes können Änderungen oder auch der Abbruch der Projektarbeit erforderlich werden.
- **Interdisziplinäre Bearbeitung:** Die Aufgabenlösung erfordert Expertenwissen aus verschiedenen Fachbereichen, ggf. auch Internationalität.

Beispiele für Projekte:

Ein Unternehmen befürchtet mittelfristige Umsatzeinbußen und Marktanteilsverluste wegen Überalterung der Produktpalette. Die Suche nach einem neuen, zukunftsträchtigen Produkt soll Gegenstand eines Projektes sein: Dieses umfasst bei einer mehrmonatigen Gesamtdauer die Produktforschung und -entwicklung, die Konstruktion, die Fertigung von Prototypen, die Optimierung und die Produkterprobung. Mit der Phase der Produktionsaufnahme und Markteinführung, die vom Projektteam begleitet werden kann, wird die Überleitung der Projektergebnisse in die unternehmerische Haupttätigkeit vollzogen.

In einer Fachabteilung soll die bisherige konventionelle Aufgabenerfüllung künftig mit Hilfe eines computergestützten Systems erfolgen. Die Einführung dieses Systems ist Gegenstand eines Projektes, in dessen Rahmen Fachleute der direkt betroffenen Abteilung und der indirekt betroffenen angrenzenden Abteilungen, EDV-Fachkräfte und ein Mitglied der Geschäftsleitung eine hierarchieübergreifende Projektgruppe bilden.

Ein international tätiges Großunternehmen will ein Zweigwerk in Indien errichten.

Ein vor drei Jahren gegründetes Softwarehaus, das bislang nur regional tätig und bekannt war, plant, sich erstmals auf der Fach- und Publikumsmesse CEBIT in Hannover zu präsentieren. Das für Öffentlichkeitsarbeit zuständige Mitglied der Geschäftsführung initiiert die Gründung einer Projektgruppe aus Mitarbeitern verschiedener Fachbereiche, die sich mit der Vorbereitung und Durchführung der Messepräsentation befassen soll.

Der Großauftrag eines Kunden zum Bau einer Maschinenanlage erfordert die Neuentwicklung verschiedener Bauteile und wird damit zum Ausgangspunkt eines Projektes.

Die vorstehenden Beispiele zeigen die mögliche Bandbreite dessen, was unter »Projekt« verstanden werden kann: Die Unterschiede in den zeitlichen, kapazitiven und finanziellen Dimensionen sind augenfällig. Zum letzten Beispiel sei angemerkt, dass einzelne Kundenaufträge, die die eingeführte Produktpalette betreffen, in der Regel keine Projekte sind.

Eine besondere Art des Projekts stellt das Gemeinschaftsprojekt dar. Hierunter ist der Zusammenschluss mehrerer rechtlich und wirtschaftlich voneinander unabhängiger Unternehmen oder Institutionen in Bezug auf ein gemeinsames Vorhaben zu verstehen. Solche Kooperationen, die etwa im rechtlichen Rahmen von **Arbeitsgemeinschaften** (ARGE) – das sind häufig BGB-Gesellschaften – oder Gesellschaftsneugründungen abgewickelt werden können, sind häufig erforderlich, wenn Umfang, Komplexität, Finanzbedarf und Risiko des Vorhabens die Möglichkeiten eines einzelnen Unternehmens überschreiten.

7.1.2 Anlässe und Ziele von Projekten

7.1.2.1 Projektanstöße

Der Inangriffnahme eines Projektes gehen regelmäßig Anstöße voran, die auf die Empfindung eines »Problems« zurückzuführen sind. Dabei ist der umgangssprachliche Problembegriff insoweit zu erweitern, als er nicht nur Schwierigkeiten oder Mängel umfasst, sondern ebenso positiv aufgefasst werden kann: Die Idee für ein neues Produkt, für das ein Verbraucherbedürfnis erst noch geschaffen werden muss, kann ein solcher Anstoß sein.

Wenn Projektmanagement nicht lediglich »Krisenmanagement« sein soll, das nur in akuten Situationen praktiziert wird, müssen im Unternehmen Instrumente geschaffen werden, die sich systematisch mit der Identifizierung von »Problemen«, die sich für die Ingangsetzung eines Projektes eignen und einen Projektauftrag rechtfertigen, beschäftigen. Dies können etwa regelmäßig zusammentretende Arbeitskreise sein; auch das betriebliche Vorschlagswesen ist ein solches Instrument.

Planungsrelevante Probleme können vielerlei Ursachen haben. Ursachen unternehmensinterner Art liegen in der Unternehmensstruktur begründet und betreffen beispielsweise die Arbeitsverteilung, Art und Alter der Produktionsanlagen, das Vertriebsnetz und vieles andere mehr. Externe Ursachen sind dagegen Zustände oder Entwicklungen der Umwelt, die eine Anpassung der Unternehmung an eine veränderte oder in Veränderung begriffene Situation erfordern.

Ist ein Problem als nicht-trivial erkannt, so löst diese Erkenntnis nicht in jedem Fall eine sofortige Aktion aus. Mögliche erste Reaktionen sind vielmehr

- Verdrängung,
- zeitliche Verschiebung,
- Abschiebung aus dem eigenen in einen anderen Zuständigkeitsbereich,
- die Empfindung, dass eine Lösung vonnöten ist.

Nur im letzteren Fall erfolgt die Anregung eines Projekts in Form eines **Projektvorschlags.**

Als »Projektanreger« kommen sowohl unternehmensinterne als auch externe Stellen in Betracht. **Externe Projektanreger** sind z. B.

- Marktforschungs-/Beratungsunternehmen,
- Medien,
- Kunden,
- Mitbewerber,
- Verbände/Gewerkschaften,
- Institutionen.

Interne Projektanreger sind etwa

- einzelne Mitarbeiter (durch Verbesserungsvorschläge),
- Mitarbeitergruppen (Arbeitskreise/»Circles«, Betriebsrat),
- Abteilungen (Marketing, F&E),
- Unternehmensleitung und Stäbe.

Aus der Projektvorschlagsphase resultiert nicht zwangsläufig und nicht umgehend ein Projektauftrag: Zunächst erfolgt eine ausführliche Situationserfassung und **Problemanalyse.** Dabei wird das Problem in seine einzelnen Komponenten zerlegt, fehlende Informationen werden beschafft; die Beeinträchtigungen, die das Problem bedingt, bzw. die möglichen Verbesserungen, die aus einer Problemlösung resultieren, werden in einer Soll-Ist-Gegenüberstellung herausgearbeitet.

Zugleich wird überlegt, **wer** durch das Problem und seine Lösung betroffen ist, welche Lösungswege sich anbieten und welche Stellen zur Lösung beitragen können.

Die gesammelten Informationen werden in Form einer umfangreichen Dokumentation **(»Problemdefinition«)** aufbereitet und der zuständigen Stelle zugetragen. Diese Definition enthält die möglichst exakte Beschreibung des Ist-Zustandes, der möglichen Lösungen (sofern solche bereits abzusehen sind) und des nach der Lösung erwarteten Soll-Zustandes. Nach Möglichkeit benennt sie auch die Planungsträger, die verfügbaren Mittel und den zeitlichen Rahmen.

7.1.2.2 Projektziele

Besonderes Augenmerk muss der Formulierung des mit dem Projekt angestrebten Ziels gelten, wobei bei komplexen Projekten an die Stelle eines Einzelergebnisses ein Zielsystem (Zielszenario) aus mehreren Zielen tritt.

DIN 69901-5 beschreibt Projektziele als »Gesamtheit von Einzelzielen, die durch das Projekt erreicht werden«.

1974 nannte J. WILD eine Reihe von Anforderungen an Ziele, die nach wie vor Gültigkeit besitzen: Danach müssen Ziele **realistisch** (tatsächlich erreichbar) und hinsichtlich der Zielerreichung **überprüfbar** sein. Sehr wesentlich ist ihre **Operationalität** (»Handhabbarkeit«): Inhalt, Zeitrahmen, Verantwortlichkeiten usw. müssen so präzise, verständlich und eindeutig formuliert sein, dass aus ihnen konkrete Maßnahmen und Handlungen abgeleitet werden können. Dabei sind Ziele so zu bilden, dass sie den Aufgabenträgern innerhalb der Organisation zugeordnet und vollständig abgedeckt werden können: Diese Eigenschaft wird **Kongruenz** genannt.

Werden mehrere Ziele zugleich verfolgt, müssen sie in eine **Zielhierarchie** eingeordnet werden, die ihre Rangordnung und die Beziehungen zwischen ihnen darstellt. Dabei ist auf **Konsistenz** (Widerspruchsfreiheit) zu achten. Auch deswegen muss das Zielsystem **vollständig** sein, also alle wichtigen Ziele beinhalten, und **aktuell,** also regelmäßig um nicht mehr angestrebte Ziele bereinigt werden.

Nicht zuletzt müssen Ziele **durchsetzbar,** also akzeptanzfähig und motivierend sein.

Heute werden die Anforderungen an Ziele häufig unter dem Akronym **S.M.A.R.T.** (vgl. auch Lehrbuch 1, Abschn. 1.7.2.2) zusammengefasst, wobei die Auffassung darüber, welche Wörter durch die Buchstaben abgekürzt sind, sowohl in der englischsprachigen Fachliteratur als auch in der deutschen Übertragung uneinheitlich ausfällt.

Zieleigenschaft	...ins Deutsche übertragen	Bedeutung
Specific	**S**pezifisch	Das Ziel ist konkretisiert. Es soll ein bestimmtes angestrebtes Ergebnis beschreiben.
Measurable	**M**essbar	Das Ziel – und damit die Zielerreichung – soll messbar/überprüfbar sein.
Attainable,	**A**nspruchsvoll, auch: **A**ttraktiv, **A**mbitioniert, **A**kzeptabel, **A**ktiv beeinflussbar, **A**usführbar, **A**ngemessen	Die Zielerreichung soll möglich und beeinflussbar sein und eine Herausforderung darstellen, also nicht »trivial« sein.
Relevant, auch: **R**eachable, **R**ealistic	**R**ealistisch	Das Ziel muss mit den verfügbaren Mitteln und gegebenen Bedingungen erreichbar sein.
Timeboxed, **T**erminated	**T**erminiert	Die Zielerreichung ist zeitgebunden, der Endzustand, der dann erreicht sein soll, fixiert.

Ziele lassen sich in vielerlei Weise unterscheiden und zu Gruppen zusammenfassen. In Abschnitt 5.2.3 wurde bereits auf den Unterschied zwischen strategischen und operativen Zielen eingegangen. In Abschnitt 7.2.4.2 wird der Katalog der **Zielarten** noch deutlich verfeinert. Im Projektmanagement werden Projektziele häufig – in einem gewissermaßen »magischen Dreieck« – in folgende Kategorien eingeteilt:

- **Sachziele/Leistungsziele,** die das Ergebnis zum Gegenstand haben, also etwa Art, Umfang, Ertrag des zu Erreichenden,
- **Terminziele** bezüglich Projektdauer, Erreichung von »Meilensteinen« und Endtermin,
- **Kostenziele,** die sich am verfügbaren Budget ausrichten.

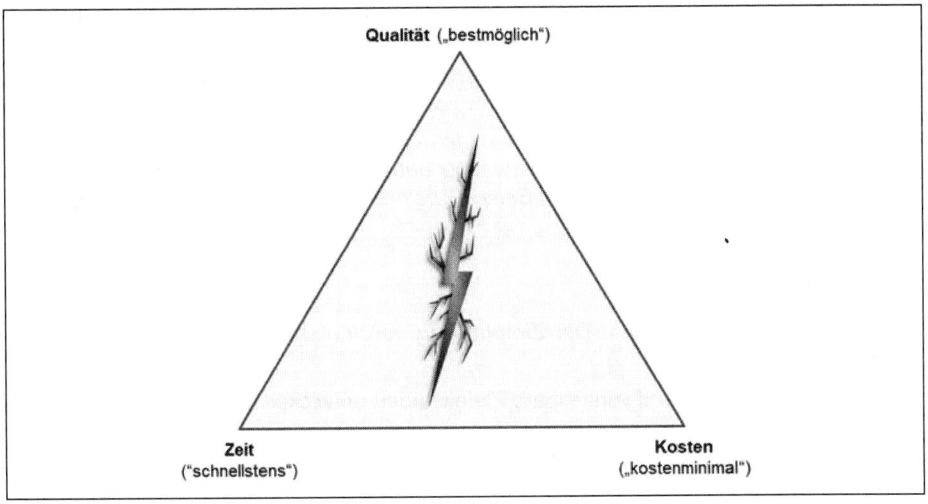

Das »magische« Z-K-Q-Dreieck des Projektmanagements

Aus der Betriebswirtschaftslehre ist diese immer notwendige Abwägung zwischen Zeit, Kosten und Qualität schon bekannt: »Fast, cheap, good – choose two!« umreißt das Dilemma, nicht alle drei Anforderungen – schnell, billig, gut – gleichzeitig optimieren zu können. In der Praxis des Projektmanagements hat sich inzwischen die Auffassung durchgesetzt, dass dieses **»magische Z-K-Q-Dreieck«** zum »magischen Viereck« erweitert werden muss, weil Projekte häufig am falsch bemessenen oder nicht konkretisierten Leistungsumfang scheitern. Deshalb entwickelte der Softwareentwickler Harry M. SNEED das **»Teufelsquadrat«** mit »Inhalt« (auch »Quantität«, »Leistungsumfang«) als vierter Ecke.

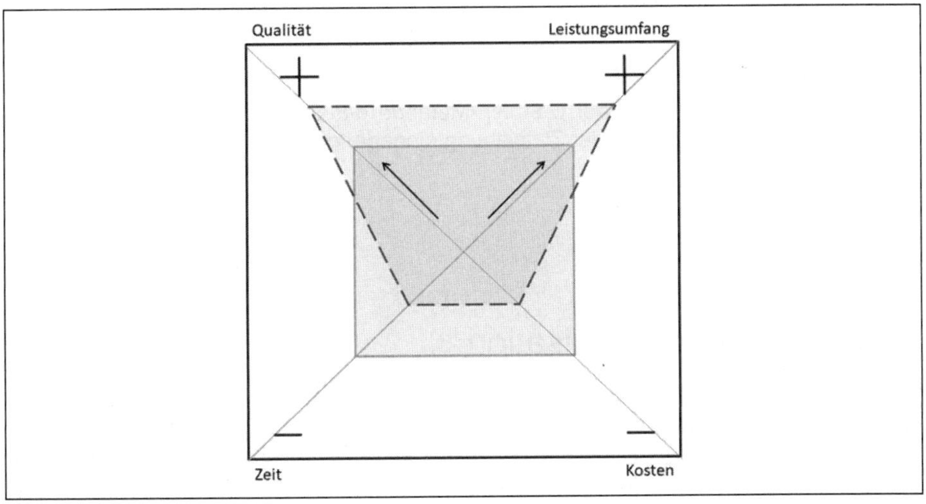

Das »Teufelsquadrat« des Projektmanagements

Wie für alle als »magisch« gekennzeichneten Gebilde, unabhängig von der Zahl der Ecken, gilt auch hier, dass damit ein **Spannungsfeld** beschrieben wird, in dem sich die Eckpunkte (Ziele) gegenseitig beeinflussen und zumindest teilweise **konfliktär** zueinander verhalten.

Die theoretische Annahme hinter diesem »**magischen Viereck**« ist, dass der Inhalt der zwischen den vier Ecken aufgespannten Fläche **invariant** (unveränderlich) ist.

Die obige Abbildung zeigt eine Situation, in der dem Projekt ein höherer Leistungsumfang zugewiesen werden soll. Gleichzeitig sind die Qualitätsanforderungen des Auftraggebers gestiegen. (d. h. Verschiebung der Ecken des Quadrats entlang der Diagonalen nach oben, also zum »Plus« bei Leistungsumfang und Qualität). In der Folge müssen das Budget und/oder der Zeithorizont (im Beispiel: beides im gleichen Maße) entlang der Diagonalen ausgeweitet werden.

Zielplanung

Ziele müssen geplant werden! Die **Zielplanung** vollzieht sich im Idealfall in mehreren Phasen:

1. **Zielsuche:** Mögliche und vorstellbare Ziele werden entwickelt. Eine Wertung erfolgt zunächst nicht.
2. **Zielformulierung:** Die Ziele werden ausformuliert und präzisiert.
3. **Zielordnung:** Die Einzelziele werden in eine Zielhierarchie eingestellt, die Prioritäten setzt, Beziehungen aufzeigt und Übereinstimmungen oder Widersprüche aufdeckt.
4. **Zielüberprüfung:** Die aufgestellte Zielordnung wird auf Realisierbarkeit überprüft.
5. **Zielauswahl:** Bis zu dieser Phase enthält das entworfene Zielsystem häufig noch Alternativen, aus denen nun eine endgültige Auswahl zu treffen ist.
6. **Zieldurchsetzung:** Die betroffenen Stellen werden in den Planungsprozess einbezogen; je frühzeitiger, desto besser ist dies für Akzeptanz und Motivation.
7. **Prämissenkontrolle:** Nicht nur die Zielerreichung, sondern auch die Zielsetzung selbst ist regelmäßig daraufhin zu überprüfen, ob die Eingangsbedingungen, unter denen das Ziel ausgewählt wurde, noch gelten.

In der Literatur sind auch andere Phasenschemata mit mehr oder weniger (zusammengefassten) Stufen beschrieben. »Das« Phasenschema gibt es nicht!

Im Rahmen der Behandlung der 6-Stufen-Methode der Systemgestaltung in Abschnitt 7.2.4 wird auf weitere Aspekte der Zielplanung eingegangen.

7.1.3 Projektorganisation

Projekte, die innerhalb eines Unternehmens bearbeitet werden sollen, müssen sowohl eine interne organisatorische Struktur erhalten als auch in die Aufbauorganisation des Unternehmens eingegliedert werden. Die dabei entstehende Organisation wird als Projektorganisation bezeichnet. In der Literatur werden verschiedene Einbindungsmodelle behandelt:

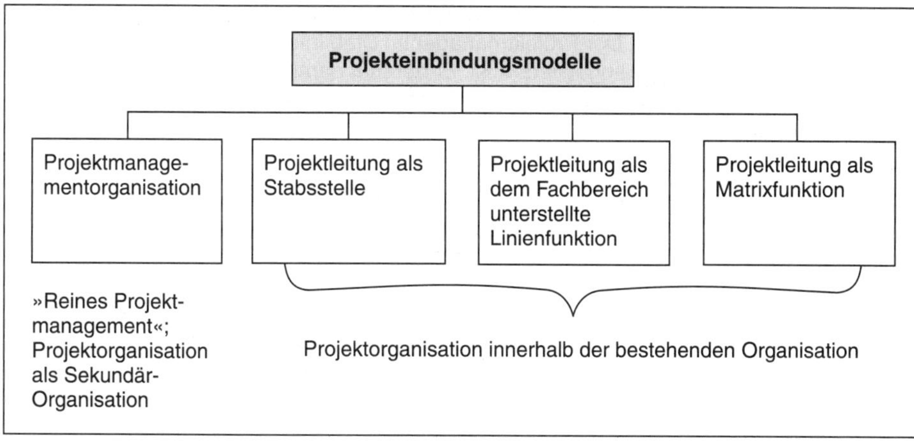

Projekteinbindungsmodelle

7.1.3.1 Projektorganisation als sekundäre Organisationsform: »Reines Projektmanagement«

Von Projektmanagement-Organisation wird gesprochen, wenn neben der »üblichen« und gegebenen Organisation (der so genannten Primärorganisation), die die ständigen Aufgaben des Unternehmens erfüllt, Projekte für Sonderaufgaben, die die Projektkriterien erfüllen, mit einer eigenen Organisation (der so genannten Sekundärorganisation) installiert werden. Auf diese Weise wird einerseits ein verlässlicher Rahmen für die Erfüllung der Dauer- und Kernaufgaben erhalten und zugleich die Forderung nach Flexibilität der Organisationsstruktur erfüllt.

In dieser häufig als »reines Projektmanagement« bezeichneten Organisationsform, die in Abschnitt 7.2.2 eingehender beschrieben und als idealtypisches Modell auch in den darauf folgenden Abschnitten unterstellt wird, stellt die Primärorganisation also den auf Dauer angelegten Rahmen für eine flexibel gestaltbare Sekundärorganisation dar. Dabei ist der Projektleiter den Abteilungsleitern in der Linienorganisation gleichgestellt. Er trägt die volle Verantwortung für das Projekt und ist mit allen erforderlichen Kompetenzen ausgestattet, um uneingeschränkt über die ihm zur Verfügung stehenden Personal- und sonstigen Ressourcen entscheiden zu können.

Die Projektmitarbeiter kommen aus den verschiedenen Fachabteilungen und entstammen unterschiedlichen Hierarchiestufen. Sie werden für die Dauer des Projekts aus ihrem üblichen Aufgabenbereich herausgelöst und dem Projektleiter zugeordnet.

Typisch ist diese Form der Projektorganisation bei **Großprojekten** mit relativ langer Lebensdauer.

Eine grafische Darstellung und ausführlichere Erläuterungen enthält Abschnitt 7.2.2.

7.1.3.2 Projektorganisationen innerhalb von Unternehmensorganisationen

Die Form der Einbindung des »Projektmanagers« bzw. des Projektmanagements in eine bestehende »konventionelle« Organisation kann in der betrieblichen Praxis sehr unterschiedlich geregelt sein. Zu den Grundformen der Projektorganisation, die im Folgenden vorgestellt werden, finden sich in der Praxis vielfältige Variationen und Kombinationen.

Projektmanager als Stabsfunktion: Stäbe besitzen lediglich Beratungsbefugnisse (vgl. Kapitel 6, Abschn. 6.3.2.2.2). Der Projektmanager im Stab informiert und berät den Linienmanager, dessen Bereich er angegliedert ist. Er bereitet damit Entscheidungen vor, die jedoch »in der Linie« getroffen werden. Diese Form der Projektorganisation wird auch als Projektkoordination bezeichnet.

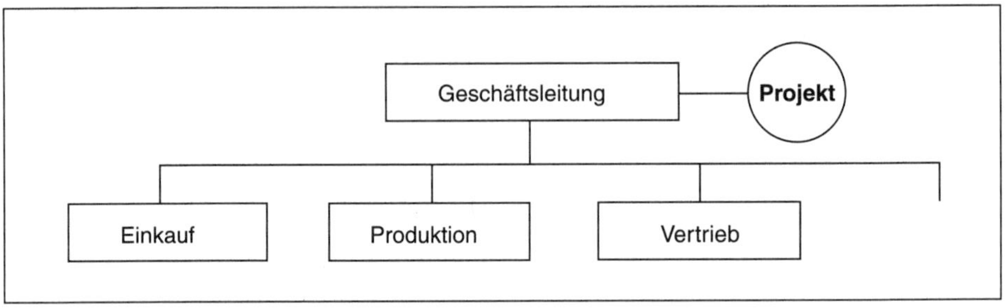

Projektmanagement im Stab

Projektmanager als Matrixfunktion: Der Projektmanager trägt die fachliche Verantwortung für das Projekt, während die disziplinarische Weisungsbefugnis dem Vorgesetzten in der Primärorganisation vorbehalten ist. Typisch für die Projektorganisation ist, dass gleichzeitig – bei durchaus unterschiedlichen Beginn- und Endterminen – mehrere Projekte verfolgt werden. Unerlässlich sind dabei Konsistenzkontrollen, die die Planungen in Zusammenhang mit jedem Einzelprojekt daraufhin überprüfen, ob sie inhaltlich und logisch widerspruchsfrei in Bezug auf andere Projekte sind.

Die Organisationsform stellt sich als Matrix dar:

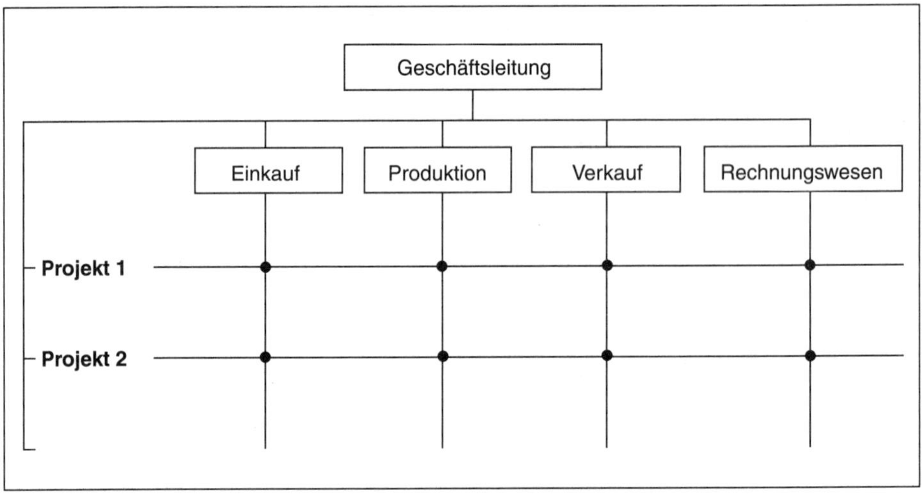

Matrixorganisation

In der Matrixorganisation bleibt der einzelne Mitarbeiter disziplinarisch dem Linienvorgesetzten unterstellt. Nur soweit er für das Projekt tätig ist, ist er – und dann nur in fachlicher Hinsicht – dem Projektleiter unterstellt. Zwischen Linie und Projekt können hieraus Differenzen entstehen.

Fachbereichsbezogenes Projektmanagement/Projektmanager als Linienfunktion: Eine in der Praxis anzutreffende Variante, in der die Projektleitung nachrangig in die Linie eingebettet ist. Sie ist wegen der hierarchischen Zuordnung des Projektleiters zu einem Fachbereich problematisch, weil der Projektleiter das Projekt nicht voll verantwortet und nicht über hinreichende Befugnisse verfügt. Hieraus resultieren Motivations- und Durchsetzungsprobleme sowie Verzögerungen infolge langer, mehrstufiger Entscheidungswege.

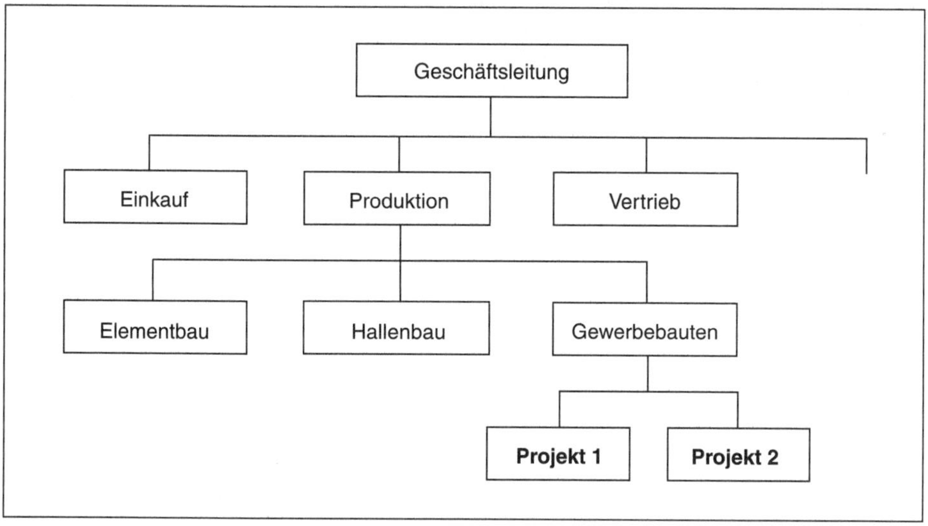

Fachbereichsbezogenes Projektmanagement

7.1.4 Projektgremien und Key-User

Für große Projekte werden häufig spezielle Projektgremien eingesetzt, die das Projekt organisationsübergreifend begleiten sollen:

- Die Erstplanung eines Projekts kann einem interdisziplinären Planungsgremium übertragen werden, das in der Folgezeit als **interner Projektauftraggeber** fungiert.
- Ein Lenkungs-/Steuerungsausschuss (Steering Committee), dem üblicherweise ein **Mitglied des Top Managements** angehört, ist regelmäßig über den Projektverlauf zu informieren. Dieses überprüft das Erreichen der in der Planung gesetzten Meilensteine und nimmt bei Bedarf steuernde Eingriffe vor.
- Ebenfalls mit hochrangigen Führungskräften besetzt ist ein eventuell dem Projektleiter beigestelltes **Entscheidungsgremium,** das je nach Sachlage und Bedeutung berät oder letztinstanzlich entscheidet.
- Während der Projektlaufzeit kann ein **Beratungsgremium** den Projektleiter bei nicht von ihm selbst lösbaren Fragen beraten und außerdem die Kommunikation zwischen den von dem Projekt berührten betrieblichen Bereichen sicherstellen.

Bei IT-Projekten ist es gebräuchliche Praxis, für die Kommunikation zwischen dem Projektteam und dem betrieblichen Bereich, in den das Projekt implementiert werden soll, Mitarbeiter des betroffenen Bereichs als so genannte **Key-User** zu bestimmen. Sie sind zugleich Ansprechpartner für den Projektleiter, den eventuell externen Softwareersteller, dessen Produkt für die betriebliche Anwendung angepasst wird, und die Kollegen. Sie beraten bei der Software-Anpassung, führen Tests durch, bereiten die Implementierung z. B. durch Schulungen der Kollegen vor und stehen diesen in der Praxis beratend zur Seite.

In jedem Falle setzt ein **funktionierendes** Projektmanagement voraus, dass

- Ziele und Leistungsstandards definiert sind,
- Ressourcen personeller, räumlicher und finanzieller Art bekannt und nutzbar sind,
- zeitliche Abläufe geplant und bekannt sind,
- die Schnittstelle zwischen Primär- und Sekundärorganisation genau beschrieben ist,
- verantwortliche Personen benannt sind.

7.2 Planen und Leiten von Projekten nach den Phasen des Projektmanagements

7.2.1 Einflussfaktoren unter Berücksichtigung der Zielsetzung von Projekten

Ob ein Projekt gelingt, hängt von einer ganzen Reihe von Faktoren ab, die als »Erfolgsfaktoren für Projekte« bezeichnet werden können. Diese Einflussfaktoren werden nachfolgend eingehender beleuchtet.

7.2.1.1 Einflussfaktor Mensch

Der Einflussfaktor Mensch tritt in mehreren Rollen in Erscheinung: Als das »auftraggebende« Management, in der Person des Projektleiters und natürlich in Gestalt der Mitglieder des Projektteams. Letztlich sind es auch Menschen, die von der Umsetzung eines Projekts in die Praxis betroffen sind und darauf in unterschiedlicher Weise – mit Duldung, Unterstützung oder auch Ablehnung – reagieren können.

7.2.1.1.1 Einflussfaktor Top-Management

Die Entscheidungsbefugnisse über die Ingangsetzung, Fortführung und Implementierung von Projekten liegen in letzter Instanz bei der Unternehmensspitze. Daher ist es unerlässlich, dass diese

- das Projekt grundsätzlich befürwortet und unterstützt, im Idealfall fungiert die Unternehmensleitung gewissermaßen als »interner Auftraggeber«;
- die benötigten Mittel – Sachmittel, Personal, finanzielle Mittel – zeitnah bereitstellt;
- die Projektleitung mit allen für einen reibungslosen Ablauf erforderlichen Kompetenzen ausstattet;
- die Projektleitung in alle das Projekt betreffenden Entscheidungen einbezieht;
- die während des Projektlaufs notwendigen Entscheidungen nicht verzögert, sondern zeitnah trifft.

Sind einige dieser Bedingungen nicht erfüllt, droht das Top-Management zum blockierenden Faktor zu werden.

7.2.1.1.2 Einflussfaktor Projektleiter

Der Projektleiter als Leiter des Projektteams und unmittelbar Verantwortlicher für die reibungsarme, ressourcenschonende und fristgerechte Projektdurchführung fungiert als der **»Motor des Projekts«.** Ausgestattet mit allen notwendigen Kompetenzen und Ressourcen, liegt es an ihm, ob das Projektteam motiviert und zielorientiert arbeitet, ob der Kreativität der Teammitglieder Raum gegeben wird, ob die Unternehmensleitung hinreichend eingebunden ist; kurz: ob »alle an einem Strang ziehen« oder das Projekt nicht doch letztlich scheitert, zu unbefriedigenden Ergebnissen führt oder »im Sande verläuft«.

Sein persönliches Engagement und seine soziale Kompetenz, die ihn befähigt, das Team zu formen und führen, sind mindestens ebenso wichtig wie seine Fach- und Methodenkompetenz. Letztere beinhaltet neben der Kenntnis von (Phasen-)Systematiken des Projektmanagements auch praktische Erfahrung in der Anwendung von Präsentations- und Moderationsmethoden.

7.2.1.1.3 Einflussfaktor Projektteam

Die vorangegangenen Ausführungen haben verdeutlicht, dass mit der Einführung des Projektmanagements besondere Anforderungen an die Mitarbeiter einhergehen. Als wünschenswerte Eigenschaften – vor allem im nicht-fachlichen, häufig mit »Methoden- und Sozialkompetenz« oder »Schlüsselqualifikationen« umschriebenen Bereich – werden z. B. folgende häufig genannt:

- Kreativität,
- Kooperations- und Kommunikationsfähigkeit,
- Abstraktionsvermögen,
- Lernfähigkeit,
- Fähigkeit zum methodischen Arbeiten,
- unternehmenskonformes Risikoverhalten,
- Vorurteilslosigkeit,
- Flexibilität.

Bei der Entwicklung und Förderung dieser Eigenschaften kommt der Personalentwicklung (vgl. Kapitel 6 und 11) besondere Bedeutung zu. Inwieweit diese Eigenschaften der Mitarbeiter zum Wohle von Projekten und damit des Gesamtbetriebs eingesetzt werden, hängt von der praktizierten Personalführung und insbesondere von der Fach-, Methoden- und Sozialkompetenz der Projektleitung ab.

Eine für den Projekterfolg entscheidende Phase ist das **Teambuilding,** also die Phase der Teamzusammenstellung und -konstituierung, in der es gelingen muss, dass sich die ins Team berufenen Mitarbeiter mit dem Projekt sowohl in Bezug auf dessen Ziele und Zwecke als auch in Bezug auf die eigene Rolle im Team identifizieren und motiviert an ihre Aufgabe herangehen. Eine frühzeitige Teameinberufung, die die Mitglieder an der Projektdefinition beteiligt, erleichtert die Motivierung erheblich.

Ein wesentlicher Erfolgsfaktor ist schließlich die **»innere Chemie«** im Team, die angesichts der Interdisziplinarität und der hierarchieübergreifenden Zusammenstellung nicht selbstverständlich ist!

Projekte sind durch Teamarbeit gekennzeichnet. Menschen arbeiten an einer gemeinsamen Aufgabe in Richtung auf ein gemeinsames Ziel, nachdem sie aufgrund ihrer Fähigkeiten, Kenntnisse, Erfahrungen und persönlichen Eigenschaften in das Team berufen wurden. Im Team müssen sie sich zu Beginn und wiederholt im Projektverlauf darauf einigen, was in welcher Weise von wem und mit wem bis wann getan werden soll.

»Alle ziehen an einem Strang« – aber ziehen sie auch in dieselbe Richtung? Reibungsverluste heftig verlaufender gruppendynamischer Prozesse (vgl. Abschn. 13.2.2) können die Zusammenarbeit vereiteln – dabei ist es jedoch meist nur eine Frage der Zeit, bis diese Phase überwunden ist und das Team »performt«.

Gravierender ist die Störung, wenn das Ziel nur scheinbar von allen Teammitgliedern akzeptiert wird: Einzelne Teammitglieder verfolgen möglicherweise eine persönliche innere Agenda, die mit dem Projektziel nicht konform geht. Diese fehlende Passung kann diese Personen zu einem Verhalten veranlassen, das als **mikropolitisches Verhalten** bezeichnet wird.

7.2.1.1.4 Einflussfaktor Mikropolitik

Der Begriff der **Mikropolitik** steht für die Methoden und Verhaltensweisen, die ein Individuum einsetzt, um Macht und Einfluss innerhalb eines organisatorischen Systems zu erlangen, zu sichern und zum Erreichen der eigenen Ziele auszuüben. Immer geht es dabei um die **Machtbeziehungen** untereinander. Die verfolgten persönlichen Ziele können dabei monetärer Art (bessere Bezahlung), auf Statuserwerb (Aufstieg, mehr Kompetenzen, Dienstwagen) oder Anerkennung ausgerichtet, Vertuschung (von unterlaufenen Fehlern), »Rache« (an Vorgesetzten, Kollegen) und weitere Motive sein. Macht wird in Unternehmen mit der hierarchischen Position verliehen, kann aber auch als »Führung von unten« auftreten, wenn ein eigentlich unterstellter Mitarbeiter aus seiner schwächeren Position heraus Einfluss ausübt, etwa durch das Zurückhalten oder gezielte Streuen von Informationen, durch Koalitionen mit Gleichdenkenden, Hartnäckigkeit, aber auch durch den gezielten Einsatz besonderer persönlicher Kenntnisse, Fähigkeiten und Eigenschaften. Auch »Mobbing« gehört zum mikropolitischen Instrumentarium.

Mikropolitik kann als »Machtspiel« gesehen werden, bei dem die verschiedenen Spieler ihre Spielzüge wie beim Schachspiel planen, dabei beiläufig und unauffällig erproben, welche Strategie »funktioniert« und den Gegner aus der Deckung lockt. Das Gefühl, dass das Gegenüber ein Machtspiel spielt, macht argwöhnisch, fordert Reaktionen heraus und kann die »Spieler« zu besseren Leistungen antreiben, aber ebenso die Motivation und Leistungsbereitschaft in falsche Kanäle lenken oder lähmen.

Wo Menschen zusammenarbeiten, sind mikropolitische »Spiele« an der Tagesordnung. Gerade in Zusammenhang mit Projekten können sie sich aber zu bedeutenden Störfaktoren auswachsen, die über die Projektumgebung in das Projekt eingetragen werden. Dies liegt an dem besonderen Charakter von Projekten, die immer darauf ausgerichtet sind, einen gegebenen Ist-Zustand in einen neuen Zustand, den Soll-Zustand, zu überführen. Oft geht es dabei um die Neuaufstellung betrieblicher Bereiche und Prozesse und weckt Ängste bei Betroffenen: Etwa Sorge um den Arbeitsplatz, Angst vor Überforderung oder Ärger über die vermeintliche Abwertung des bisher Geleisteten, das offenbar »nicht gut genug war«, weil es andernfalls ja nicht geändert werden müsste.

Mikropolitische Machtausübung wird sich dann darin äußern, dass dem Projekt Steine in den Weg gelegt werden. Dies von vornherein zu verhindern ist ein Aspekt, mit dem sich **Change Management** (Abschn. 6.2.2) befasst: Wie können Betroffene eingebunden, überzeugt, motiviert und davon abgehalten werden, in eine »Opferrolle« zu gleiten? Widerstände werden oft nicht offen vorgetragen: So kann der Eindruck einer scheinbaren Zielakzeptanz lange bestehen bleiben und den Konflikt verschleiern. Fatalerweise werden dann Hemmnisse zwar wahrgenommen, aber ihre Ursache wird nicht erkannt – und was nicht erkannt wird, kann auch nicht überwunden werden.

Einige Vorkehrungen, die getroffen werden können, um das Aufkommen von **Widerständen** gegen ein Projekt von vornherein zu verhindern, werden in Abschn. 7.6.3.2 behandelt.

7.2.1.2 Einflussfaktor Methoden

In den vorangegangenen wie in den folgenden Abschnitten ist immer wieder von Methoden die Rede: Methoden zur Entscheidungsfindung; Methoden der Planung und Analyse; Methoden der Bedarfs- und der Ressourcenplanung, statistische Methoden usw. Die Fähigkeit der Projektleitung, die auf die konkrete Problemstellung anwendbaren Methoden zu erkennen und umzusetzen, entscheidet maßgeblich über den Erfolg eines Projekts. Diese mit dem Begriff der »Methodenkompetenz« umrissene Fähigkeit ist gerade in Bezug auf Projekte unverzichtbar, weil diese aufgrund ihrer Einmaligkeit nicht nach eingefahrenen Routinen durchgeführt werden können.

Andererseits ist es gerade in Multiprojektorganisationen (vgl. Abschn. 7.2.5) eher schädlich, wenn jeder Projektleiter eine eigene Vorgehensweise für die Projektabwicklung »erfindet« und praktiziert, weil dies der Koordination der Projekte und der reibungsarmen Zusammenarbeit abträglich ist.

Ein allgemeinverbindliches methodisches Gerüst, wie es die Methodik der Projektorganisation mit ihren **Phasenschemata** (vgl. Abschn. 7.2.3 und 7.2.4) bietet, schafft die Basis für eine gelingende Projektorganisation.

7.2.1.3 Einflussfaktor Projekt

Projekte liegen derzeit allerorten im Trend: So besteht die Gefahr, dass in einem Unternehmen immer mehr Projekte gleichzeitig angestoßen werden, miteinander um die knappen Ressourcen konkurrieren und letztlich mehrheitlich im Sande verlaufen oder unbefriedigende Ergebnisse erbringen. Die Fachliteratur verweist auf empirische Untersuchungen verschiedener Institute, wonach ca. 75 % aller Projekte entweder nicht in der geplanten Zeit abgeschlossen werden oder ihr Budget überschreiten, ihr Ziel verfehlen oder ganz und gar scheitern. Im Umkehrschluss verläuft nur ein Viertel der initiierten Projekte planmäßig und führt dabei zum gewünschten Ergebnis!

Wesentliche **Mängel,** die zu unplanmäßigen Verläufen führen, sind

- die **unklare Zieldefinition** für einzelne Projekte mit der Folge, dass Projektteam und Geschäftsleitung, aber auch die Mitglieder des Projektteams nicht »an einem Strang ziehen«, weil nicht hinreichend kommuniziert wurde, was mit dem Projekt erreicht werden soll;
- **Zielkonflikte** zwischen parallelen Projekten bzw. zwischen einzelnen Projekten und den übergeordneten Unternehmensaufgaben und -zielen mit der Folge einander widersprechender Maßnahmen, durch die sich Projekte gegenseitig im Fortkommen behindern;
- zu knapp bemessene **Planungszeit** bzw. Ausübung von Zeitdruck mit der Folge, dass für das Projekt wesentliche Bestimmungsfaktoren übersehen werden und ständig Nachbesserungen während des Projektlaufs erfolgen müssen;
- eine **fehlende Priorisierung:** (»Alle Projekte sind gleich wichtig und gleich dringend«);
- ein unzureichendes **Ressourcenmanagement,** das nicht im Blick hat, wie die knappen Mittel strategisch am besten einzusetzen wären;
- die **fehlende Abstimmung** zwischen Projekt- und Ressourcenmanagement, Kapazitätsengpässe bedingen sowohl Reibungen als auch Verzögerungen und Mehrkosten;
- **fehlende Erfahrung** der Projektleiter in der Anwendung der Instrumente des Projektmanagements, woraus schlecht geplante und inkonsequent durchgeführte Projekte resultieren;
- **mangelnde Einbindung** der Auftraggeber/Geschäftsleitung: Wenn deren Unterstützung fehlt, werden u.U. Entscheidungen verzögert und notwendige Mittel nicht bereitgestellt;
- **uneinheitliche Anwendung** von Projektmanagementmethoden: (»Jeder Projektleiter macht es anders«);
- **mangelnde Einbindung** der von der Projektrealisierung betroffenen Mitarbeiter: Hierdurch entstehen die bereits erwähnten Akzeptanzprobleme, die die Durchsetzung des Projekts im Betrieb vereiteln können.

Viele der genannten Mängel sind **Kommunikationsmängel.** Offenkundig erfordert Projektarbeit Zusammenarbeit in vielerlei Hinsicht: Innerhalb des Teams, zwischen verschiedenen Betriebsteilen, Hierarchiestufen überbrückend. Ein klar organisierter **Informationsaustausch** ist dabei unverzichtbar.

Über allen möglichen Gefahren und drohenden Problemen darf aber der große Vorteil der Projektmanagementorganisation nicht in Vergessenheit geraten: Im Rahmen gelungener Projekte ist die spezielle Ablauforganisation, die von Veränderungen potenziell berührte Mitarbeiter frühzeitig aktiv in Neugestaltungen einbezieht und damit »aus Betroffenen Beteiligte macht«, besonders geeignet, Motivation zu erzeugen und letztlich Ziele, Normen und Werthaltungen der Führenden und der Mitarbeiter aneinander anzugleichen.

7.2.2 Umsetzung der Projektmanagement-Organisation

Die Einführung der Projektmanagement-Organisation (d. h. des **»reinen Projektmanagements«**) in einem bestehenden, bislang »konventionell« geführten Unternehmen hat erhebliche Auswirkungen auf die Führungs- und Unternehmenskultur. Hervorstechendstes Merkmal ist die Überlagerung einer Primärstruktur durch eine Sekundärstruktur. Damit hieraus keine Konflikte erwachsen, ist es notwendig, die daraus folgende Aufteilung der Kompetenzen vorab exakt zu definieren. Diese Anforderung stellt sich zwar regelmäßig auch in Zusammenhang mit traditionelleren Organisationsformen, z. B. mit der Matrixorganisation, ist aber im Projektmanagement wegen der spezifischen Merkmale der Projekte (Einmaligkeit, Komplexität, Innovation und vor allem Befristung) in besonderem Maße zu beachten. Auf die besondere Problematik der Gleichzeitigkeit von Projekten wird in Abschnitt 7.2.5 unter dem Stichwort »Multiprojektplanung und -steuerung« eingegangen.

Reines Projektmanagement stellt sich wie folgt dar:

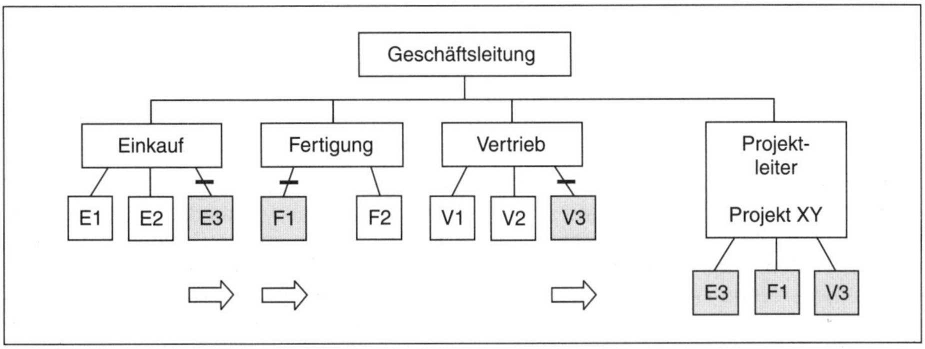

Reines Projektmanagement

Die Projektmanagementorganisation zeichnet sich gegenüber den in Abschnitt 7.1.3.2 dargestellten Modellen dadurch aus, dass nur in diesem Falle die volle Projektverantwortung beim Projektleiter liegt und er nur dort über einen für die Projektdauer nur ihm allein zur Verfügung stehenden Mitarbeiterstamm verfügt, der nicht durch die Wahrnehmung anderer Aufgaben zeitlich und weisungsmäßig an die sonstige Organisation gebunden ist.

Die Organisationsphilosophie

Mit der Organisationsphilosophie des Projektmanagements soll das im Unternehmen befindliche Kreativitäts- und Innovationspotenzial besser als bei Anwendung der »klassischen« Organisationsformen ausgenutzt werden. Durch Interdisziplinarität soll der Komplexität der sich stellenden Aufgaben besser als bisher begegnet werden; Probleme werden **»ganzheitlich«** angegangen. Weitere Ziele sind die Verbesserung von Produktivität und Flexibilität. Mit dem letzteren Ziel soll den die Unternehmungsumwelt zunehmend prägenden Problemen der Unsicherheit, Diskontinuität und Dynamik begegnet werden.

Insoweit ist die Einführung des Projektmanagements letztlich auch eine Maßnahme der Existenzsicherung.

Die Projektteams innerhalb der Projektmanagementorganisation werden oft auch als **»Task Force«** bezeichnet. Dieser Begriff wird aber nicht nur im Projektmanagement verwendet, sondern bezeichnet ganz allgemein eine Gruppe von Personen, die innerhalb bestehender Organisationsstrukturen ein fach- und hierarchieübergreifendes Team bildet, dem die Lösung einer besonderen Aufgabe übertragen wird. Außerhalb des Projektmanagements handelt es sich dabei häufig um eine »außerplanmäßige« Maßnahme, die als »Krisenmanagement« angesehen werden kann.

Die Projektgesellschaft

Die konsequenteste Umsetzung des reinen Projektmanagements ist die Projektgesellschaft. Sie verschafft dem Projekt auch rechtliche Selbstständigkeit, indem sie für die Dauer des Projekts als eigenständiges Unternehmen errichtet wird. Voraussetzung ist ein Projekt von besonders großer Bedeutung, Komplexität und langer Dauer. Häufig handelt es sich bei rechtlich verselbstständigten Projekten um Gemeinschaftsprojekte mehrerer Unternehmen. Der Projektleiter ist zugleich Unternehmensleiter, der seine Mitarbeiter nicht aus einer »Primärorganisation« rekrutiert, sondern eigens für das Projekt einstellt. Die Organisationsform der Projektgesellschaft entspricht einer der Formen, die für Unternehmen generell üblich sind (also z. B. Linien-, Matrixorganisation) und kann ihrerseits wieder Unterprojekte herausbilden.

Gesichtspunkte für die »**Ausgründung**« eines Projekts aus einer bestehenden Organisation (Basisorganisation) sind vor allem

- Zielkonflikte zwischen Basisorganisation und Projekt, die eine enge Verflechtung der Organisationen ausschließen,
- ein höheres Risikopotenzial des Projekts, dessen Scheitern die Basisorganisation nicht belasten soll,
- der Wunsch nach Beteiligung von Partnern (anderen Unternehmen und sonstigen Institutionen), die jedoch keinen Einfluss oder Einblick in die Basisorganisation erhalten sollen.

Vorteile der Projektgesellschaft gegenüber dem in eine Unternehmung eingegliederten, rechtlich unselbstständigen Projekt sind – neben dem Umstand, dass die Mitarbeiter dauerhaft ausschließlich für das Projekt eingesetzt werden – die kurzen Entscheidungswege und das Fehlen eines »Kompetenznebeneinanders«, das die Projektarbeit hemmen könnte. Aus der fehlenden Anbindung der Mitarbeiter in eine Primärorganisation, in die sie nach Beendigung des Projekts zurückkehren könnten, kann aber die **nachteilige** Tendenz resultieren, das Projektende herauszuschieben (das ja gleichbedeutend mit der Auflösung der Gesellschaft und dem Verlust der eigenen Stelle wäre). In dieser Situation droht die Projektgesellschaft zum Selbstzweck zu geraten. In der Literatur wird zudem darauf hingewiesen, dass Projektgesellschaften häufig gerade dadurch, dass ihre Organisationsstruktur an die spezifischen Bedürfnisse eines einzigen Projekts angepasst wurde, Schwierigkeiten haben, sich an neue Aufgaben anzupassen: Hier erweisen sie sich als unflexibel.

Ein Beispiel für eine **große** Projektgesellschaft ist die DEGES, die große Infrastrukturprojekte u. a. im Auftrag der Autobahn GmbH des Bundes umsetzt. In der gewerblichen Wirtschaft sind Konsortien und Arbeitsgemeinschaften (ARGE) zur Realisierung von Großprojekten weit verbreitet.

Ein Beispiel für eine **gescheiterte** Projektgesellschaft bot in den 1990er-Jahren die »Projektgesellschaft Metrorapid« aus Bahn AG und dem Land NRW, die den Bau der Transrapidstrecke zwischen Dortmund und Düsseldorf bis zur Fußballweltmeisterschaft 2006 realisieren sollte.

7.2.3 Phasen des Projektmanagements

Bereits in Kapitel 6 wurde darauf hingewiesen, dass eine Fülle von – teils DIN-normierten und ISO-standardisierten – Phasenschemata miteinander konkurrieren und hier keinesfalls der Eindruck erweckt oder bestärkt werden soll, es gebe **das** Phasenschema oder auch eine definitive Anzahl anerkannter Modelle.

Wenn im Folgenden dennoch verschiedene Phasenmodelle vorgestellt werden, so sind diese exemplarisch aufzufassen. Abweichend vom Rahmenstoffplan des »Technischen

Betriebswirts« wird bei der Vorstellung der verschiedenen Modelle folgerichtig der Plural verwendet: Nicht »Das Drei-Phasen-Modell« wird behandelt, sondern – der in der Literatur beschriebenen Vielfalt angemessener – »Drei-Phasen-Modelle«.

Vergleicht man die Phasenmodelle miteinander, wird schnell klar, dass im Grunde immer derselbe Prozess beschrieben wird, der von der Projektidee bis zum Projektabschluss einer mehr oder weniger vorgegebenen Sachlogik folgt, nach der notwendigerweise auf die Problemidentifizierung und -formulierung eine Planung folgt, bevor die Umsetzung in Angriff genommen werden kann, die wiederum durch die Übernahme der neuen Strukturen in den »Echtbetrieb« zum Abschluss kommt.

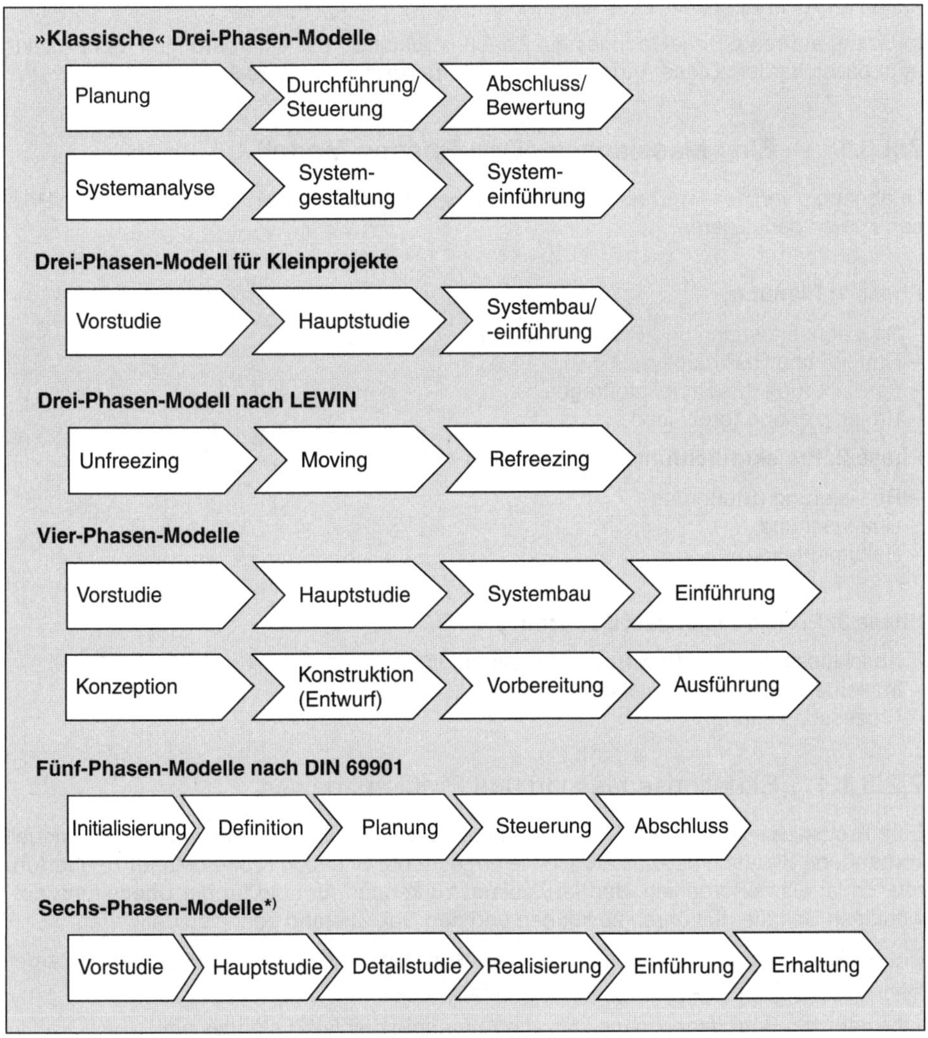

Auswahl von Phasenmodellen im Projektmanagement

*) Hier ebenfalls zu beachten: 6-Stufen-Planungssystematik nach REFA, vgl. Abschn. 7.2.4, sowie »Phasenmodell der Projektorganisation«, vgl. Abschn. 6.4.1.1

Phasenunterteilungen resultieren dabei vor allem aus der Komplexität und Bedeutung der Aufgabe: Kleine Projekte bedürfen einer weniger differenzierten Gliederung als große;

Projekte von großer wirtschaftlicher Bedeutung oder mit besonderen Risiken behaftete Projekte verlangen nach einer besonders differenzierten Untergliederung der Vorbereitungs- bzw. Planungsphase. Auch die Anzahl der zu beteiligenden Hierarchieebenen und Instanzen wirkt sich auf die Projektgliederung aus.

Allen Phasenmodellen ist gemeinsam, dass sie – nicht immer realitätsangemessen – die Projektbearbeitung in separate Schritte einteilen, wobei ein Schritt immer erst dann begonnen wird, wenn der vorige abgeschlossen ist. Im Anschluss an die Behandlung der Phasenmodelle wird mit dem »Spiralmodell« ein von dieser Sicht abweichendes Modell vorgestellt.

Ergänzend sei auf die Ausführungen über die »6-Stufen-Methode zur Systemgestaltung nach REFA« in Abschnitt 7.2.4 hingewiesen.

In Bezug auf reale Projekte muss die Phasenstruktur an die Anforderungen des Projekts angepasst werden. Diese Anpassung wird als **Tailoring** bezeichnet.

7.2.3.1 Ein »klassisches« Drei-Phasen-Modell

Unabhängig von der Art, Dauer und Größe eines Projektes lassen sich die folgenden Phasen immer identifizieren.

Phase 1: Planung

- Situationserfassung und Problemanalyse,
- Umfeld- und Risikoanalyse,
- Formulierung des Projektauftrages,
- Projektplanung (grob, fein).

Phase 2: Projektdurchführung/-steuerung

- Realisierung (Steuerung),
- Überwachung,
- Dokumentation.

Phase 3: Projektabschluss, Bewertung

- Abschlussbericht mit Bewertung, Präsentation,
- Implementierung der Projektergebnisse,
- Prozessbegleitung.

7.2.3.1.1 Situationserfassung und Problemanalyse

Eine Projektidee ist »geboren»: Nun ist es das Ziel des Projektmanagements, die aktuell vorhandene Situation (Ist-Zustand) in die angestrebte Situation (Soll-Zustand) zu überführen. Es ist also erforderlich, den Ist-Zustand zu kennen, um die für die Überleitung notwendigen Schritte ausführen zu können und den Soll-Zustand genau zu definieren.

Die Ist-Aufnahme und -analyse wurde bereits in Abschnitt 6.4.1.1.1.2 ausführlich dargestellt. Sie ist Bestandteil der Problemanalyse. Diese

- bezieht alle Betroffenen in die kritische Aufnahme des Ist-Zustandes ein;
- stützt sich, wann immer möglich, auf Zahlen, Daten und Fakten (»**ZDF-**Regel«);
- untersucht die grundsätzliche Projektbedeutung »aus Unternehmenssicht»: Dabei ist festzustellen, welche Bedeutung dem Projekt in Bezug auf die Unternehmensziele zukommt. Im Allgemeinen stehen dabei wirtschaftliche Betrachtungen, also der Projektnutzen, im Vordergrund;

- analysiert das Problem »aus Kundensicht« unter den Aspekten Wertschöpfung (was ist tatsächlich notwendig bzw. »Wofür ist der Kunde bereit zu zahlen?«) und Verschwendung (was ist verzichtbar bzw. bringt keinen Mehrerlös);
- trifft Feststellungen zur Projektaktualität: Es muss begründet werden, warum ein Projekt gerade zum gegenwärtigen Zeitpunkt durchgeführt werden soll.

7.2.3.1.2 Umfeld- und Risikoanalyse

Die **Umfeldanalyse** (oft auch: Umweltanalyse) beschäftigt sich eingehender mit dem externen und internen Projektumfeld.

Externe Einflüsse können von – bereits eingeleiteten oder zu erwartenden – Maßnahmen von Mitbewerbern oder von allgemeinen (politischen, gesamtwirtschaftlichen, technologischen) Entwicklungen ausgehen.

Das interne Umfeld ist vor allem geprägt durch

- vorhandenes Know-how,
- die Datenbasis,
- Ressourcen (Finanzen, Personal, Räume etc.),
- die Unterstützungsbereitschaft durch die Unternehmensleitung.

Die **Risikoanalyse** beschäftigt sich mit den Risiken, die evtl. aus der Projektdurchführung resultieren können, und stellt diese in Beziehung zu der bei der Unternehmensleitung vorhandenen Risikobereitschaft. Dabei können (hier nicht näher beschriebene) mathematisch-statistische Verfahren zum Einsatz kommen.

7.2.3.1.3 Formulierung des Projektauftrages

Nach Abschluss der Situationserfassung und Problemanalyse kann – sofern das Projekt nicht verworfen wurde – die Formulierung des Projektauftrages erfolgen.

Die Formulierung beinhaltet

- die genaue Bezeichnung und Beschreibung des mit der Projektdurchführung angestrebten Ziels und der durch das Projekt zu erbringenden Leistung,
- den Abschlusstermin bzw. die Gesamtdauer des Projekts,
- die Beteiligten und ihre Befugnisse,
- den internen Auftraggeber (»Machtpromotor«, als solcher fungiert ein namentlich genanntes Mitglied der Geschäftsleitung).

Besonderes Augenmerk muss dabei der Formulierung des angestrebten Ziels (vgl. Abschn. 7.1.2.2) nach den S.M.A.R.T.-Regeln gelten, wobei bei komplexen Projekten an die Stelle eines Einzelergebnisses ein **Zielsystem** (Zielszenario) aus mehreren Zielen tritt.

Der formulierte Projektauftrag wird der befugten Stelle – der Geschäftsleitung oder der zuständigen Führungsebene – zur Verabschiedung zugeleitet. Ist diese erfolgt, können weitere Planungen erfolgen.

7.2.3.1.4 Projektplanung

Die Projektplanung setzt sich in der Regel aus folgenden Teilplanungen zusammen:

1. Projektstrukturplanung
2. Ressourcenplanung
3. Ablauf- und Terminplanung
4. Liquiditäts- und Kostenplanung

5. Budgetplanung (Finanzplanung)

Dabei sind die Übergänge zwischen den Schritten fließend, und die obige Reihenfolge ist – zumindest hinsichtlich der Punkte 2 und 3 – nicht bindend.

Die Aufgliederung in Einzelschritte begünstigt die Übersichtlichkeit und ermöglicht die Festlegung von »**Checkpoints**« für die Fortschrittskontrolle. Nicht zuletzt erleichtert die isolierte Betrachtung der Teilplanungen die weiteren Erläuterungen.

Die Planungsschritte werden im Folgenden beschrieben. Einige Abbildungen beziehen sich dabei auf dieses Beispiel.

Die »Konstruktion und Bau GmbH« ist ein mittelständisches Unternehmen, das sich in den über zwanzig Jahren seines Bestehens vom Ingenieur- und Architekturbüro zu einem Bauunternehmen mit eigener Fertigung und Montage weiterentwickelt hat. Während in den Gründerjahren ausschließlich die Planung, Konstruktion und Bauleitung von Großprojekten – Brückenbauten, Staudämmen und Kraftwerken – zum Leistungsumfang des Unternehmens gehörten, wird heute die Hälfte des Umsatzes mit dem Bau von Werkhallen in Fertigbauweise erzielt. Die für den Hallenbau benötigten standardisierten Fertigbauteile werden im eigenen Betrieb gefertigt und von mobilen Montagegruppen im gesamten Bundesgebiet aufgestellt. Daneben gibt es aber auch den konventionellen Hochbau in Massivbauweise.

*Während für die Fertigungsbereiche bereits vor vier Jahren mehrere große, moderne Hallen errichtet wurden, ist die Verwaltung seit Unternehmensgründung in denselben Räumen – einer ehemaligen KFZ-Reparaturwerkstatt mit einigen kleinen Büroräumen im ersten Stock – untergebracht. Für die Mitarbeiter ist die drangvolle Enge kaum noch erträglich; außerdem ist das Gebäude in einem wenig repräsentativen Zustand. Die Errichtung eines Verwaltungsneubaus auf dem Gelände der Fertigungshallen würde genehmigungsrechtlich keine Schwierigkeiten bereiten und soll nun unter weitestgehender Ausschöpfung der im eigenen Betrieb vorhandenen Potenziale in Angriff genommen werden. Das Projekt »**Planung und Errichtung eines neuen Verwaltungsgebäudes**« wurde einer Planungsgruppe unter Führung des Geschäftsleitungsassistenten übertragen.*

Dabei wurden im Projektauftrag folgende Ziele formuliert:

- ***Sachziel:** Umsiedlung der Verwaltung in einen auf dem vorhandenen Gelände zu errichtenden Neubau, der ausreichenden Platz für alle vorhandenen Arbeitsplätze und eine langfristig hinreichende Platzreserve bietet;*
- ***Kostenziel:** max. 2 Mio. € inklusive aller Kosten für Innenausstattung, Außenanlagen und Umzug;*
- ***Terminziel:** Spätestens am 31.12. des nächsten Jahres muss die Verwaltung arbeitsfähig im neuen Gebäude untergebracht sein.*

7.2.3.1.4.1 Projektstrukturplanung

In der Projektstrukturplanung erfolgt auf Basis des Projektauftrages eine Zerlegung des Projektes in Teilprojekte, Arbeitspakete und Vorgänge. Die Vorgänge als kleinste Einheiten innerhalb der Gesamtaufgabe werden mit Leistungsbeschreibungen versehen und in Netzplänen (vgl. auch Abschn. 6.3.3.4.5) verarbeitet. Mit Hilfe des Strukturplanes kann eine Zuordnung von Einzelaufgaben zu Stellen erfolgen.

In der Praxis wird wie folgt vorgegangen:

1. Anlegen einer **Aufgabenliste:** Hierbei handelt es sich um eine vorbereitende Tätigkeit, bei der die schon zu diesem Zeitpunkt erkennbaren Teilaufgaben mit ihren Hauptmerkmalen aufgelistet werden. Ein Beispiel für eine Aufgaben- oder Tätigkeitsliste zeigt die

folgende Abbildung.

Aufgabenliste für Projekt: **Bau des Verwaltungsgebäudes**

lfd. Nr.	Vorgang Nr.	Tätigkeit	Voraussetzung/ Vorgänger	Zuständige Abteilung	Beginn-termin	Dauer	Kosten
1	1	Entwurf	–	A3	23. KW	3 WO	...
2	2	Bauantrag	1	A3	26. KW	1 WO	...
.							
.							
.							

Aufgabenliste (Auszug)

Oft wird in dieser Phase für jede Teilaufgabe ein eigenes Aufgabenblatt angelegt, in dem die Merkmale des jeweiligen Vorgangs näher ausgeführt werden. Häufig werden im Verlauf der Planung weitere Aufgaben, die zunächst übersehen wurden, hinzukommen.

2. Aufstellung eines **Projektstrukturplans (PSP):** Auf Basis der Aufgabenliste wird eine vor allem in die Tiefe strukturierende (hierarchisierende) Zergliederung des Projektes in Teilprojekte, Aufgaben und Unteraufgaben vorgenommen. Dabei bietet sich die Form der Organigramm-Grafik an, die einer tabellarischen Aufstellung wegen ihrer Übersichtlichkeit vorzuziehen ist. Die Aufgaben auf der jeweils untersten Stufe der Hierarchie werden als Arbeitspakete bezeichnet. Ein Arbeitspaket ist demnach die kleinste Einheit, die eindeutig abgegrenzt, selbstständig erledigt und kontrolliert und einer bestimmten Stelle zugeordnet werden kann. Ziel der Gliederung ist die Herstellung einer optimalen Übersicht bei einem der Komplexität des Problems angepassten Detaillierungsgrad, wobei gilt: So viel planen und vororganisieren wie nötig, so viel delegieren wie möglich! Die Gliederungstiefe wird dabei wesentlich von der Zahl der beteiligten Personen bestimmt. Mit dem Projektstrukturplan wird sichergestellt, dass jede Aufgabe eindeutig im Projektablauf positioniert und keine Aufgabe übersehen oder doppelt bearbeitet wird.

   Es empfiehlt sich, die einzelnen Aufgaben mit Nummern zu versehen, die im Verlauf der folgenden Planung weiterverwendet werden. Dabei kommen entweder fortlaufende oder sprechende Nummern in Betracht. Eine fortlaufende Nummerierung bietet den Vorteil kurzer, unverwechselbarer Ziffern, nachteilig ist jedoch, dass die hierarchische Zuordnung der einzelnen Teilaufgabe anhand der Nummer nicht erkannt werden kann. Für eine sprechende Nummerierung, wie sie die folgende Abbildung zeigt, gilt die umgekehrte Argumentation.

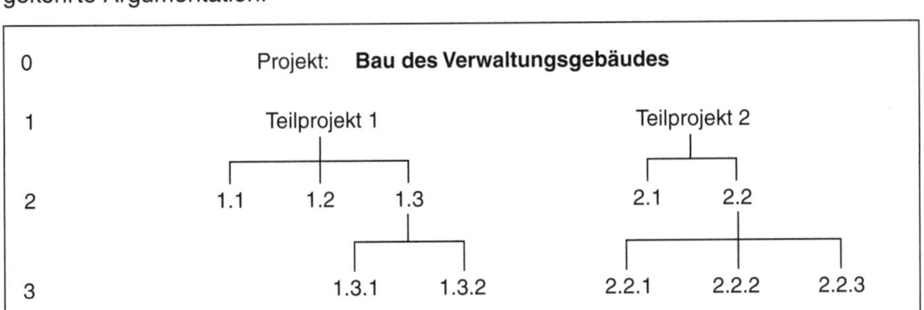

Projektgliederung im Projektstrukturplan (Auszug)

Der Aufbau von Projektstrukturplänen kann – ähnlich der Unterscheidung beim Einliniensystem im Rahmen der Aufbauorganisation (vgl. Abschn. 6.3.2) – nach verschiedenen Aspekten eingeteilt werden. Je nach Anforderung ist der Aufbau

- **objektorientiert:** Objekte können Produkte, Gegenstände, Orte usw. sein;
- **verrichtungsorientiert** (funktionsorientiert): an Tätigkeiten ausgerichtet;
- **zeitorientiert: Gliederung** vollzieht Phasen oder (evtl. zwangsläufige) Abfolgen nach.

Dabei sind Kombinationen möglich, also etwa eine Gliederung, die in der ersten Ebene am Objekt, in der weiteren Gliederung verrichtungsorientiert ist. Ergebnis ist dann ein **gemischt-orientierter** Projektstrukturplan.

Die folgenden Abbildungen zeigen (unter Bezug auf das fortlaufende Beispiel auszugsweise) verschiedene Gliederungsalternativen.

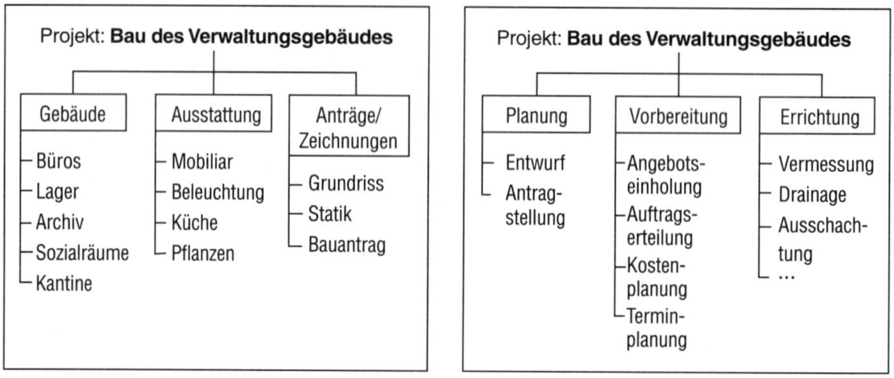

Unterschiedliche Gliederungen im Projektstrukturplan (PSP);
links: objektorientierter PSP; rechts: verrichtungsorientierter PSP

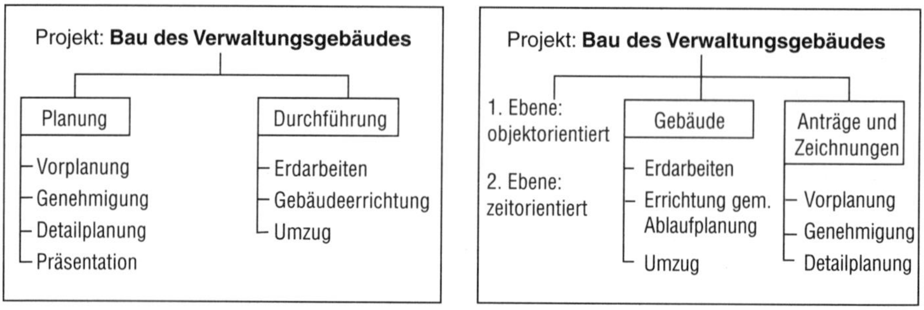

Unterschiedliche Gliederungen im Projektstrukturplan (PSP);
links: zeitorientierter PSP; rechts: gemischt-orientierter PSP

Letztlich gibt es keine verbindliche Empfehlung dazu, wie der ideale PSP auszusehen hätte – seine Gestaltung, sein Detaillierungsgrad und seine Gliederung sind so zu wählen, dass für die jeweilige Problemstellung eine optimale Funktionalität erreicht wird.

Häufig wird sich der erste Entwurf als nicht tauglich oder nicht hinreichend herausstellen, und oft wird die Strukturplanung ein zyklischer Prozess sein, in dem der PSP von der Grobplanung über mehrere Zwischenstufen zu seiner endgültigen Form entwickelt wird.

3. Für die einzelnen Arbeitspakete, die kleinsten abgegrenzten, selbstständigen Einheiten also, aus deren Gesamtheit sich das Projekt zusammensetzt, werden Beschreibungen erstellt. Ein Beispiel für eine solche Beschreibung zeigt die Abbildung.

Projekt:	Beschreibung für Arbeitspaket:
Bau des Verwaltungsgebäudes	Antragstellung für Baugenehmigung
Tätigkeiten:	- Lageplan erstellen - Grundriss erstellen - Statik erstellen...
Voraussetzungen:	- Flurkarte muss vorliegen - Raumplanung intern - Gutachten zur Bodenbeschaffenheit...
Probleme:	- Knapper zeitlicher Rahmen - Fläche ist nicht geräumt...
Risiken:	- vorzeitiger Wintereinbruch...

Beschreibung eines Arbeitspakets (Auszug)

Die Strukturplanung ist grundsätzlich Basis für alle weiteren Planungen.

7.2.3.1.4.2 Ablauf- und Terminplanung

Bei der Terminplanung im Rahmen des Projektmanagements wird bevorzugt mit **Netzplänen** gearbeitet.

Diese ermöglichen nicht nur Aussagen über den Abschlusstermin, sondern liefern Angaben über früheste und späteste Endtermine der einzelnen Vorgänge und ermöglichen damit eine permanente **Fortschrittskontrolle.**

Auch werden **Pufferzeiten,** also Zeitspannen, innerhalb derer sich einzelne Vorgänge zeitlich verlagern dürfen, ohne dass dies eine Auswirkung auf den Endtermin hätte, ersichtlich.

In Abschnitt 6.3.3.4.5 wurde bereits auf die Darstellung zeitlicher Abfolgen in Netzplänen eingegangen. Bei dem dort gezeigten Netzplan handelt es sich um ein so genanntes **Vorgangsknotennetz,** bei dem die Vorgänge in Knoten abgebildet werden und die Abhängigkeiten durch Pfeile verdeutlicht werden.

Im Projektstrukturplan im vorhergehenden Abschnitt wird davon ausgegangen, dass die Planung und Durchführung der eigentlichen Gebäudeerrichtung einem Architekturbüro übertragen wird.

Dort werden die erforderlichen Gewerke aufgelistet, terminiert, in eine Reihenfolge gebracht, mittels eines Gantt-Diagramms visualisiert und zu einem Netzplan verarbeitet, der die frühesten und spätesten Anfangs- und Endzeitpunkte sowie freie Pufferzeiten und kritische Vorgänge aufzeigt.

Anstelle von Netzplänen oder in Vorbereitung oder Ergänzung derselben können auch Flusspläne, Arbeitsablauf- und Gantt-Diagramme (vgl. Abschn. 6.3.3.4.4) zum Einsatz kommen.

7.2.3.1.4.3 Ressourcenplanung

Die Ressourcenplanung bezieht sich auf die Bereitstellung der Produktionsfaktoren, also den Materialeinsatz, den Betriebsmitteleinsatz und das benötigte Personal. Dabei geht es darum, die benötigten Faktoren der richtigen Art in der benötigten Menge zur richtigen Zeit am richtigen Ort bereitzustellen.

Die Kernfrage lautet also: Welche Ressourcen werden benötigt, welche stehen zur Verfügung, und wie können benötigte und vorhandene Kapazitäten optimal in Deckung gebracht werden? Die Einzelfragen, die in der Kapazitätsanalyse zu beantworten sind, wurden bereits in Lehrbuch 2, Abschn. 4.6.2.3.2, aufgeworfen und werden hier noch einmal wiederholt:

Im Rahmen einer ersten Kapazitätsanalyse sind folgende Fragen zu beantworten:

1. Welches Personal und welche Sachmittel **werden benötigt?**

   Diese Frage ist zunächst nur in Bezug auf das betrachtete Projekt zu beantworten. Da die Terminplanung vorangegangen ist, können für die ermittelten Bedarfe schon Zeitpunkte oder -dauern angegeben werden.

2. Welches Personal und welche Sachmittel **stehen zur Verfügung?**

   Diese Frage kann nicht isoliert für das jeweilige Projekt beantwortet werden, es sei denn, das Projekt sei die einzige betriebliche Aktivität (etwa zurzeit eines Betriebsstillstandes oder im Zuge der Unternehmensgründung); ansonsten ist folgende Fragestellung zu beachten:

3. Welche anderen Projekte und Vorgänge **konkurrieren um dieselben Kapazitäten?**

   Wenn solche Konkurrenzen festgestellt werden, stellt sich sofort die nächste Frage:

4. Gibt es **Kapazitätsengpässe?**

   Wenn diese Frage zu bejahen ist, wird es – sofern die Kapazitäten nicht erweitert werden können – erforderlich, Prioritäten festzulegen. Im Allgemeinen erfolgt die Vorgabe von Prioritäten und sonstigen Entscheidungskriterien durch die Geschäftsleitung.

5. Wer und was wird **zusätzlich benötigt?**

   Die Antwort auf diese Frage ist in den Antworten zu den Fragen 1 bis 4 impliziert: Immer dann, wenn unabdingbare Ressourcen unabänderlich belegt oder überhaupt nicht vorhanden sind, muss eine Beschaffungsentscheidung fallen.

In den Abschnitten zur Materialwirtschaft und im Rahmen der Produktionswirtschaft wurde bereits ausführlich auf Probleme, Methoden und Techniken der Bedarfsplanung und Mittelbereitstellung eingegangen. In Kapitel 10 werden diese Darstellungen durch Überlegungen zur Personalplanung ergänzt. Hier sind aber einige Ergänzungen bzw. Vertiefungen notwendig.

Ähnlich dem schon in Lehrbuch 2, Abschnitt 4.6.2.3.3 dargestellten Maschinenfolgediagramm können Belastungsdiagramme auch für andere Mittel, insbesondere auch für einzelne Mitarbeiter erstellt werden. Soweit möglich, sollten dabei gleichartige Mittel bzw. Mitarbeiter, die sich gegenseitig vertreten können, zu Kapazitätsgruppen zusammengefasst werden. Die folgende Abbildung zeigt exemplarisch eine Reihe von Vorgängen unter Angabe der Vorgänger, der Dauer und der Anzahl der benötigten gleichqualifizierten **Mitarbeiter** und darunter ein daraus entwickeltes **Gantt-Diagramm.**

Vorgang Nr.	Vorgang	Vorgänger	Dauer (in Wochen)	befasste Mitarbeiter
1	...	–	2	5
2	...	1	3	4
3	...	1	4	5
4	...	2	4	6
5	...	3	2	5
6	...	4,5	1	5

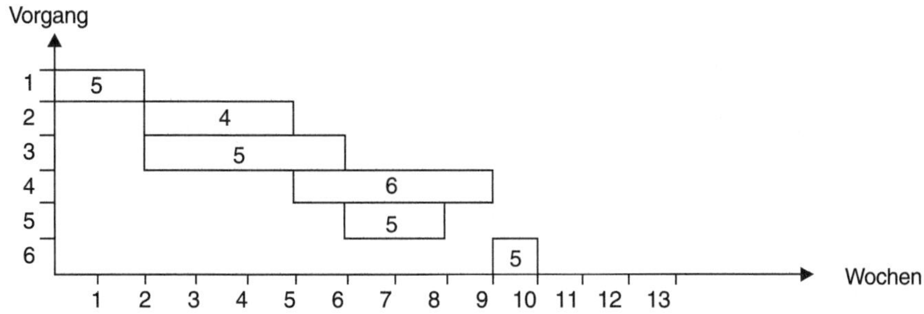

Vorgangsliste und Gantt-Diagramm

In Weiterführung des mit der vorstehenden Abbildung begonnenen Beispiels lässt sich folgender **Netzplan** entwickeln:

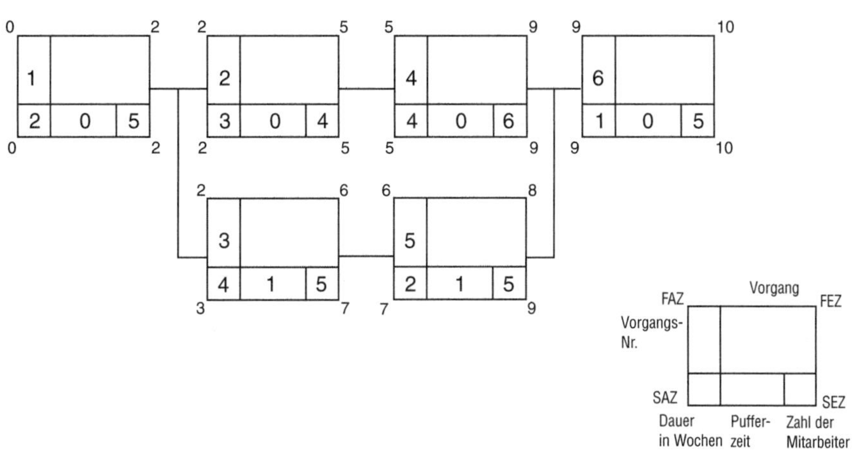

Netzplan

Die Gestalt des hieraus zu entwickelnden **Belastungsdiagramms** hängt davon ab, ob man jeweils die frühesten oder spätesten Anfangszeitpunkte zugrunde legt:

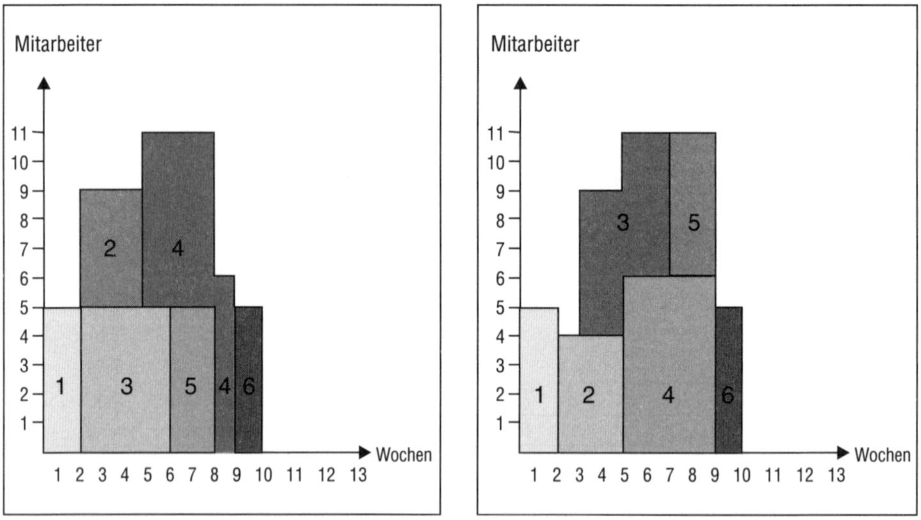

Belastungsdiagramme; links für früheste, rechts für späteste Anfangszeitpunkte

Den Belastungsdiagrammen ist die verfügbare **Kapazität** gegenüberzustellen:

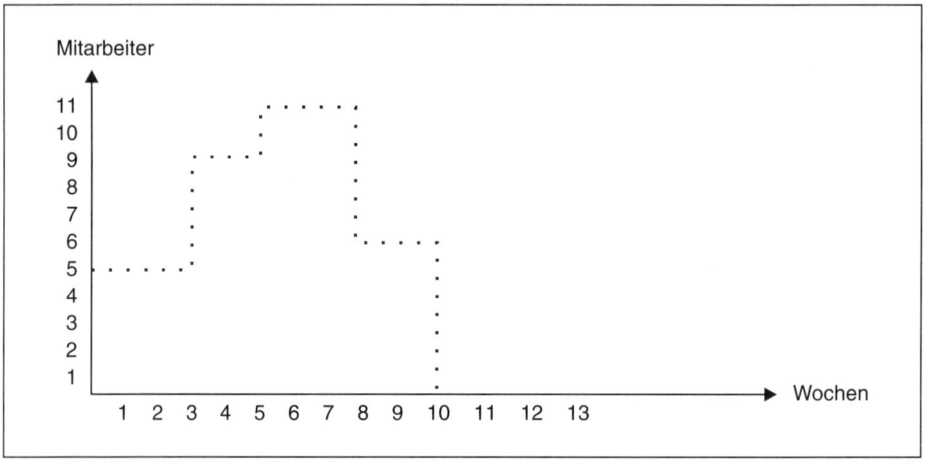

Verfügbarkeit

Der Soll-Ist-Vergleich der verfügbaren mit der benötigten Kapazität zeigt **Engpässe** auf:

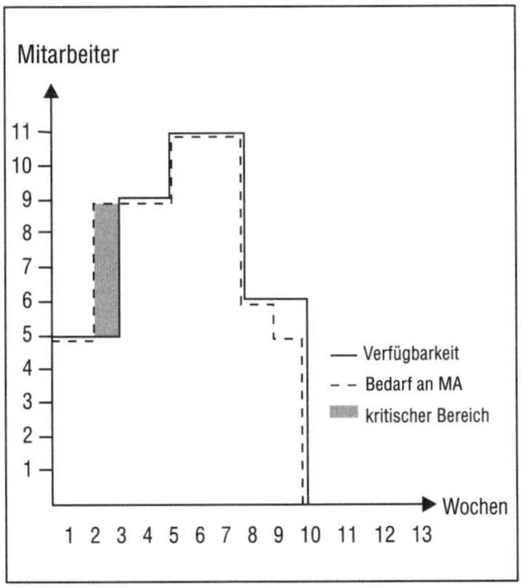

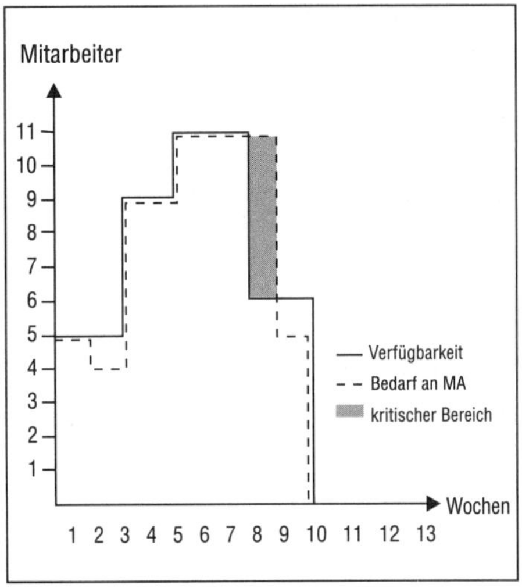

Soll-Ist-Kapazitätsvergleich; links für früheste, rechts für späteste Anfangszeitpunkte

Der Kapazitätsausgleich kann wie folgt in Angriff genommen werden:

1. Zunächst sollte der Ausgleich durch Verschiebung im Rahmen der aufgedeckten Puffer erfolgen. Ein adäquates Mittel ist die **Streckung.**

   Beispiel:

   Ein beliebiger Vorgang, der innerhalb der ersten sechs Projektwochen erledigt werden muss, wurde mit drei Wochen Dauer und sechs Mitarbeitern angesetzt. Der Soll-Ist-Vergleich zeigt aber, dass nur drei Arbeiter, diese aber für die Gesamtdauer von sechs Wochen, verfügbar sind. Hier bietet sich eine Streckung um drei Wochen auf sechs Wochen mit drei Arbeitern an.

   Analog sind **Stauchungen** oder die **Aufteilung** von Vorgängen in getrennt zu erledigende Teilaufgaben zu erwägen.

2. Es ist zu prüfen, ob anstelle der ursprünglich geplanten Mittel jetzt andere, ähnliche Mittel **(Substitute)** einsetzbar sind.

3. War das Ergebnis der vorstehenden Überprüfung negativ, müssen entweder die eigenen **Mittel erweitert** oder einzelne **Leistungen fremdbezogen** werden.

   Dabei ist zu beachten, dass Betriebsmittelanschaffungen Investitionen darstellen, die die Dauer des Projektes möglicherweise überleben. Ihre Sinnhaftigkeit kann daher meist nicht allein im Rahmen des Projektmanagements beurteilt werden.

   Die Entscheidung über Erweiterungsinvestitionen wird im Allgemeinen – je nach Finanzvolumen – der Geschäftsleitung oder der zuständigen Führungsebene vorbehalten sein.

4. Wenn eine Erweiterung der Kapazitäten bzw. der Fremdbezug nicht möglich oder nicht gewünscht ist, muss das **Projekt verlängert** oder **zeitlich verlagert,** d. h. zu einem anderen Zeitpunkt in Angriff genommen werden.

   Für das gegebene Beispiel wäre alternativ eine Projektverlängerung oder die kurzfristige Hinzuziehung zusätzlicher Mitarbeiter (ggf. über ein Zeitarbeits-Unternehmen) in Betracht zu ziehen.

7.2.3.1.4.4 Liquiditäts-, Kosten- und Budgetplanung

In der Kostenplanung werden zunächst die anfallenden Kosten in ihrer Gesamthöhe und mit den Einzelzeitpunkten und -beträgen ihres Anfallens antizipiert. Hierzu werden für die einzelnen Projektbestandteile Prognosen erstellt, die im Projektverlauf permanent kontrolliert und fortgeschrieben werden. Erwartete Auszahlungen müssen vorab hinsichtlich ihrer Auswirkungen auf die Liquidität untersucht werden.

Die Planung und Kontrolle der Kosten und der Liquidität erfolgt in enger Zusammenarbeit mit dem internen **Rechnungswesen.** Auf Einzelheiten wurde bereits in diesem Kapitel ausführlich eingegangen, weswegen an dieser Stelle keine nähere Erörterung erfolgen soll.

7.2.3.1.4.5 Planänderungen

Die vorgenannten Planungen müssen zu Beginn der zweiten Phase, der eigentlichen Projektdurchführung also, abgeschlossen sein. Sie müssen aber so weit flexibel sein, dass Abweichungen, die sich während der Realisierungsphase als notwendig erweisen, noch berücksichtigt und eingearbeitet werden können.

Wegen der Interdependenzen zwischen den einzelnen Plänen zieht eine Planänderung zwangsläufig Änderungen der anderen Teilpläne nach sich:

Deshalb sind Änderungsanträge sorgfältig auf ihre Konsequenzen zu untersuchen!

7.2.3.1.5 Projektdurchführung/-steuerung und -abschluss

7.2.3.1.5.1 Aufgabenverteilung

In die Realisierung des Projektes können – je nach Aufgabenstellung – verschiedene Stellen bzw. Fachabteilungen eingebunden sein.

In jedem Falle beteiligt sind

- die **Unternehmensleitung:** Ein Mitglied der Führungsspitze muss »hinter dem Projekt stehen«, es füllt die bereits oben erwähnte Rolle des internen Auftraggebers (»Machtpromotor«);
- ein **Projektleiter,** der hauptverantwortlich für das Projekt zeichnet und bei dem »alle Fäden zusammenlaufen«, ihm wird gegebenenfalls ein Gremium zur Unterstützung bei der Projektkoordination zur Seite gestellt;
- das **interne Rechnungswesen:** Diese Abteilung liefert einen Großteil der für die Projektplanung und -kontrolle erforderlichen Daten;
- der **Betriebsrat:** In jedem Falle ist zu prüfen, inwieweit der Betriebsrat in die Projektierung einzubeziehen ist.

7.2.3.1.5.2 Projektimplementierung

Kein Projekt ist »Selbstzweck«: Im Zuge seiner Durchführung wird ein vorheriger Ist-Zustand in einen (zuvor als Soll-Zustand definierten) anderen Zustand versetzt, und hieraus ergeben sich Konsequenzen für Aufbau und Abläufe innerhalb der Primärorganisation.

In Fortführung der Beispiele aus Abschnitt 7.1.1:

> *Die Entwicklung eines neuen Produktes ist erfolgreich abgeschlossen. Das neue Produkt wurde zur Serienreife geführt; nun soll es in die Produktpalette aufgenommen werden. Hiervon sind Beschaffung, Fertigung und Absatz nachhaltig berührt.*

Das neue EDV-System wurde angeschafft, unter Berücksichtigung der geplanten Neuorganisation der Arbeitsabläufe eingerichtet und getestet. Belege wurden entworfen, Handbücher geschrieben, Mitarbeiter geschult... nun erfolgt die Übergabe an die Fachabteilung, die dauerhaft mit dem neuen System arbeiten muss.

Das Zweigwerk in Indien hat die Probeläufe in der Herstellung erfolgreich absolviert. Nun soll die Produktion aufgenommen, also für den Markt produziert werden. Nach und nach sollen die Fachkräfte aus Deutschland abgezogen und die bisher von ihnen wahrgenommenen Aufgaben von einheimischen Fachkräften übernommen werden.

Die gelungene Messepräsentation hat dem Softwarehaus den Großauftrag eines neuen Kunden eingebracht. Eine dauerhafte Zusammenarbeit zeichnet sich ab. Die Einstellung weiterer Programmierer ist dringend erforderlich.

Der Großauftrag des Kunden konnte nur dank einer erheblichen Ausweitung bei Personal und Betriebsmitteln termingerecht ausgeführt werden. In Ermangelung größerer Folgeaufträge wird jetzt erwogen, die vorhandenen Überkapazitäten durch die Einrichtung eines zwischenbetrieblichen Ausbildungszentrums zu nutzen.

Die Umsetzung der Projektergebnisse in die Praxis setzt voraus, dass die vorzunehmenden Maßnahmen und Veränderungen auf die Akzeptanz der Betroffenen stoßen. Dies ist dann am wenigsten problematisch, wenn die Betroffenen im Projektteam partizipieren oder zu einem möglichst frühen Zeitpunkt einbezogen werden konnten.

Die eigentliche Implementierung erfolgt in der Praxis durch

- Maßnahmenblätter,
- Streifenlisten und
- Prozessbegleiter.

Maßnahmenblätter enthalten exakte Beschreibungen einzelner Maßnahmen und nennen jeweils Verantwortliche und Fertigstellungstermine.

Ganze Stapel von Maßnahmenblättern, die in regelmäßigen Zusammenkünften aller Implementierungsverantwortlichen abgearbeitet und aktualisiert werden, werden als **Streifenlisten** bezeichnet.

Ihre Abarbeitung erfolgt, indem regelmäßig abgeprüft wird,

- ob einzelne Maßnahmen ausgeführt sind, die dazugehörigen Maßnahmenblätter also abgelegt werden können;
- ob sich im Zuge der Bearbeitung einer einzelnen Maßnahme der Bedarf nach Ergänzungen ergeben hat (diese werden auf dem jeweiligen Maßnahmenblatt verzeichnet);
- ob Bedarf an neuen Maßnahmen besteht (und somit dem Stapel weitere Maßnahmenblätter hinzugefügt werden müssen).

Die Implementierung wird dadurch sichergestellt, dass

- keine Maßnahme vergessen werden kann,
- jede eingegangene und auf einem Maßnahmenblatt vermerkte Verpflichtung unbedingt bindend ist,
- jeder auf einem Maßnahmenblatt genannte Verantwortliche an allen Sitzungen teilnehmen muss,
- zumindest ein Mitglied der Unternehmensleitung am Umsetzungsprozess teilnimmt.

Soweit möglich und notwendig, können **Prozessbegleiter** eingesetzt werden, die den Implementierungsprozess aktiv unterstützen. Dabei wird es sich in der Regel um Mitarbeiter der betroffenen Fachabteilungen handeln, die für die Dauer der Systemeinführungsphase von ihren üblichen Aufgaben freigestellt sind.

7.2.3.1.5.3 Projektcontrolling

Die Projektlenkung vollzieht sich im Regelkreis aus

- Veranlassen (Anfrage/Freigabe zur Durchführung),
- Überwachung,
- Steuerung und
- Planung (Planrevision).

Jedem Arbeitspaket ist ein so genannter **Anfragevorgang** vorgeschaltet, in dem geklärt wird, ob die für seine Durchführung erforderlichen Materialien und Kapazitäten fristgerecht zur Verfügung stehen.

Die Projektdurchführung ist von ständigen, an den Projekt-»Meilensteinen« orientierten **Fortschrittskontrollen** begleitet, wobei die Rückmeldungen entweder von den Projektmitarbeitern geliefert (»Bringschuld«) oder eingeholt (»Holschuld«) werden: Sie dienen der Feststellung des jeweils bis hierhin geschaffenen neuen Ist-Zustandes.

Ergibt die Überwachung eine Abweichung vom Soll-Zustand, reagiert die Projektsteuerung fallweise mit der Ergreifung von Maßnahmen, die geeignet erscheinen, das gewünschte Soll zu erzeugen, bzw. mit Planänderungen, die zu einer Neudefinition des Soll-Zustandes führen.

Dieser **Regelkreis** wird bis zum Abschluss des Projektes immer wieder durchlaufen: Damit besitzt die Projektlenkung **Controlling-Charakter.**

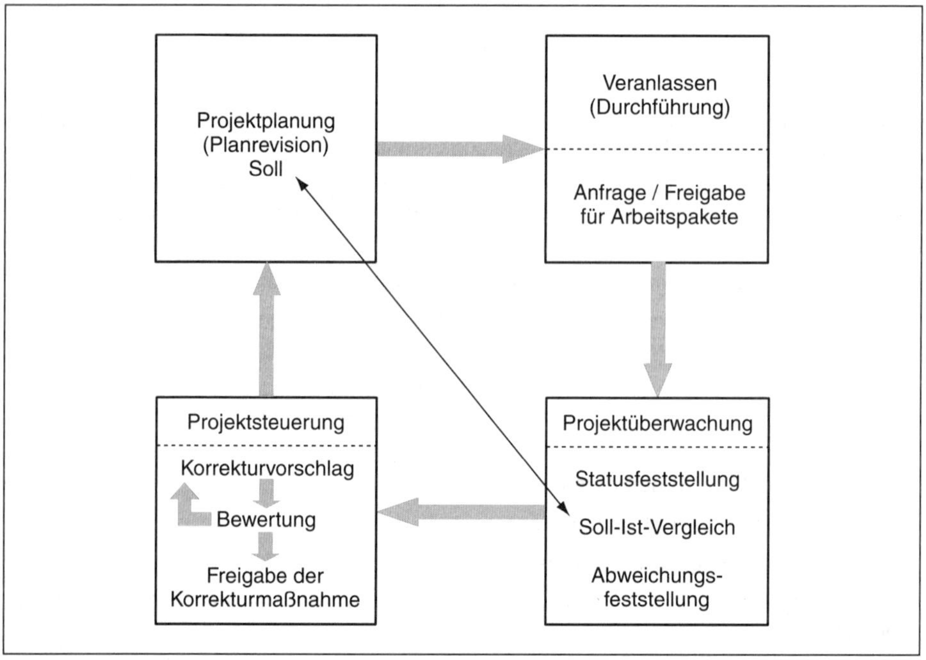

Regelkreis des Projektcontrollings

In der folgenden abgewandelten Darstellungsform wird die Ähnlichkeit mit dem vom Kontinuierlichen Verbesserungsprozess (KVP, vgl. Abschn. 6.4.3.2) bekannten PDCA- oder Deming-Zyklus deutlicher:

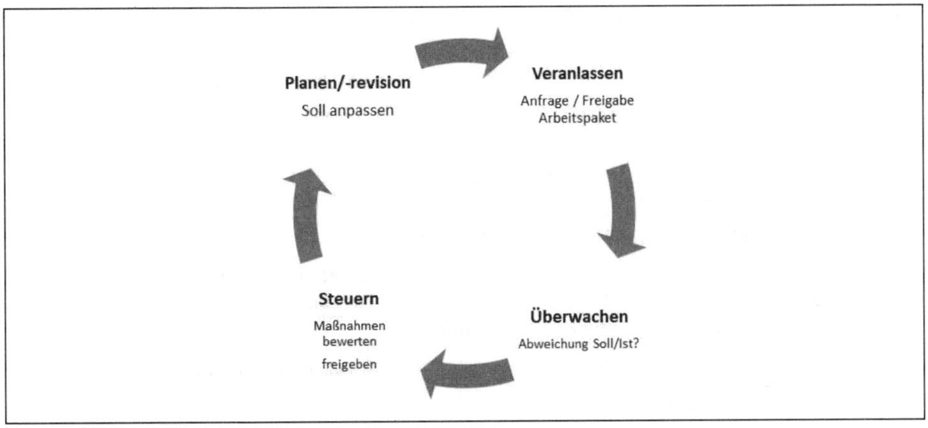

Andere Optik, gleiche Aussage: Regelkreis des Projektcontrollings

Für die Kostensteuerung bietet es sich an, das Projekt als Kostenträger aufzufassen. Die Kostenträgerrechnung wurde in Lehrbuch 1, Kapitel 3 ausführlich erläutert.

7.2.3.1.5.4 Projektdokumentation

Alle schriftlichen Niederlegungen, die im Verlaufe des Projekts anfallen, sind Bestandteil der Dokumentation und aufzubewahren.

Während Teile der einschlägigen Literatur die Dokumentation als eigenständigen, letzten Teil des Phasenschemas des Projektmanagements ansehen, soll hier darunter die Sammlung des in den einzelnen Entwicklungsphasen ohnehin angefallenen Dokumentenmaterials verstanden werden. In erster Linie ist mit dem Begriff der Dokumentation das Ergebnis der Tätigkeit des Dokumentierens, also ein schriftliches Dokument bzw. eine Dokumentensammlung, gemeint. Jedoch ist die Tätigkeit des Sammelns und der Aufbereitung der Dokumente unverzichtbare Voraussetzung und damit gleichfalls gemeint, wenn von Dokumentation die Rede ist.

Zum **Endergebnis** »Projektdokumentation« gehören unter anderem

- der formulierte Projektantrag,
- alle Pläne inklusive Anpassungen (»mitlaufende Aktualisierung«),
- Zwischenberichte und
- Testbedingungen, -daten und -ergebnisse.

Als übliche Formen für **Zwischenberichte** finden sich in der Praxis die folgenden.

Projekt-Statusberichte (Status Review): Dies sind turnusmäßig (je nach Projektdauer wöchentlich, monatlich oder vierteljährlich) an verschiedene Interessenten versandte Berichte mit Informationen über

- den Stand der Leistungen,
- den gegenüber dem letzten Bericht erreichten Fortschritt,
- Soll-Ist-Gegenüberstellungen von Terminen und Kosten,
- Abweichungen und ergriffene oder geplante Gegenmaßnahmen,
- aufgetretene Probleme und erwartete Folgen usw.

Projekt-Sonderberichte: Damit sind ergänzende oder außerhalb des Turnus erforderliche Berichte gemeint, mit Informationen über nicht vorhergesehene und somit unberücksichtigte Situationen und Probleme, ggf. mit Darlegung bereits eingeleiteter Reaktionen oder möglicher Handlungsalternativen mit Einschätzung der Folgen.

Die Dokumentation wiederum ist Bestandteil des Abschlussberichts, der im nächsten Abschnitt behandelt wird.

Mit dem Abschluss des Projektes ist die Dokumentation aber nicht beendet:

Zum einen erfährt sie laufende Ergänzungen und Aktualisierungen durch Systemänderungen und -anpassungen, zum anderen kann sie um Aufzeichnungen des Auftraggebers nach Implementierung der Projektergebnisse ergänzt werden.

7.2.3.1.5.5 Präsentation und Abschlussbericht

Das Projekt endet in der Regel mit einer **Projektpräsentation** vor allen Betroffenen. In ihr werden Ausgangslage, Ziele, Projektverlauf und Projektergebnisse dargestellt, ohne dass (noch einmal) eine inhaltliche Diskussion stattfindet.

Eine ausführliche Darstellung bietet der zu erstellende **Abschlussbericht.** Dieser beinhaltet

- die vollständige Dokumentation,
- die Projektergebnisse,
- Hinweise zur Ergebnis-Implementierung (d. h. Umsetzung der Ergebnisse).

Je nach Interesse der Betroffenen kann der Abschlussbericht in unterschiedlich ausführlichen Fassungen (»Individualisierte Abschlussberichte«, »Teilreports«) vorgelegt werden.

Üblicherweise wird – außerhalb der Abschlusssitzung – ein abschließendes Gespräch innerhalb des Projektteams stattfinden, das dem Teamleiter Gelegenheit gibt, den Projektverlauf und die erzielten Ergebnisse auch intern zu besprechen, Rückmeldungen (Feedback) von den Teammitgliedern einzuholen und seinerseits eine abschließende Einschätzung zu geben.

Da (im Idealfall) während der Projektbearbeitung zwischen den Mitgliedern des Teams untereinander und zur Teamleitung eine enge Kommunikationsbeziehung bestanden und ein partnerschaftlicher Austausch von Informationen, Anregungen und konstruktiver Kritik stattgefunden hat, sind von diesem Gespräch sicherlich keine wirklich neuen und überraschenden Erkenntnisse zu erwarten.

Dennoch sollte der Teamleiter dieses letzte Zusammentreten des Projektteams auf jeden Fall anberaumen und durchführen, auch um die intensive Zusammenarbeit der zurückliegenden Zeit zu würdigen. Bei dieser Gelegenheit sollte nicht versäumt werden, den Mitarbeitern Dank und Anerkennung für das Geleistete auszusprechen.

7.2.3.2 Weitere Drei-Phasen-Modelle

7.2.3.2.1 Das Drei-Phasen-Modell für Kleinprojekte

Beschreibungen dieses Modells orientieren sich häufig an der Softwareentwicklung und ihrer betrieblichen Implementierung.

1. Phase: Vorstudie. Darin wird der grundsätzliche Handlungsbedarf geklärt, das Problem in seiner Ausprägung, Dringlichkeit und Bedeutung erfasst und die Frage einer möglichen Lösung vorgeklärt.

2. Phase: Hauptstudie. In dieser Phase werden Lösungsalternativen entwickelt und bewertet. Am Ende sollte eine Alternative mit Begründung ausgewählt und eine Grobplanung für die Überführung des Ist-Zustands in den gewünschten Sollzustand vorliegen.

3. Phase: Systembau und Einführung, wobei unter Systembau die Umsetzung der bisherigen konzeptionellen Vorarbeiten in ein Detailkonzept und dessen Realisierung verstanden wird, während Einführung die Implementierung in das bestehende System meint.

Fallen Systembau und Realisierung (Herstellung einer neuen Lösung) und Einführung (Implementierung = Einbetten der Lösung in ein bestehendes System, etwa eine Abteilung, einen Betrieb) auseinander, entsteht das erste der in der Einleitung zu Abschnitt 7.2.3 gezeigten Abbildung dargestellten Vier-Phasen-Modelle. Dieser Aufbau ist typisch für Projekte der Softwareentwicklung.

7.2.3.2.2 Das Drei-Phasen-Modell von LEWIN

Hierbei handelt es sich eher um die Beschreibung eines Modells zum Veränderungs-(Change-)Management durch kontinuierliche Verbesserung (KVP) von Unternehmen mit den folgenden Phasen.

1. Phase: Unfreezing: Die bisherigen Strukturen des Unternehmens mit all ihren organisatorischen Elementen und den zwischen ihnen bestehenden Beziehungen, Regelungen und gewachsenen Vorgehensweisen werden einer Systemanalyse (vgl. Abschn. 6.4.1.1.1.2) unterzogen. Dieses In-Frage-Stellen des Status Quo ist gleichbedeutend mit der Eröffnung von Veränderungsmöglichkeiten: Das Unternehmen wird gewissermaßen »aufgetaut« und auf Veränderungen vorbereitet.

2. Phase: Moving: In dieser Phase werden die angestrebten Veränderungen verwirklicht. Das Unternehmen wird in einem unter Umständen langwierigen Prozess in einen neuen Zustand überführt (vgl. hierzu »Systemerrichtung/Realisation« in Abschn. 6.4.1.1.4 ff.).

3. Phase: Refreezing: Wenn das Unternehmen den Wunschzustand erreicht hat, werden die neuen Strukturen für verbindlich erklärt: Das Projekt wird gewissermaßen »eingefroren«, um einen Rückfall in die alten Strukturen zu verhindern.

Dieses Modell beschreibt einen Zyklus des **KVP-Regelkreises;** die Ähnlichkeiten zu den hierauf bezogenen Beschreibungen in Abschnitt 6.4.3.2 **(»Deming-Zyklus«)** sind unverkennbar.

7.2.3.3 Vier- und Fünf-Phasen-Modelle

Wie schon in Abschnitt 7.2.3.2.1 erläutert, kann aus dem zuvor vorgestellten »3-Phasen-Konzept für Kleinprojekte« ein **4-Phasen-Modell** hergeleitet werden, in dem Systemerrichtung (oft auch als »Systembau« bezeichnet) und Systemeinführung als eigenständige Phasen aufeinander folgen. Sie werden also nicht als simultan ablaufend, sondern als sukzessiv aufgefasst.

Der Unterschied besteht darin, dass Systemänderungen im ersten Fall sofort als verbindlich eingeführt gelten, während im zweiten Fall während der Errichtung des neuen Systems zunächst das alte System weiterbetrieben wird; erst nach Vollendung der Systemerrichtung wird das neue System in den Echtbetrieb eingeführt.

DIN 69901-2 definiert **fünf** Projektmanagementphasen:

1. **Initialisierung** von der Formulierung der Projektidee über die Problemanalyse bis zur Freigabe durch die Geschäftsführung
2. **Definition** vom Anforderungskatalog über das Pflichtenheft zur Leistungsbeschreibung
3. **Planung** im Sinne der in Abschnitt 7.2.3.1.4 ausführlich dargestellten Teilplanungen
4. **Steuerung** im Sinne von Projektdurchführung, -controlling und -dokumentation, vgl. Abschnitt 7.2.3.1.5
5. **Abschluss** (wie beim klassischen Drei-Phasen-Modell).

Ähnlich ist die Gliederung der Projektmanagementprozesse in ISO 21500 in die Prozessgruppen Initiierung, Planung, Umsetzung, Controlling und Abschluss.

Die Vielzahl der unterschiedlichen Modelle und Konzepte verwirrt – letztlich wird sich die Projektleitung die Wahl der passendsten Vorgehensweise immer an den Erfordernissen des jeweiligen Projekts ausrichten.

7.2.3.4 Das Spiralmodell

Im Gegensatz zu den in Deutschland verbreiteten Phasenmodellen hat in den USA das Spiralmodell weite Verbreitung gefunden, das an das Vorgehensmodell des Regelkreises der Kontinuierlichen Verbesserung (vgl. Abschn. 6.4.3) erinnert.

Innerhalb eines Koordinatenkreuzes werden, ausgehend von der ersten Phase »Planung«, wiederholt die Phasen »Ausführung« (der Planung), »Kontrolle« (des Ausgeführten) und »Maßnahmen« (die als Ergebnis der Kontrolle durchzuführen sind), wiederum »Planung« (der beschlossenen Maßnahmen) usw. so lange durchlaufen, bis das angestrebte Endergebnis erreicht ist. Die Anzahl der Zyklen ist dabei nicht normiert.

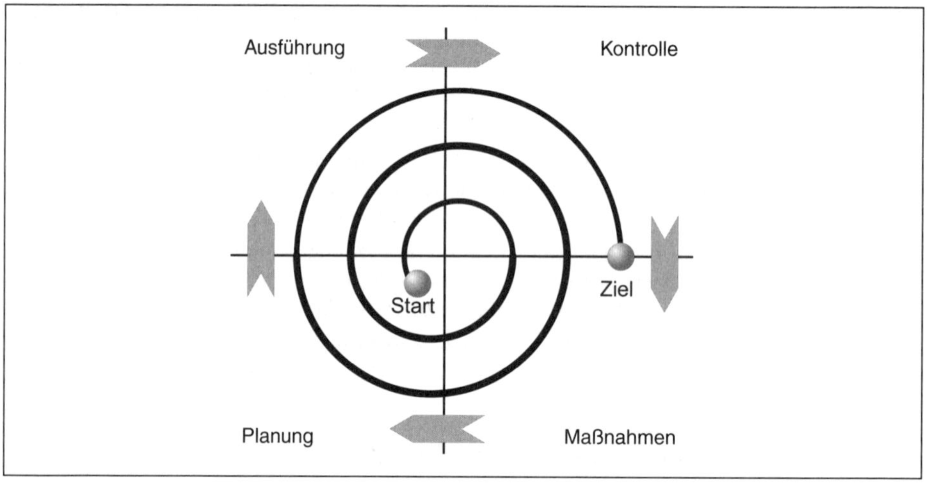

Spiralmodell

7.2.4 Durchführung und Steuerung von Projekten durch Soll-Ist-Vergleiche: Die 6-Stufen-Methode nach REFA

Eine Methode zur Identifizierung von Abweichungen des Ist-Zustandes des Systems vom gewünschten Soll-Zustand und zur systematischen Einleitung und Durchführung von Veränderungen ist die **Systemanalyse** (vgl. Abschnitt 6.4.1.1.1.2) und **Systemgestaltung,** die z. B. nach der so genannten »Sechs-Stufen-Methode nach REFA« durchgeführt werden kann. Die folgende Abbildung zeigt den Ablauf einer in Anlehnung an diese Methode erfolgenden Systemgestaltung.

Die anschließenden Erläuterungen enthalten einige Wiederholungen zuvor bereits beschriebener Aspekte des Projektmanagements; dies wird aber im Interesse einer vollständigen Darstellung der Methode in Kauf genommen. Der hier erstmals verwendete Begriff des Arbeitssystems wird zunächst erläutert.

Definition: Arbeitssysteme

Bereits zu Beginn dieses Hauptabschnittes wurde der Begriff des »sozio-technischen Systems« definiert. Ein Unternehmen mit allen ihn bestimmenden Aktionsträgern und allen in ihm verankerten Bedingungen und Regeln kann als ein solches System aufgefasst werden. In diesem Falle wird von einem Arbeitssystem gesprochen. Dies ist gemäß DIN EN ISO 6385 ein »System, welches das Zusammenwirken eines einzelnen oder mehrerer Arbeitender/Benutzer mit den Arbeitsmitteln umfasst, um die Funktion des Systems innerhalb des Arbeitsraumes und der Arbeitsumgebung unter den durch die Arbeitsaufgaben vorgegebenen Bedingungen zu erfüllen«.

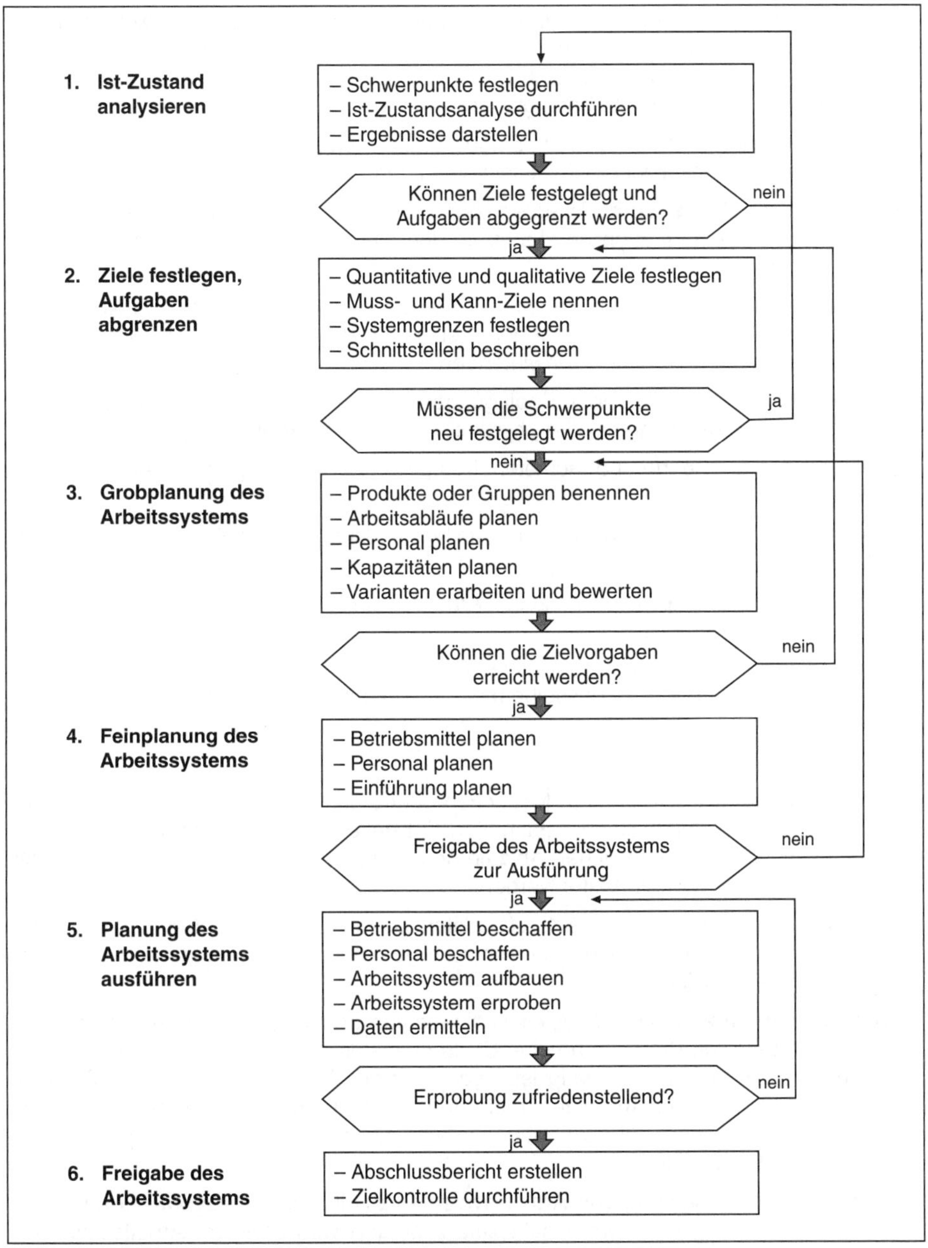

Die Vorgehensweise bei der Systemgestaltung in Anlehnung an die 6-Stufen-Methode

Analog zu der in Abschnitt 5.1.2 wiedergegebenen Definition sozio-technischer Systeme und den darin genannten Elementen (...»die Menge von in Beziehung stehenden Menschen und Maschinen, die unter bestimmten Bedingungen nach festgelegten Regeln bestimmte Aufgaben erfüllen sollen«) werden Arbeitssysteme häufig anhand der folgenden **Merkmale** beschrieben:

- **Arbeitsaufgabe:** Aus der Aufgabe ergibt sich die Begründung für die Schaffung und der Zweck der Existenz des Systems. Ihre Erfüllung setzt einen
- **Input (Eingabe)** in Form von gegenständlichen Materialien, Menschen bzw. menschlicher Arbeitsleistung, Informationen oder Energien voraus, die im Zuge der Aufgabenerfüllung in irgendeiner Weise (räumlich oder in ihrem Zustand/in ihrer Beschaffenheit) verändert werden sollen, und bedingt einen
- **Output (Ausgabe)** von in diesem Sinne veränderten gegenständlichen Materialien, Menschen bzw. menschlicher Arbeitsleistung, Informationen oder Energien.
- **Menschen** und **Betriebsmittel** werden koordiniert (»...in Beziehung stehend...«) eingesetzt, um die Transformation des Inputs in den Output zu bewirken. Dabei folgen sie einem bestimmten
- **Arbeitsablauf** (»...festgelegte Regeln...«), der die räumliche und zeitliche Abfolge der Arbeitsschritte festlegt und aufeinander abstimmt. Der gesamte Prozess hat dabei die verschiedenen auf das System einwirkenden
- **Umwelteinflüsse** (»...bestimmte Bedingungen...«) zu beachten, die ökonomischer, sozialer, organisationsbedingter oder physikalischer Art sein können.

Hinsichtlich der Größe der betrachteten Komplexe wird oft folgende Unterscheidung getroffen:

- **Makro-Arbeitssysteme** kennzeichnet Stellen Abteilungen, Betriebe oder komplette Unternehmen;
- **Mikro-Arbeitssysteme** meint einzelne Arbeitsplätze und zu Arbeitsgruppen zusammengefasste Arbeitsplätze.

Hinsichtlich dieser Begriffe muss darauf hingewiesen werden, dass »Arbeitsplatz«, »Stelle« und »Arbeitssystem« nicht dasselbe meinen und daher nicht notwendigerweise identisch sind.

Vielmehr gilt Folgendes:

- Ein **Arbeitsplatz** wird von einem Menschen oder einer Maschine ausgefüllt und kann (muss aber nicht) durch einen bestimmten Ort gekennzeichnet sein. An ihm kann – je nachdem, wie die betrieblichen Abläufe organisiert ist – an einer oder an mehreren **Arbeitsaufgaben** (mit)gearbeitet werden.
- Eine **Stelle** (vgl. auch Abschn. 6.1.2.1) besteht aus einem oder mehreren Arbeitsplätzen, wobei aus den im angeführten Abschnitt genannten Gründen immer mindestens ein Mensch beteiligt ist.
- In einem **Arbeitssystem** ist, da es ein sozio-technisches System ist, immer mindestens ein Mensch beteiligt. Dieser kann eine Stelle (»einstellige Einzelarbeit«) oder, wenn er an mehreren Betriebsmitteln tätig ist, auch mehrere Stellen (»mehrstellige Einzelarbeit«) bekleiden. Wenn dem System mehrere Menschen angehören, können diese entweder eine Stelle (»einstellige Gruppenarbeit«) oder mehrere Stellen (»mehrstellige Gruppenarbeit«) ausfüllen.

Eine weitere Unterscheidung von Arbeitssystemen betrifft die **Ortsgebundenheit,** d. h. die Frage, ob das Material dem Arbeitsplatz zugeführt wird oder der Arbeitsplatz dem Material bzw. der Arbeitsaufgabe folgt.

Ortsgebundene Arbeitssysteme sind dadurch gekennzeichnet, dass die in ihnen tätigen Menschen sowie die darin verwendeten Betriebsmittel an einem festen Platz ihrer Aufgabe nachgehen. Materialströme werden dem System zugeführt bzw. aus diesem herausgeführt.

Ortsungebundene Arbeitssysteme sind dagegen mit dem Arbeitsgegenstand in Bewegung.

Beispiele:

Ein Fertigungsband ist ein ortsgebundenes Arbeitssystem. Die zu bearbeitenden Stücke werden durch ein Förderband herangeführt und nach erfolgter Bearbeitung zur nächsten Arbeitsstation weiterbefördert.

Ein Fahrer bewegt sich mit seinem Auslieferungsfahrzeug während der Arbeitswoche zwischen den im ganzen Bundesgebiet verteilt liegenden Kundenorten. Der Arbeitsgegenstand ist das beförderte Gut. Hier handelt es sich um ein ortsungebundenes Arbeitssystem.

7.2.4.1 Stufe 1: Analyse des Ist-Zustandes

Im Rahmen der Arbeitsgestaltung haben Ist-Zustandsanalysen (wie bereits in Kapitel 6 an mehreren Beispielen beschrieben) im Allgemeinen folgende Ziele:

- Abgrenzung des zu gestaltenden Systems von seiner Umwelt und anderen Systemen,
- Erkennen der Mängel des Ist-Zustandes,
- Beschaffung relevanter Daten und Informationen.

Um Mängel im Ist-Zustand aufzuspüren, kann es hilfreich sein, Fragen zu stellen, zu beantworten – und danach zu hinterfragen, ob diese Antworten tatsächlich befriedigend sind. Mögliche Fragen sind z. B.

- Was ist der Zweck des Arbeitssystems?
- Was will man mit dem Arbeitsablauf erreichen?
- Sind die einzelnen Arbeitsvorgänge erforderlich?
- Sind die einzelnen Ablaufabschnitte nötig?

Eine Ist-Zustandsanalyse sollte so durchgeführt werden, dass man alle wichtigen Mängel erkennt. Ziel einer Arbeitsgestaltung ist es, den Ist-Zustand durch einen Soll-Zustand zu ersetzen.

Die Ergebnisse der Ist-Zustandsanalyse sollen zu konkreten Aussagen und Empfehlungen zusammengefasst werden. Die Präsentation der Ergebnisse kann mit verschiedenen Mitteln erfolgen. Sie reichen vom einfachen Bericht mit Tabellen und Diagrammen über Skizzen, Zeichnungen und Bilder bis hin zu dreidimensionalen Modellen.

Erst wenn es möglich ist, Ziele zu formulieren und Aufgaben abzugrenzen, soll die nächste Stufe begonnen werden; andernfalls muss die Stufe 1 so lange weiter bearbeitet werden, bis eine brauchbare Lösung vorliegt.

7.2.4.2 Stufe 2: Ziele festlegen und Aufgaben abgrenzen

Aus den Ergebnissen der Stufe 1 sind Teilziele zu formulieren. Dabei ist auf Übereinstimmung mit den allgemeinen Unternehmenszielen zu achten.

Grundsätzlich sind wirtschaftliche und nichtwirtschaftliche Ziele zu unterscheiden:

Die **wirtschaftlichen** Ziele sind erfolgsorientiert. Im Zusammenhang mit der Gestaltung von Arbeitssystemen verfolgen sie vor allem Maßnahmen zur Kostensenkung.

Ausprägungen wirtschaftlicher Ziele sind

- **organisatorische Ziele:** Ausschussverminderung, bessere Ausnutzung der vorhandenen Betriebsmittel, Minimierung von Durchlauf-, Unterbrechungs- und Liegezeiten usw.;
- **technische Ziele** wie Qualitätsverbesserung, Verbesserung der Arbeitsplatzgestaltung, Optimierung der Arbeitsabläufe, Erhöhung der Arbeitssicherheit usw.;
- **Terminziele,** also die Ausrichtung an bestimmten Fertigstellungsdaten, möglichst ergänzt um Termine, bis zu denen bestimmte Zwischenergebnisse vorliegen sollen.

Die **nichtwirtschaftlichen** Ziele sind humaner Natur, etwa die

- Verminderung der Belastung des Menschen,
- Erhöhung der Arbeitssicherheit,
- Schaffung neuer Formen der innerbetrieblichen Zusammenarbeit,
- Befreiung der Mitarbeiter von monotonen und gesundheitsschädigenden Arbeiten durch Einführung von Arbeitswechsel und Aufgabenerweiterung,
- Maßnahmen zur Verbesserung der menschlichen Zusammenarbeit und des Betriebsklimas.

Auch diese Ziele können zur Kostensenkung beitragen, wobei es aber in der Regel nicht möglich ist, den Kosteneinsparungseffekt vorweg zu beziffern.

Grundsätzlich gilt:

- Ziele können als **Muss-** oder **Kann-Ziele** betrachtet werden. Die Zuordnung von Muss- und Kann-Zielen richtet sich nach der Aufgabenstellung. Diese Zielzuordnung kann noch weiter in kostenquantifizierbare Ziele und in nicht kostenquantifizierbare Ziele gegliedert werden.
- Die festgelegten Ziele sollen in eine **Zielordnung** (»Zielhierarchie«) gebracht und gewichtet werden. Auf diese Weise kann der Grad der Aufgabenerfüllung bzw. die Eignung von Handlungsalternativen besser beurteilt werden.
- Die Gestaltungsaufgabe soll **abgegrenzt** werden. Es besteht sonst die Gefahr, dass eine angefangene Aufgabe ständig durch Einbeziehung benachbarter Systeme erweitert wird.

Die Beschreibung der **Schnittstellen** zu benachbarten Systemen muss sehr exakt erfolgen, denn durch die Neugestaltung eines Arbeitssystems können sich auch Veränderungen in vor- und nachgelagerten Systemen ergeben. Auf die Beschreibung der Ein- und Ausgaben des zu betrachtenden Systems ist dabei besonders zu achten.

7.2.4.3 Stufe 3: Grobplanung

In der Grobplanung geht es darum, wie der vorgefundene und analysierte Ist-Zustand in den angestrebten Soll-Zustand überführt werden kann.

Zur Grobplanung gehören folgende Schritte:

- Alle in dem geplanten System zu bearbeitenden Produkte, Produktgruppen, Dienstleistungen oder Büroaufgaben sind zu **benennen.** Daraus lassen sich Vorgaben für die weitere Planung ableiten.
- Für das zu gestaltende Arbeitssystem wird unter Berücksichtigung des Material-, Informations- und Belegflusses ein **Soll-Ablaufplan** erstellt, der die zuvor definierten Ziele umsetzt und die Schnittstellen zu anderen Bereichen beachtet.
- Der Gesamtablauf wird in **Ablaufabschnitte** unterteilt; durch das Zusammenlegen von Ablaufabschnitten ergeben sich Anhaltspunkte für die Zuordnung von Arbeitsinhalten zu Stellen.

Die vorangegangenen Schritte erlauben jetzt auch die Inangriffnahme der **Personalplanung:**

- Aus den Arbeitsinhalten lassen sich die dabei zu beachtenden **Qualifikationen** der einzusetzenden Arbeitnehmer ableiten. Erforderliche Qualifizierungsmaßnahmen sind in die Planung einzubeziehen.
- Die Anzahl der Arbeitspersonen kann erst nach der **Kapazitätsplanung** bestimmt werden. Sie richtet sich nach der zu fertigenden Menge und der Anzahl der zu besetzenden Arbeitsplätze und hat den in der Zieldefinition festgelegten Grad der Mechanisierung oder Automatisierung zu beachten.

Anhand der getroffenen Festlegungen können nun **Varianten** des Arbeitssystems und des Arbeitsablaufes erarbeitet werden, die mit den Zielvorgaben zu vergleichen und mit geeigneten Methoden, z. B. der Nutzwertanalyse (vgl. Abschn. 7.3.1.1) zu bewerten sind.

Bei der Entscheidung für die Umsetzung einer Lösung muss darauf geachtet werden, dass diese den gesetzlichen und tariflichen **Normen** entspricht.

7.2.4.4 Stufe 4: Feinplanung

An die Auswahl einer Lösung zum Ende der 3. Stufe schließt sich die Feinplanung an. Sie beinhaltet zum einen die weitere Präzisierung der Personalplanung, zum anderen die Planung der Betriebsmittel. Außerdem geht sie bereits auf die Planung der Eingliederung des neuen Systems in die bestehende Organisation (Einführungsplanung) ein.

Das heißt im Einzelnen Folgendes:

- **Personalplanung:** Qualifikationsanforderungen können definiert, konkrete Maßnahmen zur Personalbeschaffung oder Personalentwicklung geplant und terminiert werden.
- **Betriebsmittelplanung:** Die Anforderungen an die Betriebsmittel werden in Lastenheften und Pflichtenheften festgehalten. Im Lastenheft sind die prüfbaren Anforderungen an das Betriebsmittel beschrieben. Im Pflichtenheft, das vom Auftragnehmer (z. B. einer Projektgruppe) und vom Auftraggeber (meist der Geschäftsleitung) gemeinsam erstellt wird, ist die verbindliche Vereinbarung für die Abwicklung des Projekts festgelegt.
  Bei der **Planung von Montagearbeitsplätzen** im Rahmen der Vorrichtungskonstruktion sind die ergonomischen Gesichtspunkte besonders zu beachten.
- Aufgabe der **Einführungsplanung** ist eine problemlose Eingliederung eines neuen Systems in die bestehende Organisation. Je nach Art und Größe des Vorhabens kann ein Umzugsplan (bei örtlicher Verlagerung eines Systems) oder ein Umstellungsplan (bei Umstellung von einem alten auf ein neues Verfahren) erforderlich sein. Bei Verfahrensumstellung sind folgende Varianten möglich:
  - **Parallelbetrieb:** In der Übergangsphase müssen möglicherweise alte und neue Verfahren parallel betrieben werden; hieraus resultiert Doppelarbeit, die in der Planung des Arbeitskräfte- und Betriebsmitteleinsatzes berücksichtigt werden muss. Der Vorteil des Parallelbetriebs liegt darin, dass er Testläufe erlaubt, die Aufgabenerfüllung während der Umstellungsphase sichergestellt ist und die letztendliche Umstellung durch »Ausschleichen« des alten Verfahrens erfolgen kann.
  - **Umstellung zum Stichtag:** Oft ist ein Parallelbetrieb aus räumlichen, personellen oder sonstigen organisatorischen Gründen nicht möglich. Bei vollständiger Umstellung zu einem Stichtag muss sichergestellt sein, dass das neue System die vom bisherigen System wahrgenommenen und nach wie vor notwendigen Aufgaben störungs- und verzögerungsfrei übernehmen kann. Mehrarbeit kann anfangs oft nicht vermieden werden; Testläufe und »Ausschleichen« wie beim Parallelbetrieb sind nicht möglich.

7.2.4.5 Stufe 5: Geplantes System ausführen

Nach Genehmigung der Planung und Freigabe der Investitionsmittel kann mit der Ausführung der Planung begonnen werden. Diese umfasst (in Abhängigkeit von der Aufgabe)

- die **Beschaffung der Betriebsmittel:** Einholung von Angeboten (ggf. nach Ausschreibung), Angebotsvergleich (in den ggf. auch die Kosten bei Eigenherstellung einzubeziehen sind) und Auswahl nach den Zielvorgaben;
- die **Beschaffung von Personal** durch externe und/oder interne Stellenausschreibung, Bewerberauswahl und Einstellung;
- die **Durchführung von Schulungs- und sonstigen Qualifizierungsmaßnahmen** mit vorhandenem Personal;
- den **Aufbau** des geplanten Arbeitssystems mit eigenem oder externem Personal, wobei zur Überwachung der einzelnen Arbeiten in sachlicher und zeitlicher Hinsicht Netzpläne und Checklisten genutzt werden;
- den **Probebetrieb** des neu installierten Arbeitssystems, um das Zusammenwirken der Systemkomponenten beobachten und die Zielerfüllung kontrollieren zu können. Abweichungen und Störungen können erkannt und abgestellt und die Belastbarkeit, Sicherheit und Zuverlässigkeit des Systems getestet werden. Die Dauer des Probebetriebes hängt von den jeweiligen Gegebenheiten ab. Bei der Erprobung sind Protokolle zu führen, die alle Punkte des Lasten- und Pflichtenheftes beinhalten.

7.2.4.6 Stufe 6: Freigabe des Arbeitssystems

Im Anschluss an den Probebetrieb kann das System für den **Regelbetrieb** freigegeben werden. Es muss aber nach seiner Einführung über einen längeren Zeitraum einer Überwachung unterliegen, die nicht nur prüft, ob die vorgesehene Leistungen erbracht werden, sondern sich auch auf die Einhaltung der Arbeitsverfahren und -methoden erstreckt. Sofern sich hierbei, auch durch Anregungen der Mitarbeiter, Verbesserungsvorschläge ergeben, sollte kurzfristig geprüft werden, ob diese umgesetzt werden können – und diese Umsetzungen dann auch erfolgen.

Wesentlicher Bestandteil der Überprüfung ist aber die **Zielerfüllung.** Wird diese ganz oder teilweise verfehlt, müssen die Ursachen gesucht und daraus – je nach Umfang und der Bedeutung der Abweichungen mehr oder weniger dringlich – Maßnahmen für künftige Verbesserungen abgeleitet werden.

In einem **Abschlussbericht** sind alle wesentlichen Daten festzuhalten, wobei auch Schwierigkeiten und aufgetretene Probleme vermerkt sein sollen: Sie geben wertvolle Hinweise für Folgeprojekte.

Bei allen Arbeitsgestaltungsmaßnahmen hat ggf. der Betriebsrat nach dem Betriebsverfassungsgesetz ein Mitwirkungs- oder sogar Mitbestimmungsrecht.

7.2.5 Multiprojektplanung und -steuerung

In den vorangegangenen Betrachtungen wurde Projektmanagement vorwiegend als Aktivität zur Vorbereitung und Realisation eines einzelnen Projektes verstanden.

Denkbar ist aber auch die Auffassung von Projektmanagement als die im Unternehmen implementierte Aufbau- und Ablauforganisation zur generellen Bearbeitung von Projekten und zum Handling aller im Unternehmen anstehenden Projekte **(»Multiprojektmanagement«).**

DIN 69909 versteht Multiprojektmanagement als »organisatorischen und prozessualen Rahmen für das Management mehrerer einzelner Projekte« und benennt die verschiedenen Möglichkeiten seiner Organisation, die in folgenden Formen möglich ist:

- **Programmmanagement:** Alle Projekte eines Programms verfolgen ein gemeinsames Ziel. Das Hauptaugenmerk gilt der Steuerung der Projekte, wobei die zu lösende Kernaufgabe in der Koordination der Ressourcen besteht.
- **Projektportfoliomanagement:** Auch die Projekte innerhalb des Portfolios (als Gesamtheit **aller** zeitgleich im Unternehmen verfolgten Projekte) müssen natürlich letztlich den Unternehmenszielen dienen. Das Portfoliomanagement stellt dabei eine Daueraufgabe dar, die vor allem darin besteht, die im Hinblick auf den Projektmix »richtigen« Projekte zu finden.

Zum Projektmanagement gehört nach DIN 69909 »insbesondere die Koordinierung mehrerer Projekte bezüglich ihrer Abhängigkeiten und gemeinsamer Ressourcen«.

Multiprojektmanagement weist strategische und operative Komponenten auf, die durch die zu treffenden Entscheidungen gekennzeichnet sind:

– Im Rahmen des **strategischen Multiprojektmanagements** hat zunächst die Projektauswahl und -priorisierung unter **Nutzengesichtspunkten** zu erfolgen. Die Zusammenstellung eines ausgewogenen **Projektportfolios** ist vor allem unter **Risikogesichtspunkten** vorzunehmen.

– **Operatives Multiprojektmanagement** steht für die Aktivitäten, die projektübergreifend nötig sind: Neben der Standardisierung von Projektabläufen geht es dabei vor allem um die Optimierung der Durchlaufzeiten durch optimalen Ressourceneinsatz. Das hierzu häufig praktizierte **Critical-Chain-Projektmanagement (CCPM)** arbeitet mit Zeitpuffern, die die unvermeidlichen Streuungen bei der Einschätzung von benötigten Zeiten für einzelne Arbeitspakete berücksichtigen, und mit klaren Priorisierungsregeln. Dabei steht die Vermeidung schädlichen Multitaskings (Einsatz einer Ressource an mehreren Arbeitspaketen unter ständigem Wechsel) an Engpassstellen im Vordergrund, weil hierdurch meist Zeit verloren geht.

Angesichts der einleitend aufgeführten Häufigkeit des Scheiterns von Projekten und der genannten Gründe ist gerade in der Multiprojektplanung und -steuerung der EDV-Einsatz unverzichtbar. Der Markt hält mittlerweile zahlreiche Software-Programme bereit, mit denen die Ablauf- und Kostenplanung und -überwachung abgewickelt werden können. Wegen der rasanten Entwicklung im EDV-Bereich soll an dieser Stelle allerdings auf Nennung oder Beschreibung einzelner Produkte verzichtet werden.

7.3 Einsetzen von betrieblichen und persönlichen Planungsmethoden

7.3.1 Planungs- und Analysemethoden zur Lösung betrieblicher Fragestellungen

In der einschlägigen Literatur wird eine Fülle von Planungs- und Analyseinstrumenten beschrieben. Dabei wird zwischen »Techniken« und »Methoden« im Allgemeinen kein Unterschied deutlich; daher soll auch hier eine solche Differenzierung nicht erfolgen.

Die Methoden und Techniken der Planung und Analyse können sich auf die verschiedensten Felder erstrecken, die in Zusammenhang mit der Planung und Durchführung eines Projektes von Interesse sein können und dabei

- vorhandene oder eigens erhobene Zahlen, Daten und Fakten **auswerten,** z. B.
  - Potenzial- und Lückenanalyse,
  - Kennzahlensysteme,
  - ABC-Analyse;
- durch Fortschreibung von Vergangenheitswerten auf die Zukunft schließen **(prognostizieren),** z. B. durch Trendextrapolation;
- durch **Bewertung** zu einer **Entscheidung** führen, z. B.
  - Nutzwertanalyse,
  - Methoden der Investitionsrechnung wie Kosten-/Gewinnvergleichsrechnung, Amortisationsrechnung, Rentabilitätsberechnung, Kapitalwertmethode usw.,
  - ABC-Analyse;
- **Kreativitätspotenziale** nutzen, z. B. Brainstorming;
- **Modellrechnungen** durchführen, z. B. Operations Research;
- **messen** und **schätzen,** z. B.
  - Korrelationsanalyse,
  - Wahrscheinlichkeitsrechnung;
- **heuristisch** (auf das Auffinden akzeptabler, nicht notwendigerweise optimaler Lösungen ausgerichtet) angelegt sein, z. B.
  - Savingsmethode,
  - morphologischer Kasten;
- **Fehlerursachen** identifizieren und bewerten, z. B. Fehlermöglichkeits- und Einflussanalyse.

Zahlreiche weitere Unterscheidungskriterien sind vorstellbar, wobei sich die meisten Methoden mehreren Merkmalen zuordnen lassen.

Welches Planungsinstrument für welchen Zweck in Betracht kommt, hängt von der Natur des zu planenden Sachverhaltes ab. Wie auch bei der Auswahl statistischer Methoden, so gilt auch bei der Auswahl von Planungstechniken, dass ihre Eignung für den angestrebten Zweck sorgfältig erwogen werden muss: Die Beantwortung etwa der Frage, welche Stückzahl eines Produktes im nächsten Quartal hergestellt werden soll, kann kaum aufgrund einer Produktlebenszykluskurve erfolgen, und die Auswahl zwischen drei Investitionsalternativen sollte nicht einer Brainstorming-Runde überlassen werden. Diese Negativbeispiele sind natürlich überzogen, sollen aber verdeutlichen, dass, genau wie in der Statistik, unbefriedigende Ergebnisse meist nicht der Unzulänglichkeit der Methode, sondern schlichtweg der falschen Methoden**wahl** des Planenden anzulasten sind.

Einige Methoden eignen sich ausschließlich für die strategische Planung, etwa die bereits behandelte Portfolio-Technik und das ebenfalls bereits erwähnte und behandelte Produktlebenszyklus-Konzept. Andere Verfahren, z. B. aus dem Bereich des Operations Research, sind sowohl für strategische als auch operative Planungen anwendbar.

Im Folgenden soll eine Auswahl von Methoden zur Lösung betrieblicher Fragestellungen vorgestellt werden, die für die Praxis Bedeutung erlangt haben. Aufgrund der Vielfalt der Methoden und Techniken kann die vorgestellte Auswahl im Unterricht oder im Selbststudium der einschlägigen Literatur erheblich erweitert werden. Der Rahmenstoffplan für den Weiterbildungsabschluss »Geprüfte/r Technische/r Betriebswirt/in« sieht die Behandlung der Nutzwert-, Kosten- Wert-, Ursachen- sowie der Fehlermöglichkeits- und Einflussanalyse vor.

7.3.1.1 Nutzwertanalyse

Mit der (in Lehrbuch 1, Abschnitt 3.3 ausführlich vorgestellten) Nutzwertanalyse können mehrere, auch qualitative, Kriterien in die Betrachtung einbezogen werden. Diese werden durch **Verschmelzung** (Amalgamation) gewissermaßen »gleichnamig« gemacht, sodass jede der zur Auswahl stehenden Alternativen nur noch durch einen einzigen Wert repräsentiert wird.

Beispielhaft betrachtet werden zwei Alternativen eines Soll-Vorschlages, in deren Beurteilung folgende Kriterien mit der angegebenen Gewichtung und dem daraus resultierenden Multiplikationsfaktor einfließen sollen:

Kriterium	**Gewichtung**	**Multiplikator**
Kosten	30%	3
Produktqualität	30%	3
Umweltschutz	20%	2
Herstellzeit pro Einheit	20%	2

Jeder Alternative ist hinsichtlich jeden Kriteriums mit einer Benotung zu versehen. Hierbei werden entweder »Schulnoten« von 1 (sehr gut) bis 6 (ungenügend) oder stärker differenzierende Noten, etwa von 1 bis 20, vergeben. Soll im Endergebnis größere Vorteilhaftigkeit durch höheren Nutzwert ausgedrückt werden, muss die Benotung jedoch in der Weise erfolgen, dass nicht die kleinste, sondern die größte Zahl die bessere Note repräsentiert.

Eine andere Möglichkeit der Bewertung, die sich beim Vergleich vieler Alternativen anbietet, ist die Rangreihung (Note 1 für die hinsichtlich des betrachteten Kriteriums vorteilhafteste, Note 2 für die zweitbeste Alternative usw.).

Im gegebenen Beispiel erfolgt die Bewertung nach Schulnoten:

Kriterium	**Bewertung**	
	Alternative **A**	Alternative **B**
Kosten	2	3
Produktqualität	4	1
Umweltschutz	1	3
Herstellzeit	3	2

Der »Nutzwert« für jede Alternative errechnet sich durch die Multiplikation jeder Note mit dem dazugehörigen Faktor und die Addition der so gefundenen Einzelergebnisse:

Kriterium	**Gewichtungsfaktor**	**Bewertung** A	B	**Ergebnis** A	B
Kosten	3	2	3	6	9
Produktqualität	3	4	1	12	3
Umweltschutz	2	1	3	2	6
Herstellzeit	2	3	2	6	4
Summe				26	22
Rangplatz				**2.**	**1.**

Da Alternative B das geringere und damit bessere Ergebnis erbringt (denn: je kleiner die Note, desto besser die Bewertung), ist sie Alternative A vorzuziehen.

7.3.1.2 Kostenanalyse

Ein einfaches Verfahren zur kostenorientierten Beurteilung z. B. von Investitionsalternativen ist die Kostenvergleichsrechnung, die in Lehrbuch 1, Kapitel 3 vorgestellt wurde. Eine tiefgreifendere Beurteilung ermöglicht die »**Earned Value Analyse**«, ein Kennzahlensystem zur Bewertung von Projekten, das darauf abzielt, die von einem Projekt erwartete Leistung mit der tatsächlich erbrachten Leistung (dem »earned value«) zu vergleichen.

Auf eine Darstellung des komplexen Verfahrens soll hier verzichtet werden.

7.3.1.3 Wertanalyse

Das Verfahren der Wertanalyse geht auf L.D. MILES zurück, der nach dem Zweiten Weltkrieg für die General Electric Co. Untersuchungen über das Verhältnis von Kosten zu Funktionswerten von in Fertigung oder Entwicklung befindlichen Produkten anstellte.

Die Wertanalyse kann sowohl auf gegenständliche Objekte als auch auf Dienstleistungen oder Verfahren angewendet werden, ferner ebenso auf bestehende als auch in Entstehung befindliche Objekte. Sie ist eine in inzwischen zahlreichen Unternehmen praktisch erprobte Methode zur Steigerung des Wertes von Produkten, Leistungen und Abläufen. Ihre Grundgedanken sind ein entscheidungsorientierter Ablauf, die systematische Analyse von Funktionen und die Nutzung von Kreativitätspotenzialen.

MILES selbst beschreibt die Wertanalyse als »eine organisierte Anstrengung, die Funktionen eines Produktes mit den niedrigsten Kosten zu erstellen, ohne dass die erforderliche Qualität, Zuverlässigkeit und Marktfähigkeit des Produktes negativ beeinflusst werden«.

Die **Funktionsanalyse** als Kernstück der Wertanalyse, von MILES als »Mittel zur Überwindung der psychischen Trägheit im Erfindungsprozess« begründet, folgt strikten Sprachregeln:

Der Untersuchungsgegenstand wird durch Wort-Paar-Begriffe (»Funktionen«) beschrieben, auf die sich die weitere Entwicklung konzentriert. Jedes Paar umfasst ein Verb und ein Substantiv. Mittels Funktionsanalyse sollen die Bedeutung »nützlicher« Funktionen erkannt und »schädigende« Funktionen aufgedeckt werden.

Vorrangige Ziele der Wertanalyse sind

- die Senkung bestehender (konstruktions- oder organisationsstrukturbedingter) Kosten,
- die Vermeidung weiterer (durch unnötige Funktionen bedingter) Kosten,
- die marktgerechte Leistungsgestaltung durch Erkennen und Verwirklichung des Kundennutzens.

Letztlich dient die Wertanalyse also der Steigerung des Unternehmenserfolgs. Sie wird vor allem bei der Entwicklung neuer (**»Wertgestaltung«**) oder der Überarbeitung bereits vorhandener Produkte (**»Wertverbesserung«**) eingesetzt und soll dabei zur Verkürzung der Entwicklungszeiten beitragen, innovative Ideen anregen, Produktfunktionen und -qualität verbessern und zugleich unternehmensintern organisationsentwickelnd wirken.

Verfahren, Normen und Begriffe der Wertanalyse wurden bereits ausführlich in Lehrbuch 2, Abschnitt 4.2.2.3.4 behandelt.

7.3.1.4 Ursachenanalyse

Zeichnen sich im Rahmen von Prozessen Abweichungen von den Erwartungswerten ab, so gilt es, die Ursachen zu identifizieren und nach Möglichkeit abzustellen. Die hierbei angewendeten Methoden kommen vor allem auch im Fertigungsbereich zum Einsatz, wenn im Rahmen systematischer Prüfungen Streuungen außerhalb der Spezifikationsgrenzen festgestellt werden. In diesem Falle spricht man davon, dass der Prozess »außer statistischer Kontrolle« ist (ein Prozess ist dann »unter statistische Kontrolle«, wenn als einzige – nie völlig abzustellende – Abweichungsursachen Zufallseinflüsse verbleiben).

Ein häufig angewandtes Verfahren zur Untersuchung von Fehlerhäufigkeiten und -einflüssen geht auf eine Feststellung des Ökonoms und Soziologen Vilfredo PARETO (1848 – 1923) zurück, wonach etwa 80 % aller Ergebnisse mit 20 % des Gesamtaufwands erzielt werden: Diese **80/20-Regel** kann auch so interpretiert werden, dass 80 % der auftretenden Fehler, Qualitätsmängel und Störungen auf nur 20 % der möglichen Fehlerursachen zurückzuführen sind. Dies muss sich im Einzelfall nicht bewahrheiten, aber das Instrument des **Pareto-Diagramms** zur Visualisierung von Fehlerursachen und Fehlerhäufigkeiten hat sich bewährt und wird im Qualitätsmanagement häufig praktiziert. Hierbei werden die Fehlerursachen zunächst nutzenorientiert geordnet (z. B. nach der Häufigkeit ihres Auftretens oder nach ihren Auswirkungen auf die Kosten).

In einer grafischen Darstellung wird die Bedeutung der einzelnen Fehler visualisiert; dies erleichtert die Festlegung der Prioritäten bei der Fehlerbekämpfung. Anschließend werden nach demselben Verfahren diejenigen Merkmale des Prozesses herausgefiltert, die den jeweiligen Fehler verursachen.

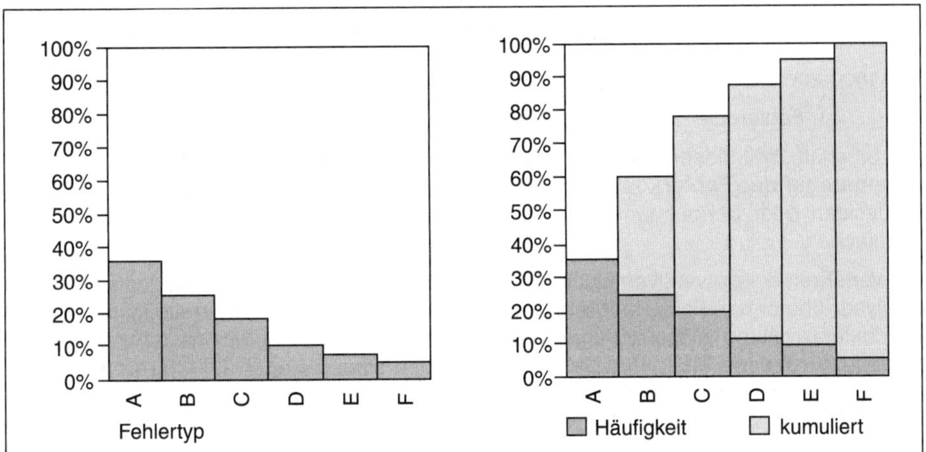

Visualisierung von Fehlerursachen nach PARETO (links selektiv, rechts kumuliert)

Zur Analyse der Ursachen für Ergebnisabweichungen werden häufig **Ursache-Wirkungs-Diagramme** nach ISHIKAWA eingesetzt. Hierbei werden zunächst die Hauptursachen für die Prozessstreuung mit langen Pfeilen versehen, die auf einen die Wirkung symbolisierenden Balken zeigen. Kleinere Pfeile, beschriftet mit speziellen Ursachen, weisen wiederum auf die Hauptursachen.

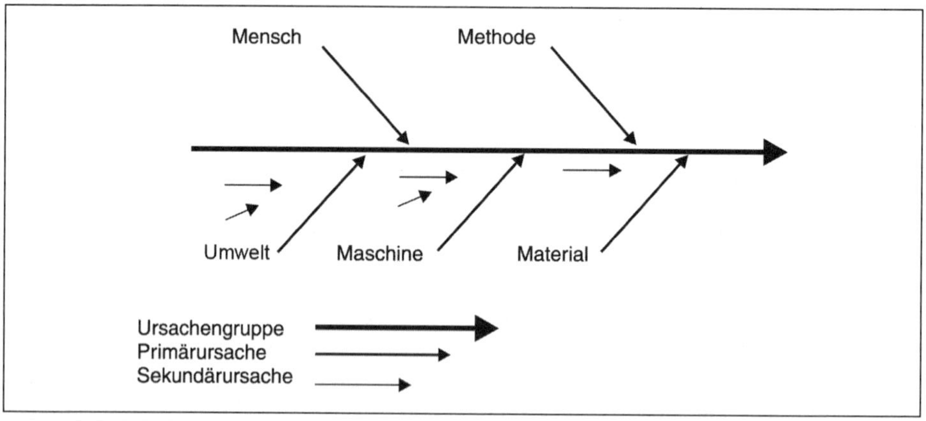

ISHIKAWA-Diagramm

Die fünf genannten Hauptursachen werden in der neueren Literatur oft um die Faktoren »Management« und »Messbarkeit« zur so genannten »7-M-Checkliste« erweitert. Damit auch alle Faktoren mit einem »M« beginnen, wird statt von »Umwelt« von »Mitwelt« gesprochen.

Ein ähnliches Verfahren ist die **Fehlerbaumanalyse:** Dabei werden, ausgehend von einem gravierenden Fehlerereignis (Totalausfall, Absturz), die Ausfallzustände von Subsystemen und Komponenten in einer Top-Down-Analyse dargestellt, bis als unterstes Level die nicht mehr weiter unterteilbaren Basisereignisse erreicht werden. Dabei werden Redundanzen von Komponenten ebenso berücksichtigt wie Ausfallmöglichkeiten aufgrund gemeinsam auftretender Fehler.

7.3.1.5 Fehlermöglichkeits- und Einflussanalyse (FMEA)

Das moderne Qualitätsmanagement verfolgt die Philosophie der Fehlervermeidung, denn:

Fehler, die nicht gemacht werden, müssen nicht behoben werden!

Die Sinnhaftigkeit dieser Philosophie unterstreicht die – empirisch belegte – **»Verzehnfachungsregel der Fehlerkosten«,** nach der sich die Kosten der Beseitigung eines nicht entdeckten oder behobenen Fehlers von Entwicklungsstufe zu Entwicklungsstufe verzehnfachen.

Ein Verfahren der präventiven Qualitätssicherung ist die FMEA (Failure Modes and Effects Analysis; übersetzt »Fehlermöglichkeits- und Einflussanalyse), die bereits im Vorfeld der Produktentwicklung einsetzt **(Konstruktions-FMEA),** den Produktionsplanungsprozess begleitet **(Prozess-FMEA)** und die so geschaffenen Systeme analysiert **(System-FMEA).** Während in der Konstruktions-FMEA einzelne Bauteile analysiert (Beispiel: Welle) werden, unterzieht die System-FMEA das Produkt (Beispiel: Motor) einer gesamtheitlichen Betrachtung. Die Prozess-FMEA konzentriert sich auf die einzelnen Bearbeitungsschritte (Beispiel: Montage).

Das fertige Produkt (das im Falle einer Konstruktions-FMEA zunächst nur auf dem »Reißbrett« existiert) wird zum Zweck der Analyse systematisch in einzelne Bauteile und Funktionen »zerlegt« (Top-Down-Verfahren). Diese werden daraufhin untersucht, inwieweit sie die konstruktiven Forderungen bei isolierter Betrachtung und nach ihrer Eingliederung im Zuge des Integrationsprozesses erfüllen. Diese Aufgabe wird idealerweise einem interdisziplinär besetzten Team übertragen, das – u. a. durch Anwendung von Kreativitätstechniken wie z. B. Brainstorming – mögliche Fehler und ihre Ursachen und Auswirkungen zunächst auflistet **(Risikoanalyse).** In der anschließenden **Risikobewertung** werden die Auswirkung, die Wahrscheinlichkeit des Auftretens und die Schwierigkeit der Fehlerentdeckung, jeweils auf einzelne Fehler bezogen, durch Faktoren bewertet.

Die hieraus resultierende **Risikoprioritätszahl (RPZ)** ermöglicht die Identifizierung besonders fataler Fehler, auf die sich das weitere Vorgehen konzentriert: Im Rahmen der Risikominimierung werden geeignete Maßnahmen zur Vermeidung bzw. Aufdeckung dieses Fehlers entwickelt. Unter der Voraussetzung, dass diese Maßnahmen zur Durchführung gelangen, wird eine erneute Risikobewertung vorgenommen. Dieser Vorgang wird wiederholt, bis die RPZ unterhalb eines vorab definierten Toleranzwertes liegt.

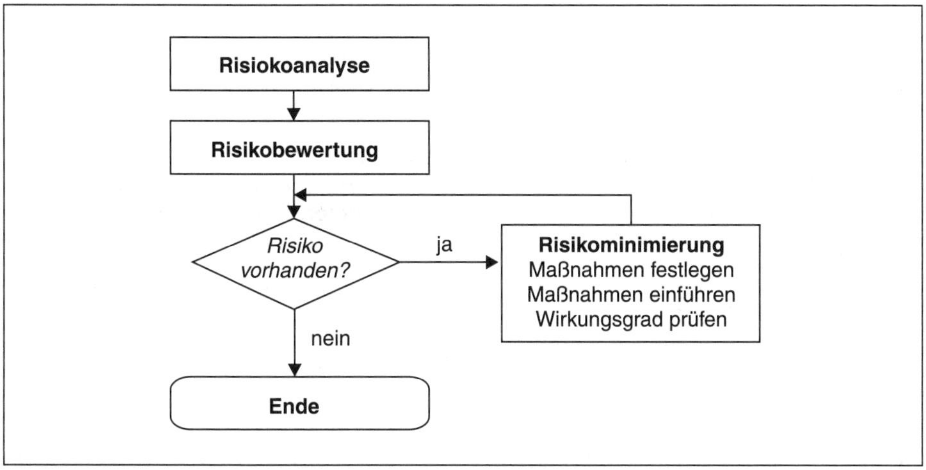

FMEA-Ablaufplan

Beispiel:

Die Risikobeurteilung für ein Endkundenprodukt soll nach der folgenden Beurteilungsskala erfolgen:

Faktor	Auftretenswahrscheinlichkeit (A) bis...		Bedeutung (B)	Entdeckenswahrscheinlichkeit (E)
1	Extrem gering	1:100.000	keine	zwangsläufig
2	Sehr gering	1:10.000	geringfügig	sehr hoch
3	Gering	1:1.000	verursacht unbedeutende Störung	hoch
4	Gelegentlich	1:100	verursacht bedeutende Störung/beeinträchtigt den Gebrauch erheblich	nur möglich im Rahmen gezielter Überprüfung
5	Häufig	1:10	macht den Nutzen zunichte	erst nach Gebrauch beim Kunden
6	Sehr häufig	1:5	richtet Schaden an	erst nach einiger Zeit beim Kunden

Ein Fehler mit sehr geringer Auftretenswahrscheinlichkeit (Faktor 2), der den Nutzen des Produkts zunichtemacht (Faktor 5) und wahrscheinlich erst nach einiger Zeit des Gebrauchs beim Kunden entdeckt werden kann (Faktor 6) hat die Risikoprioritätszahl 2 · 5 · 6 = 60. Insgesamt sind Risikoprioritätszahlen zwischen 1 und 216 möglich; letztere wäre natürlich ein Hinweis auf einen absolut fatalen Fehler und ein Grund, das Produkt auf keinen Fall im aktuellen Entwicklungsstand auf den Markt zu bringen.

Der Prozess der FMEA ist nicht verbindlich normiert. Es gibt aber verschiedene Branchenstandards, etwa den gemeinsamen Standard des deutschen Automobilverbands VDA und des internationalen Automobilforums AIAG (AIAG & VDA FMEA Alignment). Dieser beinhaltet eine siebenschrittige Vorgehensweise:

Schritt 1: Projektplanung und Vorbereitung
Schritt 2: Strukturanalyse
Schritt 3: Funktionsanalyse
} Systemanalyse

Schritt 4: Fehleranalyse
Schritt 5: Risikoanalyse
Schritt 6: Optimierung
Schritt 7: Ergebnisdokumentation
} Fehleranalyse und Risikoreduzierung

In der Fehleranalyse und Risikoreduzierung ist praktisch ein kontinuierlicher Verbesserungsprozess angelegt. Statt eine Risikoprioritätszahl (RPZ) zu ermitteln, wird eine Maßnahmenpriorisierung in einer **Risikomatrix (Maßnahmen-Prioritäten-Tabelle)** vorgenommen.

7.3.1.6 Operations Research

Operations Research (OR) bedeutet »Unternehmungsforschung«, wobei Unternehmung jedoch nicht im Sinne von Betrieb, sondern vielmehr im Sinne von Handlung oder Aktion zu verstehen ist.

OR als relativ junger Zweig der Betriebswirtschaftslehre (dort im Allgemeinen im Rahmen der Wirtschaftsmathematik abgehandelt) nahm seinen Anfang im Zweiten Weltkrieg im militärstrategischen Bereich. Mit Hilfe von OR-Ansätzen löste man vorrangig logistische Probleme.

Inzwischen erstrecken sich die Tätigkeitsfelder des OR auch auf die Bereiche der Privatwirtschaft und der öffentlichen Planung. Allgemein versteht man heute unter OR die Entwicklung und den Einsatz quantitativer Modelle und Methoden zur Unterstützung von Entscheidungen. In Deutschland gibt es, wie in den meisten Industrieländern, eine wissenschaftliche Fachvereinigung für OR, nämlich die »Gesellschaft für Operations Research (GOR)«.

7.3.2 Maßzahlen aus der Statistik und statistische Darstellungsmethoden

Der »Technische Betriebswirt« soll

- die Darstellungsmethoden in der Statistik,
- die Interpretation grafischer Darstellungen,
- die Errechnung statistischer Maßzahlen

beherrschen. Diese Bereiche sind nicht trennbar und setzen wiederum die Kenntnis der Grundbegriffe der Statistik voraus. Daher werden diese zunächst in einer sinnvoll erscheinenden Reihenfolge behandelt; auf Tabellen und grafische Darstellungen wird an geeigneter Stelle Bezug genommen. Einige der hier vermittelten Begriffe und Techniken sind bereits in anderen Kapiteln behandelt worden. Da im Folgenden eine vollständige Darstellung unverzichtbar erscheint, sind sie hier nochmals berücksichtigt.

Um der Anschaulichkeit und leichten Vermittelbarkeit willen sind die Beispiele nicht allein dem industriellen Alltag, sondern häufig auch anderen Lebensbereichen entnommen.

7.3.2.1 Begriff und Aufgaben der Statistik

Der Begriff der Statistik umfasst sowohl die Gesamtheit der Methoden zur Untersuchung von Massenerscheinungen als auch die Zusammenstellung von Zahlen oder Daten in Form von Tabellen.

Die statistische Methodenlehre ist, streng genommen, keine eigenständige Wissenschaft, sondern eine **Hilfslehre,** derer sich die unterschiedlichsten Disziplinen bedienen, etwa die Naturwissenschaften (Mathematik, Physik, Biologie), die Medizin, Psychologie und Soziologie sowie die Wirtschaftswissenschaften. In diesen Bereichen ist die Statistik unentbehrliches Instrument der Analyse geworden, mit dessen Hilfe scheinbar oder tatsächlich unregelmäßig verlaufende Vorgänge mit quantitativen Methoden untersucht werden können.

In der Volksmeinung gilt Statistik häufig als frag- oder unglaubwürdig (bekanntlich lauten die drei Steigerungsformen der Lüge »Notlüge – gemeine Lüge – Statistik«; auch heißt es »traue keiner Statistik, es sei denn, du hättest sie selbst gefälscht«). Diese Vorwürfe treffen jedoch die statistische Methodenlehre zu Unrecht; denn sie verwendet logisch einwandfreie Verfahren der angewandten Mathematik. Vielfältige Möglichkeiten der Manipulation ergeben sich jedoch, wenn die an sich richtigen Methoden absichtlich oder fahrlässig falsch angewendet werden. Fehler können in der Verwendung unzutreffenden Datenmaterials oder in der Anwendung an sich richtiger, jedoch für den zu untersuchenden Gegenstand ungeeigneter Verfahren belegen sein.

Beispiel:

Ornithologen veröffentlichten eine Zeitreihe, aus der der zahlenmäßige Rückgang der Weißstorchpopulation über mehrere Jahre abzulesen war. Ein findiger Mathematiker wies mit statistischen Methoden nach, dass diese Zahlenreihe fast 100%ig mit dem Geburtenrückgang in der Bundesrepublik korrelierte. Die Schlussfolgerung lag auf der Hand...

7.3.2.2 Grundlagen der betriebswirtschaftlichen Statistik

7.3.2.2.1 Die Bedeutung der Statistik für die Betriebswirtschaftslehre

Wie viele andere Wissenschaftsbereiche nutzt auch die Betriebswirtschaftslehre die statistische Methodenlehre als Instrument der Analyse, Prognose und des Vergleichs. Ursprünglich »nur« Teilgebiet des Rechnungswesens, nimmt die Statistik mittlerweile den Rang eines eigenen Fachgebietes im Lehrgebäude der Wirtschaftswissenschaften ein.

Einige Beispiele sollen Anwendungsbereiche statistischer Verfahren verdeutlichen:

Ein Spielwarengroßhändler möchte 10.000 Feuerwerkskörper für Silvester einkaufen. Bevor er das Geschäft abschließt, möchte er wissen, wie funktionstüchtig die ihm angebotene Ware ist. Da Feuerwerksraketen bekanntlich nur einmal fliegen, ist eine vollständige Erprobung ausgeschlossen. Er entschließt sich, einen Test durchzuführen, bei dem einige Feuerwerkskörper »geopfert« werden müssen. Aus dem Testergebnis lässt sich mit Hilfe statistischer Methoden die Fehlerquote der gesamten Partie hochrechnen.

Die Gemeindevertretung von Geldhausen erwägt die Vergrößerung des städtischen Schwimmbades. Die Auswertung der täglich ermittelten Besucherzahlen und der durchschnittlichen Verweildauer mit Hilfe statistischer Verfahren liefert Anhaltspunkte zur Beurteilung von Art und Ausmaß der Umbaumaßnahmen.

Die Leitung der XY-GmbH benötigt eine Prognose der Umsatzentwicklung für die nächsten zwei Jahre. Aus den Umsatzzahlen der vergangenen zehn Jahre wird ein Trend ermittelt und auf die zukünftigen Zeiträume fortgeschrieben.

Die Leitung der XY-GmbH möchte kurzfristig ungebundenes Kapital in Aktien anlegen. Zur Auswahl stehen Anteile der AZ-AG und der BC-AG. Mittels statistischer Verfahren werden Prognosen über Kursentwicklung, Ausschüttung und Risiko beider Anlagenalternativen erstellt.

7.3.2.2.2 Statistische Grundbegriffe

Die nachfolgenden Darstellungen werden verständlicher, wenn die immer wiederkehrenden Begriffe aus der Fachsprache der Statistik vorab erklärt werden. Dies soll an dieser Stelle in Form eines Glossars geschehen.

Statistische Einheit: Einzelobjekt der statistischen Betrachtung und Träger einer Information. Die bei einer Volkszählung erfassten Personen sind statistische Einheiten. Jede statistische Einheit muss sachlich, räumlich und zeitlich eindeutig identifizierbar sein.

Statistische Masse: Menge statistischer Einheiten mit übereinstimmenden Identifikationskriterien. Für eine statistische Untersuchung zur Vorhersage eines Wahlausgangs sind alle wahlberechtigten Bürger die statistische Masse.

Bestandsmasse: Menge von Einheiten, die einen zeitlichen Bestand (Lebensdauer) aufweisen. Die Einwohner der Stadt Itzehoe sind eine Bestandsmasse. Bestandsmassen unterliegen Veränderungen: Ihre Messung erfolgt daher zeitpunktbezogen, etwa als »Einwohnerbestand am 31.12.2021.«

Ereignismasse: Menge von Ereignissen, die innerhalb eines Zeitraums eintreten. Die Geburten des Jahres 2021 im Itzehoer Krankenhaus sind eine Ereignismasse.

Korrespondierende Massen: Ereignismassen beschreiben die Zu- und Abgänge, die Bestandsmassen betreffen. Die Bevölkerung von Itzehoe korrespondiert mit den Geburtenzugängen ebenso wie mit den Todesfällen sowie der Masse der zu- bzw. fortgezogenen Personen.

Fortschreibung: Die kontinuierliche Ergänzung einer Bestandsmasse durch korrespondierende Ereignismassen.

Merkmal: Eigenschaft einer statistischen Einheit, die auch als Merkmalsträger bezeichnet wird.

Merkmalsausprägung: Wert, den ein Merkmal annehmen kann (Merkmalswert).

7.3.2.3 Das statistische Ausgangsmaterial

Vor der Durchführung einer statistischen Untersuchung muss zunächst festgelegt werden, welche Merkmale der zu erfassenden statistischen Einheiten bzw. der zu erfassenden statistischen Masse untersucht werden sollen. Die Entscheidung hängt wesentlich von der Problemstellung ab. Häufig ergibt sich die Bedeutung eines bestimmten Merkmals jedoch erst aus der Analyse der erfassten Daten.

7.3.2.3.1 Erfassung

Die Beschaffung von Daten, d. h. die Erfassung von Beobachtungswerten, geschieht durch eine statistische Erhebung. Formen der statistischen Erhebung sind

- die Befragung,
- die Beobachtung und
- das Experiment.

Befragungen können persönlich durch Interview oder schriftlich durch die Verwendung von Fragebögen durchgeführt werden. Während erstere Form vor allem in der Markt- und Meinungsforschung angewendet wird, ist die Verwendung von Fragebögen sehr verbreitet. Bei jeder Art der Befragung besteht das Risiko, falsche Antworten zu erhalten. Deshalb enthalten Fragebögen häufig Kontrollfragen, die die Identifikation unzutreffender Aussagen ermöglichen sollen.

Beobachtungen werden durch Inaugenscheinnahme (z. B. Kundenzählung, Verkehrszählung) oder durch gerätegestützte Messung (Wiegen und Messen von Testpersonen zur Ermittlung des Gewichts und der Körpergröße) getätigt.

Experimente dienen der Ermittlung (technischer) Nutzeigenschaften von Gebrauchsgegenständen. Im Bereich der Wirtschaftswissenschaften sind Experimente jedoch kaum möglich.

Werden im Rahmen einer statistischen Untersuchung alle Einheiten einer statistischen Masse erfasst, so handelt es sich um eine Vollerhebung. Beschränkt sich die Erfassung dagegen lediglich auf einen Teil der statistischen Masse, so liegt eine Teilerhebung vor. Die Menge der erfassten statistischen Einheiten heißt **Stichprobe.** Teilerhebungen erlauben unter bestimmten Voraussetzungen den Rückschluss auf die Gesamtmasse.

Häufig wird zum Zwecke statistischer Untersuchungen auf bereits vorhandenes Datenmaterial zurückgegriffen. Diesen Fall bezeichnet man als **Sekundärerhebung** im Unterschied zur Ersterhebung von Daten, der sog. **Primärerhebung.**

Vorrangige Datenquellen für Sekundärerhebungen sind die Träger der amtlichen Statistik, also das Statistische Bundesamt, das alljährlich das Statistische Jahrbuch für Deutschland veröffentlicht, sowie die statistischen Ämter der Länder und Gemeinden.

Beispiel: Stichprobenwerte in der Qualitätskontrolle

In der betrieblichen Praxis wird sich die Kontrolle der Qualität eines Prüfloses aus Kosten- und Zeitgründen selten auf die Grundgesamtheit, also jedes einzelne Stück des Prüfloses, erstrecken können, vielmehr wird man sich auf Stichproben beschränken.

Stichprobenkontrollen erfolgen

- in der **Eingangskontrolle** bezüglich der Eigenschaften (Zusammensetzung, Maße, Eigenschaften) des gelieferten Materials;
- in der **Fertigungskontrolle** bezüglich der Übereinstimmung des untersuchten Teils mit einer vorab definierten Spezifikation, wodurch auf die Arbeitsgenauigkeit von Maschinen (»Maschinenfähigkeit«), Mess- und Prüfgeräten (»Prüfmittelfähigkeit«) geschlossen und die Eignung neuer Verfahren und Anlagen (»Prozessfähigkeit«) überprüft werden kann;
- in der **Endkontrolle** bezüglich der Eigenschaften der gefertigten Teile, wobei auch die Tauglichkeit der vorangegangenen Fertigungskontrolle untersucht wird.

Damit eine Stichprobe die Grundgesamtheit auch hinreichend charakterisiert, muss sie ausreichend groß sein, und die Auswahl muss zufällig erfolgen, d. h. jedes Stück eines Loses muss die gleiche Chance haben, in die Stichprobe einbezogen zu werden. In diesem Falle ist die Stichprobe repräsentativ für die Grundgesamtheit.

Das Ergebnis der Stichprobenauswertung entscheidet darüber, ob ein Los angenommen oder abgelehnt wird. Maßgeblich hierfür ist die zuvor festzulegende »annehmbare Qualitätsgrenzlage« (**AQL,** Acceptable Quality Level), die erfüllt ist, wenn ein Los nach der Stichprobenvorschrift n–c geprüft wurde und unter Berücksichtigung des dabei festgestellten Fehleranteils zu einem vorab bestimmten (hohen) Prozentsatz, z. B. 98 %, angenommen wird (wenn also die Chance, dass der Fehleranteil der Stichprobe annehmbar ist, 98 % beträgt).

Die Stichprobenvorschrift n–c besagt, dass bei einer annehmbaren Qualität ein bestimmtes Verhältnis zwischen dem Stichprobenumfang n und der zulässigen Fehlerzahl c nicht überschritten sein darf.

Es gibt keine festen mathematischen Regeln darüber, wie groß eine Stichprobe sein muss. Die betriebliche Praxis trifft Prüfvereinbarungen häufig bezugnehmend auf **DIN ISO 2859 und 3951,** die Qualitätsgrenzlagen mit dazugehörigen Stichprobenumfängen und zulässigen Fehlern beinhalten.

7.3.2.3.2 Aufbereitung

Ordnung von Merkmalsausprägungen

Die Aufbereitung und Auswertung der gewonnenen Daten setzt die Ordnung und Klassierung der Merkmalsausprägungen und -werte voraus.

Beispiel:

Die in einem Teilelager befindlichen Teile weisen unter anderem folgende Merkmale und Merkmalsausprägungen auf:

Merkmal	***Merkmalsausprägungen***
Material	*Aluminium, Eisen, Stahl...*
Länge	*325 mm, 322 mm, 320 mm...*
Gewicht	*1,984 kg; 1,2 kg...*
Anzahl der Bohrungen	*1,2,3...*
Bestellkategorie	*A, B, C*

Länge, Gewicht und Anzahl der Bohrungen sind Intensitätsgrößen, die durch Messen oder Zählen ermittelt werden. Sie können zur Berechnung eines Durchschnitts herangezogen werden. Dagegen handelt es sich bei Material und Bestellkategorie um qualitative Eigenschaften, für die kein Durchschnitt ermittelt werden kann (ein »durchschnittliches Material« gibt es nicht).

Dieses einfache Beispiel weist bereits darauf hin, dass statistische Daten nicht einheitlich weiterverarbeitet werden können; vielmehr gilt:

- **Qualitative Merkmale** können nur nach dem Kriterium »gleich« oder »verschieden« geordnet werden. Diese Ordnung erfolgt in einer **Nominalskala,** die keine Rangreihung zulässt.
- **Intensitätsmäßige Merkmale,** die nicht nur nach dem obigen Kriterium geordnet, sondern darüber hinaus in eine natürliche Reihenfolge gebracht werden können, werden in einer **Ordinal- oder Rangskala** geordnet. Dabei wird aber noch keine Aussage über den absoluten Wert einer Merkmalsausprägung getroffen.

  Beispiel:

  Die Rangreihung von Schülern einer Mathematikklasse nach aufsteigenden Zensuren besagt nicht, dass Einserschüler A doppelt so gut ist wie Zweierschüler B. Auch ist nicht gesagt, dass der Leistungsabstand zwischen A und B genauso groß ist wie der zwischen B und dem Dreierschüler C.

- Können Intervalle, Differenzen oder Quotienten von Merkmalsausprägungen miteinander verglichen werden, so nennt man die betreffenden Merkmale kardinal skalierbare Merkmale, die dazugehörige Skala wird als **Kardinalskala** bezeichnet.

  Der Abstand zwischen den Zahlen 1 und 2 ist genauso groß wie der zwischen den Zahlen 5 und 6. Die Zahlenfolge 1,2,3,4,5,6 repräsentiert daher eine Kardinalskala.

- Kann ein Merkmal nur einzelne Zahlenwerte annehmen, sind also Zwischenwerte ausgeschlossen, so handelt es sich um ein **diskretes Merkmal.** Sind beliebige Zwischenwerte möglich, so spricht man von einem **stetigen Merkmal.**

  Die Zahl der Kinder ist ein diskretes Merkmal; Körpergewicht und Temperatur sind stetige Merkmale.

Klassierung von Merkmalsausprägungen

Vielfach ist es nicht sinnvoll oder unmöglich, alle Ausprägungen eines Merkmals aufzuzählen, weil ihre Anzahl zu groß ist. In solchen Fällen werden benachbarte Merkmalsausprägungen zu einer Klasse zusammengefasst. Damit ist zwar ein Informationsverlust verbunden; die Auswertung gewinnt jedoch an Übersichtlichkeit.

Eine Klasse wird in der Regel durch zwei Grenzen, die obere und die untere Klassengrenze, begrenzt.

Für eine Untersuchung der Einkommensverteilung innerhalb eines Unternehmens werden Klassen gebildet, die die ermittelten Bruttoeinkünfte wie folgt zusammenfassen: bis 999,99 €, 1.000 bis 2.999,99 €, ab 3.000 €. Da eine obere Klassengrenze nicht von vornherein angegeben werden kann, handelt es sich bei der letzten Klasse um eine offene Randklasse.

Zur Aufbereitung stetiger Merkmale ist die Klassenbildung unerlässlich.

Sofern das Problem es zulässt, sollen alle Klassen die gleiche Breite aufweisen. Die Klassenmitte bezeichnet den repräsentativen Wert einer Klasse.

Statistische Reihen

Die in einer statistischen Erhebung ermittelten Merkmalswerte bilden eine statistische Reihe. Hierbei ist zwischen geordneten und ungeordneten statistischen Reihen zu unterscheiden.

Die Befragung von 10 Personen nach ihrer Schuhgröße ergab die ungeordnete Reihe 36, 42, 41, 47, 38, 39, 36, 43, 40, 44. Die geordnete Reihe hierzu lautet 36, 36, 38, 39, 40, 41, 42, 43, 44, 47.

Eine Sonderform der statistischen Reihe ist die Zeitreihe, bei der Werte zu verschiedenen Zeitpunkten (bei Bestandsmassen) oder für verschiedene Zeitintervalle (bei Ereignismassen) erhoben werden. Hier erfolgt keine Rangreihung nach aufsteigender Größe, sondern die Ordnung in der Reihenfolge des zeitlichen Anfalls.

Häufigkeiten

In einer statistischen Reihe kommen zumindest einige Merkmalsausprägungen mehrfach vor. Die Anzahl der Merkmalswerte mit gleicher Ausprägung wird als absolute Häufigkeit der Merkmalsausprägung bezeichnet. Drückt man ihren Anteil relativ zur Gesamtzahl der Beobachtungswerte aus, so handelt es sich bei dieser Angabe um eine relative Häufigkeit.

Von 50 befragten Personen haben 12 die Schuhgröße 41. Die absolute Häufigkeit ist 12, die relative Häufigkeit beträgt 12/50 = 0,24, also 24 %.

Verteilungen

Bei umfangreichen Erhebungen lassen sich die erhobenen Daten im Allgemeinen übersichtlicher darstellen, wenn die aufgetretenen Merkmalsausprägungen nur einmal aufgeschrieben und um die Angabe der Häufigkeit ihres Auftretens ergänzt werden. Aus dieser Zuordnung ergibt sich die Verteilung eines Merkmals.

Die Längenmessung von 500 Aluminiumstäben erbrachte die folgende Verteilung:

Länge in mm:	*317*	*318*	*319*	*320*	*321*	*322*	*323*	*324*	*325*	*326*
Häufigkeit:										
– absolut	*8*	*12*	*33*	*67*	*108*	*112*	*98*	*42*	*19*	*1*
– relativ	*1,6%*	*2,4%*	*6,6%*	*13,4%*	*21,6%*	*22,4%*	*19,6%*	*8,4%*	*3,8%*	*0,2%*

Häufig ist die gemeinsame Verteilung mehrerer Merkmale von Interesse. In diesem Falle spricht man von mehrdimensionaler Häufigkeit.

Für die obigen 500 Aluminiumstäbe wurde neben der Länge auch der Durchmesser gemessen. Dabei wurde die folgende Verteilung gefunden:

Länge in mm:	*317*	*318*	*319*	*320*	*321*	*322*	*323*	*324*	*325*	*326*
∅ in mm:										
17	*1*	*1*	*3*	*7*	*11*	*11*	*5*	*3*	*2*	*0*
18	*5*	*10*	*26*	*55*	*89*	*90*	*92*	*35*	*16*	*1*
19	*2*	*1*	*4*	*5*	*8*	*11*	*1*	*4*	*1*	*0*

Auch die mehrdimensionale Häufigkeit kann in absoluten oder relativen Werten ausgedrückt werden. Offensichtlich ist zu ihrer Darstellung eine Matrix erforderlich.

7.3.2.4 Die Darstellung des statistischen Zahlenmaterials

7.3.2.4.1 Tabellen

Aufbereitete Erhebungsdaten werden meist in statistischen Tabellen dargestellt, für deren Gestaltung **DIN 5008** gilt.

Bestandteile einer Tabelle sind

- Überschrift (u.U. ergänzt um wichtige Angaben),
- Tabellenkopf (oberste Zeile ohne Vorspalte),
- Vorspalte und
- Zellen (Felder), die durch Zeilen und Spalten definiert sind.

Die folgende Abbildung soll einen Überblick zum grundsätzlichen Aufbau einer **Standardtabelle** vermitteln.

Überschrift (Titel und wichtige Angaben)			
(Vorspaltenkopf)	(Tabellenkopf)		

Absatzentwicklung Jahr 07–Jahr 16				
Erhebungsjahr	Bestand			
07	**5000**			
08	**5400**			
09	**5800**			
10	**6700**			
11	**7900**			
12	**8500**			
13	**9200**			
14	**9300**			
15	**8600**			
16	**7500**			

(Zeile) (Spalte)

Aufbau einer Standardtabelle

Leere Felder einer Tabelle werden üblicherweise wie folgt ausgefüllt:

X = Angabe kann nicht gemacht werden bzw. ist sachlich nicht sinnvoll

– = Nichts, der Zahlenwert beträgt genau Null

0 = Der Zahlenwert ist größer als Null, kann aber in den Einheiten der Tabelle nicht angegeben werden

... = Angabe erfolgt später

Folgende Anforderungen sind an Tabellen zu stellen:

- Übersichtlichkeit,
- leichte Lesbarkeit,
- unmissverständliche Bezeichnungen,
- Angabe der Dimensionen.

Der Aufbau von Tabellen, in denen das gemeinsame Auftreten von mehr als zwei Merkmalen dargestellt werden soll, ist im Allgemeinen schwierig, wenn nicht unmöglich, da Tabellen die dritte Dimension fehlt.

7.3.2.4.2 Grafische Darstellungen

Statistisches Material kann nicht nur in Tabellen, sondern (meist zusätzlich zu deren Erläuterung) auch durch Grafiken veranschaulicht werden. Wesentliche grafische Darstellungsformen sind Diagramme und Nomogramme.

Diagramme

Diagramme sind Schaubilder, die Daten und Informationen in einen Zusammenhang stellen. Sie werden vor allem zur Visualisierung von Zeit-, Größen- und Mengenangaben eingesetzt, können aber auch nicht-quantitative Zusammenhänge darstellen. In diesem Buch sind verschiedenste Beispiele enthalten, etwa die Organigramme, die die Strukturen und hierarchischen Beziehungen innerhalb eines Unternehmens verdeutlichen, das Ursache-Wirkungs-Diagramm (Ishikawa) aus Abschnitt 7.3.1.4 und die in verschiedenen Zusammenhänge gezeigten Gantt-Diagramme. Auch die Glockenkurve der Gauß schen Normalverteilung, die in Lehrbuch 2 im Rahmen der Materialwirtschaft vorgestellt wurde, ist eine Diagrammdarstellung, deren Vorstufe, ein auf der Häufigkeitsverteilung kardinal skalierter Merkmale beruhendes Säulendiagramm, als Histogramm bezeichnet wird.

Welche Diagrammform zu wählen ist, hängt davon ab, welcher Sachverhalt mit dem Diagramm dargestellt und welche Informationen der Betrachter daraus gewinnen soll. Außerdem muss darauf geachtet werden, dass sinnvolle Dimensionierungen gewählt werden, also z. B. angemessene Skalen- bzw. Achsenwerte, angemessene Klassenbreiten usw.

Die folgende Abbildung zeigt die Umsetzung einer Wertetabelle durch verschiedene Formen von Diagrammen. Dabei wird deutlich, dass ein- und derselbe Sachverhalt je nach gewählter Darstellungsform deutlich oder weniger deutlich vermittelt werden kann bzw. bestimmte Darstellungsformen für bestimmte Sachverhalte nicht sinnvoll sind.

Absatzentwicklung

2008–2017

Jahr	Stückzahl
2008	5000
2009	5400
2010	5800
2011	6700
2012	7900
2013	8500
2014	9200
2015	9300
2016	8600
2017	7500

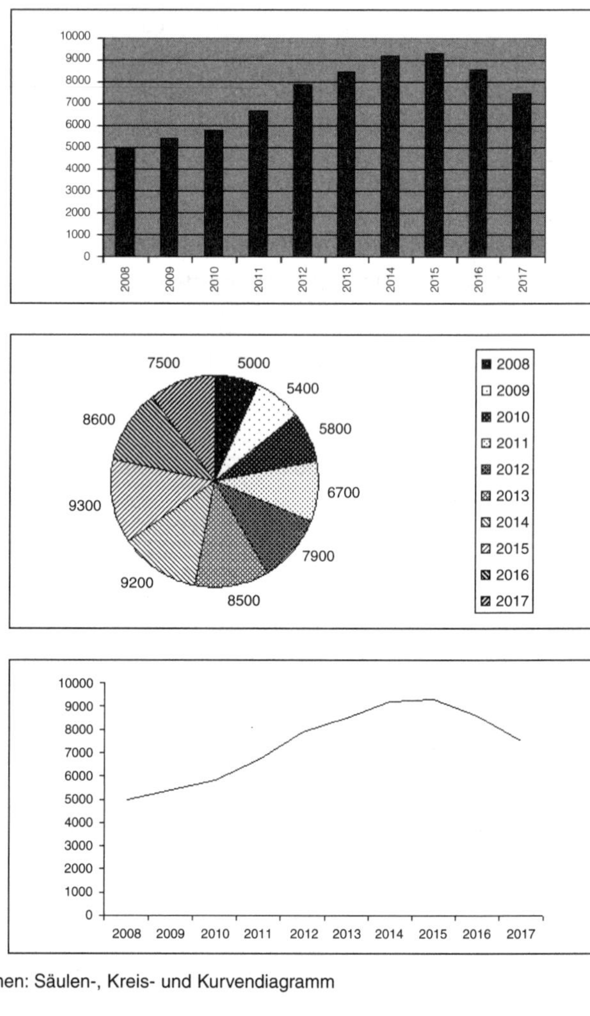

Eine Datentabelle, drei Darstellungsformen: Säulen-, Kreis- und Kurvendiagramm

Weitere Formen

Besondere Darstellungsformen, die gern in der Presse verwendet werden, um aktuelle Zusammenhänge zu verdeutlichen, sind

- **Piktogramme** (Bildzeichen), die zur Darstellung von Häufigkeiten mehrfach oder in unterschiedlicher Größe angelegt sind, und
- **Kartogramme,** wobei Häufigkeiten unter Verwendung von Farben, Schattierungen, Symbolen usw. raumtreu in einer Landkarte, einem Stadtplan o. ä. abgebildet werden.

Nomogramme

Ein Nomogramm ist eine Rechentafel, in der einfache Formeln grafisch so abgebildet werden, dass die Lösung einer Rechenaufgabe, die sich aus der Beziehung von Eingabewerten zueinander ergibt, aus der Darstellung abgelesen werden kann.

Unterschieden werden folgende Darstellungsarten:

- **Leitertafeln (Fluchtlinientafeln)** bestehen aus Geraden, die durch ihre Unterteilungen an Leitern erinnern. Je nach Aufgabenstellung sind eine oder auch mehrere nebeneinander liegende oder stehende Geraden (Doppelleitern, Dreifachleitern) erforderlich. Zum Ablesen wird meist ein Lineal als Hilfsmittel benötigt.

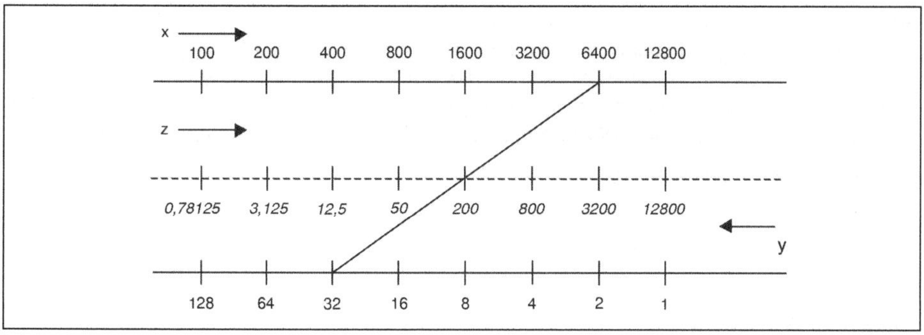

Leitertafel für z = x÷y; Beispiel: 6400 : 32=200

- **Netztafeln** spannen einen Lösungsraum (ein Netz) zwischen zwei senkrecht aufeinander stehenden Geraden auf.

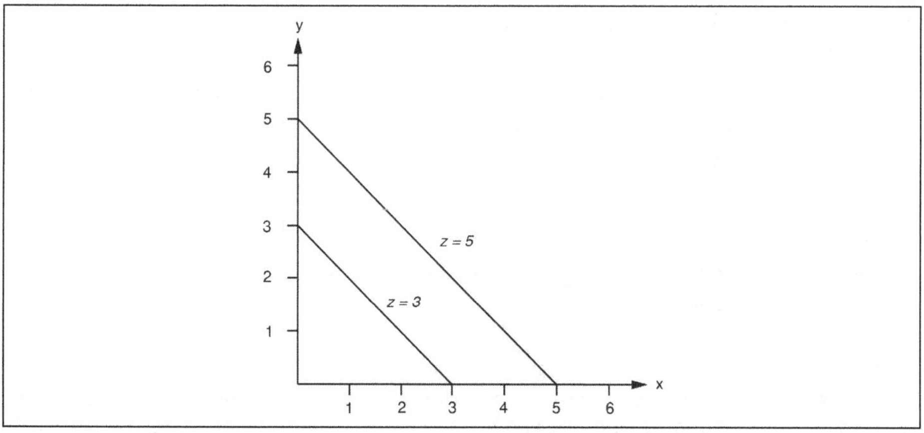

Netztafel für x+y=z. Beispiel: x = 4 y = 1; 4 + 1 = 5

7.3.2.5 Statistische Maßzahlen

Im Rahmen statistischer Methoden werden die verschiedensten Maßzahlen verwendet, von denen die wichtigsten und gebräuchlichsten vorgestellt werden sollen.

Maßzahlen in diesem Sinn sind

- Mittelwerte,
- Streuungsmaße,
- Verhältniszahlen,
- Zeitreihen und
- Indexzahlen.

Die folgenden Abschnitte sollen die Anwendungsbereiche der verschiedenen Maßzahlen mit ausführlichen und durchgerechneten Beispielen verdeutlichen.

7.3.2.5.1 Mittelwerte

Mittelwerte beschreiben eine statistische Masse durch eine einzige charakteristische Größe. Mit ihrer Hilfe soll der Vergleich verschiedener Mengen von Merkmalswerten vereinfacht werden. Zudem ermöglichen Mittelwerte die Beurteilung von Einzelwerten innerhalb der erhobenen Daten.

Beispiel:

Aus der Erhebung sämtlicher in einer Unternehmung gezahlten Bruttogehälter lässt sich ein Mittelwert bilden, der sowohl den Vergleich mit der durchschnittlichen Entlohnung eines anderen Unternehmens ermöglicht als auch die Angabe zulässt, um wie viel das Gehalt eines einzelnen Arbeitnehmers absolut oder relativ vom Durchschnitt abweicht.

Die wichtigsten Mittelwerte sind

- der Modalwert (Modus),
- der Zentralwert (Median),
- Quantile,
- das arithmetische Mittel,
- das geometrische Mittel,
- das harmonische Mittel.

Der gleitende Mittelwert wird in Abschnitt 7.3.2.5.4 behandelt.

Modus

Der Modus (Modalwert, häufigster Wert) bezeichnet diejenige Merkmalsausprägung, die am häufigsten auftritt.

500 Männer wurden danach befragt, wie viele Paar Schuhe sie besitzen. Die Erhebung erbrachte die folgende Verteilung:

Anzahl der Schuhpaare:	*1*	*2*	*3*	*4*	*5*	*6*	*7*	*8*	*9*	*mehr als 9*
Häufigkeit:	*28*	*26*	*51*	*107*	*107*	*66*	*55*	*30*	*21*	*9*

Die häufigsten Werte sind $x = 4$ und $x = 5$.

Gibt es mehrere Merkmalsausprägungen mit größter Häufigkeit, so gibt es dementsprechend mehrere **Modalwerte.**

Median

Die Anwendung des Medians oder Zentralwerts setzt voraus, dass die untersuchten Merkmalsausprägungen zumindest nach einer Ordinalskala geordnet werden können. Die geordnete Reihe der Beobachtungswerte wird durch den Zentralwert in zwei gleiche Teile zerlegt.

Der Zentralwert Z (als Formelzeichen wird teils auch z oder $\tilde{x}$ verwendet) errechnet sich für eine ungerade Anzahl n von Beobachtungswerten x nach der Vorschrift

$$Z = x_{\frac{n+1}{2}}$$

Für eine gerade Anzahl von Beobachtungswerten gilt die Vorschrift

$$Z = (x_{\frac{n}{2}} + x_{\frac{n}{2}+1}) \cdot 0,5$$

Beispiele:

Bei der Mitarbeiterbeurteilung nach einem Punktsystem wurden von 15 Mitarbeitern folgende Punktzahlen erzielt (Wiedergabe in bereits geordneter Reihe):

85, 85, 90, 90, 90, 95, 100, 100, 105, 105, 105, 110, 115, 115, 120

Der gesuchte Zentralwert ist x_8, also der achte Wert der Reihe mit dem Wert 100.

Eine Klassenarbeit, an der zehn Schüler teilnahmen, erbrachte folgende Ergebnisse:

1, 2, 2, 2, 3, 3, 3, 3, 4, 5.

Der Zentralwert ist $(x_5 + x_6)$ x 0,5, also (3+3) : 2 = 3. Dies entspricht dem arithmetischen Mittel aus den beiden mittleren Reihenwerten.

Quantile

Während der Median genau in der Mitte einer geordneten Reihe liegt und diese in zwei gleich lange Teile zerlegt, teilen **Quantile (Perzentile)** eine geordnete Datenreihe in eine vorgegebene Anzahl gleich großer Gruppen.

Quartile z. B. teilen eine geordnete Datenreihe in vier gleich große Gruppen, sodass gilt:

25 % aller Datenwerte sind dem Wert des ersten Quartils (Q1),
50 % aller Datenwerte sind dem Wert des zweiten Quartils (Q2),
75 % aller Datenwerte sind dem Wert des dritten Quartils (Q3),

> Für die Berechnung von Quartilen werden in der Literatur unterschiedliche Formeln angegeben, die hier nicht sämtlich dargestellt werden sollen. Das folgende Beispiel zeigt eine simple Einteilung einer Reihe mit einer ungeraden Anzahl von Reihenwerten in Quartile.

Beispiel:

In der geordneten Reihe der von den Mitarbeitern erreichten Punktzahlen aus dem vorstehenden Beispiel ergeben sich folgende Quartile:

1	2	3	4	5	6	7	8	9	10	11	12	13	14	15
85	**85**	**90**	**90**	**90**	**95**	**100**	**100**	**105**	**105**	**105**	**110**	**115**	**115**	**120**

Erklärung: Der Zentralwert Z_8 = 100 teilt die Reihe in eine untere und eine obere Hälfte. Für die untere Hälfte von x_1 bis x_7 ist deren Zentralwert Z_4, also 90. Für die obere Hälfte von x_9 bis x_{15} ist deren Zentralwert Z_{12}, also 110.

Das arithmetische Mittel

Dieser am häufigsten verwendete Mittelwert, volkstümlich als »**Durchschnitt**« bezeichnet, kann nur auf kardinal skalierbare Merkmale angewendet werden.

Das arithmetische Mittel $\overline{x}$ errechnet sich aus der Summe der Beobachtungswerte, dividiert durch die Anzahl der Beobachtungen.

Kommen gleiche Merkmalsausprägungen mehrfach vor, so spricht man von einem **gewogenen arithmetischen Mittel,** wenn die Häufigkeiten des Auftretens einzelner Merkmalsausprägungen berücksichtigt werden.

Das folgende Beispiel verdeutlicht die vorstehenden Begriffe.

Am Ende eines Geschäftsjahres soll der durchschnittliche Einkaufspreis einer Ware ermittelt werden, die zu unterschiedlichen Marktpreisen und in verschieden großen Partien eingekauft wurde:

Einkaufsdatum	Menge in kg	Einzelpreis in €
01.02.	1000	6,00
01.04.	2000	5,50
15.06.	1500	5,00
01.10.	2000	6,20
15.12.	1000	6,50

Die Berechnung des einfachen arithmetischen Mittels würde zu folgendem Durchschnittspreis führen:

$$\frac{6{,}0 + 5{,}5 + 5{,}0 + 6{,}2 + 6{,}5}{5} = 5{,}84$$

Demgegenüber errechnet sich bei Gewichtung der Einzelpreise mit den zugehörigen Mengen der Durchschnittspreis wie folgt:

$$\begin{aligned} 1000 \cdot 6{,}00 &= 6000 \\ 2000 \cdot 5{,}50 &= 11000 \\ 1500 \cdot 5{,}00 &= 7500 \\ 2000 \cdot 6{,}20 &= 12400 \\ 1000 \cdot 6{,}50 &= 6500 \\ \hline 7500 \qquad & 43400 : 7500 = 5{,}786 \end{aligned}$$

Auch für klassierte Merkmalswerte kann das arithmetische Mittel berechnet werden, wobei üblicherweise die Klassenmitten zu Grunde gelegt werden. Hierbei können jedoch – in Hinblick auf die Ursprungswerte – Verzerrungen auftreten.

Beispiel:
Die Befragung von 25 Personen nach ihrem Alter ergab folgende Beobachtungswerte:

21, 34, 56, 72, 12, 23, 36, 52, 31, 29, 48, 45, 34, 56, 15, 66, 21, 18, 18, 36, 80, 27, 11, 20, 30.

Sortiert ergibt sich folgende Reihe:

11, 12, 15, 18, 18, 20, 21, 21, 23, 27, 29, 30, 31, 34, 34, 36, 36, 45, 48, 52, 56, 56, 66, 72, 80.

Das gewogene arithmetische Mittel ist

$$\frac{(11 + 12 + 15 + 2 \cdot 18 + 20 + 2 \cdot 21 + ... + 72 + 80)}{25} = 35{,}64$$

Die Einordnung der obigen Altersangaben in Altersklassen von je 10 Jahren ergibt folgende Klassierung:

Altersklasse	Klassenmitte	Häufigkeit
unter 10	5	0
10 bis unter 20	15	5
20 bis unter 30	25	6
30 bis unter 40	35	6
40 bis unter 50	45	2
50 bis unter 60	55	3
60 bis unter 70	65	1
70 bis unter 80	75	1
80 und mehr	85	1

Aus den klassierten Werten, die durch die jeweilige Klassenmitte repräsentiert werden, ergibt sich das arithmetische Mittel wie folgt:

$$\frac{0 \cdot 5+5 \cdot 15+6 \cdot 25+6 \cdot 35+2 \cdot 45+3 \cdot 55+65+75+85}{25} = 36{,}6$$

Die Abweichung zwischen beiden Ergebnissen (36,6 – 35,64 = 0,96) macht entspricht ungefähr einem Jahr.

Die Abweichung zwischen dem arithmetischen Mittel der klassierten Werte und dem der Ursprungswerte ist größer, wenn die Mehrzahl der Beobachtungswerte im unteren oder oberen Bereich der jeweiligen Klassen angesiedelt sind.

Bereits aus der Materialwirtschaft bekannt ist der **gleitende Mittelwert.** Er kommt dort bei der Vorhersage zukünftiger Verbrauchswerte zum Einsatz, und dabei macht es Sinn, nicht sämtliche Vergangenheitswerte, sondern nur eine bestimmte Anzahl der aktuellsten Werte in die Vorhersage einzubeziehen. Ein Beispiel hierzu enthält Lehrbuch 2, Abschn. 4.3.2.3.4.3. Dort wird auch die Variante des **gewichteten (auch: gewogenen) gleitenden Mittelwerts** gezeigt. Dabei werden die Werte mit Gewichtungsfaktoren bewertet – je weiter ein Wert in der Vergangenheit liegt, desto geringer ist der Gewichtungsfaktor und folglich der Einfluss, den dieser Wert bei der Ermittlung des Vorhersagewertes ausübt. Eine weitere Anwendung als gleitender Durchschnitt enthält Abschn. 7.3.2.5.4.

Das geometrische Mittel

Das geometrische Mittel g ist ein **Lagewert**, der genutzt wird, um das durchschnittliche Wachstum von Werten zu berechnen. Es ist definiert als die n-te Wurzel aus dem Produkt aller Wachstumsfaktoren g_t, wobei ein Wachstumsfaktor wiederum definiert ist als Quotient aus dem Wert der betrachteten Periode und der jeweiligen Vorperiode.

Beispiel:

Die Wertentwicklung einer Aktie soll beurteilt werden. Sie wurde zum Kurs von 50 € gekauft, notierte ein Jahr später mit 60 € und ein weiteres Jahr später mit 90 €.

Daraus ergeben sich folgende Wachstumsfaktoren:

$$g_1 = \frac{60}{50} = 1{,}2 \quad \text{und} \quad g_2 = \frac{90}{60} = 1{,}5$$

Das geometrische Mittel errechnet sich damit wie folgt:

$$g = \sqrt{1{,}2 \cdot 1{,}5} = \sqrt{1{,}8} = 1{,}34164$$

Der durchschnittliche Wertzuwachs betrug g – 1 = 0,34164 = 34,164 %.

Probe: Bei probeweiser Anwendung dieses durchschnittlichen Wertzuwachses für zwei Jahre ergibt sich als Endwert

$$50 \cdot 1{,}34164 \cdot 1{,}34164 = 89{,}99989 \sim 90$$

Das harmonische Mittel

Das harmonische Mittel h zweier Zahlen a und b errechnet sich nach der Formel

$$h = \frac{2ab}{a + b}$$

Beispiel:

Ein Zug legt auf einer Reise die ersten 100 km mit einer Geschwindigkeit von 100 km/h zurück. Auf den zweiten 100 km beträgt die Geschwindigkeit 200 km/h. Für die gesamten 200 km werden also 1,5 Stunden benötigt. Das harmonische Mittel h ergibt sich aus

$$h = \frac{2 \cdot 100 \cdot 200}{100 + 200} = 133{,}33$$

und entspricht damit dem Verhältnis von zurückgelegter Strecke und Zeit:

$$h = \frac{200 \text{ km}}{1{,}5 \text{ Std}} = 133{,}33 \text{ km/h}$$

Probe: Wäre der Zug während der 1,5stündigen Reise konstant 133,33 km/h gefahren, hätte er

$$133{,}33 \text{ km/h} \times 1{,}5 \text{ h} = 200 \text{ km}$$

zurückgelegt.

7.3.2.5.2 Streuungsmaße

Nicht immer sind die Mittelwerte geeignet, eine statistische Masse hinreichend zu charakterisieren, da sie keine Aussage darüber zulassen, **in welcher Breite** sich die beobachteten Werte um den Mittelwert verteilen.

Für die Beobachtungswerte 1,50,99 ist das arithmetische Mittel ebenso groß wie für die Verteilung 49,50,51.

Im ersten Beispiel ist die Streuung der Werte offensichtlich viel größer als im zweiten Beispiel.

Die Streuung von Beobachtungswerten wird in folgenden Kennzahlen ausgedrückt:

- Spannweite,
- Quantilsabstand,
- Mittlere absolute Abweichung,
- Varianz,
- Standardabweichung,
- Variationskoeffizient.

Spannweite

Die Spannweite ist die Differenz zwischen dem kleinsten und dem größten vorkommenden Merkmalswert. Als simpelstes aller Streuungsmaße ist sie jedoch wenig aussagefähig.

Die Befragung von 25 Personen nach ihrem Alter ergab folgende Beobachtungswerte: 21, 34, 56, 72, 12, 23, 36, 52, 31, 29, 48, 45, 34, 56, 15, 66, 21, 18, 18, 36, 80, 27, 11, 20, 30. Für diese Erhebung von Altersangaben ist die Spannweite (w): w = 80 – 11 = 69

Quantilabstand

Liegen genügend Daten vor, so dass Quantile gebildet werden können, wird als Streuungsmaß der Abstand zwischen bestimmten Quantilen gemessen. Dabei werden die niedrigsten und höchsten gefundenen Werte ignoriert, um den Einfluss von »Ausreißern« zu minimieren. Praktisch wird fast durchweg der Interquartilsabstand gemessen: Dieser ist der Abstand zwischen den Quartilen Q3 und Q1.

Für das in Abschnitt 7.3.2.5.1 gegebene Beispiel zu Quartilen errechnet sich der Quartilsabstand zu

$$QA = Q3 - Q1 = 110 - 90 = 20$$

Mittlere absolute Abweichung

Die mittlere absolute Abweichung (d), häufig auch als **MAD** abgekürzt, ist das arithmetische Mittel aus den absoluten Abweichungen der Reihenwerte vom Mittelwert.

Als Mittelwert kann dabei der Zentralwert oder, wie im folgenden Beispiel, das arithmetische Mittel $\bar{x}$ verwendet werden.

Absolute Abweichung bedeutet, dass die Abweichung eines Wertes vom gewählten Mittelwert immer positiv angegeben wird, unabhängig davon, ob der betreffende Wert kleiner oder größer ist als der Mittelwert: Denn es interessiert das Ausmaß, nicht die Richtung der Abweichung!

Die allgemeine Formel lautet

$$MAD = \frac{1}{n}\sum_{i=1}^{n} |x_i - \bar{x}|$$

mit n = Anzahl der Reihenwerte, x = Reihenwert, $\bar{x}$ = arithmetisches Mittel

> Hinweis: Die IHK-Formelsammlung verwendet die MAD nur zur Fehlerberechnung in Zusammenhang mit der Materialbedarfsermittlung. Dabei wird anstelle des arithmetischen Mittels $\bar{x}$ der Vorhersagewert V_i der Periode i verwendet.

Für die folgende Reihe

Geordnete Reihe (in mm):	*403*	*404*	*407*	*410*	*410*	*412*	*413*	*413*	*413*	*415*
Reihenwert Nr.	*1*	*2*	*3*	*4*	*5*	*6*	*7*	*8*	*9*	*10*

wurde zuvor das arithmetische Mittel $\bar{x}$ = 410 ermittelt.

Die mittlere absolute Abweichung errechnet sich hier zu

$$d = \frac{|403-410|+|404-410|+|407-410|+|410-410|+|410-410|+|412-410|+|413-410|+|413-410|+|413-410|+|415-410|^*}{10}$$

$$= \frac{7+6+3+0+0+2+3+3+3+5}{10}$$

$$= \frac{32}{10} = 3{,}2$$

Durchschnittlich weichen die einzelnen Reihenwerte um 3,2 vom Zentralwert ab.

* Hinweis: der Einschluss in senkrechte Striche bedeutet, dass das Vorzeichen keine Rolle spielt: Die Differenz ist immer positiv.

Varianz, Standardabweichung und Variationskoeffizient

Die Standardabweichung (Hinweise zur Schreibweise: σ, wenn die Grundgesamtheit als Rechengrundlage dient; s, wenn die Berechnung auf Stichprobenwerten basiert) ist das gebräuchlichste Streuungsmaß, um die Streuung von Einzelwerten einer Grundgesamtheit oder von Stichprobenwerten um ihren Mittelwert auszudrücken. Um sie zu ermitteln, muss zunächst die Varianz errechnet werden.

Die Varianz ist die mittlere quadratische Abweichung der beobachteten Reihenwerte vom arithmetischen Mittel. Durch die Verwendung quadratischer Abweichungen werden größere Abstände vom Mittelwert (in diesem Falle das arithmetische Mittel!) stärker berücksichtigt, als dies bei der mittleren absoluten Abweichung der Fall ist.

Für die Werte aus obigem Beispiel ergibt sich folgende Varianz:

$$\sigma^2 = \frac{7^2 + 6^2 + 3^2 + 0^2 + 0^2 + 2^2 + 3^2 + 3^2 + 3^2 + 5^2}{10}$$

$$= \frac{150}{10} = 15$$

Die Standardabweichung ergibt sich damit zu

$$\sigma = \sqrt{15} = 3{,}873$$

Das bedeutet, dass die ermittelten Messwerte ganz überwiegend im Zahlenbereich von

$\bar{x} - 1\sigma$	$\bar{x}$	$\bar{x} + 1\sigma$
406,13	410	413,873

liegen. Der Vergleich mit den echten vorgefundenen Werten zeigt, dass tatsächlich nur drei Werte außerhalb dieses Bereiches liegen.

Die allgemeine Formel für die Errechnung der Standardabweichung aus einer bekannten Grundgesamtheit lautet:

$$\sigma = \sqrt{\frac{1}{n}\left(\sum_{i=1}^{n}(x_i - \bar{x})^2\right)}$$

Handelt es sich bei den auszuwertenden Messzahlen um Stichprobenwerte, erfolgt die Berechnung der so genannten empirischen (n–1)-Standardabweichung nach der Formel

$$s_x = \sqrt{\frac{1}{n-1}\left(\sum^{n}(x_i - \bar{x})^2\right)}$$

mit n = Anzahl der Einzelwerte der Stichprobe; (n – 1) ist der Freiheitsgrad, auf den hier nicht weiter eingegangen werden soll.

Angenommen, es handele sich bei den oben angegebenen Messwerten um die Längenmessungen an 10 stichprobenartig aus einer Grundgesamtheit entnommenen Wellen, und mit der Standardabweichung soll etwas über die Streuung der Längen innerhalb der Grundgesamtheit ausgesagt werden:

In diesem Falle ist die Berechnung

$$s^2 = \frac{150}{10-1} = 16{,}667$$

Die Standardabweichung ergibt sich damit zu

$$s = \sqrt{16{,}667} = 4{,}082$$

und ist damit größer als im obigen Berechnungsfalle. Hierdurch wird die Unsicherheit, mit der eine Stichprobe gegenüber den vollständigen Werten einer Grundgesamtheit behaftet ist, berücksichtigt.

Wird die Standardabweichung ins Verhältnis zu einem Mittelwert (meist dem arithmetischen Mittel, seltener dem Zentralwert) gesetzt, ergibt sich der so genannte **Variationskoeffizient,** der für Vergleichszwecke eingesetzt werden kann.

7.3.2.5.3 Verhältniszahlen

Werden zwei Maßzahlen in Form eines Quotienten zueinander in Beziehung gesetzt, so ist das Ergebnis eine Verhältniszahl.

Ihre Bildung ist jedoch nur sinnvoll, wenn zwischen beiden Maßzahlen tatsächlich eine sachliche Beziehung besteht.

Die wichtigsten Verhältniszahlen sind

- Gliederungszahlen,
- Beziehungszahlen und
- Messzahlen.

Die in der Ökonomie gebräuchlichsten Verhältniszahlen wurden bereits in Abschnitt 1.7.3 aufgeführt.

Gliederungszahlen

Gliederungszahlen beziffern den Anteil einer Teilmasse an einer Gesamtmasse.

Beispiel:

Die XY-GmbH beschäftigt 22 leitende Angestellte. Darunter befinden sich zwei Frauen. Als Gliederungszahl für weibliche leitende Angestellte ergibt sich somit

2/22 = 0,09 = 9 %.

Beziehungszahlen

Beziehungszahlen setzen verschiedene statistische Gesamt- oder Teilmassen zueinander in Beziehung.

Beziehungszahlen sind z. B.

Rentabilität = Periodengewinn/eingesetztes Kapital

Produktivität = Produzierte Menge/geleistete Arbeitsstunden

Auch Beziehungszahlen sind aber nicht immer sinnvoll. So lässt sich zum Beispiel durch die Berechnung »Menge der bundesdeutschen Alkoholiker/Fläche der BRD« die Zahl der

Alkoholiker pro Quadratkilometer ermitteln – inwieweit dies eine nützliche Größe ist, sei jedoch dahingestellt.

Messzahlen

Messzahlen geben an, wie sich zwei gleichartige, jedoch räumlich oder zeitlich verschiedene Merkmalswerte zueinander verhalten.

Meist handelt es sich um Zeitreihenwerte, die verglichen werden sollen. Alle Werte werden hierbei auf eine Basisperiode bezogen.

Beispiel:

Die Umsatzzahlen zweier Produkte A und B sollen miteinander verglichen werden. Zur Erleichterung der Vergleichbarkeit werden sämtliche Umsätze in Bezug auf den Monat Juli umgerechnet (Juli-Umsatz = 100). Im letzten halben Jahr wurden folgende Umsätze registriert:

Monat	absoluter Umsatz in Stück		Messzahl (Juli = 100), gerundet	
	A	B	A	B
Juli	1000	2400	100	100
August	1200	2800	120	117
September	1600	3300	160	138
Oktober	1800	3400	180	142
November	1500	2700	150	113
Dezember	1200	2400	120	100

Offensichtlich bleibt die Umsatzentwicklung von Produkt B hinter der des Produktes A zurück.

Auf die Standardisierung, Umbasierung und Verkettung von Messzahlen soll an dieser Stelle nicht eingegangen werden.

7.3.2.5.4 Zeitreihen

Zeitreihen sind Folgen von Merkmalswerten, die zu verschiedenen Zeitpunkten (bei Bestandsmassen) oder in verschiedenen Zeitintervallen (bei Ereignismassen) erhoben wurden.

Zeitreihen dienen zum einen der Bestandsanalyse, zum anderen der Prognose zukünftiger Entwicklungen durch die Untersuchung von Gesetzmäßigkeiten innerhalb von Zeitreihen.

Bestandsanalyse

Die Bestandsanalyse kann sich häufig nicht allein darauf beschränken, Bestände durch Zählen oder Messen zu ermitteln; vielmehr sind Größen wie Zu- und Abgänge, Durchschnittsbestände, Verweildauer und Umschlaghäufigkeit ebenso zu berücksichtigen.

Die Stadtvertretung von Xhausen möchte wissen, ob das bestehende Freibad einer Erweiterung bedarf. Daher wird der Leiter der zuständigen Stadtwerke beauftragt, während der Badesaison eine Besucherstatistik zu führen. Er löst diese Aufgabe, indem er die verkauften Eintrittskarten registriert. Sein Ergebnis sieht folgendermaßen aus:

Monat	tägliche Besucherzahl im Monatsdurchschnitt
Mai	800
Juni	1000
Juli	1300
August	1600
September	900
Oktober	500

Diese Zahlen veranlassen den Stadtrat, sofort einen Erweiterungsbau in Auftrag zu geben; denn das Schwimmbad ist nur für maximal 400 Personen ausgelegt.

Vor Inangriffnahme der Umbauarbeiten nehmen die Stadtvertreter im nächsten August eine Ortsbesichtigung vor, bei der sie – trotz Hochsaison – reichlich Platz im Wasser, auf der Liegewiese und in den Umkleidekabinen vorfinden. Nach längerem Überlegen und Beobachten kommt einem der Honoratioren die Erleuchtung: Offensichtlich kommen viele Besucher im Laufe des Tages, schwimmen eine oder zwei Stunden und gehen wieder. Diese Tatsache hatte man schlichtweg übersehen. Fazit: Die vorgenommene Bestandsanalyse war unvollständig, ihre Ergebnisse daher untauglich.

Ein Mitglied des Stadtrates schlägt vor, die Zahl der Badbesucher stündlich neu festzustellen. Ein Versuch, dies in die Tat umzusetzen, scheitert jedoch daran, dass die Besucher ständig umherlaufen. Man zieht sich daher zunächst zurück, um über geeignetere Verfahren zu beraten.

Ein Bestand kann dadurch ermittelt werden, dass die Zugänge und Abgänge innerhalb von Zeitintervallen registriert und vom Anfangs- bzw. dem fortgeschriebenen Bestand zu- oder abgeschrieben werden.

Unser Beispielschwimmbad ist eine geschlossene Bestandsmasse, d. h. vor Öffnung und nach Schließung des Bades sind keine Besucher zu verzeichnen. Eine Untersuchung der Zu- und Abgänge, im Stundenintervall durchgeführt, gibt Auskunft über die jeweiligen Bestände während einer Stunde. Eine exakte Angabe über die Anzahl der Besucher zu einem bestimmten Zeitpunkt ist jedoch nur möglich, wenn jeder Zu- und Abgang sofort registriert wird und in die Bestandserhebung eingeht.

Der Stadtrat von Xhausen gibt eine neue Erhebung in Auftrag. Diesmal registriert die Kassenwärterin jeden neuen Besucher und jeden Abgang. Zu jeder vollen Stunde addiert sie die Zu- und Abgänge der abgelaufenen Stunde und ermittelt so den Besucherbestand. Das Ergebnis eines Augusttages sieht dann wie folgt aus:

Uhrzeit	Zugänge	Zugangssumme	Abgänge	Abgangssumme	Bestand
08.00	30	30	0	0	30
09.00	100	130	20	20	110
10.00	220	350	60	80	270
11.00	200	550	130	210	340
12.00	140	690	200	410	280
13.00	120	810	120	530	280
14.00	320	1130	180	710	420
15.00	270	1400	250	960	440
16.00	110	1510	300	1260	250
17.00	80	1590	260	1520	70
18.00	30	1620	40	1560	60
19.00	0	1620	60	1620	0

Offensichtlich liegt die Zahl der Besucher, die sich gleichzeitig im Schwimmbad aufhalten, auch in Spitzenzeiten nur knapp über 400. Der Durchschnittsbestand, der sich aus der Summe der Bestände, dividiert durch die Menge der Intervalle (in diesem Falle 11), errechnet, liegt sogar nur bei 232 Personen. Möglicherweise könnte also auf den Erweiterungsbau verzichtet werden, wenn es gelänge, die Besucherzahl gleichmäßiger zu verteilen. Der Bürgermeister schlägt vor, eine Zeitbegrenzung einzuführen, also den Aufenthalt pro Besucher auf eine bestimmte Dauer zu beschränken. Dazu müsste man wissen, wie lange sich die Badbesucher durchschnittlich im Schwimmbad aufhalten – schließlich möchte man auch keinen Wähler verärgern, indem man seine liebgewordenen Gewohnheiten beschneidet. Man überlegt also, wie die Verweildauer ermittelt werden könnte.

Die **Verweildauer (d)** ist die Differenz zwischen dem Zeitpunkt des Abgangs und dem Zeitpunkt des Zugangs einer Einheit. Ihre Erfassung kann tabellarisch erfolgen; die grafische Darstellung von Verweilzeiten erfolgt in einem Verweildiagramm.

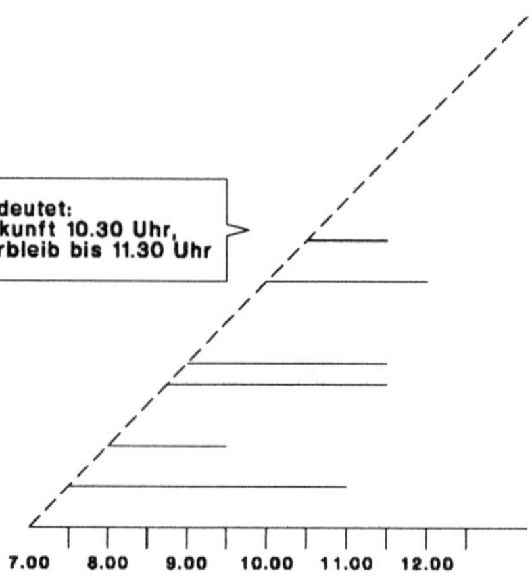

Verweildiagramm

Kennt man die Verweildauer der einzelnen Einheiten nicht (dies wird in der Regel der Fall sein), so errechnet sich der Zeitmengenbestand aus der Multiplikation des Durchschnittsbestandes mit der Länge des Beobachtungszeitraumes. Teilt man diesen Zeitmengenbestand durch die Menge aller Einheiten, die dem Bestand angehört haben, so ergibt sich die mittlere Verweildauer.

Für das Schwimmbadbeispiel wurde ein Durchschnittsbestand von 232 Personen ermittelt; der Beobachtungszeitraum umfasste 11 Stunden; mittlere Verweildauer:

$232 \cdot 11 : 1620 = 1{,}575$ (gerundet)

Jeder Besucher hat sich also durchschnittlich 1 Stunde und 35 Minuten im Schwimmbad aufgehalten. Damit ist natürlich nichts darüber gesagt, ob nicht einzelne Besucher wesentlich kürzer oder aber auch den ganzen Tag geblieben sind. Dies könnte nun noch dadurch überprüft werden, dass jede verkaufte Eintrittskarte beim Betreten und Verlassen abgestempelt und anschließend abgegeben würde. Auf diese Weise ließe sich die Streuung um die ermittelte durchschnittliche Verweildauer ermitteln.

Am Schwimmbadbeispiel wird deutlich, wie viele Informationen bei sachgerechter Auswertung aus einer Zeitreihe abgeleitet werden können. Letztlich können unsere Stadtväter auf der Basis der ermittelten Werte eine Handlungsweise ableiten, als deren Konsequenz auf den geplanten Erweiterungsbau verzichtet werden kann.

Prognose

Prognosen sind Voraussagen über zukünftige Entwicklungen bzw. Zustände. Wenn diese Voraussagen nicht auf Spekulationen und Mutmaßungen beruhen sollen, so ist es unumgänglich, sie quantitativ-statistisch zu fundieren. Da die Zukunft grundsätzlich nicht bekannt ist, wird man die Entwicklung der zu prognostizierenden Größe in der Vergangenheit untersuchen und die Zeitreihen abgelaufener Zeiträume analysieren. Diese Analyse erbringt Erkenntnisse über

- Trends, d. h. langfristige Entwicklungstendenzen des untersuchten Merkmals,
- periodische Schwankungen konjunktureller oder saisonaler Art,
- unregelmäßige, keiner Gesetzmäßigkeit folgenden Restschwankungen.

Die Berechnung von **Trends** erfolgt z. B. durch die Bestimmung gleitender Durchschnitte.

Gleitende Durchschnitte/Gleitender Mittelwert

Bei der Bestimmung gleitender Durchschnitte wird aus einer definierten Anzahl von Zeitreihenwerten das arithmetische Mittel bestimmt. Der gefundene Mittelwert wird dem mittleren der bei der Durchschnittsbildung berücksichtigten Zeitpunkte oder Intervalle zugeordnet.

Ist die Anzahl der Werte, die in die Berechnung eingehen, gerade, so handelt es sich bei dem Ergebnis um einen gleitenden Durchschnitt gerader Ordnung, ansonsten um einen gleitenden Durchschnitt ungerader Ordnung. Nur der letztere Fall soll im Folgenden dargestellt werden.

Beispiel:

Die Zahl der jährlichen Besucher des Heimatmuseums wurde während der zehn Jahre seines Bestehens festgehalten. Die zuständige Kulturbehörde möchten wissen, ob hieraus ein Trend abzuleiten ist und beauftragt einen Mitarbeiter mit der Berechnung des gleitenden Durchschnitts dritter Ordnung. Hierbei werden jeweils die Besucherzahlen dreier aufeinanderfolgender Jahre zusammengefasst und durch 3 dividiert. Das jeweilige Ergebnis wird dem mittleren Wert der Dreierreihe zugeordnet.

Zur Verdeutlichung soll die folgende Aufstellung dienen:

Jahr	Besucher	3er-Durchschnitte
01	5000	–
02	5200	(5000+5200+5300)/3 = 5167
03	5300	(5200+5300+5400)/3 = 5300
04	5400	(5300+5400+5700)/3 = 5467
05	5700	(5400+5700+6300)/3 = 5800
06	6300	(5700+6300+6000)/3 = 6000
07	6000	(6300+6000+6100)/3 = 6133
08	6100	(6000+6100+6400)/3 = 6167
09	6400	(6100+6400+6700)/3 = 6400
10	6700	–

Die ermittelte Reihe von Trendwerten zeigt einen kontinuierlichen Anstieg, der durch die Besucherzahlenrückgänge in 07 und 08 zwar gebremst, jedoch nicht gebrochen wurde. Der Rückgang der Besucherzahl in den genannten Jahren ist auf die jeweils verregneten Sommer zurückzuführen.

Weitere Prognoseverfahren wurden bereits vorgestellt.

7.3.2.5.5 Indexzahlen

Indexzahlen sind »dynamische Messzahlen«, die die zeitliche Entwicklung mehrerer Größen beschreiben, indem sie mehrere Wert- oder Mengengrößen eines Zeitraumes oder einer Region zu den entsprechenden Größen eines Basiszeitraumes oder einer Bezugsregion in Beziehung setzen.

Indexzahlen spielen in zahlreichen Bereichen der angewandten Statistik eine große Rolle. Beispiele für gebräuchliche Indizes sind

- der Preisindex für die Lebenshaltungskosten,
- der Index der industriellen Nettoproduktion,
- der Index der Arbeitsproduktivität,
- der DAX und der Dow-Jones-Index.

Das folgende Beispiel soll die Bildung einer Indexzahl verdeutlichen.

Die Werkskantine der XY-GmbH verbraucht monatlich 70 kg Butter, 50 kg Schinken, 30 kg Tee und 40 kg Tomaten.

Die Kilopreise für diese Lebensmittel betrugen (in €):

	Butter	Schinken	Tee	Tomaten
im Januar 01	3,20	11,00	15,00	4,00
im Januar 02	3,50	11,00	17,00	4,50

Aufgewendet wurden insgesamt:

– im Januar 01: 70 · 3,20 + 50 · 11 + 30 · 15 + 40 · 4 = 1.384,00 €
– im Januar 02: 70 · 3,50 + 50 · 11 + 30 · 17 + 40 · 4,50 = 1.485,00 €.

Der Preisindex für Januar 02 zur Basis Januar 01 beträgt 1485/1384 = 1,0730 bzw. 1485/1384 · 100 = 107,30.

7.3.3 Persönlicher Arbeitsstil

7.3.3.1 Persönliche Kompetenzen

Der persönliche Arbeitsstil des einzelnen Mitarbeiters ist geprägt von persönlichen Eigenschaften – hier könnte auch das etwas überkommene Wort »Tugenden« passen, worunter etwa Fleiß, Pünktlichkeit, Ordnungsliebe, Verantwortungsgefühl, Gewissenhaftigkeit, Ehrlichkeit usw. zu nennen wären. Vieles davon ist bereits vor dem Eintritt in das Arbeitsleben angelegt, aber auch im Erwachsenenalter können Umgebungseinflüsse noch einen wesentlichen Einfluss auf die Art und Weise der Aufgabenerfüllung ausüben.

Diese und weitere Fähigkeiten werden als persönliche **Kompetenzen** bezeichnet.

- Gepaart mit Selbstverantwortung und Selbstbestimmung wird hieraus die **Selbstkompetenz**. Die Entwicklung dieser Kompetenz bei Mitarbeitenden im Rahmen von Führung durch Bestärkung, Ermutigung, Beteiligung und entsprechende Delegation von Aufgaben und Verantwortung wird oft auch als **Empowerment** bezeichnet. Zur Selbstkompetenz gehören auch die Reflexionskompetenz als Fähigkeit, eigene Handlungen kritisch zu hinterfragen und daraus Schlüsse zu ziehen, und die Veränderungskompetenz (Flexibilität) als Bereitschaft und Fähigkeit, mit Veränderungen von Umfeldbedingungen umzugehen. Diese Aufzählung ist keinesfalls vollständig.
- Im Zusammenspiel mit anderen Personen sind **Sozialkompetenzen** gefordert, etwa Teamfähigkeit, Beziehungsfähigkeit, Empathie (Einfühlungsvermögen) und die Fähigkeit zur Beherrschung und Beeinflussung von Emotionen. Besonders wichtig für Führungskräfte sind die Fähigkeiten zu motivieren, zu delegieren und mit Konflikten und Kritik geeignet umzugehen.
- Unter **Sach-/Fachkompetenz** werden fachliches Wissen und Erfahrungen verstanden. Als erworbenes berufliches Wissen und gepaart mit konkreten Fähigkeiten und Fertigkeiten nehmen sie hier insofern eine Sonderstellung ein, als sie nicht zu den »Soft Skills« zählen.

Alle Kompetenzen zusammengenommen werden als **Handlungskompetenz** bezeichnet. Sie sind jeweils wiederum mit weiteren Kompetenzen unterlegt:

- **Methodenkompetenz:** Beherrschung wesentlicher Methoden der Planung, Organisation, Gesprächsführung, Moderation, Präsentation und Entscheidungsvorbereitung; ferner Kompetenzen zur Bewältigung des eigenen Zeitmanagements. Im Grenzbereich zur Sozialkompetenz ist die Fähigkeit zur Delegation angesiedelt.

- **Lernkompetenz:** Fähigkeit zu Lernen durch Aufnehmen, Verstehen, Bewerten, Durchdenken, Einordnen und Aneignen von Informationen über Sachverhalte und Zusammenhänge unter Anwendung von Lernstrategien und -techniken.
- **Kommunikative Kompetenz** als Fähigkeit, sich verständlich auszudrücken, zielgerichtet, adressatenbezogen, konstruktiv und effektiv zu sprechen, aber auch zuzuhören, auf Gesprächspartner einzugehen, eigene Meinungen zu artikulieren und andere Meinungen zu respektieren, Inhalte mündlich und schriftlich sachgerecht zu präsentieren und Gesprächskonventionen zu beachten. Auch die Fähigkeit zum Sprechen vor Gruppen (Rhetorik als »Kunst der Rede«) ist hierunter zu fassen.

7.3.3.2 Selbstmanagement

Wie jemand eine bestimmte Aufgabe, etwa die eines Projektleitenden, erledigt und bewältigt, hängt maßgeblich ab von

- der Einstellung zur Aufgabe (Motivation),
- der Fähigkeit, Aufgaben zu strukturieren und sich selbst zu organisieren,
- der Fähigkeit, Wichtiges von Unwichtigem zu unterscheiden und die anstehenden Aufgaben entsprechend ihren Prioritäten zu erledigen, und
- der Fähigkeit, die verfügbare Zeit sinnvoll einzuteilen.

Dementsprechend muss der persönliche Arbeitsstil gestaltet werden. Diese Gestaltung ist gemeint, wenn von **Selbstmanagement** gesprochen wird: Der Begriff steht für die bewusste Vermeidung eines – vielen Menschen innewohnenden – chaotischen Arbeitsstils (im Sinne von planlosem, keiner erkennbaren Regel folgenden Bearbeitung anstehender Aufgaben) und die Hinwendung zu einem rationalen, effizienten Arbeiten. Ob dabei eher der konzentrierten Beschäftigung mit einer einzigen Aufgabe »am Stück« **(Blockarbeitsstil)** oder dem Wechsel zwischen verschiedenen Aufgaben **(Mosaik-Arbeitsstil)** der Vorzug gegeben wird, ist ebenso typ- wie situationsabhängig – beide Methoden haben ihre Vor- und Nachteile.

Strukturierungshilfen

Strukturierungshilfen sind z. B. **Checklisten,** wie sie von Piloten vor dem Flugzeugstart benutzt werden; ein anderes bekanntes Beispiel sind die Listen, die von vielerlei Institutionen zur Vorbereitung einer Urlaubsreise (»Wasser abgestellt? Reisepass eingesteckt? Kanarienvogel versorgt?«) oder eines Umzuges (»Geliehene Sachen zurückgebracht? Empfindliche Gegenstände selbst verpackt? Nachsendeantrag bei der Post gestellt?«) herausgegeben werden. Solche Listen können für im Betrieb regelmäßig oder unregelmäßig wiederkehrende Standardsituationen einmalig erstellt und immer wieder verwendet werden.

Beispiele:

Da für die Durchführung der jährlichen Inventur nicht jedes Mal dieselben Mitarbeiter zuständig sind, wurde eine Checkliste aufgestellt, die alle vorbereitenden, die Inventur ausmachenden und nachbereitenden Arbeiten auflistet.

Ein Unternehmen hat seine Produktionsabläufe standardisiert und im Rahmen des praktizierten »Total Quality Management« extern zertifizieren lassen. Seither arbeiten die Mitarbeiter im Betrieb mit Checklisten, die die zu vollziehenden Prozeduren Schritt für Schritt vorgeben

Zu den Strukturierungsmitteln gehört auch das **Mind Map,** mit dessen Hilfe die zu einem Thema gehörenden Aspekte und die wiederum mit diesen Aspekten in Zusammenhang stehenden Faktoren usw. sortiert und zugleich visualisiert werden. Auf Außenstehende mag ein solches Mind Map bisweilen eher »durcheinander« erscheinen; tatsächlich ist es ein geeignetes Mittel, einen Sachverhalt vollständig und unter Beachtung sachlogischer Zusammenhänge darzustellen – vorausgesetzt, dass der Ersteller des Mind Map die Methode beherrscht.

Beispiel:

Produktmanager Funke strukturiert seine Überlegungen zu einem neuen kosmetischen Produkt anhand eines Mind Maps:

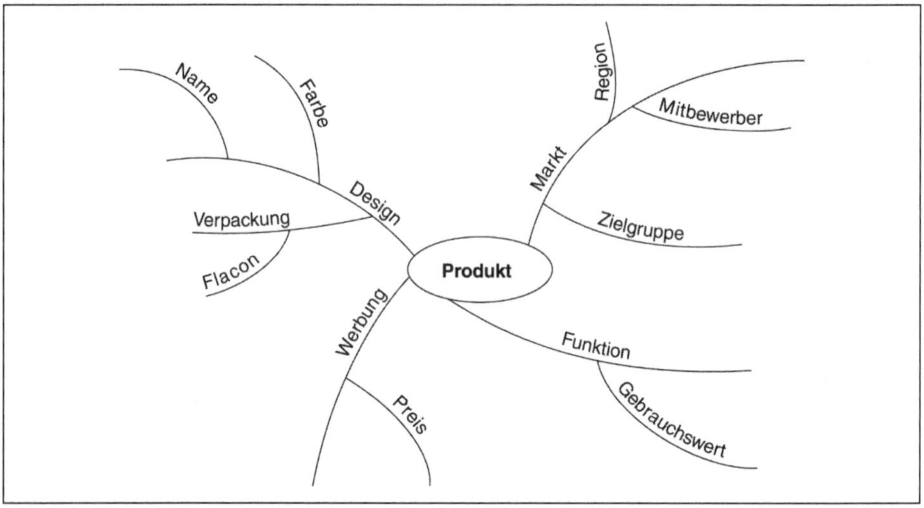

Mind Map »Überlegungen zur Produktentwicklung«

Weitere Arbeitstechniken, die die **Selbstorganisation** stärken, sind die Lerntechniken und die Memotechniken (Gedächtnisstützung), auf die hier aber nicht eingegangen werden soll.

Zur Erleichterung des optimalen Arbeitens am Arbeitsplatz können neben den herkömmlichen »papiernen« Hilfsmitteln zur Zeit- und Aufgabenplanung, auf die unten noch eingegangen wird – Terminkalender, Terminmappe, Urlaubs- und sonstige Planer – verschiedene technische Hilfsmittel genutzt werden. Diese sind vor allem Schreib- und Speichergeräte, Kopierer, Kommunikationsgeräte, Personal Computer und sonstige digitale Endgeräte.

Unbedingt zu erwähnen sind hier auch die Ablagesysteme für archiviertes Schriftgut und digitale Daten: Effektives Arbeiten steht und fällt mit der Möglichkeit des schnellen, gezielten Zugriffs auf benötigte Daten, Vorgänge, Korrespondenz usw. Ein strukturiertes **Dokumentenmanagement** ist daher unverzichtbar.

7.3.4 Persönliches Zeitmanagement: Techniken und Störfaktoren

Arbeiten »von acht bis fünf«, der Rest der Zeit ist »Freizeit« – diese Einteilung gilt heute für die wenigsten Arbeitnehmer und insbesondere nicht für Führungskräfte. Fließende

Übergänge – die Beantwortung von E-Mails schon morgens vor dem Aufstehen, die Arbeit an einem Projekt im Home-Office am Sonntagabend, andererseits die Möglichkeit, »Auszeiten« nach den eigenen Bedürfnissen und denen der Familie auszurichten – sind heute weit verbreitet. Sie werden als (Selbst)Ausbeutung verteufelt oder als neue Freiheit gefeiert, wobei die Sichtweise des betroffenen Arbeitnehmers maßgeblich davon abhängt, ob er seinen persönlichen Mix von Arbeit und privatem Leben als fair und ausgeglichen empfindet. Persönliches Zeitmanagement hilft, die **»Life-Work-Balance«** herzustellen.

Zeitmanagement wird notwendig, weil

- verschiedene Aufgaben zur Erledigung anstehen,
- die meisten, wenn nicht alle dieser Aufgaben zu einem bestimmten Termin erledigt sein müssen,
- die verfügbare Zeit begrenzt ist.

Es gilt nun zu erkennen,

- welche Aufgaben überhaupt selbst erledigt werden müssen und welche delegiert werden können,
- welche Abhängigkeiten zwischen einzelnen Aufgaben bestehen (Aufgabe B setzt die Erledigung von Aufgabe A voraus),
- ob es eine andere Stelle im Betrieb gibt, die auf die Erledigung der Aufgabe angewiesen ist, um selbst tätig werden zu können,
- welche (extern, etwa von Kunden, oder intern, etwa von der Geschäftsleitung gesetzten) Termine einzuhalten sind.

Aus alledem ergibt sich die Bedeutung, die Wichtigkeit und Dringlichkeit jeder einzelnen Aufgabe.

7.3.4.1 Prioritäten-Matrix: ABC-Methode nach dem Eisenhower-Prinzip

Ein bereits in Lehrbuch 1 im vorgeschalteten Kapitel über Lern- und Arbeitsmethodik vorgestelltes Instrument zur Einteilung unerledigter Aufgaben hinsichtlich ihrer Dringlichkeit und Wichtigkeit ist die **Prioritäten-Matrix** oder ABC-Methode (ähnlich, aber doch nicht zu verwechseln mit der ABC-Analyse in der Materialwirtschaft!):

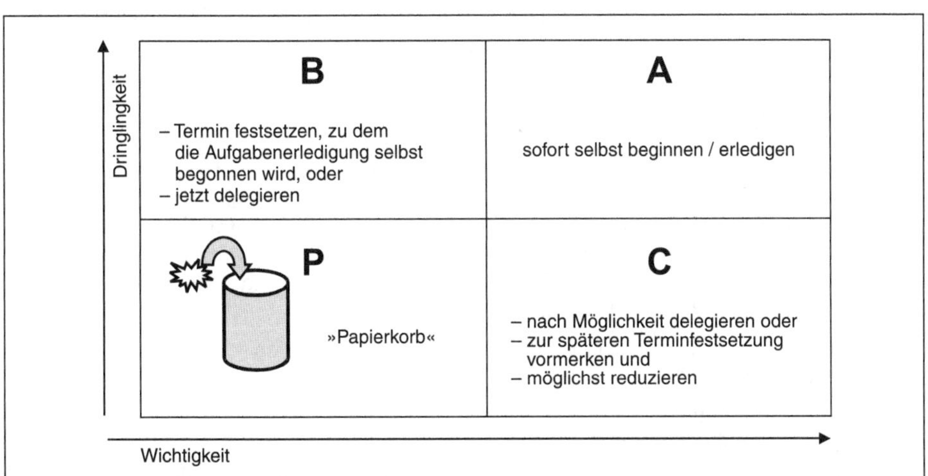

Sortierung von Aufgaben nach Dringlichkeit und Wichtigkeit

Die nach diesem – auch als »**Eisenhower-Prinzip**« bekannten – Verfahren identifizierten A-, B- und C-Aufgaben können nun in einer Prioritätenliste, einem Terminplaner oder auch – wie häufig empfohlen – in Form unübersehbar angebrachter Haftnotizen sortiert und strukturiert abgearbeitet werden.

7.3.4.2 Die ALPEN-Methode

Der aufgrund seines kommerziellen Erfolgs oft als »führender deutscher Zeitmanagement-Experte« bezeichnete Ratgeberautor Lothar SEIWERT hat die obigen Erkenntnisse plakativ zu einer Zeitmanagementmethode zusammengefügt – freilich ohne ihnen wirklich Neues hinzuzufügen –, die als **A-L-P-E-N-Methode** Eingang in die Fachliteratur und die berufliche Praxis gefunden hat. Diese einfache Methode zur Planung des Tagesablaufs sieht vor, dass jeder Tag am Vortag schriftlich vorgeplant wird, wobei die Aufstellung des Tagesplans nur wenige Minuten in Anspruch nehmen soll. Die Schritte der Planung sind

- **A**ufgaben, Aktivitäten, Termine notieren: Dabei entsteht eine To-Do-Liste, die noch keine Reihenfolgevorgaben enthält.
- **L**änge schätzen: Für jede im ersten Schritt notierte Aufgabe und Aktivität wird eine ausreichende, aber limitierte Zeitdauer vorgesehen. Termine werden mit Uhrzeiten versehen.
- **P**ufferzeiten einplanen: 20 % der täglich verfügbaren Zeit sollte Puffer für die geplanten Aufgaben und Aktivitäten sein; weitere 20 % sollten für Ungeplantes reserviert werden.
- **E**ntscheidungen treffen: Wie beim oben dargestellten ABC-/Eisenhower-Prinzip muss zu jeder Aufgabe entschieden werden, ob die Aufgabe überhaupt wichtig ist oder nicht genauso gut weggelassen werden kann; ob sie delegiert werden kann und soll; ob es möglich und sinnvoll ist, die Aufgabenerledigung auf einen anderen Tag zu verschieben oder ob die Aufgabe an diesem Tag selbst erledigt werden muss. Für letztere Aufgaben ist eine Reihenfolge festzulegen, die sich auch an den feststehenden Terminen zu orientieren hat.
- **N**achkontrolle: Nicht oder nicht vollständig erledigte Aufgaben müssen in zukünftige Planungen überführt werden. Ihr Vorhandensein zeigt an, dass die Planung selbst nicht optimal war: Daher ist dieser Schritt auch immer Anlass, die aufgetretenen Probleme zu analysieren, damit sie in künftigen Planungen nicht auftreten.

Eine detailliertere Methode, die stärker die strukturierenden Aspekte des Selbstmanagements berücksichtigt, ist GTD (»Getting Things Done«) nach David ALLEN. Sie gliedert die Planungsprinzipien in Erfassen - Durcharbeiten – Organisieren – Durchsicht/Kontrolle – Erledigen.

7.3.4.3 Zeitfresser und Störfaktoren

Im Rahmen der Lern- und Arbeitsmethodik wurde bereits auf das »**Pareto-Prinzip**« hingewiesen: Danach werden 80 % der Arbeitsergebnisse in 20 % der verfügbaren Zeit erzielt, während die restliche Zeit für lediglich 20 % der Aufgaben aufgewendet wird Wenn es gelingt, die »Zeitfresser« zu identifizieren und zu hinterfragen, ob hier nicht womöglich Zeit für die Perfektionierung nebensächlicher Aspekte aufgewendet wird, kann eine effizientere Aufgabenerfüllung gelingen.

Voraussetzung ist allerdings das Erkennen und – wenn möglich – das Ausschalten von **Störfaktoren.** Dazu zählen vor allem

- **Mitarbeiter:** Die »stets offene Tür« kommt gut an, kann aber ein eigenes konzentriertes Arbeiten nachhaltig verhindern.
- **Besucher,** zumal unangemeldete, können zu Zeitdieben werden. Besuche sollten daher immer im Zeitplan berücksichtigt und zeitlich begrenzt werden.

- **Telefon** und **E-Mails:** Gesprächsumleitungen zu Mitarbeitern oder Bandansagen, wie sie moderne Kommunikationsanlagen problemlos zulassen, verhindern ungebetene Unterbrechungen. Der Umgang mit E-Mails erfordert Disziplin: Nicht jede eingehende E-Mail muss sofort angezeigt, gelesen und beantwortet werden.
- Nicht zu vernachlässigen sind auch die **inneren (»intrapersonalen«) Störfaktoren:** Keine Lust auf die Aufgabe, nicht ausgeschlafen, private Probleme binden die Aufmerksamkeit, usw. In ihnen drückt sich meist ein Ungleichgewicht von Arbeit und privatem Leben aus, dem durch eine realistischere Zeitplanung mit größeren Puffern für Privates und Unerwartetes entgegengewirkt werden kann.

7.3.5 Planungs- und Strukturierungshilfen

Unerlässlich ist das Führen eines Terminplaners; denn außer zu erledigenden Arbeitsaufgaben sind viele andere, hinsichtlich des Tages und der Uhrzeit häufig von oder gegenüber Dritten festgesetzte Termine zu beachten: Sitzungs- und Besprechungstermine, Dienstreisen, Urlaub, sicherlich auch hin und wieder private Termine. Terminplanungshilfen sind in vielerlei Gestalt im Handel erhältlich. Das Angebot reicht von simplen Taschenkalendern über gebundene Kalender mit Jahres-, Monats-, Wochen- und Tageseinteilung bis zu aufwendig gestalteten Terminplanern in Ringbuchtechnik, die mit verschiedenen weiteren Planungshilfen (z. B. auch A-B-C-Rubriken gemäß der oben gezeigten Matrix) ausgestattet sind. Der Vielfalt des Angebots entspricht die Spanne in der Preisgestaltung, die von wenigen bis zu einigen hundert Euro reicht.

7.3.5.1 Individuelle Tagesplanung

Ein Tagesplan ist idealerweise mindestens im Stunden-, besser im Halbstundenabstand eingeteilt und bietet somit genug Platz für mehrere Eintragungen. Zeiten, die für die Erledigung wichtiger Arbeitsaufgaben benötigt werden, sind hier ebenso einzutragen wie alle Termine, die mit Dritten festg elegt werden. Letztere sollten unbedingt sofort bei Vereinbarung eingetragen werden: Der Terminkalender mit den täglichen Plänen sollte daher ständiger Begleiter sein!

Immens wichtig bei der Verplanung eines Tages ist die Vorsehung von Pufferzeiten, weil

- jeder Arbeitstag eine Reihe von täglich wiederkehrenden Routineaufgaben bereithält, die nicht eigens vermerkt werden, aber dennoch berücksichtigt werden müssen;
- kaum ein Arbeitstag ohne unvorhergesehene Ereignisse vergeht. Diese müssen nicht immer bedeutsam sein; schon ein spontanes Gespräch mit einem Kollegen, ein Kundenanruf oder eine notwendig werdende Regelung im Betrieb kann einen allzu engen Tagesplan zunichtemachen, und es darf auch nicht übersehen werden, dass viele Termine einer ebenfalls Zeit kostenden Vor- und Nachbereitung (Zusammenstellen von Unterlagen, einige Minuten des Nachdenkens zur Rekapitulation eines Sachverhaltes usw.) bedürfen. Es sollten daher möglichst nie mehr als 50 % der verfügbaren Arbeitszeit eines Tages im Voraus verplant werden!

Tagespläne enthalten häufig noch zusätzliche Rubriken für die Eintragung von Ereignissen (Geburtstage, Jubiläen, Abgabetermine für Steuererklärungen usw.) und für sonstige Notizen.

13. November Donnerstag	46. Woche 317 – 48 November 19/20 Arbeitstage SA 7.24 SU 16.17
07:00	☎ Mellerowicz wg. Lieferg. 831225
07:30	
08:00 Leitungsbesprechung	
08:30	
09:00	
09:30	
10:00	
10:30 Vorarbeiterbesprechung	
11:00	
11:30	
12:00	
12:30 Mittagessen mit Margret	
13:00	
13:30	
14:00 freihalten für Urlaubsplanung!	✉
14:30	
15:00	
15:30	
16:00	
16:30	
17:00	
17:30	
18:00	
18:30	
19:00	€ Frau Meise
19:30 Vortrag Wirtschaftsclub	
20:00	
Sondertermine	Notizen

Ein Tagesplan

7.3.5.2 Wochen-, Monats- und Jahresplanung

Viele Kalender enthalten neben den Tagesplänen auch Wochen- und Monatsübersichten. Es empfiehlt sich, auch diese zu führen; allerdings sollten hier nur wichtige und zeitlich unverrückbare Termine und Abwesenheitszeiten (Reisen, Sitzungen, Urlaub) aufgenommen werden. Es folgt eine Wochenplanung.

Übersicht 46. Woche 2019	
11.11.2019 Montag	ganztags: Grünscheid, Fa. Meisenkötter
12.11.2019 Dienstag	URLAUB
13.11.2019 Mittwoch	
14.11.2019 Donnerstag	10:00 Betriebsversammlung
15.11.2019 Freitag	19:30 Vortrag Wirtschaftsclub
16.11.2019 Samstag	
17.11.2019 Sonntag **Volkstrauertag**	

Wochenübersicht

Jahresübersichten innerhalb von Taschenkalendern lassen für gewöhnlich kaum Platz für detaillierte Eintragungen, sondern eignen sich allenfalls für die Kennzeichnung zusammenhängender Phasen (Betriebsstillstand, Revision, Urlaub...) und für die Eintragung absolut wesentlicher Einzeltermine (Schlusspräsentation eines laufenden Projektes, Fertigstellung eines großen Auftrages...).

Termine und Zeiträume, über die neben der Führungskraft auch andere Mitarbeiter Kenntnis haben müssen, werden zweckmäßigerweise mittels größerer Übersichten, die an zugänglicher Stelle aufgehängt werden, visualisiert. Anwendungszwecke sind z. B. Schichtpläne, Urlaubspläne, Ausbildungspläne, die den Abteilungswechsel der Auszubildenden anzeigen, usw.

Unverzichtbar sind wegen der personellen Engpässe naturgemäß genaue Urlaubspläne.

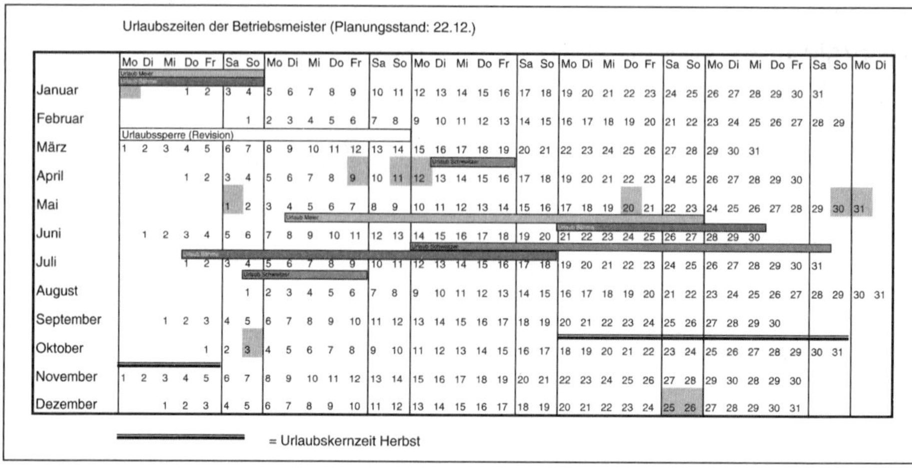

Beispiel eines Urlaubsplans

Ein Kalender, aus dem sich die Arbeitstage und die Kalenderwochen entnehmen lassen, sollte auf jeden Fall an gut einsehbarer Stelle hängen.

Alternativ werden in vielen Unternehmen Arbeitsgruppen-Terminkalender am PC geführt, die es ermöglichen, Termine, die mehrere Mitarbeiter betreffen, direkt auch in deren Terminkalender einzufügen.

7.3.6 Weiterentwickeln der eigenen Führungspersönlichkeit

7.3.6.1 Strategisch denken – teamorientiert handeln

Dass eine Führungskraft über einen ganzen Strauß an Kompetenzen persönlicher, sozialer und fachlicher Natur verfügen muss, wurde oben bereits erwähnt. Wer es schon in eine mit Führungsaufgaben ausgestattete berufliche Position geschafft hat – zum Beispiel als Meister, Team- oder Gruppenleiter –, besitzt das Vertrauen seiner Vorgesetzten in seine Fähigkeiten und hat wahrscheinlich bereits unter Beweis gestellt, dass er über entsprechende Kompetenzen verfügt.

An dieser Stelle sollen keine grundsätzlichen Überlegungen zu unterschiedlichen Führungspersönlichkeiten, Führungsstilen, -mitteln und –methoden angestellt werden, denn in diesem Kapitel geht es um Projektmanagement, und es stellt sich die Frage, welche besonderen Eigenschaften eine Führungspersönlichkeit besitzen bzw. entwickeln muss, um die Leitung eines Projekts oder eines Projektportfolios zu übernehmen. Häufig wird hier die **Methodenkompetenz** – also das Beherrschen der Methoden und »Tools« des Projektmanagements – an erster Stelle genannt. Dabei darf aber nicht vernachlässigt werden, dass Arbeit an einem Projekt immer Teamarbeit ist, wobei der Projektleiter selbst aber nicht zu den ausführenden Kräften gehört, sondern – die Gesamtaufgabe, das Ziel und die zu beachtenden Beschränkungen der verfügbaren Mittel und Zeit stets im Blick – die Koordination zu leisten hat. Er verteilt Aufgaben und Ressourcen und hält alle Fäden in der Hand, ist aber kein »mitarbeitender Vorarbeiter«, weil ihm in dieser Doppelrolle –

einerseits auf der dispositiven, andererseits auf der ausführenden Ebene – die Führung zu entgleiten droht. Gefahr droht dabei auch von Seiten des Projektauftraggebers, der sich genötigt sehen könnte, den Projektablauf seinerseits zu beeinflussen und »hineinzuregieren«. Ein wesentlicher Entwicklungsschritt, den ein Projektleiter bei Entwicklung seiner Führungspersönlichkeit leisten muss, ist daher das Klarwerden über die eigene Rolle und in Konsequenz daraus die Schaffung von **Rollenklarheit** gegenüber Projektmitarbeitenden und Auftraggebern, ohne dabei in hierarchiebetontes Führen zu fallen, das sich mit **teamorientiertem Handeln** schlecht vertrüge. Daneben sind **strategisches Denken** und die Fähigkeit zu erkennen, welche Aufgaben wie bzw. an wen zu **delegieren** sind, gefordert.

7.3.6.2 Veränderungen initiieren und durchsetzen: Change Management

Viele Führungskräfte machen in der Praxis die erstaunliche Erfahrung, dass ihre Mitarbeitenden Veränderungen ablehnen – auch solche, die ihnen selbst überwiegend Vorteile bringen könnten: Veränderungen werden aus verschiedensten Gründen als Zumutung und oft auch als Bedrohung empfunden.

Ein führender Experte für »Change Management« (Veränderungsmanagement), der Organisationsberater Klaus DOPPLER, weist auf den folgenden interessanten Effekt hin:

»Selbst wenn offen kommuniziert wird, bleiben während der Findungsphase viele Mitarbeiter völlig desinteressiert. Beabsichtigte Veränderungen werden häufig erst zur Kenntnis genommen, wenn die Entscheidungen getroffen sind. So kommt es, dass sich Widerstände oft erst manifestieren, sobald es an die Umsetzung geht – als wäre alles wie ein Blitz aus heiterem Himmel gekommen« (DOPPLER: Change – wie Wandel gelingt, 2017, S. 65).

Führungskräften muss klar sein, dass Menschen – und damit auch Mitarbeitende – Sicherheit, Klarheit und Ordnung lieben. Sie wünschen sich die Geborgenheit emotionaler Beziehungen und das Gefühl, nicht dem Fremden ausgeliefert zu sein, sondern selbst handeln zu können. Wer etwas verändern will, darf diese Grundfesten nicht erschüttern und muss außerdem verstehen, was an dem gegenwärtigen (alten) Zustand so attraktiv ist, dass die Mitarbeitenden ihn unbedingt beibehalten wollen.

Zunächst aber gilt es, Widerstände überhaupt zu erkennen, da sie oft nicht offen vorgetragen werden, sondern nur verdeckt in Erscheinung treten: Etwa wenn es absolut nicht gelingen will, einen gemeinsamen Termin für eine Besprechung der anstehenden Neuerungen zu finden; wenn sich Mitarbeitende überhaupt nicht äußern; wenn Informationen nicht weitergegeben werden, sich Diskussionen im Kreis drehen oder vereinbarte Erledigungen vertrödelt werden.

Um Mitarbeitende für Veränderungen zu öffnen, hat sich das folgende Vorgehen bewährt:

- Mitarbeiter umfassend informieren: Dabei muss die Dringlichkeit und Wichtigkeit der geplanten Veränderung vermittelt werden, ohne Angst und Schrecken zu verbreiten.
- Vertrauen gewinnen: Bedenken mit Interesse anhören, ernst nehmen und offen und ehrlich auf Fragen antworten. Nichts »schönreden«!
- Zuversicht zeigen, Aufbruchstimmung erzeugen: »Wenn wir es jetzt anpacken, schaffen wir es!«
- Mitarbeitende einbeziehen: Alle Beteiligten brauchen eine klare Vorstellung davon, wie der Weg vom Istzustand zum Sollzustand – also dem Zustand nach der erfolgreichen Veränderung – begangen werden soll. Wo immer möglich, sollen Mitarbeitende an der Vorzeichnung dieses Weges beteiligt werden und erleben, dass ihre Erfahrung und ihre Ideen wertgeschätzt werden.

- Hilfen anbieten, etwa in Form von Schulungen, Coaching und, wenn gewünscht, persönlichen Einzelgesprächen.

Bei Veränderungen mit Auswirkungen auf die Mitarbeitenden ist immer auch der Betriebsrat (sofern vorhanden) einzubeziehen!

7.3.6.3 Wertorientiertes Handeln mit agilen Methoden

Projekte sind auf die Schaffung von Neuem, oft in Verbindung mit der Veränderung bestehender Systeme und Prozeduren, ausgerichtet. Dem Projektleiter kommt dabei die Aufgabe zu, neben den im Projekt direkt Mitwirkenden auch die betroffenen Systeme **veränderungsbereit** zu machen: Es gilt, mögliche Widerstände und Konflikte zu erkennen und überzeugend auszuräumen. Voraussetzung hierfür ist eigene Flexibilität und die **Bereitschaft, Veränderungen zu initiieren** – auch im Hinblick auf das eigene Projekt, denn während im klassischen Projektmanagement stets Projekte unterstellt wurden, bei denen die Anforderungen bei Projektbeginn bekannt und Änderungen im Projektverlauf nicht vorgesehen und dementsprechend schwierig und kostspielig waren, werden heute zunehmend auch **agile Methoden** diskutiert, die von zu Beginn nicht exakt ausformulierbaren Anforderungen und »Wunschergebnissen« ausgehen, die während des Projektverlaufs angepasst werden. Typisch für agile Methoden sind kleine, selbstorganisierte Teams, die nur an einem einzigen Projekt arbeiten, eine eher informelle, teamübergreifende Kommunikation und Einbezug des Kunden/Auftraggebers in den laufenden Prozess.

In der Literatur zum Projektmanagement ist im Zusammenhang mit agilen Methoden häufig der Begriff des **wertorientierten Handelns** zu finden. Er meint »Liefern spätestens zum vereinbarten Zeitpunkt im Rahmen des vereinbarten Budgets« und ist abzugrenzen vom Begriff des **werteorientierten Handelns,** worunter ein Handeln im Einklang mit ethischen Werten bzw. der Unternehmenskultur zu verstehen ist.

8 Integrative Managementsysteme

Managementsysteme sind Verknüpfungen von Management-Methoden zu einem Gesamtkonzept, das einen bestimmten Zweck verfolgt. Häufig wird der Begriff des Management-Systems in Zusammenhang mit IT-Lösungen verwendet, z. B. als »Database Management System« (Datenbank-Managementsystem, DBS oder DBMS), »Content-Management-System«, »Workflow-Management-System« usw.

Auch in anderen Bereichen findet sich dieser Begriff, etwa wenn ein aufeinander abgestimmtes Gebäudesicherheitssystem, das Maßnahmen zum Brand- und Einbruchsschutz, zur Zugangs- und Raumüberwachung usw. vereinigt, als »Gebäude-Managementsystem« bezeichnet wird.

Im engeren Sinne und in Kombination mit der Eigenschaft »integrativ« werden unter Managementsystemen aber solche Systeme verstanden, für die **Normierungen** oder sonstige **Standardisierungen** durch (meist international) anerkannte Organisationen (z. B. die ISO-Normen der International Organization for Standardization) existieren, deren Beachtung ein hohes Professionalitätsniveau gewährleistet. Insbesondere trifft diese Beschreibung zu auf

- Qualitätsmanagementsysteme (QM-Systeme),
- Umweltschutzmanagementsysteme (UM-Systeme) und
- Sicherheits- und Arbeitsschutzmanagementsysteme, die das betriebliche Gesundheitsmanagement mit umfassen (nachfolgend als AM-Systeme bezeichnet).

Als weitere, teils normenbasierte Systeme sind etwa das Risikomanagement, das Datenschutz- bzw. Informationssicherheitsmanagement, das Energiemanagement und das Hygienemanagement zu nennen.

Als **integrativ** werden derartige Systeme dann bezeichnet, wenn sie bestehende organisatorische Strukturen in sich vereinigen oder sich in sonstige bestehende Managementsysteme einfügen können. Wenn mehrere Systeme zu einem ganzheitlichen Managementsystem verknüpft sind, wird häufig von einem integrierten Managementsystem gesprochen. In jedem Falle wirken integrative oder integrierte Managementsysteme (IMS) – in der Fachliteratur werden beide Begriffe meist synonym benutzt – maßgebend auf die betriebliche Organisationsstruktur ein.

Gemeinsam ist integrativen Managementsystemen das Anliegen der **Nachhaltigkeit (Sustainability).** Diese wird verstanden als »Zustand eines Systems, das sich so verhält, dass es über unbeschränkte Zeiträume [...] existenzfähig bleibt und vor allem nicht in den Zustand der Grenzüberziehung gerät« (aus dem Bericht »Grenzen des Wachstums«, den Dennis MEADOWS 1972 für den Club of Rome zusammenstellte). Konkret wird – gerade in Hinblick auf Umweltschutzmanagementsysteme – unter Nachhaltigkeit die Bewahrung der Umwelt und die Erhaltung der wirtschaftlichen und sozialen Lebenschancen und Aktionsmöglichkeiten für künftige Generationen verstanden.

Damit erstreckt sich der Nachhaltigkeitsgedanke auf Ökologie, Ökonomie sowie Sozial- und Gesellschaftsbelange. Viele Großunternehmen (z. B. Daimler, BMW, Deutsche Bank AG) dokumentieren ihren Willen zum nachhaltigen Agieren durch eine freiwillige regelmäßige Berichterstattung über ihre Nachhaltigkeitsbemühungen z. B. nach den Berichtsregeln der **Global Reporting Initiative (GRI),** einem internationalen Zusammenschluss von Firmen, staatlichen und nichtstaatlichen Organisationen.

Etwa seit Ende der neunziger Jahre des vorigen Jahrhunderts ist die Entwicklung von Konzepten zur Integration von Managementsystemen in bestehende Organisationsstrukturen bzw. zu einem ganzheitlichen System Gegenstand der wirtschaftswissenschaftlichen Forschung.

Im Folgenden werden zunächst die wichtigsten Normen und Gesetze aus den Bereichen Qualität, Umwelt und Arbeitssicherheit/Arbeitsgesundheit behandelt. Wegen seiner herausragenden Bedeutung im industriellen Bereich wird dabei dem Qualitätsmanagement besondere Aufmerksamkeit gewidmet. Hier wird, in Ergänzung zum Rahmenstoffplan, ausführlicher auch auf Methoden und Instrumente der Qualitätssicherung und -überwachung eingegangen.

Anschließend wird auf die Umsetzung der Anliegen und Aufgaben dieser Bereiche in (integrativen) Managementsystemen eingegangen.

8.1 Qualitäts-, umwelt- und sicherheitsbewusstes Handeln

8.1.1 Maßnahmen zur Verbesserung von Qualitäts-, Umwelt- und Sicherheitsniveaus

Gesetzliche Rahmenbedingungen, aber auch der Wettbewerbsdruck des Marktes zwingen Unternehmen, die zuvor genannten Aspekte, nämlich Qualität, Umweltschutz, Arbeitssicherheit und Gesundheitsschutz, dauerhaft in ihr unternehmerisches Planen und Handeln einzubeziehen, die getroffenen Maßnahmen laufend zu überprüfen und zu verbessern.

Anstelle von Einzelmaßnahmen, mit denen die gesetzlichen Bestimmungen erfüllt werden können, werden in den genannten Bereichen zunehmend ganzheitliche Lösungen mit aufeinander abgestimmten Maßnahmen und Prozeduren gesucht und realisiert:

- Anstelle von Einzelmaßnahmen zur Qualitätskontrolle und Qualitätssicherung wird ein **Qualitätsmanagementsystem** eingerichtet, das alle betrieblichen Bereiche (und nicht nur die Produktion) erfasst, festgelegte Regeln befolgt und in einem kontinuierlichen Verbesserungsprozess weiterentwickelt wird.
- Anstelle von einzelnen Umweltschutzmaßnahmen, die die Einhaltung der gesetzlich geforderten Mindeststandards sicherstellen, wird ein **Umweltschutzmanagementsystem** errichtet, das im Sinne des Nachhaltigkeitgedankens alle getroffenen Maßnahmen verstetigt und ständig zu verbessern sucht und Prävention vor Schadensbeseitigung stellt.
- Arbeitssicherheit wird nicht als reine Pflichtaufgabe aufgefasst und auf die gesetzlich geforderten Sicherheitsfachkräfte abgewälzt, sondern aktiv durch aufeinander abgestimmte, kontinuierlich verbesserte Instrumente und durch weitestgehende Beteiligung aller Mitarbeiter im Gesamtbetrieb etabliert. Durch Erweiterung zu einem integrierten **Arbeitssicherheits- und Gesundheitsmanagementsystem** wird vorbeugender Gesundheitsschutz zum wesentlichen betrieblichen Anliegen.

Alle Maßnahmen sind in Anpassung an den **Stand der Technik** bzw. der **Arbeitsmedizin** zu treffen. Sie dürfen nicht nur eigenbetriebliche Belange bedienen, sondern müssen ebenso die Umwelt berücksichtigen – etwa die Interessen von Verbrauchern, von betriebsfremden Personen, die sich im Betrieb aufhalten, von Mensch und Tier, auf welche betriebliche Aktivitäten einwirken, ja sogar von künftigen Generationen. Dabei resultiert aus den getroffenen Maßnahmen im Idealfall neben der Erreichung des jeweils vorrangigen Ziels – verlässliche Qualität, schonender Umgang mit der Umwelt, maximaler Arbeitsschutz – auch eine Verbesserung der Wirtschaftlichkeit.

In der Literatur wird regelmäßig darauf verwiesen, dass Managementsysteme in jedem Falle **diskriminierungsfrei** und **gleichstellungsorientiert** konzipiert sein müssen und die Grundsätze des **Gender Mainstreaming** (Einbezug der Perspektive der Geschlechtergleichstellung in alle Entscheidungen) beachten sollen.

8.1.2 Einbeziehung der Mitarbeiter in die Maßnahmen

Die gewählten Maßnahmen können nur dann zum gewünschten Erfolg führen, wenn sie auf allen Ebenen von den Mitarbeitern mitgetragen werden. Diese bzw. ihre gewählten Vertretungen müssen daher von Anfang an – also schon bei der Konzipierung der Qualitäts-, Umwelt- und Sicherheitspolitik – eingebunden und frühzeitig informiert werden.

Wo immer möglich, sollen sie ihre eigenen Vorstellungen einbringen können. Dass die Informations- und Mitwirkungsrechte, die sich aus dem Betriebsverfassungsgesetz ergeben, beachtet werden müssen, ist selbstverständlich; zur Durchsetzung der angestrebten Politik auf breiter Ebene ist aber eine weitergehende Mitarbeitereinbindung unerlässlich. Ziel der Unternehmensleitung muss sein, ein »Klima der Offenheit« zu schaffen, das über den ausdrücklichen Einbezug der Mitarbeiter in formale, möglichst hierarchieübergreifend konzipierte Kommunikationsstrukturen (z. B. in Qualitätszirkeln, Sicherheitszirkeln usw.) eine Identifikation der Mitarbeiter mit den Zielen des Managements entstehen lässt.

Die festgelegten Ziele und Maßnahmen sollen sowohl für die Unternehmensleitung und die Führungsebenen als auch für die nachgeordneten Mitarbeiter **verbindlich** sein. Sie sind so verständlich und eindeutig zu formulieren, dass eine Operationalisierung, also eine Umsetzung in konkrete Handlungen an den einzelnen Arbeitsplätzen möglich ist.

Für den Bereich des Qualitätsmanagements wird der Mitarbeitereinbezug insbesondere in Abschnitten 8.3.3.2 und 8.3.7 erörtert. Die Mitarbeitereinbindung in die Konzipierung integrativer Managementsysteme wird in Abschnitt 8.4 näher beleuchtet.

8.2 Gesetze und Normen in den Bereichen Qualität, Umwelt und Arbeitssicherheit

In der Rechtshierarchie stehen Normen unterhalb von Gesetzen und Verordnungen. Sie sind allgemein anerkannte, von Normenorganisationen ausformulierte Regeln der Technik.

Die Europäischen Normenorganisationen

- **CEN** = Comité Européen de Normalisation und
- **CENELEC** = Comité Européen de Normalisatíon Electrotechnique

sind in Brüssel ansässig. Ihre Mitglieder sind die nationalen Normenorganisationen, für die Bundesrepublik Deutschland also das Deutsche Institut für Normung DIN.

Eine weitere europäische Normungsorganisation ist

- **ETSI** = European Telecommunications Standards Institute, das in Sophia Antipolis nahe Nizza seinen Sitz hat.

Von einer **harmonisierten Norm** wird gesprochen, wenn

- die Norm eine EN-Norm ist,
- der Auftrag zur Normierung von der EU-Kommission erteilt wurde und
- die Fundstelle der Norm im EU-Amtsblatt publiziert worden ist.

Normen im deutschen Technischen Regelwerk DIN, die die Übernahmen europäischer Normen (EN) darstellen, tragen hier die Bezeichnung DIN EN.

Internationale Normungen werden durch die Organisationen

- **ISO** (= International Organization for Standardization),
- **IEC** (= International Electrotechnical Commission) und
- **ITU** (= International Telecommunication Union) mit Sitz in Genf vorgenommen.

Exkurs: Verfügbarkeit von Normen

Im Gegensatz zu Gesetzen, Verordnungen, amtlichen Erlassen und Bekanntmachungen, die allgemein zugänglich sein müssen (§ 5 Urheberrechtsgesetz), sind Normen – etwa die DIN- und ISO-Normen – und von Verbänden erlassene Richtlinien (z. B. VDI-Richtlinien) urheberrechtlich geschützt und nicht frei verfügbar. Das erscheint paradox, da ihre Inhalte ja beachtet werden sollen – wie aber kann man etwas beachten, was man gar nicht zur Kenntnis bekommt, ohne dafür zu bezahlen? Hier liegt tatsächlich ein Problem; denn auch wenn niemand gezwungen ist, Normen zu beachten, und es daher durchaus zulässig ist, sich selbst geeignete Maßnahmen zu überlegen, gilt doch der Inhalt der Norm als »**Stand der Technik**«. Gibt es später Schwierigkeiten, etwa wenn ein Anwender eines Produkts Ansprüche aus § 823 BGB oder nach Produkthaftungsgesetz geltend macht, ist der Beweis, dass man »alles richtig gemacht hat«, leichter anzutreten, wenn man sich auf die Einhaltung von Normen berufen kann. Meist hilft also nichts: Die Norm muss – teilweise für nicht wenig Geld – gekauft oder ein normenkundiger Fachberater eingeschaltet werden.

8.2.1 Gesetze und Normen im Bereich Qualität

Das Qualitätsmanagement wird in Abschnitt 8.3 sehr ausführlich dargestellt. Daher soll an dieser Stelle nur kurz auf die wichtigsten Normen und Gesetze aus dem Bereich der Qualität hingewiesen werden.

8.2.1.1 Gesetze im Bereich Qualität

Eine Reihe von Gesetzen sprechen geschädigten Erwerbern eines Produkts bzw. Nutzern einer Dienstleistung Ansprüche auf Schadenersatz oder weitere Ansprüche zu. Die Abgabe einer fehlerfreien Leistung ist daher für das Unternehmen nicht nur ein ethisches, sondern auch ein wirtschaftliches Anliegen.

Das **Produkthaftungsgesetz (ProdHaftG)** regelt, wer in welchen Fällen und in welcher Weise für Folgeschäden an Personen oder Sachen einzustehen hat, die durch ein fehlerhaftes Produkt verursacht wurden. Es dehnt den Anspruch des Geschädigten in geregelten Fällen über den tatsächlichen Hersteller hinaus auf alle diejenigen aus, die das Produkt »in Verkehr gebracht« haben. Bezüglich der Einzelheiten sei auf Lehrbuch 2, Abschnitt 4.4.9 verwiesen.

Das **Produktsicherheitsgesetz (ProdSG)** dient vor allem der Vorbeugung von Schäden, indem es das Inverkehrbringen und Ausstellen von Produkten durch Hersteller und Händler, insbesondere die Pflicht zur verständlichen Benutzungs- und **Bedienungsanleitung,** zur Anbringung verständlicher **Warnhinweise,** zur Schaffung einer ausreichen den Infrastruktur im Fall von Warn- und **Rückrufaktionen** und zur **Beobachtung** von in Verkehr gebrachten Produkten durch Stichproben regelt.

Schadenersatz- und sonstige Forderungen können sich auch aus Regelungen des **Bürgerlichen Gesetzbuches (BGB)** ergeben (vgl. Lehrbuch 2, Abschn. 4.4.8.6).

Im weiteren Sinne können auch die Vorschriften, die an die Ausübung bestimmter Berufe und Gewerbe formale Voraussetzungen – z. B. eine staatliche Prüfung, einen Meisterbrief, eine ärztliche Approbation – knüpfen, als Qualitätsvorschriften angesehen werden (z. B. Gewerbeordnung, Handwerksordnung, Bundesärzteordnung).

Festlegungen darüber, in welcher Beschaffenheit bestimmte Erzeugnisse überhaupt nur auf den Markt gebracht werden dürfen, sind in zahlreichen einzelnen Gesetzen und **Rechtsverordnungen** getroffen (z. B. Lebensmittelhygiene-Verordnung LMHV nach dem HACCP-Konzept, s. u.; Tabakprodukt-Verordnung mit Höchstmengenregelungen für den Teer-, Nikotin- und Kohlenmonoxidgehalt im Zigarettenrauch).

Die meisten der genannten Vorschriften haben in den letzten Jahren durch die Umsetzung von **EU-Richtlinien** eine Anpassung an EU-weit geltendes Recht erfahren.

8.2.1.2 Normen im Bereich der Qualität

Die Normenreihe ISO 9000 ff wird ausführlich in Abschnitt 8.3 behandelt. Aus der Fülle der existierenden, häufig branchengebundenen Normen sollen hier nur einige beispielhaft genannt werden:

- **EN 45000 und ISO/IEC 17000 ff** Festlegung von Qualitätsstandards für Konformitätsbewertungsstellen (akkreditierten Prüfstellen);
- **IATF 16949:** Internationale Norm über die Zertifizierung von Qualitätsmanagementsystemen in der Automobilindustrie, die zur Überwindung der bisherigen Probleme bei der Anerkennung nationaler Normen (etwa VDA 6.1, der Norm des deutschen Verbands der Automobilindustrie VDA) im internationalen Verkehr beitragen soll;
- **HACCP** (Hazard Analysis and Critical Control Points): Konzept zur Sicherung der Sicherheit von Lebensmitteln, umgesetzt in den EG-Verordnungen 178/2002 und 852/2004 sowie in der Lebensmittelhygieneverordnung (s. o.).

8.2.2 Gesetze und Normen im Bereich Umwelt

Dem Umweltrecht liegen folgende Prinzipien zugrunde:

Dem **Vorsorgeprinzip** entsprechen alle Bestimmungen und Maßnahmen, die dem Ziel der Vermeidung und Verminderung von Umweltbelastungen durch Präventionsmaßnahmen dienen. Dieses Prinzip entspricht auch ökonomischen Anforderungen, da die so genannten End-of-Pipe-Maßnahmen höhere Kosten verursachen (unter End-of-Pipe-Maßnahmen versteht man die Beseitigung bereits entstandener umweltbelastender Stoffe).

Das **Verursacherprinzip** besagt, dass die Kosten für die Beseitigung von Umweltbelastungen und -schäden grundsätzlich vom Verursacher zu tragen sind. Dadurch sollen die privaten und die gesellschaftlichen Kosten der Umweltbelastung in Übereinstimmung gebracht werden. Problematisch ist allerdings in vielen Fällen der Nachweis der Verursachung bestimmter Schäden. Darüber hinaus werden zahlreiche Umweltschäden durch das Zusammenspiel mehrerer Ursachen ausgelöst, wodurch einzelne Verursacher nicht mehr festgestellt werden können.

Dem **Kooperationsprinzip** entspricht die enge Zusammenarbeit von Behörden, Betrieben und anderen Stellen mit dem Ziel, maximalen Umweltschutz zu erreichen.

Wenn sich kein Verursacher von Umweltbelastungen ausmachen lässt, trägt die Kosten für die Beseitigung die Allgemeinheit. Das **Gemeinlastprinzip** sieht für diese Fälle vor, dass die öffentlichen Haushalte hierfür Mittel bereitstellen. Dieses Prinzip hat gegenüber den anderen Prinzipien nachrangige Bedeutung. Grundsätzlich steht die Verantwortung der Verursacher im Vordergrund (Subsidiaritätsprinzip).

8.2.2.1 Umweltrecht in Deutschland

Ein kompaktes Umweltrecht im Sinne eines Umweltgesetzes gibt es in Deutschland nicht; vielmehr verteilt sich das deutsche Umweltrecht auf eine große Anzahl von Gesetzen und Verordnungen. Ihre gemeinsame Basis ist die Verankerung des Umweltschutzes im Grundgesetz:

> ***Artikel 20a [Umweltschutz]***
>
> *Der Staat schützt auch in Verantwortung für die künftigen Generationen die natürlichen Lebensgrundlagen und die Tiere im Rahmen der verfassungsmäßigen Ordnung durch die Gesetzgebung und nach Maßgabe von Gesetz und Recht durch die vollziehende Gewalt und die Rechtsprechung*

Daneben stehen Normen des Umweltvölkerrechts und der Europäischen Gemeinschaft, die in das nationale Umweltrecht eingreifen. Diese werden in den nachfolgenden Abschnitten separat behandelt.

8.2.2.1.1 Einteilung des deutschen Umweltrechts

Eine systematische Gliederung des deutschen Umweltrechts ist kaum möglich. Das Umweltbundesamt (UBA) nimmt auf seiner Homepage die folgende Unterteilung vor:

- **Kernbereiche des Umweltrechts** sind nach den oben genannten höherrangigen Umweltnormen:
  - **anlagen-, umweltmedien- und stoffbezogene Schutzgesetze:** Immissionsschutz-, Wasser-, Bodenschutz-, Abfall-, Chemikalienrecht;
  - **Querschnittsgesetze:** Umweltverträglichkeitsprüfungs-, Umweltinformations-, Umweltrechtsbehelfs-, Umweltschadensgesetz;
  - **Umweltstrafrecht.**

Daneben treten

- **Umweltschutzregelungen im Fachrecht,** also in gesetzlichen Regelungen, deren eigentlicher Zweck nicht der Schutz der Umwelt ist. Als Beispiele nennt das UBA das Energie-, Landwirtschafts-, Verkehrs-, Berg-, Bau- und Planungsrecht sowie das
- **Klimaschutz-** und **Ressourcenschutzrecht** als neue Rechtsgebiete.

Nachfolgend wird mit dem **Kreislaufwirtschaftsgesetz (KrWG)** ein für alle Industriebetriebe wesentliches Gesetz näher beleuchtet. Im Rahmen der Entsorgungslogistik wurde das **Verpackungsgesetz (VerpackG)** bereits in Lehrbuch 2, Abschn. 4.5.2.2.1.1 behandelt. Eine ausführlichere und in Einzelheiten eintauchende Darstellung weiterer umweltrechtlicher Vorschriften soll an dieser Stelle nicht erfolgen. Diese sind im allgemeinen Gegenstand der der Weiterbildung zum Geprüften Technischen Betriebswirt vorangegangenen fachorientierten Weiterbildung zum Geprüften Industriemeister oder Staatlich geprüften Techniker.

8.2.2.1.2 Kreislaufwirtschaftsgesetz

Ein wesentliches Umweltproblem stellen Abfälle dar. Ihre Behandlung ist in der Bundesrepublik Deutschland im **Kreislaufwirtschaftsgesetz (KrWG)** geregelt, das seinen Zweck in § 1 wie folgt beschreibt:

> *»Zweck des Gesetzes ist es, die Kreislaufwirtschaft zur Schonung der natürlichen Ressourcen zu fördern und den Schutz von Mensch und Umwelt bei der Erzeugung und Bewirtschaftung von Abfällen sicherzustellen«.*

Es definiert Abfälle wie folgt:

> *»Abfälle im Sinne dieses Gesetzes sind alle Stoffe oder Gegenstände, derer sich ihr Besitzer entledigt, entledigen will oder entledigen muss. Abfälle zur Verwertung sind Abfälle, die verwertet werden; Abfälle, die nicht verwertet werden, sind Abfälle zur Beseitigung«* (§ 3 Abs. 1 KrWG).

Entsorgungslogistik (auch als Reverselogistik oder Retro-Logistik bezeichnet, was mit »Umkehr-Logistik« oder »Rückwärts-Logistik« übersetzt werden könnte) befasst sich mit Rückständen und Abfällen aller Art, die produktionsbedingt oder konsumbedingt (z. B. als übriggebliebene Verpackung eines Verbrauchsguts) entstanden sind und zur Verwertung oder Beseitigung anstehen. Hierzu zählen nicht nur bewegliche Gegenstände, sondern z. B. auch (Ab-)Luft und (Ab-)Wasser.

Auch die logistische Behandlung von Mehrwegverpackungen kann Gegenstand von Entsorgungslogistik sein.

Abfallvermeidung

In der Abfallhierarchie des KrWG steht Abfallvermeidung an erster Stelle:

> »(1) Maßnahmen der Vermeidung und der Abfallbewirtschaftung stehen in folgender Rangfolge:
>
> 1. Vermeidung,
> 2. Vorbereitung zur Wiederverwendung,
> 3. Recycling,
> 4. sonstige Verwertung, insbesondere energetische Verwertung und Verfüllung,
> 5. Beseitigung«
>
> (§ 6 Abs. 1 KrWG)

Vermeidung im Sinne des KrWG ist

> »*... jede Maßnahme, die ergriffen wird, bevor ein Stoff, Material oder Erzeugnis zu Abfall geworden ist, und dazu dient, die Abfallmenge, die schädlichen Auswirkungen des Abfalls auf Mensch und Umwelt oder den Gehalt an schädlichen Stoffen in Materialien und Erzeugnissen zu verringern. Hierzu zählen insbesondere die anlageninterne Kreislaufführung von Stoffen, die abfallarme Produktgestaltung, die Wiederverwendung von Erzeugnissen oder die Verlängerung ihrer Lebensdauer sowie ein Konsumverhalten, das auf den Erwerb von abfall- und schadstoffarmen Produkten sowie die Nutzung von Mehrwegverpackungen gerichtet ist*« (§ 3 Abs. 20 KrWG).

Wenn Abfall gar nicht erst entsteht, ist dem durch Vorsorge und Nachhaltigkeit geprägten Umweltschutzgedanken am besten Rechnung getragen. Wo er entsteht, ist für seine Behandlung unter Beachtung der Rangfolge des KrWG zu sorgen. Abfallbehandlung in diesem Sinne ist die Vorbereitung zur Wiederverwendung vor Recycling, Verwertung oder Beseitigung.

Vorbereitung zur Wiederverwendung

Zur Wiederverwendung stellt das KrWG fest:

> »*Wiederverwendung im Sinne dieses Gesetzes ist jedes Verfahren, bei dem Erzeugnisse oder Bestandteile, die keine Abfälle sind, wieder für denselben Zweck verwendet werden, für den sie ursprünglich bestimmt waren*« (§ 3 Abs. 21 KrWG).

Tatsächlich entsteht bei unveränderter Wiederverwendung kein Abfall; Maßnahme der Abfallbehandlung ist hier daher die Vorbereitung zur Wiederverwendung.

> »*Vorbereitung zur Wiederverwendung im Sinne dieses Gesetzes ist jedes Verwertungsverfahren der Prüfung, Reinigung oder Reparatur, bei dem Erzeugnisse oder Bestandteile von Erzeugnissen, die zu Abfällen geworden sind, so vorbereitet werden, dass sie ohne weitere Vorbehandlung wieder für denselben Zweck verwendet werden können, für den sie ursprünglich bestimmt waren*« (§ 3 Abs. 24 KrWG).

Recycling

> »*Recycling im Sinne dieses Gesetzes ist jedes Verwertungsverfahren, durch das Abfälle zu Erzeugnissen, Materialien oder Stoffen entweder für den ursprünglichen Zweck oder für andere Zwecke aufbereitet werden; es schließt die Aufbereitung organischer Materialien ein, nicht aber die energetische Verwertung und die Aufbereitung zu Materialien, die für die Verwendung als Brennstoff oder zur Verfüllung bestimmt sind*« (§ 3 Abs. 25 KrWG).

Eine Voraussetzung für Recycling ist die möglichst **sortenreine Trennung** von Abfällen, die heute in weitgehend automatisierten Sortieranlagen vorgenommen wird. Im Rahmen der Produktionswirtschaft wurde bereits darauf hingewiesen, dass schon bei der Konstruktion und Entwicklung eines Erzeugnisses über den Verbleib der Produktbestandteile nach Ende der bestimmungsmäßigen Nutzung des Produkts nachgedacht werden muss.

Verwertung

> »*Verwertung im Sinne dieses Gesetzes ist jedes Verfahren, als dessen Hauptergebnis die Abfälle innerhalb der Anlage oder in der weiteren Wirtschaft einem sinnvollen Zweck zugeführt werden, indem sie entweder andere Materialien ersetzen, die sonst zur Erfüllung einer bestimmten Funktion verwendet worden wären, oder indem die Abfälle so vorbereitet werden, dass sie diese Funktion erfüllen. ...*« (§ 3 Abs. 23 KrWG).

Anlage 2 zum KrWG enthält eine – nicht abschließende – Aufzählung von Verwertungsverfahren, die auch Recycling umfasst. Neben der stofflichen Verwertung – etwa Kompostierung von organischen Abfällen und Rückgewinnung von Metallen und Metallverbindungen – wird hier auch die Hauptverwendung als Brennstoff oder als anderes Mittel der Energieerzeugung genannt.

Abfallbeseitigung

Beseitigung ist das letzte Mittel der Abfallbehandlung, das nur zu wählen ist, wenn keine gefahrlosere und umweltverträglichere Verwertung in Frage kommt. Das KrWG definiert Beseitigung als

> *»... jedes Verfahren, das keine Verwertung ist, auch wenn das Verfahren zur Nebenfolge hat, dass Stoffe oder Energie zurückgewonnen werden«* (§ 3 Abs. 26 KrWG).

und spezifiziert in den §§ 15 und 16 die Grundpflichten der Abfallbeseitigung sowie die Anforderungen an die Abfallbeseitigung. Anlage 1 zum KrWG verzeichnet 15 Beseitigungsverfahren, darunter z. B. die Ablagerung in oder auf dem Boden (z. B. Deponien), Verpressung, Gewässereinleitung, biologische oder chemisch-physikalische Behandlung, Verbrennung und Dauerlagerung.

Wegen weiterer Einzelheiten wird auf das Gesetz selbst verwiesen.

8.2.2.2 Europäisches und internationales Umweltrecht

Zur Durchsetzung von Umweltschutzmaßnahmen, die im Interesse der gesamten Menschheit liegen und vor allem den Klima- und Meeresschutz betreffen, werden **internationale Verträge** geschlossen. Zu nennen sind hier insbesondere

- die **Klimarahmenkonvention** von 1992 mit dem Ziel, klimagefährdende anthropogene (= menschenverursachte) Einflüsse zu verhindern;
- das **Kyoto-Protokoll** von 1997 mit ersten rechtsverbindlichen Verpflichtungen der Industrieländer zur Begrenzung und Reduzierung von Treibhausgasen;
- das **Pariser Abkommen** von 2015 mit der Festschreibung der Begrenzung des globalen Temperaturanstiegs auf unter 2° C bzw. der Bemühung, diese unter 1,5° C zu halten.

Die Europäische Union hat zudem eine große Zahl an Verordnungen und Richtlinien zum Umweltschutz erlassen. Einige in deutsches Recht übertragene Richtlinien sollen hier exemplarisch genannt werden:

- die **Abfallrahmenrichtlinie,** die Definitionen abfallbezogener Begriffe enthält und eine Fünf-Stufen-Gliederung von Abfällen vornimmt. Sie war Anlass für die Novellierung des bis dahin geltenden Kreislaufwirtschafts- und Abfallgesetz zum Kreislaufwirtschaftsgesetz (KrWG).
- die **EU-Erneuerbare-Energien-Richtlinie,** auf die u. a. das Erneuerbare-Energien-Gesetz (EEG) zurückzuführen ist;
- die **EU-Energieeffizienz-Richtlinie** und die **EU-Richtlinie zur Gesamtenergieeffizienz von Gebäuden** als Taktgeber für zahlreiche nationale Gesetze und Verordnungen zur Energieeinsparung auf verschiedensten Feldern;
- die **EU-Treibhausgasemissionshandels-Richtlinie,** die die Vorgaben für die nationale Gesetz- und Verordnungsgebung zum Handel mit Emissionszertifikaten enthält.

Nachhaltigkeit als eine Zielnorm der Europäischen Union ist in Art. 3 Abs. 3 des Vertrags über die Europäische Union verankert. Dort ist auch das Hinwirken auf »ein hohes Maß an Umweltschutz und Verbesserung der Umweltqualität« ausdrücklich betont. Der »Vertrag über die Arbeitsweise der Europäischen Union« (AEUV) weist der EU die Befugnis zu, in allen Bereichen der Umweltpolitik tätig zu werden. Etwa 80 % der die Umwelt betreffenden, in Deutschland geltenden Vorschriften gehen auf europäische Vorgaben zurück.

In Art. 191 AEUV sind die Ziele der Umweltpolitik festgeschrieben:

- Schutz, Erhaltung und Verbesserung des Naturkapitals der Union,

- Übergang zu einer ressourceneffizienten, umweltschonenden und wettbewerbsfähigen CO_2-armen Wirtschaftsweise in der Union,
- Schutz der Unionsbürger vor umweltbedingten Belastungen, Gesundheitsrisiken und Risiken für die Lebensqualität,
- Maximierung der Vorteile aus dem Umweltrecht der Union durch verbesserte Umsetzung,
- Verbesserung der Wissens- und Faktengrundlage für die Umweltpolitik der Union,
- Sicherung von Investitionen für Umwelt- und Klimapolitik und Berücksichtigung von Umweltkosten unter Beachtung etwaiger nachteiliger sozialer Auswirkungen,
- Verbesserung der Einbeziehung von Umweltbelangen in andere Politikbereiche und kohärente Gestaltung von Politikansätzen,
- Förderung der Nachhaltigkeit der Städte in der Union,
- Verbesserung der Fähigkeit der Union, wirksam auf internationale Umwelt- und Klimaprobleme einzugehen.

2014 wurde durch den Europäischen Rat ein **Rahmen für die Klima- und Energiepolitik bis 2030** beschlossen und bezüglich der Treibhausgasemissionen in 2021 noch einmal nachgeschärft. Er verfolgt drei Hauptziele:

- Senkung der Treibhausgasemissionen um mindestens 55 % gegenüber dem Stand von 1990,
- Erhöhung des Anteils erneuerbarer Energiequellen auf mindestens 27 % und
- Steigerung der Energieeffizienz ebenfalls um mindestens 27 %.

Umgesetzt werden die Aktionsprogramme durch Beschlüsse von Richtlinien, die dann in den Mitgliedsstaaten in nationales Recht umgewandelt werden müssen.

8.2.2.3 Betriebliches Umweltmanagement

Unternehmen sind mit einer – immer weiter anwachsenden – Fülle gesetzlicher Vorschriften konfrontiert, die den Schutz der Umwelt betreffen. Dabei haben vor allem Großunternehmen zahlreichen Berichts- und Nachweispflichten nachzukommen. Hier den Überblick zu behalten, auf neue Auflagen mit den richtigen Maßnahmen zu reagieren, deren Einhaltung in geeigneter Weise nachweisen zu können und den Umweltschutz praktisch sicherzustellen ist Aufgabe des betrieblichen Umweltmanagements.

Die meisten Betriebe können sich beim Aufbau eines Umweltmanagementsystems die Erfahrungen zunutze machen, die sie bei Einführung ihres betrieblichen Qualitätsmanagements sammeln konnten.

Betriebliches Umweltmanagement umfasst

- die **betrieblichen Maßnahmen zum Umweltschutz:** Vermeidung bzw. Eindämmung vom Betrieb ausgehender Umweltbelastungen durch Auswahl entsprechender Produktionsverfahren und Materialien, Abfallvermeidung, Prävention und Sanierung;
- die **Messung und Dokumentation** der vom Betrieb ausgehenden Umweltbelastungen durch Emissionen, Gewässer- und Bodenverunreinigungen (gelegentlich als Umweltleistung bezeichnet);
- die Erfassung und Bewertung von Stoffen und Energieträgern in **Öko-Bilanzen,** in denen die Herstellung einzelner Produkte oder die Herstellungsleistung von Betriebsteilen innerhalb einer Zeitspanne bilanziert wird. Die Weiterentwicklung des dieser Bilanzierung zugrundeliegenden »ökologischen Rechnungswesens« ist Einstieg in den Aufbau eines **Öko-Controllings,** in dessen Rahmen eine umweltschonende(re) Produktion geplant, kontrolliert und gesteuert werden kann.

- die **Beachtung gesetzlicher Vorgaben und Grenzwerte** sowie behördlicher Auflagen und die **Dokumentation** ihrer Einhaltung,
- die Festlegung und Anpassung der **Umweltpolitik** des Unternehmens, also des von der Unternehmensführung festgelegten Zielmix in Bezug auf das Umweltverhalten und seiner Umsetzung in entsprechende Maßnahmen;
- die Einwirkung auf Mitarbeiter, Lieferanten und sonstige **Stakeholder** bezüglich der Einhaltung der festgesetzten Umweltschutznormen,
- die **kommunikative Vermittlung** der Umweltschutzanstrengungen des Unternehmens in Richtung der Politik und Öffentlichkeit.

Damit betrifft das Umweltmanagement praktisch alle betrieblichen Bereiche:

- Im der **Materialwirtschaft** hat die Entscheidung über zu beschaffende Mengen auch die ökologischen Auswirkungen der notwendigen Transporte und Verpackungsmittel zu beachten.
- Im Vorfeld der eigentlichen Produktion hat die **Produktgestaltung** auch unter Umweltgesichtspunkten zu erfolgen. Diese kommen in der Materialauswahl, einem sparsamen Materialeinsatz und dem Abzielen auf lange Lebensdauer zum Tragen. Dabei ist auch zu berücksichtigen, dass das Produkt nach Ende seiner Nutzungsdauer eine Wiederverwendung von Bestandteilen und/oder eine sortenreine Materialtrennung zum Recycling ermöglicht.
- Die **Produktionsprozesse** sollen energiesparend gestaltet sein. Ausschüsse, Verschnitte und Abfälle sind zu minimieren, umwelt- und gesundheitsgefährdende Hilfs- und Betriebsstoffe zu vermeiden.
- Im **Vertrieb** sind Transport- und Verpackungsmittel gleichfalls umweltfreundlich zu wählen.
- Auch die nur **indirekt zur Produktion beitragenden Abteilungen** sind einzubeziehen: Umweltmaßnahmen reichen hier von der Wahl der Energieträger für Beheizung und Klima bis zu material- und energiesparenden Maßnahmen an den einzelnen Büroarbeitsplätzen.

Für die Umsetzung des Umweltmanagements wurden – ähnlich wie für das Qualitätsmanagement – internationale Normen entwickelt. **ISO 14001** »Umweltmanagementsysteme – Anforderungen mit Anleitung zur Anwendung« und die daraus unveränderte Übernahme als DIN-Norm DIN EN ISO 14001:2015-11 stellen schwerpunktmäßig auf einen **kontinuierlichen Verbesserungsprozess** im Sinne eines **PDCA-Zyklus** (Plan-Do-Check-Act) ab. Bei den Neufassungen der erstmals 1996 veröffentlichten Norm wurde insbesondere auf Kompatibilität mit der Qualitätsmanagementnorm EN ISO 9000 ff. geachtet. Ebenso wie dort erfolgt die Überprüfung des Umweltmanagementsystems im Rahmen eines Auditverfahrens durch einen akkreditierten Zertifizierer. Die Formulierung der Grundsätze, die sich das Unternehmen selbst gibt bzw. denen es nach gesetzlichen oder behördlichen Anforderungen unterworfen ist, sowie der zum Einsatz kommenden Systeme und Hilfsinstrumente erfolgt nach der Norm ISO 14004. Sie regelt den Einsatz und Inhalt von Managementhandbüchern, Prozessbeschreibungen sowie Verfahrens-, Betriebs- und Arbeitsanweisungen.

Die Normen ISO 14015 ff befassen sich unter anderem mit der Umweltbewertung von Standorten und Organisationen, der Umweltkennzeichnung von Produkten, der Umweltleistungsbewertung und Bilanzierung, der Erstellung von Materialflusskostenrechnungen usw. und sind dabei teils organisations- und teils produktorientiert.

Das europäische Öko-Audit-Verordnung **EMAS II** (Eco-Management and Audit-Scheme) wurde in Deutschland durch das **Umweltauditgesetz (UAG)** umgesetzt. Es regelt die Zulassung und Beaufsichtigung für die Umweltgutachter, die das freiwillige Öko-Audit durchführen, durch Konstituierung des **Umweltgutachterausschusses (UGA).** Dieser hat die Aufgabe, Richtlinien für die Anwendung des UAG zu erlassen, das Bundesumweltministerium in Fragen des Öko-Audits zu beraten und die Verbreitung von EMAS in Deutschland zu fördern. Umweltzertifizierte Unternehmen werden in einem Register der örtlich zuständigen Industrie- und Handelskammer erfasst und dürfen das EMAS-Logo auf ihren Briefköpfen, Plakaten, Homepages – nicht aber auf Produkten und Verpackungen wegen der Verwechslungsgefahr mit produktbezogenen Umweltkennzeichen – führen. Voraussetzung für die EMAS-Zertifizierung sind die Teilnahme an einer Umweltprüfung, die Formulierung von Umweltzielen, die Festlegung einer Umweltpolitik und die Einführung eines Umweltmanagementsystems, das regelmäßig einer Umweltbetriebsprüfung unterzogen wird.

Unternehmen auf dem Weg zur Klimaneutralität

2021 hat die Europäische Union die Verschärfung ihrer Klimaziele beschlossen: Bis 2030 muss unter anderem eine Senkung der Treibhausgasemissionen um mindestens 55 % gegenüber dem Stand von 1990 erreicht sein. Damit stehen vor allem die Energiewirtschaft als größter Emittent, die übrigen Industriebetriebe, der Verkehrs- und Transportsektor, die Gebäudewirtschaft und die landwirtschaftlichen Betriebe unter Druck, ihre Emissionen zu verringern. Immer mehr Unternehmen setzen sich zum Ziel, klimaneutral zu werden – manche werben schon jetzt mit ihrer bereits erreichten Klimaneutralität – und suchen nach Lösungen. Auch in Zukunft werden Treibhausgasemissionen, unter denen der Ausstoß von CO_2 mit ca. 90 % den weitaus größten Anteil hat, unvermeidbar sein. Das Ziel lautet daher, Emissionen so weit wie möglich einzuschränken – etwa durch die Verwendung von Energie aus erneuerbaren, ökologisch unbedenklichen Quellen (»Dekarbonisierung«), die Umstellung von Fahrzeugflotten von Verbrennern auf E-Antrieb, eine verbesserte Gebäudedämmung usw. – und die nicht vermeidbaren Emissionen durch den Kauf von Emissionszertifikaten auszugleichen. Voraussetzung für die Ermittlung des Einsparungsgrades ist allerdings die Kenntnis der eigenen **THG-Bilanz** bzw. **CO_2-Bilanz (Corporate Carbon Footprint CCF)**. Regeln zur Aufstellung einer THG-Bilanz enthält die Norm ISO 14064. Sie berücksichtigt neben den **direkten Emissionen** aus eigenen Prozessen (Scope 1) auch die **indirekten Emissionen** durch die Erzeugung der von außen bezogenen Energie (Scope 2) und durch die Vor- und Nachkette einschließlich der Produktverwertung (Scope 3).

Neuer Schlüsselbegriff für die Gestaltung von Wandlungsprozessen in Unternehmen, Institutionen und Verwaltungen, aber auch in regionalen Bezügen (urbaner Wandel; Transformation in ländlichen Räumen) ist das **Transformationsmanagement**. Mit dem Wandel von Unternehmungen befassen sich auch das Change Management und die Organisationsentwicklung, und die Abgrenzung dieser Begriffe voneinander ist in der einschlägigen Literatur durchweg unscharf und soll an dieser Stelle auch gar nicht versucht werden. In neuerer Zeit wird Transformationsmanagement jedoch häufig als Ansatz zur Durchsetzung von **Nachhaltigkeitszielen** und hier insbesondere zur Verwirklichung der **Klimaschutzziele** verstanden. Inzwischen gibt es eine Reihe von Studiengängen, die das notwendige Methodenwissen vermitteln.

8.2.3 Arbeitssicherheit und Arbeitsgesundheit

Im Bereich der Arbeitssicherheit bzw. der Arbeitsgesundheit wird das Ziel verfolgt, die Rechtsvorschriften und ggf. darüber hinausgehende – auch selbst gesetzte – Regelungen zum Schutz der Sicherheit und Gesundheit der Arbeitnehmer einzuhalten.

Konkret bedeutet dies vor allem,

- die Beschäftigten durch geeignete Maßnahmen an ihren Arbeitsplätzen vor Gefahren für Gesundheit und Leben zu schützen, z. B. indem direkte **Kontakte mit gefährlichen Arbeitsstoffen** auf das unbedingt Notwendige beschränkt und dort nur unter größtmöglichen Sicherheitsvorkehrungen zugelassen werden;

- im gesamten Betrieb aktive **Unfallverhütung** zu betreiben, z. B. indem Gefahrenstellen identifiziert und beseitigt werden und die Mitarbeiter laufend in Unfallverhütung geschult werden;
- Maßnahmen zur **Gesundheitsförderung** durchzuführen, z .B. indem Betriebssport angeboten oder Präventionskurse gefördert werden;
- die **Arbeitsfähigkeit** der Beschäftigten auch mit deren steigendem Alter zu erhalten, z. B. indem einseitige Belastungen, die zur Ausprägung von arbeitsbedingten Schäden und Krankheiten führen, vermieden und Arbeitsplätze »alter(n)sgerecht« eingerichtet werden;
- die Arbeit der betrieblichen **Sicherheitsfachkräfte** (SiFa) zu unterstützen.

Organisatorisch folgt hieraus

- für die **Aufbauorganisation** die Einrichtung von Stellen für Sicherheitsfachkräfte, die mit den notwendigen Befugnissen ausgestattet werden müssen;
- für die **Ablauforganisation** der Erlass von Verfahrensanweisungen für sicherheits- bzw. gesundheitsgefährdende Prozesse und für alle vorhersehbaren Störfälle.

Die Einbettung der Arbeitssicherheit und des Gesundheitsschutzes in ein integriertes Managementsystem bedeutet, dass Sicherheits- und Gesundheitsschutz ganzheitlich und als wesentliche betriebliche Aufgabe gesehen und kontinuierlich unter Einbezug der Arbeitnehmer und ihrer Vertretungen weiterentwickelt werden. Angesichts der aktuellen Problemlage der deutschen Wirtschaft sind dabei Maßnahmen zum Gesundheitsschutz bzw. zur Gesundheitsvorsorge zunehmend wichtig, denn

- obwohl sich viele Betriebe in den letzten Jahren durch die Wahrnehmung von Frühverrentungsmöglichkeiten von älteren Arbeitnehmern getrennt haben, sind die Belegschaften in der deutschen Industrie nicht als jung zu bezeichnen: Der Altersdurchschnitt beträgt mehr als 40 Jahre; Verjüngungen sind auf längere Sicht nicht realisierbar. Mit steigendem Alter steigen auch die gesundheitliche Risiken und summieren sich die Folgen ungünstiger Arbeitsbedingungen zu arbeitsbedingten Krankheiten auf;
- die Anforderungen der Betriebe an die Flexibilität und Mobilität ihrer Arbeitnehmer fördern stressbedingte Erkrankungen;
- die Tendenz vor allem in großen Betrieben, trotz erzielter Rekordgewinne Mitarbeiter abzubauen oder deren Arbeitsbedingungen zu verschlechtern, bedingt eine Zunahme von Angst- und Motivationsstörungen bis hin zur Ausprägung des Burnout-Syndroms;
- bedingt durch hohe Kosten und Überschuldung des Staates, verliert das staatliche Gesundheitssystem seit Jahren kontinuierlich an Niveau. Zugleich steigen die Forderungen nach Übernahme von Eigenverantwortung, aber auch Verantwortung der Unternehmen.

8.2.3.1 Gesetzliche Grundlagen des Arbeitsschutzes und der Arbeitssicherheit

Körperliche Unversehrtheit ist ein Grundrecht:

> *»Jeder hat das Recht auf Leben und körperliche Unversehrtheit. [...]«, Art. 2 Abs. 2 Grundgesetz.*

Im Folgenden werden die wichtigsten Einzelgesetze kurz erörtert.

8.2.3.1.1 Das Arbeitsschutzgesetz

Das »Gesetz über die Durchführung von Maßnahmen des Arbeitsschutzes zur Verbesserung der Sicherheit und des Gesundheitsschutzes der Beschäftigten bei der Arbeit« von

1996, kurz als Arbeitsschutzgesetz (ArbSchG) bezeichnet, setzt folgende EG-Richtlinien in deutsches Recht um:

- Richtlinie 89/391/EWG vom 12.6.1989 über die Durchführung von Maßnahmen zur Verbesserung der Sicherheit und des Gesundheitsschutzes der Arbeitnehmer bei der Arbeit;
- Richtlinie 91/383/EWG vom 25.6.1991 zur Ergänzung der Maßnahmen zur Verbesserung der Sicherheit und des Gesundheitsschutzes von Arbeitnehmern mit befristetem Arbeitsverhältnis oder Leiharbeitsverhältnis.

Damit wurden etliche Bestimmungen der seit 1869 gültigen **Gewerbeordnung,** die mehr als 100 Jahre lang maßgeblich für den staatlichen Arbeitsschutz in Deutschland waren, abgelöst.

Das ArbSchG nennt die grundlegenden »Pflichten des Arbeitgebers«, insbesondere

»§ 3 Grundpflichten des Arbeitgebers

(1) Der Arbeitgeber ist verpflichtet, die erforderlichen Maßnahmen des Arbeitsschutzes unter Berücksichtigung der Umstände zu treffen, die Sicherheit und Gesundheit der Beschäftigten bei der Arbeit beeinflussen. Er hat die Maßnahmen auf ihre Wirksamkeit zu überprüfen und erforderlichenfalls sich ändernden Gegebenheiten anzupassen. Dabei hat er eine Verbesserung von Sicherheit und Gesundheitsschutz der Beschäftigten anzustreben.

(2) Zur Planung und Durchführung der Maßnahmen nach Abs. 1 hat der Arbeitgeber unter Berücksichtigung der Art der Tätigkeiten und der Zahl der Beschäftigten

1. für eine geeignete Organisation zu sorgen und die erforderlichen Mittel bereitzustellen sowie

2. Vorkehrungen zu treffen, dass die Maßnahmen erforderlichenfalls bei allen Tätigkeiten und eingebunden in die betrieblichen Führungsstrukturen beachtet werden und die Beschäftigten ihren Mitwirkungspflichten nachkommen können

(3) Kosten für Maßnahmen nach diesem Gesetz darf der Arbeitgeber nicht den Beschäftigten auferlegen.«

Aus dem Gesetz ergeben sich insbesondere die folgenden Pflichten für den Arbeitgeber:

- Ermittlung, Beurteilung und Dokumentation der mit einer Arbeit verbundenen Gefahren in einer **Gefährdungsanalyse,**
- Sicherstellung der **Befähigung** und **Unterweisung** von Mitarbeitern, denen gefährliche Arbeiten übertragen werden,
- Treffen geeigneter **Maßnahmen** zur Ersten Hilfe, zum Brandschutz, zur Evakuierung im Notfall usw.,
- Arbeitsmedizinische **Vorsorge** in regelmäßigen Untersuchungen.

Für die Beschäftigten besteht die Pflicht, den Weisungen und Anleitungen entsprechend zu handeln.

8.2.3.1.2 Die Betriebssicherheitsverordnung

In der »Verordnung über Sicherheit und Gesundheitsschutz bei der Verwendung von Arbeitsmitteln (Betriebssicherheitsverordnung – BetrSichV)« werden überwachungsbedürftige Anlagen – darunter fallen Dampfkessel- und andere Druckbehälteranlagen, bestimmte Leitungen, Aufzugsanlagen und Getränkeschankanlagen und weitere, im **Produktsicherheitsgesetz (ProdSG)** aufgeführte Anlagen, Lager und Einrichtungen – den Arbeitsmitteln gleichgestellt.

2015 wurde die erstmals 2002 erlassene Verordnung umfassend novelliert.

Das in ihr festgeschriebene Schutzkonzept bezüglich der von Arbeitsmitteln ausgehenden Gefährdungen beinhaltet unter anderem

- eine vor der Verwendung vom Arbeitgeber vorzunehmende und regelmäßig zu überprüfende Gefährdungsbeurteilung unter Berücksichtigung einer Reihe von in § 3 Abs. 1 BetrSichV genannten Faktoren;
- die Pflicht des Arbeitgebers zum Ergreifen von Schutzmaßnahmen nach dem Stand der Technik und der Feststellung, dass die Verwendung des Arbeitsmittels demnach sicher ist (§ 4);
- die Pflicht des Arbeitgebers zur Zurverfügungstellung ausschließlich geprüfter und geeigneter Arbeitsmittel (§ 5).

Die zu beachtenden Mindestanforderungen und die zu treffenden Maßnahmen sind im Gesetz detailliert geregelt.

8.2.3.1.3 Die Arbeitsstättenverordnung

Mit der am 25. August 2004 in Kraft getretenen Neufassung der »Verordnung über Arbeitsstätten (ArbStättV)« wurden mehrere EG-Richtlinien in deutsches Recht umgesetzt. Im Zuge der damit zugleich angestrebten Vereinfachung und Entbürokratisierung wurde die Anzahl der Paragraphen deutlich (von 58 auf inzwischen 9) reduziert; zugleich wurde aber ein umfangreicher Anhang angelegt, der die gute Absicht »weniger Paragraphen – mehr Sicherheit« weitgehend in Frage stellt. 2016 erfolgte eine inhaltliche Anpassung an den eingetretenen technischen Fortschritt.

Die ArbStättV enthält die wesentlichen Pflichten des Unternehmers hinsichtlich Sicherheit und Gesundheitsschutz, wobei die Formulierungen den Spielraum belassen, der notwendig ist, um die zu treffenden Maßnahmen an die Besonderheiten des einzelnen Betriebes anzupassen.

Der Begriff der Arbeitsstätte und sich daraus herleitende Begriffe wie Arbeitsräume, Arbeitsplätze, Bildschirmarbeitsplätze und Telearbeitsplätze werden erläutert. Auch hier findet sich wieder eine – auf den Gegenstand des Gesetzes angepasste – Definition für den **Stand der Technik** (wie schon z. B. im BImschG, WHG, KrWG). Im Vordergrund stehen die fachkundige Durchführung und Dokumentation einer Gefährdungsbeurteilung und die entsprechende Einrichtung und Instandhaltung der Arbeitsstätten. Dabei sind die Belange von Menschen mit Behinderungen sowie der Nichtraucherschutz besonders zu beachten. Die Beschäftigten sind ausreichend und angemessen über die die sicherheitsgewährleistenden Maßnahmen am Arbeitsplatz zu unterrichten und für das Verhalten im Gefahrenfall zu unterweisen.

Die allgemein formulierten Schutzziele der ArbStättV werden in den **Technischen Regeln für Arbeitsstätten (ASR)** konkretisiert. Diese werden vom **Ausschuss für Arbeitsstätten** erarbeitet und erlangen Rechtskraft durch Veröffentlichung durch das Bundesministerium für Arbeit und Soziales (BMAS).

Die Geschäftsführung des Ausschusses liegt bei der **Bundesanstalt für Arbeitsschutz und Arbeitsmedizin (BAuA)** mit Hauptsitz in Dortmund.

8.2.3.1.4 Die Gefahrstoffverordnung

Die Gefahrstoffverordnung (GefStoffV) regelt das Inverkehrbringen von Stoffen, Zubereitungen und Erzeugnissen zum Schutz der Beschäftigten, anderer Personen und der Umwelt.

Ihre Schwerpunkte fordern

- die Notwendigkeit einer **Gefährdungsbeurteilung,** die vor Aufnahme einer potenziell gefährdenden Tätigkeit erfolgen muss;
- die Festlegung von Schutzmaßnahmen in Abhängigkeit von Art und Ausmaß der Gefährdung, insbesondere unter Bezugnahme auf in EG- und EU-Richtlinien festgelegte Grenzwerte für die durchschnittliche Konzentration eines Stoffes am Arbeitsplatz (Arbeitsplatz-Richtgrenzwerte);
- allgemeine und zusätzliche Schutzmaßnahmen.

8.2.3.1.5 Das Arbeitssicherheitsgesetz

Das Gesetz über Betriebsärzte, Sicherheitsingenieure und andere Fachkräfte für Arbeitssicherheit, kurz als **Arbeitssicherheitsgesetz (ASiG)** bezeichnet, verpflichtet den Arbeitgeber zur Bestellung von **Betriebsärzten** sowie von **Fachkräften für Arbeitssicherheit** (kurz **Sifa,** Sicherheitsfachkräfte – nicht zu verwechseln mit Sicherheitsbeauftragten oder Sicherheitsverantwortlichen!), sofern dies erforderlich ist (§ 1 Abs. 1 ASiG).

Die Erfordernis ergibt sich aus

- der Betriebsart,
- der Zahl und Zusammensetzung der Arbeitnehmerschaft,
- der Betriebsorganisation, wobei hier auf Zahl und Art der für Arbeitsschutz und Unfallverhütung verantwortlichen Personen abgezielt wird und
- (nur die Bestellung von Fachkräften für Arbeitssicherheit betreffend) der Kenntnisse und Schulung des Arbeitgebers oder der nach ArbSchG verantwortlichen Personen

und besteht praktisch bereits **ab einem** Beschäftigten.

Diese Fachkräfte müssen jedoch nicht zwingend im Betrieb eingestellt werden: § 19 ASiG eröffnet die Möglichkeit, überbetriebliche Dienste zu verpflichten. Die Fachkräfte müssen mit dem Betriebsrat zusammenarbeiten (§ 9 ASiG), sind aber auch untereinander zur Zusammenarbeit, insbesondere zur Durchführung gemeinsamer Betriebsbegehungen, verpflichtet (§ 10 ASiG).

Näheres zur betriebsärztlichen Betreuung regelt die **Verordnung zur arbeitsmedizinischen Vorsorge (ArbMedVV).**

Konkretisierungen der verbindlichen Pflichten bezüglich der Arbeitssicherheit und des Gesundheitsschutzes von Arbeitnehmern enthalten die **Unfallverhütungsvorschriften,** die von den **Berufsgenossenschaften** als Träger der gesetzlichen Unfallversicherung erlassen und vom BMAS genehmigt werden müssen.

Sonstige Rechtsvorschriften

Weitere den Arbeitsschutz und die Arbeitssicherheit betreffende Vorschriften im deutschen Recht, auf die hier aber nicht eingegangen werden soll, finden sich im Bürgerlichen Gesetzbuch (BGB), im Sozialgesetzbuch (SGB), im Produktsicherheitsgesetz (ProdSichG), im Bundesimmissionsschutzgesetz (BImSchG) im Jugendarbeitsschutzgesetz (JArbSchG), im Mutterschutzgesetz (MuSchG), im Betriebsverfassungsgesetz (BetrVerfG) u. a. m.

8.2.3.2 Standards und Normen im Bereich Arbeitsschutz und Arbeitssicherheit

Im Bereich Arbeitsschutz und Arbeitssicherheit wurden eine Reihe von Konzepten für **Arbeitsschutzmanagementsysteme (AMS)** entwickelt, von denen eine Auswahl vorgestellt werden soll. Im Gegensatz zu den zuvor beschriebenen Gesetzen und Verordnungen handelt es sich dabei jeweils um Standards und Zertifizierungen, die ein Unternehmen auf freiwilliger Basis einführen kann.

- **SCC** (Safety Certificate Contractors) ist ein internationaler Standard für das Sicherheits-, Gesundheits- und Umweltmanagement von Unternehmen, die als technische Dienstleister im Auftrag für andere Unternehmen tätig werden (»Fremdfirmen«). Das ursprünglich in den Niederlanden entwickelte und akkreditierte System wurde von der deutschen Trägergemeinschaft TAG in deren Akkreditierungssystem übernommen.
- **ILO_OSH 2001:** Die International Labour Organization (ILO) in Genf verabschiedete im Jahr 2001 die »Technical Guidelines on Occupational Safety and Health Management

Systems« (ILO-Guidelines; ILO-Leitfaden) als Grundlage für die Entwicklung nationaler Leitfäden. Die Guidelines wurden in Deutschland im »**Nationalen Leitfaden für Arbeitsschutzmanagementsysteme**« umgesetzt.

- **OHRIS** (Occupational Health- and Risk-Managementsystem) ist ein branchen- und betriebsgrößenunabhängiges Arbeitsschutz-Managementsystem, das von der Bayerischen Gewerbeaufsicht zusammen mit der bayerischen Wirtschaft entwickelt wurde. Es zielt auf die nachhaltige Verbesserung des Gesundheitsschutzes für Beschäftigte und des Anlagenschutzes ab und setzt neben ISO 9001 und ISO 14001:2004 sowie den erwähnten ILO-Guidelines auch den DIN-Fachbericht 121 »**Leitlinie zur Begründung und Erarbeitung von Managementsystemnormen**« (deutsche Übersetzung des ISO-Leitfaden 72 »Guidelines for the Justification and Development of Management Standards«) um.

  OHRIS enthält folgende **Komponenten:**

  - Das Arbeitsschutzmanagementsystem-Konzept,
  - eine Handlungsanleitung für kleine und mittlere Unternehmen zur Einführung eines Arbeitsschutzmanagementsystems,
  - eine Anleitung zur Dokumentation,
  - ein Handbuchbeispiel für ein integriertes Managementsystem und weitere Hilfsmittel,
  - eine Anleitung für die Durchführung interner Audits einschließlich Prüflisten.

  OHRIS zielt insbesondere darauf ab, die Eigenverantwortung der Unternehmen durch Eigenüberwachung und intensive Beteiligung der Mitarbeiter zu stärken. Es erfordert keine Fremdzertifizierung; alle erforderlichen Unterlagen stehen kostenlos, z. B. zum Download beim Bayerischen Landesamt für Gesundheit und Lebensmittelsicherheit bereit. Die Beratung und Zertifizierung für Betriebe in Bayern und Sachsen erfolgt durch die jeweiligen Gewerbeaufsichtsämter und ist ebenfalls kostenlos. Dementsprechend weit verbreitet ist das regelmäßigen Revisionen (zuletzt 2018) unterzogene Konzept, auf dessen Grundlage ca. 400 Betriebe in den genannten Bundesländern ihr AMS errichtet haben.

- **OHSAS 18001** (Occupational Health- and Safety Assessment Series) ist ein Konzept für Arbeitsschutzmanagementsysteme, das – wenn auch nur in Polen und Großbritannien als Norm anerkannt – bis zu seiner Ablösung durch die 2018 veröffentlichte Norm ISO 45001 in vielen Ländern, so auch in Deutschland, als Zertifizierungsgrundlage angewendet wurde. Es orientierte sich, ebenso wie OHRIS, eng an den Normen ISO 9001 und ISO 1400. Für die Ablösung des Standards OHSAS 2018 durch ISO 45001 galt eine Übergangsfrist von drei Jahren.

- **ISO 45001** enthält Instrumente und Maßnahmen für die praktische Umsetzung eines **integrierten Arbeitsschutz- und Gesundheitsschutz-Managementsystems (A&G-MS).** Inwieweit es OHRIS und andere Konzepte verdrängen wird, bleibt abzuwarten, zumal Beratungen und Zertifizierungen nach ISO 45001 nur durch kommerzielle Anbieter erfolgen und nicht unerhebliche Kosten verursachen. Neue internationale Standards können, müssen aber nicht zwangsläufig eine »Zertifizierungswelle« auslösen.

- **LASI LV 21** (Veröffentlichung Nr. LV21 des Länderausschusses für Arbeitsschutz und Sicherheitstechnik zur »Spezifikation zur freiwilligen Einführung, Anwendung und Weiterentwicklung von Arbeitsschutzmanagementsystemen (AMS))« legt Anforderungen an und Grundsätze für AMS fest. Adressaten sind Organisationen, die die Einführung, Anwendung und ständige Verbesserung eines AMS anstreben und ggf. einen Nachweis der Konformität Dritten (Kunden, Aufsichtsbehörden) gegenüber benötigen.

- **LASI LV 22** ist eine Handlungsanleitung zur freiwilligen Einführung und Anwendung von AMS für kleine und mittlere Unternehmen (KMU).

8.3 Qualitätsmanagementmethoden im Einsatz

Etwa seit Mitte der 1980er Jahre ist die Problematik der Qualitätssicherung in vielen Betrieben in den Mittelpunkt des Interesses gerückt. Wurde dem Qualitätsaspekt zuvor ausschließlich oder vorrangig in Form von Endkontrollen Rechnung getragen, so setzte sich mehr und mehr die Philosophie eines alle betrieblichen Bereiche umspannenden, bereits auf Entwicklungen und Abläufe abzielenden Qualitätsmanagements durch. Besondere Bedeutung kommt dabei dem bereits erwähnten ISO-Normenwerk 9000 ff zu.

8.3.1 Entwicklung und Bedeutung des Qualitätsmanagement (QM)

8.3.1.1 Qualität im Wandel der Zeit

Was ist Qualität? Diese Frage ist schwer zu beantworten; denn Qualität ist sowohl subjektiv als auch relativ, und Qualitätsurteile ändern sich im Zeitverlauf. Vor Beginn der Diskussion um Qualitätssicherung und Qualitätsmanagement wäre die Frage wohl überwiegend produktbezogen beantwortet worden. Ein Produkt wurde als qualitätsvoll beurteilt, unabhängig davon, ob es für den Beurteilenden von Nutzen war oder nicht: Qualität war ein positiver Wert »an sich« und wurde durch Eigenschaften wie »solide«, »unverwüstlich«, »hochwertig verarbeitet« und »zuverlässig« repräsentiert. Auch das Prädikat »Made in Germany«, von den Alliierten nach dem Zweiten Weltkrieg zunächst als »Brandmarkung« deutscher Produkte eingeführt, entwickelte sich zu einem Qualitätsmerkmal. Das Schweizer Armeemesser, das Jenaer Glas, später auch die Tupperdose sind Beispiele für Produkte, denen – ob zu Recht oder zu Unrecht sei dahingestellt – sicherlich auch dank geschickter Vermarktung die Anmutung von Qualität anhaftete und denen »Qualität« auch von solchen Personen beigemessen wurde, die diese Gegenstände nicht besaßen oder brauchten.

Bis in die fünfziger Jahre des zwanzigsten Jahrhunderts war die Gleichsetzung von Qualität mit Produktqualität ausschlaggebend für die Art und Weise, wie Produktkontrollen durchgeführt wurden. Ein gefertigtes Stück wurde einer Prüfung unterzogen und, sofern es diese nicht bestand, aussortiert. Diese klassische Form der Qualitätsprüfung als der Produktion nachgelagerte **Endkontrolle (»End-of-the-Pipe«-Kontrolle)** erfuhr im Laufe der Zeit nur insofern einen Wandel, als die Handwerker des Mittelalters die Güte der von ihnen selbst gefertigten Erzeugnisse noch selbst prüften, während sich mit der Entwicklung der Arbeitsteilung eine eigenständige Qualitätsprüfung, die so genannte Revision, herausbildete. Der Revisor prüfte, unabhängig vom Produktionsbereich, jedes einzelne Stück auf das Vorhandensein bestimmter Eigenschaften **(Vollkontrolle).** Waren diese gegeben, war das Stück »qualitätsvoll«.

Mit der Möglichkeit zur industriellen Massenproduktion entstand der Bedarf für **Stichprobenverfahren** im Rahmen einer **statistischen Qualitätskontrolle.** Diese setzte sich nach dem zweiten Weltkrieg auf breiter Front durch. Zugleich entwickelte sich, bedingt durch Wettbewerb und Kostendruck, ein neues Qualitätsbewusstsein, das sich darauf ausrichtete, bessere Produkte herzustellen und zugleich die Ausschussproduktion zu reduzieren: Es galt, Fehler zu **vermeiden,** statt sie im nachhinein zu finden. Mit dem Wechsel von der Inspektion zur Prävention wandelte sich auch der verwendete Begriff: Anstelle von Qualitätskontrolle wurde von **Qualitätssicherung** gesprochen.

In den sechziger Jahren änderte sich allmählich der Blickwinkel der Verantwortlichen in den Industriebetrieben: Ihre Aufmerksamkeit, die zuvor von der Konzentration auf die beständige technologische Weiterentwicklung beherrscht wurde, richtete sich mehr und mehr auf das Zusammenspiel der verschiedenen betrieblichen Faktoren in organisatorischen Abläufen und man erkannte, dass Qualität nicht allein von Technik abhing, sondern ebenso von Organisations- und Führungsstrukturen: Vor allem rückte der Faktor Mensch stärker in den Mittelpunkt. Qualitätssicherung wurde zur eigenständigen, interdisziplinären **Führungsaufgabe.**

Etwa seit Ende der siebziger Jahre erfolgte ein regelrechter Paradigmenwechsel, der von den international aufsehenerregenden Erfolgen der japanischen Industrie verursacht wurde. Als ursächlich für diese Erfolge wurden die schon in den fünfziger und sechziger Jahren in Japan entwickelten Praktiken der Qualitätsverbesserung ausgemacht. Produzenten in den USA und Europa mussten anerkennen, dass es effektiver ist, von vornherein Qualität zu **produzieren,** als diese im Nachhinein zu kontrollieren. Die entsprechenden Aktivitäten wurden als **Qualitätsmanagement** bezeichnet. Zugleich setzte sich die Erkenntnis durch, dass Qualität vom Kunden bestimmt wird. Der hieraus resultierende ganzheitliche Führungsansatz wird heute mit dem Schlagwort des **»Total Quality Management« (TQM)** umrissen.

Seit den achtziger Jahren entwickelte sich das Qualitätsmanagement zum Top-Thema nicht nur in Industriebetrieben, sondern auch in Handel und Dienstleistungsgewerbe, und erfasste auch Institutionen und Verwaltungen im nicht-kommerziellen Bereich (Schulen, Krankenhäuser, Kommunalverwaltungen usw.). Mit der **ISO-Normenreihe** wurden internationale Normen geschaffen, für deren nachweisliche Erfüllung Zertifikate durch eigens gegründete Gesellschaften erlangbar sind.

Die neunziger Jahre waren gekennzeichnet durch die Weiterentwicklung der TQM-Philosophie in einer Vielzahl von Modellen und Systemen, woran Großunternehmen ebenso ihren Anteil hatten wie private Unternehmensberatungen und die inzwischen zahlreichen zum Zweck der Qualitätsförderung gegründeten Verbände. Zu nennen sind etwa das von der European Foundation for Quality Management entwickelte Business Excellence-Modell **(EFQM-Modell),** die auf eine ganzheitliche Betrachtung des Unternehmens abstellenden **Kennzahlensysteme** (z. B. das **Balanced-Scorecard-Konzept**) sowie **Benchmarking** und **Best Practice Sharing** (vgl. jeweils Lehrbuch 1, Abschn. 1.7.3).

In Praxis und Fachliteratur wird oft von **Qualitätssicherung** gesprochen, wenn eigentlich **Qualitätsmanagement** gemeint ist. Seit Anfang der neunziger Jahre wird der Begriff der Qualitätssicherung aber in den Qualitätsnormen auf den Nachweis der im Rahmen des Qualitätsmanagements getroffenen Qualitätsmaßnahmen beschränkt. Qualitätssicherung ist somit Teil des Qualitätsmanagements, aber nicht mit diesem identisch.

8.3.1.2 Das heutige Qualitätsverständnis

Qualität wird heute ganz überwiegend nicht mehr (nur) mit Produktqualität gleichgesetzt: Vielmehr steht der Qualitätsbegriff heute für die Passung zwischen Merkmalen einer Leistung (die ein Produkt, eine Dienstleistung oder ein Prozess sein kann) und den an sie gestellten Erfordernissen.

Eine gängige **Definition von Qualität** lautet:

»Beschaffenheit einer Einheit bezüglich der Qualitätsforderung« (DIN 55350)

Andere oft gehörte Begriffserklärungen sind z. B. »Qualität ist das Erreichte im Verhältnis zum Machbaren, bezogen auf die Menge des Gewünschten« (nach W. v. EIMEREN, bezogen auf Qualität im Gesundheitsbereich); »Fitness for Purpose«, »Fitness for Use«, »Customer Satisfaction« oder »Conformance to the Requirements«.

Inwieweit eine Leistung den an sie gestellten Anforderungen entspricht, ist mit Begriffen wie »schlecht«, »gut« oder »hervorragend« nur sehr ungenau beschreibbar. Zur Beurteilung von Qualität müssen daher für die verschiedenen Qualitätskategorien Indikatoren bestimmt und Referenzwerte für die Ausprägung eines jeden Indikators festgelegt werden.

Qualitätskategorien oder -dimensionen werden (nach DONABEDIAN, der den Qualitätsbegriff in Hinblick auf das Gesundheitswesen untersucht hat) unterschieden in

- **Strukturqualität** als Qualität der Aufbauorganisation inklusive Finanzausstattung und Mitarbeiterqualifikation,
- **Prozessqualität** als Qualität der sich innerhalb der Strukturen vollziehenden Abläufe,
- **Ergebnisqualität** als Qualität der erbrachten Leistung.

Die Überwachung und Bewertung der Qualität erfolgt anhand von **Qualitätsindikatoren,** die in Anpassung an die Qualitätsdimension festgelegt werden müssen und die die Frage nach dem erreichten Qualitätsgrad zu beantworten helfen. Diese Indikatoren messen Qualität nicht direkt, sondern bilden sie indirekt in Zahlen oder Zahlenverhältnissen ab, die eine Unterscheidung zwischen »guter« und »schlechter« Qualität zulassen. Es handelt sich also um Kennzahlen. Diese müssen den folgenden Voraussetzungen entsprechen, die in der – ebenfalls ursprünglich für die Pflegewissenschaften entwickelten – so genannten **»RUMBA-Regel«** zusammengefasst werden:

- **R**elevant for selected Problem (relevant): Der Qualitätsindikator muss mit dem formulierten Ziel in einem kausalen Zusammenhang stehen.
- **U**nderstandable (verständlich): Das Ziel muss verständlich formuliert und nachvollziehbar sein.
- **M**easurable with high Reliability and Validity: Der Indikatorwert muss konkret messbar sein mit hoher Reliabilität = Zuverlässigkeit und Validität = Gültigkeit.
- **B**ehaviourable (Changeable by Behaviour = Veränderbarkeit): Der Indikatorwert kann durch Verhalten verändert werden;
- **A**chievable and Feasible (Erfüllbarkeit): Zur Beurteilung der Qualität werden Referenzwerte angegeben, mit denen die tatsächlich ermittelten Indikatorenwerte verglichen werden, oder auch Referenzbereiche definiert, innerhalb derer sich die jeweiligen tatsächlichen Werte bewegen sollten. Diese müssen tatsächlich erfüllbar sein.

Beispiel:

Im Qualitätswesen von Krankenhäusern werden meist ergebnisbezogene Qualitätsindikatoren zur Qualitätsbeurteilung einzelner therapeutischer Bereiche gebildet, z. B. »2-Jahres-Überlebensrate nach Pankreastransplantation«, Ziel »möglichst hohe 2-Jahres-Überlebensrate«. Ein Ergebnisindikator für einen Industriebetrieb wäre z. B. »Zahl der reklamierten Lieferungen im Verhältnis zu allen ausgeführten Lieferungen eines Zeitraums«.

Neben solchen Zielindikatoren werden in der Literatur weitere qualitative Indikatoren beschrieben, anhand derer die kulturellen, »klimatischen« Voraussetzungen in einem Betrieb für die Einrichtung und Betreiberschaft eines IMS beurteilt (Kulturindikatoren) oder der Grad der Integration der betrachteten Thematik (also Sicherheit, Gesundheit, Umweltschutz, Qualität) in betriebliche Prozesse begutachtet werden soll.

8.3.1.3 Geänderte Märkte und Kundenanforderungen

Wie zuvor gezeigt wurde, begann der Wechsel in der Auffassung darüber, was unter Qualität zu verstehen sei, etwa in den fünfziger Jahren des 20. Jahrhunderts. Mit als Hauptgrund kann die Veränderung der Situation auf den Endverbrauchermärkten angesehen werden, die sich analog hierzu nachzeichnen lässt.

Durch die mangelhafte Güterversorgung war die Nachfrage in Deutschland nach dem Zweiten Weltkrieg zwangsläufig wesentlich größer als das Angebot. In dieser Situation bestand keine Notwendigkeit, das Angebot kundenorientiert auszurichten und aktiv zu »vermarkten«; vielmehr entschieden die Unternehmen aufgrund ihres Know-how, ihrer finanziellen Basis und der verfügbaren Rohstoffe, was produziert und verkauft wurde. Diese Situation, die heute nur selten anzutreffen ist, wird als **Verkäufermarkt** bezeichnet.

Mit aufkommendem Wohlstand der breiten Bevölkerung und der Ausweitung der technologischen Möglichkeiten zur Massenproduktion setzte allmählich ein Wandel ein: Der Wettbewerb verschärfte sich und Konsumenten, die keinen Mangel mehr litten, mussten aktiv gewonnen werden. Eine Orientierung an den Wünschen und Ansprüchen der Kunden wurde unumgänglich; aus Verkäufermärkten wurden **Käufermärkte.**

Bis hierhin dominierten auf Seiten der Unternehmen die Industriebetriebe das Marktgeschehen; der Handel hatte lediglich die Aufgabe, die Waren in der Fläche zu verteilen. Dabei hatte sich der Handel, angeregt durch die Erfolge der schon seit Ende des 19. Jahrhunderts gegründeten Einkaufsgenossenschaften im Handwerk (nach Hermann SCHULZE-DELITZSCH) und in der landwirtschaftlichen Erzeugung (nach Friedrich Wilhelm RAIFFEISEN), schon seit Beginn des Jahrhunderts angeschickt, seine Position im Verhältnis zu den Industriebetrieben durch Kooperationen zu stärken. Meilensteine dieser Entwicklung waren Zusammenschlüsse zu Einkaufsverbänden (z. B. EDEKA 1911 oder NORDWEST Handel 1919). Jedoch kamen erst in den siebziger Jahren verstärkt Konzentrationsprozesse – die Bildung von Ketten, die Verbreitung von Großbetrieben mit Filialen und eine starke Verbreitung von Franchise-Systemen – in Gang. Mittlerweile ist der Handel insgesamt zu einem starken Verhandlungspartner – in gewisser Weise auch: Gegner – der Industrie herangewachsen. Die Politik der Listung und Auslistung der großen Handelskooperativen übt entscheidenden Einfluss auf den Absatz der konsumgütererzeugenden Industriebetriebe aus. Im Ergebnis wurde Zusammenarbeit immer wichtiger. Heute kommt neben dem so genannten **Business-to-Customer-Marketing (»B2C«)** auch dem **Business-to-Business-Marketing (»B2B«),** das in Bezug auf die Beziehung zwischen Produzent und Handel auch als **Trade-Marketing** bezeichnet wird, große Bedeutung zu.

Die 1980er-Jahre waren durch einen Stillstand und allmählichen Rückgang der Nachfrage bei gleichzeitig zunehmender Internationalisierung und Liberalisierung der Märkte (vor allem durch den Wegfall des gesetzlichen Marktschutzes etwa bei der Telekommunikation, der Stromversorgung und dem Güter- und Personenverkehr) und zunehmender Dynamik der technologischen Entwicklung gekennzeichnet. Hieraus resultierte eine weitere Verschärfung des Wettbewerbs; neben die Kundenorientierung trat die **Konkurrenzorientierung.**

In den 1990er-Jahren gewann die Beachtung öffentlicher Interessen – also Interessen auch von Nichtkunden an Werten wie Ökologie, »Fair Trade« in Hinblick auf Produzenten in der Dritten Welt, Nachhaltigkeit, Ethik – im Rahmen eines **»Public Marketing«** an Bedeutung. Zahlreiche, von den Medien aufmerksam verfolgte Skandale vor allem im Lebensmittelbereich, rückten zugleich Fragestellungen der Qualitätserzeugung, -sicherung und -kontrolle in den Blickpunkt.

Aktuelle Marktuntersuchungen zum Endverbraucherverhalten, auf die in Kapitel 4 bereits näher eingegangen wurde, zeigen die weite Verbreitung eines hohen Anspruchsdenkens, das allerdings nur sehr bedingt mit Qualitätsbewusstsein gleichgesetzt werden kann.

Wie die Endverbrauchermärkte und die aufgezeigten Beziehungen zwischen Industrie und Handel haben sich auch die Verhältnisse innerhalb der Zulieferketten im produzierenden Gewerbe verändert. An früherer Stelle wurde bereits auf den Zusammenhang zwischen Qualität und der heute weit verbreiteten einsatzsynchronen Beschaffung (»Just-in-time«) hingewiesen. Die international immer weiter gehende Aufteilung der Wertschöpfungsketten auf viele Beteiligte hat dazu geführt, dass in vielen Bereichen des produzierenden Gewerbes mittlerweile Wert darauf gelegt wird, dass Zulieferbetriebe (und zunehmend auch solche Betriebe, die zur Wertschöpfung nur mittelbar beitragen, etwa externe Schulungsunternehmen) den Nachweis eines von einer unabhängigen Prüfstelle überprüften Qualitätssicherungssystems führen: Die »Zertifizierung«, von der später die Rede sein wird, gewinnt seither zunehmend an Bedeutung.

8.3.1.4 Ganzheitliches Qualitätsmanagement

Die voranstehenden Ausführungen verdeutlichen, dass Qualitätsmanagement heute als »ganzheitlicher Führungsansatz« verstanden wird. Der Begriff der **Ganzheitlichkeit** ist dabei im (der Anthropologie entlehnten) Sinne von »Betrachtung (hier: des Unternehmens) als Einheit und nicht als Summe von Einzelteilen« gemeint und beinhaltet auch den Umstand, dass die Einzelteile nicht nur voneinander abhängig sind, sondern sich ihre Funktionen auch gegenseitig durchdringen. Ein ganzheitliches Qualitätsmanagement blendet weder einzelne Aspekte aus noch dividiert es Geschäftsbereiche auseinander (die klassische Unterscheidung etwa von technischer und kaufmännischer Sichtweise unterbleibt); es bezieht alle Hierarchieebenen ein und richtet die Organisation – und vor allem die in ihr tätigen Menschen – auf ein einheitliches Zielsystem aus.

8.3.1.5 Verantwortung, Ziele, Grundsätze

Nach einer SIEMENS-Studie entstehen 75 % aller Fehler zwar bereits in der Planungsphase, werden aber zu 80 % erst am fertigen Produkt entdeckt. Total Quality Management zielt darauf ab, die Qualität der Unternehmensleistungen in sämtlichen Bereichen kontinuierlich zu verbessern. Als Endziel wird eine Null-Fehler-Produktion angestrebt. Daraus ergeben sich verschiedene Folgerungen.

- Zur **Festlegung der Qualität:** Über die Qualitätsanforderungen entscheidet der Markt; Ausgangspunkt der Qualitätsplanung ist damit der Kundenwille, der zunächst erkundet und in der Entwicklung von Produkten und Leistungen berücksichtigt werden muss. Ein Verfahren, mit dem sichergestellt werden soll, dass die Anforderungen des Kunden in allen Stufen des Produktionsprozesses beachtet und verwirklicht werden, ist das noch zu erläuternde **Quality Function Deployment (QFD).**
- Zur **Verantwortung:** Anstöße zur kontinuierlichen Verbesserung der Qualität und ihre Durchsetzung gehen von den Führungskräften aus; dabei handelt es sich nicht um eine einmalige oder fallweise Tätigkeit, sondern um eine Daueraufgabe. In der Umsetzung der Qualitätsvorgaben sind alle Mitarbeiter gefordert; ihr Handeln beeinflusst die Qualität maßgeblich.
- Zum **Führungsstil:** Information und Beteiligung der Mitarbeiter an Entscheidungsprozessen sowie die Delegation von Verantwortung und Kompetenzen sind notwendige Voraussetzungen für die erfolgreiche Durchsetzung und Durchführung von Qualitätsvorgaben. Unabdingbar ist daher eine »Führung im Mitarbeiterverhältnis« und die Verankerung des Qualitätsanspruchs im Bewusstsein aller Mitarbeiter.
- Zur **Durchführung:** Das Qualitätsmanagement umspannt alle betrieblichen Bereiche, umfasst also die Entwicklung, alle Phasen der Herstellung sowie alle Informations-, Kommunikations- und Führungsabläufe und beeinflusst damit die gesamte Unternehmensstruktur sowohl bezüglich der Aufbau- als auch der Ablauforganisation.

- Zur **Kontrolle:** Die die Qualitätsanforderungen betreffenden Zielsetzungen sind laufend zu überprüfen. Eine »Qualitätskontrolle« im Sinne eines Soll-Ist-Vergleiches zu festgelegten Zeitpunkten oder Anlässen findet nicht statt; an ihre Stelle tritt die **Qualitätslenkung** (die im Englischen **»Quality Control«** heißt, was aber nicht wörtlich übersetzt werden kann), die vorbeugende, überwachende und koordinierende Tätigkeiten während des Produktionsprozesses umfasst. Nicht zuletzt aus psychologischen Gründen wird der Begriff der Kontrolle vermieden: Sein Gebrauch würde die Selbstständigkeit und Eigenverantwortlichkeit des Einzelnen unnötig unterminieren.

8.3.2 Qualitätsmanagement und Kundenorientierung

8.3.2.1 Kundenerwartung und Kundenzufriedenheit

Angesichts der in allen westlichen Wirtschaften anzutreffenden Marktsituation des Käufermarktes ist es unverzichtbar, bei der Festlegung der an ein Produkt zu stellenden Forderungen die **Zufriedenheit des Abnehmers** in den Mittelpunkt zu stellen.

Abnehmer kann dabei sowohl der Käufer eines fertigen Produktes als auch eine unternehmensintern weiterverarbeitende Stelle, sowohl ein Endverbraucher als auch ein weiterverarbeitendes oder -veräußerndes Unternehmen sein.

Das Problem des Produzenten besteht darin, dass der Qualitätsbegriff nur schwer zu objektivieren ist: Was einem Kunden recht ist, mag den Ansprüchen eines anderen Kunden nicht genügen.

Die Qualität der Leistung – und damit die Zufriedenheit der Abnehmer – entscheidet wesentlich über den dauerhaften Erfolg und Bestand eines Unternehmens. Dabei liegt es in der Natur der Sache, dass die Auswirkungen von Qualitätsschwankungen vor allem dann spürbar und messbar werden, wenn Qualitätsmängel für **Unzufriedenheit** sorgen. Verschiedene Studien belegen, dass etwa im Konsumgüterbereich nur ein relativ geringer Prozentsatz der unzufriedenen Kunden (geschätzt werden häufig 4 – 5 %) Beschwerde einlegt, dass aber etwa 9 von 10 unzufriedenen Kunden das Produkt fortan meiden und überdies ihre Unzufriedenheit gegenüber mindestens sechs anderen Personen äußern, die damit höchstwahrscheinlich auch als verlorene Kunden anzusehen sind.

Zufriedenheit hat dagegen einen weitaus geringeren Effekt: Die Schätzungen sprechen hier von durchschnittlich zwei Personen, denen gegenüber ein zufriedener Kunde eine Empfehlung ausspricht. In von Wettbewerb gekennzeichneten Märkten ist letzteres jedoch kein Grund, Aktivitäten zur Verbesserung der (schon zufriedenstellenden) Produktqualität zu unterlassen: Zum einen folgt aus einer Untersuchung (Ashridge Management School, England), dass eine Steigerung der Qualitätseinschätzung durch den Kunden um 2 % eine Gewinnsteigerung um immerhin 1 % zur Folge hat; zum anderen könnte Stagnation letztlich das Zurückfallen hinter einen von Mitbewerbern kontinuierlich heraufgesetzten Standard und damit eine relativ geminderte Qualität mit ihren geschilderten, verheerenden Folgen bedeuten.

Mit dem durch die aktuellen Diskussionen um die Qualitätssicherung wachsenden Qualitätsbewusstsein der Verbraucher avanciert Qualität mehr und mehr zum Werbefaktor: Das Vorhandensein eines betrieblichen Qualitätssicherungs- und Prüfungssystems wird zum Werbeargument, wenn nicht – wie mittlerweile in vielen Bereichen des produzierenden Gewerbes – zur Bedingung.

Angesichts der üblicherweise notwendigen, enormen Vor-Investitionen ist die mögliche Verweigerung der Abnahme wegen Qualitätsmängeln ein für den Produzenten untragbares Risiko: Gerade bei den Beteiligten an den im produzierenden Gewerbe üblichen hochdifferenzierten **Lieferketten** liegt die Forderung nach einer Definition und, soweit möglich, Normierung von Qualitätsstandards nahe und wird im Folgenden ausgiebig besprochen.

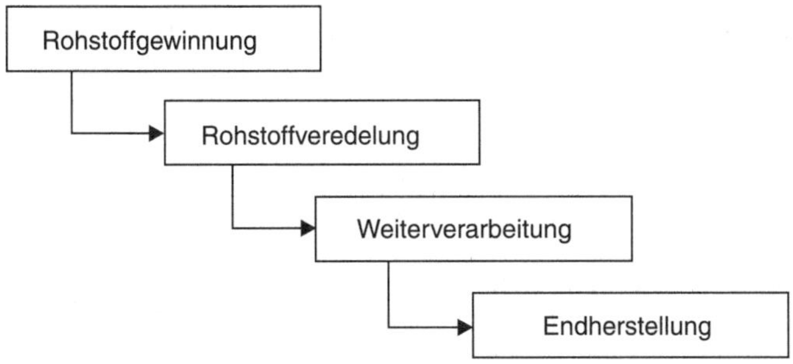

Zulieferketten in der Industrie: qualitativ hochwertiger Output setzt ebensolchen Input voraus!

Während Zulieferbetriebe und deren Abnehmer eine Abstimmung der benötigten und lieferbaren Qualität im Vorwege vornehmen können, richtet sich die Produktion von Konsumgütern für Endverbraucher an eine Menge potenzieller Käufer, die zwar qualitativ und quantitativ mehr oder weniger bestimmt, letztlich aber anonym ist.

Die exakte Definition der Zielgruppe, der Erwerb möglichst genauer Kenntnisse über deren Erwartungen und Wünsche und die größtmögliche Passung zwischen der gebotenen Leistung und dem Kundenwillen sind unabdingbare Voraussetzungen für einen dauerhaften Markterfolg.

Marktforschung und -analyse in Bezug auf den Endverbraucher waren bereits Gegenstand ausführlicher Darstellungen in Kapitel 4. Dort wurde allerdings nicht auf Methoden zur **Messung der Kundenzufriedenheit** eingegangen.

Diese Methoden kombinieren meist mehrere Verfahren der Zufriedenheitserhebung. Dabei werden merkmalsorientierte und ereignisorientierte Verfahren unterschieden.

Merkmalsorientierte Verfahren gehen von der Annahme aus, dass sich die Kundenzufriedenheit aus mehreren, auf Einzelaspekte der Unternehmensleistung bezogene »Teilzufriedenheiten« zusammensetzt. Daher werden z. B.

- einzelne Attribute abgefragt und bewertet **(multiattributive Verfahren),**
- ausgehend von einem globalen Qualitätsurteil des Kunden, die für die Beurteilung als wesentlich angesehenen Leistungen mit ihren Merkmalsausprägungen herausgebildet und zu »Teilzufriedenheiten« geformt **(dekompositionelle Verfahren),**
- Faktoren identifiziert, die Unzufriedenheit hervorrufen, und Zusatzleistungen, die die Zufriedenheit steigern **(Penalty-Reward-Faktoren-Ansatz).**

Ereignisorientierte Verfahren sind z. B.:

- Die **Kontaktpunktanalyse:** Dabei werden alle Anlässe, in denen Kunden in Kontakt mit dem Unternehmen, seinen Mitarbeitern oder Produkten geraten, zunächst möglichst lückenlos in ihrer (standardmäßig) chronologischen Reihenfolge erfasst (z. B. in einem alle Abläufe visualisierenden Flussplan, dem so genannten »Blueprinting«) und anschließend aus Kundensicht beurteilt. Dazu werden meist Einzelinterviews mit Kunden geführt, in denen alle Kontaktpunkte behandelt werden, und anschließend ausgewertet. Ziel ist die Identifizierung kritischer Kontaktsituationen.

- Die **Critical Incident Technique:** Dabei werden nicht alle Kontaktsituationen abgefragt, sondern in offener Fragestellung (z. B. »erinnern Sie sich bitte an ein besonders positives oder negatives Erlebnis beim Besuch unseres Geschäfts«) nur Informationen über solche Situationen gesammelt, die von Kunden als »außergewöhnlich« empfunden wurden.
- Die **Frequenz-Relevanz-Analyse von Problemen (FRAP):** Wenn mit der Kontaktpunktanalyse herausgefunden wurde, welche Situationen überhaupt als »kritisch« angesehen werden können, soll mittels der Frequenz-Relevanz-Analyse ermittelt werden, welche Bedeutung bestimmte Probleme aus Sicht des Kunden haben. Damit sollen die vorrangig zu behebenden Fehler identifiziert werden.

Eine Art des offensiven Umgangs mit Kundenbeschwerden ist das **Beanstandungsmanagement.** Beanstandungen sind zwar unangenehm, sollten aber als Chance begriffen werden, bieten sie dem Unternehmen doch die Möglichkeit, bislang unentdeckte Fehler zu erkennen und zu beheben; man könnte auch sagen: aus Fehlern zu lernen. Es darf nicht außer Acht gelassen werden, dass der sich beschwerende Kunde vermutlich nur einer von mehreren oder gar vielen Unzufriedenen ist, von denen die meisten aber keine Rückmeldung geben, sondern abwandern und möglicherweise ihre Unzufriedenheit gegenüber Dritten artikulieren.

Nach Untersuchungen im Dienstleistungsbereich formulieren nur 15 % der unzufriedenen Kunden eine formelle Beschwerde; weitere 70 % wechseln ohne Kommentar den Anbieter, und nur 15 % bleiben trotz Unzufriedenheit als Kunden erhalten (vgl. hierzu die oben zitierte Untersuchung zum Kundenverhalten im Konsumgüterbereich).

Trotz TQM kann und wird es zu Beanstandungen durch Kunden kommen. Wie mit diesen Beanstandungen intern und extern umgegangen wird, ist wiederum im Rahmen des TQM zu regeln.

Dabei werden neben den Reaktionen auf eingehende Beschwerden auch die Standards der aktiven Komponenten des Beschwerdemanagements festgeschrieben, also wie die Sammlung und Auswertung von Beschwerden erfolgt und wie mit erkannten Fehlern systematisch umzugehen ist.

Das Beanstandungsmanagement ist gewissermaßen der »verlängerte Arm« der **FMEA** (vgl. Abschn. 7.3.1.5). Während diese dazu dient, Fehler im Zuge der Produktentwicklung zu antizipieren, d. h. gar nicht erst zu machen, dient das Beanstandungsmanagement der Aufdeckung und Beseitigung von Fehlern bereits vermarkteter Produkte.

Wer aus Fehlern lernen und außerdem keine Kunden verlieren will, tut gut daran, unzufriedene Kunden zur Formulierung von Beschwerden zu stimulieren. Geeignete Instrumente in Betrieben mit direktem Verbraucherkontakt sind »Kummerkästen«, »Meckerecken« usw.; im Falle nicht vorhandener direkter Kundenkontakte ist die Angabe von Kundenkontakt-Adressen, Telefonnummern, E-Mail usw. auf dem Produkt ein adäquates Mittel.

Um eine Beurteilung über die Häufigkeit des Auftretens und damit der Bedeutung bestimmter Fehler zu ermöglichen, empfiehlt sich die Einrichtung eines zentralen Beanstandungsmanagements. Dies wiederum erfordert die Festschreibung der Prozedur, nach der Beschwerden aufgenommen und weitergeleitet werden.

Durch die Beschwerden wird intern ein Verbesserungsprozess angestoßen; extern, also in der Beziehung zum Kunden oder anderen Geschäftspartnern, wird die Beschwerde kommuniziert. Die ernsthafte Behandlung von Beanstandungen wird im Allgemeinen positiv registriert: Insofern ist das Beschwerdemanagement ein gewichtiges Instrument der Kundenbindung!

8.3.2.2 Das KANO-Modell

Das von Noriaki KANO 1984 vorgestellte Modell liefert ein Verfahren zur Strukturierung von Kundenanforderungen und zur Bestimmung ihres jeweiligen Einflusses auf die Kundenzufriedenheit. Es wird vor allem dort eingesetzt, wo komplexen, variierbaren Produkten eine Vielzahl unterschiedlicher Kundenanforderungen gegenüberstehen, und zielt darauf ab,

- den Einfluss von Kundenanforderungen auf die Kundenzufriedenheit transparenter und einschätzbarer zu machen,
- mittels dieser Kenntnisse die Zusammenstellung anforderungsgerechter Leistungs-»pakete« nach Zielgruppen differenziert zu ermöglichen,
- damit Wettbewerbsvorteile und höhere Marktanteile zu erzielen und
- Prioritäten für die (Weiter-)Entwicklung von Produkten bereitzustellen.

Dabei werden Basisanforderungen (»Must-be Quality«), Leistungsanforderungen (»Performance Quality«) und Begeisterungsanforderungen (»Excitement Quality«) unterschieden:

Eine Beschreibung des Modells einschließlich seiner grafischen Umsetzung enthält Lehrbuch 2, Abschn. 4.2.2.1.2.

Die Anwendung der Kano-Methode setzt voraus, dass die Kundenanforderungen zunächst sehr detailliert, etwa in ausführlichen Befragungen und sorgfältigen Auswertungen, identifiziert werden.

8.3.2.3 Das kundenorientierte Unternehmen

Seit den frühen neunziger Jahren des 20. Jahrhunderts haben sich viele Unternehmen selbst verordneten »Schlankheitskuren« in Form von **Lean Management, Outsourcing** und Personalabbau unterzogen. Nicht immer sind die den Unternehmen hieraus erwachsenen betriebswirtschaftlichen Vorteile auch den Kunden gut bekommen. Der überwiegende Teil der deutschen Unternehmen schmückt sich selbst mit dem Prädikat »kundenorientiertes Unternehmen« – zu Recht? Zumindest in Bezug auf Beratungs- und Betreuungsleistungen ist das Klagen über die »Servicewüste Deutschland« weit verbreitet.

Welche Leistungen als Kennzeichen eines kundenorientierten Unternehmens angesehen werden, hängt davon ab, an welcher Stelle der Wertschöpfungskette das betrachtete Unternehmen angesiedelt ist. Während die häufig genannten Merkmale »angemessene Preise« und »hohe/ständige Lieferbereitschaft« sicherlich auf jedes Unternehmen anwendbar sind, sind Merkmale wie »prompter Kundendienst«, »freundliche und kompetente Beratung«, »großzügige Umtauschregelungen«, »genügend Parkplätze«, »lange Öffnungszeiten«, »innerstädtische Lage« usw. klassische Vorteile kundenfreundlicher Handelsbetriebe.

Als klarer Wettbewerbsvorteil von Unternehmen gilt jedoch – vor Kriterien wie »Technologie/Innovation«, »Produktlinie/Systemintegration«, »Service«, »kundenspezifische Lösungen« und »Preis-Leistungs-Verhältnis« – die **Qualität** der Produkte.

Ein Leitsatz des Total Quality Management (TQM) lautet: »Was Qualität ist, bestimmt der Kunde«. Hieraus ergibt sich zwangsläufig, dass ein Unternehmen, das Qualitätsmanagement betreibt, zugleich auch ein kundenorientiertes Unternehmen sein muss oder, anders ausgedrückt, gar nicht anders kann, als zum kundenorientierten Unternehmen zu werden:

> Wenn sich die Qualität einer Leistung unmittelbar über die Zufriedenheit des Kunden definiert, ist Qualitätsmanagement gleichbedeutend mit **Kundenorientierung.**

Ohne Zweifel ist Kundenzufriedenheit eine wesentliche Voraussetzung für dauerhaften Unternehmenserfolg; denn nur zufriedene Kunden werden oder bleiben Stammkunden. In den Abschnitten zur Absatzwirtschaft in Kapitel 4 wurde bereits dargestellt, welche wirtschaftlichen Vorteile ein Unternehmen, dem die Gewinnung und Haltung von **Stammkunden** gelingt, gegenüber einem Unternehmen ohne Kundenbindung genießt.

Ausgehend von der Grundphilosophie des Marketing, die Anforderungen und Wünsche des Kunden in das Zentrum des unternehmerischen Denkens zu stellen und in Form von Produkten und Dienstleistungen Gestalt annehmen zu lassen, entwickelten sich seit den achtziger Jahren zahlreiche Führungsmodelle und Denkansätze zur Implementierung der Kundenorientierung in Unternehmen, z. B.

- das auf Kundengewinnung und -haltung, oft insbesondere auf die Bindung der wohlhabenderen Kundschaft ausgerichtete **Customer Value Management (CVM),** das z. B. in Bonus(meilen)- und Kundenkartenprogrammen umgesetzt wird;
- das **Customer Relationship Management (CRM)** als Strategie, Kunden zu gewinnen, durch intensive Betreuung zu behalten und gegebenenfalls wiederzugewinnen: »Recruitment, Retention, Recovery«. CRM zählt zu den **Stakeholder-Value-Ansätzen,** die eine Balance der Interessen von Anteilseignern, Mitarbeitern und Kunden anstreben;
- das **Service Engineering** als Konzeptionsmodell für Dienstleistungen.

8.3.3 Audits

Das englische Wort Audit steht für »Buchprüfung« oder »Rechnungsprüfung«. Im Qualitätswesen wird dieser Begriff inzwischen wesentlich weiter gefasst als

> *»systematischer, unabhängiger und dokumentierter Prozess zur Erlangung von Auditnachweisen und zu deren objektiver Auswertung, um festzustellen, inwieweit Auditkriterien erfüllt sind« (ISO 9000).*

Aufgabe eines Audits ist, festzustellen, ob bei der praktischen Anwendung von Verfahren und der Durchführung von Prozessen von vorgegebenen Standards, Regeln, Richtlinien und dokumentierten Vorgehensweisen abgewichen wird. Einfacher ausgedrückt: im Audit wird festgestellt, ob die Maßnahmen des Qualitätsmanagements geeignet sind sicherzustellen, dass »die Dinge so gemacht werden, wie sie gemacht werden sollen«. Dabei geht es aber nicht um bloße Kontrolle und schon gar nicht darum, Abweichungen »abzustrafen«: Das Audit hat ausdrücklich auch die Aufgabe, die vorgefundenen Stärken und deren Entwicklungsmöglichkeiten zu thematisieren und vorgefundene Schwächen nicht nur zu monieren, sondern auf Verbesserungsmöglichkeiten hinzuweisen. Ziel ist letztlich die Weiterentwicklung der Qualität. Die einem Audit unterzogenen Prozesse sind dabei inzwischen in allen Bereichen eines Unternehmens oder einer Verwaltung anzutreffen. Auditmanagement ist heute selbstverständlicher Bestandteil von Qualitätsmanagementsystemen. Internationale Normen treffen Festlegungen darüber, wie Audits durchzuführen sind. Seit Dezember 2002 bildet die Norm ISO 19011, in Deutschland veröffentlicht als **DIN EN ISO 19011,** den internationalen Standard für das Audit von QM-Systemen.

Audits werden z. B. aufgrund von EU-Vorschriften im Rahmen des Qualitätsmanagements, aber auch in Form von **Öko-Audits** durchgeführt.

8.3.3.1 Arten von Audits

Audits können von eigenen Mitarbeitern **(internes Audit)** zur Selbstbewertung oder von Auditoren außerhalb des eigenen Unternehmens **(externes Audit)** durchgeführt werden. Als externe Interessenten kommen vor allem Kunden in Betracht **(Kundenaudit),** die als Abnehmer vor allem in einsatzsynchron arrangierten Zulieferketten ein besonderes Interesse an der gleichbleibenden Qualität der zugelieferten Leistungen haben. Ein solches Audit wird auch als **Zweitparteien-Audit** bezeichnet. Wenn Audits von externen Organisationen als neutralen Prüfungsstellen durchgeführt werden, weil eine Zertifizierung (häufig nach DIN ISO 9001 ff) angestrebt wird, liegt ein so genanntes **Drittparteien-Audit** vor. Ein kombiniertes Audit ist eine gemeinsame Auditierung von Qualitäts- und Umweltmanagementsystem.

Im Qualitätsmanagement unterschiedene Arten von Audits:

- **Produktaudit:** In diesem auch als Inspektion bezeichneten Verfahren wird über den Zustand der Produkte auf die Wirksamkeit der im Rahmen des Qualitätswesens getroffenen Maßnahmen und die Qualitätsfähigkeit der Herstellprozesse geschlossen, indem ein (kleines) Prüflos auf **Übereinstimmung mit den Vorgaben** überprüft wird.
- **Prozessaudit:** Dieses Audit untersucht Prozesse daraufhin, ob sie sich dafür eignen, Qualität hervorzubringen: Man spricht auch von der Qualitätsfähigkeit von Prozessen. Wesentliche Anforderung an einen qualitätsfähigen Prozess ist Störungsresistenz als Voraussetzung für gleichbleibende Ergebnisse. Die Beurteilung der Qualitätsfähigkeit von Verfahren wird auch als Verfahrensaudit bezeichnet. Beim Prozess- oder Verfahrensaudit wird nicht das aktuelle Produkt bzw. das konkret erzeugte Ergebnis untersucht, sondern **das Vorgehen als solches:** Es geht darum, festzustellen, ob die Qualität über bestimmte Parameter gesteuert wird bzw. werden kann und ob die wesentlichen Einflussgrößen bekannt und beherrscht sind.
- **Systemaudit:** Hierbei wird das Qualitätsmanagementsystem insgesamt einer Beurteilung unterzogen. Damit verbunden ist meist der Wunsch nach Erlangung eines **Zertifikats** durch eine anerkannte, neutrale Zertifizierungsstelle, die wiederum bei einer übergeordneten Trägergemeinschaft akkreditiert ist und hieraus ihre formale Kompetenz bezieht.
- **Compliance Audit:** Prüft die Erfüllung gesetzlicher und behördlicher Auflagen.

Ein Systemaudit setzt das Vorhandensein einer ausführlichen, detailtiefen (und dementsprechend mit einer zeit- und kostenaufwändigen Erstellung verbundenen) Dokumentation des Prozesses, z. B. in Form eines so genannten **Qualitäts(-management-) handbuchs**[1)], voraus. Geprüft wird die Konformität des QM-Systems, also dessen Übereinstimmung mit den in der Norm erhobenen Anforderungen an ein Qualitätssystem.

8.3.3.2 Vorbereitung des Audits und Verhaltensregeln

8.3.3.2.1 Grundsätzliche Festlegungen: Audit-Organisation und Auditplanung

Bevor einzelne Audits durchgeführt werden können, muss eine **Audit-Organisation** geschaffen werden, die festlegt, wie der **Auditprozess,** d. h. der Ablauf des Audits von der Vorbereitung bis zur Umsetzung der als verbesserungswürdig erkannten Maßnahmen (nicht zu verwechseln mit dem zu auditierenden Prozess), ablaufen soll.

Insgesamt stellt sich der Auditprozess in etwa wie folgt dar:

---

1) ISO 9001:2015 schreibt kein Qualitätshandbuch vor: Die Unternehmen entscheiden nunmehr selbst über die Form der Beschreibung und Dokumentation von Abläufen und Prozessen (vgl. auch Abschnitt 8.3.7.3)

Art der Festlegung	Prozesselement	Aktivitäten
Grundsätzliche Festlegungen	Audit-Organisation	– Grundstruktur des Auditprozesses – Auditorenauswahl – Auditorenschulung
	Audit-Planung	– Identifikation der zu auditierenden Prozesse – Konzeption des Auditprogramms/Erstellung des Auditrahmenplans – Zuordnung des Auditors/Auditorenteams
Regelmäßiger Auditverlauf (bezogen auf spezifische Auditgegenstände)	Audit-Vorbereitung – intern – intern/extern	– Festlegung der Auditziele – Festlegung der Auditkriterien – Festlegung der Auditmethode – Einarbeitung in den zu auditierenden Prozess – ggf. Voraudit oder Selbstreportauswertung
	Visitation vor Ort	Inaugenscheinnahme des Prozesses und des Prozessumfelds
	Prozessanalyse vor Ort	– Interviews mit Mitarbeitern, Vorgesetzten – moderierte Workshops und Diskussionen über Effizienz, Potenziale, Schwächen, Verbesserungsmöglichkeiten
	Nachbereitung intern	– Aufbereitung/Dokumentation des Festgestellten – Entwicklung von Lösungsansätzen zur Behebung festgestellter Schwächen
	Nachbereitung vor Ort	– Präsentation der Ergebnisse/Diskussion – Vereinbarung von Maßnahmen und Zielen
	Umsetzung (intern und vor Ort)	– ggf. Organisation/Koordination der vereinbarten Maßnahmen – Beurteilung der erreichten Verbesserung – Fortschreibung der Auditgrundlage (Checklisten, Arbeitsanweisungen, Handbücher usw.)

Audit-Prozess

Im Rahmen der vorgeschalteten Audit-Organisation wird bestimmt, wer die internen oder externen Auditoren sein sollen. Wenn ein Pool interner Auditoren geschaffen werden soll, müssen die ausgewählten Mitarbeiter für diese Aufgabe geschult werden: Auditieren ist eine Führungsaufgabe, die sowohl Fach- als auch Methodenkompetenzen als auch – vor allem im Sinne von »Fingerspitzengefühl« – **Sozialkompetenz** voraussetzt.

In der **Auditplanung** werden die zu auditierenden Prozesse – in der Regel die betrieblichen Kernprozesse – identifiziert. Um sicherzustellen, dass alle wesentlichen Prozesse in angemessenen Zeitabständen überprüft werden, wird meist ein betrieblicher **Auditrahmenplan** aufgestellt. Als Zyklus werden in der Regel 2–3 Jahre festgesetzt:

Audit-Gegenstand	letztes Audit	nächstes Audit	Betriebsbereich	Auditor/Teamleitung
Ausschreibungsverfahren	04/2020	04/2023	EK, RV	Mohn
Materialeingang	06/2020	06/2022	EK, LW	Melcher
Laborverfahren	09/2020	09/2022	BI, BIV, BDE	extern
Fertigungsprozess	09/2020	12/2022	AV, PI, PIV, FE	extern
Öffentlichkeitsarbeit	03/2019	03/2022	PR, GL, S	Wiese
MA-Fortbildung	03/2020	03/2022	PE, AB, GL	Waigel
Arbeitsschutz/-sicherheit	04/2020	04/2022	PI-PIV, SB	Bratz
Datensicherheit/-schutz	06/2021	06/2023	IK, DSB	Berghof
Beschwerdemanagement	03/2021	09/2023	M, Sek	Wiese

Beispiel für einen Auditrahmenplan

Neben turnusmäßigen Audits können auch außerplanmäßige Audits angesetzt werden, wenn Veränderungen des Prozesses vorgenommen wurden.

Zudem erfolgt die Zuordnung von Auditoren zu spezifischen Audits. Maßgeblich ist dabei, dass die Mitglieder des Auditteams über ein hinreichendes Verständnis und Basiswissen über den von ihnen auditierten Bereich verfügen, um die mit dem zu begutachtenden System verbundenen Anforderungen zu verstehen. Das Auditorenteam muss fachlich befähigt sein zu beurteilen, ob der auditierte Prozess hinsichtlich der ausgewählten Verfahren und der praktizierten Anwendung so angelegt ist, dass die vereinbarten Anforderungen an das Ergebnis systematisch erfüllbar sind. Es genügt nicht, die Übereinstimmung einer Arbeitsanweisung mit dem vorgefundenen Handgriff des zuständigen Mitarbeiters festzustellen: Vielmehr muss der Auditor auch beurteilen können, ob die Arbeitsanweisung im Sinne des angestrebten Qualitätsziels **»zielführend«** ist.

8.3.3.2.2 Audit-Vorbereitung

Voraussetzung für die Durchführung eines Audits ist das Vorhandensein einer Dokumentation der Standards, anhand derer die im Audit festgestellte Praxis beurteilt werden kann. Ein Systemaudit setzt ein (z. B. in einem **Qualitätsmanagementhandbuch**[1]) vollständig beschriebenes und von der Leitung in Kraft gesetztes Qualitätsmanagementsystem voraus. Der Auditor bzw. das Audit-Team muss so gut wie möglich in den zu auditierenden Gegenstand eingeführt sein und in seiner Vorbereitung wie auch in der späteren Audit-Durchführung auf aktuelles und vollständiges Material zugreifen können.

In der Vorbereitung auf ein ganz bestimmtes Audit müssen die mit dem Audit verfolgten Ziele festgelegt werden. Ziel des Audits meint nicht das vordergründige Interesse des Auftraggebers, ein anerkanntes Zertifikat zu erlangen, sondern die angestrebte Weiterentwicklung der Qualität. Je nach Auditgegenstand werden Aspekte der Effizienzverbesserung, der Potenzialentwicklung oder der Schwächenbehebung im Vordergrund stehen. Die als Referenz heranzuziehenden Verfahren und Anforderungen müssen anhand des vom Auftraggebers (beim internen Audit ist hierunter der zu auditierende Bereich zu verstehen) zur Verfügung gestellten Materials aufbereitet werden und letztlich muss sich das Auditorenteam in den zu auditierenden Prozess einarbeiten und über das methodische Vorgehen – Einsatz, Zeitpunkt, Partner, Thema usw. von Interviews, moderierten Gruppengesprächen, Workshops usw. – entscheiden.

Externe Qualitätsaudits mit dem Ziel der Zertifizierung werden meist entweder durch ein Voraudit oder eine Selbstdarstellung des zu auditierenden Bereichs eingeleitet.

Beim **Voraudit** werden zunächst die vom Auftraggeber eingereichten QM-Unterlagen (z. B. Handbuch, Verfahrens- und Arbeitsanweisungen) im Rahmen einer Dokumentenprüfung auf Plausibilität und Vollständigkeit sowie Normkonformität des Systems gesichtet; anschließend wird – meist durch einen Auditor, der dem Auditorenteam angehört – überprüft, inwieweit das QM-System tatsächlich im Prozess implementiert ist. In dieser Phase werden bereits Interviews mit Mitarbeitern geführt und Prozesse vor Ort in Augenschein genommen. Der Auftraggeber erhält einen Bericht über die Feststellungen des Auditors und ggf. ein Abweichungsprotokoll. Das Voraudit ist gewissermaßen die Generalprobe des Zertifizierungs-Audits. Festgestellte Mängel sind in Bezug auf die Zertifizierung ohne negative Konsequenzen.

Fragenkataloge oder **Selbstreports** dienen der Überprüfung, ob die Voraussetzungen für ein Zertifizierungsaudit erfüllt sind. Auf Wunsch des Auftraggebers kann jeweils ein Informationsgespräch vorgeschaltet werden.

Letztlich gehört zur Vorbereitung auch, dass die Stellen, die einem Audit unterzogen werden sollen, rechtzeitig informiert werden.

[1] ISO 9001:2015 schreibt kein Qualitätshandbuch vor: Die Unternehmen entscheiden nunmehr selbst über die Form der Beschreibung und Dokumentation von Abläufen und Prozessen (vgl. auch Abschnitt 8.3.7.3)

8.3.3.2.3 Verhaltensregeln

Der Auditor bzw. der Leiter des Auditorenteams unterliegt einem beruflichen Ehrenkodex, der ihn verpflichtet, seine Aufgabe unvoreingenommen und unabhängig wahrzunehmen, planvoll vorzugehen und wahrheitsgemäß zu berichten. Häufig werden Auditoren in ihrer Tätigkeit damit konfrontiert, dass die Situation des Audits von den Mitarbeitern der auditierten Stelle als unangenehm empfunden wird; denn bei aller Betonung des guten und sicherlich von jedem Mitarbeiter mitgetragenen Ziels der Qualitätsverbesserung ist der Eindruck von Audit als Kontrollausübung doch oft beherrschend. Es liegt in der Hand des Auditors bzw. des Auditorenteams, die daran geknüpften Befürchtungen durch sein Verhalten entweder zu bestätigen oder gar zu verstärken oder aber eine Atmosphäre zu schaffen, die eine konstruktive Zusammenarbeit ermöglicht und das Audit zum gewünschten Erfolg führt.

In Bezug auf die notwendige **Mitarbeiterakzeptanz** sollten Auditoren folgende Punkte beachten:

- Den Mitarbeitern der auditierten Organisation sollten Zweck und Ziel des Audits sowie die Rolle des Auditors von Anfang an deutlich gemacht werden. Wichtig ist, ihnen zu vermitteln, dass ein Audit nicht allein dazu da ist, Schwachstellen aufzudecken, sondern auch Stärken identifizieren, betonen und Vorschläge zu ihrer weiteren Verstärkung hervorbringen soll. Wenn Schwächen gefunden werden, ist es nicht Aufgabe des Auditors, Schuldige auszumachen und »nach oben« zu melden, sondern gemeinsam Vorschläge zur Behebung der Schwächen herauszuarbeiten.
- Ein Audit darf nicht nur die Führungskräfte einbinden und nicht »über die Köpfe hinwegreden«: Die am auditierten Prozess beteiligten Mitarbeiter sind aktiv einzubeziehen. Befragungen am vertrauten Arbeitsplatz, Gespräche über die aktuell zu erledigenden Arbeiten und Erklärungen, was notiert wird und warum, sind vertrauensbildende Maßnahmen.
- Im Gespräch sollte der Auditor aufmerksam hinhören und ggf. nachfragen, sich interessiert zeigen, ruhig auch einmal sagen, wenn er etwas gut oder weniger gut findet, und sich dabei nicht an seiner Checkliste »festhalten«. Diskussionen und Einmischungen Dritter sollten diplomatisch unterbunden werden.
- Ein Audit will eine Entwicklung einleiten, lenken und in Gang halten: Deshalb sollte es einen annähernden Workshop-Charakter haben. Interviews, wenn sie mit einzelnen Mitarbeitern geführt werden (müssen), dürfen keine Verhöre sein. Die Beherrschung von Fragetechniken ist daher unumgänglich.

Ebenso wie die Auditoren sind natürlich auch die Mitarbeiter der auditierten Stelle gefordert, gewünschte Auskünfte ehrlich und präzise zu geben, nichts zu beschönigen und insgesamt konstruktiv mitzuarbeiten. Für beide Seiten gilt: Besserwisserei ist nicht hilfreich!

8.3.3.3 Auditdurchführung

Die Durchführung eines Audits ist kein einmaliger Vorgang, sondern ein in einem Regelkreis permanent ablaufender Prozess. Sie besteht aus der Überprüfung der aktuell praktizierten Prozesse im Rahmen von Visitationen vor Ort auf Übereinstimmung mit dem darin dokumentierten (optimalen) Soll-Zustand anhand der erwähnten Checklisten oder Qualitätshandbücher. Die Durchführung stützt sich auf Interviews und Beobachtung. Aus den vorliegenden Unterlagen weiß der Auditor, welche Vorgaben für eine Arbeit bestehen. Durch die Inaugenscheinnahme des Prozesses vor Ort will er erfahren,

- ob die Vorgaben bekannt sind,
- ob nach den Vorgaben gearbeitet wird und
- wie der Nachweis hierfür erbracht wird.

Dies erfährt er unmittelbar am Arbeitsort durch die Beobachtung von Teilprozessen und gezielte Nachfragen. Die weiterführende Prozessanalyse vor Ort umfasst Interviews mit Prozessbeteiligten und Vorgesetzten, ggf. auch Gruppengespräche und Workshops. Hierbei sind jeweils Notizen anzufertigen.

Verschiedene Verbände (z. B. der Verband der Automobilindustrie VDA) haben Fragenkataloge zur Auditierung entwickelt. Die **Kernfragen** lauten:

- Sind die Sachinhalte ausreichend und richtig beschrieben?
- Sind die dort beschriebenen Sachinhalte verbindlich als Maßnahme angeordnet?
- Ist diese Maßnahme jedem Betroffenen bekannt?
- Wird diese Maßnahme in der Praxis beachtet und wirksam durchgeführt?
- Wird die Durchführung entsprechend dokumentiert?

8.3.3.4 Auditnachbereitung

Von den Auditoren werden Beurteilungen darüber erwartet, ob

- die Vorgaben vollständig, eindeutig, unmissverständlich und sinnvoll sind,
- die Zuständigkeiten klar geregelt sind und
- das System insgesamt wirksam ist.

Die Erkenntnisse der Prozessanalyse vor Ort werden in einem Bericht festgehalten, der nicht nur identifizierte Schwächen aufzeigt, sondern Handlungs-/Nachbesserungsempfehlungen ausspricht und auch die Stärken erwähnt.

Auf diese interne Nachbereitung folgt idealerweise eine Nachbereitung vor Ort in Form einer Präsentation, in der die Ergebnisse mit den Mitarbeitern des auditierten Bereiches diskutiert und Ziele, Maßnahmen und konkrete Aktivitäten vereinbart werden. Auf diese Weise regen Audits zum Ausbau von Stärken und zu Weiterentwicklungen an.

An der Durchführung der verabredeten Maßnahmen werden interne Auditoren ggf. beteiligt. Bei gravierenden Maßnahmen wird eventuell ein **Nachaudit** durchgeführt. Die erreichten Veränderungen müssen ebenso in die Dokumentation des QM-Systems als auch in die Audit-Checklisten eingearbeitet werden: Nur so ist gewährleistet, dass auch das nächste Audit sinnvoll durchgeführt wird und Wirkung entfalten kann – und nicht zur »same procedure as every year« gerät.

8.3.4 Zertifizierung nach DIN EN ISO 9000 ff

8.3.4.1 Entwicklung und Aufbau der DIN EN ISO 9000 ff

EXKURS: Regeln und Normen zur Sicherung von Produktqualität

Die ersten bekannten allgemeine Regelwerke zur – produktneutralen – Sicherstellung der Produktqualität entstanden nach dem zweiten Weltkrieg im militärischen Bereich. Aus dem USA-Standard MIL-STD 9858A wurde in den siebziger Jahren das NATO-Regelwerk AQAP 1,4,9 (Allied Quality Assurance Publication) entwickelt. Zugleich entstanden in den USA, ebenso wie in Kanada, zahlreiche Normen im zivilen Anwendungsbereich, die sich jedoch jeweils auf bestimmte Branchen und Produkte konzentrierten. Spezielle Normen entstanden etwa im Bereich der Luft- und Raumfahrt

(QSF-Qualitätssicherungsforderungen QSF-A bis QSF-D) und der Elektronik (CECC-Gütebestätigungssystem für elektronische Bauelemente; CECC = Cenelec Electronic Components Committee). Allerdings unterscheiden sich alle diese Normen erheblich hinsichtlich ihrer Inhalte, Gliederungen und Formulierungen.

Mit der zunehmenden Internationalisierung des Handels und Wettbewerbs und der fortschreitenden Technologie entwickelte sich die Notwendigkeit für ein international gültiges Regelwerk. 1987 erschien die weltweit geltende **Normenreihe ISO 9000 ff** der International Organisation for Standardization auf Basis von bereits seit 1985 in Großbritannien geltenden Normen. Sie wurde als DIN ISO 9000 bis DIN ISO 9004 in das deutsche Normenwerk aufgenommen. Zugleich erfolgte die Übernahme in das europäische Normenwerk.

Während sich Normen ansonsten im Allgemeinen auf Produkteigenschaften beziehen, definieren die DIN ISO-Normen Anforderungen an die Unternehmensstruktur und die sich darin vollziehenden Abläufe. Sie sind nicht rechtsverbindlich und beschreiben lediglich Mindestanforderungen.

Die Norm in der Fassung von 1994 wurde vor allem wegen ihrer Kompliziertheit und der erschwerten Anwendung durch kleine und mittlere Unternehmen kritisiert. Im Dezember 2000 trat – mit einer Übergangsfrist von drei Jahren – eine umfassende Revision der Normenreihe ISO 9000 ff in Kraft, mit der die Norminhalte einen neuen prozessorientierten Aufbau erhielten. Dabei flossen die bisherigen 20 Elemente der ISO 9001:1994 in 4 Kernprozesse der neuen Norm ein. Diese berücksichtigen bzw. betonen stärker als zuvor die Verpflichtung (insbesondere der obersten Leitung) zur kontinuierlicher Verbesserung, die Abbildung des tatsächlichen betrieblichen Prozesses, die Kundenzufriedenheit und die Mitarbeiterbelange.

Mit der Revision gingen eine Reduzierung der geforderten Systemdokumentation, verständlichere Definitionen und eine Angleichung an die Normen über Umweltmanagementsysteme (ISO 14000-Reihe) und die BS-8000-Reihe einher.

Die Normen ISO 9002 und ISO 9003 entfielen. Dafür wurden die Möglichkeiten für die Zertifizierung maßgeschneiderter Systeme erhöht.

Seit den oben geschilderten Anfängen wurde die Normenreihe EN ISO 9000 ff mehrfach überarbeitet.

Die aktuelle Normenreihe EN ISO 9000:2015 ff enthält die folgenden Hauptnormen:

- **EN ISO 9000** beschreibt die Grundlagen von QM-Systemen und legt die Begriffe (Terminologie) fest.
- **EN ISO 9001** legt als Grundlage einer Zertifizierung die Anforderungen an ein QM-System fest. Untersucht wird, ob die Produkte des Unternehmens die Kundenanforderungen erfüllen und die Kundenzufriedenheit erhöhen.
- **EN ISO 9004** betrachtet unter dem Titel »Leiten und Lenken für den nachhaltigen Erfolg einer Organisation: Ein Qualitätsmanagementansatz« die Wirksamkeit und Effizienz des QM-Systems.
- **EN ISO 19011** ist ein Leitfaden für QM- und Umweltmanagementsystemaudits.
- **EN ISO/IEC 17021** enthält Anforderungen an die zertifizierenden und auditierenden Stellen.

Die Zertifizierung ist drei Jahre gültig, wenn sich das Unternehmen einem jährlichen Überwachungsaudit unterzieht.

ISO 9000: Sieben Grundsätze

ISO 9000 benennt und erläutert sieben Grundsätze, die die Basis für die Anwendung der ISO 9001:2015 darstellen:

Grundsatz	**Erläuterung** (hier verkürzt wiedergegeben)
Kundenorientierung und nachhaltiger Erfolg	Zielsetzung muss sein, die Erwartungen von (externen und internen) Kunden zu erfüllen und zu übertreffen. Nachhaltiger Erfolg setzt das Erkennen zukünftiger Anforderungen voraus.
Führung und Leadership	Unternehmensführung und Führungskräfte müssen als Vorbilder agieren und durch Einbeziehen der Mitarbeitenden dafür sorgen, dass diese die Qualitätsphilosophie des Unternehmens verstehen und mittragen.
Engagement von Personen	Es bedarf engagierter und kompetenter Mitarbeitender auf allen Ebenen, um die Qualitätsziele zu erreichen.
Prozessorientierter Ansatz	Nur durch gut abgestimmte Prozesse kann ein gutes Endergebnis erzielt werden.
Verbesserung (im kontinuierlichen Verbesserungsprozess)	Erfolgreiche Organisationen streben nach ständiger Optimierung ihrer Prozesse, Leistungen, Produkte.
Faktengestützte Entscheidungsfindung	Entscheidungen müssen auf die Analyse von (Kenn-) Zahlen, Daten und Fakten gestützt werden.
Beziehungsmanagement	Interessierte Parteien (Stakeholder) sind partnerschaftlich einzubeziehen. Ihre Anforderungen müssen systematisch erhoben und berücksichtigt werden.

Grundsätze für die Anwendung der ISO 9001:2015

DIN ISO 9001 fordert die regelmäßige Durchführung **interner Qualitätsaudits** durch kompetente Auditoren nach einem internen **Auditplan.** Hierdurch sollen die tatsächliche Praxis und die Wirksamkeit des Qualitätssicherungssystems überprüft und Möglichkeiten zur weiteren Verbesserung des Systems aufgezeigt werden. Sind wesentliche Änderungen in betrieblichen Funktionsbereichen vorgenommen worden – z. B. als Reaktion auf aufgetretene Fehler –, ist ein internes Qualitätsaudit unverzichtbar.

In der Praxis können vertragliche Vereinbarungen zwischen Lieferanten und Kunden die Überprüfung des Qualitätssicherungssystems des Lieferanten durch den Kunden vorsehen **(Kundenaudit).**

Die Zertifizierung von QM-Systemen muss nicht zwangsläufig nach den ISO-Normen erfolgen: Auch andere Kriterienmodelle zur Beurteilung des Zustands des Qualitätsmanagements haben praktische Bedeutung erlangt. Vor allem zu erwähnen sind hier die Kriterienmodelle des **Malcolm Baldrige National Quality Award (MBNQA)** und des **EFQM-Excellence-Award** der **European Foundation for Quality Management (EFQM),** die neben dem Zustand des QM-Systems auch die Produkt- und Leistungsqualität und die Zukunftsausrichtung der kontinuierlichen Verbesserung berücksichtigen.

Die Bewertung einer Organisation, die nach dem EFQM-Modell als »exzellent« anerkannt werden will, erfolgt im Rahmen einer Selbstbewertung nach den Kriterien

- »**Befähiger**« (Führung; Strategie; Mitarbeiter; Partnerschaften und Ressourcen; Prozesse, Produkte und Dienstleistungen) und
- »**Ergebnisse**« (kundenbezogene, mitarbeiterbezogene, gesellschaftsbezogene und Schlüsselergebnisse).

Je nach angestrebter Auszeichnung (»Committed to Excellence«; »Recognized for Excellence«) müssen weitere Anforderungen (etwa der Nachweis erfolgreich durchgeführter Verbesserungsprojekte) erfüllt und externe Prüfstufen durchgeführt werden.

Die EFQM-Homepage bietet unter www.efqm.de/grundkonzepte.html einen Überblick über die Grundkonzepte, das Kriterienmodell und die zugrundeliegende **RADAR-Logik:**

Results:	Ergebnisse müssen in der Strategie der Organisation verankert sein.
Approaches:	Es bedarf integrierter Ansätze für ein fundiertes Vorgehen, mit dem die Ergebnisse jetzt und zukünftig erreicht werden sollen. Die Vorgehensweise muss systematisch
Deployment:	umgesetzt und angewendet,
Assessment:	bewertet und
Refinement:	verbessert werden.

Näheres zum EFQM-Models kann über die Homepage der EFQM (www.efqm.org) bezogen werden.

8.3.4.2 Zertifizierung

8.3.4.2.1 Regelablauf einer Zertifizierung

Im Rahmen der Zertifizierung soll nachgewiesen werden, dass ein den Ansprüchen der ausgewählten Norm genügendes Qualitätsmanagementsystem betrieblich eingeführt, praktiziert und dokumentiert ist. Der Überprüfung durch einen externen Auditor geht eine mehr oder minder lange Arbeitsphase voraus, in der die Einführung eines normenkonformen Qualitätssicherungsprogramms vorbereitet wird.

Diese Phase ist insbesondere bei der Erst-Zertifizierung im Allgemeinen sehr arbeitsintensiv: Häufig werden Prozesse dabei erstmals gründlich durchleuchtet, und nicht selten ergeben sich hieraus organisatorische Änderungen, die bei den Betroffenen das Gefühl erzeugen, dass der Betrieb »der Norm angepasst werde«. Tatsächlich werden aber oft suboptimale, nachteilige oder überflüssige Praktiken aufgedeckt, deren Abänderung die in die Vorbereitung investierte Arbeit wirtschaftlich mehr als rechtfertigt. In der Regel wird die Erst-Zertifizierung (im Wesentlichen aber auch jede Re-Zertifizierung) wie folgt ablaufen:

1. Die praktizierten Verfahren der Qualitätssicherung werden mit den Anforderungen der Norm, nach der zertifiziert werden soll, verglichen.
2. Notwendige Anpassungsmaßnahmen werden ausgearbeitet.
3. Das Qualitätssicherungsprogramm wird entsprechend der gewählten Norm vorbereitet: Qualitätsziele werden definiert, ggf. notwendige Verfahrensänderungen beschlossen. Sehr wesentlich ist der Einbezug aller (nicht nur der leitenden!) Mitarbeiter; sehr wahrscheinlich sind Schulungen durchzuführen.
4. Neue Prozeduren werden dokumentiert und betrieblich eingeführt.
5. Eine verbindliche Beschreibung aller – alten und neuen – Prozesse wird vorbereitet.
6. Unter Umständen wird ein Vor-Audit durchgeführt, das vor allem der Analyse der Prozessbeschreibungen dient.
7. Die Erkenntnisse des Vor-Audits werden in den Prozessbeschreibungen umgesetzt.
8. Das (Haupt)-Audit wird durchgeführt.
9. Nach Feststellung der Zertifizierungswürdigkeit durch den Abschlussbericht des Auditors wird das (zeitlich begrenzt gültige) Zertifikat erteilt.

8.3.4.2.2 Zertifizierungsgesellschaften

Zertifizierungsgesellschaften sind Unternehmen, die die neutrale **Begutachtung, Validierung** oder **Zertifizierung** von Einrichtungen, Prozessen und Managementsystemen anderer Unternehmen und Organisationen vornehmen. Ihr Einsatz ist teilweise durch gesetzliche Vorschriften, die eine unabhängige Überprüfung verlangen, begründet; vielfach werden ihre Dienste aber auch ohne gesetzlichen Zwang in Anspruch genommen, was sich vor allem aus dem Streben der Auftraggeber nach Wettbewerbsfähigkeit erklärt.

Das Spektrum der Bereiche, in denen begutachtet, validiert oder zertifiziert werden muss oder kann, umfasst neben Qualitätsmanagementsystemen und Umweltmanagementsystemen auch z. B. die Zertifizierung von Sicherheitsmanagementsystemen und die Akkreditierung von Prüflaboratorien (DIN EN ISO/IEC 17025:2018).

Die Prüf- und Kalibrierlaboratorien, Zertifizierungs- und Überwachungsstellen, die nicht schon per Gesetz mit der Aufgabe der Konformitätsfeststellung beauftragt sind, beziehen ihre öffentliche Anerkennung aus der freiwilligen Akkreditierung oder Anerkennung durch eine **Akkreditierungsstelle** als unabhängiger dritter Stelle, die auf der Grundlage von Normen und so genannter normativer Dokumente eine Kompetenzüberprüfung vornimmt. Die Koordinierung der Akkreditierungsaktivitäten sowohl der gesetzlichen als auch der freiwilligen Akkreditierungsstellen obliegt der **Deutschen Akkreditierungsstelle** (DAkks). Die DAkks entstand im Zuge der Verordnung EG 765/2008, wonach jeder Mitgliedstaat eine einzige Akkreditierungsstelle für die Durchführung der ab 01. Januar 2010 nach dieser Norm erfolgenden Akkreditierungen zu benennen hatte.

Bekannte Zertifizierungsgesellschaften sind z. B. die DQS GmbH (Deutsche Gesellschaft zur Zertifizierung von Managementsystemen), die CertQua (Zertifizierung von QM-Systemen in Bildungs- und Dienstleistungsorganisationen), die DEKRA Certification GmbH und die Zertifizierungsstellen der Technischen Überwachungsvereine. Als Dachorganisation vieler Zertifizierungsstellen fungiert der Verband akkreditierter Zertifizierungsgesellschaften VAZ e.V. mit Sitz in Frankfurt und Geschäftsstelle in Hamburg.

Diverse Gesellschaften in Deutschland haben sich die Förderung der Erforschung und Weiterentwicklung von Qualität, die Mitarbeit an Normen und Standards und die Wissensweitergabe auf diesen Gebieten zum Ziel gesetzt: Z. B. die 1989 gegründete Forschungsgemeinschaft Qualität e.V. (FQS) als Teil der Deutschen Gesellschaft für Qualität e. V. (DGQ).

8.3.4.2.3 Motive für freiwillige Zertifizierung

Unternehmen und Organisationen, die ihr QM-System zertifizieren lassen, tun dies häufig nicht aufgrund direkter gesetzlicher Zwänge, sondern freiwillig. Ihre Entscheidung für die Zertifizierung ist aber häufig dadurch geprägt, dass nur zertifizierten Unternehmen der Zugang zu bestimmten Tätigkeiten erlaubt ist (also ein indirekter gesetzlicher Zwang besteht). Oft sind die Motive für die Zertifizierung jedoch Wettbewerbserwägungen: Die Angleichung an Mitbewerber, die positive Absetzung von diesen oder die Notwendigkeit, direkten Kundenanforderungen nachzukommen. Ihr Wert ist in diesem Falle in der Erlangung oder Wahrung der Wettbewerbsfähigkeit zu sehen.

Vordergründig geht es bei der Zertifizierung um die Erfüllung und Testierung formaler Anforderungen. Das »Stöhnen« über die oft aufwändigen, den ganzen Betrieb fordernden Prozeduren der Zertifizierung ist weit verbreitet; und häufig wird der Eindruck verbreitet, als würden Prozesse »dem Zertifizierer zuliebe« ohne Not »umgekrempelt«, um sie der jeweiligen Norm anzupassen. Tatsächlich aber können Unternehmen, die sich einer unabhängigen qualifizierten Begutachtung unterziehen lassen, erheblich hiervon profitieren:

- Zum einen ist, wie bereits erwähnt, die angestrebte Zertifizierung oft erster Anlass nach vielen Jahren, eingefahrene Vorgehensweisen eingehend zu beleuchten und auf ihre Effizienz hin zu betrachten. Die daraufhin eingeleiteten Verbesserungsprozesse führen häufig zu Einsparungen und/oder erheblichen Qualitätszuwächsen.
- Zum anderen ist auch der psychologische Effekt, den eine beständige Betonung des Qualitätsaspekts auf die Mitarbeiter ausübt, nicht zu unterschätzen: Das Qualitätsbewusstsein im Alltag wird geschärft, und das Wissen um den eigenen möglichen Beitrag zur Qualität stärkt das verantwortliche Handeln des Einzelnen. Hierin liegt der eigentliche Wert des TQM und letztlich der Zertifizierung.

8.3.5 Methoden und Instrumente im Qualitätsmanagement

Im Folgenden werden ausgewählte Methoden (= begründete, planmäßige Vorgehensweisen zur Erreichung bestimmter Ziele) und Verfahren (= ausführbare Vorschriften zur gezielten Anwendung von Methoden) des Qualitätswesens behandelt. Zum besseren Verständnis werden einige Ausführungen zu Prüfungen im Rahmen der Qualitätsüberwachung vorangestellt.

8.3.5.1 Prüfungen im Rahmen der Qualitätssicherung und -überwachung

Prüfungen spielen eine große Rolle im Rahmen der Qualitätsüberwachung und sollen daher an dieser Stelle eingehender behandelt werden. Alle Prüfungen im Rahmen der Qualitätssicherung unterliegen zunächst einer Planung **(Inspection Planning),** aus der ein Prüfplan **(Inspection Plan)** resultiert. Dieser Prüfplan besteht aus der Prüfspezifikation, der Prüfanweisung und dem Prüfablaufplan.

In der Prüfspezifikation **(Inspection Specification)** werden die Prüfmerkmale, vorgegebene Merkmalsausprägungen, Prüfbedingungen, Art und Umfang der Prüfung, Prüfmittel und die anzuwendenden Prüfverfahren festgelegt. Hinsichtlich der Prüfmerkmale ist es erforderlich, dass die Qualitätsmerkmale des zu prüfenden Produktes genau bestimmt sind; wissenschaftlich erarbeitete Hilfsmittel **(»Design-Review-Checklisten«, »Fehlerbaum-Analysen«)** stehen hier zur Verfügung. Aufzunehmende Prüfmerkmale sind Eigenschaftsbeschreibungen oder Höchst- und Mindestangaben für Messwerte sowie die bei bestimmungsgemäßen Einsatz herrschenden Umgebungsbedingungen. In der Produktentwicklungsphase kann eine technische Spezifikation nur Zielvorgaben beschreiben; im Zuge fortschreitender Entwicklung gewinnt sie jedoch an Details, bis zum Abschluss der Entwicklung eine vollständige Beschreibung der erforderlichen Produkteigenschaften vorliegt. Die Prüfspezifikation ermöglicht die Abschätzung des für die Produktprüfung erforderlichen Zeit- und Kostenaufwandes ebenso wie die Vorhersage von Fehlern und Mängeln hinsichtlich einzelner Eigenschaften und die Entwicklung von Fehlerkatalogen, in denen die einzelnen möglichen Fehler nach Qualitätsmerkmalen geordnet und gewichtet werden.

Dabei ist zu untersuchen, welche Ausfälle einzelner Bauteile oder ganzer Baugruppen vorkommen können und welche Auswirkungen dies auf die Sicherheit und Funktionstüchtigkeit des fertigen Produktes hätte: Als Konsequenz können geeignete Schutzmaßnahmen (z. B. Verwendung besonders zuverlässigen Materials; Festlegung von Umgebungsbedingungen, die in die Gebrauchsanweisung aufzunehmen sind; Vorsehen redundanter

Reservesysteme, die bei Ausfall des Hauptsystems dessen Aufgabe übernehmen) getroffen werden.

Die Fehlerklassifizierung **(Classification of Nonconformities)** erfolgt dementsprechend nach dem Kriterium der Fehlerfolgen. Unterschieden werden in der Regel – abgestuft nach Bedeutung – folgende Fehlertypen:

- **Kritischer Fehler (Critical Defect):** Fehler, der zur Gefährdung der Sicherheit der den zu prüfenden Gegenstand benutzenden Personen führen kann oder die Funktionsfähigkeit einer größeren Anlage verhindert;
- **Hauptfehler (Major Nonconformity):** Nichtkritischer Fehler, der die Brauchbarkeit für den vorgesehenen Verwendungszweck wesentlich beeinträchtigt bzw. voraussichtlich zum Ausfall führt;
- **Nebenfehler (Minor Nonconformity):** Fehler, der die Brauchbarkeit des Gegenstandes für den vorgesehenen Verwendungszweck nur unwesentlich beeinflusst.

Prüfungen finden bei Annahme von Lieferungen (Acceptance Inspection), als Zwischenprüfungen während der Herstellung (Manufacturing Inspection = Fertigungsprüfung), teils durch den Bearbeiter selbst (Operator Inspection) und, vor Übergabe an den Abnehmer, als Endprüfung (Final Inspection) statt. Prüfungen seitens des Abnehmers werden als Abnahmeprüfung bezeichnet.

Hinsichtlich der Prüfmethoden sind die **100%-Prüfung** (100%-inspection, auch **Vollprüfung** oder **Stückprüfung** genannt) und die **statistische Qualitätsprüfung** (Statistical Quality Inspection and Test) zu unterscheiden. In der 100%-Prüfung werden alle Einheiten eines **Prüfloses** (Inspection Lot = Bezeichnung für das Los, das zu einem Zeitpunkt als Ganzes zu einer Qualitätsprüfung vorgestellt wird) geprüft. Die statistische Prüfung, auf die nachfolgend näher eingegangen wird, bedient sich statistischer Methoden und beschränkt sich auf Teilprüfungen (Stichproben).

Zu unterscheiden sind dabei

- **Variablenprüfungen** als messende Prüfungen, als deren Ergebnisse variable Daten (unterschiedliche Messergebnisse) vorliegen;
- **Attributprüfungen,** bei denen lediglich eine »gut/schlecht«-Unterscheidung vorgenommen und das Verhältnis von annehmbaren und nicht annehmbaren Stücken durch Zahlenvergleich dargestellt werden kann;
- **visuelle Prüfungen** durch Inaugenscheinnahme nicht messbarer Merkmale, wobei jedoch versucht werden soll, nicht messbare Tatbestände »messbar« zu machen (z. B. Farbmessung anhand RAL-Karte).

Wie eine Prüfung durchzuführen ist, legt die **Prüfanweisung** (Inspection Instruction) fest. Die Reihenfolge der Qualitätsprüfungen wird schließlich im **Prüfablaufplan** (Inspection Schedule) festgeschrieben.

8.3.5.2 Ausgewählte Verfahren und Methoden des Qualitätsmanagements

Mit der **Pareto-Analyse** (vgl. Abschn. 7.3.1.4), dem Ishikawa-(Ursache-/Wirkungs)-Diagramm, der Fehlerbaumanalyse und der **Fehlermöglichkeits- und Einflussanalyse (FMEA)** – vgl. Abschn. 7.3.1.5 – wurden bereits zwei wesentliche im Qualitätswesen eingesetzte Verfahren behandelt. Als in der vergleichenden Qualitätssicherung eingesetztes Verfahren ist auch das bereits in Abschnitt 1.7.3.2.2 vorgestellte **Benchmarking** zu erwähnen.

An dieser Stelle erfolgen nun Hinweise auf weitere wichtige Verfahren und Methoden (in der Literatur wird auch von **Qualitätstechniken** oder **Qualitätswerkzeugen** gesprochen).

8.3.5.2.1 Maschinen- und Prozessfähigkeitsuntersuchung (MFU/PFU)

Wenn ein Prozess »**unter statistischer Kontrolle**« ist, so bedeutet dies, dass systematische, abstellbare Einflüsse ausgeschaltet sind und lediglich Zufallseinflüsse für die noch verbliebene Streuung verantwortlich sind. Ist diese Streuung sehr groß, ist der praktizierte Prozess möglicherweise für die Herstellung des Produktes in der gewünschten Qualität ungeeignet: Er muss grundlegend überarbeitet werden.

Die drei Phasen der Prozessregelung mittels Regelkarten, – Datensammlung, Berechnung von Eingriffsgrenzen und Beurteilung der Fähigkeit – sind kontinuierlich zu wiederholen; auf diese Weise wird eine ständige Prozessverbesserung erreicht.

Die so genannte **Fähigkeit** ist definiert als das Maß der tatsächlichen Güte einer Maschine oder eines Prozesses, bezogen auf die Spezifikation.

Allgemein gilt:

– **Prozessfähigkeit** (d. h. die Eignung eines Prozesses, das angestrebte Ergebnis hervorzubringen) ist gegeben, wenn das **Six-Sigma-Kriterium** erfüllt ist, d. h. die Streuung mindestens mit ±3s, gesamt also 6s, innerhalb der Spezifikationsgrenzen liegt, d. h. 99,73 % der gefertigten Teile innerhalb der Toleranzgrenzen liegen. Die Kennzahl, mit der dies ausgedrückt wird, ist der **Prozessfähigkeitskennwert**

$$C_p = (OTG–UTG)/6s$$

mit OTG und UTG als oberer bzw. unterer Toleranzgrenze. Gemäß einer Empfehlung der DGQ – Deutsche Gesellschaft für Qualität – soll dieser Wert mindestens 1,33 sein. In die Prozessfähigkeit fließen die Einflüsse der eingesetzten Maschinen, Materialien und Bediener ein. Der Nachweis der Prozessfähigkeit muss über einen längeren Zeitraum erbracht werden.

– Analog hierzu ist **Maschinenfähigkeit** (also die Eignung einer Maschine, in einem bestimmten Prozess eingesetzt zu werden) gegeben, wenn die Streuung mindestens mit ±3s der Spezifikation (= 99,73 %) entspricht. Die hier verwandte Kennzahl ist der **Maschinenfähigkeitskennwert**

$$C_m = (OTG–UTG)/6s$$

für den gleichfalls die oben für den Cp angegebenen Grenzwerte empfohlen werden (VDA-Empfehlung: C_m mindestens 1,66).

Die Feststellung der Maschinenfähigkeit erfolgt in wesentlich kürzeren Zeiträumen als diejenige der Prozessfähigkeit: Soll über die Fähigkeit einer neu angeschafften Maschine eine Aussage getroffen werden, so steht hierfür nur ein relativ kurzer Zeitraum zur Verfügung. Entsprechend gering ist die Anzahl der in die Schätzung einzubeziehenden gefertigten Teile, an deren Qualität darum besonders hohe Ansprüche gestellt werden.

Für die Prüfung der Maschinenfähigkeit wird eine **Stichprobengröße (daher auch s und nicht σ!)** bestimmt (z. B. mindestens 50 Teile). Es muss sichergestellt sein, dass alle verwendeten Teile und Materialien bis zu dem zu untersuchenden Bearbeitungsschritt der Spezifikation entsprechen, da der Maschine sonst Fehler zugeschrieben werden, die bereits im Vorfeld angelegt wurden.

Sind mehrere gleichartige Maschinen zu überprüfen, hat die Überprüfung für jede einzelne Maschine zu erfolgen.

Die Ergebnisse der Maschinenfähigkeitsprüfung werden in Formblätter übertragen und grafisch dargestellt. Ein Vergleich mit den vorweg eingetragenen Spezifikationsgrenzen führt zu einer Aussage über die Fähigkeit der untersuchten Maschine.

Nicht immer entsprechen die beobachteten Merkmale der Normalverteilung. Bei einem auf einer Maschine an sich normalverteilten Produktionsergebnis ist dies ein Hinweis auf systematische Einflüsse, etwa die Beschädigung verwendeter Werkzeuge.

Daneben gibt es Fälle einer regelmäßigen Nicht-Normalverteilung. Hierauf soll an dieser Stelle aber nicht eingegangen werden.

8.3.5.2.2 Quality Function Deployment (QFD)

Das Quality Function Deployment (QFD) soll sicherstellen, dass die Anforderungen des Kunden in allen Stufen des Produktionsprozesses beachtet und verwirklicht werden. Es verwendet eine Reihe von Matrizes zur Gegenüberstellung von Anforderungen und Realisierungsmöglichkeiten – je eine für jede Produktionsstufe –, wobei die Realisierungsmöglichkeiten einer Stufe den Anforderungen der unmittelbar nachgeschalteten Stufe entsprechen müssen. Auf diese Weise wird sichergestellt, dass keine Anforderung übersehen werden kann.

Die Ergebnisse dieser Untersuchung werden im so genannten **House of Quality (HoQ)** zusammengefasst. Dabei wird in folgenden Schritten vorgegangen:

- **Was** will der Kunde? Ermittlung der Kundenanforderungen
- **Gewichtung** der Kundenanforderungen von sehr wichtig bis unwichtig
- **Warum** sollen wir Veränderungen vornehmen? Warum sind bestimmte Anforderungen so wichtig? Antwort soll eine Wettbewerbsanalyse durch Vergleich mit Konkurrenzprodukten aus Kundensicht liefern: Erfüllen die Mitbewerberprodukte die identifizierten Anforderungen? Welche Stärken, welche Schwächen hat demgegenüber unser Produkt?
- **Wie** können die Anforderungen umgesetzt werden? Wie muss unser Produkt folglich beschaffen sein?
- Welche Komponente nützt, welche Änderung bringt **wie viel**? Die einzelnen technischen Komponenten des Produkts werden hinsichtlich Leistung und Nutzen betrachtet.
- Bewertung: Welche Veränderungen haben welche Auswirkungen auf die Erfüllung welcher Kundenanforderung? Ziel ist, herauszufinden, mit welchen Verbesserungen der größte Erfolg erzielt werden kann, und festzulegen, **wie viel** wir erreichen wollen.
- In welchen Beziehungen **(Korrelationen)** stehen die zu ändernden Anforderungen zueinander? Wie greift eine einzelne Veränderung in die sonstigen Produktleistungen ein?
- Erfüllt das veränderte Produkt tatsächlich die **Kundenanforderungen?**

Häufig wird eine grafische Darstellung gewählt. Eine einfache Form zeigt die folgende Abbildung.

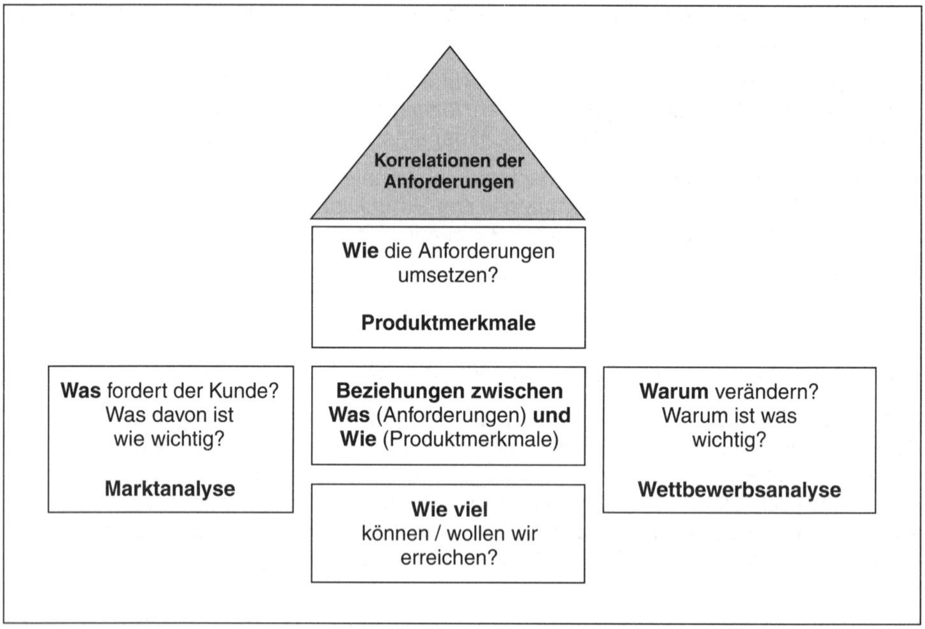

House of Quality

8.3.5.2.3 Wertstromanalyse

Die Wertstromanalyse (engl. Value Stream Mapping oder Value Stream Management, VSM) ist ein Verfahren zur Beurteilung der Qualität von Prozessen. Sie soll Schwachstellen, Verschwendung und Optimierungspotenziale offenlegen. Das Verfahren gliedert sich in die drei Schritte Wertstromanalyse, Wertstromdesign und Wertstromplanung.

Zunächst wird der gesamte Prozess modellhaft abgebildet **(Wertstromanalyse,** auch **Wertstrom-Mapping)** und in Rückwärtsbetrachtung, begonnen beim Endkunden, daraufhin untersucht, welcher zeitliche Anteil des Prozesses tatsächlich Bearbeitungszeit darstellt und damit aus Kundensicht zur Wertschöpfung beiträgt. Die Betrachtung wird ggf. mehrfach – vorwärts und rückwärts – durchgeführt, um Verbesserungsmöglichkeiten erkennen zu können, die geeignet sind, den Anteil der wertschöpfenden Bearbeitungszeit zu erhöhen.

Ziel des **Wertstromdesigns,** das ebenfalls zunächst am Modell (zeichnerisch) vorgenommen wird, ist die Minimierung der nicht-wertschöpfenden Anteile, also vor allem von Verschwendung. Dabei sind Liegezeiten nicht in jedem Falle vermeidbar (etwa wenn Trocknung, Reifung oder sonstige Zeit benötigende Prozesse zur Entstehung des Endprodukts notwendig sind. Ergebnis ist eine Skizze (»VSD Vision«) des angestrebten Soll-Zustands.

Die Umsetzung des Designs wird dann konkret geplant **(Wertstromplanung)** und durchgeführt. Die zur Umsetzung erforderlichen Arbeitsschritte werden in einem Aktivitätenplan festgeschrieben, dessen Umsetzung iterativ (immer nur ein Schritt zur Zeit) erfolgt. Nach jedem Schritt wird das Wertstromdesign überprüft und angepasst, bis sich der Produktionsprozess als Fluss ohne Verschwendung und als »stimmiges Ganzes« darstellt. Im Idealfall schließt dieser Fluss die gesamte Lieferkette ein, d. h. er fließt nicht nur innerhalb des produzierenden Betriebes »von (Eingangs-)Tor zu (Ausgangs-)Tor«, sondern vom Lieferanten bis zum Endkunden. Dabei ist die Sicht des Endkunden maßgeblich, denn er entscheidet, wofür er zu zahlen bereit ist.

8.3.5.2.4 Überwachung der Prüfmittel

Auch an die Prüfmittel selbst sind hohe Qualitätsanforderungen zu stellen: Geräte, die der Produktionsüberwachung dienen und daher ständig vom fertigenden Personal – also nicht von ausgebildeten, externen Prüfern – benutzt werden, sollten genormt und von der Qualitätssicherungsabteilung überprüft sein, bevor sie zum Einsatz kommen.

Ist eine Prüfung im eigenen Betrieb nicht möglich, sollte ein Prüfnachweis vom Lieferanten gefordert oder die **Deutsche Akkreditierungsstelle** (DAkkS, früher: Deutscher Kalibrierdienst [DKD]) mit der Überprüfung beauftragt werden.

Nicht nur bei Neuanschaffung muss auf Messgenauigkeit der Prüfmittel geachtet werden: In regelmäßigen Abständen sind die im Betrieb eingesetzten Prüfgeräte zu kontrollieren und bei festgestellter Beschädigung aus dem Verkehr zu ziehen.

Die Mitarbeiter sollten angehalten werden, auch selbstverschuldete Beschädigungen sofort zu melden. Dies setzt voraus, dass ihnen hieraus keine Nachteile entstehen.

8.3.5.2.5 Statistische Prozessregelung

Statistische Prozessregelung **(SPR,** auch **SPC: Statistical Process Control)** kann überall dort eingesetzt werden, wo die Ergebnisse eines Prozesses Streuungen (Abweichungen) aufweisen. In der Fertigung ist dies praktisch immer der Fall, weil völlige Identität zweier Produkte auch dann, wenn sie nacheinander nach dem gleichen Procedere hergestellt wurden, nie erreichbar sein wird.

Die Ursachen hierfür sind vielfältig: So unterliegen Maschinen und Werkzeuge einem Verschleiß; das Ausgangsmaterial unterliegt Qualitätsschwankungen; das Personal vollführt niemals exakt die gleichen Handgriffe, und auch die Umweltbedingungen variieren z. B. hinsichtlich der herrschenden Umgebungstemperatur, Luftfeuchtigkeit usw.

Ziel des SPR-Einsatzes ist die Verbesserung der Produktivität und der Produktqualität durch Ergreifung von Maßnahmen zur Verbesserung des Prozesses **(zukunftsorientiert)** anstelle von Maßnahmen aufgrund von Mängeln am fertigen Produkt **(vergangenheitsorientiert):** Dabei wird eine Strategie der Früherkennung von Fehlentwicklungen und der Fehlervermeidung verfolgt, die durch Ausschussverringerung bei gleichzeitiger Qualitätssteigerung zugleich kostensenkend und ertragssteigernd wirken soll.

Im Folgenden wird vorrangig von Fertigungsprozessen ausgegangen; Methoden des SPR können aber in zahlreichen anderen Bereichen eingesetzt werden.

SPR erfüllt folgende **Aufgaben:**

- Nachweis nicht-zufälliger Abweichungen im Herstellungsprozess, für die beeinflussbare Faktoren verantwortlich sind;
- Quantifizierung bestimmter Abweichungen und der Wahrscheinlichkeit ihres Auftretens durch Messung;
- qualitative und quantitative Messung des Einflusses von Abweichungen auf das Ergebnis;
- Nachweis des Zusammenhanges zwischen Prozessparametern und Produktqualität;
- Bereitstellung von Instrumenten zur Prozessüberwachung.

Die Betrachtung eines Prozesses bezieht alle an der Entstehung eines Produktes (oder an einer Dienstleistung) beteiligten Elemente ein: Personal, Sachmittel, Material ebenso wie eingesetzte Methoden und Umweltbedingungen.

Voraussetzung für den Einsatz von SPR ist die Messbarkeit von Prozessen und Produkteigenschaften mindestens im Sinne einer Attributprüfung (vgl. Abschn. 8.3.5.1).

Die Aufbereitung von Messwerten soll an einem Beispiel erläutert werden.

Bei der Messung von 50 Wellen als Stichprobe aus der Tagesproduktion wurden folgende Ergebnisse festgestellt (Angabe nur der Nachkommastellen – in mm –):

Stichproben-Messergebnisse
(nur Nachkommastellen – in mm)
Proben-Nr. / Messergebnis

1	23	11	22	21	22	31	20	41	19
2	24	12	21	22	21	32	21	42	20
3	26	13	22	23	23	33	20	43	21
4	19	14	23	24	26	34	20	44	21
5	23	15	24	25	20	35	23	45	21
6	23	16	23	26	21	36	24	46	23
7	24	17	22	27	20	37	29	47	19
8	24	18	19	28	23	38	19	48	24
9	26	19	26	29	24	39	20	49	25
10	23	20	28	30	25	40	21	50	20

Stichproben-Messergebnisse

Die gefundenen Ergebnisse können mittels einer Strichliste ausgewertet und in einem Schaubild (Histogramm) visualisiert werden:

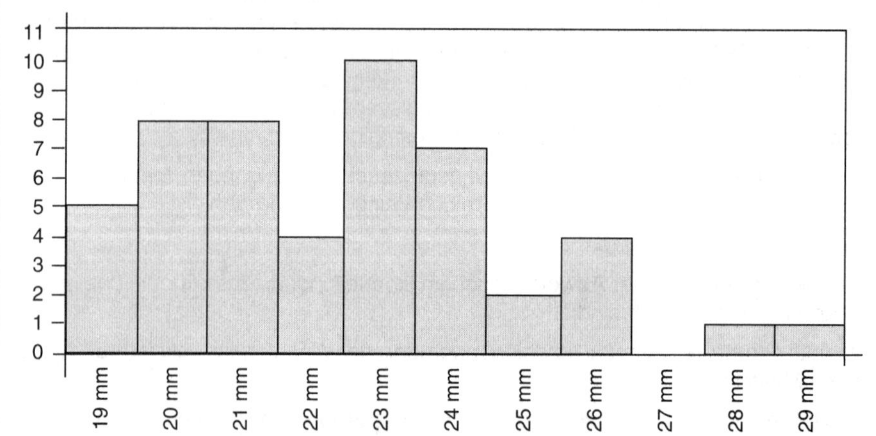

Visualisierung der Messergebnisse im Histogramm

Je größer die Stichprobe, desto »glatter« fällt der Verlauf der aus dem Histogramm abzuleitenden Verteilungskurve aus. Aus der Kurve, die sich aus der Auswertung der Stichprobe ergibt, kann auf die Grundgesamtheit geschlossen werden.

Verteilungen unterscheiden sich hinsichtlich ihrer Lage, Form und Streuung. Ein Maß für die Lage der Verteilung ist das **arithmetische Mittel,** während die Streuung durch die **Standardabweichung** ausgedrückt wird.

Die am häufigsten anzutreffende Verteilung ist die Gauß'sche Normalverteilung. Sie wird durch eine symmetrische so genannte »Glockenkurve« beschrieben. Wenn eine Stichprobe der Normalverteilung entspricht, kann daraus für die Grundgesamtheit gefolgert werden, dass 68,26 % der Grundgesamtheit unter der Verteilungskurve in einer Verteilung von $\pm 1s$ um den Mittelwert zu finden sein werden; dieser Prozentsatz erhöht sich bei $\pm 2s$ auf 95,44 %, bei $\pm 3s$ auf 99,73 % und bei $\pm 4s$ auf 99,994 %. Für nicht-normalverteilte Stichproben und Grundgesamtheiten ergeben sich selbstverständlich andere Prozentsätze.

Ergeben sich bei im Zeitverlauf verschiedentlich vorgenommenen Stichproben Abweichungen in der Verteilung, so liegt die Vermutung nahe, dass systematische und damit beeinflussbare Einflüsse wirksam werden:

Der Prozess ist **»außer statistischer Kontrolle«.** In der Praxis werden Prozesse mit Hilfe von Prozess-Regelkarten **»unter statistische Kontrolle«** gebracht. Mittels dieser Karten wird ein kontinuierlicher **Regelkreis** aus Datensammlung, Datenaufbereitung und Verbesserung der Prozessfähigkeit unterhalten.

Es folgt das Beispiel einer Regelkarte:

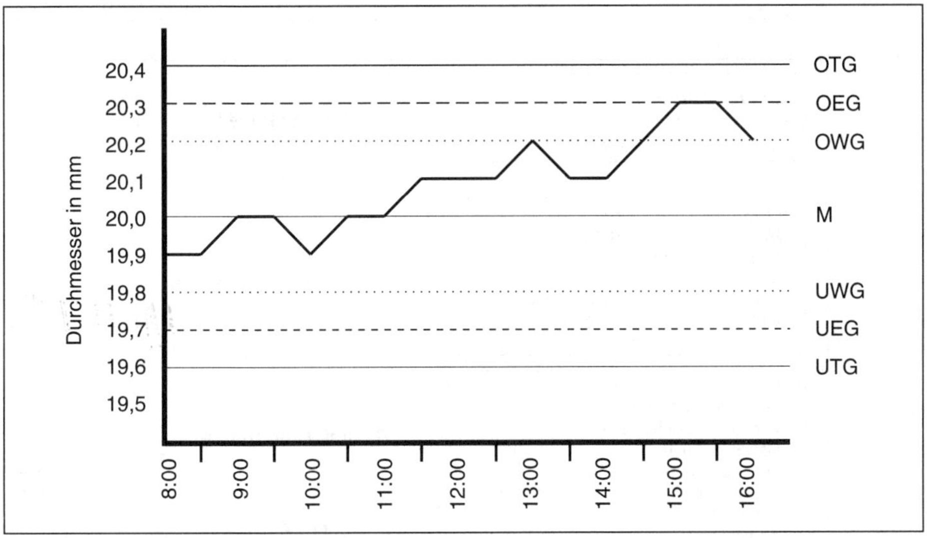

Prozess- oder Qualitäts-Regelkarte

Zur Erläuterung: Die oben abgebildete Karte enthält in der Mitte den Erwartungs- oder Sollwert (M), die vorab definierten oberen und unteren Warngrenzen (OWG/UWG), Eingriffsgrenzen (OEG/UEG) und Toleranzgrenzen (OTG/UTG), deren Überschreitung eine unzulässige Verschlechterung der Qualität anzeigt.

Nach Art der Ermittlung des in der Mittelachse verwendeten Wertes werden Median-, Mittelwert-, Spannweiten- und Standardabweichungskarten unterschieden. Sehr verbreitet sind so genannte zweispurige Qualitäts-Regelkarten, die gleichzeitig einen Lage- und einen Streuungswert anzeigen, um eine bessere Beurteilung des Prozesses zu ermöglichen.

8.3.5.2.6 Advanced Process Control

Als Advanced Process Control (APC) bezeichnet man die computergestützte, weitgehend automatisierte Prozessregelung auf der Basis eines mathematischen Modells, das die wesentlichen auf den Prozess einwirkenden Größen berücksichtigt. Hierbei werden laufend die aktuell erforderlichen Werte der Stellgröße errechnet und entsprechende Maßnahmen so rechtzeitig getroffen, dass das Ergebnis des Prozesses innerhalb der Toleranzbreite bleibt.

8.3.6 Sicherstellung und Verbesserung des Qualitätsmanagements (QM)

Einführung und Aufbau eines Qualitätsmanagementsystems sind unter Umständen ein langwieriger, mehrere Jahre umfassender Prozess – vor allem dann, wenn eine Zertifizierung nach der ISO-Normenreihe vorgesehen ist. Diesen Prozess gibt das folgende Ablaufschema wieder:

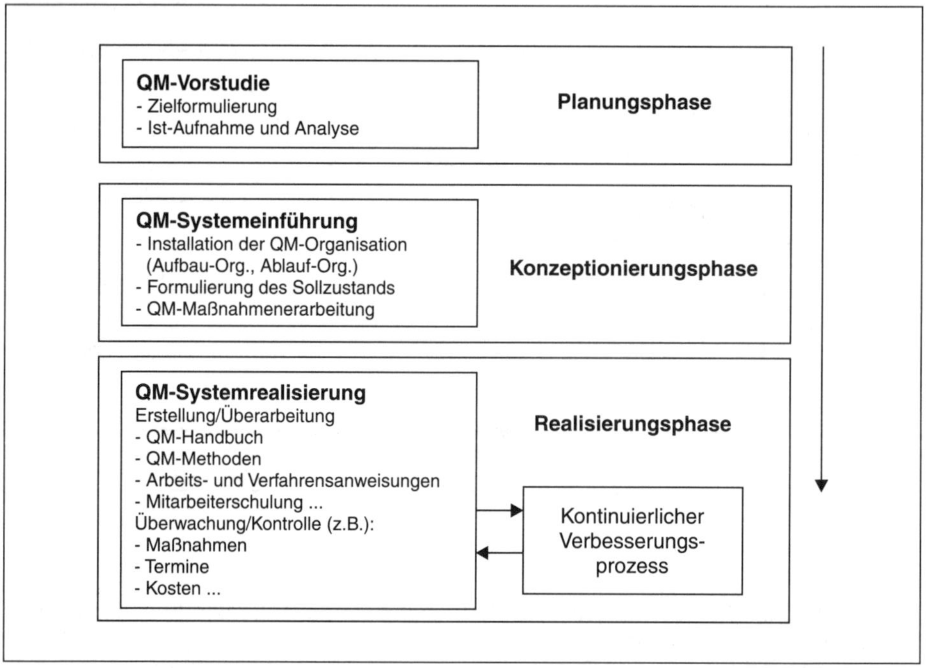

Einführung eines Qualitätswesens

Die Kerngedanken des **Total Quality Management (TQM)** sind folgende:

– Alle Tätigkeiten im Unternehmen können als Prozesse beschrieben werden.

– Prozesse können laufend verbessert werden.

– Qualität ist somit nicht nur eine Eigenschaft von Endprodukten.

- Kriterien für Qualität müssen daher für alle Prozesselemente beschrieben werden.
- Die Unternehmensführung trägt die Hauptverantwortung für die Qualität.
- Diese Verantwortung wird von jedem einzelnen Mitarbeiter im eigenen Tätigkeitsbereich wahrgenommen.
- Hierzu ist es erforderlich, dass die Führungsspitze entsprechende Rahmenbedingungen schafft.
- Qualität wird nicht kontrolliert und nicht gesichert, sondern produziert!

Die Umsetzung von TQM erfolgt dem entsprechend im **Regelkreis der Kontinuierlichen Verbesserung,** der bereits in Abschnitt 6.4.3 vorgestellt wurde.

8.3.7 TQM in der betrieblichen Praxis

8.3.7.1 »Stakeholder« im Fokus des TQM

TQM zielt letztlich darauf ab, die Interessen aller wesentlichen vom Unternehmensgeschehen Betroffenen (der so genannten »Stakeholder« – Eigentümer bzw. Anteilseigner wie Kunden, Mitarbeiter wie Lieferanten, Gläubiger wie Geschäftspartner und letztlich auch der Öffentlichkeit) – zu berücksichtigen und so weit wie möglich zu befriedigen.

Dementsprechend orientiert sich TQM, im Unterschied zum QM, in hohem Maße auch an Erfolgsgrößen, die die Außenleistung des Unternehmens widerspiegeln, wie Umsatz und Gewinn.

8.3.7.2 Qualitätskultur

Qualitätskultur bedeutet die gelungene Durchdringung aller Unternehmensbereiche durch den TQM-Gedanken:

Qualität wird zur Selbstverständlichkeit, ist alltägliche Praxis und zugleich Ziel, und jeder einzelne Mitarbeiter ist sich seiner persönlichen Verantwortung für die Qualität bewusst.

Die Verinnerlichung der QM-Philosophie zeigen folgende Beispiele für alltägliche QM-Techniken, die, wie der KVP-Gedanke insgesamt, aus japanischen Unternehmen stammen:

- Die **»3 Mu«:** Es ist die alltägliche Aufgabe jedes Mitarbeiters, unabhängig von der konkreten Aufgabe und der hierarchischen Stellung im Betrieb, die Augen offenzuhalten nach Verschwendung (jap. »Muda«) z. B. von Roh-, Hilfs- und Betriebsstoffen; nach Überlastung (jap. »Muri«), etwa am Verkaufstresen, und nach Abweichung (jap. »Mura«) von vereinbarten Werten.
- Die **»5 S-Bewegung«:** Jedem Mitarbeiter ist bewusst, dass sich ein mangelhaftes Qualitätsbewusstsein in der Vernachlässigung von Primärtugenden wie Ordnung, Sauberkeit und Sicherheit ausdrückt, er ist daher eigenverantwortlich um deren Einhaltung bemüht (im japanischen stehen fünf Begriffe für die betreffenden Primärtugenden, von denen jeder mit einem »S« beginnt: daher »5 S-Bewegung«).

8.3.7.3 Qualitätssysteme und Qualitätsmanagementhandbücher

Als Qualitätssysteme werden die organisatorischen Strukturen, Verfahren, Prozesse und Mittel bezeichnet, die zur Realisierung eines Qualitätsmanagements erforderlich sind. Ihre konkrete Ausgestaltung ist grundsätzlich jedem Unternehmen und jeder Organisation selbst überlassen; jedoch haben sich QM-Systeme, die auf international gültigen Normen wie der DIN EN ISO-9000-Familie basieren, auf breiter Ebene durchgesetzt.

Qualitätsmanagement ist ein dynamischer Prozess: Eine gleichfalls dynamische, dabei von Diskontinuität, Komplexität und Unsicherheit geprägte Unternehmensumwelt verlangt nach einer ständigen Hinterfragung der Qualitätsanforderungen und einer dementsprechenden Anpassung der Organisationsstruktur, die bei Einführung eines Qualitätsmanagementsystems im Sinne des TQM in der Regel erhebliche Veränderungen erfährt. Damit diese Struktur für alle Mitarbeiter transparent erscheint und bleibt, ist eine vollständige **Dokumentation** vonnöten. Diese war in den älteren Fassungen der ISO 9001 in Form eines Qualitätsmanagementhandbuchs gefordert. **Seit der Revision 2015 ist ein solches Handbuch nicht mehr zwingend vorgeschrieben;** die Dokumentation muss auch nicht in Papierform erfolgen, sondern kann in digitaler Form im Intranet vorliegen. Gleichwohl ist das – in vielen Betrieben vorhandene und gepflegte – Handbuch geeignet, die Zielhierarchie, die gesamte Aufbau- und Ablauforganisation des Unternehmens und das im Unternehmen vorhandene Know-how geordnet darzustellen. Insbesondere werden im Qualitätsmanagementhandbuch alle im Unternehmen als Standard festgeschriebenen Methoden und Verfahren der Qualitätssicherung sowie Aufbau und Organisation des Qualitätsmanagementssystems einschließlich der Zuständigkeiten beschrieben.

Die Erstellung und Pflege eines solchen Handbuches setzt umfassende Analysen voraus und erfordert einen nicht unerheblichen Zeit- und Arbeitsaufwand. Das Qualitätsmanagementhandbuch muss von der Geschäftsführung »in Kraft gesetzt« und – als notwendige Voraussetzung für die Erzielung eines messbaren Nutzens – von allen Mitarbeitern verbindlich genutzt werden:

Wenn auch die Entscheidung für die Einführung eines Qualitätsmanagementsystems und die Regelung der Durchsetzung und Durchführung vornehmliche Aufgaben der Unternehmensführung sind, so sind bei der Durchführung selbst letztlich alle Mitarbeiter gefordert. Die Binnenwirkung des Qualitätsmanagementhandbuches besteht in seinem Anweisungscharakter und seiner stabilisierenden Wirkung auf die Organisationsstruktur; es hat aber auch eine Außenwirkung, da es Kunden gegenüber als Nachweis methodischer und begründeter Qualitätssicherung eingesetzt werden kann. Dem letzteren Aspekt kommt in Zusammenhang mit der Produkthaftung besondere Bedeutung zu.

8.3.7.4 Qualitätsverantwortung und Qualitätsfähigkeit der Mitarbeiter

Ein TQM-System umfasst den gesamten Betrieb und jeden einzelnen Mitarbeiter. Es kann nur erfolgreich sein, wenn alle Mitarbeitenden im Betrieb »mitziehen« und ein Qualitätsbewusstsein entwickeln, das über den engen eigenen Arbeitsbereich hinaus den gesamten Betrieb einschließt. Dies setzt vor allem voraus, dass jedem Mitarbeiter die gesamtbetrieblichen Zusammenhänge und seine Mitverantwortung für den Gesamterfolg klar sind. Umfangreiche Schulungen und die Einbeziehung aller Mitarbeiter müssen daher im Zentrum aller Bemühungen um die Einführung und Weiterentwicklung des TQM-Systems stehen; Mitarbeiter müssen »**qualitätsfähig**« gemacht werden.

Vielfach tritt ein umfangreicher **Schulungsbedarf** bei Einführung eines Qualitätsmanagementsystems erst zutage. Dabei darf sich die Wissensvermittlung nicht auf die Praktizierung neuer Verfahren am einzelnen Arbeitsplatz beschränken; vielmehr soll der gesamtbetriebliche Zusammenhang und die Mitverantwortung des einzelnen unterstrichen werden. In diesem Zusammenhang ist die Vermittlung von Grundbegriffen und -funktionen des Qualitätsmanagements unerlässlich.

Häufig wird die Einführung und Durchsetzung eines QM-Systems zunächst auf Widerstände stoßen; denn sie bedeutet, dass alle eingefahrenen Verfahren und Praktiken durchleuchtet, ständig in Frage gestellt und angepasst werden und alle Aktionen strikt einzuhaltenden Prozeduren zu folgen haben, in denen die Befolgung von Qualitätshandbüchern und die ständige Dokumentation von Prozessen und Ergebnissen breiten Raum einnehmen und häufig als unangenehm empfunden werden. Letztlich wird sich das Bewusstsein des einzelnen Mitarbeiters um die Wichtigkeit seines eigenen Beitrags zum Erfolg des Unternehmens, der in der Qualität des Geleisteten zum Ausdruck kommt, aber motivationsfördernd auswirken.

8.4 Entwerfen von integrierten Managementsystemen für Unternehmen oder Unternehmensteile

8.4.1 Bedeutung, Funktion und Aufgaben von integrierten Managementsystemen für Mitarbeiter und Führungskräfte

Mit der Einrichtung integrierter Managementsysteme (IMS) soll ein Nebeneinander verschiedener Managementsysteme mit einander womöglich widersprechenden Regeln und Prozeduren vermieden werden. Ziel ist die Schaffung widerspruchsfreier, sich vielmehr gegenseitig dienender und zuarbeitender Regeln und Prozeduren, mit denen die Ausschöpfung von Synergieeffekten möglich wird.

Wesentliches Kennzeichen eines solchen »echten«, d. h. alle diese Strukturen vereinigenden IMS, für das es jedoch bislang noch keine übergeordnete Norm gibt, ist seine Mehrdimensionalität, die sich darin ausdrückt, dass es mehrere, nicht immer schon von vornherein konsistente (widerspruchsfreie) Ziele wie Qualität, Umweltschutz und Arbeitssicherheit zu vereinen und das Unternehmen so zu steuern hat, dass gleichzeitig allen Zielen gedient und außerdem noch ein positiver wirtschaftlicher Effekt erzielt wird.

Dies stellt enorme Anforderungen an die Qualifikation und Flexibilität der Beteiligten auf allen Ebenen:

- Die **Unternehmensleitung** muss bereit sein, mehr als das gesetzlich Geforderte umzusetzen: Die Einführung und Pflege eines integrierten Managementsystems erfolgt auf freiwilliger Basis. Kontrollen von staatlicher Seite beschränken sich auf die Überprüfung der Erfüllung von Rechtsvorschriften; bezüglich aller weitergehenden Maßnahmen ist es notwendig, dass sich das Unternehmen freiwillig bestimmten Standards anerkannter Organisationen unterwirft und Zertifizierungen erwirbt.
- Die Mitwirkung der **Mitarbeiter,** an der Einhaltung der freiwillig akzeptierten Standards und an der Weiterentwicklung des Systems ist unerlässlich. Dort, wo Maßnahmen dem Wohl der Belegschaft unmittelbar dienen – etwa im Bereich der Arbeitssicherheit und -gesundheit –, wird diese Mitwirkung ggf. leichter erreichbar sein als in solchen Bereichen, in denen die Arbeitnehmer nur mittelbar profitieren (etwa durch die langfristige Sicherung ihres Arbeitsplatzes, die aus der guten Auftragslage des Unternehmens resultiert, die wiederum auf das Praktizieren eines Qualitätsmanagementsystems zurückzuführen ist).

In Bezug auf die Beteiligten gilt es – in der Konzipierung ebenso wie nach der Installation des Managementsystems –,

- Führungskräfte und Beschäftigte gleichermaßen für die Ziele des Managementsystems zu motivieren,
- die mit dem Managementsystem verfolgten Leitbilder in der Unternehmenskultur und damit im Denken und Handeln jedes einzelnen Mitarbeiters zu verankern,
- den Beitrag, den jeder einzelne Mitarbeiter zur Zielerreichung leisten kann und soll, zu verdeutlichen,
- die Mitarbeiter mit den erforderlichen Mittel zur Realisierung der verfolgten Ziele auszustatten.

8.4.2 Anforderungen an das Profil des integrierten Managementsystems (IM)

8.4.2.1 Zwecke und Ziele des integrierten Managementsystems

8.4.2.1.1 Integration unterschiedlicher Handlungsbereiche

Theoretisch können sich in einem Betrieb nacheinander oder auch zeitlich überlappend verschiedene Managementsysteme herausgebildet haben.

Die »Normierungen«, die in den vergangenen Jahrzehnten um sich gegriffen haben und einigen Fachthemen damit zu besonderer Beachtung verhalfen, haben diese Entwicklung begünstigt: War es zunächst das **Qualitätsmanagement,** das Ende der 1980er Jahre mit dem Auftreten der ISO-Norm 9000 ff zum teilweise beherrschenden System insbesondere in produzierenden Betrieben wurde, erlangte Mitte der neunziger Jahre – mit Auftreten der DIN EN ISO 14001, der Öko-Audit-Verordnung und weiteren Regelwerken – das **Umweltmanagement** besondere Bedeutung.

Etwa zeitgleich entstanden die Standards für das betriebliche **Sicherheits- und Gesundheitsmanagement.** Die Folge sind sich überlagernde organisatorische Strukturen, in denen Zielkonflikte, widersprüchliche Regelungen, doppeldeutige Begrifflichkeiten, Doppelarbeiten und letztlich unwirtschaftliche Prozeduren vorkommen können.

Einerseits erscheint es auf den ersten Blick schwierig, diese unterschiedlichen Themenfelder zu vereinigen; denn die Unterschiedlichkeit ihrer Handlungsbereiche ist offensichtlich, wie die Übersicht zeigt:

	Qualitätsmanagement (QM)	**Umweltmanagement (UM)**	**Arbeitsschutzmanagement (AM)**
Ziel	Kundenzufriedenheit	Schutz der Umwelt	Gesundheit + Arbeitsschutz
Zielgruppe	Kunde	Gesellschaft	Mitarbeiter
Gegenstand	Produkte/Leistungen	Verfahren/Produkte	Arbeitsplatz

Handlungsbereiche des Qualitäts-, Umwelt- und Arbeitsschutzmanagements

Andererseits dürfen Normen und Richtlinien, die im Rahmen einer Zertifizierung eine Rolle spielen, auch nicht »überschätzt« werden: Da sie auf Allgemeingültigkeit angelegt sind, bleibt ihr Aussagegehalt auf die Beschreibung der Aufbauorganisation und Struktur des jeweiligen Managementsystems beschränkt, während sie naturgemäß keine inhaltliche Aussagen etwa darüber treffen können,

- welche Qualitätsmerkmale mit welchen Ausprägungen ein konkretes Produkt eines konkreten Betriebes aufweisen soll,
- welchen gesundheitlichen Gefahren ein Arbeitnehmer auf einem konkreten Arbeitsplatz ausgesetzt ist,
- welche Gefahren für die Umwelt von einer bestimmten Produktionsanlage ausgehen, usw.

Diese konkrete Ausgestaltung ist nur unternehmensindividuell leistbar. Damit ist das Integrationsproblem weniger ein Problem der Normierung und Zertifizierung als vielmehr eines der betriebsintern zu leistenden inhaltlichen Verknüpfung der verschiedenen Ziele und zielführenden Maßnahmen.

8.4.2.1.2 Zertifizierung des IM: Vorgehen und Ziele

Häufig wird mit der Einrichtung von QM-, UM- oder AM-Systemen das Ziel einer **Zertifizierung** verfolgt, die eine verbesserte Wettbewerbsposition schaffen soll; auf die Zertifizierung im Bereich des Qualitätsmanagements wurde ja bereits ausführlicher eingegangen. In jedem Falle muss das System die von der zertifizierenden Stelle gestellten Anforderungen erfüllen. Dies bedingt weitreichende, langwierige Umstellungsprozesse, häufig auch die Einbeziehung externer Berater und insgesamt einen meist erheblichen Kostenaufwand. Das Interesse der Unternehmen, eine einmal erreichte Zertifizierung zu behalten, ist naturgemäß groß. Bei der Einführung eines IMS, das die Integration weiterer Fachthemen vorsieht, stellt sich damit für die betroffenen Unternehmen die besorgte Frage, ob hiermit der **Verlust bereits erlangter Zertifizierungen** einhergeht. Dies wird in der Literatur aber verneint: Soweit der neu geschaffene Ordnungsrahmen die spezifischen Anforderungen des jeweiligen Zertifikats an das QM-, Umwelt- oder sonstige Managementsystem erfüllt, behalten erreichte Zertifizierungen ihre Gültigkeit bzw. können weitere Zertifizierungen erlangt werden.

Die im Zusammenhang mit vorhandenen Zertifizierungen vorgenommenen Prozessstrukturierungen, erstellten Unterlagen und Dokumentationen können bei der Errichtung eines IMS meist – evtl. in angepasster Form – weiter verwendet werden.

Bei neu angestrebten Zertifizierungen kann eine Zertifizierungsstelle gewählt werden, die die QM-Zertifizierung mit der UM-Validierung verbinden kann. Mit der Norm ISO-14001:2004 wurden erste Schritte in Richtung einer Kompatibilität mit der QM-Norm 9001 ff unternommen. Eine eigene IMS-Norm für integrierte Managementsysteme, die die Fachthemen Qualität, Umweltschutz und Arbeitssicherheit vereinigt, ist nach einer Ergänzung der ISO/IEC-Direktiven in 2012 um einen Annex SL und den daraufhin seither erfolgten Neufassungen der ISO-Normen 9001 und 14001 zumindest angebahnt: Sie weisen eine gemeinsame High Level Structure (HLS) auf, die das Implementieren verschiedener Regelwerke in ein IMS erleichtert. Ist eine Zertifizierung für das Gesamtsystem bislang nur in Form einer parallelintegrierten Zertifizierung erlangbar, so ist doch der Weg zu einer Norm, die ein Unternehmen ausdrücklich beim Aufbau eines IMS unterstützt, zumindest begonnen.

Die einschlägige Literatur und auch der »Arbeitskreis Europäische Normung und Qualitätssicherung« stimmen aber weitgehend darin überein, dass ein integriertes Managementsystem (IMS) neben der schon erwähnten Nachhaltigkeit folgende Anforderungen erfüllen soll:

- Vereinigung aller **Elemente moderner Managementsysteme** wie Auditierung, Dokumentation, Mitarbeiterbeteiligung und Kontinuierliche Verbesserung,
- Berücksichtigung der **gesellschaftlichen Verantwortung** des Unternehmens,
- **Partizipation der Leitungsebenen** und Beurteilung des Systemerfolgs durch die Unternehmensleitung,
- Umsetzung der **Kundenwünsche** bezüglich der Produkte und Leistungen,
- **Darstellung** des Managementsystems gegenüber Interessenten außerhalb des Unternehmens.

Wie schon mit den bestehenden Managementsystemen in den Bereichen Qualität, Umweltschutz und Arbeitssicherheit, soll auch mit der Schaffung eines IMS die in Bezug auf die Systemgegenstände verfolgte Politik der Unternehmensleitung so im Unternehmen etabliert werden, dass sie als Teil der Unternehmenskultur im ständigen Bewusstsein aller Leistungsträger verankert ist und in allen Entscheidungen und Handlungen Berücksichtigung findet.

Dies gelingt nur, wenn die gesetzten Ziele

- realistisch, d. h. mit den gegebenen Mitteln auch erreichbar sind,
- mit klaren Zuständigkeiten versehen sind,
- mit einem bestimmten Zeithorizont verbunden werden,
- quantifizierbar sind und auch quantifiziert werden,
- klar und verständlich formuliert sind,
- operationierbar, d. h. in klare Handlungsvorgaben umsetzbar sind und nicht auf der Ebene »hehrer« Willenserklärungen verharren,
- allen Betroffenen und Beteiligten bekannt gegeben werden,
- die Entschlossenheit der Unternehmensleitung zur Durchsetzung verdeutlichen.

Die Formulierung dieser Ziele erfolgt häufig – auch in Hinblick auf eine gewünschte Öffentlichkeitswirksamkeit – im Rahmen eines **Unternehmensleitbilds,** das, gewissermaßen als »Präambel«, Geschäftsberichten und sonstigen Publikationen vorangestellt wird.

Die Integration ändert nichts daran, dass in den genannten Kernbereichen zunächst auf die Einhaltung von Rechtsvorschriften und sonstiger zwingender Vorgaben abzuzielen ist: Dies ist das Minimalziel. Darüber hinaus können weitergehende betriebliche Maßnahmen vereinbart werden, deren kontinuierliche Weiterentwicklung und Verbesserung ebenfalls erklärtes Ziel aller Beteiligten sein muss.

Eine weitgehende Mitarbeiterbeteiligung bei der Zielformulierung ist wünschenswert; bei der Umsetzung und Weiterentwicklung des Systems ist sie unerlässlich.

8.4.2.2 Inhalte des integrierten Managementsystems

Zur Festlegung der Inhalte des zu schaffenden integrierten Managementsystems empfiehlt sich als einleitende Maßnahme die (in Kapitel 6 bereits ausführlich beschriebene) **Istaufnahme,** die z. B. im Falle eines zu schaffenden Arbeitssicherheits- und Gesundheitsmanagementsystems alle für den konkreten Betrieb relevanten Vorschriften (Gesetze, Tarifverträge, Betriebsvereinbarungen, behördliche Auflagen usw.) zu den Bereichen Arbeitsschutz und Arbeitsgesundheit und die zu ihrer Einhaltung getroffenen Vorkehrungen ermitteln muss. Für alle Arbeitsplätze müssen Gefahrenbeurteilungen vorliegen, die die am Arbeitsplatz praktizierten Arbeitsabläufe, die eingesetzten Arbeitsmittel und Arbeitsstoffe berücksichtigt und die für die Arbeitnehmer hieraus möglicherweise erwachsenden Unfall- und Erkrankungsgefahren beurteilt. Im Allgemeinen wird hierbei weitgehend auf bereits vorhandene Unterlagen zurückgegriffen werden können.

Eingedenk der in der Ist-Analyse vorgefundenen Situation und ausgehend von den zuvor entwickelten Zielvorstellungen wird in der sich anschließenden Phase der **Systemauswahl** ein Managementsystem ausgewählt, das der Betriebsgröße angemessen ist. Ein solches System muss

- alle **Maßnahmen,** die zur Sicherstellung der Zielerreichung zu ergreifen bzw. ergriffen worden sind,
- alle **wiederkehrenden betrieblichen Verfahren** und Abläufe unter Berücksichtigung aller vorstellbaren Sonder- und Störfälle, und
- alle anzufertigenden **Dokumentationen**

beschreiben.

Wesentliche Inhalte, auf die sich eine ggf. angestrebte Zertifizierung von Systemkomponenten bezieht, betreffen

- die für die Systemverantwortlichen verbindlichen Prozeduren zur **Beurteilung** von Verfahren, Abläufen, Arbeitsmitteln usw.;
- Inhalte und Wiederholfristen von **Qualifikationsmaßnahmen** und Auffrischungsschulungen für Systembeauftragte;
- **formale** Informations- und Kommunikationsstrukturen, insbesondere zwischen Systembeauftragten, Unternehmensleitung und Beschäftigtenbeauftragten;
- das Vorgehen bei der **Beschaffung** von Ausrüstungsgegenständen, die für die ordnungsgemäße Durchführung des IMS von besonderer Bedeutung sind (z. B. Prüfmittel, die in einem QM-System eingesetzt werden sollen, Persönliche Schutzausrüstungen, die im Rahmen eines Sicherheitsmanagementsystems angeschafft werden sollen);
- die Durchführung von **Analysen** (z. B. von Unfällen und Beinahe-Unfällen; von aufgetretenen Fehlern);
- die Beschreibung von **Qualitätsindikatoren** (vgl. Absschn. 8.3.1.2), anhand derer der Zielerreichungsgrad gemessen werden kann **(Zielindikatoren),** z. B. Anzahl/Entwicklung der Arbeitsunfälle und arbeitsbedingten Erkrankungen, Krankenstand, Ergebnisse von Zufriedenheitsmessungen, Anzahl der Störfälle, Produktionsstillstände, Reparaturen usw.
- die Durchführung von **Kontrollen,** Messungen, »Reviews«, internen Audits usw. und die dabei einzusetzenden Instrumente und Verfahren;
- Vorgaben für die Durchführung externer **Untersuchungen** (z. B. Audits und Kontrollen durch Zertifizierer, Behörden oder Kunden; arbeitsmedizinische Untersuchungen).

Als Alternative zur Übernahme normierter Standardverfahren nach ISO, OHRIS usw., die mit erheblichem Kosten- und Arbeitsaufwand verbunden sind, kommen **freiwillige Vereinbarungen** zwischen Unternehmensleitung und Belegschaft bzw. deren Vertretung oder auf Ebene der Sozialpartner (Arbeitgeber-/Branchenverbände und Gewerkschaften) über die Art und Weise der Umsetzung gesetzlicher Vorschriften und freiwilliger Leistungen sowie der Weiterentwicklung der Maßnahmen und Instrumente in Betracht.

Bestandteile freiwilliger Vereinbarungen können z. B. im Falle eines Arbeitssicherheits- und -gesundheitsmanagementsystems sein:

- Qualifikationsanforderungen der mit der Systemumsetzung beauftragten Personen und die zu ihrer Erlangung notwendigen Schulungen,
- Schulungsprogramme für Mitarbeiter auf Arbeitsplätzen mit Gefährdungspotenzial,
- Aufklärungs- und Präventionsprogramme für alle Mitarbeiter,
- besondere Prüfungen und verkürzte Prüfungsintervalle für betriebliche Anlagen und Arbeitsmittel.

8.4.3 Struktur integrierter Managementsysteme

Für die Struktur eines IMS sind folgende Aspekte von besonderer Bedeutung:

- **Geltungsbereich:** Das IMS kann sich auf einzelne Unternehmensteile beschränken. Oft werden zunächst »Pilotbereiche« geschaffen, in denen die Eignung eines Systems zur Zielerreichung erprobt wird. Nach einer Evaluation und ggf. Anpassung kann das System anschließend weitere Verbreitung im Betrieb finden.

- **Begrifflichkeiten:** Alle in Anweisungen und Dokumentationen verwendeten Begriffe müssen eindeutig sein. Dies setzt schriftlich niedergelegte und bekannt gegebene Definitionen voraus.
- **Beschreibungen:** Die im Rahmen des IMS anzuwendenden Verfahren, Methoden und Instrumente, die Zuständigkeiten, Wechselbeziehungen und letztlich auch die damit verfolgten Ziele und Zwecke müssen deutlich und unmissverständlich beschrieben und allen Beteiligten zugänglich sein.
- **Zuständigkeiten:** Für die Umsetzung des IMS ist die Unternehmensleitung verantwortlich. Sie setzt die Leitlinien der mit dem IMS verfolgten Politik und trägt letztlich die Verantwortung für deren Umsetzung und die Weiterentwicklung des Systems. Ihr obliegt die Delegation von Aufgaben und Befugnissen an die Arbeitnehmerschaft und die Überwachung der Zielerreichung.

Im Rahmen der Delegation werden in der Regel auch dort, wo keine entsprechenden gesetzlichen Auflagen dies ohnehin verlangen, Beauftragte ernannt und mit allen Kompetenzen und Ressourcen ausgestattet, die notwendig sind, um das IMS im Betrieb zu etablieren und weiterzuentwickeln. Sie stellen das Bindeglied zwischen Belegschaft und Unternehmungsleitung dar, entbinden letztere aber nicht von ihrer Letztverantwortung für das System.

8.5 Beurteilen und Weiterentwickeln von vorhandenen integrierten Managementsystemen für Unternehmen oder Unternehmensteile

8.5.1 Vorhandene integrierte Managementsysteme

Häufig werden bereits Systeme vorhanden sein, denen andere Systeme eingegliedert werden sollen. In vielen Betrieben existiert seit mittlerweile vielen Jahren ein Qualitätsmanagementsystem. Wenn nun ein Arbeitssicherheits- und -gesundheitsmanagementsystem integriert werden soll, bedeutet dies, dass alle im Rahmen des QM-Systems geschaffenen, vorhandenen Arbeits- und Verfahrensanweisungen daraufhin untersucht werden müssen, inwieweit Aspekte der Arbeitssicherheit bzw. Arbeitsgesundheit hierin bereits berücksichtigt sind.

Eventuell müssen

- entsprechende **Veränderungen** vorgenommen werden,
- die **Geltungsbereiche** des Systems ausgeweitet werden,
- hinzugekommene **Begrifflichkeiten** definiert werden,
- Aufgaben um neue **Kompetenzen** und **Verantwortungen** in Hinblick auf die hinzugekommenen Aspekt erweitert werden,
- die Anforderungen an die im Rahmen des bisherigen Managementsystems geforderten **Dokumentationen** um die neuen Aspekte erweitert werden.

Die Beurteilung der vorhandenen Organisationsstruktur bzw. ggf. vorhandener Managementsysteme hinsichtlich ihrer Eignung, weitere Ziele und Systeme zu integrieren und die angestrebten Zwecke und Ziele auch im Sinne von **Nachhaltigkeit** zu erreichen, folgt – ebenso wie die erforderliche Anpassung – den bereits in Kapitel 6 dargestellten Regeln der **Systemanalyse.**

8.5.2 Verbesserungspotenziale im integrierten Managementsystem

Zur Philosophie der integrierten Managementsysteme gehört ihre laufende Überprüfung und Verbesserung. Flexibilität der eigenen Struktur muss daher ein wesentliches Merkmal des Managementsystems sein; in der Literatur wird auch von einem »atmenden« System gesprochen und die Bezeichnung »intelligentes, dynamisches Managementsystem« verwendet.

Wie diese Überprüfung durchgeführt wird und wie Verbesserungsmöglichkeiten identifiziert, konkrete Maßnahmen ausgewählt, implementiert und wiederum überprüft werden, muss im Rahmen des Systems ebenfalls durch entsprechende Vorgaben geregelt sein.

Die Identifikation von Verbesserungsmöglichkeiten, ihrer Implementierung, Überprüfung und neuerlicher Anpassung folgt den Regeln der Kontinuierlichen Verbesserung, die bereits ausführlich in Abschnitt 6.4.3 behandelt wurden.

Ein älteres, als »klassisch« zu bezeichnendes Instrument zum Auffinden von Verbesserungsmöglichkeiten ist das **Betriebliche Vorschlagswesen (BVW).** Es ist nach wie vor von praktischer Bedeutung, auch wenn Teile der Literatur auf seine schwindende Bedeutung und die Ablösung durch Systeme der **Kontinuierlichen Verbesserung (KVP)** hinweisen. Die Unterschiede zwischen der Philosophie des KVP und den Regeln des BVW wurden bereits in Zusammenhang mit der Philosophie des »Kaizen« (Absatz 6.4.3.1) dargestellt und sind zum nochmaligen Nachlesen empfohlen. Die über das BVW eingeworbenen Vorschläge können sich auf verschiedenste betriebliche Bereiche beziehen; ihre Umsetzung berührt aber in aller Regel das praktizierte Managementsystem in irgendeiner Weise. Deswegen soll die Behandlung des Vorschlagswesens an dieser Stelle in einem Exkurs erfolgen.

EXKURS: Das Betriebliche Vorschlagswesen

Das Betriebliche Vorschlagswesen (BVW) bezieht möglichst sämtliche Mitarbeiter eines Betriebes ein, wobei allerdings leitende Mitarbeiter meist ausgeschlossen werden, weil das Erkennen und Umsetzen von Verbesserungsmöglichkeiten als ihre originäre Aufgabe betrachtet wird, die nicht gesondert prämiert werden soll; außerdem soll durch diese Maßnahme sichergestellt werden, dass sich Mitarbeiter mit ihren Ideen vertrauensvoll an ihre Vorgesetzten wenden können, ohne einen »Ideenklau« befürchten zu müssen. Oft werden auch betriebsfremde Personen, z. B. das im Betrieb eingesetzte Fremdpersonal, in das BVW eingeschlossen.

Das BVW setzt **Prämien** für Verbesserungsvorschläge aus, die meist nur dann zur Auszahlung kommen, wenn der Vorschlag nicht nur umsetzbar ist, sondern auch tatsächlich umgesetzt wird. Die Höhe der Prämie richtet sich nach dem Nutzen, der oft ein wirtschaftlicher Nutzen ist und in einer Kostenersparnis besteht: Letztlich schlagen sich auch Verbesserungen, die in erster Linie auf organisatorische, sicherheitstechnische oder sonstige Aspekte abzielen, als Kostenersparnisse oder (etwa wenn es um eine imagefördernde Idee geht) als Mehrerträge nieder.

Im Allgemeinen wird vom Betrieb ein **BVW-Beauftragter** eingesetzt, der die Vorschläge der Mitarbeiter entgegennimmt. In manchen Betrieben werden Vorschläge nur angenommen, wenn sie vom jeweiligen Vorgesetzten des Vorschlagenden unterstützt werden; andere legen Wert darauf, die Anonymität der Einreichenden zu schützen mit der Begründung, dass dadurch einerseits verhindert werde, dass der Ideengeber von Kollegen oder Vorgesetzten unter Druck gesetzt werde, und andererseits eine objektive, nicht von Sympathien oder Antipathien geprägte Entscheidung über einen Vorschlag möglich sei.

Eingehende Vorschläge werden zunächst daraufhin untersucht, ob sie

- wirklich etwas Neues beinhalten,
- tatsächlich eine Verbesserung des Ist-Zustandes bewirken können,
- die Einführung unter wirtschaftlichen oder anderen für wichtig angesehenen Gesichtspunkten sinnvoll ist,
- der Vorschlag des Mitarbeiters ursächlicher Anstoß für die Umsetzung ist, diese also nicht »über kurz oder lang« zwangsläufig gewesen wäre.

Über die Annahme und Umsetzung eines Vorschlages entscheidet ein Gutachter oder ein Gutachtergremium, das sich aus Fachleuten von innerhalb oder auch außerhalb des Betriebes zusammensetzt. Oft obliegt die Berechnung der Prämienhöhe einer separaten **Bewertungskommission.**

Meistens ist der Nutzen eines Vorschlags in Geld ausdrückbar. In diesen Fällen wird der Prämienberechnung die Nettoersparnis (Ersparnis abzüglich Verwirklichungskosten), bezogen auf einen bestimmten Zeitraum (je nach Bedeutung des Vorschlages für ein Jahr oder mehrere Jahre) zugrundegelegt, von der ein vorab – z. B. in einer Betriebs- oder Dienstvereinbarung – festgelegter Prozentsatz zur Auszahlung kommt.

Zur Bewertung von nicht in Geld bewertbaren Vorschlägen werden oft Kriterienkataloge herangezogen, die bestimmte Merkmale der Person und des Vorschlages nach Punkten bewerten.

Solche Kriterien können sein:

- Stellung des Vorschlagenden im Betrieb: Führungskräfte, sofern sie überhaupt prämienberechtigt sind, erhalten dabei weniger Punkte als Fachkräfte, und diese wiederum erhalten weniger Punkte als ungelernte Kräfte oder Auszubildende;
- Nähe des Vorschlags zum eigenen Tätigkeitsbereich: Je ferner die Tätigkeit dem eigenen Aufgabenfeld steht, desto höher ist die Bepunktung;
- Ausführungsreife, wobei für sofort umsetzbare Vorschläge eine höhere Punktzahl gegeben wird als für Vorschläge, an denen noch gearbeitet werden muss;
- Neuartigkeit (Originalität) des Vorschlags, wobei ganz neue Ideen höher eingeschätzt werden als Ideen, die auf – betriebsfremde oder arbeitsfeldfremde – Vorbilder zurückgehen oder die allgemein bekannt sind;
- Brauchbarkeit (Bedeutung) des Vorschlags: Dieses wichtigste Kriterium staffelt die Tauglichkeit von »gering« bis »sehr groß« und sieht bei der Bepunktung häufig eine Bandbreite vor, aus der der Bewertungsausschuss schöpfen kann, z. B.:

sehr große Bedeutung:	50 bis 100 Punkte
große Bedeutung:	30 bis 49 Punkte
mittlere Bedeutung:	15 bis 29 Punkte
geringere Bedeutung:	5 bis 15 Punkte
wenig Bedeutung:	1 bis 4 Punkte

Die Punkte werden in einer Berechnungsformel umgesetzt. Diese kann eine simple Addition der Punkte und die Bewertung mit einem Geldbetrag je Punkt vorsehen oder auch komplizierter aufgebaut sein, wobei die Punkte zu bestimmten Kategorien als Multiplikatoren dienen.

Beispiel:

Der Vorschlag eines Mitarbeiters wurde wie folgt bepunktet:

- *Stellung des Vorschlagenden im Betrieb (S): 2 Punkte (als Facharbeiter);*
- *Nähe des Vorschlags zum eigenen Tätigkeitsbereich (T): 3 Punkte (der Vorschlag bezieht sich auf einen anderen Bereich);*
- *Ausführungsreife (R): 20 Punkte (der Vorschlag kann sofort umgesetzt werden);*
- *Neuartigkeit (N): 2 Punkte (das Verfahren wird in einem Zweigbetrieb, den der Mitarbeiter während eines Arbeitsaufenthaltes kennen gelernt hat, bereits ähnlich praktiziert);*
- *Brauchbarkeit (B): 75 Punkte (der Vorschlag wird als sehr bedeutend eingeschätzt; die Punktevergabe orientierte sich an Vorschlägen der Vergangenheit).*

Die Prämie wird nach der internen Betriebsvereinbarung nach der Formel

$$(B + R) \cdot (N + T) \cdot S \cdot 10$$

errechnet.

Im gegebenen Falle beträgt die Prämie also

$$(75 + 20) \cdot (2 + 3) \cdot 2 \cdot 10 = 9.500\,.$$

8.5.3 Weitere integrative Systeme

Qualitäts-, Umwelt- und Arbeitsschutzmanagement sind in hohem Maße normiert. Für ihre Umsetzung im Betrieb bieten sich zahlreiche Konzepte und Standards an; Zertifizierungen sind nicht nur etabliert, sondern in vielen Branchen inzwischen für ein Überleben im Wettbewerb unverzichtbar. Dabei soll aber nicht unerwähnt bleiben, dass es weitere integrative Systeme als betriebliche Querschnittsbereiche gibt, die in ein Integriertes Managementsystem aufgenommen werden können. Zu nennen sind hier

- das **Risikomanagementsystem,** dessen Einrichtung für bestimmte Kapitalgesellschaften nach dem Gesetz zur Kontrolle und Transparenz im Unternehmensbereich (KonTraG) vorgeschrieben ist;
- das **System der Compliance-Maßnahmen,** also derjenigen Maßnahmen, die die Regeltreue (Einhaltung von Gesetzen und Vorschriften sowie selbst verordneten Regeln) sichern sollen;
- das **Datenschutzmanagement**;
- das **Informations- und Wissensmanagement** (Data Mining-System);
- das die Gebäude und Einrichtungen des Unternehmens betreffende **Facility- und Sicherheitsmanagement**.

Die genannten Systeme sind mehr oder weniger dem betrieblichen **Kontinuitätsmanagement (BKM;** englisch: Business Continuity Management – **BCM)** zuzurechnen, das darauf abzielt, diejenigen Prozesse, deren Ausfall zu verheerenden Schäden bis hin zur Vernichtung des Betriebs führen könnte, gegen verschiedenste Risiken zu schützen. Besondere Bedeutung kommt diesem Schutz in solchen Institutionen zu, die den Kritischen Infrastrukturen zugerechnet werden.

Exkurs: Kontinuitätsmanagement für Kritische Infrastrukturen

Als kritische Infrastrukturen **(KRITIS)** werden Organisationen und Einrichtungen bezeichnet, die von besonders wichtiger Bedeutung für das staatliche Gemeinwesen sind und deren Ausfall oder Beeinträchtigung schwerwiegende Folgen wie nachhaltig wirkende Versorgungsengpässe, erhebliche Störungen der öffentlichen Sicherheit oder andere dramatische Folgen hätte.

Schon 2009 wurde die »Nationale Strategie zum Schutz Kritischer Infrastrukturen (KRITIS-Strategie)« verabschiedet. Sie orientiert sich am »All-Gefahren-Ansatz« und wird seither weiter überarbeitet. Bund und Länder nehmen gegenwärtig (Stand: Dezember 2021) eine Einteilung der KRITIS in neun Sektoren mit den folgenden kritischen Dienstleistungen vor:

KRITIS-Sektor	Kritische Dienstleistungen
Energie	Versorgung der Allgemeinheit mit Elektrizität, Gas, Kraftstoff, Heizöl und Fernwärme
Ernährung	Lebensmittelerzeugung, -verarbeitung – und -handel
Finanz- und Versicherungswesen	Bargeldversorgung, Zahlungsverkehrsabwicklung, Abwicklung von Wertpapier- und Derivatgeschäften, Inanspruchnahme von Versicherungsleistungen
Gesundheit	Stationäre medizinische Versorgung, Versorgung mit Arzneimitteln, Blut- und Plasmakonzentraten, Impfstoffen; Labordiagnostik und Versorgung mit lebenserhaltenden Medizinprodukten
Informationstechnik, Telekommunikation	Sprachübertragung; Datenübertragung, -speicherung und -verarbeitung
Wasser	Öffentliche Versorgung der Allgemeinheit mit Trinkwasser; öffentliche Beseitigung von Abwasser
Transport und Verkehr	Transport von Personen und Gütern in der Luft, zu Wasser, auf Schiene und Straße; Logistik; satellitengestützte Dienste für Positions-, Zeitbestimmung und Meteorologie

Staat und Verwaltung	Parlament (= Legislative; Gesetzgebung, Kontrolle der Regierung; Regierung und Verwaltung (= Exekutive; Eingriffs- und Leistungsverwaltung, Verteidigung); Judikative und Justizeinrichtungen (Rechtsprechung und deren Vollzug); Notfall- und Rettungswesen (polizeiliche und nicht-polizeiliche Gefahrenabwehr)
Medien und Kultur	Rundfunk (Warnung, Alarmierung); Presse (Informationsversorgung und Herstellung von Öffentlichkeit); Archive, Museen, Bibliotheken (Vermittlung kultureller Identität; Langzeitsicherung und -lagerung mikroverfilmter Dokumente gem. Haager Konvention zum Schutz von Kulturgut

KRITIS-Sektoren und ihre kritischen Dienstleistungen (nach: Bundesamt für Bevölkerungsschutz und Katastrophenhilfe BBK)

Als mögliche Bedrohungen für kritische Infrastrukturen sind sowohl natürliche als auch anthropogene (durch Menschen beeinflusste/verursachte) Gefahren anzusehen. Das Bundesamt für Bevölkerungsschutz und Katastrophenhilfe (BBK) nennt die in der folgenden Tabelle dargestellten Gefahren:

Gefahren für Kritische Infrastrukturen	
Natürliche Gefahren	**Anthropogene Gefahren**
Stürme und Tornados	Unfälle
Starkniederschläge und Hochwasser	Systemversagen
Dürren	Sabotage, Schadprogramme
Erdbeben	Terrorismus
Epidemien, Pandemien	Krieg

Ursprüngliche Gefahrenursachen können weitere gefährliche Entwicklungen nach sich ziehen: Ein Seebeben kann einen Tsunami auslösen, der die Landbevölkerung bedroht. Die Aufzählung ist nicht als abschließend zu betrachten: Vulkanausbrüche, Meteoriteneinschläge, Sonneneruptionen und weitere Naturereignisse können ebenso dramatische Folgen bedingen wie die aufgeführten Gefahren.

Zwischen den Kritischen Infrastrukturen bestehen zahlreiche wechselseitige Abhängigkeiten: Fällt der Strom großflächig aus, können die Wasserversorger das Wasser nicht mehr verteilen, im Lebensmittelhandel fallen die Kassen aus, stromabhängige Rundfunkgeräte funktionieren nicht, usw. Wird die Kraftstoffversorgung unterbrochen, brechen Transportwege und Rettungsdienste zusammen. Telekommunikation ist Voraussetzung für Alarmierungen – die Beispiele können beliebig fortgesetzt werden. Führen Ausfälle eines Sektors zu Ausfällen anderer Sektoren, spricht man von **Dominoeffekten.** Ist der Ausfall des betroffenen Sektors gravierender als der verursachende Ausfall in einem anderen Sektor, liegt ein **Kaskadeneffekt** vor.

Angestrebt ist die **Resilienz** Kritischer Infrastrukturen. Resilienz ist definiert als die Fähigkeit eines Systems, Ereignissen zu widerstehen bzw. sich an diese anzupassen und dabei seine Funktionsfähigkeit zu erhalten bzw. möglich schnell zurückzuerlangen. Diese Fähigkeit soll gewährleistet werden durch Installation eines **Business Continuity Management-Systems (BCM;** Betriebskontinuitätsmanagementsystem), das als integratives System alle betrieblichen Bereiche durchzieht. Da insbesondere Gefahren aus dem Cyberraum zunehmend als Bedrohungen eingeschätzt werden, entwickelt das Bundesamt für Sicherheit in der Informationstechnik (BSI) seit Jahren den bis jetzt gültigen BSI-Standard 100-4 zum Notfallmanagement weiter zum BSI-Standard 200-4, der eine praxisnahe Anleitung für den Aufbau und die Etablierung eines betrieblichen BCM-Systems bieten soll (vgl. auch Kap. 16, Abschn. 16.1.2.2).

Weitere Informationen bietet das Bundesamt für Bevölkerungsschutz und Katastrophenhilfe im Internet unter www.bbk.bund.de.

9 Moderations- und Präsentationstechniken

9.1 Professionelles Führen und Moderieren von Gesprächen mit Einzelpersonen oder Gruppen

Wo immer Menschen aufeinandertreffen, kommunizieren sie miteinander; denn zur Kommunikation gehören

- Sprechen,
- Zuhören,
- Mimik,
- Gestik und
- körpersprachliche Signale.

Dies sind die Elemente, mit denen in der Kommunikation Botschaften ausgetauscht werden. Für Führungskräfte heißt dies, dass fast alle Führungsinstrumente über die Kommunikation laufen, was im Umkehrschluss bedeutet, dass die Qualifikation der Führungskraft stark von ihrer Kommunikationsfähigkeit abhängt.

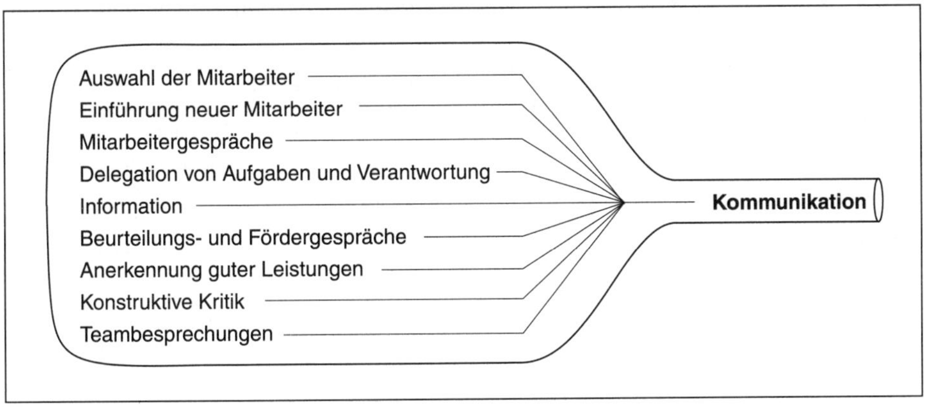

Bedeutung der Kommunikation als Führungsinstrument

Viele Führungskräfte verkennen die Bedeutung der Kommunikation und wenden sich im Rahmen ihrer Entwicklung ausschließlich der fachlichen Weiterbildung zu; damit führen sie »an der Sache vorbei«.

Gefragt und gefordert ist von ihnen vielmehr in starkem Maße die **Methodenkompetenz**, d. h.

- zur richtigen Zeit,
- in angemessener Art und Weise,
- das passende Wort

zu finden.

9.1.1 Gesprächsführung

Mit dem Thema Kommunikation haben sich verschiedene Wissenschaftler auseinandergesetzt und damit diverse Modelle entwickelt, um die Vielschichtigkeit der Gesprächsführung deutlich zu machen.

Grundsätzlich gehören zur Kommunikation mindestens zwei Personen: Ein »Sender«, der einen Reiz sendet, und ein »Empfänger«, der auf diesen Reiz reagiert. In Anlehnung an technische Vorgänge wird dieser Vorgang mit dem **Sender-/Empfänger-Modell** dargestellt.

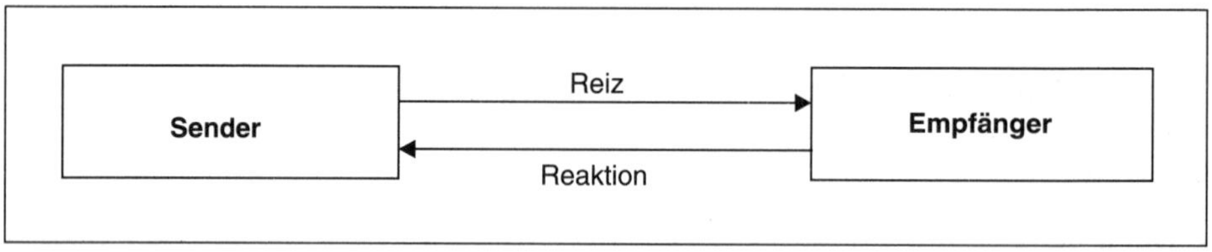

Sender-Empfänger-Modell

Beide wechseln im Verlauf einer beidseitigen Kommunikation laufend ihre Rolle. Der Sender wird im Falle einer Antwort zum Empfänger und umgekehrt. Aufgrund dieses Ablaufs wird das Modell auch als **Konversationsmodell** bezeichnet.

Dabei wird die Kommunikation von vielen Faktoren beeinflusst. Diese können zum einen an der Person des Senders oder Empfängers festgemacht werden, zum anderen von außen auf die Kommunikation wirken.

Persönliche Faktoren	**Rahmenbedingungen**
→ Einstellung zum Thema	→ Beschaffenheit des Raumes
→ persönliche Ereignisse	→ Störungen durch Besucher oder Telefon
→ geistiges und sprachliches Niveau	→ Temperatur, Licht und Luft
→ Fachwissen	→ mangelnde Zeit
→ sonstiger Druck	
→ Interesse am Thema	

Einflussfaktoren auf die Kommunikation

Ein nächstes, sehr bekanntes Modell im Rahmen der Kommunikation setzt sich mit dem Inhalt einer Nachricht auseinander.

Der Begriff der »**Vier Seiten einer Nachricht**« wurde von dem in Hamburg arbeitenden Hochschullehrer Friedemann SCHULZ VON THUN geprägt.

Dieses Erklärungsmodell ist bei der Analyse von Gesprächen sehr hilfreich. Es geht davon aus, dass in einer Botschaft grundsätzlich vier Seiten beteiligt sind.

Es handelt sich hierbei um

- Sachinhalt,
- Beziehung,
- Selbstoffenbarung,
- Appell.

Dazu folgt ein Beispiel.

Der Gruppenleiter sagt zum Mitarbeiter:
»Das Kopierpapier ist alle.«
... und drückt damit möglicherweise aus:

Sachinhalt:	*Das Kopierpapier ist aufgebraucht.*
Beziehung:	*Sie sind dafür zuständig, ich nicht.*
Selbstoffenbarung:	*Ich bin technisch dazu nicht in der Lage.*
Appell:	*Füllen Sie das Papier auf.*

Grundsätzlich enthält jede Nachricht einen Sachinhalt. Gerade im Führungsprozess ist es wichtig, dass der Sachinhalt eindeutig gesendet wird. Das trägt zur Verständlichkeit ganz wesentlich bei.

Sie wird von der **Einfachheit** geprägt, indem geläufige Wörter, kurze, knappe Sätze, verständliche oder keine Fremdwörter benutzt werden. Dabei muss es aber konkret und anschaulich bleiben.

Ein weiterer Punkt ist die **Gliederung.** Die Kommunikation muss übersichtlich gestaltet sein, Wesentliches sich vom Unwesentlichen unterscheiden, ein »roter Faden« erkennbar sein – und sie muss in logischen Schritten aufgebaut sein.

Sehr hilfreich ist auch die prägnante **Kürze.** In gebotener Kürze wird das Wesentliche zielorientiert weitergegeben.

Das darf aber nicht zu Lasten der **Stimulans** geschehen. Sie gestaltet die Kommunikation anregend, interessant und abwechslungsreich. Dabei bedient sie sich einer bildhaften Sprache und arbeitet mit anschaulichen Beispielen.

Auf der **Beziehungsebene** drückt der Sender aus, wie er zum Empfänger steht und diesen sieht. Daher ist diese Seite der Nachricht für das Führungsverhältnis von großer Bedeutung. Wenn »die Nase eines Menschen nicht passt«, also die Beziehung nicht stimmt, dann bewegt sich auch auf der Sachebene nicht viel. Die Beziehungsebene ist sozusagen das Transportband für die Sachinformationen. Daher ist es im Arbeitsleben auch von großer Bedeutung, die Beziehung zueinander zu klären. Über die Beziehungsbotschaften haben die Mitarbeiter die Möglichkeit, ein **Selbstkonzept** zu entwickeln.

Eine weitere Seite der Nachricht ist die **Selbstoffenbarung.** Diese wird sehr stark von der Psyche des Senders beeinflusst. Viele Menschen empfinden eine Scheu, sich selbst zu offenbaren. Das hängt damit zusammen, dass sich im Laufe der Entwicklung verschieden bewertete Faktoren auswirken. Eine wesentliche Rolle spielen dabei die gesellschaftlichen Normen und Leistungsmaßstäbe, die den Menschen unter Druck setzen. Dabei entwickelt er Abwehrmechanismen, die im Verhalten und in der Sprache ihren Niederschlag finden. Es entwickeln sich die Blender, die ihrer Umwelt die eigene Person in einem schillernden Licht darstellen bis hin zur Lüge und Phantasterei.

Eine weitere Möglichkeit ist die **Fassadentechnik:** Menschen setzen sich sinnbildliche Masken auf, um ja nicht angreifbar (aber leider auch häufig nicht begreifbar) zu sein. Diese Technik kann auch bei Führungskräften beobachtet werden, die bezüglich ihrer Rolle im Unternehmen oder der Gesellschaft tatsächlich oder vermeintlich nicht den Status haben, den sie sich wünschen. Sprachlich finden diese Arten der Selbstverbergung über Worte wie »man«, »es« und »wir« statt. Immer, wenn Führungskräfte diese, »Weichmacher« der Kommunikation benutzen, scheuen sie im Innersten die Übernahme der Verantwortung für das, was gerade zum Ausdruck gebracht wird. »Es müsste etwas geschehen ...«, »Man sollte stärker an der Zielerreichung arbeiten ...« gehören nicht in den Sprachschatz einer kompetenten und selbstbewussten Führungskraft.

Mit der **Appellseite** versucht der Sender, eine Wirkung beim Empfänger zu erzielen. Er spricht seine Forderungen oder Wünsche nicht direkt aus, sondern bedient sich eines indirekten Appells. Damit übernimmt der Sender für das von ihm Gesagte keine Verantwortung (»Habe ich nie gesagt . . «), klopft damit die Zumutbarkeit ab, lässt Freiwilligkeit zu und vermeidet eine befürchtete Zurückweisung.

Der Gebrauch von verdeckten Appellen kann im Führungsverhältnis zu Missverständnissen oder Fehlinterpretationen führen und ist von daher zu vermeiden.

Menschen haben jeweils unterschiedliche Veranlagung in Hinblick auf ihre Tendenz, Botschaften zu senden. Diese Tendenz existiert aber nicht nur beim Sender, sondern in gleicher Weise auch beim Empfänger. Er hört die Information nach seiner individuellen Ausrichtung bezüglich der Seiten einer Nachricht.

Sachinhalt: Welche sachliche Information will er mir geben?

Beziehungsebene: Wie steht er zu mir? Wie sieht er mich?

Selbstoffenbarung: Was für ein Mensch ist er?

Appell: Wozu will er mich veranlassen?

Wie dies in der betrieblichen Praxis aussehen kann, zeigt sich wie folgt.

Vorgesetzter zum Gruppenleiter:

»Haben Sie die Mitarbeiter schon über unser Qualitätsmanagement (QM) informiert?«

Vorgesetzter		Gruppenleiter
»Ist die Information zum QM erfolgt?«	**Sachinhalt**	»Ist die Information zum QM erfolgt?«
»Sie sind dafür zuständig, ich traue Ihnen das zu.«	**Beziehungsebene**	»Er kontrolliert mich, also traut er mir nicht.«
»Ich weiß nicht, ob Sie daran gedacht haben und will Sie erinnern.«	**Selbstoffenbarung**	»Er hält mich für eine schwache Führungskraft.«
»Informieren Sie die Mitarbeiter, falls Sie es vergessen haben.«	**Appell**	»Er meint: Nehmen Sie gefälligst Ihre Führungsaufgabe war.«

Hier wird deutlich, wie wichtig es in der Kommunikation ist, sich gegenseitig Rückmeldungen **(Feedback)** zu geben, statt in der eigenen Phantasie zu interpretieren (viele Konflikte in den unterschiedlichsten Lebensbereichen haben diese Ursache).

9.1.1.1 Kundengespräche

Am Anfang dieser Betrachtung steht zunächst die Definition des Begriffes »Kunde« und die Bedeutung der **Kundenorientierung.** In der zeitgemäßen Unternehmensführung geht diese in zwei Richtungen: Einerseits sprechen wir von **internen Kunden** und auf der anderen Seite von **externen Kunden.**

Die Orientierung der Unternehmensaktivitäten an den Belangen des Kunden ist in einer Zeit des Verdrängungswettbewerbs von großer Bedeutung, da es um ein Vielfaches aufwändiger ist, neue Kunden zu gewinnen, als vorhandene zu halten.

Bekanntermaßen ist die Wahrscheinlichkeit bei sehr zufriedenen Kunden deutlich größer, dass sie einem Unternehmen treu bleiben und ein positives Image verbreiten, als bei »nur« zufriedenen Kunden. Eine Standardleistung reicht also nicht aus.

Außerdem ist bekannt, dass die meisten verärgerten Kunden dem Unternehmen treu bleiben, wenn ein auftretendes Problem unverzüglich gelöst wird. Häufig ist die Kundenbindung danach sogar noch intensiver.

Eine weitere Tatsache ist es, dass die Mehrheit der wechselnden Kunden aufgrund mangelnder Serviceleistung dem Unternehmen den Rücken kehrt und die deutliche Minderheit aufgrund mangelhafter Produktgüte oder zu hoher Preise.

Darüber hinaus muss berücksichtigt werden, dass ein zufriedener Kunde diesen Sachverhalt deutlich seltener weiter gibt als der unzufriedene. Untersuchungen haben ergeben, dass das Verhältnis mindestens 1 : 3,5 beträgt.

Die oben genannten Punkte können durch ein zielorientiertes und fundiertes Verkaufs- oder Beratungsgespräch stark im Sinne des Unternehmens beeinflusst werden.

Ein Kundengespräch findet in immer wiederkehrenden Phasen statt.

Phase	Inhalt/Elemente	Ziel
Gesprächsvorbereitung	– Thema des Gesprächs – Welches Ziel habe ich? – Welcher Gesprächstyp? – Motive des Gesprächspartners – Vorgeschichte	Vorab eine Struktur aufbauen und mögliche Eventualitäten vor Augen führen.
Gesprächseröffnung	– Freundliche Begrüßung – Beziehung aufbauen – Freundliche Atmosphäre schaffen – Neutrale Einleitung wählen	Den Kunden positiv einstimmen (erster Eindruck!) und nicht »mit der Tür ins Haus fallen«.
Bedarfsanalyse	– Informationssockel für das Angebot aufbauen – Situation, Wünsche und Bedürfnisse ermitteln – Kauf- und Entscheidungsmotive analysieren – Fragetechnik einsetzen (Offene Fragen)	Deutlich machen, dass der Bedarf des Kunden im Mittelpunkt steht und nicht die Produkt- oder Dienstleistungsorientierung.
Angebot	– Argumentation zum Nutzen des Kunden – Verkaufshilfen einsetzen – Verständlich, nachvollziehbar formulieren – Einwände bearbeiten – Kaufsignale erkennen	Als Problemlöser die Wünsche und Bedürfnisse des Kunden befriedigen.
Abschluss	– Direkte Abschlussfrage stellen – Teilentscheidungstechnik einsetzen – Kaufentscheidung bestätigen – Verabschieden	Den Kunden mit einem guten Gefühl »entlassen«.
Nachbereitung	– Zusagen einhalten – Service bieten – Kontakt halten – Beziehung pflegen	Über die Beziehungspflege eine Stammkundschaft aufbauen.

Phasen des Kundengesprächs

9.1.1.2 Gespräche mit Vorgesetzten

Der Führungsprozess wird ganz entscheidend von der Kommunikation beeinflusst. Ob ein Vorgesetzter Aufgaben delegiert, gute Leistungen anerkennt, Minderleistungen konstruktiv kritisiert, Mitarbeiter motiviert oder ein Informationsgespräch führt, so laufen diese Inhalte immer über den Kanal der Kommunikation.

Diese **Führungsgespräche** werden dabei von dem Thema/Anlass, der Unterschiedlichkeit der Mitarbeiter, der Unternehmensphilosophie und vielen weiteren internen und externen Faktoren beeinflusst. Im Rahmen **situativer Führung** ist es nun das Geschick der Führungskraft, sich diesen wechselnden Anforderungen flexibel anzupassen.

Im Zeichen kooperativer Führung ist es von Bedeutung, sowohl die Mitarbeiter- als auch die Aufgabenorientierung im Auge zu behalten. Der Vorgesetzte muss also nicht nur bedenken, was er sagt, sondern auch wie er es sagt. Das erfordert ein hohes Maß an Einfühlungsvermögen. Erkennbar wird diese Ausrichtung, wenn die Führungskraft die Erwartungen der Mitarbeiter berücksichtigt und in der Gesprächsführung eigene Gefühle und Emotionen zeigt. Dazu gehört es, dass sich die Beteiligten angemessen Zeit nehmen, sich in der Argumentation nicht unterbrechen und das Gesprächsgleichgewicht angestrebt wird.

Das Gespräch einer Führungskraft verläuft dabei in folgenden Phasen:

- **Begrüßung:** Diese Phase wird offen und freundlich gestaltet, um damit die grundsätzliche Haltung des Vorgesetzten zu demonstrieren.
- **Neutrale Einleitung:** Um die Gesprächsbereitschaft (»warming up«) des Mitarbeiters herzustellen, beginnt die Führungskraft mit allgemeinen Themen. Dabei kann es sich um die momentane Arbeit, die Stimmung im Team gehen oder bei näherem Kennen auch das Befinden sein.
- **Sichtweise der Führungskraft:** Der Vorgesetzte wird jetzt die Fakten/das Thema aus seiner Sicht mit Argumenten und ggf. Beispielen schildern.
- **Sichtweise des Mitarbeiters:** Jetzt erwidert der Mitarbeiter seine Sicht der Dinge, die der Vorgesetzte aufmerksam aufnimmt.
- **Dialog:** In dem sich anschließenden Dialog werden Meinungen und Erfahrungen ausgetauscht, um ggf. zu einer gemeinsamen Lösung zu kommen, d. h. Ziele abzustecken.
- **Abschluss:** Zum Abschluss fasst die Führungskraft noch einmal die wichtigsten Fakten zusammen, wiederholt noch einmal vereinbarte Ziele und bedankt sich für das Gespräch.

9.1.1.3 Gespräche zwischen Kollegen

Gespräche zwischen Kollegen haben grundsätzlich informellen Charakter und unterliegen daher auch keiner Norm oder Gliederung. Dennoch sind derartige Gespräche wichtig, um das Miteinander und damit das Betriebsklima möglichst positiv zu prägen.

Der Vorgesetzte achtet darauf, dass ein vertretbarer Umfang nicht überschritten wird.

9.1.2 Moderation von Gruppen

Von der zeitgemäßen Führungskraft wird erwartet, dass sie Arbeitsgruppen zum Erfolg führt, Mitarbeiter in Entscheidungen einbezieht, Projektgruppen leitet und problemlösende Besprechungen führt. All diese Aufgaben kann die Führungskraft mit der **moderierten Besprechung** lösen und damit wesentliche Anforderungen der situativen Führung erfüllen.

Die Begriffe Moderation und Moderator sind seit langer Zeit schon aus Funk und Fernsehen geläufig. In die betriebliche Praxis haben diese Begriffe Einzug gehalten, als dort die Rolle der Führungskraft neu gestaltet und aus dem Führer der »Coach« wurde.

Dieser Prozess ist in den Unternehmen unterschiedlich weit fortgeschritten. Während er in einigen Firmen gerade Einzug hält oder noch darüber nachgedacht wird, sind andere diesbezüglich sehr weit. In Japan z. B. gehören moderierte Besprechungen seit Jahrzehnten zum Arbeitsalltag.

9.1.2.1 Aufbau und Ablauf einer Moderation

Bei der **Vorbereitung** einer Moderation steht zunächst die Zeitfrage im Raum. Die Führungskraft muss hier den Tagesrhythmus der Mitarbeiter bedenken. Ferner müssen die zeitlichen Intervalle mit den entsprechenden Pausen festgelegt werden. Dabei ist zu bedenken, dass eine längere Moderationszeit als 45 – 60 Minuten keinen Sinn macht, da dann die Konzentration der Teilnehmer nachlässt. Pausen müssen mindestens 15 Minuten dauern, damit überhaupt eine Erholung einsetzt.

Als nächstes werden die **Rahmenbedingungen** geklärt. Der Raum und evtl. Nebenräume müssen geordert werden. Die benötigten Medien und Hilfsmittel müssen bestellt und auf ihre Funktionstüchtigkeit hin geprüft werden. Gleiches gilt auch für die Raumtechnik wie Licht, Belüftung und andere technische Geräte. Ist für Verpflegung und Getränke gesorgt? Außerdem müssen Tische und Stühle in entsprechender Anzahl bereitstehen und in die gewünschte Form gebracht werden.

Wenn der **Zeitplan** steht und die Rahmenbedingungen geklärt sind, müssen die Einladungen und Ankündigungen ausgesprochen werden. Das gilt sowohl für die Teilnehmer als auch für mögliche Fachreferenten oder Gäste. Häufig müssen viele Stellen im Haus informiert werden. Das können die Fachbereiche sein, die Teilnehmer entsenden, die Geschäftsleitung, der Betriebsrat, die Haustechnik, die Kantine oder der Empfang.

Zum Schluss steht dann vor der Veranstaltung die persönliche Vorbereitung auf dem Plan:

Der Vortragende sollte die Zeit vor dem Vortrag so gestalten, dass er fit ist. Als nächstes steht die Wahl der Kleidung an (ein Grundsatz für jeden Moderator ist, lieber etwas »overdressed« als »underdressed« zu sein).

Steht das Konzept und sind alle Unterlagen komplett? Als letztes gilt es dann, die Vertrautheit mit dem Raum und den Geräten herzustellen.

Ablauf einer Moderation

In diesem Abschnitt wird speziell eine **Moderationstechnik,** nämlich die Metaplanmethode oder Pinnwandtechnik, behandelt. Diese Methode basiert in ihrem Hauptelement auf dem Brainstorming, einer Methode, die es ermöglicht, dass alle Teilnehmer zur gleichen Zeit ihre Meinung abgeben können.

Für diese Methode werden folgende **Hilfsmittel** benötigt:

- Pinnwände aus einem Material, das ein Einstechen von Stecknadeln ermöglicht,
- Packpapier, großflächig, zum Bespannen der Wände,
- Papierkarten in unterschiedlicher Form und Farbe,
- Nadeln,
- Klebestifte,
- Filzstifte,
- Klebeband und -punkte.

Diese Utensilien sind häufig in einem **Moderatorenkoffer** zusammengefasst.

In dem nachfolgenden Ablauf wird von der Situation ausgegangen, dass eine Führungskraft von der Geschäftsleitung den Auftrag erhalten hat, mit den Mitarbeitern des technischen Vertriebs das Thema »Verbesserung der Kundenorientierung« zu bearbeiten.

Die Führungskraft hat sich für die Methode der moderierten Besprechung entschieden.

Begrüßung und Eröffnung

Die Form und der Aufwand, der im Rahmen der Begrüßung betrieben wird, ist davon abhängig, inwieweit sich die Teilnehmer kennen. Kennen sie sich weniger, so empfiehlt sich eine Vorstellungsrunde, ein Partnerinterview oder je nach Zielgruppe ein Kennenlernspiel. Häufig werden auch die Erwartungen der Teilnehmer abgefragt.

Darüber hinaus wird das Thema und der Zeitplan vorgestellt, ein positives Arbeitsklima geschaffen und, wenn nötig, die Methode Metaplan® vorgestellt.

Die Einstiegsfrage kann dann in einer **Ein-Punkt-Abfrage** erfolgen: Mit ihr wird festgestellt, welche Grundeinstellung womöglich die Teilnehmer zu dem zu erörternden Thema haben.

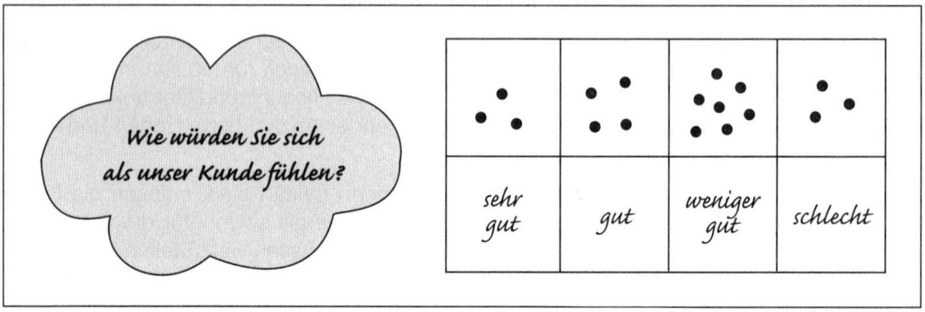

Eine mögliche Eröffnungsfrage

In diesem Fall hat die »Ein-Punkt-Abfrage« ergeben, dass eine Tendenz zum Negativen gegeben ist. Daran muss jetzt die Führungskraft arbeiten.

Themenfindung über die Kartenabfrage

Bei der **Kartenabfrage** ist es wichtig, dass eine eindeutige Grundfrage gestellt wird. Anschließend erhalten die Teilnehmer Karten und Filzstifte, auf denen sie ihre Gedanken zu dem Thema in ausreichender Zeit fixieren. Diese werden dann vom Moderator oder den Teilnehmern mit Stecknadeln an der Pinnwand befestigt.

Im nächsten Schritt wird der Moderator die Karten unter Einbeziehen der Teilnehmer nach Themenfeldern sortieren. Diesen Vorgang nennt man Klumpen oder **Clustern.**

Dabei müssen alle Karten berücksichtigt werden, da Doppelnennungen eine qualitative Aussage haben. Bei Zuordnungsproblemen entscheidet der Autor, wohin die einzelne Karte gehängt werden soll. Dabei muss aber darauf geachtet werden, dass ggf. die Anonymität gewahrt bleibt; denn das ist ein weiterer großer Vorteil dieser Methode. Nachträgliche Beiträge können aber zugelassen werden.

Die daraus resultierenden Themen können in einer **Themenliste** erfasst werden, deren Prioritäten mit einer »**Mehrpunktabfrage**« ermittelt werden. Dazu erhält jeder Teilnehmer die ungefähr halbe Anzahl Klebepunkte, wie Themen zur Verfügung stehen. Ist ihm ein Thema besonders wichtig, so dürfen auch zwei Punkte auf ein Thema geklebt werden.

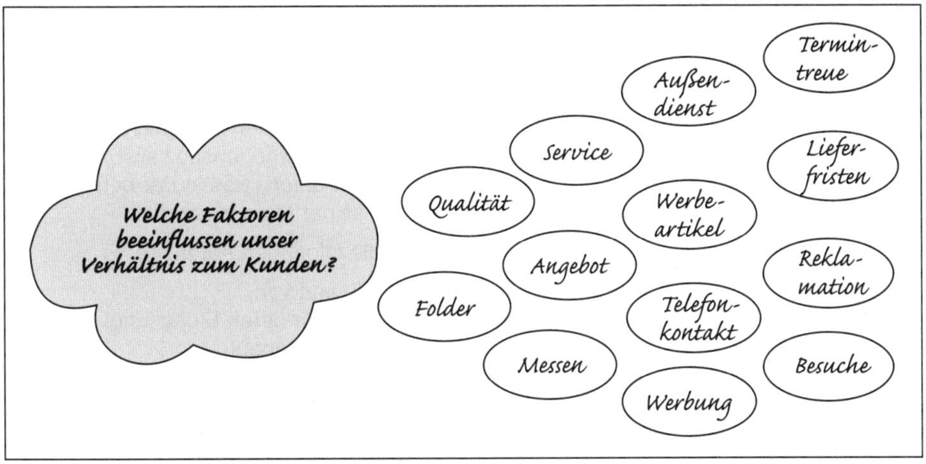

Die Pinnwand nach der Kartenabfrage

Das so ermittelte Ergebnis bildet dann die Grundlage für eine sich womöglich anschließende Gruppenarbeit, in der sich die Teilnehmer mit möglichen Lösungen beschäftigen. Dabei können sich einzelne Gruppen mit den Ursachen, Lösungen und möglichen Widerständen befassen, während sich eine andere Gruppe mit dem Pro und Contra auseinandersetzt.

Maßnahmenkatalog und Abschluss

Die Themenliste und die Ergebnisse der Gruppenarbeit werden dann in einen **Maßnahmenkatalog** eingestellt. Er ist in Form einer Matrix aufgebaut und beinhaltet, wer was mit wem bis wann und mit welchem Ziel bearbeitet. Diese Matrix ist ein gutes Mittel, die verabredeten Fakten zu fixieren und über deren Durchführung zu wachen.

Abschließend fasst der Moderator das Arbeitsergebnis zusammen, fordert die Teilnehmer auf, die Maßnahmen termingerecht zu erledigen, und bedankt sich für die Mitarbeit.

Nummer	Maßnahme	wer	mit wem	Termin	Ziel
1	Neue Werbemittel	Huber	Otto	11.5.06	Katalog
2	Schulung	Kuhn	PA	3.6.06	Themenliste

Maßnahmenkatalog

9.1.2.2 Anforderungen an den Moderator

Für die Moderation ist es zunächst erforderlich, dass die Führungskraft in der Rolle des Moderators eine ganz bestimmte Einstellung diesbezüglich haben muss. Der Moderator lenkt den Prozess der Besprechung mit Zurückhaltung, eben moderat, und führt die Gruppe mit deren eigenen Vorschlägen und Beiträgen zum Erfolg. Dabei bedient er sich bestimmter Methoden und Hilfsmittel.

Für den Zeitraum der Moderation ist der Moderator der **Leiter der Gruppe,** das heißt, er trägt die Verantwortung für den Ablauf. Dabei hilft er der Gruppe mit seiner Methodenkompetenz, ein bestimmtes Ziel in einer effektiven Zeit zu erreichen. Außerdem vertritt er die Gruppe nach außen. Im Rahmen der Moderation bewertet er Beiträge nicht danach, ob sie richtig oder falsch sind oder ob Dinge gemacht werden sollen oder nicht; zu diesen Entscheidungen führt der Moderator die Gruppe. Er ist der Methodenspezialist, nicht aber unbedingt der inhaltliche Experte. Ist er beides in einer Person, was in der betrieblichen Praxis häufig gegeben ist, hält sich der Moderator mit seiner Meinung zurück.

Aus dieser Rolle resultieren für den Moderator dann die folgenden Aufgaben. Er

- eröffnet die moderierte Besprechung und stellt das Thema vor;
- erarbeitet die Umgangsregeln mit der Gruppe und sorgt für deren Einhaltung;
- strukturiert das zu erarbeitende Thema, z. B. über eine Kartenabfrage;
- achtet darauf, dass die Diskussion »auf dem roten Faden« bleibt;
- regelt die Wortbeiträge der Teilnehmer nach der Reihenfolge;
- führt über bestimmte Techniken Entscheidungen herbei, die das Ziel näher bringen;
- fasst die Arbeitsergebnisse zusammen und beendet die Besprechung;
- achtet darauf, dass vereinbarte Maßnahmen auch durchgeführt werden.

9.2 Berücksichtigen von rhetorischen Kenntnissen, Argumentations- und Problemlösungstechniken

9.2.1 Rhetorik und Dialektik

Der Erfolg einer rhetorischen Leistung wird ganz erheblich von der Vorbereitung beeinflusst. Je umfangreicher sie ausfällt, um so mehr Unsicherheitsfaktoren werden ausgeschlossen, was sich auch auf die Sicherheit des Vortragenden positiv auswirkt und sein **Lampenfieber** abbaut. Auch die Mitarbeiter merken natürlich, ob eine Gruppenbesprechung, ein Arbeitskreis oder eine persönliche Ansprache vorbereitet ist oder ob sie spontan ohne Vorbereitung gehalten wird. Natürlich gibt es »Naturtalente«, die unvorbereitet eine qualifizierte Ansprache halten können. Diese Menschen sind allerdings in der Minderzahl.

Zur Vorbereitung gehört es, dass sich die Führungskraft Gedanken über das **Beziehungsgeflecht** des Themas macht. Wie stehen die Personen, Institutionen und Fakten, mit denen der Vortrag in Verbindung steht, zueinander?

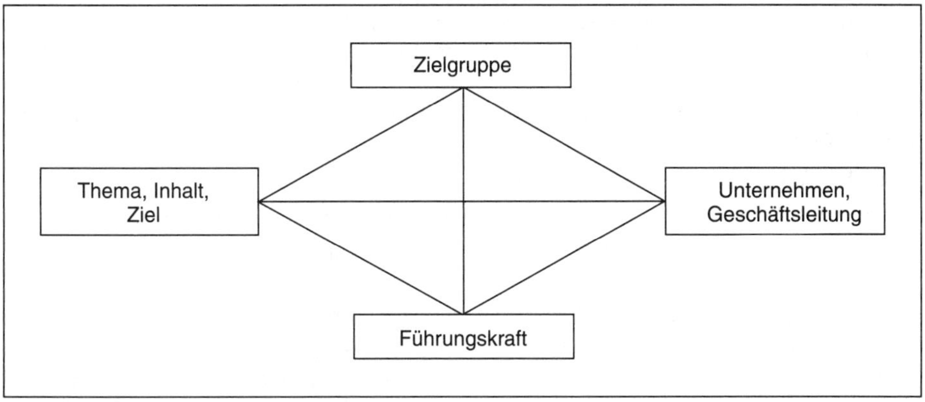

Beziehungsgeflecht eines Vortrags

Beispiel:

Eine Führungskraft bekommt den Auftrag, die Gruppenleiter des Unternehmens von der Notwendigkeit zu überzeugen, ein Qualitätsmanagement (QM) einzuführen.

Die erste Frage, die sich die Führungskraft selbstkritisch stellen muss, ist, wie sie selbst zum Thema QM steht. Notwendiges Übel? Marketinginstrument? Oder betrieblich notwendig, um am Markt zu bestehen? Überzeugung?

Wie sieht die Geschäftsleitung das Thema Qualität? Wendet sie sich dem Thema zu, weil alle es tun? Sichert QM langfristig die Exportmöglichkeit? Oder sieht sie das QM als Basis der Unternehmensführung?

Wie stehen die Gruppenleiter als Zielgruppe dazu? »Mal wieder was Neues?« »Endlich wacht auch unser Unternehmen auf!« »Wie soll ich das den Mitarbeitern verkaufen?«

Hat sich die Führungskraft diese Gedanken gemacht, so kann sie sich auf die zu erwartenden Reaktionen einstellen und ist im Verlauf des Vortrags nicht überrascht.

Der zweite Schritt in der Vorbereitung kann die Adressatenanalyse sein. In diesem Zusammenhang stellt sich die Führungskraft folgende Fragen:

- Mit welcher Zielgruppe habe ich es zu tun?
- Welche Funktionen haben die Gruppenmitglieder im Betrieb?
- Welche Beziehungen haben sie zu meinem Thema?
- Haben sie Vorkenntnisse?
- Welche Ansprüche stellen sie an den Vortrag?
- Bringen sie dem Thema Interesse entgegen?
- Welche Erwartungen haben sie?
- Identifizieren sie sich mit dem Thema?

Außerdem muss sich jeder Vortragende darüber im Klaren sein, dass er durch die Auswahl und Gestaltung der Inhalte, sein sprachliches und körpersprachliches Verhalten und die Rahmenbedingungen seine Wertschätzung in Richtung der Teilnehmer zum Ausdruck bringt. Damit prägt die Führungskraft die Beziehungsebene zu den Mitarbeitern, was eine wesentliche Voraussetzung für das Gelingen der Präsentation und auch der Führungsarbeit ist.

Je klarer und genauer die Formulierung der Ziele und damit die **Zielorientierung** ist, desto genauer kann die Führungskraft die Methoden und Medien für den Vortrag bestimmen. Zu welchem Handeln, Denken oder Tun will der Vortragende die Teilnehmer bringen? In der betrieblichen Praxis stehen zwei Generalziele im Vordergrund, nämlich die Mitarbeiter zu informieren oder sie von etwas zu überzeugen. In einem Lernziel wird zum Ausdruck gebracht, was der Mitarbeiter nach der Veranstaltung verinnerlicht haben bzw. in die Praxis transferieren können soll.

Um das zu erreichen, muss ein Ziel sehr präzise formuliert sein. Es besteht in der Regel aus drei Elementen:

- **Inhalt:** Was soll weitergegeben werden?
- **Intensität:** Mit welchem Tiefgang soll der Inhalt dem Teilnehmer vermittelt werden?
- **Bedingungen:** Wie soll der Inhalt später in die Praxis transferiert werden?

Beispiele:

Die Teilnehmer kennen (Intensität) die Vorteile der Fragetechnik (Inhalt) und sind in der Lage, sie in Mitarbeitergesprächen selbstständig (Bedingung) einzusetzen (Intensität).

Die Teilnehmer beherrschen (Intensität) den Aufbau der Netzplantechnik (Inhalt) und setzen sie unter Anleitung (Bedingung) ein (Intensität).

Schon an diesen Beispielen wird deutlich, dass die Führungskraft in der Lage sein muss, die Methoden und Medien gezielt einzusetzen. Sollen die Teilnehmer die Vorteile der Fragetechnik nur **kennen,** so genügt z. B. ein Lehrgespräch mit einem Arbeitsbogen. Sollen die Fragen aber in Mitarbeitergesprächen **eingesetzt** werden, so muss dies mit Situationsaufgaben und Rollenspielen evtl. mit Videounterstützung trainiert werden.

Soll im zweiten Beispiel dagegen die Netzplantechnik **beherrscht** werden, so genügt hier das Lehrgespräch nicht, sondern es muss z. B. in Partner- oder Gruppenarbeit mit Netzplänen gearbeitet werden. Nur dann ist gewährleistet, dass sie, ggf. unter Anleitung, eingesetzt werden können.

Fazit: Nicht der Lern**inhalt,** sondern das Lern**ziel** bestimmt die Methode und die Medien!

Nachdem das Beziehungsgeflecht des Vortrags untersucht, die Zielgruppe analysiert und das Ziel festgelegt ist, wendet sich die Führungskraft dem **Inhalt** zu.

Das beginnt mit einer breit angelegten Materialsammlung. Fachliteratur, Fachzeitschriften und -artikel, Lexika, wissenschaftliche Arbeiten oder Bedienungsanleitungen – und natürlich das Internet – sind hierfür geeignet. Das Material wird dann geordnet und in einem nächsten Schritt bewertet, inwieweit es der Vorbereitung dienlich ist. Nach diesem Sortierschritt gilt es nun, die Themen festzulegen und in ein Konzept einzubringen.

Dieses Konzept ist Basis für das zu erstellende **Manuskript.** Einige wichtige Empfehlungen:

- Festes, nicht zu großformatiges (max. DIN A 5) Papier verwenden,
- einseitig beschriften,
- Blätter nummerieren,
- groß und deutlich schreiben (lesbar aus einem Meter Entfernung),
- Farben und Symbole einsetzen,
- die ersten und letzten Sätze wörtlich formulieren,
- dazwischen mit Stichworten arbeiten,
- Hinweise auf Gestik, Mimik, Pausen, Blickkontakt und Fragen einbringen.

9.2.1.1 Aktives Hinhören

Im Rahmen zeitgemäßer Mitarbeiterführung gewinnt das Hinhören besondere Bedeutung. Es signalisiert dem Mitarbeiter, dass er ernst genommen, seine Persönlichkeit geachtet und seinen Fragen nicht ausgewichen wird.

Aktives Hinhören heißt, dass der Empfänger, in diesem Falle die Führungskraft, verbal oder nonverbal das Hinhören **unterstreicht.** Das können mimische oder gestische Signale sein, Nicken oder Schütteln des Kopfes, ein Hochziehen der Augenbrauen, ein Runzeln der Stirn oder auch eine abwehrende oder zweifelnde Handbewegung. Verbal kann das Hinhören durch ein bestätigendes »Ja« oder eine Zwischenfrage aktiviert werden.

9.2.1.2 Fragetechnik und Einwandbehandlung

Die Führungskraft ist für die Gesprächsführung verantwortlich. Aus diesem Grund ist es erforderlich, dass sie die **Fragetechnik** beherrscht; denn ein Kommunikationsgrundsatz lautet: »Wer fragt, der führt!« Nicht derjenige, der viel redet, führt das Gespräch, sondern der das Gespräch durch gezielte Fragen lenkt und leitet, hat es in der Hand.

Außerdem ist die Fragetechnik ein Instrument, das Gesprächsgleichgewicht herzustellen, den Gesprächspartner gezielt in das Gespräch einzubeziehen und dem Mitarbeiter deutlich zu machen, dass seine Meinung gefragt ist (was wiederum sein Selbstwertgefühl positiv beeinflusst).

Die Dialektik (Kunst der Gesprächsführung) kennt mehrere Fragearten. Sie unterscheiden sich in ihrer Zielsetzung und weisen voneinander abweichende Merkmale auf. Im Einzelnen soll hierzu die Übersicht Aufschluss geben.

Frageart	Zielsetzung	Merkmal	Beispiel
offene Frage	Umfangreiche Information, Erhöhen des Gesprächsanteils	Wird mit einem W-Fragewort eingeleitet: Wie, Was, Warum, Welche...	»Welche Erfahrungen haben Sie mit dieser Verfahrenstechnik gemacht?«
geschlossene Frage	Verständnisfrage, Frage um Zustimmung	Beginnt mit einem Verb oder Hilfsverb	»Haben Sie die Mitarbeiter informiert?« » Gehen Sie ins Lager?«
reflektierende Frage	Verständnisfrage bietet die Möglichkeit, Vielredner »zurückzuholen«	Bezieht sich auf etwas vorher Gesagtes	»Sagten Sie nicht, dass für Sie die Qualität im Vordergrund steht? Dazu möchte ich Ihnen Folgendes sagen.«
alternative Frage	Frage um Zustimmung, entscheidungsfördernd	Gibt zwei Antwortmöglichkeiten vor	»Stellen Sie das Konzept in zehn oder vierzehn Tagen fertig?«

Fragearten

Als **Einwände** bezeichnet man das Infragestellen geäußerter Fakten oder Zusammenhänge. Wenn Mitarbeiter im Rahmen der Kommunikation Einwände äußern, ist es für den Vorgesetzten wichtig, dass er diese Einwände ernst nimmt und dies auch z. B. durch gutes Zuhörverhalten deutlich macht (vgl. Abschn. 9.2.1.1).

Einwände können nicht »beseitigt« werden. Die Führungskraft muss sich damit auseinander setzen, auch wenn sie eine andere Sicht der Dinge hat. Die Fragetechnik spielt auch hier eine große Rolle. Über sie kann der Mitarbeiter zu weiteren Erklärungen aufgefordert werden, damit man sich ein Bild zu den Hintergründen des Einwands machen kann.

Im nächsten Schritt wird dann der Vorgesetzte seine Sicht der Dinge darstellen und einen sachlichen, für alle Seiten vertretbaren Kompromiss anstreben.

9.2.1.3 Nonverbale Kommunikation

Menschliche Kommunikation findet nicht nur auf der Ebene der Sprache statt, sondern auch im nichtsprachlichen Bereich. Der Wissenschaftler P. WATZLAWICK sagt mit seinem ersten pragmatischem Axiom: »Der Mensch kann nicht nicht kommunizieren.« Kommunikation beschränkt sich also nicht nur auf gesprochene Worte, sondern beinhaltet auch alle **paralinguistischen Erscheinungen** wie Tonfall, Sprechgeschwindigkeit, Pausen und Zeichen von Emotionen wie lächeln, stöhnen und seufzen. Besondere Bedeutung kommt dabei der Körperhaltung und den Ausdrucksbewegungen zu, die nachstehend näher beleuchtet werden.

Die **Körpersprache,** die **Kinesik,** ist der Ursprung aller Sprachen und hat schon deswegen eine sehr große Bedeutung. Ein Kinesikfachmann hat einmal gesagt, der Körper sei »der Handschuh der Seele«, soll heißen: Was wir fühlen und empfinden, drücken wir über unbewusste körpersprachliche Signale aus.

Mit dieser Aussage wird auch die Bedeutung für das Führungsverhältnis erkennbar. Für die Führungskraft ist die Deutung der körpersprachlichen Signale häufig die einzige Möglichkeit, die Meinung oder den Standpunkt der Mitarbeiter zu erfahren. Aufgrund mangelnden Vertrauens, aus Furcht vor Repressalien oder in Kenntnis der Abhängigkeit zum Vorgesetzten drücken Mitarbeiter verbal nicht immer ihre wahren Gefühle aus: Die Botschaft ist inkongruent. Dabei muss allerdings beachtet werden, dass es sich bei bestimmten Körperhaltungen auch um bloße Angewohnheiten handeln kann. Deshalb müssen vermeintliche oder tatsächliche körpersprachliche Signale gerade im Führungsverhältnis verbal geprüft werden, um Missdeutungen auszuschließen.

Körpersprachliche Signale haben unterschiedliche Erscheinungsformen: Die gesamte Körperhaltung, der Gang, die Mimik, die Gestik und die Bewegung und Haltung der Arme, Hände und Beine gehören dazu. Beispiele hierfür zeigt die Übersicht.

Körpersprachliches Signal	Mögliche Deutung
Verschränken der Arme	Abwehr/Ablehnung des Gesagten
Runzeln der Stirn	Zweifelnd, fragend
Hängende Schultern/schleppender Gang	Momentane oder grundsätzliche Defizite in der Persönlichkeit
Ausgewogener Blickkontakt	Sicherheit, »gesundes« Selbstbewusstsein
Lässige Sitzhaltung	Sicherheit, aber evtl. auch Arroganz
Füße um die Stuhlbeine geschlungen	Angst/Gespanntheit
Hochziehen der Augenbrauen	Erstaunen, Skepsis

Körpersprachliches Signal	Mögliche Deutung
An die Nase/den Mund greifen	Verlegenheit, Nachdenken
Mund öffnen und sichtbar einatmen	Erstaunen, will in die Kommunikation eingreifen
Hand vor das Gesicht	Nachdenken, Verbergen
Mit Gegenständen spielen	Nervosität, Langeweile
Hände im Nacken verschränken	Überheblichkeit, Entspanntheit

Körpersprachliche Signale

Im Zusammenhang mit der Körpersprache sind noch die **Distanzzonen** zu erwähnen. Jeder Mensch hat um sich herum eine solche Zone, in die er andere nicht gerne eindringen lässt. Eine wichtige Rolle bei der Reaktion auf die Verletzung dieser Zone spielt natürlich die Vertrautheit der beteiligten Personen, aber auch der Gesprächsanlass:

Wenn z. B. eine Führungskraft im Rahmen eines Kritikgesprächs dem Mitarbeiter wohlmeinend auf die Schulter klopft, so kann das von dem Mitarbeiter aufgrund der Thematik ganz anders gesehen werden – was sich dann an seiner womöglich abwehrenden Reaktion ablesen lässt.

9.2.2 Argumentationstechnik

Es ist die immer wiederkehrende Aufgabe der Vorgesetzten, die Mitarbeiter zu einem bestimmten Handeln oder Tun zu veranlassen. Dies können sie natürlich kraft ihres Amtes erledigen, was allerdings nicht einer zeitgemäßen Führung entspricht. Die zeitgemäße Führung erwartet von dem Vorgesetzten, dass er mit guten Argumenten überzeugt. Dieses Vorgehen ist dann besonders angemessen, wenn sich bei den Mitarbeitern Widerstände ergeben. Gerade dann sind begründete Argumente besonders wichtig.

Voraussetzung für gute Argumente ist die Kenntnis der Quellen für entsprechende Begründungen, z. B.

- berufliche Erfahrungen,
- Lebenserfahrungen,
- Menschenkenntnis,
- Arbeitsgrundsätze, Verträge, Betriebsvereinbarungen,
- Untersuchungsergebnisse, Statistiken, wissenschaftliche Erkenntnisse,
- Rechts- und Gesellschaftsnormen,
- Ethik und Moral.

Dabei werden im Führungsverhältnis aufgrund unterschiedlicher Zielsetzung zwei Arten der Argumentation unterschieden: Zum einen die kooperative, zum anderen die strategische Argumentation.

Die **kooperative Argumentation** ist, wie es der Name andeutet, sachorientiert und hat zum Ziel, die Mitarbeiter zu überzeugen und gemeinsam Lösungen zu erarbeiten. Bei dieser Form der Argumentation werden Ziele schneller und vor allen Dingen nachhaltiger erreicht, da die Mitarbeiter mit einbezogen werden. Die Wahrscheinlichkeit des Transfers der besprochenen Fakten ist bei dieser Form hoch.

Die **strategische Argumentation** ist dagegen gewinnorientiert und die Mitarbeiter werden dabei überredet oder gar manipuliert. Hier setzt die Führungskraft ihre Ziele durch, ohne die Belange der Mitarbeiter zu berücksichtigen. Die Folge ist, dass es bei den Mitarbeitern häufig zu Abwehrreaktionen kommt, das Betriebsklima belastet wird und die Persönlichkeit, das Selbstwertgefühl der Mitarbeiter angegriffen wird.

Natürlich müssen in der Arbeitswelt Entscheidungen durchgesetzt werden und eine Führungskraft wird letztlich auch am Grad der Zielerreichung gemessen. Dabei ist es aber viel häufiger möglich, kooperativ zu arbeiten und zu argumentieren, als das in der Praxis geschieht.

Die **Argumentationstechnik** bedient sich regelmäßig eines Impulses, einer Aufforderung und der entsprechenden Begründung.

Beispiele:

»Verwenden Sie bitte die X-Maschine, weil Sie damit die vierfache Menge schaffen.«

»Die Zulage kann ich Ihnen nicht gewähren, weil unsere Betriebsvereinbarung sie nicht vorsieht.«

»Erstellen Sie das Werkzeug aus XY-Stahl, weil wir dann die besonderen Anforderungen des Kunden bezüglich der Standzeit erfüllen.«

Die Argumentation der Führungskraft wird durch die Akzeptanz bei den Mitarbeitern untermauert. Diese erhält die Führungskraft aus ihrer Fach-, Sozial- und Methodenkompetenz.

9.2.3 Problemlösungs- und Kreativitätstechniken

Im betrieblichen Alltag sind Probleme und Konflikte unausweichlich. Unterschiedliche Sichtweisen, Ziele und Angewohnheiten einzelner Menschen oder auch ganzer Bereiche führen zu Situationen, die Führungskräfte **aller** Ebenen lösen müssen.

Dabei ist es zunächst erforderlich, dass die Führungskraft Probleme als solche überhaupt wahrnimmt, nicht verdrängt und das Problem auch formulieren kann.

Der Problemformulierung schließt sich dann die Ideenfindung an, die nach drei Prinzipien erfolgen kann:

- **Prinzip der Verfremdung:** Hier löst man das Problem aus der üblichen Betrachtungsweise heraus und bedient sich eines anderen Blickwinkels. So ist es häufig sinnvoll, die eigene Leistung nicht aus Sicht des Unternehmens zu sehen, sondern z. B. die Betrachtungsweise eines Kunden einzunehmen, was durchaus zu neuen Erkenntnissen führen kann.
- **Prinzip der verzögerten Bewertung:** Dieses Prinzip sagt aus, dass Ideen nicht spontan beurteilt werden müssen, sondern sich eine Vielzahl durch spätere Bewertung in positiver oder negativer Hinsicht klärt.
- **Prinzip der spielerischen Aktivitäten:** Hier handelt es sich um das Experimentieren mit der Erwartung, zufällige Entdeckungen zu machen.

Die daraus resultierenden Ideen können dann abschließend bewertet werden, um sie in der Folge zu realisieren.

Die Erkenntnisse aus diesen Prinzipien sind im Führungsalltag in bestimmte Kreativitätstechniken eingeflossen. Eine Vorstufe bildet das gemeinsame Entwickeln von kreativen Spielregeln, die von allen Beteiligten während des kreativen Prozesses eingesehen werden können. Möglich ist hier ein Flipchartblatt oder eine Pinnwand. Das Visualisieren ist besonders empfehlenswert, wenn die Teilnehmer noch unerfahren in der Anwendung solcher Techniken sind.

Folgende »Spielregeln« können Anwendung finden:

- Quantität geht vor Qualität,
- Ideen nicht zerreden,
- Einfälle schriftlich fixieren,
- Ideensuche ohne Ideenkritik in der Suchphase,
- »Spinnen« ist ausdrücklich erlaubt,
- nur eine Person spricht ohne Unterbrechung (ggf. Zeitlimit),
- »Killerphrasen« sind zu vermeiden.

Eine häufig verwendete Kreativitätstechnik ist das **Brainstorming** oder **Brainwriting.** Sinnvollerweise wird Brainstorming in Gruppen von fünf bis maximal fünfzehn Teilnehmern durchgeführt, die nach einer Einleitung und ggf. Erläuterung der Methode 10 – 15 Minuten Gelegenheit bekommen, ihre Gedanken zu dem Thema stichwortartig zu formulieren. Dies passiert meistens auf farbigen Kärtchen, die dann für alle Teilnehmer sichtbar an eine Pinnwand gehängt werden.

Es kann sich dann bei großer Zahl der Karten ein Sortieren, das so genannte **Clustern,** anschließen. In dieser Phase werden die Karten thematisch gegliedert, um sie dann z. B. in Kleingruppen bearbeiten zu lassen oder in einen Maßnahmenkatalog zu überführen.

Aus dem Brainstorming hat sich ein weiteres, formaleres Vorgehen entwickelt, die **Methode 6-3-5.** Während die Grundgedanken beim Brainstorming meistens in Kleingruppen fortgeführt werden, sieht das die Methode 6-3-5 schon in einer Abfolge vor. Das schränkt zwar die Ideenvielfalt ein, führt aber zu konkreteren Ergebnissen (aus dieser Schilderung wird deutlich, dass die Methoden über das Ziel ausgesucht werden sollten).

Der Ablauf von 6-3-5 stellt sich wie folgt dar: Sechs Teilnehmer schreiben auf ein vorgefertigtes Blatt Papier drei Ideen zu einem bestimmten Thema auf. Diese Blätter werden im Anschluss fünfmal weitergegeben und von den Teilnehmern jeweils ergänzt. Dabei können sich die Teilnehmer von den Ideen der Vorgänger inspirieren lassen oder weitere neue Gesichtspunkte einbringen.

Die Zeitvorgabe beginnt in der ersten Runde mit fünf Minuten und wird in jeder Runde um eine Minute erhöht.

Eine Methode, die sowohl einzeln als auch in Gruppen durchgeführt werden kann, ist das **Mind-Mapping.** Der Vorteil dieser Methode liegt darin, dass Ideen und Vorschläge grafisch aufgearbeitet werden. Diese Darstellungsform spricht durch ihren Aufbau beide Gehirnhälften an, was bekanntermaßen zu besseren Denkergebnissen führen kann.

Zur Durchführung bedient man sich eines querformatigen Papiers und schreibt in die Mitte einen **Schlüsselbegriff.** Von diesem Zentrum aus werden weitergehende Gedanken als Stichwort auf Linien, so genannten Hauptästen geschrieben. Diese Hauptäste können sich dann durch weitere Assoziationen verzweigen. Unterstützend kann dabei mit Zeichen und Bildern gearbeitet werden.

Die mögliche Gestaltung wird am bildhaften Beispiel eines Vorstellungsgesprächs in der Form eines Mind-Mapping dargestellt:

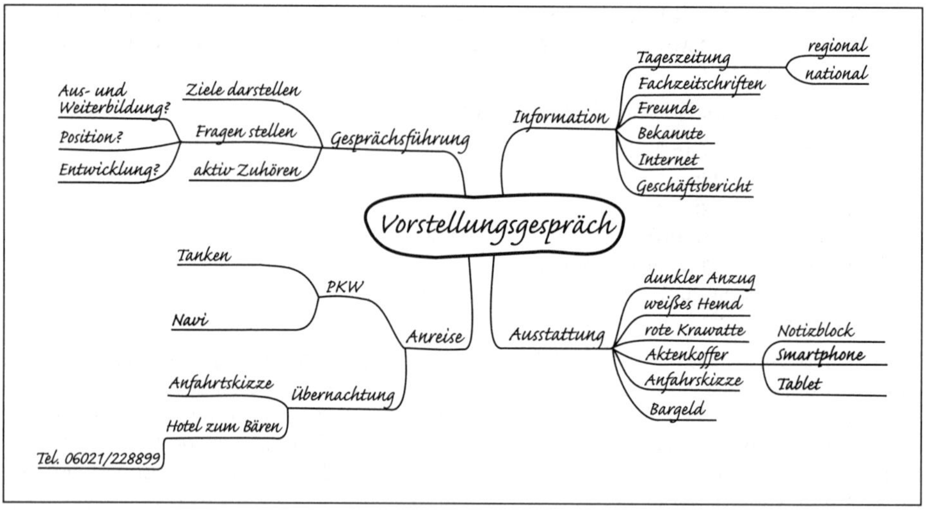

Mind-Mapping

9.3 Professionelles Vorbereiten und Vorstellen von Präsentationen

Die zeitgemäße Führungskraft muss in der Lage sein, Arbeitsergebnisse zu präsentieren, im Rahmen einer Mitarbeiterbesprechung das Team zu interessieren, möglichst zu begeistern oder bei persönlichen Anlässen wie Jubiläen, Geburtstagen usw. vor Gruppen das Wort zu führen.

Daraus ergibt sich folgende Definition:

> »Eine **Präsentation** ist eine Veranstaltung, bei der die Fach- oder Führungskraft einer bestimmten Zielgruppe an Zielen orientierte Inhalte anschaulich und nachvollziehbar übermittelt«.

Das macht sie in vortragender Art und Weise, wobei der Vortrag durch bildhafte Medien unterstützt werden kann. Je nach gewählter Methode bezieht der Vortragende dabei die Mitarbeiter während oder nach der Präsentation mit ein.

Das setzt wiederum voraus, dass für eine Präsentation der richtige Rahmen gewählt wird. Der Raum muss von seiner Größe her geeignet sein, die Anordnung der Stühle muss so beschaffen sein, dass die Teilnehmer miteinander reden können, und die benötigten Hilfsmittel und Medien müssen in ausreichender Anzahl und Beschaffenheit zur Verfügung stehen.

9.3.1 Zweck und Ziel einer Präsentation

Präsentation und **Visualisierung** meint das bildhafte Unterstützen des Vortrags. Hier macht man sich die Erkenntnis zunutze, dass Informationen, die neben dem Lernkanal »Hören« auch noch das Sehen ansprechen, etwa doppelt so gut behalten werden. Diese Erkenntnis machen sich professionelle Trainer und Dozenten zu Nutze, indem sie verschiedene bildhafte Medien einsetzen: Ein Bild sagt mehr als tausend Worte!

Neben diesen **Lernkanälen** spielen natürlich auch die anderen Sinne eine Rolle, wenn es darum geht, dass Lerninhalte behalten werden. Das neurolinguistische Programmieren (NLP) und die Suggestopädie basieren auf diesen Erkenntnissen.

Ferner spielt natürlich die körperliche und geistige Verfassung des Lernenden, sein Interesse am Lerninhalt und die persönliche Betroffenheit eine entscheidende Rolle.

Im Folgenden werden Medien behandelt, die den Lernkanal »Sehen« ansprechen.

9.3.2 Arbeitsergebnisse zur Vorbereitung einer Präsentation

Sinn der Visualisierung ist es, die Mitarbeiter mit einzubeziehen, die Aufmerksamkeit der Teilnehmer zu wecken, das Erfassen von Fakten zu vereinfachen und wesentliche Details hervorzuheben. Um das zu erreichen, müssen einige Grundsätze der Visualisierung eingehalten werden, zunächst unabhängig davon, welches Medium eingesetzt wird.

- **Wahl des effektivsten Mediums:** Die Auswahl der zur Verfügung stehenden bildhaften Medien ist meistens sehr vielfältig: Overheadfolie, Flipchart, Schaubilder, Diagramme, Explosionszeichnungen, dreidimensionale Animationen, Dias und Videofilme.

- **Wichtige Punkte hervorheben:** Überschriften, Kernaussagen und Merksätze sollen sich abheben. Das kann durch Farbe, Unterstreichen, Rahmen oder eine andere Schriftart erreicht werden.
- **Schriftgröße beachten:** Der erste wesentliche Grundsatz ist der, dass die Schrift von allen Teilnehmern, unabhängig vom Sitzplatz, lesbar sein muss. Vorteilhaft ist eine Druckschrift, die Groß- und Kleinbuchstaben enthält. Dabei sollten die Ober- und Unterlängen kurz, die Schrift nicht weit auseinandergezogen, sondern in Blöcken geschrieben sein.
- **Freie Sicht für alle Teilnehmer:** Unabhängig vom Medium muss gewährleistet sein, dass alle Teilnehmer eine freie Sicht auf die Projektionsfläche oder das Medium haben.
- **Ausreichend Zeit geben, das Bild zu erfassen:** Es gibt Vortragende, die beim Einsatz von bildhaften Medien nicht bedenken, dass die Mitarbeiter das Bild zum ersten Mal sehen und eine gewisse Zeit zur Orientierung brauchen. Daher ist es wichtig, hier die körpersprachlichen und mimischen Signale der Teilnehmer daraufhin zu beobachten, ob das Bild auch tatsächlich erfasst ist.
- **Blickkontakt halten:** Der Einsatz bildhafter Medien verführt den Vortragenden dazu, nicht die Teilnehmer, sondern das Bild im Auge zu haben. Beim Overheadprojektor ist es wichtig, den Standort so zu wählen, dass der Redner sich die Stichworte vom Projektor holt und nicht von der Wand, also schräg hinter dem Projektor. Wenn der Dozent etwas an das Flipchart oder die Pinnwand schreibt, spricht er nicht gleichzeitig zur Gruppe.
- **Vorbereitungen treffen:** Der Medieneinsatz erfordert meistens viele Hilfsmittel. Es ist eine wichtige Aufgabe, diese vor der Präsentation bereitzustellen und auf ihre Vollständigkeit und Funktionstüchtigkeit zu prüfen. Das gilt auch für die technischen Geräte.

9.3.3 Zielangemessene und adressatengerechte Aufbereitung und Durchführung

Die Aufgabe des Vortragenden ist es jetzt, die aussagekräftigsten Medien auszuwählen und evtl. im Medienmix sinnvoll einzusetzen; das heißt, den Vortrag nicht mit Medien zu überfrachten, aber zur Abwechslung durchaus unterschiedliche Medien einzusetzen.

Tafel/Whiteboard

Die schwarze oder grüne Tafel, die mit weißer oder farbiger Kreide beschrieben und bemalt wurde, ist den meisten wohl aus der Schulzeit bekannt. Ein zeitgemäßes Nachfolgemodell ist das Whiteboard. Es wird mit trocken abwischbaren Spezialstiften, sogenannten Boardmarkern, beschrieben. Tafeln oder Whiteboards sind entweder fest an Wänden oder auf fahrbaren Gestellen montiert.

Die Tafel ist für große Teilnehmerzahlen geeignet, da es sich um ein großflächiges Medium handelt. Korrekturen und Änderungen sind leicht möglich.

Bei der Handhabung ist darauf zu achten, dass kontrastreiche Farben verwendet werden und die Schrift klar und deutlich ist!

Flipchart

Das Flipchart besteht aus einem meist dreibeinigen Ständer aus Metall mit einer Auflagefläche für das ca. 70 x 100 cm große Papier und einer Klemm- oder Aufhängevorrichtung.

Es ist ebenfalls für große Teilnehmerzahlen geeignet, hat hohe plakative Wirkung, die Vorbereitung aussagekräftiger Präsentationen sind möglich und Kernaussagen können festgehalten werden. Flipchartblätter können leicht transportiert und als Dauermedium sichtbar gemacht werden.

Zur Handhabung sollte Folgendes beachtet werden: Das Flipchart eignet sich zum Fixieren einzelner Stichworte, knapper Sätze oder einfacher Zeichnungen. Dabei sollten nicht mehr als zehn bis zwölf Zeilen geschrieben werden. Ein Konzept kann mit Bleistift, für die Teilnehmer kaum sichtbar, auf dem Blatt entworfen werden, was z. B. das Erstellen von Grafiken wesentlich vereinfacht.

Overheadprojektor

Der Overheadprojektor (OHP) ist auch als »Tageslichtprojektor«, »Polilux« oder »Arbeitsprojektor« bekannt. Es gibt grundsätzlich zwei unterschiedliche Bauarten, den durchscheinenden und den aufscheinenden OHP.

Bei dem durchscheinenden OHP ist die starke Lichtquelle in einem Kasten eingebaut, der durch eine Glasplatte abgedeckt wird. Auf diese wird die Folie gelegt. Der gebündelte Lichtstrahl wird dann durch eine Optik im Kopf des OHP geführt und über einen Spiegel auf der Projektionswand abgebildet.

Bei den aufscheinenden Geräten ist die Lichtquelle im Kopf integriert und scheint auf eine Spiegelplatte, auf der die Folie liegt. Das reflektierte Licht wird dann wieder durch die Optik und über einen zweiten Spiegel auf die Projektionswand geführt. Diese Geräte sind entsprechend flacher und eignen sich besser für den mobilen Einsatz, sind aber grundsätzlich schwächer in der Lichtstärke.

Der OHP ist für große Räume und hohe Teilnehmerzahlen geeignet, da die Größe des Bildes durch die Entfernung des OHP zur Projektionswand variabel bestimmbar ist. Dabei muss natürlich die Lichtstärke beachtet werden, die ja im Quadrat zur Entfernung abnimmt. Die Folien können auf verschiedene Weise – durch Kopieren, Drucken und Zeichnen – hergestellt und präsentiert werden. Die bekanntesten Techniken sind: Die Abdecktechnik, bei der die Folie schrittweise aufgezogen wird; die Ergänzungstechnik, bei der der Vortragende die Folie entsprechend dem Verlauf und den Beiträgen der Mitarbeiter mit einem Folienstift ergänzt; die Overlaytechnik, bei der mehrere Folien übereinandergelegt ein Bild ergeben. Folien sind mehrfach einsetzbar und können als Kopiervorlage für die »Handouts« der Teilnehmer verwendet werden.

Es sollte in einem Vortrag möglichst nicht »eine Folie nach der anderen« gezeigt werden. Bei verbindenden Worten wird der OHP ausgeschaltet. Während des Folieneinsatzes ist es wichtig, den Blickkontakt zur Zielgruppe zu halten und nicht die Stichworte von der Wand zu holen. Außerdem muss für ausreichenden Platz in der Nähe des OHP gesorgt werden, da noch einzusetzende, schon gezeigte Folien und die benötigten weiteren Hilfsmittel wie Konzept und Folienstifte diesen in Anspruch nehmen.

Beamer

Der Beamer ist ein zeitgemäßes technisches Medium, das in Verbindung mit einem PC oder Laptop die Bildschirmabbildung auf eine Projektionsfläche überträgt. Hierbei kann es sich um Text- oder Grafikdateien oder spezielle Lernsoftware handeln. Mit einem Beamer ist es möglich, digitalisierte Bilder oder Videosequenzen zu präsentieren.

Weitere Medien

Weitere Medien, auf die hier aber nicht näher eingegangen wird, sind Diaprojektion, Tonfilm, das Videogerät als Aufnahme- und auch Abspielgerät und – zum Darstellen von Bildschirmabbildungen – das Liquid Crystal Display, besser bekannt als LCD-Auflage.

9.3.4 Digitale Medien – Lernplattformen

Die digitale Welt verändert das betriebliche Arbeiten und Lernen in spektakulärer Form. Betriebliche Entscheider müssen sich, soweit sie das noch nicht getan haben, mit diesem Thema auseinandersetzen. Wo liegen die Chancen, wo die Risiken und wie wird die digitale Welt im Unternehmen implementiert?

Das digitale Lernen ermöglicht es in Zeiten wachsender Vielfalt und Differenzierungen die Lerninhalte und Methoden in der betrieblichen Weiterbildung auf die persönlichen Bedürfnisse und Rahmenbedingungen der einzelnen Mitarbeitenden anzupassen.

Viele nationale und internationale Forschungen setzen sich mit der Frage auseinander, wie sich die Personalentwicklung in den Betrieben zeigen wird. Diese Frage bezieht sich einerseits auf die Medien, wobei man davon ausgeht, dass hier Tablets und interaktive Whiteboards dominieren werden.

Eine ebenso große Rolle werden Lernplattformen spielen, die es in unterschiedlichen Erscheinungsformen gibt. Lernplattformen sind Systeme, die Dozenten und Lernende bei der Organisation der Personalentwicklung unterstützen.

Lernplattformen

- **Learning Management Systeme (LMS)**
  Hierbei handelt es sich um elektronische Lernformate wie z. B. Online-Trainings oder Lernvideos, die mit Präsenzelementen verbunden werden können (Blended Learning). Es können aktuelle oder vergangene Daten des Unternehmens eingespielt werden, wie auch Überprüfungen des Lernfortschritts. Wird das ansprechend gestaltet, so trägt es zur Lernmotivation bei.
- **Learning Content Management System (LCMS)**
  Der Schwerpunkt bei diesem System liegt auf der Erstellung von Lernmaterial. Die Produzierenden haben hier die Möglichkeit, Dokumente, Audio- oder Videodateien oder existierende E-Learning-Programme zu nutzen. Die Übergänge von LMS und LCMS sind häufig fließend.
- **Learning Experience Plattform (LXP)**
  Bei dieser Plattform werden die Lernenden stärker in den Fokus genommen. Sie haben die Möglichkeit, über ihre Erfahrung und zur Verfügung stehender Informationsquellen (z. B. Wissensmanagementsysteme wie Data Warehouse) den Ablauf und Inhalt mit zu gestalten. Das System ist dabei in der Lage, die Lernaktivitäten der Lernenden zu bewerten und methodisch zu berücksichtigen. In z. B. virtuellen Räumen sind z. B. Chats möglich.

Soweit die technische Seite. Natürlich müssen auch die Menschen beachtet und in ihrer Unterschiedlichkeit berücksichtigt werden. Das MMB-Institut für Medien- und Kompetenzforschung hat 2013 eine interessante Übersicht verschiedener Lerntypen veröffentlicht, die sich in mehr oder minder starker Ausprägung auch in der betrieblichen Lernpraxis wiederfinden. Die Gruppen werden hier nur gekennzeichnet, den pädagogischen Einfluss müssen Betriebe mit ihren personellen (pädagogischen) und materiellen Möglichkeiten umsetzen.

Lerntypen

- **Betreuungsorientiert**
  Hier finden sich überwiegend Jugendliche und junge Erwachsene mit geringem Bildungsabschluss und geringer Computerkompetenz. Man findet sie in KMU und sie haben dort durchaus berufliche Verantwortung. E-Learning ist ihnen i.d.R. fremd.

- **Weniglerner**
  Die Angehörigen dieser Gruppe sind ihres Lernverhaltens generell sehr zurückhaltend. Es sind überwiegend Industriearbeiter mit geringerer Schulbildung, die auch nicht gefördert werden. Sie haben selten einen Computerarbeitsplatz und sind dem E-Learning und anderen Lernplattformen fern.
- **Viellerner**
  Dem gegenüber stehen die Viellerner, die sich dadurch auszeichnen, dass sie diverse Lernplattformen und -möglichkeiten nutzen. Sie sind sowohl extrinsisch , als auch intrinsisch motiviert, legen aber Wert auf individuelle Betreuung. Die Viellerner finden wir in größeren Unternehmen und sie haben Führungs- und Berufserfahrung. Das Arbeiten mit Computern ist ihnen vertraut und damit auch das E-Learning. Sie nutzen i.d.R. die PE-Angebote des Unternehmens und auch darüber hinaus.
- **Informelle Lerner**
  Diese Gruppe lernt eher individuell, selbstgesteuert und planvoll. Die Mitglieder sind vielseitig interessiert und informieren sich über viele Möglichkeiten (Literatur, Medien, Messen). Sie haben einen höheren Bildungsabschluss und wir finden sie häufig in kleineren Unternehmen ohne zentral organisierte Weiterbildung. Mit dem Computer und Lernformen sind sie vertraut.

9.3.5 Shopfloor-Management: Visualisierungsplattform Shopfloor-Board

Ein schon verbreitetes System in Produktionsbetrieben im Zusammenhang mit der Digitalisierung ist das Shopfloor-Management. Shopfloor bezeichnet den Ort der Wertschöpfung im Rahmen der Fertigung. An dieser Stelle werden die Leitungs- und Führungsarbeiten transparent. Ziel ist dabei ein kontinuierlicher Verbesserungsprozess (KVP oder KAIZEN). Im Mittelpunkt steht dabei das Shopfloor Board, dem alle benötigten **Informationen** entnommen werden können:

- Kennzahlen zu Zielerreichung und Qualitätserfüllung
- Mitarbeitereinsatz
- Qualifikationsmatrix der Mitarbeitenden
- Offene Aufgaben/Maßnahmen-Status
- Delegationsstatus

Spalten:

- Owner
- Start
- Ende
- Wirkung

Diese Daten werden dann von den Verantwortlichen auf z. B. Tablets übernommen und als Führungs- und Steuerungsinstrumente in die Bereiche geführt.

II Personalmanagement

Kaum ein betrieblicher Bereich hat in den letzten Jahrzehnten so tiefgreifende Veränderungen erfahren wie das betriebliche Personalwesen. Längst geht es dabei nicht mehr nur um die Verwaltung von Mitarbeitern:

Moderne Personalabteilungen managen ihre Kernprozesse – Personalbedarfsplanung und Personalbeschaffung/-auswahl, Personaleinsatz und -entwicklung, Personalbeurteilung und -honorierung – heute unter Einsatz eines Instrumentariums, das sich auch aus psychologischen Erkenntnissen speist. Dabei verschwimmen die Grenzen zur Personalführung zusehends: Das klassische Personalwesen hat längst die Grenzen der Personalabteilung verlassen und findet heute – als »Personalmanagement« – verstärkt in der Linie statt.

Auch wenn menschliche Arbeit heute in manchen Bereichen wenig gewürdigt scheint und der Eindruck entstehen kann, dass Personal vorrangig als Kostenfaktor gesehen werde, den es zu optimieren (sprich: zu minimieren) gelte, steht mehr denn je fest, dass der Erfolg eines Unternehmens im Wettbewerb mit der Leistungsfähigkeit, Leistungsbereitschaft und dem Know-how seiner Mitarbeiter »steht und fällt«. Dieser Schlüsselrolle des Personals und der daraus resultierenden Anforderungen an das Führungskonzept sind sich die Betriebe in der Regel bewusst, auch wenn die »harsche« Übersetzung des Begriffes »Human Resources« mit »Humankapital« auf den ersten Blick anderes vermuten lässt.

Traditionelle Führungsstile und unbewegliche Organisationsformen haben ausgedient; situative – wann immer möglich: kooperative – Führung, die Berücksichtigung von Mitarbeiterbedürfnissen auch jenseits des engen betrieblichen Bezugs und Investitionen in eine strategisch ausgerichtete Personalentwicklung sind an ihre Stelle getreten. Damit sind neue Anforderungen auch an die Mitarbeitenden entstanden: Flexibilität und Teamgeist stehen hier stellvertretend für die Palette an Schlüsselkompetenzen, über die der moderne Mitarbeiter zu verfügen hat.

Alle genannten Aspekte werden in den folgenden Kapiteln ausführlich beleuchtet. Eine – hier aufgrund ihrer Bedeutung bewusst ausgeweitete – Erörterung der Grundlagen des Arbeitsrechts einschließlich der Mitwirkungs- und Mitbestimmungsrechte von Arbeitnehmern sowie eine detaillierte Darstellung des Sozialrechts beschließen diesen Handlungsbereich.

10 Personalplanung und -beschaffung

10.1 Anwenden der Personalplanung als Teil der Unternehmensplanung

Den Menschen, dem Personal in den Betrieben, kommt in der heutigen Zeit eine immer größere Bedeutung zu. Es sind die Menschen, die hohe Qualitätsstandards gewährleisten, die innovative Wege beschreiten und damit für den betrieblichen Erfolg sorgen. Wie und mit welchem Engagement sie dies tun, wird stark vom Personalmanagement beeinflusst. Ein Mensch wird nur in dem Maße bereit sein, eine hohe Leistung zu erbringen, wie auch das Unternehmen bereit ist, ihn in seiner Persönlichkeit anzunehmen, zu stärken und ihm Entwicklungsmöglichkeiten aufzuzeigen. Das Personalmanagement bietet die Möglichkeit, den arbeitenden Menschen ihren Stellenwert im Betrieb zu verdeutlichen.

Zunächst ist es wichtig, die Vielzahl der »Personal...«-Begriffe in einen Zusammenhang zu stellen, ihre Grenzen aufzuzeigen sowie Ziele und Aufgaben zu erläutern.

Die Begriffe **Personalmanagement** und **Personalwirtschaft** stehen für alle Aktivitäten und Gegebenheiten eines Unternehmens, einzelner Personen oder Gruppen, die das Personal berühren.

Personalpolitik ist als Teil der Unternehmenspolitik der Bereich, in dem das Unternehmen ausdrückt, wie es grundsätzlich mit den Mitarbeitern umgehen will. Die Personalpolitik äußert sich in personalpolitischen Maßnahmen wie Arbeitszeitregelungen, Gehaltspolitik, Urlaubsgrundsätze usw. Diese Maßnahmen werden von der Personalabteilung oder dem betrieblichen Personalwesen umgesetzt. Sie sind somit diejenigen, die diese Maßnahmen konzipieren, umsetzen und/oder über deren Umsetzung im Unternehmen wachen. Ferner arbeiten sie kreativ an der Weiterentwicklung eingeführter Maßnahmen.

Die **Personalverwaltung** ist, wie auch viele weitere Bereiche des Personalwesens, Aufgabe der Personalabteilung. Sie ist hier explizit aufgeführt, weil sich viele Personalabteilungen auf diesen Bereich beschränken, was aber nach obiger Definition nicht richtig sein kann.

Eine Sonderstellung nimmt in dieser Reihe die **Personalführung** ein. Sie ist Teil der Personalpolitik, betrifft aber alle Führungskräfte des Unternehmens unabhängig von ihrer hierarchischen Einbindung und regelt die Art und Weise, wie Führungskräfte mit den unterstellten Mitarbeitern umgehen. Häufig ist dies in Führungsleitlinien fixiert.

10.1.1 Personalplanung als Teil der Unternehmensplanung

Die Unternehmensplanung äußert sich in Absichtserklärungen der Unternehmensleitung, in denen sie darlegt, wie sie in den verschiedenen Planungsbereichen strategisch vorgehen will. Die Personalplanung ist Bestandteil der Unternehmensplanung und steht gleichrangig neben anderen Bereichen, etwa der Finanz- und der Absatzplanung. Diese Bereiche sind ineinander verzahnt: Wenn es auf einem Feld Veränderungen oder Erweiterungen gibt, sind stets weitere Planungsbereiche betroffen.

Beispiel:

Wenn sich ein Hersteller von Sicherheitsgurten im Rahmen seiner Produktionsplanung entscheidet, zukünftig auch Airbags zu produzieren, so wird sich das in vielfacher Weise auswirken: Die Finanzplanung muss vorlegen, wie die Finanzierung der notwendigen technischen Anlagen gestaltet werden soll; die Absatzplanung muss Aussagen darüber treffen, welche Vertriebswege beschritten werden sollen, und im Rahmen der Personalplanung wird festgelegt, ob für die neue Produktionslinie Mitarbeiter eingestellt werden müssen oder ob durch Personalentwicklungsmaßnahmen, also Schulungen, der Bedarf gedeckt werden kann.

Unternehmensplanung				
Finanz-planung	Produktions-planung	**Personal-planung**	Absatz-planung	Entwicklungs-planung

Die Personalplanung steht gleichrangig neben anderen Planungsbereichen.

10.1.1.1 Ziele und Bedeutung der Personalplanung

Die Absichtserklärungen der Unternehmensleitung werden umformuliert in Ziele. Dabei entstehen auch die personalpolitischen Ziele. In der Hauptsache handelt es sich dabei um zwei grundsätzliche Zielgruppen: Die wirtschaftlichen und die sozialen oder humanitären Ziele.

Wirtschaftliche Ziele sind:

- Optimale Arbeitsleistung,
- Personalengpässe rechtzeitig erkennen und entsprechend gegensteuern,
- Minimierung der Personalbeschaffungs- und -einsatzkosten,
- Nutzung der Kreativität der Mitarbeiter in Bezug auf Innovationen,
- effektive Personalbeschaffung.

Soziale Ziele sind:

- Zufriedenheit der Mitarbeiter,
- Identifikation der Mitarbeiter mit der Aufgabe und dem Unternehmen,
- Förderung und Entwicklung der Mitarbeiter,
- humane und sichere Arbeitsplatzgestaltung,
- Versorgung der Mitarbeiter.

Diese Ziele sind verständlicherweise nicht immer zur Deckung zu bringen und abhängig von unterschiedlichen Faktoren, etwa der generellen Ausrichtung des Unternehmens hinsichtlich der Wertschätzung gegenüber den Mitarbeitern und der wirtschaftlichen Lage, die eine entscheidende Rolle spielen wird. Es kommt möglicherweise zu Zielkonflikten. In diesem Spannungsfeld bewegen sich auch die Verhandlungen zwischen dem Betriebsrat und den Arbeitgebervertretern.

Ziel des Unternehmens muss es im Sinne des Erfolgs sein, eine relative Ausgewogenheit zwischen den wirtschaftlichen und den sozialen Zielen zu erreichen.

Personal ist trotz zurzeit hoher Arbeitslosigkeit eine knappe **ökonomische Ressource.** Von daher ist es geboten, mit ihr weder verschwenderisch noch ausbeuterisch umzugehen.

Die Personalplanung ist – neben anderen Planungsbereichen wie Produktions-, Finanz-, Absatzplanung – ein entscheidender Bereich im **ganzheitlichen Unternehmensansatz.** Zwischen den einzelnen hier aufgezählten Planungsbereichen bestehen, wie schon aufgezeigt wurde, direkte Abhängigkeiten.

Wenn im Rahmen der Produktionsplanung z. B. die Erweiterung um ein neues Produkt vorgesehen ist, so muss sich das Unternehmen mit vielen, das Personal betreffenden Fragen auseinandersetzen:

- Reicht das vorhandene Personal zur Erledigung der neuen Aufgaben zahlenmäßig aus?
- Müssen die Mitarbeiter in Hinblick auf das neue Produkt oder neue Fertigungsmethoden geschult werden?
- Sind die Arbeitszeitregelungen ausreichend oder muss z. B. Schichtarbeit eingeführt werden?
- Wie wirken sich die Maßnahmen auf die Personalkosten aus?

Diese Fragen sind bei der Personalplanung zu berücksichtigen: Denn sie ist ein geordneter informationsverarbeitender Prozess, in dessen Verlauf die Ausprägungen des Personalbedarfs, der Personalausstattung, der Personalentwicklung oder des Personaleinsatzes vorausschauend so festgelegt und aufeinander abgestimmt werden, dass die betrieblichen Ziele erreicht werden; damit wird auch ihre **Bedeutung** herausgestellt.

Zusammenfassend lautet das Ziel der Personalplanung,

> zur richtigen Zeit die benötigte Anzahl für die Aufgaben entsprechend qualifizierte Mitarbeiter an den notwendigen Arbeitsplätzen bereitzustellen, um die betrieblichen Aufgaben – orientiert an den Unternehmenszielen – zu erfüllen.

Dabei unterliegt die Personalplanung vielen Einflussfaktoren. Diese sind sowohl im Betrieb als auch extern angesiedelt:

- Unternehmensplanung in anderen Unternehmensbereichen,
- quantitativer Personalbestand,
- Altersstruktur,
- Personalentwicklungsstand,
- Fluktuationsrate,
- Fehlzeitenverhalten,
- Arbeitszeitregelungen,
- tarifvertragliche Einflüsse,
- Arbeitsmarkt- und Auftragslage,

usw.

Die Personalabteilung und jeweils betroffene Bereiche sind nun gefordert, auch unter Berücksichtigung dieser Faktoren eine kurz-, mittel- und langfristige Personalplanung zu betreiben.

Die Abbildung verdeutlicht die unterschiedlichen Aufgaben bzw. Funktionsbereiche der Personalplanung.

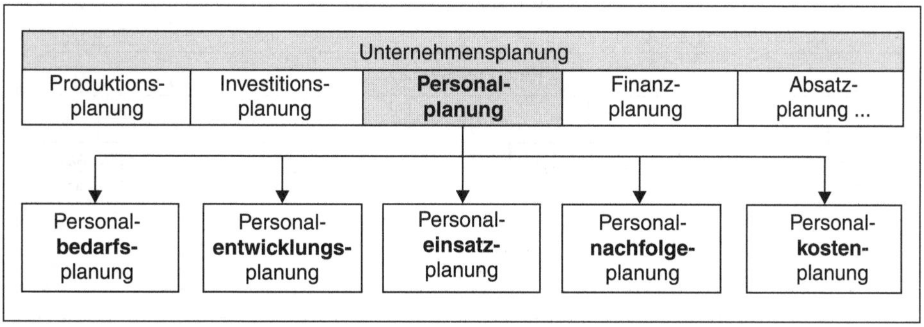

Aufgaben der Personalplanung

10.1.1.2 Aufgaben der Personalplanung

Eine Kernaufgabe der Personalplanung ist die Bereitstellung des Personals in der benötigten Menge und mit der entsprechenden Qualifikation und dessen Einstellung zum richtigen Zeitpunkt und -raum am vorgesehenen Ort (vgl. Abschn. 10.1.1.1).

Von dieser Hauptaufgabe können die einzelnen Aufgaben abgeleitet werden, deren Wahrnehmung in enger Abstimmung mit den betroffenen Funktionsbereichen des Unternehmens erfolgt: Zunächst wird aufgrund der von den Fachabteilungen gelieferten Informationen eine Personalplanung betrieben. Ergebnis dieser Planung kann einerseits die **Personalbeschaffung** oder andererseits die **Freisetzung** von Mitarbeitern sein. Falls vorhandene oder neue Mitarbeiter nicht über die notwendige Qualifikation verfügen, wird dies über die Einarbeitung bzw. **Personalentwicklung** ausgeglichen. Ferner fungiert die Personalabteilung als Wächterin über die Einhaltung der Regeln zur Personalführung.

Ein wesentliches Element der Personalführung ist die **Beurteilung** und, damit verbunden, die Förderung der Mitarbeiter. Weitere Teilaufgaben sind die gerechte Entlohnung und die Verwaltung von Mitarbeiterdaten und -unterlagen. Häufig fällt auch das Sozialwesen in den Zuständigkeitsbereich der Personalabteilung.

Diese Aufzählung macht deutlich, dass es sich bei der Personalarbeit um einen Bereich mit vielen Facetten handelt. Viele Personalabteilungen verstehen sich lediglich als Personalverwaltungen, was den Anforderungen an eine zeitgemäße Personalarbeit nicht genügt. Die betriebliche Leistung in qualitativer und quantitativer Hinsicht wird von Menschen erbracht, und wie mit diesen Menschen umgegangen wird, wird ganz wesentlich von der Personalabteilung in enger Zusammenarbeit mit den anderen betrieblichen Funktionsbereichen geprägt.

Die Abbildung zeigt den Weg von der Unternehmenspolitik über die personalpolitischen Maßnahmen zu den einzelnen Aufgaben der Personalabteilung auf.

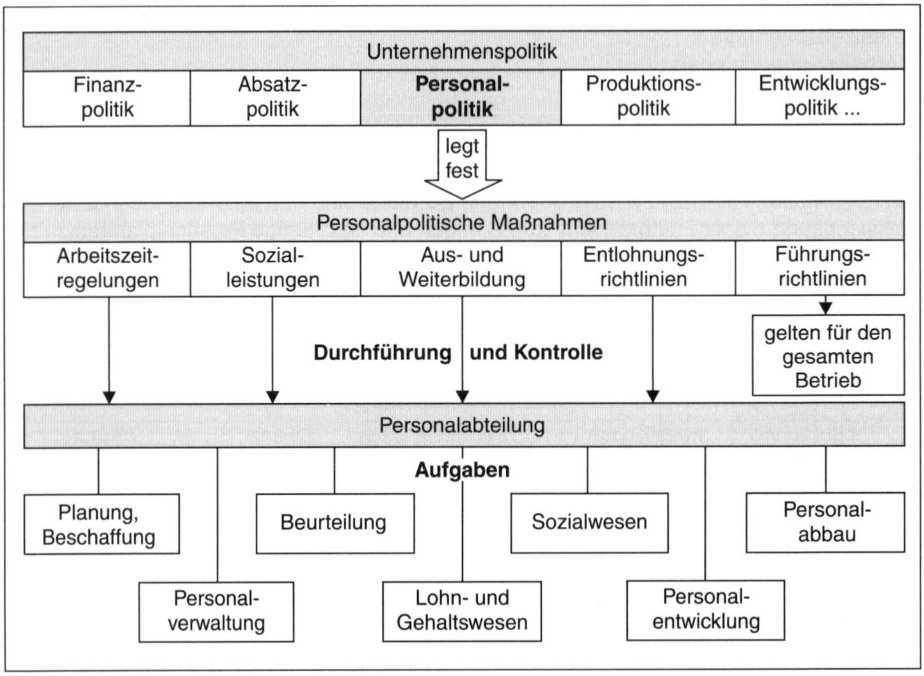

Unternehmenspolitik, personalpolitische Maßnahmen und Aufgaben der Personalabteilung

10.1.1.3 Verknüpfung mit der Unternehmensplanung

Zusammenfassend kann gesagt werden, dass ein Unternehmen unabhängig von der Rechtsform oder Größe neben anderen Planungsarten eine Personalplanung betreiben **muss,** um die betrieblichen Ziele zu erreichen.

Dabei wird die strategische oder **langfristige Planung** (fünf bis zehn Jahre) von der operativen oder **kurz- bis mittelfristigen Planung** (ein bis vier Jahre) unterschieden.

Die aus den Planungen abgeleiteten Kennzahlen haben für das Management Zielfunktion. Im Zusammenhang mit der strategischen Zielsetzung gehen Unternehmen ihre unterschiedliche Wege und setzen zur Zielerreichung verschiedene Instrumente ein:

- Change Management zur Einleitung und Sensibilisierung von Veränderungen,
- Management by Objectives (MBO),
- Portfolioanalysen,
- internes oder externes Benchmarking,
- moderierte Besprechungen zur Problemlösung,
- Szenariotechniken zur Bearbeitung von Hypothesen,
- Balanced Scorecard,
- Elemente des Qualitätsmanagements, wie TQM, DIN ISO, KVP, Six Sigma.

Aus diesen strategischen Elementen werden wiederum Kennzahlen und inhaltliche Elemente abgeleitet, die die Basis für die operativen Ziele bilden. Häufig werden diese dann in **Projektaufträge** eingestellt, um den jeweiligen Transfer in die betriebliche Praxis vorzubereiten.

10.1.2 Arten der Personalplanung

Der Begriff Personalplanung findet in der betrieblichen Praxis vielfältige Verwendung. Grundsätzlich geht es dabei um die **Verfügbarkeit** des existierenden Personals, bzw. dessen **Ergänzung** oder **Abbau.**

Im Prozess der Personalplanung werden Informationen vorausschauend verarbeitet, um den Personalbedarf und die Eignung des Personals für bestimmte Arbeitsabläufe zu gewährleisten und die zukünftigen betrieblichen Ziele zu erreichen. Ein mögliches Unterscheidungsmerkmal ist die **qualitative** und die **quantitative** Personalplanung.

Da der Planungsprozess sowohl einzelne Mitarbeiter, aber auch Gruppen von Mitarbeitern betrachtet, spricht man darüber hinaus von der **individuellen** oder **kollektiven** Personalplanung.

Dieser Abschnitt befasst sich nun mit den verschiedenen Personalplanungsarten, die sich nach dem Planungsgegenstand unterscheiden.

10.1.2.1 Personalbedarfsplanung

Die Personalbedarfsplanung ist ein zentrales Element der Personalplanung, wird hier doch festgelegt, in welcher Anzahl und mit welcher Qualifikation das Personal zur Verfügung stehen muss. Andere Planungsarten, wie die Beschaffungs-, Entwicklungs-, Abbau- oder Einsatzplanung basieren auf der Personalbedarfsplanung.

Fehler in der Bedarfsplanung können zu schwerwiegenden Folgen führen. Fehlt Personal, so werden wohlmöglich Maschinenkapazitäten nicht vollkommen ausgenutzt, Aufträge werden nicht termingerecht erfüllt, das existierende Personal wird stärker belastet, was zu Produktionsfehlern oder mangelnder Kundenorientierung führen kann und es fehlt die Zeit, Mitarbeiter im Rahmen der Aus- und Weiterbildung zu qualifizieren. Existiert ein Personalüberhang, so wirkt sich das negativ auf der Kostenseite aus.

Um diese Nachteile zu kompensieren, bedienen sich viele Unternehmen in einer bestimmten Pufferzone der Leiharbeitnehmer (vgl. Abschn. 10.3.1.3).

Die Ausgangsbasis für die Personalbedarfsplanung ist grundsätzlich der aktuelle Personalbestand. Dieser wird dokumentiert in einem Stellenplan oder Stellenbesetzungsplan.

Stelle	Eingruppierung	Stellen (Soll)	Personal (Ist)	Differenz
Abteilungsleiter	a.T.	1	1	–
Assistentin	G6	1	1	–
Dipl.-Ing./Ing.	G9	6	5	–1
Facharbeiter	G7	12	14	2
CAD-Fachkraft	G8	3	1	–2
Summe		**23**	**22**	**–1**

Stellenplan einer Entwicklungsabteilung

Im **Stellenplan** werden die von der Geschäftsleitung festgelegten Stellen mit ihrer Bezeichnung, der Eingruppierung in den Gehaltstarif und dem aus der Gegenüberstellung vom Stellen-Soll und Personal-Ist resultierenden Veränderungsbedarf ausgewiesen.

Der **Stellenbesetzungsplan** ist in ähnlicher Weise aufgebaut und wird um den Stelleninhaber und ggf. seinen Stellvertreter ergänzt.

Eine weitere Möglichkeit der Personalbedarfsplanung ist das Einbeziehen planbarer, den Personalbestand betreffende **betrieblicher Ereignisse.** Eine solche Matrix kann wie folgt aussehen:

	Stellen am 1.1.	Einführung eines neuen Produktes	Schließung einer Produktlinie	Einführung von CNC-Technik	Ausweitung des Verkaufsgebietes	Stellen am 31. 12.
Fertigung	128	9	–8	2		131
AV/Materialwirtschaft	7	1	–1	1		8
Betriebstechnik	12		–2	2		12
Logistik	14			3	1	18
Marketing	8	2			2	12
Außendienst	6				1	7
Verwaltung	34		–2		2	34
Summe	**209**	**12**	**–13**	**8**	**6**	**222**

Personalbedarfsplan eines Fertigungsbetriebes

Der Wert der vorstehenden Maßnahmen und Hilfsmittel ist direkt abhängig von der Pflege und damit Aktualität der Daten. Nur wenn alle personellen Veränderungen und betrieblichen Informationen in das System einfließen, greift auch die Personalbedarfsplanung.

10.1.2.2 Personaleinsatzplanung

Die Einsatzplanung ist der Bedarfsplanung sehr ähnlich, zielt allerdings auf die **gegenwärtige Besetzung** der Stellen ab, während die Bedarfsplanung eine stärkere Zukunftsorientierung hat.

Der **Einsatz** des Personals setzt sich damit auseinander, das zur Verfügung stehende Personal den betrieblichen Bereichen (Abteilungen, Gruppen, Stellen) zuzuordnen. Dabei spielen einerseits die Aufgaben (Produktion, Montage, Reparatur) oder die Zeiten (Schichten, Wochenpläne) eine ordnende Rolle. Andererseits werden kurzzeitige Veränderungen wie Krankheit, Urlaub, Weiterbildung oder wechselnder Arbeitsanfall bei der Einsatzplanung berücksichtigt und sind häufig ein sehr prägendes Element.

Um diese **Zuordnung** transparent zu gestalten, bedienen sich die Unternehmen unterschiedlicher Hilfsmittel. Das einfachste Mittel ist ein/e Stellenbesetzungsplan/Organisationstafel mit der Aussage, welche Stellen von welcher Person besetzt werden. Eine weitere Möglichkeit ist natürlich auch die EDV. Hier gibt es spezielle Software-Lösungen, die diese Planung unterstützen und häufig mit einem Personalinformationssystem in Verbindung stehen oder Baustein eines solchen Systems sind.

Für die Planbarkeit des einzelnen Mitarbeiters ist die **Stellenbeschreibung** ein wichtiges Hilfsmittel. In ihr werden, bezogen auf die einzelne Stelle, folgende Punkte beschrieben:

- Bezeichnung der Stelle,
- Zielsetzung,
- Haupt- und Nebenaufgaben,
- Kompetenzen/Befugnisse,
- hierarchische Über- und Unterstellung,
- Stellvertretung.

Bei dem Einsatz von Stellenbeschreibungen ist es von entscheidender Bedeutung, dass sie aktuell gehalten werden. Veränderungen in Prozessen ziehen in aller Regel auch Veränderungen an den einzelnen Stellen nach sich. Fließen diese Veränderungen nicht in die Stellenbeschreibungen ein, so verliert das System sehr schnell an Aussagekraft.

Die Personalplanung lässt sich auch über die häufig verwendeten »**W-Fragen**« darstellen:

- Wer? (Person, Name),
- Wo? (betrieblicher Arbeitsbereich),
- Wann? (zeitliche Dimension),
- Was? (Stelle, auszuführende Tätigkeit),
- Welche? (Ausbildung, Leistung, Erfahrung).

Als Ergebnis der Planung ist eine Personalüber- oder -unterdeckung möglich. Diese Erkenntnisse führen dann zu entsprechenden Reaktionen:

- Einstellungen/Entlassungen,
- Versetzungen,
- Einstellen von Leiharbeitnehmern,
- Plan- oder Zielveränderungen.

10.1.2.3 Personalentwicklungsplanung

Jedes Unternehmen ist einem permanenten Veränderungsprozess unterworfen, der bereits im Rahmen der Organisationslehre als Adaptationsproblematik der Unternehmung dargestellt wurde. Ausdruck findet dieser Prozess z. B. in technischen Veränderungen bei den Betriebsmitteln, organisatorischen Veränderungen durch wissenschaftliche Erkenntnisse oder auch Veränderungen aufgrund sich wandelnder Normen- oder Wertevorstellungen.

Beispielhaft seien hier die Entwicklung in der Informationstechnologie, der veränderten Sicht der Lagerhaltung und Bevorratung (»Just in Time«) oder die sich wandelnden, d. h. steigenden Kundenanforderungen genannt.

Diesen Veränderungen müssen sich die Betriebe stellen und ihre Mitarbeiter auf diese einstellen. Das geschieht zunächst in der Berufsausbildung oder dem Studium als Basisbildung, darüber hinaus auch und vor allen Dingen in der **betrieblichen Weiterbildung.**

Dabei verfolgt die Entwicklungsplanung auf der Basis der Unternehmensziele verschiedene Einzelziele:

- Sicherung und Anpassung der Qualifikation der Mitarbeiter an die o.a. Veränderungen in der Arbeitswelt,
- Gewährleistung der Weiterbildungsbereitschaft und Identifikation mit der Aufgabe und dem Unternehmen über motivationale Elemente,
- Verbesserung des Leistungsvermögens und der -bereitschaft,
- Transparenz bezüglich förderwürdiger Nachwuchskräfte in Hinblick auf Fach- oder Führungsaufgaben.

Grundlage für die Entwicklungsplanung ist die **Bildungsbedarfsanalyse:** Hierbei wird ein Abgleich hergestellt zwischen der vorhandenen und erforderlichen Qualifikation der Mitarbeiter. Die Defizite werden dann in externen oder internen Weiterbildungsseminaren verringert oder beseitigt. Hierfür werden inhaltliche und zeitliche Pläne erstellt, in denen festgelegt wird, welcher Mitarbeiter an welcher Weiterbildungsveranstaltung teilnimmt.

10.1.2.4 Personalkostenplanung

Die Personalkosten stellen grundsätzlich einen **erheblichen** Teil der Gesamtkosten eines Unternehmens dar. Die Planung ist hier besonders wichtig, da die Einflussnahme auf diesen Kostenfaktor häufig nur mit großen Verzögerungen möglich ist. Langfristige Auswirkungen auf die Höhe der Personalkosten haben z. B. Tarifverträge, Mitbestimmungsgremien, Betriebsvereinbarungen usw.

Die Personalkosten werden in Entgelte für geleistete Arbeit und die so genannten Personalzusatzkosten unterschieden, letztere noch einmal in Kosten aufgrund tariflicher oder gesetzlicher Verpflichtung und betriebliche Leistungen.

Entgelte für geleistete Arbeit sind

- Löhne,
- Gehälter,
- sonstige Entgelte wie Prämien, Zuschläge, Provisionen, Tantiemen usw.

Die wesentlichen **Personalzusatzkosten** zeigt die Übersicht:

Aus Gesetzen/Tarifen	Als betriebliche Leistungen
– Arbeitgeberbeiträge zur gesetzlichen Sozialversicherung – Bezahlte Ausfallzeiten (Krankheit, Feiertage) – Urlaub/Urlaubsgeld – Betriebsärztliche Betreuung – Arbeitssicherheit – Kosten der Mitbestimmung – Einmalzahlungen/Abfindungen – Vermögenswirksame Leistungen (VwL) – Bildungsurlaub	– Betriebliche Altersversorgung – Kantine, Essenszuschüsse – Wohnungshilfen/Umzugskosten – Fahrtkosten – Soziale Fürsorge – Versicherungen und Zuschüsse – Bezahlung von Ausfallzeiten – Sonderzahlungen/Jubiläen – Verbesserungsvorschläge – Aus- und Weiterbildung

Personalzusatzkosten

Die Personalkostenplanung wird von folgenden **Faktoren** beeinflusst:

- Erwarteter Personalbestand entsprechend der anderen Unternehmenspläne,
- Personalstruktur bezüglich der Höhe des Entgelts,
- tarifliche Lohn- und Gehaltsentwicklung mit Neben- und Zusatzleistungen,
- Arbeitsmarkt- und leistungsbedingte Veränderungen (Branche oder Region).

Das Ergebnis der Personalkostenplanung findet häufig in den **Personalkostenbudgets** der einzelnen Funktionsbereiche des Unternehmens seinen Niederschlag und wird dort unter Berücksichtigung der Unternehmensziele verantwortlich verwaltet.

10.2 Ermitteln des qualitativen und quantitativen Personalbedarfs eines Unternehmens

Die Personalbedarfsberechnung hat den Zweck, den Personalbedarf für eine bestimmte Zeit oder z. B. ein bestimmtes Projekt zu errechnen. Das kann in Form einer Analyse oder Prognose geschehen.

Ähnlich wie schon bei der Personalplanung, stehen auch hier wieder unterschiedliche interne und externe Daten und Informationen zur Verfügung.

Intern	Extern
– Organigramm – Qualifikationsprofile – Personalkosten – Pläne anderer Betriebsbereiche – Arbeitszeitmodelle – Marktposition – Mitbestimmungsrelevante Gegebenheiten (z. B. Betriebsvereinbarungen)	– Konjunkturelle Lage – Arbeitsmarktsituation – Wettbewerbssituation – Steuerrecht – Sozialrecht – Arbeitsrecht – Werte und Normen der Gesellschaft (z. B. Gleichstellungsprozesse)

10.2.1 Personalbedarfsermittlung unter Beachtung technischer und organisatorischer Veränderungen

Um den Personalbedarf zahlenmäßig zu ermitteln, haben sich in Abhängigkeit zur Unternehmensgröße, dem Organisationsgrad und der Blickrichtung (Vergangenheit oder Zukunft) verschiedene Methoden herauskristallisiert.

- **Trendextrapolation:** Hier werden Daten und Fakten aus der Vergangenheit in die Zukunft projiziert. Wenn also z. B. ein bestimmter Umsatz bei einer bestimmten regionalen Zuordnung von einer Menge Außendienstmitarbeitern getätigt wurde, so geht man bei dieser Methode davon aus, dass das auch in der Zukunft so sein wird. An diesem Beispiel wird deutlich, dass diese Methode nur in stabilen, überschaubaren Situationen angewandt werden kann.
- **Analogieschluss-Methode:** Diese Methode ist der Trendextraploration sehr ähnlich. Wie es der Name sagt, kommen hier etwaige Schlussfolgerungen hinzu. Wenn z. B. bei dem vorgenannten Beispiel noch die Fakten hinzugezogen werden, dass die Außendienstmitarbeiter eine bestimmte Ausbildung und Berufserfahrung haben und in einem bestimmtem Kundenkreis agieren, handelt es sich um einen Analogieschluss.
- **Kennzahlenmethode:** Diese Methode richtet sich in ihrer Betrachtung auch in die Vergangenheit, ist aber genauer, da sie mit eindeutigen Zahlen und Fakten arbeitet. Auch hier ist es allerdings erforderlich, dass das Umfeld und die Plangrößen stabil bleiben.
- **Delphi-Methode:** Bei der Delphi-Methode bezieht man die Meinungen verschiedener Experten oder Gutachter mit ein. In der betrieblichen Praxis können das auch z. B. Kunden oder Lieferanten sein. Aufgrund der dabei erlangten Erkenntnisse wird dann der Personalbedarf eingeschätzt.

- **Szenariotechnik:** Hier geht man von verschiedenen Annahmen oder Entwicklungen aus, um bei Eintreffen eines der angenommenen Werte vorbereitet zu sein und nicht erst dann mit der Berechnung zu beginnen. Solche Annahmen können z. B. unterschiedliche Umsatzzahlen sein.
- **Schätzverfahren:** Bei einfachen Schätzverfahren wird der vermutete Personalbedarf bei den Entscheidern einzelner Organisationseinheiten abgefragt und bestenfalls auf die Plausibilität hin geprüft. Es wird deutlich, dass dieses Verfahren stark von der Erfahrung und Objektivität des Entscheiders abhängt. Der Vorteil ist darin zu sehen, dass das Verfahren sehr einfach und zügig ist. Will man das Schätzverfahren verfeinern, so können Elemente der vorgenannten Verfahren eingebracht werden.
- **Stellenplanmethode:** Die Basis für die Stellenplanmethode ist das Organigramm des Unternehmens. Ausgangspunkt ist ein bestimmter Stichtag, an dem das existierende Personal in den verschiedenen Bereichen fixiert wird. Geplante Ereignisse werden nun bezüglich des erwarteten Personalbedarfs oder -abbaus tabellarisch erfasst (vgl. Abschn. 10.1.2.1). Der Vorteil dieser Methode ist in ihrem ganzheitlichen Ansatz zu sehen. Auf grafischem Wege wird hier für mehrere Bereiche des Unternehmens der Personalüberhang oder -bedarf bei bestimmten Ereignissen transparent gemacht. Möglichkeiten z. B. der Versetzung werden dadurch augenscheinlicher.
- **Arbeitswissenschaftliche Analyseverfahren:** Diese Verfahren zerlegen Arbeitsprozesse in einzelne Arbeitsschritte, die dann mit einem Zeitwert belegt werden. Diese Einheiten werden auf die Normleistung eines Mitarbeiters übertragen und ergeben damit eine Rechengröße, den Normalzeitwert. Als Formel ausgedrückt bedeutet das:

$$\textbf{Personalbedarf} = \frac{\text{Arbeitsmenge} \cdot \text{Zeitbedarf je Arbeitsvorgang}}{\text{übliche Arbeitszeit je Mitarbeiter}}$$

Diese Art der Personalbedarfsermittlung kommt schwerpunktmäßig im Produktionsbereich vor. Hier lassen sich die einzelnen Arbeitsschritte eindeutiger darstellen als z. B. bei kaufmännischen Vorgängen oder im Bereich der Forschung und Entwicklung.

Neben der Selbstaufschreibung haben sich zwei Methoden etabliert, die REFA- und die MTM-Methode (Methods of Time Measurement).

10.2.2 Ergebnis der Personalbedarfsermittlung

Das Ergebnis der Bedarfsermittlung ist in aller Regel der **Brutto-Personalbedarf.** Stellt man diese Zahl ins Verhältnis zum tatsächlichen Personalbestand, so gibt es drei Möglichkeiten des **Netto-Personalbedarfs,** nämlich eine Übereinstimmung, einen Überhang oder einen Personalbedarf.

Der Personalbedarf wiederum gliedert sich in unterschiedliche Bedarfsarten:

- **Neubedarf:** Neue Stellen oder Bereiche führen zu dieser Bedarfsart
- **Ersatzbedarf:** Ergibt sich aus der Fluktuation durch Wehr- oder Ersatzdienst und andere Gründe.
- **Nachholbedarf:** Hier handelt es sich um Stellen, die in der Vergangenheit aus unterschiedlichen Gründen nicht besetzt wurden.
- **Mehrbedarf:** Ein Bedarf, der sich aufgrund bestimmter Anforderungen (Gesetze, Verordnungen) über das geplante Maß hinaus ergibt (z. B. Datenschutz- oder Sicherheitsbeauftragte).
- **Reservebedarf:** Dies sind Mitarbeiter im Überhang für planbare Ausfälle oder Vakanzen. Das kann Urlaubs- oder Krankheitsvertretung sein.

10.3 Beschaffen von Personal unter Berücksichtigung der Grundsätze der Personalpolitik

Die Personalbedarfsdeckung oder Personalbeschaffung stellt sicher, dass Vakanzen, die sich trotz oder wegen der Personalplanung ergeben haben, ausgefüllt werden. Es sind die quantitativen und qualitativen Anforderungen zu erfüllen. Dabei wird der Trend immer deutlicher, dass sich der Arbeitsmarkt zum Bewerbermarkt entwickelt, und das Ringen um qualifizierte Mitarbeiter zunimmt.

Viele Firmen stellen aus diesem Grund Strategien auf, die in ein **Personalmarketing-Konzept** einfließen. Im Vordergrund steht dabei zwar immer noch die Akquise neuer Mitarbeiter, die allerdings von z. B. imageprägenden und mitarbeiterbindenden Maßnahmen (Personalentwicklung, Traineeprogramme, soziale Leistungen) begleitet wird.

Wie leicht oder schwer die Bedarfsdeckung ist, hängt von verschiedenen Faktoren ab: So ist in den Industrieländern generell ein starker **Bevölkerungsrückgang** zu verzeichnen, der in Zukunft die absolute Zahl potenzieller Bewerber verringern wird. Abgefedert wird diese Entwicklung derzeit durch den Zustrom von Aussiedlern und Ausländern.

Ein weiterer Einflussfaktor ist die Qualifikation der Bewerber. Die Entwicklung der Arbeitswelt fordert sowohl zeitlich, arbeitsinhaltlich und regional flexible als auch kreative Mitarbeiter. Diese Anforderungen werden derzeit nicht in allen Bereichen erfüllt. Die Normen der Gesellschaft und das individuelle Wertesystem sind mit diesen Anforderungen nicht gleichgerichtet, sondern teilweise sogar konträr.

Diese Fakten und Trends machen deutlich, dass die Personalbedarfsdeckung systematisch und sorgfältig, aber auch langfristig und vorausschauend durchgeführt werden muss.

10.3.1 Differenzierte Möglichkeiten der Personalbeschaffung

Als **Personalbeschaffung** bezeichnet man alle Aktivitäten, um Mitarbeiter für das Unternehmen zu gewinnen. Dabei sind die Methoden der Personalbeschaffung vielfältig. Maßnahmen der Personalanwerbung können sich an den internen und/oder externen Arbeitsmarkt richten.

Ziel der Personalbeschaffung ist, durch den Einsatz geeigneter Auswahlmethoden Zeit und Kosten zu minimieren und gleichzeitig den für das Unternehmen und die Position geeignetsten Kandidaten zu finden.

10.3.1.1 Möglichkeiten der Personalpolitik

Diverse **personalpolitische Maßnahmen** stehen in engem Zusammenhang mit der Beschaffung oder dem Binden des Personals.

Die Ausprägung der Personalentwicklung, besonders der **betrieblichen Erstausbildung,** sorgt dafür, dass der Bedarf aus den eigenen Reihen gedeckt werden kann.

Das Marketing, die Werbung und das Image des Unternehmens sind indirekt daran beteiligt, wie das Unternehmen in der Öffentlichkeit wahrgenommen wird, was dann im Umkehrschluss dazu führt, ob es von Bewerbern angelaufen wird oder nicht. In diesem Zusammenhang ist auch die Bedeutung von betrieblichen Sozialleistungen zu nennen.

10.3.1.2 Interner Arbeitsmarkt

Erhalten Mitarbeiter des Unternehmens die Möglichkeit, sich auf ausgeschriebene Stellen zu bewerben, so hat das eine hohe motivationale Wirkung: Den Mitarbeitern wird signalisiert, dass sie sich bei entsprechender Leistung weiter entwickeln können, und ist damit ein Akt der Wertschätzung.

Im Rahmen der internen Personalbeschaffung gibt es unterschiedliche Möglichkeiten.

- **Innerbetriebliche Stellenausschreibung:** Diese Form der Beschaffung läuft über die betrieblichen Informationswege wie Umläufe, »Schwarze Bretter« usw. Sie soll Angaben über die Tätigkeit, die Aufgabenstellung und die Anforderungen beinhalten. Gemäß § 93 BetrVG kann der Betriebsrat bei Neubesetzung von Stellen eine innerbetriebliche Ausschreibung verlangen. In diesem Fall ist der Arbeitgeber zur Ausschreibung verpflichtet.
- **Personalentwicklung:** Beide Bereiche der betrieblichen Personalentwicklung, Erstausbildung und Weiterbildung, sind grundsätzlich geeignet, Personalbedarf zu decken.
- **Versetzung:** Auch die Versetzung ist eine Möglichkeit, aufkommenden Personalbedarf intern zu decken. Sie setzt allerdings voraus, dass die Mitarbeiter an den jeweils anderen Stellen freigesetzt werden können oder dass die Bedarfsdeckung an der frei werdenden Stelle leichter fällt, als das Defizit an der zu besetzenden Stelle. Im Falle des Einverständnisses des Mitarbeiters oder vertraglicher Regelung ist die Versetzung unproblematisch möglich; stimmt er nicht zu, so ist der Weg über die Änderungskündigung zu beschreiten.
- **Mehrarbeit:** Einen kurzzeitigen, absehbaren und vom Volumen nicht so aufwändigen Personalbedarf können Firmen durch Mehrarbeit abdecken. Betriebswirtschaftlich betrachtet hat es den Vorteil, dass sich die Anzahl der Stellen nicht erhöht, volkswirtschaftlich ist diese Entscheidung über einen längeren Zeitraum bedenklich.

10.3.1.3 Externer Arbeitsmarkt

Zeitungsanzeige

Die meisten Firmen, die extern besetzen wollen, annoncieren in Zeitungen. Grundsätzlich sollte bedacht werden, dass sich die Größe des Unternehmens und die Wichtigkeit der Stelle in der Anzeige durch die Aufmachung widerspiegeln.

Zunächst ist zu entscheiden, welcher Träger genutzt werden soll, um Streuverluste zu minimieren. Dabei hat der Ausschreibende die Wahl zwischen regionalen oder überregionalen Tageszeitungen, Wochenzeitungen oder Fachzeitschriften. Ferner ist der Zeitpunkt des Erscheinens zu bedenken, der von mehreren Faktoren beeinflusst wird.

- **Wochentag:** Die meisten Anzeigen werden am Sonnabend geschaltet, da hier die potenziellen Bewerber den Stellenmarkt besonders lesen, weil das Angebot vielfältig ist.
- **Kündigungstermine:** Anzeigen sollten rechtzeitig in Hinblick auf übliche bzw. gesetzliche Kündigungsfristen und -termine geschaltet werden.
- **Weihnachtsgratifikation:** Wegen der Geltung bestimmter Fristen verliert der Bewerber das gezahlte oder zu zahlende Weihnachtsgeld ganz oder teilweise und wird mit dem neuen Arbeitgeber über einen Ersatz verhandeln.

Eine weitere anstehende Entscheidung betrifft die **Art** der Anzeige (Stellenanzeigen sind immer auch eine Imagebotschaft). Folgende Arten werden unterschieden.

- **Offene Anzeige:** Die Firma gibt in der Anzeige ihren Firmennamen preis und hat damit die Möglichkeit, auch etwas über das Unternehmen auszusagen.
- **Chiffreanzeige:** Der Name der Firma wird nicht genannt. Diese Form sollte man nur wählen, wenn triftige Gründe dies erforderlich machen, da Bewerber diese Form meistens nicht positiv bewerten.
- **Personalberater:** Auch hier gibt die Firma i.d.R. ihren Namen nicht preis, der Bewerber hat aber die Möglichkeit, über Sperrvermerke bestimmte Firmen auszuschließen, die die Bewerbung nicht erhalten sollen (diese Möglichkeit bieten allerdings auch viele Printmedien in Zusammenhang mit Chiffreanzeigen).

Vermittlung durch die Arbeitsverwaltung

Das Unternehmen kann den Personalbedarf auch der zuständigen Agentur für Arbeit melden. Die **Arbeitsvermittler** haben durch moderne Datenbanksysteme Möglichkeiten, sehr differenziert auf die Anforderungen des suchenden Unternehmens einzugehen. Außerdem gibt es im Rahmen der Arbeitsvermittlung spezielle Institutionen, die sich z. B. um die Vermittlung von Fach- und Führungskräften kümmern. Für die Bedarfsdeckung durch die Arbeitsverwaltung spricht, dass die Vermittlung sehr zügig erfolgen soll und häufig eine Bezuschussung möglich ist.

Vermittlung durch Personalberater und private Arbeitsvermittler

Personalberater sind in den meisten Fällen sehr fachkompetent im Bereich der Personalsuche. Diese Fachkompetenz sollte sich das Unternehmen allerdings durch Referenzen belegen lassen. Die möglichen Leistungen reichen von der Erstellung des Anforderungsprofils bis zur Gestaltung des Arbeitsvertrages. Sie sollten in einem klar definierten Vertrag festgehalten werden. Da die Honorare und die Höhe der zu erstattenden Sachkosten ein gehobenes Niveau haben, werden meist nur hochrangige Fach- und Führungskräfte auf diesem Weg gesucht.

Nach neueren Entwicklungen stehen private Vermittler allen Arbeitssuchenden offen, quasi im Auftrag der staatlichen Arbeitsvermittlung, als **Personal-Service-Agenturen (PSA).**

Arbeitnehmerüberlassung – Personalleasing

Um kurzfristig einen Personalbedarf zu decken, empfiehlt sich das Einschalten einer Personal-Leasing-Firma. Basis für diese Dienstleistung ist das »Gesetz zur Regelung der Arbeitnehmerüberlassung (AÜG)«. Das entleihende Unternehmen schließt mit der Leasingfirma, die wiederum in vertraglicher Bindung mit den Leiharbeitnehmern steht, einen **Arbeitnehmerüberlassungsvertrag** ab (§ 12 AÜG). Das Leasingunternehmen zahlt im Rahmen eines Dienstvertrages an die Arbeitnehmer den Nettolohn, führt die Steuern und Sozialabgaben ab und hat gegenüber den Arbeitnehmern das generelle Direktionsrecht. Das entleihende Unternehmen zahlt an das Leasingunternehmen die vereinbarte Leasinggebühr, die üblicherweise höher ist, als ein vergleichbares Arbeitsentgelt, gibt den Zeitarbeitnehmern konkrete Arbeitsanweisungen und kann sich, je nach vertraglicher Abrede, kurzfristig wieder von ihnen trennen.

Die rechtlichen Bindungen der drei Beteiligten beim Personalleasing verdeutlichen sich aus der Abbildung.

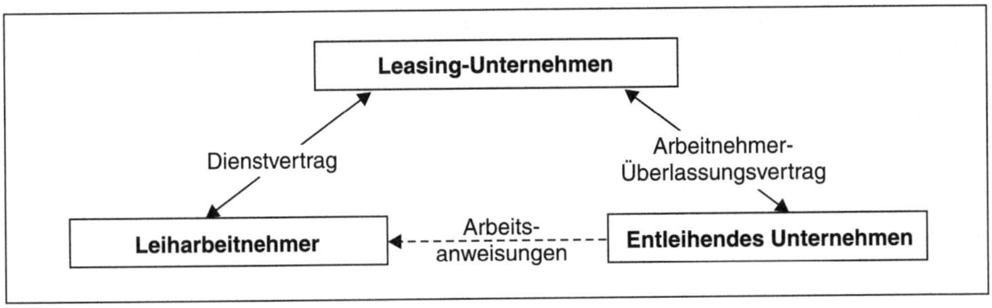

Personalleasing

Es wird klar, dass das entleihende Unternehmen nur sehr schwach ausgebildete Rechtsbeziehungen zum entliehenen Mitarbeiter hat. Das Entsprechende gilt für diesen, jedoch mit einigen Ausnahmen:

So können nach dem Betriebsverfassungsgesetz Leiharbeitnehmer, die länger als drei Monate im Betrieb beschäftigt sind, an der Wahl zum dortigen **Betriebsrat** teilnehmen (§ 7 Satz 2 BetrVG).

Darüber hinaus gilt für jeden Leiharbeitnehmer der technische Arbeitsschutz ohne Einschränkungen.

10.3.2 Stellenausschreibungen

Bei der Stellenausschreibung unterscheidet man grundsätzlich die interne und die externe Stellenausschreibung. Während die externe Ausschreibung schon im Abschnitt 10.3.1.3 behandelt wurde, soll hier nun die **interne Stellenausschreibung** beleuchtet werden.

Ob Stellen intern ausgeschrieben werden, ist einerseits ein Fakt, der im Betriebsverfassungsgesetz (§ 93 BetrVG) festgeschrieben ist und andererseits Gegenstand der Unternehmensphilosophie. Die Rekrutierung von Fach- oder Führungskräften aus den eigenen Reihen hat gleichermaßen Vor- und Nachteile.

Eine innerbetriebliche Ausschreibung macht natürlich nur dann Sinn, wenn davon ausgegangen werden kann, dass entsprechend qualifiziertes Personal überhaupt vorhanden ist. Medien für interne Ausschreibungen sind das Intranet, Werkszeitschriften, Umläufe oder Aushänge am »Schwarzen Brett«.

Inhaltlich werden folgende Angaben gemacht:

- Bezeichnung der Stelle,
- Einbindung ins Unternehmen,
- Beschreibung der Aufgabe,
- Darstellung des Anforderungsprofils,
- Entlohnung,
- Rahmenbedingungen wie Arbeitszeit etc.

10.3.3 Planung des Personalabbaus

Die Planung des Personalabbaus nimmt in Zeiten wirtschaftlicher z. T. globaler Verschiebungen (Firmenzusammenschlüssen und Rationalisierung) einen immer größeren Raum ein.

Aufgrund der Tatsache, dass viele Unternehmen dies nicht öffentlich kundgeben wollen, haben sich auch Begriffe wie Personalanpassung oder -freisetzung eingebürgert, die im Endeffekt doch immer auf das Gleiche hinauslaufen: Menschen müssen entlassen werden.

Wichtig ist bei der **Abbauplanung** eine rechtzeitige Information. Gerüchte wirken sich auf die betrieblichen Abläufe negativ aus und hemmen die Mitarbeiter in ihrer Arbeitsentfaltung. Gleichwohl ist der richtige Zeitpunkt häufig schwer zu finden. Die Betriebe haben natürlich lange die Hoffnung, die Mitarbeiter weiter beschäftigen zu können, andererseits müssen sie aber den Betriebsrat in die Phase der Planung und besonders in die Phase der Durchführung einbeziehen. Häufig sickern schon zu diesem Zeitpunkt Informationen oder Halbwahrheiten durch.

Betriebe haben verschiedene Möglichkeiten, Personal abzubauen:

- Fluktuationsbedingt frei werdende Stellen nicht neu besetzen,
- befristete Arbeitsverträge nicht verlängern,
- Leiharbeit abbauen,
- Arbeitszeit anpassen (z. B. Überstunden abbauen, Kurzarbeit einführen),
- Vorruhestand einführen oder intensivieren,
- Flexibilität durch Personalentwicklung erhöhen,
- Aufhebungsverträge anbieten,
- Kündigungen durchführen.

Im Zusammenhang mit dem Personalabbau hat sich eine Dienstleistung herausgebildet, die den Prozess des Verlassens einer Firma (Outsourcing) und die Aufnahme in ein neues Unternehmen professionell begleitet, das **Outplacement.** Hierbei handelt es sich in den meisten Fällen um externe Berater, die freigesetzte Mitarbeiter bei der Neuorientierung unterstützen.

Die rechtlichen und finanziellen Folgen einer beruflichen Trennung sind gesetzlich fixiert, nicht aber die persönlichen, sozialen und zukünftigen Perspektiven. Genau hier setzt die Outplacement-Beratung ein. Gerade nach langjähriger Berufstätigkeit bei **einem** Arbeitgeber ist die soziale und methodische Kompetenz häufig defizitär. Dort setzt die Beratung an: Überwindung des Trennungsschocks, Abbau der Ängste, Hilfe bei fehlender Kreativität und Orientierungslosigkeit sowie Beratung in der Selbsteinschätzung und einer realistischen Gehaltseinstufung sind die wesentlichen Elemente der Beratung.

10.3.4 Zusammenarbeit der Beteiligten

Der Umfang der Zusammenarbeit der Beteiligten ist zum einen im **Betriebsverfassungsgesetz** (BetrVG) geregelt, zum anderen Gegenstand der Firmenphilosophie.

Zentrale Vorschriften sind §§ 92 ff. BetrVG, nach denen der Arbeitgeber den Betriebsrat über den gegenwärtigen und künftige Personalbedarf sowie die sich daraus ergebenden personellen Maßnahmen anhand von Unterlagen rechtzeitig und umfassend zu unterrichten hat; außerdem kann der Betriebsrat dem Arbeitgeber Vorschläge für die Einführung einer Personalplanung machen (§ 92 BetrVG).

§ 92 a BetrVG beschreibt die Möglichkeit, dass der Betriebsrat dem Arbeitgeber Vorschläge zur Sicherung und Förderung der Beschäftigung machen kann.

Die Ausschreibung von Arbeitsplätzen ist in § 93 BetrVG dergestalt geregelt, dass der Arbeitgeber intern ausschreiben muss, wenn der Betriebsrat das verlangt (vgl. Abschn. 10.3.1.2).

Wenn Richtlinien zur Auswahl bei Einstellungen, Versetzungen, Umgruppierungen oder Kündigungen aufgestellt werden, so geht das gemäß § 95 BetrVG nicht ohne die Zustimmung des Betriebsrats. Kommt es hier nicht zu einer Einigung, so ersetzt der Spruch einer Einigungsstelle die fehlende Übereinstimmung.

Die Mitbestimmung bei personellen Einzelmaßnahmen regelt § 99 BetrVG dahingehend, dass der Betriebsrat vor jeder Maßnahme zu unterrichten ist und er unter bestimmten Umständen die Zustimmung verweigern kann.

Die Mitbestimmung bei Kündigungen ist in § 102 BetrVG geregelt: Eine ohne Anhörung des Betriebsrats ausgesprochene Kündigung ist unwirksam.

Soweit die gesetzlichen Rahmenbedingungen der betrieblichen Zusammenarbeit. Anzustreben ist von den agierenden Parteien jedoch eine Art der Zusammenarbeit, die nicht nur auf den Buchstaben des Gesetzes beruht, sondern auch darüber hinaus vertrauensvoll gestaltet wird; denn diese Art der Zusammenarbeit wird wahrgenommen, bewertet und prägt damit die Arbeitszufriedenheit, die Motivation und die Identifikation der Betroffenen (vgl. hierzu auch § 2 Abs. 1 BetrVG).

Eine umfangreichere Darstellung zum Betriebsverfassungsrecht befindet sich in Kapitel 15.

Generell werden sämtliche arbeitsrechtlichen Fragen in den Kapiteln 10, 11, 12 und 13 nur gestreift. Umfassendere Darstellungen hierzu wie auch zu sozialrechtlichen Aspekten sind aus Kapitel 14 »Arbeits- und Sozialrecht« zu entnehmen.

11 Personalentwicklung und -beurteilung

11.1 Auswählen und Einsetzen von Mitarbeitern

Für die Entwicklung und den Erfolg eines Unternehmens ist die Qualität der **Personalauswahl** ein wesentlicher Einflussfaktor. Entscheidet sich die Firma für den richtigen Kandidaten, so wird die Einarbeitung unproblematisch verlaufen, die Akzeptanz im Umfeld des neuen Mitarbeiters vorhanden sein und der Prozess der Einführung somit positiv verlaufen. Handelt es sich allerdings um den falschen Kandidaten, so wird es Unruhe und Unverständnis im Umfeld der neuen Arbeitskraft geben.

Aus diesem Grund sollte man sich bei einem **Bewerbungsverfahren** nicht für den »Einäugigen unter den Blinden« entscheiden, sondern bei nur mäßiger Zufriedenheit die Auswahl erweitern oder sogar neu starten.

Ob nun der richtige oder falsche Kandidat ausgewählt wird, ist im Wesentlichen von drei Faktoren abhängig,

- der richtigen Einschätzung der **fachlichen Qualifikation,** die ist aus den Zeugnissen abgeleitet und gegebenenfalls durch Arbeitsproben ergänzt werden kann;
- der Einschätzung der **persönlichen Eignung** des Bewerbers (diese Erkenntnis macht es erforderlich, dass der direkte Vorgesetzte in das Auswahlverfahren mit einbezogen wird, da er die Struktur seiner Gruppe kennt und von daher die persönlichen Anforderungen am besten einschätzen kann);
- der Einbeziehung des **betrieblichen Umfeldes** im Sinne eines Vergleiches des bisherigen Umfeldes mit demjenigen, das den Bewerber erwartet (verstärkt wird eine möglicherweise vorhandene Abweichung der Einschätzung durch eine häufig überzogen positive Darstellung des neuen Unternehmens, die nicht immer den tatsächlichen Gegebenheiten entspricht).

11.1.1 Auswahl von Mitarbeitern unter Anwendung geeigneter Verfahren und Instrumente

Ziel der Bewerberauswahl ist es, weitestgehend objektiv den Bewerber herauszufinden, dessen **Eignungsprofil** dem **Anforderungsprofil** am nächsten kommt. Das klingt sehr einfach, ist allerdings mit mehreren Unsicherheiten behaftet:

- Der Entscheider erlebt den Bewerber nur eine begrenzte Zeit, in der sich dieser besonders positiv darstellen wird.
- Arbeitszeugnisse entsprechen nicht immer dem tatsächlichen Bild des Bewerbers, zumal sie »wohlwollend« vom Arbeitgeber formuliert sein sollen. Aus dieser Vorgabe heraus hat sich zwar eine so genannte »Zeugnissprache« entwickelt, die aber nicht allen Zeugnisschreibern bekannt ist und daher unterschiedlich interpretiert werden kann.

11.1.1.1 Bewerbungsunterlagen

Aufgrund der innerbetrieblichen oder externen Ausschreibung erhält das Unternehmen Bewerbungsunterlagen von den Interessenten, die sich aus Anschreiben, Lebenslauf – meist mit Foto – und Zeugnissen, evtl. auch Referenzen zusammensetzen.

Die Bewerbungsunterlagen sind der **erste Eindruck,** den ein Unternehmen vom Bewerber bekommt, wobei beachtet werden sollte, dass bei kaufmännischen Bewerbern ein strengerer Maßstab angelegt werden kann als bei gewerblich/technischen Bewerbern. Von jedem kann aber erwartet werden, dass er sich um ein positives Erscheinungsbild bemüht.

Bei der Handhabung der Bewerbungsunterlagen ist zu beachten, dass sie Eigentum des Bewerbers sind und daher sorgfältig aufbewahrt werden müssen, damit kein Unbefugter Einsicht nehmen kann und sie keinen Schaden nehmen. Dem Bewerber sollte der Eingang der Bewerbung kurz schriftlich bestätigt werden.

Um eine bessere Übersicht zu erhalten, empfiehlt es sich, die wesentlichen fachlichen und persönlichen Anforderungen auf einer Checkliste, dem Anforderungsprofil, zu erfassen, die jeder Bewerbungsunterlage vorgeheftet wird. In einer groben Durchsicht wird nun erfasst, ob die geforderten Merkmale vorhanden sind. Aufgrund dieser ersten Analyse können die Bewerbungen schon sortiert werden nach den Kandidaten, die zu einem Gespräch eingeladen werden, denen, die als Reserve für die erstgenannten zu sehen sind und denjenigen, die eine Absage erhalten.

Anschreiben

Mit der Gestaltung, der Gliederung und dem gewählten Stil (mit den Elementen Ausdruck, Satzbau und Wortwahl) prägt das Bewerbungsschreiben den ersten Eindruck des Entscheiders und lässt erste Rückschlüsse auf den Bewerber zu. Dieser darf allerdings nicht überbewertet werden, da der Bewerber mit Hilfe anderer oder Nutzung einschlägiger Literatur die Gestaltung vorgenommen haben kann.

Aus einem gut abgefassten Bewerbungsschreiben muss der Entscheider folgende Informationen ableiten können:

- Grund der Bewerbung,
- Interesse am Unternehmen,
- aktuelles Arbeitsverhältnis ggf.,
- Übereinstimmung der Eignung mit den Anforderungen,
- Gehaltsvorstellungen,
- frühest möglicher Eintrittstermin.

Lebenslauf

Der Lebenslauf ist ein Spiegelbild der persönlichen und beruflichen Entwicklung des Bewerbers. Er soll in **tabellarischer Form** lückenlos und nachvollziehbar aufgebaut sein. Daraus ergibt sich, dass er folgende Angaben enthalten sollte:

- Name und Anschrift,
- Geburtsdatum und Geburtsort,
- Familienstand und Anzahl der Kinder,
- schulische und berufliche Ausbildung mit erfolgreich absolvierten Prüfungen,
- Berufsweg mit besonderen Tätigkeiten (Ausbilder, Personalverantwortung u. ä.),
- berufliche Fortbildung,
- Freizeitinteressen.

Bei der Analyse des Lebenslaufs können sich verschiedene **Entwicklungsbilder der Bewerber** darstellen, wie die folgende Abbildung zeigt. Es liegt dann an der Bewertung des Entscheiders, wie er diese Entwicklung beurteilt.

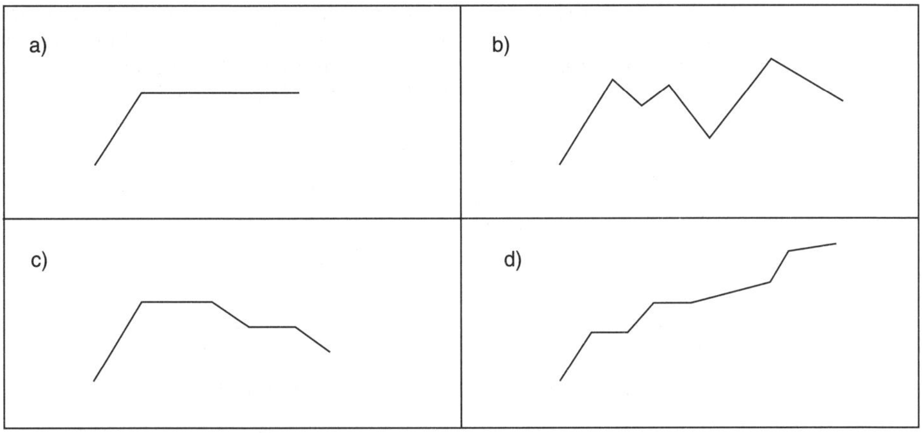

Entwicklungsbilder verschiedener Bewerber:
a) Nach beruflicher Erstausbildung auf einem Niveau stehen geblieben
b) Womöglich häufige Stellen- und Positionswechsel
c) Nach beruflicher Ausbildung abfallende Tendenz
d) Kontinuierliche berufliche Fortentwicklung

Ist dem Lebenslauf ein Foto beigefügt, so hat der Entscheider schon eine personifizierte Vorstellung des Bewerbers. Die Art des Fotos und das Abbild als solches lassen zwar weitere Rückschlüsse auf den Bewerber zu, können aber auch zu Vorurteilen führen. Diese Gefahr hat im angelsächsischen Raum dazu geführt, dass Fotos nicht üblich sind.

Seit Einführung des Allgemeinen Gleichbehandlungs-Gesetzes (AGG) in 2006 wird darüber hinaus auch die die Chancen eines Bewerbers herabsetzende Wirkung etwa eines fremdländischen Namens, des Geschlechts bzw. der sexuellen Identität, des Lebensalters, des Familienstands, der Kinderzahl und weiterer Faktoren diskutiert. Verschiedene Unternehmen erproben daher **anonymisierte Bewerbungsverfahren,** in denen auf persönliche Angaben verzichtet wird.

Zeugnisse

Zeugnisse sind ein fester Bestandteil der Bewerbungsunterlagen und gliedern sich in die Schul- und die Arbeitszeugnisse. **Referenzen** haben eine ähnliche Funktion wie Zeugnisse, denn auch sie sagen etwas aus über die Leistung und das Verhalten des Bewerbers.

Schulzeugnisse nehmen in ihrer Bedeutung für die Entscheidung für oder gegen einen Bewerber im Verlaufe des Arbeitslebens ab. Sie können etwas aussagen über die grundsätzlichen Neigungen des Bewerbers, wie z. B. die sprachliche, mathematische, technische oder kreative Ausrichtung. Darüber hinaus können Schulnoten etwas über grundsätzliche charakterliche Eigenschaften wie Fleiß, Ehrgeiz und Motivation aussagen. Dabei ist aber immer die seither im Zeitverlauf vollzogene Entwicklung zu berücksichtigen.

Eine größere Bedeutung haben die Arbeitszeugnisse. Hier unterscheidet man grundsätzlich das **einfache Arbeitszeugnis** mit den Elementen

- persönliche Angaben,
- Art der Beschäftigung,
- Dauer der Beschäftigung,
- Grund der Beendigung des Arbeitsverhältnisses (auf Wunsch des Arbeitnehmers)

und das **qualifizierte Arbeitszeugnis,** das zusätzlich Aussagen trifft zu

- Arbeitsleistung und
- Arbeitsverhalten.

An dieser Stelle soll das Arbeitszeugnis primär vor dem Hintergrund der Personalauswahl ausgewertet werden. Aus der gesetzlichen Anforderung heraus, dass ein Arbeitszeugnis »wohlwollend« formuliert sein muss, hat sich eine **Zeugnissprache** entwickelt, obwohl ein weiterer Grundsatz zur Zeugnisformulierung das Gebot der Offenheit ist:

Aussage im Zeugnis	Bedeutung
... stets zur vollen Zufriedenheit	Gute Leistung
... in jeder Hinsicht unseren Erwartungen entsprochen	Gute Leistung
... zur vollen Zufriedenheit	Mittlere Leistung
... zur Zufriedenheit	Ausreichende Leistung
... (keine Aussage zur Zufriedenheit)	Mangelhafte Leistungen
... Arbeiten wurden ordnungsgemäß erledigt	Bürokratisch, ohne eigene Initiative
... seine Pünktlichkeit ist hervorzuheben	Außer Pünktlichkeit ist nichts gewesen
... hat sich im Rahmen seiner Möglichkeiten eingesetzt	Bemüht auf einer Basis geringer Möglichkeiten
... zeigte für seine Arbeit Verständnis	Schwache Leistung, keine Initiative
... war bei den Mitarbeitern beliebt	Nicht aber bei den Vorgesetzten!
... war bei den Vorgesetzten akzeptiert	Nicht aber bei den Mitarbeitern!
... setzte sich sehr für die sozialen Belange der Mitarbeiter ein	Gewerkschafts- und/oder Betriebsratstätigkeit
... trug durch seine Geselligkeit zur Verbesserung des Betriebsklimas bei	Neigt zu Alkoholgenuss

Zeugnisformeln

Finden sich entsprechende Hinweise in einem Arbeitszeugnis, so muss vom Entscheider geprüft werden, wer das Zeugnis geschrieben hat. Stammt das Zeugnis z. B. aus einem kleineren Betrieb, ist es evtl. mit Vorsicht zu genießen, da es auch sein kann, dass der Schreiber des Zeugnisses diese »Sprache« nicht kannte und das Zeugnis »in gutem Glauben« abgefasst hat; andererseits hat Zeugnisformulare u. a. fast jeder.

Bei der Auswertung der Zeugnisse ist weiter daran zu denken, dass die Aussagekraft häufig dadurch eingeschränkt ist, dass viele Unternehmen die Unart entwickelt haben, die Zeugnisse von den Empfängern selbst schreiben zu lassen.

Das Arbeitszeugnis ist und bleibt eine einseitige Darstellung der arbeitsbezogenen Fakten mit der Ergänzung der Leistungs- und Verhaltensbeurteilung durch den Arbeitgeber. Dass diese im Vorfeld der Zeugniserstellung mit dem Mitarbeiter in Form eines Abgangsgesprächs erörtert werden kann, ist unbenommen.

11.1.1.2 Fachliche und persönliche Eignung

Im Rahmen der Personalauswahl führen viele Entscheidungen zum gewünschten Erfolg, nämlich geeignete neue Mitarbeiter zu rekrutieren.

Ganz wesentlich daran ist die Prüfung der fachlichen und persönlichen Eignung beteiligt. Der Fokus der Auswahl ist deswegen auf diese Elemente des so genannten **Eignungsprofils** zu richten.

Fachliche Eignung bedeutet:

- Kompetente Mitarbeiter,
- keine Überforderung,

- kurze Einarbeitung,
- zügige eigenständige Aufgabenerledigung,
- nur geringe Mehrbelastung der anderen bei Einarbeit,
- geringe Kosten für Fehler oder Minderleistungen,
- keine zusätzliche Personalentwicklung.

Persönliche Eignung bedeutet:

- Integration ins Team,
- positive Zusammenarbeit,
- Kommunikations- und Informationsfluss,
- zügige Einarbeitung,
- positive Beeinflussung des Betriebsklimas.

Von qualifizierter Personalauswahl wird dann gesprochen, wenn es zeitnah gelingt, Mitarbeiter zu finden, bei denen die Kompetenzen, die Motivation und die Integrationsfähigkeit zu den Anforderungen des Unternehmens, der Aufgabe und des Teams passen. Letztendlich wird daran auch der Erfolg der betrieblichen Personalarbeit in diesem Bereich gemessen.

11.1.1.3 Instrumente der Personalauswahl

Viele Unternehmen beschränken sich bei der Personalauswahl auf die vorgenannten Hilfsmittel »Bewerbungsunterlagen« und »Vorstellungsgespräch«. Ein weiteres, bei richtiger Auswahl sehr wirkungsvolles Instrument ist der Einsatz von **Tests.** Hierbei handelt es sich um Prüfverfahren, die das Bild des Bewerbers weiter objektivieren. Daraus geht hervor, dass sie nicht allein zur Entscheidung führen sollen, sondern immer im Zusammenspiel mit den anderen Hilfsmitteln, um z. B. auszuschließen, dass Menschen, die aufgrund ihrer Sozialisation unter Prüfungsangst leiden, fehleingeschätzt werden.

Dabei ist darauf zu achten bzw. organisatorisch sicherzustellen (z. B. durch Wechsel der Bewerter), dass der Entscheider objektiv an die Auswertung herangeht und sich die Tests weitestgehend auf die Anforderungen der Stelle beziehen. Im Folgenden sind die wichtigsten Testarten beschrieben.

Test des Fachwissens

Als Basis des Fachwissens werden in der Regel die berufliche Ausbildung oder das Studium, die Fortbildung und der berufliche Werdegang des Bewerbers angesehen. Um diese Eindrücke abzurunden bzw. Feinheiten aufzudecken, bietet sich ein Test des Fachwissens an. Es kann hier auch durchaus das Allgemeinwissen einbezogen werden. Eine weitere Ergänzung zum Test des Fachwissens ist die Arbeitsprobe. Soweit es realisierbar ist, sollten Arbeitsproben in das Auswahlverfahren mit einbezogen werden.

Beispiel:

(Aufgaben und Fragen eines Fachwissen-Tests aus dem Bereich der Mitarbeiterführung)
- *Erläutern Sie den Stellenwert der Mitarbeiterführung im Arbeitsprozess aus Ihrer Sicht!*
- *Mit welchen Schritten führen Sie einen Mitarbeiter aus dem Zustand der »inneren Kündigung« heraus?*
- *Beschreiben Sie den Ablauf eines konstruktiven Kritikgesprächs!*
- *Welche Rolle spielt für Sie die Anerkennung guter Leistungen?*
- *Welche Vorteile sehen Sie in der Teamarbeit?*
- *In Ihrem Team bemerken Sie zwischenmenschliche Spannungen. Wie gehen Sie mit dieser Situation um?*

Neben diesen hier beispielhaft aufgeführten Fragen zum Thema »Mitarbeiterführung« sind Fragen zu den Produkten bzw. Dienstleistungen des Unternehmens, zur Organisation und Planung, zur Arbeitsmethodik oder zum Allgemeinwissen vorstellbar.

Satz-Ergänzungs-Test

In eine ähnliche Richtung gehen auch die so genannten Satz-Ergänzungs-Tests. Hier werden statt der Fragen abgebrochene Sätze vorgegeben, die der Bewerber ergänzen soll. Neben dem Fachwissen und den Erfahrungen wird dabei auch die Formulierungsfähigkeit und, bei entsprechender Fragestellung, auch die Werte- und Normensicht des Bewerbers beleuchtet.

Beispiel (Satzergänzungstests):
- *Bei der Führung der Mitarbeiter ist es besonders wichtig, dass...*
- *Ein Team kann nur funktionieren, wenn...*
- *Die Weiterbildung der Mitarbeiter ist besonders wichtig, weil...*
- *Überzeugen kann ich die Mitarbeiter nur, wenn...*
- *Die Zusammenarbeit kann nur klappen, wenn...*

Maximen- oder Leitsatz-Test

In diesen Test fließen Aussagen ein, die dem Unternehmer bzw. seinem Entscheider besonders wichtig sind. Der Bewerber wird aufgefordert, diese Aussagen und Thesen zu bewerten. Damit ist die Möglichkeit gegeben, die grundsätzliche Einstellung des Bewerbers mit den Zielen und Erwartungen des Unternehmens abzugleichen.

Beispiel:
- *Quantität ist wichtiger als Qualität.* ____________
- *Die Kundenorientierung steht im Mittelpunkt des Handelns.* ____________
- *Wer einen Fehler macht, muss spürbar bestraft werden.* ____________
- *Der Mitarbeiter muss das Ziel seiner Stelle kennen.* ____________
- *Wer die Prozesse kennt, sollte auch an deren Veränderung arbeiten.* ____________
  (r = richtig; w = wichtig; bw = besonders wichtig; f = falsch)

Situationsaufgaben und Wissentests

Noch etwas tiefer als die vorgenannten Tests beschreibt das Lösen von Situationsaufgaben die Fähigkeiten des Bewerbers, Probleme oder schwierige Situationen zu lösen. Die geschilderte Situation sollte dem Arbeitsalltag entnommen, also realistisch sein. Sie muss wiederum so allgemein gehalten sein, dass sie ohne Kenntnis des Umfeldes, sondern nur aufgrund der Beschreibung gelöst werden kann. Der Bewerber muss ausreichend Zeit für das Lesen und Erfassen der Situation haben, woraus auch abzuleiten ist, dass die Aufgabe prägnant darzustellen ist, was natürlich für jede Art von Tests gilt.

Beim FELDHAUS VERLAG ist eine umfangreiche Reihe von »**Grundwissen-Test für Auszubildende**« mit den Hauptgebieten Rechnen, Rechtschreibung und Allgemeinbildung erhältlich.

Assessment-Center (AC)

Das AC ist ein Auswahlverfahren, bei dem mehrere Bewerber bei der Lösung simulierter Praxisaufgaben durch eine Gruppe von Beurteilern bewertet werden. Dabei kann es ein Ziel sein, das Entwicklungspotenzial von z. B. Nachwuchsführungskräften zu analysieren oder eben aus einer Reihe von Bewerbern den richtigen zu finden.

Basis für ein gut durchgeführtes AC ist wiederum das Anforderungsprofil. Es gibt Hinweise darauf, welche Aufgaben der auszuwählende Stelleninhaber später einmal ausführen soll und welche sonstigen Veranlagungen aus den Bereichen Fach-, Sozial- oder Methodenkompetenz vorhanden sein müssen.

Daraus ergeben sich die Übungen, die im Rahmen des AC von den Bewerbern erledigt werden. Ein jedes AC wird also entsprechend der Aufgaben neu konzipiert. In diese Konzeption werden Vorgesetzte und Entscheider des Unternehmens, meistens auch externe Berater als methodenkompetente Fachleute für das AC und Psychologen für die Auswahl bzw. die Entwicklung der Übungen und Aufgaben eingebunden.

Die häufigsten Übungen im AC sind die folgenden.

- **Gruppendiskussionen mit oder ohne Rollenvorgaben:** In Diskussionen zeigt sich die Argumentationsfähigkeit und die Art und Weise, wie der Bewerber anderen Meinungen begegnet. Außerdem geben sie Hinweise auf die Zielorientierung, die Einflussnahme auf die Gruppengestaltung, das Selbstbewusstsein, die Kritikfähigkeit und das Durchsetzungsvermögen.
- **Rollenspiele:** Die Beobachtung der sprachlichen Fähigkeit wie Ausdrucksvermögen, Sprechgeschwindigkeit, Betonung und auch das aktive Hinhören stehen hier im Vordergrund. Das Rollenspiel zeigt auch die Flexibilität des Bewerbers, sich in eine Rolle hineinversetzen zu können. Es gibt weiter Hinweise auf die Fähigkeit des Bewerbers, mit anderen Menschen umzugehen und deren Persönlichkeit zu achten.
- **Postkorbübungen:** Hier erhält der Bewerber 20–30 Schriftstücke im »Postkorb«, die alle eine Reaktion des Bewerbers erfordern. Diese notiert er auf angehefteten Zetteln bzw. in einem vorbereiteten Kalenderauszug. Dabei wird die Entscheidungsqualität, die Problemlösungsfähigkeit, das strategische und planerische Denken, die Belastbarkeit bis hin zur Stressresistenz und eventuell auch die Risikobereitschaft ermittelt.
- **Planungs- und Situationsaufgaben:** Hier wird bewertet, wie ausgeprägt die Fähigkeiten auf dem Gebiet der sinnvollen und schrittweisen Planung sind. Besondere Anforderungen werden dann über sachbezogene Situationsaufgaben bewertet.
- **Präsentationen:** Bei der Präsentation geht es in erster Linie um die rhetorischen Fähigkeiten. Dabei wird auch betrachtet, ob der Bewerber in der Lage ist, seine Aussagen über Medien wie Flipchart oder Overhead-Projektor zu visualisieren. Außerdem tritt hier zum Vorschein, wie der Bewerber mit der Gruppe grundsätzlich und in Drucksituationen umgeht.

Zu einem AC werden meistens acht bis zwölf Teilnehmer eingeladen, für die dann drei bis fünf Beobachter/Beurteiler benötigt werden. Diese werden vorher geschult und aufeinander eingestimmt. Das AC dauert meist 1 bis 2 Tage und beginnt mit der Begrüßung, an die sich die Information zum Ablauf und zu den Rahmenbedingungen anschließt.

Stationsweise einzeln oder in Teilgruppen führen die Bewerber dann die genannten Übungen durch. Alle Aktivitäten und Ergebnisse der Teilnehmer werden auf vorbereiteten Checklisten fixiert und bewertet. Die Ergebnisse werden teilnehmerbezogen zusammengeführt, den Bewertern präsentiert und mit ihnen abschließend besprochen.

In Einzelgesprächen wird den Teilnehmern anschließend das Feedback mitgeteilt. Die Entscheidung, wer nun »das Rennen gemacht hat«, wird im Gremium der Beurteiler getroffen.

Ärztliche Eignungsuntersuchungen

Bei bestimmten Auswahlverfahren kann die gesundheitliche Eignung von entscheidender Bedeutung sein. Dies ist z. B. bei Atemschutzgeräteträgern, bei Mitarbeitern, bei denen die Farbsehkraft besonders gut ausgeprägt sein muss, oder bei Arbeiten mit besonderen körperlichen Belastungen der Fall.

Wenn derartige Anforderungen bestehen, ist eine ärztliche Untersuchung sinnvoll, wobei der Arzt nur den Grad der Tauglichkeit bescheinigt. Einzelheiten der Untersuchung selbst dürfen nur mit Einwilligung des Bewerbers weitergegeben werden.

Bei der Einstellung jugendlicher Mitarbeiter (unter 18 Jahren) ist die ärztliche Untersuchung durch § 32 des Jugendarbeitsschutzgesetzes (JArbSchG) festgeschrieben und für den Arbeitgeber bindend.

11.1.1.4 Bewerbergespräch

Das Bewerbergespräch ist nach Meinung vieler Personalfachleute das primäre Element der Personalauswahl.

Es dient im Wesentlichen dazu,

- einen persönlichen Eindruck zu bekommen,
- die Kenntnisse und Fertigkeiten im direkten Dialog zu erörtern,
- Lücken in den Bewerbungsunterlagen zu schließen,
- mögliche Differenzen (z. B. Angaben in Zeugnissen – Anschreiben) zu klären,
- die Erwartungen und Ziele des Bewerbers in Erfahrung zu bringen.

Diese umfangreiche Zielsetzung macht deutlich, dass ein Vorstellungsgespräch gut vorbereitet werden muss!

Häufig werden mit den engsten Kandidaten zweite Gespräche geführt, um beidseitig einen weitergehenden Eindruck zu erhalten.

An dem Gespräch nimmt naturgemäß der Bewerber und von Seiten des Betriebs meist eine Personalfachkraft teil, die über die nötige Methodenkompetenz verfügt, das Gespräch zu leiten, und die die rechtlichen Rahmenbedingungen des Vorstellungsgesprächs kennt; außerdem der direkte Vorgesetzte, in dessen Bereich die Stelle zu besetzen ist. Gegen letzteren Punkt wird häufig verstoßen, was in vielen Fällen zu Akzeptanzproblemen bezüglich des neuen Mitarbeiters im Unternehmen führt.

Basis für das Vorstellungsgespräch ist im Rahmen der Vorbereitung das **Anforderungsprofil** der Stelle. Es gibt viele Unternehmen, die diese Anforderungen in eine Checkliste einstellen, um damit zu einem objektiveren Vergleich der Bewerber zu kommen. Auch sollten sich die Interviewer damit auseinandersetzen, welche Entwicklungsmöglichkeiten der Bewerber hat. Es ist weiter ratsam, die Bewerbungsunterlagen vorab noch einmal zu studieren, um mögliche Lücken oder Differenzen in das Gespräch einbeziehen zu können. Ein Termin und ein störungsfreier Raum sind festzulegen; die Beteiligten und der Empfang müssen informiert werden.

Dem freien oder standardisierten Vorstellungsgespräch ist das oben beschriebene strukturierte Gespräch mit fundierter Basis vorzuziehen.

Dabei gestaltet sich der Ablauf wie folgt:

- Begrüßung,
- Vorstellung der beteiligten Personen und des Unternehmens,
- Erläuterung des Gesprächsablaufs,
- Interviewteil mit offenen Fragen im Dialog,
- Fragen des Bewerbers,
- Bekanntgabe der Vertragsbedingungen,
- Abschluss des Gesprächs.

Den ersten Teil des Gesprächs gestalten die »Hausherren«, damit sich der Bewerber an die Umgebung und die Personen gewöhnen kann. Dies geschieht durch die Vorstellung der Personen und des Unternehmens sowie die Erläuterung des weiteren Ablaufs.

Dann allerdings wird der Gesprächsanteil des Bewerbers erhöht. Ein wirkungsvolles Gestaltungselement ist dabei die offene Frage.

Beispiel:

Offene Frage: *»Warum streben Sie den Wechsel zu unserem Unternehmen an?«*
Geschlossene Frage: *»Sind Sie in Ihrem jetzigen Unternehmen unzufrieden?«*

Die geschlossene Frage ist dadurch gekennzeichnet, dass sie mit einem Verb oder Hilfsverb beginnt und dem Bewerber nur die Möglichkeit lässt, mit ja oder nein zu antworten. Die offene Frage beginnt mit einem Fragewort und zieht es nach sich, dass der Bewerber ausführlicher antwortet, was natürlich dem eigentlichen Zweck des Vorstellungsgesprächs stärker entspricht.

Es ist ratsam, mit »weichen« Fragen zu beginnen, die den Bewerber zu Beginn des Gesprächs nicht unter Druck setzen. Das sind z. B. Fragen aus dem persönlichen Bereich, zum Wohnort, der Anfahrt und der Familie. Es können sich dann Fragen nach dem beruflichen Werdegang des Bewerbers anschließen, mit denen dieser auch rechnet.

Um den Bewerber dann stärker zu fordern, stellt man im weiteren Verlauf »härtere« Fragen. Als solche können alle Entscheidungsfragen gezählt werden, z. B. welche Stärken und Schwächen der Bewerber hat, was er als sein größtes Versagen in der Vergangenheit sieht usw.

Als **Fragenfelder** bieten sich an:

- Die persönliche Lebenssituation,
- das besondere Interesse an der Stelle,
- der berufliche Werdegang,
- die beruflichen Erwartungen und Ziele,
- die fachliche Qualifikation und Weiterbildung,
- Fragen zur Führungspraxis, zum Qualitätsbewusstsein, zur Kundenorientierung,
- die Gesundheit, evtl. Behinderungen,
- Vertragselemente wie Gehalt, Arbeitszeiten usw.

Bei der Fragestellung muss bedacht werden, dass es Fragen gibt, die der Bewerber nicht oder nicht wahrheitsgemäß beantworten muss **(unzulässige Fragen).** Das sind z. B. Fragen zur Gewerkschafts-, Religions- oder Parteizugehörigkeit, auch ist die Frage nach einer anstehenden Familiengründung nicht zulässig.

Die Frage nach einer bestehenden Schwangerschaft ist stets unzulässig! Hier ist die derzeitige Rechtssituation so, dass z. B. die Schwangere diese Frage sogar trotz gegenteiliger Kenntnis verneinen darf, nach der Rechtsansicht einiger sogar dann, wenn durch die Arbeit eine Gefahr für die werdende Mutter oder das Kind existiert.

Die falsche Beantwortung unzulässiger Fragen hat für die Bewerber bei späterem Aufdecken keine negativen Rechtsfolgen, insbesondere kann der Arbeitgeber den abgeschlossenen Arbeitsvertrag nicht anfechten.

Darüber hinaus gibt es Fragen, die unter bestimmten Voraussetzungen gestellt werden dürfen **(zulässige Fragen).** Finanzielle Verhältnisse muss nur offen legen, wer in einer besonderen Vertrauensstellung (Bankkassierer) arbeitet. Nach Vorstrafen darf z. B. nur im Zusammenhang mit der angestrebten Stelle (Kraftfahrer – Verkehrsdelikt) gefragt werden. Die Frage nach Krankheiten darf sich nur auf berufsrelevante oder tätigkeitseinschränkende Krankheiten beziehen (Rückenleiden, Allergien). Solche Fragen müssen dann wahrheitsgemäß beantwortet werden. Wissentliche Falschangaben können ggf. zur Nichtigkeit des Arbeitsvertrages nach Anfechtung durch den Arbeitgeber führen.

Nach jedem Vorstellungsgespräch sollte eine Auswertung erfolgen. Auch dazu ist es ratsam, eine Checkliste zu entwickeln, damit der Vergleich der Kandidaten so objektiv wie möglich wird. Sie sollte direkt nach dem Gespräch ausgefüllt werden, da zu diesem Zeitpunkt die Eindrücke noch frisch sind. Die Checkliste nach mehreren Gesprächen zu erstellen birgt die Gefahr, dass die Eindrücke von Sympathie oder Antipathie überstrahlen oder sich vermischen. Eine solche Checkliste kann folgendermaßen aussehen:

Name:	++	+	–	– –
Wie war der erste Eindruck des Bewerbers?				
Wie sind die kommunikativen Fähigkeiten zu bewerten?				
Wie war das Interesse an der Stelle?				
War das allgemeine Auftreten sicher?				
Waren unangenehme Angewohnheiten erkennbar?				
Wie war der äußere Gesamteindruck?				
Passt der Bewerber in das existierende Team?				
Möchte ich mit diesem Bewerber zusammenarbeiten?				

Bei Bewerbungsgesprächen treten immer wieder bestimmte Fehler auf, die vermieden werden sollten. Es ist wichtig, vorurteilsfrei in ein Gespräch hineinzugehen. Viele Entscheider unterliegen aus unterschiedlichen Gründen verschiedenen Vorurteilen, die z. B. das Geschlecht, das Alter, die äußere Erscheinung, vorherige Arbeitgeber oder Berufstätigkeiten betreffen und das gesamte Gespräch belasten können.

Auch sollten Bemerkungen oder Schilderungen der Bewerber nicht im Gespräch bewertet werden, da das Emotionen wecken und damit zu einer vermeidbaren Belastung des Gesprächs führen kann.

Wenn die Übergänge zwischen den einzelnen Fragen nicht gelingen, bekommt das Interview außerdem leicht den Charakter eines Verhörs. Dieser Eindruck wird noch bestärkt, wenn der Fragesteller suggestive Fragen stellt.

Bei stark empfundener Nichteignung oder Eignung des Kandidaten sollte der Entscheider sich dies nicht anmerken lassen, um nicht die Beziehungsebene zu belasten. Auch birgt im positiven Fall das Festlegen auf einen vermeintlich gut geeigneten Kandidaten die Gefahr, dass die folgenden Gespräche nicht mehr objektiv geführt werden können.

11.1.1.5 Anstellungsvertrag

Ein Anstellungs- oder Arbeitsvertrag bedarf grundsätzlich keiner besonderen Form. Er kann also mündlich, schriftlich oder gar durch das Schaffen von Fakten (»faktisches Arbeitsverhältnis« = Arbeitsaufnahme und Entlohnung) begründet werden. Es wird allerdings dringend empfohlen, Vereinbarungen schriftlich abzufassen, um im Falle einer wie auch immer gearteten Auseinandersetzung Beweis führen zu können.

Eine Ausnahme ist im Berufsausbildungsvertrag zu sehen, da das Berufsbildungsgesetz (BBiG) in § 11 vorschreibt, dass der Ausbildende die wesentlichen Inhalte des Vertrages schriftlich fixieren muss.

Auf die oben genannte Formfreiheit wirkt sich allerdings das **Nachweisgesetz** aus: Es verpflichtet den Arbeitgeber, spätestens einen Monat nach dem vereinbarten Vertragsbeginn die wesentlichen Vertragsbedingungen schriftlich niederzulegen, die Niederschrift zu unterzeichnen und dem Arbeitnehmer auszuhändigen. Ausgenommen von dieser Regelung sind nur vorübergehende Aushilfen, die für höchstens einen Monate eingestellt werden.

Bei den wesentlichen Vertragsbedingungen handelt es sich um

- Namen und Anschrift der Vertragsparteien,
- Beginn des Arbeitsverhältnisses,
- ggf. Dauer des Arbeitsverhältnisses,
- Arbeitsort oder/und Wechselhinweis,

- kurze Beschreibung der zu leistenden Tätigkeit,
- Zusammensetzung und Höhe des Arbeitsentgelts und dessen Fälligkeit,
- vereinbarte Arbeitszeit,
- Dauer des jährlichen Erholungsurlaubs,
- Kündigungsfristen,
- Hinweis auf anzuwendende Tarifverträge oder Betriebsvereinbarungen.

Wird ein »normaler« beidseitig zu unterzeichnender Arbeitsvertrag geschlossen, so werden üblicherweise die o. a. Punkte darin fixiert. Sie können allerdings von Branche zu Branche durch unterschiedliche Anforderungen und Gegebenheiten sehr unterschiedlich ausfallen.

Grundsätzlich besteht bezüglich des Abschlusses eines Arbeitsvertrags so genannte **Vertragsfreiheit,** was bedeutet, dass jede Partei Verträge schließen kann, mit wem sie will. Eingeschränkt wird diese Vertragsfreiheit durch das Allgemeine Gleichbehandlungsgesetz (AGG), das u. a. besagt, dass ein Bewerber nicht wegen seines Geschlechts abgelehnt oder benachteiligt werden darf (vgl. Abschnitt 14.1.1.3.3).

Man unterscheidet unbefristete und befristete Arbeitsverträge. Der **unbefristete Arbeitsvertrag** endet durch die wirksame Kündigung einer Vertragspartei, durch einen Aufhebungsvertrag oder Tod des Arbeitnehmers (nicht: Arbeitgebers).

Kündigungen und Aufhebungsverträge bedürfen der **Schriftform,** § 623 BGB.

Befristete Arbeitsverträge enden mit ihrem Fristablauf, **ohne** dass eine Kündigung oder ein Aufhebungsvertrag abgeschlossen werden muss. Um einen befristeten Arbeitsvertrag handelt es sich, wenn er nach dem Teilzeit- und Befristungsgesetz (TzBfG) abgeschlossen wird. Gemäß § 14 Abs. 2 TzBfG kann der Arbeitgeber einen neuen Arbeitsvertrag bis zu einer Dauer von 2 Jahren ohne Angabe eines sachlichen Grundes befristen. Dabei muss nicht die Stelle neu geschaffen, sondern der Mitarbeiter muss neu sein. Innerhalb des Zwei-Jahres-Zeitraumes kann das Arbeitsverhältnis bis zu drei Mal verlängert werden, ohne dass es sich dabei um einen nicht erlaubten Kettenvertrag handelt (der die Überleitung in ein unbefristetes Arbeitsverhältnis bedeuten würde). Die Befristung bedarf ebenfalls keines sachlichen Grundes, wenn der Arbeitnehmer bei Beginn das 52. Lebensjahr vollendet hat und unmittelbar vor Beginn des befristeten Arbeitsverhältnisses mindestens 4 Monate beschäftigungslos war.(§ 14 Abs. 3 TzBfG). Bestehen sachliche Gründe nach § 14 Abs. 1 TzBfG, gelten diese zeitlichen Beschränkungen nicht (z. B. Vertretung während der Elternzeit).

Nach § 14 Abs. 4 TzBfG sind alle befristeten Verträge schriftlich abzuschließen. Geschieht dies nicht oder liegt aus anderen Gründen eine unwirksame Befristung vor, gilt der Arbeitsvertrag als auf unbestimmte Zeit abgeschlossen (§ 16 TzBfG).

11.1.2 Mitarbeitereinsatz entsprechend der Interessen und Anforderungen

Je mehr es einem Unternehmen gelingt, die Interessen und Anforderungen des Unternehmens und die Interessen der Mitarbeiter gleichzurichten, umso größer wird der Erfolg beider Seiten werden. Dass dies in der betrieblichen Praxis nicht immer möglich ist, versteht sich schon aus der Notwendigkeit des betriebswirtschaftlichen Erfolgs heraus.

Häufig wird aber diese Blickrichtung bei betrieblichen Entscheidungen außer Acht gelassen, obwohl eine Berücksichtigung der Eignung und Neigung der Mitarbeiter zum Nutzen beider Parteien möglich wäre. Die Leistungsfähigkeit eines »gleichgerichteten« Mitarbeiters ist messbar höher als die einer durch Nichtbeachtung der wechselseitigen Interessen und Anforderungen demotivierten Arbeitskraft.

11.2 Beurteilen von Mitarbeitern nach vorgegebenen Beurteilungssystemen

Das Thema Beurteilung ist in vielen Unternehmen negativ besetzt. Es wird als lästige Pflicht gesehen, was bewirkt, dass die am Beurteilungsprozess beteiligten Personen mit einer negativen Grundstimmung an die Beurteilung herangehen.

Dabei ist die Beurteilung bei richtigem Einsatz ein sehr **konstruktives Führungsinstrument.** Es kann für Führungskräfte, die noch keine umfangreiche Erfahrung in der Gesprächsführung mit Mitarbeitern haben, ein guter Einstieg in diese Thematik sein. Mit einem bildhaften Vergleich kann gesagt werden, dass die Beurteilung die Funktion von Stützrädern an Kinderfahrrädern hat: Diese helfen ja dabei, gestützt Erfahrungen zu sammeln, um zu dem Zeitpunkt, an dem die notwendige Sicherheit da ist, entfernt zu werden.

Ähnlich verhält es sich häufig mit einem Beurteilungssystem: Wenn die Führungskräfte über das Instrument Beurteilung Erfahrungen in der Gesprächsführung mit den Mitarbeitern gesammelt haben und diese Feedbackgespräche regelmäßig stattfinden, so ist das Beurteilungssystem hinfällig geworden, bzw. dient bestenfalls noch zur Erfüllung formaler Gegebenheiten (Gehaltsfindung, Zeugniserstellung usw.).

Grundsätzlich gibt es in der betrieblichen Praxis zwei unterschiedliche Beurteilungen:

Die **Potenzialbeurteilung,** mit der die Eignung und Neigung der Mitarbeiter in Hinblick auf ihre zukünftige Entwicklung betrachtet wird, und die im Folgenden näher betrachtete **Leistungs- und Verhaltensbeurteilung.**

11.2.1 Ziele der Personalbeurteilung

Für die Einführung oder Beibehaltung eines Beurteilungssystems sprechen unterschiedliche Gründe:

- Das Unternehmen erhält eine Übersicht über die **Eignung** und Einstellung der Mitarbeiter als Basis für die Einsatz- und Entwicklungsplanung;
- die Mitarbeiter erhalten eine **Standortbestimmung** bezüglich ihrer Leistung und ihres Arbeitsverhaltens aus Sicht ihres Vorgesetzten;
- es existiert ein **Hilfsmittel** für die betriebliche Personalarbeit bei der Gehaltsfindung, Beförderung, Versetzung, Zeugniserstellung usw.;
- Beurteilungen sind ein wichtiges **Führungsinstrument** im Sinne konstruktiver Kritik, Anerkennung guter Leistungen, Fördergesprächen und dienen damit der Motivation der Mitarbeiter und Führungskräfte.

Diesen positiven Argumenten wird häufig entgegengehalten, dass die Beurteilung in sich ein zusätzlicher Arbeitsaufwand sei, es durch die Ansprache negativer Beurteilungsmerkmale zu Konflikten kommen könne und Beurteilungen häufig mit Fehlern behaftet seien.

Grundsätzlich handelt es sich bei den betrieblichen Beurteilungen um immer wiederkehrende, in festgeschriebenen Zeitintervallen (in der Regel 1 – 2 Jahre) durchzuführende, so genannte **periodische** Beurteilungen.

11.2.2 Anlässe von Personalbeurteilungen

Viele Unternehmen nutzen das Instrument Personalbeurteilung auch zu bestimmten Anlässen. Sie dienen dabei grundsätzlich als Basis für anstehende Entscheidungen, besonders dann, wenn die Entscheidung auf der Leistung und dem Verhalten des Mitarbeiters beruht.

Die nachstehenden Beispiele solcher Anlässe machen das ohne weitere Ausführungen dazu deutlich:

- Ablauf der Probezeit,
- Lohn- oder Gehaltserhöhung,
- Beförderung,
- Versetzung,
- Zeugniserstellung.

11.2.3 Arten der Personalbeurteilungssysteme

Unabhängig vom jeweiligen System werden bestimmte **Beurteilungskriterien** einer Bewertung unterzogen, die z. B. eine ungebundene Beschreibung des Kriteriums in einem Mitarbeitergespräch sein kann. Eine solche ist allerdings aufwändig, stark von den sprachlichen Möglichkeiten des Beurteilers abhängig und schwer vergleichbar.

Aus diesem Grund hat sich eine **Skalenbewertung** durchgesetzt. Hier gibt es nun verschiedene Formen der Skalen.

Eine einfache Möglichkeit der Skalierung ist der Skalenstrahl:

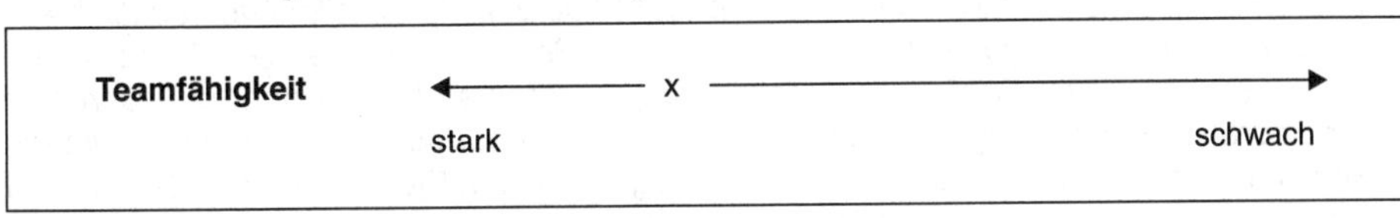

Skalenstrahl

Der Beurteiler hat hier die Möglichkeit, seine Sicht des Mitarbeiters bezüglich dieses Beurteilungskriteriums auf einem offenen Strahl festzuhalten.

Eine Weiterentwicklung dieser Skalierung ist das Vorgeben von Bewertungsziffern.

Teamfähigkeit	1	2 x	3	4	5	6

Bewertungsziffern

Bei diesen Bewertungsziffern sollte immer eine gerade Zahl vorgegeben werden, da dann der Mittelwert entfällt, zu dem Beurteiler gerne neigen.

Eine hohe Objektivität wird erreicht, wenn das Beurteilungskriterium und die einzelnen Bewertungsstufen kurz beschrieben werden:

Teamfähigkeit: Die Eigenschaft und Neigung des Mitarbeiters, konstruktiv im Team zu arbeiten, auf Team-Mitglieder zuzugehen und diese auch nach Kräften zu unterstützen	1	Der Mitarbeiter geht jederzeit in überdurchschnittlichem Maße auf die Kollegen zu, beeinflusst das Team immer konstruktiv und ist ausnahmslos hilfsbereit.
	X 2	Der Mitarbeiter geht überwiegend auf die Kollegen zu, zeigt sich konstruktiv und meistens hilfsbereit.
	3	Der Mitarbeiter geht selten aus eigenem Antrieb auf die Kollegen zu, ist wenig konstruktiv und selten hilfsbereit.
	4	Der Mitarbeiter geht nicht auf die Kollegen zu, leistet keine konstruktiven Beiträge und ist nicht hilfsbereit.

Beschreibung der Beurteilungskriterien und der Bewertungsstufen

11.2.4 Beurteilung von Mitarbeitern nach vorgegebenem System

Jede Beurteilung ist nur so gut, wie die Qualität der **Beobachtung.** Es ist ratsam, die Beobachtungen schriftlich zu fixieren, da der Beurteiler sonst Gefahr läuft, dass er nur positive und negative Spitzen der letzten Zeit des Beurteilungszeitraumes in seiner Erinnerung hat, was zu entsprechenden Fehlbeurteilungen führen kann, wie die nachstehende Abbildung verdeutlicht.

Die Beobachtungen müssen natürlich mit dem nötigen Fingerspitzengefühl durchgeführt werden und sollten generell zu unterschiedlichen Tages- und Wochenzeiten erfolgen.

Beispiel:

Die Abbildung zeigt, dass der Mitarbeiter A (durchzogene Linie) im Beurteilungszeitraum überwiegend positive Leistungen erbracht hat, zum Ende allerdings deutlich abfiel. Der Mitarbeiter B (gestrichelte Linie) zeigte im Schnitt deutlich schlechtere Leistungen, zeigte aber zum Schluss des Beurteilungszeitraums eine Steigerung. Wenn sich der Beurteiler während der Gesamtzeit keine Aufzeichnungen gemacht hat, so ist die Gefahr sehr groß, dass ihn der letzte Eindruck geprägt hat. Diese Gefahr erhöht sich mit steigender Anzahl der zu beurteilenden Mitarbeiter.

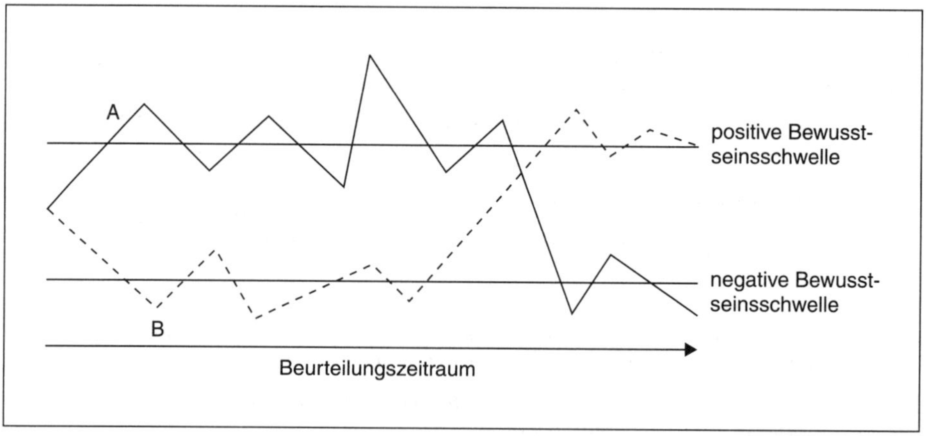

Beurteilung im Zeitverlauf

Die beobachteten Leistungs- und Verhaltensmerkmale werden dann in einem nächsten Schritt zusammengefasst und bewertet. Dazu dient in den meisten Fällen ein vorgefertigtes **Protokoll.**

Dieses Protokoll bildet die Basis für das sich anschließende **Beurteilungsgespräch,** in dem die einzelnen Beurteilungskriterien angesprochen werden. Dabei hat der Mitarbeiter die Möglichkeit, seine Sicht der rückgemeldeten Leistung und des Verhaltens zu kommentieren. Differenzen zwischen dem Selbstbild des Mitarbeiters und dem Feedback des Vorgesetzten sollen in konstruktiver Weise diskutiert und argumentiert werden.

Zum Abschluss des Gesprächs werden **Ziele und Fördermaßnahmen** vereinbart, die dann in der Folgezeit auf ihre Umsetzung und Wirkung hin kontrolliert werden.

Im Wesentlichen werden an ein Beurteilungssystem zwei Anforderungen gestellt: Es muss leicht zu handhaben und in sich so aufgebaut sein, dass ein Höchstmaß an Objektivität gewährleistet ist.

Bedauerlicherweise sind die Anforderungen »Handhabbarkeit« und »Objektivität« zwei Ziele, die konträr sind: In dem Maße, wie die **Objektivität** zunimmt, nimmt die Einfachheit der **Handhabung** ab. Um ein Höchstmaß an Objektivität zu erreichen, müssen die Beurteiler psychologisch intensiv geschult werden, die Beobachtungen der zu beurteilenden Leistungen und des Verhaltens müssen umfangreich sein, es müssten Gespräche mit Personen geführt werden, die die Leistung und das Verhalten ebenfalls beurteilen können, um eine Mehrfachbeurteilung zu erhalten usw. Dieser Aufwand kann im betrieblichen Alltag nicht geleistet werden, und man versucht, einen vertretbaren Mittelweg zwischen Einfachheit der Handhabung und Objektivität zu gehen.

Der Erfolg eines Beurteilungssystems hängt außerdem entscheidend von der **Akzeptanz** der Beurteiler und Beurteilten ab. Um diese zu erreichen, ist es ratsam, das Beurteilungssystem unter Einbeziehen der Betroffenen zu entwickeln und einzuführen. Gleiches gilt für den Betriebsrat, der nach § 94 Abs. 2 BetrVG allgemeinen Beurteilungsgrundsätzen zustimmen muss.

Zunächst gilt es festzulegen, welche Kriterien beurteilt werden sollen. Diese sollen sich an den Anforderungen an die Mitarbeiter orientieren, aber dennoch nicht individuell auf zu kleine Gruppen zugeschnitten sein, da dann die Vergleichbarkeit beeinträchtigt wird.

Folgende Kriterien sind üblicherweise in den Systemen zu finden.

- **Arbeitsleistung und -verhalten:**
  - Qualität der Arbeit,
  - Arbeitstempo,
  - Ausdauer,
  - Fachkenntnisse,
  - Pünktlichkeit,
  - Verantwortungsbewusstsein,
  - Kundenorientierung,
  - Belastbarkeit,
  - Lernbereitschaft,
  - Selbstständigkeit,
  - Zuverlässigkeit;
- **Auftreten:**
  - kommunikative Fähigkeiten,
  - Selbstsicherheit,
  - Outfit,
  - Umgangsformen;
- **Teamfähigkeit:**
  - Aufgeschlossenheit,
  - Informationsweitergabe,
  - Hilfsbereitschaft,
  - Zusammenarbeit;
- **Anlagen:**
  - Auffassungsgabe,
  - Merkfähigkeit,
  - logisches Denken,
  - Kreativität;

- **Mitarbeiterführung:**
  - Motivationsfähigkeit,
  - Delegationsbereitschaft,
  - Durchsetzungsvermögen,
  - Zielverfolgung,
  - Gesprächsbereitschaft/-qualität,
  - Entscheidungsfreude,
  - Kontrolle,
  - Einfühlungsvermögen.

Die Haupt- und Unterkriterien sind nicht abschließend zu verstehen. Je nach individueller Lage kommen einige möglicherweise nicht zum Tragen; andere, hier nicht aufgeführte, müssen dagegen hinzugesetzt werden.

11.2.5 Beurteilungsfehler

Trotz des Gebots der Objektivität bei Beurteilungen kommen bestimmte Fehler immer wieder vor. Sie zu kennen kann den Beurteilenden davor schützen, sie zu begehen und ungerechte Beurteilungen abzugeben: Daher werden nachfolgend die bekanntesten Fehler aufgeführt.

Fehler	**Erklärung**
Vorurteil / Stereotyp	Meist abwertendes Urteil, ohne dass dem Urteilenden die für die Beurteilung erforderlichen Informationen vorliegen oder der Urteilende diese berücksichtigt, weil er nur Tatbestände wahrnimmt, die das vorgefasste Urteil bestätigen.
Halo-Effekt (Überstrahlungseffekt)	Eine einzelne herausstechende – meist positive – Eigenschaft oder Fähigkeit lässt negative Eigenschaften in den Hintergrund treten.
Fehler des ersten / letzten Eindrucks	Der Beurteilende stützt seine Beurteilung allein auf einen kurzen Zeitraum, z. B. weil er eine Langzeitbeobachtung versäumt hat.
Kontrastfehler	Der Beurteilte wird mit einer anderen Person oder Personengruppe verglichen. Ist diese z. B. besonders leistungsstark, fällt das Urteil über die eigentlich zu beurteilende Person zu schlecht aus.
Projektionsfehler	Der Beurteilende überträgt eigene Befindlichkeiten auf das Gegenüber oder beurteilt zu gut wegen festgestellter Gemeinsamkeiten.
Mildefehler	Viele Beurteilende neigen – zum Teil aus Angst vor Widerspruch oder Ablehnung – dazu, generell zu gut zu beurteilen.
Tendenz zur Mitte	Viele Beurteilende wollen weder zu gut noch zu schlecht beurteilen und wählen daher die vorgeblich „goldene Mitte“. Dadurch verlieren Beurteilungen jedoch insgesamt ihre Aussagekraft.

11.3 Durchführen von Mitarbeitergesprächen und Festlegen von Zielvereinbarungen

11.3.1 Konstruktive Mitarbeitergespräche

Viele Unternehmen oder auch einzelne Fach- und Führungskräfte äußern immer wieder den Wunsch, dass die Kommunikation verbessert werden müsse. Dieser Wunsch wird bewusst oder unbewusst mit der Kenntnis geäußert, dass die Art der Kommunikation ein Spiegelbild der Beziehung oder betrieblicher Umstände ist und ganz entscheidend die Leistung beeinflussen kann.

Die Art der Kommunikation ist also einerseits ein Spiegelbild der inneren Einstellung und Identifikation des Menschen mit dem Umfeld, in dem er sich gerade befindet (wobei natürlich auch Überstrahlungen möglich und wahrscheinlich sind – das muss in der Situation der Analyse immer bedacht werden). Aber Kommunikation kann auch trainiert werden. Das fängt schon mit dem Bewusstsein der Bedeutung an. Wenn ich mir darüber im Klaren bin, welche Wirkung eine so oder so geartete Kommunikation hat, wird das meinen Kommunikationsstil beeinflussen.

Kenntnisse der Regeln, Abläufe und Prozesse der Kommunikation lassen sie zusätzlich in einem positiven Licht erscheinen.

Das beginnt häufig mit einer eigenen Reflexion:

- Wird in verschiedenen Arbeitssituationen angemessen kommuniziert?
- Werden andere Menschen beeinflusst, manipuliert?
- Ist der Mensch in der Lage, Gefühle zu verbalisieren?
- Wird Kritik konstruktiv geäußert?
- Werden Gespräche fragend geleitet, ohne dass die Gesprächspartner bedrängt werden?
- Wird in Gesprächen situativ angemessen variiert?
- Werden Aufträge so formuliert, dass keine Abwertung passiert?

Werden diese Punkte aktiv im Unternehmen »gelebt«, so wird das stark auf das Betriebsklima und die Kultur der Firma Einfluss nehmen. In den folgenden Abschnitten werden gängige Gesprächstypen des Arbeitslebens näher beleuchtet.

11.3.1.1 Anerkennungsgespräche

Die **Anerkennung** guter Leistungen hat in unserer Hemisphäre nicht immer den Stellenwert, den sie eigentlich haben müsste. Gute Leistungen verkümmern häufig in allen Lebensbereichen zur Selbstverständlichkeit.

Dagegen wird die Minder- oder Fehlleistung zeitnah thematisiert. Das ist zwar richtig. Allerdings sollte das Verhältnis zwischen konstruktiver Kritik und angemessener Anerkennung den Gegebenheiten entsprechend ausgewogen sein.

Anerkennung guter Leistung ist von daher ein sehr wichtiges **Führungsinstrument** mit direktem Einfluss auf die Motivationslage der Mitarbeiter. Diese Tatsache spiegelt sich in vielen Befragungen der Mitarbeiter wider und rangiert in der Skala der Erwartungen meistens vor den »harten Faktoren«, wie Entlohnung und Arbeitsbedingungen.

Jeder Mensch sucht den Erfolg, der sich als Wertschätzung in Anerkennungsgesprächen widerspiegelt. Fehlende Anerkennung wird als Missachtung der Persönlichkeit sowie Ungerechtigkeit oder als Inkompetenz der Führungskraft empfunden. Allerdings muss die Anerkennung ehrlich und nicht aufgesetzt sein, da sie sonst verpufft.

Gerade im Punkt Anerkennung der Leistung bei Mitarbeitern gehen **Selbst- und Fremdeinschätzung** häufig weit auseinander. Führungskräfte sind daher gut beraten, wenn sie einerseits selbstkritisch ihr Verhalten beobachten und sich andererseits regelmäßig entsprechendes Feedback einholen.

Auf der psychologischen Ebene wirkt sich die angemessene Anerkennung wie folgt aus:

Der Mitarbeiter

- fühlt sich sicherer in der Ausführung seiner Arbeit,
- empfindet sich als Person bestätigt, was sein Selbstbewusstsein stärkt,
- strahlt entsprechende Sicherheit aus,
- begegnet anderen Menschen positiv,
- identifiziert sich mit dem Unternehmen und der Aufgabe in stärkerem Maße,
- trägt kreativ und engagiert zu einem positiven Betriebsklima und
- zur Weiterentwicklung seines Umfeldes bei.

Für das Anerkennungsgespräch ergeben sich daraus folgende Anforderungen:

- Anerkennung zeitnah aussprechen, da sonst der Zusammenhang fehlt,
- Anerkennung ausdrücklich aussprechen und nicht »zwischen die Zeilen« packen,
- Anerkennung nicht pauschal, sondern individuell, auf die Person bezogen, aussprechen,
- die schon angesprochene Angemessenheit wahren,
- dabei die Sache in den Vordergrund stellen,
- grundsätzlich unter vier Augen aussprechen,
- Anerkennung für gute Leistungen und nicht (nur) für herausragende aussprechen und
- dabei nicht in übertriebene Superlative oder Phrasen verfallen.

Der Ablauf eines Anerkennungsgesprächs unterliegt allgemeinen Regeln:

- Begrüßung,
- Einleitung/Warming up,
- Thema nennen,
- Sichtweise der Führungskraft darstellen,
- Mitarbeiter über Fragetechnik in einen Dialog bringen,
- Abschluss mit Fazit, Dank – und ggf. Vereinbarungen treffen.

11.3.1.2 Beurteilungsgespräche

Im Mittelpunkt der Mitarbeiterbeurteilung steht das Beurteilungsgespräch, da mit diesem Instrument die Verhaltensänderung über die Einsicht des Mitarbeiters eingeleitet werden kann. Außerdem dient das Gespräch zum Abgleich der Selbst- und Fremdeinschätzung des Mitarbeiters. Die prägenden Elemente sind dabei die **Anerkennung** der guten Leistungen und die **konstruktive Kritik** der Minderleistungen.

Aufgrund der Wichtigkeit des Gesprächs ist das Einhalten der Kommunikationsgrundsätze von besonderer Bedeutung, d. h.

- gründliche Gesprächsvorbereitung,
- störungsfreier Raum mit gleichrangiger Sitzposition,
- angenehme Gesprächsatmosphäre,
- verständliche, nachvollziehbare Formulierung,
- Einstellen auf das Niveau des Gesprächspartners,
- Einbeziehen des Mitarbeiters über die offene Fragetechnik (»Wie sehen Sie das?«),
- aktives Hinhören.

Entscheidend für die Akzeptanz der besprochenen Inhalte durch den Beurteilten wird der professionelle Ablauf sein.

Begrüßung und Einleitung

Schon bei der Begrüßung sollte in Hinblick auf den ersten Eindruck die Freundlichkeit und positive Einstellung im Mittelpunkt stehen. Einfließen kann hier der Dank für die geleistete Arbeit und ggf. die Einsatzbereitschaft. Als neutrale Einleitung kann ein laufender Auftrag oder aktuelles betriebliches Tagesgeschehen dienen. Ferner kann in dieser Phase das Beurteilungssystem mit seiner Zielsetzung positiv vorgestellt werden.

Besprechen der Kriterien

Zunächst sollten die positiven Bereiche angesprochen werden. Besondere Erwähnung finden dabei die Punkte, die im Beurteilungszeitraum verbessert wurden. Die geäußerte Anerkennung ist dabei angemessen und nicht übertrieben oder aufgesetzt zu formulieren. Es schließen sich dann die Minderleistungen an. Bei der Formulierung ist es hier günstiger, die Sache anzusprechen und nicht die Person und dabei positive Formulierungen wählen:

Nicht: »Da haben Sie zu wenig gebracht!«,
sondern: »Ich bin sicher, dass Sie auf dem Feld mehr leisten können.«

Stellungnahme des Mitarbeiters

Über die offene Fragetechnik wird die Sicht des Mitarbeiters zu einzelnen Punkten abgefordert. Die Führungskraft muss hier situativ entscheiden, ob das nach jedem Gesprächspunkt oder zum Schluss erfolgt. Wichtig ist es nur, dass der Mitarbeiter in dieser Phase einbezogen wird, damit er die nachfolgende Lösung akzeptiert. Sind vorgebrachte Einwände gravierend und keine bloßen Schutzbehauptungen, so sollten sie schriftlich festgehalten werden und bei Berechtigung zu einer Änderung der Beurteilung führen.

Gemeinsame Lösung und Zielvereinbarung

Die Betonung in dieser Phase liegt auf dem Wort gemeinsam. Nicht die Führungskraft weist hier den Mitarbeiter an, das Verhalten so oder so zu ändern, sondern die Schritte zur Verhaltensänderung werden primär vom Mitarbeiter gemeinsam mit der Führungskraft entwickelt. Dabei stehen am Ende konkrete Ziele, die inhaltlich und terminlich fixiert sind. Auch die Ziele finden eine höhere Akzeptanz, wenn der Mitarbeiter an der Gestaltung mitgewirkt hat. Das Erreichen der Teil- und Hauptziele beobachtet die Führungskraft im anschließenden Zeitraum.

Gesprächsabschluss

Der Gesprächskreis wird geschlossen, indem sich die Führungskraft bedankt, dem Mitarbeiter das Vertrauen ausspricht, die Zuversicht äußert, dass die vereinbarten Ziele erreicht werden – und dabei ehrlich gemeinte Hilfe zusagt.

11.3.1.3 Kritik- und Konfliktgespräche

Kritik in angemessener Form auszusprechen, ist im Rahmen der Führungsarbeit eine anspruchsvolle Aufgabe. Die Folge ist, dass Kritikgespräche häufig verdrängt oder in ungeeigneter Form vorgetragen werden.

Führungskräfte malen sich phantasievoll aus, was die Kritik beim Mitarbeiter bewirken könnte. Dabei richtet sich der Fokus auf die möglichen negativen Begleiterscheinungen und nicht auf die positive Wirkung. Diese Sichtweise löst dann eine negative Kettenreaktion aus.

Positive Einstellung		Negative Einstellung
Erkennen, wo sich Konflikte abzeichnen	**Wahrnehmung**	Verdrängen und verleugnen von Konflikten
Mutige und entschlossene Sichtweise	**Gefühle**	Gefühl der Angst und Hilflosigkeit
Aktiver, offener und kooperativer Angang	**Verhalten**	Ausweichen, abwehren oder aggressive Reaktion
Aufgrund der positiven Einstellung gelingt die Konfliktlösung	**Konfliktbewältigung**	Die negative Einstellung führt aufgrund des daraus resultierenden Verhaltens zum Misserfolg oder mindestens zu negativen Begleiterscheinungen und Folgen.

Einstellung zum Konflikt

Im betrieblichen Alltag führen unterschiedliche Zustände oder Geschehnisse zu Konflikten und der Notwendigkeit, diese konstruktiv zu lösen:

- **Zielkonflikte** (hoher Qualitätsanspruch – hoher Output);
- **Beurteilungskonflikte** (kundenorientierte Arbeitszeit: Mitarbeiter – Geschäftsleitung);
- **Verteilungskonflikte** (Aufgabenverteilung im Team);
- **Rollenkonflikte** (Orientierung einer jungen Führungskraft: Kollegen – Geschäftsleitung);
- **Beziehungskonflikte** (Antipathien, Vorurteile gegenüber bestimmten Menschen).

Bevor eine Führungskraft in ein Kritikgespräch einsteigt, muss sie sich darüber im Klaren sein, welches Ziel sie erreichen will. Häufig führt ein aus der Emotion heraus geführtes Gespräch zu einer Kluft zwischen den Konfliktparteien, die so nicht gewollt war. Aus diesem Grund ist die Vorbereitung auf das Gespräch besonders wichtig.

Außerdem sollten Emotionen so weit wie möglich ausgeschaltet werden.

Das Gespräch bezieht sich idealer weise auf die **Sache** und nicht auf die Person des Gesprächspartners, da sonst das Selbstwertgefühl angegriffen wird, was zu einem Gesichtsverlust führen kann. Ein Hilfsmittel ist dabei, die eigenen Empfindungen und Gefühle in Form von »**Ich-Botschaften**« mitzuteilen.

Für Kritikgespräche oder konfliktlösende Gespräche gilt also:

- Gespräche zeitnah – aber emotionsfrei – führen,
- geeigneten Raum und Zeitpunkt festlegen,
- das Gespräch nur unter vier Augen führen,
- Feedback über Ich-Botschaften geben,
- sachlich bleiben, nicht persönlich werden,
- Ursachen gemeinsam analysieren,
- Sichtweise des Gesprächspartners abfordern,
- Kleinigkeiten und vergangene, abgeschlossene Fälle nicht thematisieren,
- Vereinbarungen treffen und
- motivierend kommunizieren.

11.3.2 Zielvereinbarungen zum Abschluss eines Mitarbeitergesprächs

Jeder Mensch verfolgt mit seinem Handeln eine Absicht oder einen Zweck, das heißt, er handelt **intentional.** Im Arbeitsleben wird häufig davon ausgegangen, dass nur die Entscheider bestimmte Ziele verfolgen. Da das nicht so ist und der Mitarbeiter auch das Bedürfnis hat, zielorientiert zu handeln, ist es von großer Wichtigkeit, mit Mitarbeitern Ziele zu vereinbaren.

Aus dieser Erkenntnis heraus hat sich eine Führungsmethode entwickelt, die in den 70er Jahren aus Amerika nach Europa gelangt ist, das **»Management by Objectives«** (MbO). Übersetzt bedeutet das, »Führen mit Zielvereinbarung«.

Das grundlegend Neue liegt hier im Begriff »Vereinbarung«. Bis dahin wurden Ziele gesetzt oder verordnet.

Dieses System geht davon aus, dass ein Unternehmensziel existiert, das dann über Bereichs- und Teamziele die einzelnen Mitarbeiter mit ihren individuellen Zielen erreicht. Die Erkenntnis ist, dass vereinbarte Ziele zu einer stärkeren Identifikation, Motivation und Akzeptanz der Ziele führt.

Eine Zielvereinbarung beinhaltet folgende Elemente:

- Klare Beschreibung des zu erreichenden Ergebnisses,
- Benennen der Priorität gegenüber anderen Haupt- oder Nebenaufgaben,
- Aufzeigen der Bedingungen, Hilfsmittel und Grenzen, unter denen das Ziel erreicht werden soll,
- Kriterien zur Einschätzung der Zielerreichung hinsichtlich Qualität, Quantität sowie
- Angaben zum terminlichen Ziel (ggf. Zwischenziele vereinbaren).

Nach einer derartigen Zielvereinbarung sind die Mitarbeiter häufig besser in der Lage, selbstständig, eigenverantwortlich die Einteilung, Steuerung und Kontrolle ihrer individuellen Ressourcen zu managen, im Sinne einer zeitgemäßen situativen Führung.

11.4 Anfertigen von Stellenbeschreibungen

11.4.1 Stellenbeschreibungen auf der Grundlage von Stellenplanungen und Anforderungsprofilen

Die **Stellenbeschreibung** ist ein wichtiges Führungs- und Organisationsmittel, das Aufgaben, Ziele, Verantwortungsbereiche und Anforderungen von Stellen transparent macht. Sie ist daher für Vorgesetzte und Mitarbeiter gleichermaßen wichtig.

Die Stellenbeschreibung ist, wie es die Bezeichnung schon vorgibt, immer auf die Stelle bezogen und nicht auf den Stelleninhaber ausgerichtet.

Stellenbeschreibungen müssen laufend oder in bestimmten Zeitintervallen aktualisiert werden. Durch Veränderungen betrieblicher Abläufe oder Organisationsstrukturen verändern sich in aller Regel auch die Inhalte der Stellen und damit der Stellenbeschreibungen. Werden diese Veränderungen nicht in den Stellenbeschreibungen umgesetzt, so ist das gesamte System nach kurzer Zeit unbrauchbar. Die Stellenbeschreibung muss unter Berücksichtigung der gesamten **Stellenplanung** erfolgen. Übergeordnete Grundsätze, Strukturen und Leitlinien, die für alle Stellen oder bestimmte Stellengruppen gelten, sind zu beachten.

Stellenbeschreibungen bieten verschiedene Vorteile:

- Zunächst vermeiden sie »Kompetenzgerangel«. Die Abbildung zeigt die Stellen A und B, deren Zuständigkeiten sich teilweise überschneiden.

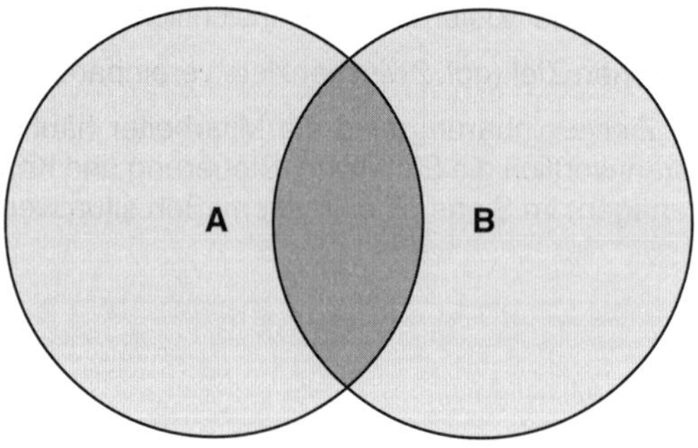

Kompetenzüberschneidung von Stellen

  Die Überschneidung der Stellen A und B kann dazu führen, dass sich bei positiv bewerteten Aufgaben beide Stelleninhaber dieser Aufgabe annehmen wollen mit der Folge der Störung der Beziehungsebene oder gar des Betriebsfriedens. Bei minder bewerteten Aufgaben wird die Verantwortung jeweils auf den anderen Stelleninhaber geschoben, mit denselben Negativfolgen.

Stellenbeschreibungen sind darüber hinaus aus folgender Sicht nützlich:

- Sie entlasten Führungskräfte aufgrund klarer Aufgabenverteilung;
- sie erleichtern die Personalplanung;
- sie unterstützen die Bildungsbedarfsplanung;
- sie sind eine Hilfe für die betriebliche Personalarbeit bei der Stellenbesetzung;
- sie verbessern das Betriebsklima durch geregelte Aufgabenverteilung und Transparenz.

Eine Stellenbeschreibung **mit Anforderungsprofil** beinhaltet folgende Elemente:

- Bezeichnung der Stelle,
- Über- und Unterstellung,
- Stellvertretung,
- Kompetenzen und ggf. besondere Befugnisse,
- Haupt- und Nebenziele der Stelle,
- Haupt- und Nebenaufgaben,
- fachliches und persönliches Anforderungsprofil.

Stellenbeschreibung	
Bezeichnung der Stelle:	Leiter der AV
Fachbereich:	Produktion/Arbeitsvorbereitung
Stelleninhaber:	Karl Mustermann
Der Stelleninhaber ist direkt unterstellt:	Produktionsleiter
Dem Stelleninhaber sind unterstellt:	Mitarbeiter und Gruppenleiter AV
Der Stelleninhaber vertritt:	Schichtführer A
Der Stelleninhaber wird vertreten von:	gegenseitig
Kompetenzen:	– Unterschreibt Arbeitspapiere mit Zweitunterschrift – Leitet Beschaffungen bis 5.000 € ein – Unterzeichnet einschlägigen Schriftverkehr i.A. ...
Ziele der Stelle:	– Gewährleistet einen reibungslosen Ablauf des Bereichs AV – Stellt Einarbeitung und Weiterbildung sicher – Gestaltet die Zusammenarbeit zwischen Produktion und EDV ...
Aufgaben der Stelle:	– Prüft und erstellt Arbeitspapiere – Erstellt Einarbeitungs- und Ausbildungspläne und sorgt für deren Transfer – Erstellt und unterzeichnet Beurteilungen der Mitarbeiter – Organisiert Besprechungen des Bereichs – Nimmt an wöchentlichen Besprechungen der Produktion teil ...
Stellenanforderungen	
Fachliche Anforderungen:	– Technischer Betriebswirt oder gleichwertig – Überdurchschnittliche EDV-Kenntnisse – Mitarbeiterführungslehrgänge 1–4 ...
Persönliche Anforderungen:	– Führungskompetenz – Einfühlungs- und Beurteilungsvermögen – Psychische Belastbarkeit – Initiative und Entscheidungsfähigkeit ...

Muster einer Stellenbeschreibung (Auszug)

Stellenbeschreibungen zu entwickeln bedeutet einen erheblichen zeitlichen Aufwand. Zunächst muss festgelegt werden, wer für die Erstellung, Einführung und Pflege verantwortlich ist. Im nächsten Schritt wird eine Bestandsaufnahme der Stellen mit ihren Zielen, Inhalten usw. über Fragebögen oder Interviews durchgeführt. Hier fließen natürlich die Erfahrungen und Wünsche der derzeitigen Stelleninhaber mit ein. Die damit gewonnenen Erkenntnisse werden dann mit den betrieblichen Erfordernissen und Prozessen abgeglichen und gegenseitig auf Vollständigkeit geprüft. Diese Entwürfe werden dann wiederum den Stelleninhabern zum Vergleich gegeben.

Das Einbeziehen der Stelleninhaber in allen Phasen der Konzeption und Einführung ist von fundamentaler Bedeutung, weil dadurch die Akzeptanz wesentlich erhöht wird.

11.4.2 Funktionsbeschreibungen als Mittel für die Entwicklung von Organisationsstrukturen

Eine ähnliche Aufgabe wie die Stellenbeschreibung hat die Funktionsbeschreibung oder das Funktionsdiagramm. Die Funktionsbeschreibung kann auch als **Sammel-Stellenbeschreibung** bezeichnet werden und wird immer dann eingesetzt, wenn Mitarbeiter gleiche Aufgaben an verschiedenen Stellen verrichten; das heißt, Basis ist dabei die Tätigkeit und nicht die individuelle Stelle.

Dieses Verfahren kann, wie gesagt, nur eingesetzt werden, wenn die Arbeitsinhalte identisch sind. Denkbar und häufig in der Praxis anzutreffen ist die Mischform bestehend aus Stellen- und Funktionsbeschreibung.

Beispiele:

Während die Maschinenführer und Schichtleiter individuelle Stellenbeschreibungen erhalten, genügt es, z. B. Produktionshelfer mit Funktionsbeschreibungen »auszustatten«.

In einem Callcenter haben Projekt- und Teamleiter Stellenbeschreibungen, während die Callcenter-Agents Funktionsbeschreibungen erhalten.

11.5 Erarbeiten von Schulungsplänen und Ergreifen von Maßnahmen zur Qualifizierung der Mitarbeiter

Die Qualifikation der Mitarbeiter ist ein wichtiges Personalführungsinstrument, da der Erfolg des Unternehmens u. a. vom Qualifikationsgrad der Mitarbeiter aller Hierarchieebenen und Funktionsbereiche abhängt. Aufgrund der komplexen und dynamischen Prozesse im Unternehmen ist auch die Personalentwicklung sehr vielschichtig.

Grundsätzlich kann man Maßnahmen der Personalentwicklung in die Vermittlung neuen Wissens, das Aneignen neuer Fähigkeiten und Fertigkeiten und die Ergänzung persönlicher Kompetenzen unterscheiden.

Weitere Begriffe in der Personalentwicklung sind die Anpassungs- und Aufstiegsfortbildung. Bei der **Anpassungsfortbildung** wird z. B. der technischen Entwicklung Rechnung getragen, wenn Industriemechaniker neue Steuerungstechniken bei Fertigungsmaschinen beherrschen müssen und hierfür IHK-Weiterbildungslehrgänge besuchen.

Die **Aufstiegsfortbildung** zielt dagegen auf den hierarchischen Aufstieg der Lernenden ab:

Der Industriemechaniker steigt zum »Industriemeister« mit Prüfungsabschluss, der bisherige Einzelhandelskaufmann zum Handelsfachwirt auf.

11.5.1 Schulungs- und Maßnahmenpläne

Entsprechend vielschichtig sind dann auch die Maßnahmen der Personalentwicklung:

- Externe Seminare in Weiterbildungsinstitutionen,
- interne Seminare mit externen Trainern/Dozenten,
- interne Seminare mit eigenen Fachkräften,
- Training on the Job,
- Fachliteratur im Umlauf,
- Computer based Training (CBT),
- Inter- oder Intranet-Training (WBT),
- Trainee-Ausbildung,
- Job Enrichment,
- Job Enlargement,
- Job Rotation,
- gezielter Auslandseinsatz.

All diese Maßnahmen müssen sorgfältig geplant, und evaluiert werden. Sie müssen sich am Bedarf des Unternehmens und der Mitarbeiter orientieren, um wirklich erfolgreich zu sein. Fortschrittliche Betriebe verfügen über eine entsprechende Personalentwicklungsplanung, die die Möglichkeiten und Anforderungen ständig betreuen und transparent machen.

11.5.2 Personalentwicklungs- und Qualifizierungsmaßnahmen aufgrund von Potenzialanalysen

Die **Bildungsbedarfsanalyse** kann auf unterschiedlichen Wegen erfolgen. Eine Möglichkeit ist die Befragung der Mitarbeiter, die allerdings je nach Interessenlage sehr subjektiv ausfallen wird. Ein weiterer Weg ist die Befragung der Vorgesetzten nach dem Bedarf der ihnen unterstellten Mitarbeiter aus Sicht der Leistungsfunktion.

Grundsätzlich ist für die in Frage kommenden Mitarbeiter ein Anforderungsprofil sinnvoll. Es kann dann ein erster Abgleich mit dem Eignungsprofil (Bewerbungsunterlagen, Weiterbildungsdatenbank) gemacht werden.

Eine weitere Möglichkeit ist es dann, eine **Potenzialanalyse** in Form eines Assessment Centers (vgl. Abschn. 11.1.1.3) durchzuführen. Aufgrund der Anforderungsorientiertheit, der Mehrfachbeurteilung, der Verhaltensorientierung und der Methodenvielfalt hat dieses Instrument eine hohe Aussagekraft und Treffergenauigkeit.

11.5.3 Ergebnisse der Personalentwicklungsmaßnahmen und Transfer

Personalentwickelnde Maßnahmen zielen grundsätzlich auf Verhaltensänderung und Wissensgewinn ab. Dieses geänderte Verhalten oder erweiterte Wissen muss vom Unternehmen **evaluiert** werden. Eine Möglichkeit ist die Befragung der Mitarbeiter nach der Maßnahme oder mit zeitlichem Versatz.

Die Befragung richtete sich auf verschiedene Einzelheiten der Maßnahme, u. a.

- Praxisorientierung des Inhalts,
- persönliche, fachliche und methodische Eignung des Dozenten,
- Eignung des Raumes/der Institution,
- Möglichkeiten des Transfers,
- Möglichkeiten der Optimierung.

Eine weitere Ergebniskontrolle ergibt sich aus **Transferbeobachtungen** durch neutrale Beobachter oder durch die jeweilige Führungskraft.

Mögliche Fragen in diesem Zusammenhang sind:

- Hat sich die Kundenorientierung durch das Verkaufsseminar verändert?
- Wurde die Teamarbeit durch die Supervision positiv verändert?
- Wird die neue Software nach dem EDV-Seminar sicher eingesetzt?
- Werden die Beurteilungsgespräche zielorientiert geführt?
- Fließen die Erkenntnisse des Sicherheitstrainings in die tägliche Arbeit ein?

Erkenntnisse dieser Evaluierung müssen protokolliert und können dann zielgerecht bei zukünftigen Entscheidungen im Rahmen der Personalentwicklung berücksichtigt werden.

12 Personalentlohnung

12.1 Auswählen geeigneter Entlohnungsformen

12.1.1 Ziele geeigneter Entgeltkonzepte

Ein wesentlicher Faktor im Zusammenhang mit der Zufriedenheit der Mitarbeiter ist die subjektiv empfundene Entgeltgerechtigkeit. Dabei möchten die Mitarbeiter fair und leistungsgerecht behandelt werden.

Kriterien, die diese Empfindungen beeinflussen, sind die folgenden:

- **Gleichbehandlung:** Für die gleiche Arbeit im gleichen Unternehmen wird der gleiche Lohn gezahlt.
- **Marktgerechte Entlohnung:** Gegebenheiten des Marktes wie Wettbewerbslage, Vergleich zu anderen Branchen usw. werden berücksichtigt.
- **Lohnsteigerung:** Erwartet wird, dass sich der Lohn in bestimmten Abständen erhöht (diese Erwartungen stehen im Zusammenhang mit der Betriebszugehörigkeit, dem Lebensalter und dem Vergleich zu anderen Mitarbeitern).
- **Anerkennung:** Bei besonderen Leistungen erwarten Mitarbeiter eine direkte Belohnung dieser Leistungen (Prämien, Zulagen).

Die Unzufriedenheit mit dem Entgelt, die sich messbar in zunehmender Abwesenheit und Minderleistungen ausdrückt, richtet sich nur selten auf dessen absolute Höhe, sondern in den meisten Fällen auf die oben genannten Punkte.

12.1.2 Interne Bestimmungsgrößen

Eine interne Bestimmungsgröße sind **Betriebsvereinbarungen.** Mit ihnen legen die Arbeitgeber und Arbeitnehmervertreter Regelungen des Umgangs miteinander fest. Das können z. B. Entlohnungsform, Einstufungskriterien oder Urlaubsgewährung sein sowie Sozialleistungen und soziale Einrichtungen.

Einfluss auf die Lohngestaltung nehmen auch die so genannten **»Betrieblichen Übungen«.** Damit sind die Sachverhalte gemeint, die durch ihre Regelmäßigkeit einen Rechtscharakter erhalten. Am bekanntesten ist hier die Zahlung des Weihnachtsgeldes: Zahlt der Arbeitgeber das Weihnachtsgeld mehrere Jahre hintereinander vorbehaltlos, so erwächst dem Mitarbeiter ein Rechtsanspruch darauf.

Die Betriebe wiederum schützen sich dagegen, indem sie die Einmaligkeit und Freiwilligkeit betonen und dieses von den Mitarbeitern abzeichnen lassen und/oder die Zahlungen in unterschiedlicher Höhe zu unterschiedlichen Zeiten leisten.

Die individuellen Regelungen zwischen Arbeitgeber und Arbeitnehmer werden konkret im **Arbeitsvertrag** festgeschrieben. Er kann, wie bereits ausgeführt, grundsätzlich schriftlich oder mündlich vereinbart werden, wobei Letzteres in der Praxis wenig Bedeutung hat, weil die Schriftform wegen der Beweisführung die Regel ist und aufgrund des Nachweisgesetzes die wesentlichen Elemente letztlich ohnehin festgeschrieben werden müssen.

12.1.3 Externe Bestimmungsgrößen

Die rechtliche Basis für die Entlohnung der Mitarbeiter ist vielschichtig. Maßgeblich ist zwar stets die **vereinbarte** Vergütung, der Vertrag; mittelbar nehmen jedoch zahlreiche weitere Faktoren Einfluss.

Auf der Ebene der **Gesetze** ist das Bürgerliche Gesetzbuch (BGB) zu nennen, das die Grundsätze des Dienstvertragsrechts beinhaltet, das wiederum die Grundlage für die Arbeitsverträge bildet. Hier sind bestimmte Mindestanforderungen fixiert. Beispielhaft seien hier die Regelungen über die Vergütung (vgl. §§ 612, 614, 615, 616 BGB) genannt.

Ein weiteres maßgebliches Gesetzeswerk ist das Betriebsverfassungsgesetz, das die Mitbestimmung der Arbeitnehmervertretung bei allgemeinbetrieblichen oder individuellen Fragen des Miteinanders regelt. Ferner sind noch soziale Schutzgesetze wie das Jugendarbeitsschutzgesetz, Mutterschutzgesetz oder das Kündigungsschutzgesetz zu nennen.

Auf der nächsten Ebene der Rechtsgrundlagen für das Arbeitsentgelt stehen die **Tarifverträge.** Sie unterscheiden sich in Manteltarifverträge und Lohn- und Gehaltstarifverträge.

Im Manteltarifvertrag sind grundsätzliche Dinge geregelt, die nicht so häufig einer Änderung unterliegen. Dazu zählen die Lohngruppenbeschreibungen, Arbeitszeitregelungen, Urlaubsbestimmungen oder Zuschläge aus verschiedenen Anlässen. Manteltarifverträge werden ungefähr alle vier bis sechs Jahre neu verhandelt.

Anders verhält es sich beim Lohn- und Gehaltstarifvertrag: Hier wird die Höhe des Entgelts in kürzeren Abständen mit festgelegter Laufzeit (häufig ein Jahr) neu ausgehandelt.

Auf jeder Ebene gelten die Grundsätze der jeweils höher angesiedelten Rechtsquelle **(Rangprinzip).**

Abweichungen sind nur in Ausnahmefällen möglich. Sind abweichende Regelungen für den Mitarbeiter günstiger, so kommen diese für ihn in der Regel jedoch zum Tragen **(Günstigkeitsprinzip).** Dabei ist es häufig eine Sache der Auslegung, ob eine Regelung z. B. aus Tarifvertrag für den Mitarbeiter günstiger ist als diejenige aus den Arbeitsvertrag (etwa Überstundenvergütung).

12.1.4 Auswahl der Entgeltformen

Wenn in Unternehmen von einer »optimalen Lohn- und Gehaltsstruktur« gesprochen wird, so kann sich das aufgrund der Unterschiedlichkeiten grundsätzlich nur auf dieses spezielle Unternehmen beziehen. Diese Unterschiedlichkeit bezieht sich sowohl auf die internen als auch auf die externen Faktoren. Hier sind insbesondere die sich immer schneller verändernden Marktbedingungen zu nennen.

Für die Auswahl der Entgeltformen ergeben sich daraus folgende Bedingungen:

- Berücksichtigung der grundsätzlichen Unternehmens- und Personalpolitik,
- weitestgehende Verwirklichung einer Entlohnungsgerechtigkeit,
- Optimierung der Arbeitszufriedenheit und damit des Betriebsklimas,
- Erhöhung der motivierenden Anreize zur Steigerung der freiwillig erbrachten Leistung,
- Schaffung einer mitarbeiterbezogenen Transparenz.

Diesen guten Absichten steht häufig die Tatsache im Weg, dass in den Unternehmen ein fest gefügtes Entlohnungssystem steht, an das sich die Mitarbeiter gewöhnt haben, sich so genannte »historische Fälle« entwickelt haben und über das letztendlich ein Betriebs- oder Personalrat im Rahmen der Mitbestimmungsmöglichkeiten wacht.

Aus den vorgenannten Gründen ist es wichtig, die betroffenen Mitarbeiter zu Beteiligten zu machen, wenn die nachfolgenden Schritte getan werden:

- Entwicklung einer optimalen Lohn- und Gehaltsstruktur ohne sklavische Berücksichtigung der bestehenden Strukturen,
- Ermitteln von Über- und Unterdeckungen,
- Angleichen der Unter- und Überdeckung (dabei stellt die Unterdeckung kein Problem dar, da sie durch Erhöhung der betroffenen Gehälter ausgeglichen werden kann. Der Ausgleich der Überdeckung ist in aller Regel aufwändiger, da sie meistens nur über das »Einfrieren« von Gehältern, bzw. die Fluktuation zu bewerkstelligen ist).

Daraus ergibt sich, dass die Anpassung eines ganz oder teilweise neuen Lohn- und Gehaltsgefüges eine mittel- bis langfristige Aufgabe ist.

Grundsätzlich haben sich bei der Auswahl der Entgeltfindung **drei Formen** herauskristallisiert:

- **Kausale Entgeltfindung:** Hier steht der Arbeitsaufwand, der Grad der Anforderungen und das Prinzip einer leistungsgerechten Vergütung im Vordergrund.
- **Finale Entgeltfindung:** Die Faktoren »Arbeit« und »Kapital« bestimmen das Betriebsergebnis, das dann die Basis für die Entlohnung bildet. Bei dieser Form stoßen die Verantwortlichen häufig auf das Problem, dass der Erfolg nur schwer bestimmten Bereichen des Unternehmens zugeordnet werden kann. Das hat häufig tatsächliche oder empfundene Ungerechtigkeiten zur Folge.
- **Soziale Entgeltfindung:** Bei dieser Form stehen soziale Gesichtspunkte der Mitarbeiter im Fokus, wie Familienstand, Kinderanzahl, Betriebszugehörigkeit oder das Alter.

Diese Formen der Entgeltfindung findet man selten in reiner Form vor. Meistens handelt es sich im Ergebnis der um eine Mischform der vorgenannten Möglichkeiten.

12.1.5 Einsatz der Entgeltformen

Die oben genannten Umstände fanden in der betrieblichen Praxis langsam Einzug mit so genannten **Entgelt-Rahmen-Abkommen.** Als die Tarifvertragsparteien diesen Gedanken aufnahmen, stand die einheitliche Gestaltung der Arbeitsbedingungen für Arbeiter und Angestellte im Vordergrund.

Mittlerweile ist dieses vordergründige Ziel aufgrund verschiedener Einflüsse der Arbeitsorganisationen wieder in den Hintergrund gerutscht. Beispielhaft seien hier Organisationsformen wie Lean Management, KVP, Prozessausrichtung, Just in Time und Business Reengineering erwähnt, um nur einige aktuelle Einflussfaktoren zu nennen. Diese veränderten Organisationsformen fordern Entgeltregelungen, die weitgehend offene Gestaltungen der Entgeltstrukturen zulassen.

Ziele einer derartigen Entgeltsystematik sind eine

- klare Anforderungsorientierung,
- individuelle Unternehmensausprägung und
- Flexibilität gegenüber betrieblichen Veränderungen.

Daraus ergibt sich, dass

- ein anforderungsorientiertes Grundentgelt und
- leistungsorientierte Komponenten

zusammenspielen müssen.

Damit erfüllen folgende Merkmale die Anforderungen an ein zeitgemäßes Entlohnungssystem:

- Anreiz- und Motivationsfunktion durch Zielvereinbarung und- erreichung,
- gezielte Förderung der Leistungsbereitschaft,
- Arbeitsmarktfunktion durch unterschiedliche Tarifentgelte oder Zulagen,
- soziale Gerechtigkeit – nicht Verweildauer oder die Zugehörigkeit zu bestimmten Gruppen entscheidet, sondern die individuelle Anforderung und Leistung,
- ganzheitliche Systematik,
- Umsetzung strategischer Inhalte der Unternehmensphilosophie und -vision in Entgeltkomponenten,
- Einsparpotenziale durch flexible Einstufung der Mitarbeiter.

12.2 Auswählen von Kriterien zur Festlegung der Entgelthöhe

12.2.1 Kriterien der Entgeltbemessung

Ganz grundsätzlich betrachtet ist das Entgelt die Gegenleistung, die der Mitarbeiter für seine geleistete Arbeit erhält. Vor diesem Hintergrund wird der Lohn von verschiedenen Faktoren beeinflusst:

- Art der Arbeit bezüglich des Schwierigkeitsgrades, der Rahmenbedingungen, des Vorliegens von Besonderheiten (Schichtarbeit z. B.),
- Arbeitsleistung des Mitarbeiters,
- soziale Stellung des Mitarbeiters (mit dessen Lebensalter, Familienstand und Betriebszugehörigkeit),
- Branche,
- tarifliche Bindung des Unternehmens,
- regionale Gegebenheiten, wie Großstadt oder Flächenregion.

Neben den rechtlichen Grundlagen ist die tatsächliche Bewertung der Arbeit ein wesentlicher Einflussfaktor. Für die Mitarbeiter ist diese Bewertung häufig nicht nachvollziehbar, da sie in den üblichen und weit verbreiteten Lohngruppen »verschwindet«. Wie die Tarifpartner oder Arbeitgeber direkt zu diesen Lohngruppen gekommen sind, ist für den Mitarbeiter nicht mehr transparent. Hinzu kommt die subjektive Sichtweise, dass der Techniker seine Arbeit als wesentlich »wertvoller« einschätzt als die kaufmännische Tätigkeit – und umgekehrt.

Bei der **Arbeitsbewertung** steht zunächst die Frage im Raum, ob der Arbeitsplatz oder die Arbeitskraft, also der einzelne Mitarbeiter selbst, bewertet werden soll. Verrichten in einem Unternehmen viele Menschen eine vergleichbare Arbeit mit gleichen Anforderungen, so bietet es sich an, die Arbeitsplätze zu bewerten. Dies ist in einem Produktionsbetrieb mit mehreren parallel laufenden Linien, Gruppen oder Fertigungssegmenten möglich (zur Arbeitsbewertung siehe noch Abschn. 12.2.2).

Steht allerdings die individuelle Leistungskraft, Kreativität und Berufserfahrung im Vordergrund, so sollte der einzelne Stelleninhaber bewertet werden.

Beispielhaft sei hier die Entwicklungsabteilung eines Unternehmens genannt, innerhalb der eine individuelle Bewertung in der Natur der Sache liegt. Hier wird auch deutlich, dass es durchaus Sinn macht, in einem Unternehmen unterschiedlich zu bewerten, denn:

Ungleiche Dinge gleich zu behandeln ist Gleichmacherei und keine Gerechtigkeit!

12.2.1.1 Formen der Arbeitsentgelte

Nachdem die Bewertung der Arbeitsplätze oder Stellen durchgeführt ist, bieten sich nun verschiedene Formen der Arbeitsentgelte an. Grundsätzlich muss dabei bedacht werden, dass Entgelte neben anderen Faktoren eine stark motivierende Wirkung auf Mitarbeiter haben und der Unternehmenserfolg daher stark von ihnen beeinflusst wird.

In diesem Zusammenhang stellt sich die Frage, ob Lohn und Gehalt regelmäßig, mit entsprechenden Erhöhungen gezahlt oder ob an das Geschäftsergebnis und/oder die individuelle Leistungen der Mitarbeiter gekoppelt wird.

Viele Entgeltarten sind **nicht** oder wenig leistungsfördernd, z. B.

- alters- oder dienstzeitabhängige Gehaltserhöhungen,
- »regelmäßiges« Urlaubs- oder Weihnachtsgeld,

- betriebliche Altersversorgung,
- Überstundenzuschläge,
- tarifliche Erhöhungen,
- vermögenswirksame Leistungen.

Zeitgemäße Entlohnungssysteme, die Qualität, Effizienz und Deckungsbeitragsorientierung in den Vordergrund stellen, schaffen hingegen bei vielen Mitarbeitern ein **unternehmensorientiertes** Denken und Handeln. Sie berücksichtigen

- Unternehmenswachstum und Gewinn,
- langfristigen Erfolg,
- Hochleistungsdenken,
- Wettbewerbsvorteile,
- Kundenorientierung,
- qualitative und quantitative Geschäftszielerreichung,
- kontinuierliche Verbesserung der Produktion und der Abläufe,
- Teamerfolg.

Aus all dem folgt, dass sich das **ideale** Entlohnungssystem aus den Komponenten

- Grundgehalt,
- individuelle oder teamorientierte Leistungsprämie und
- Beteiligung am Geschäftserfolg

zusammensetzt.

Eine verbreitete, direkte Entlohnungsform ist der **Zeitlohn.** Er wird für eine bestimmte Zeiteinheit (Stunden, Tage, Wochen oder Monate) gezahlt. Bei dieser Entlohnungsform besteht kein direkter Bezug zur Leistung des Mitarbeiters. Hier sind die Führungskräfte gefordert, die Leistung über die Motivation oder den Einsatz anderer Führungsmittel einzufordern.

Zur Ermittlung des Bruttolohns wird der Lohnsatz der Zeiteinheit mit der Anzahl der Zeiteinheiten für den Zahlungszeitraum multipliziert.

Beispiel:
Stundenlohn · Wochenstunden = Wochenlohn
15,30 € · 40 Std. = 612 €

Die Vorteile des Zeitlohns ohne Leistungszulage sind

- einfache Abrechnung,
- schonender Umgang mit Betriebsmitteln,
- geringere Belastung der Mitarbeiter,
- dadurch Minderung von Fehlzeiten und Unfallhäufigkeit,
- Konzentration auf die Qualität.

Der fehlende Leistungsanreiz des Zeitlohns kann durch Leistungszulagen ausgeglichen werden. Die Zulagen werden meistens als Prämien für

- Qualität,
- bestimmte Mengen,
- Pünktlichkeit,
- Anwesenheit zu »ungünstigen« Zeiten und
- Einsparungen

gezahlt.

Ein unmittelbarer Leistungsbezug besteht beim **Akkordlohn.** Voraussetzungen für die Akkordzahlungen sind:

- Die Arbeit muss bekannt, wiederkehrend sowie leicht und exakt messbar sein;
- die Abläufe müssen gesichert und den Mitarbeitern bekannt sein;
- die Quantität muss vom Mitarbeiter zu beeinflussen sein.

Der **Akkordrichtsatz** setzt sich aus dem Grundlohn und dem Akkordzuschlag, der häufig etwa 20 % beträgt, zusammen.

Die Vorteile des Akkordlohns sind in

- der erhöhten Arbeitsleistung,
- dem Ausschluss des Firmenrisikos bei Minderleistungen und
- der einfachen und sicheren Kalkulation

zu sehen.

Vorteile ziehen aber meistens auch Nachteile mit sich. In diesem Falle sind dies

- starke Anspannung der Arbeitskräfte,
- übermäßige Belastung der Arbeitsmittel und
- Einbußen in der Qualität, bzw. erhöhter Aufwand, diese zu gewährleisten.

Beim Akkordlohn unterscheidet man den Stück- oder Geldakkord und den Zeitakkord.

Beim **Stückakkord** wird ein bestimmter Geldbetrag für die Arbeitsleistung in Ansatz gebracht, der so genannte Akkordsatz. Zur Ermittlung dieses Akkordsatzes wird für eine Leistungseinheit die Normalzeit vorgegeben. Hierbei handelt es sich um eine Vorgabezeit, die unter Berücksichtigung der Rüst- und Ausführungszeit ermittelt wird.

Beispiel:

Beträgt der Stundenlohn eines Mitarbeiters 13,80 €, der Akkordzuschlag 15 % und die Vorgabezeit 6 Minuten, so wird der Akkordsatz wie folgt berechnet:

$$\frac{13{,}80 + 13{,}80 \cdot 0{,}15}{10} = \mathbf{1{,}587\ €/Stück}$$

Der Akkordlohn für den Mitarbeiter wird errechnet, indem man die geleistete Menge mit dem Akkordsatz multipliziert. Fertigt also der Mitarbeiter in der Stunde 13 Teile statt der errechneten 10, so erhält er einen Akkordlohn von 20,63 €.

Die Nachteile beim Stückakkord sind darin zu sehen, dass der Mitarbeiter die Zeitvorgabe nicht direkt erkennt und bei Änderung des Stundenlohns, z. B. bei Tarifänderungen, das gesamte Akkordgefüge neu berechnet werden muss.

Anders verhält es sich beim **Zeitakkord.** Hier werden die festgesetzten Zeiteinheiten pro Stück gutgeschrieben, die der Vorgabezeit entsprechen. Dieser Akkordlohn berechnet sich wie folgt:

$$\text{Geleistete Menge} \cdot \text{Vorgabezeit} \cdot \frac{\text{Akkordrichtsatz}}{60}$$

Beispiel:

Mit den zugrunde gelegten Zahlen wird dieser Akkordlohn wie folgt berechnet:

$$13 \cdot 6 \cdot \frac{13{,}80 + 13{,}80 \cdot 0{,}15}{60} = \mathbf{20{,}63\ €}$$

Beim Zeitakkord ist die Zeitvorgabe für den Mitarbeiter direkt zu erkennen. Bei Veränderung des Stundenlohns ist nur der Minutenfaktor zu ändern. Aus diesen Gründen ist der Zeitakkord weiter verbreitet als der Stückakkord.

Akkordlohn wird entweder als Einzel- oder als Gruppenakkord gezahlt, wobei die Berechnung sich nicht unterscheidet.

Bei der Zahlung von **Gruppenakkord** müssen aber bestimmte Voraussetzungen erfüllt sein, da es sonst zu Spannungen in der Gruppe kommt:

- Die Gruppe muss überschaubar und gefestigt sein;
- die Arbeiten müssen vergleichbar sein;
- die Leistungsunterschiede dürfen nicht zu groß sein;
- die Entlohnung muss transparent und für alle nachvollziehbar sein.

Sind diese Voraussetzungen gegeben, so hat der Gruppenakkord folgende Vorteile:

- Die Arbeitsverteilung kann optimiert werden;
- die Mitarbeiter kontrollieren und motivieren sich gegenseitig;
- die Kooperation wird verstärkt.

Eine weitere leistungsabhängige Entlohnungsform ist der **Prämienlohn.** Er wird dann gezahlt, wenn die Ermittlung der Akkordfaktoren zu aufwändig ist oder aufgrund fehlender Fachkräfte nicht durchgeführt werden kann. Voraussetzung für seine Anwendung ist aber, dass das Arbeitsergebnis vom Mitarbeiter beeinflusst werden kann.

Während beim Akkord allein die Menge betrachtet wird, können beim Prämienlohn andere Komponenten wie Qualität, Materialersparnis, Maschinennutzungsgrad und Deckungsbeitragshöhe einbezogen werden. Der Prämienlohn besteht aus einem leistungsunabhängigen Grundgehalt und der leistungsabhängigen Prämie. Diese kann individuell oder als Gruppenprämie berechnet werden.

Beim Prämienverlauf unterscheidet man i. d. R. vier Formen.

- **Degressiver Prämienverlauf:** Hier sollen möglichst viele Mitarbeiter einen erkennbaren Anfangserfolg haben, der im weiteren Verlauf abgebaut wird.
- **Progressiver Prämienverlauf:** Bei diesem Verlauf kommen die Mitarbeiter nur langsam in den Genuss einer Prämiensteigerung, was sie zu einer hohen Leistungserbringung bewegt.
- **S-förmiger Prämienverlauf:** Dabei wird eine punktuelle Leistung um den Wendepunkt des »S« angestrebt. Darunter und darüber liegende Leistungen werden geringer prämiert.
- **Proportionaler Prämienverlauf:** Hier wird die Mehrleistung der Mitarbeiter linear entlohnt.

12.2.1.2 Entgeltberechnung

Für die Entgeltermittlung und die entsprechende Aufbereitung spielt die Brutto- und Nettoberechnung eine wesentliche Rolle.

Unter **Bruttoentgelt** versteht man

- alle regelmäßigen oder wiederkehrenden Vergütungsbestandteile in Geldwerten,
- Sachbezüge wie Firmen-Kfz., Spesen, Warenrabatte,
- steuerfreie Bezüge, wie Mutterschafts- und Kurzarbeitergeld,
- pauschalbesteuerte Bezüge wie Aushilfs- oder Geringentgelte.

Zieht man von diesem Bruttoentgelt die steuerlichen Freibeträge ab, so erhält man das **steuerpflichtige** Bruttoentgelt.

Um auf das **Nettoentgelt** zu kommen, müssen folgende Abzüge berücksichtigt werden:

- **Lohnsteuer** entsprechend der individuellen Lohnsteuerklasse, die sich nach dem Familienstand und dem anrechenbaren Kinderfreibetrag richtet,
- ggf. **Kirchensteuer,** die je nach Bundesland 8 bzw. 9 % beträgt,
- sonstige **Annexsteuern** (Steuern, die auf Basis der Einkommensteuer und zugleich mit dieser erhoben werden, z. Zt. Solidaritätsbeitrag),
- **Sozialversicherungsbeiträge** hälftig zur Kranken-, Renten-, Arbeitslosen- und Pflegeversicherung (die Beiträge zur Unfallversicherung trägt der Arbeitgeber allein auf prozentualer Basis zur Lohnsumme).

Zieht man vom Nettobetrag noch die betrieblichen oder individuellen Zahlungen für vermögenswirksame Leistungen (VwL) oder betriebliche Unterstützungskassen ab, so erhält man den **Auszahlungsbetrag.**

Unter dem Begriff »**Geringfügig Beschäftigte**« versteht man einerseits kurzzeitig Beschäftigte, die zeitlich befristet bis maximal 2 Monate oder 50 Arbeitstage innerhalb eines Kalenderjahres arbeiten, und andererseits die geringfügig entlohnten Beschäftigten, die regelmäßig ein Arbeitsentgelt von monatlich nicht mehr als 450 €[1)] erhalten.

Die wöchentliche Arbeitszeit und die Anzahl der monatlichen Arbeitseinsätze sind bei der Einstufung als geringfügig entlohnt Beschäftigte nicht maßgeblich.

Geht ein Arbeitnehmer einer Hauptbeschäftigung nach und ist nebenbei geringfügig entlohnt tätig, so werden diese beiden Beschäftigungsverhältnisse sozialversicherungsrechtlich nicht mehr zusammengeführt. Bei mehreren geringfügigen Beschäftigungen neben einer Hauptbeschäftigung bleibt eine sozialversicherungsfrei.

Geringfügig Entlohnte unterliegen der Lohnsteuerpflicht. Diese kann vom Arbeitgeber pauschal gezahlt werden.

12.2.1.3 Entgelte und Betriebsverfassungsgesetz

Die Mitbestimmung bei der Entgeltpolitik ist im Wesentlichen in § 87 BetrVG geregelt.

Danach hat der Betriebsrat (§ 87 Abs. 1 Ziff. 4 BetrVG) ein Mitbestimmungsrecht hinsichtlich des Zeitpunktes, des Ortes und der Art der Auszahlung, wenn gesetzliche oder tarifliche Regelungen nicht bestehen oder die betrieblichen Regelungen günstiger sind.

Nach den Ziffern 10 und 11 hat er ferner ein Mitbestimmungsrecht bei Fragen der betrieblichen Lohngestaltung, insbesondere beim Aufstellen und Ändern von Entlohnungsgrundsätzen und -methoden und bei der Festsetzung von Akkord- und Prämiensätzen oder vergleichbaren Entgelten.

Ein weiteres, indirekt die Lohngestaltung beeinflussendes Mitbestimmungsrecht ist in Ziffer 6 aufgeführt. Danach bestimmt der Betriebsrat bei der Einführung und Anwendung von technischen Einrichtungen, die dazu bestimmt sind, das Verhalten oder die Leistung der Arbeitnehmer zu überwachen, mit. Hierzu zählen Zeiterfassungsgeräte oder z. B. Mengenschreiber.

Kommt es in den vorgenannten Punkten bei Meinungsverschiedenheiten zwischen Betriebsrat und Arbeitgeber nicht zu einer Einigung, so entscheidet der Spruch der Einigungsstelle, § 87 Abs. 2 BetrVG.

In § 77 Abs. 3 BetrVG ist geregelt, dass Arbeitsentgelte oder sonstige Arbeitsbedingungen, die in Tarifverträgen vereinbart sind, nicht Gegenstand von Betriebsvereinbarungen sein können, wenn nicht ausdrücklich eine so genannte **Öffnungsklausel** im Tarifvertrag enthalten ist.

12.2.2 Entgeltermittlung

Im Folgenden werden die wichtigsten **Arbeitsbewertungsverfahren** dargestellt.

Für kleine, überschaubare Unternehmen bietet sich die »**Summarische Arbeitsbewertung**« an. Dabei werden die Arbeitsplätze insgesamt miteinander verglichen und aufgrund einfacher Wertfaktoren in eine Rangfolge eingestellt.

[1)] Die Bundesregierung bereitet zum Zeitpunkt der Drucklegung dieses Buches eine Erhöhung auf voraussichtlich 520 € ab 1.10.2022 vor.

Eine andere, etwas aufwändigere Methode ist das **Paar-Vergleichsverfahren,** bei dem jeder einzelne Arbeitsplatz mit jedem anderen verglichen wird. Bei jedem Vergleich erhält der jeweils höher bewertete Arbeitsplatz einen Punkt. Die Summe der Punkte eines jeden Arbeitsplatzes bildet dann die Basis für die Reihenfolge der Entlohnung. Die Objektivität wird mit diesem Verfahren zwar erhöht, aber auch der Bearbeitungsaufwand. Das Verfahren ist für eine Betriebsgröße bis zu zwanzig verschiedenen Arbeitsplätzen geeignet.

Ein weiteres Verfahren im Rahmen der summarischen Arbeitsbewertung ist das **Peer Ranking.** Bei dieser Methode werden die Arbeitsplätze verschiedener Personen oder Interessengruppen in eine jeweilige Rangfolge gestellt, miteinander verglichen und aufgrund des ermittelten Durchschnittswertes in eine endgültige Reihenfolge gebracht. Bewerter können dabei der Unternehmensleiter, Vertreter einzelner Hierarchiegruppen, ein Betriebsratsmitglied oder auch ein externer Berater sein. Dieses Verfahren ist für Betriebe bis zu dreißig Arbeitsplätzen geeignet.

Sollen bei der Bewertung der Arbeitsplätze zwei Bewertungskomponenten berücksichtigt werden, so kann eine **Bewertungsmatrix** eingesetzt werden. In dem folgenden Beispiel werden die Komponenten »Ausbildungs- und Erfahrungsgrad« und »Verantwortung für den Erfolg des Unternehmens« berücksichtigt. Je weiter ein Mitarbeiter nach oben und nach rechts eingeordnet wird, desto höher ist sein Gehalt angesiedelt. Dieses Verfahren ist für Betriebe mit bis zu fünfzig Mitarbeitern geeignet.

	Einfache Arbeiten werden erledigt	**Qualifizierte Arbeiten werden durchgeführt**	**Neben der Arbeit auch Führungsverantwortung**	**Bereichsverantwortung**	**Gesamtverantwortung**
Studium und Managementerfahrung					
Hochschulabschluss erforderlich					
Berufsausbildung absolivert					
Angelerntes Berufswissen					
Keine Ausbildung erforderlich					

Bewertungsmatrix

In größeren Unternehmen mit vielschichtigen Arbeitsplätzen sind die vorgenannten Verfahren nicht praktikabel. Hier wird die **»Analytische Arbeitsbewertung«** eingesetzt. Der Begriff deutet schon darauf hin, dass bei diesen Verfahren die Arbeitsplätze einer Analyse unterzogen werden. Der kritische Punkt bei diesem Vorgehen ist die Auswahl der Wertfaktoren. Es sollten dies Faktoren sein, die nur geringen Schwankungen unterliegen. Es gibt verschiedene Modelle, die sich in der Praxis bewährt haben:

Das **HAY-System** bewertet

- **Wissen** mit den Unterpunkten
  - Grundkenntnisse,
  - Management-Wissen,
  - soziale Kompetenz;
- **Denkleistung,** d. h.
  - Denkrahmen,
  - Denkanforderungen;

- **Verantwortlichkeit,** d. h.
  - Handlungsfreiheit,
  - Einfluss auf die Größenordnung,
  - Einfluss auf das Gesamtergebnis.

Das **Genfer Schema** bewertet

- Können,
- Verantwortung,
- Belastung,
- Arbeitsbedingungen.

Die Arbeitsbewertung nach **REFA** berücksichtigt

- Kenntnisse,
- Geschicklichkeit,
- Verantwortung,
- geistige Belastung,
- muskuläre Belastung,
- Umgebungseinflüsse.

Bei der Auswahl und Gewichtung der einzelnen Wertfaktoren sollten die Mitarbeiter in Hinblick auf die spätere Akzeptanz des Systems mit einbezogen werden. Der Betriebsrat bestimmt bei der Einführung einer Arbeitsbewertung nach § 87 Abs. 1 Ziff. 10 BetrVG mit.

Im Rahmen der analytischen Arbeitsbewertung gibt es verschiedene Verfahren. Eines ist das **Rangreihenverfahren.** Dabei werden für die einzelnen Wertfaktoren separate Rangreihen aufgestellt. Die Rangreihen können dann noch Multiplikatoren bekommen, die bewirken, dass einzelne Faktoren, bezogen auf ihre Bedeutung, ein besonderes Gewicht bekommen. Die Summe der Einzelgewichtungen ergibt dann den Gesamtwert der Stelle.

Stelle	Können	Verantwortung	Belastung	Arbeitsbedingungen	Gesamt	Rang
A	9	12	3	1	25	1
B	6	10	2	2	20	4
C	7,5	8	1	4	20,5	2
D	3	4	5	3	15	5
E	4,5	6	4	6	20,5	2
F	1,5	2	6	5	14,5	6
Multiplikator	1,5	2				

Rangreihenverfahren

Ein weiteres analytisches Verfahren ist das **Stufenwertzahlverfahren.** Hier wird für jede Anforderung an die Stelle eine Punktwertreihe angelegt. Auch hier kann ggf. eine Gewichtung mit eingebaut werden. Die Summe der Wertzahlen ergibt dann den Gesamtwert der Stelle, der dann über einen Lohnfaktor in die Lohnhöhe umgerechnet bzw. in eine Lohntabelle eingearbeitet wird. Dieses Verfahren ist in der Wirtschaft weit verbreitet, da sich die ermittelte Wertzahl leicht in Lohn umrechnen lässt und die Objektivität der Arbeitsbewertung weitestgehend erreicht wird.

Zum Steuerwertzahlverfahren folgt noch eine Übersicht:

Stufe	Wertzahl
sehr gering	0
gering	2
Durchschnitt	4
stark	6
sehr stark	8

Anforderungsart	Wertzahl
Kenntnisse	6
Geschicklichkeit	2
Verantwortung	6
Geistige Belastung	8
Muskuläre Belastung	2
Rahmenbedingungen	2
Gesamtwert	26

Stufenwertzahlverfahren

12.2.3 Betriebswirtschaftliche Auswirkungen der Entgelte

Die betriebswirtschaftliche Beurteilung der Personalaufwendungen mit Hilfe von Kennzahlen wurde bereits in Lehrbuch 1, Abschnitt 1.7.3.2.1.1 ausführlich behandelt.

13 Personalführung einschließlich Techniken der Mitarbeiterführung

13.1 Anwenden und Beurteilen der diversen Führungsstile und Führungsverhalten

Um die **zeitgemäße Führung** zu verstehen und anzuwenden, ist es erforderlich, deren Wurzeln zu kennen. Führung von Menschen ist so alt wie die Menschheit. Selbst im Neandertal wird es schon Führer gegeben haben, die Verantwortung für andere übernommen oder sich diese genommen haben. Mal wird hier Stärke, mal List oder Intelligenz das Auswahlkriterium gewesen sein. Auch heute sind die Auswahlkriterien unterschiedlich.

Die Mitarbeiterführung, die in Unternehmen der Gegenwart stattfindet oder stattfinden sollte, nahm ihren Anfang in den Jahren 1926–30 in den HAWTHORNE-Werken der Firma WESTERN ELECTRICS. Dort wurden Wissenschaftler mit der Aufgabe betraut, Einflussfaktoren für die Produktivität zu erforschen. Sie bekamen für diese Forschungsreihe eine eigene Werkhalle und ausreichend Mitarbeiter gestellt, die sie sogleich verantwortlich übernahmen. Die Versuche, die dann durchgeführt wurden, setzten sich mit Rahmenbedingungen wie Licht, Luft, Hitze, Staub usw. auseinander. Verbesserte man die Rahmenbedingungen, stellte sich auch eine Erhöhung der Produktivität ein. Fuhr man nun allerdings die Bedingungen auf das Ursprungsmaß zurück, so minderte das nicht die Produktivität. Sie blieb zwar nicht immer konstant, sondern veränderte sich auch, was aber nicht in einem zeitlichen Zusammenhang mit den im Versuch verschlechterten Rahmenbedingungen stand.

Erst als nach Beendigung der Versuche die bisherigen Führungskräfte des alten Werks die Führung wieder übernahmen, verschlechterten sich die Arbeitsergebnisse rasch. Es waren also nicht die Rahmenbedingungen, sondern die Menschen, in diesem Fall die Wissenschaftler als Führungskräfte, die die Produktivität beeinflusst hatten. Die Wissenschaftler waren darauf angewiesen, die Mitarbeiter in den Arbeitsprozess mit einzubeziehen, da ihnen die Fachkompetenz fehlte, die die Mitarbeiter aufwiesen; ferner informierten die Wissenschaftler die Arbeiter über die Ziele und den Sinn der Experimente und arbeiteten in gemischten Gruppen an der Erreichung dieser Ziele mit. Diese Ereignisse, die man in den **»Hawthorne-Studien«** zusammenfasste, bezeichnet man als die Geburtsstunde der modernen Personalführung.

Die Erkenntnisse aus den Hawthorne-Studien wurden nach dem zweiten Weltkrieg in japanischen Unternehmen umgesetzt. Begünstigt durch die Mentalität der Japaner, waren diese Studien die Basis für den Erfolg der japanischen Wirtschaft. Viele Führungs- und Organisationsmodelle japanischer Herkunft, wie die Gruppen- oder Teamarbeit, Qualitätszirkel, TQM, JIT, Kaizen u. a. tragen noch heute die Grundzüge der Hawthorne-Studien.

Aus Amerika rollten in den 70er Jahren des vorigen Jahrhunderts diverse »Management-by-Konzepte« nach Westeuropa. Die Schwäche dieser Konzepte war deren zu eingegrenzte Ausrichtung auf ein jeweiliges Führungs- oder Organisationssegment. Gehalten hat sich lediglich das **»Management by Objectives«**, Führen mit Zielvereinbarung. Dabei geht man davon aus, dass dem Unternehmen ein Unternehmensziel zugrundeliegt. Dieses bildet die Basis für die Ziele der einzelnen betrieblichen Funktionsbereiche, die dann wiederum Grundlage für die Zielvereinbarungen mit den einzelnen Mitarbeitern sind.

Unter dem Einfluss der vorgenannten Modelle entwickelte Professor R. HÖHN in der Akademie für Führungskräfte der deutschen Wirtschaft das »**Harzburger Modell**«. Es setzt voraus, dass jede Stelle im Unternehmen eine ausführliche Stellenbeschreibung hat, nach der sich der Stelleninhaber ausrichtet. Neben weiteren Führungsmitteln war die Delegation von Aufgaben ein wesentliches Element dieses Modells.

In den 80er Jahren kreierten einige betriebswirtschaftliche Fakultäten in der Schweiz den Begriff der **situativen Führung.** Er besagt, dass die erfolgreiche Führungskraft die situativen Einflussfaktoren berücksichtigt (vergl. die folgende Abbildung).

13.1.1 Situative Anwendung von Führungsstilen und -mitteln

Die Mitarbeiterführung ist neben anderen Einflussfaktoren ein wesentliches Hilfsmittel, den Unternehmenserfolg zu gewährleisten, da sie durch die Gestaltung der Beziehungen direkt auf die Mitarbeiter wirkt und damit deren Einstellung und Identifikation mit der Aufgabe und dem Unternehmen prägt.

Mitarbeiterführung ist kein starres Instrument, sondern unterliegt verschiedenen und vielfältigen Einflussfaktoren.

Aus diesem Grund bezeichnet man die zeitgemäße Führung auch als »**situative Führung**«, die die Gegebenheiten der jeweiligen Situation berücksichtigt.

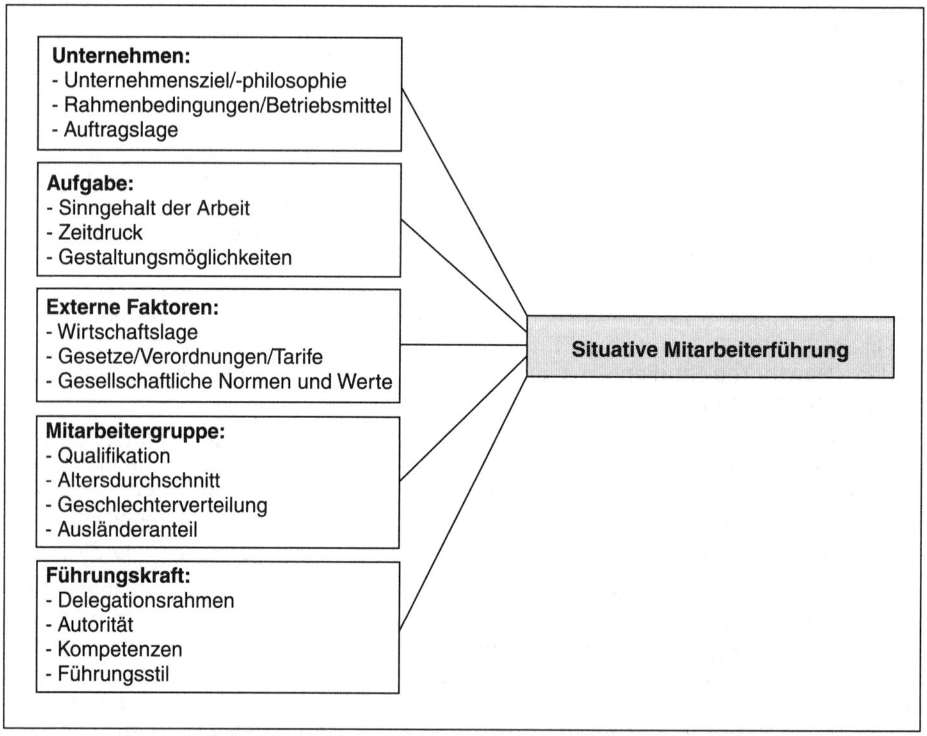

Einflussfaktoren auf die situative Führung

Neben diesen gegenwärtigen Einflussfaktoren unterliegt die Führung auch einer historischen Entwicklung. Führung im weiteren Sinne ist so alt wie die Menschheitsgeschichte; denn immer schon haben Personen Einfluss auf das Arbeitsverhalten der ihnen anvertrauten Menschen genommen und diese gelenkt und geleitet. Dabei waren die »Führungsinstrumente« sehr unterschiedlich.

Trendforscher gehen davon aus, dass in Zukunft die noch stärkere Hinwendung zum Menschen die Führung prägen wird. Denn es sind die Menschen, die die Erfolgsfaktoren der Unternehmen, wie die Kundenorientierung oder den Qualitätsgedanken, umsetzen.

Um diese wichtige Führungsarbeit in den Unternehmen leisten zu können, brauchen Führungskräfte ein gutes Basiswissen und auch Techniken, die Mitarbeiter im Sinne eines Coachs oder Moderators zum Erfolg zu führen. Das ist die vornehmste Aufgabe einer Führungskraft – und nicht etwa die, der größte »Wühler« mit den meisten Überstunden zu sein.

Veränderung des Anteils von Fach- und Führungsaufgaben beim Aufstieg

Die Grafik verdeutlicht, dass sich mit dem Aufstieg im Unternehmen die Menge der Fach- und Führungsaufgaben verändern. Viele Führungskräfte transferieren dies häufig nicht in ihre Arbeit. Zum einen liegt dies daran, dass in der Vergangenheit der Vermittlung der Führungsaufgaben in Ausbildungs- und Studiengängen nicht der nötige Raum gegeben wurde, zum anderen sind Führungsaufgaben auch nicht so direkt messbar wie die Ergebnisse der Fachaufgaben. Begründet wird eine Nichtwahrnehmung der Führungsaufgaben häufig mit den Sachzwängen und dem Tagesgeschäft.

Entscheidender ist aber die grundsätzliche Einstellung der Führungskräfte zur Mitarbeiterführung und die Unternehmensphilosophie mit ihren Aussagen und Zielen bezüglich der Führung.

Während in den siebziger Jahren eine sehr starke Betonung der »klassischen« **Führungsstile** in der Führungslehre im Vordergrund stand, ist man sich heute darüber im Klaren, dass die erfolgreich agierende Führungskraft ihren Führungsstil entsprechend der vorherrschenden Situation anpasst. Man erkannte sehr schnell, dass es nicht ausschlaggebend ist, welchen Stil die Führungskraft bevorzugt, sondern welcher Stil die einzelnen Mitarbeiter oder die Arbeitsgruppe in einer bestimmten Situation unter Berücksichtigung der vorherrschenden Rahmenbedingungen anspricht.

Ein Mitarbeiter, der im Rahmen seiner Sozialisation keine Kooperation kennen gelernt hat, wird auch im Arbeitsleben nicht zur Kooperation bereit sein. Dieses zu erkennen ist die hohe Anforderung der Führungskraft; denn sie muss die Mitarbeiter dort »abholen, wo sie stehen« und nicht die eigene Ausrichtung zum Maßstab aller Dinge machen. Ziel kann es aber natürlich sein, den Mitarbeiter an Kooperation heranzuführen.

Im Einzelnen unterscheidet man den

- autoritären,
- fürsorglichen,
- gleichgültigen und
- kooperativen

Führungsstil; diese Stile befinden sich in einem Spannungsfeld zwischen **Mitarbeiterorientierung** und **Aufgabenorientierung** – der situative Stil »ruht« in der Mitte.

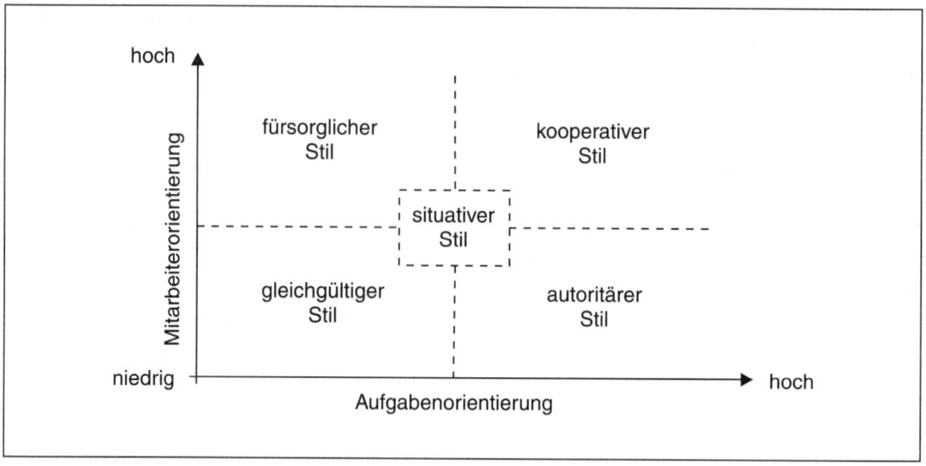

Einordnung der Führungsstile unter Berücksichtigung der Aufgaben- und Mitarbeiterorientierung

Eine Weiterentwicklung und Detaillierung des obigen Modells stellt das bereits in Abschnitt 6.4.1.3 vorgestellte **»Managerial-Grid-Konzept«** dar. Das zwischen den Achsen »Mitarbeiterorientierung« und »Ergebnisorientierung« aufgespannte **Verhaltensgitter** lässt eine Abstufung in 9x9 Führungsstile zu. An der angegebenen Stelle ist mit dem **3-D-Modell** nach REDDIN ein sogar dreidimensionales Modell beschrieben, das anhand der Dimensionen »Aufgabenorientierung« und »Beziehungsorientierung« zunächst vier Grundstile entwickelt, die im Lichte verschiedener situativer Bedingungen betrachtet und auf ihre »Effektivität« (als dritter Dimension) untersucht werden. Dabei werden je vier effektive und ineffektive Stile identifiziert.

13.1.1.1 Autoritärer Führungsstil

Der autoritäre Führungsstil ist geprägt von einer **starken Dominanz** der Führungskraft. Sie entscheidet alles allein, bezieht also die Mitarbeiter nicht in Entscheidungsprozesse mit ein, ist dabei dominant in der Kommunikation, fällt ins Wort oder lässt andere gar nicht erst zu Wort kommen. Sie droht den Mitarbeitern und kümmert sich nicht um deren persönliche Belange in dienstlicher und privater Hinsicht. Es steht ausschließlich die **Aufgabenerfüllung** ohne Berücksichtigung der Personen im Vordergrund.

Die Auswirkungen auf die Mitarbeiter sind entsprechend: Die Drohungen erzeugen Angst, das Alleinentscheiden zieht Interesselosigkeit und Apathie nach sich und die dominante Kommunikation lässt die Kommunikation der Mitarbeiter verkümmern.

Eine Berechtigung hat der autoritäre Führungsstil in bestimmten Ausnahmesituationen, wie z. B. in den Fällen, in denen der Mitarbeiter keine andere Ansprache versteht oder wenn wirtschaftliche oder körperliche Gefahren eine autoritäre Entscheidung erfordern (die dann aber nachträglich erklärt werden muss!).

13.1.1.2 Fürsorglicher Führungsstil

Als fürsorglichen Führungsstil bezeichnet man denjenigen, bei dem die Führungskraft ausschließlich die Belange der Mitarbeiter in den Vordergrund stellt und dabei die Aufgabe in den Hintergrund gedrängt wird. Gekennzeichnet ist dieser Stil durch ausführliche Mitarbeitergespräche, bei denen meistens die **persönlichen Belange** der Mitarbeiter Thema sind. Eine Nuance dieses Führungsstils ist die patriarchalische Vorgehensweise. Gemeint ist hier die Führungskraft, die von der Erfahrung und der Altersreife zehrt. Diese Variante ähnelt dem autoritären Stil, bedient sich nur anderer, »milderer« Mittel.

Viele Mitarbeiter fühlen sich unter dieser Führung wohl, da sie betreut werden. Mitarbeiter, die vorankommen wollen, haben hier aber selten Entwicklungschancen und leiden unter der geringen Zielorientierung und dem überwiegend konservativ ausgerichteten Handeln.

13.1.1.3 Gleichgültiger Führungsstil

Der gleichgültige Führungsstil ist zwar weit verbreitet, hat aber eigentlich keine Existenzberechtigung. Gekennzeichnet ist er dadurch, dass die Führungskraft einerseits eine geringe Aufgabenorientierung hat und sich andererseits auch nicht um die Mitarbeiter kümmert. Der Grund für dieses Verhalten kann eine **hohe Eigenorientierung** sein oder eine Überbetonung der Fachaufgaben, die die Führungsaufgaben in den Hintergrund drängen.

Die Folge ist eine Orientierungslosigkeit der Mitarbeiter und ein Übertragen der Gleichgültigkeit auf diese.

13.1.1.4 Kooperativer Führungsstil

Anders verhält es sich beim kooperativen Führungsstil. Hier ist **das Miteinander** geprägt von zielorientierten Mitarbeitergesprächen, Einbeziehen der Mitarbeiter in Planungs- und Entscheidungsprozesse, einem breiten Informationsfluss und dem Übertragen von Aufgaben mit der entsprechenden Verantwortung.

Die Folgen sind eine hohe **Identifikation** der Mitarbeiter mit dem Unternehmen und der Aufgabe, Kreativität, Leistungs- und Qualitätsorientierung und die Bereitschaft zur Mit- und Mehrarbeit. Messen lässt sich diese höhere Zufriedenheit am geringen Krankenstand, der niedrigen Fehlerhäufigkeit und der Anzahl der Verbesserungsvorschläge.

13.1.2 Zielorientiertes Führungsverhalten von Führungskräften (Vorgesetzte und Mitarbeiter)

Ein weiteres Instrument der Personalführung ist die **Zielvereinbarung.** Die Betonung liegt hier auf dem Begriff »Vereinbarung«, was bedeutet, dass neben den Zielen des Unternehmens auch die Ziele des Mitarbeiters berücksichtigt werden sollen.

Basis dieses Führungselements ist das seit gut fünfundzwanzig Jahren bekannte Führungsmodell des **»Management by Objectives« (MbO).** Dieses in den siebziger Jahren aus Amerika übernommene Modell fand in vielen Betrieben Einzug. Man geht dabei davon aus, dass das Unternehmen ein formuliertes Unternehmensziel hat, das Aussagen und Absichtserklärungen z. B. zu den Bereichen Produktion, Marketing, Vertrieb, Kunden- und Mitarbeiterbeziehungen, Umwelt und Markt beinhaltet.

Diese Zielbereiche werden auf die Ebene der einzelnen Funktionsbereiche des Betriebes heruntergebrochen, die davon wiederum die Gruppen- oder Teamziele ableiten und weitergeben. Die Gruppenziele werden dann auf die existierenden Mitarbeiter verteilt, indem entsprechende **Zielvereinbarungsgespräche** oder **Mitarbeiter-Jahresgespräche** stattfinden.

13.2 Zielorientiertes Führen von Gruppen unter gruppenpsychologischen Aspekten

Die Unternehmen der deutschen Wirtschaft befinden sich seit einigen Jahren in einem umfassenden Prozess der Umstrukturierung. Ein Faktor dabei ist die Gruppen- oder Teamarbeit. In Japan und den USA hat dieser Prozess deutlich früher begonnen als in Deutschland, was zwar einerseits einen Vorsprung dieser Wirtschaftsregionen in dieser Hinsicht bedeutet, andererseits aber auch die Chance bietet, Fehler, die dort gemacht wurden, nicht noch einmal zu wiederholen.

So ist z. B. die Erkenntnis von Bedeutung, dass autonome Gruppen oder Teams nur dann funktionieren, wenn sie einen starken **informellen Führer** haben, was in einigen japanischen Großunternehmen dazu führte, dass der formelle Gruppen- oder Teamleiter wieder eingeführt wurde. Seine Rolle im Team hat nur eine andere Gewichtung: Er wird zum **Coach** einer erfolgreichen, weil einbezogenen und sich selbst organisierenden Einheit.

Dass nur etwa ein Drittel der hundert größten Unternehmen in Deutschland die Teamarbeit eingeführt haben, liegt an den vermeintlichen Problemen der Einführung. Wenn diese aber sensibel unter Einbezug aller Beteiligten, bei hohem Informationsgrad, umfangreicher Mitarbeiterschulung gerade in den Bereichen Kommunikation und Teamfähigkeit und mit der entsprechenden Geduld geschieht, so stellt sich der Erfolg ein.

Sowohl in der einschlägigen Literatur als auch in der betrieblichen Praxis werden die Begriffe »Gruppe« oder »Team« nicht eindeutig definiert und verwendet. Beiden ist gemeinsam, dass mehrere Menschen gleichzeitig an der Erfüllung einer Aufgabe arbeiten.

Von **Gruppenarbeit** spricht man, wenn mehrere Mitarbeiter eine abgegrenzte Arbeit in gemeinsamer Verantwortung wahrnehmen und dabei die Arbeitsabläufe in einem abgesteckten Rahmen selbst bestimmen und kontrollieren. Diese Form der Gruppenarbeit ist in Produktionsbereichen verbreitet.

Bei **Teams** sind diese Elemente der Gruppenarbeit ebenfalls gegeben; ihre Besonderheit liegt jedoch darin, dass sich die Fähigkeiten und Kenntnisse der Teammitglieder ergänzen, um gemeinsam erarbeitete Leistungsziele zu erreichen, wie man dies etwa in der Produktentwicklung, Projektarbeit oder in Vertriebsmannschaften kennt. Daraus folgt, dass die Grenze zwischen der Gruppen- und Teamarbeit nicht klar zu ziehen ist. Aus diesem Grund werden hier beide Begriffe gleichermaßen verwendet.

Als **Vorteile** für das **Unternehmen** resultieren aus der Gruppen- oder Teamarbeit:

- Abbau von Störungen im Arbeitsablauf durch höhere Verantwortung der einzelnen Mitarbeiter und durch die Reduzierung der Schnittstellen,
- bessere Ressourcennutzung bei höherer Flexibilität durch größere Verwendungsbreite der einzelnen Teammitglieder (»Jobrotation«),
- durch Verbesserung des Informationsflusses Abbau von Doppelarbeiten und Bereichsdenken und
- erhöhte Kreativität und Innovationsbereitschaft durch größere Identifikation mit der Aufgabe und dem Unternehmen.

Aber auch für die **Mitarbeiter** ergeben sich deutliche **Vorteile:**

- Reduzierung der Fremdkontrolle,
- höhere Verantwortung mit einhergehender Steigerung des Selbstbewusstseins,
- Möglichkeit zum kooperativen Handeln und zu gegenseitiger Unterstützung,
- Lern- und Entwicklungsmöglichkeiten mit damit verbundenem höheren Handlungsspielraum und verbesserten Arbeitsmarktchancen.

Gerechterweise müssen auch die möglichen **Nachteile** benannt werden.

Für das **Unternehmen:**

- steigende Personalkosten durch höhere Qualifikation der Mitarbeiter,
- Einflussverlust durch Delegation der Verantwortung auf das Team.

Für die **Mitarbeiter:**

- Abhängigkeit vom Team bei Rückstellung individueller Interessen,
- hohe Leistungsverdichtung,
- erhöhte Ersetzbarkeit und damit größere Wahrscheinlichkeit des Arbeitsplatzverlustes.

Die Teamarbeit ist kein neues Instrument. Ihre Wurzeln im europäischen Raum liegen in Skandinavien, wo bei SAAB und VOLVO in den 60er Jahren teilautonome Arbeitsgruppen eingerichtet wurden.

Im Zusammenhang mit Lean Management und Business Reengineering gelten Teams als die leistungsfähigste und effizienteste Organisationsform.

13.2.1 Zielorientierte Führung von Gruppen

Gruppen und Teams benötigen für ein erfolgreiches Agieren ein geeignetes Umfeld. Dies bezieht sich sowohl auf die Personen als auch auf das räumliche Umfeld.

Personell ist gefordert, dass die beteiligten Menschen ihre Leistung in das Team einbringen und nicht auf eine individuelle Karriere fixiert sind. Dahinter verbirgt sich die so häufig beschworene **Teamfähigkeit** der Mitarbeiter. Wer das so nicht leben will, sollte sich nicht in ein Team »zwängen«, sondern einzeln seine Ziele anstreben, was für beide Seiten, sowohl für das Team als auch für den Einzelnen, konstruktiver ist. Konkurrenzdruck ist in einem Team nicht förderlich, sondern behindert die Entwicklung der Teamnormen.

Räumlich ist es erstrebenswert, die Gruppe so zu organisieren, dass eine verbale Verständigung der einzelnen Mitglieder ohne großen Aufwand möglich ist. Ferner benötigt das Team einen Besprechungsraum, der mit Medien ausgestattet ist, die die konstruktive und kreative Zusammenarbeit ermöglichen.

Weitere Voraussetzung ist eine entsprechende **Organisationsphilosophie.** Eine streng hierarchisch aufgebaute, sich auf allen Ebenen kontrollierende Linienorganisation z. B. entspricht in ihrer Anlage nicht den sich selbst regulierenden Systemen der Teams und Gruppen.

Ferner ist auch der Führungsstil ein starker Einflussfaktor. Der Teamleiter spielt eine andere Rolle als der Führer in einem arbeitsteiligen Funktionsbereich. Der **zeitgemäße Leiter** eines Teams führt es durch seine Sozial- und Methodenkompetenz – vergleichbar dem erfolgreichen Coach im Sportbereich – zum gemeinsam erarbeiteten Ziel. Dabei ist es nicht seine primäre Aufgabe, auf die Gruppe einzuwirken, sondern für geeignete Rahmenbedingungen wie Räume und Betriebsmittel zu sorgen und Störungen fernzuhalten.

Darüber hinaus benötigen Teams besonders zu Beginn ihrer Arbeit, aber auch im weiteren Verlauf der Zusammenarbeit, Vertrauen und Geduld der Verantwortlichen. Wenn gerade die Anfangsphase geprägt ist von Misstrauen und überzogener Kontrolle, um womöglich die eigene Entscheidung zur Teamarbeit abzusichern, so ist das kein guter Nährboden für eine gedeihliche Teamarbeit. Teams müssen sich entwickeln können – wozu eben auch die entsprechende Geduld gehört.

13.2.2 Gruppendynamische und -psychologische Aspekte; Kooperation und Wettbewerb

Stellt im Unternehmen die Führungskraft eine beliebige Gruppe von Menschen zusammen, so ist diese Gruppe noch längst kein funktionierendes Team, sondern muss erst ganz bestimmte Phasen durchlaufen, die es dann in einem so genannten **gruppendynamischen Prozess** zu einem Team werden lassen.

1. **Formung (Forming):** Hier tasten sich die Gruppenmitglieder ab, bauen erste soziale Kontakte auf und versuchen herauszufinden, welchen Stellenwert sie in der Gruppe haben und welche Rolle ihnen zukommt.
2. **Auseinandersetzung (Storming):** Hier nehmen die Mitglieder der Gruppe mit unterschiedlichen Mitteln die ihnen tatsächlich oder vermeintlich zustehenden Plätze in der Rangordnung ein, was nicht immer reibungslos abläuft, sondern mit unterschiedlich ausgeprägten »Kämpfen« verbunden ist. In dieser Phase verändert sich auch oft noch die Gruppenstärke. Außenseiter werden verdrängt und Interessenträger aufgenommen. In der Verhaltenspsychologie wird dieser Prozess auch als das »Festlegen der Hackordnung« bezeichnet.
3. **Normung (Norming)** der Gruppe: Die Gruppe bestimmt ihre eigenen Werte und Ideale, um diese dann auch nach außen zu vertreten. Es werden die Regeln aufgestellt, nach denen die Gruppe arbeiten und sich verhalten will. Dazu gehören auch Verfahren, wie Konflikte gelöst und Ziele erreicht werden.
4. **Handeln (Performing):** Nach der Normung geht das Team in die Phase der Handlungsfähigkeit über und ist nun reif, Aufgaben konstruktiv und effektiv zu lösen. Die Rollen stehen fest und das Beziehungsgeflecht ist bestimmt. Natürlich wird es immer wieder Rückfälle in bestimmte Vorphasen der Teambildung geben, besonders z. B. dann, wenn neue Mitglieder oder Aufgaben auf das Team zukommen. Grundsätzlich aber ist das Team jetzt fest gefügt und kann auch mit Anfechtungen von außen gut umgehen.

Diese Phasen verkürzen zu wollen, ist ein verbreiteter Managementfehler auf dem Weg zur Teamarbeit. Ähnlich schädlich ist es auch, in diesen Prozess eingreifen zu wollen, um ihn womöglich gutmeinend zu beschleunigen. Nur nach Durchlaufen aller Schritte entwickelt sich die Gruppe zu einem »schlagkräftigen« Team.

Für den Erfolg des Teams ist es weiter von großer Bedeutung, dass die **Rollen im Team** ausgewogen besetzt sind:

Der **Leiter** koordiniert die Aktivitäten des Teams, achtet auf das Einhalten der Zielorientierung, sorgt für optimale Rahmenbedingungen, gibt Hilfestellung, ohne einschränkend zu agieren, und moderiert die Teambesprechungen.

Dringend benötigt wird der **Kreative.** Er ist der Visionär des Teams, schaut über den »Tellerrand«, schlägt neue Wege vor, darf auch mal »spinnen« und informiert über mögliche Innovationen.

Seinen festen Platz hat auch der **Wegbereiter** im Team. Er ist in der Lage, andere Menschen zu begeistern, ist sehr kontaktfreudig, hat einen großen Bekanntenkreis und setzt diese Verbindungen für das Team ein.

Die **Bewerter, Durchsetzer** und **Durchführer** arbeiten wieder mehr nach innen, indem sie die geplanten Strategien abwägen, prüfen, Abläufe organisieren, um sie dann in die Realität zu überführen und praktisch umzusetzen.

Ein Team wäre nicht vollständig, wenn es nicht auch den **Bewahrer** hätte. Er ist derjenige, der darauf achtet, dass die vereinbarten Gruppennormen eingehalten werden, greift häufig helfend ein und sorgt damit für Stabilität im Team. Zwischen dem Bewahrer und dem Kreativen kommt es leicht einmal zu Zielkonflikten, die angenommen und konstruktiv gelöst werden müssen.

Es gibt im Team grundsätzlich keine guten oder schlechten, nützlichen oder unnützen Rollen. Alle werden für das Erreichen des Zieles benötigt und bringen ihren jeweiligen Beitrag ein.

In einem Team ist es schließlich ganz normal, dass zwischen den miteinander umgehenden Individuen ein **Beziehungsgeflecht** entsteht, das durch unterschiedliche Ausprägungen gekennzeichnet ist. Die Qualität des Teams zeichnet sich dadurch aus, dass es diese Unterschiedlichkeiten annimmt und sie für die Zielerreichung nutzt. Das Beziehungsgeflecht lässt sich in einem **Soziogramm** wiedergeben, das der Darstellung von Kommunikationsbeziehungen in einem Kommunigramm entspricht (vgl. Abschn. 6.3.3.2.3).

Wichtig ist es für den Teamleiter und die Mitglieder, das Beziehungsgeflecht zu kennen, zu akzeptieren oder ggf. konstruktiv zu verändern. Dies trägt dazu bei, Konflikte im Team rechtzeitig entweder von vornherein vermeiden zu helfen oder aber zu erkennen und mit geeigneten Mitteln konstruktiv zu lösen.

Teams, die über eine lange Zeit bestehen, können sich allmählich verändern **(»Transforming«).**

Wenn ein Projekt beendet und das eingespielte Team aufgelöst wird, weil die Aufgabe erfüllt ist, stellt die Gruppentrennung (»Adjourning«) eine **weitere Phase des gruppendynamischen Prozesses** dar:

5. **Trauer (»Mourning«)**, oft einhergehend mit einem Motivationsabfall bei den – nun einer anderen Aufgabe zugewiesenen oder auf ihren angestammten Arbeitsplatz zurückversetzten – Mitarbeitern.

13.3 Zielorientiertes Führen von Mitarbeitern

13.3.1 Persönlichkeitsprofile der Führungskräfte

Für alle Ausbildungsberufe der Wirtschaft gibt es ein so genanntes **Berufsbild.** Für Führungskräfte ist ein solches nicht schriftlich fixiert. Welche Eigenschaften und Kenntnisse muss nun eine Führungskraft besitzen, um bei den ihr anvertrauten Mitarbeitern Akzeptanz zu finden? Verstand sich die Führungskraft in der Vergangenheit als Antreiber, so ist sie nach zeitgemäßem Führungsverständnis der Coach oder auch Moderator, der das Team zum Erfolg führt. Dabei setzt sich die **Führungskompetenz** oder auch Autorität aus Fach-, Methoden- und Sozialkompetenz zusammen.

Im Einzelnen heißt das, dass die Führungskraft ausreichende **Fachkompetenz** haben muss, um die Arbeit der Mitarbeiter beurteilen und entsprechend organisieren zu können. Keinesfalls ist die Führungskraft der größte Facharbeiter. Die Fachaufgaben nehmen im Verhältnis zum Aufstieg in der betrieblichen Hierarchie zugunsten der Führungsaufgaben ab.

Hinter der **Methodenkompetenz** verbirgt sich die Fähigkeit, zu planen, zu organisieren, auch flexibel zu improvisieren, effektives Zeitmanagement zu betreiben und Besprechungen erfolgreich zu moderieren.

Die **soziale Kompetenz** steht für die Einstellung der Führungskraft zu sich selbst und anderen Menschen gegenüber. Sie äußert sich in den Fähigkeiten zu kommunizieren, Anreize zur Motivation zu geben, die Mitarbeiter zu begeistern, einfühlsam zu sein und das Beziehungsgeflecht des Teams positiv zu beeinflussen, ohne dabei den Hebel der formellen Macht anzusetzen oder gar auszunutzen.

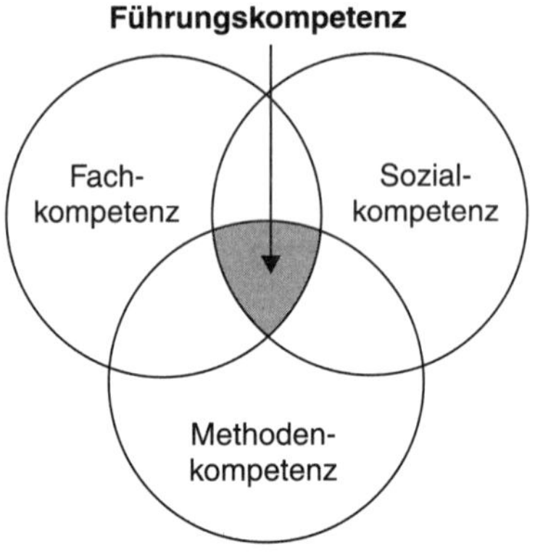

Führungskompetenz als Schnittmenge

Die Abbildung zeigt als Schnittmenge die Führungskompetenz und macht deutlich, dass sich diese in dem Maße verringert, wie ein Bereich der Komplementär-Kompetenzen nur teilweise oder gar nicht ausgeprägt ist. Außerdem wird deutlich, dass ein Bereich einen jeweils anderen nicht ersetzen kann.

In Ergänzung zur sozialen Kompetenz soll hier noch der Begriff der **emotionalen Führung** erläutert werden. Dem liegt die Beobachtung zugrunde, dass Führungskräfte besonders erfolgreich sind, wenn es ihnen im Führungsprozess gelingt, die eigenen Gefühle zu kennen und bewusst einzusetzen, aber sich auch in die Gefühlslage der Mitarbeiter hineinzudenken und diese ebenfalls zu berücksichtigen. Diese Fähigkeit wird als **Empathie** oder empathisches Verhalten bezeichnet. Nur wer in der Lage ist, Emotionen anderer Menschen mitzufühlen, kann darauf im Führungsprozess angemessen reagieren. Besonders erwähnenswert ist dieser Bereich, weil sich Führungslehre oder -training häufig in der Vorstellung unterschiedlicher Modelle und Techniken erschöpft. Diese sind ohne Frage wichtig, um im Führungsalltag zu bestehen, müssen aber dringend um Kenntnisse der »emotionalen Intelligenz« ergänzt werden.

Was heißt es nun, emotional intelligent zu sein? Dies beginnt mit der **Selbstwahrnehmung,** sich der eigenen Gefühle/Emotionen mit der entsprechenden Außenwirkung bewusst zu sein und sich bei Planungen und Entscheidungen von Intuitionen beeinflussen zu lassen. Ein weiteres Element ist eine »gesunde« Selbsteinschätzung, also die eigenen Stärken und Optimierungspotenziale zu kennen, woraus dann ein entsprechendes Selbstvertrauen erwächst.

Ein weiterer wichtiger Bereich ist das **Selbstmanagement:** Es beginnt mit einer emotionalen Selbstkontrolle, das heißt, dass die Führungskraft in jeder Situation die Gefühle unter Kontrolle hat und durch Aufrichtigkeit und Vertrauenswürdigkeit für die Mitarbeiter transparent ist. Sie ist in der Lage, sich und anderen erreichbare Ziele zu setzen und diese auch mit hohem persönlichen Standard optimistisch anzustreben.

Der dritte Bereich ist das **Beziehungsmanagement,** also die Fähigkeit, mit einzelnen Menschen oder Gruppen in Beziehung zu treten. Dabei ist es zunächst wieder von entscheidender Bedeutung, die Emotionen, Wertemuster und Bedürfnisse anderer Menschen überhaupt wahrzunehmen, um das Miteinander positiv zu gestalten. Einzelne Elemente der Beziehungsprägung sind dann die Fähigkeit, inspirierend und überzeugend zu agieren, eine konstruktive »Feedbackkultur« aufzubauen, impulsgebend Veränderungen einzuleiten und die Zusammenarbeit und Teambildung insgesamt zu fördern. Beziehungsprägend ist auch die Fähigkeit, sich anbahnende Konflikte zu erkennen und sie konstruktiv zu lösen.

13.3.2 Zielorientierter Einsatz von Führungsmitteln und -methoden im betrieblichen Prozess

Nachdem zuvor die führungspsychologischen Grundlagen behandelt, die Gruppen- und Teamarbeit beleuchtet, die Grundlagen der Führung mit dem Berufsbild der Führungskraft und die Führungsstile betrachtet wurden, stehen in den folgenden Betrachtungen die Führungsinstrumente im Vordergrund, **Techniken** und **Methoden** also, die die zeitgemäße Führungskraft im Sinne der situativen Führung einsetzt.

Eine qualifizierte Führungsarbeit beginnt mit einer entsprechenden **Auswahl der Mitarbeiter.** Zunächst erstellt die Führungskraft ein Anforderungsprofil der vakanten Stelle oder wirkt zumindest daran mit. Dies ist dann die Basis für die externe und/oder interne Stellenausschreibung. Solche Arbeiten, wie auch das Sichten und die Durchführung einer Vorauswahl entsprechend dem Anforderungsprofil, werden in der Regel von der Personalabteilung unter Beteiligung des Betriebsrats durchgeführt. Anschließend erhält die Führungskraft die Bewerbungsunterlagen derjenigen Kandidaten, die dem Anforderungsprofil am nächsten liegen. Über die Anzahl haben sich vorher Fachabteilung und Personalabteilung meistens verständigt.

Aus diesen Unterlagen wird jetzt der Kreis der Bewerber rekrutiert, der dann zu einem Vorstellungsgespräch eingeladen wird. Auch hier ist es wieder eine Frage der Absprache, ob die Personalabteilung gesprächsweise eine Vorauswahl vornimmt oder ob alle Gespräche gemeinsam mit dem direkten Vorgesetzten der vakanten Stelle durchgeführt werden. In jedem Fall muss der direkte Vorgesetzte die Möglichkeit haben, die Auswahl zu beeinflussen; denn er ist es, der zukünftig mit der neuen Kraft umgehen wird. Das Vorstellungsgespräch wird mit offenen Fragen geführt und kann mit einer Arbeitsprobe enden.

Eine prägende Phase in der Zusammenarbeit stellt die **Einarbeitungszeit** dar, die aus diesem Grund von der Führungskraft aktiv gestaltet werden muss. Bevor der neue Mitarbeiter beginnt, informiert die Führungskraft die betroffenen Mitarbeiter, um Gerüchten und Interpretationen rechtzeitig vorzubeugen. Außerdem bereitet sie sich selbst auf den neuen Mitarbeiter vor, indem sie die Bewerbungsunterlagen noch einmal durchliest, um den Namen und den beruflichen Werdegang vor Augen zu haben. Ferner wird der Arbeitsplatz vorbereitet und ein **Einarbeitungsplan** erstellt, da beide Maßnahmen dem neuen Mitarbeiter das Gefühl vermitteln, gebraucht und erwartet zu werden. Dazu gehört auch die Information bestimmter Stellen im Betrieb, die aufgrund ihrer Funktion betroffen sind, z. B. der Empfang und der Betriebsrat.

Sind diese vorbereitenden Arbeiten abgeschlossen, wird der neue Mitarbeiter zunächst die Personalabteilung ansteuern, um dort seine Arbeitspapiere abzugeben und die wichtigsten Informationen über den Aufbau des Unternehmens und die Unternehmensphilosophie zu erhalten. Ferner wird er hier über die gehaltsrelevanten Dinge und die Sozialleistungen informiert. Kommt er dann in die Fachabteilung, so stellt man sich in einem Gespräch gegenseitig vor, macht den neuen Mitarbeiter mit einer überschaubaren Anzahl von Mitarbeitern bekannt, stellt den Einarbeitungsplan vor und weist in den Arbeitsplatz ein.

Die qualifizierte Führungskraft begleitet die Einarbeitungszeit **aktiv,** indem sie gezielt das Gespräch sucht und dem neuen Mitarbeiter damit die Möglichkeit gibt, Fragen zu stellen. Die Einarbeitungszeit bildet das Fundament für die spätere Zusammenarbeit und bedarf damit einer gründlichen Betreuung. Fehlt diese besondere Betreuung, drohen unterschiedliche Gefahren: Es darf nicht zu einer Überforderung kommen; denn für den neuen Mitarbeiter sind die Arbeitsinhalte, die Abläufe, die Arbeitsorganisation und Personen seines Umfeldes neu und gewöhnungsbedürftig. Außerdem ist es möglich, dass sich die existierende Arbeitsgruppe dem »Neuen« gegenüber verschließt und ihn durch Ausgrenzung nicht in ihr Beziehungsgeflecht aufnimmt.

Ein weiteres Führungsmittel ist die **Delegation.** Der Begriff entstammt dem lateinischen »delegare« (übertragen, auftragen). Er meint im Arbeitsleben das Übertragen von Aufgaben, der mit der Aufgabe verbundenen Verantwortung und der zur Aufgabenerfüllung notwendigen Kompetenzen.

Um Aufgaben wirkungsvoll delegieren zu können, bedarf es einiger Voraussetzungen:

- Die Mitarbeiter müssen **bereit** und **fähig** sein. Dahinter verbergen sich zwei Anforderungen: Zum einen müssen die Mitarbeiter fachlich in der Lage sein, die Aufgabe zu bewältigen. Ist das nicht der Fall, so muss Personalentwicklung betrieben werden. Zum anderen verbirgt sich hinter der Bereitschaft der Grad der Motivation, Einstellung und Identifikation der Mitarbeiter mit der entsprechenden Aufgabe.
- Der Delegationsbereich muss **abgegrenzt** sein: Die Mitarbeiter müssen Informationen darüber haben, wann die Aufgabe erfüllt ist und welche Befugnisse sie im Rahmen der Aufgabenerfüllung haben. Ein späteres Einmischen in delegierte Aufgaben sollte weitestgehend vermieden werden.
- Die Führungskraft darf **nicht alles selbst machen** wollen: Viele Führungskräfte trennen sich nur ungern von liebgewordenen Aufgaben. Das ist aber im Rahmen der Delegation erforderlich. Häufig dient das Festhalten bestimmter Aufgaben auch dem Selbstschutz, d. h. sich selbst und dem Umfeld begründen zu können, warum man nicht dazu kommt,

die Führungsrolle zu übernehmen, also als reine Schutzbehauptung. Schwache Führungskräfte befürchten außerdem dadurch einen Autoritätsverlust, dass Mitarbeiter Aufgaben gleich gut oder gar besser verrichten als sie selbst.

- **Vertrauen** in die Leistungsfähigkeit der Mitarbeiter: Dieser Punkt hängt mit dem Vorgenannten sehr eng zusammen. Traut die Führungskraft den Mitarbeitern bestimmte Aufgaben nicht zu, hat dies zur Folge, dass sie viele Arbeiten selbst verrichten muss, statt personalentwickelnd zu arbeiten.
- **Kontrolle:** Die Delegation von Aufgaben bedingt Kontrolle, da die Führungskraft die Aufgaben lediglich im Innenverhältnis auf den Mitarbeiter delegiert. Nach außen behält die Führungskraft die Verantwortung und wird zur Rechenschaft gezogen. Um bewerten zu können, wie qualifiziert und mit welcher Termingenauigkeit die Arbeiten erledigt werden, ist Kontrolle unverzichtbar. Die Führungskraft kann nur entwickelnd, lobend oder konstruktiv kritisierend eingreifen, also die Führungsarbeit durchführen, wenn eine entsprechende Kontrolle erfolgt.

Wenn diese Voraussetzungen erfüllt sind, hat die Delegation viele **Vorteile:**

- Die Führungskraft gewinnt Freiräume für die eigentlichen Führungsaufgaben, wie Planung, Organisation, Mitarbeitergespräche und Kontrolle.
- Dadurch, dass die Mitarbeiter eigene Verantwortungsbereiche erhalten, sind sie entsprechend ausgelastet, und es erhöht sich ihre Identifikation mit der Arbeit; denn es ist jetzt »ihre Arbeit«. Die Eigenkontrolle nimmt zu, die Mitarbeiter denken in stärkerem Maße mit und das Qualitätsbewusstsein erhöht sich.
- Außerdem werden womöglich verborgene Talente durch die Kompetenzerweiterung transparent, die bis dahin lediglich »geschlummert« haben. Auf diesem Wege können z. B. förderungswürdige Nachwuchskräfte gefunden werden.

Eine wirkungsvolle Hilfe im Rahmen der Delegation sind sechs »W-Fragen«, die sich die Führungskraft im Sinne einer **Checkliste** stellen kann:

- **Was** ist mit welchem Ziel/Teilziel zu erreichen?
- **Wer** ist unter Berücksichtigung fachlicher Eignung und zeitlicher Verfügbarkeit geeignet?
- **Warum** muss diese Aufgabe erledigt werden (Motivation)?
- **Wie** soll die Aufgabe durchgeführt werden (Prozess)?
- **Womit** muss der Mitarbeiter ausgestattet werden (Betriebsmittel)?
- **Wann** muss die Arbeit abgeschlossen sein (Termin)?

13.3.3 Mitarbeiter bei der Zielerfüllung unterstützen

Um Mitarbeiter bei der Zielerfüllung zu unterstützen, bedienen sich viele Führungskräfte eines Beurteilungssystems (vgl. Abschn. 11.2). Die **Personalbeurteilung** ist ein wichtiges Führungselement, da mit ihm dem Mitarbeiter eine Standortbestimmung bezüglich seines Verhaltens und seiner Leistung reflektiert wird: Dieser hat die Möglichkeit, dieses **Feedback** mit seinem Selbstbild abzugleichen und sich über mögliche Abweichungen sein Urteil bilden zu können, um ggf. auch Schlüsse für sein zukünftiges Verhalten daraus zu ziehen. Er wird in seinen Stärken bestätigt und erfährt eine **konstruktive Kritik** seiner Schwächen.

Auch für das Unternehmen bietet die Beurteilung einige Vorteile. Sie dient einmal zur Eignungsfeststellung der Mitarbeiter generell und kann daher eine Basis für eine **Bildungsbedarfsanalyse** sein. Außerdem ist das System geeignet, **förderwürdige** Mitarbeiter zu erkennen, um z. B. gezielte Nachfolgeplanung durchzuführen. Viele Unternehmen nutzen ein Beurteilungssystem auch, um übertarifliche Gehaltsanteile entsprechend der Beurteilung zu vergeben. Letztlich dient es der Verbesserung der Führungsqualität, da durch das fest mit der Beurteilung verbundene Gespräch diejenigen Führungskräfte, die selten Mitarbeitergespräche führen, an dieses Führungsinstrument herangeführt werden.

Beurteilungen werden zu unterschiedlichen **Anlässen** durchgeführt. So kann z. B. das Vorstellungsgespräch als ein Beurteilungsgespräch angesehen werden, da es der Beurteilung dient, welcher Kandidat später eingestellt wird. Das nächste folgt dann zum Ablauf der Probezeit. Auch dieses Gespräch hat Beurteilungscharakter. Ebenso werden Mitarbeiter beurteilt bei Beförderungen, Versetzungen und Gehaltserhöhungen. Die bekannteste Beurteilung ist allerdings die regelmäßige Beurteilung nach einem halben oder ganzen Jahr.

In einer Beurteilung finden sich ausschließlich beobachtetes Verhalten und gezeigte Leistungen wieder. Diese Beobachtungen beziehen sich auf den gesamten Beurteilungszeitraum und nicht auf die letzten Tage vor dem anstehenden Beurteilungsgespräch. Die damit eingeholten Erkenntnisse werden über den Zeitraum schriftlich fixiert und fließen dann meist in einen Beurteilungsbogen ein. Es schließt sich das **Beurteilungsgespräch** als konstruktives Element des Systems an. Hier kommt es zur Anerkennung guter Leistungen und zur Kritik der Minderleistungen. In einem Entwicklungs- oder auch Fördergespräch wird dann gemeinsam festgelegt, wie der Mitarbeiter mit den rückgemeldeten Fakten zukünftig umgehen wird.

Als Leitfaden für ein solches Gespräch dient in den meisten Fällen ein gut standardisierter **Beurteilungsbogen,** der idealerweise mit den betroffenen Mitarbeitern, also den Beurteilenden und den Beurteilten gemeinsam entwickelt wurde. Er enthält die zu beurteilenden Merkmale sowie eine häufig an Ziffern gebundene Bewertungsskala, nach der die Leistungen eingestuft werden. Zur Vereinheitlichung werden sowohl die Merkmale als auch die Bewertungsstufen kurz beschrieben.

Im Rahmen von Beurteilungen treten leider immer wieder die bereits in Abschn. 11.2.5 aufgelisteten **Fehler** auf: Da gibt es den Beurteiler, der zu milde beurteilt, um seinem Mitarbeiter nicht weh zu tun und die Beziehung vermeintlich nicht zu belasten. Andere beurteilen überwiegend im Durchschnitt, um weder zum Positiven noch zum Negativen argumentieren zu müssen. Führungskräfte, die zu streng beurteilen, wollen damit die Mitarbeiter zu einer höheren Leistung motivieren, was sich häufig aber gegenteilig auswirkt. Außerdem fließen oft Vorurteile in die Beurteilung ein, oder eine besonders positive Eigenschaft überstrahlt vorliegende Schwächen.

Eine über die Beurteilung der Mitarbeiter hinaus gehende Form der Unterstützung der Mitarbeiter ist das **Coaching.** Dabei handelt es sich um einen Einzelberatungsprozess, bei dem Wahrnehmungsblockaden gelöst und Selbstorganisationsprozesse in Gang gesetzt werden sollen im Sinne einer »Hilfe zur Selbsthilfe«. Dabei wird der Lernende als Coachee und der Berater als Coach bezeichnet werden. Als Coach kann der direkte Vorgesetzte auftreten aber auch ein externe Berater.

An den Coach erwachsen im Prozess des Coachings hohe **Anforderungen.** Bezüglich der Grundeinstellung ist es erforderlich, dass der Coach sein Wissen und seine Erfahrung weitergeben will. Er muss verschwiegen sein, damit sich der Coachee auch öffnet. Nur auf dieser Vertrauensbasis hat der Coach die Möglichkeit, wirkungsvoll zu agieren. Neben dieser Einstellung ist es wichtig, analysierend/diagnostisch beobachten zu können, ein guter Zuhörer zu sein und konstruktives Feedback geben zu können.

Erfahrungsgemäß läuft der Coachingprozess in **fünf Phasen** ab:

- **Vorbereitung:** In dieser Phase klärt der Coach den Umfang des Entwicklungsbedarfs ab, prüft, ob das Coaching auch angenommen werden wird, ob es sinnvolle Alternativen oder Ergänzungen zum Coaching gibt und schätzt den zu erwartenden Zeitaufwand ab.

- **Planung:** Jetzt werden gemeinsam die zu erreichenden Ziele vereinbart und Situationen analysiert, in denen sich der Coachee »zeigen« kann. Außerdem werden die ergänzenden Maßnahmen besprochen und terminlich fixiert.
- **Beobachtung:** In den vorher festgelegten Situationen beobachtet der Coach das wahrnehmbare Verhalten des Coachee und fixiert dies Eindrücke in einem entsprechenden Protokoll. Dieses Vorgehen ist erforderlich, da der Coach je nach vereinbarten Intervallen viele Eindrücke aufnimmt, die nicht vermischt werden dürfen.
- **Feedbackgespräch:** In störungsfreier Umgebung teilt der Coach seine Beobachtungen im Sinne einer Reflexion einfühlsam mit. Sieht der Coachee selbst Möglichkeiten zur Optimierung z. B. seines Verhaltens, so ist das gut. Ist das nicht der Fall, so arbeitet der Coach impulsgebend. Als Strukturhilfe ist die »Rafael-Methode« weit verbreitet:

  R eport
  A lternativen
  F eedback
  A ustausch
  E rarbeitung von
  L ösungsschritten

- **Aktionsplan:** In dieser Phase der Operationalisierung werden Aktionen, Maßnahmen und Ziele vereinbart, die zu einer Optimierung der Auffälligkeiten führen. Über deren Transfer wacht der Coach z. B. über ein Berichtswesen.

Coaching ist eine sehr effektive Investition in die Zukunft der Mitarbeiter, weil hier die Verhaltensoptimierung ganz direkt erfolgt.

Eine ähnliche Form der Betreuung ist das »**Mentoring**«. Der Begriff leitet sich vom griechischen Namen Mentor ab. In der »Odyssee« ist Mentor ein Freund des Odysseus, der dessen Sohn Telemach während der langjährigen Odyssee väterlich und freundschaftlich betreute.

Aus dieser Begriffsdefinition geht auch der Unterschied zum Coaching hervor: Der Coach beschränkt sein Feedback auf das Verhalten des Coachees und gibt hierzu fachliche und persönliche Ratschläge. Der Mentor macht genau diese Dinge auch. Seine Arbeit geht aber noch weiter im Sinne einer **Betreuung.** So baut er mit dem »Mentee« Netzwerke auf, führt ihn in neue Bereiche ein, vermittelt Normen der Institution, bereitet ihm Wege und »öffnet« ihm Tore durch seine Erfahrung und Beziehungen.

14 Arbeits- und Sozialrecht

14.1 Rechtsgrundlagen und Gestaltungsfaktoren des Arbeitsrechts

14.1.1 Grundstrukturen und Quellen des Arbeitsrechts

Das Arbeitsrecht ist das Recht für die abhängig Beschäftigten (Arbeitnehmer). Arbeitsrechtliche Normen haben hauptsächlich das Ziel, den Schutz der Arbeitnehmer im bestehenden Arbeitsverhältnis zu gewährleisten. Der Schutzgedanke des Arbeitsrechts rührt aus der Erkenntnis, dass der Arbeitnehmer häufig nur seine Arbeitskraft einsetzen kann, um seine Existenz zu sichern bzw. nicht zu gefährden. Das Arbeitsrecht schützt somit den Arbeitnehmer im bestehenden Arbeitsverhältnis vor Benachteiligung, gesundheitlicher Gefährdung und Arbeitsplatzverlust.

Das Arbeitsrecht unterscheidet zwischen Individual- und Kollektivarbeitsrecht. Zum **Individualarbeitsrecht** (Abschn. 14.1.2 bis 14.1.5) gehören die Regeln über Anbahnung, Inhalt, Übergang und Beendigung des Arbeitsverhältnisses. Ausgangspunkt sind die Vorschriften der §§ 611 ff. BGB über den Dienstvertrag. Auch im Arbeitsrecht gilt der Grundsatz der Vertragsfreiheit. Sie kann jedoch nur dann funktionieren, wenn sich zwei wirtschaftlich gleichstarke Partner gegenüberstehen. Ein gerechtes Aushandeln der Vertragsbedingungen ist also unwahrscheinlich, wenn der Arbeitnehmer, der seine Arbeitsleistung anbietet, dringend auf eine Beschäftigung angewiesen ist. Aus diesem Grunde ist die inhaltliche Ausgestaltung des Arbeitsverhältnisses durch zahlreiche Schutzgesetze zwingend geregelt (z. B. Entgeltfortzahlung bei Krankheit, Länge der Arbeitszeit, Erholungsurlaub usw.).

Neben dem Individualarbeitsrecht gibt es das **kollektive Arbeitsrecht** (Kapitel 15). Darunter werden die Rechtsbeziehungen der arbeitsrechtlichen Koalitionen (Gewerkschaften, Arbeitgeberverbände und einzelne Arbeitgeber) sowie Belegschaftsvertretungen (Betriebsräte und Personalräte) sowohl zu ihren Mitgliedern als auch untereinander verstanden. Das kollektive Arbeitsrecht behandelt Fragen des Tarifrechts, des Arbeitskampfrechts oder des Betriebsverfassungsrechts. Auch diese Regelungen dienen dazu, das Machtungleichgewicht zwischen dem einzelnen Arbeitnehmer und dem Arbeitgeber auszugleichen.

Teilweise stellt aber auch der Staat selbst den gesetzlichen Schutz der Arbeitnehmer vor Gefahren am Arbeitsplatz sicher (z. B. mit dem Jugendarbeitsschutzgesetz, Mutterschutzgesetz und Schwerbehindertenrecht SGB IX).

Das **Sozialrecht** (ausführlich dargestellt in Abschn. 14.2.2) und das Arbeitsrecht greifen also eng ineinander. So hängen etwa die Regelungen zum Kündigungsschutz und die Bedingungen für die Gewährung von Arbeitslosengeld miteinander zusammen.

14.1.1.1 Praktische Bedeutung des Arbeitsrechts

Das Arbeitsrecht ist als Rechtsmaterie von großer praktischer Bedeutung: Etwa 45 Millionen Personen sind derzeit in Deutschland aufgrund eines Arbeitsverhältnisses beschäftigt. Für viele dieser Arbeitnehmer stellen die Einkünfte aus ihrer Erwerbstätigkeit die wesentliche Einkommensquelle dar. Damit ist die wirtschafts- und sozialpolitische Bedeutung des Arbeitsrechts hoch, denn es steht mehr als jedes andere Rechtsgebiet im Zentrum der

Wirtschafts- und Sozialpolitik der Bundesrepublik und ist ein fester Bestandteil der sozialen Marktwirtschaft. Das bedeutet aber auch, dass sich die Kräfte des Marktes im Arbeitsleben nicht völlig frei und unkontrolliert entfalten können. Vielmehr ist es die Pflicht des Staates, Bedingungen und Grenzen der marktwirtschaftlichen Betätigung festzulegen.

14.1.1.2 Gesetze des Arbeitsrechts im Überblick

Bis heute gibt es kein einheitliches Arbeitsgesetzbuch, sondern nur eine Fülle von Einzelgesetzen mit arbeitsrechtlichem Inhalt. Die Übersicht enthält eine Auswahl der wichtigsten Gesetze (alphabetisch nach Abkürzungen, die in den folgenden Abschnitten benutzt werden, sortiert).

AAG	**Aufwendungsausgleichsgesetz** regelt, unter welchen Voraussetzungen Arbeitgebern die Kosten für Entgeltfortzahlungen und Mutterschaftsleistungen erstattet werden.
AEntG	**Arbeitnehmer-Entsendegesetz** über zwingende Arbeitsbedingungen bei grenzüberschreitenden Dienstleistungen. Es schafft in Verbindung mit den für allgemeinverbindlich erklärten Tarifverträgen des Baugewerbes Mindestarbeitsbedingungen im Baugewerbe.
AFBG	**Aufstiegsfortbildungsförderungsgesetz** fördert die Vorbereitung auf mehr als 700 Fortbildungsabschlüsse wie Meister/in, Fachwirt/in, Techniker/in, Betriebswirt/in, Erzieher/in.
AGG	**Allgemeines Gleichbehandlungsgesetz** zur Verhinderung oder Beseitigung von Benachteiligungen u. a. am Arbeitsplatz.
ArbGG	**Arbeitsgerichtsgesetz** Prozessrecht der Gerichte für Arbeitssachen. Soweit sich im ArbGG keine Sonderregeln finden, gilt für das Verfahren vor den Arbeitsgerichten die Zivilprozessordnung (ZPO).
ArbSchG	**Arbeitsschutzgesetz** regelt Maßnahmen des Arbeitsschutzes zur Verbesserung der Sicherheit und des Gesundheitsschutzes der Beschäftigten bei der Arbeit.
ArbZG	**Arbeitszeitgesetz** enthält Bestimmungen über die höchstzulässige Arbeitszeit und die mindestens zu gewährenden Pausen.
ATG	**Altersteilzeitgesetz** bot durch Leistungen der Bundesagentur für Arbeit Anreize, dass ältere Arbeitnehmer ihre Arbeitszeit reduzieren, um ihren Arbeitsplatz jüngeren Kollegen freizumachen. Die direkte Förderung ist inzwischen entfallen. Es verbleiben bestimmte steuerliche Begünstigungen und sonstige Regelungen.
AÜG	**Arbeitnehmerüberlassungsgesetz** enthält verwaltungsrechtliche Bestimmungen zur Arbeitnehmerüberlassung (Erlaubnispflicht) sowie zwingende Bestimmungen zum Schutz von Leiharbeitnehmern.
AufenthG	**Aufenthaltsgesetz** enthält die wesentlichen gesetzlichen Grundlagen für die Ein- und Ausreise und den Aufenthalt von Ausländern in Deutschland.
BBiG	**Berufsbildungsgesetz** regelt u. a. die Rechtsverhältnisse der Berufsausbildung, beruflichen Fortbildung und Umschulung.
BDSG	**Bundesdatenschutzgesetz** regelt zusammen mit der DSGVO (EU) den Umgang mit personenbezogenen Daten.
BEEG	**Bundeselterngeld- und Elternzeitgesetz:**enthält sozialrechtliche Vorschriften über das Elterngeld und arbeitsrechtliche Bestimmungen über den Anspruch auf Elternzeit (gilt ab 2007 anstelle des Bundeserziehungsgeldgesetzes).
BetrAVG	**Betriebsrentengesetz** setzt Mindestregeln und die Förderung für vom Arbeitgeber zugesagte Betriebsrenten fest.

BetrVG	**Betriebsverfassungsgesetz** regelt die Rechte des Betriebsrats, insbesondere die Mitbestimmung in sozialen, personellen und wirtschaftlichen Angelegenheiten.
BGB	**Bürgerliches Gesetzbuch** regelt als systematische und zentrale Zusammenfassung des Privatrechts die wichtigsten Rechtsbeziehungen zwischen Privatpersonen.
BSchG	**Beschäftigtenschutzgesetz** soll für die Wahrung der Würde von Frauen und Männern durch den Schutz vor sexueller Belästigung am Arbeitsplatz sorgen.
BUrlG	**Bundesurlaubsgesetz** regelt den Mindesturlaub für Arbeitnehmer.
DSGVO	**Datenschutzgrundverordnung (EU)** regelt zusammen mit dem BDSG den Umgang mit personenbezogenen Daten.
EFZG	**Entgeltfortzahlungsgesetz** schreibt die Zahlung des Arbeitsentgelts an Feiertagen und im Krankheitsfall vor.
Entg TranspG	**Entgelttransparenzgesetz** soll als Maßnahme zur Bekämpfung der Gehaltsunterschiedezwischen Frauen und Männern dienen.
EStG	**Einkommensteuergesetz** bestimmt u. a. welche Bezüge der Einkommensteuer- und damit auch der Lohnsteuerpflicht unterliegen.
FEG	**Fachkräfteeinwanderungsgesetz** regelt den Aufenthalt und die Zuwanderung von Fachkräften aus Drittstaaten.
FPfZG	**Familienpflegezeitgesetz** regelt die Familienpflegezeit von max. 24 Monaten bei Fortsetzung der Beschäftigung als Teilzeitarbeit.
GG	**Grundgesetz** ist als Verfassung die rechtliche und politische Grundordnung der Bundesrepublik Deutschland.
GKV-VEG	**GKV-Versichertenentlastungsgesetz** bestimmt u. a., dass die Krankenversicherung einschließlich der Zusatzbeiträge paritätisch von Arbeitgebern und Beschäftigten getragen wird.
HAG	**Heimarbeitsgesetz** dient dem Schutz der in Heimarbeit Beschäftigten.
HGB	**Handelsgesetzbuch** enthält die wesentlichen Regelungen des Handelsrechts. Das BGB gilt für Kaufleute neben dem HGB nur subsidiär.
JArbSchG	**Jugendarbeitsschutzgesetz** schützt arbeitende Jugendliche.
KSchG	**Kündigungsschutzgesetz** erklärt eine ordentliche Kündigung durch den Arbeitgeber für unwirksam, wenn sie nicht sozial gerechtfertigt ist.
MiLoG	**Mindestlohngesetz** bestimmt den in Deutschland geltenden flächendeckenden allgemeinen gesetzlichen Mindestlohn für Arbeitnehmer und für die meisten Praktikanten.
MitbestG	**Mitbestimmungsgesetz** regelt u. a., dass in Kapitalgesellschaften mit mehr als 2.000 Arbeitnehmern der Aufsichtsrat zur Hälfte mit Vertretern der Arbeitnehmer zu besetzen ist.
MuSchG	Mutterschutzgesetz dient dem Schutze der erwerbstätigen Mutter vor und eine bestimmte Zeit nach der Geburt.
NachwG	**Nachweisgesetz** verpflichtet Arbeitgeber, die wesentlichen Bedingungen eines Arbeitsvertrages aufzuzeichnen. Das Gesetz konkretisiert damit Verpflichtungen im Rahmen des Individualarbeitsrechts.
PflegeZG	**Pflegezeitgesetz** regelt kurze und längere Freistellung von der Arbeit.
SGB	**Sozialgesetzbuch** besteht aus zwölf Büchern SGB I bis SGB XII, arbeitsrechtliche Bezüge in SGB III **Arbeitsförderung**, SGB IV Gemeinsame Vorschriften für die **Sozialversicherung**, SGB V Gesetzliche **Krankenversicherung**, SGB VI Gesetzliche **Rentenversicherung**, SGB VII Gesetzliche **Unfallversicherung**, SGB IX **Rehabilitation und Teilhabe behinderter Menschen**, SGB XI Soziale **Pflegeversicherung**.

TVG	**Tarifvertragsgesetz** regelt die Belange der Tarifvertragsparteien, die Inhalte und Formen von Tarifverträgen u. a.
TVÖD	**Tarifvertrag öffentlicher Dienst** ist kein Gesetz, sondern der Tarifvertrag für die Angestellten des öffentlichen Dienstes in Bund, Ländern und Gemeinden, auf den in anderen Bereichen vielfach Bezug genommen wird.
TzBfG	**Teilzeit- und Befristungsgesetz** regelt Möglichkeiten und Grenzen bei Teilzeitarbeit und befristeten Arbeitsverträgen.
UmwG	**Umwandlungsgesetz** regelt insbesondere die Verschmelzung, Spaltung, Formwechsel und Vermögensübertragungen von gesellschafts-, vereins- oder genossenschaftsrechtlich organisierten Rechtsträgern.
ZPO	**Zivilprozessordnung** findet auch im Verfahren vor den Gerichten für Arbeitssachen Anwendung, wenn nicht das ArbGG vorgeht.

14.1.1.3 Rechtsquellen des Arbeitsrechts

Da es kein einheitliches Arbeitsgesetzbuch gibt, finden sich – wie gesagt – arbeitsrechtliche Regelungen weit verstreut in einer großen Zahl von Gesetzen.

Zahlreiche Rechtsquellen wirken auf das Arbeitsverhältnis ein:

- Internationales Recht (besonders das Recht der Europäischen Union),
- Verfassungsrecht (das Grundgesetz),
- Gesetze,
- Rechtsverordnungen,
- Tarifverträge,
- Betriebsvereinbarungen,
- Arbeitsvertrag,
- betriebliche Übung,
- Direktionsrecht.

Für die arbeitsrechtliche Praxis sind diese unterschiedlichen Rechtsquellen von großer Bedeutung: Im Grundsatz gilt, dass die ranghöhere der rangniederen Norm vorgeht **(Rangprinzip).** Allerdings wird das Rangprinzip im Arbeitsrecht oft durch das **Günstigkeitsprinzip** durchbrochen.

Schließlich ist **Richterrecht** von ganz entscheidender Bedeutung für das Arbeitsrecht. Dies ist darin begründet, dass beträchtliche Teile – insbesondere das Arbeitsvertragsrecht und das Arbeitskampfrecht – nicht oder nur rudimentär durch den Gesetzgeber geregelt worden sind. Das höchste deutsche Arbeitsgericht, das Bundesarbeitsgericht (BAG) mit Sitz in Erfurt, ist daher gezwungen, diese Lücken zu schließen.

14.1.1.3.1 Das Rangprinzip

Unter dem Rangprinzip versteht man, dass die ranghöhere der rangniederen Norm vorgeht. Prinzipiell gehen gesetzliche Regelungen somit allen anderen Rechtsquellen des Arbeitsverhältnisses vor. Sowohl Tarifvertrag als auch Betriebsvereinbarung gehen wiederum dem Arbeitsvertrag vor, da sie Ausdruck der kollektiven Regelungsmacht sind. Auf der untersten Stufe steht das Direktionsrecht des Arbeitgebers, dem alle anderen Rechtsquellen, insbesondere auch der Arbeitsvertrag, vorgehen, da der Arbeitsvertrag durch derartige Weisungen nur konkretisiert werden kann.

Beispiele:

Eine Vereinbarung, die dem Arbeitnehmer lediglich einen 16-tägigen Erholungsurlaub zugesteht, ist nichtig, weil der gesetzliche Mindesturlaub 24 Werktage oder 20 Arbeitstage beträgt (§ 3 Abs. 1 BUrlG).

Sieht ein Tarifvertrag 36 Werktage Urlaub im Jahr vor, ist eine Vereinbarung im Arbeitsvertrag von lediglich 28 Werktagen irrelevant, weil der Tarifvertrag vorgeht.

14.1.1.3.2 Das Günstigkeitsprinzip

Das Verhältnis der Rechtsquellen nach dem Rangprinzip wird durch das Günstigkeitsprinzip modifiziert. Nach dem Günstigkeitsprinzip geht die rangniedere Rechtsquelle der höherrangigen Rechtsquelle dann vor, wenn sie für den Arbeitnehmer günstigere Regelungen enthält. Zu beachten ist, dass das Günstigkeitsprinzip – wie auch das Rangprinzip – immer nur das Verhältnis verschiedenrangiger Normen zueinander regelt.

Ob beispielsweise eine Regelung im Arbeitsvertrag günstiger als eine tarifvertragliche Regelung ist, orientiert sich daran, wie ein verständiger Arbeitnehmer die Bestimmung einschätzen würde. Dabei werden einzelne Regelungen nicht isoliert, sondern zusammengehörende miteinander verglichen **(Sachgruppenvergleich).**

14.1.1.3.3 Das Allgemeine Gleichbehandlungsgesetz

Das Allgemeine Gleichbehandlungsgesetz (AGG) dient dem Schutz gegen Diskriminierungen in Zusammenhang mit der Beschäftigung. **Beschäftigte** im Sinne des AGG sind u. a. Arbeitnehmer/innen, Auszubildende, Bewerber/innen aber auch ausgeschiedene Beschäftigte und freie Mitarbeiter/innen. Verboten sind Diskriminierungen wegen der Rasse und ethnischen Herkunft, des Geschlechts, der Religion und Weltanschauung, einer Behinderung, des Alters oder der sexuellen Identität.

Unter einer **Diskriminierung** versteht das Gesetz unmittelbare oder mittelbare Benachteiligungen sowie Belästigungen und sexuelle Belästigungen. Untersagt ist jedoch nicht jede Form der Benachteiligung. Zulässig bleiben Ungleichbehandlungen, die gerechtfertigt sind.

Bei **Verstößen** gegen das Gesetz haben die Beschäftigten ein Beschwerderecht sowie beispielsweise bei Belästigungen einen gerichtlich durchsetzbaren Anspruch darauf, dass die notwendigen Maßnahmen ergriffen werden, diese zu unterbinden. Zudem kann bei Verstößen gegen das Benachteiligungsverbot neben dem Anspruch auf den vollen Schadensersatz ein Anspruch auf Ausgleich des immateriellen Schadens (Anspruch auf Entschädigung) vorliegen.

14.1.2 Wesen und Zustandekommen des Arbeitsvertrags

14.1.2.1 Arbeitgeber

Arbeitgeber ist, wer mit dem Arbeitnehmer den Arbeitsvertrag geschlossen hat, also mindestens einen Arbeitnehmer beschäftigt. Der Grundsatz der Vertragsfreiheit ermöglicht es, dass ein Arbeitgeber mehrere Arbeitsverträge mit unterschiedlichen Arbeitnehmern abschließen kann. Genauso kann ein Arbeitnehmer auch aufgrund mehrerer, nebeneinander bestehender Arbeitsverträge gegenüber unterschiedlichen Arbeitgebern zur Arbeitsleistung verpflichtet sein. Das ist immer dann der Fall, wenn er neben seiner hauptberuflichen Tätigkeit noch eine Nebentätigkeit ausübt.

14.1.2.2 Arbeitnehmer

Das Arbeitsrecht muss aufgrund seiner bereits beschriebenen Zielrichtung die Personen erfassen, die in besonderer Weise schutzwürdig und schutzbedürftig ist. Auf die arbeitsrechtlichen Regelungen kann sich daher nur derjenige berufen, der laut Definition auch wirklich Arbeitnehmer ist. Nur für ihn gelten darüber hinaus Tarifverträge, Regelungen der betrieblichen Mitbestimmung und Betriebsvereinbarungen. Nur für ihn ist das Arbeitsgericht zuständig.

Lediglich Arbeitnehmer haben einen gesetzlichen Anspruch auf Erholungsurlaub, für sie gelten andere Regeln über die Entgeltfortzahlung im Krankheitsfall als für freie Mitarbeiter und Kündigungsfristen sind unterschiedlich ausgestaltet. Ein wirksamer Schutz gegen ordentliche Kündigungen besteht nur für Arbeitnehmer; exklusiv auf sie sind die Vorschriften des Arbeitszeitgesetzes anwendbar. Ausschließlich Arbeitnehmer können einen Betriebsrat wählen.

Die unterschiedlichen arbeitsrechtlichen Gesetze definieren den Begriff des Arbeitnehmers jedoch nicht. Laut Rechtsprechung und Rechtsliteratur ist Arbeitnehmer, wer aufgrund eines privatrechtlichen Vertrags zur entgeltlichen Arbeit im Dienste eines anderen verpflichtet ist.

14.1.2.3 Vertragsanbahnung

Bevor ein Arbeitsvertrag geschlossen wird, muss der Arbeitgeber einen geeigneten Bewerber finden. Schon im Vorfeld eines Arbeitsverhältnisses sind Regeln des Arbeitsrechts und des allgemeinen Zivilrechts zu beachten: Steht der Arbeitnehmer z. B. noch in einem anderen Vertragsverhältnis, so kann er bei seinem alten Arbeitgeber angemessene Freizeit zur Stellensuche beanspruchen, sobald das Vertragsverhältnis gekündigt ist und verlangen, dass ihm ein (Zwischen-)Zeugnis ausgestellt wird.

14.1.2.3.1 Fragerecht des Arbeitgebers

Vor Abschluss des Arbeitsvertrags ist der Arbeitgeber daran interessiert, sich möglichst genau über die Person des Bewerbers zu erkundigen. Er ist berechtigt, vor Abschluss des Vertrags Informationen über die für ihn entscheidungserheblichen Umstände – z. B. in einem Bewerbungsgespräch – einzuholen. Dabei sind jedoch gewisse Spielregeln zu beachten.

So dürfen nur Fragen gestellt werden, an deren wahrheitsgemäßer Beantwortung der Arbeitgeber ein berechtigtes und schutzwürdiges Interesse hat. Ein solches Interesse ist gegeben, wenn die Beantwortung der Frage von Bedeutung für den angestrebten Arbeitsplatz oder die zu verrichtende Tätigkeit ist (**zulässige** Frage).

Stellt der Arbeitgeber im Vorstellungsgespräch eine unzulässige Frage, hat der Bewerber nicht nur die Möglichkeit, hierauf zu schweigen, sondern darf sogar die Unwahrheit sagen (»Recht zur Lüge«). Denn die wahrheitsgemäße Beantwortung der Frage ist mit der Gefahr verbunden, dass der Arbeitnehmer nicht eingestellt wird.

Somit stellt nicht jede falsche Antwort des Bewerbers bereits eine arglistige Täuschung dar. Erfährt der Arbeitgeber allerdings, dass ihm auf eine zulässig gestellte Frage eine falsche Antwort gegeben worden ist, kann der Arbeitgeber den Vertrag anfechten, was gegebenenfalls zur Nichtigkeit des Arbeitsvertrags führt.

14.1.2.3.2 Beteiligung des Betriebsrats

Der Betriebsrat hat in Unternehmen mit mehr als 20 wahlberechtigten Arbeitnehmern bei Einstellungen und Entlassungen ein **Mitbestimmungsrecht** (§ 99 BetrVG). Eine Einstellung liegt dann vor, wenn Personen in den Betrieb eingegliedert werden. Auch bei der Aufnahme einer Tätigkeit im Status eines freien Mitarbeiters kann eine mitbestimmungspflichtige Einstellung vorliegen. Dem Betriebsrat sind die Bewerberunterlagen vorzulegen und ihm ist Auskunft über die Person des Bewerbers zu geben. Ihm steht ein Zustimmungsverweigerungsrecht zu, wenn der Arbeitgeber z. B. gegen eine Auswahlrichtlinie verstößt.

Der Arbeitgeber kann die erforderliche Zustimmung aber durch das Arbeitsgericht ersetzen lassen. Bei fehlender Zustimmung des Betriebsrats muss er den Arbeitnehmer über die Sach- und Rechtslage jedoch aufklären und darauf hinweisen, dass das Arbeitsgericht die Einstellung aufheben kann.

14.1.2.4 Abschluss des Arbeitsvertrags

Das Arbeitsverhältnis von Arbeitgeber und Arbeitnehmer wird durch den Abschluss eines Arbeitsvertrags begründet. Der Arbeitsvertrag ist ein so genannter Unterfall des im BGB geregelten **Dienstvertrags,** wobei das Arbeitsvertragsrecht den wichtigsten Bereich der Dienstverträge darstellt. Einige Bestimmungen der §§ 611 bis 630 BGB beziehen sich ausschließlich auf das Arbeitsverhältnis (§§ 612a, 613a, 622, 623 BGB). Der Arbeitsvertrag ist an keine Form gebunden. Er kann schriftlich oder mündlich vereinbart werden. In jedem Fall ist aber das Nachweisgesetz zu beachten: Der Arbeitgeber muss spätestens einen Monat nach Arbeitsbeginn die wesentlichen Bedingungen des Vertrags in einer Urkunde niederlegen und diese dem Arbeitnehmer übergeben.

Da der Arbeitnehmer seine Arbeitskraft meistens nur einem Arbeitgeber zur Verfügung stellt und er auf das Arbeitsverhältnis zur Sicherung seiner Existenzgrundlage angewiesen ist, dienen die zahlreichen Gesetze und Verordnungen im Arbeitsrecht hauptsächlich seinem Schutz. Zu denken ist hier an die Vielzahl von Fällen, in denen der Arbeitnehmer auch ohne Arbeit seinen Lohn erhält (Urlaub, Krankheit, Feiertage usw.).

14.1.2.5 Inhalt des Arbeitsvertrags

Der Arbeitsvertrag ist ein gegenseitiger Vertrag, der auf den Austausch von Leistungen (Arbeit gegen Entgelt) gerichtet ist. Auf ihn sind prinzipiell die allgemeinen Regeln des Schuldrechts anwendbar. Die Regelungen werden jedoch durch Spezialnormen des Dienstvertragsrechts und zahlreiche Sondergesetze modifiziert.

Der Arbeitsvertrag ist ein **Dauerschuldverhältnis.** Dabei obliegen den Vertragsparteien gegenseitige Pflichten der Rücksichtnahme, des Schutzes und der Förderung des Vertragszwecks. Des Weiteren sind von beiden Seiten bestimmte Nebenpflichten zu erfüllen.

14.1.2.5.1 Hauptpflichten aus dem Arbeitsvertrag

Der Arbeitnehmer ist zur Arbeitsleistung verpflichtet. Auf der Gegenseite steht die Pflicht des Arbeitgebers zur Entgeltzahlung.

Konkretisiert wird die **Verpflichtung zur Arbeitsleistung** durch zahlreiche Rechtsquellen und keinesfalls allein durch den Arbeitsvertrag. Insbesondere können Tarifverträge und Betriebsvereinbarungen sowie allgemeine Arbeitsbedingungen die Einzelheiten regeln. Die Verpflichtung zur Arbeitsleistung wird außerdem durch gesetzliche Regelungen zum Schutze des Arbeitnehmers begrenzt (z. B. ArbZG, ArbSchG, MuSchG).

Als **Hauptpflicht des Arbeitgebers** gilt die Zahlung der vereinbarten Vergütung. Die Einzelheiten der Vergütungspflicht des Arbeitgebers sind sehr vielseitig. Zu beachten sind nicht nur die Grundvergütung, sondern auch zahlreiche Neben- und Zusatzvergütungen. Dabei ist von Bedeutung, ob und inwieweit Vergütungssysteme erfolgsabhängig, leistungsbezogen und widerruflich gestaltet werden können.

Vereinbarungen über die Vergütung werden meistens in Arbeitsverträgen getroffen, finden sich aber ebenfalls in Tarifverträgen und Betriebsvereinbarungen wieder. Fehlt es hingegen an einer Vergütungsvereinbarung, kommt eine **betriebliche Übung** oder § 612 BGB zur Anwendung; diese Norm gewährt dem Arbeitnehmer zumindest die allgemein übliche Bezahlung.

14.1.2.5.2 Nebenpflichten aus dem Arbeitsvertrag

Zu den eben erwähnten Hauptpflichten treten so genannte Nebenpflichten hinzu. Der Begriff der Nebenpflicht darf nicht als Wertung über deren Bedeutung im Verhältnis zur Hauptpflicht missverstanden werden. Mit der Einordnung als Nebenpflichten wird lediglich festgestellt, dass diese Pflichten nicht im Gegenseitigkeitsverhältnis stehen.

Dem **Arbeitnehmer** obliegt wie jedem anderen Schuldner die Pflicht, seine Leistung so zu bewirken, wie Treu und Glauben mit Rücksicht auf die Verkehrssitte es erfordern (§ 242 BGB), **Treuepflicht.**

Die Nebenleistungspflichten müssen einen engen Bezug zu den Hauptleistungspflichten des Arbeitnehmers haben. Häufig sind die Nebenpflichten im Arbeitsverhältnis in speziellen Gesetzen konkretisiert worden. So besteht beispielsweise im Entgeltfortzahlungsgesetz eine Anzeige- und Nachweispflicht des Arbeitnehmers im Falle seiner Erkrankung.

In zeitlicher Hinsicht können bestimmte Nebenpflichten sowohl vor- als auch nachvertragliche Pflichten begründen. Während sich vorvertragliche Nebenpflichten aus dem gesetzlichen Schuldverhältnis der Vertragsanbahnung ergeben, entstehen nachvertragliche Nebenpflichten (z. B. Verschwiegenheits-, Auskunfts- und Herausgabepflichten) daraus, dass die Beendigung des Arbeitsvertrags nicht das Schuldverhältnis im Ganzen zum Erlöschen bringt.

Das Arbeitsrecht legt auch dem **Arbeitgeber** zahlreiche Nebenpflichten auf. Es handelt sich auch hier um die in jedem Vertragsverhältnis enthaltenen Nebenpflichten aus Treu und Glauben. Unterschieden wird zwischen Fürsorgepflichten, die eine gesetzliche Ausprägung erfahren haben (z. B. Pflicht zur Entgeltfortzahlung im Krankheitsfalle nach dem Entgeltfortzahlungsgesetz oder Pflicht zur Urlaubsgewährung nach dem Bundesurlaubsgesetz) und der allgemeinen Fürsorgepflicht. Bei letzterer wird differenziert zwischen allgemeinen Schutzpflichten und Förderungspflichten.

Schutzpflichten

Schutzpflichten dienen der Wahrung der Rechtsgüter des Arbeitnehmers (Leben, Gesundheit, Persönlichkeitsrecht, Eigentum, sonstige Vermögensinteressen). Sie stellen einen Ausgleich für den Arbeitnehmer dafür dar, dass er seine Person in eine betriebliche Organisation einbringt und sich dem Direktionsrecht des Arbeitgebers unterordnet.

Förderungspflichten

Förderungspflichten gehen über die Schutzpflichten hinaus, indem sie den Arbeitgeber verpflichten, den Arbeitnehmer nicht nur vor Schäden zu bewahren, sondern ihn auch positiv voranzubringen. Auch vor oder nach Beendigung des Arbeitsvertrags besteht diese Verpflichtung. Der Arbeitgeber hat das berufliche Fortkommen des Arbeitnehmers zu sichern: Das bedeutet, dass er verpflichtet ist, Dritten konkrete Auskunft zu erteilen, Freizeit zur Stellensuche gewähren sowie ein wohlwollendes Zeugnis zu erstellen.

14.1.3 Arten von Arbeitsverhältnissen

In der Regel wird das (Voll-)Arbeitsverhältnis ohne eine besondere Zweckbindung für **unbestimmte Zeit** vereinbart. Wichtige Ausnahmen davon bestehen in der Praxis im Hinblick auf eine zeitliche oder sachliche Differenzierung.

14.1.3.1 Teilzeitarbeit

Nach der Definition des § 2 Abs. 1 Teilzeit- und Befristungsgesetz (TzBfG) liegt Teilzeitarbeit vor, wenn die regelmäßige Wochenarbeitszeit des Arbeitnehmers kürzer ist als die regelmäßige Wochenarbeitszeit vergleichbarer vollzeitbeschäftigter Arbeitnehmer. Teilzeitarbeit findet sich im Arbeitsleben in den verschiedensten Erscheinungsformen. Die Arbeitszeit kann entweder festgelegt sein oder es können flexible Formen von Teilzeitarbeit vereinbart werden, bei denen dem Arbeitgeber oder dem Arbeitnehmer gewisse Gestaltungsspielräume hinsichtlich der Arbeitszeitregelung zugebilligt werden; **einige Formen:**

- Der Arbeitnehmer ist täglich mit verkürzter Arbeitszeit tätig (Halbtagsarbeit).
- An bestimmten Tagen oder Wochen arbeitet der Teilzeitbeschäftigte voll, an anderen dagegen nicht.
- Bei der Jahresarbeitszeit erhält der Arbeitnehmer zum Ausgleich für Vollzeitarbeit in einigen Monaten des Jahres Freizeit.
- Bei der Abrufarbeit kann der Arbeitgeber die Lage der Arbeitszeit in gewissen Grenzen nach dem Arbeitsanfall bestimmen.
- Teilen sich zwei oder mehr Arbeitnehmer einen Arbeitsplatz, spricht man von Jobsharing.
- Gleitzeit kann ebenfalls mit Teilzeitarbeitnehmern vereinbart werden. Hier kann der Arbeitnehmer innerhalb eines vorgegebenen Zeitrahmens selbst Beginn und Ende der täglichen Arbeitszeit festlegen.

Teilzeitarbeit kann als Hauptätigkeit, als Nebentätigkeit neben einem anderen Arbeitsverhältnis oder auch als gleitender Übergang in den Ruhestand **(Altersteilzeit)** ausgeübt werden. § 8 TzBfG gibt dem Arbeitnehmer unter bestimmten Voraussetzungen einen Rechtsanspruch auf Verringerung der vertraglich vereinbarten Arbeitszeit. Der in § 9a TzBfG eingefügte Anspruch auf Brückenteilzeit ermöglicht dem Arbeitnehmer, seine Arbeitszeit ohne Anlass und Gründe zu reduzieren und in einem Zeitraum von 1 bis 5 Jahren zur bisherigen Arbeitszeit zurückzukehren.

14.1.3.2 Befristetes Arbeitsverhältnis

Das Arbeitsverhältnis kann auch befristet abgeschlossen werden. In diesem Fall endet es mit Ablauf einer bestimmten Zeit oder mit Erreichen des vereinbarten Zwecks, **ohne** dass eine Kündigung ausgesprochen werden muss. Dementsprechend finden kündigungsrechtliche Vorschriften prinzipiell keine Anwendung. Eine außerordentliche Kündigung aus wichtigem Grund ist jedoch vor Ablauf der Befristung möglich, desgleichen eine ordentliche, wenn sie ausdrücklich vereinbart wurde.

Das Teilzeit- und Befristungsgesetz beschränkt die Zulässigkeit befristeter Arbeitsverträge, um den unbefristeten Arbeitsvertrag zu stärken und eine Aushöhlung des Kündigungsschutzes zu vermeiden. Im Falle der erstmaligen Neueinstellung bei einem Arbeitgeber ist die Befristung des Arbeitsverhältnisses ohne weitere sachliche Begründung bis zur Dauer von zwei Jahren zulässig (§ 14 Abs. 2 TzBfG).

Nach der Zentralnorm des § 14 Abs. 1 TzBfG bedarf es für die Befristung darüber hinaus jedoch eines hinreichenden **sachlichen Grundes.**

Diesen hat der Gesetzgeber nicht definiert. Er hat in Anlehnung an die bisherige Rechtsprechung einzelne, typische Sachgründe beispielhaft aufgezählt. Wie das Wörtchen »insbesondere« im Gesetz belegt, ist diese Aufzählung nicht abschließend. Damit ist es möglich, auch nicht genannte Tatbestände der Befristung als Sachgrund zu werten.

Zulässige gesetzlich normierte Sachgründe für eine Befristung sind:

- Vorübergehender Bedarf an Arbeitsleistung
- Anschluss an Ausbildung oder Studium,
- Vertretung (z. B. Elternzeit),
- Eigenart der Arbeitsleistung,
- Erprobung,
- Gründe in der Person des Arbeitnehmers,
- Vergütung aus für eine befristete Beschäftigung bestimmten Haushaltsmitteln,
- gerichtlicher Vergleich.

Die Befristung eines Arbeitsvertrags bedarf immer der **Schriftform** (§ 14 Abs. 4 TzBfG).

14.1.3.3 Probearbeitsverhältnis

Der Sinn und Zweck des Probearbeitsverhältnisses ist es, dem Arbeitgeber wie dem Arbeitnehmer die Möglichkeit zu geben, sich ein Bild über den Vertragspartner und die Arbeitsstelle zu machen. Einerseits kann der Arbeitgeber die Eignung und Befähigung des Arbeitnehmers feststellen, andererseits kann der Arbeitnehmer Einblicke in die betrieblichen Verhältnisse gewinnen und prüfen, ob ihm der vorgesehene Tätigkeitsbereich auf Dauer zusagt.

Eine Probezeit besteht grundsätzlich nur dann, wenn dies gesetzlich vorgesehen oder im Arbeitsvertrag vereinbart worden ist. Das Probearbeitsverhältnis ist ein Arbeitsverhältnis, in dem die Vertragspartner dieselben Rechte und Pflichten wie in einem gewöhnlichen Arbeitsverhältnis haben.

Das Probearbeitsverhältnis kann zum einen als befristetes Arbeitsverhältnis ausgestaltet sein, das nach Ablauf der Probezeit **automatisch endet,** falls nicht ein neuer Arbeitsvertrag abgeschlossen wird. Zum anderen kann eine Probezeit im Rahmen eines unbefristeten Arbeitsverhältnisses vorgeschaltet werden. Bei einer solchen Vertragsgestaltung ist zwar eine **Kündigungserklärung** erforderlich, wenn nach Ablauf der Probezeit von – bisher längstens sechs Monaten – kein Dauerarbeitsverhältnis entstehen soll; die gesetzliche Kündigungsfrist ist aber gemäß § 622 Abs. 3 BGB auf zwei Wochen abgekürzt.

14.1.3.4 Leiharbeitsverhältnis

Ein Leiharbeitsverhältnis (Arbeitnehmerüberlassung) besteht dann, wenn ein Arbeitgeber einem Dritten, dem Entleiher, gewerbsmäßig seine Arbeitnehmer zur Arbeitsleistung gegen vereinbarte Vergütung überlässt, ohne dass der Dritte in den Arbeitsvertrag zwischen dem Arbeitgeber und dem Leiharbeitnehmer eintritt. Dem **Entleiher** steht das Weisungsrecht gegenüber dem Arbeitnehmer zu und er übernimmt die allgemeinen arbeitsrechtlichen Schutzpflichten. Der **Verleiher** allein ist dem Arbeitnehmer zur Lohnzahlung verpflichtet.

Für die gewerbsmäßige Überlassung von Leiharbeitnehmern an Dritte bedarf der Arbeitgeber – der Entleiher – grundsätzlich der Erlaubnis.

14.1.3.5 Arbeitnehmerüberlassungsgesetz

Das deutsche Arbeitnehmerüberlassungsgesetz (AÜG) regelt die Überlassung von Arbeitnehmern (Leiharbeitnehmern). Bis zum Dezember 2011 war der Anwendungsbereich des Gesetzes auf solche Arbeitnehmerüberlassung beschränkt, die gewerbsmäßig ausgeübt wurde. Das AÜG diente ursprünglich ausschließlich dem sozialen Schutz der Leiharbeitnehmer. Mittlerweile verfolgt der Gesetzgeber mit dem AÜG auch **arbeitsmarktpolitische Zwecke.**

Seit April 2017 gilt eine **Überlassungshöchstdauer** von Leiharbeitern von 18 Monaten (§ 1 Abs. 1b AÜG). Vorherige Überlassungszeiten an denselben Entleiher sind vollständig anzurechnen, wenn zwischen den Einsätzen jeweils nicht mehr als drei Monate liegen. Durch Tarifvertrag können abweichende Regelungen getroffen werden.

Leiharbeitern steht **derselbe Lohn** zu wie der restlichen Stammbelegschaft (§ 8 Abs. 1 AÜG). Davon kann ebenfalls durch einen Tarifvertrag abgewichen werden (§ 8 Abs. 2 und 4 AÜG).

14.1.4 Haftung des Arbeitnehmers

14.1.4.1 Haftung gegenüber dem Arbeitgeber

Im Arbeitsrecht wäre es nicht vertretbar, den Arbeitnehmer als Schadensverursacher schon bei leichtester Fahrlässigkeit auf den vollen Schaden haften zu lassen, den er verursacht hat. Dem Arbeitnehmer werden häufig Arbeitsmaterialien von großem Wert zur Verfügung gestellt, deren Beschädigung zu horrenden Schadensersatzforderungen führen könnte, die er aber aus dem gewöhnlichen Arbeitslohn nicht begleichen kann. Daher gibt es bestimmte Regelungen, die die Haftung des Arbeitnehmers einschränken.

Die Grundsätze über die Beschränkung der Arbeitnehmerhaftung gelten für alle Arbeiten, die durch den Betrieb veranlasst sind und aufgrund eines Arbeitsverhältnisses geleistet werden. Die Verteilung des Schadens zwischen Arbeitnehmer und Arbeitgeber ist anhand einer **Abwägung** zu ermitteln: Maßgebliches Kriterium ist dabei der **Grad des Verschuldens** (§ 276 BGB), das dem Arbeitnehmer zur Last fällt.

Daneben können nach der Rechtsprechung des BAG im Einzelfall folgende Gesichtspunkte von Bedeutung sein:

- Wahrscheinlichkeit des Schadenseintritts,
- Höhe des eingetretenen Schadens,
- Höhe des Entgelts des Arbeitnehmers,
- vom Arbeitgeber einkalkuliertes oder versicherbares Risiko,
- Dauer der Betriebszugehörigkeit des Arbeitnehmers und der bisherige Verlauf des Arbeitsverhältnisses,
- Stellung des Arbeitnehmers im Betrieb.

Die auf diese Weise vorzunehmende Abwägung führt in der Regel zu folgenden Ergebnissen:

- Bei Vorsatz und grober Fahrlässigkeit des Arbeitnehmers hat dieser den Schaden in der Regel **allein** zu tragen.
- Bei mittlerer Fahrlässigkeit ist der Schaden unter Berücksichtigung aller Umstände zu **verteilen.**
- Bei leichter Fahrlässigkeit trägt der Arbeitgeber den Schaden in **voller Höhe.**

14.1.4.2 Haftung gegenüber Dritten

Während der innerbetriebliche Schadensausgleich durch die dargestellten Grundsätze allgemein geregelt wird, bereitet die Lösung derjenigen Fälle Schwierigkeiten, in denen ein Arbeitnehmer Rechtsgüter **Dritter** verletzt. Die Gerichte lehnen es ab, dem Arbeitnehmer im **Außenverhältnis** zu dem geschädigten Dritten die Haftungserleichterungen der beschränkten Arbeitnehmerhaftung zuzubilligen. Der Arbeitnehmer haftet daher im Außenverhältnis zu dem geschädigten Dritten unbeschränkt.

Allerdings hat der Arbeitnehmer im **Innenverhältnis** zu seinem Arbeitgeber einen Freistellungsanspruch, der den Arbeitgeber verpflichtet, den Arbeitnehmer insoweit von der Schadensersatzforderung freizustellen, als der Schaden zwischen den Arbeitsvertragsparteien verteilt würde, wenn der Geschädigte nicht Dritter, sondern der Arbeitgeber selbst wäre. Begründet wird diese Auffassung mit der bestehenden Fürsorgepflicht des Arbeitgebers.

14.1.4.3 Haftung gegenüber Arbeitskollegen

Die dargestellten Grundsätze gelten auch dann, wenn ein Arbeitnehmer einem Kollegen bei der Arbeit schuldhaft einen **Sachschaden** zufügt. Der geschädigte Arbeitnehmer hat gegen den Schadensverursacher einen Anspruch auf Schadensersatz und der schädigende Arbeitnehmer kann nach Maßgabe des innerbetrieblichen Schadensausgleichs Freistellung von diesem Anspruch von seinem Arbeitgeber verlangen.

Eine Sonderregelung erfährt das Recht der Arbeitnehmerhaftung dagegen durch die gesetzliche Unfallversicherung, soweit ein Arbeitnehmer während der Arbeit einem Kollegen einen **Personenschaden** zufügt: Das Gesetz bestimmt, dass Personen, die durch eine betriebliche Tätigkeit einen Arbeitsunfall von Versicherten desselben Betriebs verursachen, diesen sowie deren Angehörigen und Hinterbliebenen nach anderen gesetzlichen Vorschriften zum Ersatz des Personenschadens nur verpflichtet sind, wenn sie den Versicherungsfall vorsätzlich oder auf einem Weg zur oder von der Arbeit herbeigeführt haben (§ 105 Abs. 1 Satz 1 SGB VII). Daher sind Ersatzansprüche eines Arbeitnehmers gegen einen Arbeitskollegen wegen eines Personenschadens, der im Betrieb entstanden ist, in der Mehrzahl der Fälle ausgeschlossen.

Die Finanzierung der Berufsgenossenschaften obliegt allein den Arbeitgebern. Es wäre eine ungerechtfertigte Doppelbelastung, sie zugleich für den sozialrechtlichen Unfallversicherungsschutz und – über den Umweg des arbeitsrechtlichen Freistellungsanspruchs – zusätzlich für Schadensersatzforderungen aufgrund privatrechtlicher Vorschriften haften zu lassen.

Als Versicherungsfälle der gesetzlichen Unfallversicherung gelten Arbeitsunfälle und Wegeunfälle. Ob ein Versicherungsfall vorliegt, stellt die zuständige **Berufsgenossenschaft** durch Verwaltungsakt dem Geschädigten gegenüber fest (vgl. Abschn. 14.2.2.7). An diese Feststellung sind die Gerichte, die über den Schadensersatzanspruch zu befinden haben, gebunden.

14.1.4.4 Mankohaftung

Eine Sonderbehandlung erfährt die Haftung des Arbeitnehmers auch für den Bereich der so genannten Mankohaftung. Unter Manko wird ein Schaden verstanden, den ein Arbeitgeber dadurch erleidet, dass ein seinem Arbeitnehmer anvertrauter Warenbestand eine **Fehlmenge** aufweist oder aber sich in einer von seinem Arbeitnehmer geführten Kasse ein **Fehlbetrag** ergibt.

Besonderheiten sind bei der Beweislastverteilung zu beachten. Da sich die Gründe für das Zustandekommen eines Mankos häufig nicht aufklären lassen, kommt dieser Frage besondere Bedeutung zu. In jedem Falle obliegt dem Arbeitgeber die Darlegungs- und Beweislast für das Vorliegen eines Mankos und dessen kausale Herbeiführung durch ein Verhalten des Arbeitnehmers. Bei der Beurteilung des Verschuldens ist zu beachten, dass die Fälle der Mankohaftung tatbestandsmäßig vom innerbetrieblichen Schadensausgleich erfasst werden (vgl. Abschn. 14.1.4.1). Danach trifft den Arbeitnehmer eine volle Ersatzpflicht nur bei Vorsatz oder grober Fahrlässigkeit.

Im Falle einer mittleren Fahrlässigkeit ist im Rahmen der Abwägung auch die Gewährung eines **Mankogelds** als Risikoausgleich zu berücksichtigen. Um die ihn treffenden beweisrechtlichen Nachteile der Mankohaftung zu beseitigen oder abzumildern, drängt der Arbeitgeber häufig auf den Abschluss von Mankoabreden. Eine Mankoabrede erfasst regelmäßig Sachverhalte, die über die allgemeine haftungsrechtliche Verantwortlichkeit des Arbeitnehmers hinausgehen, nämlich Fälle, in denen der Arbeitnehmer nach allgemeinen Grundsätzen nicht (fehlendes Verschulden oder leichte Fahrlässigkeit) oder nur anteilig (mittlere Fahrlässigkeit) haften würde. Oftmals werden solche besonderen vertraglichen Haftungsregelungen mit der Zusage der Zahlung eines Mankogeldes an den Arbeitnehmer verknüpft. Das Mankogeld soll dem Arbeitnehmer einen Ausgleich für möglicherweise auftretende Fehlbeträge oder -bestände bieten.

Die Angemessenheit des Mankogeldes wird vielfach bejaht, wenn das zusätzliche Entgelt mindestens den Durchschnitt der erfahrungsgemäß zu erwartenden Fehlbeträge bzw. -bestände erreicht.

Strenger ist insoweit das Bundesarbeitsgericht, wenn es verlangt, dass eine Haftung aufgrund besonderer vertraglicher Abrede die Summe der gezahlten Mankogelder nicht übersteigen darf.

14.1.5 Beendigung des Arbeitsverhältnisses

14.1.5.1 Möglichkeiten zur Beendigung

Kündigung des Arbeitsvertrags

Arbeitsverhältnisse können auf verschiedene Weise ihr Ende finden. Wichtigster Beendigungstatbestand ist die Kündigung, die von beiden Vertragsparteien entweder als ordentliche oder als außerordentliche (fristlose) Kündigung erklärt werden kann. Ausführliche Darstellungen zu diesem Komplex folgen in den Abschnitten 14.1.5.2 ff.

Keineswegs ist die Kündigung aber die einzige Beendigungsmöglichkeit. Es gibt eine Vielzahl von Möglichkeiten, den Arbeitsvertrag auch ohne Kündigung zu beenden bzw. Umstände, die ihn beenden.

Nichtigkeit des Arbeitsvertrags

In diesem Fall leidet der Arbeitsvertrag an einem Mangel, der zur Nichtigkeit des Arbeitsvertrags führt. Die Nichtigkeit des Arbeitsvertrags kann sich beispielsweise aus der fehlenden Geschäftsfähigkeit einer Vertragspartei oder aus der Sittenwidrigkeit des Vertragsinhalts ergeben.

Anfechtbarkeit des Arbeitsvertrags

Auch die dem Arbeitsvertrag zugrunde liegenden Willenserklärungen können nach §§ 119 ff. BGB angefochten werden. Die (erfolgreiche) Anfechtung führt gem. § 142 BGB zur Nichtigkeit. Wichtiger Anwendungsfall sind falsche Antworten im Bewerbungsgespräch auf zulässige Fragen des Arbeitgebers (vgl. Abschn. 14.1.2.3.1).

Befristete und auflösend bedingte Arbeitsverhältnisse

Das Arbeitsverhältnis kann ferner dadurch beendet werden, dass die Zeit, für die es befristet eingegangen war, abgelaufen ist oder der Zweck, der mit ihm erreicht werden sollte oder die auflösende Bedingung, unter der der Vertrag geschlossen wurde, eingetreten ist.

Aufhebungsvertrag

Nach dem Grundsatz der Vertragsfreiheit ist die einvernehmliche Beendigung des Arbeitsverhältnisses durch Aufhebungsvertrag prinzipiell immer möglich.

Tod des Arbeitnehmers

Das Arbeitsverhältnis endet mit dem Tod des Arbeitnehmers, weil die Arbeitspflicht höchstpersönlicher Natur ist (§ 613 BGB) und nicht übertragen werden kann.

Nichtfortsetzungserklärung

Besteht nach einer Entscheidung des Arbeitsgerichts das Arbeitsverhältnis trotz Kündigung des Arbeitgebers fort, ist jedoch der Arbeitnehmer bereits ein neues Arbeitsverhältnis eingegangen, kann er binnen einer Woche nach Rechtskraft des Urteils durch eine Erklärung gegenüber dem alten Arbeitgeber die Fortsetzung des Arbeitsverhältnisses bei diesem verweigern (§ 12 Kündigungsschutzgesetz – KSchG).

14.1.5.2 Ordentliche Kündigung

Die ordentliche Kündigung des Arbeitsverhältnisses durch den Arbeitnehmer ist von gesetzlichen oder tarifvertraglichen Beschränkungen grundsätzlich frei.

Für die **arbeitgeberseitige** Kündigung gilt dies jedoch nur außerhalb des Geltungsbereichs des KSchG. Soweit dieses Gesetz anzuwenden ist, muss jedenfalls der Arbeitgeber Gründe nachweisen, die die Kündigung sozial **rechtfertigen.**

Darüber hinaus bestehen zu Lasten des Arbeitgebers vielfältige Beschränkungen zugunsten bestimmter Arbeitnehmergruppen. Zu erwähnen sind z. B. der Kündigungsschutz schwangerer Frauen und schwerbehinderter Arbeitnehmer sowie der sich aus vielen Tarifverträgen ergebende Kündigungsschutz für ältere oder länger beschäftigte Arbeitnehmer.

Für die Kündigung durch den Arbeitgeber als auch für die arbeitnehmerseitige Kündigung gelten Kündigungsfristen, die sich aus dem Gesetz, dem anwendbaren Tarifvertrag oder dem Einzelarbeitsvertrag ergeben können. § 622 Abs. 1 BGB sieht eine einzelvertraglich nicht abdingbare **Grundkündigungsfrist** von vier Wochen einheitlich für alle Arbeitnehmer in den ersten beiden Beschäftigungsjahren vor (jeweils zum 15. oder zum Ende des Kalendermonats).

Etwas anderes gilt nur für folgende gesetzliche Sonderfälle:

- Bei vereinbarter Probezeit,
- bei einzelvertraglicher Bezugnahme auf einen Tarifvertrag,
- bei vorübergehender Aushilfstätigkeit,
- in Kleinunternehmen.

§ 622 Abs. 2 BGB regelt die **vom Arbeitgeber** einzuhaltenden Kündigungsfristen gegenüber länger beschäftigten Arbeitnehmern. Die für eine Kündigung durch den Arbeitgeber verlängerten Fristen gelten bereits nach zweijähriger Betriebszugehörigkeit mit einer Frist von einem Monat zum Monatsende. Über insgesamt sieben Stufen wird nach zwanzigjähriger Betriebszugehörigkeit die Höchstdauer von sieben Monaten zum Monatsende erreicht. Bei der Berechnung der Betriebszugehörigkeit wurden nur die Zeiten nach der Vollendung des 25. Lebensjahres des Arbeitnehmers berücksichtigt. Diese Regelung wird vom Gesetzgeber geändert werden müssen, weil sie durch den Europäischen Gerichtshof beanstandet wurde. Die Spruchpraxis der Arbeitsgerichte hat sich bereits angepasst.

Hierzu die Tabelle:

Betriebszugehörigkeit (Jahre)	Lebensalter (Jahre)	Kündigungsfrist (Monat zum Monatsende)
2	27	1
5	30	2
8	33	3
10	35	4
12	37	5
15	40	6
20	45	7

Die vom Arbeitgeber einzuhaltenden verlängerten Kündigungsfristen sind zwingend. Vom Gesetz zum Nachteil des Arbeitnehmers abweichende Kündigungstermine dürfen zumindest einzelvertraglich nicht vereinbart werden; allerdings können die verlängerten Kündigungsfristen vertraglich auch auf Kündigungen durch den Arbeitnehmer erstreckt werden.

Für die **Berechnung der Kündigungsfristen** wird der Tag, an dem die Kündigung zugeht, nicht mitgerechnet; der Fristlauf beginnt erst am folgenden Tage. Unerheblich ist dabei, ob der letzte Tag, an dem noch gekündigt werden kann, auf einen Samstag, Sonntag oder Feiertag fällt. Ohne Bedeutung für die Fristberechnung ist auch, dass der Tag, an dem das Arbeitsverhältnis durch Kündigung enden soll, ein Samstag, Sonntag oder Feiertag ist. Die Frist endet mit dem Ablauf desjenigen Tages der letzten Woche oder des letzten Monats, der durch seine Benennung oder seine Zahl dem Tage entspricht, in den das Ereignis oder der Zeitpunkt fällt. Geht eine Kündigung im Hinblick auf den beabsichtigten Kündigungstermin verspätet zu, führt dies keineswegs zur Unwirksamkeit der Kündigung; sie wirkt vielmehr **zum nächst zulässigen** Kündigungstermin.

14.1.5.3 Außerordentliche Kündigung

Die außerordentliche oder fristlose Kündigung nach § 626 BGB stellt für Arbeitnehmer und Arbeitgeber ein unabdingbares Freiheitsrecht dar, bei extremen Belastungen die vertragliche Vereinbarung zu lösen. Das Recht zur außerordentlichen Kündigung kann weder kollektiv- noch einzelvertraglich, weder in vorformulierten noch in individuell ausgehandelten Arbeitsverträgen ausgeschlossen werden.

Die **Voraussetzungen** für eine außerordentliche Kündigung im Einzelnen sind folgende:

- Die Erklärung einer fristlosen Kündigung muss eindeutig erkennen lassen, dass das Dienst- oder Arbeitsverhältnis außerordentlich **aus wichtigem Grund** gelöst werden soll.
- Vor der Kündigung müssen ggf. der Betriebsrat bzw. eine sonst zuständige Mitarbeiter- oder Personalvertretung **angehört** worden sein.
- Der **Sonderkündigungsschutz** beispielsweise für schwerbehinderte Arbeitnehmer, werdende und stillende Mütter, Arbeitnehmer in Elternzeit muss beachtet werden.
- **Auf Verlangen** muss der Kündigende den **Kündigungsgrund** mitteilen. Seine Angabe ist jedoch nicht Wirksamkeitsvoraussetzung einer außerordentlichen Kündigung.
- Die Kündigung muss **binnen zwei Wochen** nach Kenntnis der sie begründenden Tatsachen erfolgen.
- Die Prüfung, ob ein wichtiger Grund i.S.d. § 626 Abs. 1 BGB vorliegt, erfolgt zweistufig: Zunächst ist zu prüfen, ob ein bestimmter Sachverhalt ohne die besonderen Umstände des Einzelfalles an sich geeignet ist, einen wichtigen Kündigungsgrund abzugeben. Liegt ein an sich geeigneter Kündigungsgrund vor, ist zu prüfen, ob die Fortsetzung des Arbeitsverhältnisses unter Berücksichtigung der konkreten Umstände des Einzelfalles und unter Abwägung der Interessen beider Vertragsteile zumutbar ist oder nicht. Im zweiten Fall ist die fristlose Kündigung von Bestand.

14.1.5.4 Allgemeiner Kündigungsschutz

Der Grundsatz der Kündigungsfreiheit wird für den Arbeitgeber im Anwendungsbereich des KSchG beschränkt. Danach ist eine Kündigung **sozial ungerechtfertigt** und deshalb unwirksam, wenn sie nicht durch Gründe gerechtfertigt ist, die in der Person oder in dem Verhalten des Arbeitnehmers liegen oder durch dringende betriebliche Erfordernisse, die einer Weiterbeschäftigung des Arbeitnehmers in diesem Betrieb entgegenstehen, bedingt ist.

Der allgemeine Kündigungsschutz ist an bestimmte Voraussetzungen geknüpft: Er erfasst nicht alle Arbeitnehmer.

Geschützt vor sozialwidrigen Kündigungen wird derjenige Arbeitnehmer,

- dessen Arbeitsverhältnis in demselben Betrieb oder Unternehmen ohne Unterbrechung länger als sechs Monate bestanden hat;
- der nicht in einem »Kleinbetrieb« beschäftigt ist (ein Kleinbetrieb ist ein Betrieb, in dem i.d.R. zehn oder weniger Arbeitnehmer beschäftigt sind).

Welche Kündigungen sozial ungerechtfertigt sind, definiert das Gesetz nur durch unbestimmte Rechtsbegriffe, die konkretisiert werden müssen. Durch die vorgegebene Dreiteilung der Kündigungsgründe in personen-, verhaltens- und betriebsbedingte Gründe haben sich im Laufe der Zeit entsprechende Voraussetzungen entwickelt. Zentrale Prinzipien, die bei der Beurteilung sämtlicher Kündigungsgründe beachtet werden müssen, sind:

- das Prognoseprinzip,
- das Ultima-Ratio-Prinzip,
- das Prinzip der Interessenabwägung.

14.1.5.4.1 Personenbedingte Kündigungsgründe

Als personenbedingte Kündigungsgründe kommen nur solche Umstände in Betracht, die aus der Sphäre des Arbeitnehmers stammen. Gründe in der Person des Arbeitnehmers sind solche, die auf den persönlichen Eigenschaften und Fähigkeiten des Arbeitnehmers beruhen. Entscheidend ist hierbei, dass das Erreichen des Vertragszwecks – nicht nur vorübergehend – unmöglich geworden sein muss, da die Fähigkeit oder Eignung des Arbeitnehmers, die vertraglich geschuldete Arbeitsleistung zu erbringen, entfallen ist.

Die **krankheitsbedingte** Kündigung ist der häufigste Anwendungsfall der personenbedingten Kündigung. Diese ist prinzipiell wirksam, wenn eine dauernde Unfähigkeit zur Erbringung der geschuldeten Arbeitsleistung eingetreten ist und eine anderweitige Beschäftigungsmöglichkeit nicht besteht. Es ist eine **negative Gesundheitsprognose** erforderlich, nach der im Zeitpunkt des Zugangs der Kündigung objektive Tatsachen vorliegen müssen, die die Besorgnis weiterer Erkrankungen im bisherigen Umfang rechtfertigen. Es müssen Fehlzeiten festzustellen sein, die zu einer erheblichen Beeinträchtigung der betrieblichen oder wirtschaftlichen Interessen führen. Diese erheblichen Störungen dürfen nicht durch mildere Mittel nach einer nochmaligen Interessenabwägung behebbar sein.

Dabei sind folgende Unterfälle der krankheitsbedingten Kündigung zu unterscheiden:

- häufige Kurzerkrankungen,
- dauernde Arbeitsunfähigkeit,
- krankheitsbedingte Leistungsminderung,
- lang anhaltende Erkrankungen.

14.1.5.4.2 Verhaltensbedingte Kündigungsgründe

Als verhaltensbedingte Kündigungsgründe kommen in erster Linie schuldhafte Verletzungen vertraglicher Haupt- oder Nebenpflichten durch den Arbeitnehmer in Betracht. Nicht subjektive Einschätzungen des Arbeitgebers, sondern nur objektive, durch einen Dritten nachvollziehbare Vorfälle können die Kündigung rechtfertigen.

Mit der verhaltensbedingten Kündigung sollen weitere Vertragsverletzungen in der Zukunft ausgeschlossen werden. Entscheidend ist daher, ob eine Wiederholungsgefahr besteht, wegen derer eine akzeptable Fortsetzung des Arbeitsverhältnisses ausgeschlossen ist. Je stärker das Verschulden, umso eher ist eine Kündigung gerechtfertigt. Auch ist die Art und Weise der Vertragspflichtverletzung, bedeutend.

Die verhaltensbedingte Kündigung verlangt im Allgemeinen eine vorherige **Abmahnung**. Die Abmahnung setzt voraus, dass der Arbeitgeber hinreichend deutlich ein bestimmtes Fehlverhalten beanstandet **(Rügefunktion)** und mit ihr den Hinweis verbindet, dass im Wiederholungsfalle der Bestand des Arbeitsverhältnisses gefährdet ist **(Warnfunktion).**

Entbehrlich ist die Abmahnung, wenn sie kein geeignetes Mittel ist. Sie ist nur dann geeignetes Mittel, wenn mit ihr der beabsichtigte Erfolg (Änderung des Verhaltens und/oder Warnung des Arbeitnehmers) gefördert werden kann, was von den Umständen des Einzelfalls abhängt. Auch bedarf es keiner Abmahnung, wenn diese wegen der Schwere der Vertragsverletzung keinen Sinn macht (z. B. bei Straftaten von Belang im Zusammenhang mit dem Arbeitsverhältnis).

14.1.5.4.3 Betriebsbedingte Kündigungsgründe

Eine Kündigung ist nicht sozialwidrig, wenn sie durch dringende betriebliche Erfordernisse, die einer Weiterbeschäftigung des Arbeitnehmers in diesem Betrieb entgegenstehen, erfolgt ist. Die Vorschrift von § 1 Abs. 2 Satz 1 KSchG dient dem Ausgleich zwischen der Freiheit des Arbeitgebers, Entscheidungen über Gegenstand und Umfang seines Unternehmens zu treffen, einerseits und dem Interesse des Arbeitnehmers am Erhalt seines Arbeitsplatzes andererseits.

Voraussetzungen einer betriebsbedingten Kündigung sind stets, dass

- der Arbeitgeber aufgrund inner- oder außerbetrieblicher Ursachen eine unternehmerische Entscheidung trifft,
- dadurch die Beschäftigungsmöglichkeiten zumindest in ihrer bisherigen Ausgestaltung dauerhaft weggefallen sind und
- der Arbeitnehmer weder auf einem anderen Arbeitsplatz weiterbeschäftigt werden kann, noch sonstige mildere Maßnahmen statt der Kündigung möglich sind.

Soll von mehreren Arbeitnehmern, die unter betrieblichen Gesichtspunkten gleichermaßen für eine Kündigung in Betracht kommen, nur einem oder einigen gekündigt werden, so muss die Auswahl der zu kündigenden Arbeitnehmer nach sozialen Gesichtspunkten erfolgen **(Sozialauswahl).** Die Prüfung, ob die vom Arbeitgeber vorgenommene Sozialauswahl fehlerfrei ist, vollzieht sich in folgenden Schritten:

- Zunächst ist der relevante Personenkreis zu bestimmen (horizontal vergleichbare Arbeitnehmer).
- Danach erfolgt eine Prüfung, ob alle einschlägigen Sozialkriterien korrekt gewichtet worden sind (§ 1 Abs. 3 Satz 1 KSchG).
- Schließlich muss untersucht werden, ob einem konkreten Ergebnis der Sozialauswahl ein berechtigtes betriebliches Interesse entgegensteht, § 1 Abs. 3 Satz 2 KSchG (der ausgewählte Arbeitnehmer ist aufgrund seines Know-how für den Betrieb unverzichtbar).

14.1.5.5 Besonderer Kündigungsschutz

14.1.5.5.1 Schwerbehinderte Menschen

Nach §§ 168 ff. Sozialgesetzbuch (SGB) IX bedarf die Kündigung des Arbeitsverhältnisses eines schwerbehinderten Menschen durch den Arbeitgeber der (vorherigen) Zustimmung des **Integrationsamts.**

Es ist zu beachten, dass es für den Sonderkündigungsschutz nicht darauf ankommt, ob die Schwerbehinderung im Zeitpunkt des Zugangs der Kündigung bereits anerkannt ist; sie muss nur objektiv vorliegen und ein entsprechender Antrag muss gestellt sein. Ob der Arbeitgeber hiervon Kenntnis hat, ist unerheblich.

Die Zustimmung oder Verweigerung der Zustimmung durch das Integrationsamt ergeht in Form eines Verwaltungsakts, den nach allgemeinen verwaltungsrechtlichen Regeln sowohl der die Zustimmung beantragende Arbeitgeber als auch der schwerbehinderte Mensch als unmittelbar Betroffener angreifen können. Dem Arbeitnehmer steht also die Möglichkeit der Anfechtungs-, dem Arbeitgeber die der Verpflichtungsklage vor dem Verwaltungsgericht zu.

Nach Erteilung der Zustimmung muss der Arbeitgeber die ordentliche Kündigung innerhalb eines Monats erklären. Eine vor Erteilung der Zustimmung erklärte Kündigung ist unwirksam. Außerdem wird durch das SGB IX die Verpflichtung des Arbeitgebers festgeschrieben, Kündigungen durch frühzeitige Maßnahmen zu vermeiden.

14.1.5.5.2 Mutterschutz

Nach § 17 Abs. 1 MuSchG ist die Kündigung einer Frau während der Schwangerschaft und bis zum Ablauf von vier Monaten nach der Entbindung grundsätzlich unzulässig, wenn dem Arbeitgeber zur Zeit der Kündigung die Schwangerschaft oder Entbindung bekannt war oder innerhalb von zwei Wochen nach Zugang der Kündigung mitgeteilt wird.

§ 17 Abs. 2 MuSchG macht von dem allgemeinen Kündigungsverbot nur dann eine Ausnahme, wenn die zuständige Behörde vor Ausspruch der Kündigung diese für zulässig erklärt hat.

14.1.5.5.3 Elternzeit

Nach § 18 Bundeselterngeld- und Elternzeitgesetz (BEEG) darf der Arbeitgeber das Arbeitsverhältnis ab dem Zeitpunkt, von dem an Elternzeit verlangt worden ist, höchstens jedoch acht Wochen vor Beginn der Elternzeit, und während der Elternzeit nicht kündigen.

Die zuständige Behörde kann Ausnahmen zulassen. Der Kündigungsschutz nach § 18 BEEG ist dem des § 17 MuSchG angeglichen. Dennoch müssen beide Verfahren unterschieden werden, sodass gegebenenfalls die Zulässigkeitserklärung der zuständigen Behörde nach **beiden** Vorschriften eingeholt werden muss.

14.1.5.5.4 Betriebs- und Personalratsmitglieder

Das Kündigungsschutzgesetz regelt, dass die ordentliche Kündigung eines Betriebs- oder Personalratsmitglieds sowie eines Mitglieds der Jugend- und Auszubildendenvertretung (JAV) oder eines Wahlvorstands unzulässig, es sei denn, der Betrieb oder Betriebsteil würden stillgelegt (§ 15 Abs. 4 und 5 KSchG). Der Betriebsrat soll mit diesem Sonderkündigungsschutz vor Benachteiligungen wegen seines Amtes geschützt und es soll ihm eine ungestörte Amtsausübung ermöglicht werden. Nach Ablauf der Amtszeit wirkt der Schutz gegen ordentliche Kündigungen ein Jahr (für Wahlvorstandsmitglieder sechs Monate) lang nach. Möglich ist lediglich die außerordentliche Kündigung unter den Voraussetzungen des § 626 BGB. Darüber hinaus ist stets die Zustimmung des Betriebsrats nach § 103 BetrVG bzw. des Personalrats nach den entsprechenden Vorschriften des anwendbaren Personalvertretungsgesetzes erforderlich. Versagt der Betriebsrat seine Zustimmung, muss der Arbeitgeber versuchen, eine Zustimmungsersetzung beim Arbeitsgericht einzuholen.

14.1.6 Arbeitsgerichtsbarkeit

14.1.6.1 Zuständigkeit der Arbeitsgerichte

Die Zuständigkeit der Arbeitsgerichte im **Urteilsverfahren** folgt aus §§ 2, 3 ArbGG. Die meisten Fälle im Individualarbeitsrecht betreffen in der Praxis Streitigkeiten aus dem Arbeitsverhältnis (§ 2 Abs. 1 Nr. 3 ArbGG). Mit einer Klage kann beispielsweise die Zahlung von Arbeitsentgelt, Gewährung von Urlaub oder Schadensersatz verlangt werden. Meistens entscheiden die Gerichte aber über die Wirksamkeit von Kündigungen und befristeten Arbeitsverträgen.

§ 2 Abs. 1 ArbGG eröffnet eine ausschließliche Zuständigkeit der Arbeitsgerichtsbarkeit. Dies hat zur Konsequenz, dass Arbeitgeber und Arbeitnehmer nicht durch Vereinbarung die Zuständigkeit von Amts- oder Landgerichten begründen können. Für das kollektive Arbeitsrecht ergibt sich die Zuständigkeit der Arbeitsgerichte im Urteilsverfahren aus § 2 Abs. 1 Nr. 1, 2 ArbGG: Erfasst sind Rechtsstreitigkeiten zwischen tariffähigen Parteien oder zwischen diesen und Dritten auf den Gebieten des Tarifrechts (z. B. über die Auslegung von Tarifverträgen) oder des Arbeitskampfrechts (z. B. über die Unterlassung rechtswidriger Arbeitskampfmaßnahmen).

Neben dem Urteilsverfahren sind die Gerichte auch im so genannten **Beschlussverfahren** ausschließlich zuständig (§ 2a ArbGG). Hauptanwendungsfall sind Angelegenheiten aus dem Betriebsverfassungsgesetz – also Auseinandersetzungen zwischen Arbeitgeber und Betriebsrat.

Beispiele für betriebsverfassungsrechtliche Streitigkeiten sind:

- die Anfechtung einer Betriebsratswahl,
- Streitigkeiten über das Bestehen bzw. den Umfang von Mitbestimmungsrechten (z. B. § 87 Abs. 1 BetrVG).

Beschlussverfahren und Urteilsverfahren **schließen sich gegenseitig** aus. Entscheidend ist der jeweilige Streitgegenstand. Dabei muss aber die betriebsverfassungsrechtliche Frage selbst den Streitgegenstand ausmachen. Es reicht nicht, wenn sie nur Vorfrage einer individualrechtlichen Streitigkeit nach § 2 ArbGG ist. Das Beschlussverfahren findet keine Anwendung, wenn es um individualrechtliche Ansprüche zwischen Arbeitgeber und Arbeitnehmer geht, auch wenn deren Grundlage sich aus dem BetrVG ergibt. Ob das Urteils- oder das Beschlussverfahren die richtige Verfahrensart ist, hat das Arbeitsgericht von Amts wegen zu prüfen.

14.1.6.2 Instanzenzug der Arbeitsgerichtsbarkeit

Die Arbeitsgerichtsbarkeit besteht aus drei Instanzen: Erstinstanzlich zuständig sind die **Arbeitsgerichte** (AG). In zweiter Instanz entscheiden die **Landesarbeitsgerichte** (LAG), in dritter Instanz das **Bundesarbeitsgericht** (BAG).

In allen Instanzen sind nicht nur Berufsrichter, sondern auch ehrenamtliche Richter an der Entscheidungsfindung beteiligt. Das Gesetz schreibt vor, dass die ehrenamtlichen Richter je zur Hälfte aus den Kreisen der Arbeitnehmer und der Arbeitgeber stammen müssen. Sie sind gleich den Berufsrichtern nur an Gesetz und Recht gebunden und unterliegen nicht den Weisungen ihrer Interessenvertretung. Die ehrenamtlichen Richter wirken an der mündlichen Verhandlung mit und haben ein umfassendes Fragerecht. Ihre Stimme hat das gleiche Gewicht wie die des vorsitzenden Berufsrichters.

Aus Gründen der Verfahrensbeschleunigung sind bestimmte Zuständigkeiten jedoch dem Berufsrichter allein vorbehalten (z. B. die Durchführung der **Güteverhandlung,** die dem eigentlichen Arbeitsgerichtsprozess zwingend vorangeht).

Das AG ist in allen arbeitsgerichtlichen Streitigkeiten als erste Instanz zuständig. Bei den AG bestehen **Kammern,** die – wie gesagt – mit einem Berufsrichter und zwei ehrenamtlichen Richtern besetzt sind.

Die LAG sind ebenfalls mit einem Berufsrichter und zwei ehrenamtlichen Richtern besetzt und entscheidet mit **Kammern.** Zuständig sind die LAG für die Berufungen gegen die Urteile der Arbeitsgerichte und für die Beschwerden gegen deren Beschlüsse.

Beim BAG mit Sitz in Erfurt werden **Senate** gebildet, die mit drei Berufsrichtern und zwei ehrenamtlichen Richtern besetzt sind. Hauptsächlich entscheidet es als dritte Instanz über die gegen die Entscheidungen des LAG eingelegten Rechtsmittel im Wege der Revision. Beim BAG wird ein Großer Senat gebildet. Dieser ist zuständig, wenn ein Senat in einer Rechtsfrage von der Rechtsprechung eines anderen Senats abweichen will. Auch Fragen von grundsätzlicher Bedeutung können dem Großen Senat vorgelegt werden.

14.2 Betriebliches Sozialwesen und Sozialrecht

14.2.1 Betriebliche Sozialpolitik/ betriebliches Sozialwesen

14.2.1.1 Ziele betrieblicher Sozialpolitik

Durch die Sozialpolitik sollen Gegensätze und Spannungen innerhalb der Gesellschaft gemildert oder beseitigt werden. Träger der Sozialpolitik ist in erster Linie der Staat (Bund, Länder und Gemeinden) aber auch andere öffentlich-rechtliche Körperschaften (z. B. die Kirchen) und private Zusammenschlüsse (Gewerkschaften, Arbeitgeberverbände und sozialpolitische Vereine). Als betriebliche Sozialpolitik werden die Maßnahmen bezeichnet, die im einzelnen Betrieb zu Gunsten der Belegschaft getroffen werden.

Mit der betrieblichen Sozialpolitik verfolgt der Unternehmer hauptsächlich folgende Ziele:

- Erhalt eines dauerhaften Mitarbeiterstamms,
- Einhalten von Fürsorgepflichten,
- Ausgleich sozialer Härten,
- Wahrnehmen steuerlicher Vergünstigungen.

14.2.1.2 Instrumente betrieblicher Sozialpolitik

Die Möglichkeiten betrieblicher Sozialpolitik sind vielseitig. Unterschieden werden kann zwischen gesetzlichen Vorgaben (Mindesturlaub, Lohnfortzahlung im Krankheitsfall, Arbeitgeberbeiträge zur Sozialversicherung etc.), tariflichen Bestimmungen (Tarifurlaub, vermögenswirksame Leistungen etc.) und freiwilligen Leistungen des Arbeitgebers, auf die ein Arbeitnehmer nicht automatisch einen Rechtsanspruch hat.

Derartige **betriebliche Sozialleistungen** stehen neben dem unmittelbaren Entgelt für die geleistete Arbeit. Die wichtigste freiwillige betriebliche Sozialleistung ist die betriebliche Altersversorgung. Gratifikationen, Zuschüsse zum Fahrgeld, die Überlassung eines Kraftfahrzeugs oder einer Werkswohnung sowie der Personaleinkauf oder verbilligte Darlehen an Beschäftigte zählen ebenfalls dazu.

Weitere Elemente betrieblicher Sozialpolitik sind innerbetriebliche **Sozialeinrichtungen.** Hierzu zählen u. a. eine Kantine, Betriebssporteinrichtungen oder der Betriebskindergarten.

Für soziale Leistungen des Arbeitgebers müssen immer dann Steuern bezahlt werden, wenn es sich um einen so genannten geldwerten Vorteil handelt. Es gibt aber auch Alternativen, den einzelnen Mitarbeitern **steuerfrei** soziale Leistungen und Gratifikationen zukommen zu lassen, wie die folgenden Punkte zeigen:

Arbeitsweg

Ersetzt der Arbeitgeber Aufwendungen für die Wege zwischen Wohnung und Arbeitsstelle, so muss dies prinzipiell als Arbeitslohn versteuert werden. Ein Aufwendungsersatz von bis zu 0,30 € je Entfernungskilometer ist bei der Benutzung eines PKW jedoch steuerfrei.

Freiwillige Leistungen des Arbeitgebers

Die tägliche Tasse Kaffee und das Mineralwasser stellen keinen geldwerten Vorteil dar, der steuerrechtlich beachtet werden muss. Bezahlt der Arbeitgeber den Mitarbeitern beispielsweise die Bahncard, so hat das keine steuerrechtlichen Konsequenzen. Die Dienstreisen des Arbeitnehmers werden dadurch billiger und dieser kann die Bahncard auch privat nutzen.

Berufskleidung

Der Arbeitgeber kann zur Berufskleidung (Overall des Installateurs) steuerfreie Zuschüsse zahlen oder die Berufskleidung zur Verfügung stellen.

Betriebsveranstaltungen

Die Teilnahme an einer üblichen Betriebsveranstaltung, etwa der Weihnachtsfeier oder dem Betriebsausflug, ist steuerfrei. Allerdings muss allen Mitarbeitern die Teilnahme offen stehen. Ob eine betriebliche Veranstaltung »üblich« ist, richtet sich nach deren Häufigkeit, Dauer und Ausstattung. Als steuerfrei anerkannt wird eine Teilnahme des Arbeitnehmers an zwei Betriebsveranstaltungen im Kalenderjahr.

Zu den üblichen Zuwendungen gehören: Speisen, Getränke, Tabakwaren, Süßigkeiten, die Erstattung der Fahrkosten, Geschenke ohne bleibenden Wert sowie der finanzielle Aufwand für die Organisation der Veranstaltung in bestimmtem, angemessenem Aufwand.

Darlehen

Der Arbeitgeber kann einem Arbeitnehmer ein Darlehen (beispielsweise zum Hausbau) gewähren. Es müssen genaue Vereinbarungen zu Laufzeit, Verzinsung und zur Tilgung getroffen werden. Wird dies versäumt, ist das Darlehen in vollem Umfang als steuerpflichtiger Arbeitslohn zu erfassen. Damit das Arbeitgeberdarlehen nicht zu steuerpflichtigem Arbeitslohn wird, muss das Darlehen mit einem marktüblichen Effektivzinssatz verzinst werden. Zu dessen Bestimmung können bei Vertragsschluss die von der Deutschen Bundesbank veröffentlichten Effektivzinssätze herangezogen werden.

14.2.1.3 Inhalte und Möglichkeiten des betrieblichen Sozialwesens

14.2.1.3.1 Betriebliche Altersversorgung

Die betriebliche Altersversorgung besteht neben der gesetzlichen Rentenversicherung und der Eigenvorsorge, beispielsweise durch Lebensversicherungen, als dritte Säule der allgemeinen Altersvorsorge.

Das Recht der betrieblichen Altersversorgung ist in einem **eigenständigen Gesetz** (BetrAVG) geregelt. Der Arbeitgeber kann frei darüber entscheiden, ob und unter welchen Voraussetzungen er seinen Arbeitnehmern Leistungen zusätzlich zum Arbeitsentgelt verspricht. Dabei hat er allerdings den Grundsatz der **Gleichbehandlung** zu wahren.

Der Aufbau einer zusätzlichen, kapitalgedeckten Altersversorgung durch den Arbeitnehmer wird staatlich gefördert. Auf bis zu 4 % der Beitragsbemessungsgrenze in der Rentenversicherung erhalten Arbeitnehmer gem. § 1a BetrAVG einen Anspruch auf **Umwandlung von Gehaltsbestandteilen** in Ansprüche der betrieblichen Altersvorsorge.

Durch die Einführung von z. B. Pensionsfonds erlangen die Arbeitnehmer den Vorteil, dass sie einen Rechtsanspruch gegenüber dem Pensionsfonds als externem Träger der betrieblichen Altersversorgung erhalten und ihre Ansprüche bei einem Wechsel des Arbeitgebers problemlos mitnehmen können.

Die betriebliche Altersversorgung kann auf unterschiedlichen Wegen organisiert und durchgeführt werden:

- Unmittelbare Versorgungszusage **(Direktzusage)** durch den Arbeitgeber;
- Abschluss einer **Direktversicherung** durch den Arbeitgeber (z. B. Lebensversicherung), in der der Arbeitnehmer bezugsberechtigt ist;
- **Pensionskasse,** die von einem oder von einer Gruppe von Arbeitgebern eingerichtet wird (Versicherungsverein auf Gegenseitigkeit);
- **Pensionsfonds:** ähnelt der Pensionskasse und ist ein vom Arbeitgeber organisierter externer betrieblicher Träger mit versicherungsähnlicher Struktur.

Nicht selten stellen Arbeitgeber, die in wirtschaftlich erfolgreichen Zeiten großzügig Betriebsrenten versprochen haben, später fest, dass sie zu deren Erbringung nicht oder nicht mehr in vollem Umfang fähig sind. Der **Widerruf** von Versorgungsversprechen ist jedoch nur unter sehr engen Voraussetzungen zulässig.

Gegenüber **Rentnern** ist der Widerruf nur zulässig, wenn sich das Unternehmen entweder in einer wirtschaftlichen Notlage befindet und ein vom Pensionssicherungsverein gebilligter Sanierungsplan vorliegt oder eine schwere Treuepflichtverletzung gegenüber dem früheren Arbeitgeber begangen wurde.

Bei noch im Arbeitsverhältnis stehenden **Beschäftigten** kommt ein Widerruf praktisch nur unter denselben strengen Voraussetzungen in Betracht. Die mit einer Pensionsrückstellung verbundenen steuerrechtlichen Vorteile gehen ansonsten meistens verloren.

Hat der Arbeitgeber Ruhegelder zugesagt, bestimmt das BetrAVG, dass Anwartschaften auf Ruhegeld unter bestimmten Voraussetzungen **unverfallbar** werden. Außerdem regelt das Gesetz, dass Ruhegeldansprüche **insolvenzgesichert** sind mit der Folge, dass bei einer Insolvenz des Arbeitgebers der Pensions-Sicherungs-Verein (PSV) in die Leistungspflicht eintritt. Der Arbeitgeber ist wegen der Geldentwertung verpflichtet, alle drei Jahre eine Anpassung seiner laufenden Leistungen an die Arbeitnehmer zu prüfen.

Um die Beschäftigten kleinerer und mittlerer Betriebe stärker als bisher in den Genuss einer betrieblichen Altersvorsorge zu bringen und diese auch für Bezieher kleinerer Einkommen attraktiv zu machen, wurde am 1.1.2018 das **Betriebsrentenstärkungsgesetz** (BRSG) in Kraft gesetzt. Wesentliche Neuerungen, die sich u.a. im Betriebsrentengesetz (BetrAVG) und im Einkommensteuergesetz (EStG) niederschlagen, sind

- ein verpflichtender **Arbeitgeberzuschuss** für die Entgeltumwandlung von zusätzlich 15 % des umgewandelten Entgelts, soweit der Arbeitgeber durch die Entgeltumwandlung Sozialversicherungsbeiträge einspart – für Neuverträge seit 1.1.2019, für Altverträge seit 1.1.2022;
- die **»reine Beitragszusage«:** Der Arbeitgeber verpflichtet sich dadurch lediglich zur Zahlung bestimmter Beiträge an einen externen Versorgungsträger in Form einer Direktversicherung oder Pensionskasse/Pensionsfonds, nicht aber zu einer bestimmten, garantierten Versorgungsleistung;
- tarifvertraglich regelbares **»Opting Out«:** Die Entgeltumwandlung wird verpflichtend durchgeführt, sofern der Arbeitnehmer nicht binnen einer bestimmten Frist widerspricht;
- die Erweiterung des **steuerlichen Förderrahmens** auf 8 % (zuvor 4 %) der Beitragsbemessungsgrenze;
- der **Verzicht** auf die Anrechnung freiwilliger Zusatzrenten bis max. 0,5 vom aktuellen Satz des Arbeitslosengeldes II monatlich auf die Grundsicherung im Alter;
- der **Verzicht** auf die Erhebung von Sozialversicherungsbeiträgen auf Renten aus Riester-Verträgen zur betrieblichen Altersversorgung bei gleichzeitigem Anstieg der **Riester-Grundzulage** von 154 € auf 175 €.

14.2.1.3.2 Betrieblicher Gesundheitsdienst

Der betriebliche Gesundheitsdienst dient der Erhaltung der Gesundheit und Leistungsfähigkeit der Mitarbeiter. Neben werksärztlichen Diensten werden gerade bei kleineren Betrieben i. d. R. externe Ärzte zu Rate gezogen. Nicht nur technischer Arbeitsschutz, sondern auch arbeitsmedizinische Vorsorge gehören also zu den wichtigen Bestandteilen der Fürsorge. Die arbeitsmedizinische Betreuung soll das körperliche, geistige und soziale Wohlbefinden der Arbeitnehmer fördern und erhalten und gleichzeitig verhindern, dass Arbeitnehmer infolge der Arbeitsbedingungen gesundheitliche Schäden davontragen.

Ein wichtiges Gesetz, um die grundsätzlichen Strukturen der Organisation eines wirksamen betrieblichen Arbeits- und Gesundheitsschutzes zu bestimmen, ist das **Arbeitssicherheitsgesetz** (ASiG). Es regelt insbesondere die Pflichten der Arbeitgeber zur Bestellung von Betriebsärzten und Fachkräften für Arbeitssicherheit. Der Umfang der Betreuung hängt von der Art und der Größe des Betriebes ab. Die Berufsgenossenschaften als Unfallversicherungsträger konkretisieren die Betreuung je nach Branche und Gefahrenpotenzial in ihren Vorschriften.

14.2.1.3.3 Gestaltung des Arbeitsplatzes

Bei der Gestaltung des Arbeitsplatzes sind die Bestimmungen des **Arbeitsschutzgesetzes** (ArbSchG) zu beachten. Danach ist der Arbeitgeber verpflichtet, die erforderlichen Maßnahmen des Arbeitsschutzes unter Berücksichtigung aller Umstände zu treffen, die Sicherheit und Gesundheit der Beschäftigten bei der Arbeit beeinflussen. Er hat die Maßnahmen auf ihre Wirksamkeit zu überprüfen und erforderlichenfalls sich ändernden Gegebenheiten anzupassen. Dabei hat er eine Verbesserung von Sicherheit und Gesundheitsschutz der Beschäftigten anzustreben.

Im Gesetz sind allgemeine Grundsätze aufgelistet, an die sich der Arbeitgeber zu halten hat. Der Arbeitgeber hat zunächst eine **Beurteilung** der Gefährdung an den Arbeitsplätzen vorzunehmen und muss dies durch Unterlagen dokumentieren. Ausfluss dieser Beurteilung sind u. a. so genannte **Betriebsanweisungen** für Geräte, Betriebsmittel und Betriebsstoffe. Die Beschäftigten verpflichtet das Gesetz zur Einhaltung der Sicherheitsvorschriften und der ordnungsgemäßen Bedienung der Geräte. Sie können dem Arbeitgeber auch Vorschläge zu Fragen der Sicherheit und des Gesundheitsschutzes machen.

Bei einem Verstoß gegen Schutzvorschriften durch den Arbeitgeber kann der Arbeitnehmer seine Arbeitsleistung insoweit verweigern.

Im Zusammenhang mit dem Bereich des Arbeitsschutzes sind einige, diesen Sektor ausfüllende Rechtsverordnungen erlassen worden. Von allgemeinem Belang sind auch die **Arbeitsstättenverordnung** und die **Gefahrstoffverordnung.**

14.2.2 Gesetzliche soziale Absicherung

Die Sozialsysteme haben die Aufgabe, den größten Teil der Bevölkerung (über 90 % gehören der Sozialversicherung an) gegen die bedeutendsten Lebensrisiken zu schützen. Ihre Grundlage wurde in Deutschland durch die Kaiserliche Botschaft vom 17. November 1881 gelegt.

Heute umfassen sie insbesondere den Schutz bei Krankheit, Pflegebedürftigkeit, Unfall, Erwerbsminderung, Alter und Arbeitslosigkeit durch die

- Krankenversicherung,
- Pflegeversicherung,
- Unfallversicherung,
- Rentenversicherung,
- Arbeitslosenversicherung.

Die wichtigsten Gesetze des Sozialrechts sind das Sozialgesetzbuch und in geringem Umfang die Reichsversicherungsordnung.

Versicherungszweig →	Kranken-/Pflege-Versicherung	Arbeitslosen-versicherung	Renten-versicherung	Unfall-versicherung
Träger →	AOK IKK BKK Ersatzkassen	Bundes-agentur für Arbeit (BA)	Deutsche Renten-versicherung (DRV)	Berufs-genossen-schaften (BG)

Die Zweige der gesetzlichen Sozialversicherung und ihre Träger

Die Sozialversicherung ist im Gegensatz zur Privatversicherung grundsätzlich eine **Pflichtversicherung.** Versicherungsnehmer sind die aus dem Versicherungsverhältnis berechtigten und verpflichteten Personen. Die Mittel für die Versicherung werden durch Pflichtbeiträge aufgebracht. Andererseits erhalten die Versicherten Rechtsansprüche auf bestimmte Leistungen der Versicherungsträger.

Die Träger der Sozialversicherungen sind Körperschaften oder Anstalten des öffentlichen Rechts mit Selbstverwaltung. Ihre Organe werden nach Gesetz und Satzung jeweils für eine mehrjährige Amtsperiode nach demokratischen Grundsätzen gewählt. Sie setzen sich paritätisch aus Vertretern der Arbeitgeber und der Versicherten zusammen, bei der Bundesagentur für Arbeit (BA) auch aus Vertretern der öffentlichen Hand (»Drittelparität«).

14.2.2.1 Gesetzliche Krankenversicherung

Aufgabe der Krankenversicherung ist es, dem Versicherten durch die Bereitstellung von notwendigen sachlichen und finanziellen Unterstützungen angemessenen Schutz bei Krankheit und Mutterschaft zu bieten.

Hinzu treten Maßnahmen zur Gesundheitsförderung und zur Verhütung von Krankheiten sowie zur besonderen Betreuung chronisch Kranker (»Disease-Management-Programme«).

14.2.2.1.1 Träger der Krankenversicherung

Träger der Krankenversicherung sind die Krankenkassen. Folgende Krankenkassen sind zu unterscheiden:

Die Allgemeinen Ortskrankenkassen:

Sie sind für bestimmte abgegrenzte Regionen errichtet.

Die Betriebskrankenkassen:

Ein Arbeitgeber kann für einen oder mehrere Betriebe mit in der Regel mindestens 5.000 Versicherungspflichtigen eine Betriebskrankenkasse errichten, wenn ihre Leistungsfähigkeit auf Dauer gesichert ist.

Die Ersatzkrankenkassen:

Die Leistungsfähigkeit der Ersatzkrankenkassen muss auf Dauer gesichert sein.

Die Innungskrankenkassen:

Für den Bereich einer oder mehrerer Handwerksinnungen können Innungskrankenkassen errichtet werden, wenn in den Mitgliedsbetrieben der Innung(en) regelmäßig mindestens 1.000 Versicherungspflichtige beschäftigt werden. Die Innungskrankenkassen können auch Versicherte aufnehmen, die nicht in einem angegliederten Betrieb beschäftigt sind.

14.2.2.1.2 Die Wahlrechte der Mitglieder

Versicherungspflichtige und **versicherungsberechtigte** Personen (siehe unten) können grundsätzlich zwischen folgenden Krankenkassen wählen:

- Der AOK des Beschäftigungs- oder Wohnortes,
- jeder Ersatzkasse, deren Zuständigkeit sich nach der Satzung auf den Beschäftigungs- oder Wohnort erstreckt,
- einer Betriebs- oder Innungskrankenkasse, wenn sie in dem Betrieb beschäftigt sind, für den die Betriebs- oder Innungskasse besteht,
- einer Betriebs- oder Innungskrankenkasse, deren Satzung eine allgemeine Öffnung für abgegrenzte Regionen vorsieht,
- der Krankenkasse, bei der zuletzt eine Mitgliedschaft oder eine Familienversicherung bestanden hat,
- der Krankenkasse, bei der ihr Ehegatte versichert ist.

Dieses **Krankenkassenwahlrecht** hat zur Folge, dass die Mitgliedschaft bei einer Krankenkasse grundsätzlich nur noch durch Ausübung einer Wahl zu Stande kommt.

Die Ausübung des Wahlrechts muss gegenüber der Krankenkasse erfolgen. Diese darf die Aufnahme nicht ablehnen.

Nach Ausübung des Wahlrechts hat die gewählte Krankenkasse eine **Mitgliedsbescheinigung** auszustellen. Diese muss ein versicherter Arbeitnehmer seinem Arbeitgeber unverzüglich vorlegen, damit der Arbeitgeber den Arbeitnehmer bei der gewählten Krankenkasse anmelden kann.

Wird die Mitgliedsbescheinigung nicht spätestens zwei Wochen nach Eintreten der Versicherungspflicht vorgelegt, so hat der Arbeitgeber den versicherungspflichtigen Arbeitnehmer bei derjenigen Krankenkasse anzumelden, bei welcher zuletzt eine Versicherung bestand. Der Arbeitnehmer muss dem Arbeitgeber diese bekanntgeben.

Bestand vor Eintritt der Versicherungspflicht keine Versicherung, so hat der Arbeitgeber den versicherungspflichtigen Arbeitnehmer bei einer derjenigen Krankenkassen anzumelden, welche der Arbeitnehmer wählen könnte. Der Arbeitgeber muss dann dem versicherungspflichtigen Arbeitnehmer unverzüglich mitteilen, bei welcher Krankenkasse er ihn angemeldet hat.

Versicherungspflichtige Personen sind mindestens 12 Monate an die Wahl einer Krankenkasse gebunden. Eine Kündigung der Mitgliedschaft ist nur mit einer Frist von sechs Wochen zum Ende eines Kalendermonats möglich.

Die Kündigung wird allerdings nur wirksam, wenn der Versicherungspflichtige innerhalb der Kündigungsfrist die Mitgliedschaft bei einer anderen Krankenkasse durch eine entsprechende Mitgliedsbescheinigung nachweist.

Ein Wechsel des Arbeitgebers berechtigt nicht zur Kündigung der Krankenkassenmitgliedschaft außerhalb der normalen Kündigungsfristen.

Wenn ein versicherungspflichtiger Beschäftigter eine weitere Beschäftigung aufnimmt (Mehrfachbeschäftigter), so löst dies kein neues Wahlrecht mit sofortiger Möglichkeit eines Krankenkassenwechsels aus.

Das Wahlrecht kann nur unter den allgemeinen Bedingungen während eines laufenden Beschäftigungsverhältnisses ausgeübt werden.

Familienversicherte Ehegatten und Kinder haben kein eigenes Wahlrecht. Für sie gilt ebenfalls die Entscheidung des Versicherten:

Können Kinder zum Beispiel durch beide Elternteile familienversichert werden, so entscheiden die Eltern, wo die Krankenversicherung bestehen soll.

Wenn für familienversicherte Personen erstmals die Versicherungspflicht eintritt – zum Beispiel bei Aufnahme eines versicherungspflichtigen Beschäftigungsverhältnisses –, kann zusätzlich zu den anderen wählbaren Krankenkassen auch die Krankenkasse gewählt werden, bei der bisher eine Familienversicherung bestanden hat.

14.2.2.1.3 Versicherungspflicht

Versicherungspflichtig sind u. a.:

- Arbeiter und Angestellte, jedoch nur dann, wenn ihr regelmäßiges Bruttoentgelt die Jahresarbeitsentgeltgrenze nicht übersteigt (die Jahresarbeitsentgeltgrenze beträgt 2022 – unverändert gegenüber 2021 – einheitlich in den alten und neuen Bundesländern jährlich 64.350 € oder monatlich 5.362,50 €);
- Auszubildende;
- unter gewissen Voraussetzungen Personen, welche die Voraussetzungen für den Anspruch auf eine Rente aus der gesetzlichen Rentenversicherung erfüllen und diese Rente beantragt haben.

14.2.2.1.4 Versicherungsfreiheit

Versicherungsfrei sind ausnahmsweise bestimmte Personengruppen, z. B. geringfügig Beschäftigte mit einem monatlichen Arbeitsgelt von höchstens 450 €. Auch können sich bestimmte Personengruppen auf Antrag von der Versicherungspflicht befreien lassen.

14.2.2.1.5 Freiwillige Versicherung

Der gesetzlichen Krankenversicherung können u. a. freiwillig beitreten:

- Personen, die als Mitglieder aus der Versicherungspflicht ausgeschieden sind und in den letzten fünf Jahren vor dem Ausscheiden mindestens 24 Monate oder unmittelbar vor dem Ausscheiden ununterbrochen mindestens zwölf Monate versichert waren;
- Familienangehörige eines Versicherten, wenn sie aus der Familienversicherung (siehe nächster Abschnitt) ausscheiden;
- Personen, die erstmals eine Beschäftigung aufnehmen und wegen Überschreitens der Jahresarbeitsentgeltgrenze versicherungsfrei sind.

Der Beitritt muss in allen genannten Fällen gegenüber der Krankenkasse innerhalb von **drei Monaten** (z. B. nach Beendigung der versicherungspflichtigen Beschäftigung) erklärt werden.

14.2.2.1.6 Die Versicherung von Familienangehörigen (Familienversicherung)

In der gesetzlichen Krankenversicherung sind versichert der Ehegatte und die Kinder von Krankenkassenmitgliedern. **Voraussetzung** ist, dass sie

- ihren Wohnsitz/gewöhnlichen Aufenthalt in der Bundesrepublik haben,
- nicht selbst Mitglied in der gesetzlichen Krankenversicherung sind,
- nicht hauptberuflich selbstständig erwerbstätig sind und,
- über kein eigenes Gesamteinkommen verfügen, das eine gewisse Grenze überschreitet.

Dabei sind **Kinder** versichert:

- Bis zur Vollendung des 18. Lebensjahres,
- bis zur Vollendung des 23. Lebensjahres, wenn sie nicht erwerbstätig sind,
- grundsätzlich bis zur Vollendung des 25. Lebensjahres, wenn sie sich in Schul- oder Berufsausbildung befinden,
- ohne Altersgrenze, wenn sie wegen Behinderung nicht in der Lage sind, sich selbst zu unterhalten.

14.2.2.1.7 Die Leistungen der Krankenkassen

Die Leistungen der Krankenkassen müssen ausreichend, zweckmäßig und wirtschaftlich sein, dürfen allerdings das Maß des Notwendigen nicht überschreiten. Sie werden in Form von Sach- oder Dienstleistungen **(Sachleistungsprinzip)** und nur in den gesetzlich vorgesehenen Fällen durch Geldzahlungen erbracht.

Wenn ein Versicherter ärztliche oder zahnärztliche Behandlung in Anspruch nehmen will, so hat er vorher die ihm vom Krankenversicherungsträger zugestellte Krankenversichertenkarte dem Arzt vorzulegen.

Im Einzelnen werden die folgenden Leistungen gewährt.

Gesundheitsuntersuchungen

Versicherte, die das 35. Lebensjahr vollendet haben, haben jedes dritte Jahr Anspruch auf eine ärztliche Gesundheitsuntersuchung zur Früherkennung von Krankheiten. Außerdem haben Versicherte im Alter von 18 bis 34 Jahren einmalig einen Anspruch auf eine allgemeine Gesundheitsuntersuchung.

Kinderuntersuchung

Versicherte Kinder haben bis zur Vollendung des sechsten Lebensjahres Anspruch auf Untersuchungen sowie nach Vollendung des zehnten Lebensjahres auf eine Untersuchung zur Früherkennung von Krankheiten, die ihre körperliche oder geistige Entwicklung gefährden.

Krankenbehandlung und Geldleistungen

Sie umfasst die folgenden Leistungen:

1. Ärztliche und zahnärztliche **Behandlung.**
2. Versorgung mit **Zahnersatz,** allerdings im Normalfall mit 50 % Eigenbeteiligung des Versicherten.

3. Versorgung mit **Arznei-, Verband- und Hilfsmitteln,** wobei jedoch Festbeträge festgesetzt werden können bzw. gewisse Zuzahlungen vom Versicherten zu leisten sind; daneben in gewissem Umfang auch Versorgung mit **Heilmitteln.**

   Nicht verschreibungspflichtige Arzneimittel sind von der Versorgung **ausgenommen.** Versicherte haben bis zur Vollendung des 18. Lebensjahres Anspruch auf Versorgung mit **Brillen.**

4. Bei Erforderlichkeit **häusliche Krankenpflege** in gewissem Umfang.

5. Unter gewissen Voraussetzungen **Haushaltshilfe.**

6. **Krankenhausbehandlung,** wenn sie erforderlich ist.

7. Unter gewissen Voraussetzungen bei Erforderlichkeit **medizinische Rehabilitationsmaßnahmen,** Müttergenesungskuren, Mutter-Kind sowie Vater-Kind-Kuren, Belastungserprobung und Arbeitstherapie.

8. **Krankengeld**

   Hierauf hat ein Versicherter Anspruch, wenn er wegen Krankheit arbeitsunfähig ist. Dabei ist jedoch zu beachten, dass der Krankengeldanspruch solange ruht, als der Versicherte während der Krankheit seinen Arbeitslohn weiterhin erhält. Da bei Krankheit eines Arbeitnehmers das Entgelt in der Regel sechs Wochen lang weiterbezahlt wird, setzt die Zahlung des Krankengeldes also zumeist erst mit der siebten Krankheitswoche ein.

   Das Krankengeld wird vom Regellohn berechnet. Dieser wird grundsätzlich aus dem im letzten Lohnabrechnungszeitraum bezogenen Entgelt, höchstens jedoch aus dem Betrag der geltenden Beitragsbemessungsgrenze ermittelt.

   Das Krankengeld beträgt 70 % des Regellohnes, darf jedoch 90 % des entgangenen regelmäßigen Nettcarbeitsentgelts nicht übersteigen.

   Das Krankengeld wird grundsätzlich ohne zeitliche Begrenzung gewährt, bei Arbeitsunfähigkeit wegen derselben Krankheit jedoch für höchstens 78 Wochen innerhalb von je drei Jahren. Dauert die Krankheit über diesen Zeitraum hinaus fort und besitzt der Kranke kein eigenes Vermögen, so kann er Sozialhilfe beanspruchen.

   Versicherte enthalten Krankengeld (so genanntes Kinderkrankengeld), wenn sie zur Betreuung und Pflege eines erkrankten mitversicherten Kindes unter zwölf Jahren der Arbeit fernbleiben müssen. Dieser Anspruch ist bei Verheirateten auf zehn Arbeitstage pro Kalenderjahr beschränkt.

9. **Mutterschaftshilfe**

   Sie umfasst ärztliche Betreuung und Hebammenhilfe, Versorgung mit Arznei-, Verband- und Heilmitteln, stationäre Entbindung, häusliche Pflege, Haushaltshilfe und Mutterschaftsgeld.

10. **Erstattung von Fahrkosten**

    Die Krankenkasse übernimmt unter bestimmten Voraussetzungen Fahrkosten, wenn diese aus zwingenden medizinischen Gründen im Zusammenhang mit einer Leistung der Krankenkasse notwendig sind, zu ambulanten medizinischen Behandlungen nur in besonderen Ausnahmefällen nach vorheriger Genehmigung durch die Krankenkassen.

11. **Versichertenbonus**

    Durch Bonusprogramme haben die gesetzlichen Krankenkassen die Möglichkeit, den Versicherten unter bestimmten Voraussetzungen Vergünstigungen für gesundheitsbewusstes Verhalten (regelmäßige Teilnahme an den gesetzlichen Früherkennungsuntersuchungen, Bemühungen, die Gesundheit durch Gesundheitssport zu stärken, Teilnahme an Maßnahmen der betrieblichen Gesundheitsförderung, Einschreibung beim Hausarzt – »Hausarztmodell« –, Teilnahme an strukturierten Behandlungsprogrammen) anzubieten oder den Versicherten die gesetzlichen Zuzahlungen zum Teil zu erlassen.

Zuzahlungen und Belastungsgrenzen

Für Arzneimittel werden 10 % des Abgabepreises, mindestens 5 €, höchstens 10 €, jedoch nicht mehr als die Kosten des Mittels fällig.

Bei stationärer Krankenhausbehandlung (auch stationären Vorsorge- oder Rehabilitationsmaßnahmen) müssen 10 € pro Kalendertag, höchstens jedoch für 28 Tage im Kalenderjahr zugezahlt werden.

Bei Heilmitteln und häuslicher Krankenpflege werden 10 % der Kosten sowie 10 € je Verordnung fällig.

Bei allen anderen Leistungen der gesetzlichen Krankenkassen müssen 10 % der Kosten, mindestens 5 €, höchsten 10 €, jedoch nicht mehr als die Kosten zugezahlt werden.

Versicherte haben während jedes Kalenderjahres nur Zuzahlungen bis zur Belastungsgrenze zu leisten. Die Belastungsgrenze beträgt 2 % der jährlichen Bruttoeinnahmen, für chronisch Kranke, die wegen derselben schwerwiegenden Krankheit in Dauerbehandlung sind, beträgt sie 1 % der jährlichen Bruttoeinnahmen zum Lebensunterhalt.

14.2.2.1.8 Die Aufbringung der Beiträge

Der Beitragssatz der Krankenkassen beträgt seit 2015 einheitlich 14,6 %. Jede Kasse kann jedoch einen individuellen Zusatzbeitrag (2021 durchschnittlich 1,3 %), erheben.

Für das Jahr 2022 ergibt sich die Beitragshöhe aus diesem einheitlich festgelegten Beitragssatz vom Bruttoentgelt, höchstens jedoch bis zur gültigen Beitragsbemessungsgrenze von monatlich 4.837,50 €.

Im Übrigen ist zu unterscheiden:

1. Bei **versicherungspflichtigen Arbeitnehmern** haben Arbeitgeber und Arbeitnehmer die Beiträge je zur Hälfte zu tragen. Liegt das monatliche Entgelt unter 450 €, so hat der Arbeitgeber den gesamten Beitrag allein zu zahlen.

   Besondere Bedingungen gelten in einem Niedriglohnbereich von 450,01 € bis 1.300 €, dem so genannten Übergangsbereich (vgl. Abschnitt 14.2.2.4)[1].

   Beitragsschuldner gegenüber der Krankenkasse ist für Versicherungspflichtige jedoch allein der Arbeitgeber. Dieser hat den Anteil des Arbeitnehmers von dessen Lohn einzubehalten und abzuführen.

2. Für versicherungspflichtige **Rentner** tragen die Beiträge zur gesetzlichen Krankenversicherung diese die Rentner selbst und die Träger der Rentenversicherung je zur Hälfte, wobei die Träger der Rentenversicherung den Anteil der Rentner von den Renten einbehalten und mit den von ihnen zu tragenden Beiträgen z. B. an die Deutsche Rentenversicherung Bund zugunsten der Krankenkassen weiterleiten.

3. **Freiwillig Versicherte** haben den gesamten Beitrag allein aufzubringen. Freiwillig versicherte Arbeitnehmer und solche, die wegen Überschreitung der Jahresarbeitsentgeltgrenze versicherungsfrei und bei einem privaten Krankenversicherungsunternehmen versichert sind, erhalten jedoch von ihrem Arbeitgeber einen Zuschuss.

---

[1] Diese Grenzen werden im Herbst 2022 durch die neue Bundesregierung voraussichtlich angehoben.

Die so genannten **versicherungsfremden Leistungen** – gemeint sind die Leistungen der Krankenkassen bei Schwangerschaft und Mutterschaft sowie das Kinderkrankengeld – werden seit 2004 aus Steuermitteln und nicht mehr aus den Krankenversicherungsbeiträgen finanziert.

Zu diesem Zweck wurde auch die Tabaksteuer in den letzten Jahren mehrfach erhöht.

14.2.2.2 Pflegeversicherung

Die Pflegeversicherung wurde als eigenständiger Zweig der Sozialversicherung unter dem Dach der Krankenversicherung geschaffen. Wie diese ist die Pflegeversicherung eine Pflichtversicherung. Gesetzliche Grundlage ist das SGB XI. Man unterscheidet zwischen der sozialen und der privaten Pflegeversicherung.

14.2.2.2.1 Versicherter Personenkreis

Gemäß dem Grundsatz »Pflegeversicherung folgt der Krankenversicherung« umfasst der versicherte Personenkreis der sozialen Pflegeversicherung zunächst alle diejenigen, die in der gesetzlichen Krankenversicherung versichert sind, und zwar sowohl die Pflichtversicherten als auch die freiwillig Versicherten. Für Ehegatten und Kinder von Mitgliedern der sozialen Pflegeversicherung besteht unter den gleichen Voraussetzungen ein Anspruch auf beitragsfreie Familienversicherung, wie bei der gesetzlichen Krankenversicherung.

Freiwillig Versicherte können sich durch Nachweis eines gleichwertigen privaten Pflegeversicherungsvertrags von der Versicherungspflicht in der sozialen Pflegeversicherung befreien lassen; der Antrag muss innerhalb von drei Monaten nach dem Beginn der Versicherungspflicht bei der Pflegekasse gestellt werden.

Diejenigen, die gegen das Krankheitsrisiko bei einem privaten Versicherungsunternehmen versichert sind, haben bei diesem Unternehmen für sich selbst und auch für ihre Angehörigen – für die in der sozialen Pflegeversicherung Familienversicherung bestehen würde – einen Pflegeversicherungsvertrag abzuschließen. Dieser muss Leistungen vorsehen, die nach Art und Umfang den Leistungen der sozialen Pflegeversicherung gleichwertig sind.

14.2.2.2.2 Leistungen der gesetzlichen Pflegeversicherung

Pflegebedürftig sind solche Personen, die wegen einer körperlichen, geistigen oder seelischen Krankheit oder einer Behinderung für die gewöhnlichen und regelmäßig wiederkehrenden Verrichtungen im Ablauf des täglichen Lebens auf Dauer in erheblichem Maße der Hilfe bedürfen.

Je nach dem Umfang des Hilfebedarfs werden die Pflegebedürftigen in fünf unterschiedliche Pflegegrade eingestuft. Die Einstufung erfolgt durch die Pflegeversicherung unter maßgeblicher Berücksichtigung des Pflegegutachtens. Davon ist abhängig, ob und in welchem Umfang der Pflegebedürftige Leistungen von der Pflegeversicherung beanspruchen kann.

Die Leistungen der Pflegeversicherung richten sich danach, ob häusliche Pflege (durch Angehörige oder professionelle Pflegepersonen) oder stationäre Pflege in einem Pflegeheim erforderlich ist.

14.2.2.2.3 Das Pflegestärkungsgesetz II (PSG II)

Dieses Gesetz hat seit 2017 mit dem Ersatz der bisherigen drei Pflegestufen durch fünf Pflegegrade einen neuen Pflegebedürftigkeitsbegriff sowie modifizierte Leistungen eingeführt.

Pflegebedürftige mit kognitiven und psychischen Einschränkungen (insbes. Demenzkranke), für die bisher nur die Pflegestufe 0 infrage kam, sind nun den körperlich Behinderten gleichgestellt und werden, wie diese, entsprechend dem Grad ihrer Beeinträchtigung in die fünf Pflegegrade eingestuft. Bisher schon anspruchsberechtigte Pflegebedürftige werden zunächst nach einem festen Umrechnungsschlüssel in die neuen Pflegegrade eingereiht. Geringere Leistungen als bisher sind ausgeschlossen. Für Antragsteller wurde ein neues, detaillierteres Begutachtungsverfahren eingeführt. Seit 2017 gelten die folgenden Leistungssätze.

Pflegegrad	Ambulant		Stationär	
	Pflegegeld1)	Sachleistung2)	Teilstationär	Vollstationär
1: Geringe Beeinträchtigung der Selbstständigkeit	–	–	–	125
2: Erhebliche Beeinträchtigung der Selbstständigkeit	316	689	689	770
3: Schwere Beeinträchtigung der Selbstständigkeit	545	1298	1298	1262
4: Schwerste Beeinträchtigung der Selbstständigkeit	728	1612	1612	1775
5: Schwerste Beeiträchtigung der Selbstständigkeit mit besond. pfleger. Anforderungen	901	1995	1995	2005

1) Pflegegeld ist bestimmt für häusliche Pflege durch Angehörige, Freunde, Bekannte
2) Sachleistungen durch ambulante Pflegedienste, die mit der Kasse direkt abrechnen

Monatliche Leistungen der Pflegeversicherung in Euro seit 2017

14.2.2.2.4 Pflegezeit für Beschäftigte

Arbeitnehmer erhalten einen Anspruch auf eine unbezahlte kurzzeitige Freistellung von bis zu zehn Arbeitstagen, um die Pflege eines Angehörigen zu organisieren. Für die Dauer von bis zu sechs Monaten haben pflegende Angehörige nach dem Pflegezeitgesetz einen **Anspruch auf unbezahlte Freistellung** von der Arbeit. Außerdem besteht die Möglichkeit unter bestimmten Bedingungen wegen Pflegebedürftigkeit von Angehörigen gemäß Familienpflegezeitgesetz (FPfZG) eine Teilzeitarbeit von max. 15 Wochenstunden zu vereinbaren. Pflegende Angehörige können zusätzliche Leistungen aus der Pflegekasse beanspruchen, z. B. Renten- und Arbeitslosenversicherungsbeiträge bei Freistellung von ihrer Arbeit.

14.2.2.2.5 Zuständigkeit der Pflegekassen und beitragsrechtliche Behandlung

Wie für die Renten- und Arbeitslosenversicherung fungieren die Krankenkassen auch für die Pflegeversicherung als Einzugsstellen. Gesonderte Meldungen zur Pflegeversicherung brauchen nicht vorgenommen zu werden. Für die in der gesetzlichen Krankenversicherung pflichtversicherten Arbeitnehmer werden die Beiträge vom Arbeitgeber einbehalten und abgeführt.

Der Beitragssatz für die Pflegeversicherung beträgt seit 2019 3,05 % des beitragspflichtigen Einkommens, höchstens jedoch bis zur der für die gesetzliche Krankenversicherung gültigen Beitragsbemessungsgrenze.

Die Beiträge werden von den Versicherten und von den Arbeitgebern je zur Hälfte aufgebracht. Selbstständige und andere nicht beschäftigte freiwillige Mitglieder tragen den Beitrag allein. Versicherte zwischen 23 und 65 Jahren ohne Kinder zahlen einen Zuschlag, der 2022 von bisher 0,25 % auf 0,35 % angehoben wird. Eine Ausnahmeregelung gibt es in Sachsen.

14.2.2.3 Rentenversicherung

Die Rentenversicherung soll die Erwerbsfähigkeit der Versicherten erhalten und ihnen nach dem Ausscheiden aus dem Erwerbsleben wegen Alters oder wegen verminderter Erwerbsfähigkeit sowie den Hinterbliebenen nach dem Tode des Versicherten Renten zahlen.

14.2.2.3.1 Träger der Versicherung

Alle Träger der gesetzlichen Rentenversicherung firmieren unter dem gemeinsamen Dach »Deutsche Rentenversicherung«. Mit dieser Organisation wurde die traditionelle Trennung zwischen Arbeitern und Angestellten in der Rentenversicherung aufgegeben. Die Bundesversicherungsanstalt für Angestellte und der Verband Deutscher Rentenversicherer (VDR) fusionieren zur »Deutschen Rentenversicherung Bund«. Bundesknappschaft, Bahnversicherungsanstalt und Seekasse schließen sich als zweiter Bundesträger zur »Deutschen Rentenversicherung Knappschaft-Bahn-See« zusammen.

Die Regionalträger sollen 55 % der Versicherten betreuen, die Deutsche Rentenversicherung Bund 40 % und die Deutsche Rentenversicherung Knappschaft-Bahn-See 5 %.

14.2.2.3.2 Die Pflichtversicherung

Die Versicherungspflicht der Arbeitnehmer

In der Rentenversicherung sind alle Personen pflichtversichert, die als Arbeitnehmer gegen Entgelt oder zu ihrer Berufsausbildung beschäftigt sind. Versicherungspflichtig sind auch die Bezieher von Lohnersatzleistungen – wie z. B. Krankengeld, Arbeitslosengeld, Unterhaltsgeld u. ä. –, Personen in der Zeit, für die ihnen Kindererziehungszeiten anzurechnen sind, nicht erwerbsmäßig tätige Pflegepersonen und Personen, die Wehr- oder Bundesfreiwilligendienst leisten.

Auch Ehepartner, die im Betrieb ihres Ehegatten gegen Entgelt beschäftigt sind, unterliegen der Versicherungspflicht. Voraussetzung ist, dass ein echtes Arbeitnehmerverhältnis vorliegt. Für Menschen mit Behinderung, die in einer anerkannten Werkstatt für Behinderte arbeiten und dort ein Taschengeld erhalten, zahlt der Träger der Einrichtung einen Rentenversicherungsbeitrag.

Die Versicherungspflicht der arbeitnehmerähnlichen Selbstständigen

Versicherungspflichtig sind auch die so genannten arbeitnehmerähnlichen Selbstständigen. Das sind solche Personen, die im Zusammenhang mit ihrer selbstständigen Tätigkeit mit Ausnahme von Familienangehörigen keinen versicherungspflichtigen Arbeitnehmer beschäftigen, deren Arbeitsentgelt aus diesem Beschäftigungsverhältnis regelmäßig 450 €[1] übersteigt und die regelmäßig und wesentlich nur für einen Auftraggeber tätig sind.

Existenzgründer können sich jedoch für einen Zeitraum von drei Jahren nach erstmaliger Aufnahme einer solchen Tätigkeit von der Versicherungspflicht befreien lassen. Auch Selbstständige, die älter als 58 Jahre sind, können sich dauerhaft von der Versicherungs-

[1] Vgl. Fußnote zu Abschn. 14.2.2.1.8

pflicht befreien lassen, wenn sie nach einer zuvor ausgeübten selbstständigen Tätigkeit erstmals aufgrund dieser Vorschrift versicherungspflichtig werden.

Ausgenommen von der Versicherungspflicht sind u. a. Personen,

- die bereits eine Vollrente wegen Alters beziehen und
- die eine für Arbeitnehmer versicherungsfreie Beschäftigung oder zeitlich befristete Beschäftigung ausüben.

Die Pflichtversicherung bestimmter Selbstständiger

Selbstständige sind im Grundsatz nicht rentenversicherungspflichtig und müssen daher privat für das Alter vorsorgen. Bei einigen Gruppen von Selbstständigen geht der Gesetzgeber jedoch von einer besonderen sozialen Schutzbedürftigkeit aus. Sie unterliegen daher der Rentenversicherungspflicht. Hierzu gehören unter anderem

- selbstständige Handwerker, die in einem zulassungspflichtigen Handwerk tätig sind;
- freiberufliche Lehrer und Erzieher;
- selbstständige Hebammen und bestimmte andere selbstständige Pflegepersonen;
- selbstständige Künstler und Publizisten, wobei für diesen Personenkreis unter bestimmten Bedingungen die Künstlersozialkasse (KSK) die Arbeitgeberbeiträge übernimmt.

Einzelheiten sind in § 2 SGB VI geregelt.

Die Pflichtversicherung auf Antrag

Daneben haben auch Selbstständige grundsätzlich die Möglichkeit, die Pflichtversicherung zu beantragen, soweit sie nicht bereits anderweitig versicherungspflichtig sind.

Der Antrag auf Pflichtversicherung muss innerhalb von fünf Jahren nach Aufnahme der selbstständigen Erwerbstätigkeit oder dem Ende der Versicherungspflicht gestellt werden.

Die Beiträge bei der Pflichtversicherung

1. Der Beitragssatz für die **pflichtversicherten Arbeitnehmer** beträgt seit 2018 18,6 % des Bruttolohnes, soweit letzterer die Beitragsbemessungsgrenze (2022: 7.050 € in den alten und 6.750 € in den neuen Bundesländern monatlich) nicht übersteigt.

   Hiervon haben Arbeitgeber und Arbeitnehmer **je die Hälfte** zu tragen.

   Wenn der monatliche Bruttolohn 450 €[1] nicht übersteigt, hat der Arbeitgeber allein den gesamten Beitrag zu zahlen.

   Der Arbeitgeber hat den Arbeitnehmeranteil bei der Lohnabrechnung einzubehalten und zusammen mit seinem Arbeitgeberanteil und den Beiträgen zur Kranken-, Pflege- und Arbeitslosenversicherung an die Krankenkasse abzuführen.

2. **Selbstständige** und **arbeitnehmerähnliche** Selbstständige haben die vollen Beiträge allein zu zahlen. Ausnahme: Künstler und Publizisten, s. o. Es ist ein Regelbeitrag auf der Basis einer Bezugsgröße zu entrichten, der seit 2021 monatlich 611,94 € in den alten und 579,39 € in den neuen Bundesländern beträgt. Bei Nachweis eines niedrigeren oder höheren Arbeitseinkommens können jedoch die Beiträge auch auf dieser Grundlage gezahlt werden.

   Aus Gründen der finanziellen Erleichterung hat der Gesetzgeber zugelassen, dass der Selbstständige in den ersten drei Kalenderjahren nach Aufnahme der selbstständigen Tätigkeit nur den halben Regelbeitrag zu zahlen hat.

[1] Vgl. Fußnote zu Abschn. 14.2.2.1.8

14.2.2.3.3 Die freiwillige Versicherung

Wer nicht rentenversicherungspflichtig ist, kann sich für Zeiten nach Vollendung des 16. Lebensjahres freiwillig versichern. Zuständig für diese Form der Versicherung ist derjenige Versicherungszweig, bei dem zuletzt ein Beitrag gezahlt wurde.

Hat eine Versicherung bisher nicht bestanden, kann der Antrag bei jedem Rentenversicherungsträger eingerichtet werden.

Hinsichtlich der Beitragsentrichtung ist Folgendes zu beachten: Wer sich freiwillig versichern will, muss dies zunächst beim Rentenversicherungsträger mit Vordruck anmelden.

Für die Art der Beitragszahlung stehen zwei Möglichkeiten zur Verfügung: Wird eine regelmäßige Beitragsentrichtung beabsichtigt, so empfiehlt sich die Teilnahme am Kontenabbuchungsverfahren, die beim zuständigen Rentenversicherungsträger zu beantragen ist. Will ein freiwillig Versicherter jedoch nicht regelmäßig zahlen, so kann er seine Beiträge auch durch Überweisung oder Einzahlung auf ein Konto des Rentenversicherungsträgers entrichten. Hierbei sind unbedingt die Versicherungsnummer, die Anzahl und der Verwendungszeitraum der Beiträge sowie die Beitragsart anzugeben (freiwillige Versicherung oder Höherversicherung; letztere ist nur für Personen möglich, die hiervon schon vor dem 1. Januar 1992 Gebrauch gemacht haben).

Der Monatsbeitrag beträgt 2022 mindestens 83,70 €, höchstens 1.311,30 €. In diesem Rahmen kann die Beitragshöhe frei bestimmt werden. Die gezahlten Beiträge werden jeweils einem bestimmten Bruttoarbeitsentgelt zugeordnet, das später bei der Rentenberechnung zugrunde gelegt wird.

Es bleibt, wie gesagt, dem freiwillig Versicherten selbst überlassen, in welcher Anzahl und Höhe er Beiträge entrichten will. Für jeden Kalendermonat kann aber nur ein Beitrag gezahlt werden. Da die spätere Rente sich jedoch nach Zahl und Höhe der nachgewiesenen Beiträge errechnet, ist eine regelmäßige und auch der Höhe nach angemessene Beitragsleistung zu empfehlen.

14.2.2.3.4 Die Leistungen der Rentenversicherung

Diese gliedern sich in zwei Hauptgruppen: Leistungen zur medizinischen Rehabilitation und zur Teilhabe am Arbeitsleben sowie Renten.

Leistungen zur medizinischen Rehabilitation und zur Teilhabe am Arbeitsleben

Um Behinderungen, einschließlich chronischer Krankheiten, abzuwenden, zu beseitigen, zu mindern, auszugleichen, eine Verschlimmerung zu verhüten und um Einschränkungen der Erwerbsfähigkeit und Pflegebedürftigkeit zu vermeiden, zu überwinden, zu mindern, eine Verschlimmerung zu verhüten sowie den vorzeitigen Bezug von laufenden Sozialleistungen zu vermeiden oder laufende Sozialleistungen zu mindern, erbringen die Rentenversicherungsträger Leistungen zur medizinischen Rehabilitation.

Leistungen zur Teilhabe am Arbeitsleben werden erbracht, um die Erwerbsfähigkeit behinderter oder von Behinderung bedrohter Menschen zu erhalten oder wiederherzustellen.

Die Gewährung von Renten

Ansprüche auf Renten sind davon abhängig, dass zuvor Beiträge gezahlt worden und bestimmte versicherungsrechtliche Voraussetzungen erfüllt sind. Aus der gesetzlichen Rentenversicherung werden u. a. folgende Renten gezahlt:

- wegen verminderter Erwerbsfähigkeit,
- wegen Alters,
- wegen Todes.

1. **Renten wegen verminderter Erwerbsfähigkeit**
   - Versicherte haben bis zum Eintritt der Regelaltersgrenze Anspruch auf Rente wegen **teilweiser** Erwerbsminderung, wenn sie
     - teilweise erwerbsgemindert sind,
     - in den letzten fünf Jahren vor Eintritt der Erwerbsminderung drei Jahre Pflichtbeiträge für eine versicherte Tätigkeit gezahlt haben und
     - die allgemeine Wartezeit von fünf Jahren erfüllt haben.

     Teilweise erwerbsgemindert sind Versicherte, die wegen Krankheit oder Behinderung auf nicht absehbare Zeit außer Stande sind, unter den üblichen Bedingungen des allgemeinen Arbeitsmarktes – unabhängig von der jeweiligen Arbeitsmarktlage – mindestens sechs Stunden täglich erwerbstätig zu sein.
   - Versicherte haben bis zum Eintritt der Regelaltersgrenze Anspruch auf Rente wegen **voller** Erwerbsminderung, wenn sie
     - voll erwerbsgemindert sind,
     - in den letzten fünf Jahren vor Eintritt der Erwerbsminderung drei Jahre Pflichtbeiträge für eine versicherte Tätigkeit gezahlt haben und
     - vor Eintritt der Erwerbsminderung die allgemeine Wartezeit von fünf Jahren erfüllt haben.

     Voll erwerbsgemindert sind Versicherte, die wegen Krankheit oder Behinderung auf nicht absehbare Zeit außer Stande sind, unter den üblichen Bedingungen des allgemeinen Arbeitsmarktes – unabhängig von der jeweiligen Arbeitsmarktlage – mindestens drei Stunden täglich erwerbstätig zu sein.

     Voll erwerbsgemindert sind auch behinderte Menschen, die wegen Art oder Schwere der Behinderung nicht auf dem allgemeinen Arbeitsmarkt tätig sein können.
2. **Renten wegen Alters**

   Anspruch auf die **Regelaltersrente** haben Versicherte, die die gesetzliche Altersgrenze erreicht und die allgemeine Wartezeit von fünf Jahren erfüllt haben. Neben der Regelaltersrente darf unbeschränkt hinzuverdient werden.

   Die Höhe der Rente wird im Wesentlichen von der Höhe der Versicherungsbeiträge bestimmt, die während des gesamten Arbeitslebens als Abzüge vom Arbeitseinkommen oder als freiwillige Zahlungen geleistet wurden.

   Die Bundesregierung hat Ende 2006 eine schrittweise **Anhebung des Rentenalters** von 65 auf 67 Jahre bis 2029 beschlossen. Seit 2012 steigt das Rentenalter zunächst zwölf Jahre lang jährlich um einen Monat. Von 2024 bis 2029 wird das Rentenalter dann jährlich um zwei Monate angehoben, sodass sich die Altersgrenze bis dahin von Jahr zu Jahr ändert. In entsprechendem Maße erhöhen sich die Abschläge, die bei vorzeitigem Rentenbeginn in Kauf genommen werden müssen.

   Altersrente für **langjährig Versicherte** kann vor Vollendung des 65. Lebensjahres mit Abschlägen in Anspruch genommen werden, wenn das 63. Lebensjahr vollendet und die Wartezeit von 35 Jahren erfüllt wurde. Wer 45 Jahre in die Rentenversicherung eingezahlt hat, kann mit 65 Jahren Altersrente ohne Abschlag beziehen.

   Besonders langjährig Versicherte haben mit dem Rentenversicherungs-Leistungsverbesserungsgesetz vom 23.6.2014 (SGB VI § 236b) nach einer Wartezeit von 45 Jahren unter bestimmten Bedingungen seit 1. Juli 2014 Anspruch auf die volle Altersrente schon nach Vollendung des 63. Lebensjahres, wobei bis zum Geburtsjahrgang 1964 auch hier ein schrittweiser Anstieg auf 65 Jahre erfolgt.

Altersrente wegen **Arbeitslosigkeit oder nach Altersteilzeitarbeit** kann mit Abschlägen in Anspruch nehmen, wer vor dem 1. Januar 1952 geboren wurde, bei Beginn der Rente arbeitslos ist und nach Vollendung eines Lebensalters von 58 Jahren und sechs Monaten insgesamt 52 Wochen arbeitslos war oder vor Rentenbeginn mindestens 24 Monate Altersteilzeitarbeit geleistet hat. Außerdem müssen die Wartezeit von 15 Jahren erfüllt sein und in den letzten zehn Jahren vor Rentenbeginn acht Jahre Pflichtbeiträge für eine versicherte Beschäftigung oder Tätigkeit geleistet worden sein.

Anspruch auf **Altersrente** haben **Frauen** (mit Abschlägen), die vor 1952 geboren sind, das 60. Lebensjahr vollendet haben, die Wartezeit von 15 Jahren erfüllt haben und nach Vollendung des 40. Lebensjahres mehr als zehn Jahre Beiträge für eine versicherungspflichtige Beschäftigung oder Tätigkeit entrichtet haben. Ab einem Alter von 65 Jahren haben diese Frauen Anspruch auf Altersrente ohne Abschläge.

Eine **Teilrente** kann anstelle einer Vollrente wegen Alters von dem Zeitpunkt an beansprucht werden, zu dem die Voraussetzungen für eine Altersrente erfüllt sind. Wird die Altersrente vor Erreichen der Regelaltersgrenze in Anspruch genommen, hängt die Höhe der Rentenauszahlung, die ab 1.7.2017 nach dem »Gesetz zur Flexibilisierung des Übergangs vom Erwerbsleben in den Ruhestand und zur Stärkung von Prävention und Rehabilitation im Erwerbsleben«, kurz **»Flexirentengesetz (FlexiG)«,** flexibel ausgestaltet ist, von den erzielten Zuverdiensten ab: Diese werden, soweit sie den jährlichen Freibetrag von 6.300 € übersteigen, zu 40 % auf die Rente angerechnet. Wird der Hinzuverdienst in einer rentenversicherungspflichtigen Tätigkeit erzielt, wird darauf weiterhin ein Rentenbeitrag entrichtet, der die künftige Rente erhöht. Ist die Regelaltersgrenze erreicht, bleiben Hinzuverdienste ohne Anrechnung (können aber einkommensteuerpflichtig sein). Während der Corona-Pandemie durften Frührentner deutlich mehr hinzuverdienen (2020 bis 44.590 €, 2021 bis 46.060 €); diese Regelung wurde aktuell auf 2022 ausgedehnt.

3. **Renten wegen Todes**

   In der gesetzlichen Rentenversicherung werden folgende Renten wegen Todes gewährt: **Kleine Witwen- oder Witwerrente** erhalten Witwen und Witwer, die nach dem Tod des versicherten Ehegatten nicht wieder geheiratet haben, wenn der versicherte Ehegatte die fünfjährige Wartezeit erfüllt hat.

   Große Witwen- oder Witwerrente erhalten Witwen und Witwer, die nach dem Tod des versicherten Ehegatten, der die allgemeine Wartezeit erfüllt hat, nicht wieder geheiratet haben, wenn sie ein eigenes Kind oder ein Kind des versicherten Ehegatten, das das 18. Lebensjahr noch nicht vollendet hat, erziehen oder das 45. Lebensjahr vollendet haben oder erwerbsgemindert sind.

   Anspruch auf **Halbwaisenrente** haben Kinder nach dem Tode eines Elternteils, wenn sie noch einen unterhaltspflichtigen Elternteil haben und der verstorbene Elternteil die allgemeine Wartezeit erfüllt hat. **Vollwaisenrente** kann dagegen bezogen werden, wenn das Kind keinen unterhaltspflichtigen Elternteil mehr hat und der verstorbene Elternteil die allgemeine Wartezeit erfüllt hat.

   Halb- und Vollwaisenrente wird im Regelfall bis zur Vollendung des 18. Lebensjahres gewährt, die Bezugsdauer verlängert sich jedoch bis zur Vollendung des 27. Lebensjahres, wenn die Waise sich in Schul- oder Berufsausbildung befindet oder behindert ist und sich deshalb nicht selbst unterhalten kann.

14.2.2.3.5 Die rentenrechtlichen Zeiten

1. **Beitragszeiten**

   Sie sind die wichtigsten rentenrechtlichen Zeiten. Denn die Höhe einer Rente richtet sich in erster Linie nach dem durch Beiträge versicherten Arbeitseinkommen, das in so genannten Entgeltpunkte umgerechnet wird.

2. **Kindererziehungszeiten (Pflichtbeitragszeiten)**

   Für Kinder, die ab 1992 geboren wurden, sind insgesamt bis zu drei Jahre rentensteigernd anrechenbar. Für vor 1992 geborene Kinder beträgt der Zeitraum 2,5 Jahre (»Mütterrente«).

3. **Anrechnungszeiten wegen Arbeitslosigkeit, Krankheit, Schulausbildung usw.**

   Die Anrechnungszeiten wirken ebenfalls rentensteigernd. Zeiten der Arbeitslosigkeit und Krankheit gelten nur dann als Anrechnungszeiten, soweit für diese Zeiten keine Lohnersatzleistungen gezahlt werden. Schul-, Fachschul- und Hochschulausbildungszeiten können bis zu einer Gesamtdauer von drei Jahren Anrechnungszeiten sein, jedoch erst nach Vollendung des 17. Lebensjahres. Für Neurentner, die seit 1. Januar 2005 in Rente gehen, sind die Schul-, Fachschul- und Hochschulausbildungszeiten mit einer Übergangsfrist zum 1. Januar 2009 gestrichen worden.

4. **Zurechnungszeit bis zum 60. Lebensjahr**

   Die Zurechnungszeit hat Bedeutung für Renten wegen Erwerbsminderung und wegen Todes. Wer beispielsweise in jungen Jahren erwerbsgemindert wird oder stirbt, hat in der Regel erst geringe Rentenanwartschaften aufbauen können. Damit der Versicherte oder seine Hinterbliebenen dennoch eine angemessene Absicherung erhalten, wurde die Zurechnungszeit geschaffen. Es wird bei der Rentenberechnung – mit Differenzierungen – so getan, als sei der Versicherte weiterhin bis zur Vollendung des 60. Lebensjahres beitragspflichtig beschäftigt gewesen.

5. **Ersatzzeiten**

   Dies sind Zeiten vor dem 1. Januar 1992 (u. a. Zeiten des militärischen Dienstes vor dem 9. Mai 1945, der Internierung oder Verschleppung im Zusammenhang mit den Kriegsereignissen des Zweiten Weltkriegs, des Freiheitsentzugs im Beitrittsgebiet).

6. **Berücksichtigungszeiten**

   Hier sind vor allem die Zeit der Erziehung eines Kindes bis zu dessen vollendetem zehnten Lebensjahr und die Zeit einer nichterwerbsmäßigen Pflegetätigkeit zu erwähnen.

14.2.2.3.6 Die Berechnung der Renten

Die Höhe einer Rente richtet sich vor allem nach der Höhe des während des Versicherungslebens durch Beiträge versicherten Arbeitseinkommens (Grundsatz der **Lohn- und Beitragsbezogenheit** der Rente).

Im Einzelnen richtet sich die Berechnung nach folgendem Schema.

1. **Ermittlung von Entgeltpunkten aus Beitragszeiten und beitragsfreien Zeiten**

   Das versicherte Arbeitsentgelt des Einzelnen wird bis zur Beitragsbemessungsgrenze zunächst für jedes Kalenderjahr durch das Durchschnittsentgelt aller Versicherten für dasselbe Kalenderjahr geteilt, was Entgeltpunkte (EP) ergibt. Ein Entgeltpunkt entspricht also einem Durchschnittsverdienst in einem Jahr.

Herr A hat in seinem versicherungspflichtigen 40-jährigen Arbeitsleben jeweils das Durchschnittsentgelt aller Versicherten erzielt. Dies ergibt dann 40 Entgeltpunkte. Hat er dagegen in seinem 40-jährigen Arbeitsleben lediglich drei Viertel des Durchschnittsentgelts aller Versicherten erreicht, so entspricht dies 30 Entgeltpunkten.

Für beitragsfreie Zeiten werden Entgeltpunkte angerechnet, deren Höhe von der Höhe des in der übrigen Zeit versicherten Arbeitseinkommens abhängig ist.

2. **Ermittlung des Zugangsfaktors (ZF)**

   Vorteile bzw. Nachteile beim Bezug einer Altersrente, die sich durch einen früheren oder späteren Beginn der Rente ergeben, werden durch einen Zugangsfaktor ausgeglichen. Dieser beträgt allerdings bei einer Altersrente mit Erreichen der maßgeblichen Regelaltersgrenze 1,0.

   Herr A hat insgesamt 45 Entgeltpunkte. Da er seine Rente erst ein Jahr später in Anspruch nimmt, erhält er den Zugangsfaktor 1,060.

3. **Ermittlung der persönlichen Entgeltpunkte (PEP)**

   Verknüpft man die Summe der Entgeltpunkte mit dem Zugangsfaktor, so ergeben sich die persönlichen Entgeltpunkte.

   Im geschilderten Fall betragen die persönlichen Entgeltpunkte von Herrn A 45 x1,060 = 47,7 PEP.

4. **Nachhaltigkeitsfaktor**

   Die Renten werden jährlich der Entwicklung der Brutto-Arbeitseinkommen angepasst. Das Bundesministerium für Gesundheit hat regelmäßig zum 1. Juli des Jahres den maßgebenden aktuellen Rentenwert zu bestimmen. Zur Finanzierung der Renten unter Wahrung der Generationengerechtigkeit auch für die Zukunft wurde die Rentenanpassung im Jahr 2004 einmalig ausgesetzt. Als eine der weiteren, vor allem langfristig wirkenden Veränderungen ist durch das **Rentenversicherungs-Nachhaltigkeitsgesetz** die Anpassungsformel um den so genannten Nachhaltigkeitsfaktor ergänzt worden, der erstmals bei der Rentenanpassung zum 1. Juli 2005 angewendet wurde.

5. **Bestimmung des Rentenartfaktors (RAF)**

   Das Versicherungsziel der jeweiligen Rentenart wird durch den Rentenartfaktor bestimmt. Bei einer Rente wegen Alters und wegen voller Erwerbsminderung beträgt der Rentenartfaktor 1,0.

   Bei einer Rente wegen teilweiser Erwerbsminderung dagegen (die von einer weiteren Erwerbstätigkeit ausgeht) beträgt der Rentenartfaktor daher nur 0,5.

6. **Ermittlung des aktuellen Rentenwerts (AR)**

   Er dient der Anpassung der Renten an die Entwicklung der Arbeitseinkommen.

   Aktueller Rentenwert ist der Betrag, der einer monatlichen Altersrente entspricht, die sich aus Beiträgen aufgrund eines Durchschnittsentgelts für ein Kalenderjahr ergibt. Er beträgt bis 30.6.2022 34,19 € in den alten und 33,47 € in den neuen Bundesländern.

Zusammenfassung

Die monatliche Rente (MR) ergibt sich, wenn

- die unter Berücksichtigung des Zugangsfaktors ermittelten persönlichen Entgeltpunkte (PEP),
- der Rentenartfaktor (RAF) und

– der aktuelle Rentenwert (AR)

mit ihrem Wert bei Rentenbeginn miteinander vervielfältigt werden.

Damit ergibt sich folgende Rentenformel:

MR = PEP · RAF · AR.

Der kinderlose Herr A aus Hamburg vollendet am 20. Oktober 2021 sein 65. Lebensjahr und möchte ab 1. November 2021 eine Altersrente für langjährig Versicherte beziehen. Er kann auf ein 33-jähriges versicherungspflichtiges Arbeitsleben zurückblicken, in welchem er den Durchschnittsverdienst aller Versicherten erzielt hat (= 33 persönliche Entgeltpunkte). Sowohl der maßgebliche Zugangsfaktor bei einer Altersrente mit 65 Jahren als auch der Rentenartfaktor für eine Altersrente betragen jeweils 1,0 und können somit hier bei der Vervielfältigung entfallen.

Die Monatsrente beträgt demgemäß: 33 · 34,19 € = 1.128,27 €.

14.2.2.3.7 Sammlung und Speicherung der maßgeblichen Versicherungsdaten

Die Träger der Rentenversicherung haben für jeden Versicherten ein **Versicherungskonto** zu führen, das durch die Versicherungsnummer gekennzeichnet ist. Auf ihm werden alle für die Rentenversicherung maßgeblichen Daten so gespeichert, dass sie jederzeit abgerufen und auf maschinell verwertbaren Datenträgern oder durch Datenübertragung übermittelt werden können (= Klärung des Versicherungskontos). Jeder Versicherte erhält regelmäßig eine Mitteilung über die auf seinem Versicherungskonto gespeicherten Daten **(Versicherungsverlauf).** Er ist verpflichtet, bei der Klärung des Versicherungskontos mitzuwirken.

Hat der Versicherungsträger das Versicherungskonto geklärt oder hat der Versicherte innerhalb von sechs Monaten nach Mitteilung über den Versicherungsverlauf nicht widersprochen, so stellt der Versicherungsträger die im Versicherungsverlauf enthaltenen Daten, die länger als sechs Kalenderjahre zurückliegen, durch Bescheid fest. Allerdings kommt diesem Bescheid keine endgültige rechtsverbindliche Wirkung zu. Endgültig entschieden über die maßgeblichen Daten wird vielmehr erst im **Leistungsverfahren** (z. B. im Rentenbescheid).

Versicherte, die das 55. Lebensjahr vollendet haben, erhalten mit dem Bescheid über den Versicherungsverlauf gleichzeitig auch eine Rentenauskunft; sie kann auf Antrag auch jüngeren Versicherten erteilt werden. Allerdings ist diese Rentenauskunft ebenfalls nicht rechtsverbindlich.

14.2.2.3.8 Das Rentenverfahren

Der Rentenantrag ist unter Verwendung der Vordrucke beim Versicherungsamt zu stellen. Den Rentenbescheid erlässt der Versicherungsträger.

Die Rente wird monatlich im Voraus ausbezahlt. Für Rentner, die ab dem 1. April 2004 in Rente gehen, wird die Rente erst am Monatsende gezahlt.

14.2.2.4 Anmerkung zur Kranken- und Rentenversicherung: Geringfügige Beschäftigung (»450 €-Jobs«)[1]; Niedriglohnbereich

Allgemeines

Seit 1999 gibt es grundsätzlich nur noch **beitragspflichtige** Arbeitsverhältnisse, auch bei den geringfügig Beschäftigten.

[1] Vgl. Fußnote zu Abschn. 14.2.2.1.8

Neben den pauschalen Arbeitgeberbeiträgen von 15 % in die Renten- und 13 % in die Krankenversicherung (Pflege- und Arbeitslosenversicherung fallen nicht an) zahlt der Arbeitnehmer selbst 3,6 %, wenn es sich um einen **gewerblichen Minijob** handelt. Auf Antrag wird der Minijobber von der Versicherungspflicht und der Pflicht zur Zahlung des Eigenanteils befreit (woraus keine Befreiung des Arbeitgebers resultiert!). Alle Zahlungen werden nur fällig, wenn es sich nicht um eine nur kurzfristige Beschäftigung handelt. Ausführliche Angaben hierzu siehe www.minijob-zentrale.de.

Zusammenrechnung

Die Einkommen aus mehreren geringfügigen Beschäftigungsverhältnissen sind zusammenzurechnen. Wenn diese Einkommen den Betrag von 450 € monatlich nicht übersteigen, bleibt es bei der genannten Regelung. Übersteigen die addierten Arbeitsentgelte 450 €, sind diese Beschäftigungsverhältnisse nicht mehr geringfügig.

Auch neben einer versicherungspflichtigen Hauptbeschäftigung kann eine geringfügige Beschäftigung ausgeübt werden. Dabei gibt es zwei Fallgestaltungen.

Fall 1:

Hauptbeschäftigung:	monatl. 2.000 €
Nebentätigkeit:	monatl. 150 €
Insgesamt:	2.150 €

Nur der Betrag von 2.000 € unterliegt der vollen Beitragspflicht.

Fall 2:

Nebentätigkeit A:	monatl. 185 €
Nebentätigkeit B:	monatl. 290 €
Insgesamt:	475 €

Der Gesamtbetrag von 475 € unterliegt der Beitragspflicht.

Ausnahme von der Beitragspflicht

Ausnahmen gelten bei kurzfristigen Beschäftigungen, etwa 50 Arbeitstage oder zwei Monate pro Kalenderjahr. In diesen Fällen besteht sowohl für den Arbeitgeber als auch für den Arbeitnehmer völlige Beitragsfreiheit.

Niedriglohnbereich

Von 450,01 € bis 1.300 € – im so genannten **Übergangsbereich**[1)] – zahlen Arbeitnehmer, nicht jedoch Arbeitgeber, einen verminderten Sozialversicherungsbeitrag. Von dieser Regel sind jedoch bestimmte Personenkreise ausgenommen, z. B. Auszubildende und behinderte Menschen in anerkannten Behindertenwerkstätten.

14.2.2.5 Arbeitslosenversicherung, Arbeitsförderung

Die Arbeitslosenversicherung soll die Auswirkungen entstandener Arbeitslosigkeit durch Gewährung von Leistungen und Arbeitsvermittlung mildern.

Das frühere Arbeitsförderungsgesetz (AFG) ist in das Sozialgesetzbuch (SGB III) unter dem Kapitel »Arbeitsförderung« eingegliedert worden. Es will durch Arbeitsmarkt- und Berufsforschung, Berufs- und Arbeitsmarktberatung, Förderung der Arbeitsaufnahme und berufliche Fortbildung den Eintritt von Arbeitslosigkeit verhindern.

1) Vgl. Fußnote zu Abschn. 14.2.2.1.8

Träger der Arbeitsförderung ist die **Bundesagentur für Arbeit (BA).** Sie ist eine Anstalt des öffentlichen Rechts. Auf regionaler Ebene agieren **Regionaldirektionen** (früher Landesarbeitsämter), auf lokaler Ebene **Agenturen für Arbeit** (früher Arbeitsämter).

Arbeits- und Ausbildungsvermittlung sind Hauptaufgaben der Agenturen für Arbeit.

14.2.2.5.1 Versicherungspflicht, Versicherungsfreiheit

Versicherungspflichtig sind alle Arbeitnehmer und Auszubildenden, soweit sie nicht versicherungsfrei sind.

Versicherungsfrei sind u. a.

- Arbeitnehmer, die die Regelaltersgrenze erreicht haben;
- Arbeitnehmer, die eine Rente wegen voller Erwerbsminderung beziehen;
- Arbeitnehmer, die wegen Minderung ihrer Leistungsfähigkeit dauernd der Arbeitsvermittlung nicht zur Verfügung stehen, wenn der zuständige Träger der gesetzlichen Rentenversicherung volle Erwerbsminderung festgestellt hat;
- Arbeitnehmer in geringfügigen Beschäftigungen (monatlich bis zu 450 €);
- verbeamtete und nach beamtenrechtlichen Vorschriften Beschäftigte.

14.2.2.5.2 Höhe und Aufbringung der Beiträge

Die Beiträge zur Arbeitsförderung werden von Arbeitgebern und Arbeitnehmern zu gleichen Teilen getragen. Sie betragen seit 2020 insgesamt 2,4 % des Bruttoarbeitsentgeltes, höchstens jedoch bis zur Beitragsbemessungsgrenze (entsprechend derjenigen der Rentenversicherung, siehe auch Abschn. 14.2.2.3.2).

Beschäftigt ein Arbeitgeber einen Arbeitnehmer, der wegen Überschreitung des Regelrenteneintrittsalters arbeitslosenversicherungsfrei ist, so hat er gleichwohl seinen Beitragsteil zu entrichten, als ob Versicherungspflicht bestünde.

Gegenüber der Einziehungsstelle haftet allein der Arbeitgeber für die ordnungsgemäße Abführung der Beiträge. Er hat den Anteil des Arbeitnehmers vom Lohn einzubehalten und zusammen mit seinem eigenen Anteil abzuführen.

Die verschiedenen Leistungen, die den Beiträgen gegenüber stehen, ergeben sich aus dem folgenden Abschnitt.

14.2.2.5.3 Die Leistungen der Bundesagentur für Arbeit

Außer der Arbeitsmarktforschung, Berufs- und Arbeitsberatung und Arbeitsvermittlung obliegen der Bundesagentur u. a. folgende Aufgaben:

Leistungen an Arbeitslose

- Die Zahlung von **Arbeitslosengeld I**

  Arbeitslosengeld I – eine Versicherungsleistung – erhält auf Antrag, wer arbeitslos ist, sich bei der Agentur für Arbeit arbeitslos gemeldet hat, die Regelaltersgrenze noch nicht erreicht hat und die Anwartschaftszeit von mindestens zwölf Monaten Tätigkeit in einem Versicherungspflichtverhältnis innerhalb von zwei Jahren erfüllt hat.

  Arbeitslos im Sinne des Gesetzes ist ein Arbeitnehmer, der nicht in einem Beschäftigungsverhältnis steht oder nur eine Beschäftigung von weniger als 15 Stunden wöchentlich ausübt, sich bemüht, seine Beschäftigungslosigkeit zu beenden und den Vermittlungsbemühungen der Agentur für Arbeit zur Verfügung steht.

Den Vermittlungsbemühungen der Agentur für Arbeit steht zur Verfügung, wer eine versicherungspflichtige, mindestens 15 Stunden wöchentlich umfassende zumutbare Beschäftigung unter den üblichen Bedingungen des Arbeitsmarkts ausüben kann und darf, Vorschlägen der Agentur für Arbeit zur beruflichen Eingliederung zeit- und ortsnah Folge leisten kann und bereit ist, jede zumutbare Beschäftigung anzunehmen und auszuüben bzw. an Maßnahmen zur Eingliederung in das Erwerbsleben teilzunehmen.

Das Arbeitslosengeld beträgt i. d. R. 60 % des letzten Nettoentgelts, mit mindestens einem Kind 67 %. Die Bezugsdauer – sechs bis 24 Monate – hängt von der Dauer der vorangegangenen versicherungspflichtigen Tätigkeit, dem Lebensalter und dem Zeitpunkt des Eintritts der Arbeitslosigkeit ab.

- Die Zahlung von **Teilarbeitslosengeld** erfolgt unter bestimmten Voraussetzungen.
- Die Zahlung von **Arbeitslosengeld II**

Arbeitslosengeld II ist eine **Sozialleistung,** die seit dem 1. Januar 2005 nach dem Sozialgesetzbuch – Zweites Buch – als Grundsicherung für Arbeitsuchende gewährt wird (»Hartz IV«). Die monatliche Regelleistung beträgt für Personen, die alleinstehend oder alleinerziehend sind oder deren Partner minderjährig ist, seit 2022 in allen Bundesländern 449 €. Haben zwei Angehörige einer Bedarfsgemeinschaft das 18. Lebensjahr vollendet, beträgt die Regelleistung jeweils 90 %, für sonstige Angehörige 80 bzw. 70 % der vorgenannten Beträge.

Für den Bezug des Arbeitslosengeldes II wird das Einkommen und Vermögen von Familienangehörigen, insbesondere Ehepartnern oder Lebensgefährten, stärker berücksichtigt als früher bei der Arbeitslosenhilfe.

Zusätzlich steht die Vermittlung in Beschäftigung im Vordergrund. Zu diesem Zweck werden persönliche Ansprechpartner bei den Arbeitsagenturen eingesetzt, die gemeinsam mit den Arbeitslosen Strategien für die Rückkehr in eine Beschäftigung finden sollen.

Unterschiede zum vorher geltenden Recht sind die verschärfte Bedürftigkeitsüberprüfung im Vergleich zur Arbeitslosenhilfe und die verschärften Zumutbarkeitsregelungen bei der Annahme von Arbeitsstellen. Seit Einführung des Arbeitslosengelds II ist jede Arbeit zumutbar, zu der der Betroffene geistig, seelisch und körperlich in der Lage ist und soweit keine der gesetzlichen Ausnahmetatbestände (wie z. B. die Erziehung eines unter drei Jahre alten Kindes oder die Pflege eines Angehörigen) vorliegen.

Die 2021 gewählte neue Bundesregierung aus SPD, Bündnis 90/Die Grünen und FDP hat in ihrem Koalitionsvertrag die Abschaffung des Arbeitslosengelds II innerhalb der Legislaturperiode vereinbart. Statt dessen wird ein **Bürgergeld** eingeführt, das ein höheres Schonvermögen, höhere Zuverdienstgrenzen und Freibeträge, eine veränderte Einkommensanrechnung, einen veränderten gesetzlichen Rahmen für die Anwendung kommunaler Angemessenheitsgrenzen bei Ermittlung des Unterkunftsbedarfs und eine Aussetzung der Vermögensanrechnung sowie der Aufwandsprüfung für Wohnraum während der ersten beiden Bezugsjahre vorsieht. Sanktionen sollen eingeschränkt und Leistungen zur Eingliederung in Arbeit verbessert werden.

- Die **Zahlung von Kurzarbeitergeld**

Kurzarbeitergeld kann unabhängig von der Größe des Unternehmens oder der Zahl der Beschäftigten prinzipiell von jedem Arbeitgeber in Anspruch genommen werden.

Die Bezugsdauer für Kurzarbeitergeld ist grundsätzlich auf 6 Monate begrenzt. Liegen jedoch außergewöhnliche Verhältnisse auf dem Arbeitsmarkt vor – wie etwa während der Corona-Pandemie – kann sie durch Rechtsverordnung auf bis zu 24 Monate ausgedehnt werden.

Kurzarbeit soll mit einer Qualifizierung der Mitarbeiter verknüpft werden. Fördermöglichkeiten zu derartigen Maßnahmen bieten die Arbeitsagenturen an.

- Zur Förderung der ganzjährigen Beschäftigung **in der Bauwirtschaft** werden **Wintergeld** und **Zuschuss-Wintergeld** gezahlt.
- Die Unterstützung der **Beratung** und **Vermittlung** von Arbeitnehmern erfolgt unter gewissen Voraussetzungen (z. B. Übernahme von Bewerbungskosten).
- Verbesserung der **Eingliederungsaussichten** von Arbeitslosen durch die Übernahme von Kosten für **Trainingsmaßnahmen**

  Hierdurch soll die Eignung von Arbeitslosen für berufliche Tätigkeiten bzw. Weiterbildungsmaßnahmen festgestellt werden, bzw. die Arbeitsbereitschaft von Arbeitslosen geprüft werden. Es können auch grundlegende Kenntnisse und Fertigkeiten vermittelt werden.

  Die Trainingsmaßnahmen können in Betrieben oder außerbetrieblichen Lehrgängen stattfinden. Ihre Dauer ist begrenzt von zwei bis maximal acht Wochen. Die vorher gezahlte Arbeitslosenunterstützung wird für die Dauer der Trainingsmaßnahmen weitergezahlt.
- Förderung der Aufnahme einer Beschäftigung **durch Mobilitätshilfen** für Arbeitslose, die eine versicherungspflichtige Beschäftigung aufnehmen, erfolgt zum Beispiel in Form einer Umzugskostenbeihilfe.
- Leistungen an Arbeitgeber zur **Eingliederung bestimmter Gruppen** von Arbeitssuchenden, deren Unterbringung unter den üblichen Bedingungen des Arbeitsmarktes erschwert ist, erfolgen zum Beispiel durch **Eingliederungszuschüsse** bei der Einstellung.

Abschluss von Eingliederungsvereinbarungen mit Arbeitslosen

Mit der Eingliederungsvereinbarung wird eine Leistung vereinbart, die die Agentur für Arbeit, bei entsprechender Zuständigkeit auch ein kommunaler Träger, nach eigenem Ermessen erbringt, um die Eigenbemühungen des Arbeitslosen um eine Beschäftigungsaufnahme und die Eingliederung in das Arbeitsleben zu unterstützen. Eine Verletzung der Vereinbarung durch den Arbeitslosen kann eine Sperre beim Arbeitslosengeld zur Folge haben.

Förderung von Existenzgründern

Seit dem 1. August 2006 wird Existenzgründern ein Gründungszuschuss gezahlt. Gründerinnen und Gründer erhalten für sechs Monate monatlich einen Zuschuss zur Sicherung des Lebensunterhalts in Höhe ihres zuletzt bezogenen Arbeitslosengeldes. Zur sozialen Absicherung wird in dieser Zeit zusätzlich ein Betrag von 300 € gezahlt, der es ermöglicht, sich freiwillig in den gesetzlichen Sozialversicherungen abzusichern. Um die soziale Absicherung auch danach zu gewährleisten, kann die Agentur für Arbeit für weitere neun Monate 300 € monatlich bewilligen. Voraussetzung dafür ist, dass eine intensive Geschäftstätigkeit vorliegt. Das muss vom Gründer belegt werden.

Förderung der Teilhabe behinderter Menschen am Arbeitsleben

Behinderte Menschen erhalten Leistungen zur Förderung der Teilhabe am Arbeitsleben, um ihre Erwerbsfähigkeit zu erhalten, zu bessern oder wiederherzustellen.

Förderung der beruflichen Bildung

Die Bundesagentur für Arbeit fördert die berufliche Ausbildung und Weiterbildung, wobei es sich um ganztägigen oder berufsbegleitenden Unterricht handeln kann.

- Für die **Berufsausbildung** können Jugendliche und Erwachsene bei Förderungsfähigkeit Zuschüsse erhalten, wenn eine Unterbringung außerhalb des Haushalts der Eltern notwendig ist bzw. die Ausbildungsstätte von der Wohnung der Eltern aus nicht in angemessener Zeit erreichbar ist.
- Ferner werden Maßnahmen der beruflichen **Weiterbildung** gefördert, wenn diese notwendig sind, um die Teilnehmer bei Arbeitslosigkeit beruflich einzugliedern, drohende Arbeitslosigkeit abzuwenden, oder wenn wegen eines fehlenden Berufsabschlusses die Notwendigkeit der Weiterbildung anerkannt ist.

  Die Förderung erfolgt durch das »Arbeitslosengeld bei beruflicher Weiterbildung ALGW« und Bildungsgutschein.

Krankenversicherung der Arbeitslosen

Bezieher von Arbeitslosengeld I, Arbeitslosengeld II oder Unterhaltsgeld werden auf Kosten der Bundesagentur für Arbeit krankenversichert.

Zahlung von Insolvenzgeld

Arbeitnehmer haben bei Zahlungsunfähigkeit ihres Arbeitgebers Anspruch auf Insolvenzgeld, wenn und soweit sie für die letzten drei Monate vor Eröffnung des Insolvenzverfahrens bzw. Ablehnung des Insolvenzverfahrens wegen Mangels an Masse über das Vermögen ihres Arbeitgebers noch Ansprüche auf Arbeitsentgelt haben. Der Antrag ist innerhalb einer Frist von zwei Monaten nach dem Insolvenzereignis zu stellen. Die Mittel für das Insolvenzgeld werden von den Berufsgenossenschaften jährlich im Nachhinein durch Erhebung einer Umlage aufgebracht.

14.2.2.6 Anmerkungen zur Kranken-, Pflege-, Renten- und Arbeitslosenversicherung: Melde- und Beitragsentrichtungsverfahren

Bei versicherungspflichtigen Arbeitnehmern gilt hinsichtlich des Melde- und Beitragsentrichtungsverfahrens für die vier genannten Versicherungszweige Folgendes:

Aus Gründen der Vereinfachung ist für die Entgegennahme der Meldungen und Beitragszahlungen für die vier genannten Versicherungszweige ausschließlich die Krankenkasse zuständig. Der Arbeitgeber **allein** hat es also mit diesem Versicherungsträger zu tun.

Die Krankenkassen ziehen für die versicherungspflichtigen Arbeitnehmer außer den Krankenkassenbeiträgen auch die Beiträge zur Pflege-, Renten- und Arbeitslosenversicherung ein. Zu diesem Zwecke hat der Arbeitgeber anhand von Tabellen, die bei den Krankenkassen erhältlich sind, den gesamten Sozialversicherungsbeitrag zu errechnen. Er muss dann den Arbeitnehmeranteil bei der Lohnabrechnung für die drei genannten Versicherungszweige einbehalten und zusammen mit seinem jeweiligen Arbeitgeberanteil zum fälligen Termin an die Krankenkasse abführen. Bei Zahlungsverzug können Säumniszuschläge und ggf. auch Zinsen und Geldbußen verhängt werden.

Außerdem haben Arbeitgeber bei Beginn und Ende von Beschäftigungsverhältnissen (bei laufenden: bei allen Veränderungen der Angaben des Beschäftigten und einmal jährlich) über den Jahresarbeitslohn eine Meldung über die Krankenkassen als Einzugsstellen an die Sozialversicherung abzugeben.

Weiter muss monatlich ein Beitragsnachweis an die jeweiligen Einzugstellen abgegeben werden, in dem die zu zahlenden Beiträge für die einzelnen Sozialversicherungsträger für alle Arbeitnehmer aufgelistet sind.

Dafür ist gesetzlich nur das vollautomatisierte Beitrags- und Meldeverfahren zwischen Arbeitgeber und Einzugsstellen mit gesicherter und verschlüsselter Datenübertragung aus systemgeprüften Programmen oder mit Hilfe automatisierter Ausfüllhilfen zulässig (§ 28a SGB IV; §§ 18 und 26 DEÜV).

Das bedeutet, dass Arbeitgeber keine Meldevordrucke und keine Datenträger mehr verwenden dürfen. Dies soll die Fehlerquoten in diesem Bereich erheblich senken und zu einem erheblich geringeren Aufwand bei der Fehlerbearbeitung führen.

Die Meldefristen werden vereinheitlicht:

Alle Meldungen haben mit der jeweils nächsten Lohn- und Gehaltsabrechnung zu erfolgen, das heißt in der Regel innerhalb von vier Wochen. Folgt keine weitere Lohn- und Gehaltsabrechnung, beispielsweise bei Entlassung des einzigen Mitarbeiters, gilt eine Frist von maximal sechs Wochen.

Über die Einzelheiten zum maschinellen Melde- und Beitragsentrichtungsverfahren für die vier genannten Versicherungszweige informieren Merkblätter für Arbeitgeber, die bei den Krankenkassen erhältlich sind.

14.2.2.7 Gesetzliche Unfallversicherung

Die Gesetzliche Unfallversicherung unterscheidet sich von den anderen Sozialversicherungszweigen vor allem hinsichtlich des Anmeldeverfahrens und der Beitragsleistung wesentlich.

Die Träger der gesetzlichen Unfallversicherung sind die **Berufsgenossenschaften (BG).** Sie werden für bestimmte Berufszweige innerhalb bestimmter Bezirke gebildet und umfassen alle Betriebe dieser Berufsgruppen in dem betreffenden Gebiet.

14.2.2.7.1 Versicherungspflicht und freiwillige Versicherung

Von Gesetzes wegen unterliegen der Versicherungspflicht in erster Linie alle Arbeitnehmer und Auszubildenden, und zwar unabhängig von der Höhe des Entgelts und der Dauer der Tätigkeit.

Darüber hinaus können BGen in ihrer Satzung die Versicherungspflicht auch auf Unternehmer und ihre im Betrieb tätigen Ehegatten erstrecken. Für diese Personen besteht eine Meldepflicht innerhalb von einer Woche. Wo das nicht der Fall ist, können Unternehmer und ihre Ehegatten der Unfallversicherung freiwillig beitreten.

14.2.2.7.2 Beitragserhebung

Hier erweist sich der Charakter der gesetzlichen Unfallversicherung als einer ausgesprochenen Unternehmerversicherung: Im Gegensatz zu den anderen Sozialversicherungszweigen ist bei der Unfallversicherung nur der Arbeitgeber beitragspflichtig.

Die Beiträge werden in der Regel im Wege der **Umlage** erhoben, d. h. es gilt das Kostenumlageverfahren.

Der Bedarf des abgelaufenen Jahres wird durch Mitgliedsbeiträge aufgebracht.

Die Beitragshöhe für den einzelnen Betrieb hängt von drei Punkten ab:

- zunächst von der Lohnsumme aller Versicherten des Betriebes;
- von dem Grad der Unfallgefahr, zu diesem Zwecke sind durch einen Gefahrtarif Gefahrklassen gebildet;

- schließlich werden den einzelnen Unternehmen unter Berücksichtigung der Zahl und Schwere der vorgekommenen Arbeitsunfälle Zuschläge auferlegt oder aber Nachlässe bewilligt, wenn Unfälle nicht vorkamen.

Sofern die Satzung der BG nichts anderes bestimmt, hat der Unternehmer jährlich bis zum 16. Februar mittels eines Formblattes den Lohnnachweis bei seiner BG einzureichen. Hierauf erlässt diese den Beitragsbescheid. Die BG kann Vorschüsse auf die Beiträge erheben, die natürlich bei der späteren, endgültigen Abrechnung in Abzug gebracht werden.

Außerdem haben Arbeitgeber bestimmte **Meldepflichten:**

- Wer einen Gewerbebetrieb beginnt, hat dies innerhalb einer Woche der zuständigen BG unter Verwendung des Vordrucks anzumelden.
- Bei einem Wechsel des Unternehmers und bei sonstigen Betriebsveränderungen ist der BG ebenfalls innerhalb der in der Satzung vorgeschriebenen Frist Mitteilung zu machen.

14.2.2.7.3 Die Aufgaben der Berufsgenossenschaften

Den Berufsgenossenschaften obliegt die Verhütung von **Arbeitsunfällen, Berufskrankheiten** und **arbeitsbedingten Gesundheitsgefahren.** Zu diesem Zweck erlassen die BGen Vorschriften, deren Beachtung sie überwachen. In Betrieben mit mehr als 20 Beschäftigten muss der Unternehmer unter Mitwirkung des Betriebsrats mindestens einen Sicherheitsbeauftragten bestellen, dem die Unterstützung des Unternehmens bei der Durchführung des Unfallschutzes obliegt.

Die Leistungen

Ausgelöst werden die Leistungen durch einen **Arbeitsunfall.** Hierzu zählen zunächst Unfälle, wenn sie in Zusammenhang mit der betrieblichen Tätigkeit des Versicherten stehen, welche den Versicherungsschutz begründen.

Tätigkeiten, die dem rein privaten Bereich zuzuordnen sind, genießen dagegen keinen Versicherungsschutz. Auch **Wegeunfälle** zählen zu den Arbeitsunfällen. Jedoch muss der Versicherte den günstigsten Weg zu oder von dem Ort der beruflichen Tätigkeit nehmen. Private Abweichungen (z. B. Besuch einer Gaststätte) unterbrechen den Versicherungsschutz.

Auch **Berufskrankheiten** stehen unter dem Schutz der gesetzlichen Unfallversicherung. Hierunter fallen solche Gesundheitsschädigungen, die sich über einen längeren Zeitraum erstrecken und durch die berufliche Tätigkeit verursacht sind. Welche Krankheiten als Berufskrankheiten gelten, ist in einer **Berufskrankheiten-Verordnung** bestimmt.

Im Einzelnen werden folgende Leistungen gewährt:

1. **Heilbehandlung**

   Der Versicherte erhält ärztliche Behandlung, Versorgung mit Arznei, Heilmitteln und Körperersatzstücken sowie bei Pflegebedürftigkeit die Gewährung von Pflege (erforderlichenfalls auch in einer Heilanstalt).

2. **Verletztengeld**

   Dieses erhält der Verletzte, solange er wegen des Arbeitsunfalls arbeitsunfähig ist und kein Arbeitsentgelt erhält. Das Verletztengeld wird vom Tage der Arbeitsunfähigkeit an gezahlt und endet mit Ablauf der 78. Woche, jedoch nicht vor dem Ende einer stationären Behandlung.

3. **Leistungen zur Teilhabe am Arbeitsleben und am Leben in der Gemeinschaft**

   Um die Erwerbsfähigkeit behinderter oder von Behinderung bedrohter Menschen zu erhalten, zu bessern oder wiederherzustellen, werden berufsfördernde Leistungen in Berufsbildungs- oder Berufsförderungswerken erbracht. Empfänger von Leistungen zur Teilhabe am Arbeitsleben erhalten unter bestimmten Voraussetzungen Übergangsgeld.

   Zu den Leistungen zur Teilhabe am Leben in der Gemeinschaft gehören z. B. Kraftfahrzeughilfe, Wohnungshilfe, Sozialversicherungsbeiträge.

4. **Verletztenrente**

   Dauert eine Minderung der Erwerbsfähigkeit um mindestens 20 % über die 26. Woche nach dem Eintritt des Versicherungsfalls an, wird Verletztenrente gewährt. Ihre Höhe hängt vom Grade der Erwerbsunfähigkeit ab: Voll Erwerbsunfähige erhalten Vollrente, die grundsätzlich $^2/_3$ des letzten Jahresarbeitsverdienstes beträgt. Teilweise Erwerbsunfähige bekommen eine Teilrente. Schwerverletzte, die durch einen Arbeitsunfall erwerbsunfähig geworden sind und keine Rente aus der gesetzlichen Rentenversicherung beziehen, erhalten grundsätzlich zusätzlich noch 10 % der Verletztenrente.

5. **Sterbegeld**

   Erleidet ein Versicherter durch einen Arbeitsunfall den Tod, so wird Sterbegeld gewährt.

6. **Hinterbliebenenrente**

   Der Ehegatte des durch einen Arbeitsunfall getöteten Versicherten erhält Hinterbliebenenrente. Sie beträgt $^2/_3$ des Jahresarbeitsverdienstes bis zum Ablauf des dritten Kalendermonats nach Ablauf des Monats, in dem der Ehegatte verstorben ist; danach beträgt sie $^3/_{10}$ des Jahresarbeitsverdienstes des Versicherten und erhöht sich auf $^4/_{10}$, wenn die Witwe älter als 45 Jahre ist, ein waisenrentenberechtigtes Kind erzieht oder ein wegen körperlicher oder geistiger Gebrechen waisenrentenberechtigtes Kind versorgt oder wenn sie berufsunfähig oder erwerbsunfähig ist.

7. **Waisenrente**

   Kinder des durch einen Arbeitsunfall Verstorbenen erhalten bis zur Vollendung des 18., bzw. bei Berufsausbildung bis zur Vollendung des 27. Lebensjahres, Waisenrente. Vollwaisen bekommen $^3/_{10}$, Halbwaisen nur $^2/_{10}$ des Jahresverdienstes des Versicherten.

Hat der Verletzte **verbotswidrig gehandelt** (z. B. bei einem Verstoß gegen Unfallverhütungsvorschriften), so schließt dies die Annahme eines Arbeitsunfalls und somit die Leistungen noch nicht aus.

Hat der Verletzte den Arbeitsunfall jedoch durch ein **Verbrechen** oder **vorsätzliches Vergehen** verursacht, so werden die Leistungen ganz oder teilweise versagt.

Die Meldung von Unfällen

Ereignet sich ein Betriebsunfall, der den Versicherten für mindestens drei Tage arbeitsunfähig macht, so muss ihn der Unternehmer innerhalb von **drei Tagen** der BG und dem Gewerbeaufsichtsamt mitteilen. Die Unfallanzeige ist vom Betriebs- bzw. Personalrat mit zu unterzeichnen.

Besondere Haftungsbestimmungen

- Wenn ein Unternehmer oder ein Arbeitskollege einen Arbeitsunfall verursacht, so hat der Verletzte für den erlittenen **Personenschaden** nur die Ansprüche aus der gesetzlichen Unfallversicherung. Weitergehende Ansprüche, insbesondere auf Zahlung von Schmerzensgeld, stehen ihm nicht zu.

Etwas anderes gilt nur dann, wenn der Unternehmer oder Arbeitskollege den Unfall vorsätzlich herbeigeführt hat oder wenn der Unfall bei der Teilnahme am allgemeinen Verkehr eingetreten ist.

Hinsichtlich erlittener **Sachschäden** gelten die allgemeinen Bestimmungen.

- Hat ein Unternehmer oder Arbeitskollege einen Arbeitsunfall vorsätzlich oder grob fahrlässig herbeigeführt, kann die BG ihn für ihre Aufwendungen haftbar machen.

Durch das **Unfallversicherungsmodernisierungsgesetz** (UVMG) von 2008 sind Einzelbereiche neu geregelt worden, z. B. die Verteilung der Rentenlasten oder neue Formen des Meldeverfahrens durch den Arbeitgeber. Die Reform des Leistungsrechts wurde verschoben.

14.2.2.8 Sonstige soziale Einrichtungen

In einem sozialen Rechtsstaat wie der Bundesrepublik Deutschland gibt es eine Fülle von sozialen Leistungen für die verschiedensten Wechselfälle des Lebens.

Es würde den Rahmen dieses Buches sprengen und ist deshalb auch nicht nur annähernd möglich, diese hier alle aufzuzählen und zu erläutern. Statt dessen sollen nur beispielhaft wichtige Leistungen erwähnt werden:

Elterngeld

Das **Elterngeld** ersetzt seit 2007 das bisherige Erziehungsgeld. Erwerbstätige Eltern, die ihr Berufsleben unterbrechen oder ihre Erwerbstätigkeit auf höchstens 30 Stunden wöchentlich reduzieren, erhalten bis zu 14 Monate lang einen Einkommensersatz in Höhe von mindestens zwei Dritteln des vorherigen Nettoeinkommens, höchstens jedoch 1.800 €. Zwei Partnermonate werden zusätzlich als Bonus gewährt, wenn auch der Partner wegen der Kindererziehung seine Erwerbstätigkeit einschränkt oder unterbricht.

Die Elterngeldleistung beträgt absolut 65 % des Nettoeinkommens, mindestens 300 € und höchstens 1.800 € für mindestens die ersten zwölf Lebensmonate des Kindes.

Alle berechtigten Eltern erhalten einen Mindestbetrag von 300 €. Dieser wird in den ersten zwölf Lebensmonaten des Kindes unabhängig davon, ob sie vor der Geburt erwerbstätig waren oder nicht, gezahlt.

Seit Juli 2015 gibt es neben dem Basis-Elterngeld das neue **Elterngeld Plus.** Aus einem Basis-Elterngeldmonat können zwei Elterngeld Plus-Monate werden. Statt maximal 12 bzw. 14 Monate können Paare jetzt 24 bzw. 28 Monate Elterngeld beanspruchen.

Das **Kindergeld** wird seit 2007 nur noch max. bis zum 25. Lebensjahr gezahlt (davor bis zum 27. Lebensjahr). Es beträgt seit 1.7.2021 für erste und zweite Kinder monatlich 219 €, für dritte 225 € sowie für vierte und weitere Kinder monatlich 250 €.

Wohngeld

Wohngeld ist ein staatlicher Zuschuss zu den Kosten für Wohnraum. Diesen Zuschuss gibt es als Mietzuschuss für Mieter einer Wohnung oder als Lastenzuschuss für den Eigentümer einer Eigentumswohnung.

Ob Wohngeld in Anspruch genommen werden darf und in welcher Höhe, hängt von drei Faktoren ab: Der Zahl der zum Haushalt gehörenden Familienmitglieder, der Höhe des

Einkommens der zum Haushalt gehörenden Familienmitglieder und der Höhe der zuschussfähigen Miete.

Empfänger bestimmter Sozialleistungen, wie z. B. Arbeitslosengeld II, sind vom Wohngeld ausgeschlossen. Deren angemessene Unterkunftskosten werden im Rahmen der jeweiligen Sozialleistung berücksichtigt.

Kriegsopferentschädigung

Kriegsopfer, Wehrdienstleistende, Zivildienstleistende, Opfer nationalsozialistischen Unrechts, bestimmte politisch Verfolgte und gewisse Opfer von Gewalttaten, welche in dieser Eigenschaft gesundheitliche Schäden erlitten haben, haben Anspruch auf diverse Leistungen, wie z. B.

- Heil- und Krankenbehandlung,
- Renten- und Hinterbliebenenversorgung.

Sozialhilfe nach dem Zwölften Buch Sozialgesetzbuch (SGB XII)

Die Sozialhilfe bildet ein großes Auffangnetz für soziale Härtefälle. Sie bezweckt, all denjenigen Menschen, welche bedürftig sind und den notwendigen Lebensunterhalt nicht selbst bestreiten können, ein Leben bei Wahrung der Würde des Menschen führen zu können.

Die Sozialhilfe umfasst Hilfe in besonderen Lebenslagen (z. B. Krankenhilfe oder Heimunterbringung) und Hilfe zum Lebensunterhalt durch Leistungen nach gewissen Regelsätzen für die Bedürfnisse des täglichen Lebens (wie Kleidung, Nahrung, usw.).

14.2.2.9 Sozialgerichtsbarkeit

In Angelegenheiten der Sozialversicherung (z. B. gegen Rentenbescheide) ist – in bestimmten Streitigkeiten nach Durchführung eines Vorverfahrens, des so genannten Widerspruchsverfahrens – der Rechtsweg zu den Sozialgerichten eröffnet.

In erster Instanz entscheidet das Sozialgericht; gegen seine Entscheidung kann in gewissen Fällen Berufung zum Landessozialgericht eingelegt werden. Gegen dessen Urteil wiederum ist unter bestimmten Voraussetzungen die Revision zum Bundessozialgericht gegeben.

Für das Verfahren vor dem Sozialgericht werden von Versicherten, Leistungsempfängern und Behinderten keine Kosten erhoben, außer bei mutwilliger Prozessführung. Die Kosten tragen die an den jeweiligen Streitsachen beteiligten Körperschaften und Anstalten des öffentlichen Rechts.

15 Beteiligungsrechte der Arbeitnehmer

15.1 Betriebsverfassungsrecht

Im Arbeitsrecht werden Formen der Mitbestimmung wie folgt unterschieden:

- Die betriebliche Mitbestimmung, bezogen auf soziale, personelle und wirtschaftliche Angelegenheiten und
- die unternehmensbezogene Mitbestimmung, welche die Beteiligung der Arbeitnehmer beispielsweise im Aufsichtsrat zum Ziel hat.

Nur die betriebliche Mitbestimmung wird hauptsächlich im BetrVG sowie im Bereich des öffentlichen Dienstes durch das Bundespersonalvertretungsgesetz (BPersVG) und die Personalvertretungsgesetze der Länder (LPersVG) geregelt.

Grundlage der Beteiligungsrechte der Arbeitnehmer und deren Beziehung zum Arbeitgeber ist die **Betriebsverfassung.** Die Interessen der Belegschaft werden hauptsächlich vom Betriebsrat wahrgenommen. Diese stehen als Repräsentanten der Arbeitnehmer dem Arbeitgeber gegenüber. Zur Wahrung der Belegschaftsinteressen stellt das Betriebsverfassungsgesetz den Arbeitnehmervertretern ein differenziertes System von Informations-, Anhörungs-, Beratungs-, Mitbestimmungs- und Initiativrechten zur Verfügung.

15.1.1 Betrieblicher Anwendungsbereich

Nach § 1 BetrVG können Betriebsräte nur in Betrieben mit in der Regel mindestens fünf ständig wahlberechtigten Arbeitnehmern, von denen drei wählbar sind, gewählt werden. Liegen die Voraussetzungen für die Errichtung eines Betriebsrats vor, so ist der Betrieb betriebsratsfähig. Ein Betriebsrat **kann** damit, muss aber nicht gewählt werden. Vielmehr liegt die Entscheidung hierüber allein bei den Arbeitnehmern des Betriebs. Die Mindestzahl von fünf Arbeitnehmern ist Voraussetzung für die erstmalige Wahl eines Betriebsrats wie auch für dessen Wiederwahl und Fortbestand. Sinkt die Zahl der ständig beschäftigten wahlberechtigten Arbeitnehmer nicht nur vorübergehend unter diese Zahl, endet das Amt des Betriebsrats.

15.1.2 Persönlicher Anwendungsbereich

In den persönlichen Anwendungsbereich des BetrVG fallen zunächst die Arbeitgeber sowie deren Vertreter. Der Arbeitgeber ist unmittelbar Adressat betriebsverfassungsrechtlicher Rechte und Pflichten. Der Begriff des Arbeitgebers wird im BetrVG nicht definiert, weshalb auf die allgemeine Definition zurückgegriffen werden kann: Arbeitgeber ist, wer einen anderen als Arbeitnehmer beschäftigt.

Der Betriebsrat ist Repräsentationsorgan der Arbeitnehmer (§ 5 Abs. 1 BetrVG). Er repräsentiert aber nicht alle Beschäftigten, wie § 5 Abs. 2 BetrVG klarstellt. Nicht dem Zuständigkeitsbereich des Betriebsrats unterfallen

- Organe juristischer Personen und zur Geschäftsführung berufene Mitglieder von Personengesellschaften,
- Beschäftigte in karitativen oder religiösen Einrichtungen,
- Beschäftigte in medizinischen oder erzieherischen Einrichtungen,
- Familienangehörige, die in häuslicher Gemeinschaft mit dem Arbeitgeber leben.

Leitende Angestellte werden ebenfalls nicht durch den Betriebsrat vertreten. Für diese gilt vielmehr das Sprecherausschussgesetz (SprAuG). Der Grund für die Herausnahme ist, dass leitende Angestellte als Vertreter des Arbeitgebers diesem nahe stehen. So ist beispielsweise ein Betriebsleiter in seiner Funktion Gegenspieler des Betriebsrats, aber formell Arbeitnehmer. Würden seine Interessen durch den Betriebsrat mitvertreten, würde er bei Verhandlungen mit dem Betriebsrat seiner eigenen Interessenvertretung gegenüber sitzen – ein klassischer Interessenkonflikt.

15.1.3 Zusammensetzung und Wahl des Betriebsrats

In kleinen Betrieben von mindestens fünf bis 20 wahlberechtigten Arbeitnehmern besteht der Betriebsrat aus nur einer Person. Stufenweise steigt die (ungerade) Zahl der Betriebsratsmitglieder: Ein Betrieb mit 9.000 Arbeitnehmern z. B. besitzt einen Betriebsrat mit 35 Mitgliedern, danach steigt die Zahl der Mitglieder des Betriebsrats je angefangenen weiteren 3.000 Arbeitnehmern um zwei Mitglieder an (§ 9 BetrVG). Der Betriebsrat soll sich möglichst aus Arbeitnehmern der einzelnen Organisationsbereiche und der verschiedenen Beschäftigungsarten der im Betrieb tätigen Arbeitnehmer zusammensetzen.

Der Betriebsrat wird für **vier Jahre** gewählt. Wahlberechtigt sind alle Arbeitnehmer, die das 18. Lebensjahr vollendet haben. Die Art der Wahl hängt von der Größe des Betriebsrats ab. Gewählt wird grundsätzlich nach dem Prinzip der Verhältniswahl, d. h. die Arbeitnehmer können den verschiedenen Listen (Wahlvorschlägen) ihre Stimme geben. An die Reihenfolge der Kandidaten auf der Liste ist der Wähler gebunden. Falls nur ein Wahlvorschlag eingereicht wird oder der Betriebsrat im vereinfachten Wahlverfahren nach § 14a BetrVG zu wählen ist, finden Grundsätze des Mehrheitswahlrechts Anwendung. Hier können den einzelnen Kandidaten auf der Liste Stimmen gegeben werden.

15.1.4 Mitwirkungs- und Mitbestimmungsrechte des Betriebsrats

Das BetrVG regelt Mitwirkungs- und Mitbestimmungsrechte des Betriebsrats in folgenden Sachgebieten:

- **Soziale** Angelegenheiten (§§ 87 ff. BetrVG),
- **personelle** Angelegenheiten (§§ 92 ff. BetrVG),
- **wirtschaftliche** Angelegenheiten (§§ 106 ff. BetrVG).

15.1.4.1 Soziale Angelegenheiten

Die wichtigste Beteiligungsvorschrift im Betriebsverfassungsrecht stellt § 87 BetrVG dar: Diese Vorschrift enthält das zentrale Mitbestimmungs- bzw. Initiativrecht des Betriebsrats. Die in § 87 BetrVG aufgeführten Angelegenheiten betreffen beispielsweise Fragen der Ordnung des Betriebs, Arbeitszeitregelungen, Urlaubsgrundsätze oder Lohnregelungen, also Angelegenheiten, die die Arbeitnehmer unmittelbar betreffen. Die Beteiligungsrechte in § 87 BetrVG sind als echtes Mitbestimmungsrecht ausgeformt; die Mitbestimmung ist Wirksamkeitsvoraussetzung. Kommt zwischen dem Betriebsrat und dem Arbeitgeber keine Einigung zustande, so ist die Einigungsstelle (vgl. § 76 BetrVG) anzurufen. Der Spruch der Einigungsstelle ersetzt die Einigung zwischen Arbeitgeber und Betriebsrat.

Nach § 87 Abs. 1 BetrVG besteht das Mitbestimmungsrecht nicht, soweit eine gesetzliche oder tarifliche Regelung existiert. Voraussetzung ist allerdings, dass der jeweilige Sachgegenstand inhaltlich und **abschließend geregelt** ist. Wenn zwar eine gesetzliche oder tarifliche Regelung besteht, diese allerdings noch einen Gestaltungsspielraum offen lässt, den der Arbeitgeber durch sein Direktionsrecht ausfüllen könnte, so bleibt in diesem Umfang auch das Mitbestimmungsrecht des Betriebsrats erhalten.

15.1.4.2 Personelle Angelegenheiten

Die personellen Angelegenheiten sind nach dem BetrVG in drei Unterabschnitte unterteilt:

- **Allgemeine** personelle Angelegenheiten (§§ 92–95 BetrVG),
- **Berufsbildung** (§§ 96–98 BetrVG),
- personelle **Einzelmaßnahmen** (§§ 99–105 BetrVG).

Unter allgemeine personelle Angelegenheiten fallen die Personalplanung, die Stellenausschreibung, die Personalfragebögen, die Beurteilungsgrundsätze und die Auswahlrichtlinien. Im Gegensatz zu den personellen Einzelmaßnahmen der §§ 99 ff. BetrVG betreffen sie nicht nur einzelne Arbeitnehmer. Es geht um eine frühe Beteiligung an **Grundentscheidungen** des Arbeitgebers.

Der Gesetzgeber hat Arbeitgeber und Betriebsrat allgemein damit beauftragt, die **Berufsbildung** zu fördern. Auf Verlangen des Betriebsrats hat der Arbeitgeber den Berufsbildungsbedarf zu ermitteln. Außerdem hat der Arbeitgeber Fragen der Berufsbildung mit ihm zu beraten. Beratungsgegenstände sind zum Beispiel

- Art und Gestaltung einer beruflichen Bildungsmaßnahme,
- deren Dauer sowie
- die Zahl der Teilnehmer.

Ergänzt wird die Einbeziehung des Betriebsrats insbesondere durch die Pflicht des Arbeitgebers, mit dem Betriebsrat über die Errichtung und Ausstattung betrieblicher Einrichtungen zur Berufsbildung zu beraten.

In Unternehmen mit mehr als 20 wahlberechtigten Arbeitnehmern ist der Betriebsrat vor jeder Einstellung, Eingruppierung, Umgruppierung oder Versetzung zu beteiligen. Bei der Berechnung des Schwellenwerts sind die leitenden Angestellten nicht mitzuzählen. Voll mitgezählt werden dagegen die Teilzeitbeschäftigten. Da dem Betriebsrat unter den Voraussetzungen des § 99 Abs. 2 BetrVG ein Zustimmungsverweigerungsrecht zusteht, dessen Ausübung auf ein betriebsverfassungsrechtliches Beschäftigungsverbot hinausläuft, wird die Freiheit des Arbeitgebers, aus eigener Machtvollkommenheit Personalentscheidungen zu treffen, erheblich eingeschränkt.

15.1.4.3 Wirtschaftliche Angelegenheiten

Neben den sozialen und personellen Angelegenheiten finden sich im BetrVG Regelungen für den dritten Bereich der Mitbestimmung: die wirtschaftlichen Angelegenheiten. Dabei sind die Beteiligungsrechte stark eingeschränkt, da die wirtschaftlichen Belange des Unternehmens regelmäßig der freien Entscheidung des Arbeitgebers unterliegen. Zum großen Teil handelt es sich um Unterrichtungs- und Beratungsrechte, die von einem besonderen Organ – dem **Wirtschaftsausschuss** – wahrgenommen werden. Eine unmittelbare Mitbestimmung über den Betriebsrat ist für die so genannte Betriebsänderung vorgesehen.

15.2 Tarifvertragsrecht

15.2.1 Tarifvertrag

Der Tarifvertrag ist ein privatrechtlicher Vertrag zwischen tariffähigen Parteien. Gesetzliche Regelungen finden sich im TVG. Tariffähig sind gem. § 2 TVG nur die **Gewerkschaften** und **Arbeitgeberverbände** sowie – praktisch nur bei größeren Unternehmen – **einzelne Arbeitgeber.** Der Tarifvertrag regelt die Rechte und Pflichten der Tarifvertragsparteien **(schuldrechtlicher Teil)** und er enthält Rechtsnormen über Abschluss, Inhalt und Beendigung von Arbeitsverhältnissen sowie die Ordnung im Betrieb **(normativer Teil).**

Der Tarifvertrag muss schriftlich abgefasst werden. Im schuldrechtlichen Teil wird vor allem die **Friedenspflicht** geregelt: Sie verpflichtet die Parteien, während der Vertragsdauer alle Maßnahmen des Arbeitskampfes zu unterlassen, vor Ausbruch eines Arbeitskampfes miteinander zu verhandeln und über die Vermeidung des Arbeitskampfes zu beraten. Durch ausdrückliche Vereinbarung kann die Friedenspflicht auf die Zeit nach Ablauf des Tarifvertrags ausgedehnt werden.

Der normative Teil des Tarifvertrags regelt, in welcher Form Arbeitsverträge abgeschlossen werden müssen, mit wem sie abgeschlossen werden sollen oder nicht abgeschlossen werden dürfen. Ebenfalls enthält er so genannte **Inhaltsnormen,** also Vereinbarungen über die Arbeitsbedingungen. Insbesondere werden damit die Höhe des Arbeitslohns, die Frist oder das Verbot von Kündigungen, übertarifliche Zulagen, die allgemeine Ordnung im Betrieb (z. B. Rauchverbote, Anwesenheitskontrollen) und sonstige Normen (z. B. Bestimmungen über den Geltungsbereich des Tarifvertrags) festgeschrieben.

15.2.2 Tarifgebundenheit

Tarifgebundenheit besteht nur im Geltungsbereich des Tarifvertrags. **Räumlich** gilt er beispielsweise beim Verbandstarifvertrag für das ganze Gebiet (Bund, Land, Bezirk oder Ort) der Tarifvertragsparteien. Beim Haus- oder Firmentarifvertrag besteht Tarifbindung nur für die umfassten Betriebe. **Zeitlich** gilt der Tarifvertrag prinzipiell für den vereinbarten Zeitraum. In jedem Fall behält der Tarifvertrag für die von ihm erfassten Arbeitsverhältnisse seine Wirkung, bis er durch neue Abmachungen ersetzt wird (§ 4 Abs. 5 TVG).

Persönlich gilt der Tarifvertrag nur für die Mitglieder der Tarifvertragsparteien. Die Tarifbindung des einzelnen Arbeitgebers korrespondiert mit der Tariffähigkeit des einzelnen Arbeitgebers und der damit gegebenen Möglichkeit, Firmentarifverträge abzuschließen. Der einzelne Arbeitgeber kann versuchen, sich einem Firmentarifvertrag durch den Beitritt in einen Arbeitgeberverband zu entziehen und umgekehrt. In der Regel gilt ein Tarifvertrag für alle Arbeitnehmer. Eine im Tarifvertrag geregelte unterschiedliche Behandlung von gewerkschaftlich organisierten und anderen Arbeitnehmern ist unzulässig (Außenseiterklausel). Fachlich gilt er für die darin aufgeführten Gruppen von Arbeitnehmern.

Der Geltungsbereich des Tarifvertrags erweitert sich im Falle der **Allgemeinverbindlichkeit:** Auf Antrag einer Tarifvertragspartei kann das Bundesministerium für Arbeit und Soziales im Einvernehmen mit einem Ausschuss einen Tarifvertrag für allgemeinverbindlich erklären (§ 5 Abs. 1 TVG). Rechtsfolge der Allgemeinverbindlichkeitserklärung ist, dass der normative Teil des Tarifvertrags dann für alle Arbeitsverhältnisse und Betriebe gilt, die in den Geltungsbereich des Tarifvertrags fallen, ohne Rücksicht darauf, ob der jeweilige Arbeitgeber oder Arbeitnehmer organisiert ist oder nicht. Die Tarifbindung wird also auf Nicht- oder Andersorganisierte erstreckt.

15.2.3 Tarifeinheit

Unter dem Begriff Tarifeinheit wird der Rechtsgrundsatz verstanden, dass bei einem Arbeitsverhältnis oder in einem Betrieb nur **ein Tarifvertrag** anzuwenden ist. Es handelt sich um eine Regelung für den Fall der Tarifkonkurrenz in einem Arbeitsverhältnis oder für den Fall der Tarifpluralität in einem Betrieb – also für solche Fälle, in denen mehrere Tarifverträge auf dasselbe Arbeitsverhältnis anwendbar sind.

Der Grundsatz der Tarifeinheit war in Deutschland bis Anfang 2010 aufgrund einer über Jahrzehnte andauernden ständigen Rechtsprechung des Bundesarbeitsgerichts geltendes Recht. Dann beschloss das Bundesarbeitsgericht, im Falle der Tarifpluralität nicht mehr an der bisherigen Rechtsprechung festzuhalten. Damit wurde der Grundsatz der Tarifeinheit für den Fall der Tarifpluralität aufgegeben. Zur Begründung wurde ausgeführt, es gebe keinen übergeordneten Grundsatz, dass für verschiedene Arbeitsverhältnisse derselben Art in einem Betrieb nur einheitliche Tarifregelungen zur Anwendung kommen könnten.

Seit dem 10. Juli 2015 gilt in Deutschland das **Gesetz zur Tarifeinheit** (Tarifeinheitsgesetz). Es sieht vor, dass bei kollidierenden Tarifverträgen in einem Betrieb nur diejenigen Rechtsnormen des Tarifvertrags derjenigen Gewerkschaft anwendbar sind, die zum Zeitpunkt des Abschlusses des zuletzt abgeschlossenen Tarifvertrags im Betrieb die meisten Mitglieder hatte.

Das Gesetz ist aber Gegenstand mehrerer Verfassungsbeschwerden, die weitere Entwicklung bleibt abzuwarten.

15.2.4 Wirkungen des Tarifvertrags

Durch den **normativen** Teil des Tarifvertrags werden in seinem Geltungsbereich die Arbeitsverhältnisse unmittelbar erfasst und so gestaltet, wie es der Tarifvertrag bestimmt (§ 4 Abs. 1 Satz 1 TVG). Änderungen sind aufgrund der Sperrwirkung des Tarifvertrags unzulässig. Änderungen durch Einzelvertrag zwischen Arbeitgeber und Arbeitnehmer sind nur zulässig, wenn es der Tarifvertrag gestattet (Öffnungsklausel) oder wenn die Regelung für den Arbeitnehmer günstiger ist (Günstigkeitsprinzip). Ein Verzicht auf durch Tarifvertrag erworbene Rechte ist grundsätzlich unzulässig, eine Verwirkung überhaupt ausgeschlossen (§ 4 Abs. 4 TVG).

Der **schuldrechtliche** Teil wirkt nur zwischen den Tarifvertragsparteien. Die Rechtsfolgen bei Leistungsstörungen richten sich nach dem allgemeinen Schuldrecht.

15.3 Arbeitskampfrecht

15.3.1 Sinn und Zweck von Arbeitskämpfen

Der Gesetzgeber räumt in Art. 9 Abs. 3 des Grundgesetzes den Koalitionen und den dort organisierten Arbeitgebern und Arbeitnehmern das Recht ein, alle regelungsbedürftigen Einzelheiten des Arbeitsvertrags selbst zu bestimmen **(Tarifautonomie).** In den meisten Fällen einigen sich die Arbeitgeber mit den Gewerkschaften über den Inhalt des Tarifvertrags. Probleme gibt es immer dann, wenn eine Verständigung zwischen den Parteien scheitert.

Um ihre vom Grundgesetz eingeräumten Rechte selbst und ohne staatliche Unterstützung durchsetzen zu können, muss den Tarifvertragsparteien die Möglichkeit gewährt werden, auf anderem Wege für das Zustandekommen von Tarifverträgen zu sorgen: Das ihnen zu diesem Zweck an die Hand gegebene Mittel ist **das Recht zum Arbeitskampf.** Ansonsten gäbe es keinen Anreiz, bei Tarifverhandlungen ein übereinstimmendes Ergebnis zu erzielen. Nach der ständigen Rechtsprechung des BAG müssen Arbeitskämpfe möglich sein, um Interessenkonflikte über Arbeits- und Wirtschaftsbedingungen im äußersten Fall austragen und ausgleichen zu können.

Durch einen **Streik,** soll auf die Seite der Arbeitgeber ein wirtschaftlicher Druck erzeugt werden, der die Verhandlungs- und Einigungsbereitschaft bezüglich der strittigen Verhandlungspunkte erhöht. Das entsprechende Instrument auf der Arbeitgeberseite ist die **Aussperrung** – dabei handelt es sich um eine Möglichkeit zur Verwehrung der Arbeitsmöglichkeit.

Auch wenn es der Begriff vermuten lässt, handelt es sich beim Arbeitskampf nicht um ein Gewaltmittel. Vielmehr dient er der Regelung von Arbeitsbedingungen durch Tarifvertrag in einem Interessenausgleich. Der Arbeitskampf ist somit als Hilfsmittel der Tarifautonomie zu verstehen.

15.3.2 Streik

Der Streik ist die wichtigste Form einer Arbeitskampfmaßnahme.

Streik liegt vor, wenn

- eine größere Anzahl von Arbeitnehmern
- gemeinschaftlich und
- planmäßig
- zur Erreichung eines gemeinsamen Ziels
- ihre vertraglich geschuldete Arbeit niederlegen,
- in der Absicht, diese nach Beendigung der Arbeitsverweigerung wieder aufzunehmen.

Arbeitsrechtlich betrachtet führt der Streik daher nur zur Suspendierung und nicht zur Auflösung der einzelnen Arbeitsverhältnisse.

Nicht jeder Zweck kann mit einem Streik allerdings rechtmäßig verfolgt werden und es lassen sich verschiedene Arten unterscheiden. In der Regel beginnt die Gewerkschaft mit dem Streik den Arbeitskampf **(Angriffsstreik).** Sind von dem Streik alle Unternehmen eines Tarifgebiets erfasst, handelt es sich um einen **Voll- oder Flächenstreik.** Bei einem **Teilstreik** verweigern nicht alle Arbeitnehmer, für die später der Tarifvertrag gelten soll, ihre Arbeit. Ein **Schwerpunktstreik** liegt dann vor, wenn einzelne Unternehmen des Tarifgebiets für den Streik herausgegriffen werden. Legen die Arbeitnehmer aller oder der wesentlichen Industriezweige der gesamten Volkswirtschaft ihre Arbeit nieder, nennt man dies **Generalstreik.**

Beim **Wechselstreik** werden kurze Arbeitsniederlegungen in immer wechselnden Unternehmen durchgeführt. Richtet sich der Streik gegen stockende Tarifvertragsverhandlungen und soll noch keine abschließende Regelung erzwungen werden, liegt ein **Warnstreik** vor. Dient der Streik hingegen nicht der Durchsetzung eines bestimmten Ziels, sondern allein dazu, die Arbeitgeberseite oder den Gesetzgeber auf den Unwillen der Arbeitnehmer hinzuweisen, handelt es sich um einen **Demonstrations- oder politischen Streik.** Erfolgt die Arbeitsniederlegung durch Arbeitnehmer, die nicht dem Geltungsbereich des umkämpften Tarifvertrags angehören, so liegt ein **Sympathiestreik** vor. Ist zur Einstellung der Arbeit nicht von einer Gewerkschaft aufgerufen worden, handelt es sich um einen **wilden Streik.**

Ein Streik ist nur dann **rechtmäßig,** wenn er ohne Verstoß gegen die Friedenspflicht oder gegen das Gesetz von einer Gewerkschaft beschlossen und auf ein im Arbeitskampf zulässiges Ziel gerichtet ist. Dies gilt auch für Warnstreiks, die (nach Ablauf der Friedenspflicht) während des Laufs von Tarifverhandlungen als Druckmittel zulässig sein können.

Ist der Streik rechtmäßig, verletzt der Arbeitnehmer, der sich an ihm beteiligt, nicht die Pflichten seines Arbeitsvertrags, sodass ihm nicht gekündigt werden kann. Selbstverständlich ist der Arbeitgeber aber nicht zur Bezahlung des Entgelts während des Streiks verpflichtet.

Ein Streik ist **rechtswidrig,** wenn er beispielsweise gegen die Friedenspflicht verstößt, ein sittenwidriges Ziel verfolgt, nicht von einer Gewerkschaft geführt wird (z. B. wilder Streik) oder sich nicht eigentlich gegen die Arbeitgeberseite richtet (z. B. politischer Streik).

Durch die Teilnahme des Arbeitnehmers an einem rechtswidrigen Streik verletzt dieser die Pflichten aus seinem Arbeitsvertrag und berechtigt den Arbeitgeber zur außerordentlichen Kündigung des Arbeitsverhältnisses oder zur Forderung auf Schadensersatz.

Während eines Streiks darf kein Arbeitslosengeld bezahlt werden. Die streikenden Gewerkschaftsmitglieder erhalten eine Geldunterstützung aus der **Gewerkschaftskasse.** Die Absicherung durch die Sozialversicherung besteht bei einem rechtmäßigen Streik bis zu drei Wochen nach der letzten Entgeltzahlung fort.

15.3.3 Aussperrung

Das Gegenstück zum Streik ist auf Arbeitgeberseite die Aussperrung. Dabei schließt der Arbeitgeber eine Mehrzahl von Arbeitnehmern von der Arbeit aus.

Aussperrung ist folglich die

- planmäßige Ausschließung
- mehrerer Arbeitnehmer von der Beschäftigung und Lohnzahlung durch den Arbeitgeber
- zur Erreichung eines Ziels,
- in der Absicht, die Arbeitnehmer nach Ende der Aussperrung wieder zu beschäftigen.

Die Arten der Aussperrung entsprechen im Wesentlichen denen des Streiks:

Werden alle Arbeitnehmer eines Tarifgebiets ausgesperrt, spricht man von einer **Vollaussperrung.** Sind hingegen nur einzelne Betriebe oder Unternehmen erfasst, liegt eine **Teil- oder Schwerpunktaussperrung** vor. Zielt die Aussperrung auf die Unterstützung fremder Kampfziele, liegt eine **Sympathieaussperrung** vor.

Die Aussperrung ist bislang nur als so genannte Abwehraussperrung bekannt geworden. Von der theoretischen Möglichkeit, mit diesem Arbeitskampfmittel die Auseinandersetzung um einen Tarifvertrag zu beginnen, wurde bislang noch kein Gebrauch gemacht.

Adressat einer Aussperrung ist jeder einzelne – auch der bereits streikende Arbeitnehmer. Gleiches gilt für nicht gewerkschaftlich organisierte und arbeitswillige Arbeitnehmer. Die Rechtsprechung bejaht sogar die Zulässigkeit der Aussperrung von im Urlaub befindlichen Arbeitnehmern. Als Reaktion auf einen Streik können sogar arbeitsunfähig kranke Arbeitnehmer ausgesperrt werden.

III Informations- und Kommunikationstechniken

Seit vor etwa 80 Jahren der erste Computer der Öffentlichkeit vorgestellt wurde, hat die Informationstechnik eine rasante Entwicklung genommen. Die Aufnahme, Weitergabe und Verarbeitung von Informationen nimmt in allen Lebensbereichen eine herausragende Stellung ein. Für den Technischen Betriebswirt, der an der Schnittstelle zwischen dem technischen und dem kaufmännischen Funktionsbereich tätig ist, ist der Einsatz moderner Kommunikations- und Informationstechniken unerlässlich.

Da der Technische Betriebswirt vorrangig mit den vorbereitenden Entscheidungen über den **Einsatz** von Informations- und Kommunikationstechnologie befasst sein und weniger als »Datenverarbeiter« im engeren Sinne tätig sein wird, liegt der Schwerpunkt der folgenden Betrachtungen auf der Behandlung der entscheidungsrelevanten Kriterien:

- Datensicherung und Datenschutz,
- EDV-Einsatzbereiche und Systemtopologien sowie
- Techniken der internen und externen Kommunikation.

Dabei werden vorrangig betriebliche Belange beleuchtet.

Die Inhaltsdarstellung in den anschließenden Kapiteln 16 bis 19 folgt den Vorgaben des Rahmenstoffplans des DIHK und setzt damit die Kenntnis der Grundbegriffe der Datenverarbeitung voraus.

16 Datensicherung, Datenschutz und Datenschutzrecht

Für das Verständnis von Prüfungsaufgaben ist es wichtig, die Begriffe »Datenschutz«, »Datensicherung« und »Datensicherheit« sehr sorgfältig zu unterscheiden; denn sie stehen für unterschiedliche Sachverhalte: Während Verfahren der **Datensicherung** auf die Vermeidung von Datenfehlern und -verlusten abzielen, dient der **Datenschutz** nicht dem Schutz der Daten, sondern dem der Bürger, deren Daten von unterschiedlichen Institutionen erhoben und gespeichert werden.

Mit der EU-Datenschutz-Grundverordnung (DSGVO), die ab 25. Mai 2018 in allen Mitgliedstaaten anzuwenden ist, wurden EU-weit einheitliche Regelungen für die Verarbeitung personenbezogener Daten eingeführt. Zugleich waren darauf abgestimmte nationale Rechtsvorschriften neu zu fassen: Auch das Bundesdatenschutzgesetz (BDSG) trat in neuer Fassung am 25. Mai 2018 in Kraft. In diesem Kapitel werden die aktuellen Bestimmungen ausführlich behandelt.

Zwischen Datensicherung und Datenschutz angesiedelt ist die **Datensicherheit.** Hierunter werden technische und organisatorische Maßnahmen verstanden, die den Datenschutz (im Sinne des Schutzes von Persönlichkeitsrechten) gewährleisten sollen. Zweck dieser Maßnahmen ist es, den Verlust der **Vertraulichkeit (»privacy«)** und **Integrität (»integrity«)** von Daten, also unautorisierte Kenntnisnahme und unerlaubte Manipulation, zu verhindern. Zu diesen Maßnahmen zählen Zugangsbeschränkungen (bzgl. der Hardware) und Zugangssicherungen (bzgl. der Software) ebenso wie Verschlüsselungssysteme, die insbesondere bei der Datenfernübertragung eine wichtige Rolle spielen. Auf diese Maßnahmen wird in den folgenden Kapiteln ausführlich eingegangen.

Vor allem der Datenschutz unterliegt strengen gesetzlichen Regeln, an die sich jeder, der personenbezogene Daten nicht nur zu persönlichen Zwecken verarbeitet, zu halten hat. Datensicherung zu betreiben liegt vor allem im eigenen Interesse, ist aber auch Teil der gesetzlichen Dokumentationspflichten und, soweit es um personenbezogene Daten geht, wiederum auch Teil des Datenschutzrechts.

16.1 Risiken der Informationstechnologie erkennen und reduzieren

16.1.1 Risiken und Gegenmaßnahmen

Daten sind im Verarbeitungsprozess vielfältigen Gefahren ausgesetzt: So können sie

- falsch erfasst,
- bei der maschineninternen Transformation verfälscht,
- nach ihrer Speicherung absichtlich oder unbeabsichtigt verfälscht oder gelöscht,
- durch negative Umwelteinflüsse zerstört,

- fehlerhaft verarbeitet oder
- von Unbefugten genutzt werden.

Neben den zu verarbeitenden bzw. gespeicherten Daten sind auch alle anderen Komponenten der IT-Systeme bedroht, nämlich

- ihre Infrastruktur,
- die Hardware,
- elektronische und sonstige (auch papierene) Datenträger,
- Betriebssysteme und Anwendungsprogramme,
- Übertragungsleitungen
- und nicht zuletzt auch die in das System eingebundenen Personen.

Das IT-Grundschutz-Kompendium 2021 des Bundesamtes für Sicherheit in der Informationstechnik (BSI) unterscheidet **drei Grundbedrohungen:**

- Den Verlust der **Verfügbarkeit** (»Availability«), die darin besteht, dass Teile des EDV-Systems nicht funktionsbereit bzw. nicht für den Zugriff zur Verfügung stehen, wenn sie benötigt werden;
- den Verlust der **Vertraulichkeit** (»Confidentiality«) von Informationen durch unbefugten Zugriff bzw. ungewollte Offenlegung;
- den Verlust der **Integrität** (Korrektheit – »Integrity«) durch die Verfälschung von Daten, Programmen oder Hardware, sodass Operationen und Funktionen in anderer als der gewünschten Weise ausgeführt werden;

In Bezug auf die Datenübertragung besteht zudem

- die Bedrohung der **Authentizität** (Echtheit, Überprüfbarkeit – »Authenticity«), d. h. der Eindeutigkeit und Zweifelsfreiheit der Herkunftsbestimmung und Urheberzuordnung von Daten.

Risiken beziehen sich also sowohl auf vorsätzliche Handlung als auch auf unbeabsichtigtes Fehlverhalten, auf höhere Gewalt wie auch auf technisches Versagen. Sehr wesentlich in der Praxis und zugleich durch geeignete Maßnahmen verringerbar sind Risiken durch menschliches Fehlverhalten und organisatorische Mängel.

Das BSI-Grundschutz-Kompendium führt 47 sogenannte »elementare Gefährdungen« auf und beschreibt Ursachen und Schutzmaßnahmen. Es kann im Internet unter www.bsi.bund.de heruntergeladen werden.

16.1.1.1 Risiken ohne menschliches Einwirken

16.1.1.1.1 Technisches Versagen

Wie alle technischen Geräte können auch die Komponenten eines Datenverarbeitungssystems versagen. Angesichts der Komplexität des Systems wäre es fatal, etwas anderes anzunehmen. Tatsächlich wird aber gerade Computersystemen häufig Unfehlbarkeit unterstellt, weswegen Vorkehrungen gegen technisches Versagen oft nicht oder nicht nachhaltig genug getroffen werden.

Hierzu bemerkte der Weltverband der Automatisierungstechnik IFAC (International Federation of Automated Control) bereits 1989:

> »...die Computerwissenschaft lernt erst allmählich aus anderen weniger komplexen technischen Systemen, dass es so etwas wie fehlerfreie Hardware, fehlerfreie Betriebssysteme und große Programme, die gänzlich korrekt sind, nicht gibt und nicht geben kann. Diese Tatsache muss schon im Designstadium zur Kenntnis genommen werden, da die äußerst unsichere Illusion, dass es möglich sei, ein fehlerfreies System zu bauen, dazu führt, dass das System unfähig ist, mit unerwarteten Fehlern fertig zu werden,

und darauf unkontrolliert zusammenbricht«. *(in dt. Übersetzung zitiert nach: Fleissner et al. 1998)*

Ein Beispiel für fatale Verkettungen mit desaströsen Folgen sind die Stromausfälle, die 2003 acht US-Bundesstaaten und große Teile Kanadas betrafen: Damals wurden die sich anbahnenden Überlasten von Kraftwerken aufgrund einer nicht erkannten Fehlfunktion von Teilen des EDV-Systems zunächst nicht rechtzeitig erkannt; im späteren Verlauf der Ereignisse brachen Server unkontrolliert zusammen. Ein anderes Beispiel betraf die Tokioter Börse, deren Computersystem Ende 2005 mehrfach die Rücknahme falscher Eingaben verweigerte und diese minutenlang unkontrollierbar weiter verarbeitete. Mehrere sachlich unbegründete Kursstürze bei einzelnen börsennotierten Gesellschaften mit den entsprechenden wirtschaftlichen Schäden waren die Folgen.

Technisches Versagen tritt vor allem in der Anfangszeit der Nutzung sowie am Ende der zu erwartenden Lebensdauer auf. **Frühausfälle** gehen dabei meist auf Fehler zurück, die im Vorfeld der Fertigung nicht erkannt (Material-, Konstruktionsfehler) oder überhaupt erst in der Produktion verursacht wurden (Fertigungs-, Montagefehler). **Spätausfälle** sind bei Bauteilen mit mechanischen Funktionen (Speicherlaufwerke, Lüfter) meist durch nutzungsbedingten Verschleiß bedingt, der in fortgeschrittenem Alter zu Fehlfunktionen und Ausfällen führt. Auch die Lebensdauer elektronischer Bauteile ist begrenzt. Zwischen Früh- und Spätphase mit relativ steilem Verlauf der Ausfallquote liegt ein Bereich mit geringer Ausfallwahrscheinlichkeit **(»Badewannenkurve«).**

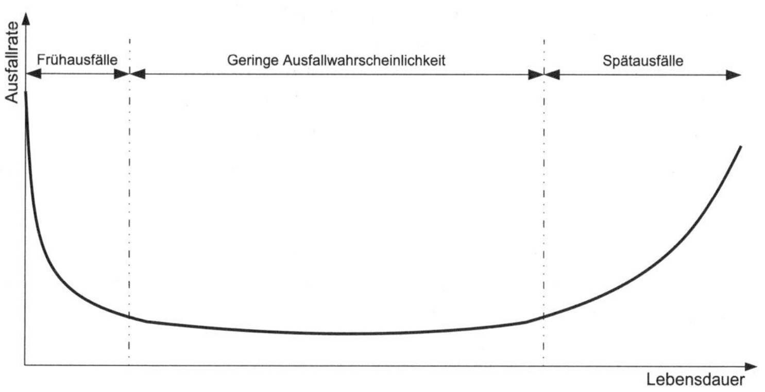

Die »Badewannenkurve« der Ausfallwahrscheinlichkeit

Zur Verhinderung schädlicher Folgen technischen Versagens können die folgenden Maßnahmen getroffen werden.

- **Im Vorwege und in der Frühphase:**
  - Einsatz qualitativ hochwertiger Geräte mit bewährter Technologie,
  - Testbetrieb (mindestens 48-Stunden-Test) mit neuen Geräten, bevor diese in den Echtbetrieb übernommen werden,
  - kürzere Überprüfungs- und Wartungsintervalle als im späteren laufenden Betrieb;
- **im laufenden Betrieb:**
  - regelmäßige Kontrolle der Betriebszustände (siehe unten),
  - Installation von Sicherungssystemen, die bei Ausfällen ohne Zeitverzögerung die Funktion des versagenden Gerätes übernehmen,
  - Vermeidung unnötiger Gefährdung und Beanspruchung z. B. durch Transporte und Erschütterungen, häufiges Ein- und Ausschalten usw.;

- **in der Spätphase:**
  - kürzere Überprüfungs- und Wartungsintervalle,
  - sofortige Instandsetzung oder sofortiger Ersatz bei Auftreten erster Störungen,
  - Austausch nach Erreichen einer bestimmten Lebensdauer, unabhängig vom Auftreten von Störungen, im Rahmen einer vorbeugenden Instandhaltungsstrategie.

Verwaltung der Systemkomponenten und Kontrolle der Betriebszustände

In der betrieblichen Praxis bestehen IT-Systeme durchweg aus Hardware- und Softwarekomponenten unterschiedlicher Hersteller, unterschiedlichen Alters und mit unterschiedlichen Installationen. Die Verwaltung derartig heterogener Systeme ist naturgemäß schwierig: Will der Systemverwalter (Administrator) z. B. ein Software-Update vornehmen, muss er den unterschiedlichen aktuellen Versionsstatus der verschiedenen Komponenten kennen und berücksichtigen. Zur Erleichterung der Systemverwaltung wurden systemübergreifende Normen und Protokolle (z. B. das standardisierte Protokoll **SNMP (Simple Network Management Protocol)** zur Verwaltung und Überwachung bestimmter Netzwerk-Systemkomponenten wie Router, Server und Switches entwickelt, die es dem Administrator ermöglichen, die benötigten Informationen von einer zentralen Datenbank **(Management Information Base MIB)** abzurufen. Bezogen auf die Client-Verwaltung ermöglicht die Verwaltungsschnittstelle **DMI (Desktop Management Interface)** über diese »Inventarisierung« hinaus die Kontrolle der Betriebszustände, indem sie z. B. Spannungen und Temperaturen überwacht und kritische Zustände – etwa ausgefallene oder nicht angeschlossene Geräte – meldet. Allerdings scheuen heute noch viele Hersteller die Implementierung von DMI in ihre Produkte, zum einen aus Kostengründen, zum anderen, weil sie sich nicht auf einen bestimmten Standard festlegen wollen.

Systemverwaltung und -wartung werden heute zunehmend im Wege der **Fernwartung** (Remote Control) geleistet. Diese ermöglicht dem Systemadministrator bzw. externen Kundenbetreuern den Zugriff auf das IT-System via Intranet oder Internet. Fernzugriffe setzen ein besonderes Vertrauensverhältnis zwischen Kunden und Kundenbetreuer/ Administrator voraus und bergen schon aufgrund des meist über Internet erfolgenden Zugriffs erhebliche Sicherheitsrisiken. Der Einsatz von Fernwartungssoftware ist daher immer auch mit der Geschäftsleitung, dem Betriebsrat und dem Datenschutzbeauftragten abzusprechen.

Versagen externer Systeme/Versorger

Technisches Versagen mit schädlichen Folgen für die Arbeitsbereitschaft des EDV-System kann auch an externen Systemen auftreten. Hier sind vor allem Stromausfälle zu nennen, gegen deren Folgen eine oder mehrere unabhängige unterbrechungsfreie Stromversorgungen (USV) installiert werden können (vgl. auch Abschn. 16.2.1.3).

Softwarefehler

Im weiteren Sinne zum technischen Versagen gehören auch solche Fehlleistungen, die auf Softwarefehler zurückgehen: Zwar ist vor der Einführung neuer Software immer eine umfangreiche Testphase angeraten; dennoch kommt es in der Praxis immer wieder vor, dass fatale Programmierfehler erst während der Nutzung im Echtbetrieb zutage treten. Die besondere Gefahr von Softwarefehlern liegt dabei darin, dass sie als Ursache für aufgetretene Probleme erst spät erkannt werden, weil sie nicht für möglich gehalten werden (»Computer können nicht irren«). Auch computergestützt ermittelte Ergebnisse sollten daher kritisch auf ihre Plausibilität hin überprüft werden.

Eine Gerätefehlfunktion kann den Verlust gespeicherter Daten bedeuten. Daher ist in allen Nutzungsphasen eine redundante Speicherung auf unabhängigen Systemen (vgl. Abschn. 16.2.1.1.1) unabdingbar.

16.1.1.1.2 Höhere Gewalt

Schädigende Einflüsse auf das EDV-System können trotz aller Sorgfalt nicht vollständig ausgeschlossen werden. Als »höhere Gewalt« bezeichnet die Rechtsprechung ein von außen kommendes, nicht voraussehbares und auch durch äußerste vernünftigerweise zu erwartende Sorgfalt nicht abwendbares Ereignis. Beispiele hierfür sind Krieg, innere Unruhen, Naturkatastrophen (Erdbeben, Überflutungen) und Reaktorunfälle.

Mögliche präventive Maßnahmen im Sinne eines vorausschauenden Ausschaltens von Faktoren, die Schäden begünstigen können, sind z. B.

- die Installation des Servers in einem brandgeschützten, klimatisierten Raum,
- die Absicherung gegen statische Aufladungen, Überspannungen und Spannungsschwankungen (häufig auftretend in Folge von Blitzeinschlägen),
- die Absicherung gegen elektromagnetische Abstrahlungen,
- der Schutz vor dem Eindringen von Stäuben und Feuchtigkeit,
- der Schutz vor Erschütterungen.

Schadensfälle, die nachweislich auf höhere Gewalt zurückgehen, sind durch Versicherungen im Allgemeinen nicht gedeckt.

16.1.1.2 Risiken durch menschliches Einwirken

16.1.1.2.1 Fehlbedienungen/Ergonomie der Datensicherung

Fehler in der Erfassung und Weiterverarbeitung von Daten und Versäumnisse bei der Sicherung erfasster und verarbeiteter Datenbestände sind zu einem hohen Anteil auf menschliche Fehlleistungen zurückzuführen. Diese können durch die Art und Weise, in der Daten erfasst und verarbeitet werden müssen, begünstigt werden; andererseits können Regeln und technische Lösungen so angelegt werden, dass das Auftreten vorhersehbarer Fehler von vornherein vereitelt wird. In diesem Zusammenhang wird von der »Ergonomie der Datensicherung« gesprochen.

Arten der Datenerfassung

Wegen der Häufigkeit menschlicher Fehlleistungen ist die Anpassung der Arbeitsmittel und -bedingungen an die menschliche Leistungsfähigkeit von besonderer Bedeutung für die Datensicherung.

In der Praxis fallen Daten häufig zunächst in nicht maschinenlesbarer Form an, also etwa als mündliche Information, handschriftliche Notiz oder formloses Schriftstück. Aufgabe der Datenerfassung ist, diese Informationen in maschinenverständliche Zeichen zu transformieren. Wie dies geschehen kann, hängt unter anderem ab von der ursprünglichen Erscheinungsform (»Urbeleg«), der Menge der zu erfassenden Daten, dem Ort und der Zeit ihres Auftretens usw. Unterschieden werden im Wesentlichen die folgenden **Erfassungsarten,** die hier der Vollständigkeit halber zusammenhängend dargestellt werden, wenn auch ihre Relevanz für die Datensicherung unterschiedlich ist:

- Indirekte, halbdirekte und direkte Datenerfassung,
- zentrale und dezentrale Datenerfassung,

– Online- und Offlineerfassung,

– intelligente und nichtintelligente Datenerfassung,

– stationäre und mobile Datenerfassung.

Auf Einzelheiten soll hier nicht eingegangen werden.

16.1.1.2.2 Fahrlässiger Umgang mit EDV-Systemen und Daten

Aus Bequemlichkeit, Sorglosigkeit, Unaufmerksamkeit und mangelndem Sicherheitsbewusstsein von Personen mit Zugang zu einem IT-System erwachsen große Gefahren für Geräte und Daten. Einige Beispiele:

- **Vertraulichkeits-/Integritätsverlust** von Daten, z. B. durch Nichtabholung von Ausdrucken mit personenbezogenen Daten vom Netzdrucker; Versand von Datenträgern ohne vorherige Entfernung vertraulicher Daten; Veröffentlichung vertraulicher Daten auf einem Netserver.
- Fahrlässige **Zerstörung** von Geräten oder Daten, z. B. durch versehentliches Formatieren eines mit wichtigen Daten belegten Datenträgers; durch Auslösung eines Kurzschlusses im Gerät infolge Umstoßens einer Kaffeetasse.
- Nichtbeachtung von **IT-Sicherheitsmaßnahmen,** z. B. Aufzeichnung von Passwörtern am Arbeitsplatz; Ermöglichung von Virenattacken durch Verwendung mitgebrachter Datenträger.
- **Sorglosigkeit** im Umgang mit Informationen, z. B. durch Benutzung von Laptops in öffentlichen Räumen oder Verkehrsmitteln; durch Kopieren von Informationen auf private Smartphones und Tablets; durch Abgabe reparaturbedürftiger PCs an externe Kundendienste ohne Sicherstellung der darauf befindlichen Daten; durch Verlassen des Arbeitsplatzes bei eingeschaltetem Bildschirm.
- Ungeeigneter Umgang mit **Passwörtern,** z. B. wenn alle Mitarbeiter dasselbe Passwort benutzen oder ihre Passwörter untereinander austauschen; wenn nahe liegende Passwörter gewählt werden oder auffindbar notiert sind (am besten gar nicht).

Eine geregelte Einweisung und Einarbeitung des Personals, die geeignet ist, die Mitarbeiter für Gefahren zu sensibilisieren, ist unbedingt vonnöten, kann aber, ebenso wenig wie Dienstanweisungen, keine Sicherheit garantieren. Wo immer möglich, sollten daher vorausschauend geeignete Hardware- und Softwaremaßnahmen getroffen werden, die fahrlässiges Handeln von vornherein vereiteln, z. B.

- Zutrittssperren für Druckerräume,
- Installation automatischer Bildschirmsperren,
- regelmäßige/ständige automatische Aktualisierung und Verwendung eines Virensuchprogramms,
- Vorgabe bestimmter Standards für Passwörter (z. B. Mindestlänge; Zwang zur Verwendung von Sonderzeichen und Ziffern) und regelmäßig automatisch erzwungener Passwortwechsel,
- restriktive Vergabe von Zugriffsrechten (z. B. nur Lesefreigabe für bestimmte Dateien).

In jedem Falle gilt: Informationssicherheit ist Chefsache! Dieser Satz findet sich in der Einleitung zu BSI-Standard 200-1 und wird in diesem Zusammenhang näher erläutert (vgl. Abschnitt 16.1.2.2).

Bei der Fehlereinschätzung können einige der zuvor beschriebenen Analyseverfahren und -instrumente, etwa das **Ursache-Wirkungs-Diagramm** (ISHIKAWA-Diagramm, vgl. Abschnitt 7.3.1.4) oder die **Fehlermöglichkeits- und Einflussanalyse** (FMEA, vgl. Abschnitt 7.3.1.5) zum Einsatz kommen.

16.1.1.2.3 Computer- und Internetkriminalität (Cyberkriminalität)

Computerkriminalität setzt Vorsatz voraus.

Als Computerkriminalität gelten die folgenden, im Strafgesetzbuch (StGB) geregelten Straftatbestände:

- das **Ausspähen** von Daten (§ 202a StGB), d. h. die unberechtigte Beschaffung besonders gesicherter Daten (»Spionage«);
- **Computerbetrug** durch Beeinflussung eines Datenverarbeitungsvorganges (§ 263a StGB);
- **Urkundenfälschung** durch Veränderung von beweiserheblichen Daten (§ 269 StGB);
- **Datenveränderung** durch Löschen, Unterdrücken, Unbrauchbarmachung oder Veränderung (§ 303a StGB).
- Sind diese Daten von wesentlicher Bedeutung für den Betrieb, liegt eine strenger zu bestrafende **Computersabotage** (§ 303b StGB) vor.

Zunehmend verfolgt wird Software-Piraterie, d. h. das gewerbsmäßige Handeln mit Raubkopien oder deren sonstige unberechtigte Nutzung.

Nach Angaben des Bundeskriminalamts spielen Geld- und Kreditkartenbetrug an Geldausgabe- und Kassenautomaten sowie der Betrug in Online-Auktionshäusern eine große Rolle.

Da heute fast alle EDV-Systeme mit dem Internet verbunden sind, steigt auch die Gefahr des unbefugten Eindringens in Datenbestände. **»Hacker«** finden immer neue Wege, Zugangssperren zu umgehen und fremde Systeme »anzuzapfen«. Nicht selten richten sie dabei – absichtlich oder unbeabsichtigt – erheblichen Schaden an. War früher die Herausforderung der Überwindung fremder Zugangssperren das häufigste Motiv von »Freizeithackern«, so treten heute finanzielle Aspekte in den Vordergrund: Daten werden an den Höchstbietenden weiterverkauft oder müssen vom eigentlichen Eigentümer zurückgekauft werden. Andere Opfer werden erpresst, für das Ende von **DoS-Angriffen (Denial of Service**; massenhafter Zugriff auf eine Webseite, sodass diese wegen Überlastung des Servers für ernsthafte Interessenten nicht mehr erreichbar ist); auf den Webserver der Firma auf verschlungenen Wegen Zahlungen an die Verursacher zu leisten. Auf gezielte Hacker-Angriffe von außen wird in Abschnitt 16.2.3.4.2 intensiver eingegangen.

Ein anderes aktuelles Problem sind **Computerviren** und andere parasitäre Programme, die in Abschnitt 16.2.3.4.1 eingehender behandelt werden. Sowohl das »Hacken« als auch die Verbreitung von Computerviren sind keineswegs als grober Unfug einzustufen; es handelt sich um kriminelle Aktivitäten, die strafrechtlich verfolgt werden.

Nicht nur kriminelle Gruppen oder Einzeltäter sind am Werk, auch Staaten und deren Geheimdienste sind auf den Gebieten Spionage und Industriespionage tätig und nutzen dazu die Möglichkeiten, die das Internet bietet. Wie der NSA-Skandal 2013 gezeigt hat, werden in extremem Umfang Daten gesammelt, ohne dass die Betroffenen die Chance erhielten, etwas dagegen zu unternehmen oder über diese Aktivitäten überhaupt Einzelheiten zu erfahren.

Eine besonders perfide Spielart von Cyberkriminalität zum Schaden einzelner Menschen ist der **Identitätsmissbrauch** (oft auch als »Identitätsdiebstahl« bezeichnet, was aber falsch ist, da die geschädigte Person die eigene Identität ja nicht verliert). Dabei gibt sich eine dritte Person im Internet – seltener in der realen Welt – als diejenige Person aus, deren Daten sie sich auf kriminelle Weise angeeignet hat. Meist soll dadurch ein Vermögens- oder sonstiger Vorteil erlangt werden, etwa wenn Konto- und Versicherungsnummer, Postanschrift oder Ausweisdaten missbräuchlich benutzt werden; es kann aber auch darum gehen, den Ruf des Opfers zu beschädigen.

16.1.2 Risikosteuerung

16.1.2.1 Möglichkeiten der Risikosteuerung

Sicherheit und ungehindertes Arbeiten sind zunächst ein Widerspruch, denn Sicherheitsmaßnahmen erschweren häufig den Zugang zu Informationen – etwa indem zunächst eine Authentifizierungsprozedur durchlaufen werden muss. Viele Anwender empfinden Sicherheitsmaßnahmen daher als lästig, oft auch als »übertrieben«, und die Neigung, sie zu umgehen, ist naturgemäß groß.

Einfache Appelle sind daher meist nicht ausreichend; vielmehr sollte jedes Unternehmen ein **IT-Sicherheitskonzept** aufstellen, um einen Grundschutz vor den Risiken und Gefahren zu erreichen.

16.1.2.2 Die BSI-Standards zur Informationssicherheit

Die im Oktober 2017 eingeführten BSI-Standards 200-1 bis 200-3 enthalten Empfehlungen zu Methoden, Prozessen, Verfahren, Vorgehensweisen und Maßnahmen zu wesentlichen Aspekten der Informationssicherheit. Sie können auf Behörden, Unternehmen aller Art und Dienstleister angewendet werden und dazu beitragen, deren Geschäftsprozesse und Datenverarbeitung sicherer zu gestalten.

- **BSI-Standard 200-1:** Allgemeine Anweisungen an ein **Managementsystem für Informationssicherheit (ISMS)** mit Anleitungen für die Erstellung eines wirksamen Sicherheitskonzepts. In Zusammenhang mit diesem zum ISO-Standard 27001 kompatiblen Standard wird auch darauf hingewiesen, dass die Realisierung eines solchen Konzepts nicht zwangsläufig kostspielig und schwierig sein muss:

  »Zu den wichtigsten Erfolgsfaktoren zählen ein gesunder Menschenverstand, durchdachte organisatorische Regelungen und zuverlässige, gut informierte Mitarbeiter, die selbstständig und routiniert Sicherheitserfordernisse umsetzen. Die Erstellung und Umsetzung eines wirksamen Sicherheitskonzepts muss deshalb jedoch nicht zwangsläufig unbezahlbar sein und die wirksamsten Maßnahmen können sich als überraschend einfach erweisen«, heißt es in der Einleitung zum BSI-Standard 200-1.

  Ebenfalls bereits in der Einleitung wird auf die Bedeutung der Leitungsebene im Sicherheitsprozess (»Informationssicherheit ist Chefsache!«) hingewiesen, die

  - die Verantwortung für die Einhaltung gesetzlicher Regelungen und Verträge und den störungsfreien Ablauf von Geschäftsprozessen trägt,
  - über den Umgang mit Risiken entscheidet,
  - für eine reibungslose Integration des ISMS zu sorgen hat und
  - für den wirtschaftlichen Einsatz von Ressourcen verantwortlich ist.

Der Prozess der Informationssicherheit wird darin als Kontinuierlicher Verbesserungsprozess mit den Lebenszyklusphasen des **PDCA-Regelkreises** (vgl. Abschnitt 6.4.3.2) beschrieben:

- **BSI-Standards 200-2: IT-Grundschutz-Methodik.** Sie beschreibt Schritt für Schritt, wie ein ISMS in der Praxis aufgebaut und betrieben werden kann. Dabei werden drei unterschiedliche Vorgehensweisen (»Basis-Absicherung«, »Kern-Absicherung« und »Standard-Absicherung«) angeboten, die das jeweils erforderliche Sicherheitsniveau und den Charakter der zu sichernden Informationen berücksichtigen.

- **BSI-Standard 200-3** ist dem Risikomanagement gewidmet und beinhaltet alle risikobezogenen Arbeitsschritte bei der Umsetzung des IT-Grundschutzes von den Vorarbeiten zur **Risikoanalyse** über die Erstellung einer Gefährdungsübersicht und die **Risikoeinstufung** (nach Eintrittswahrscheinlichkeit und drohender Schadenshöhe) zu den **Maßnahmen der Risikobehandlung.**
- Insbesondere für kleine und mittlere Unternehmen sowie Behörden wurde vom BSI ein **»Leitfaden zur Basisabsicherung nach IT-Grundschutz:** In 3 Schritten zur Informationssicherheit« vorgelegt, der die wesentlichen Informationen für den Aufbau eines ISMS kompakt und übersichtlich darbietet.

Lebenszyklus des Sicherheitskonzepts

P

Planung und Konzeption

- Auswahl einer Methode zur Risikobewertung
- Klassifikation von Risiken bzw. Schäden
- Risikobewertung
- Entwicklung einer Strategie zur Behandlung von Risiken
- Auswahl von Sicherheitsmaßnahmen

D

Umsetzung

- Realisierungsplan für das Sicherheitskonzept
- Umsetzung der Sicherheitsmaßnahmen
- Überwachung und Steuerung der Umsetzung
- Aufbau der Notfallvorsorge und Behandlung von Sicherheitsvorfällen
- Schulung und Sensibilisierung

C

Erfolgskontrolle und Überwachung

- Detektion von Sicherheitsvorfällen im laufenden Betrieb
- Überprüfung der Einhaltung von Vorgaben
- Überprüfung der Eignung und Wirksamkeit von Sicherheitsmaßnahmen
- Überprüfung der Effizienz der Sicherheitsmaßnahmen
- Managementberichte

A

Optimierung und Verbesserung

- Beseitigung von Fehlern
- Verbesserung von Sicherheitsmaßnahmen

PDCA-Lebenszyklus eines IT-Sicherheitskonzepts (nach BSI-Standard 200-2)

Der Aufbau eines **Business Continuity Management-Systems (BCM;** Betriebskontinuitätsmanagement, vgl. Abschn. 8.5.3) wird bis jetzt noch (Stand: Dezember 2021) im BSI-Standard 100-4 zum Notfallmanagement behandelt. Dieser Standard wird seit Längerem überarbeitet und soll als neuer Standard 200-4 künftig eine praxisnahe Anleitung für den Aufbau und die Etablierung eines BCM-Systems in der eigenen Institution bieten. Ein Ziel dabei ist, auch unerfahrenen BCM-Anwendenden einen leichten Einstieg in die Thematik zu ermöglichen. Ein Entwurf, der durch die Anwendergemeinde kommentiert werden kann (»Community Draft 1.0«), steht auf der BSI-Homepage zum Download bereit. Ein zweiter Entwurf ist für Winter 2021/22 angekündigt.

Für weiterführend Interessierte steht das BSI-Regelwerk auf der Homepage der Bundesanstalt für Sicherheit in der Informationstechnik (www.bsi.bund.de) unter »Publikationen«, »BSI-Standards« zum Download bereit.

16.1.2.3 Schutzstufenkonzept

Nicht alle Daten sind gleich wichtig für ein Unternehmen. Deshalb muss auch nicht für alle Daten der gleiche Aufwand zur Datensicherung betrieben werden. Während sich eine Clipartsammlung schnell neu installieren lässt und daher möglicherweise gar nicht besonders gesichert werden muss, kann es angemessen sein, Daten von herausragender wirtschaftlicher Bedeutung, z. B. nur in elektronischer Form übermittelte Auftragsdaten, mehrmals täglich zu sichern und diese Sicherungsdatenträger in einem anderen Gebäude in einem feuerfesten Safe unterzubringen.

Eine Klassifizierung, die sich zunächst an der **wirtschaftlichen Bedeutung** der Daten orientiert, wäre z. B.

Klasse 1: Daten, deren Verlust mit geringem Aufwand auszugleichen ist, beispielsweise durch Neuinstallation einer Software

Klasse 2: Daten, deren Rekonstruktion erheblichen finanziellen und/oder zeitlichen Aufwand erfordert, beispielsweise durch nochmaliges Erfassen von Belegen

Klasse 3: Daten, deren Verlust für den Betrieb existenzbedrohend sein kann, etwa Konstruktionspläne

Klasse 4: Daten, die aufgrund von DSGVO, BDSG oder anderer Gesetze besonders geschützt werden müssen

Alle Daten werden beurteilt, der jeweiligen Klasse zugeordnet und entsprechend gesichert.

Besondere Aufmerksamkeit gebührt **personenbezogenen Daten.** Es bietet sich an, ein so genanntes **Schutzstufenkonzept** zu erarbeiten, das die Daten nach ihrer Wichtigkeit bzw. Schutzbedürftigkeit (»Sensibilität«) klassifiziert. Auf diese Stufen, die nicht vom Gesetz definiert sind, für deren Bildung aber insbesondere in Bezug auf personenbezogene Daten eine Reihe von Empfehlungen – z. B. von Landesdatenschutzbeauftragten – existieren, sind die zu treffenden technischen und organisatorischen Maßnahmen abzustellen.

Eine häufig von öffentlichen Stellen vorgenommene Unterscheidung ist die folgende:

Stufe A: Frei zugängliche Daten; Einsicht wird gewährt, ohne dass ein berechtigtes Interesse geltend gemacht werden muss.

Stufe B: Daten, deren Missbrauch keine besondere Beeinträchtigung erwarten lässt, aber für den Betroffenen ggf. eine Belästigung darstellt; Einsichtnahme ist an ein berechtigtes Interesse gebunden.

Stufe C: Daten, deren Missbrauch den Betroffenen in seiner gesellschaftlichen Stellung (»Ansehen«) oder in wirtschaftlicher Hinsicht beeinträchtigen kann.

Stufe D: Daten, deren Missbrauch den Betroffenen in seiner gesellschaftlichen Stellung oder in seinen wirtschaftlichen Verhältnissen erheblich (»existenziell«) beeinträchtigen kann (z. B. medizinische Daten, dienstliche Beurteilungen, Daten über Anstaltsunterbringungen, Schulden, Insolvenzen, begangene Straftaten usw.).

Stufe E: Daten, deren Missbrauch Gesundheit, Leben oder Freiheit des Betroffenen beeinträchtigen/gefährden kann (z. B. Daten über Zeugen in Gerichtsverfahren).

In Unternehmen erfolgt eine **Datenklassifizierung** häufig nach einem **Drei-Stufen-Konzept** in geheime, vertrauliche und frei zugängliche Daten. Diese Notwendigkeit wird vor allem in den sensiblen Bereichen Personal, Marketing sowie Forschung und Entwicklung gesehen.

Das Schutzstufenkonzept ist in vielen Unternehmen Teil umfassenderer **IT-Sicherheitsrichtlinien,** deren weitere Elemente etwa regelmäßige Sicherheitsbelehrungen der Mitarbeiter sowie Regeln für den Umgang mit Passwörtern, für den Einsatz von Wechseldatenträgern, für die Behandlung eingehender E-Mails mit Anhängen, für die private Internetnutzung usw. sein können.

16.2 Möglichkeiten der technischen Datensicherung anwenden

Wie Datensicherungsmaßnahmen durchgeführt werden, hängt zum einen von der Art und Menge der zu speichernden Daten ab, zum zweiten davon, wer diese Daten speichert, und zum dritten von der in der Datenverarbeitung eingesetzten Technik und Vernetzung. In Zusammenhang mit Netzwerken wird in der Datenverarbeitung häufig von **Topologie** (eigentlich »Lehre von der Lage und Anordnung geometrischer Gebilde im Raum«) gesprochen; gemeint ist damit die Anordnung der Netzwerkkomponenten (Server, Clients, Datenleitungen, Speicher usw.) zueinander. Das Vorhandensein eines Netzwerks und seine Beschaffenheit (vgl. Abschn. 19.1.1) ist insbesondere maßgeblich dafür, in welcher Form Datensicherung realisiert wird.

Eine relativ neue Entwicklung stellen Speichernetzwerke dar, die die Speichergeräte entweder direkt in ein lokales oder externes Netz einbinden **(Network Attached Storage, NAS)** oder zu einem eigenen Netzwerk zusammenfassen, das wiederum mit datenverarbeitenden, serverbasierten Netzwerken verbunden wird **(Storage Area Network, SAN).** Auf diese und weitere Speichernetzwerk-Topologien, die vor allem für Unternehmen und Institutionen mit sehr großen Datenmengen relevant sind, soll an dieser Stelle aber nicht näher eingegangen werden, da derzeit nicht abgesehen werden kann, welche der zahlreichen technischen Lösungen sich letztlich in der Praxis durchsetzen wird.

Auch bei Datensicherung und Datenschutz müssen Nutzen und Aufwand in einem (wirtschaftlich) vertretbaren Verhältnis stehen.

Welcher Aufwand getrieben wird, ist vom Einzelfall abhängig und richtet sich nach

- der Art und Menge der verarbeiteten Daten,
- der bei der Verarbeitung eingesetzten Technik,
- der Schutzwürdigkeit der Daten,
- der Einschätzung der Gefährdung.

Für **personenbezogene Daten** bestehen strikte Regelungen nach der DSGVO und dem BDSG. Auch für andere als personenbezogene Daten können gesetzliche Datensicherungsvorschriften existieren; so gelten z. B. für steuerlich relevante **Daten der Finanzbuchhaltung** die von den obersten Finanzbehörden erarbeiteten Grundsätze zur ordnungsmäßigen Führung und Aufbewahrung von Büchern, Aufzeichnungen und Unterlagen in elektronischer Form sowie zum Datenzugriff (GoBD).

Die Maßnahmen der Datensicherung können grob in drei Gruppen eingeteilt werden:

Maßnahmen der Datensicherung

16.2.1 Sicherheitstechnik: Hardware-Maßnahmen

Bereits in Abschnitt 16.1.1.1.1 wurde auf Maßnahmen zur Verringerung der Störanfälligkeit von in der Datenverarbeitung eingesetzter Technik hingewiesen. Eine weitere Sicherungsmaßnahme stellt die redundante (meint hier: mindestens doppelte) Vorhaltung bestimmter Komponenten, z. B. Netzteile und Lüfter, dar. Damit wird sichergestellt, dass bei Ausfall einer Komponente sofort ein gleichartiges Teil dessen Aufgabe übernimmt.

Auch auf die Möglichkeiten zur laufenden Überwachung des Betriebszustands wesentlicher Bauteile, die Voraussetzung für das Erkennen von Störungen ist, wurde bereits ausführlich hingewiesen.

Im Folgenden soll es nun um hardwaregestützte Maßnahmen zur Sicherung gespeicherter Daten, zur Fehlererkennung bei der Datenübertragung und zur Abwehr von unbefugter Nutzung gehen.

16.2.1.1 Hardwareinterne Maßnahmen zum Schutz vor Datenverlusten und -verfälschungen

16.2.1.1.1 Redundante Datenspeicherung: RAID

Eine gängige Maßnahme, um wichtige Daten vor unbeabsichtigter Löschung zu schützen, ist die hardwaregesteuerte **redundante** (= doppelte/mehrfache, primär nicht erforderliche) Speicherung der Daten.

RAID-Systeme (Redundant Array of Inexpensive/Independent Disks) dienen – je nach RAID-Level, also der Art der technischen Realisierung – entweder der Beschleunigung der Datenspeicherung, der der Erhöhung der Datensicherheit durch automatische Wiederherstellung fehlerhafter Daten oder beidem. Je nach gewähltem Level werden die verfügbaren Speicherkapazitäten mehr oder weniger gut ausgenutzt. In jedem Falle werden durch entsprechende Betriebssystem- oder Hardwaremaßnahmen mehrere Festplatten so zusammengefasst, dass sie wie eine einzige große Festplatte genutzt werden können.

Die Grundlage der RAID-Technologie bilden die so genannten **»Stripe Sets«**. Dabei werden die zu speichernden Daten in kleine Datenblöcke (das Stripe-Format reicht je nach Verfahren vom einzelnen Byte bis zu 128 KB) aufgeteilt und auf mehrere Festplatten verteilt.

Die folgenden **RAID-Level** sind heute gebräuchlich.

RAID 0 (Striping): Zwei oder mehr Festplatten werden zu einem Verbund zusammengeschaltet. Die in gleich große Streifen (»Stripes«) eingeteilten Datenblöcke werden abwechselnd auf diesen Festplatten abgelegt. Dabei wird die verfügbare Festplattenkapazität vollständig genutzt, aber es findet keine redundante Speicherung statt. RAID 0 dient damit allein der **Beschleunigung** von Plattenzugriffen; denn fällt eine der Platten des Verbunds aus, sind alle Daten verloren.

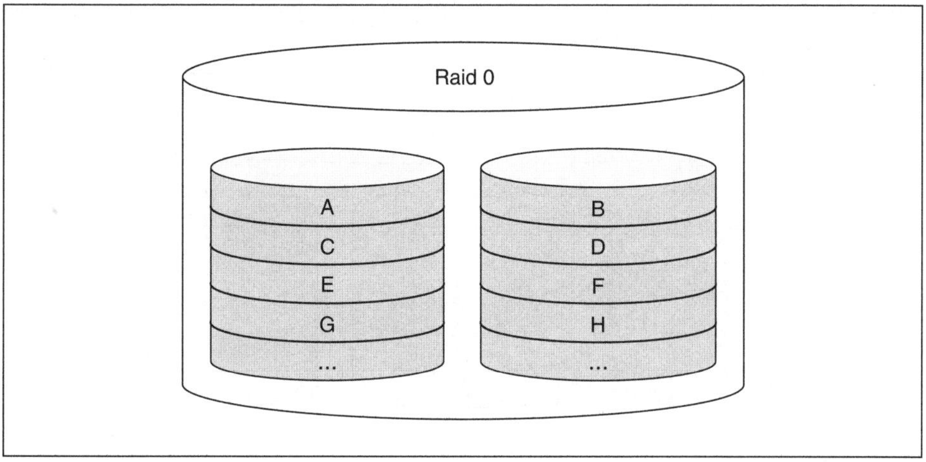

RAID 0

RAID 1 (Mirroring): Alle Daten werden »ungestriped« parallel auf zwei Platten gespeichert, sodass eine Platte ein Spiegelbild der anderen darstellt. Fällt eine der Platten aus, entstehen weder Datenverluste noch Betriebsunterbrechungen. Der Nutzer oder Administrator erhält eine Fehlermeldung und tauscht die defekte Platte bzw. das defekte Laufwerk (evtl. im laufenden Betrieb) aus. Die verfügbare Plattenkapazität steht in Wahrheit nur zur Hälfte zur Verfügung; die Kosten der Datenspeicherung verdoppeln sich somit. Zur Vergrößerung der Sicherheit des Verfahrens können zur parallelen Speicherung Plattenlaufwerke eingesetzt werden, die über unterschiedliche Kanäle (Leitungen, Controller) angesteuert werden: Der Ausfall eines Kanals kann dann nicht zum Datenverlust führen. Dieses Verfahren wird als **Duplexing** bezeichnet.

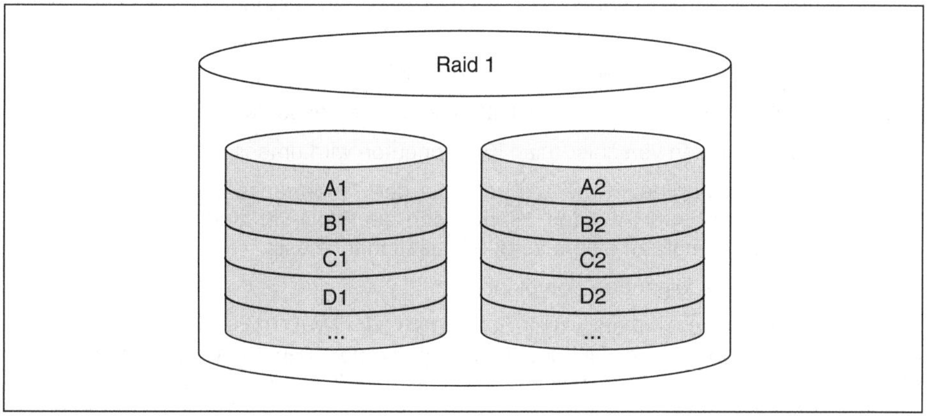

RAID 1

RAID 5 (Striping mit verteilter Parität): Zu allen abgespeicherten Daten, die in Stripes auf mehrere Platten verteilt werden, werden Paritätsdaten (noch näher erläutert in Abschn. 16.2.1.1.2) mit abgelegt. Fällt eine einzelne Platte aus, können die Daten mit Hilfe der Parität rekonstruiert werden. In den Vorgängerversionen RAID 3 und RAID 4 wurden die Paritätsdaten auf einer separaten Platte festgehalten, die dadurch besonders stark belastet wurde; RAID 5 verteilt die Paritätsdaten gleichmäßig auf alle Festplatten des Verbunds und sorgt so für eine gleichmäßige Auslastung aller Platten und einen Geschwindigkeitsvorteil (optimierte **Performance**).

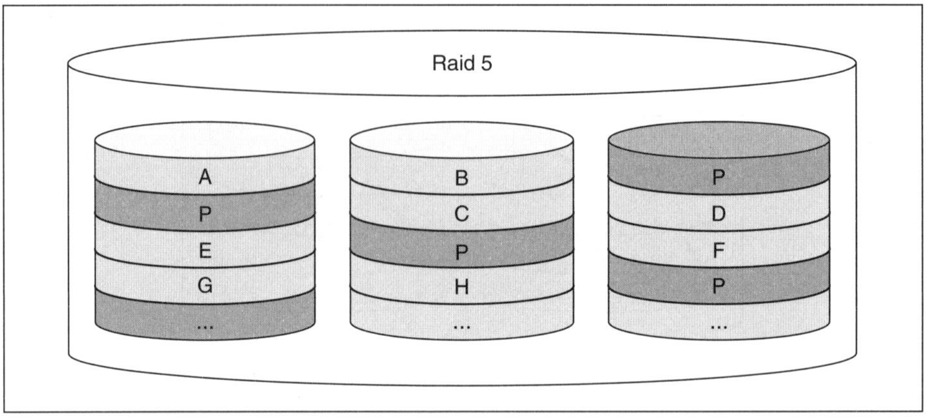

RAID 5

RAID 6 (Block-Level Striping mit doppelter Parität) kann den gleichzeitigen Ausfall von zwei Festplatten verkraften. Damit wird einerseits ein höherer Sicherheitsgrad erreicht, andererseits aber die Schreib-Performance verringert. Da zwei zusätzliche Festplatten für die Paritäten erforderlich sind, ist diese Lösung zudem teurer als RAID 5.

Wenn von **RAIDn+m** gesprochen wird, steht n für die Gesamtzahl der Festplatten und m für die Anzahl der Festplatten, die ausfallen dürfen, ohne dass ein Datenverlust entsteht.

Manche Systeme erlauben das Hinzufügen, Entfernen oder den Wechsel von Festplatten im laufenden Betrieb **(Hot-Plug).** Die Bezeichnungen für diese Vorgänge werden nicht nur in Zusammenhang mit Festplatten, sondern mit Hardwarekomponenten aller Art – teils auch Eingriffen in Software – benutzt:

- **Hot-Add:** Neue Komponenten werden hinzugefügt.
- **Hot-Swap:** Komponenten werden im laufenden Betrieb ausgetauscht.
- **Hot-Switch:** Zwischen verschiedenen Komponenten wird umgeschaltet.

Zur weiteren Steigerung der Sicherheit und/oder der Performance können verschiedene RAID-Verfahren **kombiniert** werden. Hierbei wird ein RAID-Verbund durch ein anderes RAID-Verfahren nochmals zu einem Verbund zusammengefasst.

Gebräuchlich sind die folgenden Kombinationen:

RAID 1 mit RAID 0 (zusammengefasst zu RAID 10 oder RAID 01): Ein Verbund gestripter Platten wird zur Erhöhung der Sicherheit gespiegelt (oder auch: Ein Verbund gespiegelter Platten wird zur Erhöhung der Geschwindigkeit gestriped). Insgesamt werden mindestens vier Festplatten benötigt.

RAID 5 mit RAID 0 (zusammengefasst zu RAID 50 oder RAID 05): Ein RAID 5-Verbund wird zusätzlich gestriped.

Kein RAID-Verfahren ist **JBOD** (Just a bunch of disks, Nur ein Haufen Festplatten). Hier werden mehrere, auch unterschiedlich große, Festplatten so kombiniert, dass sie nach außen als eine einzige Platte erscheinen. Vorteil ist die leichte Erweiterbarkeit, es ist aber keine Redundanz vorhanden, die die Ausfallsicherheit gegenüber einer einzelnen Platte erhöhen würde.

16.2.1.1.2 Fehlererkennung bei binär codierten Daten

Datenverfälschungen können bei der Datenaufzeichnung, –weiterverarbeitung und –übertragung entstehen, indem Daten fehlerhaft gelesen oder gespeichert werden

Ein häufig als Hardwarelösung über Controller installiertes, teilweise auch über Software erzeugtes Verfahren, mit dem fehlerhaft übertragene Informationen auf Bit-Ebene entdeckt werden können, ist das **Prüfbit- oder Paritätsbitverfahren.** Da hierbei Informationen gespeichert und übertragen werden, die mit dem eigentlichen Inhalt der Daten nichts zu tun haben, wird in diesem Zusammenhang häufig auch von **»redundanter Datenübertragung«** gesprochen, was aber nicht im Sinne von »doppelter/mehrfacher Datenübertragung« missverstanden werden darf.

Zum Verständnis des Verfahrens sind einige grundsätzliche Erläuterungen zur Informationsverarbeitung erforderlich:

Jede Speicherstelle innerhalb eines EDV-gestützten Systems kann nur zwei verschiedene Zustände annehmen. Aus diesem Grunde müssen alle Informationen, die von einem EDV-System verstanden und verarbeitet werden sollen, maschinenintern in eine Darstellungsform gebracht werden, die mit zwei möglichen Zuständen auskommt. Diese Zustände werden üblicherweise mit 0 oder 1 umschrieben. Das **Bit** (= binary digit) als kleinstes maschinenverständliches Zeichen beinhaltet genau einen dieser beiden möglichen Zustände.

Bits werden zu Bytes zusammengefasst. Ein Byte setzt sich aus 8 Bits als Informationsträger sowie einem neunten Bit als Träger des redundanten Prüfsignals zusammen. Dies bedeutet, dass mittels eines Byte 28 = 256 verschiedene Werte, nämlich die Zahlen 0 – 255, dargestellt werden können. Die Computerpraxis nutzt jedoch Halbbytes zur Darstellung der einzelnen Ziffern, aus denen sich Dezimalzahlen zusammensetzen. Diese Art der Darstellung nennt man **BCD-Code** (Binary Coded Decimal).

Beispiel:

Die Zahl 178 entspricht...	*... im Dualsystem:*	*... im BCD-Code:*
	1 0 1 1 0 0 1 0	*0001 0111 1000*
	(dez.=	*1 7 8)*

Bei einer Speicherstellenkapazität von heute gebräuchlichen acht Bits (= ein Byte) können auf diese Weise zwei Ziffern pro Speicherstelle untergebracht werden. Vielfach wird jedoch nur das rechte Halbbyte für zu speichernde Informationen genutzt, während das linke Halbbyte der Aufnahme rechnerintern benötigter Steuer- und Adressierungsinformationen dient.

Wenn Bits fehlerhaft übertragen werden, so kann dies anhand eines neunten Bits, des so genannten **Prüf-, Paritäts-** oder **C-Bits,** festgestellt werden, sofern nicht innerhalb eines Bytes mehr als ein Fehler vorliegt. Zu unterscheiden sind hierbei Verfahren mit gerader und solche mit ungerader **Parität.** Diese Parität gibt an, welchen Wert das Prüfbit – in Abhängigkeit von den übrigen Bits eines Bytes – anzunehmen hat. Bei gerader Parität erhält das Prüfbit den Wert 1, wenn die Summe der übrigen Einsen innerhalb des Bytes eine ungerade Zahl ist, sodass sich inklusive des Prüfbits eine gerade Anzahl von Einsen ergibt; bei ungerader Parität ist das Prüfbit 1, wenn die Summe der übrigen Einsen gerade ist.

16.2.1.2 Hardwareinterner Zugriffsschutz

Auch Maßnahmen zur Verhinderung einer missbräuchlicher Nutzung von Daten können hardwareintern angelegt sein. Hierzu gehören

- Verschlüsselungsverfahren, bei denen **Verschlüsselungskarten** in den Rechner eingebaut werden (gegenüber Lösungen auf Software-Basis ist dieses Verfahren vergleichsweise kostspielig und aufwändig, gilt aber als besonders sicher und bedingt keine nennenswerten Geschwindigkeitsverluste);

- Eingabe eines **PIN-Codes** (Personal Identification Number) in Verbindung mit Hardware in Scheckkartenformat (Smartcard);
- **mechanische Schutzvorkehrungen** wie Tastatur- und Laufwerkschlösser, Metallbügel und -klammern;
- **Fingerabdrucksensoren** zur biometrischen Authentifizierung (vgl. Abschn. 16.2.2.2.4).

Weitere Verfahren werden in Abschnitt 16.2.3 unter dem Stichwort »Orgware« behandelt.

16.2.1.3 Technische Umfeldmaßnahmen

Klima-, Feuerschutz- und Schließanlagen sichern Datenbestände vor Zerstörung und verhindern den Zutritt Unbefugter zu den Datenverarbeitungsanlagen. Mindestens Server und diejenigen Arbeitsstationen, an denen Daten unabhängig vom Server gespeichert werden, sollten mit **unterbrechungsfreien Stromversorgungen (USV; auch: UPS = Uninterruptable Power Supply)** versorgt werden. USV werden zwischen Stromquelle und Rechner geschaltet, eliminieren Spannungsspitzen und -einbrüche und halten die Stromversorgung bei Stromausfall unterbrechungsfrei je nach Gerätetyp für einige Minuten bis zu einigen Stunden aufrecht. Auf diese Weise können Daten gesichert und Geräte ordnungsgemäß heruntergefahren werden, bevor der Totalausfall eintritt. Diese Sicherung kann softwaregesteuert auch automatisiert ohne Eingriff des Administrators erfolgen.

16.2.2 Software-Maßnahmen

16.2.2.1 Software-Maßnahmen zur Fehlererkennung

16.2.2.1.1 Prüfziffernverfahren

Dieses Verfahren ist eine Softwaremaßnahme, durch die bei Eingabe numerischer Daten in ein Programm Fehler aufgespürt werden sollen; typische Fehler bei der Eingabe:

Fehlerart	Beispiel	
	korrekter Wert:	23456
	eingegeben wurde:	
eine falsche Ziffer		23466
eine zusätzliche Ziffer		234566
eine Ziffer zuwenig		2345
ein verdrehter Wert		23546
ein mehrfach verdrehter Wert		32546

Typische Fehler bei der Eingabe von Ziffern

Durch das Anhängen einer Prüfziffer, deren Wertigkeit vom Wert und der Stellung der Ziffern des Ursprungswertes abhängt, wird das Ausgangsdatum zu einer gewissermaßen »sich selbst überprüfenden« Größe. Die Praxis verwendet unterschiedliche Verfahren zur Berechnung der Prüfziffer.

Exemplarisch soll hier das **Modulus 11-Verfahren** (oder Modulo 11) beschrieben werden. Dieses wird z. B. für ISBN (International Standard Book Number) benutzt.

Zur Ermittlung der Prüfziffer, die für eine ausgewählte Nummer zu vergeben ist, wird zunächst jede Ziffer des Ausgangswertes mit einem Gewichtungsfaktor multipliziert. Die Gewichtungsfaktoren können aufsteigend (2,3,4 ... 10) oder in anderer Weise gereiht sein Für die Einerstelle hat dieser Gewichtungsfaktor den Wert 2; für jede weitere Stelle steigt er um 1. Die Ergebnisse der Multiplikation werden addiert; die so ermittelte Summe wird durch den so genannten Modulus, in diesem Falle 11, geteilt. Der bei dieser Division ermittelte Restwert wird vom Modulus abgezogen. Das Ergebnis dieser Operation ist die Prüfziffer, die dem Ausgangswert angehängt wird (beim Modulo 11-Verfahren wird, wenn die Differenz 10 beträgt, ein X angehängt).

Wird eine mit einer Prüfziffer versehene Zahl automatisch bei der Eingabe überprüft, so wird die ganze Zahl der gleichen Prozedur unterworfen, wobei die Prüfziffer die Gewichtung 1 erhält. Ergibt sich hierbei kein Restwert bei der Division durch den Modulus, ist der Wert als fehlerfrei erkannt; anderenfalls erfolgt eine Fehlermeldung.

Beispiel:

Ausgangswert ist die ISBN (ohne Prüfziffer)	*3-88264-335*
Gewichtung:	*3 x 10 = 30*
	8 x 9 = 72
	8 x 8 = 64
	2 x 7 = 14
	6 x 6 = 36
	4 x 5 = 20
	3 x 4 = 12
	3 x 3 = 9
	5 x 2 = 10
Addition:	*267*
Division durch Modulus:	*267 : 11 = 24 Rest 3*
Subtraktion des Restwertes vom Modulus:	*11 – 3 = 8*

Die ermittelte Prüfziffer 8 wird an den Ausgangswert angehängt. Die gesamte ISBN lautet demnach 3-88264-335-8

Probe:	*3 x 10 = 30*
	8 x 9 = 72
	8 x 8 = 64
	2 x 7 = 14
	6 x 6 = 36
	4 x 5 = 20
	3 x 4 = 12
	3 x 3 = 9
	5 x 2 = 10
	8 x 1 = 8
Addition:	*275*
Division durch Modulus:	*275 : 11 = 25 Rest 0*

Neben dem Modulo 11- Verfahren sind zahlreiche weitere Verfahren gebräuchlich, die sich hinsichtlich des Modulus und der Abfolge der Gewichtungsfaktoren unterscheiden. Zahlreiche Banken und Sparkassen verwenden bei der Bildung von Kontonummern Modulus 10 mit der Gewichtungsfaktorenreihe 2,3,4 ... usw.; einige Institute wenden eine modifizierte Form an, bei der sich die Gewichtungsfaktoren 3,7,1 wiederholen, oder arbeiten nicht mit gewöhnlichen Summen, sondern mit Quersummen. Andere Anwendungsfälle für Prüfziffern sind die Nummern von Personalausweisen, Reisepässen und Geldscheinserien. Auch Unternehmen verwenden dort, wo die Folgen von Verwechslungen gravierend wären, Nummern mit Prüfziffern, z. B. Artikelnummern.

16.2.2.1.2 Plausibilitätsprüfungen

Plausibilitätsprüfungen sind nach folgenden Prüfungsarten zu unterscheiden:

- Prüfungen, ob sich eingegebene Daten innerhalb vorab festgelegter Wertgrenzen bewegen (z. B. gültige Kalenderdaten: maximal 31 Tage und 12 Monate);
- Feldlängenprüfungen (z. B. Festlegung der Postleitzahl auf exakt 5 Zeichen);
- Zeichenartkontrollen (z. B. Verweigerung der Annahme von Buchstabeneingaben in ein numerisches Feld).

16.2.2.2 Softwaregesteuerter Zugangs- und Zugriffsschutz

16.2.2.2.1 Zugriffssicherungen durch Verschlüsselungsverfahren/ Kryptographie

Bei der Speicherung von Daten und bei der Datenfernübertragung ist die Verschlüsselung von Daten zur Verhinderung missbräuchlicher Nutzung dringend angeraten. Über das Internet übertragene Daten – etwa E-Mails – durchlaufen vom Sender zum Empfänger teilweise sehr verschlungene Wege, deren Stationen weder vorbestimmbar noch vom Nutzer nachvollziehbar sind. Die Vertraulichkeit ist damit in keiner Weise sichergestellt.

Ein gängiges Verfahren, Daten für jeden anderen als den legitimen Empfänger unleserlich zu machen, ist deren Verschlüsselung. Dabei werden die symmetrische und die asymmetrische Verschlüsselung unterschieden.

Bei der **asymmetrischen** (auch: asynchronen) Verschlüsselung **(Kryptographie)** besitzt jeder Nutzer zwei Schlüssel, die er mittels eines Verschlüsselungsprogramms erstellt hat. Einer davon ist der »Öffentliche Schlüssel« **(Public Key),** der zum Verschlüsseln von Nachrichten dient und deswegen denjenigen Kommunikationspartnern, die diesem Nutzer Daten zuspielen wollen, zur Verfügung gestellt werden muss. Dies kann z. B. ohne Gefahr auf einem öffentlich zugänglichen Server oder per E-Mail erfolgen. Der zweite Schlüssel, der ein »Geheimer Schlüssel« **(Private Key)** ist, ist nur für den eigenen Gebrauch des Nutzers bestimmt: Er wird zur Entschlüsselung empfangener Nachrichten benötigt. Will nun ein Partner einem anderen Teilnehmer eine E-Mail schicken, verschlüsselt er diese mitsamt ihren Anhängen mit dem Public Key des Empfängers. Der Empfänger – und nur dieser – macht die Nachricht mittels des Private Key lesbar.

Das meist verbreitete Programm zur asymmetrischen Verschlüsselung von Dokumenten ist **PGP (Pretty Good Privacy),** das in den USA entwickelt wurde. In Deutschland darf PGP derzeit ohne Einschränkungen durch Sicherheits- und Strafverfolgungsbehörden eingesetzt werden. Kostenlos ist es nur für den privaten Gebrauch; für den kommerziellen Einsatz muss eine Lizenz erworben werden. **PGP** bedient sich keiner zentralen Zertifizierungsinstanz, sondern basiert auf dem so genannten Web of Trust (Netz des Vertrauens), also der Philosophie, die Authentizität digitaler Schlüssel durch ein Netz gegenseitiger Bestätigungen zu belegen.

Bei der **symmetrischen** Verschlüsselung wird nur ein Schlüssel benutzt, der daher sowohl dem Absender als auch dem Empfänger der Daten bekannt sein muss. Dieses Verfahren ist auf den unbedingt vertraulichen Umgang mit dem Schlüssel durch alle Schlüsselinhaber angewiesen. Vorteilhaft ist die gegenüber den asymmetrischen Verfahren deutlich größere Ver- und Entschlüsselungsgeschwindigkeit.

Die Vorteile beider Verfahren kombiniert die **hybride** Verschlüsselung. Dabei wird die eigentliche Kommunikation symmetrisch mit einmaligem zufälligem Sitzungsschlüssel verschlüsselt. Dieser allerdings wird vor Beginn der eigentlichen Kommunikation asymmetrisch verschlüsselt und übertragen. Der hybriden Verschlüsselung bedient sich die im Internetbanking eingesetzte SSL-(Secure Sockets Layer)-Verschlüsselung. Sichtbar wird die Nutzung einer solchen sicheren Verbindung durch den Wechsel des Internetprotokolls von http zu https und – bei Verwendung eines gängigen Browsers – die Anzeige eines verschlossenen Vorhängeschlosses in der Meldezeile (am unteren Bildschirmrand).

Am **»https«** erkennt der Internet-Browser des Anwenderrechners, dass er von dem aufgerufenen Server (beim Internet-Banking also dem Server der Bank) einen zertifizierten Public Key **(»Zertifikat«)** anfordern soll. Der Server beschafft sich diesen von der Zertifizierungsstelle und reicht ihn an den Browser des Benutzers weiter. Der Browser wiederum erhält von der Zertifizierungsstelle die Information, dass das Zertifikat noch gültig ist, und kann hieran erkennen, ob er tatsächlich mit dem gewünschten Server verbunden ist. Anschließend verständigen sich der Benutzerrechner und der Server in einer asymmetrisch verschlüsselten Kommunikation auf einen symmetrischen Schlüssel, der für die eigentliche Kommunikation verwendet und zu diesem Zweck nur für diese eine Sitzung erzeugt wird.

16.2.2.2.2 Elektronische Signaturen und sonstige Vertrauensdienste

Der elektronische, insbesondere der über das Internet abgewickelte Geschäftsverkehr erfordert rechtsverbindliche Signaturen, die der handschriftlichen Unterschrift gleichgesetzt sind und folgende Bedingungen erfüllen:

- **Authentizität:** Die Signatur muss die Abstammung des Dokuments und den Willen des Absenders zur rechtsverbindlichen Bestätigung zweifelsfrei bestätigen;
- **Integrität:** Es muss sichergestellt sein, dass das Dokument nach dem Versenden nicht manipuliert oder beeinträchtigt wurde.

Die rechtlichen Vorgaben für die Regelungen zur elektronischen Identifizierung und zu weiteren so genannten Vertrauensdiensten innerhalb des Europäischen Binnenmarktes sind in der **EU-Verordnung 910/2014 (eiDAS-Verordnung,** in Deutschland häufig auch abgekürzt **IVT)** über »Elektronische **I**dentifizierung und **V**ertrauensdienste für elektronische **T**ransaktionen im Binnenmarkt« festgelegt. Die eiDAS-Verordnung verfolgt die Sicherstellung des reibungslosen und sicheren Funktionierens des europäischen Binnenmarktes in Hinblick auf **elektronische Signaturen, elektronische Siegel, elektronische Zeitstempel,** Dienste für die **Zustellung elektronischer Einschreiben** und das Tätigwerden von Vertrauensdiensteanbietern (zuvor: Zertifizierungsdiensten) für die **Authentifizierung von Webseiten.**

Mit dem **eiDAS-Durchführungsgesetz und dem Vertrauensdienstegesetz (VDG),** jeweils vom 18. Juli 2017, wurden die Regelungen der eiDAS-Verordnung in nationales Recht übertragen und um nationale Festlegungen ergänzt. Zugleich wurde das 20 Jahre früher in Kraft getretene »Gesetz über Rahmenbedingungen für elektronische Signaturen«, kurz Signaturgesetz (SigG), außer Kraft gesetzt. Am 15.2.2019 trat ergänzend die **Vertrauensdiensteverordnung (VDV)** in Kraft, die insbesondere die von den Vertrauensdiensten zu erbringende Deckungsvorsorge für Haftpflichtfälle regelt.

Die eiDAS-Verordnung unterscheidet drei Formen von elektronischen Signaturen:

- **elektronische Signaturen,** an die keine besonderen Anforderungen gestellt werden;
- **fortgeschrittene elektronische Signaturen,** die unter Verwendung elektronischer Signaturerstellungsdaten erstellt werden, nachträglich vorgenommene Änderungen erkennbar werden lassen, dem Unterzeichner eindeutig zuzuordnen sind und damit seine Identifizierung ermöglichen;

- **qualifizierte elektronische Signaturen** als solche fortgeschrittenen Signaturen, die von qualifizierten elektronischen Signaturerstellungseinheiten erstellt wurden und auf einem qualifizierten Zertifikat eines qualifizierten Vertrauensdiensteanbieters für elektronische Signaturen beruhen.

Nur die letztgenannten qualifizierten elektronischen Signaturen können dort, wo eine schriftliche Form gesetzlich vorgeschrieben ist, die eigenhändige Unterzeichnung rechtskräftig ersetzen (§ 126a BGB). Allerdings gibt es Grenzen für ihre Anerkennung: So können z. B. Arbeitszeugnisse, Bürgschaftserklärungen, Schuldversprechen und -anerkenntnisse weiterhin nur von Hand unterzeichnet werden. Dies gilt auch für Unterschriften, die notariell beglaubigt werden müssen.

Zur Erzeugung eines »digitalen Fingerabdrucks«, der der Unterschrift unter einem Dokument gleichkommt, wird aus dem zu unterzeichnenden Dokument ein Wert **(»Hash-Wert«)** errechnet, der mittels des geheimen Schlüssels (Private Key) des Verfassers verschlüsselt wird. Dieser verschlüsselte Wert wird an den Empfänger der Nachricht geschickt, der hieraus mit dem öffentlichen Schlüssel (Public Key) des Absenders den Hash-Wert, den der Absender errechnet hat, ermitteln kann. Gelingt die Entschlüsselung, ist damit belegt, dass die Nachricht tatsächlich von der als Absender genannten Person stammt. Ist der entschlüsselte Hash-Wert mit demjenigen, der sich aus der Nachricht selbst ergibt, identisch, beweist dies, dass das Dokument nach dem Abschicken nicht verfälscht wurde, da schon die Veränderung eines einzigen Bits einen anderen Hash-Wert zur Folge hätte.

Ein als sicher eingeschätztes Verfahren ist SHA-2 (»Secure Hash Algorithm«).

Die Speicherung des zur Signaturerzeugung erforderlichen »Private Key« erfolgt entweder in einer auf der Festplatte des Nutzers abgelegten, mittels eines Passworts verschlüsselten Datei (als so genannter **Softkey**) oder auf einer Chipkarte (**Smartcard,** vgl. Abschn. 16.2.1.2), auf die nur mit einem an den Rechner angeschlossenen Kartenlesegerät und nur in Verbindung mit einer **PIN** zugegriffen werden kann. Auch Hardewarekomponenten wie USB-Token mit integriertem Smartcard-Chip sind gebräuchlich.

Juristische Personen können die Herkunft und Authentizität von Daten und Dokumenten mit einem qualifizierten elektronischen Siegel nachweisen.

Die Zulassung qualifizierter Vertrauensdiensteanbieter (»Trust Center«) für das Ausstellen qualifizierter Zertifikate für elektronische Signaturen, Siegel, Zeitstempel und Einschreibenzustellung obliegt in Deutschland der Bundesnetzagentur als zuständiger Aufsichtsstelle. Zum Zeitpunkt der Drucklegung dieses Buches waren sieben Anbieter gelistet, wobei die hierzu gehörende Bundesagentur für Arbeit Zertifikate jedoch nur für eigene Zwecke ausstellt und nicht für externe Antragsteller tätig wird. Für das Ausstellen elektronischer Siegel ist bislang nur das Trustcenter der Bundesdruckerei, die D-Trust GmbH, zugelassen.

Aufsichtsstelle für Anbieter von Zertifikaten für Webseiten ist das Bundesamt für Sicherheit in der Informationstechnik (BSI).

16.2.2.2.3 Passwörter

Als Sicherung gegen den unbefugten Zugriff auf Geräte, Programme und Dateien sind Passwörter üblich. Zusammen mit dem Benutzernamen und den im System hinterlegten Berechtigungen stellen sie die Zugangsberechtigung (Benutzerkonto, Account) dar. Sie finden z. B. Verwendung, um

- den Zugang zu einem Arbeitsplatzrechner zu schützen, mittels eines in den BIOS-Einstellungen (BIOS = Basic Input/Output-System) abgelegten
  - **Boot-Passwords,** das bei jedem Rechnerstart abgefragt wird,
  - **Setup-Passwords,** das bei jedem Aufruf des BIOS-Setup abgefragt wird;

- die Anmeldung am **Betriebssystem** des Rechners auf bestimmte Benutzer zu beschränken;
- den Zugang zu einem lokalen Netzwerk, zum Internet, zu bestimmten Webseiten oder zu bestimmten Transaktionen, z. B. Internet-Banking, zu schützen (durch Abfrage eines **Benutzerkennworts** im Rahmen der Login-Prozedur);
- die Aktivierung eines Bildschirms zu verhindern (über einen **passwortgesicherten Bildschirmschoner;** dieses Verfahren bietet wenig Sicherheit, da es durch Neustart umgangen werden kann);
- **Dateien** vor dem Zugriff zu schützen (durch entsprechende Einstellung im Anwenderprogramm).

Für den Umgang und die Wahl von Passwörtern sollten **folgende Regeln** beachtet werden:

- Das Passwort muss sicher aufbewahrt werden. Wirklich sicher sind nur solche Passwörter, die nirgends notiert, sondern nur im Gedächtnis des Nutzers gespeichert sind.
- Das Passwort darf nicht zu erraten sein. Systemadministratoren verweisen z. B. auf die Häufigkeit des Passworts »Passwort«, ebenso wie »Geheim« sowie auf die Gepflogenheit von Anwendern, Wörter zu verwenden, die sich ständig in ihrem Blickfeld befinden – etwa die Leuchtreklame vor dem Bürofenster oder die Fabrikatsbezeichnung des Monitors. Ebenfalls nicht in Frage kommen Namen von Ehefrau/Ehemann, Kindern oder Haustieren, das KFZ-Kennzeichen oder die eigene Telefonnummer. Ein gutes Passwort ist mindestens 8 Zeichen lang und enthält außer großen und kleinen Buchstaben auch Ziffern und Sonderzeichen. Ein Beispiel für ein solches Passwort ist »hTD8j6%RE« – allerdings ist ein solches Passwort schwer zu behalten.
- Das Passwort darf nicht weitergegeben werden. Unabsichtliche Weitergabe durch Beobachtung kann dadurch erschwert werden, dass das eingegebene Passwort bei Eingabe nicht oder nur in Gestalt gleichartiger Füllzeichen auf dem Bildschirm erscheint.
- Das Passwort muss regelmäßig gewechselt werden, um sicherzustellen, dass unberechtigt in den Besitz des Passwortes gelangte Personen dieses wenigstens nicht auf unbegrenzte Zeit missbrauchen können. In Netzwerksystemen kann der Administrator einstellen, dass das System den Benutzer nach einer festgelegten Zeit automatisch zum Wechsel des Passwortes auffordert, und zugleich nicht oder erst nach mehreren Wechseln zulässt, dass frühere Passwörter erneut verwendet werden.
- Für jeden Zweck muss ein anderes Passwort definiert werden. So wird der Missbrauch entwendeter Passwörter zumindest auf einen klar umrissenen Bereich begrenzt.
- Das Passwort muss einzigartig sein! Üblicherweise werden (z. B. von Anbietern im Internet) nicht die Passwörter selbst, sondern nur deren verschlüsselte Entsprechungen gespeichert. Wenn sich der Nutzer authentifizieren will, wird seine Eingabe verschlüsselt und muss der früher gespeicherten verschlüsselten Version entsprechen. Zwar kann man aus der verschlüsselten Version nicht direkt das eigentliche Passwort errechnen, es existieren aber riesige Datenbanken mit gängigen Passwörtern und deren verschlüsselter Version, mit deren Hilfe es eben doch möglich ist, das Passwort herauszufinden. Wer sich vorstellen kann, dass womöglich schon mal jemand anders das von ihm verwendete Passwort benutzt hat, oder wessen Passwort sogar im Duden oder in Wikipedia steht, hat ein schlechtes Passwort! Für den Fall, dass Passwörter entgegen allen Vorsichtsregeln bei Anbietern im Klartext gespeichert werden, sind sie ohnehin als bekannt anzusehen.

Beim Online-Bezahlen werden häufig zeitbasierte **Einmalkennwörter** (Time-based One-time Password, **TOTP**) verwendet, die mithilfe von auf mobilen Endgeräten installierten Apps generiert werden.

16.2.2.2.4 Biometrische Authentifizierung

Verfahren zur biometrischen Authentifizierung werden z. B. dazu eingesetzt, den Zugang zu Räumen, Geräten oder Informationen zu sichern. Sie machen sich den Umstand zunutze, dass die eindeutige Erkennung einer Person anhand bestimmter physiologischer Eigenschaften erfolgen kann.

Diese Eigenschaften müssen die folgenden Voraussetzungen erfüllen.

- **Universalität:** Das auf seine Ausprägung hin untersuchte Merkmal ist bei jeder Person vorhanden (Ausnahmen sind angeboren oder unfallbedingt fehlende Merkmale).
- **Einmaligkeit/Einzigartigkeit:** Das untersuchte Merkmal muss sich in seiner Ausprägung von Mensch zu Mensch in einzigartiger Weise unterscheiden.
- **Permanenz:** Die untersuchte Merkmalsausprägung darf sich im Zeitverlauf nicht oder möglichst wenig verändern.
- **Fälschungssicherheit:** Die untersuchte Merkmalsausprägung darf nicht nachahmbar/vortäuschbar sein.

Aus technischer und betrieblicher Sicht gibt es weitere notwendige Eigenschaften.

- **Erfassbarkeit:** Das untersuchte Merkmal muss in angemessener Zeit messtechnisch auf seine Ausprägung hin untersuchbar sein. Dies ist umso besser erfüllt, je geringer die zur Erfassung und Speicherung der Merkmalsausprägung erforderliche Datenmenge ist.
- **Wirtschaftlichkeit:** Kosten und Nutzen des Systems müssen in vertretbarem Aufwand stehen.
- **Überlistungssicherheit:** Soweit die untersuchte Merkmalsausprägung in irgendeiner Weise nachahmbar/vortäuschbar ist, muss das System gegen Überlistungsversuche geschützt sein. Wesentlich ist die **»Lebenderkennung«,** die sicherstellt, dass keine nicht-lebende Nachbildung zur Täuschung des Systems eingesetzt werden kann.
- **Zumutbarkeit/Akzeptanz:** Die Erfassung der Merkmalsausprägung muss in zumutbarer Weise – schnell, schmerz- und beeinträchtigungsfrei und in einer die Menschenwürde nicht verletzender Weise – möglich sein. Erfahrungsgemäß werden Verfahren, bei denen die erfasste Person selbst aktiv wird (z. B. einen Fingerabdruck platziert) besser akzeptiert als Verfahren, die persönliche Merkmale selbsttätig und ggf. in einer für die Person nicht wahrnehmbaren Weise abnehmen.

Biometrische Verfahren werden mittlerweile in vielen Zusammenhängen dafür genutzt, Personen zu authentifizieren (verifizieren) bzw. zu identifizieren. Der Unterschied besteht darin, dass

- bei der **Authentifizierung (Verifikation)** geprüft wird, ob jemand tatsächlich derjenige ist, der er zu sein vorgibt (zu diesem Zweck werden bestimmte biometrische Daten der Person lediglich mit den zu dieser Person hinterlegten Daten abgeglichen);
- bei der **Identifizierung** die biometrischen Daten einer zunächst unbekannten Person mit denjenigen aller in der Systemdatenbank hinterlegten Personen verglichen werden und daraufhin erst festgestellt wird, um wen es sich bei der Person, die den Zugang begehrt, handelt.

Die Zuverlässigkeit eines Verfahrens wird ausgedrückt durch

- die **Falschakzeptanzrate (FAR = False Acceptation Rate):** Diese gibt die Wahrscheinlichkeit dafür an, dass das System einer anderen als der berechtigten Person Zugriff gewährt;
- die **Falschrückweisungsrate (FRR = False Rejection Rate):** Diese gibt die Wahrscheinlichkeit dafür an, dass das System die berechtigte Person fälschlicherweise nicht

passieren lässt. Je nach erfasstem Merkmal sind Rückweisungen aufgrund geringfügig veränderter Merkmale (heisere Stimme aufgrund einer Erkältung; verändertes Aussehen durch Bart, neue Frisur, Gewichtsveränderung; Platzierung vor dem Scanner in leicht abweichender Position usw.) mehr oder weniger wahrscheinlich. Bei der Entscheidung, in welchen Umfang das System Abweichungen tolerieren soll, muss zwischen Komfort- und Sicherheitsbedürfnissen abgewogen werden.

Logischerweise steigt die Falschrückweisungsrate mit sinkender Falschakzeptanzrate: Je feiner die Toleranzeinstellung ist, desto geringer ist die Wahrscheinlichkeit, dass die falsche Person zugelassen wird. Zugleich steigt aber auch die Wahrscheinlichkeit, dass die richtige Person – etwa aufgrund kleiner physiologischer Veränderungen oder Ungenauigkeiten bei der Platzierung vor dem Scanner – abgewiesen wird.

Zu den biometrischen Authentifizierungsverfahren gehören z. B.

- die **Fingerabdruckerkennung:** Bogen-, Wirbel- und Schleifenmuster der Fingerkuppenhaut einer jeden Person sind einzigartig; dies gilt sogar für eineiige Zwillinge. Der Fingerabdruck wird über Fingerscanner erfasst und mittels der in der Kriminaltechnik gebräuchlichen Daktylografie eindeutig identifiziert. Vorteil des Verfahrens ist, dass Fingerscanner auch in kleine Geräte wie Notebooks oder Mobiltelefone eingebaut werden können.
- die Erkennung von Merkmalen der **Iris** (Regenbogenhaut) und **Retina** (Augenhintergrund): Die Struktur der Iris und das Muster der Adern des Augenhintergrunds sind in ihrer Einzigartigkeit dem Fingerabdruck vergleichbar und nach ihrer Erfassung über Scanner ähnlich auswertbar.
- die **Venenerkennung:** Der Verlauf von Blutgefäßen stellt ein einzigartiges Personenmerkmal dar. Indem der Handrücken gegen einen Scanner gehalten wird, erfassen Infrarot-Sensoren, die auf die Temperatur der Gefäße reagieren, die Gefäßstruktur. Dieses Verfahren gilt hinsichtlich FAR und FRR (s. o.) als eines der sichersten biometrischen Verfahren.
- die **Gesichtserkennung:** Dabei werden bestimmte Gesichtsmerkmale in zweidimensionalen Verfahren geometrisch vermessen und analysiert. Infolge einer Initiative der UN-Sonderorganisation ICAO (International Civil Aviation Organisation), die die Gesichtserkennung im Jahr 2003 als primäres, weltweit anwendbares Standardinstrument zur Sicherung von Reisedokumenten bestimmte, beschloss der EU-Rat im Februar 2005 – auch unter dem Druck der USA, die diese Maßnahme zur Terrorabwehr forderten und visafreie Einreise von EU-Bürgern hiervon abhängig machten – den europaweiten Übergang zu **Reisepässen** mit entsprechenden biometrischen Merkmalen. Deutschland setzte diesen Beschluss als eines der ersten Länder um.

16.2.2.2.5 Multi-Faktor-Authentisierung

Die Multi-Faktor-Authentisierung ist ein Identitätsnachweis mittels mehrerer voneinander unabhängiger Sicherheitskomponenten. Häufiger Anwendungsfall ist die **Zwei-Faktor-Authentisierung (2FA),** oft auch als Zwei-Faktor Authentifizierung bezeichnet. Sie soll verhindern, dass allein über ein Passwort oder eine PIN der Zutritt zu einem geschützten System möglich wird. Dabei gilt die Einbindung hardwaregestützter Verfahren als besonders sicher. Beispiele sind

- Geldabheben am Automaten nach Einschieben der Bankkarte und zusätzlicher Eingabe einer PIN,
- Passworteingabe beim Zutritt zum Online-Banking und zusätzliche TAN-Abfrage, wobei die Transaktionsnummer mittels eines TAN-Generator unter Verwendung der Bankkarte erzeugt oder auf ein mobiles Endgerät des Nutzers übermittelt wird,

- Zutritt zu einem Gebäudebereich durch Eingabe einer PIN und zusätzliche biometrische Identifizierung durch Iris- oder Fingerabdruckscanner,
- Zugang zu abgespeicherten Daten und Dokumenten nach Eingabe eines Kennworts und Abfrage eines Schlüsselspeichers (z. B. gespeichertes Softwarezertifikat, wie es das ELSTER-System der Finanzverwaltung verwendet; Personalausweis).

Im Bankwesen des Europäischen Wirtschaftsraums ist 2FA verpflichtend. Das Bundesamt für Sicherheit der Informationstechnik (BSI) empfiehlt die Kombination von zwei oder mehr Faktoren darüber hinausgehend für den Zutritt zu allen schutzwürdigen Bereichen.

16.2.2.2.6 Virtual Private Network

Ein Virtual Private Network (VPN) ist ein Computernetz, das interne Daten (etwa eines Unternehmens) über ein öffentliches Netz (meist Internet) austauscht und dabei wie ein lokales Netzwerk bedient wird.

Über VPN können Zweigstellen oder Mitarbeiter außerhalb des Unternehmensstandorts Zugriff auf das interne Netz nehmen. Die Verbindung wird mittels spezieller Software und Protokolle über einen **Tunnel** zwischen VPN-Client und VPN-Server ermöglicht.

Zum Schutz der Daten empfiehlt sich eine verschlüsselte Übermittlung und die Nutzung von Zugriffskontrollen sowie Authentifizierungsverfahren.

Netze, die neben eigenen Unternehmensteilen und -angehörigen, z. B. im Rahmen des B2B-(Business-to-Business-)Geschäftsverkehrs, auch externe Partner wie Kunden und Lieferanten einbinden, werden häufig als **Extranet** bezeichnet. Hier werden ausgewählte Informationen wie Warenverfügbarkeit und z. B. Bestellfunktion über einen gesicherten Zugang zur Verfügung gestellt; voller Zugriff auf das Unternehmensnetzwerk ist jedoch nicht möglich.

16.2.3 Orgware-Maßnahmen/ Datensicherungsstrategien

Orgware-Maßnahmen sind organisatorische Maßnahmen – gewissermaßen die Rahmenbedingungen – der Datensicherung, die sich zur Zielerreichung geeigneter Hard- und Software bedienen. Ihre Intensität hängt von der Art, Menge, Änderungsfrequenz und Sensibilität der zu sichernden Daten ab. Zu den Orgware-Maßnahmen gehört auch die Datenklassifizierung in geheime, vertrauliche und frei zugängliche Daten nach einem **Schutzstufenkonzept.** Darauf wurde bereits in Abschnitt 16.1.2.3 eingegangen.

Weitere Orgware-Maßnahmen sind im Wesentlichen die in den folgenden Abschnitten beschriebenen.

16.2.3.1 Backup

Backup-Methoden sind die **logische Sicherung** auf einem anderen (gleich- oder andersartigen) Datenträger als

- **vollständige Sicherung** mit dem Nachteil eines hohen Zeit- und Speicherplatzbedarfs, die aber den Vorteil aufweist, dass nach eingetretenem Datenverlust nur das jeweils letzte Backup eingespielt werden muss, um den aktuellen Datenstand wiederherzustellen;

- **teilweise (differenzielle) Sicherung,** die sich nur auf die seit der letzten vollständigen Sicherung veränderten Datenblöcke bezieht und daher weit weniger Zeit benötigt als die vollständige Sicherung. Zur Wiederherstellung verlorener Daten muss das jeweils letzte vollständige Backup und zusätzlich das letzte differenzielle Backup aufgespielt werden;
- **inkrementelle Sicherung,** bei der nur die seit der letzten Sicherung veränderten Daten gesichert werden. Diese Form der Sicherung benötigt die wenigste Zeit, jedoch ist die Wiederherstellung aktueller Daten nach eingetretenem Datenverlust verhältnismäßig kompliziert, weil außer dem letzten vollständigen Backup auch alle seither vorgenommenen inkrementellen Backups in der richtigen Reihenfolge aufgespielt werden müssen. Außerdem steigt dabei die Gefahr, dass eines dieser Backups fehlerhaft ist und nicht wiederhergestellt werden kann;
- **physische Sicherung,** bei der eine identische Kopie des die Originaldaten beinhaltenden Datenträgers erstellt wird. Der Vorteil liegt in der kurzen Sicherungs- und Wiederherstellzeit; nachteilig ist, dass der gesamte Datenträger und damit der auf ihm befindliche Datenbestand während der Sicherung nicht zugänglich ist.

Je nach verwendeten Datenträgern und der Menge der Daten kann die Backup-Erstellung und die Datenwiederherstellung über das Rückspielen von Sicherungsdaten (Restore) sehr viel Zeit in Anspruch nehmen. Deswegen werden in der Praxis meist Platten eingesetzt, die gegenüber (billigeren) Magnetbändern eine erheblich höhere Geschwindigkeit aufweisen. Oft werden Platten einander paarweise zugeordnet: auf jeder Platte wird die Hälfte des Speicherplatzes freigehalten, damit die eine Platte das Backup der anderen Platte aufnehmen kann. Die Sicherung kann, automatisch durch die verwendete **Backup-Software** angestoßen, in Ruhezeiten, z. B. nachts, aber auch während des laufenden Betriebs erfolgen, da während der Sicherung nur die jeweils gerade gesicherte Datei für den Zugriff gesperrt werden muss. Fällt einer der beiden Platten»partner« aus, kann auf die andere Platte umgeschaltet werden.

Ein solches Umschalten ist aber nicht erforderlich, wenn ein **RAID-System** (vgl. Abschn. 16.2.1.1.1) installiert wurde.

Für Datenbankbestände werden spezielle Sicherungen vorgenommen, die die Daten während des Sicherns auf Konsistenz überprüfen. **Versionssicherungen** dienen der Langzeitspeicherung älterer Programmversionen oder Datenbestände.

Meist werden verschiedene Arten von Sicherungen in unterschiedlichen Zyklen vorgenommen: Z. B. wird monatlich (»Langfrist-Sicherung«) und zusätzlich wöchentlich (»Kurzfrist-Sicherung«) eine vollständige logische Sicherung erstellt und außerdem täglich inkrementell gesichert. Ereignet sich ein Datenverlust, wird die letzte vollständige Sicherung eingespielt und darauf wiederum nacheinander jede einzelne seither erstellte Differenzsicherung.

Urbestand und Kopie werden gern als »Vater« und »Sohn« bezeichnet; bei drei zeitlich aufeinanderfolgenden Versionen (»Großvater«, »Vater« und »Sohn«) desselben, jedoch aktualisierten Bestandes spricht man vom **»Drei-Generationen-Prinzip«.** Dabei wird jede neue Sicherung auf dem »Großvaterband« vorgenommen, das dadurch zum neuen »Sohn« wird; zugleich rückt der bisherige »Vater« an die Stelle des »Großvaters«, und der bisherige »Sohn« wird zum »Vater«. Auf diese Weise sind immer – auch während der Durchführung einer neuen Sicherung – mindestens zwei Sicherungen vorhanden.

In besonders sensiblen Bereichen, etwa der Finanzbuchhaltung, ist es in vielen Betrieben üblich, eine tägliche Datensicherung vorzunehmen, wobei häufig über mehr als die erwähnten drei »Generationen« gesichert wird.

Beispiel:

Die Finanzbuchhaltungsdaten der XY-GmbH werden auf einer zugangsgesicherten EDV-Anlage erfasst und täglich auf Streamerbändern gesichert. Für jeden Wochentag von Montag bis Freitag wird ein anderes Band benutzt. Ein Bandwechselgerät sorgt für das automatische Einlegen des jeweils nächsten Bandes ins Laufwerk. Zusätzlich wird am Ende eines jeden Monats eine Monatssicherung auf einem Monatsband vorgenommen. Der mit der Datensicherung beauftragte Mitarbeiter verwaltet also 17 Bänder, nämlich 5 Tages- und 12 Monatsbänder. Wesentlicher Bestandteil des Sicherheitskonzepts ist die ***getrennte Aufbewahrung*** *von Datenbeständen: Zur Sicherheit wird eine Kopie des jeweils letzten Monatsbandes in einem anderen Gebäude aufbewahrt. Am Ende eines jeden Geschäftsjahres wird ein weiteres Band beschrieben, das in zweifacher Ausfertigung dauerhaft aufbewahrt wird. Jede durchgeführte Datensicherung wird überprüft und im fortlaufend geführten Sicherungsprotokoll vom zuständigen Mitarbeiter gegengezeichnet.*

In einem **kleineren Betrieb** kann eine einfache Datensicherung auf einem zusätzlichen Speichermedium, das räumlich getrennt aufbewahrt wird, praktisch ausreichend sein. Größere Unternehmen werden eher mehrfache Sicherungen vornehmen, wobei der Backup-Vorgang meist, wie im obigen Beispiel, automatisch ausgelöst wird.

Je nach konkreter Anwendung erfolgt die Speicherung der Backups heute auf ausreichend großen Festplatten oder auf Bandlaufwerken. Der Vorteil der preisgünstigeren Speicherbänder wird dabei mit langen Zugriffszeiten bei der Speicherung und vor allem beim Wiederherstellen von Daten erkauft.

16.2.3.2 Datensicherung in der Cloud

Anstelle eines lokalen Backup kann eine Datensicherung auch in einem über Internet erreichbaren Rechenzentrum erfolgen. Handelt es sich dabei um ein unternehmenseigenes Rechenzentrum, auf das von verschiedenen Betriebsstätten oder mobilen Geräten aus zugegriffen wird, liegt eine **Private Cloud** vor. Sie wird im Allgemeinen nicht nur zur Datensicherung genutzt, sondern ermöglicht den Zugriff auf gemeinsame Datenbestände und Software. Der Unterschied zur herkömmlichen Nutzung eines eigenen Rechenzentrums liegt hier allein in der Internetverbindung. Diese allerdings macht besondere Sicherungen – eine wirksame Verschlüsselung der Daten, die Abschirmung der eigenen IT durch eine Firewall, den Einsatz von Virenscannern und ein striktes Sicherheitsmanagement – unverzichtbar.

All diese Sicherheitsvorkehrungen – und einige mehr – sind auch (und gerade) erforderlich, wenn das Rechenzentrum eines externen Anbieters auf Grundlage eines Vertrags genutzt wird. In diesem Fall wird von **Public Cloud** gesprochen.

Die Nutzung einer Public Cloud für die Datensicherung hat durchaus **Vorteile:**

- Die Datensicherung erfolgt bei fast allen angebotenen Lösungen vollautomatisiert.
- Eigene Datenspeichergeräte und –medien sind überflüssig. Dies mindert Investitionsausgaben und laufende Aufwendungen für Administration.
- Die externen Anbieter sorgen stets für ausreichenden Speicherplatz.
- Die Daten liegen außerhalb des eigenen Unternehmens und sind auch bei katastrophalen Ereignissen, bei denen Betriebseinrichtungen vernichtet werden (etwa Bränden), in Sicherheit.
- Die Daten sind ständig verfügbar.
- Professionelle Cloud-Anbieter weisen ihre Eignung durch die Erfüllung bestimmter Mindestanforderungen nach, etwa die Zertifizierung nach ISO/IEC 27001.

Das Verfahren weist allerdings neben Vorteilen auch **Nachteile und Risiken** auf:

- Für die automatisierte Datensicherung muss immer eine Internetverbindung vorhanden sein.

- Die Datenübertragungsrate muss ausreichend groß sein, damit ein Backup bei großen Datenvolumina in annehmbarer Zeit möglich ist.
- Vertrauliche und geheime Daten bedürfen einer absolut zuverlässigen Verschlüsselung und eines ebensolchen Schutzes gegen unbefugte Zugriffe.
- Daten, die unter die Datenschutzbestimmungen fallen, müssen nach den verschärften Regeln der Datenschutz-Grundverordnung (DSGVO) vor unbefugtem Zugriff geschützt sein. Deswegen muss zwingend auf den Rechtsraum geachtet werden, in dem der Cloud-Anbieter seine Dienste erbringt. Bestimmte Daten dürfen nicht ins außereuropäische Ausland transferiert werden.
- Letztlich liegen die Sicherheitsdaten außerhalb der Einflusszone des eigenen Unternehmens: Versäumt oder vernachlässigt der Dienstleister die Wartung und notwendige Erweiterung seiner Hard- und Software und unterbleibt dadurch die Datensicherung bzw. die Bereitstellung gesicherter Daten bei Bedarf, ist das auftraggebende Unternehmen machtlos.

Bei der Auswahl eines geeigneten Cloud-Anbieters ist daher hohe Sorgfalt geboten.

Auf die **Servicemodelle des Cloud-Computing,** das neben dem Auslagern von Speicherdaten auch weitere Dienstleistungen beinhaltet, wird in Kapitel 19, Abschnitt 19.1.2.5, eingegangen.

16.2.3.3 Closed-Shop-Betrieb

Die strenge Regelung des Zugangs zum Serverraum oder Rechenzentrum und des Zugriffs auf Datenbestände wird als Closed-Shop-Betrieb bezeichnet. Für die ersten in Unternehmen und Verwaltung eingesetzten Großrechner war diese Betriebsart obligatorisch: Arbeitsaufträge wurden dem berechtigten Personal schriftlich erteilt; die Auftraggeber erhielten fertige Ergebnisse geliefert.

In der heutigen Praxis kann ein Closed-Shop eingerichtet werden, um den Anforderungen des Datenschutzes in Bezug auf den Zugang zu personenbezogenen Daten gerecht zu werden (vgl. Abschn. 16.3.1.3).

16.2.3.4 Schutzvorkehrungen gegen Eingriffe von außen

16.2.3.4.1 Schadsoftware

Zu den bekanntesten Eingriffen von außen gehört das Einschleusen von **Computerviren.** Dabei handelt es sich um Programme, die die Eigenschaft aufweisen, sich an andere Datenbestände anzuhängen, diese zu manipulieren und sich über komplette Systeme fortzupflanzen. Sie werden bevorzugt über E-Mail-Anhänge eingeschleust. Nicht selten werden derart »infizierte« Systeme in einer Weise geschädigt, dass komplette Datenbestände unbrauchbar werden.

Andere schädliche Einschleusungen sind

Makro-Viren: Diese seit Mitte der 1990er Jahre verbreiteten Viren werden über Anwenderprogramme eingeschleppt, die das Arbeiten mit Makros ermöglichen. Makros sind benutzerdefinierte, automatisierte Abläufe häufig benötigter Funktionen, die mit einzelnen Dateien verbunden sind. Enthält eine Datei ein infiziertes Makro, aktiviert sich dieses beim Aufruf der Datei selbsttätig und ermöglicht dem Virus den Zugriff auf Datenbestände.

Script-Viren: Diese Viren ähneln Makro-Viren, bedienen sich aber der für die Programmierung von Internetseiten verwendeten Scriptsprachen (Visual Basic Script, Java Script) als Wirte. Die Infektion eines Rechners kann durch den Aufruf einer infizierten Internetseite erfolgen.

Trojaner: Anders als Viren gelangen Trojaner durch einen aktiven Eingriff des Benutzers auf dessen Rechner. Sie täuschen dem Benutzer eine erwünschte Funktion vor (oder erfüllen diese sogar), die ihn zur Installation des Programms bewegt; ihr eigentlicher Zweck ist jedoch die Manipulation von Daten und das Ausspähen und Übermitteln von Passwörtern bis hin zur Weitergabe von Zugangsdaten, die die externe Übernahme des befallenen Rechners ermöglichen. Oft geschieht dies erst lange nach der Installation, was die Entdeckung und Rückverfolgung des Ursprungs erschwert.

Ein zunehmendes Problem sind Erpressungstrojaner, also Schadsoftware, die Daten auf dem Rechner verschlüsselt und anbietet, sie gegen ein Lösegeld wieder zu entschlüsseln. Da auch bei Zahlung unklar ist, ob überhaupt eine solche Entschlüsselungsfunktion existiert, ob man den Schlüssel erhält und ob das ganze an Ende wirklich funktioniert, bietet es sich an, lieber nicht zu zahlen und stattdessen ein Backup einzuspielen. Damit das Backup nicht ebenfalls verschlüsselt wird, sollte es vom Betriebssystem aus nicht erreichbar sein, z. B. auf einem externen Laufwerk, das nach Durchführung des Backups vom Rechner getrennt wird.

Würmer: Während sich Viren über infizierte Dateien verbreiten, sind Würmer nicht auf derartige »Wirte« angewiesen: Sie werden selbst aktiv, indem sie sich selbstständig unter Nutzung der auf einem befallenen Rechner gespeicherten Adressen per E-Mail an andere Nutzer versenden, deren Rechner bei Öffnen des der Mail beigefügten Anhangs wiederum infiziert werden usw. Schäden entstehen durch überlastungsbedingte Systemabstürze oder durch zusammen mit dem Wurm transportierte Viren.

Wirksame Maßnahme gegen Schadsoftware der genannten Arten ist die Installation und laufende Aktualisierung eines Virensuchprogramms **(Virenscanners),** das bekannte Schädlinge in eingehenden E-Mails oder zur Öffnung aufgerufenen Dateien identifiziert und nach Möglichkeit unschädlich macht. Virenscanprogramme können allerdings nur bereits bekannte Schädlinge ausfindig machen und können damit keine absolute Sicherheit gewährleisten. Einige leistungsfähige Virenscanner werden für den privaten Gebrauch kostenlos zur Verfügung gestellt, sind aber für kommerzielle Nutzer kostenpflichtig.

Ebenso wichtig wie die ständige Aktualisierung des Virenscanners ist das regelmäßige **Update** des Betriebssystems und der Anwendungsprogramme. Weit verbreitete PC-Betriebssysteme wie MS-Windows sind bevorzugte Zielscheibe von Viren-Programmierern, die jedes aufgefallene Sicherheitsleck auszunutzen versuchen. Zur Schadensabwehr haben Nutzer die Möglichkeit, regelmäßig aktualisierte, von Sicherheitslücken befreite und verbesserte Versionen ihrer Systemsoftware aus dem Internet herunterzuladen.

Viele Betriebe realisieren den Virenschutz durch das Weglassen von CD-Laufwerken bei vernetzten Arbeitsplatzrechnern, wodurch die Benutzung von möglicherweise virenverseuchten Datenträgern, aber auch die gelegentlich sinnvolle Duplizierung und Weitergabe von Daten verhindert wird. Durch die zunehmende Verbreitung mobiler Speichererweiterungen (»USB-Sticks«) und durch die Übermittlung von Dateien per Mail werden diese Maßnahmen aber unterlaufen.

Nicht schädlich, aber ärgerlich sind die so genannten **Hoaxes,** meist via E-Mail verbreitete Falschmeldungen mit Virenwarnungen, die den Empfänger veranlassen, diese Meldungen seinerseits weiter zu verbreiten und auf diese Weise E-Mail-Server zu »verstopfen«.

Ebenfalls nicht schädlich im Sinne eines Sicherheitsrisikos sind **Cookies.** Dabei handelt es sich um kleine Programme, die beim Besuch eines Webservers von diesem auf dem Rechner des Benutzers abgelegt werden, z. B. um diesen beim nächsten Besuch gezielt ansprechen zu können: Hierüber erklärt sich, wie z. B. Versandhäuser einen wiederholten

Besucher gezielt mit dessen Namen begrüßen können. Dies ist komfortabel, ermöglicht dem Betreiber des Webservers aber u.U. das Anlegen eines Benutzerprofils mit persönlichen Vorlieben usw.

Firewall

Insbesondere die rasant steigende Nutzung von Internet und E-Mail erleichtert unbefugte Zugriffe durch Hacker (vgl. Abschn. 16.2.3.4.2) und Schadsoftware. Hier ist der Einsatz einer **Firewall** (»Brandschutzmauer«) sinnvoll, die das lokale Netzwerk gegen die Außenwelt abschirmt und missbrauchsverdächtige Verbindungen verhindert.

Ziele der Firewalls sind der Schutz

- des eigenen Netzwerks vor unbefugtem äußeren Zugriff und Angriff,
- der Vertraulichkeit und Integrität der darin verarbeiteten bzw. gespeicherten Daten,
- der Verfügbarkeit des Systems oder von Teilen des Systems,
- der eigenen Firewall vor Angriffen von außen,
- der Möglichkeit des Zugriffs auf Informationen von außen,
- vor Angriffen, die auf Sicherheitsmängel in Betriebssystemen und sonstiger Software zurückgehen.

Der Einsatz einer Firewall setzt eine definierte Sicherheitspolitik **(Security Policy)** voraus, die die Anforderungen aller in dem zu schützenden Netz eingebundenen Stellen berücksichtigt.

Grundregeln sind, dass

- jegliche Verbindung zwischen dem eigenen Netzwerk und der Außenwelt nur durch die Firewall erfolgen darf,
- nur ein bestimmter, begrenzter und kompetenter Personenkreis Kenntnis von der Konzeption der Firewall und Zugriff auf diese hat,
- Informationen über Aktivitäten, die die Netzgrenzen überschreiten, im Rahmen des rechtlich Zulässigen und auf Basis betrieblicher Vereinbarungen protokolliert und kontrolliert werden.

Der Systemadministrator definiert Regeln, die bestimmen, welche Aktivitäten möglich sind und welche nicht. Diese Regeln sind teilweise sehr komplex, damit einerseits die Arbeit nicht behindert wird, anderseits aber die größtmögliche Sicherheit besteht. Z. B. können bestimmte Aktivitäten von Nutzern im lokalen Netz (»Chat«, Datei-Download und -Upload, Online-Spiele, usw.) von vornherein unterbunden oder aber die dabei übertragenen Inhalte gefiltert werden, um Viren erst gar nicht auf die Rechner hinter der Firewall zu lassen. Hacker, die nach Möglichkeiten suchen, von außen Zugriff auf das Netzwerk zu erhalten, werden von vornherein abgeblockt.

Konzepte zur Realisierung einer Firewall sind im Wesentlichen folgende:

Packet Filtering: Dabei handelt es sich um einen Router, der alle übertragenen Datenpakete nach erlaubter und unerlaubter Nutzung von Kommunikationsdiensten filtert.

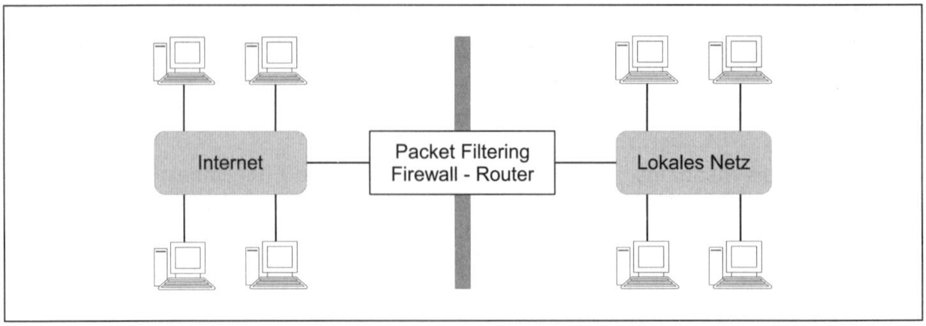

Packet Filtering

Application Level Gateway: Über einen speziell konfigurierbaren Rechner findet die gesamte Kommunikation zwischen dem lokalen (zu schützenden) und dem äußeren Netz statt. Die Kontrolle der Kommunikationsbeziehungen findet auf Anwendungsebene statt.

Dabei sind Zugriffe auf externe Dienste (wie Telnet und FTP) nicht direkt, sondern nur über so genannte **Security Proxys** möglich: Statt direkt mit dem Server des jeweiligen Dienstes kommunizieren Anwender lediglich mit dem hierfür implementierten Proxy-Server. Zur Erhöhung der Sicherheit können Protokollierungen und benutzerbezogene Authentisierungen vorgenommen werden. Der Vorteil von Application Gateways gegenüber Packet Filtern besteht darin, dass die interne Netzstruktur vor möglichen externen Angreifern verborgen ist: Der Außenwelt ist nur die Firewall mit Namen bzw. IP-Adresse bekannt.

Ein Application Level Gateway mit zwei physisch getrennten Netzschnittstellen – je eine für das lokale und das externe Netz – wird **Dual-homed Gateway** genannt.

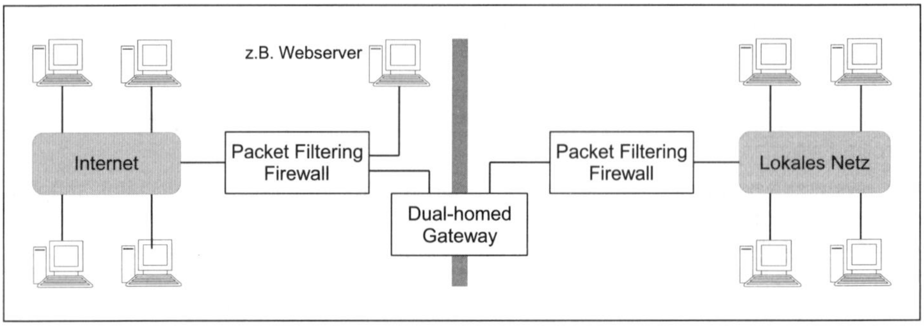

Dual-homed Gateway

Durch die Kombination von Packet Filter und Application Level Gateway kann der Schutz des internen Netzes erheblich verbessert werden. Für die Realisierung dieser Kombination sind individuelle technische Anordnungen möglich, von denen einige als Screened Gateway, Screened Subnet, Transparent Application Gateway oder Sandwich-System bekannt sind. Auf Einzelheiten soll hier nicht eingegangen werden.

Stateful Inspection (Stateful Packet Filter; zustandsgesteuerte Filterung) erweitert die Funktion eines Paketfilters. Während einfache Paketfilter für jedes einzelne Datenpaket entscheiden, ob es den Filter passieren darf oder nicht, kann sich dieser Filter den Status einer Verbindung merken und neue Datenpakete einer bestehenden Verbindung zuordnen.

Personal Firewalls/Desktop Firewalls sind lokal auf einem zu schützenden Rechner installierte Programme, die nur diesen Rechner vor unberechtigten Zugriffen aus einem externen Netz (meist dem Internet) bewahren sollen. Sie bieten einen gewissen Schutz für Rechner, die nicht in ein durch eine zentrale Firewall geschütztes Netzwerk eingebunden sind, also z. B. Telearbeitsplätze und mobil eingesetzte Notebooks. Die Schutzwirkung wird allerdings als eher gering eingeschätzt.

Spam

Als Spam, **Junk-Mail** oder **Unsolicited Bulk Mail (UBE;** »Unverlangte Massen-Mail«) werden E-Mails bezeichnet, die unangefordert an eine große Anzahl von Empfängern verschickt werden.

Selbst wenn diese keine Viren oder andere Schadsoftware enthalten, stören sie die weltweite E-Mail-Kommunikation erheblich und richten auch wirtschaftlichen Schaden an:

- Das Sichten und Löschen von Spam vernichtet Arbeitszeit.
- Spam verstopft Mailserver und größenlimitierte Mailboxen und verhindert so die Zustellung wichtiger Nachrichten.
- Zur Spamabwehr installierte Filtersoftware blockiert häufig irrtümlich auch »echte« Nachrichten.
- Die Spam-Übertragung erhöht die datendurchsatzabhängigen Internet-Verbindungskosten für Unternehmen und Internet-Dienste.

Eine Möglichkeit zur Spam-Abwehr bietet die (hilfreiche, allerdings nicht 100%ig zuverlässige) Filterung mittels Filtersoftware. Bestes Mittel gegen Spam ist jedenfalls der vorsichtige Umgang mit der eigenen E-Mail-Adresse, damit diese von vornherein nicht in die Adressenverzeichnisse von Spammern gerät. Betriebliche Mitarbeiter sollten daher zum restriktiven Umgang mit ihrer Firmen-E-Mail-Adresse angehalten werden.

Eine Unterart des Spam sind **»Unsolicited Commercial E-Mail«** (UCE), unverlangte Mails mit Werbeinhalt. Der weit verbreiteten Unart von Anbietern aller möglichen Produkte und Dienstleistungen, Werbung massenhaft per E-Mail zu verbreiten, setzt der Gesetzgeber jedoch strenge Grenzen: Danach gilt Werbung immer als unerwünscht, wenn keine Geschäftsbeziehung zwischen Sender und Empfänger besteht oder keine Zustimmung des Empfängers vorlag bzw. zu mutmaßen war. Zusendungen unerwünschter Werbe-E-Mails sind analog zu den für andere Fernübertragungswege (Telefax, Telefon) geltenden Grundsätzen wettbewerbswidrig: Danach ist einem Empfänger nicht zuzumuten, Werbung, in deren Empfang er nicht eingewilligt hat, tolerieren zu müssen, wenn ihm hierdurch Kosten und/oder eine sonstige Störung entstehen.

Das neue UWG knüpft an wettbewerbsrechtlich einwandfreie E-Mail-Werbung die Bedingung, dass der Empfänger in die Zusendung von Werbung per E-Mail vorher eingewilligt hat. Bezüglich der Zustimmung liegt die Beweislast beim Versender der Werbung. Häufig werden Zustimmungen in Zusammenhang mit Gewinnspielen oder Registrierungen für Foren oder Newsletter »erschlichen«.

Da die Versender der Mails meist vom Ausland aus operieren und durch Fälschung der Absenderdaten ihre Identität verschleiern, greift das UWG tatsächlich in der Mehrzahl der Fälle jedoch nicht.

Phishing

Beim Phishing handelt es sich um **Trickbetrug.** Dabei versendet der Phisher – oft über eine Massensendung vorgeblich »an alle Kunden« einer bestimmten Bank oder eines bestimmten Versandhauses – an das Opfer eine offiziell wirkende E-Mail mit der Aufforderung, vertrauliche Informationen wie Benutzernamen, Kundennummern, Passwörter oder PIN und TAN (Transaktionsnummern) von Online-Banking-Zugängen preiszugeben. Als

Grund wird häufig die bedrohte Sicherheit des Systems z. B. infolge eines »gehackten« Zugangs angegeben.

Die gestohlenen Zugangsdaten erlauben dem Phisher, sich als das Opfer auszugeben und Handlungen vorzunehmen, die dem Opfer beträchtlichen wirtschaftlichen Schaden zufügen. Eine raffinierte Variante ist die Aufforderung per E-Mail, einen bestimmten in der Mail enthaltenen Link anzuklicken, der vorgeblich auf die Internetseite der Hausbank, eines Auktionshauses usw., tatsächlich aber auf eine nachgemachte Webseite führt. Eingaben vertraulicher Daten auf dieser Seite werden vom Phisher abgefangen und umgehend missbraucht.

Einzig wirksame Gegenmaßnahme gegen Phishing ist die Aufklärung darüber, dass vertrauliche Daten wie Passwörter, PIN, TAN usw. **unter keinen Umständen,** auch nicht an (vorgebliche) Administratoren, preisgegeben werden dürfen!

Immer mehr Bedeutung gewinnt gezieltes Phishing **(Spear Phishing),** bei dem die Mails anhand eigens recherchierter Daten nicht nur an einer besonders erfolgversprechenden Adresse ankommen, sondern auch inhaltlich besonders glaubwürdig sind. Beispielsweise schreibt da der vermeintliche Chef mit einer bekannten Mailsignatur inklusive Firmenlogo an den Buchhalter, dass dringend ein Betrag ins Ausland überwiesen werden müsse. Auch der Betrag bemisst sich an dem, was tatsächlich vorkommen könnte. Wer auf eine solche Gefahr nicht vorbereitet ist, kann darauf leicht hereinfallen.

16.2.3.4.2 Gezielte Angriffe von außen

Die zuvor dargestellte Schadsoftware wird im Allgemeinen ungezielt und auf größtmögliche Verbreitung angelegt eingesetzt. Computersysteme mit Internetanbindung können aber auch zum Gegenstand gezielter Angriffe von »Hackern« werden. Als besonders anfällig haben sich dabei unzureichend gesicherte Funknetzwerke **(W-LAN** = Wireless Local Area Networks) erwiesen, die ihre Daten mehr oder weniger ungeschützt durch die Luft versenden und damit Dritten die Möglichkeit des Mithörens, Aufzeichnens, Auswertens und Manipulierens eröffnen. Hierzu bedarf es oft nur eines hinreichend empfindlichen Empfängers bzw. einer Richtantenne. Nach Schätzungen sind bis zu zwei Dritteln der heute betriebenen W-LANs unsicher und stehen für den Zugriff aus benachbarten Gebäuden oder in der Nähe parkenden Fahrzeugen weit offen.

Bekannte Varianten des Angriffs insbesondere auf W-LAN sind z. B.

- **»Man in the Middle« (MITM):** Dabei bringt ein unbefugter Dritter einen eigenen Access Point (die »Basisstation« des drahtlosen Netzes) in ein bestehendes W-LAN ein, der sich gegenüber dem eigentlichen Access-Point als vermeintlicher Client (Endnutzer) in ein W-LAN einwählt, sich aber gegenüber den Endgeräten des W-LAN als Access Point ausgibt. Die unbemerkt über diesen »Vermittler« geleiteten Daten können von diesem ausgespäht und ggf. vor der Weiterleitung an den Empfänger manipuliert werden.
- **»Hijacking«:** Ein unbefugter Dritter übernimmt die Kontrolle über das W-LAN über seinen eigenen Access Point, z. B. indem er bestehende Sitzungen befugter Endnutzer mit gefälschten Abbruchmeldungen unterbricht, tatsächlich aber mit eigenen Daten weiterführt.
- **»Internet Sharing«:** Ein schlecht gesichertes Netzwerk wird von Dritten unbemerkt mitbenutzt, die sich als Client einwählen und kostenlos im Internet surfen. Die besondere Gefahr liegt in der Mitbenutzung der IP-Adresse zu möglicherweise illegalen Zwecken, was im Falle einer Aufdeckung und Rückverfolgung erhebliche Probleme für den legalen Nutzer verursachen kann.

Alle diese Angriffe sind nur möglich, wenn Sicherheitsstandards verletzt werden. Mit dem 802.1x-Standard hat das **IEEE** (Institute of Electrical and Electronics Engineers) einen internationalen Industriestandard für drahtlose Netzwerkkommunikation definiert, denen die heute gebräuchlichen Geräte, über die drahtlose Verbindungen realisiert werden (drahtlose Netzwerkkarten, Access Points usw.), genügen müssen. Der Einsatz dieser Geräte allein stellt jedoch noch keine Sicherheit vor unbefugten Zugriffen her: Es muss unbedingt eine Verschlüsselung der übertragenen Daten erfolgen. Dies muss in den Administrationsoptionen der verwendeten Geräte entsprechend eingestellt werden. Gebräuchliche Verschlüsselungsmethoden sind das – allerdings relativ unsichere – **WPA** (Wi-Fi Protected Access; Wi-Fi = »Wireless Fidelity«) und das als sicherer geltende **WPA2**.

Auch Unternehmen, die ihre drahtlosen Netzwerke abschirmen, können Opfer von Datenpiraterie werden, etwa wenn sich Mitarbeiter auf Dienstreisen mit ihren Laptops über öffentliche W-LAN-Zugänge (sog. Hot Spots), wie sie z. B. von Hotels oder Internet-Cafés bereitgestellt werden, ins Internet einwählen und Daten übertragen; denn auch viele dieser Hot Spots gelten als unsicher.

Mit der zunehmenden Auslagerung von Daten auf externe IT-Strukturen **(»Cloud Computing«)** gehen gestiegene Sicherheitsanforderungen einher.

16.2.4 Datensicherheit in der betrieblichen Praxis

Wie die Datensicherung in einem Unternehmen oder einer Behörde tatsächlich durchgeführt wird, hängt zum einen von der Menge der zu sichernden Daten ab und zum anderen von deren Bedeutung. Während in großen Institutionen in aller Regel eigene IT-Fachabteilungen existieren, die ein Sicherheitskonzept nach den Regeln des BSI-Standards 200-1 bis 200-3 realisieren können, sind kleinere Betriebe, Dienstleister, Selbstständige und Freiberufler oft auf externe Hilfe angewiesen. Umfassende Hinweise darauf, was bei der Errichtung eines einfachen Sicherheitskonzepts zu bedenken ist und wie die Absicherung gestaltet werden kann, enthält der bereits in Abschnitt 16.1.2 beschriebene BSI-Standard im »Leitfaden zur Basis-Absicherung nach IT-Grundschutz«, der ausdrücklich Lösungsvorschläge für kleinere und mittlere Unternehmen vorsieht.

Darin wird auch auf den Aspekt des **Outsourcings von Geschäftsprozessen** eingegangen. Bei nahezu jeder Form der Auslagerung von Geschäftsprozessen – z. B. Wach- und Reinigungsdienstleistungen – werden Fragen der Informationssicherheit aufgeworfen; dies gilt insbesondere, wenn der Betrieb von Hard- und Software ausgelagert wird. Kleinere Unternehmen greifen gern zu dieser Maßnahme, weil im eigenen Betrieb das Knowhow fehlt. Der Leitfaden liefert für diesen Fall Hinweise für die Vertragsgestaltung. Weitergehende Hinweise finden sich im **BSI-IT-Grundschutz-Kompendium 2021** im Baustein OPS.2 »Betrieb von Dritten«. In diesem Zusammenhang muss erwähnt werden, dass die vor Inkrafttreten der Datenschutz-Grundverordnung (DSGVO) geltenden Regeln für eine Auftragsdatenverarbeitung, die sich aus dem Bundesdatenschutzgesetz alter Fassung (BDSG a. F.) ergaben, inzwischen abgelöst sind durch die Vorschriften zur **Auftragsverarbeitung** nach Art. 28 ff DSGVO. Auftragsverarbeitung ist die Erhebung, Verarbeitung oder Nutzung personenbezogener Daten durch einen Auftragsverarbeiter auf Grundlage der Weisungen des Verantwortlichen, die in einem Vertrag oder einem anderen nach Unionsrecht bindenden Rechtsinstrument dokumentiert sind.

Zentrales, von der Unternehmensleitung initiiertes und unter Einbeziehung aller organisatorischen Bereiche des Unternehmens erstelltes Strategiepapier ist die **Leitlinie zur Informationssicherheit,** die die angestrebten Ziele und das angestrebte Sicherheitsniveau in einer Weise beschreibt, dass sich alle Betroffenen damit identifizieren können. Die Leitlinie ist die Grundlage für das Sicherheitskonzept und die Festlegung bestimmter Sicherheitsanforderungen und –vorkehrungen im Umgang mit Daten. Auf ihrer Basis werden alle sicherheitsrelevanten Bereiche daraufhin betrachtet, ob die bereits getroffenen Sicherheitsmaßnahmen zur Erreichung des angestrebten Schutzniveaus ausreichend sind und wie, falls dies nicht der Fall ist, die Sicherheit hergestellt werden kann. Konkrete technische Maßnahmen werden im BSI-Leitfaden nicht genannt; deren Auswahl richtet sich nach den in ausgiebigen Analysen ermittelten Gegebenheiten, Rahmenbedingungen und Anforderungen des konkreten Betriebs.

Im Vordergrund steht die **Angemessenheit der Maßnahmen.** Angemessenheit bedeutet:

- **Wirksamkeit (Effektivität):** Der identifizierte Schutzbedarf muss wirksam abgedeckt sein.
- **Eignung:** Die getroffenen Maßnahmen müssen in der Praxis umsetzbar sein, ohne dass organisatorische Abläufe zu stark behindert oder andere Sicherheitsmaßnahmen ausgehebelt werden.
- **Praktikabilität:** Die getroffenen Maßnahmen sollen leicht verständlich, einfach anwendbar und wenig fehleranfällig sein.
- **Akzeptanz:** Die getroffenen Maßnahmen müssen von allen Benutzern möglichst einfach anwendbar sein. Kein Benutzer darf diskriminiert oder beeinträchtigt werden.
- **Wirtschaftlichkeit:** Der mit den getroffenen Maßnahmen erreichte Schutz soll so gut wie möglich sein, wobei die erreichte Risikominimierung in einem wirtschaftlich vernünftigen Verhältnis zu den zu schützenden Werten stehen soll.

16.3 Gesetze, Verordnungen und Richtlinien zum Schutz von Daten

16.3.1 Berücksichtigung der geltenden gesetzlichen Bestimmungen

Kleiner Rückblick in die Geschichte des Datenschutzes in Deutschland

Bis in die sechziger Jahre des 20. Jahrhunderts spielte Datenschutz in der deutschen ebenso wie in der internationalen Gesetzgebung kaum eine Rolle. Die Notwendigkeit, die Privatsphäre des einzelnen Bürgers durch gesetzliche Regelungen zum Umgang mit persönlichen Daten zu schützen, wurde erst in den siebziger Jahren mit der breiten Durchsetzung der elektronischen Datenverarbeitung erkannt.

Schon vor der Schaffung einer bundesweit gültigen Regelung wurde ein erstes Datenschutzgesetz vom Bundesland Hessen (1970) erlassen, das sich auf »alle für Zwecke der maschinellen Datenverarbeitung erstellten Unterlagen sowie alle gespeicherten Daten und die Ergebnisse ihrer Verarbeitung im Bereich der Behörden des Landes und der der Aufsicht des Landes unterstellten Körperschaften, Anstalten und Stiftungen des öffentlichen Rechts« erstreckte. Es folgten Rheinland-Pfalz (1974) und schließlich, 1977, auf Bundesebene das Bundesdatenschutzgesetz (BDSG), das seither mehrfach überarbeitet wurde.

Als ein »Meilenstein« bei der weiteren Durchsetzung des Datenschutzgedankens auf breiter Ebene – vor allem auch im Bewusstsein der von Datensammlung und -speicherung Betroffenen – gilt das Volkszählungsurteil des Bundesverfassungsgerichts aus dem Jahre 1983. Darin wurde aus dem allgemeinen Persönlichkeitsrecht des Art.2 Abs. 1 i. V. m. Art.1 Abs. 1 Grundgesetz (GG) das Recht auf informationelle Selbstbestimmung des Einzelnen abgeleitet.

1995 wurde die »Richtlinie 95/46/EG des Europäischen Parlaments und des Rates vom 24. Oktober 1995 zum Schutz natürlicher Personen bei der Verarbeitung personenbezogener Daten und zum freien Datenverkehr« – kurz: **Europäische Datenschutzrichtlinie** – erlassen, die binnen einer dreijährigen Frist in nationales Recht der EU-Mitgliedstaaten umzusetzen war. Die aus ihr resultierenden Erweiterungen sowohl der Betroffenenrechte als auch der Verpflichtungen datenverarbeitender Stellen wurden mit über zweijähriger Verspätung mit dem »Gesetz zur Änderung des Bundesdatenschutzgesetzes (BDSG) und anderer Gesetze« vom 16. Mai 2001 auf Bundesebene umgesetzt. Das novellierte BDSG trat am 23. Mai 2001 in Kraft. In diesem Zusammenhang waren auch die Datenschutzgesetze der Länder sowie zahlreiche bereichsspezifische datenschutzrechtliche Regelungen zu überprüfen.

Datenschutz als gesamteuropäisches Anliegen

Mit dem Zusammenwachsen Europas und infolge des inzwischen immensen Datentransfers zwischen den Ländern der Europäischen Union wurde eine weitergehende Harmonisierung der Datenschutzbestimmungen unumgänglich. Am 25. Mai 2018 trat ein vollständig **novelliertes Bundesdatenschutzgesetz (BDSG)** in Kraft, ergänzend zu der schon 2016 in Kraft getretenen und ab dem 25.5.2018 europaweit anzuwendenden **EU-Datenschutz-Grundverordnung (DSGVO).** Die DSGVO hat die oben erwähnte Europäische Datenschutzrichtlinie 95/46/EG abgelöst und stellt nunmehr die Grundlage des europäischen Datenschutzrechts dar. Als EU-Verordnung hat sie Vorrang vor nationalem Recht. Sie enthält jedoch etwa 60 Öffnungsklauseln für national mögliche oder verpflichtend vorzunehmende Regelungen. Diese Regelungen wurden im neuen BDSG vorgenommen.

16.3.1.1 Datenschutzgesetzgebung

16.3.1.1.1 Bundesdatenschutzgesetz (BDSG) und Landesdatenschutzgesetze

Sind Daten über einen Bürger unrichtig gespeichert, kann sich dies für den Betroffenen nachteilig auswirken: So beeinträchtigt etwa die unzutreffende oder unrechtmäßig Abspeicherung einer Vorstrafe oder einer Vermögensauskunft die Arbeitsplatzsuche oder die Kreditwürdigkeit in erheblichem Maße. Allein aus diesen Beispielen erklärt sich bereits die Notwendigkeit gesetzlicher Datenschutzvorschriften.

Das Recht auf den **Schutz personenbezogener Daten** berührt das Persönlichkeitsrecht des einzelnen Bürgers. Dieses gehört zu den vom Grundgesetz in Artikel 1 und 2 geschützten Werten.

Artikel 1 Abs. 1 GG: »Die Würde des Menschen ist unantastbar. Sie zu achten und zu schützen ist Verpflichtung aller staatlichen Gewalt.«

Artikel 2 Abs. 1 GG: »Jeder hat das Recht auf freie Entfaltung seiner Persönlichkeit, soweit er nicht die Rechte anderer verletzt und nicht gegen die verfassungsmäßige Ordnung oder das Sittengesetz verstößt.«

Diese beiden Verfassungsartikel sind **Grundlage des Datenschutzrechts.** Im Volkszählungsurteil vom 15. Dezember 1983 führt das Bundesverfassungsgericht an:

»Das Grundrecht gewährleistet insoweit die Befugnis des einzelnen, grundsätzlich selbst über die Preisgabe und Verwendung seiner persönlichen Daten zu bestimmen...«

Das neue Bundesdatenschutzgesetz gilt für jedwede Verarbeitung personenbezogener Daten durch öffentliche Stellen des Bundes und in besonderen Fällen auch der Länder. Für nicht-öffentliche Stellen greifen seine Vorschriften dagegen nur im Falle einer automatisierten oder teilautomatisierten Verarbeitung personenbezogener Daten. Eine nichtautomatisierte Verarbeitung personenbezogener Daten fällt nur unter die Bestimmungen des BDSG, wenn die Daten in einem Dateisystem gespeichert sind oder gespeichert werden sollen. Ausgenommen ist die Verarbeitung der Daten durch natürliche Personen in Ausübung ausschließlich persönlicher oder familiärer Tätigkeiten.

Während die Datenverarbeitung durch öffentliche Stellen sehr umfassend geregelt ist, richten sich nur wenige Vorschriften an private Unternehmen. Nur diese Vorschriften sollen nachfolgend betrachtet werden. Dabei darf aber nicht in Vergessenheit geraten, dass das neue BDSG nur die Vorschriften der Datenschutz-Grundverordnung (DSGVO) ergänzt, die unbedingt zu beachten sind. Die DSGVO wird ausführlich im nächsten Abschnitt behandelt.

Das neue BDSG betrifft gem. § 1 Abs. 4 Unternehmen dann, wenn sie

- personenbezogene Daten im Inland verarbeiten (»Territorialitätsprinzip«),
- personenbezogene Daten im Rahmen der Tätigkeiten einer inländischen Niederlassung verarbeiten (»Niederlassungsprinzip«) oder
- zwar keine Niederlassung in einem EU-Mitgliedstaat oder einem anderen Vertragsstaat des Abkommens über den Europäischen Wirtschaftsraum haben, aber in den Anwendungsbereich der DSGVO fallen. Dies ist z. B. der Fall, wenn das Unternehmen Waren und Dienstleistungen in Deutschland anbietet oder in Deutschland Marktbeobachtung betreibt und dazu personenbezogene Daten verarbeitet. Auf den Verarbeitungsort kommt es dabei nicht an: Hier greift das Marktortprinzip.

Die Regelungen des BDSG gelten nur insoweit, als andere, spezielle Rechtsvorschriften des Bundes keine anderen Regelungen beinhalten.

In Frage kommen hier z. B.

- das **Telemediengesetz (TMG),** das den Rechtsrahmen für elektronische Informations- und Kommunikationsdienste, worunter auch Online-Shops und –Auktionshäuser, Suchmaschinen, und Web-Communities, aber auch private Webseiten und Blogs fallen, wesentlich absteckt;
- das **Telekommunikationsgesetz (TKG),** das den Wettbewerb zwischen den Telekommunikationsanbietern reguliert;
- das am 1.12.2021 in Kraft getretene **Telekommunikations-Telemedien-Datenschutzgesetz (TTDSG),** das die bislang im Telemediengesetz und im Telekommunikationsgesetz enthaltenen Datenschutzregeln aufgenommen und an die DSGVO angepasst hat. Es regelt speziell die Bestimmungen zum Fernmeldegeheimnis und den durch Telekommunikations- und Telemediendienste sicherzustellenden Datenschutz. Hier findet sich nun auch die Bestimmung, nach der Cookies und andere zur Identifizierung dienende Daten bis auf eng umrissene Ausnahmen nur gespeichert und ausgelesen werden dürfen, wenn der Endnutzer entsprechend den in der DSGVO genannten Voraussetzungen zugestimmt hat.
- die Bücher des Sozialgesetzbuches, insbesondere **SGB X** mit Regelungen zum Umgang mit Sozialdaten und zu den Rechten Betroffener;
- das **Bundeszentralregistergesetz (BZRG),** in dem z.B. Vorstrafen temporär gespeichert werden und das die Grundlage für die Erstellung von Führungszeugnissen ist;
- das **Bundesmeldegesetz (BMG),** das die Aufgaben und Befugnisse der Meldebehörden enthält;
- die **Abgabenordnung (AO)** als zentrales Gesetz des Steuerrechts.

Auch hier gilt aber, dass die Regelungen dieser Rechtsvorschriften mit dem höherrangigen EU-Recht in Einklang stehen müssen.

Berufs- und besondere **Amtsgeheimnisse** wie die ärztliche Schweigepflicht, das Beichtgeheimnis, das Steuergeheimnis, das Adoptionsgeheimnis, das Statistikgeheimnis und das Post- und Fernmeldegeheimnis bleiben dabei unberührt.

Die **Landesdatenschutzgesetze** gelten für die Behörden und öffentlichen Stellen des jeweiligen Landes (z. B. Ämter der Gemeindeverwaltungen wie Einwohnermelde- oder Sozialamt, Schulen, Finanzamt, Jugendamt).

16.3.1.1.2 Die EU-Datenschutz-Grundverordnung (DSGVO)

Maßgeblich für den Datenschutz in der Europäischen Union ist die seit dem 25. Mai 2018 auch in Deutschland geltende Datenschutz-Grundverordnung (DSGVO). Damit wurde das Ziel verwirklicht, ein einheitliches Datenschutzrecht innerhalb der EU zu schaffen, das die Rechte und Kontrollmöglichkeiten der von der Verarbeitung personenbezogener Daten Betroffenen stärkt und personenbezogene Daten dadurch stärker schützt.

Die wesentlichen Neuerungen

Neue Transparenz- und Informationspflichten stärken die Rechte der Nutzer. Das »**Recht auf Vergessenwerden**«, das Recht auf Löschung personenbezogener Daten, steht nun erstmals in einem Gesetz.

Neu ist die Pflicht zur **Datenschutz-Folgenabschätzung** bei besonderen Risiken für die erhobenen Daten, etwa durch neue Technologien.

Die DSGVO gilt auch für Unternehmen, deren Angebote sich an EU-Bürger wenden, die ihren Sitz aber außerhalb der EU haben.

Der Bußgeldrahmen kann bis zu 20 Mio. € oder 4 Prozent des weltweiten Jahresumsatzes eines Unternehmens betragen und ist damit gegenüber den Bußgeldern des BDSG alter Fassung, die maximal 300.000 Euro betrugen, erheblich erhöht.

Grundsätze für die Verarbeitung personenbezogenen Daten

Art. 5 Abs. 1 DSGVO nennt die Grundsätze, die für die Verarbeitung personenbezogener Daten gelten und in den ggf. nachfolgend angegebenen Artikeln des Gesetzes näher ausgeführt sind:

- **Rechtmäßigkeit** der Verarbeitung – näher geregelt in Art. 6, vgl. Abschnitt 16.3.1.2.
- Verarbeitung nach **Treu und Glauben;**
- **Transparenz** (Art. 12 ff.): Betroffene müssen Ihr Recht wahrnehmen können. Dafür benötigen sie Informationen über die gespeicherten Daten.
- **Zweckbindung:** Die Zwecke der Datenverarbeitung müssen schon bei der Erhebung der Daten festgelegt, eindeutig und legitim sein. Eine Weiterverarbeitung ist lediglich für im öffentlichen Interesse liegende Archivzwecke, Forschungs- oder statistische Zwecke statthaft.
- **Datenminimierung:** Daten müssen auf das für die Zwecke der Verarbeitung notwendige Maß beschränkt werden.
- sachliche **Richtigkeit** und erforderlichenfalls Aktualität der verarbeiteten Daten, verbunden mit dem Recht auf Berichtigung und Löschung (Art. 16, 17);
- zeitliche **Speicherbegrenzung** von Daten, die die Identifizierung der betroffenen Person ermöglichen – Ausnahme ist die Speicherung für im öffentlichen Interesse liegende Archivzwecke, Forschungs- oder statistische Zwecke.
- **Integrität und Vertraulichkeit:** Sicherheit der Daten durch geeignete technische und organisatorische Maßnahmen (TOM) gem. Art. 24, 25 und 32, vgl. Abschnitt 16.3.1.3.

Datenschutzfolgeabschätzung (DSFA)

Die in Art. 35 geforderte Datenschutzfolgeabschätzung entspricht der Pflicht zur Vorabkontrolle gemäß § 4d Abs. 5 BDSG a.F. (»alter Fassung«). Dabei müssen Verantwortliche einschätzen, ob die jeweilige Verarbeitung Risiken für die Rechte des Betroffenen zur Folge hat. Die DSFA erfolgt in bis zu drei Stufen, die zu dokumentieren sind:

1. Zuerst muss der Verantwortliche eine Risikobewertung vornehmen, um zu prüfen, ob eine weitere Datenschutzfolgeabschätzung überhaupt notwendig ist. Dies ist der Fall, wenn voraussichtlich ein hohes Risiko für die Rechte und Freiheiten natürlicher Personen besteht. Ein solches Risiko besteht besonders bei der Verwendung neuer Technologien, die automatisiert und umfassend Daten erfassen und verarbeiten. Die Verarbeitung besonders zu schützender Daten (z. B. Gesundheitsdaten oder Religionszugehörigkeit) kann eine weitere Prüfung notwendig machen.
2. Wenn ein Risiko im Hinblick auf den Prozess besteht, muss eine Bewertung vorgenommen werden, ob die geplanten Maßnahmen ausreichen, um den Schutz der Daten zu gewährleisten.
3. Kommt die Bewertung zu dem Ergebnis, dass trotz des Eingreifens technischer und organisatorischer Maßnahmen ein hohes Risiko für die Rechte und Freiheiten der natürlichen Person verbleibt, müssen die Aufsichtsbehörden verständigt werden, die Empfehlungen aussprechen kann.

Melde- und Informationspflichten bei Schutzverletzungen

Die Melde- und Informationspflichten bei Schutzverletzungen (»Datenpannen«) finden sich in Art. 33 DSGVO. Danach müssen grundsätzlich alle Verletzungen des Schutzes personenbezogener Daten gemeldet werden, es sei denn, das Risiko für persönliche Rechte und Freiheiten ist unwahrscheinlich.

Verantwortliche müssen solche »Incidents« der Aufsichtsbehörde unverzüglich und möglichst binnen 72 Stunden nach Bekanntwerden der Verletzung melden.

Die Meldung muss mindestens Informationen über

- die Art der Schutzverletzung,
- die Kategorie der betroffenen Daten,
- die ungefähre Anzahl der Betroffenen und betroffenen personenbezogenen Datensätze,
- Namen und Kontaktdaten des Datenschutzbeauftragten oder einer sonstigen Anlaufstelle,
- die wahrscheinlichen Folgen der Datenschutzverletzung und
- der ergriffenen oder vorgeschlagenen Maßnahmen zur Behebung oder Abmilderung der Verletzung

beinhalten.

Außerdem muss der Verantwortliche die betroffene(n) Person(en) persönlich von der Verletzung benachrichtigen, wenn die Verletzung des Schutzes personenbezogener Daten voraussichtlich ein hohes Risiko für die persönlichen Rechte zur Folge hat.

Verzeichnis der Verarbeitungstätigkeiten

In Art. 30 ist vorgeschrieben, dass der Verantwortliche ein »Verzeichnis der Verarbeitungstätigkeiten« führen muss. Dieses ist vergleichbar mit dem bisherigen Verfahrensverzeichnis nach § 4 BDSG a.F. Es handelt es sich dabei um die Dokumentation und Übersicht aller Verfahren, bei denen personenbezogene Daten verarbeitet werden.

Die Vorschriften der DSGVO über die Rechte betroffener Personen werden ausführlich in Abschnitt 16.3.1.2 behandelt. Technische und organisatorische Maßnahmen nach DSGVO enthält Abschnitt 16.3.1.3.

16.3.1.1.3 Sonstiges Europäisches und internationales Recht

EG-Datenschutzrichtlinie für elektronische Kommunikation 2002/58/EG

Die »Richtlinie 2002/58/EG vom 12. Juli 2002 des Europäischen Parlaments und des Rates vom 12. Juli 2002 über die Verarbeitung personenbezogener Daten und den Schutz der Privatsphäre in der elektronischen Kommunikation« (Datenschutzrichtlinie für elektronische Kommunikation) und ihre Umsetzungen in nationales Recht gelten auch nach Inkrafttreten der DSGVO weiter.

Richtlinie 2002/58/EG schreibt fest, dass

»...die Mitgliedstaaten die Rechte und Freiheiten natürliche Personen bei der Verarbeitung personenbezogener Daten und insbesondere ihr Recht auf Privatsphäre sicherstellen, um in der Gemeinschaft den freien Verkehr personenbezogener Daten zu gewährleisten...«.

Sie enthält Regelungen über den Schutz personenbezogener Daten bei Nutzung öffentlich zugänglicher elektronischer Kommunikationsdienste und behandelt z. B. die Erstellung von Einzelgebührennachweisen, Rufnummernanzeigen, die Behandlung von Spam-

Mail und Cookies u. a. Die Notwendigkeit zur Umsetzung der Richtlinie in nationales Recht war in Deutschland z.B. Anlass für Novellierungen des »Gesetzes gegen den unlauteren Wettbewerb« (UWG) und für das zum 1.12.2021 umfangreich – vor allem in Hinblick auf Kundenrechte – reformierte Telekommunikationsgesetz (TKG).

Insbesondere beinhaltet Richtlinie 2002/58/EG die Pflicht, Daten, die für den Verbindungsaufbau verarbeitet werden (Verkehrsdaten), nach Beendigung der Verbindung zu löschen oder zu anonymisieren, wobei aber solche Daten, die zur Gebührenabrechnung notwendig sind, bis zum Ende der Anfechtungs- oder Verjährungsfrist verarbeitet bzw. gespeichert werden dürfen. Die Mitgliedsstaaten sind berechtigt, einschränkende Rechtsvorschriften zu erlassen, sofern eine solche Beschränkung *»...für die nationale Sicherheit, (d. h. die Sicherheit des Staates), die Landesverteidigung, die öffentliche Sicherheit sowie die Verhütung, Ermittlung, Feststellung und Verfolgung von Straftaten oder des unzulässigen Gebrauchs von elektronischen Kommunikationssystemen in einer demokratischen Gesellschaft notwendig, angemessen und verhältnismäßig ist ... Zu diesem Zweck können die Mitgliedstaaten unter anderem durch Rechtsvorschriften vorsehen, dass Daten aus den in diesem Absatz aufgeführten Gründen während einer begrenzten Zeit aufbewahrt werden.«*

Mit der am 14.12.2005 erfolgten Zustimmung des Parlaments der Europäischen Union zur »Richtlinie 2006/24/EG des Europäischen Parlaments und des Rates über die **Vorratsspeicherung von Daten,** die bei der Bereitstellung öffentlicher elektronischer Kommunikationsdienste verarbeitet werden, und zur Änderung der Richtlinie 2002/58/EG« wurde die (heftig umstrittene) Vorratsspeicherung von Daten zum Zwecke der Verhütung, Ermittlung, Feststellung und Verfolgung von schweren Straftaten wie Terrorismus und organisierte Kriminalität ermöglicht. Danach haben die Mitgliedsstaaten sicherzustellen,

»...dass gemäß dieser Richtlinie folgende Datenkategorien auf Vorrat gespeichert werden:

(a) zur Rückverfolgung und Identifizierung der Quelle einer Nachricht benötigte Daten
(b) zur Rückverfolgung und Identifizierung des Adressaten einer Nachricht benötigte Daten
(c) zur Bestimmung von Datum, Uhrzeit und Dauer einer Nachrichtenübermittlung benötigte Daten
(d) zur Bestimmung der Art einer Nachrichtenübermittlung benötigte Daten
(e) zur Bestimmung der (mutmaßlichen) Endeinrichtung benötigte Daten
(f) zur Bestimmung des Standorts mobiler Geräte benötigte Daten«...

Diese Vorratsdatenspeicherung wurde im März 2010 vom Bundesverfassungsgericht in der bisherigen Umsetzung für verfassungswidrig erklärt, deutsche Telekommunikationsanbieter wurden zur sofortigen Löschung der bisher gespeicherten Daten verpflichtet.

Am 8. April 2014 erklärte der Europäische Gerichtshof die EU-Richtlinie zur Vorratsdatenspeicherung für ungültig, da sie mit den Grundrechten in der Europäischen Union nicht vereinbar ist.

Am 16. Oktober 2015 beschloss der Bundestag erneut ein Gesetz zur Vorratsdatenspeicherung. Die Telekommunikationsunternehmen werden dadurch verpflichtet, Kommunikationsdaten ihrer Kunden zehn Wochen lang zu speichern. Danach sind die Daten zu löschen. Das betrifft die Rufnummern der Anschlüsse, Zeitpunkt und Dauer der Anrufe sowie die IP-Adressen von Computern, nicht aber die Inhalte der Gespräche. Standortdaten von Mobiltelefonen müssen vier Wochen lang gespeichert werden. Gegen dieses Gesetz erfolgten wiederum Klagen von Gegnern der Vorratsdatenspeicherung.

Am 21. Dezember 2016 bestätigte der Europäische Gerichtshof nochmals, dass anlasslose Vorratsdatenspeicherung **unzulässig** ist. 2018 stellte das Verwaltungsgericht Köln fest, dass Telekommunikationsanbieter keine Verbindungsdaten ihrer Kunden speichern müssen. Im September 2019 übergab das Bundesverwaltungsgericht die Auslegung der Datenschutzrichtlinie an den Europäischen Gerichtshof in Luxemburg. Bis von dort eine Klärung erfolgt, ist die Vorratsdatenspeicherung in Deutschland weiter ausgesetzt.

»Safe Harbor« und Privacy Shield

Aufgrund des Verbots der Europäischen Datenschutzrichtlinie, personenbezogene Daten in Staaten zu übertragen, die über kein dem EU-Recht vergleichbares Datenschutzniveau verfügen, war es europäischen Unternehmen nicht möglich, personenbezogene Daten legal in die Vereinigten Staaten von Amerika zu übermitteln. Um dies trotzdem zu ermöglichen, wurde die Datenschutzvereinbarung »Safe Harbor« (sicherer Hafen) ausgehandelt und im Jahr 2000 von der Europäischen Union anerkannt. Danach konnten US-Unternehmen dem Abkommen beitreten, indem sie sich auf einer entsprechenden Liste des US-Handelsministeriums eintragen ließen und sich verpflichten, die »Safe Harbor Documents« anzuerkennen und zu beachten, deren Kern die »Safe Harbor Privacy Principles« (Informationspflicht, Wahlmöglichkeit, Weitergabe, Sicherheit, Datenintegrität, Auskunftsrecht und Durchsetzung) sowie fünfzehn »Häufig gestellte Fragen« darstellten.

Der Europäische Gerichtshof (EuGH) hat diese Vereinbarung am 6.10.2015 für unzulässig erklärt, vor allem weil Überwachungsinteressen der USA Vorrang vor dem Datenschutz hatten, und das Safe-Harbor-Abkommen für ungültig erklärt.

Die USA und die EU haben deshalb das sogenannte EU-US **Privacy Shield** verhandelt. Die US-Regierung hat sich verpflichtet, den Umgang der US-Unternehmen mit personenbezogenen Daten stärker zu überwachen und zugesagt, den staatlichen Zugriff auf personenbezogene Daten nur in engen Grenzen zuzulassen. Die Rechte der Betroffenen wurden erweitert, z. B. wurden nun Beschwerdemöglichkeiten für EU-Bürger vorgesehen.

Die Europäische Kommission hat am 12. Juli 2016 entschieden, dass die Grundsätze des EU-US Privacy Shields ein angemessenes Datenschutzniveau bei teilnehmenden Unternehmen in den USA gewährleisten, es können auf dieser Grundlage also wieder personenbezogene Daten in die USA übermittelt werden.

Datenschützer kritisieren, dass den Betroffenen noch zu geringe Rechte zustehen, um die Verarbeitung personenbezogener Daten durch US-Unternehmen wirksam einschränken zu können und wirksame Mittel fehlen, um die gewährten Rechte durchzusetzen. Gefordert wird, dass EU-Bürger die gleichen Rechte zustehen sollten wie US-Bürgern und dass der Zugriff staatlicher Stellen stärker eingeschränkt wird.

Die aus diesem Anlass erneut eingereichten Klagen wurden 2017 vom General Court der Europäischen Union in Luxemburg abgewiesen. Unter Berufung auf die EU-Datenschutz-Grundverordnung wurden jedoch weitere Klagen anhängig, die sich insbesondere gegen die großen »Datensammler« wie Facebook und Google richteten, die ihre europäischen Hauptquartiere in Irland unterhalten. Infolge einer Klage des österreichischen Datenschutzaktivisten Maximilian Schrems, dessen Klage bereits das Safe Harbor-Abkommen zu Fall gebracht hatte, erklärte der EuGH am 16.7.2020 auch den Privacy Shield für ungültig und stellte klar, dass personenbezogene Daten von EU-Bürgern nur dann an Drittländer übermittelt werden dürfen, wenn sie dort einen dem EU-Schutz im Wesentlichen gleichwertigen Schutz genießen. Für die USA verneinte der EuGH das Vorliegen eines solchen angemessenen Schutzniveaus. Infolge dieses als **»Schrems II«** bekannt gewordenen Urteils müssen Datenübermittlungen in die USA nun durch eine Schutzmaßnahme nach Art. 46 DSGVO abgesichert werden. Derartige Schutzmaßnahmen sind z. B. Garantien in Form rechtlich bindender und durchsetzbarer Dokumente zwischen den Behörden oder öffentlichen Stellen; von der Kommission erlassene oder genehmigte Standarddatenschutzklauseln; aufsichtsbehördlich genehmigte vertragliche Regeln zwischen der datenabgebenden und der datenempfangenen Stelle.

Internationaler Datenschutz

Auf dem internationalen Sektor beschloss die Generalversammlung der Vereinten Nationen (UNO) am 14.12.1990 die »Richtlinien betreffend personenbezogene Daten in automatisierten Dateien« mit einer Reihe von Grundsätzen, die als Mindeststandards nationaler Gesetzgebungen anzusehen seien. Zu diesen Grundsätzen gehören Rechtmäßigkeit, Richtigkeit, Zweckbestimmung, Gewährung der Möglichkeit zur Einsichtnahme durch den Betroffenen und Nichtdiskriminierung.

16.3.1.2 Personenbezogene Daten: Rechte der Betroffenen

Was unter **personenbezogenen Daten** zu verstehen ist, ist in Art. 4 Nr. 1 DSGVO bestimmt. Danach sind

»personenbezogene Daten« alle Informationen, die sich auf eine identifizierte oder identifizierbare natürliche Person (im Folgenden »betroffene Person«) beziehen; als identifizierbar wird eine natürliche Person angesehen, die direkt oder indirekt, insbesondere mittels Zuordnung zu einer Kennung wie einem Namen, zu einer Kennnummer, zu Standortdaten, zu einer Online-Kennung oder zu einem oder mehreren besonderen Merkmalen, die Ausdruck der physischen, physiologischen, genetischen, psychischen, wirtschaftlichen, kulturellen oder sozialen Identität dieser natürlichen Person sind, identifiziert werden kann.

Während das BDSG in seiner alten Form noch zwischen speichern, verändern und nutzen von Daten unterschieden hat, wird in der DSGVO nur noch von Verarbeitung gesprochen. Dieser Ausdruck bezeichnet jeden mit oder ohne Hilfe automatisierter Verfahren ausgeführten Vorgang oder jede solche Vorgangsreihe im Zusammenhang mit personenbezogenen Daten wie das Erheben, das Erfassen, die Organisation, das Ordnen, die Speicherung, die Anpassung oder Veränderung, das Auslesen, das Abfragen, die Verwendung, die Offenlegung durch Übermittlung, Verbreitung oder eine andere Form der Bereitstellung, den Abgleich oder die Verknüpfung, die Einschränkung, das Löschen oder die Vernichtung.

Zulässigkeit der Datenverarbeitung

Die Grundsätze für die Verarbeitung personenbezogener Daten wurden zuvor bereits aufgeführt. Ergänzend gilt: Jede Verarbeitung von persönlichen Daten ist (wie bereits nach dem BDSG alter Fassung) nur zulässig, wenn es die Verordnung oder ein anderes Gesetz ausdrücklich erlaubt **(Verbot mit Erlaubnisvorbehalt).** Hierin verwirklicht sich die **informationelle Selbstbestimmung** der Person.

Die wesentlichen Erlaubnistatbestände nach Art. 6 DSGVO sind:

- Der Betroffene hat der Datenverarbeitung zugestimmt. Art. 7 und 8 DSGVO definieren die Anforderungen, die an diese Zustimmung zu stellen sind. Z.B. soll etwa das Mindestalter bei 16 Jahren liegen.
- Die Verarbeitung ist für die Erfüllung eines Vertrags oder zur Durchführung vorvertraglicher Maßnahmen erforderlich.
- Die Verarbeitung ist zur Erfüllung einer rechtlichen Verpflichtung erforderlich.
- Die Verarbeitung ist erforderlich, um lebenswichtige Interessen der betroffenen Person oder einer anderen natürlichen Person zu schützen.
- Die Verarbeitung ist für die Wahrnehmung einer Aufgabe erforderlich, die im öffentlichen Interesse liegt oder in Ausübung der dem Verantwortlichen übertragenen öffentlichen Gewalt erfolgt.
- Die Verarbeitung ist zur Wahrung der berechtigten Interessen des Verantwortlichen oder eines Dritten erforderlich, sofern nicht die Interessen oder Grundrechte und Grundfreiheiten der betroffenen Person, die den Schutz personenbezogener Daten erfordern,

überwiegen, insbesondere dann, wenn es sich bei der betroffenen Person um ein Kind handelt (dieser Absatz gilt nicht für die von Behörden in Erfüllung ihrer Aufgaben vorgenommene Verarbeitung).

Zu statistischen Zwecken dürfen Daten auch verarbeitet werden, wenn dies nicht dem ursprünglichen Zweck ihrer Erhebung entspricht. Darüber müssen die Betroffenen informiert werden.

Immer wieder politisch diskutiert wird die Frage, wie die Forderung des Art. 85 DSGVO, nämlich das Recht auf den Schutz personenbezogener Daten, mit dem **Recht auf freie Meinungsäußerung und Informationsfreiheit** in Einklang zu bringen, rechtlich umgesetzt werden soll. Bezüglich des **Medienprivilegs** (nach dem die Verarbeitung personenbezogener Daten durch Journalisten im Rahmen ihrer journalistisch-redaktionellen Arbeit von bestimmten Datenschutzbestimmungen ausgenommen ist) hat der Europäische Gerichtshof (EuGH) am 14.2.2019 festgestellt, dass nicht jede Informationsveröffentlichung im Internet per se eine journalistische Tätigkeit darstellt, sondern hierüber in konkreten Fällen von den nationalen Gerichten zu entscheiden ist. Der Europäische Gerichtshof für Menschenrechte (EGMR) hat eine Reihe von Kriterien entwickelt, die bei der Abwägung zwischen dem geschützten Recht auf Achtung des Privatlebens einer Person und dem Recht auf freie Meinungsäußerung zu berücksichtigen sind.

Unzulässigkeit der Datenverarbeitung

Die Verarbeitung besonderer Kategorien personenbezogener Daten ist durch Art. 9 Abs. 1 DSGVO untersagt. Diese sind

- rassische und ethnische Herkunft,
- politische Meinungen,
- religiöse oder weltanschauliche Überzeugungen,
- Gewerkschaftszugehörigkeit,
- genetische Daten,
- biometrische Daten zur eindeutigen Identifizierung einer natürlichen Person,
- Gesundheitsdaten,
- Daten zum Sexualleben oder der sexuellen Orientierung.

Erlaubt ist die Verarbeitung dieser Daten nach Art. 9 Abs. 2 dann, wenn die betroffene Person eingewilligt hat oder die Verarbeitung zur Geltendmachung und Abwehr von Rechten und Ansprüchen erforderlich ist.

Rechte der Betroffenen

Die Rechte der von der Datenverarbeitung betroffener Personen nach Art. 12 bis 23 bringen für die Verantwortlichen erhebliche Pflichten mit sich. Sie müssen insbesondere Verfahren einrichten, mit denen sie auf die Ansprüche der Betroffenen reagieren zu können:

- **Auskunftsrecht:** Die Betroffenen haben nach Art. 15 DSGVO ein umfassendes Auskunftsrecht. Auf Verlangen muss eine Bestätigung darüber erteilt werden, ob personenbezogene Daten verarbeitet werden. Wenn ja, hat der Betroffene das Recht auf weitergehende Auskunft über die Verarbeitungszwecke, die Art personenbezogener Daten, die verarbeitet werden und über die Herkunft der Daten. Die Informationen müssen spätestens innerhalb eines Monats zur Verfügung gestellt werden, in Ausnahmefällen innerhalb eines Monats.
- **Recht auf Datenübertragbarkeit:** Betroffene haben gem. Art. 20 DSGVO das Recht auf Datenübertragbarkeit (Datenportabilität). Dieses Recht soll es ermöglichen, den Anbieter zu wechseln, ohne Daten zu verlieren. Diese müssen in einem strukturierten, maschinenlesbaren Format übermittelt werden. In der Praxis scheitert die Übertragung

der Daten bisher regelmäßig z. B. an nicht kompatiblen Datenformaten. Daten werden zwar wunschgemäß exportiert, können aber beim anderen Anbieter nicht importiert werden.

- **Recht auf Löschung (»Recht auf Vergessenwerden«):** Das Recht auf Löschung der eigenen Daten besteht, wenn
  - die personenbezogenen Daten für die Zwecke, für die sie erhoben wurden, nicht mehr notwendig sind;
  - die betroffene Person ihre Einwilligung zur Speicherung widerruft, und es keine andere Rechtsgrundlage für die Speicherung gibt;
  - die betroffene Person Widerspruch gegen die Verarbeitung einlegt und es keine vorrangigen berechtigten Gründe für die Verarbeitung vorliegen;
  - die personenbezogenen Daten unrechtmäßig verarbeitet wurden;
  - die Löschung der personenbezogenen Daten zur Erfüllung einer rechtlichen Verpflichtung nach dem Unionsrecht oder dem Recht der Mitgliedstaaten erforderlich ist, dem der Verantwortliche unterliegt.

  Das Recht auf Vergessenwerden besteht **nicht**, wenn
  - die Verarbeitung zur Ausübung des Rechts auf freie Meinungsäußerung und Information erforderlich ist
  - die Verarbeitung zur Erfüllung einer rechtlichen Verpflichtung erforderlich ist
  - die Verarbeitung für im öffentlichen Interesse liegende Archivzwecke, wissenschaftliche oder historische Forschungszwecke oder für statistische Zwecke erforderlich ist.

Außerdem ist in Art. 16 ein »**Recht auf Berichtigung**« geregelt. Betroffene können unrichtige Daten berichtigen und unvollständige Daten vervollständigen lassen.

Informationspflichten des Verantwortlichen gegenüber dem Betroffenen

Art. 13 und 14 DSGVO sehen umfangreiche Informationspflichten vor. Dabei ist auf eine präzise, leicht verständliche Form und Sprache zu achten. Die Informationspflichten bestehen nicht nur online (Datenschutzerklärung), sondern auch für Kontakte vor Ort. Diese erweiterten Pflichten sollen den Datenschutz im Vergleich zu den alten Regelungen des BDSG verbessern.

Die DSGVO unterscheidet zwischen Informationspflichten, wenn personenbezogene Daten beim Betroffenen selbst erhoben werden, und Situationen, in denen Daten von Dritten bezogen werden.

Werden Daten **direkt beim Betroffenen erhoben,** müssen folgende Informationen nach Art. 13 Abs. 1 und 2 DSGVO mitgeteilt werden:

- Name und Kontaktdaten des Verantwortlichen,
- wenn vorhanden, Kontaktdaten des Datenschutzbeauftragten,
- Zwecke der Datenverarbeitung,
- Rechtsgrundlage der Datenverarbeitung,
- Darstellung der berechtigten Interessen (wenn die Datenverarbeitung auf der Interessenabwägung nach Art. 6 Abs. 1 f) beruht),
- ggf. Empfänger oder Kategorien von Empfängern der Daten,
- ggf. Informationen zur Datenübermittlung in Drittländer,
- Dauer der Datenspeicherung – wenn nicht möglich, Kriterien für die Festlegung der Dauer,

- Belehrung über Betroffenenrechte (Auskunft, Berichtigung, Löschung, Einschränkung der Verarbeitung, Widerspruchsrecht bei besonderer Situation, Datenportabilität und Beschwerderecht zur Aufsichtsbehörde),
- Wenn die Datenverarbeitung auf einer Einwilligung beruht: Hinweis auf das Recht zum jederzeitigen Widerruf,
- Grundlage der Bereitstellung der Daten auf gesetzlicher oder vertraglicher Basis und Folgen der Nichtbereitstellung,
- Bestehen einer automatisierten Einzelfallentscheidung einschließlich Profiling,
- die Information darüber, ob die Datenverarbeitung gesetzlich bzw. vertraglich vorgeschrieben ist bzw. für einen Vertragsschluss erforderlich ist.

Werden Daten **von Dritten bezogen** und nicht direkt beim Betroffenen erhoben, müssen nach Art. 14 weitgehend die gleichen Informationen mitgeteilt werden. Da der Betroffene keine Kenntnis von der weiteren Verarbeitung hat, muss ihm **zusätzlich** mitgeteilt werden, welche Kategorien von personenbezogenen Daten verarbeitet werden, und ihm muss die Datenquelle und auch die Information angegeben werden.

Werden die Daten direkt beim Betroffenen erhoben, müssen die Informationen laut Art. 13 **zum Zeitpunkt der Erhebung** mitgeteilt oder zur Verfügung gestellt werden. Werden die Daten durch Dritte weiterverarbeitet, kann die Information laut Art. 14 auch **nachträglich** innerhalb einer angemessenen Frist erfolgen, abhängig von den Umständen, spätestens nach einem Monat.

Von den Informationspflichten nach Art. 14 gibt es Ausnahmen. Der Betroffene hat keinen Informationsanspruch, wenn er bereits über diese Informationen verfügt, wenn die Informationserteilung einen unverhältnismäßig hohen Aufwand darstellt oder unmöglich ist. Dann ist eine öffentliche Bekanntmachung dieser Information, z. B. auf einer Webseite, erforderlich.

Verbot automatisierter Einzelfallentscheidungen

Nach Art. 22 haben betroffene Personen das Recht, nicht einer ausschließlich auf einer automatisierten Verarbeitung beruhenden Entscheidung unterworfen zu werden. Zu automatisierten Einzelfallentscheidungen zählen alle rechtlich relevanten oder sonst erheblich einschränkenden Entscheidungen, die nicht von einem Menschen getroffen wurden.

Dazu zählt insbesondere das **Profiling,** bei dem Daten zur Analyse oder Prognose für Persönliche Merkmale verwendet werden wie etwa die wirtschaftliche Lage, die Gesundheit, persönlichen Vorlieben oder Interessen, die Zuverlässigkeit oder das Verhalten. Verboten ist nicht die Tätigkeit des Profilings an sich, sondern sind die **Entscheidungen,** die maschinell auf dieser Grundlage getroffen werden.

Das Verbot, Entscheidungen automatisiert zu treffen, gilt nicht, wenn eine automatisierte Entscheidung z. B. für den Abschluss oder die Erfüllung eines Vertrages mit dem Betroffenen erforderlich ist oder mit ausdrücklicher Einwilligung des Betroffenen erfolgt. Hier greift die Regelung des § 37 BDSG, wonach es erlaubt ist, dem Begehren der betroffenen Person automatisiert stattzugeben.

16.3.1.3 Technische und organisatorische Maßnahmen gemäß DSGVO

Verantwortliche müssen nach Art. 24 und 25 DSGVO geeignete technische und organisatorische Maßnahmen **(TOM)** treffen, um die Einhaltung der Datenschutzgrundsätze nach Art. 5 Abs. 1, besonders die Datenminimierung und Datensicherheit zu gewährleisten und die Betroffenenrechte zu schützen.

Welche Maßnahmen erforderlich sind, hängt z. B. vom Stand der Technik, der Eintrittswahrscheinlichkeit und den Risiken für die persönlichen Rechte und Freiheiten sowie von den jeweiligen Implementierungskosten ab.

Die Maßnahmen müssen in einem wirtschaftlich angemessenen Verhältnis zum Schutzbedarf der verarbeiteten Daten stehen, unzureichende Schutzmaßnahmen können aber nicht mit wirtschaftlichen Argumenten gerechtfertigt werden.

Als Nachweis der Erfüllung der Anforderungen können das Einhalten bestimmter Verhaltensregeln (Art. 40 DSGVO) oder ein genehmigtes Zertifizierungsverfahren gelten. Näheres zur Zertifizierung bestimmt Art. 42 DSGVO.

Als TOM nennt Art. 32 DSGVO beispielhaft

- die Pseudonymisierung und Verschlüsselung personenbezogener Daten,
- die Fähigkeit, die Vertraulichkeit, Integrität, Verfügbarkeit und Belastbarkeit der Systeme und Dienste dauerhaft sicherzustellen,
- die Fähigkeit, die Verfügbarkeit der personenbezogenen Daten und den Zugang zu ihnen bei einem Systemausfall umgehend wiederherzustellen,
- regelmäßige Überprüfung, Bewertung und Evaluierung der Wirksamkeit der technischen und organisatorischen Maßnahmen zur Gewährleistung der Sicherheit der Verarbeitung.

Es geht also z. B. um Virenschutz, unterbrechungsfreie Stromversorgung, Backup-Programme sowie organisatorische Maßnahmen wie Zutritts-, Zugangs- und Zugriffskontrolle.

Neu ist die Vorschrift des Art. 25 DSGVO, wonach technische Geräte und Anwendungen so voreingestellt werden müssen, dass nur für den Verarbeitungszweck erforderliche Daten erhoben werden können **(»Privacy by Default«).**

16.3.1.4 Bestellung, Aufgaben und Rechte von Datenschutzbeauftragten

Öffentliche Stellen haben gem. § 5 BDSG Datenschutzbeauftragte zu bestellen. Ihre unterrichtenden, beratenden und überwachenden Aufgaben sind in den §§ 6, 7 BDSG geregelt. Als oberste Bundesbehörde ist die oder der **Bundesbeauftragte für den Datenschutz und die Informationsfreiheit** mit der Aufsicht über die öffentlichen Stellen des Bundes beauftragt. Die Zuständigkeiten, Rechte und Pflichten, Aufgaben und Befugnisse dieser Behörde regeln §§ 8 – 16 BDSG. Für die öffentlichen Stellen der Länder werden **Landesbeauftragte für den Datenschutz** bestellt, deren Aufgaben und Befugnisse im jeweiligen Landesrecht geregelt sind.

Nachfolgend soll jedoch nur näher auf die Bestellung und Aufgaben **betrieblicher Datenschutzbeauftragter** gem. Art. 37 – 39 DSGVO i.V.m. § 38 BDSG eingegangen werden.

Pflicht zur Bestellung eines Datenschutzbeauftragten

Die Pflicht, einen Datenschutzbeauftragten zu benennen, besteht für nichtöffentliche Verantwortliche und Auftragsverarbeiter nach Art. 37 Abs. 1 b), c) DSGVO dann, wenn

- *»die Kerntätigkeit des Verantwortlichen oder des Auftragsverarbeiters in der Durchführung von Verarbeitungsvorgängen besteht, welche aufgrund ihrer Art, ihres Umfangs und/oder ihrer Zwecke eine umfangreiche regelmäßige und systematische Überwachung von betroffenen Personen erforderlich machen, oder*
- *die Kerntätigkeit des Verantwortlichen oder des Auftragsverarbeiters in der umfangreichen Verarbeitung besonderer Kategorien von Daten gemäß Artikel 9 oder von per-*

sonenbezogenen Daten über strafrechtliche Verurteilungen und Straftaten gemäß Artikel 10 besteht.« (zu den besonderen Kategorien gem. Art. 9 vgl. Abschnitt 16.3.1.2).

Die **Kriterien,** nach denen sich entscheidet, ob eine nichtöffentliche Stelle einen Datenschutzbeauftragten zu benennen hat, ergeben sich aus dem BDSG, § 38: Danach hat die Benennung zu erfolgen, wenn der Verantwortliche/Auftragsverarbeiter

- in der Regel mindestens 20 Personen ständig mit der automatisierten Verarbeitung personenbezogener Daten beschäftigt oder
- Verarbeitungen vornimmt, die einer Datenschutz-Folgenabschätzung unterliegen (Art. 35 DGSVO, vgl. Abschn. 16.3.1.1.2) oder
- personenbezogene Daten geschäftsmäßig zum Zweck der Übermittlung, der anonymisierten Übermittlung oder für Zwecke der Markt- oder Meinungsforschung verarbeitet.

In den beiden letztgenannten Fällen hat die Bestellung des Datenschutzbeauftragten unabhängig von der Anzahl der mit der Verarbeitung beschäftigten Personen zu erfolgen! Bei der Zählung der Personen spielen die Stellung im Betrieb und die Arbeitszeit – Voll- oder Teilzeit – keine Rolle.

Für eine **Unternehmensgruppe** genügt die Bestellung eines gemeinsamen Datenschutzbeauftragten, wenn dieser von jeder Niederlassung aus leicht erreicht werden kann (Art. 37 Abs. 2 DSGVO). Die leichte Erreichbarkeit muss sowohl persönlich (etwa über Sprechstunden, Hotline, Kontaktformular im Intranet) als auch sprachlich (in einer für den Austausch mit Betroffenen und Behörden notwendigen Sprache) möglich sein. Für eine wirksame Aufgabenerfüllung ist leichte Erreichbarkeit auch insoweit notwendig, als dem Datenschutzbeauftragten Vor-Ort-Kontrollen ohne große Mühen und Verzögerungen möglich sein müssen.

Anforderungen an den Datenschutzbeauftragten

Der Datenschutzbeauftragte wird auf Grundlage seiner **beruflichen Qualifikation** und insbesondere des **Fachwissens** benannt, das er auf dem Gebiet des Datenschutzrechts und der Datenschutzpraxis besitzt (Art. 37 Abs. 5). Grundlage ist seine Fähigkeit, die in Art. 39 genannten Aufgaben zu erfüllen. Dabei ist nicht Bedingung, dass er Beschäftigter des Verantwortlichen bzw. Auftragsverarbeiters ist: Er kann seine Aufgabe auch auf der Grundlage eines Dienstleistungsvertrags erfüllen (Art. 37 Abs. 6). Ist er im Unternehmen angestellt, kann er dort auch andere Aufgaben und Pflichten wahrnehmen, sofern diese nicht zu einem Interessenkonflikt führen (Art. 38 Abs. 6). Ein solcher **Interessenkonflikt** läge etwa vor, wenn der Inhaber, eine Führungskraft oder ein unmittelbar an der Datenverarbeitung Beteiligter zum Datenschutzbeauftragten ernannt würde. Für die Benennung ist keine Form vorgeschrieben; aus Beweisgründen und zur rechtlichen Klarstellung ist jedoch Schriftform zu empfehlen. Die Kontaktdaten des Datenschutzbeauftragten müssen innerhalb des Unternehmens und – über die Homepage – für außenstehende Dritte veröffentlicht der zuständigen Aufsichtsbehörde gemeldet werden (Art. 37 Abs. 7 DSGVO).

Pflichten des Unternehmens – Aufgaben des Datenschutzbeauftragten

Der Datenschutzbeauftragte ist gem. Art. 38 ordnungsgemäß und frühzeitig in alle mit dem Schutz personenbezogener Daten zusammenhängenden Fragen einzubinden und durch die Bereitstellung der erforderlichen Ressourcen zu unterstützen. Bei der Ausübung seiner Aufgaben unterliegt keinen Anweisungen und darf wegen der Erfüllung seiner Aufgaben nicht abberufen oder benachteiligt werden. Er kann von Betroffenen zu Rate gezogen werden und ist zur Geheimhaltung oder Vertraulichkeit verpflichtet.

Die **Aufgaben** des Datenschutzbeauftragten ergeben sich aus Art. 39 DSGVO. Sie bestehen im Wesentlichen aus der

- Unterrichtung und Beratung des Verantwortlichen/Auftragsverarbeiters über ihre gesetzlichen Pflichten bezüglich des Datenschutzes,
- Überwachung der Einhaltung der Datenschutzvorschriften,
- Beratung in Zusammenhang mit der Datenschutzfolgeabschätzung (vgl. Abschnitt 16.3.1.1.2),
- Zusammenarbeit mit der Aufsichtsbehörde,
- Tätigkeit als Anlaufstelle für die Aufsichtsbehörde.

Insgesamt hat sich bezüglich der Bestellung und der Aufgaben des betrieblichen Datenschutzbeauftragten durch das Inkrafttreten der DSGVO wenig verändert.

16.3.2 Unternehmensspezifische Regelungen

Aus ökonomischen Gründen, vor allem aber zur Abwehr der vielfältigen Bedrohungen der Datensicherheit und des Datenschutzes, die aus der zunehmenden Nutzung von Kommunikationsdiensten an Arbeitsplätzen erwachsen, sind unternehmensspezifische Regelungen für den Umgang mit Kommunikationsdiensten am Arbeitsplatz angeraten. Diese können z. B. die private Nutzung des Internet am Arbeitsplatz untersagen und entsprechende **Kontrollen** vorsehen. Es ist dringend angeraten, IT-Sicherheitsrichtlinien aufzustellen und regelmäßige Sicherheitsbelehrungen der Mitarbeiter durchzuführen.

Eine Überwachung der Einhaltung eines Nutzungsverbots ist technisch realisierbar, etwa durch Kontrolle der Zugriffsprotokolle des Proxy-Servers oder den Einsatz spezieller Software, die festhält, welche Internetseiten von einem Arbeitsplatz wie oft und wie lange aufgerufen wurden. In Deutschland ist diese Kontrolle aber nur eingeschränkt zulässig: Grundsätzlich gilt, dass der Arbeitgeber nur diejenigen persönlichen Daten erheben darf, die notwendig sind, um den Internetzugang zu ermöglichen und abzurechnen. Andere, hierfür nicht erforderliche Daten – z. B. detaillierte Angaben über besuchte Webseiten oder Inhalte von E-Mails – dürfen dagegen nicht gespeichert werden.

Die Installation von **Überwachungssoftware** erfordert in Betrieben ggf. die Zustimmung des Betriebsrats. Zudem sind die schutzwürdigen Interessen der Mitarbeiter zu beachten, die durch eine Überwachung evtl. in unzulässiger Weise in ihrem allgemeinen Persönlichkeitsrecht verletzt werden können: Eine Überwachung ist dann nur möglich, wenn das Interesse des Arbeitsgebers überwiegt, und auch dann nicht uneingeschränkt zulässig. Wenn nicht eine schwerwiegender, begründeter Missbrauchsverdacht besteht, darf der E-Mail-Verkehr zur Überprüfung der bestimmungsgemäßen Nutzung nur stichprobenartig kontrolliert, nicht aber einer Vollkontrolle unterzogen werden. Besteht der Verdacht auf strafbare Handlungen des Arbeitnehmers, können Ermittlungen des Arbeitgebers »auf eigene Faust« gegen das Arbeits- oder das Datenschutzrecht verstoßen; stattdessen sind die Behörden einzuschalten.

Bei eingeschränkt durch den Arbeitgeber erlaubter Nutzung des Internet kann dieser mittels spezieller Software den Zugang zu bestimmten Seiten (etwa Auktionshäusern) sperren oder den Zugang generell nur zu bestimmten Zeiten freigeben. Ebenso kann die private Telefonnutzung auf das Ortsnetz beschränkt werden.

Die folgenden Grundregeln für die Computernutzung am Arbeitsplatz wurden vor beinahe 20 Jahren vom BSI aufgestellt. Aus heutiger Sicht beinhalten sie Selbstverständlichkeiten, und doch ist ihre Missachtung nach wie vor häufiger Grund für Datenschutzverstöße. Sie gehören daher in jede IT-Benutzerordnung.

1. Benutzen Sie keine IT-Systeme oder IT-Komponenten ohne ausdrückliche Erlaubnis.
2. Versuchen Sie nicht, auf Informationen zuzugreifen, wenn Sie nicht wissen, dass Sie dazu befugt sind.
3. Verändern Sie nie Informationen auf IT-Systemen, wenn Sie nicht wissen, dass Sie dazu befugt sind.
4. Benutzen Sie keine IT-Systeme für persönliche Zwecke.
5. Lassen Sie ungesicherte IT-Systeme nicht unbeobachtet.
6. Informieren Sie sich regelmäßig, was Sie als Benutzer unternehmen müssen, wenn Sie den Verdacht haben, dass ein Computer-Virus aufgetreten ist.
7. Halten Sie Ihre Passwörter vertraulich.
8. Verraten Sie niemandem Ihre Passwörter. Wenn Sie von Systembetreuern oder anderen Personen um Ihr Passwort gebeten werden, verweisen Sie sie an die zuständigen Administratoren. In den wenigsten Fällen wird für die IT-Unterstützung tatsächlich Ihr Passwort benötigt. Wenn es sich allerdings nicht vermeiden lässt, sollten Sie es selbst eingeben und die durchzuführenden Arbeiten beaufsichtigen.
9. Benutzen Sie keine Passwörter von anderen Personen.
10. Denken Sie daran: Sie sind für alles verantwortlich, was unter Ihrem Benutzernamen und Ihrem Passwort passiert.

17 Auswahl von IT-Systemen und Einführung von Anwendersoftware

17.1 Beurteilen von IT-Systemen

17.1.1 Einsatzmöglichkeiten von IT-Systemen

17.1.1.1 Vorteile des IT-Einsatzes

Die Auswertung der Volkszählung von 1880 dauerte in den Vereinigten Staaten annähernd sieben Jahre und beschäftigte hunderte von Menschen. Bei der Volkszählung von 1890 wurden erstmals die ermittelten Daten auf Lochkarten übertragen und von Lochkartenlesern ausgewertet. Nach vier Wochen konnte der Leiter der Operation, Hermann HOLLERITH, das Ergebnis präsentieren. Sein Mitarbeiterstab bestand aus 43 Personen.

Die pensionierte Sparkassenangestellte Else S. denkt mit Schrecken an die Silvesternächte in den fünfziger Jahren, als sie bis spät in die Nacht Pfennigdifferenzen in von Hand erstellten Zinsstaffeln suchen musste. Ihre Nachfolgerinnen können heute den Jahreswechsel mit ihrer Familie feiern, denn die Berechnung der Guthaben- und Sollzinsen übernimmt eine Großrechenanlage. Wenn Kunde K. irgendwann im neuen Jahr sein Sparbuch vorlegt und die Gutschrift seiner Jahreszinsen verlangt, werden diese in Sekundenschnelle nachgetragen.

Familie Meier möchte eine Urlaubsreise buchen. Die Reisebüroangestellte R. gibt die Daten des Zielortes und des gewünschten Hotels in ihren Arbeitsplatzterminal ein und kann nach wenigen Sekunden am Bildschirm ablesen, zu welchen An- und Abreisetagen eine Reservierung möglich ist. Nachdem Familie Meier ihre Wahl getroffen hat, nimmt Frau R. die Buchung am Computer vor und überreicht Herrn Meier die Buchungsbestätigung. Vor dreißig Jahren hätten die Meiers zwei Tage auf die Bestätigung ihrer Anmeldung warten müssen.

Schon an diesen drei Beispielen werden die Vorteile des Einsatzes der elektronischen Datenverarbeitung deutlich. Ziel der Datenverarbeitung ist es, diese Vorteile praktisch nutzbar zu machen.

Im Einzelnen sind dies vor allem

- die rasche Bewältigung von Massendaten,
- die Verbesserung des Informationsgehaltes von Daten durch gezielte Aufbereitung,
- die Entlastung menschlicher Arbeitskraft von monotonen Routinetätigkeiten,
- die Vermeidung von Fehlern, die auf menschlicher Unzulänglichkeit beruhen,
- die Möglichkeit, schnell auf gespeicherte Daten Zugriff nehmen zu können, kurz:

Geschwindigkeit, Zuverlässigkeit, Rationalität!

Die genannten Effekte sind keineswegs Selbstzweck. Wenn EDV-Anlagen heute ganz selbstverständlich in Unternehmen, Dienstleistungsbetriebe und Verwaltungen anzutreffen sind, dann deshalb, weil mit ihrer Hilfe ein wesentliches unternehmerisches Ziel verwirklicht werden kann:

Kostenersparnis!

Die in den Beispielen genannten Dienstleistungsbetriebe sind lediglich exemplarisch für den starken Durchdringungsgrad des Computers in nahezu allen Bereichen des täglichen Lebens. Die IT-Nutzung ist unabdingbare Voraussetzung für rationelles, effektives und damit konkurrenzfähiges Arbeiten.

In den letzten Jahrzehnten hat die Informationstechnologie ihr Gesicht mehrfach gewandelt: War sie anfangs eine »Wissenschaft für Eingeweihte« und bis zu Beginn der 1970er-Jahre noch eine Angelegenheit für Spezialisten, die »die EDV« in zentralen Rechneranlagen bedienten, hast sich seither eine dezentrale Datenerfassung und -ausgabe, die direkt an einzelnen Arbeitsplätzen stattfindet, kombiniert mit einer dezentralen oder zentral organisierten Datenverarbeitung, durchgesetzt.

Sie erfordert eine leistungsfähige, zuverlässige und an die Bedürfnisse der Anwenderebene angepasste **IT-Infrastruktur** aus **Hardware** (Maschinen, Geräten), **Software** (Programmen) und verbindender Kommunikation **(Netzwerk).** Heute übliches Standardkonzept einer solchen IT-Infrastruktur ist die **Client-Server-Architektur.** Dabei versorgt innerhalb des Netzwerks ein Server eine Reihe von Clients (Kunden, Dienstenutzern) mit dem Zugang zu bestimmten Diensten.

Zur begrifflichen Klarstellung: Unter dem **Server** ist dabei kein Gerät zu verstehen, sondern ein auf einem oder mehreren Geräten laufendes Computerprogramm, das Dienste für **Clients** erbringt. Diese Clients sind ihrerseits ebenfalls Programme, die für gewöhnlich auf anderen Geräten (z. B. PC, Tablets, Smartphones) laufen. Server und Clients meinen also keine Hardware, sondern Software. Im Sprachgebrauch werden diese Begriffe aber häufig mit Hardware gleichgesetzt, indem der PC, das Tablet oder Smartphone selbst als Clients bezeichnet werden und etwa eine Ansammlung von Hardware, auf der Serverleistungen erbracht werden, als »Serverfarm« und das Gestell – der Baugruppenträger –, auf dem diese Hardware untergebracht ist, als »Server-Rack« tituliert wird. In kleineren Netzwerken gibt es tatsächlich häufig ein Gerät, das ausschließlich für Serverleistungen zuständig ist und auf dem im einfachsten Falle genau eine Server-Software installiert ist. Die korrekte Bezeichnung hierfür ist aber nicht Server, sondern **Host**. Ein Rechner, der nur Serverprozesse ausführt, heißt auch dedizierter Server; andere Arten von Servern, denen spezielle Aufgaben zugewiesen sind, sind z. B. Webserver, Mailserver, Druckserver, Datenbankserver. Ein virtueller Server ist ein virtuelles Server-Betriebssystem. **Servervirtualisierung** meint, dass die Serversoftware nicht an eine bestimmte Hardware gebunden ist, sondern als »virtuelle Maschine« Teilressourcen einer oder mehrerer physischer Hardwareeinheiten nutzen kann. Durch die Virtualisierung wird es möglich, mehrere Serverbetriebssysteme und -konfigurationen, etwa PC-Netzwerke und Thin-Client-Netzwerke (s. u.) mit jeweils unterschiedlichen Betriebssystemen, parallel auszuführen, dabei freie Ressourcen nach Verfügbarkeit zu nutzen und Cloud Computing (vgl. Abschn. 19.1.2.5) einzubinden.

Sehr häufig findet sich das Client-Server-System in reinen PC-Netzwerken verwirklicht, wobei meist ein leistungsstärkerer, mit entsprechenden Programmen ausgestatteter und umfangreicher Peripherie verbundener Rechner allein für die Serveraufgaben genutzt wird und die angeschlossenen Personal Computer mit Zugängen zu Anwenderprogrammen, Datenbeständen, Speichern, Druckern usw. versorgt.

Immer häufiger sind in Netzen so genannte **Thin Clients** installiert, die nicht als Stand-Alone-Geräte, sondern lediglich als Eingabegeräte funktionieren und alle Leistungen vom Server abrufen. Die tatsächlich »dünnen«, stromsparenden und preisgünstigen Thin Clients ähneln den früher verbreiteten unintelligenten Terminals, über die die Benutzer Zugriff auf einen zentral installierten Großrechner oder Rechner der Mittleren Datentechnik nehmen konnten. Tatsächlich werden die auf dem (meist virtualisierten, d. h. nicht dem physischen Server identischen) Server laufenden Betriebssysteme, die die Verbindung mit den Terminals steuern, als **Terminalsoftware** bezeichnet. Die Thin Clients selbst verfügen nur über minimale Read-Only-Systemsoftware oder kommen gar – als so genannte Zero Clients – ganz ohne Betriebssystem aus. Interne Datenträger sind bei Thin Clients in der Regel vorhanden; externe Wechselmedien können angesteuert werden. Zur Abgrenzung von den Thin Clients werden die klassischen Desktop-PC bisweilen als **Thick Clients** oder **Fat Clients** bezeichnet. Auch hier wird der Client-Begriff wiederum als Umschreibung für eine bestimmte Hardware verwendet.

Die IT-Infrastruktur wird häufig als **Plattform** bezeichnet (ein Begriff, der sich allerdings im IT-Sprachgebrauch in unterschiedlichsten Zusammenhängen wiederfindet). Viele Geräte und Programme sind plattformabhängig, d. h. sie setzen eine bestimmte Plattform voraus.

17.1.1.2 IT-Einsatz im kaufmännischen Bereich

Im kaufmännischen Bereich sind vielfältige Massendaten zu verarbeiten, beispielsweise in den Bereichen

- Buchhaltung,
- Auftragswesen,
- Einkauf,
- Lager- und Bestellwesen,
- Personalverwaltung und Lohnabrechnung,
- Kostenrechnung,
- Vertriebsplanung und -steuerung,
- Projektmanagement...

Die hier erfassten und verarbeiteten Daten stehen vielfach miteinander in Beziehung und können für die Nutzung durch mehrere Abteilungen oder Arbeitsplätze in Frage kommen. Daher bietet sich ihre Bereitstellung in vernetzten Systemen unter Anwendung integrativer Software an, wobei jedoch den Erfordernissen des Datenschutzes (vgl. Kap. 16) Rechnung zu tragen ist.

Unter integrierter Software sind dabei solche Programme zu verstehen, die unter Zugriff auf eine gemeinsame Datenbasis verschiedene, miteinander verknüpfte Aufgaben erfüllen.

Beispiele:

Sekretärin S hat einen Brieftext im Textverarbeitungsmodul erfasst, der – unter Einsetzung individueller Daten – an alle Kunden eines bestimmten Postleitzahlenbereiches verschickt werden soll. Die von ihr verwendete integrierte Software (z. B. MS-Office, Libre Office), verknüpft die im Datenbankmodul enthaltenen Kundenadressen mit dem Brieftext und sorgt für die Ausgabe individueller Serienbriefe.

Die in der Finanzbuchhaltung erfassten Buchungsdaten sollen in der Kostenrechnung weiterverwendet werden. Das integrierte Buchhaltungsprogramm ermöglicht die Übernahme der erforderlichen Daten und erspart dem für die Erstellung der Kostenrechnung zuständigen Mitarbeiter die zeitraubende und fehleranfällige Neueingabe.

Für die Erfüllung der vorstehenden Aufgaben, die teils dem strategischen Bereich (z. B. Marketingplanung; strategisches Controlling) und teils dem operativen Bereich (z. B. Finanzbuchhaltung) zugerechnet werden können, sind im deutschsprachigen Raum eine Reihe von Standard-Anwendungsprogrammen erhältlich.

Im Bereich kleinerer Unternehmen und Verwaltungen, die ausschließlich Personal Computer (PC) und PC-Netzwerke einsetzen, sind dies vor allem **integrierte »Office-Pakete«**, die die im kaufmännischen Bereich am häufigsten benötigten Funktionen, also

- Textverarbeitung,
- Tabellenkalkulation,
- Präsentationsgrafik,
- Adressverwaltung,
- persönliches Projekt- und Terminmanagement usw.

in standardisierter Form und in einer Ausführlichkeit, die die meisten betrieblichen Bedürfnisse befriedigt, beinhalten. Dabei sind individuelle Anpassungen an besondere Erfordernisse des Unternehmens (Umsetzung des Corporate Designs, bestimmter schematischer Dokumentgliederungen, Textbausteine usw. in Dokumentvorlagen und gemeinsam nutzbaren Bibliotheken) möglich und üblich. Für das Rechnungswesen und für spezielle betriebliche Anforderungen, z. B. Projektmanagement, wird ebenfalls häufig standardisierte Software eingesetzt. Dabei sind betriebsspezifische Anpassungen möglich (etwa die Übernahme betriebsspezifischer Kontenpläne).

Typisch für Anwenderprogramme ist eine **interaktive Verarbeitung,** bei der Anwender und Software praktisch ständig interagieren: Der Anwender wählt aus, was er tun will; daraufhin fordert das Programm bestimmte Eingaben mittels Tastatur, Maus, Sprache usw., auf die es wiederum mit reagiert, usw. Versierte Bediener können bestimmte immer wiederkehrende Verarbeitungsprozesse durch entsprechende Programmierungen **(Makros)** im Rahmen der ansonsten interaktiv bedienten Programme automatisieren.

In mittleren und größeren Unternehmen, vor allem im industriellen Bereich, sind IT-Systeme im Einsatz, die alle **Kernprozesse** abbilden und alle Ressourcen übergreifend verwalten können. Die Abgrenzung der aus der Produktionswirtschaft (vgl. Lehrbuch 2, Abschn. 4.6.3 ff) bekannten **PPS-Systeme** (Produktionsplanungs- und Steuerungssystemen), **ERP-Systeme** (Enterprise-Resource Planning) und **WfM-Systeme** (Workflow-Management-Systeme) ist dabei nicht trennscharf möglich; vielmehr können heute alle diese Systeme als ERP-Systeme oder Teilsysteme eines ERP-Systems aufgefasst werden. Sie ermöglichen die computergestützte Verzahnung verschiedener betrieblicher Bereiche: Produktions- und Auftragsplanung und -steuerung, Kostenrechnung, Controlling usw. Auch Warenwirtschaftssysteme gehören in diese Kategorie.

Auf breiter Basis durchgesetzt hat sich die integrierte Software von SAP, die auch als **SaaS (Software as a Service,** vgl. Abschn. 19.1.2.5) angeboten wird.

Immer mehr Betriebe erkennen die Notwendigkeit, das im Unternehmen vorhandene Wissen zusammenzutragen, abzusichern – also auch von einzelnen Personen als Kenntnisträgern abzukoppeln – und überall dort, wo es von Nutzen sein kann, bereitzustellen. »Knowledge Engineering«, »Wissensmanagement«, »Data Mining«, »Entscheidungsunterstützung« – um nur einige der in diesem Zusammenhang häufig gehörte Stichwörter zu nennen – sind strategische Aufgaben mit dem Ziel, die Wettbewerbsfähigkeit des Unternehmens und damit seine Überlebensfähigkeit langfristig zu erhalten. Die betrieblichen Bereiche, die – im Allgemeinen durch entsprechende Software unterstützt – diese und ähnliche Aufgaben erfüllen, werden dementsprechend auch als **strategische Systeme** bezeichnet. Im Gegensatz dazu werden Standardanwendungen für das tägliche – das operative – Geschäft als **operative Systeme** gesehen. Dazwischen sind die **dispositiven (taktischen) Systeme** angesiedelt, worunter z. B. das Bestellwesen und die Produkt- und Finanzplanung verstanden werden. Auf Fragen der Verwendung von Standard- oder Individualsoftware und auf gängige Softwarelösungen wird in Abschnitt 17.3 ausführlicher eingegangen.

17.1.1.3 EDV-Einsatz im technischen Bereich

Auch im Betrieb der XY-GmbH werden Computer eingesetzt:

- Im Kundenauftrag anzufertigende Maschinenteile werden rechnergesteuert auf CNC-Dreh- und Fräsmaschinen hergestellt;
- Die hierfür erforderlichen Zeichnungen erstellt das Konstruktionsbüro mit Hilfe von CAD-Programmen an großdimensionierten Arbeitsplatzrechnern. Die Ausgabe erfolgt über Plotter.
- Die weitgehend automatisierte Serienfertigung wird unter Einsatz einer betriebsumfassenden, weitgehend automatisierten **Betriebsdatenerfassung (BDE)** rechnergesteuert und -überwacht.

Während ERP die kaufmännischen Unternehmensprozesse unterstützt, werden computergestützte Systeme, die im Herstellungsprozess zum Einsatz kommen, als **CAE-Systeme** (Computer Aided Engineering) bezeichnet. Hierzu gehören als wichtigste Teilbereiche (»CAx-Anwendungen«):

- **CAD** (Computer Aided Design) = Computergestütztes Zeichnen und Konstruieren,
- **CAM** (Computer Aided Manufacturing) = Computergestützte Fertigung auf Basis maschinenunabhängig erstellter oder aber direkt an der Maschine programmierter NC-Codes (NC = Numerical Control), die entsprechende CNC-Werkzeugmaschinen (spanabhebende Dreh- und Fräsmaschinen) oder auch 3D-Drucker steuern.
- **CAP** (Computer Aided Planning) = Computergestützte Fertigungsplanung, in deren Rahmen Abläufe festgelegt, Zeitbedarfe ermittelt und Arbeitspläne sowie Stücklisten erstellt werden,
- **CAQ** (Computer Aided Quality Control) = Computerunterstütztes Qualitätsmanagement, das die Erzeugung von Prüfplänen und die Auswertung von Prüfdaten beinhaltet.

Mit Hilfe kombinierter CAD/CAM-Programme werden Teile zunächst am Bildschirm entworfen und untersucht. Die fertigen Konstruktionspläne können anschließend der Fertigung übergeben werden.

Die ersten CAD/CAM-Systeme wurden isoliert – ohne Verbindung zur nachfolgenden Fertigung – eingesetzt. Die Übergabe der Konstruktionsdaten erfolgte in Form geplotteter Zeichnungen. Nachteil solcher »Insellösungen« ist, dass jeder Bereich auf individuelle Datenbestände zurückgreift und eine Verknüpfung der Konstruktion und der Fertigung über eine zentrale Datenverwaltung nicht möglich ist. In den letzten Jahren ist jedoch ein Trend zur **Integration** zu beobachten. Diese ermöglicht etwa der Fertigung, auf Konstruktionen der entsprechenden Fachabteilung über einen Zentralrechner zuzugreifen und diese an CNC-Maschinen rechnergesteuert umzusetzen.

Werden zusätzlich Produktionsplanungs- und Steuerungssysteme **(PPS)** in den Datenverbund einbezogen, so spricht man von Computer Integrated Manufacturing **(CIM).**

Eine ausführlichere Darstellung des DV-Einsatzes in der Fertigungswirtschaft mit Erläuterungen zu allen oben genannten Begriffen enthält Abschnitt 4.6.2.7.

17.1.1.4 Sonstige Einsatzbereiche

17.1.1.4.1 Supply Chain Management (SCM)

Die IT-Vernetzung macht nicht am Werkstor Halt: Längst ist es Praxis in Industrie und Handel, sich entlang der Lieferkette (Supply Chain) zu vernetzen. Erste praktizierte Formen des **SCM** waren in den 1980er-Jahren die **Just-in-Time**-Kopplung der Produktion und Zulieferung und die – häufig die Voraussetzung hierfür darstellende – Selbststeuerung der Materialabrufe nach dem KANBAN-Prinzip (jeweils beschrieben in Lehrbuch 2).

Fein justierte Lieferabrufe spielen vor allem in der Automobilzulieferindustrie eine große Rolle. Sowohl der Verband der Automobilindustrie (VDA) als auch die Organisation Odette International Ltd. als Zusammenschluss mehrerer nationaler Automobilverbände haben Standards für die Logistikabwicklung innerhalb von Lieferketten entwickelt (z. B. VDA 4915, Odette DELINS; DELINS = Delivery Instructions; Global DELFOR VDA 4984; DELFOR = Delivery Forecast). Sie enthalten Empfehlungen für die rechnergestützte Vernetzung zwischen Abnehmer und Lieferanten im Rahmen eines Lieferabrufsystems. Voraussetzung eines solchen Lieferabrufsystems ist eine Rahmenvereinbarung über die Belieferung des Kunden (Abnehmer; hier: Automobilwerk) durch den Lieferanten (hier: Teilehersteller), die die Materialbereitstellung nach Art, Qualität (Spezifikation) und grundsätzlichem Mengenbedarf beinhaltet. Ziel ist die Bereitstellung der jeweils benötigten

Mengen Just-in-Time bei möglichst geringer Lagerhaltung auf Kundenseite, wobei aber auf Bedarfsschwankungen flexibel reagiert werden soll. Die Steuerung der zu einem bestimmten Zeitraum tatsächlich bereitzustellenden Mengen erfolgt über ein auf Fortschrittszahlen basierendes Bedarfsmeldesystem innerhalb des Lieferabrufsystems. Der tag- und sogar stundengenau mögliche Abruf erfolgt auf dem Wege des **Elektronischen Datenaustauschs (EDI;** Electronic Data Interchange). Die Daten werden hierzu in einer bestimmten, standardisierten Weise vorstrukturiert, um sowohl beim Sender als auch beim Empfänger verarbeitet werden zu können. Bekanntester EDI-Standard ist **EDIFACT** (eigentlich UN/EDIFACT = United Nations Electronic Data Interchange for Administration, Commerce and Transport), aus dem heraus zahlreiche branchenspezifische Standardfunktionen (Subsets) entwickelt wurden, z B. der oben erwähnte ODETTE-Standard.

17.1.1.4.2 Efficient Consumer Response (ECR)

Im Bereich der Konsumgüterindustrie und des Handels sorgen IT-gesteuerte **ECR-Systeme,** die alle Prozesse der Wertschöpfungskette vom Produzenten bis zum Endverbraucher verknüpfen, für eine an die Nachfrage angepasste Warenverfügbarkeit bei weitgehender Optimierung von Lieferzeiten und Kosten, wobei Falschlieferungen, Retouren und Warenverderb bestmöglich vermieden werden.

17.1.1.4.3 Enterprise Content Management (ECM)

Informationen liegen in unterschiedlich ausgeprägter **Strukturierung** vor: Während in Datenbanken erfasste Informationen strukturiert vorliegen und damit ein gezieltes Suchen und Zusammenfassen nach bestimmten Kriterien ermöglichen, haben unstrukturierte Daten keine solche innere Ordnung. Die meisten Daten in einem Unternehmen fallen in letztere Kategorie, nämlich Bilder, Zeichnungen, freie Texte. Manche dieser Daten werden zwar »in sich« strukturiert – Texte z. B. durch Formatvorlagen, Tabellenkalkulationen durch Zeilen und Spalten –, aber die darin wiederum enthaltenen Daten sowie die verschiedenen Dokumente im Verhältnis zueinander sind nicht strukturiert, so dass dies Informationen allenfalls als »schwach strukturiert« gelten können. Für die Verwaltung strukturierter, schwach strukturierter und unstrukturierter Informationen in einem Managementsystem hat sich der Begriff Enterprise Content Management (ECM) etabliert.

17.1.1.4.4 Customer Relationship Management (CRM)

Customer Relationship Management bezeichnet Maßnahmen des Beziehungsmanagements zur Vertiefung der Kundenbindung. Hierzu gehören besondere Kampagnen und Serviceangebote sowie die Dokumentation und Pflege von Informationen über den Kunden. Im Marketing, Verkauf und Service, also den kontaktintensiven Bereichen des Unternehmens, kann ein IT-gestütztes CRM-System zur Neu- und Bestandskundenpflege eingesetzt werden mit dem Ziel, Kundenpräferenzen zu ermitteln, Profile zu erstellen und die Kunden entsprechend gezielt durch auf ihre Bedürfnisse abgestimmte Marketingmaßnahmen anzusprechen.

17.1.1.4.5 Management-Informationssysteme (MIS) und Wissensmanagement

Im Rahmen des betrieblichen Controllings liefern **MIS** Auswertungen von an verschiedenen Stellen und in unterschiedlichen Zusammenhängen angefallenen Daten. Die zu Kennzahlen und Berichten aufbereiteten Informationen dienen der Untermauerung unternehmerischer Entscheidungen. Das Grundlagenwissen über **Datenbanksysteme,** die Aufgaben von Management-Informationssystemen wie auch Zweck und Aufbau der damit in Zusammenhang stehenden Konzepte des **Data-Warehousing** und **Wissensmanagements** werden ausführlich an späterer Stelle behandelt.

17.1.1.4.6 Dokumentenmanagementsysteme (DMS)

Dokumentenmanagement meint die zentrale Aufbewahrung elektronischer Dokumente. Darunter erfasst sind auch Dokumente, die ursprünglich in nicht-digitaler Form vorlagen (Korrespondenz, Rechnungen usw. auf Papier) und zwecks dauerhafter **Archivierung** digitalisiert wurden. Im Unternehmen erstellte Dokumente werden vom DMS durch ihren gesamten Lebenszyklus begleitet – von der Erstellung über gelenkte interne und externe Weitergaben, spätere Bearbeitungen und Verknüpfungen mit Aufträgen bis zur Archivierung oder Löschung. Das DMS beinhaltet eine **Rechteverwaltung**, die den Zugriff auf einzelne Dokumente reguliert und kontrolliert. Die besonderen Vorteile des DMS liegen in der jederzeitigen, nicht an den lokalen Zugriff auf ein physisches Schriftstück gebundenen Verfügbarkeit von Dokumenten, die vielfältigen Suchfunktionen und in der Platzersparnis bei der Archivierung. In vielen Verwaltungen wird die Erstellung papierner Schriftstücke inzwischen nach Möglichkeit vermieden, und eingehende Schriftstücke werden digitalisiert und anschließend nicht mehr physisch abgelegt, sondern vernichtet. DMS sind damit eine wichtige Voraussetzung für eine gelingende Einführung des von vielen Unternehmen und öffentlichen Verwaltungen angestrebten »papierlosen Büros«.

17.1.1.4.7 Projektmanagement und Multiprojektmanagement

Im Projektmanagement geht es häufig um die Einführung oder Umstellung von IT-Systemen als Projekt. Projektmanagement ist zugleich selbst ein Bereich, der in der betrieblichen Praxis oft durch entsprechende Computerprogramme begleitet und optimiert wird. Insbesondere für Betriebe mit Multiprojektmanagement, in denen mehrere Projekte um Ressourcen konkurrieren, ist die IT-gestützte Projektverwaltung eine wertvolle Hilfe, etwa indem sie einen Ressourcenpool verwaltet.

17.1.1.4.8 Künstliche Intelligenz und Expertensysteme

Die **Künstliche Intelligenz (KI)** als Fachgebiet der Informatik untersucht, auf welche Weise Computer intelligentes Verhalten nachvollziehen können. Ziel der KI-Forschung ist es, Computer dahingehend zu manipulieren, dass mit ihrer Hilfe Probleme gelöst werden können, die Intelligenz voraussetzen.

Es kann dabei nicht darum gehen, Computern »Leben einzuhauchen«, ihnen also intellektuelle Fähigkeiten oder menschliche Eigenschaften wie Verständnis, Einsicht, Neugier oder Ehrgeiz zu verleihen, sondern lediglich darum, Rechner dazu zu bringen, so zu reagieren, **als ob** sie intelligent seien.

Intelligenz äußert sich unter anderem in den Fähigkeiten,

- aus einer Fülle von möglichen Lösungswegen diejenigen auszuwählen, die Erfolg versprechend sind, und andere aufgrund von Erfahrungen und Überlegungen ohne vollständige Überprüfung auszuschließen (so würde z. B. die Lebenszeit eines Schachspielers nicht ausreichen, sämtliche zu Beginn eines Spieles möglichen Züge mit allen möglichen Konsequenzen zu überdenken, weswegen das Abwägen und Verwerfen weniger Erfolg versprechender oder unsinniger Spielzüge eine Intelligenzleistung darstellt);
- natürliche Sprache unabhängig vom Sprachstil des Redners nicht nur akustisch zu verstehen, sondern das Gesprochene auch sinngemäß zu erfassen;
- Muster zu erkennen und zu deuten, z. B. unterschiedliche Handschriften lesen zu können;
- Schlussfolgerungen zu ziehen und auf diese Weise aus vorhandenem Wissen neues Wis-

sen abzuleiten (etwa aus der Tatsache, dass eine nicht näher bekannte Person von Beruf Englischlehrer ist, zu folgern, dass diese Person der englischen Sprache mächtig ist).

Die letztgenannte Fähigkeit des Schlussfolgerns ist Forschungsgegenstand eines Teilbereiches der KI, nämlich der Entwicklung von Expertensystemen.

Expertensysteme sind Programmsysteme, die das Wissen über einen speziellen Wissensbereich speichern, auf dessen Basis Schlussfolgerungen ziehen und Lösungsmöglichkeiten zu Problemen aus ihrem Wissensgebiet anbieten. Sie verfügen im Allgemeinen über eine Mehrkomponenten-Struktur, wie sie in der folgenden Abbildung dargestellt ist.

Die Arbeitsweise eines Expertensystems kann fallbasiert sein: Dabei wird, ausgehend von einer Sammlung konkreter Problemfälle, ihrer Merkmale und Lösungen, nach Parallelen zu einem aktuellen Problem gesucht. Dagegen folgen regelbasierte Systeme bei der Lösungssuche einem programmierten Regelwerk aus »Wenn... dann...«-Entscheidungen. Weniger starr arbeiten entscheidungsbaumbasierte Systeme, in denen die eingegebenen Beispielfälle in einer Baumstruktur verarbeitet werden.

Die Arbeitsweise eines fallbasierten Systems zeigt folgendes Beispiel:

Zunächst übermittelt der Bediener dem Rechner das zu lösende Problem im Dialogverfahren. Erfährt das Programmsystem hierbei neue, ihm bislang unbekannte Fakten, so gehen diese über eine Wissensveränderungskomponente in das bisherige Basiswissen ein und erweitern oder aktualisieren dieses. Nach der Formulierung des Problems übernimmt die Problemlösungskomponente die Suche nach Lösungsmöglichkeiten, indem sie die Wissensbasis untersucht. Gefundene Lösungen werden in einer Erklärungskomponente auf Widerspruchsfreiheit und Qualität geprüft, begründet und kommentiert, bevor sie über die Dialogkomponente ausgegeben werden.

Hauptanwendungsgebiete für Expertensysteme sind derzeit die naturwissenschaftlichen Bereiche, insbesondere die Medizin. Bereits in den siebziger Jahren wurde in den USA ein Expertensystem entwickelt, mit dessen Hilfe medizinische Diagnosen erstellt werden können. Der Benutzer, in der Regel ein Arzt, beantwortet Fragen des Systems über Krankheitssymptome und Vorgeschichte eines Patienten. Aus den Antworten zieht das System Schlussfolgerungen über die Krankheit und unterbreitet sowohl Diagnose- als auch Therapievorschläge.

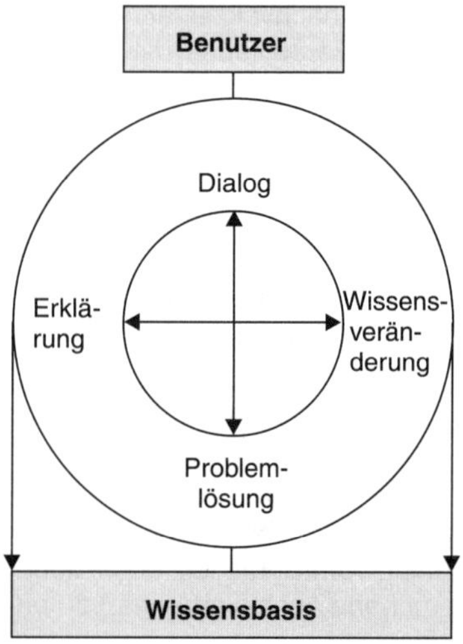

Mehrkomponenten-Struktur eines Expertensystems

Anwendungsmöglichkeiten für Expertensysteme bieten sich überall dort, wo Prognosen benötigt werden (z. B. Vorhersage von Erdbeben, Umweltzuständen). Allerdings sind Expertensysteme (zumindest bis heute noch) nicht vollständig zuverlässig in der Lage, Sachverhalte richtig und vollständig zu beurteilen und entsprechend sinnvolle Aktionen auszulösen. Dies liegt daran, dass ihnen aufgrund ihrer spezialisierten Wissensbasis und der Beschränkung von Informationen auf das direkte Problemumfeld ein »Blick über den Tellerrand« (Closed World Assumption: Was das System nicht kennt, existiert nicht) und damit das Einkalkulieren von Einflüssen außerhalb ihres Wissenshorizonts nicht möglich ist. In der Vergangenheit hat sich immer wieder gezeigt, dass es verheerende Folgen haben kann, Maschinen Entscheidungen allein zu überlassen: Börsenzusammenbrüche aufgrund überzogener Reaktionen von Computeralgorithmen im automatisierten Hochfrequenzhandel oder Flugzeugabstürze infolge fehlerhafter Computerentscheidungen sind nur besonders dramatische Beispiele. Auch wenn dabei keine Künstliche Intelligenz im Einsatz war, muss auch für diese gelten, dass die letzte Entscheidung immer dem Menschen vorbehalten bleiben muss.

17.1.1.4.9 E-Learning

Computer zur Lernunterstützung finden sich heute in allen Lehr- und Lebensbereichen. Betriebe nutzen computergestütztes Lernen zur Schulung ihrer Mitarbeiter auf vielen Feldern: Etwa für turnusmäßige Pflichtunterweisungen zu Arbeitssicherheit und Brandschutz, für Schulungen in rechtlichen Grundlagen (z. B. AGG, Arbeitszeitvorschriften), über unternehmensinterne Richtlinien (z. B. Compliance), im Qualitäts- und im Gesundheitsmanagement. Auch individuelle Lernprogramme zur Unterstützung der beruflichen Anpassungs- und Aufstiegsfortbildung können betriebsseitig bereitgestellt werden. Häufig stehen die Lerneinheiten im **Intranet** (vgl. Abschnitt 19.1.1.1) zum Abruf bereit und können von den Arbeitnehmern nach deren zeitlichen Möglichkeiten (»on demand«) aufgerufen werden, wobei für Pflichtunterweisungen jedoch Zeiträume, innerhalb derer eine Sequenz bearbeitet und ggf. ein Test abgelegt sein muss, vorgegeben sein können. Bei der Einführung von E-Learning im Betrieb ist das Mitspracherecht des Betriebsrats gem. §§ 87, 98 Betriebsverfassungsgesetz (BetrVG) zu beachten.

17.1.1.4.10 Computergestützte Personalmanagement-Instrumente

Zur Unterstützung des Personalmanagements kann ein umfassendes **Personalinformationssystem (PIS)** eingesetzt werden, das neben der Verwaltung von Personalstammdaten, Zeit- und Lohndaten auch Vorschläge für die Personalplanung (Bestands-, Bedarfs-, Beschaffungs-, Einsatzplanung usw.) und Personalentwicklung unterbreiten kann.

Zur Entlastung der Personalabteilung können **Employee- und Manager-Self-Services (ESS/MSS)** installiert werden, die die Arbeitszeiterfassung und -nachweiserstellung in Anpassung an die betrieblich vereinbarten Arbeitszeitmodelle durch die Mitarbeitenden und Führungskräften selbst ermöglichen. Je nach eingesetztem System können auch Urlaubszeiten, Mehrarbeit, Rufbereitschaften, Bereitschaftseinsätze usw. erfasst und Verstöße gegen Arbeitszeitvorschriften festgestellt und gemeldet sowie Zubuchungen von Dienstreise-, Fortbildungs- und sonstigen dienstbedingten Abwesenheitszeiten vorgenommen werden. ESS/MSS-Systeme kommen auch für Antragstellungen (Urlaub, Freizeitausgleich) und zur Bereitstellung von Teaminformationen in Betracht.

Bei der Personalbeschaffung werden immer häufiger elektronische Medien eingesetzt. **E-Recruiting** meint vor allem die Ausschreibung offener Stellen und die Einholung von Bewerbungen über die eigene Unternehmens-Homepage oder Online-Jobbörsen, zunehmend auch über Soziale Medien. Zahlreiche Unternehmen verzichten inzwischen ganz auf Stellenanzeigen in Printmedien und suchen ausschließlich auf digitalem Weg. Bewerber selbst haben die Möglichkeit, in Online-Jobbörsen ein eigenes Profil anzulegen, das von Unternehmen auf Mitarbeitersuche auf Passung überprüft werden kann. Dieses Verfahren ersetzt die früher üblichen Initiativbewerbungen und kann auch in der Weise genutzt werden, dass sich Unternehmen mit Fachkräftemangel bei den Stellensuchenden »bewerben« **(Reverse Recruiting).** Sind digitale Stellenangebote für mobile Endgeräte optimiert und insbesondere mittels Smartphone nutzbar, wird von **Mobile Recruiting** gesprochen.

17.1.1.4.11 »Home Office«: Telearbeit und mobiles Arbeiten

Für Arbeitnehmer, deren Aufgaben eine Anwesenheit im Betrieb nicht zwingend erfordern, können Möglichkeiten geschaffen werden, ihrer Arbeit ganz oder teilweise im eigenen Haushalt oder an einem anderen, ggf. variierenden Ort nachzugehen. Infolge der Corona-Pandemie haben Formen der betriebsfernen Arbeit enormen Aufschwung genommen. Hierfür hat sich umgangssprachlich der Begriff »Home Office« eingebürgert. Dahinter verbergen sich jedoch sehr unterschiedliche Ausprägungen mit unterschiedlicher rechtlicher Bewandtnis.

Telearbeit

Telearbeit bedeutet, dass der Arbeitnehmer ausschließlich in seinem Zuhause an einem vom Arbeitgeber eingerichteten Arbeitsplatz arbeitet. Von der klassischen Heimarbeit, die meist in einer stücklohnbasierten gewerblichen Tätigkeit besteht, unterscheidet sich die Telearbeit durch die Art der Arbeit, die im Allgemeinen in einer qualifizierten Angestellten-Bürotätigkeit besteht, und durch die Gestaltung des Arbeitsplatzes: Dieser umfasst in aller Regel eine Computerausstattung (Personal Computer, notwendige periphere Geräte) und eine Telekommunikationsanbindung. Einrichtungsgegenstände wie Schreibtisch, Bürostuhl, Lampen usw. werden entweder vom Arbeitgeber zur Verfügung gestellt oder der Arbeitgeber leistet einen Aufwendungsersatz für vom Arbeitnehmer selbst bereitstellte Gegenstände. § 2 Abs. 7 ArbStättV enthält eine Definition des Telearbeitsplatzes:

> *Telearbeitsplätze sind vom Arbeitgeber fest eingerichtete Bildschirmarbeitsplätze im Privatbereich der Beschäftigten, für die der Arbeitgeber eine mit den Beschäftigten vereinbarte wöchentliche Arbeitszeit und die Dauer der Einrichtung festgelegt hat. Ein Telearbeitsplatz ist vom Arbeitgeber erst dann eingerichtet, wenn Arbeitgeber und Beschäftigte die Bedingungen der Telearbeit arbeitsvertraglich oder im Rahmen einer Vereinbarung festgelegt haben und die benötigte Ausstattung des Telearbeitsplatzes mit Mobiliar, Arbeitsmitteln einschließlich der Kommunikationseinrichtungen durch den Arbeitgeber oder eine von ihm beauftragte Person im Privatbereich des Beschäftigten bereitgestellt und installiert ist.*

Für Telearbeitsplätze muss eine Gefährdungsbeurteilung durchgeführt und der Beschäftigte entsprechend unterwiesen werden. Insbesondere gelten die Bestimmungen über die Maßnahmen zur Gestaltung von Bildschirmarbeitsplätzen (Anhang zur ArbStättV Nr. 6). Allerdings ist der Arbeitgeber nicht zur Ortsbesichtigung verpflichtet, sondern kann sich auf protokollierte Aussagen des Mitarbeitenden stützen.

Telearbeit wird durch Arbeitsvertrag oder Betriebsvereinbarung geregelt. Dabei gelten die Bestimmungen des Betriebsverfassungsgesetzes (§ 5 Abs. 1 S. 1 BetrVG). Ihre Einführung ist mitbestimmungs- bzw. mitwirkungspflichtig (§§ 87 Abs. 1, 90 BetrVG). Für Telearbeit gelten dieselben Arbeitszeit- und Urlaubsregelungen wie für die in den betrieblichen Räumlichkeiten tätigen Arbeitnehmer. Telearbeit bedeutet nicht, dass der Arbeitnehmer seine Arbeitszeit frei gestaltet: Wenn nichts anderes vereinbart ist, ist die Arbeit zu den vereinbarten Zeiten zu leisten.

In der reinsten Form, der Teleheimarbeit, erledigt der Arbeitnehmer seine gesamte Arbeit von zu Hause aus und hat keinen Arbeitsplatz in den betrieblichen Räumen. Häufig wird allerdings **alternierende Telearbeit** verrichtet, bei der auch im Betrieb ein Arbeitsplatz eingerichtet ist. Häufig wechseln sich mehrere Telearbeitende in der Nutzung des betrieblichen Arbeitsplatzes ab.

In neuerer Zeit setzt sich der Gedanke des **Shared Workspace** (auch: Coworking Space) durch: Arbeitnehmer verschiedener Arbeitgeber nutzen gemeinsam Räumlichkeiten, die weder im Betrieb noch in ihrem eigenen Zuhause liegen. Durch die Möglichkeit der gemeinsamen Nutzung von Arbeitsgeräten und Einrichtungen entstehen Kostenvorteile für die einzelnen Arbeitgeber. Arbeitnehmer profitieren dabei oft vor allem von kürzeren Arbeitswegen und Anfahrtszeiten.

Mobiles Arbeiten

Bei Mobilarbeit stellt der Arbeitgeber mobile Endgeräte – Laptop, Smartphone, Headset – zur Verfügung, mithilfe derer der Arbeitnehmer seine Arbeit an verschiedenen Orten – zu Hause, im Hotelzimmer, Café, Zug, Flugzeug oder wo auch immer – erledigen kann. Auch hier gilt, dass die Erreichbarkeit während der vereinbarten Arbeitszeit sichergestellt sein muss. Die Vorschriften der Arbeitsstättenverordnung greifen dabei naturgemäß nicht.

»Homeoffice-Pflicht« während der Pandemie

Während der Corona-Pandemie wurde über das Infektionsschutzgesetz (IfSG) zeitweilig eine »Homeoffice-Pflicht« eingeführt: Arbeitgeber hatten, wenn keine betrieblichen Gründe dagegen sprachen, ihren Arbeitnehmern die Ausübung ihrer Tätigkeiten in deren Wohnung zu ermöglichen. Im »Lockdown« zeigte sich, dass viele zuvor geäußerte Einwände gegen ein zeitweiliges Arbeiten von zu Hause aus gegenstandslos waren, denn trotz sehr kurzfristiger und teils improvisierter Auslagerung von Arbeitsplätzen in die privaten Wohnungen der Mitarbeitenden erwies sich diese Form des Arbeitens in vielen Fällen als praktikabel und effektiv. Aufgrund dieser Erfahrungen wird für die Zukunft erwartet, dass sich Telearbeit und mobiles Arbeiten als ständige und selbstverständliche Bestandteile moderner Büroarbeit etablieren werden.

Datenschutzvorkehrungen

In jedem Falle sind besondere Vorkehrungen bezüglich des **Datenschutzes** zu treffen:

- Bei häuslicher Arbeit muss sichergestellt sein, dass Familienmitglieder und Besucher keinen Zugang zu vertraulichen Arbeitsplatzdaten erhalten. Die Sicherheit des Datentransfers kann über eine **VPN-Verbindung** (vgl. Abschn. 16.2.2.2.6) gewährleistet werden.
- Arbeit an öffentlich zugänglichen Orten wie Cafés und öffentlichen Verkehrsmitteln wirft besondere Probleme auf, da Bildschirme von Dritten eingesehen und Telefongespräche mitgehört werden können. Hier ist die Verpflichtung des Arbeitnehmers auf strikte Einhaltung des Datenschutzes und der Datensicherheit unabdingbar.

17.1.2 Erstellung von Ist-Analysen

Den Auftakt jeder Errichtung oder Veränderung eines IT-Systems bildet die Ist-Aufnahme, also die Feststellung dessen, »was ist« (Status Quo). Der festgestellte Status wird analysiert: Welche Aspekte sind gut, welche Verfahren und Abläufe können beibehalten werden? Wo sind Prozeduren und ihre Ergebnisse unbefriedigend?

Heute kann davon ausgegangen werden, dass bestehende Unternehmen durchweg bereits über EDV-gestützte Systeme verfügen, die modernisiert bzw. an neue Aufgaben angepasst werden müssen, sodass Neuerrichtungen nur bei Neugründungen anstehen. Während sich im letzteren Falle die durchzuführenden Analysen auf die zu erfüllenden Aufgaben beziehen und auf die Auswahl der hierfür geeignetsten IT-Lösung abzielen, so steht im ersten Falle, also bei Systemmodernisierung und -anpassung, zunächst die Beurteilung des aktuellen Systemzustands an. Diese folgt zweckmäßigerweise den Regeln der Ist-Analyse, die bereits in Abschnitt 6.4.1.1.1.2 vorgestellt wurden, und beinhaltet eine **Schwachstellenanalyse** unter Anwendung der bekannten Techniken (z. B. FMEA).

In die Aufnahme und Analyse einzubeziehen sind – jeweils mit Aufzeichnung der Standorte und Einsatzzwecke – :

- Hardware,
- Software (Betriebssysteme und Anwenderprogramme),
- Schnittstellen,
- Datenbestände und -strukturen (insbesondere Aufbau von Datenbanken),
- technische Lösungen (Vernetzung, Datensicherung, Kommunikation usw.),
- Angaben zu Datenflüssen (Richtung, Reihenfolge) und -mengen,
- Administrationseinstellungen (Regelung von Zugriffsrechten, Firewall, Passwortsystem usw.),
- Know-How der Mitarbeiter.

Schon in Kapitel 16 wurde auf das Problem der in der betrieblichen Praxis üblichen Heterogenität von bestehenden IT-Systemen hingewiesen. Zwar sollte – eine in der Vergangenheit einwandfreie Inventarisierung vorausgesetzt – die Anlagenbuchhaltung Auskunft über die vorhandene Hard- und Software geben können; bezogen auf den **Betriebszustand des Gesamtsystems** reicht dies aber bei weitem nicht aus. Hilfreich ist, wenn im System Hilfen (Network-/Desktop Management Interface) angelegt sind, die weitergehende Informationen über die Netzwerk-Topologie, installierte Betriebssystem- und Programmversionen sowie die Ausstattung von Arbeitsplatzrechnern liefern können. Bezogen auf die vorhandene (aber nicht unbedingt eingesetzte) Software kann ein ggf. vorhandenes Lizenzmanagement-Programm schnelle Übersicht verschaffen.

Im Idealfall ist eine Dokumentation des IT-Systems (System-Handbuch/System Manual) vorhanden, die seit Errichtung des Systems lückenlos fortgeschrieben wurde: Aber auch in diesem – nicht immer gegebenen – Idealfall ist ein Abgleich der beschriebenen Konfiguration mit den tatsächlichen Verhältnissen notwendig.

Bezogen auf Datenstrukturen bietet sich die Darstellung in **Entity-Relationship-Diagrammen (ER-Diagrammen)** an. Diese beschreiben die zwischen gespeicherten Daten bestehenden Beziehungen. Die Abbildung auf der nächsten Seite zeigt ein solches Diagramm.

Die Darstellung von Datenflüssen und sonstigen betrieblichen Abläufen sowie von Programmstrukturen erfolgt anhand von **Datenflussplänen, Programmablaufplänen** (jeweils gem. DIN 66001, vgl. Abschn. 17.4.2), **Struktogrammen** (DIN 66261, ebenda) und Entscheidungstabellen (DIN 66241, ebenda). Bei deren Erstellung können Computerprogramme unterstützend eingesetzt werden, die als **CASE-Tools** (CASE = Computer Aided Software Engineering; computerunterstützte Softwareentwicklung) bezeichnet werden.

Aus der Fülle der möglichen Darstellungsformen sind ferner die Verhaltensdiagramme zu erwähnen, die – vergleichbar mit den schon aus Abschnitt 6.3.3.4.2 bekannten Flussdiagrammen – die Abläufe in einem System in den Vordergrund stellen (und nicht die

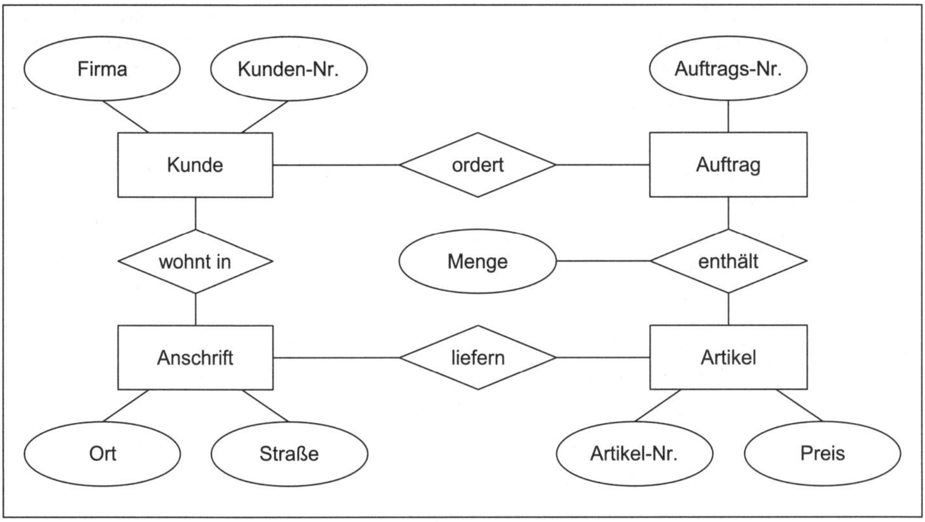

Beispiel für ein Entity-Relationship-Diagramm

Darstellung der Elemente, aus denen ein System besteht). Beispiele sind das **UML-Aktivitätsdiagramm** (UML = Unified Modeling Language, die heute in der Softwareerstellung dominierende grafische Modellierungssprache) und das ebenfalls zu den UML-Diagrammarten gehörende **Anwendungsfalldiagramm** (Use-Case-Diagramm), mit dem ein Anwendungsfall ausgehend von der Perspektive der Akteure abgebildet wird. Ein sehr einfaches Aktivitätsdiagramm nach der Methode **SADT (Structured Analysis and Design Technique)** enthält der Exkurs zur Programmierung in Abschn. 17.4.2.

Flussdiagramme können zur Darstellung von Teilprozessen oder zwecks Zuordnung von Prozessen zu verantwortlichen Personen auch als **Swimlane Diagram** (»Schwimmbahndiagramm«) dargestellt werden, wobei die gesamte Unternehmensorganisation als Pool und die in Prozessen beteiligten Elemente (Kunden, Abteilungen, Orte – wie Fertigung, Lager –, einzelne Mitarbeitende usw.) als Schwimmbahnen dargestellt werden, in denen einzelne zu vollziehende Tätigkeiten, Bojen vergleichbar, als Prozesskästchen unter Verwendung der Symbole der DIN 66001 »auf der Stelle schwimmen«.

Zur Begutachtung und Beurteilung bieten sich die in Abschnitt 6.4.1.1.1.2 bereits genannten Analysetechniken an.

17.1.3 Sollkonzepte

Ausgehend von der Ist-Analyse können nun der angestrebte Soll-Zustand und der zu seiner Verwirklichung zu beschreitende Weg beschrieben werden. Die Vorgehensweise entspricht dabei derjenigen, die bereits in Abschnitt 6.4.1.1.2.2 dargestellt wurde.

Im Zentrum stehen die Anforderungen, die das System erfüllen soll. Überlegungen, welche Leistungen durch welche Erweiterungen des vorhandenen Systems zu erzielen sind, werden nicht an dieser Stelle, sondern erst im Zuge der Potenzialanalyse (siehe Abschn. 17.2.2) angestellt. Auch finanzielle Erwägungen darüber, welche Leistungen im Gegenzug für das vorhandene Budget überhaupt erhältlich sind, dürfen hier nicht im Vordergrund stehen.

Das Sollkonzept beschreibt, welche Anforderungen mindestens erfüllt werden müssen und welche weiteren Anforderungen das System zusätzlich erfüllen sollte bzw. welche weiteren Fähigkeiten wünschenswert sind, und zwar im Wesentlichen in Hinblick auf

- das **Organisationskonzept** bezüglich der zu unterstützenden Arbeitsprozesse sowie Menge, Art und Fluss der zu verarbeitenden Daten,
- das **Dokumentationskonzept** bezüglich der Datenspeicherung und -verwaltung sowie des Formularwesens,
- das **technische Konzept** bezüglich der technischen Infrastruktur, auch in Hinblick auf Kommunikationsbedürfnisse und das Sicherheitskonzept.

Bestandteile des Sollkonzepts sind

- **Diagramme** und **Algorithmen** zur Verdeutlichung der Organisationsabläufe und Datenstrukturen (analog zu denjenigen der zuvor dargestellten Ist-Analyse),
- **Vorgaben** für die Gestaltung von Dokumenten, Formularen usw.,
- **Anforderungsprofile** für Hardware, Software und technische Infrastruktur,
- ggf. auch Anforderungsprofile für **IT- und Endanwenderpersonal.**

In dieser Phase wird auch das **Lastenheft** erstellt.

Es beschreibt einleitend das mit dem Projekt zu lösende Problem in der notwendigen Detailliertheit – und damit zwangsläufig auch den Ist- und den gewünschten Soll-Zustand – und benennt die Verantwortlichen. Es beantwortet vor allem die Frage, was geschehen soll und wozu, soll aber die Lösung nicht vorwegnehmen und dem Auftragnehmer genügenden Freiraum für die Entwicklung eigener Lösungen lassen.

Einzelne Festlegungen im Lastenheft betreffen im Wesentlichen

- die von der Software erwarteten Funktionalitäten bzw. die einzelnen Aufgaben, die die Software lösen soll,
- notwendige **Schnittstellen** zu bestehenden Systemen, die nicht in die Veränderung einbezogen sind, (z. B. bestehende Extranet-Anbindungen an Lieferanten und Kunden),
- einzuhaltende **Datenstrukturen,** etwa wenn Daten von externen Systemen weiterverarbeitet werden (z. B. Einhaltung des EDIFACT-Standards),
- **Administrierungsfunktionen** im Netzwerkbetrieb (z. B. Ausdifferenzierung von Benutzerrechten),
- **Sicherheit** (Datenschutz, Datensicherung, z. B. Firewall, Backup-Verfahren),
- **Kommunikation** (z. B. Online-Anbindung, Netzwerkfähigkeit, interne Arbeitsgruppen),
- nicht-funktionale Anforderungen an **die Software** (Ergonomie, Stabilität, Reifegrad, Verfügbarkeit des Quellcodes bzw. von Schnittstellen, Portabilität = Plattform-/Betriebssystemunabhängigkeit),
- Anforderungen an **die Hardware** (z. B. Verarbeitungsgeschwindigkeit, Speicherkapazität),
- den Zeithorizont (ab wann soll die Software im Echtbetrieb eingesetzt werden?),
- Schulungsmaßnahmen,
- Anforderungen an **externe Lieferanten** (z. B. bzgl. Wartung, Hotline, Reaktionszeit, sonstigen Support),
- Abnahmekriterien.

Gegenstück zum Lastenheft ist das **Pflichtenheft**, das vom Auftragnehmer erstellt wird. Es beschreibt und präzisiert, wie die Anforderungen des Lastenhefts umgesetzt werden sollen. Erfolgt die Softwareerstellung durch die hauseigene IT (bei kleineren Projekten vorstellbar; bei komplexen Projekten unwahrscheinlich), wird das Pflichtenheft auch dort erstellt.

Eine wichtige Anforderung an externe Software-Lieferanten ist die Offenlegung des **Quellcodes (Source-Codes),** also des in einer Programmiersprache geschriebenen Programmtexts. Häufig werden externe Auftragnehmer diesen nicht offen legen wollen, um ihn in modifizierter Form für andere Projekte wieder verwenden zu können oder um sich Folgeaufträge desselben Auftraggebers zu sichern; bisweilen dürfte auch die Sorge um Urheberrechtsverletzungen dabei eine Rolle spielen. Deswegen werden Verträge über Software-Entwicklungen den Zugriff auf den Quellcode häufig nicht beinhalten. Für das auftraggebende Unternehmen ist es aber von Vorteil, auf den Quellcode zugreifen zu können, wenn zukünftig Schnittstellen zu neuen Programmen benötigt werden oder wenn das Auftragnehmerunternehmen womöglich seinen Betrieb einstellt. Wird die Frage des Quellcodezugriffs nicht vertraglich geregelt, müssen ggf. Gerichte entscheiden. Erfahrungsgemäß wird die Entscheidung, ob der Quellcodezugriff geschuldet wird, am vertraglichen Entgelt festgemacht.

17.1.4 Kosten-Nutzen-Analysen

Kosten und Nutzen geplanter Investitionen in IT-Systeme müssen betriebswirtschaftlich gegeneinander abgewogen werden. Zum einen sind die Kosten für den Fall der Beibehaltung der bisherigen Lösung und des Verzichts auf die Investition (einschließlich der **Opportunitätskosten,** d. h. des bewerteten Nutzens, der dem Unternehmen infolge der Unterlassung der Investition entgeht) zu ermitteln und denjenigen der Investition gegenüberzustellen. Zum anderen sind die unterschiedlichen Investitionsalternativen zu bewerten und miteinander zu vergleichen. In der Regel werden sich mehrere Alternativen stellen:

- Vollständiger Ersatz des vorhandenen Systems und Neuanschaffung, wobei meist mehrere alternative Konfigurationen zur Auswahl stehen;
- unterschiedliche Teilersatz- und Ergänzungslösungen;
- letztlich auch die Unterlassung der Investition, es sei denn, dass eine neue Lösung zwangsläufig aufgrund sachlicher Gründe – etwa der Einstellung der Pflege bzw. des Supports für wesentliche Systemkomponenten durch den Hersteller – gefunden werden muss.

Aufgrund ihrer Komplexität und der kurzen Innovationszyklen im IT-Bereich sind Kosten-Nutzen-Abwägungen bezogen auf EDV-Systeme besonders heikel. Meist sind viele betriebliche Bereiche von der Investitionsentscheidung betroffen, und die Vorhersage der Auswirkungen auf die einzelnen Arbeitsplätze ist kaum präzise möglich, zumal neben den Kosten der Anschaffung auch die Kosten der Einarbeitung und die Auswirkungen des Einsatzes der neuen Technik zu berücksichtigen sind: Bedingt durch unterschiedliche Wissensstände, Geübtheit und Interesse für die Möglichkeiten des (neuen) Systems, können die von Endanwendern ausgeführten Operationen sehr unterschiedlich effizient sein. Allein aus der Funktionalität eines Systems auf seine Effizienz zu schließen wäre also allzu optimistisch. Die »klassischen« Verfahren der Kalkulation und Investitionsrechnung, die in den Kapiteln 2 und 3 behandelt wurden, können daher in der Regel nur unpräzise Angaben liefern.

Auch Vergleichsrechnungen im Sinne des **Benchmarking** (vgl. Abschn. 1.7.3.2.2) führen nur bedingt zu brauchbaren Ergebnissen. Der im Benchmarking verankerte Gedanke des Best-Practice-Sharing (BPS) fand Niederschlag in Verfahren, die in den letzten beiden Jahrzehnten von Unternehmensberatungen entwickelt wurden und neben den Anschaffungs- und unmittelbaren Folgekosten sämtliche Kosten der künftigen Nutzung eines Systems einzubeziehen versuchen. Zu nennen sind hier:

- **Total Cost of Ownership (TCO):** Dieses von der US-Consultantgruppe Gartner entwickelte Verfahren unterscheidet nach direkten und indirekten Kosten, wobei die **direkten Kosten** alle durch die Anschaffung und die unmittelbare Leistungserbringung durch die DV-Abteilung bedingten Aufwendungen darstellen (z. B. Abschreibungen bzw. Leasingraten, Löhne und Gehälter der Mitarbeiter der DV-Abteilung, Aufwendungen für regelmäßige Updates, Kosten der regulären Wartung, Aufwendungen für Fremdleistungen, sonstige Aufwendungen, die durch den Betrieb des IT-Systems entstehen, einschließlich der Verwaltungskosten für die Anlagenbuchhaltung sowie der Kosten der einführenden Schulung für das IT- und das Anwenderpersonal). Diese Kosten sind durchweg vorhersehbar und damit auch budgetierungsfähig. Schwieriger im Vorwege zu erfassen sind die **indirekten Kosten,** worunter Kosten durch Ausfälle, unerwartete Störungen und Inkompatibilitäten sowie die kaum messbaren Kosten durch gestörte Arbeitsprozesse und ineffiziente Anwenderoperationen an den Endanwender-Arbeitsplätzen zu verstehen sind. Zu letzteren zählen z. B.
  - die kollegiale Unterstützung, die neben dem unbedarften Anwender selbst auch mindestens einen zweiten Mitarbeiter von der Arbeit abhält (**Peer Support,** bekannt auch als »**Hey-Joe-Effect**«),
  - die Anwender-Selbsthilfe (»Trial and Error«) bei Bedienunsicherheiten,
  - Notwendigkeit der Rücksetzung/Wiederbeschaffung vergessener Passwörter,
  - die mehr oder weniger geeignete Arbeitsplatzorganisation einschließlich Desktop-Einstellung und einem mehr oder weniger umständlichen Datenmanagement,
  - der Aufwand für die Entwicklung eigener Lösungen mit Hilfe von Software-Tools (z. B. Entwicklung eigener Formulare mittels eines Textverarbeitungsprogramms, eigener Auswertungstabellen mittels eines Tabellenkalkulationsprogramms),
  - Arbeitsverhinderung infolge von Systemabstürzen und Nichtverfügbarkeiten **(»Downtime«).**

  Auch wenn das Verhältnis von direkten zu indirekten Kosten naturgemäß nur sehr vage angegeben werden kann, kommen verschiedene Studien übereinstimmend zu der Ansicht, dass die indirekten Kosten deutlich überwiegen. Kritiker monieren, dass das TCO-Modell diese Kosten zwar detailliert aufschlüsselt, jedoch kaum darauf eingeht, wie diese in der Praxis ermittelt werden können, und auch kaum Anhaltspunkte dafür liefert, welches Einsparungspotenzial mit der Verringerung einzelner Kosten realisiert werden kann.

  In der Literatur wird u. a. vorgeschlagen, das TCO-Modell in ein **Balanced-Scorecard-Modell** (vgl. Abschn. 1.7.3.2.1.2) einzubetten.

- **Total Benefit of Ownership (TBO):** Als Gegenstück zur TCO versucht der TBO-Ansatz die positiven Auswirkungen der Investition darzustellen, die z. B. in höherwertigen Arbeitsergebnissen, fundierteren Entscheidungen oder verbesserten Kundenbeziehungen bestehen können. Eine wichtige Kennzahl ist hier – wie in anderen Geschäftsbereichen auch – der Return on Investment (ROI). Weitere Ansätze, die die durch das IT-System geschaffenen positiven Mehrwert-Effekte (»Added Values«) zu berücksichtigen versuchen, sind z. B. das von Gartner gemeinsam mit Microsoft und Meta Group für die Entscheidungsfindung durch das IT-Management entwickelte Modell **Rapid Economic Justification (REJ),** ferner das (gleichfalls von Gartner entwickelte) Konzept **Total Value of Opportunity (TVO)** sowie **Total Economical Impact (TEI).**

17.2 Auswählen von IT-Systemen

17.2.1 Anforderungen

17.2.1.1 Betriebliche Anforderungen

Die von einem IT-System zu erfüllenden Anforderungen richten sich zum einen nach der zu erfüllenden Aufgabe und damit nach den im **Sollkonzept** und **Lastenheft** niedergelegten Pflichten (insoweit sind die in Abschn. 17.1.3 aufgeführten Festlegungen hier wiederum anzuführen), zum anderen aber auch nach sonstigen betrieblichen Anforderungen, die im Sollkonzept nicht berücksichtigt wurden.

Hierzu gehören vorrangig

- **Kosten/Einhaltung des Investitionsbudgets:** Gemäß den in Abschnitt 17.1.4 angestellten Überlegungen zur Kosten-Nutzen-Analyse sind direkte und indirekte Kosten zu berücksichtigen. Die folgende Tabelle listet die wichtigsten Kosten auf.

Direkte Kosten	**Indirekte Kosten**
Anbahnungs-/Vertrags-/Beratungskosten	Kosten für außerplanmäßige Reparaturen, Nachbesserungen
Anschaffungskosten (kalkulatorisch durch Abschreibungsbeträge zu berücksichtigen)	Ausfallbedingte Folgekosten im IT- und Anwendungsbereich
Lizenzkosten für Software	Störungs-/Ineffizienzbedingte Kosten
Installationskosten (eigene und Fremdleistungen)	Personalausfall (z. B. bei Schulungen)
Organisationskosten (bzgl. Umorganisation im IT- und im Anwendungsbereich)	
Schulungskosten	
(Kalkulatorische) Mieten, Zinsen	
Kosten für reguläre Wartung, Updates	

  Der Zwang, ein bestimmtes Budget einhalten zu müssen, kann Revisionen der im Sollkonzept formulierten Anforderungen zur Folge haben.

- Notwendigkeit der **Kompatibitität/Verträglichkeit** mit sonstigen Systemen: Soweit nicht schon im Sollkonzept berücksichtigt, müssen Schnittstellen zu bestehenden, nicht in die Veränderung einbezogenen Systemen berücksichtigt werden.
- **Geschäftspolitische Faktoren:** z. B. grundsätzliche Bevorzugung von Leasing gegenüber Kauf; Wunsch nach Einbindung privater mobiler Endgeräte (Mobile Devices) der Mitarbeitenden, damit auch von diesen – z. B. über Fernzugriff – ein Zugriff auf das Firmennetzwerk möglich ist (»Bring Your Own Device« BYOD);
- **Rechtliche Kriterien:** z. B. besondere Garantiezusagen; Lizenzmodelle.
- **Zeitliche Vorgaben:** Zeitraum/Beginn und Dauer des Umstellungsprozesses und der Testphase; Lieferantenzusagen bzgl. Lieferzeit, Systemverfügbarkeit, Wartungsintervallen, Reaktionszeit in Störungsfällen.
- **Qualitätsvorgaben:** Einhaltung von Branchenstandards, Gerätestandards (z. B. DMI, vgl. Abschn. 16.1.1.1.1), Toleranz gegenüber künftigen Erweiterungen und Anpassungen.

- **Herstellermerkmale:** z. B. Erfahrung, Referenzen, bisherige Geschäftsbeziehung, Marktposition, Serviceleistungen, Standort. Vor allem interessiert der zukünftige Weiterbestand des Unternehmens, damit sichergestellt ist, dass es über die Gewährleistung hinaus während der gesamten Systemnutzungsdauer mit flankierenden Leistungen zur Verfügung steht.

17.2.1.2 Anforderungen hinsichtlich der Sicherheit

In Abschnitt 16.1.2.2 wurde die Erstellung eines **IT-Sicherheitskonzepts** vorgestellt und begründet. Bei der Neuerrichtung oder Veränderung eines IT-Systems sind die dort dargestellten Stufen 1 bis 3 zu vollziehen, damit auf deren Basis eine Entscheidung für bestimmte Komponenten des neuen Systems getroffen werden kann. Deren Anschaffung setzt eine Verständigung zwischen dem auftraggebenden Unternehmen und den Lieferanten der Systemkomponenten über die zu erfüllenden Sicherheitsanforderungen voraus. Als Grundlage für diese Kommunikation und zur Evaluation (Beurteilung) der ausgewählten Komponenten können die europaweit harmonisierten »Kriterien für die Bewertung der Sicherheit von Systemen der Informationstechnik (ITSEC)« und die weltweit abgestimmten, seit 1999 zum internationalen Standard ISO/IEC 15408 erklärten »Allgemeinen Kriterien für die Bewertung der Sicherheit von Informationstechnologie«, kurz Common Criteria (CC) herangezogen werden. Diese werden in sechs Evaluationsstufen bei den ITSEC bzw. sieben Vertrauenswürdigkeitsstufen bei den CC unterschieden, nach denen ein System durch eine der vom Bundesamt für Sicherheit in der Informationstechnik (BSI) anerkannten Prüfstellen zertifiziert werden kann. Für den auslaufenden IT-SEC-Standard ist eine Erstanerkennung nicht mehr möglich.

Bei Einrichtung eines IT-Systems ist es dem auftragserteilenden Unternehmen sowohl möglich, eine bereits nach der geforderten Funktionsklasse und Qualitätsstufe zertifizierte Konfiguration zu erwerben, oder eine Konfiguration in Auftrag zu geben, die die Anforderungen erfüllt und entsprechend zertifiziert wird.

17.2.1.3 Anforderungen des Umweltschutzes: »Green IT«

Vor dem Hintergrund der gesetzlich verankerten Treibhausneutralität Deutschlands bis zum Jahr 2045 erhält der Klimaschutzgedanke auch im Bereich der IT immer größeres Gewicht. Im Vordergrund steht dabei das Bemühen um Energieersparnis, denn – was häufig übersehen wird –: Das Internet verbraucht extrem viel Energie! Insbesondere die gigantischen Serverfarmen der großen Dienste- und Suchmaschinenanbieter benötigen Strom nicht nur für ihren Betrieb, sondern auch für ihre Klimatisierung. Schon 2012 wurde für »das Internet« (unter Einbezug aller beteiligten Stromabnehmer) ein Stromverbrauch ermittelt, mit dem es, wäre es ein Staat, im internationalen Länder-Ranking auf Platz 6 gelistet worden wäre – vor Russland und weit vor Deutschland. Experten schätzten die CO_2-Belastung durch Internet-Surfen auf ebenso hoch wie diejenige des gesamten weltweiten Flugverkehrs vor der Corona-Krise. Inzwischen wird für gut die Hälfte des durch das Internet verursachten Stromverbrauchs das Video-Streaming verantwortlich gemacht, also die Übertragung von Bewegtbildern und entsprechend immens großer Datenmengen – mit steigender Tendenz. Auch zunehmend »smarte« Technik – das »Internet der Dinge«, in dem Alltagsgeräte vom Kühlschrank bis zur Zahnbürste via Internet kommunizieren – droht den Energieverbrauch weiter zu steigern.

Mit dem Stichwort »Green IT« werden verschiedenste Maßnahmen zur Energieeinsparung und Klimaschonung erfasst. Direkt wirkende Maßnahmen sind z. B.

- Produktion von Geräten mit geringem Stromverbrauch und guter Recyclebarkeit, um die Umwelt nicht mit vermeidbarem Elektronikschrott zu belasten;

- Betrieb von Serverfarmen mit ökologisch erzeugtem Strom und Nutzung der Abwärme etwa für die Beheizung von Gebäudekomplexen, Treibhäusern, Schwimmbädern usw.,
- Installation moderner, energiesparender Kühltechnik in Serverfarmen,
- automatisiertes Versetzen von Geräten in den Stand-by-Modus bei kurzfristiger bzw. Abschalten bei längerfristiger Nichtnutzung.

Zur »Green IT« zählen auch indirekte Maßnahmen wie die Vermeidung von CO_2-schädlichen Dienstreisen durch Nutzung von Videokonferenzsystemen (und, weiter gedacht, Reduzierung des Fuhrparks; Abnahme des Inlandsflug-Angebots) sowie Verhaltensänderungen jedes Einzelnen, etwa das Beschränken privater Internet-Suchanfragen auf das Nötige; Verzicht auf Surfen als Zeitvertreib; Verzicht auf Videostreaming von Filmen und vieles mehr.

17.2.2 Potenzialanalysen für bestehende Systeme

Der Abgleich zwischen den Leistungsmerkmalen des bestehenden Systems, die sich aus der Ist-Aufnahme und Analyse ergeben haben, und den Anforderungen an das künftige System wird im Allgemeinen zum Anlass genommen werden, Möglichkeiten der Anpassung des alten Systems an die neuen Erfordernisse zu prüfen: Es gilt, die **Potenziale** (Möglichkeiten) des alten Systems in Hinblick auf die neuen Aufgaben zu ergründen.

IT-Systeme sind **modular** aufgebaut und in der Praxis meist heterogene, im Laufe von Jahren oder gar Jahrzehnten »gewachsene« Gebilde. Wie schon in den vorherigen Abschnitten dargelegt wurde, bestehen sie aus einer Vielzahl von Komponenten, die meist von unterschiedlichen Herstellern stammen, unterschiedlich alt sind und unterschiedlich betrieben werden. Betriebsunterschiede können sich darin ausdrücken, dass mehrere Betriebssysteme vorhanden sind, unterschiedliche Software für ähnliche Anwendungszwecke genutzt wird und auch herstellergleiche Software oft in unterschiedlichen Versionen vorhanden ist. In aller Regel werden diese Unterschiede in der Vergangenheit dadurch entstanden sein, dass Anforderungen sich änderten oder umfangreicher wurden und neue Aufgaben hinzukamen, die punktuelle Anpassungen notwendig machten.

Auf diese Weise wurden (und werden) ursprünglich homogene Systeme zwangsläufig mit der Zeit heterogen – ein Umstand, der auch in Hinblick auf das neue System zu beachten ist, das wiederum zukünftige Anpassungen möglichst problemlos zulassen soll.

Die Prüfung auf weitere Verwendbarkeit im Rahmen des Projektes »Systemerneuerung« wird sich folglich auf viele einzelne Komponenten erstrecken.

- **Hardware-Potenziale:** Höheren Anforderungen an die Geschwindigkeit und Leistungsfähigkeit (»Performance«) kann meist durch Aufrüstung an Arbeitsspeichern und Prozessoren entsprochen werden. Mehrbedarf an Speicherplatz kann durch zusätzliche externe Speicher begegnet werden. Inwieweit Aufrüstungen gegenüber einer Neuanschaffung von Hardware sinnvoll sind, kann nur aufgrund von Kosten-Nutzen-Gegenüberstellungen unter Einbeziehung der meist beträchtlichen installationsbedingten Kosten, ggf. auch Ausfallkosten, beurteilt werden.
- **Software-Potenziale:** Neue Aufgaben machen oft die Anschaffung neuer Software unumgänglich, insbesondere dann, wenn das IT-Projekt in Zusammenhang mit größeren organisatorischen Umstellungen steht (z. B. bei Umstellung gewachsener Organisationen auf strikt prozessorientierte Gliederung und entsprechend prozessabbildende Soft-

ware; ERP-Systeme – vgl. Abschn. 4.6.3.2.3). Wenn **Software-Upgrades,** also Umstellungen auf neue Programmversionen mit mehr oder weniger stark verändertem Leistungsumfang, anstehen, ist zu berücksichtigen, dass diese oft nicht wesentlich günstiger oder sogar teurer sind als Neuversionen, die zusammen mit einem neuen Rechner als **OEM-Version** (Original Equipment Manufacturer – Erstausstatter) gekauft werden. Dies gilt insbesondere dann, wenn die neue Software-Version höhere Anforderungen an die Hardware stellt und eine Aufrüstung ohnehin nötig wäre. Die Abwägung, ob eine neue Version eines bereits vorhandenen und bekannten Programms oder ein anderes Programm erworben werden soll, sollte aber nicht allein von den Kosten dieser Investitionsvarianten bestimmt sein: Die Beibehaltung einer bekannten Software wird in der Regel in Hinblick auf Schulungs- und Einarbeitungsaufwand sowie die Geschwindigkeit von Arbeitsprozessen an Endanwender-Arbeitsplätzen vorteilhaft sein.

- **Infrastruktur-Potenziale:** Die Erweiterung eines Netzwerks um weitere Clients, die Einbindung in ein W-LAN oder Extranet oder ein steigender Datendurchsatz haben häufig eine nicht akzeptable Verlangsamung des Datendurchsatzes zur Folge. Um der Forderung nach einer höheren **Datenübertragungsrate** (vgl. Abschn. 19.2.1.2) nachkommen zu können, muss aber nicht unbedingt eine vollständig neue Verkabelung des LAN und/oder die Anmietung eines breitbandigeren WAN-Zugangs erfolgen: Vielmehr kann vielfach ein **Bandbreitenmanagement** Abhilfe schaffen. Beim so genannten **»Quality of Service«-Verfahren (QoS;** Dienstqualität) wird der Datenverkehr analysiert, nach vorgegebenen Regeln in wichtige, weniger wichtige und unnötige Datenübertragungen unterschieden und mit entsprechender Priorität behandelt. Daten von geschäftswichtigen Anwendungen werden bevorzugt durchgeleitet, was bei großem Datenverkehrsaufkommen u.U. dazu führen kann, dass der Abruf von E-Mails verzögert wird. Je nach technischer Lösung wird die Priorität entweder vom Sender bestimmt und das Datenpaket dementsprechend von den Routern bevorzugt zum Empfänger durchgeleitet (**Diff-Serv;** Differentiated Service), oder jede einzelne Verbindung löst eine Anfrage nach reservierbaren Ressourcen aus, die der Router bei positiver Beantwortung für die Sitzungsdauer garantiert bereithält (**IntServ;** Integrated Services).

Eine andere Möglichkeit zur Netzentlastung ist die **Aufteilung** in mehrere kleine Netze.

17.2.3 Investitions- und Beschaffungsplanungen

Auf die Definition der Anforderungen und die Abklärung der im bestehenden System vorhandenen Potenziale folgt die Investitions- und Beschaffungsplanung.

Aufgrund der vorangegangenen Planungen ist nun möglicherweise eindeutig entschieden, ob

- ein vollständig neues System »aus einer Hand« angeschafft werden kann/soll,
- ein neues System aus neu zu beschaffenden Einzelkomponenten in Eigenregie errichtet werden kann/soll
- ein Teilersatz und Ergänzungen des bestehenden Systems selbst vorgenommen oder extern vergeben werden soll.

Denkbar ist aber auch, dass zu diesem Zeitpunkt noch alternative Handlungsmöglichkeiten offen erscheinen, etwa wenn das notwendige Know-How zur Errichtung bzw. Ergänzung des Systems im eigenen Unternehmen zwar vorhanden ist, aber nicht abgesehen werden kann, ob diese nicht möglicherweise teurer wird als die Fremdvergabe.

Fertige Systeme »von der Stange« gibt es nicht. Eine Anschaffung »aus einer Hand«, etwa von einem Systemhaus, das nur mit einem oder wenigen bestimmten Herstellern zusammenarbeitet, ist immer auch eine individuelle Konfiguration, bei der aber u. U. Kompromisse eingegangen werden müssen. Auch über diese muss in dieser Phase entschieden werden.

Konkret fallen in diese Phase die folgenden Aufgaben:

Anbieterauswahl: Je nach zuvor gefällter Entscheidung müssen für den Gesamtauftrag oder für die Lieferung einzelner Komponenten Anbieter gefunden werden. Soweit keine hinreichenden Geschäftsbeziehungen aus der Vergangenheit vorhanden sind, müssen in der Vorauswahl Informationen gesammelt werden. Quellen sind z. B. Fachmessen, Fachzeitschriften oder auch befreundete Unternehmen, Kammern und Fachverbände. Eine überschaubare Anzahl ausgewählter potenzieller Lieferanten erhält die

Ausschreibung, die die Spezifikation des gewünschten Systems bzw. der Systemteile so präzise wie möglich nennt und das Pflichtenheft beinhaltet. Auch die nicht-funktionalen Anforderungen an das System (Sicherheit, Ergonomie, Qualität usw.) und die erwarteten flankierenden Leistungen (Beratung, Installation, Wartung, Schulung, Hotline usw.) und Informationen (Benennung von Referenzkunden, Einreichung von Belegen für die Erfahrung, Leistungsfähigkeit und Perspektive des Anbieters) sind zu beschreiben. Bevor die Ausschreibung das Unternehmen verlässt, sollte sie allen Projektbeteiligten bzw. -betroffenen zur Kenntnis gegeben und in einem **»Review«** auf Vollständigkeit und Verständlichkeit der Darstellung, Fehlerfreiheit und Widerspruchsfreiheit geprüft werden.

Zugleich sollte jetzt bereits festgelegt werden, wie bei der **Angebotsauswertung** vorgegangen werden soll. Ein bewährtes Verfahren ist die **Nutzwertanalyse:** Die von den Anbietern zu erfüllenden Anforderungen werden nach ihrer Bedeutung gewichtet (priorisiert); der Grad der Anforderungserfüllung wird anhand des konkreten Angebots bewertet (z. B. nach »Schulnoten« oder einem stärker ausdifferenzierten Notensystem), »K.o.-Kriterien« werden festgelegt.

Außerdem werden **interne Bedingungen** definiert, die außerhalb der in der Ausschreibung genannten Kriterien zu beachten sind: Z. B. Ausführlichkeit und erkennbare Sorgfalt des Angebots; Bewertung von nicht-verlangten, aber angebotenen Extra-Leistungen; Preislimits.

Vorauswahl: Als Ergebnis der Angebotsauswertung wird eine Anzahl von Anbietern (üblicherweise drei bis fünf) in eine engere Auswahl genommen und zu weiterführenden Gesprächen eingeladen. Häufig werden die Anbieter gebeten, ihren Vorschlag in Form einer Präsentation im Unternehmen vor den Entscheidungsträgern darzustellen und dabei bereits diejenigen Personen vorzustellen, die künftig als Ansprechpartner des Unternehmens fungieren sollen. Flankierend werden Gespräche mit Referenzkunden geführt.

Endauswahl/Vertragsverhandlung: Mit dem letztlich ausgewählten Anbieter wird der konkrete Vertragsinhalt ausgehandelt, wobei neben dem Preis auch die sonstigen Vertragsbedingungen Gegenstand der Verhandlung sind: Die vom Anbieter vorgeschlagenen AGB werden dabei meist eine Anpassung an die Interessen des Kundenunternehmens erfahren.

Bestandteil des endgültigen Vertrages werden die (im Zuge der Verhandlung möglicherweise modifizierten) Spezifikationen, häufig in Form eines modifizierten Pflichtenhefts.

Abschließend wird im Unternehmen über die **Finanzierung** des Systems zu entscheiden sein. Dabei stehen **Kauf** oder **Leasing** zur Auswahl. Hier sind – auch bezüglich der Abschreibung – die Ausführungen in Lehrbuch 1, Kapitel 2 und 3 zu beachten.

17.3 Einführen aktueller Anwendersoftware

17.3.1 Standard- oder Individualsoftware gemäß Anwendungsfall

In den vorangegangenen Betrachtungen war durchweg die Rede von Einsatzmöglichkeiten und von der Auswahl von IT-Systemen. Im Idealfall werden komplette Systeme, also Hardware und Software, aufeinander abgestimmt angeschafft und betrieben – leider gibt es diesen Zustand fast nur im Falle neuer Betriebe oder bei einem sehr grundlegenden Relaunch. Der wahrscheinlichere Fall ist, dass eine »irgendwie« gewachsene EDV-Anlage vorhanden ist, innerhalb derer einzelne Komponenten in mancherlei Hinsicht als nicht mehr hinreichend angesehen werden und ersetzt werden müssen. Oft betrifft das Problem allein die Software, die vom Hersteller nicht mehr gepflegt wird oder nicht an geänderte betriebliche Prozesse angepasst werden kann. Dieser Fall soll hier betrachtet werden.

Zur Software gehören alle für den Betrieb einer Datenverarbeitungsanlage erforderlichen Programme, also – neben den Anwenderprogrammen – auch die Systemsoftware, also diejenigen Programme (Betriebssysteme), die den Betrieb der EDV-Anlage überhaupt erst ermöglichen. An dieser Stelle stehen – entsprechend dem Rahmenplan für die Weiterbildung zum/zur Geprüften Technischen Betriebswirt/in – die Auswahl und Implementierung von Standard-Anwendersoftware im Fokus.

Eine Vorbemerkung zur thematischen Einordnung:

Der IHK-Rahmenplan »Geprüfter Technischer Betriebswirt/Geprüfte Technische Betriebswirtin« sieht die Behandlung der »Einführung aktueller Anwendersoftware« und die Befassung mit der Entscheidung zwischen Standard- und Individualsoftware sowie mit der Software-Implementierung sowohl an dieser Stelle (Rahmenplanziffer 17.3) als auch im Zusammenhang mit übergreifenden IT-Systemen (Rahmenplanziffer 18.4) vor. Auch wenn letztere Systeme wesentlich komplexer sind und meist größere Teile des Betriebs erfassen, als dies bei der Einführung von Software für einzelne Anwendungszwecke der Fall ist, ist die Systematik, nach der Überlegungen angestellt, Analysen durchgeführt, Alternativen entwickelt und letztlich Realisierungsschritte unternommen werden, doch gleich. Unterschiede zeigen sich vielmehr zwischen der Implementierung von Standardsoftware und der Entwicklung von Individualsoftware, weil im ersteren Falle eine fertige Lösung »nur noch« angepasst werden muss, während im letzteren Falle – vor allem, wenn die Entwicklung vollständig im eigenen Betrieb und mit eigenem Fachpersonal erfolgen soll – der gesamte Programmentwicklungsprozess anfällt. Dieser umfangreichste Fall der Implementierung einer individuell erstellten Anwendung ist in Abschnitt 17.3.2 und den zugehörigen Unterabschnitten nachgezeichnet.

17.3.1.1 Auswahl von Standardsoftware

Standard- und Individualsoftware

Programme, die der Lösung von Sachaufgaben dienen, werden heute in einer kaum zu überblickenden Vielzahl angeboten. Standardangebote richten sich hierbei entweder an spezielle Berufsgruppen oder Branchen (Branchensoftware, auch vertikale Software genannt) oder sind so ausgelegt, dass sie unabhängig vom konkreten Tätigkeitsfeld eingesetzt werden können (branchenunabhängige Standardsoftware, häufig als Horizontalsoftware oder Basissoftware bezeichnet).

Daneben bieten zahlreiche Softwarehäuser die Entwicklung individueller Software an, die speziell für einen Anwender »maßgeschneidert«, also den betrieblichen Abläufen und Erfordernissen optimal angepasst wird.

Ein Zwischenschritt ist das so genannte **Customizing.** Darunter ist die Anpassung einer standardisierten Software an die spezifischen Bedürfnisse eines Kunden zu verstehen. Teilweise kann diese Anpassung durch die Fachabteilungen im Kundenunternehmen selbst erfolgen; häufig wird sie aber in Zusammenarbeit mit dem Softwarehersteller vorgenommen oder externen Dienstleistern übertragen. Insbesondere ERP-Software, die z. B. das Hauptprodukt des deutschen Softwareherstellers SAP SE darstellt, wird in der Regel unternehmensspezifisch konfiguriert.

Große Unternehmen betreiben häufig eigene Software-Entwicklungsabteilungen, was aber nicht bedeutet, dass auf Make-or Buy-Analysen verzichtet würde.

Bei der Entscheidung zwischen dem Einsatz von **Standardsoftware** oder der Erteilung eines Software-**Entwicklungsauftrages** sind folgende Aspekte zu berücksichtigen:

- **Anschaffungskosten:** Standardsoftware wird in aller Regel preiswerter als Individualsoftware sein. Je mehr Lizenzen verkauft werden können, desto günstiger ist der Preis. Die Entwicklung von Individualsoftware im eigenen Unternehmen oder durch ein beauftragtes Softwarehaus stellt dagegen ein Projekt dar, dessen Planung und Realisierung im Allgemeinen mit hohem Zeit- und Personalaufwand verbunden sein wird.
- **Weiterentwicklung:** Standardsoftware unterliegt einer mehr oder minder regelmäßigen Pflege durch den Hersteller. Diese Pflege umfasst die funktionelle Weiterentwicklung und Anpassung an neue Technologien und Betriebssysteme. **»Updates«,** die zur Behebung inzwischen bekannt gewordener Fehler und zur Programmpflege regelmäßig herstellerseitig herausgegeben werden, sind verhältnismäßig günstig zu erwerben, teilweise sogar kostenlos. **»Upgrades«** sind dagegen neue Programmversionen mit erweitertem Leistungsumfang.
- **Anpassungsfähigkeit:** Nicht in jedem Falle lässt sich Standardsoftware an die konkrete betriebliche Aufgabenstellung anpassen. Veränderungen, Erweiterungen oder Fehlerkorrekturen können beim Einsatz von Standardsoftware kaum ad hoc erwartet werden.
- **Einarbeitung:** Externe Schulungseinrichtungen bieten Schulungen auf Standardsoftware an, bei weit verbreiteten Programmen auch für offene Gruppen (z. B. Volkshochschulen). Dies bietet erhebliche Kostenvorteile gegenüber der Schulung durch den Hersteller oder Mitarbeiter der eigenen Programmierabteilung.

Aufgabenbezogene Software

Softwarelösungen können in folgende Gruppen eingeteilt werden:

- **Anwendungssoftware** im engeren Sinne: Dies ist aufgabenbezogene Software, die vom Anwender an die individuellen betrieblichen Bedürfnisse angepasst werden muss. Derartige Programme finden sich – häufig in Form branchenunabhängiger Basisprogramme – im kaufmännischen Bereich etwa in der Finanz- und Lohnbuchhaltung, Lagerverwaltung und Auftragsbearbeitung.

  Daneben werden zahlreiche spezifische Lösungen für spezielle Berufsgruppen (Rechtsanwälte, Ärzte, Steuerberater) oder für spezielle Dienstleistungen (Fuhrparkeinsatzplanung für Speditionen und andere Unternehmen mit großem Fuhrpark, Zahlungsverkehrsprogramme für Banken und deren Kunden, integrierte Stunden- und Lehrereinsatzplanung für Schulen etc.) angeboten.

  Viele dieser Programme bedürfen einer ständigen Programmpflege. Ein Lohnabrechnungsprogramm muss z. B. laufend an die jeweils aktuellen Steuer- und Sozialabgabentabellen angepasst werden. Daher empfiehlt es sich, vor der Anschaffung eines solchen

Programms zu klären, ob derartige Anpassungen seitens des Software-Anbieters regelmäßig und zu vertretbaren Preisen vorgenommen werden. Daneben ist es vielfach günstig, wenn die von einem Programm gelieferten Ergebnisse in ein anderes Programm übernommen werden können (z. B. die Daten der Lohnabrechnung in die Finanzbuchhaltung).

Im technischen Bereich wird Anwendungssoftware z. B. zur Maschinensteuerung, Produktionsplanung oder Konstruktion eingesetzt. Medizin und Chemie bedienen sich spezieller Programme für die Prozessüberwachung und Analysenauswertung.

Zur Anwendungssoftware zählen auch die im nichtkommerziellen Bereich eingesetzten Programme wie Spiele und Lernprogramme.

- Universell einsetzbare **Softwaretools** (tool = Werkzeug), auf deren Basis der Anwender seine individuellen Lösungen verwirklichen kann: Hierzu zählen z. B. Programme für Textverarbeitung, Tabellenkalkulation, Projektmanagement und Präsentationsgrafik sowie die Datenbanksysteme.

  Diese Einzelfunktionen werden häufig als integrierte Softwarepakete angeboten, die die Verknüpfung der unterschiedlichen Anwendungen und die gemeinsame Nutzung eines Datenbestandes ermöglichen (z. B. Microsoft OfficePro, Microsoft Works).
- **Programmiersprachen** und Programmierwerkzeuge (Software Development Kit-SDK) als Hilfsmittel zur Erstellung anwenderindividueller Lösungen (hierauf soll im Folgenden aber nicht eingegangen werden).

17.3.1.2 Kriterien der Softwareauswahl im Überblick

Wenn eine Analyse des Marktangebots ergeben hat, dass für den konkreten Anwendungsfall Standard-Softwarelösungen bereitstehen, und wenn die Daten der grundsätzlich in Frage kommenden Softwarepakete eingeholt wurden, kann eine Vorauswahl getroffen werden. Kriterien dieser Auswahl zeigt die folgende Übersicht:

Kriteriengruppe	Einzelkriterien	ggf. Erläuterungen
Verbreitung und Erfahrung	– Anwenderzahlen weltweit und national – Branchenverbreitung – Verbreitungszahlen sonstiger Software desselben Herstellers – Marktstellung und Reputation des Herstellers – Beurteilungen in der Fachpresse	
Anbieterleistungen	– Weiterentwicklung der Software – Zusatzmodule – Unterstützung bei der Installation – Mitarbeiterschulung und Einarbeitung – Dokumentation	
	– Unterstützung des Programmbetriebs	Handbücher, Lernprogramme, Fehlerlisten, Diagnose-Checklisten Support, Hotline, Vor-Ort-Soforthilfe
Effizienz (in Bezug auf die Anforderungen)	– Funktionsprofil – Übereinstimmung mit betrieblichen Abläufen, Beleg- und Datenflüssen usw.	Leistungsmerkmale, Zeitbedarf, Qualität der Ergebnisse

Kriteriengruppe	Einzelkriterien	ggf. Erläuterungen
Betriebseigenschaften und Funktionen	– Anpassungsfähigkeit	bezüglich Änderungen, »Customizing«, Erweiterung
	– Schnittstellen	Möglichkeiten zur Programmausweitung durch den Erwerber selbst über Programmierschnittstellen und -werkzeuge (Software Development Kit SDK)
	– Ergonomie	bzgl. Anforderungen nach DIN EN ISO 9241
	– Betriebssicherheit – Datenschutz und Datensicherheit – Schwierigkeitsgrad der Installation und Systempflege	
Berechtigungen und Bereitstellungsform	– Art der Zugriffslizenz	Nutzungsberechtigungen und -einschränkungen (quantitativ, räumlich)
	– Bereitstellung lokal oder via Cloud	
Hardware- und Systemvoraussetzungen	– Erforderliches Betriebssystem – Mindestanforderungen an Hardware – herstellerempfohlene Systemvoraussetzungen – Speicherplatzbedarf – Netzwerkfähigkeit/Zahl der Mitbenutzer	
Kompatibilität	– Verknüpfung mit anderen Systemen – »Verträglichkeit« mit anderen Installationen	Datenübernahme, -übergabe
Herstellerunabhängige Schulung und Dokumentation	– Schulungsangebote in der Region – Fachliteratur, Lern- und Übungsmaterial	
Konditionen	– Anschaffungskosten – Kosten und Zeitbedarf der Systemimplementierung, – Servicekosten (Beratung, Wartung, Einarbeitung, Schulung) – Sonstige Betriebskosten, – Liefer- und Servicezeiten	bei Kauf oder Leasing; für Vollversion, Einzelmodule, Update

Kriterien für die Auswahl von Software

17.3.1.3 Customizing

Die Standardsoftware ist nicht passgenau, aber in weiten Teilen brauchbar, sodass die Erstellung einer vollständigen Individualsoftware nicht nötig erscheint? In diesem Falle liegt die Lösung im so genannten Customizing. Darunter ist die Anpassung einer standardisierten Software an die spezifischen Bedürfnisse eines Kunden zu verstehen. Teilweise kann diese Anpassung durch die Fachabteilungen im Kundenunternehmen selbst erfolgen; in der Regel wird sie aber in Zusammenarbeit mit dem Softwarehersteller vorgenommen oder externen Dienstleistern übertragen. Insbesondere ERP-Software, die z. B. das Hauptprodukt des deutschen Softwareherstellers SAP SE darstellt, wird in der Regel unternehmensspezifisch konfiguriert.

Möglichkeiten des Customizings sind

- **Parametrisierung:** Die ausgelieferte Standardsoftware verfügt über einen großen Umfang an Funktionalitäten, die nicht jeder Kunde benötigt. Die Anpassung besteht darin, durch das Setzen von Parametern nur die wirklich benötigten Teile zu aktivieren. Häufig ist bei der Auslieferung eine Reihe von Standard-Parametern gesetzt; die Anpassung kann meist durch den Kunden selbst ohne Mehrkosten vorgenommen werden.
- **Modularisierung:** Es handelt sich um eine Paketlösung, bei der verschiedene, nach Bedarf ausgewählte Module miteinander verbunden werden. Das so entstandene Standardpaket kann auch später noch erweitert werden. Häufig finden sich derartige Lösungen im Rechnungswesen, wenn ein zunächst vorhandenes Finanzbuchhaltungsprogramm sofort oder später um ein Modul zur Kosten- und Leistungsrechnung, eine Anlagenbuchhaltung usw. erweitert wird. Für jedes Modul werden Zusatzkosten fällig.
- **Individuelle Erweiterung:** Standardprogramme können durch eigene Erweiterungsprogrammierung um fehlende Funktionalitäten ergänzt werden. Dies setzt vordefinierte, dokumentierte Schnittstellen oder die Kenntnis und Änderbarkeit des Quellcodes voraus. Diese Voraussetzungen sind bei Standardsoftware in der Regel nicht gegeben. Außerdem kann es zu Problemen bei neuen Releases (Programmversionswechsel) der Standardsoftware kommen.
- Kann die Software nicht an das Unternehmen angepasst werden, bleibt oft keine andere Möglichkeit, als die betrieblichen Prozesse, die in der Software abgebildet werden sollen, »passend zu machen«.

17.3.1.4 Software-Lizenzen

Mit der Anschaffung einer Software wird eine Lizenz erworben, durch die das geistige Eigentum des Softwareentwicklers, der Quellcode, geschützt wird. Dieser Lizenzerwerb ist meist, aber nicht immer mit Kosten verbunden. Zu unterscheiden sind die folgenden Fälle:

- **Open-Source-Software:** Der Quellcode ist offen verfügbar und kann von jedem Anwender eingesehen, bearbeitet und genutzt werden. Programme, auf die dies zutrifft, können meist – aber nicht immer! – kostenlos genutzt werden und eignen sich daher für den Einsatz auf beliebig vielen Rechnern. Dabei sind jedoch jeweils definierte Lizenzbestimmungen zu beachten:
  - Die sehr verbreitete **GNU General Public License (GPL)** erlaubt z .B. die Änderung des Quellcodes und die Weitergabe des geänderten Quellcodes unter der Bedingung, dass die Änderungen gekennzeichnet und dem Empfänger dieselben Rechte eingeräumt werden.
  - Software, die als **Public Domain** angeboten wird, ist nach dem angelsächsischen Common Law frei von Urheberrechten. Nach deutschem Recht ist die Möglichkeit eines Verzicht des Urhebers auf sein Urheberrecht jedoch umstritten; hier gilt ein Werk nur dann als Public Domain, wenn es entweder nicht die nötige Schöpfungshöhe aufweist, um schutzwürdig zu sein, oder wenn die Schutzfrist von 70 Jahren abgelaufen ist. Deswegen wurde eine Reihe von **Creative Commons Lizenzen** entwickelt, die die kostenlose Nutzung (z. B. unbeschränkt oder mit der Einschränkung auf nichtkommerzielle Zwecke), die Urheberangabe (meist: Namensnennung) und die Bearbei-

tungs- und Weitergaberechte (oft: Weitergabe nur unter gleichen Bedingungen) beschreiben.

Nicht immer sind die Motive der Programmierer rein altruistisch (selbstlos): Auch der Wunsch, den Entwicklungsaufwand – Arbeit und Kosten – zu teilen oder ein bestimmtes Verfahren breit durchzusetzen, kann die freie Zurverfügungstellung begründen. Durch die gemeinsame Arbeit vieler Experten an Open-Source-Projekten entstehen immer wieder leistungsfähige, den Standard kommerzieller Programme erreichende, oft auch übertreffende, Programme. Open Source findet sich sowohl bei Betriebssystemen (z. B. GNU und LINUX) als auch bei Anwendungen (z. B. Libre Office) und Browsern (Firefox). Unter Kostengesichtspunkten sollte der Einsatz bewährter Open-Source-Programme daher immer miterwogen werden.

- **Proprietäre Software:** Bei dieser Software sind Änderung und Weitergabe stark eingeschränkt oder unmöglich bzw. unzulässig. Dies wird durch die Nichtoffenlegung des Quellcodes **(Closed-Source-Software)** erreicht. Dies bedeutet aber nicht zwingend, dass die Programme kommerzieller Natur sind. Unter Closed-Source-Programme fallen:
  - **Freeware:** Programme, die kostenlos abgegeben werden, ohne dass der Quellcode offengelegt würde. Oft handelt es sich um Grundversionen von Kaufprogrammen (z. B. PDF-Viewer, Virenschutzprogramme) oder »Apps« (Applikationen für mobile Endgeräte und deren Betriebssysteme). Häufig sind diese nur für den privaten Gebrauch kostenfrei, während für den geschäftlichen Gebrauch andere Konditionen gelten.
  - **Shareware:** Programme, die zunächst kostenlos abgegeben und für eine bestimmte Zeit vom Nutzer erprobt werden dürfen, nach deren Ablauf aber zum Kauf angeboten werden. Dieses Konzept findet ebenfalls bei mobilen Apps Anwendung.
  - **Kommerzielle Software:** Programme, die gegen Zahlung einer Lizenzgebühr je nach konkreter Ausgestaltung der Bedingungen befristet oder unbefristet genutzt werden dürfen. Die Office-Pakete von Microsoft fallen ebenso in diese Kategorie wie die Geschäftsanwendungen von SAP, die Softwarelösungen der Sage Group und viele andere in zahlreichen Unternehmen eingesetzten Anwendungen. Verstöße gegen die Lizenzbedingungen, etwa illegales Kopieren und der Einsatz der nichtlizensierten Kopien, werden scharf verfolgt und können das Unternehmen teuer zu stehen kommen: Ein regulärer Erwerb sollte daher selbstverständlich sein und sorgfältig dokumentiert werden. Ein Sonderfall sind **OEM-Lizenzen** (Original Equipment Manufacturer = Erstausrüster), die von Vertragshändlern der Hersteller nur zusammen mit Hardware und nicht separat verkauft werden dürfen. Teilweise verfügen diese Programme nur über einen eingeschränkten Leistungs- und Serviceumfang, so dass der Kauf einer Volllizenz vorteilhafter sein kann. Dies gilt insbesondere dann, wenn OEM-Software separat, also ohne entsprechende Hardware, angeboten wird: Dies ist zwar nach einem BGH-Urteil aus dem Jahr 2000 nicht illegal, aber der Kauf kann sich als nachteilig herausstellen, wenn **Downgrades** oder **Upgrades** (Installieren einer Vorgänger- oder Nachfolgeversion) nicht möglich sind.

17.3.1.5 Alternativenbewertung und Auswahlentscheidung

Auf Basis der zuvor angeführten Auswahlkriterien kann entschieden werden,

- ob eine Standard-Softwarelösung überhaupt geeignet ist, die betrieblichen Anforderungen zu erfüllen, oder ob eine Individuallösung angestoßen werden muss und
- welche Standardsoftware die Anforderungen bestmöglich erfüllt.

Nur wenn eine Lösung mittels Standard-Software überhaupt praktikabel erscheint, wird eine Alternativenauswahl vorbereitet und eine Entscheidung getroffen.

Eine bewährte und Ihnen bereits aus zahlreichen anderen Anwendungsfällen bekannte Methode zur Alternativenauswahl ist die aus Lehrbuch 1, Abschnitt 3.3 bekannte **Nutzwertrechnung (Nutzwertanalyse).**

Zur Erinnerung: Dabei werden die wichtigsten Kriterien ausgewählt und nach ihrer Wichtigkeit mit Prozentwerten versehen (»gewichtet«). Anschließend wird jede Alternative für jedes einzelne Kriterium daraufhin untersucht, inwieweit sie dieses erfüllt – häufig wird eine Skala in Anlehnung an die bekannten Schulnoten oder ein Punkteschema, z. B. von 1 = »erfüllt das Kriterium überhaupt nicht« bis 10 = »erfüllt das Kriterium voll und ganz« – gewählt. Punkte und Gewichtungen werden miteinander verrechnet und die Ergebnisse für jede einzelne Alternative aufaddiert. Im Beispiel wäre die Alternative mit der höchsten Gesamtpunktzahl am besten geeignet. Es ist umstritten, ob der Anschaffungspreis in die Beurteilung einbezogen werden oder gesondert betrachtet werden soll – letztlich ist dies die Entscheidung des Beurteilenden, der die Methode als internes Hilfsinstrument benutzt.

Hat sich allerdings herausgestellt, dass eine Standardlösung nicht zur Verfügung steht, muss ein mehr oder weniger aufwendiger Prozess der Anwendungsentwicklung eingeleitet werden, dem eine ausführliche Ermittlung der Soll-Vorgaben vorangehen muss.

17.3.2 Überlegungen zur Entwicklung von Individualsoftware

Die Entwicklung von Software wird auch als **Anwendungsentwicklung** bezeichnet. Sie umfasst die Herstellung einer individuellen, »maßgeschneiderten« Anwendersoftware von der durch eine betriebliche Problemstellung angestoßenen Idee bis zu ihrer Einführung in den Echtbetrieb. Dabei sind viele der in Abschnitt 17.3.1.2 genannten Kriterien bei der Beantwortung der Frage, was die zu erstellende Software leisten soll/muss, ebenso relevant wie bei Auswahl einer Standardsoftware.

Bei der Entwicklung und Umsetzung anwendungsorientierter EDV-Problemlösungen können unnötige Kosten und Frustrationen auftreten, wenn unsystematisch vorgegangen wird. Ein Programm, das letztendlich die von den Bedienern gewünschten Anforderungen nur unzureichend erfüllt, ist wenig sachdienlich.

Daher empfiehlt es sich bei jeder Hardware- oder Softwareeinführung dringend, die Regeln des Projektmanagements (vgl. Kap. 7) zu beachten und den gesamten Prozess von der Planung über Ist- und Soll-Analyse, Entwurf, Programmierung, Test, Implementierung und Dokumentation nach Phasen zu strukturieren und abzuarbeiten. In Kap. 18 wird mit dem Wasserfallmodell nach ROYCE ein entsprechendes Phasenschema vorgestellt.

Nachfolgend wird der Prozess der Anwendungsentwicklung von der Planung bis zur Systemabnahme im Regelbetrieb nur knapp nachgezeichnet. Im hieran anschließenden Kapitel wird die Thematik im Rahmen der Einführung von Software im Unternehmen vertiefend aufgegriffen.

17.3.2.1 Planung: Vom Grobkonzept zum Soll-Vorschlag

Ausgehend von einer gegebenen Problemstellung und der Kenntnis des Ist-Zustandes wird das Problem analysiert; die Anforderungen an eine mögliche Lösung werden inhaltlich konkretisiert und hinsichtlich der EDV-Umsetzung zunächst grob, anschließend zunehmend fein skizziert. Denkbar sind dabei die folgenden Planungsphasen.

- **Fachliches Grobkonzept:** Aus der Kritik des Ist-Zustands ergibt sich ein zunächst grobes Projektkonzept, aus dem hervorgeht, welche Zustände bestehen bleiben können und welche Veränderungen ratsam oder dringend erforderlich sind. Hieraus entwickelt das Team einen Gesamtplan, der die angestrebten Veränderungen nennt und begründet, die Gesamtaufgabe in delegationsfähige Teilaufgaben zergliedert und die Generierung von Lösungsalternativen zum Ziel hat. Dieser Gesamtplan ist die Grundlage für die Erstellung eines detaillierten Konzeptes.
- **Fachliches Feinkonzept:** Einzelne Mitglieder oder Arbeitsgruppen des Projektteams nehmen sich der verschiedenen Teilaufgaben des Gesamtplanes an und entwickeln Lösungsvorschläge. Diese beinhalten auch Überlegungen über notwendige Investitionen und künftige Organisationsformen. In dieser Phase kommt der interdisziplinären Bearbeitung große Bedeutung zu, da Zielkonflikte auftreten können: Das fachlich Wünschenswerte ist nicht immer mit Mitteln der EDV umsetzbar; die aus Sicht der EDV-Experten rationellste Lösung ist nicht regelmäßig auch fachlich befriedigend. Daher geht die fachliche Feinplanung notwendigerweise einher mit dem Entwurf eines groben Datenverarbeitungskonzeptes.
- **DV-Grobkonzept:** Das DV-Grobkonzept untersucht die gewünschten Veränderungen unter dem Aspekt der EDV-gerechten Umsetzung und berücksichtigt
  - Art, Menge und Inhalt der Ein- und Ausgabedaten,
  - Gestaltung erfassungsgerechter Formulare,
  - Datenerfassung und -speicherung,
  - Einsatzmöglichkeiten von Standardprogrammen,
  - Alternativ zur Entwicklung individueller Lösungen (Make-or-Buy-Analyse),
  - die Notwendigkeit zusätzlicher Anschaffungen,
  - die notwendigen Maßnahmen zur Qualifizierung des vorhandenen Personals,
  - notwendige Neueinstellungen.

Das DV-Grobkonzept bildet, gemeinsam mit dem fachlichen Feinkonzept, einen **Soll-Vorschlag,** der Grundlage für die Entscheidung über die Realisierung des Projektes ist.

- **Soll-Vorschlag:** Dieser enthält neben den im DV-Grobkonzept dokumentierten Tatbeständen
  - funktions- und zeitbezogene Ablaufdiagramme, die die künftigen Arbeitsabläufe verdeutlichen,
  - eine Beschreibung der künftigen Arbeitsmethoden,
  - Vorschläge zum zeitlichen Ablauf des Projektes unter Nennung des Endzeitpunktes,
  - Investitions- und Kostenvoranschläge sowie
  - eine detaillierte Darlegung des betriebswirtschaftlichen Nutzens.

In einer Abschlusssitzung, die das Ende der Planungsphase darstellt, nehmen Projektleiter, betroffene Abteilungen und EDV-Experten Stellung zu den erarbeiteten Vorschlägen.

Anschließend entscheidet die befugte Instanz, etwa die Geschäftsleitung, darüber, ob, wie und wann das Projekt realisiert werden soll. Wird die Projektdurchführung beschlossen, so sind die mit dem – in dieser Phase möglicherweise modifizierten – Sollvorschlag getroffenen Zielaussagen nochmals zu dokumentieren. Diese Niederlegung erfolgt in Lasten- und Pflichtenheften.

- **Lastenheft:** Das Lastenheft definiert und begründet die Aufgabe und beschreibt gem. DIN 69901–5 die Anforderungen an die zu entwickelnde Software aus Anwendersicht. Zudem beinhaltet es überprüfbare Qualitätsanforderungen.

- **Pflichtenheft:** Das Pflichtenheft ist eine gegenüber dem Lastenheft präzisierte Leistungsbeschreibung, die nach DIN 69901–5 die vom »Auftragnehmer erarbeiteten Realisierungsvorgaben« niedergelegt und die »Umsetzung des vom Auftraggeber vorgegebenen Lastenhefts« beschreibt. In Erweiterung des Lastenhefts, das aussagt, was die zu entwickelnde Software wofür zu leisten hat, enthält das Pflichtenheft Angaben über die Vorgehensweise der Softwareentwicklung. Es kann die vollständige Projektplanung enthalten und damit – auch über die DIN-Anforderungen hinaus – Angaben über Aufgabenverteilung, Zeitvorgaben, Kontrollpunkte und Kompetenzen/Verantwortlichkeiten enthalten.

17.3.2.2 Analysen: Daten, Prozesse, System und Anforderungen

Neben der Ist-Analyse als Voraussetzung für die Planung sind weitere Analysen erforderlich. Wesentliche Einzelanalysen betreffen

- die zu verarbeitenden Daten **(Datenanalyse),**
- die mit der Software abzubildenden und nachzuvollziehenden Vorgänge **(Prozessanalyse),**
- das IT-System **(Systemanalyse),**
- die Analyse der **Anforderungen** an die zu entwickelnde Software.

Das Vorgehen bei der Analyse folgt im Allgemeinen dem der **strukturierten Analyse.** Dabei wird das untersuchte System einer zunächst groben und zunehmend detaillierten Betrachtung unterzogen. Aus einer derartigen Analyse resultiert eine modulare, hierarchische Software-Struktur, die entweder »Top-Down« (von oben nach unten) bzw. »Bottom-Up« (von unten nach oben) erarbeitet wird. Die oberste Ebene beschreibt das globale Konzept, das auf den folgenden niedrigeren Ebenen immer weiter detailliert wird.

In neuerer Zeit wird bei der Analyse der Anforderungen eine andere Methodik gewählt, nämlich die der **objektorientierten Analyse.** Dabei steht die Beschreibung des betroffenen Bereichs und seiner Beziehungen im Zentrum. Hieraus resultiert eine auf Schnittstellen aufgebaute, weniger hierarchische Software.

17.3.2.3 Feinkonzept und Programmierung

Nächster Schritt auf dem Weg zur anwendbaren Software ist die Entwicklung des DV-Feinkonzepts auf Basis des bereits vorhandenen DV-Grobkonzepts. Auch in dieser Phase wird fachübergreifend gearbeitet: EDV-Fachleute werden von Praktikern der betroffenen Fachabteilungen, die möglichst zugleich Mitglieder des Projektteams sind, unterstützt. Diese Feinplanung hat der eigentlichen Programmierung unbedingt voranzugehen. Sie ist der rote Faden für das Programmierteam, ohne den der Überblick über die zahlreichen zu berücksichtigenden fachlichen und zeitlichen Faktoren fast zwangsläufig verloren geht.

Das **Feinkonzept** beinhaltet

- eine Ergänzungsanalyse, die die bislang vorhandenen Informationen sichtet, wertet und ergänzt;
- die detaillierte Festlegung des Datenflusses, wobei bereits vorhandene Programme oder Teilprogramme berücksichtigt und noch zu erstellende Programme beschrieben werden;
- die Festlegung der Ein- und Ausgabeformate;
- die Festlegung der Speicherorganisation, insbesondere der Strukturen von Sätzen, Dateien und Datenbanken, und der Speichermedien;

- die Festlegung von Fristen und Terminen für die Erstellung des Programms sowie der erforderlichen Handbücher, für die Programminstallation und die Mitarbeiterschulung.

Auf Basis des Feinkonzepts kann nunmehr die **Programmierung** in Angriff genommen werden. Diese wird eingeleitet mit einer Analyse der Programmvorgaben. Der Programmierer befasst sich mit dem sachlichen Inhalt, soweit dies für die Umsetzung des Programms erforderlich ist, und klärt ggf. noch offene Fragen. Ist die Aufgabe besonders umfangreich, wird die Gesamtaufgabe in etwa aufwandsgleiche Module aufgeteilt, die verschiedenen Programmierern übertragen werden.

Die eigentliche Programmerstellung beinhaltet die Umsetzung der in der Software abzubildenden Prozesse in Algorithmen. Visualisierungsinstrumente (Programmablaufpläne, Struktogramme und ähnliche) werden in der Programmierpraxis kaum eingesetzt. Die eigentliche Codierung erfolgt in einer – meist dialogfähigen höheren – Programmiersprache direkt am Rechner.

Auf die Codierung folgen

- **Programmtest und -korrektur:** Das fertige Programm wird zunächst mit fiktiven Daten getestet, die so geartet sein müssen, dass der Programmierer die Richtigkeit der gelieferten Ergebnisse zweifelsfrei feststellen kann. Syntax- und logische Fehler werden identifiziert und bereinigt; anschließend erfolgt ein zweiter Testlauf mit echten Daten. Die Bedingungen der Testläufe werden, ebenso wie die hierbei erzielten Ergebnisse, als Bestandteil der Projektdokumentation aufbewahrt.
- **Erstellung von Benutzer- und Programmhandbüchern:** Zukünftigen Programmbenutzern muss eine umfangreiche »Gebrauchsanweisung« an die Hand gegeben werden, mit deren Hilfe das in einer – trotzdem unerlässlichen – Schulung erworbene Wissen nachgearbeitet und erweitert werden kann. Diese Funktion erfüllt das Benutzerhandbuch, das von der EDV-Abteilung bereitzustellen ist. Aber auch der Programmierer und seine »Amtsnachfolger« benötigen eine umfassende Dokumentation als Arbeitsgrundlage für spätere Programmüberarbeitungen und -erweiterungen. Diesem Zweck dient das gleichfalls zu erstellende Programmhandbuch.

17.3.3 Implementierung von Software

Vorweg ein Wort zum Begriff der »Implementierung«: In Bezug auf die Software kann implementieren (gemäß den durchaus unterschiedlichen Übersetzungen mit »einbauen«, »einführen«, »anfüllen«) verschiedene Sachverhalte meinen. Im rein technischen Sinne verstehen IT-Fachkräfte darunter wahlweise

- die Umsetzung eines Algorithmus in den Code einer Programmiersprache,
- die Ergänzung des Quellcodes eines vorhandenen Programms bzw. die Erweiterung des Funktionsumfangs durch Anbau neuer Programmteile oder auch
- das Eingliedern eines neuen Programms in die bestehende IT-Systemumgebung.

Im weiteren Sinne wird unter Implementierung mit Blick auf die umgebende »analoge« Welt die Einführung einer IT-Lösung (hier: Software) in den laufenden Betrieb verstanden. Dieser letztgenannten Deutung wird hier gefolgt.

17.3.3.1 Organisatorische Anpassung

Vor der Inbetriebnahme des neuen Programms müssen die hiervon betroffenen Fachabteilungen organisatorische Vorkehrungen treffen, damit der Übergang von der konventionellen zur programmgestützten Sachbearbeitung oder vom alten zum neuen Programm reibungslos vonstatten gehen kann.

Die organisatorische Anpassung beginnt zeitgleich mit der Programmerstellung und beinhaltet

- die Information der Mitarbeiter über die mit der Programmeinführung einhergehenden Veränderungen,
- die Umstellung von Formularen und Arbeitsabläufen im Sinne des Soll-Vorschlages und des Pflichtenheftes,
- die Aufbereitung der von dem neuen System zu übernehmenden Daten und
- die Festlegung, ob und wie lange die konventionelle Bearbeitung parallel zur programmgestützten Bearbeitung beibehalten werden soll.

Insbesondere der letzte Punkt verdient besondere Beachtung. Häufig wird der Fehler gemacht, dass mit der Einführung der EDV-Bearbeitung ab sofort alle Arbeiten ausschließlich auf diese abgestimmt und die traditionellen Verfahren eingestellt werden.

Hieraus resultieren nicht selten Schwierigkeiten, da unmittelbar nach der Inbetriebnahme einer EDV-Organisation die Häufigkeit von Bedienungsfehlern erheblich ist, aber auch bisher übersehene Fehler im Programm auftreten können. Beide Faktoren führen im Extremfall zum Datenverlust und in der Konsequenz zu materiellen Einbußen.

17.3.3.2 Inbetriebnahme

Die Inbetriebnahme eines neuen Programms ist natürlich nicht von einem Tag auf den anderen möglich.

Vielmehr vollzieht sie sich in den folgenden Arbeitsschritten:

- Fertigstellung des Benutzerhandbuches und Vorbereitung der Bedienereinweisung,
- Einweisung der Mitarbeiter, die mit dem Programm arbeiten sollen,
- Einweisung der Fachbereiche und/oder des Rechenzentrums in die Datenvor- und Datennachbereitung,
- Installation des Programms auf den hierfür vorgesehenen Rechnern,
- Übernahme der vorbereiteten Daten in das neue EDV-System,
- Durchführung eines Generaltests und ggf. anschließende Korrektur des organisatorischen Systems,
- Start des Systems mit echten Daten,
- Anlaufüberwachung und offizielle Systemübergabe an die Fachabteilungen.

Diese Aktivitäten müssen sorgfältig aufeinander abgestimmt und in einem durchdachten, gestaffelten Prozess durchgeführt werden, der auch als **Software Rollout** oder – bei umfassendem Systemwechsel oder Umstieg auf eine neue Plattform – als **Migrationsprojekt** bezeichnet wird. Im engeren Sinne bezeichnet Rollout die Verteilung der Software. Dabei muss vorab geklärt werden, wie viele Clients zu bedienen sind – in großen Unternehmen können durchaus einige tausend Arbeitsplätze betroffen sein! – und ob es notwendig ist, alle gleichzeitig zu einem bestimmten Stichtag (»Big Bang Rollout« umzustellen. Häufig kann die Umstellung iterativ (schrittweise) nach Tranchen – z. B. Arbeitsgruppen oder Abteilungen – erfolgen. Vor-Ort-Eingriffe sind dabei meist nicht erforderlich und bei großen Migrationsprojekten auch gar nicht leistbar; vielmehr wird das vom Administrator erstellte Soll-Profil servergestützt auf die einzelnen Clients übertragen. In jedem Falle müssen alle betroffenen Nutzer informiert und vorbereitet werden.

17.3.3.3 Systemabnahme und -weiterentwicklung

Mit der Systemübergabe und -abnahme gehen Betrieb und Verantwortung auf die Fachabteilungen über. Das Projekt ist damit abgeschlossen; weitere Maßnahmen seitens des Projektteams sind im Normallauf nicht erforderlich.

Dennoch sollte in regelmäßigen Abständen – etwa alle ein bis zwei Jahre – untersucht werden, ob die mit der Projektdurchführung angestrebten Ziele erreicht wurden und nach wie vor aktuell sind.

Die Organisationsanalyse prüft, ob das Softwaresystem die Erfordernisse der Effizienz, Wirtschaftlichkeit und Zuverlässigkeit erfüllt. Ist dies nicht der Fall, kann eine Systemänderung oder sogar die Inangriffnahme eines neuen Projektes erforderlich werden.

17.3.3.4 Systemänderungen

Systemänderungen werden erforderlich, wenn

- Fehler oder Schwächen aufgetreten sind,
- geänderte Umweltbedingungen (Hinzukommen neuer oder Entfallen bisheriger Aufgaben, Gesetzesänderungen u. a.) eine Anpassung erfordern oder
- neue Aspekte aufgrund technischer Entwicklungen oder neuer Erkenntnisse berücksichtigt werden sollen oder müssen.

Systemänderungen müssen beantragt und begründet werden. Ihre Durchführung obliegt häufig einer besonderen Wartungsgruppe innerhalb der EDV- oder Organisationsabteilung.

17.3.3.5 Systempflege

Softwaresysteme bedürfen einer kontinuierlichen Pflege im Sinne einer ständigen Anpassung an Änderungen des Betriebssystems, der Datenbankstruktur oder der Hardware. Dies gilt auch dann, wenn die Organisationsanalyse keinen Bedarf an Änderungen der Softwarefunktionen ergeben hat.

Ebenso wie die Systemänderungen liegt die Systempflege in den Händen einer Wartungsgruppe. Jegliche Änderung ist in der Systemdokumentation festzuhalten.

17.4 Grundbegriffe der Programmierung

Programmierung ist die Lösung einer Aufgabe mittels einer computerverständlichen Arbeitsanweisung. Bekanntlich verarbeiten Rechner intern binäre Zahlenfolgen, also zu größeren organisatorischen Einheiten zusammengefasste Aneinanderreihungen einzelner Bits. Zu Beginn des Computerzeitalters mussten alle Programme in diesem Maschinencode geschrieben werden. Der hiermit einhergehende Programmieraufwand ließ die Erstellung komplexer Programme jedoch nicht zu. Es war daher notwendig, die Programmierung zu vereinfachen. Die Grundbegriffe der Programmierung werden in den folgenden Abschnitten außerhalb der Anforderungen der Prüfungsverordnung dargestellt.

17.4.1 Programmiersprachen

Programmiersprachen sind die Schnittstellen zwischen Anwender und Rechner. Jedes Computerprogramm muss in einer Programmiersprache abgefasst sein. Zur Vermeidung von Mehrdeutigkeiten und Missverständnissen bei der Programmierung muss im Rahmen jeder Programmiersprache eindeutig festgelegt sein, welche Zeichenfolgen zugelassen sind **(Syntax)** und welchen Prozess diese Zeichenfolgen im Rechner auslösen **(Semantik).**

Man unterscheidet Programmiersprachen unter anderem danach, ob die Erfordernisse der Hardware oder die Eigenarten der zu programmierenden Probleme im Vordergrund stehen, in

- maschinenorientierte Programmiersprachen und
- problemorientierte Programmiersprachen.

Maschinenorientierte Sprachen

Die maschinenorientierten **Assemblersprachen,** die jeweils auf bestimmte Prozessortypen abgestimmt sind, orientieren sich vollständig an der internen Organisation des Rechners, indem sie jeden einzelnen Maschinenbefehl im Verhältnis 1:1 in einen Assembler-Befehl umsetzen. Die Übersetzung der mnemotechnischen (d. h. gedächtnisstützend konzipierten) Ausdrücke in die Maschinensprache erfolgt mittels eines Übersetzungsprogrammes, das allgemein Assemblierer oder **Assembler** genannt wird.

Der Vorteil bei dieser niedrigsten Stufe der Programmierung liegt im geringen Speicherbedarf und der sehr schnellen Bearbeitungszeit. Nachteilig ist (neben der wenig anwenderfreundlichen und daher von Nicht-Spezialisten kaum praktizierten Programmierung) der Umstand, dass Assemblerprogramme auf eine bestimmte Hardware zugeschnitten und nur unter Schwierigkeiten auf andere Rechnertypen übertragbar sind.

Problemorientierte Sprachen

Problemorientierte Sprachen nehmen weniger auf die interne Organisation des Rechners als vielmehr auf die aus der Aufgabenstellung resultierenden Bedürfnisse des Programmierers Rücksicht. Sie bedürfen der rechnerinternen Übersetzung in eine niedere, maschinenorientierte Sprache mittels eines Compilers oder Interpreters. Die ältesten heute noch gebräuchlichen Programmiersprachen, nämlich **FORTRAN** (Formula Translator) und **COBOL** (Common Business Oriented Language), trugen der Tatsache Rechnung, dass die Rechner der fünfziger und frühen sechziger Jahre des 20. Jahrhunderts nicht universell, sondern entweder im mathematisch-naturwissenschaftlichen oder im kaufmännischen Bereich eingesetzt wurden. Daher handelt es sich bei diesen beiden Sprachen auch um im engeren Sinne anwendungsorientierte Instrumente. Während FORTRAN als für die Programmierung mathematischer Formeln besonders geeignete Sprache relativ umständlich und dem Laien wenig verständlich ist, liest sich COBOL für den der englischen Sprache mächtigen Anwender fast wie eine natürliche und lebende Sprache. Programmiersprachen, die der menschlichen Sprache nahe kommen, werden auch als **höhere Programmiersprachen** bezeichnet.

Zu den problemorientierten Programmiersprachen gehören auch die heute weit verbreiteten **Skriptsprachen.** Darunter werden Programmiersprachen verstanden, die über einen Interpreter, also direkt ohne separate Übersetzungsphase, ausgeführt werden. Weit verbreitet sind vor allem diejenigen Skriptsprachen, die in Anwendungsprogrammen dazu genutzt werden können, das Leistungsspektrum des jeweiligen Programms durch kleine Programme **(Scripts)** zu erweitern oder Aufgaben, die das Programm wiederholt erledigen soll, zu automatisieren – für letztere Automatisierungen wird je nach programmiertechnischer Umsetzung auch die Bezeichnung **Funktion** (im Sinne von Unterprogramm; nicht zu verwechseln mit den Funktionsbegriffen der Mathematik, Technik oder Organisationslehre) oder **Makro** verwendet. Weit verbreitet ist **VBA** (Visual Basic for Applications) als Skriptsprache für Microsoft-Programme.

Im WWW werden Skriptsprachen zur Erstellung dynamischer Seiten wie Foren, Gästebücher und **Wikis** (Webseiten, die von Besuchern nicht nur gelesen, sondern auch bearbeitet werden können) eingesetzt. Weit verbreitet sind hier **Perl** und **JavaScript.**

Bei der Programmierung von Lösungen auf dem Feld der künstlichen Intelligenz und Expertensysteme kommen **logische Programmiersprachen** zum Einsatz, die auf einer Ansammlung von gültigen Fakten oder Annahmen (Axiomen) basieren. Die bekannteste dieser logischen Sprachen ist **Prolog.**

Immer gebräuchlicher werden **visuelle Programmiersprachen.** Bei Anwendung von Programmiersprachen mit visueller Programmierumgebung entstehen Programme, indem ihre grafische Benutzeroberfläche (GUI) in einer Art Baukastensystem aus vorgefertigten verfügbaren Elementen erstellt wird. Diese müssen in einem anschließenden Programmiervorgang textuell mit Funktionen hinterlegt werden. Es gibt aber auch grafische Programmiersprachen, die intuitiv und damit auch von Endnutzern bedient werden können. Dabei werden Programme aus vorgefertigten grafischen Verarbeitungselementen zusammengestellt, für die jeweils passende Funktionen hinterlegt sind, die sehr einfach zu einem Script zusammengesetzt werden können. Im Bildungsbereich sehr verbreitete und beliebte grafische Programmiersprachen sind **Scratch** und **Snap.**

17.4.2 Angewandte Arbeitstechniken der Programmierung

In Abschnitt 17.3.2 wurde das Vorgehen bei der Anwendungsentwicklung bereits ausführlich dargestellt. Nachzutragen sind an dieser Stelle jedoch noch die dabei zur Anwendung gelangenden Arbeitstechniken.

Für die im Folgenden beschriebenen Instrumente – Datenflussplan, Programmablaufplan, Struktogramm, Entscheidungstabelle und strukturierte Programmierung – wurden seitens des Deutschen Instituts für Normung e.V. Normen festgelegt. Mit diesen werden bestimmten Geräten und Operationen Symbole zugeordnet.

Datenflussplan (DIN 66001)

Der Datenflussplan, der in der Phase der DV-Feinkonzipierung erstellt wird, ist eine normierte grafische Darstellung des Datenflusses in Systemen.

Die in ihm verwendeten Symbole bezeichnen

- Datenträger: Magnetband- und -plattenspeicher, Lochkarten etc.,
- Bearbeitungsoperationen: rechnerinterne und manuelle Verarbeitungsoperationen,
- Sortiervorgänge, Eingaben von Hand,
- Datenflussrichtungen und
- Einfügungen: Bemerkungen und Übergangsstellen.

Die Abbildung zeigt die wichtigsten Symbole nach DIN 66001.

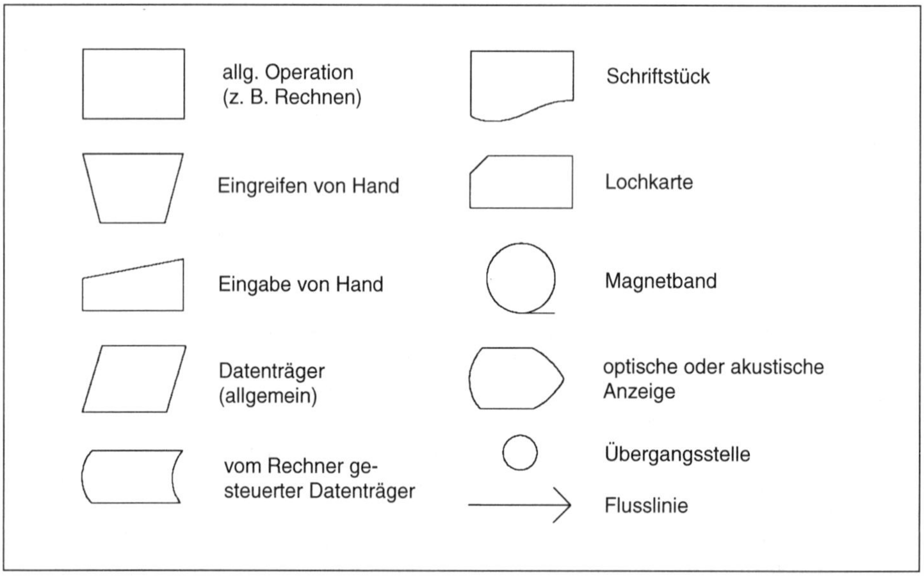

Symbole für Datenflusspläne nach DIN 66001

Bei der Erstellung von Datenflussplänen sind folgende Regeln zu beachten:

- Die zu bevorzugende Datenflussrichtung ist
  - von oben nach unten und
  - von links nach rechts.

  Ausnahmen sind nur bei Schleifen zulässig.
- Das **EVA-Prinzip,** d. h. die Bearbeitungsreihenfolge **E**ingabe-**V**erarbeitung-**A**usgabe, ist zu beachten. Daten werden der Verarbeitung von einem Datenträger zugeführt und anschließend demselben oder einem anderen Datenträger übergeben.
- Daher müssen die Symbole in der folgenden, verallgemeinerten Reihenfolge erscheinen:
  - Datenträgersymbol,
  - Datenflusssymbol,
  - Bearbeitungssymbol,
  - Datenflusssymbol,
  - Datenträgersymbol

usw.

- Datenflusspläne müssen exakt und vollständig sein. Wird ein Datenträger mehrmals angesprochen, so ist er jedes Mal erneut darzustellen, da ansonsten keine Übersichtlichkeit und Eindeutigkeit erzielt werden kann.

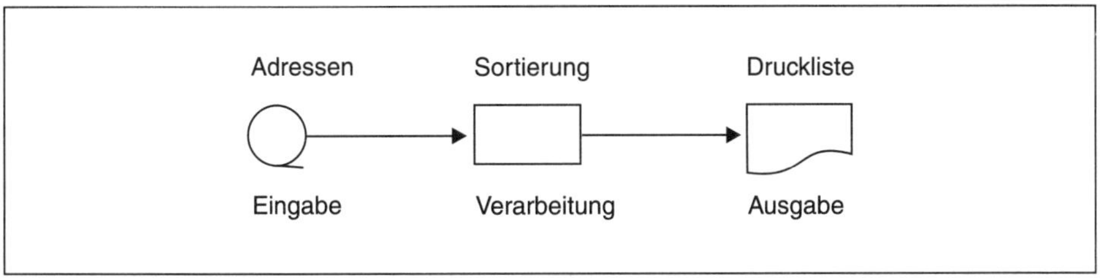

Beispiel für eine Datenflussdarstellung

Programmablaufplan (DIN 66001)

Die gleiche DIN-Norm, die den Datenflussplan regelt, behandelt auch Programmablaufpläne. Da der Symbolvorrat der Datenflusspläne für die Darstellung der Verarbeitungslogik nicht ausreicht, werden für Programmablaufpläne zahlreiche weitere Symbole verwendet. Die Wichtigsten zeigt die folgende Abbildung.

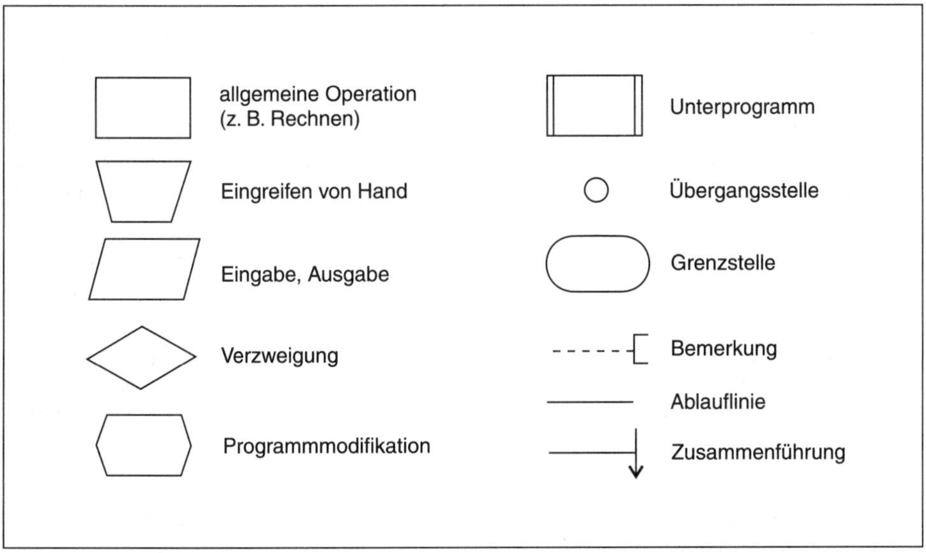

Symbole für Programmablaufpläne nach DIN 66001

Mit Hilfe von Programmablaufplänen können kleinere Programme oder Programmteile übersichtlich dargestellt werden.

Für komplexe Strukturen sind sie hingegen weniger geeignet als die im Folgenden beschriebenen Struktogramme oder die Technik der strukturierten Programmierung.

Struktogramm (DIN 66261)

Struktogramme als grafisches Darstellungsmittel für Programme haben die oben beschriebenen Programmablaufpläne in der Praxis weitgehend abgelöst, weil sie übersichtlicher und damit leichter verständlich und umsetzbar sind.

Jeder einzelne Programmschritt wird in einen Strukturblock eingetragen; die Strukturblöcke werden anschließend in der Reihenfolge der Bearbeitung aneinandergereiht.

Eine bedingte Anweisung in der Form

wenn (Bedingung) **dann** (Aktion 1)
sonst (Aktion 2)

wird in einem Struktogramm dargestellt:

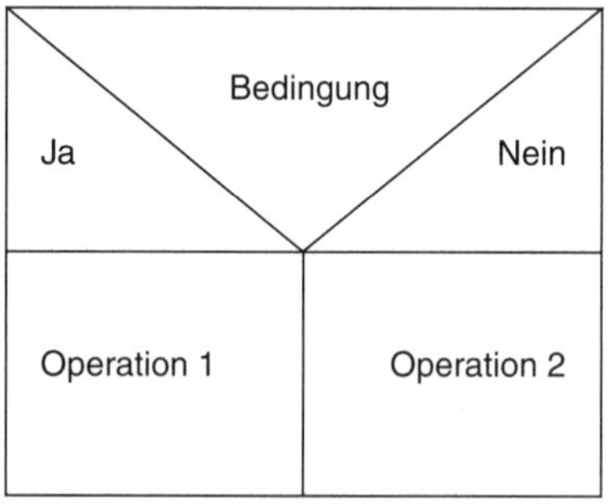

Alternativstrukturblock

Entscheidungstabellen (DIN 66241)

Entscheidungstabellen dienen der eindeutigen und übersichtlichen Darstellung logischer Verknüpfungen. Ihnen liegt der gleiche Grundgedanke zugrunde wie den in der Mathematik verwendeten Wahrheitstabellen.

Entscheidungstabellen bestehen aus vier Quadranten, in die Bedingungen, Werte oder Regeln, Aktionen und Funktionen eingetragen werden. Die oberen Quadranten repräsentieren den Entscheidungs-, die unteren den Aktionsteil.

Bedingungen sind entweder zutreffend (wahr) oder unzutreffend (falsch). Werden mehrere Bedingungen gemeinsam betrachtet, weil die daraus zu folgernde Aktion von mehreren Bedingungen (b) abhängt, so ist die Zahl der möglichen Kombinationen (r) – im Folgenden Regeln genannt –

$r = 2^b$

Die nächste Abbildung zeigt den Aufbau einer einfachen Entscheidungstabelle.

Regeln	**r 1**	**r 2**	**r 3**	**r 4**
Bedingung A	Ja	Ja	Nein	Nein
Bedingung B	Ja	Nein	Ja	Nein
Aktion 1	x			
Aktion 2		x		
Aktion 3			x	
Aktion 4				x

Einfache Entscheidungstabelle mit zwei Bedingungen

Da Entscheidungstabellen mit vielen Regeln unübersichtlich sind, beschränkt man in der Praxis die Anzahl der in eine Tabelle einfließenden Bedingungen auf zwei und verknüpft mehrere solcher Tabellen miteinander, indem man im Aktionsteil auf die weiteren zu beachtenden Tabellen verweist.

Ein Beispiel für verknüpfte Entscheidungstabellen zeigt diese Abbildung:

Regeln/Tabelle 1	r 1	r 2	r 3	r 4
Bedingung A	Ja	Ja	Nein	Nein
Bedingung B	Ja	Nein	Ja	Nein
Aktion 1	x			
Aktion 2				x
Gehe zu Tabelle 2		x		
Gehe zu Tabelle 2			x	

Regeln/Tabelle 2	r 1	r 2	r 3	r 4
Bedingung A	Ja	Ja	Nein	Nein
Bedingung B	Ja	Nein	Ja	Nein
Aktion 3	x			
Aktion 4		x		
Aktion 5			x	
Aktion 2				x

Verknüpfte Entscheidungstabellen

Strukturierte Programmierung (DIN 66262)

Die strukturierte Programmierung basiert auf der Unterprogrammtechnik, bei der die Gesamtaufgabe zunächst in eigenständige Blöcke aufgeteilt wird, die gesondert – möglicherweise von unterschiedlichen Programmierern – programmiert werden.

Ein vollständig in Unterprogrammtechnik geschriebenes Programm besteht aus einem Haupt- oder Steuerprogramm und mehreren Unterprogrammen, die von diesem oder von anderen, vorgelagerten Unterprogrammen aufgerufen werden. Die hierarchisch gegliederten Programmteile sind hauptsächliches Kennzeichen der strukturierten Programmierung.

Die hierarchische Modularisierung der Programmteile erfolgt in der Regel nach einer der beiden folgenden Methoden:

- **Top-down-Methode:** Ausgehend von einem an den Benutzererfordernissen orientierten Grobentwurf werden schrittweise Verfeinerungen vorgenommen. Hierbei wird zunächst festgelegt, was von den einzelnen Untermodulen geleistet werden soll, bevor klar ist, wie diese Leistung erzielt werden soll.
- **Bottom-up-Methode:** Diese Methode orientiert sich an den vorhandenen Ressourcen (Rechneranlage, Betriebssystem, Programmiersprache, verfügbare Betriebsmittel) und entwickelt hiervon ausgehend zunächst Untermodule, die im jeweils folgenden Arbeitsschritt zu komfortableren Funktionen zusammengesetzt werden.

In der Praxis werden diese beiden Methoden, die – in reiner Form praktiziert – durchaus zu unterschiedlichen Ergebnissen führen können, häufig gemischt angewendet, indem bei der Entwicklung eines Programms sowohl der Blickwinkel des Benutzers als auch die Möglichkeiten der gegebenen Mittel beachtet werden.

Die fundamentalen Strukturen derart strukturierter Programme sind

- **Sequenzstrukturen:** Die Verarbeitungsschritte werden in einer linearen, alternativen- und wiederholungsfreien Folge abgearbeitet.
- **Alternativstrukturen:** In Abhängigkeit von einer Bedingung werden mehrere alternative Verarbeitungsschritte vorgesehen.
- **Wiederholungsstrukturen** (Schleifenstrukturen): Einzelne Verarbeitungsschritte werden, ggf. in Abhängigkeit von einer Bedingung, wiederholt.

Die strukturierte Programmierung verwendet ausschließlich diese elementaren Programmstrukturen. Jeder Strukturblock hat genau einen Eingang und einen Ausgang; auf Sprünge wird vollständig verzichtet.

Vorteile der Strukturierung sind

- übersichtliche, einfach aufgebaute Programme,
- weitgehende Vermeidung von Programmierfehlern,
- die Möglichkeit, mehrere Programmierer einzusetzen,
- vereinfachte Änderungsmöglichkeiten.

Die bereits in den 1970er-Jahren entwickelte Strukturierte Programmierung ist ein bis heute gültiges Programmierparadigma. Die darin verwirklichten Prinzipien – Beschränkung auf wenige logische Beschreibungselemente und rein lineare Denkprozesse – sind, neben dem Prinzip der Modularisierung komplexer Probleme in Teilprobleme und dem Prinzip der hierarchischen Strukturierung, in zahlreichen der bereits beschriebenen Verfahren (Entscheidungstabelle, Datenflussplan, PAP, Struktogramm) und weiteren Verfahren verwirklicht. Eines dieser Verfahren ist **SA/SADT (Structured Analysis/Structured Analysis and Design Technique).** Dabei wird entweder eine Aktivität (bei funktionaler Darstellung) oder ein Objekt (bei objektbezogener Darstellung) in ein zentrales Rechteck gestellt, auf das die darauf einwirkenden Zusammenhänge zeigen. Jeder ausgehende Pfeil repräsentiert dabei den Eingang in ein weiteres Rechteck, so dass letztlich eine Flussdarstellung entsteht. Die folgende Abbildung zeigt ein funktionales Modell und wird als Aktivitätsdiagramm bezeichnet.

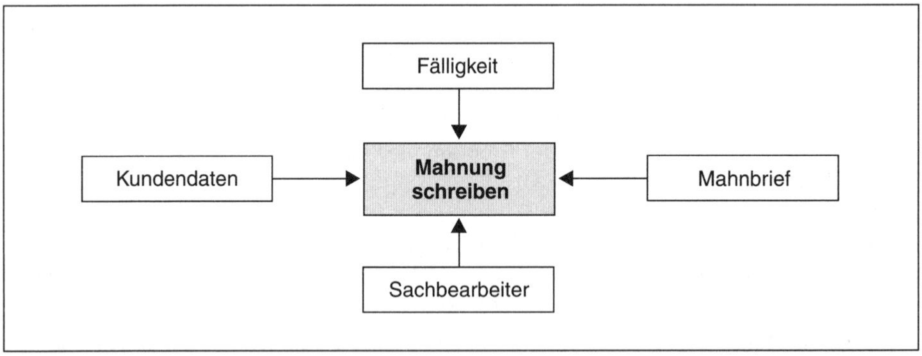

SADT-Aktivitätsdiagramm

In Abschnitt 17.1.2 wurde bereits auf das **UML-Aktivitätsdiagramm** (UML = Unified Modeling Language) und das ebenfalls zu den UML-Diagrammarten gehörende **Anwendungsfalldiagramm** (Use-Case-Diagramm eingegangen.

Dokumentation

In den vorangegangenen Abschnitten wurde verschiedentlich darauf hingewiesen, dass einzelne schriftliche Niederlegungen Bestandteil der Dokumentation sind und aufbewahrt werden müssen. Während Teile der einschlägigen Literatur die Dokumentation als eigenständigen, letzten Teil des Phasenschemas der Programmentwicklung ansehen, soll hier darunter die Sammlung des in den einzelnen Entwicklungsphasen ohnehin angefallenen Dokumentenmaterials verstanden werden.

Im Sinne der Definition der Anwendungsentwicklung als Projekt spricht man von der Programm- oder Projektdokumentation.

Hierzu gehören vorrangig die **Dokumentationsteile**

- Pflichtenheft als Dokument der Projektplanung (insbesondere die Projektziele),
- Datenflusspläne,
- Programmablaufpläne und Struktogramme,
- Programmcode (ggf. vor und nach der Kompilierung),
- Testbedingungen,
- Testdaten und -ergebnisse,
- Programmhandbuch.

Daneben sind alle Einzelheiten, die für den Programmierer oder einen Nachfolger in Hinblick auf spätere Modifikationen wesentlich sind, in die Dokumentation aufzunehmen.

Mit dem Abschluss des Projektes ist die Dokumentation nicht beendet. Zum einen erfährt sie laufende Ergänzungen und Aktualisierungen durch Systemänderungen und -anpassungen, zum anderen wird sie um Aufzeichnungen seitens der Bediener ergänzt und fortgeführt.

Die **Anwenderdokumentation** beinhaltet z. B.

- Bestätigung der Systemabnahme;
- schriftliche Niederlegung darüber, wie der Übergang vom zuvor praktizierten zum neuen Organisationssystem geschaffen wurde (unerlässlich in Bereichen, die gesetzlichen Bestimmungen unterliegen, etwa bei der Umstellung von der Durchschreibe- zur EDV-Buchführung – in diesem Falle ist die Anwenderdokumentation zwar durch die Projektdurchführung bedingt, aber unabhängig von der Projektdokumentation durchzuführen und aufzubewahren);
- Dokumentation von Programmfehlern und -mängeln, die nach Abschluss der Testphase anwenderseitig aufgedeckt wurden, als Grundlage für Änderungsanträge und/oder Änderungen im Benutzerhandbuch;
- Sammlung statistischer Daten (Mengendurchlauf, Ausfallhäufigkeit, Kostenentwicklung) als Basis für die regelmäßig durchzuführende Organisationsanalyse.

Eine Dokumentation sollte immer vorgenommen werden, auch dann, wenn Programmierer und Anwender identisch sind und die Übernahme des Programms durch Dritte unwahrscheinlich ist. Nur mit ihrer Hilfe kann der Aufwand bei späteren Änderungen oder der Behebung von Fehlern gering gehalten werden.

Außerdem kann die Dokumentation von großer Bedeutung im Rahmen von Gewährleistungs- oder Haftungsfragen sein für den Fall, dass ein Software-Unternehmen eingeschaltet war.

18 Übergreifende IT-Systeme

»Übergreifende IT-Systeme«: Dieser Begriff steht zunächst für die Abkehr von Insellösungen und die Hinwendung zu integrativen Systemen, die

- über die Grenzen einzelner Arbeitsplätze und Abteilungen hinausreichen,
- verschiedene Geschäftsbereiche miteinander verbinden und
- ermöglichen, Geschäftsprozesse wie etwa den Durchlauf eines Auftrags von der Angebotserstellung über die Ingangsetzung und die verschiedenen Stufen der Fertigung bis zur Auslieferung und Rechnungstellung nachzuvollziehen, zu steuern und zu dokumentieren.

Darüber hinaus steht er aber auch für

- eine übergreifende Nutzung von Datenbeständen und
- die damit gegebenen Möglichkeiten, Informationen zu Personen und Objekten, die in unterschiedlichen Zusammenhängen gewonnen und gespeichert wurden, miteinander zu verknüpfen sowie
- die Chance, auf diese Weise zu einer neuen Informationsqualität zu gelangen.

Das auf diese Weise ermöglichte »**Wissensmanagement**« ist heute zentrales Thema in vielen Unternehmen. Diese relativ neue, erst seit Mitte der 1990er Jahre intensiv und eigenständig betriebene Disziplin der Organisationslehre zielt darauf ab, das in einer Organisation – z. B. einem Unternehmen – vorhandene Wissen zu sichern, transparent und verfügbar zu machen, weiterzuentwickeln und im Sinne der Unternehmensziele optimal einzusetzen.

Angesichts der Fülle von Informationen, die in einem Unternehmen anfallen, ist eine DV-Unterstützung unverzichtbar.

Während sich der Begriff des Wissensmanagements nicht auf bestimmte Informationen beschränkt, sondern alle in irgendeiner Weise für das Unternehmen relevanten Informationen umfasst, konzentrieren sich **Management-Informationssysteme (MIS)** auf die Bereitstellung und insbesondere Aufbereitung solcher Informationen, die geeignet sind, betriebliche Entscheidungsträger bei ihrer Planung und dem Treffen von Entscheidungen zu unterstützen.

Insoweit sind DV-gestützte Management-Informationssysteme besondere Ausprägungen von Wissensmanagement.

18.1 Gestalten von Wissensmanagement einschließlich Management-Informationssystemen

18.1.1 Grundlagen des Wissensmanagements

Schon in den allgemeinen Ausführungen zur Betriebswirtschaftslehre wurde darauf hingewiesen, dass Wissen (»Know-how«) ebenso als **Produktionsfaktor** anzusehen ist wie die klassischen betriebswirtschaftlichen Faktoren Arbeit, Betriebsmittel und Material. Insbesondere im angelsächsischen Raum wird Wissen inzwischen vielfach als das entscheidende Merkmal angesehen, anhand dessen Unternehmen beschrieben und miteinander verglichen werden können (eine Sichtweise, die als »Knowledge-based View on the Firm« bezeichnet wird).

Diese Entwicklung ist nicht nur eine »modische Strömung«, passend zum oft beschworenen Übergang von der »Industriegesellschaft« zur »post-industriellen Wissensgesellschaft«, sondern folgerichtig in Zusammenhang mit den in den letzten Jahrzehnten vollzogenen organisatorischen Veränderungen zu sehen.

Mit der Hinwendung zum **»Lean Management«** und **»Lean Production«**, also der Verringerung der Leitungsstufen in Verbindung mit der Delegation von Entscheidungsaufgaben, erhielten Mitarbeiter mehr und mehr Verantwortung und die Möglichkeit, selbstständig zu agieren und zu entscheiden. Dies setzt zum einen Wissen voraus und ist zum anderen wissenserzeugend, wobei sich das unternehmensrelevante Wissen, anders als in strikt hierarchisch organisierten Systemen der Vergangenheit, nicht mehr auf die Unternehmensspitze konzentriert, sondern gewissermaßen über den gesamten Betrieb verteilt. Diese Verteilung ist Voraussetzung für moderne Arbeits- und Führungsformen, insbesondere Teamarbeit in teilautonomen Gruppen, und wird wiederum durch diese gestärkt.

18.1.1.1 Daten, Informationen, Wissen, Verständnis

Über Daten zu verfügen ist noch nicht gleichbedeutend mit Wissen; denn Daten sind zunächst Sammlungen von Tatsachen, die an sich noch keine Bedeutung haben, sondern diese erst von ihren Nutzern verliehen bekommen. Sie werden durch Aufbereitung zu **Informationen,** indem sie zusammengeführt, verglichen, verrechnet, verdichtet oder in anderer Weise in einen Zusammenhang gestellt werden. Derart zu Informationen aufbereitete Daten werden verbreitet (»Sender-Empfänger-Modell«) mit dem Ziel, Einstellungen und Verhaltensweisen des Empfängers zu beeinflussen.

Wissen wiederum entsteht durch die Verarbeitung und Speicherung von Informationen durch »vernunftbegabte Systeme« (worunter Menschen und Gruppen von Menschen, im weiteren Sinne aber auch Organisationen wie Unternehmen verstanden werden können), die diese Informationen mit ihrem bereits vorhandenen Wissen verknüpfen und daraus Verständnis entwickeln.

Diese Entwicklung verdeutlicht das – nach den Anfangsbuchstaben der englischen Begriffe benannte – DIKW-Modell der Wissenspyramide:

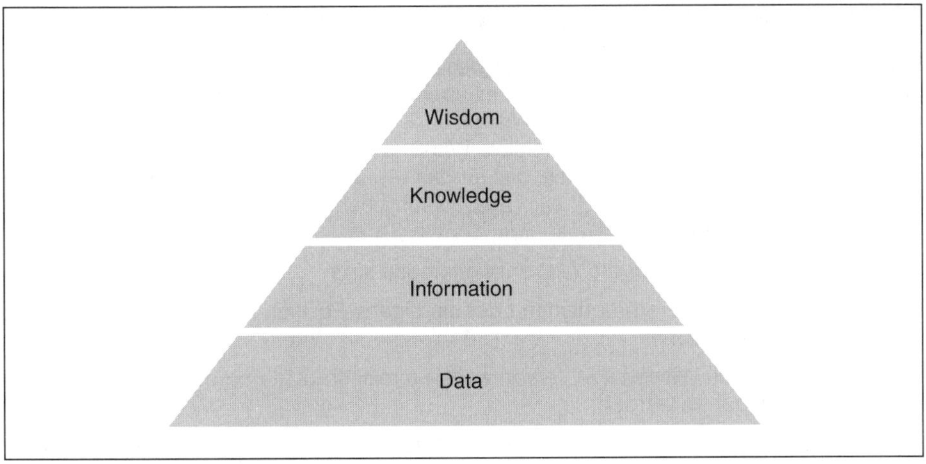

Die Wissenspyramide (DIKW-Modell)

Ein heute viel zitiertes Modell, das die Bedeutung von Wissenserwerb und -weiterentwicklung als Voraussetzung für Wettbewerbsfähigkeit verdeutlichen soll, ist die von Klaus North seit 1998 zu der unten gezeigten Version weiterentwickelte »Wissenstreppe«:

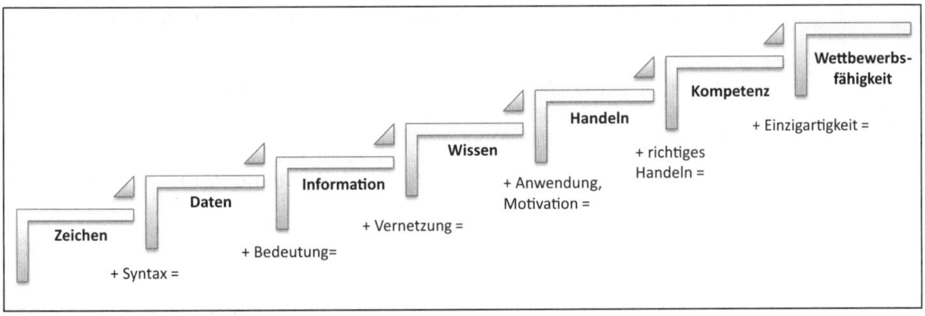

Die »Wissenstreppe« nach North

Ein gezielter Informationsfluss und eine dem Unternehmensziel dienliche Wissensbildung ist wesentlicher Zweck des Wissensmanagements.

Wissen ist zunächst **individuelles Wissen:** Dies kann **Expertenwissen** in bestimmten Fachgebieten sein. Expertenwissen ist häufig hochkomplex und zugleich – in Abhängigkeit von den Innovationszyklen im betreffenden Fachbereich – mehr oder weniger kurzlebig. Von besonderer betrieblicher Bedeutung ist aber auch das Wissen, das sich auf das Zusammenspiel innerhalb der Organisation bezieht (wer ist wer, wer macht was?) oder in Form von Beziehungen vorliegt (wen kann ich außerhalb des Unternehmens anrufen, wenn ich dieses oder jenes erreichen will?) und damit eher **»soziales Wissen«** darstellt.

18.1.1.2 Wissensweitergabe in sozialen Netzen

Wissen ist ein **tauschfähiges** Gut mit der Besonderheit, dass, wer Wissen abgibt, dieses anschließend selbst weiterhin besitzt. Wer über Wissen verfügt, gibt es dennoch meist nicht freigiebig weiter, weil ihm dieses Wissen dort, wo es hilfreich ist, einen Vorsprung gegenüber Nichtwissenden sichert. Kollegiale Wissensweitergabe im Betrieb ist also durchaus ein Geschäft auf Gegenseitigkeit, das für das Gesamtunternehmen große Bedeutung hat; denn nur über den Austausch wird aus persönlichem, individuellem Wissen eine geteilte und damit verlässlichere Ressource.

Wesentliche **Hemmnisse** für die Wissensweitergabe sind

- die Sorge, einen karriereförderlichen oder die eigene Position absichernden Vorsprung vor anderen einzubüßen,
- die Sorge, eigenes Wissen könnte von anderen missbraucht und als deren eigene Erkenntnis ausgegeben werden,
- Zeitmangel, der erfahrene Mitarbeiter daran hindert, ihr Wissen an unerfahrenere Kollegen weiterzugeben,
- das Nichtwissen um den Umstand, dass ein anderer das, was man selbst weiß, nicht weiß (anders ausgedrückt: Die mangelnde Bereitschaft Nichtwissender, ihr Nichtwissen zuzugeben und um Rat zu fragen).

Wichtige Voraussetzung für einen funktionierenden Wissensaustausch ist daher **Vertrauen.**

Die Ressource »Wissen«, die in einem Unternehmen vorhanden ist, wird in der Literatur oft eingeteilt in

- Wissen über Organisation und Koordination des Arbeitsprozesses,
- Wissen mit einem direkten Bezug auf das Lösen von Problemen und
- Wissen über soziale Aspekte und persönlichen Umgang mit anderen.

Der Austausch über diese Arten von Wissen wird dementsprechend in der (vorwiegend englischsprachigen) Fachliteratur in

- **Managerial Communication** (formelle, aufgaben- und positionsbezogene Kommunikation),
- **Problem-solving Communication** (auf die Lösung von Einzelproblemen bezogene Kommunikation) und
- **Friendly Communication** (informelle, soziale Kommunikation)

unterschieden. Zahlreiche Veröffentlichungen widmen sich den Fragen nach der im Sinne einer zielführenden Wissensweitergabe effektivsten Führungs- und Kommunikationsstruktur und kommen dabei – verkürzt wiedergegeben – zu folgenden Erkenntnissen:

- Strukturen, innerhalb derer sich Informationsweitergaben ereignen, sind häufig **informell** – orientieren sich also nicht an den formalen hierarchischen Strukturen – und sind dadurch für die Unternehmensleitung nicht ohne weiteres wahrnehmbar und anregbar, können aber durchaus gestört werden. In Untersuchungen in Unternehmen, in denen Umstrukturierungen in Verbindung mit umfangreichen Versetzungen oder Personalabbaumaßnahmen durchgeführt wurden, wurde nachgewiesen, dass der dadurch eingetretene Vertrauensverlust zu einem erheblichen Rückgang des Informationsaustauschs führte: Ratschläge wurden nicht mehr erteilt, Informationen bewusst zurückgehalten.
- Vollständig **zentralisierte,** also auf einzelne Personen – im Extremfall eine – konzentrierte Kommunikationsnetze sind nur so lange effektiv (und dabei häufig dezentralisierten Netzen überlegen), wie die zentralen Figuren nicht mit Informationen überfrachtet sind: dann nämlich wären sie zur Weitergabe nicht mehr imstande. In Bezug auf »Friendly Communication« sind sie naturgemäß nachteilig.

- **Vermaschte (vollständig verbundene) soziale Netze,** in denen jedes Mitglied mit jedem Mitglied im Informationsaustausch steht, können den gleichen negativen Effekt (bei jedoch deutlich ausgeprägterer sozialer Kommunikation) entfalten. Zwar ist das Beteiligtsein an jedweder Information motivationsfördernd, aber zugleich möglicherweise überfordernd und kreativitätslähmend.
- Für Unternehmen mit ihrer Zweigstellen-, Abteilungs- und Gruppenstrukturierung typisch ist die **Segmentierung** mit starker Ausprägung der Kontakte innerhalb eines Segments und auf wenige Stellen beschränkte Kontakte zwischen den Segmenten. Bezogen auf »Managerial Communication« wird diese Vernetzung als besonders effektiv und effizient angesehen, nicht jedoch hinsichtlich der »Friendly Communication«.
- Der Umstand, dass die Arbeit mit geteiltem Wissen reibungsloser verläuft und zu besseren Ergebnissen führt, reicht als Anreiz zur Wissensweitergabe nicht aus: Dieser muss durch »**Belohnungen**« in Form von Lob und Anerkennung, die die Teammitglieder untereinander austeilen können, verstärkt werden.

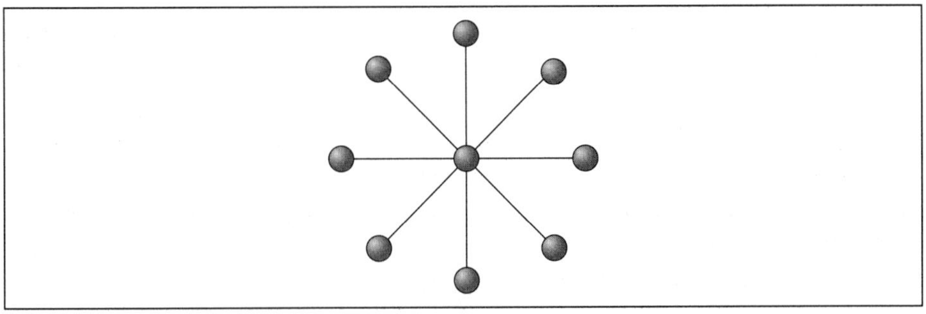

Zentralisierte Kommunikationsstruktur

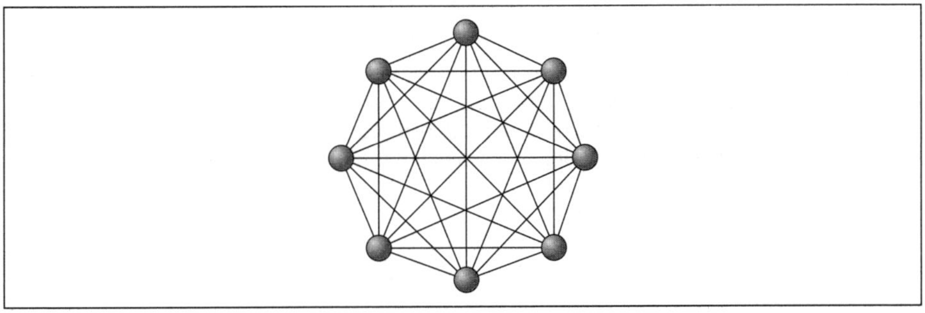

Vollständig verbundene Kommunikationsstruktur

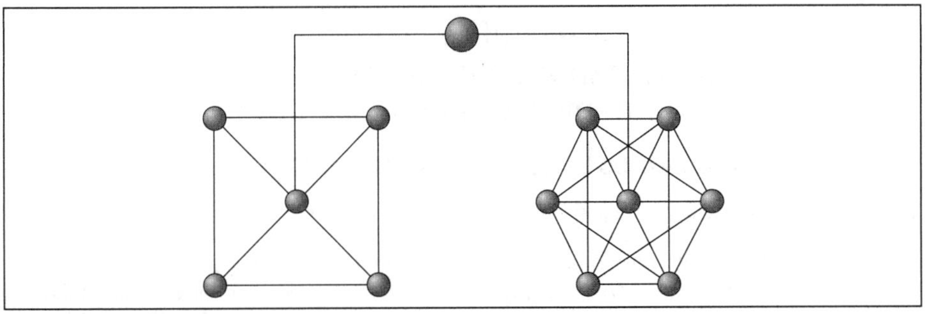

Segmentierte Kommunikationsstruktur

Auch wenn die Wissensweitergabe innerhalb des bestehenden Netzes funktioniert, ist das Wissen für das Unternehmen damit noch nicht dauerhaft gesichert und umfassend verfügbar. Diesen Zwecken sollen Wissensmanagementsysteme dienen.

Im Folgenden werden zunächst die Aufgaben von Managementinformationssystemen behandelt, bevor auf den zielgerichteten Aufbau von Wissensmanagementsystemen eingegangen wird.

18.1.2 Aufgaben von Management-Informationssystemen

Das Management-Informationssystem **(MIS)** ist ein technisches Instrument des **Controlling.** Es hat die Aufgabe, Informationen, die im Unternehmen oder Unternehmensumfeld anfallen, zu Berichten zusammenzufassen und diese den verschiedenen Interessentengruppen zur Fundierung ihrer Planungen und Entscheidungen zur Verfügung zu stellen. Dementsprechend werden Berichte bedarfsgerecht zusammengestellt – etwa für den Einkauf, das Marketing, die Finanzplanung, den Vorstand.

Die verarbeiteten Informationen sind zu Kennzahlen aufbereitete **Unternehmens- und Marktzahlen.** Sie geben Auskunft über

- den Ist-Zustand des Unternehmens,
- Entwicklungen der Vergangenheit (Trends) und, auf deren Basis z. B. durch Anwendung statistischer Verfahren (vgl. Abschn. 7.3.2) ermittelt,
- Annahmen zu zukünftigen Entwicklungen (Prognosen).

Aufgabe des MIS ist lediglich die Untermauerung, nicht das Treffen von Entscheidungen: Denn neben quantitativen und strukturierten, d. h. nach bestimmten starren Regeln aufbereiteten Daten fließen qualitative, unstrukturierte Faktoren in Entscheidungen ein, die daher nur von Menschen, nicht aber von Maschinen und Programmen getroffen werden können.

18.1.3 Zielgerichteter Aufbau eines Wissensmanagements und Management-Informationssystems

18.1.3.1 Aufbau eines Wissensmanagementsystems

18.1.3.1.1 Grundlagen des Wissensmanagements

Auch wenn Wissensweitergaben innerhalb bestehender Netze erfolgen, ist das Wissen für das Unternehmen erst dann gesichert, wenn es vom nicht dokumentierten, nur im Gehirn einzelner Personen abgelegten (Erfahrungs-)wissen (so genanntem **impliziten Wissen**) zu dokumentiertem Wissen (**explizitem Wissen,** schriftlich dokumentiert oder in anderen

Medien gespeichert) geworden ist. Vor allem Unternehmen mit geringer Fluktuation und homogener Altersstruktur laufen anderenfalls Gefahr, ihr Wissen früher oder später mit der Belegschaft »in Pension zu schicken«.

Großen Einfluss auf die Forschung rund um die relativ neue wissenschaftliche Disziplin des Wissensmanagements hat bis heute das SECI-Modell nach NONAKA/TAKEUCHI (SECI = Socialization, Externalization, Combination, Internalization; nachfolgend werden die deutschen Begriffe benutzt). Danach wird Wissen in einem Unternehmen in einem Kreislauf erzeugt und vermehrt:

- **Phase der Sozialisation:** Das bislang nur in den Köpfen einzelner Mitarbeiter vorhandene implizierte, »stille« Wissen (Tacit Knowledge) wird ausgetauscht und führt zum Entstehen gemeinsamer Denk- und Sichtweisen.
- **Phase der Externalisierung:** Das implizierte Wissen wird gemeinsam kodifiziert (zusammengestellt), z. B. in Projektberichten und Handbüchern, und dadurch expliziert.
- **Phase der Kombination:** Durch die Kombination des neu explizierten Wissens mit vorhandenem expliziten Wissen entsteht neues Wissen, das durch Niederlegung – etwa in Projektabschlussberichten – wiederum zu explizitem Wissen wird. Dabei wirkt die Informations- und Kommunikationstechnologie häufig als ein »Katalysator«.
- **Phase der Internalisierung:** Einzelne Mitarbeiter eignen sich das neue Wissen an; sie »verinnerlichen« es in individuellen Lernprozessen, wodurch es zu implizitem Wissen wird.

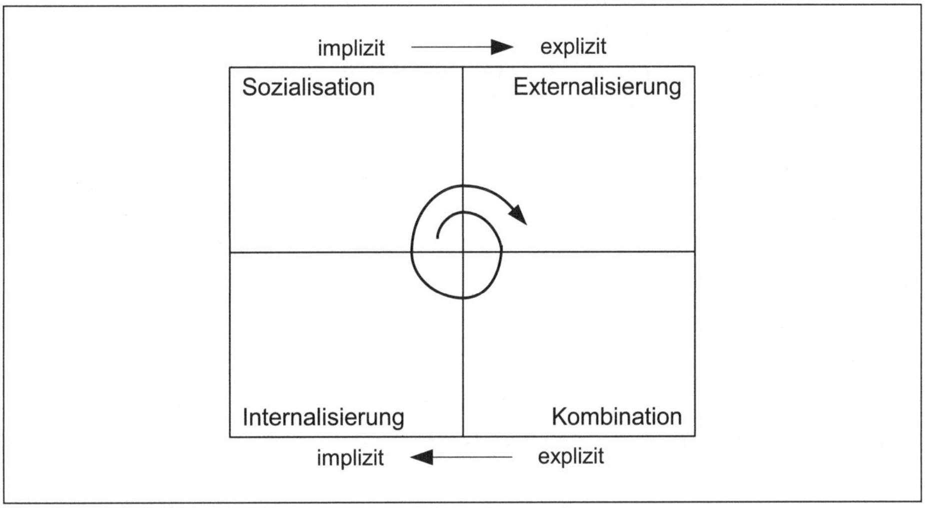

SECI-Modell (Spirale der Wissensbildung)

Das Modell unterstellt, dass Wissen grundsätzlich nur von Individuen erzeugt, dann aber für die übergeordnete Organisation zugänglich und nutzbar gemacht werden kann.

Gleichwohl gibt es eine nennenswerte Anzahl von Skeptikern, die bezweifeln, dass es tatsächlich gelingen kann, das im Unternehmen vorhandene Wissen – gerade weil es nur im Menschen gebildet wird – wie ein aus verschiedenen Objekten zusammengesetztes System zu betrachten und zu managen. Letztlich haben Missdeutungen des Modells den Mit-Autor NONAKA veranlasst, sein Modell 1998 zurückzuziehen.

18.1.3.1.2 Data Mart und Data Warehouse

Alles Wissen, das zum Gesamtwissen des Unternehmens gehört, und alle Daten und Informationen, die die Grundlagen dieses Wissens darstellen, zu dokumentieren, konservieren und für alle Mitarbeiter verfügbar zu machen: Das ist die Idealvorstellung, die der Entwicklung von EDV-gestützten Wissensmanagementsystemen zugrunde liegt.

Eine wesentliche Schwierigkeit wurde bereits identifiziert, nämlich der Umstand, dass ein beträchtlicher Teil des Wissens, das im Unternehmen vorhanden ist, nur als implizites Wissen vorliegt und nicht – bzw. noch nicht – »aktenkundig« ist. Ein anderes Problem ist, dass Daten und Informationen, auch wenn sie bereits gespeichert sind, sich keineswegs an ein- und demselben Speicherort befinden, sondern über viele Stellen des Unternehmens verteilt sind: Sie finden sich im Rechnungswesen, im Einkauf und Verkauf, in der Korrespondenz der Geschäftsleitung, in der Personalstatistik und an vielen Orten mehr, und auch dort meist noch über verschiedene Speichermedien und Arbeitsplätze verstreut: In Akten, in Karteikästen, in lokalen Festplattenlaufwerken von Arbeitsplatzrechnern... Auch wenn Daten schon in computerlesbarer Form vorliegen, sind die Datenformate durchaus unterschiedlich: Es gibt Textdokumente, Datenbankdateien, Kalkulationstabellen und vieles mehr. Manche Daten sind mehrfach vorhanden, häufig in Variationen wie etwa der Speicherung ein- und desselben Kunden unter mehreren Kundennummern und verschiedenen Anschriften.

Aus diesem »Wust« von Daten Informationen zu gewinnen ist naturgemäß schwierig. Ein **Data Warehouse** soll Abhilfe schaffen: Eine zentrale Datensammlung also, die unternehmensrelevante Daten

- aus unterschiedlichen Quellen filtert,
- ordnet, um Dubletten bereinigt und von Fehlern befreit,
- in ein einheitliches Format bringt,
- verdichtet und durch beschreibende Zusatzinformationen (»Metadaten« wie z. B. Angaben über die Datenquelle bzw. den Autor und den Zeitpunkt der Erfassung) ergänzt.

Die entsprechenden Arbeiten werden im so genannten **ETL-Prozess** (Extract, Transform, Load; nachfolgend werden die deutschen Begriffe benutzt) zusammengefasst:

- Extraktion der relevanten Daten aus den unterschiedlichen Quellen,
- Transformation in die vom Data Warehouse geforderte Form einschließlich Bereinigung,
- Laden der Daten in die Datenbank.

Dabei handelt es sich um einen permanenten Prozess, der in der Praxis entweder

- **periodisch,** d. h. durch regelmäßig von den verschiedenen Datenquellen erzeugte und vom Data Warehouse abgefragte Datenauszüge gesteuert,
- **ereignisgesteuert,** d. h. bei Vorliegen einer bestimmten Anzahl von Neuerfassungen in einer Datenquelle ausgelöst, oder
- **anfragegesteuert,** d. h. auf Initiative der übergeordneten Datenbank, die die Quelle auffordert, einen neuen Datenauszug zu erstellen, ausgelöst

wird. Werden Daten stets sofort mit ihrer Erfassung in die zentrale Datenbank geladen, spricht man vom **Real-Time-Data Warehousing.**

Das Data Warehouse-Konzept dient zum einen der **Integration** von zuvor getrennt erfassten Daten, um umfassendere Informationen gewinnen und aussagefähigere Auswertungen vornehmen zu können. Zum anderen erfolgt eine **Trennung** der Daten danach, ob sie für das operative »tägliche« Geschäft oder für übergreifende Zwecke wie Entscheidungsunterstützung oder Controlling benötigt werden.

In der Praxis wird der Aufbau einer Datenbank, die diese Aufgaben erfüllt, kaum in einem Arbeitsgang für das Gesamtunternehmen leistbar sein. Meist wird der Aufbau einer einheitlichen Datensammlung daher modular betrieben, indem nach und nach die Datenbestände aus einzelnen Fachbereichen aufbereitet werden. Auch für künftige Auswertungen kann eine Trennung in einzelne bereichsbezogene Auszüge der Gesamtdatenbank, so genannte **Data Marts** (Datenmärkte), sinnvoll sein, wenn dies die Auswertung erleichtert und deren Geschwindigkeit erhöht.

Die Verwirklichung eines Data Warehouse-Konzepts erfordert in der Aufbauphase einen erheblichen (vor allem Personal-)Aufwand und ist auch in der weiteren Pflege durchaus arbeitsintensiv. Dennoch lohnt sich seine Einrichtung nicht nur für große, sondern durchaus auch für mittelständische Betriebe, wenn im Rahmen ihrer Geschäftstätigkeit größere Kundenzahlen mit einer größeren Anzahl von Transaktionen zusammentreffen.

18.1.3.1.3 Datenbankauswertung

Die gesammelten Informationen, die die eigentliche Datenbank darstellen, und die zu ihrer Speicherung, Bearbeitung und Verwaltung eingesetzten Programme bilden gemeinsam ein **Datenbankmanagementsystem (DBMS).** Zur Auswertung von Datenbanken werden Softwarelösungen benötigt, die

- im einfachsten Falle **Abfragen** bearbeiten können. Eine weit verbreitete Abfragesprache für relationale Datenbanken (vgl. Abschn. 18.1.4) ist die schon in den 1970er Jahren in den Grundzügen entwickelte Abfragesprache SQL (Structured Query Language).
- viele kleine Anfragen bearbeiten können, wie sie für den operativen Geschäftsbereich typisch sind, der laufend Materialbestände abfragt und aktualisiert, Liefermöglichkeiten prüft, Preisanfragen beantworten muss usw. Ein technisches Verfahren, das in großen Datenbanken zum Einsatz kommt und schnelle Antwortzeiten ermöglicht, ist **OLTP** (Online Transaction Processing).
- als komfortablere Lösung die Erstellung von Berichten **(Reports)** leisten können. Dies kann je nach eingestellter Anforderung regelmäßig oder bei Erreichen vorbestimmter Schwellenwerte für bestimmte Kennzahlen ausgelöst werden **(Alarmsystem).** Mit **OLAP** wird unten ein hierfür geeignetes Verfahren vorgestellt.

OLTP verwendet, ebenso wie OLAP, SQL (oder eine Weiterentwicklung, z. B. **MQL** Multidimensional Query Language; »Data Warehouse-Language«).

In den riesigen Datenbeständen (**»Big Data«**, vgl. Abschn. 18.1.3.1.4) eines Data Warehouses Zusammenhänge zwischen Daten zu erkennen und Daten für bestimmte angefragte Zwecke herauszufiltern **(»Data Mining«)** erfordert den Einsatz mathematisch-statistischer oder analytischer Verfahren zur Erkennung von Zusammenhängen und Mustern in Datenmengen.

Die Auswertungstätigkeiten des Data Mining umfassen – neben der angesprochenen Filterung (Segmentierung/Klassierung nach bestimmten Kriterien in Kategorien) – das Erkennen und Analysieren von Abhängigkeiten und Abweichungen und das Erstellen von Trendanalysen und Prognosen.

Ein weithin in Datenbanksystemen eingesetztes analytisches Verfahren ist OLAP (Online Analytical Processing). Es arbeitet **hypothesengestützt,** d. h. Anfragen an das System beinhalten eine Hypothese (Annahme), die das System entweder bestätigt oder ablehnt. Auswertungen auf Basis von OLAP zeichnen sich meist durch Multidimensionalität aus, die darin besteht, dass Kennzahlen (z. B. Umsatzrenditen) in Hinblick auf unterschiedliche Bezugsgrößen (z. B. regionale Märkte, Kundengruppen, Zeitverlauf) betrachtet und ausgewertet werden. Grafische Darstellungsmöglichkeiten stoßen hierbei an natürliche Grenzen; die im OLAP-Verfahren herangezogene »logische Darstellung« von bis zu 256 Dimensionen in Würfeln **(OLAP-Cubes)** ist daher auch nur eine gedankliche. Die folgende Abbildung zeigt ein sehr einfaches Beispiel mit den Dimensionen »Absatz (nach Produkten)«, »Region« und »Zeit«.

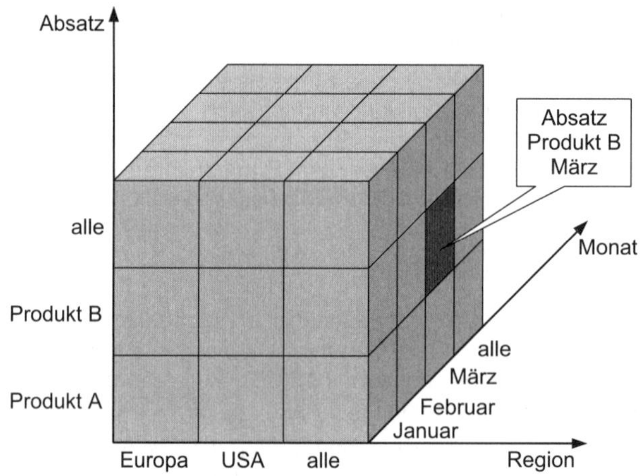

Visualisierung im Würfel

Die Abgrenzung von OLAP zu anderen in Datenbanksystemen eingesetzten Systemen ist schwierig. Was OLAP ist (und was im Umkehrschluss nicht), beschreiben die **FASMI-Regeln** (nach PENDSE/CREETH). FASMI steht für

Fast: Schneller Datenzugriff mit Responsezeiten (Antwortzeiten) von wenigen Sekunden,

Analysis: Implementation von Geschäftslogik und bereits programmierten Algorithmen, die statistische Analysen liefern, aber auch nutzerindividuelle Analysen unterstützen können,

Shared: Mehrbenutzerfähigkeit,

Multidimensional: Multidimensionale Beschreibung betrieblicher Kennzahlen: Der Würfel kann gewissermaßen gedreht und von allen Seiten analysiert werden (Pivoting/Rotation); aus ihm können Scheiben herausgeschnitten (Slicing) und Teilwürfel entnommen werden (Dicing), und durch verschiedene Drill- und Split-Operationen können weitere Untersuchungen vorgenommen werden.

Information: Bereitstellung aller benötigten Informationen, nicht begrenzt durch Speicherkapazität.

18.1.3.1.4 Big Data

Big Data, im Deutschen auch Massendaten, bezeichnet Datenbestände, die durch eine große Datenmenge **(Volume),** hohe Datenvielfalt **(Variety)** und hohe Änderungsgeschwindigkeit **(Velocity)** gekennzeichnet sind. Der Begriff steht für die Erfassung und Nutzung aller nur denkbaren Daten, die in ihrer Gesamtheit zu umfangreich, zu komplex und zu veränderlich sind, um sie mit konventionellen Methoden der Datenverarbeitung auszuwerten.

Einige Beispiele für solche Datenquellen sind:

- Aufzeichnungen von Überwachungssystemen,
- Daten aus der Haustechnik (Temperatursensoren, Lichtsteuerung, Anwesenheitsmelder, ...),
- Daten von Haushaltsgeräten (Karten, die der Staubsaugroboter erstellt hat, Inhalt des Kühlschranks, ...),
- GPS-Daten von Mobiltelefonen,
- Daten von Fitnessarmbändern,
- Daten aus der Nutzung des Internets, aufgerufene Seiten, eingegebene Suchbegriffe, Einkäufe im Internet,
- Nutzung von Social Media Accounts wie Facebook oder Twitter,
- Bewegungsdaten von Kraftfahrzeugen, dabei auch Daten zu Beschleunigungs-Brems- und Lenkverhalten,
- Kreditkarten- und Bankdaten,
- Daten, die von Behörden und Unternehmen erhoben wurden,

usw.

Selbstverständlich hat auch »Big Data« den Datenschutz zu beachten. In **Data Warehouses** werden Datenbestände aus verschiedenen Anwendungen zusammengeführt: Damit werden Auswertungen möglich, die zuvor so gegenüber den Betroffenen nicht definiert wurden und dem **Trennungsgebot** zuwiderlaufen, wonach Daten, die zu unterschiedlichen Zwecken erhoben wurden, auch getrennt verarbeitet werden müssen. Daten für von den Betroffenen nicht autorisierte zukünftige Zwecke zu speichern ist **anlasslose Vorratsdatenspeicherung** und mit dem Datenschutzrecht nicht vereinbar: Dem ist nur durch die Anonymisierung betroffener Daten abzuhelfen. Dennoch können aus den gesammelten Daten häufig nützliche Erkenntnisse gezogen werden, etwa wenn die Marketingabteilung wissen möchte, wie die Erfolgsaussichten für ein neu entwickeltes Produkt einzuschätzen sind, oder wenn bei der Erforschung eines neuen Virus, das bestimmte Symptome verursacht, danach gefragt wird, mit welchen weiteren Symptomen zu rechnen ist.

Für die Auswertung solcher Massendaten bedarf es spezieller, hochentwickelter Analysemethoden und sehr hoher Rechenleistung. Sie erfolgt deshalb normalerweise nicht in einer innerbetrieblichen EDV-Abteilung, sondern in spezialisierten Rechenzentren.

18.1.3.1.5 Suchfunktionen

Informationsbestände, zumal wenn sie sehr voluminös sind, nützen nur, wenn in ihnen gezielt gesucht werden kann. Aus dem World Wide Web sind Suchmaschinen wohlbekannt, und jeder, der im Internet unterwegs ist, nutzt sie. Für die Suche in unternehmensinternen Datenbeständen müssen ähnliche Suchmöglichkeiten eingerichtet werden. Grundlagen für die Suche bildet – je nach Zweck der Datensammlung und Art der Datenbereitstellung –

- ein **Katalog,** der die zu jedem Dokument relevanten Informationen (z. B. Titel, Autor, Erstellungs- und letztes Bearbeitungsdatum, Schlagwörter) enthält und diese in verschiedenen Kategorien bereithält. Der Nutzer sucht meist in einer bestimmten Kategorie (z. B. einem bestimmten Sachgebiet) nach Dokumenten z. B. eines bestimmten Autors oder nach solchen Dokumenten, die ein bestimmtes Schlagwort enthalten. Diese kann er meist über einen Link (eine Verknüpfung, die »angeklickt« werden muss) direkt aufrufen. Volltextsuchen – also die vollständige Durchsuchung aller Dokumente auf ein bestimmtes Wort oder bestimmte Wörterfolgen – sind in Katalogen nicht möglich. Typisch ist diese Form für Bibliothekskataloge, wobei in Bibliotheken häufig eine Regalfundstelle ausgegeben wird, an der das gesuchte Werk physisch abgelegt ist.

- ein **Index** – eine Art Inhaltsverzeichnis – als Sammlung von Begriffen und Fundstellenangaben. Bei Volltextindizes können alle Dokumente, die ein eingegebenes Stichwort enthalten, angezeigt werden. Da Indizes von der Suchsoftware meist automatisch erstellt werden, werden Suchanfragen meist in Sekundenschnelle beantwortet. Möglich wird dies dadurch, dass Suchagenten (Bots, Spider, Crawler) den Datenbestand ständig auf neu verlinkte Seiten durchsuchen und automatisch Indizes aufbauen.

Suchen können oft dadurch verfeinert werden, dass mehrere Wörter oder ganze Phrasen (zusammenhängende Wörter) eingegeben werden und angegeben werden kann, ob es ausreicht, wenn nur eines dieser Wörter im Dokument vorkommt, oder ob zwingend mehrere/alle gemeinsam zusammen vorkommen müssen. Suchmaschinen können so gestaltet sein, dass sie in zusammenhängend eingegebenen Floskeln die unbedeutenden »Füllwörter« (**Stopwords,** meist Konjunktionen – und, oder, weil usw. –; Präpositionen – in, am, vom usw. –, bestimmte und unbestimmte Artikel – der, die, das, ein, einer usw. sowie Negationen – nicht, kein usw.) ignorieren und nur nach den wesentlichen Schlüsselbegriffen suchen. Ferner können sie gefundenen Dokumenten einen **Relevanzwert (Score)** beimessen, der sich meist aus der Zahl der Verlinkungen anderer Dokumente auf dieses Dokument ergibt.

18.1.3.1.6 Sonstige Wissens-Infrastrukturen

Weitere Infrastrukturen, die im Unternehmen zwecks Wissensbereitstellung und Wissenstransfer bereitgestellt werden können, sind

- **Foren** als virtuelle Räume, in denen Kommunikation (Austausch, Diskussionen, oft auch Bereitstellung von Dokumenten) asynchron, d. h. zeitversetzt, stattfinden kann. Sie können wiederum durch Themen- und Diskussionsstränge (Threads) strukturiert werden. Foren können moderiert oder unmoderiert sein, offen oder geschlossen, reguliert durch von einem Administrator verwaltete Rechte (z. B. Nur-Lese-Recht, Lese- und Schreibrecht, sonstige Eingriffsrechte), mit oder ohne Möglichkeit zum Echtzeit-Chat.
- **FAQ-Listen** (Frequently asked Questions), in denen Antworten zu häufig auftretenden Fragen gegeben werden.
- **Content Management Systeme (CMS),** auch Web Content Management, ist eine Software, die ein gemeinsames Arbeiten mehrerer Benutzer an digitalen Inhalten (Content) zur Verwendung in Webseiten ermöglicht, ohne dass besondere Kenntnisse in Programmierung erforderlich sind. Layout und Struktur sind in Schablonen (Templates) festgelegt und kaum veränderbar; Nutzer kümmern sich fast ausschließlich um die Eingabe und Pflege von Inhalten. Deswegen wird CMS auch oft mit »**Redaktionssystem**« übersetzt. Bekannte Open-Source-CMS sind WordPress, Joomla und TYPO3. Hat der erfasste Content den Charakter eines werthaltigen Wirtschaftsguts und somit einen Preis, der für die Nutzung und Verbreitung digital erhoben wird, wird auch von (Digital) **Asset Management System (AMS)** gesprochen.
- **Blogs** (Kurzform für Weblog) sind eine Form von CMS, wobei meist eine einzelne Person – der Blogger oder die Bloggerin – tagebuchartig in ab- oder aufsteigender Reihenfolge Einträge vornimmt. Sonderformen bieten Microblogging-Plattformen wie Twitter und Instagram, die angemeldeten Benutzern kurze Einträge im »Telegrammstil« ermöglichen.
- **Wikis,** die über einen Internetbrowser aufgerufen werden und mehreren Benutzern die Arbeit an ein- und demselben Dokument ermöglichen – bekanntestes öffentliches Wiki ist die freie Enzyklopädie Wikipedia.

18.1.3.2 Aufbau eines Management-Informationssystems (MIS)

18.1.3.2.1 Das Kennzahlensystem als Basis des MIS

Grundlage des MIS ist eine Konzeption, nach der die Datenzusammenfassung erfolgen soll. Bevor die Unternehmensleitung ein Kennzahlengerüst aufstellen kann, das geeignet ist, den Erfolg des Unternehmens zu messen und zu bewerten, müssen die Unternehmensziele festgelegt und Strategien zu ihrer Erreichung erarbeitet werden.

Im Allgemeinen wird dies schon vor der Entscheidung für die Einführung eines MIS geschehen sein; oft existiert zumindest ein **»Business Plan«,** der die Ziele, Chancen, Risiken und Marktpositionierung des Unternehmens enthält. Oft wird aber die geplante MIS-Einführung zum Anlass genommen, die Unternehmensausrichtung im Unternehmen zu kommunizieren: Die Diskussion über zu bildende Kennzahlen, deren Bedeutung und aus bestimmten Werten und Entwicklungen zu ziehende Konsequenzen ist in der Regel sehr fruchtbar, und dass sie überhaupt geführt wird, macht bereits einen guten Teil des Nutzens von MIS aus.

Letztlich müssen sich die Unternehmensziele und -strategien in dem gewählten Kennzahlensystem niederschlagen. Ein häufig in MIS abgebildetes Kennzahlensystem ist das **Balanced-Scorecard-Konzept** (vgl. Abschn.1.7.3.2.1.2), das neben rein monetären Größen auch »Leistungstreiber« wie Visionen, Strategien und Innovationsperspektiven bewertet.

18.1.3.2.2 Entscheidungsunterstützungssysteme

Ausgangspunkt für die Entwicklung DV-gestützter MIS waren die seit den 1950er Jahren aus Wissenschaft und Praxis hervorgegangenen Entscheidungsunterstützungssysteme (EUS), deren Elemente sich in modernen MIS heute teilweise wieder finden. Die wichtigsten sind

- **General Ledger** (»Hauptbuch«): Dem betrieblichen Rechnungswesen werden kontierte Vorgänge entnommen und um Informationen angereichert, die sich auf Kunden, Herstellungsorte, Lagerwesen usw. beziehen können.
- **DSS** (Decision Support Systems): Einzelnen betrieblichen Bereichen werden in Insellösungen Instrumente wie Modellrechnungen, Analysen und Simulationen (z. B. Best Case-/Worst Case- Szenarien unter Annahme bestimmter Managemententscheidungen) zur Entscheidungsunterstützung zur Verfügung gestellt. In der Literatur finden sich für Systeme dieser Art auch andere Bezeichnungen, z. B. Computer Information System **(CIS)** oder **EUS** (für Entscheidungsunterstützungssysteme im engeren Sinne).
- **EIS** (Executive Information System): Daten aus verschiedenen bzw. allen betrieblichen Bereichen werden aufbereitet oder aus bestehenden DSS weiter verdichtet. Großer Wert wird auf Präsentation, Bedienungskomfort und Möglichkeiten zur Publizierung zusammengestellter Informationen gelegt. Wegen ihrer komfortablen Ausgestaltung und ihrer Ausrichtung an den Erfordernissen der obersten Führungsebene wird EIS auch als »Führungs-Cockpit« bezeichnet. Systeme auf dieser (höheren) Stufe sind auch als Management Support Systeme **(MSS)** oder Executive Support Systems **(ESS)** bekannt.

DSS und EIS können in modernen MIS als aufeinander aufbauende Ebenen angelegt sein: Während DSS Informationen und Entscheidungshilfen für Mitarbeiter von der Fach- bis zur mittleren Führungsebene bereitstellen, liefern EIS komfortabel über mehrere Bereiche verdichtete Informationen für das Top-Management: Sie repräsentieren gewissermaßen die »Spitze des Daten-(Eis)bergs«. Bei Bedarf kann die Führungskraft in tiefere Schichten der Informationssammlung vordringen. Gespeist werden alle Ebenen aus dem **Data Warehouse.**

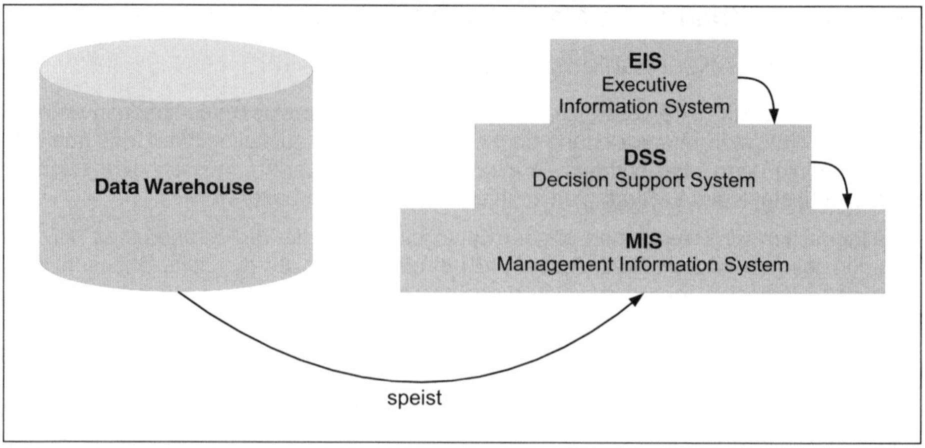

MIS – DSS – EIS im Zusammenhang

Die ursprüngliche Form von MIS aus den 1960er Jahren, die an die damals gebräuchliche zentralisierte Datenverarbeitung in Rechenzentren angepasst war, hat dagegen mit heutigen MIS nichts mehr gemein.

18.1.3.2.3 Einführung des MIS im Unternehmen

Die Errichtung und Einführung von MIS ist, ebenso wie diejenige von Data Warehousing, meist ein von außen durch spezialisierte Unternehmensberatungen begleiteter Prozess, der alle Bedingungen eines **Projekts** erfüllt und daher nach den Regeln des Projektmanagements (vgl. Kap. 7) gestaltet sein sollte. Ob eine solche Anstrengung »lohnt«, muss eine Kosten-Nutzen-Abwägung ergeben, wie sie in Abschnitt 17.1.4 beschrieben wurde.

Idealerweise werden alle Kräfte, die künftig mit dem System arbeiten sollen, frühzeitig in den Einführungsprozess einbezogen, möglichst in der Weise, dass sie selbst Vorschläge für wünschenswerte Auswertungen einbringen und Einfluss auf die Oberflächengestaltung und Bedienung nehmen können. Im fortgeschritteneren Stadium der Systeminstallation sind Schulungen – ggf. sowohl betriebswirtschaftlicher Natur als auch in Bezug auf die Softwarebedienung – vorzusehen. Auf diese Weise werden auch **Akzeptanzprobleme** vermieden.

Die von dem Managementinformationssystem geschaffene Transparenz und die »Unbestechlichkeit« seiner Analysen können bei Fach- und Führungskräften vor allem der unteren und mittleren Ebenen Unbehagen erzeugen; denn letztlich ermöglichen sie auch Kontrollen durch das Top-Management: Ist der verantwortete Bereich im Sinne der Unternehmensziele auf Erfolgskurs? Wurden Probleme rechtzeitig erkannt, welche Gegenmaßnahmen wurden eingeleitet, und als wie geeignet haben sich diese erwiesen? Vor Einführung eines MIS muss daher frühzeitig um Akzeptanz für das neue System geworben werden. Dies ist auch deshalb vonnöten, weil das System regelmäßig genutzt werden soll und es unverzichtbar ist, dass die erzeugten Berichte auch gelesen und verstanden werden.

In der Praxis wird bei der MIS-Einführung – analog zum Data Warehouse-Konzept, bei dem schrittweise Data Marts eingeführt werden – modular vorgegangen, indem MIS-Bausteine schrittweise eingeführt werden. Dabei sollte ein Baustein erst dann in Betrieb genommen werden, wenn er zuverlässig funktioniert, und auch dann hinsichtlich der Richtigkeit und Brauchbarkeit der gelieferten Analysen aufmerksam überwacht werden.

18.1.4 Datenbanksysteme und -modelle

In den voranstehenden Ausführungen wurden verschiedentlich Begriffe aus der Datenbankorganisation verwendet. Der Rahmenplan »Geprüfte/r Technische/r Betriebswirt/in« sieht deren Behandlung nicht vor; dennoch erfolgt hier zur begrifflichen Klärung ein kurzer Abriss.

In der betrieblichen Praxis werden dieselben Datenbestände häufig für verschiedene Zwecke benötigt.

Beispiele:

Die XY-GmbH benötigt die Daten ihrer Kunden sowohl für die Debitorenbuchhaltung als auch für die Korrespondenz, die Werbung und die Besuchsdatei des Außendienstes.

Die Daten der Mitarbeiter benötigt die Personalabteilung ebenso für die Gehaltsabrechnung als auch für die Ausgestaltung von Arbeitsverträgen, Stellenbeschreibungen und Aus- oder Fortbildungsplänen.

An die Stelle der mehrfachen Speicherung gleicher Daten tritt daher häufig die einmalige Speicherung in einem Datenbanksystem. Verschiedene Softwarehersteller bieten Datenbankprogramme an, die das Einrichten, die Pflege und die Nutzung von Datenbeständen komfortabel gestalten.

Bei der Datenbankorganisation ist zu unterscheiden zwischen

- satzorientierten Datenbanken mit formatierten Datenbeständen **(Informationssysteme),**
- mengenorientierten Datenbanken mit unformatierten Datenbeständen **(Dokumentationssysteme),**
- **objektorientierten** Datenbanken.

Während sich Datenbanken mit formatierten, also einer strikten Erfassungssystematik unterworfenen Datenbeständen, vorwiegend in der Verwaltung von Unternehmen (Personal-, Kunden-, Lieferantendatei), in der industriellen Fertigung (Stücklisten, Materialverwaltung) und im Kreditwesen (Kontenführung) finden, sind Dokumentationssysteme typisch für Bereiche, in denen Dokumente unterschiedlicher Länge und abweichenden Inhaltes vorwiegen, wie etwa im Rechtswesen (Urteile, Kommentare), im medizinischen Bereich (Befunde) und im Patentwesen (Beschreibungen von patentierten Verfahren).

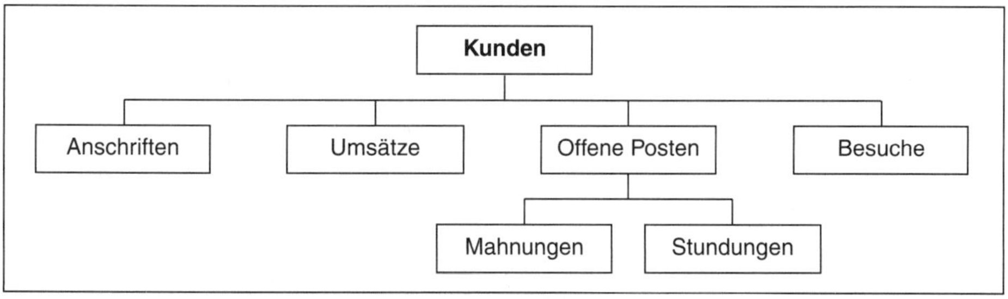

Hierarchische Strukturierung von Daten

Hinsichtlich der Organisationsstruktur von Datenbanksystemen sind folgende Modelle zu unterscheiden:

- In **hierarchischen Datenbanken** wird von einzelnen Dateneinheiten (Segmenten) mittels der ihnen aus der obigen Beschreibung der verketteten Speicherung bekannten Zeiger auf andere, zu ihnen in logischer Beziehung stehende Daten verwiesen. Mit Hilfe dieser Zeiger können, ausgehend von einem Datum, sämtliche zu diesem gehörende Informationen erreicht werden. Die Zeiger sind deshalb wesentlicher Bestandteil der bei großen Datenbeständen immens komplexen und pflegebedürftigen Datenbankstruktur. Nachträgliche Strukturänderungen sind nur unter großem Aufwand zu realisieren. Hierarchisch organisierte Datenbanken sind heute nur noch selten anzutreffen.

Das innerhalb der Hierarchie am höchsten angesiedelte Segment wird häufig als Kopf- oder Rootsegment (root = Wurzel), nachgeordnete Segmente als Children (»Kinder«) bezeichnet. Aus der Sicht der Children stellt das übergeordnete Segment ein Parent (Eltern-) Segment dar.

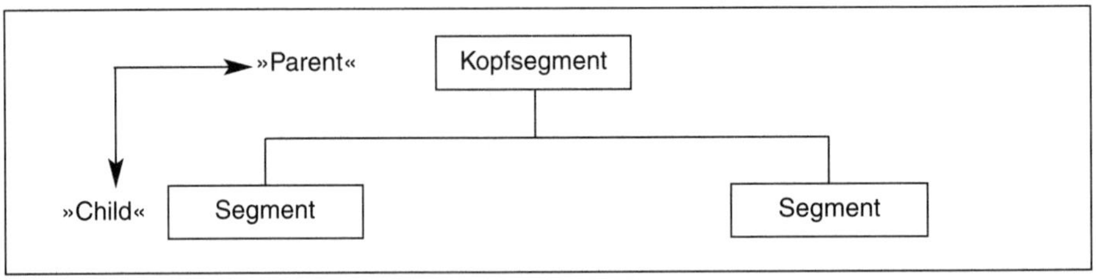

Parent-Child-Beziehung

- **Relationale Datenbanken** basieren dagegen auf der mathematischen Theorie der Relationen. Die Mathematik definiert die Relation als eine »Menge von Tupeln«, d. h. eine Anzahl gleichartiger Zeichen, die einer gemeinsamen Obermenge angehören.

  Übertragen auf relationale Datenbanksysteme stellt eine Datei mit mehreren gleichartigen Datensätzen (Tupeln) eine solche Relation dar. Die Verknüpfung zwischen den Daten verschiedener, auch unabhängig voneinander existenzfähiger Relationen (= Dateien) wird über den Inhalt der Datenfelder hergestellt. Die Schaffung von Verbindungen über die Feldinhalte ersetzt die in hierarchischen Datenbanken erforderlichen Zeiger mit dem Unterschied, dass relationale Datenbanken sehr viel flexibler und einfacher handhabbar sind:

  Wird aufgrund geänderter Anforderungen die Schaffung neuer Beziehungen zwischen Datenbeständen gewünscht, so reicht es aus, die Struktur einzelner Dateien zu verändern. Moderne Datenbanksysteme lassen derartige Strukturänderungen problemlos zu.

  Die folgende Abbildung verdeutlicht die Beziehungen zwischen mehreren Relationen.

Satz Nr.	KUNDENNR	NAME	VORNAME	STRASSE	ORT
1	23575	Meier	Kuno	Akazienweg 112	25704 Meldorf
2	35824	Müller	Heinz	Pappelallee 3	25541 Brunsbüttel
3	79561	Schmidt	Hugo	Hauptstrasse 10	25712 Burg
4	64357	Schulze	Erika	Mittelweg 23	25541 Brunsbüttel
5	56124	Krause	Karl-Heinz	Westerstrasse 1	25715 Dingen

Satz Nr.	RECHNGNR	DATUM	KUNDENNR	BETRAG	EINGANG	OFFEN
1	400791	08.02.98	56124	250.00	. .	250.00
2	400792	09.02.98	23675	135.00	19.02.98	
3	400793	09.02.98	79561	980.00	28.02.98	480.00
4	400794	10.02.98	35824	300.00	20.02.98	

Satz Nr.	OPLISTNR	RECHNGNR	BETRAG	DATUM
1	200	400791	250.00	08.02.98
2	201	400793	480.00	09.02.98

Beziehungen zwischen Relationen

Grundlage für das Design einer solchen relationalen Datenbank ist das Entity-Relationship-Modell, das in Abschnitt 17.1.2 bereits anhand eines Diagramms eingeführt wurde.

- **objektorientierte Datenbanken** stellen eine neuere Entwicklung dar, von der heute noch nicht abgesehen werden kann, in welchem Maße sie sich durchsetzen wird. Ihre Datenbasis besteht aus Objekten, die anhand ihrer Eigenschaften (Attribute) beschrieben sind. Über diese Eigenschaften wiederum können Verbindungen zu anderen Objekten hergestellt werden.

In **Client-Server-Systemen** werden die in einem Datenbanksystem erfassten Dateien vom Server bereitgestellt, auf den alle angeschlossenen Teilnehmer (Clients) gemeinsam bei Bedarf zugreifen. Je nach Zugangsberechtigung, die für jeden Teilnehmer anders geregelt sein kann, kann dieser Zugriff auf das Lesen und die Nutzung der vorhandenen Daten beschränkt sein oder sich auch auf die Berechtigung zur Datenergänzung und -änderung erstrecken. Für diese Art der Speicherung und Bereitstellung spricht, dass alle Teilnehmer auf denselben Datenbestand zugreifen.

Beispiel:

Die Adresse des Kunden Meier hat sich geändert. Der zur Datenänderung befugte Kundenbetreuer gibt die Adressenänderung in die Datenbank ein. Damit steht allen anderen Nutzern der Kundendatei die neue Adresse – und nur diese – zur Verfügung. Befände sich die Kundendatei isoliert abgespeichert auf verschiedenen PCs im Betrieb, hätte der Kundenbetreuer den Kollegen die Änderungsmitteilung in Form eines Umlaufs zur Kenntnis geben müssen. Eingabefehler und -versäumnisse sowie Verzögerungen bei der Weitergabe der Information hätten möglicherweise dazu geführt, dass Meier fortan unter zwei verschiedenen Adressen, nämlich der alten und der neuen, geführt worden wäre.

Ein anderes, gewichtiges Argument für die zentrale Datenbereitstellung liefern Datensicherung und Datenschutz: In einem Client-Server-System kann sichergestellt werden, dass die aktuellen Daten regelmäßig und vollständig gesichert werden und nur berechtigte Teilnehmer Zugriff auf die möglicherweise den Datenschutzbestimmungen unterliegenden Daten nehmen können.

18.2 Erstellen von Lastenheften für spezielle Unternehmensanforderungen

18.2.1 Inhalte und Anforderungen eines Lastenhefts

Im Rahmen eines jeden Projekts ist ein Lastenheft zu erstellen, das das angestrebte Projektergebnis beschreibt. Vor allem für Projekte mit anteiligen Fremdleistungen, wie etwa die in den voranstehenden Kapiteln geschilderten Großprojekte »Einführung eines neuen IT-Systems« und »Einführung von Data Warehousing und MIS«, sind Lastenhefte von Bedeutung, da sie den angefragten Lieferanten als Bestandteil der Ausschreibung Auskunft über die erwartete Leistung einschließlich der konkreten Spezifikationsvorgaben liefern.

Nach DIN 69901-5 beschreibt das Lastenheft »die vom Auftraggeber festgelegte Gesamtheit der Forderungen des Auftraggebers an die Lieferungen und Leistungen eines Auftragnehmers innerhalb eines Auftrags«.

Anhand der im Lastenheft enthaltenen Beschreibungen wird der Grad der Erfüllung des Auftrags geprüft. Im Auseinandersetzungsfalle müssen diese Beschreibungen der rechtlichen Begutachtung standhalten. Dementsprechend präzise müssen diese Beschreibungen gehalten sein.

Lastenhefte beschreiben im Wesentlichen

- die prüfbaren **Anforderungen** an Betriebsmittel, Material und Produkte,
- **Einsatz, Funktionen, Leistungen** und **Schnittstellen** eines zu liefernden Produkts,
- **technische Rahmenbedingungen** der Leistungserbringung und des Produkts (z. B. einzuhaltende Normen, zwingend zu verwendende Materialien und Qualitäten), ergonomische Erfordernisse,
- vertragliche Rahmenbedingungen (z. B. Lieferumfang, Vertraulichkeit, Lieferzeitpunkt, Teillieferungen, Konventionalstrafen),
- sonstige Anforderungen an den Auftragnehmer (z. B. eine gültige Zertifizierung nach ISO 9000; Aufbau des Projektmanagements, Dokumentation).

Empfohlen wird unter anderem eine **Gliederung** etwa nach folgendem Muster (nach BALZERT):

1. Zielbestimmung
2. Produkteinsatz
3. Produktübersicht
4. Produktfunktionen
5. Produktdaten
6. Produktleistungen
7. Qualitätsanforderungen (jeweils gekennzeichnet mit gut, normal oder nicht relevant):
   7.1. Funktionalität
   7.2. Benutzbarkeit
   7.3. Zuverlässigkeit
   7.4. Effizienz
   7.5. Änderbarkeit
   7.6. Übertragbarkeit
8. Ergänzungen (Bemerkungen, Zeichnungen, ggf. Gegenstände)

Außerdem sollte aus dem Lastenheft hervorgehen, welche Anforderungen

- unbedingt einzuhalten sind und bei Fehlen zum Ausschluss des Angebots aus dem weiteren Verfahren führen **(Muss-Kriterien; K.o.-Kriterien),**
- zusätzlich gewünscht sind, weil sie den Nutzen steigern **(Soll-Kriterien),**
- erfüllt sein dürfen, wenn dies nicht mit Mehraufwand oder Verzögerungen verbunden ist, ohne dass hieraus besonderer Wert gelegt würde, weil der Nutzen nur gering ist **(Kann-Kriterien).**

Zudem können unerwünschte Eigenschaften genannt sein, die das System nicht aufweisen darf.

Der Entwurf eines Lastenhefts kann entweder von der allgemeinen Aufgabenstellung ausgehen und diese Schrittweise in immer detailliertere Anforderungen zergliedern (**Top-Down**-Ansatz) oder zunächst die gewünschten Einzelanforderungen formulieren und hieraus »von unten nach oben« zu globaleren Leistungsbeschreibungen gelangen (**Bottom-Up**-Ansatz).

Auf Basis des Lastenhefts, das vom Auftraggeber erstellt wird, kann der Auftragnehmer ein **Pflichtenheft** entwickeln, das die Anforderungen des Lastenhefts (Was ist zu tun? Zu welchen Zweck?) um Realisierungsvorgaben (Wie ist es zu tun? Welche Mittel/Verfahren/Ressourcen sind dabei einzusetzen?) ergänzt. Es enthält im Wesentlichen

- das **Datenmodell**, d. h. die Beschreibung der vorhandenen und zu erstellenden Daten und die Art und Weise, in der der Datenaustausch realisiert wird,
- die Beschreibung des **Informationsflusses** zwischen den Programmteilen und zwischen dem zu erstellenden und anderen (bereits vorhandenen oder anzuschaffenden) Programmen,
- die **zeitliche Feinplanung,**
- die **Ansprechpartner** auf Auftraggeberseite.

18.2.2 Spezielle Unternehmensanforderungen an ein Lastenheft

18.2.2.1 Branchenspezifische Anforderungen

Je nach Branche und Projekt können die Anforderungen an das zu erstellende Lastenheft differieren. Teilweise werden standardisierte Vorgaben für die Erstellung von Lastenheften bevorzugt, etwa VDI-Standards für den Einsatz von Förder- und Lager-, Automatisierungs- und logistischen Systemen oder der IEEE-Standard »Software Requirements Specification (SRS)«. Teilweise werden darin Pflichten- und Lastenheft zusammengefasst. Auf einige weitere Branchenbesonderheiten soll im Folgenden eingegangen werden.

Öffentlicher Sektor/Baugewerbe

In manchen Branchen, vor allem im Baugewerbe, machen Aufträge der öffentlichen Hand einen beträchtlichen Teil der Gesamtbeschäftigung aus. Für deren Vergabe gilt das öffentliche Vergaberecht. Im nationalen Bereich sind dies die **Verdingungsordnungen VOL** (für Leistungen, **VOB** (für Bauleistungen) und **VOF** (für freiberufliche Leistungen) in Verbindung mit dem Gesetz gegen Wettbewerbsbeschränkungen **(GWB);** ab dem Erreichen bestimmter (tätigkeitsabhängig gestaffelter) Schwellenwerte müssen Auftragsvergaben gemäß den entsprechenden **EU-Richtlinien** vorgenommen werden. In öffentlichen Ausschreibungen gehören – teilweise sehr umfangreiche – Lastenhefte zum Standard und auch bei grenzüberschreitender Ausschreibungsbeteiligung teilweise zum obligatorischen Ausschreibungsumfang. Häufig sind diese Lastenhefte so gestaltet, dass der Anbieter durch »Abhaken« und ggf. Kommentare jede einzelne Anforderung des Lastenhefts als zur Kenntnis genommen und durch sein Angebot erfüllt bestätigen muss.

Im Bauhauptgewerbe wird – verglichen mit anderen Branchen – überdurchschnittlich häufig von Online-**Ausschreibungsdatenbanken** Gebrauch gemacht. Dabei handelt es sich entweder um Firmen- oder Behördenportale, die einzelne bzw. nach Regionen (Bund/Länder) zusammengefasste Projekte ausschreiben, oder um Datenbanken sonstiger, teils öffentliche Stellen (z. B. Kammern, Verbände), die Recherchen nach ausgeschriebenen Projekten, häufig aber auch nach möglichen Lieferanten zulassen. Je nach Datenstrukturen kann eine Übernahme von Daten aus einer Ausschreibungsdatenbank in die zur Angebotserstellung eingesetzte Software erfolgen.

Kreativbereiche

Im Bereich der Werbeagenturen und Designbüros wird häufig der Begriff des **Agenturbriefing** oder auch nur **Briefing** (anstelle von Lastenheft) für die kundenseitige Aufgabendefinition verwendet. Handelt es sich bei dem Projekt z. B. um eine Werbekampagne oder die Erstellung eines Internetauftritts, werden die Inhalte im Briefing und die technischen Details der Ausführung im **Storyboard** (anstelle des Pflichtenhefts) definiert. Die Begriffsverwendung ist allerdings sehr uneinheitlich: Manche Quellen bezeichnen Briefings als vorbereitende Schritte auf dem Weg zum Lastenheft.

Fertigungswirtschaftlicher Bereich

Zur Sicherstellung der Übereinstimmung der erstellten Leistung mit den im Lastenheft definierten Anforderungen des Kunden wird im Produktionssektor die Methode des **Quality Function Deployment** (QFD) eingesetzt. Mittels dieser Methode können Kundenerwartungen in einer frühen Phase der Produktentwicklung richtig erfasst und systematisch umgesetzt werden.

18.2.2.2 Unternehmenskulturspezifische Anforderungen

Projekte mit langer, bisweilen mehrjähriger Durchführungsdauer erfordern eine auch auf der Ebene der Unternehmenskultur funktionierende Partnerschaft zwischen Auftraggeber und Auftragnehmer, gerade wenn Mitarbeiter des Auftragnehmers über längere Zeit im Auftraggeberunternehmen tätig werden.

Differenzen z. B. darüber, in welchem Stil Arbeitssitzungen unter Beteiligung von Mitarbeitern beider Partner durchgeführt werden sollen, oder darüber, auf welchen Wegen Anweisungen des Auftragnehmers im Auftraggeberunternehmen weiterzugeben sind, können das Projekt nennenswert vor allem dadurch behindern, dass sich bei den beteiligten Mitarbeitern Widerstände aufbauen.

Deswegen empfiehlt sich die Aufnahme von Aussagen auch zu diesen Aspekten des Projekts im Lastenheft.

Außerdem kann das Projekt selbst die Unternehmenskultur berühren, etwa wenn in einem zu entwickelnden Berichtssystem bestimmte Durchlässigkeiten ausgeschlossen oder bestimmte Kontrollmechanismen vorgesehen werden sollen.

18.2.2.3 Strategische Ausrichtung

Wie schon verschiedentlich erwähnt, enthält das dem potenziellen Auftragnehmer übergebene Lastenheft nicht nur Aussagen darüber, »was« angeboten werden soll, sondern auch »wofür« das Endergebnis dienen soll. Es ist auch notwendig, dass die mit dem zur Auftragsvergabe anstehenden Projekt verbundenen Ziele und Zwecke dem Auftragnehmer vollständig verdeutlicht werden; denn nur so kann sichergestellt werden, dass das Endergebnis die Wünsche des Auftragnehmers optimal erfüllt.

Diese Ziele und Zwecke werden durchweg langfristig ausgerichtet sein; das Projekt und seine Folgen sind damit Teil der strategischen Planung des Unternehmens. Diese beinhaltet wiederum sehr wahrscheinlich das Anstreben von Zielen, deren Erreichung das Projekt bzw. die Nutzung des Projektergebnisses beeinflussen wird: Datenmengen werden anschwellen, Datenstrukturen können sich verändern, neue Aufgaben müssen berücksichtigt und neue Schnittstellen eingerichtet werden. Das Projektergebnis (z. B. das Data Warehouse/MIS, das IT-System) muss flexibel genug sein, sich an die Veränderungen anzupassen, und Kapazitätsreserven besitzen, um mitwachsen zu können. Auch diese Anforderungen müssen im Lastenheft verdeutlicht werden.

18.3 Berücksichtigung der notwendigen Softwareergonomie bei der Softwareentwicklung

18.3.1 Nutzeranforderungen an Software

Selbsterklärende, intuitiv erfassbare grafische Oberflächen, Software-Installation nach dem Prinzip »CD einlegen und loslegen« – diese Versprechen lösen selbst weit verbreitete Standardprogramme oft nicht ein. Für Anwender ohne einschlägige Vorerfahrung ist der Umgang mit ihren Bedienoberflächen und Programmfunktionen nach wie vor mit erheblichem Lern- und Übungseinsatz verbunden. Dies gilt umso mehr für betriebsindividuell entwickelte Anwendungssoftware.

Wo die gründliche Einarbeitung und die anschließende ständige Beschäftigung mit dem Programm unterbleibt, wird mit verminderter Effizienz gearbeitet: Programme werden gemieden oder nur mit einem geringen Teil ihres Leistungsspektrums genutzt; Kollegen werden häufig um Hilfe gefragt und ihrerseits von der Arbeit abgehalten; es kommt zu Datenverlusten durch Bedienfehler und zu suboptimalen Arbeitsergebnissen, die nicht oder nur nach Korrekturen durch versiertere Anwender weiterverarbeitet werden können.

Zu Beginn des PC-Zeitalters musste es der Ehrgeiz der Programmierer sein, Programme so »schlank« wie möglich zu verfassen und alles »Überflüssige« wegzulassen, weil Prozessoren, Arbeitsspeicher und Festplatte rasch an ihre kapazitiven Grenzen stießen. Heute ist diese Art von Sparsamkeit nicht mehr nötig: Vielmehr muss es ein vordringliches Anliegen der Softwareentwicklung sein, die Programmbedienung so verständlich und einfach zu gestalten wie möglich.

Generell gilt, dass Arbeitsaufgaben gut gestaltet sind, wenn sie den folgenden, von den Arbeitswissenschaften als **Humankriterien** bezeichneten Anforderungen gerecht werden:

Benutzerorientierung:	Die Erfahrungen und Fähigkeiten des Beschäftigten werden berücksichtigt.
Vielseitigkeit:	Die Arbeitsaufgaben gestatten die Entfaltung unterschiedlicher Fähigkeiten und Fertigkeiten.
Ganzheitlichkeit:	Die Arbeitsaufgaben ermöglichen Arbeitsschritte von der Planung bis zur Kontrolle.
Bedeutsamkeit:	Der Beschäftigte kann seinen Beitrag am Gesamten erkennen.
Handlungsspielraum:	Es bestehen angemessene Spielräume für die Erfüllung der Arbeitsaufgabe.
Rückmeldung:	Es erfolgt ausreichende Rückmeldung durch Vorgesetzte.
Entwicklungsmöglichkeiten:	Vorhandene Fertigkeiten des Beschäftigten werden genutzt; neue Fertigkeiten können entwickelt werden.

18.3.2 Softwareergonomie

Gültige Norm für die Hard- und Software-Ergonomie ist DIN EN ISO 9241, die diese Erkenntnisse der **Arbeitswissenschaften** zur humanen Arbeitsgestaltung umsetzt. Zur Software-Ergonomie beinhaltet sie Regelungen zu zahlreichen Einzelbereichen.

Grundlegende Anforderungen an die bedienerfreundliche Gestaltung interaktiver Systeme, die zu deren Bewertung herangezogen werden können, sind in Teil 110 der DIN EN ISO 9241 in Form der folgenden sieben **Interaktionsprinzipien** beschrieben:

Aufgabenangemessenheit

»Ein interaktives System ist aufgabenangemessen, wenn es die Benutzer bei der Erledigung ihrer Aufgaben unterstützt, d. h., wenn die Bedienfunktionen und die Benutzer-System-Interaktionen auf den charakteristischen Eigenschaften der Aufgabe basieren (und nicht auf der zur Erfüllung der Aufgabe gewählten Technologie).«

Beispiele:

Arbeitsaufforderungen beschränken sich auf das Notwendige und lassen Überflüssiges weg. Formulareingaben beschränken sich auf Daten, die für die Aufgabe tatsächlich relevant sind. Wiederkehrende Eingaben wie Kalenderdaten und fortlaufende Funktionen wie Nummerierungen sind automatisiert, immer wieder einzugebende Begriffe können aus Vorschlagslisten abrufbar werden oder werden vom Programm nach Eingabe der ersten Zeichen aufgefüllt. Bei Bedarf können solche Automatiken vom Benutzer abgeschaltet werden.

Selbstbeschreibungsfähigkeit

»Wo immer erforderlich für den Benutzer, bietet das interaktive System angemessene Information an, die die Fähigkeiten des Systems und seine Nutzung unmittelbar offensichtlich machen, ohne dass hierzu unnötige Benutzer-System-Interaktionen erforderlich werden.«

Beispiele:

Ein Hilfesystem gibt auf Anforderungen situationsbezogene (»kontextbezogene«) Hinweise. Eingabeaufforderungen, Fehlermeldungen und sonstige Programmanweisungen im Dialog sind klar und unmissverständlich. Eingabemöglichkeiten werden angeboten; der Benutzer muss sie nicht »wissen«.

Steuerbarkeit

»Das interaktive System erlaubt es dem Benutzer, die Kontrolle über die Benutzungsschnittstelle und die Interaktionen zu behalten, einschließlich der Geschwindigkeit, Abfolge und Individualisierung der Benutzer-System-Interaktion.«

Beispiele:

Der Dialog kann unterbrochen, abgebrochen oder an eine frühere Stelle zurückgesetzt werden. Eingabefelder und Meldungen sind nicht nur für eine bestimmte Anzahl von Sekunden sichtbar, sondern stehen so lange zur Verfügung, wie der Anwender sie benötigt. Der Dialog gibt keinen »Takt« für die Arbeitsgeschwindigkeit vor.

Erwartungskonformität

»Das Verhalten des interaktiven Systems ist vorhersehbar, basierend auf dem Nutzungskontext und allgemein anerkannten Konventionen in diesem Kontext.«

»Konsistent« bedeutet sowohl »beständig« als auch »widerspruchsfrei«. Beide Eigenschaften sind sicherlich gefordert; im gegebenen Zusammenhang ist vor allem aber die Beständigkeit von Bedeutung: Nämlich dass der Dialog einem wieder erkennbaren, logischen Muster folgt.

Beispiele:

Der Bildschirmaufbau enthält wiederkehrende Elemente. Er berücksichtigt die übliche Lese- und Wahrnehmungsrichtung, z. B. in der Anordnung der Navigationsleisten (eher links als rechts, eher oben als unten) und ändert diese nicht von Fenster zu Fenster. Die Sprache (ggf. die Übersetzung) ist verständlich und auf gleich bleibendem Niveau, Fachvokabular wird nur so weit verwendet, wie seine Verständlichkeit tatsächlich vorausgesetzt werden kann. Soweit bei der Bearbeitung auch Papiervorlagen (Formulare, Eingabebelege) zum Einsatz kommen, stimmen Belegdesign und Bildschirmdesign überein.

Eine wichtige, in moderner Software durchweg zu findende Philosophie in Zusammenhang mit der Erwartungskonformität ist »WYSIWYG – What you see ist what you get«: Ausdrucke entsprechen dem, was auf dem Bildschirm zu sehen ist; eine Präsentation läuft über den Beamer genau so ab wie auf dem Bildschirm.

Robustheit gegenüber Benutzungsfehlern

»Das interaktive System unterstützt den Benutzer beim Vermeiden von Fehlern, toleriert Benutzungsfehler toleriert Benutzungsfehler im Falle von erkennbaren Fehlern und unterstützt den Benutzer bei der Fehlerbehebung.«

Beispiele:

Das Programm unterstützt den Benutzer bei der Fehlervermeidung, -erkennung und -korrektur, indem es bei Verletzung des vordefinierten Charakters eines Eingabefeldes ein Signal gibt (etwa wenn statt eines zwingend erforderlichen Kalenderdatums ein Buchstabe eingetippt wurde) und auf die Art des Fehlers hinweist, statt die Annahme stumm zu verweigern. Wenn Fehler vom Benutzer nachträglich bemerkt werden, die das System nicht erkennen konnte (etwa die falsche Schreibweise eines Neukundennamens), muss die Änderung des Datensatzes unkompliziert möglich sein, auch ohne dass die seither weiter fortgeschrittene Arbeit abgebrochen und verworfen wird.

Benutzerbindung

»Das interaktive System stellt Funktionen und Informationen auf einladende und motivierende Weise dar und fördert so eine kontinuierliche Interaktion mit dem System.«

Das Programm ermutigt den Benutzer zur dauerhaften Nutzung, indem es positiv formulierte Rückmeldungen gibt, die sich insbesondere auch auf den Schutz vor Risiken beziehen: Das Virenschutzprogramm meldet vollständigen Schutz; ein Speichervorgang wird mit einer positiven Vollzugsmeldung beendet.

Erlernbarkeit

»Das interaktive System unterstützt die Entdeckung seiner Fähigkeiten und deren Verwendung, erlaubt das Explorieren (»Ausprobieren«) des interaktiven Systems, minimiert den Lernaufwand und bietet Unterstützung, wenn Lernen erforderlich ist.«

Beispiele:

»Mouseover«-Erläuterungen, die erscheinen, wenn ein Bereich mit dem Mauszeiger überstrichen wird, geben Hinweise auf Bedienerleichterungen und weitere nützliche Funktionen.

Tastaturkürzel (Shortcuts), die der Benutzer anstelle von Klartexteingaben oder Menüauswahlschritten eingeben kann, sind einprägsam und mnemotechnisch (das Behalten fördernd) gewählt (wie etwa der Shortcut »Strg A« für »alles markieren«). Bildschirmelemente, die gleich aufgebaut sind, erfordern immer die gleiche Aktion (etwa fordern Bildsymbole – Icons – immer einen Doppelklick mit der Maus, Bildschirmtasten aber nur einen Einfachklick); Elemente, die identisch aussehen, bewirken auch immer das gleiche (die Bildschirmtaste mit dem Diskettensymbol steht immer für »speichern«).

Eine im Zuge von Integration und Inklusion in den letzten Jahren immer mehr in den Vordergrund gerückte und vom Gesetz zur Gleichstellung behinderter Menschen (BGG) und darauf angeknüpfte Verordnungen verlangte Anforderung ist die **Barrierefreiheit** von Hardware und Software, sodass diese auch von Nutzern, die über bestimmte Fähigkeiten nicht verfügen, problemlos bedient werden kann.

Einzelne Maßnahmen der »**Accessibility**« (nicht beschränkt auf Software) sind z. B.

- Möglichkeit zur Vergrößerung der Bildschirmdarstellung (Zoom oder Bildschirmlupe),
- Möglichkeit zur Vertonung von Bildschirminhalten (über Bildschirmleser),
- Einstellmöglichkeit des Doppelklick-Intervalls; Möglichkeit zur Umgehung des Doppelklicks durch Maustaste oder Bildschirmtastenkombination,
- Umstellung der Maus auf linkshändige Bedienung,
- Ersatz der Mausfunktion durch Bildschirmtasten.

Auch für Internetseiten ist barrierefreie Gestaltung gefordert: So müssen seit 1. Januar 2004 alle Internetseiten der öffentlichen Hand barrierefrei gestaltet sein.

18.4 Einführen aktueller Anwendersoftware: Phasen und Probleme

Der IHK-Rahmenplan »Geprüfter Technischer Betriebswirt/Geprüfte Technische Betriebswirtin« sieht die Behandlung der »Einführung aktueller Anwendersoftware« und die Befassung mit der Entscheidung zwischen Standard- und Individualsoftware sowie mit der Software-Implementierung sowohl an dieser Stelle (Rahmenplanziffer 18.4) als auch im Rahmen der allgemeinen Behandlung der Auswahl von IT-Systemen und Einführung von Anwendersoftware (Rahmenplanziffer 17.3) vor. Auch wenn die im vorliegenden Kapitel behandelten übergreifenden Systeme wesentlich komplexer sind und meist größere Teile des Betriebs erfassen, als dies bei der Einführung von Software für einzelne Anwendungszwecke der Fall ist, ist die Systematik, nach der Überlegungen angestellt, Analysen durchgeführt, Alternativen entwickelt und letztlich Realisierungsschritte unternommen werden, doch gleich. Unterschiede zeigen sich vielmehr zwischen der Implementierung von Standardsoftware und der Entwicklung von Individualsoftware, weil im ersteren Falle eine fertige Lösung »nur noch« angepasst werden muss, während im letzteren Falle – vor allem, wenn die Entwicklung vollständig im eigenen Betrieb und mit eigenem Fachpersonal erfolgen soll – der gesamte Programmentwicklungsprozess anfällt. Dieser umfangreichste Fall der Implementierung einer individuell erstellten Anwendung wurde in Kapitel 17 bereits in den Grundzügen nachgezeichnet. Im folgenden Kapitel werden diese Ausführungen insbesondere im Hinblick auf die Ist-Analyse vertieft und ergänzt.

Die in Kapitel 17 beschriebenen Schritte bei der Einführung von Software gelten natürlich auch für übergreifende (integrative) Systeme, die unternehmens- oder konzernweit z. B. Abläufe vereinheitlichen oder Ergebnisse transparenter machen sollen.

Meist handelt es sich bei den übergreifenden IT-Systemen um ERP-Software. Da eine Software dieses Typs in nahezu alle Bereiche eines Unternehmens eingreift, ist ihre Einführung ein extrem komplexes Projekt und bedarf einer sehr guten Planung und eines hinreichenden Zeithorizonts, wenn sie gelingen soll.

Heute nutzen die weitaus meisten größeren Unternehmen eine ERP-Software. Es bringt also meist keinen Vorteil gegenüber Konkurrenzunternehmen, eine solche ebenfalls einzusetzen, es verhindert aber Wettbewerbsnachteile, die entstehen können, wenn z. B. kein vergleichbar direkter Zugriff auf wichtige Unternehmenskennzahlen möglich ist wie bei Unternehmen, die bereits ERP-Software benutzen.

Ist-Analyse des bestehenden Systems

Bei einer geplanten Einführung eines übergreifenden IT-Systems ist die Ist-Analyse naturgemäß eine weitaus komplexere Aufgabe, als wenn nur ein einzelner Arbeitsbereich betroffen ist. Je mehr Abteilungen oder Standorte von der Einführung eines übergreifenden IT-Systems betroffen sind, desto mehr Vorarbeit ist nötig. Für jede betroffene Abteilung, im Extremfall sogar für jeden einzelnen Arbeitsplatz, ist genau zu prüfen und zu dokumentieren:

- wie die Aufgaben bisher erledigt werden,
- wie ihre Erledigung mit Prozessen in anderen Arbeitsbereichen verzahnt ist und welche Gesamtprozesse/Kernprozesse sich hieraus ergeben,
- wie sie zukünftig erledigt werden sollen,
- welche Umstellungen in der Arbeitsweise erfolgen müssen,

- welche Schulungsmaßnahmen erforderlich sind, um die Umstellung erfolgreich bewältigen zu können,
- wie bestehende Datenbestände in das neue System übernommen werden können.

Weltweit größter Anbieter von ERP-Software ist SAP, gefolgt von Oracle und Sage. Die Größe des Anbieters allein sagt aber nichts über die Eignung der Softwarelösung für ein Unternehmen aus. Es ist also zunächst, wie bei jeder Softwareeinführung, auf Basis der Ist-Analyse und anhand der verschiedenen Kriterien, die bereits in Abschn. 17.3.1.2 ausführlich dargestellt wurden, zu überprüfen, welche Software überhaupt in Frage kommt. Ein entscheidender Faktor wird dabei – neben dem verfügbaren Service-Level – der Umfang der jeweils nötigen Anpassungen sein, verbunden mit der Prüfung, inwieweit die jeweilige Software ein Customizing (vgl. Abschn. 17.3.1.3) in der erforderlichen Art überhaupt zulässt. Diese Überlegungen werden in der Regel die hauseigene IT-Abteilung überfordern, weswegen das Einschalten einer auf diesen Bereich spezialisierten **Unternehmensberatung,** die bei der Erstellung des Lastenhefts und der Auswahl der Software Hilfestellung leistet, zu empfehlen ist.

Auf die Auswahl der geeigneten Softwarelösung folgt die **Umsetzungsphase.** Diese ist einerseits eine gewaltige Aufgabe, anderseits aber auch eine Chance, Abläufe zu hinterfragen und gegebenenfalls bessere Lösungen einzuführen. Ist am Anfang meist noch der Gedanke »Wir müssen das neue System an unsere Arbeitsweise anpassen«, ergibt sich oft im Laufe des Prozesses ein Umdenken hin zu »Wir passen unsere Arbeitsweise an das neue System an, weil das erhebliche Vorteile hat«.

Auch diese Umsetzung realisiert in der Regel das Unternehmen nicht in Eigenregie, sondern beauftragt ein spezialisiertes Softwarehaus.

Wegen der Komplexität der Aufgabe ist es nötig, zunächst für einen gewissen Zeitraum das alte und das neue System im **Parallelbetrieb** zu fahren, um die zwangsläufig auftretenden Probleme zu beheben. Dieser personelle und damit auch finanzielle Mehraufwand steht in keinem Verhältnis zu einem unternehmensweiten Ausfall der EDV-Systeme in praktisch allen Abteilungen, es gilt daher genau abzuwägen, wie lange der Parallelbetrieb aufrechterhalten werden soll, und mit welche kleineren Unzulänglichkeiten im laufenden Betrieb behoben werden können.

Ist die Einführung vollzogen, folgt eine Phase der **Evaluation,** um auf Probleme reagieren zu können, die vorher nicht ausreichend bedacht worden sind. Anschließend sind sowohl weitere Anpassungen der Software möglich, wie auch die Anpassung der Abläufe an die Erfordernisse der Software.

18.5 Phasen und Probleme der Softwareeinführung im Unternehmen

18.5.1 Phasenmodelle

Phasenmodelle sind bereits aus dem Projektmanagement bekannt. Nachfolgend wird eine weitere (allerdings den anderen Phasenschemata durchaus ähnliches) Phasengliederung vorgestellt, die auf die wesentlichen Aktivitäten der Softwaretechnik **(Software Engineering;** das Teilgebiet der Informatik, das sich mit der standardisierten Herstellung von Software beschäftigt) abgestimmt ist. Sie unterscheidet nach

- Planung,
- Analyse,
- Entwurf,
- Programmierung,
- Test,
- Qualitäts- und Konfigurationsmanagement,
- Dokumentation.

Im **Wasserfallmodell** nach ROYCE, das diese Phasen teilweise abweichend benennt und aufschlüsselt, folgen diese Phasen schrittweise (iterativ) aufeinander, wobei eine neue Phase erst dann in Angriff genommen wird, wenn die vorherige abgeschlossen ist.

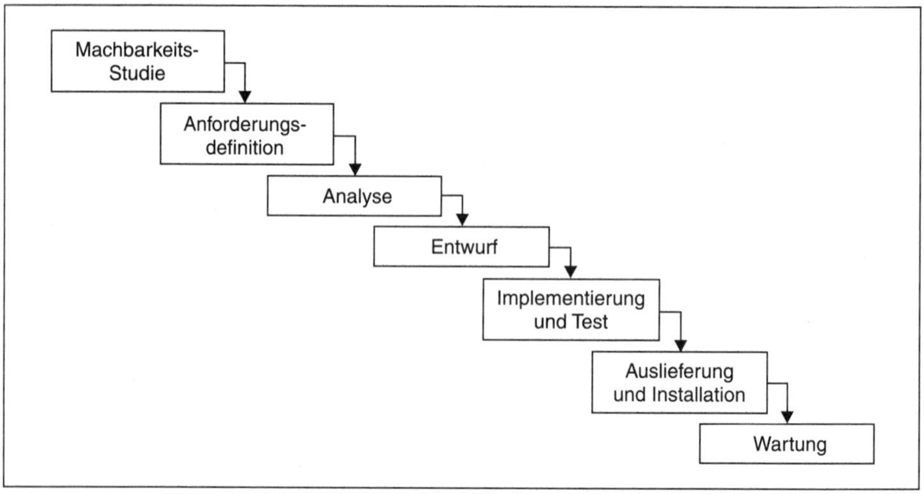

Wasserfallmodell nach ROYCE

Der große Nachteil des Wasserfallmodells liegt darin, dass es nicht vorsieht, eine Phase nach ihrem Abschluss nachzubessern oder zu wiederholen. Da sich die Schwächen eines zuvor erarbeiteten Ergebnisses aber in der Regel erst in folgenden Phasen offenbaren, werden »offenere« Modelle, wie z. B. das in Abschnitt 7.2.3.4 beschriebene **Spiralmodell,** heute bevorzugt.

Im Gegensatz zum Wasserfallmodell, das die geplante Anwendung als Ganzes entwickelt und realisiert, stehen **Wachstumsmodelle,** die einen »evolutionären« Ansatz verfolgen, indem sie das Gesamtprojekt zunächst nur grob konzipieren und ab dann in Teilprojekte aufteilen, die schrittweise konkretisiert und realisiert werden. Auf diese Weise entsteht eine Menge von Teillösungen, die sich über Schnittstellen zu einer Gesamtlösung verbinden.

Andere Philosophien, die auch in der Softwareentwicklung verfolgt werden, sind **Prototyping** und **Simulation** (vgl. Lehrbuch 2, Abschn. 4.2.2.2.2).

Ein älteres Phasenschema nennt eine – im Kern nicht wesentlich andere – Abfolge:

- Projektvorschlagsphase;
- Planungsphase mit den Etappen
  - fachliches Grobkonzept,
  - fachliches Feinkonzept,
  - DV-Grobkonzept,
  - Sollvorschlag,
  - Erstellung des Lastenhefts und Pflichtenhefts;
- Realisierungsphase mit den Etappen
  - DV-Feinkonzept,
  - Programmierung, Codierung und Test (ggf. mehrfach zu durchlaufen),
  - Organisatorische Anpassung der realen Systemumgebung,
  - Systemabnahme/Inbetriebnahme;
- Dokumentation.

In allen Phasen können die bereits erwähnten CASE-Tools eingesetzt werden.

Angesichts der Vielzahl der in den letzten Jahrzehnten in der Managementlehre entwickelten Phasenmodelle, die auch auf die Problemstellung der Softwareentwicklung angewendet werden können, ist eine auch nur annähernd vollständige Darstellung nicht möglich. Für die nächsten Jahre kann ein neuer Schub an Entwicklungen unter dem Stichwort **»agile Modelle«** bzw. **»agile Methoden«** erwartet werden, die insbesondere für die Softwareentwicklung bedeutend werden könnten. Ihr Kern ist die Betonung von Teamarbeit, Bürokratieabbau und Beschränkung auf wenige, flexible Regeln. Da die Entwicklung dieser Methoden zur Zeit aber noch nicht sehr weit gediehen und ihre zukünftige Bedeutung noch kaum abzusehen ist, beschränken sich die folgenden Darstellungen auf die »traditionellen« Methoden.

18.5.2 Regelkreis der Überwachung von EDV-Projekten

Die Überwachung von EDV-Projekten folgt dem in Abschnitt 7.2.3.1.5.3 dargestellten **Regelkreis des Projektcontrollings.** Hierzu ist es erforderlich, **Meilensteine** zu setzen, die das Projekt strukturieren. An diesen Meilensteinen orientieren sich die Fortschrittskontrollen, die wiederum an geeigneten quantifizierbaren Größen festgemacht werden müssen.

Beispiele:

Den Projektfortschritt an Erfüllungsgraden (»zu ca. 60 % abgeschlossen«) messen zu wollen ist unsinnig: Zum einen fehlt die Bezugsgröße (60 % der Zeit sind um? 60 % des Projektbudgets ist ausgegeben? 60 % der geplanten Phasen sind abgeschlossen?), zum anderen handelt es sich um eine Schätzung.

Sinnvolle Meilensteine sind dagegen z. B. »Lastenheft fertig gestellt«, »Test von Programmteil x ist abgeschlossen«; »x erfüllt die geforderte Funktionalität zu 100 %«).

18.5.3 Probleme bei der Softwareeinführung

Bei Einführung neuer Software können sowohl technische als auch personelle und organisatorische Probleme auftreten, deren Wichtigste nachfolgend kurz erläutert werden.

18.5.3.1 Technische Probleme

Auch bei sorgfältiger Aufstellung des Lastenhefts können technische Probleme nicht immer vollständig vorhergesehen und im Vorwege vermieden werden. Neu erstellte Software wird fast immer Fehler enthalten, die sich erst in Testläufen offenbaren, und manchmal wird sich herausstellen, dass nicht Programmierfehler, sondern Missverständnisse über Abläufe, Zusammenhänge und Verarbeitungsmethoden die Ursache sind. Probleme ergeben sich häufig an den Schnittstellen zum Betriebssystem und zu anderer betrieblich eingesetzter Software.

In Hinblick auf die Hardware kann sich im Zuge des Projekts herausstellen, dass diese unterdimensioniert ist und auf die Belastung durch das Programm und die damit verarbeiteten Datenmengen mit unakzeptabel langsamen Bearbeitungszeiten oder mit Abstürzen reagiert, sodass ggf. Hardware-Aufrüstungen erforderlich werden.

18.5.3.2 Personelle Probleme

Personelle Probleme sind der Hauptgrund für das in Kapitel 7 eingangs erwähnte häufige Scheitern von Projekten. Für Softwareeinführung gilt dies in besonderem Maße, weil neben das Problem der Personalverfügbarkeit während der Entwicklungsphase, an der im Idealfall Mitarbeiter aus allen betroffenen Arbeitsbereichen beteiligt sein sollen, das Problem des Widerstands gegen die Softwareumstellung tritt.

Hauptgründe für diesen Widerstand sind

Bequemlichkeit Die Umstellung auf neue Software ist mit Anforderungen verbunden: Die Funktionen müssen verstanden, die Bedienung muss erlernt werden. Diese Sorge manifestiert sich häufig in Aussagen wie »das kann ich nicht mehr lernen«, »dafür bin ich zu alt« oder in direkt geäußerten Widerständen wie »ich gehe doch bald in Ruhestand, warum soll ich mich damit noch befassen«? Diese weisen aber nicht immer auf Bequemlichkeit hin, sondern können auch ein Hinweis sein auf

Versagensangst Die Sorge, sich womöglich ungeschickt anzustellen oder die Softwarebedienung langsamer zu begreifen als die Kollegen, kann Angst machen.

Angst vor Kontrollverlust Ein Mitarbeiter, der das bisherige Verfahren gut – vielleicht besser als seine Kollegen – beherrscht, fürchtet, dass sein Wissensvorsprung eingeholt wird oder er sogar ins Hintertreffen gerät.

Angst vor Arbeitsplatzverlust Hinter IT-Projekten vermuten Mitarbeiter häufig Rationalisierung im Sinne von Arbeitsplatzabbau als Hauptmotiv.

Probleme können auch darin bestehen, dass sich Mitglieder des Projektteams von ihrer betrieblichen Hauptaufgabe nicht hinreichend freimachen können oder nur widerwillig von ihren Vorgesetzten freigestellt werden.

Die **Projektleitung** kann ihrerseits unzufrieden sein, z. B. wenn ihre Kompetenzen nicht ausreichend geregelt oder ausgestattet sind oder wenn Budgets, Projekthorizonte und zur Verfügung gestellte Mitarbeiter zu knapp bemessen sind.

Innerhalb des **Projektteams** kann es ebenfalls zu Spannungen kommen, etwa wenn der Führungsstil der Projektleitung als unangemessen betrachtet wird, die »Chemie« zwischen einzelnen Teammitgliedern nicht stimmt oder sich einzelne Teammitglieder unter- oder überfordert fühlen.

18.5.3.3 Organisatorische Probleme

Die Einführung einer neuen Software bedeutet nicht immer nur, dass eine Neuentwicklung an den Betrieb angepasst wird – in gewisser Weise muss sich auch der Betrieb an die Software anpassen! Dies ist aber in der Regel keineswegs auf Mängel in der Software zurückzuführen, sondern meist zeigt sich schon in der Ist-Analyse zu Beginn eines Softwareentwicklungsprojekts, dass bestimmte betriebliche Abläufe idealerweise verändert und die Funktionen der neuen Software von vornherein an den veränderten Ablauf angepasst werden.

Mit der Einführung neuer Software sind daher oft erhebliche organisatorische Veränderungen verbunden – dies trifft vor allem auf solche Projekte zu, die arbeitsplatz- und abteilungsübergreifend angelegt sind wie etwa die Einführung von Data Warehousing oder einer **ERP-**Software (vgl. Lehrbuch 2, Abschnitt 4.6.3.2.3).

Die Auswirkungen einer missglückten Einführung einer unternehmensweiten ERP-Software sind naturgemäß wesentlich größer, als wenn etwa eine schlecht geeignete Textverarbeitung angeschafft worden wäre. Wenn hiermit nicht rechtzeitig und planvoll begonnen wird, kann die Situation eintreten, dass alte, überkommene Strukturen, die mit der Einführung der neuen Software eigentlich überwunden werden sollten, zum Zeitpunkt der Installation und geplanten Inbetriebnahme des neuen IT-Systems noch immer unverändert vorhanden sind: Dann kann das neue System, statt Vorteile zu entfalten, den Betrieb im schlimmsten Falle lahmlegen. Die Schuld liegt dann aber, wie so oft, nicht am IT-System und »am Computer«, sondern an der unzureichenden Planung und Vorbereitung.

Andere organisatorische Probleme können darin bestehen, dass andere Projekte dringlicher erscheinen und vorgezogen werden müssen und damit betriebliche Kapazitäten von dem Software-Projekt abziehen, oder Probleme mit externen Vertragspartnern, die im Extremfall zum Ausstieg eines Partners führen können.

18.5.3.4 Mangelnde Kommunikation

Während des gesamten Prozesses muss ein ständiger Austausch zwischen den Beteiligten stattfinden. Die – selbstverständliche – prozessbegleitende Dokumentation kann die Kommunikation nicht ersetzen, da sie rückwärtsgewandt festhält, was wie getan wurde. Wichtig ist aber die Vorausschau und bedarfsweise Anpassung der Planung. Vergessen werden dürfen dabei keinesfalls die künftigen Nutzer des Systems, die mit ihren Bedenken und Befürchtungen ernst genommen und immer einbezogen sein müssen: Sie sind wahrscheinlich keine IT-Experten und müssen dies auch nicht sein, aber sie sind diejenigen, die die Kernprozesse der Leistungserstellung »am Laufen halten« und Eingriffe in prinzipiell funktionierende Abläufe daher verständlicherweise mit Sorge sehen. Expertenarroganz auf beiden Seiten ist unangebracht; sie zu unterbinden und einen fruchtbaren Dialog zu moderieren erfordert das besondere Fingerspitzengefühl der Projektleitung.

18.5.4 Problembehandlung und -bewältigung

Probleme gar nicht erst entstehen lassen und Fehler verhüten, bevor sie entstehen – diese Philosophie haben Führungskräfte in Betrieben, die ein Qualitätsmanagement betreiben, verinnerlicht. Sie ist zwar keine Garantie dafür, dass es nicht zu Problemen kommt, aber eine gute Voraussetzung dafür, dass sie, wenn sie zutage treten, in der Führungsebene «gut aufgehoben» sind.

Besonders in Bezug auf die geschilderten personellen und organisatorischen Probleme ist das Management gefordert, vorzubeugen und ggf. Abhilfe zu schaffen.

Mögliche Maßnahmen sind

- eine sorgfältige **Auswahl** der Projektleitung und der externen Partner und eine während der Projektdauer anhaltende Kommunikation über alle Aspekte des Projekts;
- die intensive Auseinandersetzung mit **Projektberichten** und angemessene, sachkundige Reaktionen auf Soll-Ist-Abweichungen;
- die frühzeitige **Einbindung aller betroffenen Ebenen,** Stellen und Mitarbeiter in das Projekt, um eine größtmögliche Aufklärung, Akzeptanz und, wo möglich, Beteiligung zu schaffen, etwa bei der Erstellung des Lastenhefts. Damit kann dem Auftreten von Ängsten oder der Einnahme von Verweigerungshaltungen gut vorgebeugt werden und ein Heer von »Verbündeten« geschaffen werden, das in der Lage ist, die Sorgen und Ängste einzelner Mitarbeiter aufzufangen;
- ein hinreichendes Angebot an Informationsveranstaltungen und -materialien, **Schulungen,** Workshops und/oder anderen Lern- und Austauschmöglichkeiten, verbunden mit der entsprechenden Freistellung der Mitarbeiter während der Arbeitszeit, um Probleme durch Wissens- und Fähigkeitsdefizite zu vermeiden. Die heute häufiger anzutreffende Haltung »Wissen und Können sind Bringschulden der Arbeitnehmer und in der Freizeit zu erwerben« ist dabei kontraproduktiv;
- die hinreichende **Ausstattung** der Projektleitung mit Kompetenzen und Ressourcen.

Sehr wesentlich ist, dass Führungsebene und insbesondere Geschäftsleitung hinter dem Projekt stehen und ihre Unterstützung wiederholt deutlich zum Ausdruck bringen. Dem Projektleiter sollte Hilfe angeboten werden, aber unbedingt sollte auch ein Mitglied der Leitung als Bindeglied zum Projekt **(»Machtpromotor«)** fungieren und ggf. selbst in das Projektteam eingebunden sein.

Zur Vermeidung oder zumindest Verringerung technischer Probleme trägt neben einer sorgfältigen Partnerauswahl eine lückenlose Darstellung der betrieblichen Zusammenhänge und Abläufe bei. Sehr wesentlich ist aber auch, die zeitlichen Vorgaben nicht zu eng zu setzen, damit die Software in hinreichender Ruhe hergestellt und ausreichend getestet werden kann und im Falle auftretender Fehler **Zeitpuffer** vorhanden sind – anderenfalls droht die Gefahr, dass der Auftragnehmer aus Angst vor Konventionalstrafen ein unausgegorenes Ergebnis abliefert.

19 Kommunikationsnetze, auf Medien bezogen

Kommunikationsbeziehungen wurden im Rahmen dieses Lehrwerks bereits vielfach behandelt. Die bisherigen Ausführungen bezogen sich allerdings überwiegend auf den Informationsfluss innerhalb eines Unternehmens. Durch den Einsatz moderner EDV-Technologien ergeben sich immer wieder neue Möglichkeiten des Informationsaustauschs im Innen-, vor allem aber auch im Außenverhältnis.

Die folgenden Darstellungen sind bewusst weiter gefasst und beschränken sich nicht auf Kommunikationstechnologien im engeren Sinne, sondern gehen, wo immer erforderlich, auch auf Grundbegriffe und Standards der Datenverarbeitung ein.

Wie wichtig interne Vernetzung ist, wurde bereits in den Ausführungen zu übergreifenden IT-Systemen – PPS, ERP, Workflow Management, Wissensmanagement, Managementinformationssysteme usw. –, die alle auf gemeinsame Datenbestände zugreifen, deutlich: Ohne die technischen Möglichkeiten zum Informationsaustausch wären sie wertlos. Ebenso unverzichtbar ist der Datenaustausch mit der Außenwelt: E-Commerce, E-Procurement oder, simpler, E-Mail sind nur einige Beispiele für die vielen alltäglichen externen Kommunikationsbeziehungen. Die Frage ist nicht: Vernetzen – ja oder nein? sondern: Was geht, was passt zum Unternehmen, was ist zukunftssicher und auch sicher in Bezug auf die übertragenen Daten?

Wie im gesamten Bereich IT/EDV geht auch und gerade beim Thema Kommunikationsnetze die Entwicklung rasend schnell voran. War gestern noch ISDN das beste und begehrteste System für Telefonie und Datenübertragung, ist es heute schon wieder abgeschafft und abgelöst. Manche großangekündigte Innovation hat es nie zur Produktionsreife geschafft, manch andere hat blitzartig eine extreme Verbreitung gefunden. Es wird bei allem Bemühen nicht möglich sein, in einem Lehrbuch immer auf dem aktuellen Stand der Technik zu sein. Zur Vorbereitung auf eine Prüfung, aber auch im Interesse der betrieblichen Praxis ist es daher unverzichtbar, sich stets über aktuelle Neuerungen auf dem Laufenden zu halten.

Eine besonders kurze Halbwertzeit haben – neben den Übertragungstechniken – ganz sicher die Ausführungen zum Cloud Computing, dessen Zukunft von Experten unterschiedlich beurteilt wird: Sehen einige die Public Cloud als den Ort, an dem sich früher oder später »alles« abspielen wird, erwarten andere eine »Repatriierung« von Daten in die Private Cloud oder gleich zurück »nach Hause« ins eigene Rechenzentrum. Möglicherweise liegt die Zukunft in der hybriden Nutzung von Public Cloud, Private Cloud und lokalem Rechenzentrum: Zumindest sind in diesem Segment sind für die nächsten Jahre sicherlich interessante Lösungen zu erwarten.

19.1 Beurteilung aktueller Kommunikationssysteme und -dienste für spezifische Unternehmensanforderungen nach Kosten-Nutzen-Gesichtspunkten

Die Ausführungen in Kapitel 5 »Organisation und Unternehmensführung« über die unterschiedlichen Kommunikationsbeziehungen zwischen den Aktionsträgern innerhalb eines sozio-technischen Systems haben bereits klargemacht, dass Kommunikation überall dort stattfindet, wo

- Menschen mit Maschinen und Maschinen mit Menschen,
- Menschen mit Menschen durch Vermittlung von Maschinen und
- Maschinen mit Maschinen

Informationen austauschen. Systeme, die diesen Informationsaustausch ermöglichen, werden **Kommunikationssysteme** genannt.

Elemente eines solchen Systems sind jeweils

- **Sender** und **Empfänger** (die in diesen Rollen nicht festgelegt sind, sondern beides nacheinander oder gleichzeitig sein können),
- technische Hilfsmittel,
- eine Signalsprache,
- Regeln für die Datenübermittlung und
- ein Übertragungsmedium.

Kommunikationssysteme sind viel älter als die computergestützte Datenverarbeitung: Auch ein Nachrichtentrommelsystem weist alle genannten Elemente auf, wobei die Trommeln das technische Hilfsmittel, die Schlagabfolgen die Signalsprache, die vorher getroffenen Verabredungen über die Weitergabe der Nachricht die Regeln der Datenübermittlung und die Luft das Medium darstellen. In modernen Kommunikationssystemen befindet sich mindestens am Ausgangs- und am Endpunkt der Nachricht je ein (nicht notwendig gleichartiges) technisches Gerät (Telefon, Telefax, Computer usw.); die übermittelten Informationen müssen in einem bestimmten **Code** abgefasst (digitalisiert) sein oder für die Übertragung umgewandelt werden (etwa bei Übermittlung von Computerdaten über das analoge Fernsprechnetz); die Regeln, nach denen die Daten übermittelt werden, bezeichnet man als **Protokoll.** Das Medium ist der **Datenübertragungskanal** (Kupferkabel, Lichtwellenleiter, Funk usw.).

Sind sowohl Sender als auch Empfänger Computer, liegt ein **Computernetzwerk** vor. Hierbei sind lokale und externe Netze und innerhalb dieser wiederum verschiedene Technologien zu unterscheiden, über die die folgenden Darstellungen einen Überblick geben. Dem IHK-Rahmenplan »Geprüfte/r Technischer Betriebswirt/in« entsprechend erfolgt zunächst eine kurze Darstellung der verschiedenen Arten von Kommunikationsnetzen und -diensten, bevor auf die technischen Lösungen und ihre Voraussetzungen eingegangen wird.

19.1.1 Arten von Kommunikationsnetzen und -diensten

19.1.1.1 Kommunikationsnetze

Kommunikationsnetze werden meist nach ihrer räumlichen Ausdehnung, seltener nach der Art der einbezogenen Geräte oder der realisierten Verbindungs- bzw. Datenübermittlungstechnik unterschieden. Die häufigste Unterscheidung ist demnach diejenige in lokale und externe Netze.

19.1.1.1.1 Lokale Netze

Lokale Netze (**LAN** – Local Area Network) finden – im Gegensatz zu den Fernübertragungsnetzen – nur innerhalb räumlich eng begrenzter Bereiche, etwa innerhalb eines Gebäudes, Anwendung. Der Vorteil der Vernetzung besteht darin, dass von jedem angeschlossenen Arbeitsplatz Zugriff auf einen gemeinsamen Datenbestand oder auf gemeinsam genutzte periphere Geräte (z. B. Drucker) genommen werden kann.

Für Netzwerke, die die Rechner einer Organisation oder eines Unternehmens innerhalb fest definierter Grenzen miteinander verbinden, ist auch der Begriff **Intranet** gebräuchlich. Die Ähnlichkeit zum Begriff des Internet ist nicht zufällig: Häufig erfolgt der Datenaustausch mittels auch für den Internet-Zugriff genutzter Oberflächen **(Browser);** dadurch wird das Intranet gewissermaßen zum »internen Internet«. Wird – meist über verschlüsselte Datenübermittlung via Internet – ein Zugang für externe Nutzer (Geschäftspartner, Kunden) zugelassen, wird diese Erweiterung als **Extranet** bezeichnet.

In Unternehmen entsteht oft der Bedarf, nicht nur einzelne Räume, Stockwerke oder Gebäude, sondern darüber hinaus verschiedene räumlich nicht zusammenhängende Gebäude oder auch verschiedene Betriebsstandorte miteinander zu vernetzen. Besonders wichtig sind in diesem Zusammenhang die Datensicherheit, also der Schutz zum einen vor Datenverlust und zum anderen vor unbefugtem Datenzugriff, und die Planungssicherheit (Zukunftssicherheit), die Gewähr also, dass das eingerichtete System auch zukünftigen Anforderungen gewachsen ist.

19.1.1.1.2 Externe Netze

Externe Netze ermöglichen die Datenübertragung zwischen Geräten, die aufgrund ihrer räumlichen Entfernung nicht lokal vernetzt werden können. Mittlerweile steht eine Vielzahl unterschiedlicher Übertragungsnetze zur Verfügung, von denen die wichtigsten in Abschnitt 19.1.2.1 beschrieben werden. Je nach Ausdehnung, Nutzerkreis und Technologie werden hierfür die Begriffe Regionales Netzwerk (**MAN,** Metropolitan Area Network) bzw. Weitverkehrsnetz (**WAN,** Wide Area Network), gelegentlich für weltumspannende Netze auch **GAN** (Global Area Network) verwendet.

Zu den externen Netzen gehören alle Netze, die verschiedene lokale Netze über eine Weitverkehrsverbindung miteinander verbinden (z. B. Netze von Universitäten, Forschungseinrichtungen und Großunternehmen). Auch das zuvor beschriebene Extranet ist hier zu nennen. Das größte Weitverkehrsnetz ist das Internet.

Das **Internet** ist eine technische Struktur, die aus einer Fülle von Rechnern und Leitungsverbindungen überall auf der Welt besteht. Entstanden aus der ursprünglichen militärischen Erfordernis eines Datennetzes, dessen Funktion auch beim Ausfall einzelner Komponenten gewährleistet sein sollte, ist das Internet heute das weltumspannende Informations- und Kommunikationsnetz überhaupt. Es bedient sich aller nur denkbaren Übertragungswege – Telefonleitungen, Satellitenkanäle, Funk, festinstallierter Standleitungen – und lässt jedermann als Nutzer zu.

Internet-Knoten (Hosts) werden vor allem von Universitäten und professionellen Anbietern von Telekommunikationsdiensten unterhalten; es ist aber für jedermann – entsprechende technische Kenntnisse und Finanzkraft vorausgesetzt – möglich, zum Anbieter eines Knotenpunkts im Internet zu werden. Diese Knoten sind Austauschpunkte für den Datenaustausch **(Peering)** zwischen gleichrangigen Netzwerken verschiedener Diensteanbieter. Der weltweit größte Internetknoten befindet sich in Frankfurt am Main. Er ist in einer Vielzahl von Gebäuden redundant untergebracht.

Das Internet ist keinem Rechtsraum zuzuordnen und somit – zumindest gegenwärtig – ein nahezu zensurfreier Bereich, in dem sich neben nützlichen und sinnvollen Angeboten viel Fragwürdiges tummelt. Die nationalen Gesetze gelten natürlich weiterhin, sind aber oft nicht weltweit durchsetzbar.

Größte Herausforderung für das Internet dürfte die Bewältigung des ungebrochenen Teilnehmerzustroms und der ständigen Erweiterung des Angebotes mit den derzeit eingeschränkten technischen Möglichkeiten, insbesondere den begrenzten Leitungskapazitäten, werden.

19.1.1.2 Kommunikationsdienste

Das Internet stellt im Wesentlichen die folgenden Dienste bereit bzw. unterstützt diese:

- **World Wide Web (WWW):** ist das wichtigste und meistgenutzte Angebot im Internet. Es bietet weltweit Texte, Bilder und Toninformationen zu nahezu jedem Stichwort und Zugang zu den »Home-Pages« von Unternehmen, Institutionen und Privatpersonen.

  Angesichts der ständig wachsenden Fülle an Webseiten und Daten, die im Internet abgelegt sind, und der fehlenden Strukturierung (im Sinne von Adressbüchern, Inhaltsverzeichnissen usw.) sind **Suchmaschinen** bei der Suche nach bestimmten Informationen heute unverzichtbar.

  Ihre automatischen so genannten »**Bots**« (auch: Crawler, Spider) sichten permanent Webseiten und speichern die vorgefundenen Daten mit ihren Fundstellen in der Datenbank der Suchmaschine ab. Auf eine entsprechende Suchanfrage hin werden diese Fundstellen von der Suchmaschine aufgelistet.

  Über die Position einer Seite in dieser Auflistung entscheiden Kriterien wie die Anzahl und Qualität der **Links** (Hinweise mit direkter Verbindung, die bei Anklicken hergestellt wird) anderer Seiten, die auf die betreffende Seite verweisen, ferner die Häufigkeit der Nennung des Suchbegriffs im Dokument und das letzte Aktualisierungsdatum der Seite.

  Eine gewisse Übersicht zu bestimmten Themengebieten können auch **Web-Kataloge** (die meist zugleich Suchmaschinen sind) und Portale (mit Links zu ausgewählten Themen, Unternehmen usw.) bieten.

  Das World Wide Web ermöglicht Unternehmen und Privatpersonen die Einrichtung einer eigenen Webpräsenz **(Homepage). Internet-Service-Provider** bieten meist Full-Service-Angebote von der Registrierung der Internetadresse **(Domain)** über die Bereitstellung des Webservers (Hosting) bis zur Unterstützung der Webseitenerstellung.
- **Telnet** ermöglicht den Zugriff auf andere Rechner via Internet, z. B. um sie fernzusteuern. Der Zugriff per Telnet-Protocol ist durch Kennwort gesichert und damit nur befugten Benutzern möglich. ermöglicht aber keine Verschlüsselung und ist daher mittlerweile weitgehend abgelöst vom neuen **SSH-(Secure Shell)**-Standard.
- **FTP (File Transfer Protocol):** Dieses auf dem (nachfolgend erklärten) **TCP/IP-Standard** beruhende Protokoll ermöglicht den Datentransfer (Down- und Uploads).
- **Usenet** ermöglicht den direkten Informationsaustausch in Diskussionsforen.

- **E-Mail (Electronic Mail)** ermöglicht die Übertragung schriftlicher Nachrichten vom Sender in die Empfänger-Mailbox. Die Mailbox ist das mittels einer E-Mail-Software auf dem Rechner des Empfängers verwaltete »elektronische Postfach«. Wird keine spezielle Software eingesetzt und der Mail-Inhalt unmittelbar im **Browser** gelesen, wird von Webmail gesprochen. E-Mail/**Webmail** ist insoweit der Briefpost vergleichbar, als Sender und Empfänger nicht zeitgleich online sein müssen. Mit dem eigentlichen Text können auch Anlagen – Textdokumente, Grafiken usw. – übermittelt werden. Allerdings wird auch die meiste Schadsoftware über Mail-Anhänge übertragen (vgl. Abschn. 16.2.3.4).
- **Messenger-Dienste:** Der im Privaten inzwischen weit verbreitete Einsatz von Instant-Messenger-Apps (gegenwärtig marktführend ist der von Facebook übernommene Messenger WhatsApp, andere verbreitete Dienste sind z. B. der Facebook-Messenger, Signal, Telegram, Wire und im weiteren Sinne auch Videochat-Apps wie Skype) ist wegen der nicht immer gegebenen Verschlüsselung, der Unsicherheit über die Wege, die die Daten nehmen, über die Orte der Zwischenspeicherung und nicht zuletzt wegen der bei den größeren Diensten bestehenden Anbieterabhängigkeit für den Geschäftsverkehr derzeit nicht zu empfehlen. Aus diesem Grund werden sie hier nicht weiter behandelt.
- **VoIP (Voice over IP),** auch als Internet-Telefonie bezeichnet, ist die Sprachübertragung mittels Internet.

19.1.2 Technische und organisatorische Voraussetzungen und Merkmale

Als Voraussetzungen für eine vernetzte Kommunikation müssen zum einen Verbindungswege und zum anderen sende- bzw. empfangsgeeignete Geräte vorhanden sein. Aus ihrer Kombination ergibt sich die so genannte Netzwerk-Topologie.

19.1.2.1 Übertragungs-, Verbindungs- und Vermittlungstechniken

Mit Ausnahme der Nutzung des (heute durch Digitaltechnik abgelösten) **analogen Telefonnetzes** für die Sprachübermittlung, die ohne Umwandlung möglich war, erfordert die Übertragung menschenverständlicher Informationen – Bilder, Töne, das gesprochene Wort – mit Hilfe moderner Kommunikationssysteme die Transformation in digitale Daten, die nach einem vereinbarten Code erst zu kleineren, dann zu größeren Organisationseinheiten (Bytes, Pakete) zusammengefasst und in auf das Medium angepasste Impulse (Strom, Licht) umgesetzt werden müssen.

In lokalen Netzen erfolgt die Übertragung für gewöhnlich über Kabel, zunehmend auch kabellos in Funknetzwerken, im Rahmen bestimmter physikalischer Anordnungen (»Topologien«), die in den folgenden Abschnitten näher beschrieben werden.

Externe Netze bedienen sich bei der Datenübertragung entweder so genannter **Festverbindungen,** die als »Standleitungen« dauerhaft zwischen zwei Stationen geschaltet werden, oder aber nicht-dauerhafter, für den Datentransfer eigens herzustellender **Wählverbindungen.** Wenn alle zu übermittelnden Daten ein- und denselben Leitungsweg nehmen, wie dies etwa bei Nutzung des öffentlichen Telefonnetzes der Fall ist, spricht man von Leitungsvermittlung. Hierbei wird zunächst eine Verbindung zum Empfänger hergestellt (»eine Sitzung eröffnet«), bevor die Datenübertragung beginnt. Netze, die diese Vorgehensweise erfordern, werden verbindungsorientierte Netze genannt.

In diesem Zusammenhang ist das Übermittlungsprinzip **ATM** (Asynchronous Transfer Mode) zu erwähnen. In den letzten Jahren wurden von verschiedenen Diensteanbietern zahlreiche lokale und regionale Glasfaser-Hochgeschwindigkeitsnetze geschaffen, deren Funktion auf ATM beruht. ATM übermittelt Pakete fester Größe (so genannte Zellen) nach Herstellen einer Verbindung auf einer beim Verbindungsaufbau reservierten Bandbreite und erlaubt eine besonders effiziente Ausnutzung der Netzwerkressourcen.

Im Gegensatz zu den verbindungsorientierten Netzen werden die zu übertragenden Daten in nicht-verbindungsorientierten (»verbindungslosen«) Netzen ungezielt mit den notwendigen Empfängerinformationen auf einen Weg geschickt, den sie sich selbst bahnen müssen. Ein solches Netz ist das **Internet.**

Fast immer werden Daten nicht als kontinuierlicher Datenstrom, sondern in **Paketen** übermittelt. Die Paketierung hat den Vorteil, dass das Netz gleichzeitig Daten mehrerer Nutzer übertragen kann, indem die von verschiedenen Absendern verschickten und für verschiedene Empfänger bestimmten Nachrichtenpakete, aus denen sich am Ende die jeweilige Gesamtinformation zusammensetzen lässt, abwechselnd verschickt werden. Die zu einer Information gehörenden Pakete müssen fortlaufend nummeriert sein, was aber nicht bedeutet, dass sie auch in dieser Reihenfolge beim Empfänger eintreffen, zumal dann nicht, wenn sie unterschiedliche Leitungswege durchlaufen haben.

Die Programme, die die Kommunikation in Netzwerken steuern, bestehen aus verschiedenen Modulen, die in einem bestimmten hierarchischen Verhältnis zueinander stehen. Diese Hierarchie wird als **Schichtenmodell** bezeichnet. Vor dem Versand durchläuft jedes Datenpaket die verschiedenen Schichten, die ihm jeweils Informationen hinzufügen, die für die Zustellung, Identifizierung, Einsortierung und Entschlüsselung des Pakets beim Empfänger notwendig sind, wo dieselben Schichten in umgekehrter Reihenfolge wiederum durchlaufen werden müssen. Das ISO-Referenzmodell ist das **OSI-Schichtenmodell** (Open System Interconnection), das sieben Schichten beinhaltet, in dieser Form aber praktisch nicht durchgeführt wird. Die Schichten folgen bestimmten, jeweils unterschiedlichen Protokollen; Schichten und Protokolle bilden die so genannte **Protokollarchitektur.**

Ein wichtiges Netzwerkprotokoll ist **TCP/IP** mit **TCP** (Transmission Control Protocol) als das für die fehlerfreie Paketzustellung zuständige Protokoll der 4. OSI-Schicht und **IP** (Internet Protocol) als das für die Paketübertragung zuständige Protokoll der 3. OSI-Schicht.

Jedes an das Internet angebundene Gerät benötigt, um gezielt angesprochen werden zu können, eine eigene Internetadresse (IP-Adresse). Da das **Internet Protocol Version 4 (IPv4)** »nur« etwa 4 Milliarden Adressen möglich macht, wurde schon 1998 die Einführung von IPv6 beschlossen. Damit sind 2^{128} (< 340 Sextillionen $= 3{,}4 \cdot 10^{38}$) Adressen möglich, es ist also keine erneute Verknappung zu befürchten. Selbst wenn sich das »Internet der Dinge« und »smarte« Technologien so weit durchsetzen, dass jeder Eierkocher und jeder Autoschlüssel eine eigene IP-Adresse haben müssen, reichen die Adressen mit IPv6 in jedem Falle aus. Allerdings bedingt die Umstellung der Netzwerke auf **IPv6** umfangreiche Umstellungen von Hard- und Software, weshalb die Umsetzung vielfach auf den spätest möglichen Zeitpunkt verschoben wird.

Die »Übersetzung« von Domainnamen in die jeweils zugehörigen IP-Adressen leistet das **Domain Name System (DNS),** ein Verzeichnisdienst, der den Namensraum des Internet verwaltet. Ähnlich wie ein Telefonnetz, das in durch Vorwahlnummern definierte Unternetze eingeteilt ist, wobei innerhalb verschiedener dieser Unternetze durchaus gleiche Teilnehmernummern vergeben sein können, ist auch der Namensraum des Internet in Zonen eingeteilt. Jede Zone kennzeichnet den **Nameserver** und damit vorrangig die Software, die die Namensauflösung – also die Übersetzung in eine IP-Adresse – letztlich leistet.

Zur Übertragung werden Daten häufig **komprimiert,** um so die Bandbreite des Übertragungskanals besser ausnutzen zu können. Ein übliches Verfahren ist die Identifizierung von sich wiederholenden Mustern **(Redundanzen),** die anschließend nur einmal, zusammen mit der Wiederholrate, abgespeichert werden. Ein anderes, vor allem bei der Übertragung von Audiodaten angewandtes Verfahren reduziert die Ursprungsinformation auf ihre wahrnehmbaren Anteile. Zusammen mit den codierten Daten muss in jedem Fall neben anderen Formatinformationen die Information mit übertragen werden, ob und mit welchem Verfahren die Daten komprimiert wurden.

Übertragungstechniken in Weitverkehrsnetzen sind

- **Analoge Übertragung** im ursprünglich ausschließlich für die Sprachübermittlung konzipierten und genutzten zweiadrigen Fernsprechnetz; sie erfordert die Umsetzung digitaler Computersignale in analoge Signale mittels eines Modems (Modulator/Demodulator) beim Sender wie beim Empfänger. Analoge Anschlüsse sind in Deutschland gänzlich durch VoIP abgelöst.
- **ISDN** (Integrated Services Digital Network): ISDN erhöhte nicht nur die Geschwindigkeit, sondern auch die Robustheit der Datenübertragung, weil Sprache nicht mehr als elektrische Schwingung, sondern digitalisiert (in Form einzelner Bits) und damit störungsfrei übermittelt wurde. ISDN bot erstmals Komfortdienste wie die Anruferanzeige über Display, Anklopfen, Makeln (Rückfragen/Vermitteln), Konferenzen usw. und den Anschluss von bis zu 12 verschiedene Endgeräten (z. B. Telefone, Telefonanlagen, PC) und bis zu 10 Rufnummern, wobei jedoch nur maximal zwei Verbindungen gleichzeitig möglich waren. Für größere Betriebe standen Primärmultiplexanschlüsse zur Verfügung, die bis zu 30 Verbindungen gleichzeitig erlaubten.

  Inzwischen ist die Telefonie in Deutschland auf **Internettelefonie (Voice over IP,** kurz **VoIP)** umgestellt und die herkömmliche Telefontechnik überflüssig geworden. Der ISDN-Dienst der Telekom ist eingestellt; andere Dienste wollen spätestens 2022 folgen.
- **DSL** (Digital Subscriber Line): DSL-Anschlüsse bieten die Möglichkeit, Daten erheblich schneller als mit ISDN zu übertragen. Die Leistungen der DSL-Anschlüsse unterscheiden sich von Anbieter zu Anbieter, auch ist die Verfügbarkeit in Deutschland noch nicht überall sichergestellt. Je mehr sich das Internet als Multimediaplattform zur Übertragung immer größerer Datenmengen etabliert, desto nötiger werden aber schnelle DSL-Verbindungen. In Deutschland sind überwiegend asymmetrische DSL-Anschlüsse **(ADSL)** realisiert, d. h. die Upstream-Geschwindigkeit, in der Daten versandt werden, ist geringer als die Downstream-Geschwindigkeit beim Datenempfang – beim symmetrischen DSL **(SDSL)** sind beide Geschwindigkeiten gleich. Höhere Geschwindigkeiten bis 100 Mbit/s werden mit **VDSL-2** (Very High Speed Digital Subscriber Line) erreicht.
- **VPN** (Virtual Private Network): Hierunter ist die Nutzung der öffentlichen, nicht abhörgesicherten Leitungen des Internet zum Aufbau einer verschlüsselten Verbindung zwischen zwei Punkten zu verstehen. Dazu wird über Internet eine Verbindung vom Client zum gewünschten VPN-Server aufgebaut. Ein Vorteil dieses Vorgehens ist die mögliche Kostenersparnis gegenüber Standleitungen. Die Übertragungsgeschwindigkeit wird limitiert durch die verfügbare DSL-Verbindung.

Kupfer vs. Glasfaser

Ein schneller Internetzugang setzt voraus, dass die verwirklichte Netzwerktechnik eine hohe Datenübertragungsrate ermöglicht. Wenn heute von **Breitbandausbau** die Rede ist, wird darunter in Deutschland eine Datenübertragungsrate von mehr als 256 kbit/s verstanden. Nach dieser Definition verfügen mehr als 96 % der privaten Internetanschlüsse über Breitband; im internationalen Vergleich ist die Internetgeschwindigkeit in Deutschland aber nur als mäßig einzustufen (zum Vergleich: z. B. in USA und Südkorea gelten für dortiges Breitband Datenübertragungsraten im Mbit-Bereich). Auch wenn heute umfangreich **Glasfaserkabel** verlegt werden, scheitert »schnelles Internet« häufig an der »letzten Meile« vom Kabelkasten an der Straßenecke bis in die einzelnen Häuser: Dort liegen häufig uralte **Kupfer-Telefonkabel,** die die Datenübertragung ausbremsen.

19.1.2.2 Datenübertragung in lokalen Netzen

19.1.2.2.1 Lokale Kabelnetze

In lokalen Netzen gebräuchliche Übertragungsmedien sind Kabel mit paarweise verseilten Adern **(Twisted-Pair-Kabel)** aus Kupfer sowie für bestimmte Einsatzzwecke auch **Glasfaserkabel.**

Ein Unternehmen wird eigene Verkabelungen im Allgemeinen nur innerhalb eines Standorts zwischen Gebäuden, innerhalb der Gebäude zwischen den Etagen und auf den einzelnen Etagen vornehmen, während die Verbindung zwischen ortsfernen Standorten über angemietete Kabelverbindungen erfolgt. Planungssicherheit bei der Anlage eigener Verbindungen von Gebäuden (**Geländeverkabelung,** »Campus Wiring«, Primärverkabelung), von Gebäudestockwerken (**Gebäudeverkabelung,** Sekundärverkabelung) und von Stationen (bzw. Telekommunikationsanschlussdosen) auf den einzelnen Stockwerken mit dem jeweiligen Etagenverteiler (**Etagenverkabelung,** Tertiärverkabelung) schafft die Beachtung der Vorgaben der DIN EN 50173 (internationale Entsprechung: ISO/IEC 11801).

Für die Anbindung verschiedener Standorte werden üblicherweise Hochgeschwindigkeitsverbindungen von Diensteanbietern als Standleitung angemietet. Diese Verbindungen, zu denen nur befugte Teilnehmer Zugang haben, bieten eine wesentlich höhere Datensicherheit als Verbindungen über Internet.

Zugriffe über Internet auf interne Daten werden durch undurchdringliche Sicherheitsvorkehrungen, so genannte **Firewalls** (vgl. Abschn. 16.2.3.4.1), verhindert.

19.1.2.2.2 Lokale Funknetze

Neben der Datenübertragung über Kabel ist auch eine kabellose Vernetzung mittels Funktechnik (**W-LAN** – Wireless LAN) möglich. Die Übertragungsgeschwindigkeit in W-LAN bleibt derzeit noch hinter derjenigen von Kabelnetzen zurück. Bei der Einrichtung von W-LAN ist große Aufmerksamkeit auf die **Abhörsicherheit** zu richten. Hierzu und zur technischen Umsetzung finden sich ausführliche Darstellungen in Abschnitt 16.2.3.4.2.

Weite Verbreitung erfährt inzwischen auch die Kurzstrecken-Funktechnik **Bluetooth,** die z. B. eingesetzt wird, um periphere Geräte wie Tastatur, Maus oder Digitalkamera mit PC oder Notebook zu verbinden oder ein Mobiltelefon mit einem Headset. Sichtkontakt ist dabei nicht erforderlich, aber die Reichweite ist auf einige Meter beschränkt.

Andere technische Realisierungen der kabellosen Übertragungen bieten Laser- und Infrarottechnik, die aber direkten oder – bei Infrarotübertragung – wenigstens indirekten Sichtkontakt (durch Reflektion oder Streulicht) erfordern.

Im Bereich der Telefonie ist neben dem Mobilfunk auch die Nutzung schnurloser Telefone, deren Basisstation an das Festnetz angeschlossen ist, üblich.

19.1.2.3 Physikalische und logische Topologien in lokalen Netzen

Bezüglich der Lage und Anordnung (»physikalische Topologie«) der Geräte und der in ihnen praktizierten Zugriffsverfahren (»logische Topologie«) können die folgenden Unterscheidungen getroffen werden:

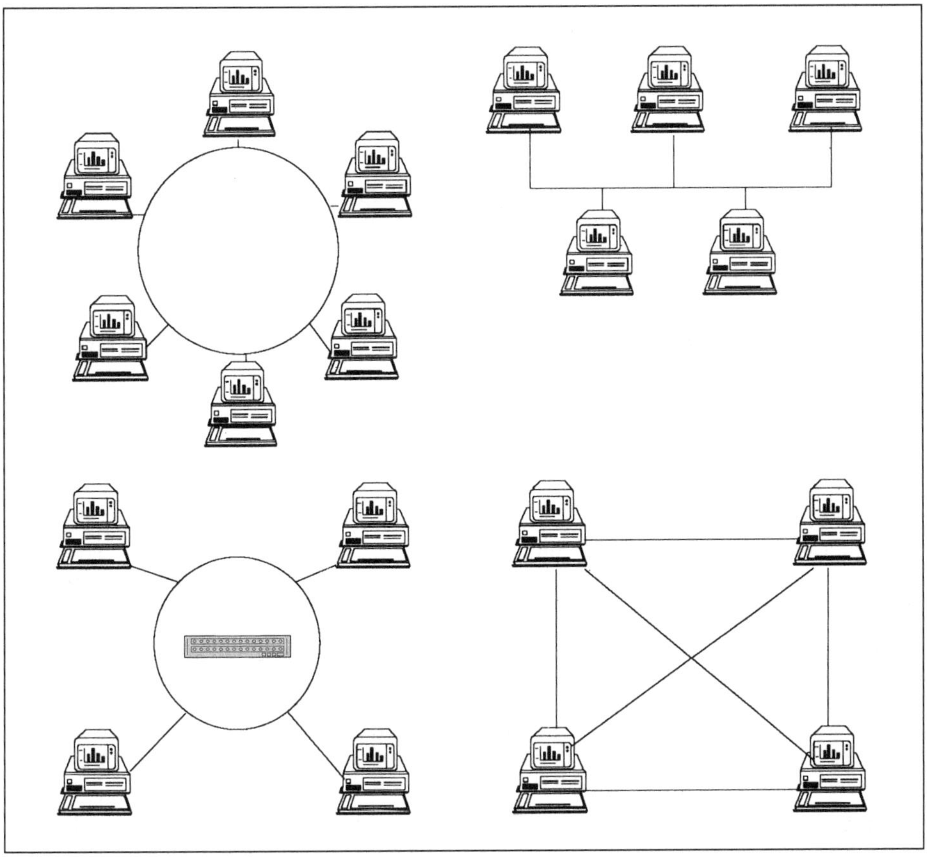

Netzwerke: a) Ring-Netzwerk, b) Bus-Netzwerk, c) Stern-Netzwerk, d) vermaschtes Netzwerk

- **Ring-Netzwerke:** Jeder Rechner kann mit jedem anderen Rechner kommunizieren, wobei die über das Netz gesendeten Daten, die sich nur in einer Richtung ausbreiten, zunächst von dem dem Sender nächstgelegenen Rechner empfangen und daraufhin überprüft werden, ob sie für ihn bestimmt sind. Ist dies nicht der Fall, erfolgt die Datenweitergabe an den nächsten Rechner, bis der vorgesehene Empfänger erreicht ist. Die Berechtigung zum Senden geht reihum von Station zu Station. Dieses Zugriffsverfahren heißt »Token Passing«; es folgt dem Prinzip »listen before talking«. Auf dem Token-Ring-Prinzip basiert **FDDI** (Fiber Distributed Data Interface), eine standardisierte Struktur zur Verbindung von Netzsegmenten unter Verwendung von Glasfaserkabel.
- **Bus-Netzwerke:** Verschiedene Geräte werden an ein Hauptkabel angeschlossen, über welches jegliche Kommunikation stattfindet. Alle Stationen – auch diejenigen, für die die Nachricht nicht bestimmt ist – haben Zugriff zu den auf den Bus geschickten Daten. An den Enden eines Buskabels müssen Abschlusswiderstände angebracht werden, die verhindern, dass ausgesendete Daten, die sich im Kabel in beide Richtungen ausbreiten, am Kabelende reflektiert werden, zurücklaufen und die Datenübertragung stören. Zur Vermeidung von Datenkollisionen und -zerstörungen durch gleichzeitiges Senden von mehreren Stationen wird das Zugriffsverfahren **CSMA/CD** (Carrier Sense Multiple Access with Collision Detection) praktiziert, das sicherstellt, dass alle Stationen ihre Sendeversuche einstellen, sobald eine Station eine Sendung begonnen hat.

- **Stern-Netzwerke:** Alle angeschlossenen Rechner sind mit einem zentralen Verteiler verbunden, der jede Sendung entgegennimmt, die Verbindung zum Empfänger herstellt und die Daten weiterleitet. Die Endgeräte sind in diesem Netz nicht untereinander verbunden. Der Ausfall einer einzelnen Endgeräts bleibt daher ohne Folgen für alle anderen Teilnehmer. Der Netzverkehr hängt allein von der Funktion des zentralen Verteilers ab, weswegen eine redundante Installation Sinn macht.
- **Erweitertes Stern-Netzwerk** (Stern-Stern-Topologie): Dabei werden mehrere Stern-Netzwerke miteinander dadurch verbunden, dass ihre jeweiligen zentralen Verteiler wiederum mit einem Verteiler verbunden sind. Eine Unterart dieser Vernetzung ist die **Baum-Topologie,** bei der ein Verteiler die »Wurzel« bildet, von der aus sich das Netzwerk verästelt und verzweigt.
- **Vermaschte Netzwerke:** Zwischen allen beteiligten Rechnern bestehen Direktleitungen. Da der Verkabelungsaufwand sehr hoch ist, finden diese Art Netzwerke kaum Anwendung.

Das früher sehr oft anzutreffende Bus-Netzwerk wird mittels Koaxialkabel realisiert. Der Vorteil ist, dass der Bus an jeder Stelle aufgetrennt werden kann, um neue Rechner in das Netz zu integrieren. Dies erfolgt durch T-Stücke, die das Netzwerkkabel mit den Netzwerkkarten verbinden. Dies ist jedoch auch der Hauptnachteil dieser Technik: Wird ein Rechner aus dem Netzwerk entfernt, so legt das nun »offene« T-Stück das gesamte Netz lahm. Unterbrechungen oder Beschädigungen des Netzwerkkabels betreffen stets das gesamte Netzwerk und machen dieses also recht störanfällig.

Heute installierte Netzwerke werden als **Stern-Stern-Netzwerke** ausgeführt. Selten wird dabei jeder Arbeitsplatz über das Netzwerkkabel direkt mit dem Server verbunden; meist sind mehrere Rechner an einen Hub oder Switch angeschlossen. Diese sternförmigen Netzwerksegmente sind dann wiederum sternförmig mit dem Server verbunden. Als Leitung zu den einzelnen Rechnern dient dabei meist Kupferkabel, für die Verbindung zwischen Switch und Server verwendet man Kupfer- oder Glasfaserkabel.

Ein **Hub** ist eine Art »Mehrfachsteckdose« für Netzwerkkabel, die über als Ports bezeichnete Anschlüsse die Datenpakete an alle angeschlossenen Rechner weitergibt. Auf diese Art entsteht eine Struktur, die logisch als Bustopologie anzusehen ist. Hubs übernehmen heute durchweg die Aufgabe der früher separat in Netzwerken vorzusehenden Verstärker (Repeater), d. h. sie leiten die empfangenen Signale verstärkt weiter und sind in diesem Sinne »Multiport-Repeater«.

Im Gegensatz zum Hub liest ein **Switch** jeden ankommenden Datensatz und leitet ihn nur an den Rechner weiter, an den er adressiert ist. Im Gegensatz zur art-, aber nicht funktionsähnlichen **Bridge** (s.u.) kann ein Switch mehr als zwei Teilnetze miteinander verbinden; dementsprechend verfügt er über eine höhere Anzahl an Anschlüssen **(Ports),** weswegen er oft auch als Multiport-Bridge bezeichnet wird. Im Inneren eines Switch sind die Ports mit einem als **Backplane** bezeichneten Hochgeschwindigkeitsbus verbunden.

Ethernet

Die heute bei lokalen Netzwerken am weitesten verbreitete Technologienorm ist Ethernet. Diese Anfang der siebziger Jahre von der Firma Xerox entwickelte Bustechnologie verwendete starke Koaxialkabel (»**10Base-5**«, auch »**Thick Ethernet**« oder »**Yellow Cable**« genannt), die später durch dünnere Koaxialkabel RG-58 (»**10Base-2**«, auch »**Thin Ethernet**«, »**Cheapernet**«) ersetzt wurden. Beide Arten von Kabel bedingten Einschränkungen bei der maximalen Länge und der Anzahl der anschließbaren Stationen, weswegen 1990 ein neuer Standard **(»10Base-T«)** verabschiedet wurde, nach dem Ethernet nunmehr als »logischer Bus« über einen physikalischen Stern bei symmetrischer UTP- oder STP-Verkabelung (Unshielded bzw. Shielded Twisted-Pair) unter Verwendung von RJ-45-Steckern und zentralen aktiven Hub (Multiport-Repeatern) ausgelegt war. Weitere Entwicklungsschritte waren »Fast Ethernet« (»10Base-F«) mit Glasfaserkabel und der heute gebräuchliche **»10-Gigabit-Ethernet«**-Standard.

Server

Zum schwer zu greifenden Begriff des »Servers« wurde zuvor bereits dargelegt, dass hierunter kein »Gerät«, sondern eine Leistung zu verstehen ist, die von einem Computerprogramm erbracht wird, das auf einem oder mehreren Rechnern ausgeführt wird. Im unternehmensinternen »Rechenzentrum« (das je nach Größe des Unternehmens oft nur aus einem oder mehreren Racks voller technischer Gerätschaften besteht und nur wenige Quadratmeter beansprucht) kann »der Server« aber genau dort verortet werden. In kleinen Netzwerken befindet er sich vom grundsätzlichen Aufbau her in einem normalen PC (der durchaus mehrere Betriebssysteme beherbergen und auch als Arbeitsplatz genutzt werden kann). Er dient der Verbindung der Rechner untereinander und mit Peripheriegeräten wie Druckern als auch mit externen Netzen wie dem Internet, vor allem aber der zentralen Speicherung und Sicherung der Daten. Zugriffe der Nutzer auf bestimmte Netzwerk-Ressourcen können vom Netzwerkverwalter **(Administrator)** durch die Vergabe von Berechtigungen mit Hilfe moderner Betriebssysteme beschränkt und sehr detailliert geregelt werden. Der dazu nötige Konfigurationsaufwand setzt aber erhebliches Fachwissen voraus.

Ein Netzwerk muss aber nicht zwangsläufig serverbasiert sein: Ebenso möglich ist eine Vernetzung gleichberechtigter Rechner, deren Nutzer für die Freigabe und Sicherheit ihrer Datenbestände selbst zuständig sind **(Peer-to-Peer-Netz).**

19.1.2.4 Verbindungen mit und in externen Netzen

Router

Komplexe Netze wie das Internet basieren auf dem Verfahren des **Routing:** Dabei werden Datenpakete zwischen verschiedenen Netzen weitergeleitet, wobei ihr Weg nicht von vornherein feststeht, sondern erst gefunden wird, während das Paket bereits unterwegs ist. Dieses Verfahren erfordert Verbindungsrechner, so genannte Router, die die Datenpakete anhand ihrer Adresse zum Zielrechner weiterleiten, wobei diese Weiterleitung zu anderen Routern oder über **Gateways** in andere Netze erfolgen kann. Der Router »entscheidet« selbst über den dabei einzuschlagenden Weg, wobei er sich der mit anderen Netzen ausgetauschten Informationen bedient. Das Routing-Verfahren kommt nicht nur im Internet, sondern auch an der Schnittstelle zwischen dem lokalen Netz und dem Internet zum Einsatz, indem der Router erkennt, ob eine Datenübertragung im lokalen Netz oder via Internet erfolgen soll.

Backbones und Netzverbindungen

Hochleistungsnetze aus Breitband-Datenleitungen, an die wiederum weitere (LAN- und WAN-)Netze und Geräte angeschlossen werden können, werden als **Backbone** bezeichnet. Sie verwenden Hochgeschwindigkeitstechnologien wie **ATM** (vgl. Abschn. 19.1.2.1) und **Gigabit-Ethernet** (s. o.) oder den für Ringtopologien geschaffenen Standard **FDDI** (Fiber Distributed Data Interface). Die Verbindung von Teilnetzen heißt **Bridge,** wobei MAC-Bridges und LLC-Bridges (letztere mit der Fähigkeit, Teilnetze mit unterschiedlichen Zugriffsverfahren wie **CSMA/CD** und **Token Passing** – s. o. – zu verbinden) unterschieden werden. Der Datenaustausch zwischen Netzen mit unterschiedlichen Protokollen und Adressierungen erfolgt über Gateways.

19.1.2.5 Cloud Computing

Bereits in Abschnitt 16.2.3.2 war von Clouds die Rede: Dort ging es um die Auslagerung der Datensicherung und die Unterscheidung zwischen Private Cloud und Public Cloud.

Die Möglichkeiten des Cloud Computing gehen jedoch über die Nutzung der Cloud als Datenablageplatz hinaus. Unterschieden werden dabei die folgenden Modelle, die von Serviceanbietern kommerziell angeboten werden:

- **Infrastructure as a Service (IaaS):** In diesem einfachsten Cloud-Modell stellt der Serviceanbieter dem Kunden Rechner- oder Speicherkapazität zur Verfügung. Der Kunde muss keinen eigenen Server und keine Massenspeicher unterhalten, sondern nutzt sie nach Bedarf. Einer der derzeit führenden Anbieter ist Amazon Web Services mit einer Reihe von Diensten, von denen EC2 (Elastic Compute Cloud) als virtueller Service bei zeitgenauer Abrechnung ohne feste Vertragslaufzeit und S2 (Simple Storage Service) als Speicherservice (Filehosting) mit verbrauchsbezogener Abrechnung die wichtigsten sind.
- **Platform as a Service (PaaS):** Der Cloudanbieter stellt eine Plattform für die Entwicklung und spätere Anwendung von Webanwendungen zur Verfügung. Aktuelle bekannte Angebote sind SAP Cloud Platform, Microsoft Azure und Google App Engine.
- **Software as a Service (SaaS):** Der Cloudanbieter stellt den Kunden Software zur Verfügung, für die keine Lizenzen erworben werden müssen; vielmehr wird die Nutzung abgerechnet. Ein Beispiel ist Microsoft Office 365, ein in verschiedenen Tarifmodellen erhältliches Abonnement auf unterschiedliche Konfigurationen des MC-Office-Büropakets.

Die Gesamtheit dieser und ggf. weiterer Services wird auch als **XaaS** oder EaaS (Everything as a Service) bezeichnet.

Durch die genannten Services können unter Umständen **erhebliche Ersparnisse** realisiert werden: Investitionen in IT-Komponenten und Kosten für Wartung und Reparatur entfallen, der Raumbedarf reduziert sich, und Personalkosten fallen geringer aus (wenn auch auf IT-Personal nicht verzichtet werden kann, da eine Nutzerunterstützung im Betrieb nach wie vor erforderlich ist). Zugleich werden die technischen Risiken auf den Cloud-Anbieter verlagert.

Ein weiterer Vorteil ist, dass **neue Bedürfnisse,** etwa hinsichtlich bisher nicht benötigter Software, und **erweiterte Kapazitätsanforderungen** problemlos befriedigt werden können. Vor diesem Hintergrund sollten Cloud-Lösungen immer als Alternative zur Vorhaltung der gesamten IT im eigenen Hause geprüft werden.

Clouds können entweder in Eigenregie (**»on Premises«** mit eigener Rechner- und Speicherkapazität) betrieben oder über einen Dienstleister **(»off Premises«)** realisiert werden. Eine Mischform aus beiden Betreibermodellen wird als hybride Cloud bezeichnet, aber auch dieser Begriff wird nicht einheitlich verwendet: Er steht auch für eine Cloud, die teils öffentlichen Zugriff ermöglicht **(Public Cloud)** und teils vertraulich ist und nur intern genutzt werden kann **(Private Cloud).**

19.1.3 Kosten-Nutzen-Analyse

Der Kosten- und Zeitdruck, dem die Betriebe in immer stärkerem Maße ausgesetzt sind, zwingt sie in allen Arbeitsbereichen zur Elimination überflüssiger oder doppelter Arbeiten. Es gilt zunehmend,

- überflüssige Wege zu sparen,
- doppelte Dateneingaben zu vermeiden,
- die Flut an Papier, das gedruckt, befördert und verwaltet werden muss, einzudämmen,
- Informationen zielgerichteter und schneller zu erlangen und weiterzugeben und
- den Aussagewert gespeicherter Daten durch verfeinerte Auswertungsverfahren weiter zu steigern.

Diese Ziele können nur durch eine weitere Vernetzung der Arbeit erreicht werden, wie sie an früherer Stelle bereits am Beispiel der **PPS-**(Produktionsplanungs- und -steuerungs)-Systeme dargestellt wurde. Die Vernetzung von Arbeitsplätzen ist heute auch für kleinste Betriebe selbstverständlich, da die Vorteile eines LAN gegenüber Einzel-PC als Insellösungen wirtschaftlich unübersehbar sind:

Neben der Möglichkeit zur gemeinschaftlichen Nutzung von **Peripheriegeräten** wie Drucker, Scanner, Fax usw. sind diese Vorteile vor allem in Arbeitserleichterungen zu sehen:

- Von den verschiedenen Arbeitsplätzen kann auf einen zentralen Datenbestand zugegriffen werden.
- Arbeitsplätze können Daten und Nachrichten untereinander papierlos austauschen.
- Unternehmensprozessorientierte Programme (z. B. ERP, PPS, vgl. Abschn. 4.6) können überhaupt nur in vernetzten Systemen eingesetzt werden.
- Datensicherungen sind vereinfacht durchführbar und zentral steuer- und kontrollierbar.
- Die Einhaltung von Datenschutzbestimmungen ist besser kontrollier- und nachweisbar.
- Arbeitsplatzrechner können von einem zentralen Platz aus ferngewartet werden.

Unter dem Sammelbegriff »**Groupware**« sind heute EDV-Programme erhältlich, die für die Koordination der Arbeitsabläufe und der Terminplanung von Arbeitsgruppen konzipiert sind. Sie regeln beispielsweise den Zugriff auf Dokumente und deren Bearbeitungsreihenfolge, zeigen den Bearbeitungsstatus von Vorgängen an, verwalten gemeinsame Datenbestände, führen einen Gruppen-Terminplaner und ermöglichen die Kommunikation der Gruppenmitglieder über den Bildschirm.

Ohne Frage ist die Einrichtung und Pflege von Netzwerken auch mit Kosten verbunden: Jedoch fallen Investitionen in Hardware heute weniger ins Gewicht als zu Beginn des IT-Zeitalters; Ausgaben für Server-Hard- und -software wie auch für Anwendersoftware und Plattformen können über Cloudlösungen verringert werden, und die Vernetzung selbst ist praktisch alternativlos. Für die Installation, Wartung und Administration der in ihrer Komplexität für Laien kaum noch erfassbaren Systeme sind allerdings hoch versierte und spezialisierte Experten unerlässlich, deren Beschäftigung bzw. Inanspruchnahme dauerhafte Kosten verursacht. Auch aus Gründen der Datensicherheit und des Datenschutzes kann auf eine sorgfältige Einrichtung und Betreuung des IT-Netzes aber keinesfalls verzichtet werden.

Bezüglich der Kosten-Nutzen-Erwägung gilt für die Entscheidung für ein Kommunikationskonzept ansonsten grundsätzlich das in Abschnitt 17.1.4 Gesagte.

19.2 Auswählen, Einsetzen und Anwenden aktueller Kommunikationssysteme und -dienste im betrieblichen Leistungsprozess

19.2.1 Auswahl von Kommunikationssystemen und -diensten

Welche Kommunikationssysteme und -dienste für den Einsatz im Unternehmen in Betracht gezogen werden, hängt vorrangig von folgenden Kriterien ab:

- Einsatzbereich und Zweckbestimmung,
- Verfügbarkeit,
- zu übertragende Datenmengen,
- Art der Datenerfassung und -verarbeitung,
- Anzahl und Ort der einzubeziehenden Stationen,
- Anforderung an die Übertragungsgeschwindigkeit,
- Vertraulichkeit der zu übertragenden Daten,
- Art der Datenübertragung,
- Bedarf an bestimmten Dienstleistungen.

In den folgenden Ausführungen, die exemplarisch mehrere Bedarfsfälle untersuchen, werden einige diese Kriterien aufgegriffen und näher erläutert.

19.2.1.1 Auswahl nach Einsatzbereichen

Ein wesentlicher Einsatzbereich für Kommunikationstechnik ist »das Büro« als Ort, in dem überwiegend Verwaltungsarbeiten erledigt werden und Dokumentieren, Korrespondieren, Archivieren und Kommunizieren zu den Haupttätigkeiten gehören.

Alle dort in Zusammenhang mit der Verarbeitung und Weitergabe von Informationen erbrachten Leistungen werden heute unter dem Begriff der **Bürokommunikation** zusammengefasst.

Deren Schwerpunkte sind heute

- **Dokument**-Erstellung, -Bearbeitung und -Verwaltung: EDV-gestützt erstellte Texte, Tabellen, Formulare, Diagramme und Grafiken werden gespeichert, gedruckt, weiterbearbeitet oder wiederverwendet, versandt, archiviert, geordnet, zusammengestellt und vervielfältigt. Als Kommunikationsdienst spielt hier E-Mail eine besondere Rolle. Häufig werden hierfür in Betrieben Programme eingesetzt, die neben der reinen E-Mail-Abwicklung die interne Kommunikation, Information und Planung unterstützen.

  Beispiel:
  Das für die E-Mail-Verwaltung häufig eingesetzte Programm MS-Outlook bietet außerdem Funktionen zur Adress- und Terminverwaltung. Durch die Erweiterung um die Software MS-Exchange Server werden diese Funktionen der Arbeitsgruppe zur Verfügung gestellt. Auf diese Weise wird der Nachrichtenaustausch erleichtert und der Zugriff auf gemeinsame Adressverzeichnisse und Terminkalender ermöglicht.

- **Information:** Informationen werden eingeholt oder weitergegeben, Informationsquellen oder -empfänger können Menschen oder EDV-gestützte Medien sein. Unverzichtbar in vielen Bereichen ist heute das Internet, das in vielen Betrieben heute allen Mitarbeitern vom Arbeitsplatz aus zugänglich ist.
- **Kommunikation:** Informationen, Daten und Dokumente werden wegesparend unter weitgehendem Einsatz von Telekommunikations-Technologie weitergegeben. Neben dem erwähnten Austausch von Informationen und Nachrichten innerhalb von Arbeitsgruppen sind hier **Online-Videokonferenzen** und **Telefonie** – in zunehmendem Maße auch als **VoIP** (s.o.) über das Internet. Nicht auf breiter Linie durchgesetzt hat sich dagegen bislang die **Bildtelefonie.**
- **Planungen:** Termin- und sonstige Planungen werden – wie oben dargestellt – mit Hilfe elektronischer Notizbücher und Terminkalender vorgenommen.

Zur Grundausstattung eines Büros gehört heute ein lokales PC-Netzwerk mit Zugang zum Internet und eine Telefonanlage. Mit der inzwischen weiten Verbreitung schneller DSL-Verbindungen sind multifunktionale Endgeräte – vor allem Personal Computer mit Online-Zugang, die Faxbriefe und E-Mails empfangen und versenden sowie die Teilnahme am **Onlineselling, Onlinebanking** und weiteren Aktivitäten des Online-Verkehr ermöglichen – zum Standard geworden. In Verbindung mit der entsprechenden Office-Software ermöglichen sie eine multimediale Informationsaufbereitung in unterschiedlicher Form – farbig, grafisch, in bewegten Bildern, vertont oder alles zusammen.

In den sachbearbeitenden Bereichen gibt es immer mehr Aktivitäten, die den Datenaustausch mit ortsfernen Betriebsteilen, Lieferanten und Kunden im Extranet erfordern. Beispiele sind der elektronische Daten-Austausch (**EDI;** Electronic Data Interchange) Austausch von Lager-, Bedarfs- und Bestelldaten im Zuge des **Supply Chain Managements** (vgl. Lehrbuch 2, Abschn. 4.6) und in Verbindung mit Just-in-Time-Belieferung. In Zusammenhang mit E-Commerce-Aktivitäten sowohl in Hinblick auf andere Unternehmen **(»Business-to-Business« – B2B)** als auch auf Endverbraucher **(»Business-to-Customer« – B2C)** spielt die Präsenz auf virtuellen Handelsplätzen und die permanente Pflege des eigenen Internetauftritts eine immer größere Rolle, sodass auch an diesen Arbeitsplätzen ein Internetzugang unverzichtbar ist. Zum Einsatz von Kommunikationsmedien im Vertrieb sei auf die Ausführungen in Lehrbuch 2, Abschnitt 4.1.3.8.6.9 verwiesen.

Zahlreiche Kommunikationsdienstleister wie etwa die Deutsche Telekom AG halten eine Reihe von Branchenlösungen für spezielle Einsatzzwecke bereit, z. B.

- Netzwerklösungen für Kliniken, die neben einem Virtual Private Network (VPN, s. o.) auch die Bereitstellung von Telefonie- und W-LAN-Lösungen für Patienten einschließlich der Erstellung von Einzelabrechnungen **(»Billing«)** enthalten;
- Branchennetzwerke etwa für die Automobil- und Zulieferindustrie als Kommunikationsplattform zur Koordination logistischer Prozesse oder für Spediteure oder sonstige Logistik-Dienstleister;
- Branchenlösungen für das »Customer Relationship Management« **(CRM),** u. a. für Finanzdienstleister und Versicherungen

und viele mehr.

19.2.1.2 Auswahl nach Verfügbarkeit und technischer Leistung

Nicht alle Dienste sind allerorten gleichermaßen verfügbar: Besonders schnelle, breitbandige Netzverbindungen sind in Deutschland vielfach noch auf Großstädte und Ballungsräume beschränkt.

Kommunikationsintensive Unternehmen benötigen jedoch ohnehin für ihren Datenaustausch andere Lösungen als Privatkunden und Kleinunternehmen, die vertragliche Vereinbarungen mit den Bereitstellern entsprechender Netzkapazitäten voraussetzen. Diese Bereitsteller **(Provider)** sind heute nicht mehr notgedrungen identisch mit dem Netzbetreiber.

Wenn ein Bedarf an einer ständigen Verbindung zu verschiedenen Unternehmensstandorten oder zu ständigen Kommunikationspartnern besteht, können Standleitungen **(Leased Links)** gemietet werden, wobei der Preis von der zu überbrückenden Entfernung und von der Datenübertragungsrate abhängt.

Die Datenübertragungsrate (auch: **Bitrate**) bezeichnet Dateneinheiten pro Zeiteinheit in der Einheit bit/s bzw. Kbit/s und Mbit/s (für Kilobit bzw. Megabit, die Verwendung von Kleinbuchstaben bei bit/s und kbit/s und Großschreibung bei Mbit/s entspricht der üblichen Praxis). Die tatsächlich übertragene Menge an Nutzdaten wird als **Durchsatzrate** bezeichnet. Die Zeit, die zwischen dem Absenden und dem Empfang einer Nachricht vergeht, wird als **Latenzzeit** (Antwortzeit) bezeichnet; ein anderer Zeitbegriff ist die **Paketumlaufzeit** (Round Trip Time), die angibt, welche Zeit ein Datenpaket vom Absender zum Empfänger und wieder zurück zum Absender benötigt.

Großunternehmen werden im Allgemeinen an leistungsfähigen, datendurchsatzstarken und sicheren Verbindungen zum Festpreis interessiert sein. Hier stehen Angebote mit hohen Übertragungsraten bereit.

Eine vergleichsweise preisgünstige Lösung war die Datenübertragung mittels **DATEX-P**. Dieser Dienst wurde jedoch Ende 2018 eingestellt. Heute weit verbreitet sind Lösungen über DSL-Anschlüsse mit VPN-Tunneln.

19.2.2 Einsatz von Kommunikationssystemen und -diensten

Der Einsatz der ausgewählten Systeme und Dienste setzt das Vorhandensein der erforderlichen Verbindungstechnik voraus. Auf technische Erfordernisse wurde vorstehend bei der Erläuterung der verschiedenen verfügbaren Netze und Dienste bereits eingegangen.

Erforderliche Aktivitäten sind

- Abklärung der Verfügbarkeit bestimmter Leitungsverbindungen und -dienste (etwa DSL, breitbandiges City-Netz),
- Einholung von Angeboten verschiedener Provider und Abschluss von Verträgen über die Bereitstellung von Netzkapazitäten und ggf. Teilhabe an bestimmten Branchenangeboten,
- Planung und Realisierung der Verkabelung bzw. Einrichtung von Funknetztechnologie im Unternehmen,
- Anschaffung und Installation der erforderlichen Hard- und Software.

19.2.3 Anwendung von Kommunikationssystemen und -diensten

19.2.3.1 E-Procurement

Industrielle Beschaffung wird heute häufig über das Internet angebahnt und durchgeführt. Beim so genannten E-Procurement (elektronische Beschaffung) als Element des E-Commerce (elektronischer Handel) werden – je nachdem, von welcher Seite die Initiative ausgeht – folgende Systeme unterschieden:

- Lieferantensysteme (Sell-side-Systeme): Der Lieferant unterhält die Plattform, über die der Kunde im Rahmen der angegebenen Verfügbarkeiten zu den angegebenen Preisen bestellen kann;
- Beschaffersysteme (Buy-side-Systeme): Der Einkäufer gibt seinen Bedarf an und schreibt dabei entweder Konditionen vor oder initiiert ein »negatives Bietungssystem«, in dessen Rahmen sich interessierte Lieferanten um den Kontrakt bewerben;
- Virtuelle Marktplätze (Many-to-many-Systeme), auf denen sich sowohl Lieferanten als auch Einkäufer vorstellen, ihre Offerten unterbreiten und Kontakt aufnehmen können.

E-Procurement ermöglicht somit

- die Suche nach geeigneten Lieferanten über Lieferantenportale, über direkte Webseitenbesuche oder Beauftragung von Dienstleistungen, die diese Aufgabe übernehmen;
- die Ausschreibung der eigenen Bedarfe auf Ausschreibungsplattformen;
- Produkt- und Preisvergleiche auf virtuellen Marktplätzen;
- die direkte Abwicklung der Beschaffung.

Zur Unterstützung dieser Funktionen wurden Standards für das E-Business geschaffen, z. B. Klassifikationsstandards für die einheitliche Kennzeichnung und Beschreibung von Produkten, Standards zur Vereinheitlichung und Übernahme von Katalogdaten und zum automatisierten Austausch von Geschäftsdokumenten. Spezialisierte Dienstleister bieten Unterstützung bei der Einrichtung von IT-gestützten, auf die internen Geschäftsprozesse aufsetzenden Beschaffungssystemen an.

E-Procurement verspricht verbesserte Markttransparenz, verkürzte Bestellprozesse und Personalkostenersparnisse.

19.2.3.2 Weitere internetbasierte Anwendungen

Auf weitere, insbesondere internetbasierte Anwendungen wurde bereits an vielen Stellen eingegangen. Zu nennen (und ggf. zur Wiederholung empfohlen) sind insbesondere

- die Ausführungen zu **E-Commerce** und Webpräsenz in Zusammenhang mit Marketingaktivitäten,
- Darstellungen des **Supply Chain-Managements** in den Bereichen der Material-, Lagerwirtschaft und Logistik,
- die ausführliche Darstellung zur **»Industrie 4.0«** im Exkurs zu Lehrbuch 2 als Abschluss des Hauptabschnitts 4.6.

Weitere Stichwörter zu internetbasierten Nutzungen in verschiedensten betrieblichen Bereichen sind

- Virtuelle Handelsplattformen
- Preisvergleichsportale

- Influencer-Marketing
- Soziale Netzwerke
- Suchmaschinenoptimierung
- Bannerwerbung
- Re-Targeting
- Ambient Assisted Living
- Verkehrssteuerung

Damit sind die Möglichkeiten internetbasierter Nutzungen zu Kommunikationszwecken keineswegs erschöpft!

19.2.4 Dokumentation in Bezug auf Kommunikationssysteme

Dokumentation ist in Hinblick auf Kommunikationssysteme und -dienste in mehrfacher Hinsicht von Bedeutung:

- Als **Projektdokumentation,** die im Zuge des Prozesses von der Auswahl über die Entscheidung bis zur Umsetzung der im Betrieb realisierten Kommunikationslösungen mitlaufend anfällt;
- als **Beschreibung der realisierten Lösung** vor allem in technischer Hinsicht: Für diese gelten dieselben Anforderungen, die bereits ausführlich in Zusammenhang mit der Auswahl von IT-Systemen und Software in Kapitel 17 dargelegt wurden;
- als **Aufzeichnung der** im Zuge der Kommunikation **ausgetauschten Daten,** wobei die Anforderungen des Datenschutzes, insbesondere von Persönlichkeitsrechten, unbedingte Beachtung erfahren müssen (vgl. Abschn. 16.3).

C Fachübergreifender technikbezogener Prüfungsteil

Als letzter Teil der Prüfung »Technischer Betriebswirt/Technische Betriebswirtin« ist die Abfassung einer schriftlichen Projektarbeit vorgeschrieben, in deren Rahmen die – vorausgesetzten – technischen Kenntnisse mit dem neuerworbenen und im Laufe des Lehrgangs erprobten betriebswirtschaftlichen Fachwissen verknüpft werden sollen.

Die folgenden Hinweise nennen die Anforderungen und sollen bei der Themenwahl und Ausgestaltung der Projektarbeit behilflich sein. Abschließend wird die Durchführung des projektarbeitsbezogenen Fachgesprächs behandelt.

20 Projektarbeit und Fachgespräch

20.1 Die Projektarbeit im Rahmen des Lehrgangs

20.1.1 Die Bedeutung der Projektarbeit

Im Laufe eines Lehrgangs zur Vorbereitung auf die Prüfung »Technischer Betriebswirt/Technische Betriebswirtin« müssen sich die Kandidatinnen und Kandidaten mehrfach mit dem Projektbegriff, mit Projektphasen und Projektorganisation auseinandersetzen. Ausdrücklich vorgesehen ist dies im Prüfungsteil »Management und Führung« und dort insbesondere im Rahmen der Organisationslehre und der Informations- und Kommunikationstechniken. Darüber hinaus können viele weitere Inhalte – etwa die Erweiterung der Produktpalette von der strategischen Portfolio-Überlegung über die produktionstechnischen Erwägungen bis zur Finanzierungs- und Investitionsentscheidung – als Projekte aufgefasst und in entsprechende Fallbeispiele gekleidet werden.

Letzteres Beispiel verdeutlicht, dass Technische Betriebswirte dank ihrer im Lehrgang erworbenen Kenntnisse betriebswirtschaftlicher Instrumente und Methoden in der Lage sein sollen, betriebliche Probleme **ganzheitlich** zu beurteilen. Diese Fähigkeit soll zum Abschluss des Prüfungsverfahrens durch die Fertigung einer Projektarbeit nachgewiesen werden, die als Kernstück dieser Prüfung angesehen wird.

Maßgeblich für Durchführung und Inhalt des »Fachübergreifenden technikbezogenen Prüfungsteils«, bestehend aus der Projektarbeit und dem projektarbeitsbezogenen Fachgespräch, ist die aktuelle »Verordnung über die Prüfung zum anerkannten Abschluss Geprüfter Technischer Betriebswirt/Geprüfte Technische Betriebswirtin« (bei Drucklegung dieses Buches in der Fassung vom 22.11.2004, zuletzt geändert durch Art. 27 V v. 9.12.2019 I 2153) und hier insbesondere § 6.

Hinweis: In den Rechtsquellenangaben der folgenden Abschnitte wird diese Verordnung kurz als VO bezeichnet.

Der IHK-»Rahmenplan mit Lernzielen« für die Weiterbildung der »Geprüften Technischen Betriebswirte/Betriebswirtinnen« enthält Hinweise zur Projektarbeit einschließlich der formalen Vorgaben sowie zum Fachgespräch. Diese sind unbedingt zu beachten, ebenso wie diejenigen Vorgaben, die im Rahmen des Prüfungsverfahrens von den zuständigen Kammern und Prüfungsausschüssen ergehen!

Die nachfolgenden Empfehlungen zu Rahmenbedingungen, Themenwahl und Durchführung fußen auf den Vorgaben des aktuellen Rahmenplans (Erstauflage von 2006/Nachdruck November 2016), der direkt und online über den Deutschen Industrie- und Handelskammertag (www.dihk.de) bezogen werden kann und sind ergänzt um bekannte Vorgaben einiger prüfender Kammern sowie Erkenntnisse aus den langjährigen Prüfungserfahrungen der Autorin.

20.1.2 Rahmenbedingungen

Zulassung zur Projektarbeit

Die Projektarbeit ist immer letzter Teil des Prüfungsverfahrens »Geprüfter Technischer Betriebswirt/Geprüfte Technische Betriebswirtin«. Sie darf erst begonnen werden, wenn die vorangegangenen Prüfungsteile vollständig bestanden wurden (§ 3 Abs. 4 VO). Das Verfahren wird in der Praxis häufig so ablaufen, dass mit der Feststellung des Bestehens der ersten beiden Prüfungsteile, die in der Regel mit dem erfolgreich abgeleisteten situationsbezogenen Fachgespräch (§ 5 Abs. 6 VO) zusammenfällt, die Aufforderung an die Kandidaten ergeht, Themenvorschläge für die Projektarbeit einzureichen.

Themenvorschläge

»Das Thema der Projektarbeit wird vom Prüfungsausschuss gestellt und soll Vorschläge der zu prüfenden Person berücksichtigen« (§ 6 Abs. 2 S. 1 VO).

Die Prüfungsausschüsse werden im Allgemeinen gemäß der Empfehlung des DIHK zwei Themenvorschläge von jedem Teilnehmenden einfordern. Zugleich mit der Benennung eines Themas, das den in der Verordnung genannten Prüfungs- und Handlungsbereichen entsprechen muss, soll eine kurze Inhaltsangabe und eine erste Gliederung (insgesamt je Thema ca. eine DIN-A4-Seite) eingereicht werden. Die Ausschüsse sind gehalten, das Anspruchsniveau des Lehrgangs gemäß dem Rahmenstoffplan zu beachten: Dementsprechend sind zu einfache Themenvorschläge anzureichern oder abzulehnen und zu komplexe Vorschläge zu vereinfachen oder ebenfalls abzulehnen. Wird kein Themenvorschlag eingereicht oder werden beide Vorschläge durch den Prüfungsausschuss abgelehnt, ist der Bestimmung der Rechtsvorschrift, nach der Vorschläge des Prüfungsteilnehmenden berücksichtigt werden sollen, hinreichend Genüge getan: In diesem Falle wird das Thema vom Prüfungsausschuss formuliert. In der Prüfungspraxis stellt dies allerdings eine absolute Ausnahme dar.

Einreichungsfrist

Die Bearbeitungszeit für die Projektarbeit beträgt maximal 30 Kalendertage. Maßgeblich für die Feststellung der fristgerechten Einreichung bei der prüfenden Kammer ist der Poststempel bzw. – bei persönlicher Abgabe – der dort aufgebrachte Eingangsstempel. Für die Einhaltung der Frist ist der Prüfungsteilnehmende allein verantwortlich.

Eine Verlängerung der Bearbeitungszeit wird nur in seltenen Ausnahmefällen und auch dann nur für kurze Zeit gewährt! Eine unerwartete Arbeitsbelastung wird dabei als Grund kaum anerkannt, und im Falle einer Erkrankung wird sich die prüfende Stelle in der Regel nicht mit einer Arbeitsunfähigkeitsbescheinigung zufrieden geben, sondern ein ärztliches Attest verlangen. Insbesondere Anträge, die knapp vor dem Abgabetermin gestellt werden, dürften wenig Aussicht auf Erfolg haben.

Eine verspätet oder gar nicht abgegebene Projektarbeit wird mit null Punkten bewertet. In diesem Falle kann, ebenso wie bei einem vom Teilnehmenden erklärten Rücktritt von der Arbeit, eine Wiederholungsprüfung beantragt werden. In diesem Falle muss ein neues Thema bearbeitet werden (§ 11 Abs. 3 VO).

Anspruch und Formalitäten

Die Projektarbeit des »Geprüften Technischen Betriebswirts« soll nicht die Ansprüche an eine wissenschaftliche Abschlussarbeit erfüllen, d. h. sie dient nicht dem Zweck, »den Stand der Wissenschaft voranzutreiben«. Angesichts des sehr anspruchsvollen Rahmenstoffplans und der Tatsache, dass der »Geprüfte Technische Betriebswirt« neben dem für kaufmännisch vorgebildete Absolventen konzipierten »Betriebswirt IHK« die Spitze des IHK-Weiterbildungsgebäudes darstellt, wird aber ein inhaltlich wie formal hohes Niveau erwartet.

Oben wurde bereits ausgeführt, dass die Themenvorschläge »nicht zu einfach, aber auch nicht zu komplex« sein sollen. Zu einfach ist ein Vorschlag sicherlich, wenn er sich allein auf die technische Betrachtung eines Sachverhalts (Richtgröße: mindestens 50 % Betriebswirtschaft; teilweise wird von den prüfenden Kammern auch ein höherer Wert vorgegeben, z. B. »70 % kaufmännische Aspekte«) oder auf nur einen einzigen betriebswirtschaftlichen Aspekt bzw. ein einziges Instrument oder Entscheidungskriterium beschränkt. Abzulehnen sind auch Themenvorschläge, die nicht die wesentlichen Merkmale eines Projekts erfüllen. Zu komplex ist ein Thema dann, wenn es nicht möglich erscheint, die wesentlichen Aspekte in einer Arbeit von ca. 30 Seiten Umfang, die innerhalb von 30 Kalendertagen erstellt werden soll, darzustellen.

Bei der Themenauswahl sollte insbesondere die »ganzheitliche Beurteilung eines betrieblichen Problems« angestrebt werden. Einige Beispiele für Projektthemen, zu denen in der Vergangenheit bereits Arbeiten verfasst wurden, sind in Abschnitt 20.1.3.1 wiedergegeben.

Die Anforderungen an die Form der Projektarbeit sind im Anhang des IHK-»Rahmenplans mit Lernzielen« aufgeführt, der auch zahlreiche allgemeine Hinweise enthält. Die Lektüre der dortigen Ausführungen wird dringend empfohlen!

Die wichtigsten formalen Anforderungen sind hier kurz zusammengefasst und auf Basis der Empfehlungen, die einige Kammern online über das Internet bereitstellen, ergänzt. Letztere Ergänzungen sind kursiv gesetzt.

Erstellung: maschinenschriftlich mit PC oder Schreibmaschine

Beschriftung: einseitig

Papier, -format: weißes Papier oder farbloses Umweltschutzpapier; DIN A4 Hochformat

Seitenränder: links 2,5 cm, rechts 2,5 cm. *Je nach Art der Heftung sollte links ein zusätzlicher Heftrand (0,5 – 2 cm) berücksichtigt werden, um die Lesbarkeit sicherzustellen. Manche Kammern schreiben auch einen breiteren rechten Korrekturrand vor (z.B. 4 cm statt 2,5 cm).*

Schrift: technische Schrift, z. B. Arial. Schriftgrad 12 Punkt

Paginierung: Seitennummerierung fortlaufend ab der 1. Textseite, dort beginnend mit »1« in arabischen Ziffern.

Umfang: höchstens 30 Textseiten – *einzelne Kammern geben auch Mindestseitenzahlen an (z.B. 20 oder 25; es empfiehlt sich, die Anzahl von 30 Seiten nicht wesentlich zu unterschreiten).*

Nicht mitgerechnet werden das Deckblatt und die Verzeichnisse (Inhalts-, Abbildungs-, Abkürzungs-, Literatur- und Quellenverzeichnis; Glossar) sowie Anhänge. *Inhaltsverzeichnis und Literatur-/Quellenverzeichnis müssen immer enthalten sein; weitere Verzeichnisse können bei Bedarf aufgenommen werden.*

Anzahl: 3 Exemplare sind für Kammer/Ausschuss einzuliefern. *Zusätzlich sollte ein Exemplar für den Eigenbedarf berücksichtigt werden. Einzelne Kammern erwarten eine zusätzliche Einreichung in Dateiform.*

Zusätzliche oder abweichende Vorgaben der prüfenden Kammer sind unbedingt zu beachten – erkundigen Sie sich rechtzeitig, ob solche Vorgaben bestehen!

Nähere Ausführungen zur Struktur und Gliederung der Projektarbeit enthält Abschnitt 20.1.4.

20.1.3 Gegenstand der Projektarbeit

20.1.3.1 Projektanforderungen: Kriterien für die Themenwahl

»Im Prüfungsteil ‚Fachübergreifender technikbezogener Prüfungsteil' soll die Fähigkeit nachgewiesen werden, komplexe, praxisorientierte Problemstellungen an der Schnittstelle der technischen und kaufmännischen Funktionsbereiche im Betrieb erfassen, darstellen, beurteilen und lösen zu können. Die Themenstellung kann alle in den §§ 4 und 5 genannten Prüfungsanforderungen umfassen und soll die Fachrichtung sowie die betriebliche Praxis, insbesondere die betriebs-, fertigungs-, produktions- und/oder verfahrenstechnischen Kenntnisse und Fertigkeiten der zu prüfenden Person einbeziehen«. (§ 6 Abs. 1 der RVO; die darin genannten §§ 4 und 5 beschreiben die Kerninhalte der Prüfungsteile 1 und 2).

Das Thema muss so gewählt werden, dass die Problemstellung und seine Bewältigung die Kriterien erfüllen, die lt. DIN 69901 an ein Projekt gestellt werden. Diese Kriterien, hier übertragen auf die Anforderungen der Projektarbeit, sind:

- **Einmaligkeit:** Das Problem, das mit der Projektarbeit gelöst werden soll, stellt sich im betreffenden Betrieb zum ersten Mal und genau dieser Form voraussichtlich auch kein zweites Mal. Die für die Bewältigung der Aufgabe einsetzbaren Instrumente und Methoden müssen deswegen aber meist nicht eigens erfunden werden und die gefundenen Lösungswege können möglicherweise auf ähnlich gelagerte zukünftige Probleme im selben Betrieb oder in anderen Betrieben übertragen werden. Mit der Projektarbeit soll nachgewiesen werden, dass der Bewerber in der Lage ist, die im Lehrgang vermittelten Methoden und Hilfsmittel auf praktische Arbeitssituationen zu übertragen und ihre Anwendung so darzustellen, dass Leser seiner Arbeit darin eine Hilfe bei der Bewältigung ähnlicher Problemstellungen vorfinden. Daher sollte der Ehrgeiz des Kandidaten nicht darin bestehen, ein möglichst exotisches und abseitiges Thema zu finden.
- **Endlichkeit:** Die Projektaufgabe ist innerhalb eines bestimmten Zeitraumes zu erfüllen. Damit ist aber nicht der 30-Tages-Zeitraum gemeint, der für die Erstellung der Projektarbeit zur Verfügung steht: Die Projektarbeit ist lediglich eine Art von »gestraffter Abschlussdokumentation«, die durchaus einen Prozess beschreiben kann, der eine wesentlich längere Zeitdauer in Anspruch nimmt.
- **Komplexität:** Die Aufgabe ist nicht trivial, d. h. sie besitzt einen nennenswerten Schwierigkeitsgrad. Die Erörterung, was »zu leicht« oder »zu komplex« ist, soll hier nicht wiederholt werden; es muss sich in jedem Fall um eine Problemstellung handeln, die sowohl technische als auch betriebswirtschaftliche Belange mit hinreichender Komplexität berührt und damit eine
- **interdisziplinäre Bearbeitung** verlangt.
- **Unsicherheit:** Die Lösung ist nicht eindeutig vorgezeichnet und nicht unabhängig von Umwelteinflüssen. Ersteres fällt in etwa zusammen mit der Forderung der Nicht-Trivialität; zumindest sollte in Form einer Ist-Soll-Gegenüberstellung immer auch die Alternative des Unterlassens – also der Nichtdurchführung des Projektes – erörtert werden. Sofern die Projektarbeit die Realisierung eines Projektplans schildert, sollten zwischenzeitlich erfolgte Prämissen-, Fortschritts- und sonstige Kontrollen nicht ausgelassen werden.
- **Restriktionen:** Die zur Projektdurchführung verfügbaren Mittel (Geld, Sachmittel, Personal) sind begrenzt. Die auf die jeweilige Aufgabenstellung wirkenden Beschränkungen sollten in der Arbeit deutlich gemacht werden. Aus der Beschränkung resultiert das oberste Gebot der Wirtschaftlichkeit: Dieser Gesichtspunkt muss im Vordergrund der Betrachtungen stehen.

- **Aktualität:** Das Thema sollte so angelegt sein, dass nicht der Eindruck entsteht, das Projekt sei »um des Projekts willen« in Angriff genommen worden; vielmehr sollen die Motive für die aktuelle Beschäftigung mit dem zu Grunde liegenden Problem plausibel dargestellt werden.

Ein »klassisches« Projekt folgt dem bekannten **Management-Regelkreis** aus

1. Zielbildung
2. Planung
3. Entscheidung
4. Durchführung und
5. Kontrolle.

Dieses Vorgehen gilt nicht nur für das in der Arbeit beschriebene Projekt, sondern auch für die Projektarbeit selbst: Auch diese ist ein Projekt!

Die folgenden Themenbeispiele können Anhaltspunkte für die anstehende Themenwahl liefern. Alle genannten Themen wurden in der Vergangenheit erfolgreich im Rahmen von Projektarbeiten Technischer Betriebswirtinnen und -betriebswirte bearbeitet:

- Existenzgründung eines Fuhrunternehmens für den Güternah- und Fernverkehr;
- Betreiben einer Windkraftanlage ... in Abhängigkeit von der Einspeisevergütung und der Windgeschwindigkeit;
- Entscheidungskriterien für die Investitionsauswahl zwischen einem Turboverdichter und einem Schraubenkompressor für die Erzeugung von ölfreier und trockener Messluft;
- Entscheidungskriterien für die Eigenherstellung eines Flockungshilfsmittels in einem Unternehmen, das eine Emulsionsspaltanlage nach dem Flotationsprinzip betreibt;
- Leistungssteigerungs-/Rationalisierungspotential rechnergestützter Spracheingabesysteme im Büroalltag am Beispiel eines Handwerksbetriebs;
- Ökonomische und ökologische Auswirkungen des Abfallabgabengesetzes am Beispiel der Schlammtrocknung in einer industriellen Kläranlage;
- Erweiterung einer Produktionsanlage mit einer Großmaschine einschließlich baulicher und technischer Erweiterung der vorhandenen Gebäude;
- Ausrüstung einer neu zu erstellenden Lagerstätte für Salzsäure und Natronlauge entsprechend dem »Gesetz zur Ordnung des Wasserhaushaltes«;
- Umrüstung der Kreiselpumpen-Wellenabdichtung von Stopfbuchse auf Gleitringdichtung in einem thermischen Kraftwerk.

20.1.3.2 Möglichkeiten der Ideenfindung

In den vorangegangenen Kapiteln wurden einige **Kreativitätstechniken** vorgestellt, die bei der Entwicklung von Ideen hilfreich sein können. Meist allerdings wird nicht ein Brainstorming in der Gruppe der Prüfungskandidatinnen und -kandidaten, sondern eine **Umschau am eigenen Arbeitsplatz** die Anregungen für die einzureichenden Projektthemen liefern: Möglicherweise gibt es Missstände, die man schon lange gern einer Analyse unterzogen hätte, Verbesserungsvorschläge, die bisher nicht ausformuliert und fundiert wurden, oder aktuelle Aktionen im Arbeitsumfeld, die bisher nicht als Projekt angesehen wurden, aber die Merkmale eines solchen sehr wohl erfüllen.

Oft sind Betriebe an einer Unterstützung ihrer vor dem Prüfungsabschluss zum/zur »Geprüften Technischen Betriebswirt/in« stehenden Mitarbeitenden hinsichtlich der Projektarbeit interessiert, bietet sie doch die Chance, einen ohnehin »angedachten« Projektplan zielgerichtet, zügig und intensiv aufbereitet zu erhalten. Sofern es sich bei dem Projektgegenstand um Interna handelt, deren Verbreitung außerhalb des Betriebes nicht gewünscht wird, kann im Allgemeinen mit dem Prüfungsausschuss ein Verfahren vereinbart werden, das die Geheimhaltung des Inhalts einer Projektarbeit gewährleistet. Wichtig ist dabei allerdings, dass der Ausschuss schon bei Einreichung des entsprechenden Themenvorschlags auf diese Notwendigkeit hingewiesen wird!

Was aber, wenn der Betrieb »nicht mitspielt«, nichts von der Weiterbildung wissen soll – oder gar kein Betrieb vorhanden ist? Selbstverständlich wird sich nicht immer zeit- und passgenau eine betriebliche Problemstellung finden oder einrichten lassen, die in eine Projektarbeit des hier geforderten Umfangs umgesetzt werden kann, und selbstverständlich stellen sich auch Personen der Prüfung, die aktuell in keinem Arbeitsverhältnis stehen. In solchen Fällen bleibt nichts übrig, als »fiktive Problemstellungen« zu beschreiben, was zur Folge hat, dass sich die betreffenden Arbeiten schwerpunktmäßig mit den Handlungsalternativen und Entscheidungsprozessen der Planungs- und Vorbereitungsphase beschäftigen. Sie schildern also nicht die Realisierung einer Problemlösung, sondern stellen lediglich Hypothesen über die zu erwartenden Veränderungen (in der Regel wird es sich um Verbesserungen handeln) auf und legen besonderes Gewicht auf die Argumentation, mit der die entscheidungsbefugten Personen überzeugt werden sollen.

Bisweilen sind Projektarbeiten auch Nachbetrachtungen von in der Vergangenheit durchgeführten betrieblichen Projekten. In diesen Fällen darf keine reine »Literaturarbeit« unter ausschließlicher Verwendung von im Betrieb vorhandenem Dokumentationsmaterial vorgelegt werden; auf eigenständige Beiträge der Prüfungskandidatinnen und Prüfungskandidaten – etwa selbst erstellte Wirtschaftlichkeits- oder Nachbetrachtungen des eingetretenen Nutzens – wird hier besonders geachtet. Vorstellbar ist dabei auch, dass die in der Projektarbeit herausgearbeitete Lösung von der in der realen Praxis realisierten Maßnahme abweicht.

20.1.4 Durchführung der Projektarbeit

20.1.4.1 Tipps für eine strukturierte Bearbeitung

Vorarbeiten

Schon vor dem Beginn der Arbeit an dem eigentlichen Textdokument muss einige Vorarbeit geleistet werden: Ist das Thema gefunden, sind Überlegungen anzustellen, welche **Informationen** bekannt sind, welche fehlen und ob und wo sie beschafft werden können. Nur wenn davon ausgegangen werden kann, dass alle eigenen Kenntnislücken auch rechtzeitig aufgefüllt werden können, ist das Thema tatsächlich geeignet! Diese Frage muss geklärt sein, bevor das Thema als Vorschlag eingereicht wird. Ist das Thema eingereicht, sollte die Informationsbeschaffung beginnen – auch wenn zwei unterschiedliche Themen einzureichen sind, muss diese Vorarbeit nun für beide Themen geleistet werden, weil die Zeit ansonsten knapp werden könnte!

Zugleich muss eine **Gliederung** erstellt werden, die zumindest die Hauptpunkte der geplanten Arbeit bereits enthält. Der Prüfungsausschuss wird später darauf achten, ob die Gliederung der fertigen Arbeit derjenigen des eingereichten Vorschlags im Wesentlichen entspricht; grobe Abweichungen würden hinterfragt; Abänderungen im Titel der Arbeit gegenüber dem angenommenen Vorschlag führen in der Regel zur Ablehnung der Arbeit.

Falls das Textverarbeitungsprogramm, mit dem die Arbeit erstellt werden soll, noch nicht gut genug vertraut ist, sollte eine gründliche Einarbeitung bereits vor dem Starttermin der Projektarbeit erfolgen. Anderenfalls sind Zeitverluste durch die Suche nach bestimmten Funktionen (oder Möglichkeiten, unerwartete Phänomene abzustellen) kaum vermeidbar und auch Datenverluste nicht auszuschließen. Gute Programme können insbesondere dabei unterstützen, in dem nach und nach anwachsenden Schriftstück den Überblick zu behalten.

Zeitplanung

Die Erstellung der Projektarbeit, die mit der Themenbekanntgabe durch den Ausschuss beginnt, sollte, wie bereits erwähnt, selbst als Projekt aufgefasst werden. Die verfügbaren 30 Tage bis zur Abgabe müssen sorgfältig geplant werden. Es empfiehlt sich, dabei die **Phasen des Projektmanagements** zu beachten, einige der daraus bekannten Instrumente einzusetzen, Meilensteine zu setzen und Kontrollen vorzusehen. Auch **Pufferzeiten** sollten unbedingt eingeplant werden! Eine solche Arbeit neben Beruf und Familie kann leicht in Überforderung münden: Ideal ist es daher, wenn zumindest Teile des 30-Tage-Zeitraums in eine ansonsten arbeitsfreie Zeit fallen.

Eine **planvolle Erstellung** einer Projektarbeit könnte wie folgt aussehen:

- **Beschaffung** letzter fehlender **Informationen:** Recherche, Auswahl, Zuordnung von Informationen
- **Grobstrukturierung:** Was soll unter welchem Gliederungspunkt dargestellt werden?
- **Feinstrukturierung:** Verfeinerung der Gliederung; Prüfung auf Schlüssigkeit (»ist der rote Faden erkennbar?«)

Zeitbedarf bis hierhin: 2–4 Tage

- **Texterstellung:** Dieser Teil wird die meiste Zeit in Anspruch nehmen. Oft wird dabei kein striktes Vorgehen »von oben nach unten« möglich sein bzw. rasch aufgegeben, weil sich während des Schreibens immer wieder Aspekte auftun, die an anderer Stelle besser »passen«. Es empfiehlt sich daher, ein Textdokument mit allen Über- und Unterüberschriften anzulegen, in dem einerseits freie Bewegung und andererseits ständiger Überblick gegeben ist. Einige Hinweise hierzu enthält Abschnitt 20.1.4.3.
- **Textüberarbeitung:** Beim vollständigen Lesen des bisher Geschriebenen fällt Fehlendes, doppelt Gesagtes und falsch Platziertes auf und kann korrigiert werden.

Jetzt sollte noch eine Woche für die letzten Schritte übrig sein:

- **Endfertigstellung:** Layouterstellung (ansprechende Verteilung von Text, Grafiken, Tabellen; Kontrolle, ob alle vorgegebenen Formate eingehalten sind); falls nötig: Textstraffung.
- **Korrekturlesung:** Diese sollte sich einerseits auf die Verständlichkeit, andererseits auf Rechtschreibung, Zeichensetzung und Grammatik beziehen. Es empfiehlt sich immer, die Arbeit in diesem Stadium mindestens einer anderen Person zum Lesen zu geben – besser zwei Personen mit unterschiedlichen Vorkenntnissen der Materie, weil dadurch sowohl fachliche Unschärfen als auch Probleme mit der Verständlichkeit auffallen. Wer sich bei Rechtschreibung, Zeichensetzung und Grammatik nicht sattelfest fühlt, sollte sich unbedingt Hilfe holen!
- **Fertigstellung zur Abgabe:** Vervielfältigung, Heften, Binden, Versenden
- Dieser Ablauf sollte bei Bedarf auf einem Zeitstrahl, in einem Gantt-Diagramm oder einem Netzplan **visualisiert** und immer wieder **überprüft** werden.

Die folgenden Abschnitte geben konkretere Hinweise zu einzelnen Arbeitsschritten.

20.1.4.2 Möglichkeiten der Informationsbeschaffung

Vorrangige Informationsquelle bei im eigenen Betrieb angesiedelten Projekten ist natürlich der Betrieb selbst. Selbstverständlich ist es unerlässlich, die zuständige Instanz über die Absicht, ein betriebliches Projekt im Rahmen einer Projektarbeit darzustellen und auszuwerten, in Kenntnis zu setzen und erforderliche Genehmigungen einzuholen. Steht die Leitung diesem Unterfangen positiv gegenüber, dürfte der Nutzung der innerbetrieblichen Informationsquellen nichts mehr im Wege stehen. Welche Bereiche hier in Frage kommen, kann natürlich nicht allgemeingültig beantwortet werden. Es ist jedoch ratsam, üblich und von einigen prüfenden Stellen auch ausdrücklich gefordert, in der Projektarbeit selbst die Daten zu »anonymisieren«, also den Betrieb und seine Erzeugnisse nicht namentlich zu nennen und alle Angaben, etwa über Ort, Betriebsgröße usw., so zu verallgemeinern, dass eine Identifizierung des Betriebes nicht möglich ist. Die gleiche Diskretion muss zwingend in Bezug auf andere, dritte Unternehmen beachtet werden, deren Angebotsdaten, Produkte usw. in die Projektarbeit einfließen.

Als externe Informationsquellen kommen in Betracht

- **Datensammlungen,** z. B. die des Statistischen Bundesamtes bzw. der statistischen Landesämter, der Industrie- und Handelskammern oder Fachverbände;
- **Fachbücher, Fachzeitschriften und andere Periodika,** die in Bibliotheken bzw. über den zentralen Leihverkehr ausgeliehen oder eingesehen werden können;
- das **Internet,** aus dem mit Hilfe von Suchmaschinen zu den angefragten Stichwörtern zahlreiche Fundstellen herausgefiltert werden können. Allerdings ist dabei darauf zu achten, dass es sich um anerkannte und somit zitierfähige Quellen handelt.

20.1.4.3 Hinweise zur Texterstellung

Tipps für die computergestützte Textverarbeitung

Die folgenden Tipps werden bei Textverarbeitungs-Anfängern wahrscheinlich Fragen aufwerfen. An dieser Stelle kann keine Einführung in die Funktionen bestimmter Standardsoftware zur Textverarbeitung gegeben werden – die Hinweise sollen jedoch dazu anregen, nach den genannten Funktionen zu suchen. Bei der Bearbeitung längerer Texte sind diese Funktionen erfahrungsgemäß außerordentlich hilfreich.

- In üblichen Textverarbeitungsprogrammen kann der Überblick über das Zuschalten der ständig sichtbaren Gliederung im **Navigationsbereich** erleichtert werden – dazu müssen die Überschriften im Formatvorlagenbereich entsprechend als solche kenntlich gemacht werden.
- Wird von Beginn an die **Änderungsnachverfolgung** eingeschaltet, kann später nachvollzogen werden, was am Rohtext in welcher Weise und wann geändert wurde. Es empfiehlt sich aber, nach der Aktivierung die Anzeige der „Markups" zu deaktivieren, weil die Texteinfärbungen und Randbemerkungen beim Schreiben störend wirken (z. B. in MS-Word über „Überprüfen – Markup anzeigen"; dort: Deaktivieren der angehakten Anzeigen). Damit wird nur die unmittelbare Anzeige, nicht aber die Nachverfolgung an sich deaktiviert.
- Es kann hilfreich sein, das Schriftstück **vertikal zu teilen.** Dafür dient der Teilungsbalken oberhalb der Laufleiste am rechten Seitenrand, der mit gedrückter Maustaste verschoben werden kann. Auf diese Weise kann während des Schreibens ein anderer Bereich des bereits verfassten, an anderer Stelle enthaltenen Texts zugleich im Blickfeld bleiben. Dies erleichtert die Bezugnahme auf Textstellen innerhalb des Textdokuments erheblich.

Übereinstimmung von Text und Inhaltsverzeichnis

Im Textteil müssen sich alle im Inhaltsverzeichnis aufgeführten Überschriften in der dort vorgegebenen Reihenfolge wiederfinden. Da die mit dem Themenvorschlag eingereichte Gliederung eine wichtige Grundlage der Auswahlentscheidung des Prüfungsausschusses war, müssen die Überschriften nun auch halten, was sie versprochen haben: Abwiegelnde Floskeln (»auf diesen Aspekt soll an dieser Stelle nicht eingegangen werden«) als einzige Ausführung zu einer Überschrift müssen daher unbedingt vermieden werden!

Zitate und Quellenangaben

Überall dort, wo Zitate, Abbildungen oder andere Bestandteile der Arbeit fremden Quellen entstammen, ist eine **Quellenangabe** erforderlich. Sie enthält den Vor- und Nachnamen des Autors (im Allgemeinen ohne akademischen Grad; bisweilen sind Vornamen der Quelle nur als Initial zu entnehmen), den kompletten Titel des Werkes, die Auflage (falls vermerkt), den Verlag (kann ggf. entfallen), den Verlagsort und das Erscheinungsjahr. Bei Übernahmen aus Zeitungen und regelmäßig erscheinenden Zeitschriften, Jahrbüchern usw. (sog. Periodika) sind der Vor- und Nachname des Autors, das Erscheinungsjahr, der Titel des Artikels, die Zeitschrift, Jahrgang, Nummer und Seitenzahl(en) anzugeben.

*Beispiele für Quellenangaben nach **Buchzitaten:***

Müller-Merbach, Heiner: Operations Research, 3. Auflage, Verlag Franz Vahlen, München 1972.

Cournot, Augustin: Recherches sur les principes mathematiques de la theorie des richesses, Paris 1838, in der Übersetzung von W.G. Waffenschmidt erschienen als: Untersuchungen über die mathematischen Grundlagen der Theorie des Reichtums, in: Sammlung sozialwissenschaftlicher Meister, Bd. 24, Jena 1924.

Weber, R.: Kostenerfassung und Kostenzuordnung im Klein- und Mittelbetrieb; in: Praxislexikon, Kostenrechnung und Kalkulation von A–Z, Freiburg i.Br. 1989.

*Beispiele für Quellenangaben nach **Zitaten aus Periodika:***

Schmidt, Elke (1986): Möglichkeiten zur aufsichtsrechtlichen Begrenzung der Risiken von Financial Futures, in: Sparkasse 6/1986, S. 245–250.

Schmidt, Elke; Claussen, Werner (1995): Die Kleinstadt-Volkshochschule und die Großindustrie; in: Hessische Blätter für Volksbildung 1/1995, S. 62–66.

Zunehmend werden Informationen im Internet gesucht und gefunden. Für eine Verwendung im Rahmen der Projektarbeit kommen nur von offiziellen Institutionen und zweifelsfrei seriösen Quellen stammende Inhalte infrage, und folglich können auch nur diese Quellen angegeben werden. Da die Inhalte auf Webseiten fluid sind, muss außer der vollständigen Internetadresse auch das Aufrufdatum angebracht werden.

*Beispiel für eine Quellenangabe nach **Zitaten aus Internetseiten:***

Schmidt, Elke-Heidrun (2005): »Generation 50plus« – kommerzielle Erfindung oder neue Zielgruppe für die Erwachsenenbildung? Deutsches Institut für Erwachsenenbildung, Bonn. Online im Internet: https://www.die-bonn.de/esprid/dokumente/doc-2005/schmidt05_01.pdf; aufgerufen am 18.8.2021.

Wörtliche Zitate sollten sparsam verwendet und kurz gehalten sein. Die wörtlich übernommenen Textteile müssen in Anführungszeichen wiedergegeben werden. Wird ein Werk häufiger zitiert, muss nicht jedes Mal eine vollständige Quellenangabe in eine Fußnote eingestellt werden; vielmehr genügt der Hinweis auf die Nummer des betreffenden Werkes im Literaturverzeichnis und die Seite, der das Zitat entstammt.

Beispiel für ein solches Zitat:

»Der Endverbraucher ist hierdurch regelmäßig benachteiligt.« (3; Seite 266).

Wird ein Werk unmittelbar im Anschluss an eine erfolgte Zitation nochmals zitiert, empfiehlt sich der Hinweis (ebd.; Seite 266), wobei »ebd.« für »ebenda« steht.

Die Quellenangabe hat direkt bei der Quelle, also entweder direkt hinter dem Zitat in Klammern, oder in Form einer Fußnote zu erfolgen. Letztere Form ist empfehlenswert, weil der Lesefluss dadurch weniger behindert wird. Die Fußnote wird am unteren Rand derselben Seite angebracht. Fußnoten werden fortlaufend durch den Gesamttext nummeriert. Dabei wird an der Textstelle, auf die sich die Fußnote bezieht, eine hochgestellte Ziffer angebracht. Der zu ihr gehörende Text am Seitenende erscheint in einer kleineren Schriftart als der Haupttext. Mit Rücksicht auf die Leser sollte die Schrift allerdings nicht kleiner als 8 Punkt sein. Textverarbeitungsprogramme nehmen diese Einstellungen automatisch vor.

Zusätzlich zur Quellenangabe auf der Textseite muss eine Aufnahme des zitierten Werks in das Literaturverzeichnis erfolgen.

Abkürzungen und Fachbegriffe

Abkürzungen, die nicht allgemein bekannt sind, sollten vermieden werden; wo immer möglich, sollte Volltext verwendet werden! Wo dies ungünstig ist – etwa weil es sich um eine Maßeinheit oder einen üblicherweise abgekürzten Fachterminus handelt und der Begriff häufiger erscheint –, muss die Aufnahme in das Abkürzungsverzeichnis erfolgen. Da die Bedeutung der Abkürzungen dem Leser vor dem Durchlesen des Textes bekannt sein muss, ist das Abkürzungsverzeichnis zwischen Inhaltsverzeichnis und Text einzufügen.

Fachbegriffe können, wenn die Notwendigkeit gesehen wird, in einem **Glossar** erfasst werden. Dies ist eine alphabetisch geordnete Begriffesammlung mit kurzen Erläuterungen. Ein geeigneter Platz für das Glossar sind die Seiten unmittelbar vor dem Literatur- und Quellenverzeichnis.

Die Text»dramaturgie«

Auch wenn die Einleitung nicht mit »Einleitung« und die Schlussbetrachtung nicht mit »Ende« überschrieben wird, so hat eine Projektarbeit natürlich im Grundsatz den aus dem »Schulaufsatz« bekannten dramaturgischen Bogen von der Einführung in das Thema über die Beschreibung des Problems mitsamt seinen technischen und betriebswirtschaftlichen Aspekten bis zum Fazit – der Bewertung der Projektergebnisse – zu spannen.

Ausdruck, Rechtschreibung und Interpunktion

Der sprachliche Ausdruck, eine korrekte Rechtschreibung und eine ebensolche Zeichensetzung prägen den Gesamteindruck der Arbeit. Schwerwiegende Mängel können zu Punktabzügen führen! Eine sorgfältige Korrekturlesung, möglichst durch eine außenstehende Person, ist daher unverzichtbar. Wird zur Texterfassung ein gängiges PC-Textverarbeitungsprogramm eingesetzt, kann es nützlich sein, eine Rechtschreibhilfe durchlaufen zu lassen – verlässlich sind diese Hilfsprogramme aber nicht immer, weil sie lediglich Wort für Wort mit einem eingespeicherten Lexikon vergleichen, selbstverständlich aber den Sinn des Textes nicht verstehen und daher sinnentstellende Wendungen auch nicht identifizieren können! Noch ein Hinweis zur Sprache: Es ist zwar nicht vorgeschrieben, aber üblich, dass der Text nicht in »Ich-Form« abgefasst wird, sondern sich einer neutralen Sprache bedient. Hiervon kann aber in der Schlussbetrachtung abgewichen werden.

Genderneutrale Sprache

Die Sprache sollte möglichst **genderneutral** sein. Wo es möglich ist, sollten geschlechtsneutrale Formulierungen gewählt werden (z. B. »die Geschäftsleitung« statt »der Geschäftsleiter«), weil nur so sämtliche Geschlechter (und nicht nur Männer und Frauen) angesprochen werden. Allerdings führt diese Form oft zu Sinnabweichungen (so ist ein Student streng genommen nicht dasselbe wie ein Studierender, und auch letztere Form ist im Singular wiederum männlich, weswegen nur der Plural tatsächlich genderneutral ist). Der Asterisk, das »Gendersternchen« (z. B. »Teilnehmer*in«), findet, ebenso wie die Abtrennung der weiblichen Form durch einen Unterstrich oder Schrägstrich (»Teilnehmer_in«, »Teilnehmer/in«), inzwischen einige Verbreitung, kann aber den Lesefluss empfindlich stören und ist auch nicht immer umsetzbar (z. B. sind »Arzt und Ärztin« durch Einfügen eines Asterisks nicht abbildbar) und nicht durch die offiziellen Rechtschreibregeln gedeckt. Die Prüfungsverordnung, die 2019 auf genderneutrale Sprache umgestellt wurde, verwendet anstelle von »Prüfungsteilnehmer« nun den Ausdruck »zu prüfende Person«, aber die Neutralisierung mittels »Person« sollte nur sparsam und unter Vermeidung allzu gestelzt wirkender Formulierung verwendet werden. Die sinnvollste und höflichste Art der Umsetzung ist die Doppelnennung, also »Prüfungskandidatin und Prüfungskandidat«, wobei die Reihenfolge beliebig gewählt werden kann. Allerdings ist diese Variante ebenfalls nicht lesefreundlich und benötigt außerdem viel Platz.

Die meisten Prüfungsausschüsse werden sich auch mit einem »**Gender-Disclaimer**« zufrieden geben, wie er in wissenschaftlichen Arbeiten oft verwendet wird, z. B.

> *»Die in diesem Text gewählte männliche Form bezieht sich immer zugleich auf Personen jedweden Geschlechts.«*

Im Zweifel sollte dies mit der prüfenden IHK abgestimmt werden.

20.1.4.4 Hinweise zur Textgestaltung

Die formalen Anforderungen an das äußere Erscheinungsbild der Projektarbeit wurden zuvor bereits dargestellt. Die folgenden Hinweise zu Satz, Grafik, Schrift und Seitengestaltung sind als Ergänzungen zu verstehen.

Die Texterfassung folgt bestimmten Normen, die die Lese- und Sehgewohnheiten der Beurteilenden geprägt haben. Der Lesefluss wird entscheidend beeinträchtigt, wenn die Abweichungen von dieser Norm allzu augenfällig sind.

Folgende Stilvorgaben sollten daher beachtet werden:

- Ein **Satzzeichen** schließt sich immer unmittelbar an den letzten Buchstaben des vorangehenden Wortes an und wird immer von einem Leerschritt gefolgt. Dies gilt ausnahmslos, auch für Gedankenstriche. Ein Bindestrich ist jedoch kein Satzzeichen und wird daher nicht von Leerschritten umschlossen!

  Beispiel:

  Müller-Merbach – der im Übrigen als einer der »Päpste« des Operations Research bezeichnet werden kann – merkt hierzu an...

- In **Klammern** eingeschlossene Anmerkungen (mit denen man sparsam umgehen sollte) werden von Leerschritten umschlossen, aber von dem eingeschlossenen Text nicht durch Leerzeichen getrennt. Ebenso verhält es sich mit »**Anführungszeichen**«**.** Beachten Sie bitte beim vorigen Satz die Stellung des Punktes!
- Wird im Text ein neuer Gedanke aufgenommen, macht man dies durch einen **Absatz** kenntlich. Dieser wird vom voranstehenden Absatz durch eine Leerzeile getrennt; bei eineinhalbzeiligem Abstand – der für die Projektarbeit vorgegeben ist – kann statt des-

sen auch eine Randeinrückung der ersten Zeile (ein so genannter »hängender Erstzeileneinzug«) um etwa 1,25 cm erfolgen.

- Mit **Zeichenformatierungen** wie Fettdruck, Kursivdruck, Unterstreichung, Vergrößerung usw. sollte sparsam umgegangen werden: Allzu viele Hervorhebungen ermüden den Leser und nehmen ihm die Möglichkeit, das wirklich Wichtige auf einen Blick zu erkennen.
- Die **Textausrichtung** kann linksbündig (d. h. mit glattem linkem Rand und rechtem **»Flattersatz«)** oder geblockt (mit beidseitig glatten Rändern) erfolgen. Sofern **Blocksatz** verwendet wird, sollte aber darauf geachtet werden, dass dieser vom Textverarbeitungsprogramm nicht in jedem Falle – etwa am Ende eines Absatzes, wenn die letzte Zeile nur wenig Text enthält – »erzwungen« wird. Übliche Textprogramme variieren beim Blocksatz lediglich den Abstand zwischen den einzelnen Wörtern, was in einzelnen Zeilen unschöne Lücken hervorrufen kann. Es empfiehlt sich, nach endgültiger Fertigstellung des Textes eine Silbentrennung vorzunehmen, die von den meisten Programmen als automatische Funktion angeboten wird. Hier sollte man sich, falls das Programm dies vorsieht, für eine Kontrollanzeige aller Trennvorschläge mit manueller Bestätigung entscheiden, weil auch hier, wie schon unter dem Stichwort »Rechtschreibhilfe« beschrieben, Fehler auftreten können.
- Für **Aufzählungen** sollten Spiegelstriche anstelle von Punkten oder anderen Symbolen verwendet werden.
- Beim **Seitenwechsel** muss darauf geachtet werden, dass am unteren Seitenrand möglichst mindestens drei Zeilen eines Absatzes stehen und auf der Folgeseite keine einzelne Zeile erscheint. Überschriften dürfen dort nie »für sich allein« erscheinen; Aufzählungen sollten nach Möglichkeit nicht über zwei Seiten verteilt werden, und auch die Trennung eines Wortes am Seitenende sollte unbedingt vermieden werden. Der obere Seitenrand sollte 2,5, der untere Rand 2 cm nicht unterschreiten.
- **Grafiken** sollten computergestützt erstellt werden und auch dann, wenn im vor- oder nachstehenden Text unmittelbar Bezug auf das Dargestellte genommen wird, immer einen Untertitel erhalten.

20.1.4.5 Struktur und Gliederung der Projektarbeit

Die schriftliche Projektarbeit besteht mindestens aus folgenden Teilen:

- **Deckblatt** mit folgenden Angaben:
  - Bezeichnung der Arbeit und zuständige IHK,
  - Thema der Arbeit,
  - Name, vollständiger Vorname und Anschrift, ggf. Prüfungsnummer,
  - Datum der Abgabe bei der IHK,
  - ggf. Geheimhaltungshinweis.
- **Inhaltsverzeichnis** mit wahlweise numerischem oder alphanumerischem Aufbau, aus dem die Rangfolge der Überschriften und Unter-Überschriften eindeutig erkennbar ist. Beispiele:

```
A. ...
   I. ...
   II. ...
       1. ...
```

```
        2. ...
    III.  ...
B....
usw.
```

nummerischer Aufbau mit eingerückten Überschriften

```
A. ...
I. ...
II. ...
1. ...
2. ...
III. ...
usw.
```

nummerischer Aufbau mit glattem linkem Rand

```
A. ...
   I. ...
   II. ...
      1. ...
      2. ...
         a)
         b)
   III. ...
B. ...
usw.
```

alphanummerischer Aufbau mit Einrückungen

Die Gliederung darf nicht mehr als vier Hierarchieebenen enthalten. Auf einen Gliederungspunkt 1 muss immer mindestens ein Gliederungspunkt 2 folgen; denn wenn es auf einer Rangstufe nur einen zu behandelnden Aspekt gibt, ist kein Anlass zur Untergliederung vorhanden. Hinter der letzten Ziffer steht kein Punkt.

- **Textteil** aus maximal 30 Seiten. Die Paginierung (Seitennummerierung) beginnt auf Seite 1 des Textteils mit 1, wobei die Seitenzahl idealerweise zentriert am unteren Seitenrand erscheint. Abbildungen, Berechnungen und ähnliche Einfügungen sollten nur dann in den Text eingebettet werden, wenn sie zum Verständnis unmittelbar erforderlich sind; ansonsten empfiehlt es sich, sie – ebenso wie ggf. beigefügte betriebliche Unterlagen – als Anlagen in einen Anhang einzustellen. Dieser ist ebenso wie das Deckblatt, das Inhaltsverzeichnis, Glossar, Abbildungs-, Abkürzungs- und Literaturverzeichnis nicht in die 30 Seiten einzurechnen.
- In das **Literaturverzeichnis** sind sowohl die bereits in Fußnoten erwähnten als auch alle anderen verwendeten Quellen in alphabetischer Reihenfolge der Autoren-Familien-

namen aufzunehmen. Die Angaben entsprechen denjenigen, die auch in eine Fußnote aufzunehmen sind, wobei die Verlagsnennung üblicherweise entfällt. Aufzunehmen ist nur öffentlich zugängliche Literatur. Hier sind auch Quellen anzuführen, die nicht unmittelbar im Text zitiert, sondern allgemein zur Hilfestellung herangezogen wurden. Reine Schul- und Lehrbücher – außer wenn es sich um bekannte Standardwerke handelt – sollten nicht angegeben, allerdings auch keinesfalls wörtlich im Text zitiert werden. Dies gilt auch für das vorliegende Lehrwerk sowie für Studienhefte von Fernstudiengängen.

Internetquellen müssen immer die vollständige Aufrufadresse und einen Hinweis auf das letzte Aufrufdatum enthalten (vgl. das Beispiel in Abschn. 20.1.4.3). Sie sollten jedoch nur aufgenommen werden, wenn sie zu Inhalten aus zweifelsfrei seriösen, mehr oder weniger »amtlichen« Quellen (wie destatis.de; bundesbank.de; Homepages von Ministerien, Behörden, Hochschulen) führen. Hinweise auf private Homepages sind, außer wenn diese von anerkannten »Koryphäen« betrieben und befüllt werden, nicht ratsam. Allgemein gehaltene Hinweise, etwa »www.wikipedia.de«, haben im Literaturverzeichnis nichts zu suchen. Auch wenn die Beiträge unter der letztgenannten Adresse durch ständige kollaborative Überarbeitung und Kontrolle oft qualitativ untadelig sind, sollten sie nicht zitiert werden, da sie keine(n) Autoren ausweisen und zudem ständiger Veränderung unterzogen sind. Werden mehrere Internetquellen und womöglich weitere Quellen, die weder Bücher noch Periodika sind, angegeben, kann das Literaturverzeichnis um ein Quellenverzeichnis erweitert werden.

Sonstige Verzeichnisse und Anhänge

Die oben genannten Bestandteile werden von den Prüfungsausschüssen erwartet. Bei Bedarf können weitere Teile aufgenommen werden. Dabei sollte aber darauf geachtet werden, dass sie den Gesamtumfang der Arbeit nicht übermäßig aufblähen.

Sofern ein **Abkürzungsverzeichnis** aufgenommen werden soll, ist sein Platz hinter dem Inhaltsverzeichnis. Es muss im Inhaltsverzeichnis mit aufgeführt werden, darf aber nicht in die Textpaginierung (siehe unten) einbezogen werden. Hier kann es hilfreich sein, das Inhaltsverzeichnis selbst und das Abkürzungsverzeichnis mit römischen Ziffern zu versehen. Damit ist es möglich, die Fundstelle für das Abkürzungsverzeichnis im Inhaltsverzeichnis anzugeben. Die römische Bezifferung kann ggf. hinter dem Textteil fortgeführt werden und sich auf Anhänge, Literaturverzeichnis und eidesstattliche Erklärung erstrecken.

Meist verzichtbar ist ein **Abbildungsverzeichnis.** Es setzt eine fortlaufende Numme¬rierung der Abbildungen voraus. Tabellen sind keine Abbildungen: Für sie wäre ggf. ein eigenes **Tabellenverzeichnis** zu erstellen, aber auch dieses dürfte angesichts des überschaubaren Umfangs der Projektarbeit entbehrlich sein.

Ein **Anhang** kann ggf. betriebliche Unterlagen aufnehmen.

Eidesstattliche Erklärung

Am Ende der Arbeit muss die zu prüfende Person versichern, dass sie die Projektarbeit selbstständig angefertigt hat, und dies durch ihre Unterschrift bestätigen. Dieser Vermerk kann wie folgt lauten:

»Ich versichere, dass ich die vorliegende Projektarbeit ohne fremde Hilfe und nur mit den angegebenen Hilfsmitteln erstellt habe«.

(Datum, Unterschrift)

20.1.5 Beurteilung der Projektarbeit

Die Prüfungsausschüsse sind gehalten, folgende Kriterien in ihre Beurteilung einfließen zu lassen:

- Übereinstimmung der Arbeit mit dem eingereichten Vorschlag: Der Arbeitstitel muss mit der Einreichung übereinstimmen. Auch die mit dem Themenvorschlag eingereichten Haupt-Gliederungspunkte (erste und zweite Gliederungsebene) sollten sich wiederfinden. Es liegt in der Natur der Sache, dass sich während der Bearbeitung das Erfordernis einer breiteren und tieferen Untergliederung ergibt. Hierfür steht eine dritte, ggf. auch vierte Gliederungsebene zur Verfügung.
- Aufbau und Struktur der Projektarbeit: Hierzu gehört
  - eine korrekte und klar formulierte Problembeschreibung,
  - eine übersichtliche, dem Inhalt angemessene Strukturierung,
  - ein logischer Aufbau,
  - ein ausgewogenes Verhältnis betriebswirtschaftlicher und technischer Inhalte (wie zuvor erläutert).
- Inhaltliche Bearbeitung: Beurteilt werden
  - die fachlich korrekte, umfassende und nachvollziehbare Darstellung der Lösung,
  - korrekte, präzise und einheitliche Begriffe (Verwendung üblicher und anerkannter Fachbegriffe; ggf. Erklärung im Glossar)
  - klare und logische Darstellung von Sachverhalten aus der Praxis,
  - die Nachvollziehbarkeit von Rechenwegen und die Eignung angewendeter Methoden,
  - schlüssige und nachvollziehbar aufgebaute Argumentation in technischer, wirtschaftlicher und organisatorischer Hinsicht.
- Eigenständigkeit der gedanklichen Leistung: Die Arbeit muss erkennbar eigene Ideen, Überlegungen und Schlussfolgerungen enthalten.
- Einhaltung der formalen Vorgaben gemäß den Beschreibungen der vorangegangenen Abschnitte,
- äußeres Erscheinungsbild, sprachlicher Ausdruck und Rechtschreibung.

20.2 Das projektarbeitsbezogene Fachgespräch

Im Fachgespräch ist von der Projektarbeit auszugehen, wobei sich der Ausschuss im Verlauf des Gespräches aber anderen Themen jenseits des Projektes zuwenden kann. In der Praxis wird das Fachgespräch häufig auch dazu genutzt, die Präsentations- und rhetorische Kompetenz des Kandidaten zu überprüfen. Daher wird erwartet, dass die Prüfungsteilnehmer eine Beamerpräsentation ihrer Projektarbeit vorbereiten und ggf. auch weiteres, dem Thema angemessenes Anschauungsmaterial zum Prüfungstermin mitbringen. Die Präsentation liefert die Anstöße für die anschließende Erörterung mit dem Prüfungsausschuss.

Für manche Kandidaten mag die Aussicht, eine Präsentation vor dem Prüfungsausschuss vorführen zu sollen, einschüchternd sein; aber letztlich birgt diese Veranstaltungsform die Chance, zumindest einen wesentlichen Teil der Prüfung selbst gestalten und damit das gute Gelingen selbst in die Hand nehmen zu können. Hierzu einige Vorschläge und Anregungen, die natürlich – je nach Gegenstand der Projektarbeit – einer Anpassung an die Themenstellung bedürfen:

- Prüfer haben viel Verständnis für aufgeregte Prüfungskandidaten und werden bemüht sein, eine angenehme, aufgelockerte Atmosphäre zu schaffen. Es ist üblich, dass die Ausschussmitglieder vom Vorsitzenden oder einem anwesenden Mitarbeiter der Kammer mit Namen und beruflicher Tätigkeit vorgestellt werden.
- Notwendig als **Vortragseinstieg** des Prüfungsbewerbers ist eine eigene Vorstellung, von der in die Präsentation der Projektarbeit übergeleitet werden kann.
- Keinesfalls sollte umfänglich wörtlich aus der Arbeit zitiert oder gar die gesamte Arbeit vorgelesen werden!
- **Beamer, Pinnwände und Flipcharthalter** dürften in der Regel im Prüfungsraum vorhanden sein. Anhand der vorbereiteten Präsentation kann ein roter Faden visualisiert werden, an dem entlang ein freier Vortrag erfolgen sollte. Ob Equipment (Laptop und Beamer) mitzubringen ist, muss vorab geklärt werden!
- Es bietet sich an, z. B. die Folien einer Powerpoint-Präsentation als »**Handout**« für die Mitglieder des Prüfungsausschusses in ausreichender Stückzahl vorzubereiten und vor dem Vortrag zu verteilen. Vermeiden Sie aber, materielle Anschauungsstücke zum Verbleib an die Mitglieder des Prüfungsausschusses auszugeben (auch wenn dies naheliegend erscheinen mag, etwa wenn Sie in einer Pralinenfabrik arbeiten und Gegenstand Ihrer Arbeit ein neues Verfahren zur Pralinenfüllung ist) – das könnte als Beeinflussungsversuch gedeutet werden, und die Ausschussmitglieder werden die Annahme in aller Regel ablehnen. Anschauungsgegenstände, die Sie anschließend wieder mitnehmen, sind natürlich zulässig.
- Ausgangspunkt des Vortrags sollte die **Schilderung des Arbeitsfeldes** – des Betriebes, dessen Betätigungsfeld, Größe, Personalbestand, Marktsituation usw. – vor Inangriffnahme des Projektes sein. Danach sollten die Motive für die Projektauswahl und die mit dem Projekt verfolgten Ziele dargelegt werden. Zur Visualisierung bietet sich möglicherweise die Projektion von »Thesen« oder eine Istzustand-Sollzustand-Gegenüberstellung an.
- Anschließend sollte der **Verlauf des Projekts** dargestellt werden, wobei prägnante Abbildungen und Tabellen aus der Projektarbeit in der Präsentation verwendet werden können. Als Abrundung sollte ein Fazit erfolgen: Bei tatsächlich durchgeführten Projekten kann dies die Gegenüberstellung des alten und neuen Ist-Zustandes oder der angestrebten und tatsächlich erreichten Ziele sein; bei »fiktiven« Projekten, die nicht (oder

noch nicht) in einem realen Betrieb umgesetzt wurden, kann ein persönliches Plädoyer die Gründe, die für die Durchführung des Projektes sprechen, noch einmal »auf den Punkt bringen«. Im letzteren Falle kann es hilfreich sein, sich die Prüfungsausschussmitglieder als die Entscheidungsträger vorzustellen, die von der Vorteilhaftigkeit der Durchführung des Projektes überzeugt werden sollen.

- In aller Regel werden zwei Prüfungsausschussmitglieder die schriftliche Projektarbeit eingehend gelesen und ausführlich beurteilt haben, während die anderen Mitglieder einen Kurzbericht hierüber erhalten haben. Einerseits sollte der Kandidat daher auf Detailfragen vorbereitet sein, andererseits aber die Darstellung seines Projektes von der Ausgangssituation bis zur Abschlussbetrachtung vollständig anlegen.
- Eine **»lebendige« Vorstellung** wird durchaus gern gesehen: Es ist daher nicht notwendig, dass der Kandidat »an seinem Stuhl klebt«; die Erläuterung von Folien, Charts oder Tafelbildern oder die Demonstration an mitgebrachten originären Gegenständen darf gern im Stehen oder in Bewegung erfolgen.
- Die Präsentation soll **nicht länger als 15 Minuten** sein. Es ist ratsam, unbedingt die Zeit im Auge zu behalten – es soll Prüfungsausschüsse geben, die die für die Präsentation vorgesehenen 15 Minuten mit der Stoppuhr messen und gnadenlos abbrechen, wenn überzogen wird, oder Überziehungen mit Punktabzügen ahnden. »Fair« ist das natürlich nur dann, wenn Sie während der Präsentation keine Zwischenfragen beantworten mussten. Wer die Präsentation vorab mit der Stoppuhr geprobt hat und dabei knapp unter 15 Minuten geblieben ist, ist zeitlich auf der sicheren Seite.
- Die anschließende Erörterung wird im Rahmenplan als **»vertiefender Dialog«** bezeichnet. Die IHK-Prüfungsausschüsse für den Weiterbildungsabschluss »Geprüfter Technischer Betriebswirt/Geprüfte Technische Betriebswirtin IHK« sind in der Regel gemischt mit kaufmännisch und technisch versierten Fachkräften besetzt. Der Kandidat, die Kandidatin muss daher mit Fragen und Einwänden aus allen Bereichen rechnen.
- Übrigens: der Technische Betriebswirt ist eine Führungskraft; dem sollte in seinem Auftreten und seiner Kleidung Rechnung getragen werden.
- Das gesamte Fachgespräch einschließlich der Präsentation soll 30 bis höchstens 45 Minuten dauern.

20.3 Bewertung des fachübergreifenden technischen Prüfungsteils

Die Projektarbeit und das darauf bezogene Fachgespräch mit Präsentation stellen gemäß § 8 Abs. 4 VO jeweils einzelne Prüfungsleistungen dar und werden gesondert benotet. Jede davon muss bestanden sein (vgl. § 9 Abs. 1 VO), wobei das Bestehen der schriftlichen Projektarbeit Voraussetzung für die Zulassung zum Fachgespräch ist. Die Einzelbenotungen werden zur Note für den Prüfungsteil »fachübergreifender technikbezogener Prüfungsteil« zusammengefasst, wobei die für die schriftliche Projektarbeit erteilte Note doppelt gewichtet wird (d. h. zwei Drittel zur Gesamtnote dieses Prüfungsteils beiträgt; vgl. § 8 Abs. 4 VO).

Literatur- und Quellenverzeichnis

Herangezogene aktuelle Literatur:

Hammermann, A., Niendorf, M., Schmidt, J.: Altersstruktur im Wandel, Institut der Deutschen Wirtschaft, IW-Kurzbericht Nr. 74 v. 10. Oktober 2017

Jobs, G.: Grundwissen Qualitätsmanagement, 5. Aufl., Feldhaus-Verlag, 2019

Kaune, A.: Change Management mit Organisationsentwicklung, Erich Schmidt-Verlag, 2010

Meffert, H., Burmann, C. et al.: Marketing: Grundlagen marktorientierter Unternehmensführung. Konzepte – Instrumente – Praxisbeispiele. 13. Aufl., Springer Gabler, 2019

Wöhe, G., Döring, U. et al: Einführung in die Allgemeine Betriebswirtschaftslehre. 27. Aufl., Verlag Franz Vahlen, 2020

Internetquellen:

Der Bundesbeauftragte für den Datenschutz und die Informationsfreiheit: https://www.bfdi.bund.de

DIN e.V. Berlin: Über Normen und Standards: https://www.din.de

Bundesamt für Sicherheit in der Informationstechnik: https://www.bsi.bund.de

Bundesministerium der Justiz, Bundesamt für Justiz: Aktuelles Bundesrecht (Gesetze und Rechtsverordnungen in ihrer jeweils geltenden Fassung): https://www.gesetze-im-internet.de

Statistisches Bundesamt (Destatis): Amtliche Statistik, https://www.destatis.de

Stichwortverzeichnis

Inhaltsübersicht LEHRBUCH 1:

Lern- und Arbeitsmethodik

A Grundlagen wirtschaftlichen Handelns und betrieblicher Leistungsprozess

Inhaltsübersicht LEHRBUCH 2:

A Grundlagen wirtschaftlichen Handelns und betrieblicher Leistungsprozess

4 Material-, Produktions- und Absatzwirtschaft